司考一本通
民 法

编著 曹兴明

图书在版编目(CIP)数据

司考一本通/阮齐林等编著. —北京:北京大学出版社,2017.6
ISBN 978 - 7 - 301 - 28390 - 5

Ⅰ.①司… Ⅱ.①阮… Ⅲ.①法律—中国—资格考试—自学参考资料 Ⅳ.①D92

中国版本图书馆 CIP 数据核字(2017)第 109540 号

书　　　名	司考一本通
	SIKAO YIBEN TONG
著作责任者	阮齐林　等编著
责任编辑	陆建华　方尔琦
标准书号	ISBN 978 - 7 - 301 - 28390 - 5
出版发行	北京大学出版社
地　　　址	北京市海淀区成府路 205 号　100871
网　　　址	http://www.pup.cn　http://www.yandayuanzhao.com
电子信箱	yandayuanzhao@163.com
新浪微博	@北京大学出版社　@北大出版社燕大元照法律图书
电　　　话	邮购部 62752015　发行部 62750672　编辑部 62117788
印　刷　者	北京京华虎彩印刷有限公司
经　销　者	新华书店
	730 毫米×980 毫米　16 开本　167 印张　4125 千字
	2017 年 6 月第 1 版　2017 年 6 月第 1 次印刷
定　　　价	268.00 元(全八册)

未经许可,不得以任何方式复制或抄袭本书之部分或全部内容。
版权所有,侵权必究
举报电话: 010 - 62752024　电子信箱: fd@ pup.pku.edu.cn
图书如有印装质量问题,请与出版部联系,电话: 010 - 62756370

编写说明

　　实行统一的国家司法考试，不仅是我国司法改革的一项重大举措，也是我国法学教育改革的突破口。从律考转变为司考后，使得更多适合条件的考生热衷于此，司法考试也逐渐形成了市场，辅导用书层出不穷。然而在众多的司考辅导用书当中，如何作出选择，便成了备考考生一个头痛的问题。

　　司考该用何种辅导书？我们认为，要用"看一本就能通"的书。为了达成此目的，我们努力使本书具备了如下特色：

特色一　名师编著、套书完整

　　本书由来胜全方位法律人培训力邀各科司考名师亲自执笔，集结了老师们多年的司考辅导经验和智慧。本书共分八小册，涵盖了最新考纲的重要考点。

特色二　内容精炼、针对性强

　　本书强调内容的精炼和实战性。针对重要的考点，我们结合历年司考的规律，对其进行精讲，并针对实际考查情况和精讲内容，提供例题以提高实战能力。

特色三　体例安排科学合理

　　根据考纲的要求及体系，我们选出了各科的重要考点并对其从以下三个方面为考生提供帮助。

　　一、精讲。对当前考点进行精当、有效的讲解，以帮助读者掌握当前考点的精要，具备解决问题的基本能力。

　　二、例题。针对当前考点，并结合精讲内容，使考生得到及时、有效的练习，提高应试能力，并在修正自己错误的过程中得到提高。

　　三、提示与预测。主要是针对一些应当特别注意的问题的提示，以及对2017年司考动向的预测。

　　业精于勤而荒于嬉，行成于思而毁于随。当您拥有了本书，您便得到了一片肥沃的黑土，若能加以勤耕，今日播下的种子，定能在那金秋结出胜利的果实！

编者

2017年5月

前　　言

　　承蒙来胜教育的厚爱，2017年国家司法考试民法讲义有我来编写。自从接到这样一份神圣而又艰巨的任务时起，我就开始考虑如何去编写这样一本在市场上有广泛好评的书籍。通过认真调研和思考后，我下定决心作出变化。

　　变化一：严格控制厚度。市面上有很多很多民法讲义大都在六百页左右，如果加上知识产权部分可能会更厚。而我这本民法讲义严格控制在五百页以内（含知识产权部分）。这时也许会有同学问，这么薄能够包含所有司法考试的内容吗？能！我在编写这本讲义时把一些基本的概念和一些在司法考试中不会考到的内容都排除在外，这样就可以给很多同学达到"减负"的目的。如果你是非法本的同学，对于一些基本概念可能还不是很清楚，这时你需要翻阅其他的书籍来理解和把握。还有就是在这本讲义中我没有附很多的历年真题，因为我单独编写了一本历年真题解析，如果附太多的历年真题会和历年真题解析重复。

　　变化二：司法考试是放弃的艺术。就民法学习而言，一定不要对自己要求太高。近几年民法的分值比较稳定，都是九十二分，我的建议就是如果能够拿到三分之二的分值就完全可以接受，即能够拿到六十分就可以。随着民法理论考核的加深和偏僻知识点考核的增多，民法的的确确是越来越难，但我想告诉同学们的是那样的试题毕竟只占20%，还有50%的简单试题和30%的稍难试题，如果我们能够做到简单试题争取不错，稍难试题做对一半，那20%的难题哪怕一道不对也没有关系。可有些同学在复习过程中本末倒置，天天在那研究高深的理论和偏僻的考点。这样做并不一定全不对，可你得明白你考司法考试的目的是什么，那就是通过。所以在复习民法的过程中，应该把大部分的精力放在80%的分值上。

　　变化三：和授课视频结合效果会更佳。由于我在编写这本讲义时追求的效果是"薄"，那难免有些知识点并没有写得很具体，有可能自己看有些抽象，这时如果能够借助授课视频来学习，效果一定会更好。

　　特别注意：由于在编写这本讲义时民法典的民法总则部分是否会在今年两会通过，是否会纳入今年的考试大纲都未确定，所以民法总则部分还是按照以前的规定和体例来进行编写。如果两会通过而且纳入到考试大纲，我会单独编写增补本，到时你们可以向购书时的机构或书店领取，当然我也会在微博发布，您也可以自行打印！

　　时光荏苒，岁月如梭，从现在开始算起距离2017年司法考试也只有六个月的时间了。在此，我只想提出一个问题供同学们去思考，那就是用六个月的时间去换取一生的幸福，应该怎么做?！答案只有一个：拼！！！！！！在此也衷心的祝愿同学们能够顺利通过2017年司法考试。

　　2017年是我讲授司法考试的第八年，前言写到这儿，我突然有很多感触，但最想说的就是感谢：感谢支持我的同学，正是因为你们的支持，才让我有不断前行的动力；感谢来胜教育的信任，正是因为你们的信任，才让我认识了什么是责任；感谢………

曹兴明

2017年2月14日于北京

一、司法考试分值分布

年份	民法通则	物权法	合同法	担保法	债法	婚姻法	继承法	知识产权	总计
2012	4	27	38	3	3	1	5	11	92
2013	13	9	46	3	6	1	3	11	92
2014	7	17	40	1	13	1	3	10	92
2015	6	34	26	2	9	3	1	10	91
2016	11	41	14	2	5	5	3	11	92

二、民法核心考点分析

部门	历年高频考点
民法总则	① 民事法律关系。② 代理,包括无权代理、表见代理、复代理、间接代理。③ 人格权,包括肖像权、名誉权、隐私权、姓名权、荣誉权。④ 诉讼时效。⑤ 精神损害赔偿。⑥ 法人。⑦ 行为能力。
物权法	① 物权请求权,包括返还原物请求权,排除妨害请求权。② 基于法律行为的不动产或动产物权变动。③ 非基于法律行为的物权变动。④ 善意取得。⑤ 抵押权。⑥ 质权。⑦ 占有。⑧ 地役权。⑨ 留置权。⑩ 共有。
债法	① 无因管理。② 不当得利。③ 保证。④ 代物清偿。⑤ 第三人代为清偿。⑥ 债的分类。
侵权法	① 被监护人致人损害和被监护人遭受损害。② 饲养的动物致人损害。③ 用人单位责任。④ 物件致人损害。⑤ 地面施工致人损害。⑥ 公平责任。⑦ 医疗损害侵权。⑧ 共同侵权与分别侵权。⑨ 机动车道路交通事故责任。⑩ 产品侵权。
合同法	① 要约、承诺、格式条款、缔约过失、悬赏广告。② 可撤销的合同。③ 效力待定的合同。④ 债权人撤销权与代位权。⑤ 合同解除。⑥ 违约责任,包括实际履行、违约金与惩罚性赔偿。⑦ 保留所有权买卖、特种买卖、一物数卖、多重买卖、风险负担。⑧ 合同权利转让与债务承担。⑨ 转租、承租人的优先购买权、买卖不破租赁。⑩ 技术合同。
婚姻法	① 夫妻共同财产与个人财产。② 离婚损害赔偿请求权。③ 夫妻共同债务的清偿。④ 无效婚姻。
继承法	① 法定继承人的顺序。② 遗嘱继承与遗嘱的撤销。③ 代位继承与转继承。④ 继承方式。⑤ 遗产的范围。
知识产权	① 委托作品、合作作品、演绎作品等著作权的归属。② 著作权的内容,比如发表权、复制权、发行权、出租权、表演权、信息网络传播权。③ 表演者权、录音制品制作者权。④ 合理使用与法定许可。⑤ 专利权的内容。⑥ 专利侵权的判断与抗辩事由。⑦ 不能作为商标使用的标记和不能注册的标记。⑧ 注册商标的撤销。⑨ 商标侵权的形态。⑩ 驰名商标的保护。

目　录

第一编　民法总论

第一章　民法的基本原则 …………………………………………（3）
第二章　民事法律关系 ……………………………………………（7）
第三章　民事主体 …………………………………………………（11）
第四章　民事权利和民事义务 ……………………………………（35）
第五章　民事法律行为 ……………………………………………（41）
第六章　代理 ………………………………………………………（60）
第七章　诉讼时效与期限 …………………………………………（70）

第二编　物权法

第一章　物权概述 …………………………………………………（83）
第二章　物权变动 …………………………………………………（96）
第三章　所有权 ……………………………………………………（110）
第四章　共有 ………………………………………………………（128）
第五章　用益物权 …………………………………………………（136）
第六章　担保物权 …………………………………………………（143）
第七章　占有 ………………………………………………………（166）

第三编　债权法

第一章　债法概述 …………………………………………………（175）
第二章　债的发生 …………………………………………………（179）
第三章　债的移转 …………………………………………………（189）
第四章　债的保全 …………………………………………………（196）
第五章　债的担保 …………………………………………………（202）
第六章　债的消灭 …………………………………………………（216）

第四编 合同法

第一章 合同概述 ……………………………………………………… (225)
第二章 合同的成立 …………………………………………………… (232)
第三章 合同的效力 …………………………………………………… (239)
第四章 合同的履行 …………………………………………………… (249)
第五章 合同的终止 …………………………………………………… (256)
第六章 合同不履行的法律后果 ……………………………………… (263)
第七章 移转标的物所有权的合同 …………………………………… (271)
第八章 移转标的物用益权的合同 …………………………………… (289)
第九章 完成工作成果的合同 ………………………………………… (303)
第十章 提供劳务的合同 ……………………………………………… (310)
第十一章 提供智力成果的合同 ……………………………………… (321)

第五编 侵权责任法

第一章 侵权责任的概述 ……………………………………………… (333)
第二章 侵权责任的构成与免除 ……………………………………… (335)
第三章 多数人侵权 …………………………………………………… (336)
第四章 具体侵权行为 ………………………………………………… (339)

第六编 婚姻法

第一章 结婚 …………………………………………………………… (371)
第二章 离婚 …………………………………………………………… (376)
第三章 夫妻财产关系 ………………………………………………… (384)

第七编 继承法

第一章 继承概述 ……………………………………………………… (395)
第二章 法定继承 ……………………………………………………… (402)
第三章 遗嘱继承、遗赠和遗赠扶养协议 …………………………… (408)

第八编 知识产权法

第一章 著作权法 ……………………………………………………… (415)
第二章 专利法 ………………………………………………………… (440)
第三章 商标权 ………………………………………………………… (458)

第一编
民法总论

第一章　民法的基本原则

民法的基本原则是民法基本精神与基本价值的体现,对民事立法和民事司法活动具有最高的指导意义。民法的基本原则包括平等原则、自愿原则、公平原则、诚实信用原则和公序良俗原则和绿色原则。

一、平等原则——侧重于形式平等

民法上的平等原则,也称法律地位平等原则,是"法律面前人人平等"的宪法原则的延伸。法律地位平等的基本含义即任何人凭借其生命体的存在便当然地享有民事主体资格。地位平等既有积极意义上的平等,即取得权利的资格上的平等,也有消极意义上的平等,即当权利受到侵害时应受到法律平等的保护。

我国《民法总则》第4条明文规定:"民事主体在民事活动中的法律地位一律平等。"具体内涵包括:

1. 所有民事主体均享有同等的民事权力能力,其主体地位平等。
2. 所有民事主体均享有民事权利,包括各种人身权和财产权。
3. 任何人均能充分行使民事权利。除法律规定需要代理或者其他协助的以外,民法不承认对不同人在行使权利的范围、方式和限制条件等方面的差别待遇。
4. 任何民事主体的民事权利均受到法律的保护。任何民事主体在权利受到侵害时,均能够请求并获得法律的救济。

平等原则反映了民事法律关系的本质特征,是民事法律关系区别于其他法律关系的主要标志,它是指民事主体享有独立、平等的法律人格,其中平等以独立为前提,独立以平等为归宿。在具体的民事法律关系中,民事主体互不隶属,各自能独立表达自己的意志,其合法权益平等地受法律的保护。

平等原则是市场经济的本质特征和内在要求在民法上的具体体现,是民法最基础、最根本的一项原则。没有了地位平等,就没有了意思自治,也就从根本上消灭了民法。现代社会,随着在生活、生产领域保护消费者和劳动者的呼声日高,平等原则的内涵正经历从单纯谋求民事主体抽象的法律人格平等,到兼顾在特定类型的民事活动中,谋求当事人具体法律地位平等的转变。

二、自愿原则——平等的保障

自愿原则,又称意思自治原则、私法自治原则,是指民事主体可以按照自己的意志创设民法上的权利和义务,法律尊重这种选择的原则。我国《民法总则》第5条规定:"民事主体从事民事活动,应当遵循自愿原则,按照自己的意思设立、变更、终止民事法律关系。"意思自治原则的存在和实现,以平等原则的存在和实现为前提。只有在地位独立、平等的基础上,才能保障当事人从事民事活动时的意志自由。意思自治原则同样也是市场经济对法律所提出的要求。在市场上,准入的当事人被假定为自身利益的最佳判断者,因此,民事主体自愿进行的各项自由选择,应当受到法律的保障,并排除国家和他人的非法干预。意思自治原则的作用领域主要是合同、婚姻和遗嘱,相对应的,意思自治原则在这三个领域中被称为合同自由、婚姻自由和遗嘱自由。关于意思自治,在理解上应注意以下几点:

(1)意思自治的范围。当事人可以根据自己的意志自由决定是否缔结、与谁缔结以及如何缔结与他人的法律关系。

(2)意思自治与意思自由。意思自由是指民事主体在形成和表达意思的过程中享有充分的自主权,其他人不得干涉。

(3)意思自治与国家干预。民事主体具有广泛的意思自由,在民法中,法无明文禁止皆自由,即民事主体的行为不违反法律、行政法规的强制性规定和公序良俗,国家便不能干涉。但是意思自治并非绝对的自由,民事主体应当受自己的意思表示拘束,其意思自由是相对的、有限制的。如对合同自由的限制在现代民法中是一个明显的趋势。

三、公平原则——对于自愿结果的监督

公平原则是指民事主体应依据社会公认的公平观念从事民事活动,以维持当事人之间的利益均衡。我国《民法总则》第6条规定:"民事主体从事民事活动,应当遵循公平原则,合理确定各方的权利和义务。"公平原则是进步和正义的道德在法律上的体现。它对民事主体从事民事活动和国家处理民事纠纷起着指导作用,特别是在立法尚不健全的领域赋予审判机关一定的自由裁量权,对于弥补法律规定的不足和纠正贯彻自愿原则过程中可能出现的一些弊端,有着重要意义。公平原则在民法中具体体现在以下几个方面:

1. 在物权法中的应用

在物权法中的应用主要体现在两个制度上,即添附制度和相邻关系。在添附中,添附的结果是,一方所有权有所扩大,而另一方所有权丧失。就当事人方面看,对于丧失所有权的一方,必须加以救济,才能公平。因此,从公平的原则出发,因添附而受到损失的一方当事人得要求获得利益的一方返还其所得的利益。而在相邻关系中,一方必须对另一方用水、排水、通行、铺设管线等利用相邻不动产提供一定的便利,而使用人应当尽量避免对相邻的不动产权利人造成损害;造成损害的,应当给予赔偿。这便是公平正义的体现。

2. 在合同法中的应用

主要表现为等价有偿与显示公平制度。合同法规定的合同大多数为有偿合同,双方均负对待给付义务,这是公平原则的体现。而显失公平规则则是对违法公平原则而规定的一个具体法律规则,依据《民通意见》第72条的规定:"一方当事人利用优势或者利用对方没有经验,致使双方的权利与义务明显违反公平、等价有偿原则的,可以认定为显失公平。"此时,一方当事人可以申请法院或者仲裁机构予以撤销。

3. 在侵权法中的应用

(1)公平责任原则:当事人对损害发生都没有过错的,可由当事人分担责任。

(2)完全损害赔偿原则:侵害人的赔偿数额应与受害人的损失相符。

(3)损益相抵原则:受害人基于损失发生的同一原因而获得利益的,应在其应得的损害赔偿额中扣除其所获得的利益。

[历年真题] 甲公司在城市公园旁开发预售期房,乙、丙等近百人一次性支付了购房款,总额近8000万元。但甲公司迟迟未开工,按期交房无望。乙、丙等购房人多次集体去甲公司交涉无果,险些引发群体性事件。面对疯涨房价,乙、丙等购房人为另行购房,无奈与甲公司签

订《退款协议书》,承诺放弃数额巨大利息、违约金的支付要求,领回原购房款。经咨询,乙、丙等购房人起诉甲公司。下列哪一说法准确体现了公平正义的有关要求?(2011年卷三第1题)

  A.《退款协议书》虽是当事人真实意思的表示,但为兼顾情理,法院应当依据购房人的要求变更该协议,由甲公司支付利息和违约金

  B.《退款协议书》是甲公司胁迫乙、丙等人订立的,为确保合法合理,法院应当依据购房人的要求宣告该协议无效,由甲公司支付利息和违约金

  C.《退款协议书》的订立显失公平,为保护购房人的利益,法院应当依据购房人的要求撤销该协议,由甲公司支付利息和违约金

  D.《退款协议书》损害社会公共利益,为确保利益均衡,法院应当依据购房人的要求撤销该协议,由甲公司支付利息和违约金

【答案】 C

【解析】 公平原则是指在民事活动中以利益均衡作为价值判断标准,在民事主体之间发生利益关系摩擦时,以权利和义务是否均衡来平衡双方的利益。本题中,乙、丙等购房人虽然与甲公司签订了《退款协议书》,但是并非出于自愿,而是在无奈的情况下签订的。在该《协议书》中,乙、丙购房人被迫放弃了数额巨大的利息、违约金支付的要求,该约定显然是显失公平的。《合同法》第54条第1款第2项规定,在订立合同时显失公平的,当事人一方有权请求人民法院或者仲裁机构变更或者撤销。因此,为保护购房人的利益,法院应当依据购房人的要求撤销该协议,由甲公司支付利息和违约金。

四、诚信原则——民法论述题的基本资源,自由与秩序的衡量

  我国《民法总则》第7条规定,民事主体从事民事活动,应当遵循诚信原则,秉持诚实,恪守承诺。诚实信用原则要求民事主体在民事活动中讲诚实,守信用,正当地行使权利和履行义务。诚实信用原则是法律的道德原则,是市场伦理道德准则在民法上的反映。我国《民法总则》将诚实信用原则规定为民法的一项基本原则,诚实信用原则在我国有适用于全部民法领域的效力。诚实信用原则被奉为"帝王条款",有"君临法域"的效力。作为一般条款,该原则的作用主要体现在三个方面:

  (1)指引当事人的行为。民事主体在行使权利、履行义务时,应当兼顾对方利益和社会一般利益,在不损害他人利益和社会公共利益的前提下,追求自己的利益。如附随义务均来自诚实信用原则。

  (2)解释法律行为。在法律没有规定和当事人没有约定或者约定不明时,法官可依据诚实信用原则解释合同、遗嘱等法律行为,进而调整当事人之间以及当事人与社会利益的冲突和矛盾。

  (3)填补法律漏洞。当人民法院在司法审判实践中遇到立法当时未预见的新情况、新问题而没有具体法律规则可以适用时,可依据诚实信用原则行使公平裁量权,调整当事人之间的权利义务关系。因此,诚实信用原则意味着承认司法活动的创造性与能动性。近代以来,作为诚实信用原则的延伸,各个国家和地区的民法上,又普遍承认了禁止权利滥用原则。该原则要求一切民事权利的行使,不能超过其正当界限,一旦超过,即构成滥用。这个正当界限,就是诚实信用原则。在2013年的司法考试中,就考查到了禁止权利滥用原则,这一原则的含义包括

三个方面：① 行使权利，不得以损害他人为主要目的；② 行使权利不得违反公共利益；③ 行使权利应遵循诚实信用原则。

[历年真题] 甲以 20 万元从乙公司购得某小区地下停车位。乙公司经规划部门批准在该小区以 200 万元建设观光电梯。该入梯口占用了甲的停车位，乙公司同意为甲置换更好的车位。甲则要求拆除电梯，并赔偿损失。下列哪些表述是错误的？（2013 年卷三多选，第 51 题）

A. 建电梯获得规划部门批准，符合小区业主利益，未侵犯甲的权利
B. 即使建电梯符合业主的整体利益，也不能以损害个人权利为代价，故应将电梯拆除
C. 甲车位使用权固然应予保护，但置换车位更能兼顾个人利益与整体利益
D. 电梯建成后，小区尾房更加畅销，为平衡双方利益，乙公司应适当让利于甲

【答案】 ABD

【解析】 依据《物权法》第 117 条的规定："用益物权人对他人所有的不动产或者动产，依法享有占有、使用和收益的权利。"甲对停车位享有用益物权，乙公司建设的观光电梯占用了甲的停车位，侵犯了甲对停车位享有的用益物权（或所有权），故 A 选项错误，当选。依据《物权法》第 7 条的规定："物权的取得和行使，应当遵守法律，尊重社会公德，不得损害公共利益和他人合法权益。"物权人在行使自己的权利时遵循诚实信用原则，正当地行使自己的权利，"禁止权利滥用"。乙公司建设观光电梯的行为的确侵犯了甲的物权，但是建设观光电梯的费用为 200 万元（其价值超过甲停车位的价值），且电梯已经建成，要求将电梯拆除会构成权利的滥用，故 B 选项错误，当选。不可否认乙的行为侵害了甲的物权，拆除电梯做法不妥当，甲有权请求乙承担损害赔偿责任。为保护甲的权利，甲有权请求与乙达成协议置换停车位。故 C 选项正确，不当选。民事责任以补偿性为原则，乙公司给甲置换停车位并赔偿乙的损失后，甲对乙就不享有其他补偿请求权了。所以，对于乙公司销售尾房获得的利益，甲即无权主张让乙公司让利给自己。故 D 选项错误，当选。

五、公序良俗原则

公序良俗，是由公共秩序和善良风俗构成的，其本质即社会利益。对于权力和自由的保护，以不违反社会的公序良俗为条件。公序良俗的规范作用主要体现在以下三个方面：

（1）限制民事主体的权利和自由。个人在行使权利和自由时，负有遵守公序良俗的义务。

（2）限制当事人创设法律行为。我国《民法总则》第 153 条第 2 款规定："违背公序良俗的民事法律行为无效。"民事主体的行为直接违法了现行法律的强行性规定，即应当以违反法律、行政法规的强行性规定为由宣告行为无效。而对于法律未作出明确规定，但是违反了社会公共利益的，应当以违背公序良俗为由宣告无效。

（3）规范义务的履行。民事义务是为相对人的利益而设，如果义务设定的目的和方式违背了公共秩序和善良风俗，则义务人不受其约束，可拒绝履行，不构成违约。

我国现行法通过法律强制性规定的方式，已经把一些道德纳入其中，但仍有许多道德未被法律所涵盖，在司法实践中，对于未被法律所涵盖，而损害了社会公共秩序和善良风俗的行为，可以以此原则来调整当事人之间的利益冲突。

六、绿色原则

我国《民法总则》第9条规定:"民事主体从事民事活动,应当有利于节约资源、保护生态环境。"此原则为本次《民法总则》制定时新增加的原则,要予以特别关注。

第二章 民事法律关系

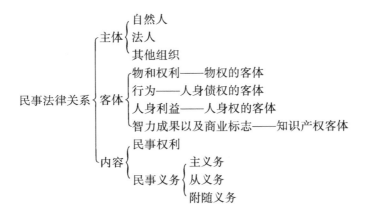

一、民事法律关系

民事法律关系是指由民事法律规范调整形成的平等主体之间的权利和义务关系。民事法律关系具有三个要素,即主体、客体和内容。如上图所示。

民事法律关系主体是指参加民事法律关系的人,包括自然人、法人和其他组织。法人包括企业法人和非企业法人。其他组织包括法人分支机构、合伙组织和个人独资企业。

民事法律关系客体是指民事权利和民事义务所指向的对象。民事法律关系的客体主要有五类:物、行为、智力成果以及商业标志、人身利益和权利。物权法律关系的客体主要是物,如所有权、用益物权。但物权法律关系的客体还包括权利,如权利质押、国有土地使用权抵押等。债权法律关系的客体是给付行为;人身权法律关系的客体是人身利益;知识产权法律关系的客体是智力成果以及商业标志。

民事法律关系内容主要包括民事主体所享有的权利、负担的义务以及受到的其他法律拘束等,其中民事权利和义务是民事法律关系的核心要素。民事权利十分重要,将专章讲述。而民事义务包括主义务、从义务和附随义务。附随义务源自诚实信用原则,在合同法当中,附随义务体现在通知、协助和保密等义务。

须注意:好意施惠行为不产生民事法律关系,不受民法的调整。例如:① 到站叫醒;② 搭乘便车;③ 顺路代为投递邮件;④ 请人吃饭、看电影、旅游等。民事法律关系与好意施惠,不但含义不同,而且产生的民事法律效果也不同,具体内容参见如下表格:

含义不同	民事法律关系	民事法律关系体现民事权利义务内容,由法律规范加以调整。
	好意施惠的关系	当事人之间无意设定法律上的权利义务关系,而由当事人一方基于良好的道德风尚实施的,使另一方接受恩惠以增进情谊的关系。
民事法律效果		好意施惠关系在于当事人间就其约定,欠缺法律上、行为上的法律效果意思,不受其拘束的意思。好意施惠关系不产生合同关系,但不排除侵权之债的成立。
案例		约定亲友搭乘顺风车至某地、受同事或友人嘱咐代购某物、代交房租或者代为投递邮件、邀请友人散步或参加宴会、受托于火车到站时叫醒等。

好意施惠行为不会发生基于法律行为的民事法律关系,但可能发生由事实行为引发的法律关系,并不排除侵权之债的成立。如搭便车司机酒驾发生车祸致搭车人损害的,引发侵权赔偿之债。

[历年真题] 1. 根据法律规定,下列哪一种社会关系应由民法调整?(2016年卷三1题)
A. 甲请求税务机关退还其多缴的个人所得税
B. 乙手机丢失后发布寻物启事称:"拾得者送还手机,本人当面酬谢"
C. 丙对女友书面承诺:"如果我在上海找到工作,就陪你去欧洲旅游"
D. 丁作为青年志愿者,定期去福利院做帮工
【答案】 B

2. 甲单独邀请朋友乙到家中吃饭,乙爽快答应并表示一定赴约。甲为此精心准备,还因炒菜被热油烫伤,但当日乙因其他应酬而未赴约,也未及时告知甲,致使甲准备的饭菜浪费。关于乙对甲的责任,下列哪一说法是正确的?(2016年卷三10题)
A. 无须承担法律责任   B. 应承担违约责任
C. 应承担侵权责任   D. 应承担缔约过失责任
【答案】 A

3. 兹有四个事例:①张某驾车违章发生交通事故致搭车的李某残疾;②唐某参加王某组织的自助登山活动因雪崩死亡;③吴某与人打赌举重物因用力过猛致残;④何某心情不好邀好友郑某喝酒,郑某畅饮后驾车撞树致死。根据公平正义的法治理念和民法有关规定,下列哪一观点可以成立?(2013年卷三1题)
A. ①张某与李某未形成民事法律关系合意,如让张某承担赔偿责任,是惩善扬恶,显属不当
B. ②唐某应自担风险,如让王某承担赔偿责任,有违公平
C. ③吴某有完整意思能力,其自担损失,是非清楚
D. ④何某虽有召集但未劝酒,无须承担责任,方能兼顾法理与情理
【答案】 B
【考点】 民事法律关系、好意施惠。
【解析】 民事法律关系是基于民事法律事实,由民法调整而形成的民事权利义务关系,其核心要素是为保障民事主体和民事义务。民事责任是为保障民事主体的权利而设置的,当民事主体违反民事义务时应承担的法律后果即为民事责任。同时根据《民法通则》第4条,民

事活动应当遵循公平原则的要求,在判断民事主体责任承担时,还得兼顾各方民事主体的利益,体现公平正义。民事责任依据发生根据不同,可以分为合同责任、侵权责任和其他责任,所以在判断一方民事主体是否需要对另一民事主体承担民事责任,可以从这几个方面考虑。

在选项A中,张某让李某搭乘虽未形成民事法律关系,属于好意施惠,但开车过程中应当尽到一般的注意义务,违章驾车导致李某残疾,存在主观过错,构成侵权行为,应当承担赔偿责任。故选项A错误。

在选项B中,唐某参加王某组织的自助登山活动,属于法学理论上的"**自愿承担风险**"的行为,即自愿参加某种活动时,事先做出甘愿承担风险的明示或者默示的意思表示,当致害风险发生时,由自己承担损害后果。另外属于自愿承担风险活动的还有足球、拳击比赛等。自助游具有探险性和危险性,参加这些活动的旅游者对活动的风险是明知的,在活动过程中要对自己的行为后果承担相应的责任。因此,唐某参加王某组织的自助登山活动因雪崩死亡,唐某应自担风险,选项B正确。

在选项C中,吴某虽然有完整的意思能力,发生用力过猛致残后果主要由其承担,但与之打赌的对方当事人也**应当预见**到举物之重可能导致吴某受伤,对吴某的受伤存在一定过错,应当承担相应的责任,故选项C错误。

在选项D中,何某虽未劝酒,但作为喝酒召集人,在郑某畅饮后负有**劝阻和制止**郑某酒后驾车的义务,但何某未制止,存在一定过错,应当承担相应的责任,故选项D错误。

4. 下列哪一情形下,乙的请求依法应得到支持？(2010年卷三单选第1题)

A. 甲应允乙同看演出,但迟到半小时。乙要求甲赔偿损失

B. 甲听说某公司股票可能大涨,便告诉乙,乙信以为真大量购进,事后该支股票大跌。乙要求甲赔偿损失

C. 甲与其妻乙约定,如因甲出轨导致离婚,甲应补偿乙50万元,后二人果然因此离婚。乙要求甲依约赔偿

D. 甲对乙承诺,如乙比赛夺冠,乙出国旅游时甲将陪同,后乙果然夺冠,甲失约。乙要求甲承担赔偿责任

【答案】　C

【考点】　民事法律关系

【解析】　在选项A中,民法调整的对象是平等民事主体之间的人身关系和财产关系,它并不调整所有的社会关系,而是有法律约束力的关系。甲在作出应允时,主观上并不希望产生任何民法上的法律效果,并非意在自己与乙之间成立某种权利义务关系。甲应允乙同看演出,在甲、乙间成立的只是好意施惠关系(指不能在当事人之间产生合同关系的约定或承诺,比如搭乘便车、乘客叫醒另一乘客到站下车、约定请人吃饭、相约参加宴会、旅游等),不形成民事法律关系,也就不会产生民事责任,所以乙无权要求甲赔偿损失,选项A错误。

在选项B中,甲将股票可能大涨的消息告诉乙,不构成意欲对方发生一定民事法律关系的意思表示,也就不存在民法上的欺诈问题,乙对此不存在信赖利益,因此,乙所产生的损失,无权要求甲赔偿损失,选项B错误。

在选项C中的"忠实协议"意在使甲、乙之间发生民事权利义务关系使自己负有对婚姻忠实的义务,并在违反忠实义务时承担损害赔偿责任。《婚姻法》第46条规定:"有下列情形之一,导致离婚的,无过错方有权请求损害赔偿:(一)重婚的;(二)有配偶者与他人同居的;

(三)实施家庭暴力的;(四)虐待、遗弃家庭成员的。"可知,该约定并未违反法律规定,并无《民法通则》第 58 条规定的使民事行为无效的情形。所以双方的约定应属有效,甲违反义务时,乙有权请求损害赔偿,故选项 C 正确。

D 选项也是好意施惠关系,不当选,理由同选项 A。

二、民事法律事实

事件	事件是与人的意志无关的法律事实。事件本是自然现象,只有能够引起民事法律关系的变动,才被称为法律事实。	
	例如:① 人的死亡,能够导致继承关系的发生;② 地震将房屋震塌导致所有权消灭。	
	司考常考:出生、死亡、时效期间的经过。	
行为	行为是与人的意志有关的法律事实。行为又被划分为表意行为与表意行为。	表意行为是行为人通过意思表示,旨在设立、变更或消灭民事法律关系的行为。民事法律行为是合法的表意行为,该行为能产生当事人意欲达到的民事法律关系产生、变更和消灭的效果。
		非表意行为是指行为人主观上没有产生民事法律关系效果的意思表示,客观上引起法律效果发生的行为。 如侵权行为,行为人主观上并没有效果意思,但客观上却导致赔偿的发生。

引起民事法律关系产生、变更和消灭的事实即法律事实。根据是是否与当事人的意志有关,法律事实可以分为事件和行为两类。事件是指与人的意志无关,能够引起民事法律关系的客观现象。而行为是指当事人有意识的活动,可以分为表意行为和非表意行为,表意行为指的是法律行为,而非表意行为指的是事实行为。

事实行为和法律行为的区别:

(1)定义不同。法律行为是民事主体基于其意志设立、变更、中止民事权利义务关系的行为,而事实行为是指民事主体实施了一定行为,内心并无使其发生特定的法律后果,而依据法律的直接规定发生特定的法律后果的行为。

(2)有无意思表示。法律行为需要意思表示,而事实行为直接根据法律规定产生特定的法律后果,无须意思表示。

(3)法律后果的发生依据。法律行为的法律后果由当事人决定;事实行为的法律后果由法律直接规定。

第三章 民事主体

第一节 民事主体相关制度

民事主体
- 自然人：中国公民、外国人、无国籍人
- 法人
  - 营利法人（有限责任公司、股份有限公司、其他企业法人等）
  - 非营利法人（事业单位、社会团体、基金会、社会服务机构等）
  - 特别法人（机关法人、农村集体经济组织法人、城镇农村的合作经济组织法人、基层群众性自治组织法人等）
- 非法人组织（个人独资企业、合伙企业、不具有法人资格的专业服务机构等）

一、自然人

（一）自然人的民事权利能力和民事行为能力

1. 自然人的民事权利能力

自然人的权利能力是指法律赋予自然人得享有民事权利、承担民事义务的资格。它是自然人参加民事法律关系，取得民事权利、承担民事义务的法律依据，也是自然人享有民事主体资格的标志。自然人的民事权利能力始于出生，终于死亡。

（1）权利能力的开始。《民法总则》第13条对此作了规定。关于出生的学说大致有：一部露出说、全部露出说、初啼说、独立呼吸说。我国民法采纳独立呼吸说，即婴儿从其第一次呼吸开始，就成为自然人，享有民事权利能力。关于出生的时间，根据我国《民法总则》第15条的规定："自然人的出生时间和死亡时间，以出生证明、死亡证明记载的时间为准；没有出生证明、死亡证明的，以户籍登记或者其他有效身份登记记载的时间为准。有其他证据足以推翻以上记载时间的，以该证据证明的时间为准。"

（2）权利能力的终止。自然人的民事权利能力因死亡而终止。死亡包括自然死亡与宣告死亡。这也说明死人不再是民法上的民事主体，不再享有民事权利，也不再承担民事义务与责任。

> **注意**：依据《继承法意见》第2条的规定，相互有继承关系的几个人在同一事件中死亡，对死亡时间先后顺序不能确定的，按照何种层次进行确定是要重点把握的知识点。依据法条规定，相互有继承关系的几个人在同一事件中死亡，如不能确定死亡先后时间的，按几个层次进行确定：① 推定没有继承人的人先死亡；② 死亡人各自都有继承人的，如几个死亡人辈分不同，推定长辈先死亡；③ 几个死亡人辈分相同，推定同时死亡，彼此不发生继承，由他们各自的继承人分别继承。

（3）特殊情形

① 胎儿的保护问题。依据我国《民法总则》16条的规定："涉及遗产继承、接受赠与等胎儿利益保护的，胎儿视为具有民事权利能力。但是胎儿娩出时为死体的，其民事权利能力自始

不存在。"(胎儿利益特别保护条款)

② 死者的人格利益保护。自然人的民事权利能力终于死亡,死者不再享有民事权利能力,也就不享有人格权。但法律对于死者的名誉、隐私、姓名、肖像、遗体等利益是予以保护的,即侵害死者的人格利益(名誉、隐私、姓名、肖像、遗体等利益),死者的近亲属有权以自己的名义起诉,要求精神损害赔偿。此处精神损害赔偿所得并非死者的遗产,而是直接归属于权利人。

特别注意:《民法总则》第185条规定:"侵害英雄烈士等的姓名、肖像、名誉、荣誉,损害社会公共利益的,应当承担民事责任。"(英烈条款)

③ 自然人的特殊权利能力。依据特别法的规定,自然人享有的是特殊权利能力。例如依据《婚姻法》第6条的规定,关于结婚年龄,男不得早于22周岁,女不得早于20周岁,即自然人的结婚能力女20周岁,男22周岁才能享有。

2. 自然人的民事行为能力

类型	判断标准		行为法律效果
	年龄	辨认能力	
完全民事行为能力人(年龄和认识能力同时具备)	1. 18周岁以上; 2. 16周岁以上不满18周岁,以自己的劳动收入为主要生活来源的。		有效(不因行为能力瑕疵而无效)
限制民事行为能力人(年龄或者认识判断二者具备其一即可)	8周岁以上的未成年人	不能完全辨认自己行为的成年人	1. 纯获利益行为有效; 2. 相应的民事行为能力范围内的行为有效; 3. 行为能力范围之外的合同行为效力待定; 4. 行为能力范围之外的单方行为无效。
无民事行为能力人(年龄和认识判断二者具备其一)	不满8周岁的未成年人	不能辨认自己行为的成年人	1. 纯获利益行为有效; 2. 不能独立实施的单方法律行为、多方法律行为,无效; 3. 与其行为能力相适应的民事法律行为,有效。

自然人的行为能力是指自然人能够独立通过意思表示,进行民事行为的能力。依据自然人的年龄、心智发展及健康状况,自然人的民事行为能力分为三类:完全民事行为能力人、限制民事行为能力人以及无民事行为能力人。

(1) 民事行为能力人的分类

① 完全民事行为能力人。依据《民法总则》第18条的规定,完全民事行为能力人包括两种类型:一是18周岁以上的成年人;二是16周岁以上的未成年人,以自己的劳动收入为主要

生活来源的人。

② 限制民事行为能力。依据《民法总则》第19条、第22条,限制民事行为能力人包括两种类型:一是8周岁以上的未成年人;二是不能完全辨认自己行为的成年人。

③ 无民事行为能力人。依据《民法总则》第20条、第21条的规定,无民事行为能力人包括两种类型:一是不满8周岁的未成年人;二是不能辨认自己行为的成年人。

(2) 行为能力对行为法律后果的影响

① 完全民事行为能力人所为行为的法律后果。完全民事行为能力人可以独立实施民事行为,其所为的民事行为有效。

② 限制民事行为能力人所为行为的法律后果。(a) 限制民事行为人实施的两种行为有效:一是与其年龄、智力、精神健康状况相适应的法律行为;二是纯获利益的法律行为。(b) 限制民事行为能力人超出行为能力的范围而实施的合同行为为效力待定的行为。(c) 限制民事行为能力人超出行为能力的范围而实施的单方法律行为为无效行为。例如限制民事行为能力人所立的遗嘱无效。

③ 无民事行为能力所为行为的法律后果。(a) 无民事行为能力人纯获利益的行为有效。(b) 无民事行为能力人所实施的与其智力健康状况相适应的法律行为有效。例如8岁的孩子去超市购买笔记本的行为。(c) 除上述两种以外,无民事行为能力人所实施的其他行为无效。

[历年真题] 1. 甲17岁,以个人积蓄1000元在慈善拍卖会拍得明星乙表演用过的道具,市价约100元。事后,甲觉得道具价值与其价格很不相称,颇为后悔。关于这一买卖,下列哪一说法是正确的?(2010年卷三2题)

A. 买卖显失公平,甲有权要求撤销　　B. 买卖存在重大误解,甲有权要求撤销
C. 买卖无效,甲为限制行为能力人　　D. 买卖有效

【答案】 D

【考点】 自然人的民事行为能力、显失公平、重大误解

【解析】 在选项A中,《民通意见》第72条规定:"一方当事人利用优势或者利用对方没有经验,致使双方的权利与义务明显违反公平、等价有偿原则的,可以认定为显失公平。"显失公平仅适用于有偿合同,其构成要件为:(1) 合同当事人之间的给付与对待给付之间严重失衡;(2) 利益的严重失衡发生于合同成立之时;(3) 一方具有利用优势或者利用对方急迫、轻率、无经验的故意。判断利益是否严重失衡需要看两个方面,一方面要看支付的价格与市价是否大体相当,另一方面必须看当事人主观上是否愿意接受,即使价格上存在重大差距,但当事人也不能认为构成显失公平。甲虽然事后颇为后悔,但订立合同当时是出于真实意愿接受,因此,不能认定利益严重失衡。另外,本题中不存在一方利用优势或者利用对方没有经验,故选项A错误。

在选项B中,《民通意见》第71条规定:"行为人因对行为的性质、对方当事人、标的物的品种、质量、规格和数量等的错误认识,使行为的后果与自己的意思相悖,并造成较大损失的,可以认定为重大误解。"重大误解的构成要件有三个:(1) 当事人对合同的内容发生错误认识,且错误系属重大;(2) 因错误作出与内心真意不一致的意思表示;(3) 发生错误者因此遭受较大损失。甲并未发生错误,对自己花比较高的价钱卖的东西,甲非常清楚,故不构成重大误解,故选项B错误。

在选项C、D中，《民法总则》第19条规定："八周岁以上的未成年人为限制民事行为能力人，实施民事法律行为由其法定代理人代理或者经其法定代理人同意、追认，但可以独立实施纯获利益的民事法律行为或者与其年龄、智力相适应的民事法律行为。"《民通意见》第3条规定："十周岁以上的未成年人进行的民事活动是否与其年龄、智力状况相适应，可以从行为与本人生活相关联的程度、本人的智力能否理解其行为，并预见相应的行为后果，以及行为标的数额等方面认定。"本题中，甲虽然未满18周岁，但已满17岁，已经能够理解拍卖的含义以及在拍卖会上拍卖物品后，自己应承担的法律后果，所以他以个人积蓄1000元在慈善拍卖会拍得明星乙表演用过的道具的行为，可以认定为与其年龄、智力状况相适应的民事行为，故选项C错误；选项D正确。

2. 小刘从小就显示出很高的文学天赋，9岁时写了小说《隐形翅膀》，并将该小说的网络传播权转让给某网站。小刘的父母反对该转让行为。下列哪一说法是正确的？（2009年卷三14题）

   A. 小刘父母享有该小说的著作权，因为小刘是无民事行为能力人
   B. 小刘及其父母均不享有著作权，因为该小说未发表
   C. 小刘对该小说享有著作权，但网络传播权转让合同无效
   D. 小刘对该小说享有著作权，网络传播权转让合同有效

【答案】 C
【考点】 自然人的民事行为能力
【解析】 在选项A中，《民法通则》第9条规定："公民从出生时起到死亡时止，具有民事权利能力，依法享有民事权利，承担民事义务。"小刘虽9岁，但已具民事权利能力，可为著作权人。《民法总则》第20条规定："不满八周岁的未成年人为无民事行为能力人，由其法定代理人代理实施民事法律行为。"小刘属于无民事行为能力人。但创作作品属于事实行为，不是法律行为，无须作者具有民事行为能力。《著作权实施条例》第6条规定："著作权自作品创作完成之日起产生。"只要创作成果符合作品的条件，从作品完成之日起著作权产生，创作主体就取得著作权。其父母并没有参与创作，自然不是著作权人。故选项A错误。

在选项B中，根据《著作权法》第2条的规定："中国公民、法人或者其他组织的作品，不论是否发表，依照本法享有著作权。"故自作品创造完成之日起取得著作权，不以发表为前提条件，故选项B错误。

在选项C、D中，《民法通则》第58条第1款第1项规定：无民事行为能力人实施的民事行为无效。《民通意见》第6条规定："无民事行为能力人、限制民事行为能力人接受奖励、赠与、报酬，他人不得以行为人无民事行为能力、限制民事行为能力为由，主张以上行为无效。"小刘为无民事行为能力人，其与某网站签订的信息网络传播权使用合同不属于使其"纯获利益的合同"，需要小刘的父母以法定代理人身份代为订立，现小刘的父母反对，因此该转让合同无效。故选项C正确，选项D错误。

另需注意：限制民事行为能力人依法不能独立订立的合同效力待定；无民事行为能力人依法不能独立订立的合同无效。

3. 乙因病需要换肾，其兄甲的肾脏刚好配型成功，甲、乙父母和甲均同意由甲捐肾。因甲是精神病人，医院拒绝办理。后甲意外死亡，甲、乙父母决定将甲的肾脏捐献给乙。下列哪一表述是正确的？（2011年卷三2题）

A. 甲决定将其肾脏捐献给乙的行为有效
B. 甲生前,其父母决定将甲的肾脏捐献给乙的行为有效
C. 甲死后,其父母决定将甲的肾脏捐献给乙的行为有效
D. 甲死后,其父母决定将甲的肾脏捐献给乙的行为无效

【答案】 D
【考点】 自然人的民事行为能力、器官捐献行为的效力
【解析】 在选项A中,根据民法原理,人的身体不是物,不能成为民事法律关系的客体。但人体的一部分如果已经分离,则成为物,由其人当然取得所有权,适用物权法的一般规定,得为抛弃或让与。根据《人体器官移植条例》第8条第1款的规定:"捐献人体器官的公民应当具有完全民事行为能力。公民捐献其人体器官应当有书面形式的捐献意愿,对已经表示捐献其人体器官的意愿,有权予以撤销。"因甲是精神病人,不具有完全民事行为能力,其决定捐献肾脏的法律行为无效。故选项A错误。

在选项B中,《民法通则》第18条规定:"监护人应当履行监护职责,保护被监护人的人身、财产及其他合法权益,除为被监护人的利益外,不得处理被监护人的财产。"举轻以明重,处理对被监护人的财产应该是为了被监护人的利益,对被监护人活体器官的捐献更应作严格的限制。所以,若甲的父母以监护人的身份决定将甲的肾脏捐献给乙,不是为了被监护人甲的利益,该捐献行为不能认定为有效,故选项B错误。

选项C、D中,《人体器官移植条例》第8条第2款规定:"公民生前表示不同意捐献其人体器官的,任何组织或者个人不得捐献、摘取该公民的人体器官;公民生前未表示不同意捐献其人体器官的,该公民死亡后,其配偶、成年子女、父母可以以书面形式共同表示同意捐献该公民人体器官的意愿。"据此,甲死亡后,对甲尸体器官的捐献,须甲的配偶、成年子女、父母共同作出意思表示,才能有效;甲的父母单独作出的捐献行为应认定为无效。故选项C错误;选项D正确。

[考点归纳]

> 限制民事行为能力人是指8周岁以上不满18周岁的自然人或不能完全辨认自己行为的成年人。其独立实施的法律行为的效力有五种情况:(1) 纯获利益的法律行为,有效;(2) 与其行为能力相适应的法律行为,有效;(3) 订立的与其行为能力不相适应的合同,效力待定;(4) 单方法律行为,比如抛弃所有权、订立遗嘱、解除合同、免除对方债务,无效;(5) 共同法律行为,比如订立合伙协议、订立设立公司协议、参与股东会表决,无效。
>
> 无民事行为能力人是指年龄不满8周岁的自然人或不能完全辨认自己行为的成年人,其独立实施的法律行为的效力也分五种情况:(1) 纯获利益的法律行为,有效;(2) 与其行为能力相适应的法律行为,有效;(3) 订立的与其行为能力不相适应的合同,无效(注意不是效力待定);(4) 单方法律行为,比如抛弃所有权、订立遗嘱、解除合同、免除对方债务,无效;(5) 共同法律行为,比如订立合伙协议、订立设立公司协议、参与股东会表决,无效。

(二) 监护制度

监护是指对未成年人和精神病人的人身、财产及其他合法权益进行监督和保护的一种民

事法律制度。我国监护人的设定方式有:法定监护、指定监护和委托监护。

1. 法定监护。根据法律规定的身份而产生的监护。

(1) 未成年人的法定监护人。未成年人的父母死亡或者没有监护能力的,由下列人员中有监护能力的人担任监护人:父母;祖父母、外祖父母;兄、姐;其他愿意担任监护人的个人或者组织,但是须经未成年人住所地的居民委员会、村民委员会或者民政部门同意。

> **注意:** ① 关于顺序问题。顺序在先的人优先于顺序在后的人担任监护人。但是,顺序可以根据有监护资格的人之间的协议变更。② 法定监护人并没有顺序限制,一人或数人均可。③ 父母离婚,不影响法定监护关系,父母均为法定监护人。未与子女共同生活的一方在子女造成他人损害时承担补充责任,即仅在一方无力承担时,由其承担剩余的部分责任。

(2) 无民事行为能力或者限制民事行为能力的成年人的法定监护人。无民事行为能力或者限制民事行为能力的成年人,由下列人员担任监护人:配偶;父母、子女;其他近亲属;其他愿意担任监护人的个人或者组织,但是须经被监护人住所地的居民委员会、村民委员会或者民政部门的同意。

2. 指定监护。指定监护是指由于在有监护资格的人之间对担任监护人存在争议,由法律规定的部门从中指定的监护。

《民法总则》第29条规定:"被监护人的父母担任监护人的,可以通过遗嘱指定监护人。"(遗嘱指定)

《民法总则》第30条规定:"依法具有监护资格的人之间可以协议确定监护人。协议确定监护人应当尊重被监护人的真实意愿。"(协议指定)

《民法总则》第31条规定:"对监护人的确定有争议的,由被监护人住所地的居民委员会、村民委员会或者民政部门指定监护人,有关当事人对指定不服的,可以向人民法院申请指定监护人;有关当事人也可以直接向人民法院申请指定监护人。居民委员会、村民委员会、民政部门或者人民法院应当尊重被监护人的真实意愿,按照最有利于被监护人的原则在依法具有监护资格的人中指定监护人。依照本条第一款规定指定监护人前,被监护人的人身权利、财产权利以及其他合法权益处于无人保护状态的,由被监护人住所地的居民委员会、村民委员会、法律规定的有关组织或者民政部门担任临时监护人。监护人被指定后,不得擅自变更;擅自变更的,不免除被指定的监护人的责任。"

《民法总则》第32条规定:"没有依法具有监护资格的人的,监护人由民政部门担任,也可以由具备履行监护职责条件的被监护人住所地的居民委员会、村民委员会担任。"

3. 意定监护

《民法总则》第33条规定:"具有完全民事行为能力的成年人,可以与其近亲属、其他愿意担任监护人的个人或者组织事先协商,以书面形式确定自己的监护人。协商确定的监护人在该成年人丧失或者部分丧失民事行为能力时,履行监护职责。"

[历年真题] 1. 甲、乙为夫妻,长期感情不和。2010年5月1日甲乘火车去外地出差,在火车上失踪,没有发现其被害尸体,也没有发现其在何处下车。2016年6月5日,法院依照法定程序宣告甲死亡。之后,乙向法院起诉要求铁路公司对甲的死亡进行赔偿。关于甲被宣

告死亡,下列哪些说法是正确的?(2016年卷三51题)

  A. 甲的继承人可以继承其财产
  B. 甲、乙婚姻关系消灭,且不可能恢复
  C. 2016年6月5日为甲的死亡日期
  D. 铁路公司应当对甲的死亡进行赔偿

【答案】　AC

2. 关于监护,下列哪一表述是正确的?(2013年卷三2题)

  A. 甲委托医院照料其患精神病的配偶乙,医院是委托监护人
  B. 甲的幼子乙在寄宿制幼儿园期间,甲的监护职责全部转移给幼儿园
  C. 甲丧夫后,携幼子乙改嫁,乙的爷爷有权要求法院确定自己为乙的法定监护人
  D. 市民甲、乙之子丙5周岁,甲、乙离婚后对谁担任丙的监护人发生争议,丙住所地的居民委员会有权指定

【答案】　A

【考点】　监护制度

【解析】　监护是指为了监护和保护无民事行为能力人和限制行为能力人的人身、财产等合法权益而设立保护人的一项民事法律制度。监护依设立的方式,可以分为法定监护、指定监护、委托监护等形式。

  在选项A中,《民通意见》第22条规定:"监护人可以将监护职责部分或者全部委托给他人。因被监护人的侵权行为需要承担民事责任的,应当由监护人承担,但另有约定的除外;被委托人确有过错的,负连带责任。"据此可知,甲作为精神病人乙的配偶,是法定监护人,甲可以委托医院照料其患有精神病的配偶乙,医院接受委托,是委托监护人,故A选项正确。

  在选项B中,寄宿制是指学校对所有入学学生进行集中住校学习、生活和统一管理的一种新型的学校管理体制。根据《侵权责任法》第38条的规定:"无民事行为能力人在幼儿园、学校或者其他教育机构学习、生活期间受到人身损害的,幼儿园、学校或者其他教育机构应当承担责任,但能够证明尽到教育、管理职责的,不承担责任。"《侵权责任法》第39条规定:"限制民事行为能力人在学校或者其他教育机构学习、生活期间受到人身损害,学校或者其他教育机构未尽到教育、管理职责的,应当承担责任。"《人身损害赔偿解释》第7条规定:"对未成年人依法负有教育、管理、保护义务的学校、幼儿园或者其他教育机构,未尽职责范围内的相关义务致使未成年人遭受人身损害,或者未成年人致他人人身损害的,应当承担与其过错相应的赔偿责任。第三人侵权致未成年人遭受人身损害的,应当承担赔偿责任。学校、幼儿园等教育机构有过错的,应当承担相应的补充赔偿责任。"综上可知,我国法律将学校对未成年人的责任定为教育、管理的职责,学校是负有教育和管理义务的主体,不是委托监护人,也就没有监护职责转移问题,故选项B错误。

  在选项C中,《民法总则》第27条规定:"父母是未成年子女的监护人。"据此可知,甲丧夫后虽然携幼子乙改嫁,但甲仍然是乙的监护人,乙的爷爷无权要求法院确定自己为乙的法定监护人,故选项C错误。

  在选项D中,指定监护只在未成年人父母以外的监护人争相担任监护人或互相推诿都不愿意担任监护人的情况下才产生。对于丙父母都在的情况,丙的监护人就是其父母甲和乙,即便是甲、乙离婚了,其监护人仍然是甲和乙,不存在指定监护的问题。故选项D错误。

3. 甲15岁,精神病人。关于其监护问题,下列哪一表述是正确的?(2010年卷三3题)

  A. 监护人只能是甲的近亲属或关系密切的其他亲属、朋友

B. 监护人可是同一顺序中的数人
C. 对担任监护人有争议的,可直接请求法院裁决
D. 为甲设定监护人,适用关于精神病人监护的规定

【答案】 BC
【考点】 监护
【解析】 在选项 A 中,《民法总则》第 27 条第 2 款规定:"未成年人的父母已经死亡或者没有监护能力的,由下列人员中有监护能力的人按顺序担任监护人:(一)祖父母、外祖父母;(二)兄、姐;(三)其他愿意担任监护人的个人或者组织,但是须经未成年人住所地的居民委员会、村民委员会或者民政部门同意。"故选项 A 错误,不是"只能"。

在选项 B 中,《民通意见》第 14 条第 2 款规定:"监护人可以是一人,也可以是同一顺序中的数人。"故选项 B 正确。

在选项 C 中,《民法总则》第 31 条规定:"对监护人的确定有争议的,由被监护人住所地的居民委员会、村民委员会或者民政部门指定监护人,有关当事人对指定不服的,可以向人民法院申请指定监护人;有关当事人也可以直接向人民法院申请指定监护人。"故选项 C 正确。

在选项 D 中,《民通意见》第 13 条规定:"为患有精神病的未成年人设定监护人,适用民法通则第十六条的规定。"未成年人甲虽为精神病人,但应适用关于未成年人监护的规定,故选项 D 错误。

4. 监护人的职责

范围	职责职责内容	未履行职责的后果	
代理权和追认权	监护人是被监护人的法定代理人。	不能无权代理,否则承担侵权责任。	依照有关人员和单位申请,法院可以撤销监护资格。
保护、照顾职责	保护被监护人的人身、财产及其他合法权益;非为被监护人的利益,不得处理被监护人的财产、照顾被监护人的生活。	损害被监护人的利益,对被监护人承担侵权责任。	
教育、管理职责	对被监护人进行教育和管理。	对第三人承担责任。	

《民法总则》第 34 条规定:"监护人的职责是代理被监护人实施民事法律行为,保护被监护人的人身权利、财产权利以及其他合法权益等。

监护人依法履行监护职责产生的权利,受法律保护。监护人不履行监护职责或者侵害被监护人合法权益的,应当承担法律责任。"

《民法总则》第 35 条规定:"监护人应当按照最有利于被监护人的原则履行监护职责。监护人除为维护被监护人利益外,不得处分被监护人的财产。未成年人的监护人履行监护职责,在作出与被监护人利益有关的决定时,应当根据被监护人的年龄和智力状况,尊重被监护人的真实意愿。成年人的监护人履行监护职责,应当最大限度地尊重被监护人的真实意愿,保障并协助被监护人实施与其智力、精神健康状况相适应的民事法律行为。对被监护人有能力独立处理的事务,监护人不得干涉。"

《民法总则》第 36 条规定:"监护人有下列情形之一的,人民法院根据有关个人或者组织

的申请,撤销其监护人资格,安排必要的临时监护措施,并按照最有利于被监护人的原则依法指定监护人:(一)实施严重损害被监护人身心健康行为的;(二)怠于履行监护职责,或者无法履行监护职责并且拒绝将监护职责部分或者全部委托给他人,导致被监护人处于危困状态的;(三)实施严重侵害被监护人合法权益的其他行为的。本条规定的有关个人和组织包括:其他依法具有监护资格的人、居民委员会、村民委员会、学校、医疗机构、妇女联合会、残疾人联合会、未成年人保护组织、依法设立的老年人组织、民政部门等。前款规定的个人和民政部门以外的组织未及时向人民法院申请撤销监护人资格的,民政部门应当向人民法院申请。"

《民法总则》第37条规定:"依法负担被监护人抚养费、赡养费、扶养费的父母、子女、配偶等,被人民法院撤销监护人资格后,应当继续履行负担的义务。"

《民法总则》第38条规定:"被监护人的父母或者子女被人民法院撤销监护人资格后,除对被监护人实施故意犯罪的外,确有悔改表现的,经其申请,人民法院可以在尊重被监护人真实意愿的前提下,视情况恢复其监护人资格,人民法院指定的监护人与被监护人的监护关系同时终止。"

《民法总则》第39条规定:"有下列情形之一的,监护关系终止:(一)被监护人取得或者恢复完全民事行为能力;(二)监护人丧失监护能力;(三)被监护人或者监护人死亡;(四)人民法院认定监护关系终止的其他情形。监护关系终止后,被监护人仍然需要监护的,应当依法另行确定监护人。"

[**历年真题**] 甲8周岁,多次在国际钢琴大赛中获奖,并获得大量奖金。甲的父母乙、丙为了甲的利益,考虑到甲的奖金存放银行增值有限,遂将奖金全部购买了股票,但恰遇股市暴跌,甲的奖金损失过半。关于乙、丙的行为,下列哪些说法是正确的?(2016年卷三52题)

A. 乙、丙应对投资股票给甲造成的损失承担责任
B. 乙、丙不能随意处分甲的财产
C. 乙、丙的行为构成无因管理,无须承担责任
D. 如主张赔偿,甲对父母的诉讼时效期间在进行中的最后6个月内,因自己系无行为能力人而中止,待成年后继续计算

【**答案**】 ABD

(三)宣告失踪和宣告死亡

1. 宣告失踪。

宣告失踪制度是法院在法律上以推定方式确认自然人失踪的事实,结束失踪人财产无人管理、所负担的义务得不到履行的不正常状态。

(1) 宣告失踪的条件

① 下落不明满2年。自然人只有下落不明满2年的,有关利害关系人才能向法院申请宣告失踪。原则上,从失踪人下落不明的次日起计算;意外事故下落不明的,以事故发生之日开始计算;战争期间下落不明的,以战争结束之日起计算。

② 须有利害关系人向法院提出申请。须注意:申请人之间无先后顺序;利害关系人范围广泛,一切利害关系人均可,包括失踪人近亲属和与其有民事法律关系的人。

③ 须法院依照法定程序宣告。法院接到申请后,应对下落不明的自然人发出公告,公告期为3个月。

(2) 宣告失踪的法律效果

财产代管人可由失踪人的近亲属或者亲友担任,无先后顺序和人数限制,有争议的,由法院指定。财产代管人的选定范围广,法院指定财产代管人应遵守有利于保护失踪人财产的原则。财产代管人应尽到善良管理人的注意义务,不得侵害失踪人的合法权益。

(3) 宣告失踪的撤销

① 宣告失踪撤销的条件:一是失踪人重新出现或者确知下落;二是经本人或利害关系人申请。

② 宣告失踪撤销的法律效果:代管人的代管权终止,返还其财产和收益,报告管理和处置其财产的情况。

注意:代管人的诉讼地位,涉及失踪人的诉讼地位时,代管人可直接以自己的名义作为原告或者被告参加诉讼。

2. 宣告死亡

(1) 宣告死亡的条件

① 《民法总则》第46条规定:"自然人有下列情形之一的,利害关系人可以向人民法院申请宣告该自然人死亡:(一)下落不明满四年;(二)因意外事件,下落不明满二年。因意外事件下落不明,经有关机关证明该自然人不可能生存的,申请宣告死亡不受二年时间的限制。"

② 利害关系人申请。一切利害关系人均可申请(特别注意:按照《民法总则》的规定,申请人无顺序限制)。

③ 法院依法宣告。

管辖法院:下落不明人住所地或最后居住地的基层法院,为宣告失踪的受理法院。

公告期间:A 下落不明经有关机关证明不可能生存的,公告期间3个月;B 其他情形,公告期1年。

(2) 宣告死亡的法律效果

宣告死亡的效力,可以归结为家破人亡、妻离子散。具体来说,家破即继承的开始;人亡即被宣告死亡人的权利能力丧失;妻离即婚姻关系的消灭;子散即子女可由夫妻的另一方单独决定由他人收养。

(3) 撤销死亡宣告的条件和法律后果

① 撤销宣告死亡的条件包括:第一,被宣告死亡人重新出现或确知未死;第二,经本人或利害关系人申请,此时不受顺序限制,均可申请。

② 撤销死亡宣告的法律效果

a. 婚姻关系。《民法总则》第51条规定:"被宣告死亡的人的婚姻关系,自死亡宣告之日起消灭。死亡宣告被撤销的,婚姻关系自撤销死亡宣告之日起自行恢复,但是其配偶再婚或者向婚姻登记机关书面声明不愿意恢复的除外。"

b. 收养关系。《民法总则》第52条规定:"被宣告死亡的人在被宣告死亡期间,其子女被他人依法收养的,在死亡宣告被撤销后,不得以未经本人同意为由主张收养关系无效。"

c. 财产关系。《民法总则》第53条规定:"被撤销死亡宣告的人有权请求依照继承法取得其财产的民事主体返还财产。无法返还的,应当给予适当补偿。利害关系人隐瞒真实情况,致使他人被宣告死亡取得其财产的,除应当返还财产外,还应当对由此造成的损失承担赔偿责任。"

3. 宣告失踪和宣告死亡的关系

宣告失踪和宣告死亡的关系,二者关系如下:

(1)宣告失踪不是宣告死亡的必经程序,只要符合宣告死亡的条件,即可不经申请宣告失踪而直接申请宣告死亡。

(2)申请人只申请宣告失踪的,虽然符合申请宣告死亡的条件,法院也只能依据申请作出宣告失踪的判决。

(3)同一顺序的利害关系人,有的申请宣告死亡,有的不同意宣告死亡,法院应当宣告死亡。

(4)对同一自然人,有的利害关系人申请宣告死亡,有的利害关系人申请宣告失踪,符合本法规定的宣告死亡条件的,人民法院应当宣告死亡。

宣告失踪与宣告死亡的对比,如下图所示:

	申请时间	申请人	法律后果	撤销后果	两者关系
宣告失踪	下落不明满2年。	一切利害关系人,无顺序限制。	为失踪人设立财产代管人。	终止代管权	宣告失踪非宣告死亡的必经程序;同一顺序的人,对宣告死亡意见不统一,宣告死亡。
宣告死亡	①下落不明满四年; ②意外事故下落不明,从事故发生之日起满两年; ③经有关机关证明不可能生存的,可立刻申请。	一切利害关系人无顺序限制。	家破人亡,妻离子散。	①返还财产; ②配偶未再婚,婚姻关系自行恢复; ③子女未被收养,关系自行恢复。	

[历年真题] 关于宣告死亡,下列哪些选项是正确的?(2011年卷三51题)
A. 宣告死亡的申请人有顺序先后的限制
B. 有民事行为能力人在被宣告死亡期间实施的民事行为有效
C. 被宣告死亡的人与其配偶的婚姻关系因死亡宣告的撤销而自行恢复
D. 被撤销死亡宣告的人有权请求依《继承法》取得其财产者返还原物或给予适当补偿

【答案】 D

【考点】 宣告死亡

【解析】 《民法总则》第47条规定:"对同一自然人,有的利害关系人申请宣告死亡,有的利害关系人申请宣告失踪,符合本法规定的宣告死亡条件的,人民法院应当宣告死亡。"从此法条可以看出宣告死亡的申请人没有顺序先后的限制,故选项A错误。

《民法总则》第49条规定:"自然人被宣告死亡但是并未死亡的,不影响该自然人在被宣告死亡期间实施的民事法律行为的效力。"

《民法总则》第51条规定:"被宣告死亡的人的婚姻关系,自死亡宣告之日起消灭。死亡宣告被撤销的,婚姻关系自撤销死亡宣告之日起自行恢复,但是其配偶再婚或者向婚姻登记机关书面声明不愿意恢复的除外。"故选项C错误。

《民法总则》第53条规定:"被撤销死亡宣告的人有权请求依照继承法取得其财产的民事主体返还财产。无法返还的,应当给予适当补偿。利害关系人隐瞒真实情况,致使他人被宣告死亡取得其财产的,除应当返还财产外,还应当对由此造成的损失承担赔偿责任。"故选项D正确。

二、法人

(一) 法人的概念与特征

1. 法人的概念

法人是具有民事权利能力和民事行为能力,依法独立享有民事权利和承担民事义务的组织。这种组织可以是人的结合团体,也可以是依特殊目的所组织的团体。

2. 法人的特征

(1) 法人人格独立。法人一经成立,即具有独立的法律人格,能够以自己的名义参加民事活动,这一特征也是法人的人格独立于其成员或创立人人格的明证。

(2) 独立的财产。法人的财产独立于法人出资人和股东的财产,出资人通过转移出资财产的所有权来换取法人的股权。

(3) 独立的责任。法人以其全部财产对外承担无限责任,而法人成员以其出资额为限对法人的债务承担有限责任。

(二) 合伙企业

依据《合伙企业法》第2条规定:"本法所称合伙企业,是指自然人、法人和其他组织依照本法在中国境内设立的普通合伙企业和有限合伙企业。"合伙企业又分为普通合伙企业和有限合伙企业。

普通合伙企业由普通合伙人组成,合伙人对合伙企业债务承担无限连带责任。其中,国有独资公司、国有企业、上市公司以及公益性的事业单位、社会团体不得成为普通合伙人。

1. 普通合伙企业设立的条件

(1) 有两个以上的合伙人。合伙人为自然人的,应当具有完全民事行为能力;

(2) 有书面合伙协议;

(3) 有合伙人认缴或者实际缴付的出资;

(4) 有合伙企业的名称和生产经营场所;

(5) 法律、行政法规规定的其他条件。

2. 合伙企业债务承担

(1) 合伙企业对其债务,应先以其全部财产进行清偿。

(2) 合伙企业不能清偿到期债务的,合伙人承担无限连带责任。

有限合伙企业由普通合伙人和有限合伙人组成,普通合伙人对合伙企业债务承担无限连带责任,有限合伙人以其认缴的出资额为限对合伙企业债务承担责任。

其他有关合伙企业的内容,结合《合伙企业法》的内容复习掌握。

[历年真题] 1. 甲企业是由自然人安琚与乙企业(个人独资)各出资50%设立的普通合

伙企业,欠丙企业货款 50 万元,由于经营不善,甲企业全部资产仅剩 20 万元。现所欠货款到期,相关各方因货款清偿发生纠纷。对此,下列哪一表述是正确的?(2016 年卷三 2 题)

A. 丙企业只能要求安琚与乙企业各自承担 15 万元的清偿责任
B. 丙企业只能要求甲企业承担清偿责任
C. 欠款应先以甲企业的财产偿还,不足部分由安琚与乙企业承担无限连带责任
D. 就乙企业对丙企业的应偿债务,乙企业投资人不承担责任

【答案】 C

2. 甲以自己的名义,用家庭共有财产捐资设立以资助治疗麻风病为目的的基金会法人,由乙任理事长。后因对该病的防治工作卓有成效,使麻风病几乎绝迹,为实现基金会的公益性,现欲改变宗旨和目的。下列哪一选项是正确的?(2015 年卷三 1 题)

A. 甲作出决定即可,因甲是创始人和出资人
B. 乙作出决定即可,因乙是法定代表人
C. 应由甲的家庭成员共同决定,因是用家庭共有财产捐资的
D. 应由基金会法人按照程序申请,经过上级主管部门批准

【答案】 D

【考点】 基金会法人

【解析】 本题考查基金会法人。学理上将法人分为公法人和私法人。依据成立的基础,私法人分为社团法人和财团法人。其中基金会法人属于财团法人。根据财团法人的基本原理,财团法人的本质是财产的集合而非人的集合,因此,财团法人只有管理机关而没有意思机关。据此,甲在捐资后,捐资的财产与甲及其家庭成员无关,甲及其家庭成员不得干涉基金会的决策。选项 A、选项 C 不当选。

《基金会管理条例》第 21 条第 1 款规定:"理事会是基金会的决策机构,依法行使章程规定的职权。"第 3 款规定:"下列重要事项的决议,须经出席理事表决,2/3 以上通过方为有效:(一) 章程的修改;(二) 选举或者罢免理事长、副理事长、秘书长;(三) 章程规定的重大募捐、投资活动;(四) 基金会的分立、合并。"故选项 B 错误,不当选。

《基金会管理条例》第 15 条第 2 款规定:"基金会修改章程,应当征得其业务主管单位的同意,并报登记管理机关核准。"为了确保基金会法人的公益目的,必须通过监管部门的批准才能改变基金会法人的目的。故选项 D 正确,当选。

3. 关于法人,下列哪一表述是正确的?(2012 年卷三 2 题)

A. 社团法人均属营利法人
B. 基金会法人均属公益法人
C. 社团法人均属公益法人
D. 民办非企业单位法人均属营利法人

【答案】 B

【解析】 依照成立的依据,法人分为公法人与私法人。私法人又分为社团法人与财团法人。以人的结合为基础成立的法人为社团法人,比如公司企业;以目的财产为基础成立的法人为财团法人,比如基金会法人。另外,社团法人又可分为营利法人、公益法人与中间法人。以将法人经营所得分配给成员为目的而成立的法人为营利法人,不以将法人经营所得分配给成员为目的,而是以从事公益为目的的法人称为公益法人,介乎于二者之间的为中间法人。财团法人均为公益法人。在我国,基金会法人属于财团法人。故选项 A 错误;选项 B 正确,选项 C 错误。

《民法通则》将法人分为四种：企业法人、机关法人、事业单位法人、社会团体法人。民办非企业法人有的属于事业单位，为公益法人；有的属于社会团体法人，为公益法人或者中间法人。故选项D错误。

（三）法人机关与法人分支机构

1. 法人机关

法人机关是根据法律或者法人章程的规定，对内管理法人事务或者对外代表法人从事民事活动的个人或集体。

法人的类型不同，法人的机关也有所不同。作为财团法人的基金会，通常只设董事会或者理事会作为管理机关；而公司制企业法人的机关一般由权力机关、执行机关和监督机关组成。以有限责任公司为例，其法人机关有股东会、董事会和监事会。意思机关和权力机关不是每个法人都有的法人机关，但是每个法人都有执行机关。

2. 法定代表人、法人成员与法人工作人员

法人的主要负责人就是法人的法定代表人。依照我国《公司法》的规定，公司法定代表人依照公司章程的规定，由董事长、执行董事或者经理担任。法定代表人代表法人对外进行民事活动或代表法人进行诉讼。

法人的成员是指法人的组成人员，但并非所有法人均有法人成员，在以一定目的的财产为其成立基础的财团法人中，是没有法人成员的。只有社团法人才有法人成员，以公司为例，股东即其法人成员。

法人工作人员是指与法人存在劳动合同关系的人，法人工作人员不同于法人成员。另外，法定代表人可以授权法人工作人员或者其他民事主体作为法人的代理人，对外进行民事活动或进行诉讼。

[历年真题] 王某是甲公司的法定代表人，以甲公司名义向乙公司发出书面要约，愿以10万元价格出售甲公司的一块清代翡翠。王某在函件发出后2小时意外死亡，乙公司回函表示愿意以该价格购买。甲公司新任法定代表人以王某死亡，且未经董事会同意为由拒绝。关于该要约，下列哪一表述是正确的？（2011年卷三3题）

A. 无效　　　　B. 效力待定　　　　C. 可撤销　　　　D. 有效

【答案】 D

【解析】《民通意见》第58条规定："企业法人的法定代表人和其他工作人员，以法人名义从事的经营活动，给他人造成经济损失的，企业法人应当承担民事责任。"与《合同法》第50条规定："法人或者其他组织的法定代表人、负责人超越权限订立的合同，除相对人知道或者应当知道其超越权限的以外，该代表行为有效。"可知，法定代表人是代表法人行使权限的法定机关，即使其代表法人所从事的民事行为超越权限，该代表行为依然有效，法人应当对外承担相应责任。因此，本题中，王某生前作为甲公司的法定代表人，有权对外代表公司，其以甲公司名义向乙公司发出的出售清代翡翠的书面要约行为，即使未经董事会同意，超越其代表权限，该要约行为依然有效，因此选项D正确，选项A、B错误。

关于要约的撤销，根据《合同法》第18条的规定："要约可以撤销。撤销要约的通知应当在受要约人作出承诺通知之前到达受要约人。"以及《合同法》第25条规定："承诺生效时合同成立。"可知，要约虽然可以撤销，但是要约人发出撤销要约的通知必须在受要约人作出承诺之前，一旦受要约人发出有效的承诺，合同就成立了，要约人无法单方面变更合同。因此，王某

作为甲公司的法定代表人向乙公司发出有效要约后,乙公司在合理期限内作出了有效的承诺,合同已经成立,甲公司的新任法定代表人不可以撤销要约,故选项 C 错误。

3. 法人分支机构

法人的分支机构是法人的组成部门,它是法人在某一区域设置的完成法人部分职能的业务活动机构。最典型的就是《公司法》中规定的分公司。分公司不同于子公司,分公司是法人的组成部门,不具有独立的人格、财产与责任能力,但是子公司作为独立的法人,则可以独立进行民事活动,独立承担民事责任。

法人的分支机构具有相对独立的地位。法人的分支机构经法人授权并进行登记,可以成为独立的民事主体,可以对外进行各项民事活动,法人的分支机构还可以在法人的授权范围内以自己的名义参与民事诉讼。但法人分支机构进行民事活动所发生的债务和责任,最终均由法人负责。

(四) 法人的设立、变更与消灭

1. 法人设立的条件

① 依法成立,作为设立中的法人,其成立必须合法。

② 有必要的财产和经费或必要的经费来源,这是法人得以独立承担民事责任的财产保障。

③ 有自己的名称、组织机构和场所。

④ 满足法律规定的其他条件。

注意:① 设立中的法人本身并非法人,设立中的法人作为其他组织的一种,须以自己的名义进行民事活动。在取得法人资格前,适用合伙的相关规则,其成员对设立中的法人承担无限连带责任。

② 任何以法人名义进行的经营行为无效,但是以法人进行的设立行为有效。

③ 设立成功后,法人取得民事权利能力,同时取得民事行为能力。法人的民事权利能力与民事行为能力范围一致。

2. 法人的变更

法人的变更是指法人在存续期间内,法人的组织机构、性质、活动范围、财产或名称、住所等重要事项发生的变动。法人的变更应向工商行政管理部门、民政部门等办理变更登记。关于法人组织的变更,主要参照《公司法》的相关内容,此处不再详细说明。

3. 法人的终止

法人的终止是指从法律上消灭法人的民事主体资格。法人终止的原因有:依法被撤销、法人被解散、法人目的实现以及其他原因。

在解散之后终止之前,必须对法人进行清算。在清算期间,法人的权利能力依然存在但受到一定限制,此时清算状态中的法人只能进行与清算相关的活动,否则,无效。

在清算结束后,对法人进行注销登记。法人被注销后,即丧失权利能力和行为能力,以其名义进行的民事活动无效。

三、其他组织

作为民事法律关系中的主体包括自然人、法人和其他组织。在其他组织当中主要有合伙组织、法人的分支机构。法人的分支机构已经在法人那一部分当中进行了专门讲述,下面主要讲述合伙组织的相关知识。

合伙是指自然人、法人或者其他组织订立合伙合同,共同出资、合伙经营、共享收益、共担风险的营利性组织。合伙属于其他组织的重要类型,是民事主体,得以自己的名义进行民事活动。合伙组织主要包括个人合伙和合伙企业。关于合伙企业在《合伙企业法》中会作具体说明,此处重点学习个人合伙。

(一)个人合伙与合伙企业

1. 个人合伙的概念

个人合伙是指两个以上的自然人按照协议,各自提供资金、实物、技术等,共同经营,共同劳动;合伙企业是指自然人、法人或者其他组织按照《合伙企业法》在中国境内设立的有限合伙企业和普通合伙企业。

合伙企业分为普通合伙企业和有限合伙企业。普通合伙企业是指由普通合伙人组成,全体合伙人对合伙企业债务承担无限连带责任的合伙组织;有限合伙企业是指由普通合伙人和有限合伙人组成的,其中普通合伙人对合伙企业债务承担无限连带责任,有限合伙人以其认缴的出资额为限对企业债务承担有限责任的合伙组织。

2. 个人合伙的认定

个人合伙的成立不同于合伙企业,它具有简易性。体现在:

(1)可以不订立书面协议,可以不经过工商登记,只要具备合伙的其他条件,又有两个以上利害关系人证明有口头合伙协议的,人民法院可以认定为合伙关系。

(2)没有口头协议,但只要提供资金或者实物,并约定参与合伙盈余分配,即使不参与合伙经营、劳动的,也视为合伙人;或者仅提供技术性劳务而不提供资金、实物,但约定参与盈余分配的,也视为合伙人。

3. 个人合伙中合伙人之间的关系

只要认定合伙关系成立以及合伙人身份具备,则各个合伙人对外,就合伙经营的亏损承担连带责任;对内则应当按照协议约定的债务承担比例或者技术性劳务折抵的出资比例承担;协议未规定债务承担比例或者出资比例的,可以按照约定或者合伙人实际的盈余分配比例承担;没有盈余分配比例的,按其余合伙人平均投资比例承担。

[历年真题] 王东、李南、张西约定共同开办一家餐馆,王东出资20万元并负责日常经营,李南出资10万元,张西提供家传菜肴配方,但李南和张西均只参与盈余分配而不参与经营劳动。开业两年后,餐馆亏损严重,李南撤回了出资,并要求王东和张西出具了"餐馆经营亏损与李南无关"的字据。下列哪一选项是正确的?(2009年卷三2题)

A. 王东、李南为合伙人,张西不是合伙人　　B. 王东、张西为合伙人,李南不是合伙人
C. 王东、李南、张西均为合伙人　　D. 王东和张西所出具的字据无效

【答案】C

【解析】《民法通则》第30条规定:"个人合伙是指两个以上公民按照协议,各自提供资金、实物、技术等,合伙经营,共同劳动。"

《民通意见》第46条规定:"公民按照协议提供资金或者实物,并约定参与合伙盈余分配,但不参与合伙经营、劳动的,或者提供技术性劳务而不提供资金、实物,但约定参与盈余分配的,视为合伙人。"

根据上述规定可知,《民通意见》第46条对《民法通则》第30条规定的共同劳动、共同经

营作了扩大解释,即仅出资不劳动、不经营者,也可以作为合伙人。本题中,李南和张西虽然不参与经营和劳动,但是他们参与合伙的盈余分配,属于合伙人,因此,王东、李南和张西都是合伙人,选项 C 正确,选项 A、B 说法错误。

王东和张西出具的"餐馆经营亏损与李南无关"的字据,属于合伙人之间的内部约定,该约定是有效的,但是仅在其内部有效,对外不产生约束力。因此,选项 D 错误。

第二节 自然人的人格权

一、一般人格权

一般人格权指自然人对人格平等、人格自由、人格独立、人格尊严等一般人格利益予以支配,并排斥他人干涉的权利。我国《精神损害赔偿解释》第 1 条的规定涉及了一般人格权的保护,即人的自由与尊严受法律保护。

二、具体人格权

(一) 生命权、健康权、身体权

1. 生命权

生命权是指自然人以其生命维持和安全利益为内容的人格权。我国《民法通则》第 98 条规定:"公民享有生命健康权。"这里的生命健康权,实际上是生命权、健康权与身体权的总称。

生命是生物体所具有的活动能力,而法律意义上的生命,仅指自然人的生命,是人体维持生存的基本的物质活动能力。生命是不可以替代和不可逆转的,是人得以存在的体现,是公民享有权利和承担义务的前提和基础,是自然人的最高人格利益。

生命对于人的根本利益,使得维护人之生命安全成为法律的根本任务之一,反映到民法上,便是确认和维护自然人的生命权,保障生命不受非法剥夺,保障生命在受到各种威胁时能得到积极维护,从而维护人生命活动的延续,保障公民最高的人格利益。

生命权是自然人的一项根本的人格权,它在维护自然人的生命安全的同时,也成为自然人享有其他人格权的前提和基础。公民的各项人格权均以公民的生存为前提,一旦公民的生命权遭到侵害而丧失生命,则其他人格权也不复存在。

生命权作为自然人对生命利益支配的权利,自然人是否可以放弃自己的生命权是理论上一直讨论的问题,最具典型意义的就是"安乐死"。

安乐死有"好的死亡"或"无痛苦死亡"的含意,是一种给予患有不治之症的人以无痛楚,或更严谨而言"尽量减小痛苦的"致死的行为或措施,一般用于在个别患者出现了无法医治的长期显性病症,因病情到了晚期或无法医治,对病人造成极大的负担,不愿再受病痛折磨而采取的了结生命的措施,经过医生和病人双方同意后进行,为减轻痛苦而进行的提前死亡。

中国学界的定义指患不治之症的病人在垂危状态下,由于精神和躯体的极端痛苦,在病人及其亲友的要求下,经医生认可,用人道方法使病人在无痛苦状态中结束生命的过程。

安乐死的理论和实践都有很长久的历史。斯巴达人为了保持健康与活力,处死生来就存在病态的儿童。亚里士多德曾在其著作中表示支持这种做法。在《理想国》一书中,柏拉图赞成把自杀作为解除无法治疗的痛苦的一种办法。16 世纪后人道主义的兴起,从天赋人权的基本思想出发,并不提倡安乐死。安乐死的再次提出,并大肆宣传和广泛推行,发生在 20 世纪

30年代的纳粹德国。1987年荷兰通过一项有严格限制的法律条文,允许医生为患有绝症的病人实行安乐死。

安乐死至今没有在大多数国家合法化,中国亦是禁止实施安乐死的。

[历年真题] 下列哪一情形构成对生命权的侵犯?(2016年卷三22题)
A. 甲女视其长发如生命,被情敌乙尽数剪去
B. 丙应丁要求,协助丁完成自杀行为
C. 戊为报复欲致己于死地,结果将己打成重伤
D. 庚医师因误诊致辛出生即残疾,辛认为庚应对自己的错误出生负责

【答案】 C

2. 健康权

健康权是指自然人维持其生理机能正常运行和功能正常发挥,从而维持其生命活动的人格权。

3. 身体权

身体权是自然人对其肢体、器官及其他组织的完整性所享有的人格权。在司法考试中,侵权人实施加害行为,致使受害人身体的完整性遭受破坏的,即构成对身体权的侵犯。

注意:生命权、身体权、健康权的辨析。

(1)生命权关系人的存活,在现实生活中,侵害人的健康或者身体权的,不一定侵害到生命。例如,将人的胳膊打断,侵害的仅仅是身体权,被侵害人可能还很健康,生命也没有问题。

(2)健康权,着眼于人的各种生理机能的协调与发挥。身体权则着眼于人体组织器官的完整性。有些侵害身体权的行为不一定会侵害健康权;有些侵害身体权的行为会同时侵害健康权。

[历年真题] 张某因病住院,医生手术时误将一肾脏摘除。张某向法院起诉,要求医院赔偿治疗费用和精神损害抚慰金。法院在审理期间,张某因术后感染医治无效死亡。关于此案,下列哪些说法是正确的?(2010年卷三69题)
A. 医院侵犯了张某的健康权和生命权
B. 张某继承人有权继承张某的医疗费赔偿请求权
C. 张某继承人有权继承张某的精神损害抚慰金请求权
D. 张某死后其配偶、父母和子女有权另行起诉,请求医院赔偿自己的精神损害

【答案】 ABCD

【考点】 身体权、健康权、生命权、精神损害赔偿

【解析】 《民法通则》第98条规定:"公民享有生命健康权。"生命权指自然人享有的以生命安全、生命维持为内容的人格权。健康权指自然人以其身体生理机能、心理机能的健全正常运作和功能正常发挥,进而维持人体生命活动为内容的人格权。医院误将张某的肾脏摘除,侵犯了张某的健康权;张某术后感染医治无效死亡,按照《侵权责任法》第54条的规定:"患者在诊疗活动中受到损害,医疗机构及其医疗人员有过错的,由医疗机构承担赔偿责任。"属于职务侵权,侵权责任由医院对外承担,故选项A正确。

《侵权责任法》第16条规定:"侵害他人造成人身损害的,应当赔偿医疗费、护理费、交通费等为治疗和康复支出的合理费用,以及因误工减少的收入。造成残疾的,还应当赔偿残疾生活辅助具费和残疾赔偿金。造成死亡的,还应当赔偿丧葬费和死亡赔偿金。"据此,张某对医

疗机构享有赔偿医疗费的损害赔偿请求权,同时,该赔偿请求权属于财产权,不具有专属性,张某死亡后,其继承人有权继承张某的医疗费赔偿请求权。故选项 B 正确。

《人身损害赔偿解释》第 1 条第 1 款规定:"因生命、健康、身体遭受损害,赔偿权利人起诉赔偿义务人赔偿财产损失和精神损害的,人们法院应予受理。"医院侵犯了张某的健康权和身体权,张某可以对医院主张精神损害赔偿。《人身损害赔偿解释》第 18 条第 2 款规定:"精神损害抚慰金的请求权,不得让与或者继承。但赔偿义务人已经以书面方式承诺给予金钱赔偿,或者赔偿权利人已经向人民法院起诉的除外。"张某已就精神损害赔偿提起诉讼,张某死亡后,其近亲属有权继承该精神损害赔偿请求权,故选项 C 正确。

《精神损害赔偿解释》第 7 条规定:"自然人因侵权行为致死,或者自然人死亡后其人格或者遗体遭受侵害,死者的配偶、父母和子女向人民法院起诉请求赔偿精神损害的,列其配偶、父母、子女为原告;没有配偶、父母、子女的,可以由其近亲属提起诉讼,列其他近亲属为原告。"可知张某死后其配偶、父母和子女有权向法院起诉请求医院赔偿自己的精神损害,故选项 D 正确。

(二) 姓名权

《民法通则》第 99 条规定:"公民享有姓名权,有权决定、使用和依照规定改变自己的姓名,禁止他人干涉、盗用、假冒。"

1. 姓名权的内容

姓名权的内容主要包括三项:① 姓名决定权;② 姓名使用权;③ 姓名变更权。

2. 侵犯姓名权的行为

依照《民法通则》第 99 条的规定,侵犯姓名权的行为主要包括:(1) 干涉行为,指妨害、阻碍他人行使姓名权的行为。例如,强迫他人放弃其笔名或者艺名。(2) 盗用行为,即未经权利人许可,为谋取不正当利益,擅自使用他人姓名的行为。(3) 假冒行为,即冒名顶替,冒充他人进行活动的行为,例如冒用他人姓名发表作品的行为。

注意:侵犯姓名权的行为包括干涉、盗用、假冒。除此以外,其他使用他人姓名的行为不构成对他人姓名权侵犯的行为。例如,在那英演唱会上,高呼那英名字的行为,不构成对他人姓名权的侵犯。

[历年真题] 甲到乙医院做隆鼻手术,效果很好。乙为了宣传,分别在美容前后对甲的鼻子进行拍照(仅见鼻子和嘴部),未经甲同意将照片发布到丙网站的广告中,介绍该照片时使用了甲的真实姓名。丙网站在收到甲的异议后,立即作了删除。下列哪一说法是正确的?(2011 年卷三 24 题)

A. 乙医院和丙网站侵犯了甲的姓名权,应承担连带赔偿责任
B. 乙医院和丙网站侵犯了甲的姓名权,应承担按份赔偿责任
C. 乙医院侵犯了甲的姓名权
D. 乙医院和丙网站侵犯了甲的姓名权和肖像权,但丙网站可免予承担赔偿责任

【答案】 C

【考点】 肖像权、姓名权、网络侵权

【解析】 《侵权责任法》第 36 条第 2 款规定:"网络用户利用网络服务实施侵权行为的,被侵权人有权通知网络服务提供者采取删除、屏蔽、断开链接等必要措施。网络服务提供者接到通知后未及时采取必要措施的,对损害的扩大部分与该网络用户承担连带责任。"乙医院的

行为构成利用网络侵犯甲的姓名权,但网络服务提供者丙网站接到权利人的侵权通知后,及时作了删除,采取了必要措施,因此丙网站的行为不构成侵权,不承担侵权责任。故选项 A 错误、选项 B 错误。

《民法通则》第 99 条规定:"公民享有姓名权,有权决定、使用和依照规定改变自己的姓名,禁止他人干涉、盗用、假冒。"乙医院未经允许,擅自将甲的姓名用于广告,属于盗用姓名,侵犯了甲的姓名权,故选项 C 正确。

选项 D 中,《民法通则》第 100 条规定规定:"公民享有肖像权,未经本人同意,不得以营利为目的使用公民的肖像。"《民通意见》第 139 条规定:"以营利为目的,未经公民同意利用其肖像做广告、商标、装饰橱窗等,应当认定为侵犯公民肖像权的行为。"可知未经允许,以营利为目的使用自然人肖像的行为构成侵权。但医院使用的照片仅见甲的鼻子和嘴部,并不构成完整的肖像。乙医院的行为未侵犯甲的肖像权,故选项 D 错误。

(三)肖像权

《民法通则》第 100 条规定:"公民享有肖像权,未经本人同意,不得以营利为目的使用公民的肖像。"

《民通意见》第 139 条规定:"以营利为目的,未经公民同意利用其肖像做广告、商标、装饰橱窗等,应当认定为侵犯公民肖像权的行为。"

肖像权,是指个人的面部肖像、真实形象通过照相、绘画、录像等艺术方式表现出来的物质形态的制作权与使用权。

侵犯肖像权的构成要件:① 未经允许,擅自使用他人肖像;② 以营利为目的。所以不以营利为目的而使用他人肖像的行为,不属于侵犯肖像权的行为。

[历年真题] 某"二人转"明星请某摄影爱好者为其拍摄个人写真,摄影爱好者未经该明星同意将其照片卖给崇拜该明星的广告商,广告商未经该明星、摄影爱好者同意将该明星照片刊印在广告单上。对此,下列哪一选项是正确的?(2010年卷三22题)

A. 照片的著作权属于该明星,但由摄影爱好者行使
B. 广告商侵犯了该明星的肖像权
C. 广告商侵犯了该明星的名誉权
D. 摄影爱好者卖照片给广告商,不构成侵权

【答案】 B
【考点】 委托作品的著作权归属、肖像权、名誉权、共同侵权
【解析】《著作权法》第 17 条规定:"受委托创作的作品,著作权的归属由委托人和受托人通过合同约定。合同未作明确约定或者没有订立合同的,著作权属于受托人。"该明星的个人写真属于委托作品,双方没有约定著作权的归属,故照片的著作权属于受托人某摄影爱好者,故选项 A 错误。

《民法通则》第 100 条规定:"公民享有肖像权,未经本人同意,不得以营利为目的使用公民的肖像。"本题中,广告商未经允许,以营利为目的使用明星的肖像,侵犯了其肖像权,故选项 B 正确。

《民法通则》第 101 条规定:"公民、法人享有名誉权,公民的人格尊严受法律保护,禁止用侮辱、诽谤等方式损害公民、法人的名誉。"本题中,广告商没有实施侮辱或者诽谤行为,不会造成该明星的社会评价降低,不构成对名誉权的侵权。故选项 C 错误。

尽管摄影爱好者拥有照片的著作权,但该照片涉及自然人的肖像,著作权的使用应受到限制,摄影爱好者未经"二人转"作者的同意擅自将照片卖给广告商,且以营利为目的,构成侵权,故选项 D 错误。

(四) 名誉权

《民法通则》第 101 条规定:"公民、法人享有名誉权,公民的人格尊严受法律保护,禁止用侮辱、诽谤等方式损害公民、法人的名誉。"

名誉权,是指自然人或者法人对自己在社会生活中获得的社会评价、人格尊严享有的不受侵犯的人格权。

1. 侵犯名誉权的构成要件

(1) 行为人实施了侮辱、诽谤行为。诽谤,即捏造并散布虚假事实。侮辱行为包括:暴力侮辱、口头侮辱和动作侮辱以及文字侮辱等。

(2) 侮辱、诽谤行为针对的对象是特定的。

(3) 侮辱、诽谤行为被他人知悉。

(4) 受害人的社会评价因侵害人的行为而降低。

[历年真题] 甲女委托乙公司为其拍摄一套艺术照。不久,甲女发现丙网站有其多张半裸照片,受到众人嘲讽和指责。经查,乙公司未经甲女同意,将其照片上传到公司网站做宣传,丁男下载后将甲女头部移植至他人半裸照片,上传到丙网站。下列哪些说法是正确的? (2011 年卷三 66 题)

A. 乙公司侵犯了甲女的肖像权
B. 丁男侵犯了乙公司的著作权
C. 丁男侵犯了甲女的名誉权
D. 甲女有权主张精神损害赔偿

【答案】 ABCD

【考点】 肖像权、名誉权、委托作品著作权的归属、精神损害赔偿

【解析】 《民通意见》第 139 条规定:"以营利为目的,未经公民同意利用其肖像做广告、商标、装饰橱窗等,应当认定为侵犯公民肖像权的行为。"乙公司未经允许,擅自以营利为目的利用甲女的肖像做广告,侵犯了甲女的肖像权。故选项 A 正确。

在选项 B 中,该照片属于委托作品。《著作权法》第 17 条规定:"受委托创作的作品,著作权的归属由委托人和受托人通过合同约定。合同未作明确约定或者没有订立合同的,著作权属于受托人。"据此,该照片的著作权属于乙公司。同时,根据《著作权法》第 10 条的规定,丁男将照片中甲女头部移植至他人半裸照片的行为,属于对照片的歪曲和篡改,侵犯了乙公司的保护作品完整权,也构成对乙公司著作权中复制权、信息网络传播权的侵犯。故选项 B 正确。

《民法通则》第 101 条规定:"公民、法人享有名誉权,公民的人格尊严受法律保护,禁止用侮辱、诽谤等方式损害公民、法人的名誉。"丁男将甲女头部移植至他人半裸照片的行为属于侮辱行为,该侮辱行为导致甲女的社会评价降低,名誉遭受损害。故选项 C 正确。

《侵权责任法》第 22 条规定:"侵害他人人身权益,造成他人严重精神损害的,被侵权人可以请求精神损害赔偿。"以及根据《精神损害赔偿解释》第 1 条、第 8 条的规定,侵害自然人的名誉权,造成严重后果的,受害人有权主张精神损害赔偿。故选项 D 正确。

(五) 隐私权

隐私权,是自然人的自由权在司法上的保护,是指自然人所享有的私人生活领域以及私人信息不受侵扰的人格权。隐私权是一种很重要的权利,在美国,这种权利被认为是一种宪法

权利。

1. 侵害隐私权的行为：

（1）窃取、刺探他人隐私。

（2）未经允许，擅自公开、披露他人隐私。

（3）侵入、打扰他人的私人生活领域，例如擅自闯入他人住宅。

（4）妨害他人的私生活安宁，如打骚扰电话、无故跟踪他人。

（5）侵害他人的个人信息、通信秘密等。

2. 侵害隐私权的法律救济

（1）对公民的隐私权构成侵害的，受害人有权要求加害人停止侵害，恢复名誉，消除影响，赔礼道歉，并可以主张精神损害赔偿。

（2）非法披露、利用死者隐私，或者以违反社会公共利益、社会公德的其他方式侵害死者隐私的，死者近亲属也可以向人民法院起诉要求精神损害赔偿。

[历年真题] 张某毕业要去外地工作，将自己贴身的生活用品、私密照片及平板电脑等装箱交给甲快递公司运送。张某在箱外贴了"私人物品，严禁打开"的字条。张某到外地收到快递后察觉有异，经查实，甲公司工作人员李某曾翻看箱内物品，并损坏了平板电脑。下列哪些选项是正确的？（2015年卷三66题）

A. 甲公司侵犯了张某的隐私权

B. 张某可请求甲公司承担精神损害赔偿责任

C. 张某可请求甲公司赔偿平板电脑的损失

D. 张某可请求甲公司和李某承担连带赔偿责任

【答案】 AC

【考点】 隐私权、用人单位侵权

【解析】 隐私权是指自然人所享有的个人信息、个人私事和个人领域不受他人侵犯的权利。甲公司员工李某偷看了张某的私密照片，侵犯了张某的隐私权，故选项A正确。

《精神损害赔偿解释》第8条第1款规定："因侵权致人精神损害，但未造成严重后果，受害人请求赔偿精神损害的，一般不予支持，人民法院可以根据情形判令侵权人停止侵害、恢复名誉、消除影响、赔礼道歉。"可知，受害人主张精神损害赔偿需要损害达到一定程度，即造成严重后果才可主张精神损害赔偿。李某只是偷看了张某的私密照片，并未给张某造成严重后果，张某无权请求甲公司承担精神损害赔偿责任。故选项B错误。

李某作为甲公司的工作人员，私自翻看箱内物品，并造成了平板电脑的损坏，张某有权请求甲公司赔偿平板电脑的损失。故选项C正确。

《侵权责任法》第34条第1款规定："用人单位的工作人员因执行工作任务造成他人损害的，由用人单位承担侵权责任。"可知，用人单位的工作人员造成他人损害的，由用人单位承担无过错责任，而不是用人单位与工作人员承担连带责任。故选项D错误。

（六）荣誉权

《民法通则》第102条规定："公民、法人享有荣誉权，禁止非法剥夺公民、法人的荣誉称号。"

荣誉权是指公民、法人或其他组织所享有的，因自己的突出贡献或特殊劳动成果而获得光荣称号或其他荣誉的权利。

1. 荣誉权与名誉权的区别

（1）二者的范围不同。荣誉并非每个社会成员都能取得,只有某些作出了突出贡献或者取得重大成果的人才会获得荣誉称号,因而具有专属性;而名誉是每个公民都享有的,具有普遍性。

（2）取得的方式不同。荣誉的取得必须经过特定的程序,由国家机关或社会组织给予表彰的方式授予;名誉则是法律赋予每个公民、法人的,其取得不需要履行任何程序手续。

（3）**客体内容不同**。名誉是社会对每一公民的品德、才干、生活作风等各方面因素的综合评价;而荣誉则是对作出突出贡献的公民、法人的一种褒扬和嘉奖。

（4）**消灭的要求不同**。荣誉权的丧失是由授予单位基于法定事由给予剥夺;名誉权则无法被剥夺或受到限制。

2. 侵害荣誉权的法律救济

公民、法人或其他组织的荣誉权受到侵害的,有权要求停止侵害,恢复名誉,消除影响,赔礼道歉,公民还可以主张精神损害赔偿。法人或其他组织不能以名誉权等人格权受到侵害为由主张精神损害赔偿。

三、精神损害赔偿

[**相关法条**]

《精神损害赔偿解释》

第1条 自然人因下列人格权利遭受非法侵害,向人民法院起诉请求赔偿精神损害的,人民法院应当依法予以受理:

（一）生命权、健康权、身体权;

（二）姓名权、肖像权、名誉权、荣誉权;

（三）人格尊严权、人身自由权。

违反社会公共利益、社会公德侵害他人隐私或者其他人格利益,受害人以侵权为由向人民法院起诉请求赔偿精神损害的,人民法院应当依法予以受理。

第3条 自然人死亡后,其近亲属因下列侵权行为遭受精神痛苦,向人民法院起诉请求赔偿精神损害的,人民法院应当依法予以受理:

（一）以侮辱、诽谤、贬损、丑化或者违反社会公共利益、社会公德的其他方式,侵害死者姓名、肖像、名誉、荣誉;

（二）非法披露、利用死者隐私,或者以违反社会公共利益、社会公德的其他方式侵害死者隐私;

（三）非法利用、损害遗体、遗骨,或者以违反社会公共利益、社会公德的其他方式侵害遗体、遗骨。

第6条 当事人在侵权诉讼中没有提出赔偿精神损害的诉讼请求,诉讼终结后又基于同一侵权事实另行起诉请求赔偿精神损害的,人民法院不予受理。

第7条 自然人因侵权行为致死,或者自然人死亡后其人格或者遗体遭受侵害,死者的配偶、父母和子女向人民法院起诉请求赔偿精神损害的,列其配偶、父母和子女为原告;没有配偶、父母和子女的,可以由其他近亲属提起诉讼,列其他近亲属为原告。

第8条 因侵权致人精神损害,但未造成严重后果,受害人请求赔偿精神损害的,一般不予支持,人民法院可以根据情形判令侵权人停止侵害、恢复名誉、消除影响、赔礼道歉。

因侵权致人精神损害,造成严重后果的,人民法院除判令侵权人承担停止侵害、恢复名誉、消除影响、赔礼道歉等民事责任外,可以根据受害人一方的请求判令其赔偿相应的精神损害抚慰金。

(一) 精神损害赔偿的适用范围

1. 一般人格权。法律依据《精神损害赔偿解释》第1条第1款第3项。
2. 具体人格权。依据《精神损害赔偿解释》的规定,具体人格权包括生命权、健康权、身体权、姓名权、肖像权、名誉权、荣誉权、隐私权。
3. 死者的姓名、肖像、名誉、荣誉、隐私、遗体等人格利益。

(二) 精神损害赔偿的排除情形

1. 法人、其他组织的人格权受到侵害的。
2. 当事人在侵权诉讼中没有提出赔偿精神损害的诉讼请求,诉讼终结后又基于同一侵权事实另行起诉请求赔偿精神损害的。(《精神损害赔偿解释》第6条)
3. 在加害给付中,被侵权人提起违约之诉而未提起侵权之诉的,不能主张精神损害赔偿。
4. 因侵权致人精神损害,但未造成严重后果的,受害人请求精神损害赔偿的,一般不予支持。(《精神损害赔偿解释》第8条)

[历年真题] 欣欣美容医院在为青年女演员欢欢实施隆鼻手术过程中,因未严格消毒导致欢欢面部感染,经治愈后,面部仍留下较大疤痕。欢欢因此诉诸法院,要求欣欣医院赔偿医疗费并主张精神损害赔偿。该案受理后不久,欢欢因心脏病急性发作猝死。网络名人洋洋在其博客上杜撰欢欢吸毒过量致死。下列哪一表述是错误的?(2014年卷三22题)

A. 欣欣医院构成违约行为和侵权行为
B. 欢欢的继承人可继承欣欣医院对欢欢支付的精神损害赔偿金
C. 洋洋的行为侵犯了欢欢的名誉权
D. 欢欢的母亲可以欢欢的名义对洋洋提起侵权之诉

【答案】 D

【考点】 加害给付;精神损害赔偿;死者人格利益的保护

【解析】 欢欢在实施隆鼻手术过程中与欣欣美容院形成服务合同关系,欣欣美容院在手术过程中因过错导致欢欢面部感染并留下疤痕,侵犯了欢欢的人身权,同时违反了之前的服务合同。故其行为既构成违约也构成侵权。故选项A正确。

《人身损害赔偿解释》第18条第2款规定:"精神损害抚慰金的请求权,不得让与或者继承。但赔偿义务人已经以书面方式承诺给予金钱赔偿,或者赔偿权利人已经向人民法院起诉的除外。"欢欢生前已因美容院侵权诉诸法院,符合精神损害赔偿金可以继承的条件。故其继承人可以继承美容院支付的精神损害赔偿金。故选项B正确。

欢欢作为青年演员,属于公众人物,洋洋在其博客上杜撰欢欢吸毒过量死,侵害了欢欢的名誉而不是名誉权(作为死者,不享有人格权但享有人格利益。如不享有隐私权但却享有隐私)。故选项C正确但不严谨。

《精神损害赔偿解释》第3条第1项规定,以侮辱、诽谤、贬损、丑化或者违反社会公共利益、社会公德的其他方式,侵害死者姓名、肖像、名誉、荣誉,其近亲属因此遭受精神痛苦,向人民法院起诉请求赔偿精神损害的,人民法院应当依法予以受理。洋洋杜撰欢欢吸毒过量致死使欢欢名誉权受损,其近亲属因此遭受精神痛苦的,应以自己的名义提起侵权之诉而非以欢欢的名义。故选项 D 错误。

第四章　民事权利和民事义务

一、民事权利的分类

划分标准	具体权利类型
权利的作用	形成权:依据权利人单方意思表示就能使权利发生、变更或者消灭的权利。 抗辩权:能够阻止请求权效力的权利,因而抗辩权的行使以请求权的主张为前提,若权利不存在,则无所谓请求权或者抗辩权的行使。支配权:权利主体直接支配权利客体,享有特定利益,并排斥他人干涉的权利。 请求权:特定人请求他人为特定行为的权利。 支配权:权利主体直接支配权利客体,享有特定利益,并排斥他人干涉的权利。 请求权:特定人请求他人为特定行为的权利。
义务主体是否特定	绝对权(对世权):即能够对一切人主张的权利。典型的如:物权、身份权、知识产权。 相对权(对人权):即仅能够对特定人主张的权利。相对权的权利主体和义务主体均为特定的一人或者数人。请求权为相对权。
权利能否独立	主权利:在相互关联的民事权利中,不依赖其他权利为条件而能够独立存在的权利。 从权利:以主权利的存在为前提而存在的权利。 典型事例:在担保中,被担保的债权为主权利,而担保权则是从权利。
民事权利的客体所体现的利益	财产权:以具有经济价值的利益为客体的权利。财产权可以转让。 财产权可进一步分为物权、债权、知识产权和继承权。 人身权:以人身要素为客体的权利。人身权分为人格权和身份权。

（一）财产权、人身权与知识产权

依据权利的内容为标准,民事权利划分为财产权、人身权与知识产权。财产权是以财产利益为内容,具有直接物质利益内容的权利,包括物权与债权,不具有专属性;人身权以人格利益和身份利益为内容,与民事主体的人身不可分离,不具有直接物质利益内容的权利,包括人格权与身份权,具有专属性。知识产权是由财产权和人身权结合所产生的一类权利,其内容既包括财产利益也包括人身利益,专属性也不十分强烈。

（二）绝对权与相对权

依据义务主体是否特定,民事权利划分为绝对权和相对权。绝对权是权利主体特定、义务主体不特定的权利,义务主体均负有不侵犯绝对权的不作为义务。人身权、物权、知识产权均为绝对权。由于绝对权的义务主体不特定,故又称对世权。相对权,是指必须通过义务人实施一定的行为才能实现并只能对抗特定人的权利,权利主体特定,义务主体也特定的权利,故又称对人权。典型的是债权。

但绝对权和相对权并不是绝对的。所谓的"债权的物权化"即是其例外。如买卖不破租赁制度。租赁权作为一种债权,本应遵守债权相对性的制约,即承租人只能向出租人主张自己的权利。但依据我国《合同法》第229条的规定,租赁物在租赁期间发生所有权变动的,不影响租赁合同的效力。这就意味着,承租人可以向出租人以外的第三人主张权利,打破了债权的相对性。

[历年真题] 甲被乙家的狗咬伤,要求乙赔偿医药费,乙认为甲被狗咬伤与自己无关,拒绝赔偿。下列哪一选项是正确的?(2009年卷三1题)
  A. 甲、乙之间的赔偿关系属于民法所调整的人身关系
  B. 甲请求乙赔偿的权利属于绝对权
  C. 甲请求乙赔偿的权利适用诉讼时效
  D. 乙拒绝赔偿是行使抗辩权

【答案】 C
【考点】 民事权利
【解析】 民事法律关系以是否直接具有财产或经济的内容为标准分为财产法律关系和人身法律关系。财产法律关系是指平等主体之间以自愿为基础的具有直接物质利益内容的民事法律关系,包括财产归属关系(物权)和财产流转关系(债权)。人身法律关系指与民事法律关系主体的人身不可分离,以人身利益为内容、不直接体现物质利益内容的民事法律关系,包括人格权法律关系(人格权)和身份权法律关系(婚姻继承法中的权利)。本题中,甲被乙家的狗咬伤,要求甲赔偿医疗费所形成的法律关系,为侵权之债的法律关系,以请求对方支付赔偿金为内容,具有直接的财产内容,属于财产法律关系,而非人身法律关系。故选项A错误。

依照权利人可以对抗义务人的范围,可将民事权利分为绝对权与相对权。绝对权是权利人无须通过义务人实施一定的行为即可实现,并可以对抗不特定人的权利,权利人可以向一切人主张权利,又称为对世权。物权、人身权、继承权等都属于绝对权。相对权是指义务主体为特定人的权利,权利人只能请求特定人为一定行为,又称为对人权。债权是典型的相对权。甲请求乙赔偿的权利是一种债权,需要通过请求乙的行为才能实现,而且该权利只能对抗乙,因此属于相对权。故选项B错误。

请求权是要求他人为特定行为的权利,一般受到诉讼时效的限制,权利人超过诉讼时效期间行使权利的将失去胜诉权。根据《民法通则》第136条的规定,身体受到伤害要求赔偿的适用1年的特殊诉讼时效。故选项C正确。

D选项考察的是抗辩权与否认权的不同。抗辩权指法律规定的,旨在阻碍请求权行使的权利。抗辩权是法定而非约定,约定的阻碍请求权行使的事由称为抗辩事由,而非抗辩权,其功能在于永久或者暂时阻碍请求权行使,但不会使请求权消灭,如诉讼时效、同时履行抗辩权、先诉抗辩权等。抗辩权的功能在于阻止他人行使权利,所以抗辩权的行使以请求权的行使为前提条件。否认权是指主张对方的请求权全部或者部分不成立或者已经消灭的权利。本题中,乙主张甲对自己不享有请求权,是主张对方的请求权不成立,不属于抗辩权,而应为否认权。故选项D错误。

（三）主权利与从权利

依据权利能否独立存在，民事权利划分为主权利与从权利。主权利，是指在相互关联的两个权利中可以独立存在的权利；从权利则是以主权利的存在为其存在前提的权利，从权利不能独立存在，具有从属性。主权利转移或者消灭时，从权利也随之转移或者消灭。主权利与从权利是一对相对的法律概念，只有在具有主从关系的法律关系中才存在这种划分。如债权与担保债权的抵押权，前者为主权利，后者为从权利。

（四）支配权、请求权、形成权、抗辩权

1. 支配权

支配权是指权利主体可以对权利客体直接支配并排斥他人干涉的权利。如物权、人身权、知识产权。其特点是：

(1) 客体通常是特定的，包括物、人身利益、智力成果以及商业标志。

(2) 权利主体是特定的，义务主体不特定，并具有排他效力，故又称对世权、绝对权。

(3) 权利的实现不需要义务人的积极作为，义务人只负担消极不作为义务。

2. 请求权

请求权是指得请求他人为或不为一定行为的权利。请求权的范围包括：债权请求权、物权请求权、占有保护请求权、人格权请求权、身份权请求权、知识产权请求权。其特点有：

(1) 具有相对性。请求权是发生在特定相对人之间的一种权利。

(2) 具有非公示性。请求权的变动不以公示为生效要件，不同于支配权，仅特定相对人知晓。

(3) 连接了程序法与实体法。请求权是给付之诉的基础性权利。

请求权皆因一定的基础权利而产生。例如，债权请求权基于债权产生，物权请求权基于物权产生。但不能说所有的请求权皆因基础权利受侵害而产生。许多时候，虽产生了请求权，但基础权利并未遭受侵害。

注意：请求权与诉讼时效的关系。诉讼时效的适用对象只有一个，就是债权请求权，而物权请求权不适用诉讼时效和除斥期间，占有保护请求权中的占有物返还请求权适用除斥期间。

支配请求权不等同于支配权受侵害后产生的损害赔偿请求权。支配权遭受侵害后，可以对加害人主张支配权请求权、损害赔偿请求权，但是，两种请求权的构成要件是不同的。支配权请求权不以加害人具有过错为要件，不要求权利人遭受损失，不适用诉讼时效；损害赔偿请求权原则上以加害人具有过错为要件，要求权利人受有损失，原则上适用诉讼时效。

[历年真题] 甲公司委托乙公司开发印刷排版系统软件，付费20万元，没有明确约定著作权的归属。后甲公司以高价向善意的丙公司出售了该软件的复制品。丙公司安装使用5年后，乙公司诉求丙公司停止使用并销毁该软件。下列哪些表述正确？（2013年卷三63题）

A. 该软件的著作权属于甲公司 B. 乙公司的起诉已过诉讼时效
C. 丙公司可不承担赔偿责任 D. 丙公司应停止使用并销毁该软件

【答案】 CD

【考点】 民事权利、诉讼时效

【解析】《著作权法》第17条规定："受委托创造的作品，著作权的归属由委托人和受托人通过合同约定。合同未作明确约定或者没有订立合同的，著作权属于受托人。"本题中，甲

公司委托乙公司开发印刷排版系统软件，没有明确约定著作权的归属。所以该著作权应属于受托人乙公司。故选项 A 错误。

《著作权纠纷解释》第 28 条规定："侵犯著作权的诉讼时效为两年，自著作权人知道或者应当知道侵权行为之日起计算。权利人超过两年起诉的，如果侵权行为在起诉时仍在持续，在该著作权保护期内，人民法院应当判决被告停止侵权行为；侵权损害赔偿数额应自权利人向人民法院起诉之日起向前推算两年计算。"本题中，丙公司安装使用该软件 5 年，侵权行为一直存在，所以乙请求丙承担停止侵权责任的请求没有过诉讼时效。故选项 B 错误。

《计算机软件保护条例》第 30 条规定："软件的复制品持有人不知道也没有合理理由应当知道该软件是侵权复制品的，不承担赔偿责任；但是应当停止使用、销毁该侵权复制品。"可知，本题中，丙公司购买该软件时是善意的，不知道该软件的著作权属于乙公司，因此不应承担赔偿责任，但应当停止使用、销毁该侵权复制品。选项 C、D 均正确。

3. 形成权

形成权是指依当事人一方的意志就能够使权利形成、变更或者消灭的权利。例如抵消权、追认权等为形成权。

（1）形成权的特点

① 依据权利人自己的意思表示，就能够使既存的法律关系发生、变更或者消灭，其效力的发生不需要相对人作出某种辅助行为或共同行为。

② 不得附条件或附期限。

③ 一经行使，不得撤销。

④ 不能与其所依附的法律关系分离。

⑤ 受到除斥期间的限制。形成权的行使适用除斥期间，须在除斥期间内行使。但个别形成权不适用除斥期间，例如：离婚请求权、共有物分割请求权、收养关系解除权。同时，并非适用除斥期间的权利均为形成权。例如：保证期间为除斥期间，但其适用的是债权请求权；《物权法》第 245 条规定的占有恢复请求权，属于请求权，但适用 1 年的除斥期间；《合同法》第 74 条规定的债权人撤销权不是形成权，但适用 1 年和 5 年的除斥期间。

（2）形成权的类型

追认权	1.《合同法》第 47 条，法定代理人对限制行为能力人订立的合同的追认权； 2.《合同法》第 48 条，被代理人对无权代理人订立的合同的追认权； 3.《合同法》第 51 条，处分权人对无权处分人订立的合同的追认权。
选择权	1.《合同法》第 111 条，违约责任形式的选择权； 2.《合同法》第 116 条，定金与违约金竞合时的选择权； 3.《合同法》第 122 条，请求权竞合时的选择权。

(续表)

解除权	第一类,《合同法》94 条规定的法定解除权; 第二类,任意解除权,即不需一方的违约事实,解除权人即可单方解除合同,包括四类:①《合同法》第 268 条,承揽合同的定作人;②《合同法》第 308 条,货运合同的托运人;③《合同法》第 410 条,委托合同的双方;④《合同法》第 232 条,不定期租赁合同的双方。 第三类,违约解除权,即一方违约,非违约方有权解除,具体包括八项: 1.《合同法》第 69 条,不安抗辩权人有解除权; 2.《合同法》第 167 条,分期付款买受人未付款总额 1/5 以上时,出卖人有解除权; 3.《合同法》第 203 条,借款人违反贷款用途时,贷款人有解除权; 4.《合同法》第 224 条第 2 款,承租人擅自转租时,出租人有解除权; 5.《合同法》第 233 条,租赁物危及安全、健康时,承租人有解除权; 6.《合同法》第 253 条第 2 款,承揽人擅自转包时,定作人有解除权; 7.《合同法》第 259 条,定作人不履行协助义务,承揽人催告无效的; 8.《合同法》第 148 条,因标的物质量不符合质量要求,致使不能实现合同目的的,买受人可以拒绝接受标的物或者解除合同。
撤销权	1.《合同法》第 47 条,与限制行为能力人订立合同的善意相对人的撤销权; 2.《合同法》第 48 条,与无权代理人订立合同的善意相对人的撤销权; 3.《合同法》第 54 条,可撤销合同中的撤销权; 4.《合同法》第 74 条,债权人撤销权; 5.《合同法》第 186 条、第 192 条、第 193 条,赠与合同中赠与人的撤销权; 6.《担保法解释》第 41 条,债务人与保证人共同欺骗债权人订立保证合同的撤销权; 7.《物权法》第 63 条,集体经济组织成员的撤销权; 8.《物权法》第 78 条,业主撤销权; 9.《物权法》第 195 条,协议实现抵押权时的债权人撤销权; 10.《婚姻法》第一条,可撤销婚姻中的撤销权。
抵消权	《合同法》99 条。
免除权	《合同法》105 条。
形成权的例外	1. 债权人撤销权不属于形成权; 2. 效力待定合同中相对人的催告权(《合同法》第 47 条、48 条)不属于形成权。

① 财产法上的形成权。包括追认权、撤销权、抵消权、免除权、合同当事人的单方解除权、共有物分割请求权、按份共有人的优先购买权等。

② 身份法上的形成权。包括遗嘱撤销权、遗产分割请求权、离婚请求权、可撤销婚姻中受胁迫人的撤销权。

注意:形成权在理论上还分为通过诉讼行使的形成权与非通过诉讼行使的形成权。绝大多数形成权为非通过诉讼行使的形成权(《合同法》第 47、48、96、186、192 条)。通过诉讼行使的形成权,是指权利人必须要到法院(仲裁机构、其他公权力机关)提起诉讼等,经过后者的确认才能发生法律关系变动的法律效果,如可撤销的合同撤销权、债权人撤销权、可撤销婚姻撤销权的行使等。

合同保全中的债权人撤销权和效力待定合同中相对人的催告权,不是形成权。

[历年真题] 下列关于民事权利中的形成权的表述,哪些是正确的?(2015年卷三58题)

A. 形成权只能通过明示方式行使
B. 效力待定合同中相对人的催告权并非形成权
C. 债权人撤销权属于形成权
D. 形成权不受诉讼时效期间的限制

【答案】 BD
【考点】 诉讼时效、民事权利
【解析】 A选项,所有行使形成权的行为均为单方法律行为。形成权可以明示、推定、单纯沉默的方式行使。例如:《合同法》第171条规定,试用期间届满,买受人未作表示的,视为同意购买。此时,买受人即以单纯沉默的方式行使了认可权。需注意:单纯沉默的方式作为意思表示的载体,仅限于法律明文规定或者当事人事先约定的情形。故选项A错误。形成权适用除斥期间,不适用诉讼时效。故选项D正确。

4. 抗辩权

抗辩权是指对抗对方的请求权的权利。抗辩权依其行使的法律后果可以分为永久性抗辩和一时性抗辩。抗辩权的功能在于延缓请求权的行使或使请求权归于消灭。

(1)抗辩权的特点
① 抗辩权的行使以请求权的行使为前提。
② 抗辩权的功能在于阻碍请求权的行使。
③ 抗辩权法定,抗辩权仅限于法律的明确规定,约定的抗辩事由,不属于抗辩权。

(2)抗辩权与否认权。抗辩权虽认可对方的请求权存在,但阻碍请求权的行使;否认权是直接否认对方的请求权。在诉讼中,法院可以不待当事人主张,依职权主动适用否认权,但抗辩权必须由抗辩权人主张,法院不得依职权主动适用。

(3)永久性抗辩权和一时性抗辩权。永久性抗辩权又称消灭性抗辩权,指权利人有永久阻止他人行使请求权的权利。我国有诉讼时效经过的抗辩权。一时性的抗辩权,主要有5种:一般保证人的先诉抗辩权、同时履行抗辩权、先履行抗辩权、不安抗辩权、(混合担保时)债务人以自己的财产提供担保时提供担保的第三人享有的先诉抗辩权(《物权法》第176条)。

二、民事权利的救济

民事权利的救济,又称为民事权利的保护。按照保护措施的性质,可以分为自我保护和国家保护。

民事权利的自我保护,是指权利人自己采取合法手段保护自己的权利不受侵害。为维护正常的社会秩序,采取自我保护的手段受到法律的严格限制,权利主体只能以法律许可的方式和在法律允许的限度内保护自己的权利。我国明文规定的自我保护措施有:正当防卫和紧急避险。

民事权利的国家保护是指当民事权利受到侵害时，由国家机关给与保护。这种保护也称为公力救济。在权利人的权利受到侵害时，权利人可以依法请求有关行政机关给与保护，也可以诉请法院或者仲裁机关判决或者仲裁。民事诉讼请求有三类：确认之诉、给付之诉和形成之诉。

三、民事义务

民事义务是法律约束的类型化，这种法律上的约束，可以是基于法律的规定或者当事人的约定而产生，通常是要求民事主体为一定行为或者不为一定行为。在绝对法律关系中，民事义务通常表现为不为一定行为，即消极义务。而在相对民事法律关系中，尤其是在债的关系中，民事义务多为积极义务，民事义务的类型比较丰富。以买卖合同为列，民事主体一般需要负担的义务有：

（1）主合同义务。这是直接决定民事主体间交易类型的民事义务。如买卖合同中出卖人的主合同义务，即向买受人交付标的物并转移标的物的所有权，而买受人的主合同义务即按照约定支付价款。

（2）从合同义务。这是指辅助主合同义务实现债权人交易目的的民事义务。依据《合同法》第136条的规定，出卖人的从合同义务即按照约定或者交易习惯向买受人交付提取标的物单证以外的有关单证和资料。

（3）附随义务。这是依据诚实信用原则，根据合同的性质、目的和交易习惯而产生的民事义务。通知、协助、保密等义务均是附随义务。合同当事人通常无法请求对方履行附随义务，只能在对方违反附随义务时，主张其承担民事责任。附随义务不同于主合同义务和从合同义务，附随义务是一种法定义务，而非约定义务。

（4）不真正义务。这是指法律要求民事主体谨慎对待自身利益的民事义务。依据《合同法》第119条规定，买卖合同双方在对方违约后，都"应当采取适当措施防止损失的扩大"，这就是不真正义务。当事人违反不真正义务，属于自甘冒险的行为，无须向对方承担违约责任，但由此带来的损失由义务违反人自己承受。不真正义务也是一种法定义务。

第五章　民事法律行为

第一节　民事法律行为概述

一、民事法律行为的概念

法律行为是以意思表示为核心要素的表示行为。在民事法律事实中，法律行为是最重要的一种。我国《民法通则》创设的民事行为概念即法律行为，而民事法律行为是指合法的法律行为，是指"公民或者法人设立、变更、终止民事权利和义务的合法行为"。除了民事法律行为，还有其他效力类型的法律行为，如可变更、可撤销的法律行为、效力待定的法律行为和无效的法律行为。

二、民事法律行为的特征

（一）民事法律行为是私行为

民事法律行为是由自然人、法人等私主体作出的行为，与政府机关行使国家权力作出的国家行为、法院依审判权作出的裁判行为相区别。

（二）民事法律行为是合法行为

所谓"合法"，就是说民事法律行为所追求的效果不违反法律或者社会公共利益。民事法律行为中的当事人意思将成为现实的权利义务关系，若不对意思表示有所要求，就会出现违法的意思表示也将发生预期的效果，这是法律所不允许的。

（三）民事法律行为是表示行为

民事法律行为的核心是意思表示。意思表示是当事人想要实现一定效果的内心意思的对外表示。民事法律行为以意思表示为要素的特征，使民事法律行为与不追求民事法律效果的合法行为相区别。

（四）民事法律行为是由意思决定效果的行为

民法的基本理念是意思自治，它主张人们在民事活动中自己做主，自己负责。民事法律行为的效果，规定于它的要素即意思表示当中。只要意思表示所要实现的效果是合法的，法律就允许其依照内容发生法律效果，设定权利、负担义务，或使权利义务变更、终止。

三、法律行为的分类

（一）单方法律行为、双方法律行为和多方法律行为（区分标准：法律行为成立所需意思表示的数量不同）

1. 概念

单方法律行为是指根据一项意思表示即可成立的法律行为，如抛弃动产所有权的行为、行使法定解除权的行为、效力待定的合同中当事人行使追认权的行为等；双方法律行为是指两个以上的意思表示合意才可以成立的法律行为。典型的如合同行为；多方法律行为是指需要两个以上的意思表示才可以成立的法律行为，如两个以上的合伙人订立合伙合同的行为。

2. 区分意义

法律对三者的成立要求不同，单方法律行为只要一方当事人意思表示即可。双方法律行为需要双方当事人意思表示一致，仅有意思表示，没有达成一致的，行为仍不成立。多方法律行为需要多方当事人意思表示一致才可。

[历年真题] 甲公司与15周岁的网络奇才陈某签订委托合同，授权陈某为甲公司购买价值不超过50万元的软件。陈某的父母知道后，明确表示反对。关于委托合同和代理权授予的效力，下列哪一表述是正确的？（2015年卷三4题）

A. 均无效，因陈某的父母拒绝追认

B. 均有效，因委托合同仅需简单智力投入，不会损害陈某的利益，其父母是否追认并不重要

C. 是否有效，需确认陈某的真实意思，其父母拒绝追认，甲公司可向法院起诉请求确认委托合同的效力

D. 委托合同因陈某的父母不追认而无效，但代理权授予是单方法律行为，无须追认即

有效

【答案】　D

【考点】　单方法律行为、双方法律行为、代理权的授予

【解析】　委托代理权的产生,也就是被代理人的授权行为。授权行为具有以下特点:(1)单方性,即委托代理权的授予行为是一种有相对人的单方法律行为。授权行为往往因基础关系而发生,但授权行为脱离基础关系而独立存在。(2)无因性,即授权行为的效力不受基础关系的影响,只要授权行为有效,即使基础关系不成立、无效、被撤销,也不影响代理人享有委托代理权。本题中,甲公司与15周岁的陈某签订的委托合同是双方法律行为,因陈某为限制民事行为能力人,故该委托合同效力待定,如陈某的父母不追认该委托合同则无效。甲公司授权陈某购买软件的行为是代理权的授予,依据授权行为的特征可知,即使陈某为限制民事行为能力人,代理权的授予无须追认即有效。故本题的正确选项是选项D。

(二)要式法律行为和不要式法律行为(区分标准:是否需要采取特定形式)

1. 概念

要式行为是指依照法律或者行政法规的规定,应当采用特定形式的法律行为。而不要式法律行为是指无须采用特定形式即可成立的法律行为。

2. 区分意义

(1)要式行为需要有约定或者法律规定,即民事法律行为是否为要式,须有当事人约定或者法律规定为限,否则为不要式。

(2)要式行为的效力。要式行为如未完成特定形式,该行为不成立,但法律另有约定的除外。例如《合同法》第36条规定,法律、行政法规规定或者当事人约定采用书面形式订立合同,当事人未采用书面形式但一方已经履行主要义务,对方接受的,该合同成立。

(三)生前行为和死因行为(区分标准:法律行为发生在生前还是死后)

生前行为,是指行为人生前发生效力的法律行为,多数属于此类,如合同行为;死因行为是指以行为人的死亡作为生效要件的法律行为。遗嘱是最为典型的死因行为。

(四)负担行为和处分行为(区分标准:法律行为的内容)

1. 概念

负担行为,是指一个人相对于另一个人承担或者不为一定行为义务的法律行为。负担行为的首要义务就是确定某种给付义务,即产生某种债务关系。因此,负担行为也称为债权行为。

处分行为,是指以引起现存权利的直接变动为目的的法律行为。处分行为包括物权行为和准物权行为。物权行为,是指以直接引起物权变动为目的的处分行为。准物权行为,是指以直接引起债权等权利的转移、消灭为目的的处分行为,如债的免除、债权让与等行为。

2. 区分意义

(1)两者并存时,可区分不同行为的不同法律效果,如买卖合同是负担行为,其效果使双方分别担负给付标的物和给付价款义务,而相对人要取得各自对标的物和价款所有权的则是交付或者登记行为,这个交付与登记就是处分行为。

(2)处分行为以具备处分权为生效要件,无处分权之处分原则上不生效力;负担行为的效力是产生给付义务,因不发生财产权的变动,负担人无须以有处分权为条件设定负担行为,对于同一标的物上设定的数个负担行为,适用"债权平等原则"。

（3）在处分行为与负担行为并存为因果关系时，立法须作出效力关联的判断，确定有因还是无因。

[历年真题]　关于民事法律行为，下列哪些选项是错误的？（2008年四川延考卷第51题）

A. 某演员将其演出收入捐赠给慈善机构的行为是单方行为
B. 陈某去世前设立遗嘱的行为是身份行为
C. 王某以自己的房屋为他人设立抵押权的行为是负担行为
D. 李某受领赵某错误交付标的物的行为是实践行为

【答案】　ABCD

【解析】　以是否由当事人一方的意思表示即可成立为标准，民事法律行为可以分为单方行为和双方行为。单方行为是指仅由一方意思表示就能成立的民事法律行为，例如遗嘱、代理权授予、无权代理的追认、抛弃所有权等。双方行为是当事人双方意思表示一致才能成立的民事法律行为。根据"恩惠不能滥施于人"的理论，赠与实际上需要赠与方和受赠方意思表示一致才能成立，选项A中的捐赠行为应属于双方行为，故A项说法错误。根据发生的效果是身份关系还是财产关系，民事法律行为分为身份行为和财产行为。身份行为是指发生身份变动效果的民事法律行为，如辞去委托监护、收养等。财产行为是发生财产变动效果的民事法律行为，包括物权行为，如抛弃、交付等；也有债权行为，如买卖、承揽合同等。选项B中陈某设立遗嘱的行为并没有发生身份变动的效果，而是发生了财产变动的效果，因此属于财产行为，故选项B说法错误。

（五）诺成性行为与实践性行为

1. 概念

诺成性民事法律行为是当事人双方意思表示一致即成立的行为，不以标的物的交付为要件；实践性民事法律行为，又称要物行为，是除当事人意思表示一致外，还需要交付标的物才能成立的民事法律行为。

2. 区分意义

实践性民事法律行为，仅有意思表示，行为还不算成立，只有当按照该意思表示完成标的物交付时，行为才告成立，才能发生设定民事权利义务的效果。根据我国现行法律的规定，保管、定金、质押等合同就属于实践性民事法律行为，此外双方民事法律行为如未约定的，应认定为诺成性行为。

第二节　意思表示

一、意思表示的概念

意思表示，是指表意人将其期望发生某种法律效果的内心意思以一定方式表现于外部的行为。意思表示是法律行为的核心要素，学习和理解法律行为的关键在于理解意思表示。

二、意思表示的构成要素

内心意思（三个要素缺一不可）	行为意思	控制自己行为的意思，即主观上具有的通过动作将效力意思表达于外部的意思。
	表示意思	明白自己表示于外部的行为具有某种法律意义的意思。
	效果意思	当事人的行为所追求的法律效果的内容。
表示行为	含义	行为人将内心的效力意思表达于外部的行为。
	方式	明示：以文字、口头语言或者肢体语言直接表示。 默示：通过事实推知表示。从行为人作出的特定积极行为或者单纯沉默（消极不作为）中推知其意思表示的内容。默示包括推定和沉默两种方式。 沉默：不作为的默示，只有在法律有规定或者当事人双方有约定的情况下，才可以视为意思表示。 例如：(1) 相对人可以催告法定代理人在1个月内予以追认。法定代理人未作表示的，视为拒绝追认。（《合同法》第47条） (2) 相对人可以催告被代理人在1个月内予以追认。被代理人未作表示的，视为拒绝追认。（《合同法》第48条） (3) 试用期间届满，买受人对是否购买未作表示的，视为购买。（《合同法》第171条） (4) 继承开始后，继承人放弃继承的，应当在遗产处理前，作出放弃继承的表示。没有表示的，视为接受继承。（《继承法》第25条） (5) 受遗赠人应当在知道受遗赠后两个月内，作出接受或者放弃受遗赠的表示。到期没有表示的，视为放弃受遗赠。（《继承法》第25条）

意思表示的构成要素即意思表示的构成成分。意思表示有三个构成要素：目的意思、效果意思和表示行为。其中目的意思和效果意思属于意思表示的主管要件，表示行为属于意思表示的客观要件。

（一）目的意思是指明法律行为，尤其是指明法律行为标的内容的意思要素，它是意思表示据以成立的基础。要想成立合同，必须有目的意思，即买卖的标的、数量等这些必不可少的要素。

（二）效果意思，是指当事人欲使其目的意思发生法律上的效力的意思要素。具备了效果意思意味着行为人要有意识地追求设立、变更或终止某一特定民事法律关系的法律效果。

（三）表示行为，是指行为人将其内在的目的意思和效果意思以一定方式表现于外部，为相对人所了解的行为要素。

只有具备了以上三项要素，意思表示才可以成立。例如，某兜售会上，签字即同意购买，某同学误以为是签到，此时该同学没有成立买卖合同的目的意思和效果意思，故不得认为存在意思表示。再如甲欲购买乙房产的目的意思用书面形式表达出来，但没有决定是否向乙发出。此时甲有目的意思，但是尚未有效果意思和表示行为，所以也不能认定存在意思表示。

[历年真题] 下列哪些情形构成意思表示？（2007年卷三51题）
A. 甲对乙说：我儿子如果考上重点大学，我一定请你喝酒

B. 潘某在寻物启事中称,愿向送还失物者付酬金 500 元
C. 孙某临终前在日记中写道:若离人世,愿将个人藏书赠与好友汪某
D. 何某向一台自动售货机投币购买饮料

【答案】 BCD

【解析】 意思表示,是指行为能力适格者将意欲实现的私法效果发表的行为,意思表示所发表的意思,不是寻常的意思,而是体现为民法效果的意思,亦即关于权利义务取得、丧失及变更的意思,本题中选项 A 请人喝酒的行为属于情谊行为,不构成意思表示,不能选。悬赏广告是指通过广告形式声明对完成广告中规定的特定行为的任何人给付广告中表明的报酬的行为,它是一种针对不特定人而发出的要约,属于意思表示,因此选项 B 是正确的。《继承法意见》第 40 条规定:"公民在遗书中涉及死后个人财产处分的内容,确为死者真实意思的表示,有本人签名并注明了年、月、日,又无相反证据的,可按自书遗嘱对待。"而遗嘱本身就是遗嘱人本身的意思表示,选项 C 是正确的。另外,自动售货机的设置本身是一种要约,也属于意思表示,选项 D 是正确的,因此本题正确答案是 BCD。

三、意思表示的类型

(一) 明示与默示

1. 明示形式。明示是使用直接词汇实施的表示行为,常见的包括口头语言、文字、表情语言等,例如招手叫出租车。

(1) 口头形式。口头形式属于以明示的、直接的方式进行意思表示。如电话交谈、当中宣布自己的意思等。

(2) 书面形式。用书面文字所进行的意思表示。合同书以及记载当事人权利、义务内容的文件都属于书面形式。

2. 默示形式。默示形式是含蓄或者间接表达意思的方式。默示所包含的意思,他人不能直接把握,而要通过推理手段才能理解。因此,默示形式只有在法律规定或者交易习惯允许时才被使用。默示又可分为:

(1) 推定形式。推定形式,是指当事人通过有目的、有意义的积极行为将其内在的意思表示于外部,使他人可以根据常识、交易习惯或者相互间的了解,推知当时人已经作出某种意思表示,从而使法律行为成立。如租赁期间届满,承租人继续缴纳房租,出租人接受的,由此可以推知当事人双方作出了延长租期的法律行为。

(2) 沉默方式。沉默方式,是指既没有语言表示又没有行为表示的消极行为,只有在法律特别规定的情况下,以拟制的方式视为当事人的沉默已经构成意思表示,由此而使法律行为成立,如受遗赠人的沉默视为放弃受遗赠的权利。

(二) 有相对人的意思表示与无相对人的意思表示

意思表示,依其是否向相对人的实施为要件,划分为有相对人的表示与无相对人的表示。

向相对当事人作的意思表示,为有相对人的意思表示,如要约与承诺、债务免除、合同解除、授予代理权等。意思表示有相对人时,如果意思表示到达相对人有传递的在途时间,则该意思表示到达相对人时生效。无相对人的意思表示,自生效时完成。有相对人的意思表示还可以进一步划分为:

1. 对特定人的表示和对不特定人的表示。须以特定人为相对人的意思表示是对特定人

的表示,如承诺、允许、撤销等;无须向特定人实施的意思表示是对不特定人的表示,如悬赏广告等。区分的意义在于须以特定人为相对人的意思表示,对于非特定人不生效。

2. 对话表示和非对话表示。有相对人的双方表示,依其相对人是否处于可同步受领和直接交换意思表示的状态,而划分为对话表示和非对话表示。口头或者打电话直接订立合同是对话表示;相反,通过信函交往或者经使者传达而订立合同,则属非对话表示。区分的意义在于,非对话表示,意思表示有在途时间,而对话意思表示则无,法律对两者何时生效、撤回的规定不一样。

三、意思表示的生效

意思表示生效即意思表示效力的发生,其只要符合特定的形式要件,即可发生法律效力。因此,意思表示生效,通常仅产生形式上的拘束力。例如,要约是要约人的意思表示,生效要约的拘束力主要是使得承诺人取得承诺的资格,而不能发生要约人所预期的法律效果。

(一)无需受领的意思表示的生效时间。此时,意思表示已作出即可发生效力。

(二)需要受领的意思表示的生效时间。意思表示的生效通常采取到达主义。意思表示到达相对人的时间就是意思表示生效的时间。我国《合同法》第 16 条规定,要约到达受要约人时生效。所谓到达相对人,即指到达相对人可以控制的领域,如住宅、信箱或者经营场所等。

四、意思表示瑕疵

意思表示瑕疵即意思表示不真实,包括两种情形:一是意思与表示不一致;二是行为人意思表示不自由。意思表示真实是法律行为生效的要件之一。

(一)行为人意思与表示不一致的情形主要有:

1. 真意保留,是指行为人故意隐瞒其真实意思,而表示其他意思的意思表示。通说认为,基于真意保留所为的法律行为,效力不受影响。但如果相对人知晓真意保留时,法律行为不生效力。(见例1)

例1 甲、乙系亲兄弟,父亲去世时,哥哥甲继承一幅名画,弟弟乙作为名画收藏爱好者,几次三番表示想要这幅名画,哥哥甲未作任何表示。后母亲重病,弥留之际,母亲要哥哥甲将名画赠与弟弟乙,哥哥甲万分不愿,为了母亲安心表示同意将画赠与弟弟乙,弟弟乙欣然接受。(1)甲内心并不愿意将画赠与乙,但出于孝顺作出了将画赠与乙的意思表示,该意思表示即真意保留,若乙不知道甲真意保留则该赠与行为有效。(2)若乙明知甲保留真意而为赠与的意思表示,则该赠与行为不发生效力。

2. 戏谑表示,又称缺乏真意的表示,指行为人作出的意思表示并非出于真意,并且期待对方立即了解其表示并非出自真意。表意人只是为了暂时地欺骗受领人,如为了开玩笑或者为了让对方大吃一惊。

3. 虚伪表示,又称伪装表示,是指行为人与相对人同谋而为虚假的意思表示,实际上并不期待法律行为产生效力。隐藏行为也是虚伪表示的一种。隐藏行为是指行为人将真意隐藏在虚假的意思表示中。我国法律规定恶意串通损害国家或社会公共利益的行为无效。这里的恶意串通就包括虚假的意思表示。另外,我国法律规定当事人以合法形式掩盖非法目的的,法律行为无效。以合法形式掩盖非法目的的行为就包括隐藏行为。

(二) 意思表示不自由的情形包括:

1. 欺诈。欺诈,是指故意告知对方虚假情况或隐瞒真实情况,诱使对方基于错误的判断作出意思表示。

欺诈行为的构成要件是:

(1) 欺诈人有欺诈他人的行为。欺诈行为是故意把不真实的情况表示给别人,包括虚构事实、歪曲事实或者隐匿事实等。

(2) 有欺诈的故意。这种故意包括两层含义:第一是使相对人陷入错误的故意,第二是使相对人陷入错误而作出意思表示的故意。

(3) 须被欺诈人因受欺诈而陷入错误。被欺诈人陷入认识错误与欺诈人的欺诈行为之间具有因果关系。

(4) 须被欺诈人因错误而作出意思表示。如果被欺诈人虽然陷入错误,但是并没有因之而作出意思表示;或者虽有意思表示,却不是因错误而导致,欺诈行为不成立。

2. 胁迫。胁迫,是指以给自然人及其亲友的生命健康、荣誉、名誉、财产等造成损害或者给法人、其他组织的名誉、荣誉、财产等造成损害为要挟,迫使对方作出违背真意的意思表示。

胁迫的构成要件是:

(1) 有胁迫行为存在。《民通意见》第69条规定:"以给公民及其亲友的生命健康、荣誉、名誉、财产等造成损害,或者以给法人的荣誉、名誉、财产等造成损害为要挟,迫使对方作出违背真实的意思表示的,可以认定为胁迫行为。"

(2) 有胁迫的故意。胁迫人有胁迫相对人使之产生恐惧的故意。

(3) 预告危害属于不正当。所谓不正当,即违背诚实信用原则和公认的道德准则。违法当然不正当,但不正当却不一定违法。例如:甲对乙说:"如果不签订合同,则告发你拿回扣的事。"甲的行为即属于不正当的行为,因为干涉了相对人的自由。

(4) 被胁迫人因受到胁迫而产生恐惧,继而作出意思表示,即胁迫人的意思表示与被胁迫人的恐惧具有因果关系。

特别注意:《民法总则》第150条规定:"一方或者第三人以胁迫手段,使对方在违背真实意思的情况下实施的民事法律行为,受胁迫方有权请求人民法院或者仲裁机构予以撤销。"

[历年真题] 下列哪一情形下,甲对乙不构成胁迫?(2013年卷三3题)

A. 甲说,如不出借1万元,则举报乙犯罪。乙照办,后查实乙构成犯罪

B. 甲说,如不将藏獒卖给甲,则举报乙犯罪。乙照办,后查实乙不构成犯罪

C. 甲说,如不购甲即将报废的汽车,将公开乙的个人隐私。乙照办

D. 甲说,如不赔偿乙撞伤甲的医疗费,则举报乙醉酒驾车。乙照办,甲取得医疗费和慰问金

【答案】 D

【考点】 胁迫的构成要件。

【解析】 《民通意见》第69条规定:"以给公民及其亲友的生命健康、荣誉、名誉、财产等造成损失,或者以给法人的荣誉、名誉、财产等造成损害为要挟,迫使对方作出违背真实的意思表示的,可以认定为胁迫行为。"胁迫的构成要件包括:(1) 故意预告实施危害;(2) 对方因此陷入恐惧;(3) 对方因恐惧作出不真实的意思表示;(4) 胁迫具有不正当性。胁迫的不正当性包括三种:① 目的不正当;② 手段不正当;③ 目的与手段结合的不正当。

选项 A 中，甲以举报乙犯罪为名要求乙出借 1 万元，这是以乙的自由、名誉等为威胁，使乙陷入恐惧，违背自己的真实意图出借甲 1 万元，且这种胁迫具有不正当性，属于目的与手段结合的不正当，因目的与手段不具有牵连性。故甲的行为构成胁迫，选项 A 不当选。

选项 B 中，甲以举报乙犯罪为名要求乙将藏獒卖给甲，这是以乙的自由、名誉等为威胁，使乙陷入恐惧，违背自己的真实意图出卖藏獒，且这种胁迫具有不正当性，属于目的与手段结合的不正当，因目的与手段不具有牵连性。故甲的行为构成胁迫，选项 B 不当选。

选项 C 中，甲以公开乙的个人隐私为威胁，使乙陷入恐惧，违背自己的真实意图购买甲即将报废的汽车，且这种胁迫具有不正当性，其目的不正当，手段也不正当，故甲的行为构成胁迫，选项 C 不当选。

选项 D 中，甲告知乙如果不赔偿医疗费则举报乙醉酒驾车，根据《侵权责任法》第 6 条第 1 款的规定："行为人因过错侵害他人民事权益，应当承担侵权责任。"可知，乙酒驾将甲撞伤，根据法律的规定，乙应当承担侵权责任，甲的要求具有正当性，不符合胁迫的构成要件，故甲的行为不构成胁迫，选项 D 当选。

3. 乘人之危。乘人之危，是指行为人利用对方当事人的急迫需要或者危难处境，迫使其作出违背真意的意思表示。

乘人之危的构成要件：

（1）需乘人之危，即对他人的为难处境加以利用。经济上的窘迫以及生命、身体、健康、名誉、自由等各个方面陷于困难或危险等都可认定为为难处境。

（2）有乘人之危的故意，即须有使危难人按照自己的意思进行意思表示的故意。

（3）危难人被迫进行意思表示，迎合乘危人的意思表示。

（4）后果对危难人严重不利，违反了公平原则。

4. 重大误解。重大误解行为是基于重大错误认识而实施的意思表示。依据《民通意见》第 71 条的规定，重大误解是行为人因对行为的性质、对方当事人、标的物的品种、质量、规格和数量等的错误认识，使行为的后果与自己的意思相悖，并造成较大损失的，可以认定为重大误解。

（1）重大误解的构成要件。① 有错误认识。② 当事人不了解其错误，即当事人非因故意导致了错误的发生。③ 错误性质严重。并非任何错误都能引起法律行为的撤销，只有重大误解，即对法律行为后果产生影响的误解才能导致法律行为的可撤销。

（2）重大误解与误传。误传，是指因传达人或者传达机关的错误而致使表示与意思不符。在这种情况下，表意人并非直接自己将意思传达给相对人，而是通过其他人传达。这样就可能会因传达人的原因导致意思与表示不一致。

依据《民通意见》第 77 条的规定，意思表示由第三人义务转达，而第三人由于过失转达错误或者没有转达，使他人造成损失的，一般可由意思表示人负赔偿责任。但法律另有规定或者双方另有约定的除外。该条司法解释的含义有三：① 误传是可以撤销的。② 撤销权人须对第三人信赖利益的损失负赔偿责任。③ 传达人因其有过失而对表意人负赔偿责任，但义务传达人不在此限。

（3）"狭义的动机错误"不构成重大误解。重大错误须为对法律行为所形成的法律关系要素的错误，动机不属于法律行为的内容，若意思表示的内容没有错误，仅是意思表示作出的起因（动机）发生错误，属于狭义的动机错误，不构成重大误解。

例 甲为了结婚而购买新房,与房屋销售中介机构签订了购房合同,后向女友求婚时,女友告知其自己已有未婚夫。甲认为自己构成重大误解,请求撤销房屋买卖合同。次例中甲对订立买卖合同的动机发生了错误,对买卖合同的内容没有发生动机错误,属于狭义的动机错误,不构成重大误解,甲无权撤销房屋买卖合同。

第三节 民事法律行为的成立与生效

一、民事法律行为的成立

（一）民事法律行为成立的共通要件

我国《民法通则》仅规定民事法律行为的生效要件,没有对成立要件作出明确规定,而后公布的合同法对成立与生效作了区分,所以民事法律行为成立的共通要件,即民事法律行为成立皆有的要件可以概括为：

1. 有意思表示。
2. 标的须确定并可能。标的确定即关于标的的表示须达到能被具体人的的程度。标的可能即标的在客观上须具有实现的现实性。

（二）民事法律行为成立的特别要件

这是指法律对某些民事法律行为的特殊要求,不是所有的法律行为皆有的要件。

1. 有因行为,原因欠缺法律行为不成立,原因就成了特别要件；
2. 实践性民事法律行为,物之交付就是特殊要件,民事法律行为在交付完成前不成立。

（三）法律行为成立的效力

法律行为的成立,表意人必须受意思表示的约束,不得擅自变更和撤销。法律行为成立的效力就是意思表示的成立效力。

二、民事法律行为的生效

民事法律行为的生效,是指法律行为按意思表示内容发生效力的必要条件,民事法律行为符合了生效条件的,当事人的意思才被法律认可,从而产生预定的法律效力并受法律保护。民事法律行为生效的法定条件包括：

（一）行为人具有相应的民事行为能力

行为人须具备民事行为能力,才能实施意思表示。所以,民事法律行为以行为能力适格为其首要条件。对于自然人,应具有完全民事行为能力；限制民事行为能力人只能实施与其意思能力相适应的法律行为,而在能力范围之外的行为,除经其法定代理人同意或者追认外,不构成意思表示或者法律行为,但限制行为能力人的纯获利益的行为不受该条件的限制。无民事行为能力人不适格,法律否认其有意思能力,所以实施的行为不能发生民事法律行为的固有效力。

（二）意思表示真实

意思表示行为,是指行为人的内心的效果意思须与表示意思一致,如因内心有保留、认识错误、误传、误解、受欺诈或胁迫、显失公平等,表示意思与效果意思不一致的,则会发生无效或被撤销的后果。

(三) 不违反法律或者社会公共利益,即民事法律行为须具有合法性

不违反法律即指不违反强制性法律规范,所谓强制性规定,系指命令当事人无条件实施一定行为或者不得实施一定行为的规定。不违反社会公共利益即不违反公共秩序和公序良俗。

第四节 附条件与附期限的民事法律行为

一、附条件的民事法律行为

(一) 概念

民事法律行为附条件,是在意思表示当中附有决定该行为效力发生或者消灭条件的民事法律行为。《民法通则》第62条民事法律行为可以附条件,附条件的民事法律行为在符合所附条件时生效。这一规定,是为方便人们在民事法律行为中能够灵活地控制行为效力暂不发生,或使已经发生的效力及时终止的制度,因而具有重要意义。

(二) 条件

所谓条件,是指将来发生的决定法律行为效力的不确定的事实。附有条件的行为称附条件的民事法律行为。条件的特征是:① 条件是民事法律行为意思表示的一个组成部分。② 条件决定民事法律行为固有效力的发生、存续或者消灭。③ 条件是将来的、不确定的、可能发生也可能不发生的事实。④ 必须是合法事实。违反法律、社会公德或损害社会公共利益,以及以侵害他人权利为目的的事实,不能作为条件。例如,甲对乙说:"你考试作弊我就请你吃饭。"作弊显然不合法,因此,不能作为条件。

(三) 条件的类型

1. 延缓条件与解除条件。这是根据条件的效力为标准而作的区分。

(1) 延缓条件,亦称停止条件,是限制民事法律行为效力发生,使法律行为只有当约定的事实出现时,才发生效力的条件,即如果条件不发生,法律行为就不会发生效力。例如:甲乙订立房屋租赁合同约定,当甲的儿子出国时,甲将房屋租给乙。

(2) 解除条件,是指限制法律行为效力消灭的条件,即在条件发生时,法律行为失去效力。例如:甲与乙签订房屋租赁合同,甲将自己的房屋出租给乙,租期2年,双方约定,如果甲的儿子今年结婚需要新房,则解除租赁合同。此处甲、乙之间约定的儿子结婚需要婚房,就是附解除条件,条件成就时双方的租赁合同解除。

2. 积极条件与消极条件

(1) 积极条件是以所设事实发生为内容的条件。易言之,在积极条件,以设定事实的发生为条件成就。停止条件与解除条件,均可设定积极条件。

(2) 消极条件是以所设事实不发生为内容的条件。易言之,在消极条件,所设定事实是消极的。

(四) 不得附条件的法律行为

1. 有关身份的法律行为不得附条件。例如婚姻、收养等法律关系不得附条件。

2. 形成权不得附条件,如撤销、追认、解除、权利的抛弃等。因为形成权的功能就在于使某种不确定的行为的效力得以确定,如果再允许附条件,就会使行为的效力变得更加不确定。

3. 特别法上的限制，如继承的接受或拒绝、遗赠的接受或赠与都不得附条件。

（五）附条件的结果

1. 附停止条件的法律行为，在条件发生时发生效力。

2. 附解除条件的法律行为，在条件发生时失去效力。

[**历年真题**] 甲将300册藏书送给乙，并约定乙不得转让给第三人，否则甲有权收回藏书。其后甲向乙交付了300册藏书。下列哪一说法是正确的？（2009年卷三6题）

A. 甲与乙的赠与合同无效，乙不能取得藏书的所有权

B. 甲与乙的赠与合同无效，乙取得了藏书的所有权

C. 甲与乙的赠与合同为附条件的合同，乙不能取得藏书的所有权

D. 甲与乙的赠与合同有效，乙取得了藏书的所有权

【答案】 D

【考点】 附条件的法律行为

【解析】《合同法》第45条规定："当事人对合同的效力可以约定附条件。附生效条件的合同，自条件成就时生效。附解除条件的合同，自条件成就时失效。当事人为自己的利益不正当地阻止条件成就的，视为条件已成就；不正当地促成条件成就的，视为条件不成就。"本题中，甲、乙的赠与合同附解除条件，即约定受赠人乙将藏书转让给第三人为赠与合同的解除条件，解除条件成就时，赠与合同失效。解除条件成就之前，赠与合同有效。另《物权法》第23条规定："动产物权的设立和转让，自交付时发生效力，但法律另有规定的除外。"因约定的解除条件未成就，甲、乙间的赠与合同有效，甲已经交付了藏书，乙已经取得藏书的所有权。故本题答案为D选项。

二、附期限的法律行为

（一）期限的种类

1. 始期与终期。（以期限效力为标准进行的分类）

始期是使民事法律行为效力发生的期限。在始期届至之前，民事法律行为的效力是停止的，在期限到来时，民事法律行为的效力开始发生。例如：甲、乙双方签订合同注明"自2016年1月1日生效"，该日期就是合同的始期。

终期是民事法律行为效力终止的期限，在终期届至时，既有的效力便解除，故也称解除期限。如在合同条款中约定"本合同于2016年12月1日终止"，2016年12月1日就是该合同所附的终期。

2. 确定期限与不确定期限。

确定期限是指具体日期，如2016年6月1日；不确定期限是指具体期限在设定时不能确定的，例如在某人死亡时。

（二）期限的法律要件

1. 须属将来的事实，已经发生的事实不能被设定为期限。

2. 须属发生为确定的事实，不可能发生的事实，不能被设定为期限。

（三）期限的效力

1. 期限到来前的效力

（1）附始期的民事法律行为，在期限未届至时，不生效；而附终期的民事法律行为，在期限

未届满时,其效力不终止。

(2)因期限届至而享有利益的当事人取得"利益期待权",该权利可作为处分行为和继承的标的,并受侵权行为法的保护。因期限未到来而享有的利益,为"期限利益",亦受法律的保护。

2. 期限到来后的效力

附始期的民事法律行为,在始期届至时,发生效力;而附终期的民事法律行为,在期限届满时,终止效力。

(四)期限与条件的区分

1. 条件是不确定的偶然性事实,期限是确定的必然性事实

(1)时期确定,到来不确定,为条件。例如:甲对乙说,在乙60大寿的时候赠送乙电视机一台,此处60岁确定,但人的生命不可测,乙是否能活到60岁是不可知的,具有偶然性。

(2)时期不确定,到来也不确定,为条件。例如:甲与乙约定,在乙司法考试通过之日起赠与乙苹果手机一部,此处能否考得上,不确定,至于何时哪一年通过也不确定,故属于条件。

2. 条件约定的事实成就与否是不确定的,而期限则是确定会到来的

(1)时期确定,事实的发生也确定,如"2015年12月24日"是期限。

(2)时期不确定,到来确定,为期限。例如:老王对其儿子小王说,在其临终时会将自己的遗产赠与小王。何时死亡虽难以预料,但人必有一死,死期终会到来。

第五节 有效力瑕疵的民事行为

一、无效民事行为

无效原因	(1)行为人不具有行为能力实施的民事行为 ①"限人"实施的超出其能力范围之外的单方行为无效(如订立遗嘱、抛弃价值较大的物品等); ②"无人"实施的合同行为和单方行为均无效(纯获利益行为、小型化、定型化的行为除外)。 (2)意思表示不自由而且损害国家利益的行为。 (3)恶意串通,损害国家、集体或者第三人利益的行为。 (4)以合法形式掩盖非法目的行为。 (5)损害社会公共利益(公序良俗)的行为。 (6)违反法律、法规的强制性规定。
违反公序良俗	(1)贬损人格尊严或者过度限制人身自由、婚姻自由。 (2)违反公平竞争。
部分无效	部分无效,不影响其他部分的效力,其他部分仍然有效。 (1)租赁合同期限不得超过二十年。超过二十年的,超过部分无效。 (2)流质条款无效。 (3)超过20%的定金无效。

（续表）

法律效果	(1) 若义务未履行,则无须再履行。 (2) 正在履行的义务,应中止履行。对于已经履行的部分: 　① 返还财产。 　② 赔偿损失。如果是一方的过错造成的,仅过错方赔偿;如果双方都有过错的,由双方承担各自应负的责任。 　③ 追缴财产。双方恶意串通,实施损害国家、集体或者第三人的利益,应当追缴双方已取得的或者约定取得的财产,分别收归国家、集体所有,或者返还第三人。 　④ 解决争议条款有效。合同无效、被撤销或者终止的,不影响合同中独立存在的有关解决争议方法的条款的效力。

（一）无效民事行为的概念

无效民事行为,是指欠缺法律行为根本生效的要件,自始、确定和当然不发生行为人意思之预期效力的民事行为。《民法通则》第58条第2款规定,无效的民事行为,从行为开始起就没有法律约束力。

（二）无效民事行为的类型

依据《民法通则》第58条第1款的规定,无效民事行为包括：

1. 行为人不具有行为能力实施的民事行为

无民事行为能力人实施的行为,因其没有意思能力,不发生法律行为之效果意思的效力。

2. 意思表示不自由的行为

意思形成的自由和意思表示的自由是意思表示真实的前提。若欠缺意思表示自由的民事行为无效。依据《合同法》第52条的规定,一方以欺诈、胁迫、乘人之危的手段订立的损害国家利益的合同,属于无效的合同,不能依当事人意思表示的内容发生效力。

3. 恶意串通,损害国家、集体或者第三人利益的合同

恶意串通,损害国家、集体或者第三人利益的行为,是行为人双方共同合谋进行的,以损害国家、集体或第三人利益为目的的民事行为。其构成要件包括：

（1）须表示与内心不一致,即外部表示与内心意思不一致,外部表示的行为并不是行为人的真实意思,但是却故意制造某种进行民事法律行为的虚假现象。例如：为逃避强制执行而假装把自己的财产无偿赠与相对人,事实上当事人并没有出赠与接受赠与的意思。

（2）须有恶意串通,即意思表示人与相对人之间恶意串通,不仅意思表示人知道自己的表示是虚假的,而且相对人也了解这一情况。

（3）须损害国家、集体或者第三人的利益。恶意串通的意思表示,必须有损害国家、集体或者第三人利益的目的,即恶意串通人具有损人利己的非法目的。

4. 伪装行为

伪装行为,即以合法形式掩盖非法目的的行为,指以虚假的合法行为作表面行为,掩盖非法的隐藏行为的行为。表面行为因意思表示不真实而无效,而隐藏行为则因行为内容违法而无效。

5. 违反法律或者社会公共利益的行为

民事法律行为的根本属性之一在于意思表示内容的合法性,故意思表示如果是违法的

则属无效。违法行为,不仅是指违反民法规范,也包括违反其他部门法的规范和社会公共利益。

[历年真题] 1. 甲公司员工唐某受公司委托从乙公司订购一批空气净化机,甲公司对净化机单价未作明确限定,唐某与乙公司私下商定将净化机单价比正常售价提高200元,乙公司给唐某每台100元的回扣。商定后,唐某以甲公司名义与乙公司签订了买卖合同。对此,下列哪一选项是正确的?(2016年卷三3题)
   A. 该买卖合同以合法形式掩盖非法目的,因而无效
   B. 唐某的行为属无权代理,买卖合同效力待定
   C. 乙公司行为构成对甲公司的欺诈,买卖合同属可变更、可撤销合同
   D. 唐某与乙公司恶意串通损害甲公司的利益,应对甲公司承担连带责任
【答案】 D

(三) 无效民事行为的法律效果
1. 一般法律后果
无效的民事行为不发生法律效力,即不发生当事人希望发生的法律后果,使得当事人在法律行为中规定的产生变更或终止民事权利义务的意图不能得以实现。

2. 具体法律后果
依据《民法通则》第61条规定,对被确认无效和被撤销而无效的民事行为,其效果是:
(1) 义务尚未履行,则无须再履行。
(2) 正在履行的义务,中止履行。
(3) 已经履行的义务,按以下规则处理:① 返还财产。在给付财产的情况下,受领财产的一方应将该财产返还给相对人。若财产不存在,无法返还的,则应折价补偿。② 赔偿损失。因民事行为确认无效,给对方或者第三人造成了损失的,应当赔偿损失。如损失是一方的过错造成的,仅过错方赔偿;如双方都有过错的,由双方各自承担应负的责任。③ 追缴财产。双方恶意串通,实施民事行为损害国家、集体或者第三人利益的,应当追缴双方取得的或者约定取得的财产,分别归国家、集体所有或者返还给第三人。④ 解决争议条款有效。在双方民事行为无效后,该行为中关于解决双方争议的意思表示,可以独立发生效力,不因该行为无效或者被撤销不发生效力。

(四) 部分无效
依据《民法通则》第60条规定,民事行为部分无效,不影响其他部分的效力的,其他部分仍然有效。即若民事行为仅部分存在效力缺陷,存在无效或可撤销的原因,而其余部分不存在效力缺陷(有效)的,存在缺陷部分属于无效或可撤销,其余部分仍属有效。

二、可撤销的民事行为

(一) 可撤销民事行为的概念
可撤销的法律行为,是指法律行为虽已成立并生效,但因意思表示不真实,可以因行为人撤销权的行使,使其自始不发生法律效力的法律行为。可撤销的法律行为,在被撤销前,已经发生法律效力,不同于无效的法律行为和效力待定的法律行为。

(二) 可撤销民事行为的类型

效力瑕疵原因	要件	效果
欺诈	(1) 一方故意告知虚假事实或者隐瞒真实事实。 (2) 相对方因此陷入错误认识。 (3) 欺诈事实和意思表示具有因果关系 注意:按照司法考试观点: (1) 第三人欺诈时,如相对人订立合同时不知道也不应当知道第三人欺诈事实的,则受害人不享有撤销权;反之则享有撤销权。 (2) 代理与欺诈代理人实施欺诈时视为被代理人欺诈;代理人遭受欺诈时视为被代理人遭受欺诈。	表意人请求法院或者仲裁机构行使撤销权或变更权。 注意:因欺诈订立且损害国家利益的合同无效。
胁迫	(1) 存在胁迫事实。 (2) 胁迫具有不正当性(目的不正当、手段不正当、目的与手段结合的不正当)。 (3) 对方因此陷入恐惧作出不真实的意思表示(即胁迫事实与意思表示之间具有因果关系)。	表意人可请求法院或者仲裁机构行使撤销权或者变更权。
重大误解	(1) 表意人对合同的内容发生重大误解。 (2) 因为误解,致使表意人表示出来的意思与其内心的真实意思不一致。 (3) 表意人因误解遭受较大的损失。 注意:此处的错误主要是指对合同内容(行为的性质、对方当事人、标的物的品种、质量、规格和数量)的错误,动机错误不构成重大误解。对标的物的性质错误认识属于重大误解,对标的物的价值错误认识不属于重大误解。	可以请求法院或者仲裁机构行使撤销权或变更权。
乘人之危	(1) 一方乘对方处于危难之际。 (2) 行为人迫使对方作出不真实的意思表示。 (3) 严重损害对方利。	表意人可以请求法院或者仲裁机构行使撤销权或变更权。
显失公平	(1) 一方利用优势或者利用对方没有经验。 (2) 订立合同违反等价有偿原则或者公平原则。	受有不利益一方可以请求法院或者仲裁机构行使撤销权或变更权。

依据《民法通则》第 59 条和《合同法》第 54 条第 1 款的规定,可撤销、可变更的民事行为包括:

1. 重大误解

关于重大误解在前述"意思表示瑕疵"部分已详细讲解,此处不再赘述。

[历年真题] 1. 潘某去某地旅游,当地玉石资源丰富,且盛行"赌石"活动,买者购买原石后自行剖切,损益自负。潘某花 5 000 元向某商家买了两块原石,切开后发现其中一块为极

品玉石,市场估价上百万元。商家深觉不公,要求潘某退还该玉石或补交价款。对此,下列哪一选项是正确的?(2016年卷三3题)

A. 商家无权要求潘某退货
B. 商家可基于公平原则要求潘某适当补偿
C. 商家可基于重大误解而主张撤销交易
D. 商家可基于显失公平而主张撤销交易

【答案】 A

2. 下列哪一情形构成重大误解,属于可变更、可撤销的民事行为?(2012年卷三3题)

A. 甲立下遗嘱,误将乙的字画分配给继承人
B. 甲装修房屋,误以为乙的地砖为自家所有,并予以使用
C. 甲入住乙宾馆,误以为乙宾馆提供的茶叶是无偿的,并予以使用
D. 甲要购买电动车,误以为精神病人乙是完全民事行为能力人,并与之签订买卖合同

【答案】 C

【解析】 关于选项A。《继承法意见》第38条规定:"遗嘱人以遗嘱处分了属于国家、集体或他人所有的财产,遗嘱的这部分,应认定无效。"甲的遗嘱处分了乙的财产,遗嘱的这部分无效,而不是可撤销、可变更。故选项A错误。关于选项B。甲误取乙所有的地砖用于装修属于事实行为,而重大误解是关于意思表示的制度,不适用重大误解制度。故选项B错误。关于选项C。乙宾馆发出买卖的要约,而甲认为是免费赠与,对行为的性质发生认识错误,构成重大误解,属于可撤销、可变更的民事行为。故选项C正确。关于选项D。甲对乙的行为能力发生重大误解,乙系无(或限制)民事行为能力人。为了保护无(或限制)民事行为能力人的利益,无(或限制)民事行为能力人的利益优先与甲的意思表示受到保护。甲与乙签订的买卖合同,属于效力待定或者无效的合同,而不是可撤销、可变更的合同。故选项D错误。

2. 欺诈

关于欺诈在前述"意思表示瑕疵"部分已说明,不再赘述。仅说明一下第三人欺诈的问题。

若合同双方当事人并未实施欺诈行为,而是合同之外的第三人对当事人一方的行为符合欺诈的构成要件,受欺诈人是否享有撤销权,通说观点是:

(1) 若受欺诈方的相对人于合同成立时知道或者应当知道第三人实施欺诈,受欺诈人享有撤销权;若受欺诈方的相对人于合同成立时不知道也不应当知道第三人实施欺诈,受欺诈人不享有撤销权。

(2) 在"利益第三人合同"中,第三人的行为构成欺诈的,若利益第三人于合同成立时知道或者应当知道第三人欺诈的,受欺诈人享有撤销权。

例 甲欠乙100万元,为担保借款,乙要求甲提供担保。甲找到丙,以欺诈方式骗丙,丙为其100万元借款承担保证责任。① 若相对人乙对甲欺诈保证人丙是知情的,则保证人丙享有撤销权。② 若相对人乙对甲欺诈保证人丙的事实并不知情,则保证人丙不享有撤销权,即保证人丙只能追究债务人甲的责任,而不能主张撤销担保。

3. 胁迫

关于胁迫的构成要件前述"意思表示瑕疵"部分已说明,不再赘述。需要说明的是:

(1) 胁迫不包括暴力在内,因为根本没有暴力的意思在里面。

(2) 以法律规定的合法方式提出正当要求的,不属于胁迫行为。例如:甲欠乙10万元,拒不还款,乙以提起诉讼为要挟,要求甲清偿债务的行为不属于胁迫行为。

(3) 胁迫与受胁迫人的意思表示之间应当具有因果关系,即胁迫人的胁迫对被胁迫人来说,产生了实质性的作用和效果,使得被胁迫人在心理上产生了恐惧,并作出了迎合胁迫人的意思表示。

4. 乘人之危

关于乘人之危的构成要件在"意思表示瑕疵"部分已作说明,此处不再赘述。

5. 显失公平

依据《民通意见》第72条的规定:"一方当事人利用优势或者利用对方没有经验,致使双方的权利义务明显违反公平、等价有偿原则的,可以认定为显失公平。"

显失公平的构成要件包括:① 法律行为的一方具有优势或对方没有经验,且当事人利用了该情形;② 法律行为的结果存在明显的不公平。

(三) 享有撤销权的行为人

(1) 重大误解:误解方享有撤销权;双方发生错误,均享有撤销权。

(2) 显失公平:受有不利益的一方享有撤销权。

(3) 欺诈、胁迫、乘人之危:受害人享有撤销权。

(4) 代理人订立合同时,遭受欺诈、胁迫或者发生重大误解等,代理人不享有撤销权,撤销权归被代理人享有。

(四) 撤销权的消灭

《民法总则》第152条规定:"有下列情形之一的,撤销权消灭:(一) 当事人自知道或者应当知道撤销事由之日起一年内、重大误解的当事人自知道或者应当知道撤销事由之日起三个月内没有行使撤销权;(二) 当事人受胁迫,自胁迫行为终止之日起一年内没有行使撤销权;(三) 当事人知道撤销事由后明确表示或者以自己的行为表明放弃撤销权。当事人自民事法律行为发生之日起五年内没有行使撤销权的,撤销权消灭。"

三、效力待定的民事行为

类型	无权处分行为(《合同法》第51条)
	欠缺代理权的代理行为
	债务承担
	限制行为能力人待追认的行为(《合同法》第47条第1款)
效果	追认权 (1) 主体:无权处分——处分权人;无权代理——本人(代理人);限制民事行为能力人实施的待追认行为——法定代理人。 (2) 实施方式:应由当事人以意思通知方式,向效力未定行为的相对人实施。 催告权 相对人在对方追认之前有催告权。 催告在1个月内予以追认——未作答复,视为否认。
	撤销权 (1) 主体:善意相对人。 (2) 行使:以通知方式行使撤销权。 (3) 时间:在合同被追认之前。

(一) 效力待定的民事行为的概念

效力待定的民事行为,是指由于法律规定的某种原因,法律行为既非有效,也非无效,其效力有待于第三人的确定。

效力未定民事行为与可撤销民事行为不同,可撤销行为在撤销前是有效的民事行为,只是在撤销后溯及开始发生无效后果;而效力未定行为的法律效力处于不确定状态,在确定前既不是有效也不是无效,究竟是有效还是无效有待于第三人确定。

效力未定民事行为与无效民事行为也不同,无效民事行为自始无效,而效力未定行为,最终既可能是有效也可能归于无效。

(二) 效力未定民事行为的类型

1. 无权处分行为

无权处分行为,是指无处分权人以自己的名义对他人权利标的所为处分行为,该行为若经权利人同意,效力自处分之时起有效;若权利人不同意,则效力确定为无效。《合同法》第51条规定,无处分权的人处分他人财产,经权利人追认或者无处分权的人订立合同后取得处分权的,该合同有效。

2. 欠缺代理权的代理行为

无权代理,是指代理人无权代理、超越代理或者在代理权终止后以被代理人的名义从事的法律行为。无权代理人以他人名义从事的行为是效力待定的法律行为,要对被代理人生效,需要被代理人的追认。

3. 限制行为能力人实施的依法不能实施的法律行为

依据《合同法》第47条第1款的规定:"限制民事行为能力人订立的合同,经法定代理人追认后,该合同有效,但纯获利益的合同或者与其年龄、智力、精神健康状况相适应而订立的合同,不必经法定代理人追认。"限制民事行为能力人实施超越其民事行为能力范围的行为,若取得法定代理人的追认,则为有效的法律行为,反之则为无效的法律行为。

(三) 效力待定民事行为的效果

1. 追认

追认是追认权实施的使效力未定行为发生效力的补助行为,追认属于单方民事法律行为,为形成权。其作用在于补足效力未定行为所欠缺的法律要件。

(1) 追认的主体。① 无权处分的,追认权属于有权处分权人。② 无权代理的,追认权属于本人即代理人。③ 限制民事行为能力人实施的待追认行为,追认权属于法定代理人。

(2) 追认生效的时间点。① 无权代理的,追认的意思表示到达相对人时,追认生效。② 限制民事行为能力人实施的待追认行为,追认的意思表示到达相对人时,追认生效。

2. 催告权

这是指相对人告知事实并催告追认权人在给定的时间内实施追认的权利。《合同法》第47条第2款规定:"相对人可以催告法定代理人在一个月内予以追认。法定代理人未作表示的,视为拒绝追认。"《合同法》第48条第2款规定:"相对人可以催告被代理人在一个月内予以追认,被代理人未作表示的,视为拒绝追认。"根据规定,相对人催告追认权人行使追认权时,给予1个月的追认期间,在此期间不追认的,视为拒绝追认。

3. 撤销权

撤销权即指效力未定行为的相对人撤销其意思表示的权利。撤销权的构成要件是:

(1) 撤销权的发生须在追认权人未追认前,追认权一旦行使,效力未定行为即生效,相对人则不得行使撤销权。

(2) 撤销之意思必须以明示的方式作出,即善意相对人可通知相对人撤销合同,通知到达相对人,合同确定无效。

(3) 相对人须为善意,即对效力未定行为欠缺生效要件,没有过失,如明知对方行为人能力欠缺而与之为行为,则不得享有撤销权。

第六章 代 理

第一节 代理的概念和类型

要件	(1) 须有三方当事人。 (2) 代理的须为民事法律行为。具有专属性的民事法律行为不得代理,如:结婚、离婚、收养等身份关系。 (3) 须依代理权,代理权的取得可以依据法律的规定,亦可依据授权取得。 (4) 代理人以本人的名义为意思表示。 (5) 代理的效力直接对本人发生。	
类型	直接代理和间接代理	直接代理是代理人以被代理人的名义为民事法律行为,其效果直接归属于被代理人的代理。
		间接代理是代理人以自己的名义为代理行为,其效果直接或者间接归属于被代理人的代理。间接代理又可分为显名的间接代理(《合同法》402条)和隐名的间接代理(《合同法》403条)。
	委托代理和法定代理	委托代理是基于被代理的授权而享有代理权的代理。法定代理是基于法律规定享有代理权的代理。
	有权代理和无权代理	根据代理人有无代理权区分为有权代理和无权代理。
	本代理和复代理	本代理是由本人选任代理人的代理。复代理是基于复任权选任代理人的代理。 复代理的要件:① 有本代理的存在;② 有复任权;③ 无复代理之例外规定,即紧急情况下所为的情形。 复代理的效力:复代理人的代理行为效果直接归于本人。注意:因委托代理人转托不明,给第三人造成损失的,第三人可以直接要求被代理人赔偿损失;被代理人承担民事责任后,可以要求委托代理人赔偿损失,转托代理人有过错的,应负连带责任。

一、代理的概念

（一）概念

代理是代理人在代理权限内，独立实施法律行为，而使被代理人直接或间接承担该法律行为所生法律效果的制度。

代理有狭义、广义之分。狭义代理仅指代理人以本人的名义进行的代理，即直接代理，也称显名代理；广义的代理，还包括间接代理，即代理人以自己名义实施民事法律行为，该行为法律效果间接归于本人的代理，也称隐名代理。

（二）功能

1. 扩张了完全民事行为能力人的行为空间，通过委托代理人的方式实现。
2. 弥补了无民事行为能力人和限制民事行为能力人的行为能力，使权利能力的平等成为可能。法定代理制度的出现，使得限制民事行为能力人与无民事行为能力人所不能从事的法律行为由其法定代理人代为行使，使得权利能力的平等有坚实的基础。

二、代理的特征

因间接代理与直接代理，在当事人地位、权利义务内容以至于法律效果上都迥然不同，这里代理的特征，主要按《民法通则》对直接代理的规定加以说明。

（一）代理的内部关系，指代理人和被代理人之间的授权或法定关系，即代理人是在代理权限范围内代理被代理人进行民事活动。

（二）代理的外部关系，指代理人在与第三人（相对人）为法律行为时独立作出意思表示。

（三）法律效果归属，即代理行为所产生的法律效果直接由被代理人承担，法律行为直接约束的是被代理人与相对人。

[**历年真题**] 下列哪些情形属于代理？（2012年卷三53题）

A. 甲请乙从国外代购1套名牌饮具，乙自己要买2套，故乙共买3套一并结账
B. 甲请乙代购茶叶，乙将甲写好茶叶名称的纸条交给销售员，告知其是为自己朋友买茶叶
C. 甲律师接受法院指定担任被告人乙的辩护人
D. 甲介绍歌星乙参加某演唱会，并与主办方签订了三方协议

【答案】 ABC

【解析】 关于选项A。乙以自己的名义为甲购买1套名牌饮具，属于间接代理。故选项A当选。

关于选项B。乙告知销售员其为朋友甲代买茶叶，乙的行为构成直接代理。故选项B当选。关于选项C。甲律师接受指定，是指定代理人，构成代理，选项C当选。关于选项D。甲的行为构成居间，甲只是为歌星与乙订立表演合同提供服务，甲的行为不属于代理。故选项D不当选。

三、代理的类型

显名的间接代理	结构特征	(1) 受托人以"自己的名义"与第三人订立合同。 (2) 第三人于订约时"知晓"委托人与受托人之间存在代理关系。
	法律效果	原则上,法律效果直接归属于委托人。
		例外,如有确切证据证明,委托人与第三人约定该合同只约束受托人和第三人的,则该合同的当事人为受托人和第三人。受托人接受第三人的履行后,再基于委托合同将受领的权利和义务移转给委托人。
隐名的间接代理	结构特征	(1) 受托人以自己的名义与第三人订立合同。 (2) 第三人于订约时不知道委托人与受托人之间存在代理关系。
	法律效果	原则上,订立的合同只能约束受托人和第三人,与委托人没有直接的法律关系。
		例外:法律效果直接归属于委托人。包括两种情形: (1) 受托人因第三人的原因对委托人不履行义务,受托人应向委托人披露第三人,委托人因此可以行使受托人对第三人的权利,此即委托人行使介入权。 (2) 合同订立后,受托人因委托人的原因对第三人不履行义务,受托人应向第三人披露委托人,此时第三人享有选择权,可以选择委托人作为合同相对人。

(一)直接代理与间接代理(区分标准:以谁的名义)

直接代理是以被代理人的名义实施法律行为;间接代理是以代理人自己的名义实施法律行为。此处重点介绍间接代理。

1. 显名的间接代理(《合同法》第402条)

显名的间接代理即第三人与代理人缔约时知道代理人是为被代理人处理事务的代理。此时被代理人有自动介入权,即被代理人可以介入委托事务,直接对第三人行使代理人的权利,包括请求权、抗辩权等,同时负担代理人对第三人应付的义务。

例 甲欲购买一套别墅,不方便自己出面。就委托朋友乙为自己购买别墅,与销售商丙签订买卖合同。订立合同时,丙知道乙系甲的代理人。乙的行为属于显名的间接代理,原则上,该套别墅买卖合同约束的是甲、丙。甲是买受人,丙是出卖人。

2. 隐名的间接代理(《合同法》第403条)

隐名的间接代理即第三人在与代理人缔约时,不知道受托人是为委托人处理事务的代理。此时被代理人有被动介入权,即在受托人因委托人的原因不能履行对第三人的义务,向第三人披露委托人时,第三人因行使选择权选定委托人为义务人时,委托人成为债务人。委托人既负有受托人应履行的债务,同时也得对第三人行使受托人对第三人的抗辩权和自己对受托人的抗辩权。(见例1)

例1 甲欲购买一套别墅,不方便自己出面。就委托朋友乙为自己购买别墅,与销售商丙签订买卖合同。订立合同时,丙不知道乙系甲的代理人。乙的行为属于隐名的间接代理。原则上,该套别墅的买卖合同约束乙、丙。乙为买受人,丙为出卖人。但是当甲行使介入权或者丙行使选择权选定甲时,则该买卖合同直接约束甲、丙。

[历年真题] 1. 乙起诉离婚时,才得知丈夫甲此前已着手隐匿并转移财产.关于甲、乙离婚的财产分割,下列哪一选项是错误的?(2016年卷三18题)
  A. 甲隐匿转移财产,分割财产时可少分或不分
  B. 就履行离婚财产分割协议事宜发生纠纷,乙可再起诉
  C. 离婚后发现甲还隐匿其他共同财产,乙可另诉再次分割财产
  D. 离婚后因发现甲还隐匿其他共同财产,乙再行起诉不受诉讼时效限制
【答案】 D
2. 甲委托乙销售一批首饰并交付,乙经甲同意转委托给丙。丙以其名义与丁签订买卖合同,约定将这批首饰以高于市场价10%的价格卖给丁,并赠其一批箱包。丙因此与戊签订箱包买卖合同。丙依约向丁交付首饰,但因戊不能向丙交付箱包,导致丙无法向丁交付箱包。丁拒绝向丙支付首饰款。下列哪一表述是正确的?(2011年卷三4题)
  A. 乙的转委托行为无效
  B. 丙与丁签订的买卖合同直接约束甲和丁
  C. 丙应向甲披露丁,甲可以行使丙对丁的权利
  D. 丙应向丁披露戊,丁可以行使丙对戊的权利
【答案】 C
【考点】 复代理、间接代理、无权代理
【解析】 关于选项A。《民法通则》第68条规定:"委托代理人为被代理人的利益需要转托他人代理的,应当事先取得被代理人的同意。事先没有取得被代理人同意的,应当在事后及时告诉被代理人,如果被代理人不同意,由代理人对自己所转托的人的行为负民事责任,但在紧急情况下,为了保护被代理人的利益而转托他人代理的除外。"题中乙已经事先取得甲的同意,故乙的转委托行为有效,丙为甲的代理人,也叫复代理人),故选项A错误。

关于选项B。丙的行为构成间接代理,即丙以自己的名义而不是以被代理人甲的名义与第三人丁签订买卖合同,所以丙、丁间因间接代理订立的首饰买卖合同直接约束丙与丁。根据《合同法》第402条的规定,该合同只在"第三人在订立合同时知道受托人与委托人之间的代理关系"时才约束委托人与第三人,故选项B错误。

关于选项C。《合同法》第403条第1款规定:"受托人以自己的名义与第三人订立合同时,第三人不知道受托人与委托人之间的代理关系的,受托人因第三人的原因对委托人不履行义务,受托人应当向委托人披露第三人,委托人因此可以行使受托人对第三人的权利,但第三人与受托人订立合同时如果知道该委托人就不会订立合同的除外。"据此,本题中,代理人丙应向被代理人甲披露第三人丁,甲可以行使丙对丁的权利。故选项C正确。

关于选项D。在丙、戊间的箱包买卖合同中,丙不是丁的间接代理人,因此不存在披露问题,故选项D错误。

(二)法定代理、指定代理和委托代理(区分标准:代理权的产生根据不同)

法定代理是基于法律的直接规定而发生的代理。指定代理是基于法院或有关机关的指定行为而发生的代理。

而委托代理是基于被代理人的授权所发生的代理。法定代理的功能在于补充无民事行为能力人和限制行为能力人的民事行为能力,其不能独立实施民事法律行为,法律为其规定了法定代理人。完全民事行为能力人虽能够独立实施民事法律行为,但由于精力有限,往往委托授

权他人代理其实施民事法律行为,即委托代理。

(三) 有权代理与无权代理(区分标准:有无代理权)

有权代理是代理人在代理权限内实施民事法律行为;无权代理是指代理人无代理权限而实施的代理行为,包括狭义的无权代理和表见代理。

(四) 本代理与复代理(区分标准:代理权的来源不同)

代理人的代理权来源于被代理人的授权或者法律的直接规定,这种代理称为本代理。复代理又称为再代理,是代理人为了实施代理权限内的全部或者部分行为,以自己的名义选定他人担任"被代理人的代理人"。复代理涉及的内容重要,下面将就复代理的内容进行详细说明。

1. 复代理的构成要件

(1) 有本代理存在。复代理以本代理为基础,故复代理权不得超过本代理权,超过部分成为无权代理。

(2) 有复任权。代理具有信赖关系,若无本人的授权或者事后的追认,代理人选任复代理人的行为对本人不发生效力。《民法通则》第68条规定:"委托代理人为被代理人的利益需要转托他人代理的,应当事先取得被代理人的同意。事先没有取得被代理人同意的,应当在事后及时告诉被代理人,如果被代理人不同意,由代理人对自己所转托的人的行为负民事责任,但在紧急情况下,为了保护被代理人的利益而转托他人代理的除外。"

(3) 无复代理权之例外。在紧急情况下,未经本人的同意,代理人选任复代理人的行为依然是有效的。《民通意见》第80条的规定:"由于急病、通讯联络中断等特殊原因,委托代理人自己不能办理代理事项,又不能与被代理人及时取得联系,如不及时转托他人代理,会给被代理人的利益造成损失或者扩大损失的,属于民法通则第六十八条中的'紧急情况'。"

2. 复代理的效力

复代理人与代理人的区别只是代理人选任,其身份仍然是本人的代理人,而不是代理人的代理人,复代理人的代理行为的效果直接归于本人。

《民通意见》第81条规定:"委托代理人转托他人代理的,应当比照民法通则第六十五条规定的条件办理转托手续。因委托代理人转托不明,给第三人造成损失的,第三人可以直接要求被代理人赔偿损失;被代理人承担民事责任后,可以要求委托代理人赔偿损失,转托代理人有过错的,应当负连带责任。"依据法条规定,转委托不明时,复代理人对转委托不明也具有过错的,委托代理人与复代理人承担连带责任(加重责任)。

[历年真题] 关于复代理,下列哪些选项是正确的?(2008年卷三52题)

A. 复代理人是代理人基于复任权而选任的
B. 复代理人的代理行为后果直接由本人承担
C. 委托代理人转托他人代理必须取得被代理人同意
D. 委托代理人转托不明给第三人造成损失的,转托代理人应负连带责任

【答案】 AB

(五) 单独代理和共同代理(区分标准:行使代理权的人数)

各代理人得单独行使代理权的,为单独代理。数个代理人共同行使代理权的,为共同代理。如父母的法定代理权为共同代理。

注意:在共同代理中,若仅由一人行使代理权的,为无权代理,非经本人同意或其他共同代理人的承认,通常不生效力。

第二节 无权代理

狭义的无权代理	概念	行为人不具有代理权,而以他人名义实施法律行为,且不构成表见代理的情形。
	狭义无权代理的情形	(1) 无授权的代理; (2) 越权代理; (3) 代理权终止后的代理。
	法律效果	合同效力待定,包括被代理人的追认权和相对人的催告权和撤销。
表见代理	要件	(1) 代理人为代理行为时无代理权; (2) 以本人的名义为民事法律行为; (3) 具有使相对人相信行为人具有代理权的事实和理由; (4) 相对人主观上善意。
	法律效果	对本人的效果:表见代理发生与有权代理相同的法律效果即代理人从事代理行为的效果直接归属于被代理人。
		对相对人的效果:相对人可主张有权代理的效果,也可以行使撤销权,撤销与本人之间的合同,向表见代理人请求赔偿。

一、无权代理的概念

无权代理是非基于代理权而以本人名义实施的旨在将效果归属于本人的代理。无权代理与有权代理的区别就是欠缺代理权。

无权代理有效与否,法律不仅要考虑本人的利益,还要考虑善意相对人的利益。所以,狭义的无权代理,赋予本人追认权,故狭义无权代理属于效力未定之行为。对于表见代理,着重保护相对人,其代理行为法律承认其效力,即为有效代理。

二、狭义无权代理

(一) 狭义无权代理的类型

狭义无权代理是不属于表见代理的未授权之代理、越权代理、代理权终止后的代理的情形。

1. 未授权之无权代理,指没有经委托授权,又没有法律依据,也没有权机关的指定而以他人名义实施民事法律行为之代理。

2. 越权之无权代理,指代理人超越代理权限范围而进行的代理行为。

3. 代理权消灭后之无权代理,指代理人因代理期限届满或者约定的代理事务完成或代理权被解除以后,仍以被代理人的名义进行的代理活动。

(二) 狭义无权代理的后果

1. 本人有追认权和拒绝权。

对行为人无权代理所为的行为,本人有权追认或拒绝。若在合理期限内被代理人进行了追认,则行为自始有效;若被代理人不追认或拒绝追认,则自始无效。

2. 相对人催告权和撤销权

催告是相对人请求本人于确定的期限内作出追认或拒绝的意思表示;撤销是相对人确认无权代理为无效的意思表示。催告权和撤销权只需相对人一方的意思表示即生效,故属于形成权。《合同法》第47条和第48条对法定代理和委托代理都作了规定,合同被追认之前,善意相对人有撤销的权利。撤销应当以通知的形式作出。

如相对人撤销意思表示,因无权代理而给相对人造成损失的,由无权代理人承担赔偿责任。

3. 因行为人的无权代理行为给相对人或本人造成损失的,相对人或本人有权请求损害赔偿。

[历年真题] 1. 甲用伪造的乙公司公章,以乙公司名义与不知情的丙公司签订食用油买卖合同,以次充好,将劣质食用油卖给丙公司。合同没有约定仲裁条款。关于该合同,下列哪一表述是正确的?(2013年卷三4题)

A. 如乙公司追认,则丙公司有权通知乙公司撤销
B. 如乙公司追认,则丙公司有权请求法院撤销
C. 无论乙公司是否追认,丙公司均有权通知乙公司撤销
D. 无论乙公司是否追认,丙公司均有权要求乙公司履行

【答案】 B
【考点】 无权代理、可撤销合同。
【解析】 在选项A、C中,《合同法》第48条规定:"行为人没有代理权、超越代理权或者代理权终止后以被代理人名义订立的合同,未经被代理人追认,对被代理人不发生效力,由行为人承担责任。相对人可以催告被代理人在一个月内予以追认。被代理人未作表示的,视为拒绝追认。合同被追认之前,善意相对人有撤销的权利。撤销应当以通知的方式作出"。据此可知,善意相对人丙想以通知方式撤销该合同的,需要在合同被乙公司追认之前进行。如果已经追认,善意相对人丙则不能以通知方式撤销该合同,故选项A、C错误。

在选项B中,《合同法》第54条第2款规定,一方以欺诈、胁迫的手段或者乘人之危,使对方在违背真实意思的情况下订立的合同,受损害方有权请求人民法院或者仲裁机构变更或者撤销。本案中,甲以次充好,将劣质食用油卖给丙公司,构成欺诈,合同可撤销,受害人丙公司有权请求法院对该合同予以撤销。故选项B正确。

在选项D中,如果乙公司不追认,该合同无效,丙公司无权要求乙公司履行合同。故选项D错误。

2. 张某到王某家聊天,王某去厕所时张某帮其接听了刘某打来的电话。刘某欲向王某订购一批货物,请张某转告,张某应允。随后张某感到有利可图,没有向王某转告订购之事,而是自己低价购进了刘某所需货物,以王某名义交货并收取了刘某的货款。关于张某将货物出卖给刘某的行为的性质,下列哪些说法是正确的?(2010年卷三51题)

A. 无权代理　　B. 无因管理　　C. 不当得利　　D. 效力待定

【答案】 AD
【考点】 无权代理。
【解析】 无权代理,是指没有代理权的人实施的代理行为。本题中,张某没有获得王某

授予其买卖货物的代理权,其以王某名义交货并收取刘某的货款的行为属于无权代理。根据《合同法》第 48 条的规定,在被代理人王某追认之前,王某与刘某之间的买卖合同属于效力待定的合同,故选项 A、D 正确。

在选项 B 中,无因管理是指没有法定的或者约定的义务,为避免他人利益受损失进行管理或者服务的事实。本题中,张某购买刘某货物,并非是为了避免丁某的利益受损失,而是张某感到自己有利可图,故张某的行为不属于无因管理,选项 B 错误。

在选项 C 中,不当得利是指没有合法根据取得利益而使他人受损失的事实。根据《民法通则》第 92 条的规定:"没有合法根据,取得不当利益,造成他人损失的,应当将取得的不当利益返还受损失的人。"本题中,张某购买刘某的货物,并没有导致王某利益受损,王某可通过追认使合同有效,获得利益,故张某的行为非不当得利。据此,故选项 C 错误。

三、表见代理

表见代理	
构成要件	1. 行为人为代理行为时,没有代理权。 2. 具有使相对人合理相信行为人具有代理权的事实和理由。 3. 相对人主观上为善意。 4. 须本人(被代理人)行为具有可归责性,即本人的行为与代理人的权利外观的形成具有牵连性。
类型	1. 行为人与被代理人曾经存在雇佣关系。 2. 行为人与被代理人曾经存在授权委托关系。
不构成表见代理的情形	1. 盗用他人介绍信、盖有合同专用章或空白合同书签订合同的。 2. 借用他人介绍信、盖有合同专用章或公章的空白合同书签订合同的。
法律效果	1. 在代理人与第三人之间,不发生法律关系。 2. 在被代理人与第三人之间形成完全等同于有权代理行为的法律关系。相对人有权主张表见代理人所从事法律行为的效果直接归属于本人。 3. 对相对人的效力。相对人享有选择权,相对人既可以主张有权代理的效果,也可行使撤销权,撤销与本人之间的合同。

(一) 表见代理概念

表见代理指虽无代理权但表面上有足以使人信为有代理权而须由本人负授权之责的代理。为了保护善意相对方的利益,表见代理发生有权代理的效果,即由本人而非行为人负代理行为的效果。

例 甲公司长期委任乙为总代理与丙公司交易,后甲撤销了对乙的授权,却未通知丙公司,乙此后仍然以甲公司的名义与丙公司订立合同,此即为表见代理。甲公司承担行为的后果。

(二) 表见代理构成要件

1. 以本人名义为民事法律行为

包括以本人名义实施意思表示或者受领意思表示。

2. 行为人无代理权。

3. 须有使相对人相信其有代理权的表征

所谓"相信其有代理权"是指本人有作为或者不作为实施某种表示,使相对人根据这一表示足以相信行为人有代理权。例如,交付印章给行为人保管,或者把盖有印章的空白合同交付行为人,行为人以本人名义与第三人订立合同时,第三人根据行为人握有本人印章的事实,即可相信行为人有代理权。

4. 须相对人为善意

相对人在与行为人为民事法律行为时,并不知其无代理权,且无从得知。若相对人有过错,则不能适用表见代理,若相对人有恶意,明知行为人无代理权还与之为民事法律行为,依据《民法通则》第66条第4款的规定,由行为人与相对人对本人负连带赔偿责任。

（三）表见代理的法律效果

1. 发生有权代理的效果

即对行为人表见代理的效果按有权代理承受。

2. 相对人有撤销权

表见代理旨在保护相对人的利益,相对人有权按狭义无权代理处理,享有撤销权。

[历年真题] 1. 甲公司、乙公司签订的《合作开发协议》约定,合作开发的A区房屋归甲公司、B区房屋归乙公司。乙公司与丙公司签订《委托书》,委托丙公司对外销售房屋。《委托书》中委托人签字盖章处有乙公司盖章和法定代表人王某签字,王某同时也是甲公司法定代表人。张某查看《合作开发协议》和《委托书》后,与丙公司签订《房屋预订合同》,约定:"张某向丙公司预付房款30万元,购买A区房屋一套。待取得房屋预售许可证后,双方签订正式合同。"丙公司将房款用于项目投资,全部亏损。后王某向张某出具《承诺函》:如张某不闹事,将协调甲公司卖房给张某。但甲公司取得房屋预售许可证后,将A区房屋全部卖与他人。张某要求甲公司、乙公司和丙公司退回房款。张某与李某签订《债权转让协议》,将该债权转让给李某,通知了甲、乙、丙三公司。因李某未按时支付债权转让款,张某又将债权转让给方某,也通知了甲、乙、丙三公司。

关于《房屋预订合同》,下列说法正确的是:（2015年卷三87题）

A. 无效
B. 对于甲公司而言,丙公司构成无权处分
C. 对于乙公司而言,丙公司构成有效代理
D. 对于张某而言,丙公司构成表见代理

【答案】 B

【考点】 无权处分、无权代理、表见代理

【解析】 无权处分是指没有处分权而处分他人或者自己的财产。本题中,依据甲公司与乙公司之间的《合作开发协议》的约定,乙公司只对B区房屋享有所有权。乙公司委托丙公司对外销售房屋,丙公司处分了A区房屋,构成无权处分。张某与丙公司之间的买卖合同属于因无权处分订立的买卖合同。《合同法》第51条规定:"无处分权的人处分他人财产,经权利人追认或者无处分权的人订立合同后取得处分权的,该合同有效。"但是依据《买卖合同解释》第3条的规定:"当事人一方以出卖人在缔约时对标的物没有所有权或者处分权为由主张合同无效的,人民法院不予支持。"可知,因无权处分订立的买卖合同,无权处分本身不影响合同的效力,若无其他效力瑕疵,因无权处分订立的买卖合同有效,而不是效力待定。丙公司与张某签订的《房屋预订合同》有效,选项A错误,不当选。依据甲公司与乙公司之间的《合作开发

协议》的约定，A 区房屋归甲公司，相对甲公司而言，丙公司出售 A 区房屋的行为构成无权处分，选项 B 正确，当选。

丙公司与乙公司存在委托关系，乙、丙之间是基于委托关系享有权利与承担义务，不构成代理，故选项 C、选项 D 错误，不当选。

2. 吴某是甲公司员工，持有甲公司授权委托书。吴某与温某签订了借款合同，该合同由温某签字、吴某用甲公司合同专用章盖章。后温某要求甲公司还款。下列哪些情形有助于甲公司否定吴某的行为构成表见代理？（2014 年卷三 52 题）

　　A. 温某明知借款合同上的盖章是甲公司合同专用章而非甲公司公章，未表示反对
　　B. 温某未与甲公司核实，即将借款交给吴某
　　C. 吴某出示的甲公司授权委托书载明甲公司仅授权吴某参加投标活动
　　D. 吴某出示的甲公司空白授权委托书已届期

【答案】　CD
【考点】　表见代理
【解析】　选项 A 错误。我国《合同法》并未严格区别公司的合同专用章和公司公章代表公司对外签订合同时的区别，应当认定为二者在代表该公司对外签订合同时均产生法律效力，可构成表见代理。

选项 B 错误。吴某持有甲公司的授权委托书，温某无义务去与甲公司再次核对，其有理由相信吴某享有代理权，这种情况下，可构成表见代理。

选项 C、D 正确。表见代理是指行为人没有代理权、超越代理权或者代理权终止后以被代理人名义订立合同，而相对人有理由相信行为人有代理权的，该代理行为有效。而选项 C、D 中，吴某出示的授权委托书明确限定仅授权其参加投标活动，或者授权委托已经届期，温某便没有合理理由相信吴某享有代理权，这些情形下不能构成表见代理。

3. 下列哪些情形下，甲公司应承担民事责任？（2013 年卷三 52 题）

　　A. 甲公司董事乙与丙公司签订保证合同，乙擅自在合同上加盖甲公司公章和法定代表人丁的印章
　　B. 甲公司与乙公司签订借款合同，甲公司未盖公章，但乙公司已付款，且该款用于甲公司项目建设
　　C. 甲公司法定代表人乙委托员工丙与丁签订合同，借用丁的存款单办理质押贷款用于经营
　　D. 甲公司与乙约定，乙向甲公司交纳保证金，甲公司为乙贷款购买设备提供担保。甲公司法定代表人丙以个人名义收取该保证金并转交甲公司出纳员入账

【答案】　ABCD
【考点】　表见代理、缔约过失责任、代表行为
【解析】　在选项 A 中，《合同法》第 49 条规定："行为人没有代理权、超越代理权或者代理权终止后以被代理人名义订立合同，相对人有理由相信行为人有代理权的，该代理行为有效。"乙是公司董事，并无代理公司与丙公司签订保证合同的权利，也没有得到公司的授权，其与与丙公司签订保证合同的行为构成无权代理。同时，由于该董事乙在合同上加盖了公司的公章和法定代表人丁的印章，使丙有理由相信其有代理权，故构成表见代理，该代理行为有效，甲公司应当承担责任，故选项 A 当选。

关于选项 B，《合同法》第 37 条规定："采用合同书形式订立合同，在签字或者盖章之前，当事人一方已经履行主要义务，对方接受的，该合同成立。"据此，甲、乙间借款合同已经成立。但是，甲公司与乙公司之间的借款合同违反了禁止企业之间拆借资金的强制性规定，借款合同无效，甲公司负有向乙公司返还不当得利的民事责任，故选项 B 当选。

在选项 C 中，根据《民法通则》第 43 条与《民通意见》第 58 条的规定，企业法人的法定代表人和其他工作人员，以法人名义从事的经营活动，给他人造成经济损失的，企业法人应当承担民事责任。甲公司法定代表人乙委托员工丙与丁签订合同，因乙是甲公司的法定代表人，故乙的行为代表公司，其委托丙与丁签订合同，应认定甲公司委托丙与丁签订合同，此时甲公司应当对丙的行为承担民事责任，故选项 C 当选。

在选项 D 中，《合同法》第 13 条规定："当事人订立合同，采取要约、承诺方式。"《合同法》第 25 条规定："承诺生效时合同成立。"甲公司与乙公司约定，乙向甲公司交纳保证金，甲公司为乙贷款购买设备提供担保。甲、乙之间的合同自双方当事人意思表示一致时成立并生效，甲公司法定代表人丙以个人名义接受保证金的行为属于合同成立后的履行行为，不会影响甲、乙之间订立合同的事实，甲作为合同主体需承担合同责任。故选项 D 当选。

第七章　诉讼时效与期限

第一节　诉讼时效

一、诉讼时效的适用范围

（一）诉讼时效仅适用于请求权

适用于请求权的是诉讼时效，请求权须义务人给付才能实现，如请求权人长时间不行使权力，使法律关系处于不稳定状态，诉讼时效就有监督请求权人及时行使权利的功能。换言之，诉讼时效的功能在于惩罚"躺在权利上睡觉的人"。

（二）不适用诉讼时效的债权请求权

《民法总则》第 196 条规定："下列请求权不适用诉讼时效的规定：（一）请求停止侵害、排除妨碍、消除危险；（二）不动产物权和登记的动产物权的权利人请求返还财产；（三）请求支付抚养费、赡养费或者扶养费；（四）依法不适用诉讼时效的其他请求权。"

（三）其他不适用诉讼时效的请求权

1. 物权请求权不适用诉讼时效，但是因物权造成损害的赔偿请求权则适用诉讼时效。
2. 基于身份关系的请求权不适用诉讼时效，例如解除婚姻关系、收养关系的请求权。
3. 基于相邻关系的相邻权不适用诉讼时效。
4. 人格权请求权不适用诉讼时效，例如请求停止人格权利侵害的权利。
5. 知识产权请求权，例如请求停止侵害、销毁侵权物品、消除影响的请求权不适用诉讼时效。
6. 形成权、抗辩权不适用诉讼时效。无论是否主张，抗辩权也不会因为时效期间届满而消灭。抗辩权与具体权利义务相关，实体权利存在，抗辩权就存在，实体权利义务关系消灭了，抗辩权也就不存在。形成权适用于除斥期间的规定而不适用诉讼时效。

注意:诉讼时效与除斥期间的关系:

除斥期间也称不变期间,是法律规定的某种权利的存续期间。除斥期间届满,权利消灭。除斥期间和诉讼时效期间都是对权利进行时间上的限制,都有督促权利人及时行使权利的功能,并且均会引起民事法律关系的变动。其区别在于:

(1) 适用对象不同。诉讼时效期间适用于债权请求权;除斥期间适用于形成权。

(2) 起算点不同。诉讼时效期间自权利人知道或者应当知道其权利受到侵害时计算;除斥期间一般自权利成立之时计算。

(3) 诉讼时效为可变期间,可以中止、中断和延长;除斥期间为不变期间。

(4) 期间届满的法律后果不同。诉讼时效期间届满发生债务人的抗辩权,权利不消灭;除斥期间经过后,权利归于消灭。

[历年真题] 下列哪些请求不适用诉讼时效?(2014年卷三53题)
A. 当事人请求撤销合同　　　　　　B. 当事人请求确认合同无效
C. 业主大会请求业主缴付公共维修基金　　D. 按份共有人请求分割共有物

【答案】 ABCD

【解析】 关于选项A。形成权不适用诉讼时效。可撤销、可变更合同中的撤销权属于形成权,适用1年的除斥期间,不适用诉讼时效。故选项A当选。关于选项B。请求确认合同无效的权利属于形成权,不适用诉讼时效。故选项B当选。关于选项C。业主缴付公共维修基金的法定义务随业主身份的存在而存在,不因时间的经过而消灭,不适用诉讼时效。故选项C当选。关于选项D。共有人请求分割共有物的权利属于形成权,不适用诉讼时效。故选项D当选。

二、诉讼时效期间的类型及起算

1. 普通诉讼时效

《民法总则》第188条第1款规定:"向人民法院请求保护民事权利的诉讼时效期间为三年。法律另有规定的,依照其规定。"

2. 最长诉讼时效期间的起算

(1) 20年最长时效期间,自权利被侵害之日起计算。

(2) 《产品质量法》第45条规定的10年最长时效期间,自缺陷产品交付最初消费者之日起计算。

(3) 因船舶油污损害之6年最长时效期间,自事故发生之日起算。

3. 普通时效期间与特殊时效期间的起算

普通时效期间与特殊时效期间的起算,从权利人知道或者应当知道权利受到侵害 以及义务人之日起计算。具体情形如下:

《民法总则》第189条规定:"当事人约定同一债务分期履行的,诉讼时效期间自最后一期履行期限届满之日起计算。"

《民法总则》第190条规定:"无民事行为能力人或者限制民事行为能力人对其法定代理人的请求权的诉讼时效期间,自该法定代理终止之日起计算。"

《民法总则》第191条规定:"未成年人遭受性侵害的损害赔偿请求权的诉讼时效期间,自受害人年满十八周岁之日起计算。"

[**历年真题**] 1. 甲为自己的车向乙公司投保第三者责任险,保险期间内甲车与丙车追尾,甲负全责。丙在事故后不断索赔未果,直至事故后第3年,甲同意赔款,甲友丁为此提供保证。再过1年,因甲、丁拒绝履行,丙要求乙公司承担保险责任。关于诉讼时效的抗辩,下列哪些表述是错误的?(2013年卷三54题)

A. 甲有权以侵权之债诉讼时效已过为由不向丙支付赔款
B. 丁有权以侵权之债诉讼时效已过为由不承担保证责任
C. 乙公司有权以侵权之债诉讼时效已过为由不承担保险责任
D. 乙公司有权以保险合同之债诉讼时效已过为由不承担保险责任

【答案】 ABCD
【考点】 诉讼时效期间、诉讼的中断
【解析】 《民法通则》第135条规定:"向人民法院请求保护民事权利的诉讼时效期间为二年,法律另有规定的除外。"《民法通则》第140条规定:"诉讼时效因提起诉讼、当事人一方提出要求或者同意履行义务而中断,从中断时起,诉讼时效期间重新计算。"题中甲车与丙车发生交通事故,丙向甲主张损害赔偿请求权的诉讼时效期间为2年。因丙在事故后不断向甲索赔,数次发生诉讼时效的中断,丙对甲债权的诉讼时效重新计算,因此丙的损害赔偿请求权并未超过诉讼时效。直至事故发生第3年,甲同意赔偿,甲的同意履行的行为也属于诉讼时效中断的事由,从甲同意赔偿之日,丙的损害赔偿请求权的诉讼时效又开始重新开始计算2年。丙的债权请求权诉讼时效期间未经过。所以甲作为债务人,丁作为保证人,乙保险公司都不能以丙的侵权之债已经超过诉讼时效为由进行抗辩。选项A、B、C的表述均错误,当选。

关于选项D,《保险法》第26条规定:"人寿保险以外的其他保险的被保险人或者受益人,向保险人请求赔偿或者给付保险金的诉讼时效期间为二年,自其知道或者应当知道保险事故发生之日起计算。人寿保险的被保险人或者受益人向保险人请求给付保险金的诉讼时效期间为五年,自其知道或者应当知道保险事故发生之日起计算。"题中没有提到对丙有人身伤害,只有财产损失,所以第三者责任险属于财产险,故丙对乙请求支付保险金的合同之债的诉讼时效期间为2年,自其知道或者应当知道保险事故发生之日起计算。

《保险法》第65条第3款和第4款规定:"责任保险的被保险人给第三者造成损害,被保险人未向该第三者赔偿的,保险人不得向被保险人赔偿保险金。责任保险是指以被保险人对第三者依法应负的赔偿责任为保险标的的保险。"可知保险是以被保险人对第三者应负的赔偿责任为保险标的,第三者的权利未确定时,被保险人的赔偿责任也不能确定,无法向保险人行使权利。另根据保监复[1999]256号《关于索赔期限有关问题的批复》规定对于责任保险而言,其保险事故就是第三人请求被保险人承担法律责任,保险事故发生之日,应指第三人请求被保险人承担法律责任,所以乙公司无权以保险合同之债已超过诉讼时效为由不承担责任,选项D表述错误,当选。

2. 关于诉讼时效中断的表述,下列哪一选项是正确的?(2011年卷三5题)

A. 甲欠乙10万元到期未还,乙要求甲先清偿8万元。乙的行为,仅导致8万元债务诉讼时效中断
B. 甲和乙对丙因共同侵权而需承担连带赔偿责任计10万元,丙要求甲承担8万元。丙的行为,导致甲和乙对丙负担的连带债务诉讼时效均中断
C. 乙欠甲8万元,丙欠乙10万元,甲对丙提起代位权诉讼。甲的行为,不会导致丙对乙

的债务诉讼时效中断

D. 乙欠甲 10 万元,甲将该债权转让给丙。自甲与丙签订债权转让协议之日起,乙的 10 万元债务诉讼时效中断

【答案】 B

【考点】 诉讼时效的中断

【解析】 关于选项 A。《民法通则》第 140 条规定:"诉讼时效因提起诉讼、当事人一方提出要求或者同意履行义务而中断。从中断时起,诉讼时效期间重新起算。"《诉讼时效规定》第 11 条规定:"权利人对同一债权中的部分债权主张权利,诉讼时效中断的效力及于剩余债权,但权利人明确表示放弃剩余债权的情形除外。"乙虽仅对 10 万元债权中的 8 万元债权主张偿还发生诉讼时效中断的效力,但是 10 万元债权与 8 万元债权属于同一债权,而且债权人乙没有明确表示放弃剩余的 2 万元债权,故 8 万元债权诉讼时效中断的效力及于剩余的 2 万元债权,所以选项 A 错误。

关于选项 B。《诉讼时效规定》第 17 条规定:"对于连带债权人中的一人发生诉讼时效中断效力的事由,应当认定对其他连带债权人也发生诉讼时效中断的效力。对于连带债务人中的一人发生诉讼时效中断效力的事由,应当认定对其他连带债务人也发生诉讼时效中断的效力。"乙因共同侵权对丙负有连带债务,债权人丙对连带债务人甲主张 8 万元债务的行为不仅导致甲负担的连带债务诉讼时效中断,对连带债务人乙也发生中断效力。所以选项 B 正确。

关于选项 C。《诉讼时效规定》第 18 条规定:"债权人提起代位权诉讼的,应当认定对债权人的债权和债务人的债权均发生诉讼时效中断的效力。"乙对甲负有 8 万元债务,丙对乙负有 10 万元债务,在债权人甲对次债务人丙提起代位权诉讼时,甲乙之间的债权以及乙丙之间的债权均发生诉讼时效中断,故选项 C 错误。

关于选项 D。《诉讼时效规定》第 19 条规定:"债权转让的,应当认定诉讼时效从债权转让通知到达债务人之日起中断。债务承担情形下,构成原债务人对债务承认的,应当认定诉讼时效从债务承担意思表示到达债权人之日起中断。"乙对甲负有 10 万元债务,甲将对乙的债权转让给丙时,诉讼时效应从甲与丙债权转让的通知到达债务人乙时发生诉讼时效中断,不是自甲与丙签订债权转让协议之日中断,所以选项 D 错误。

3. 某公司因合同纠纷的诉讼时效问题咨询律师。关于律师的答复,下列哪些选项是正确的?(2010 年卷三 52 题)

A. 当事人不得违反法律规定,约定延长或者缩短诉讼时效期间、预先放弃诉讼时效利益

B. 当事人约定同一债务分期履行的,诉讼时效期间从最后一期履行期限届满之日起计算

C. 当事人在一审期间未提出诉讼时效抗辩的,二审期间不能提出该抗辩

D. 诉讼时效届满,当事人一方向对方当事人作出同意履行义务意思表示的,不得再以时效届满为由进行抗辩

【答案】 ABD

【考点】 诉讼时效

【解析】 关于选项 A。《诉讼时效规定》第 2 条规定:"当事人违反法律规定,约定延长或者缩短诉讼时效期间、预先放弃诉讼时效利益的,人民法院不予认可。"故 A 选项正确。题外话:诉讼时效制度属于强制性规范,除前述规定外,当事人还不得约定排除诉讼时效制度的适用,也不得约定起诉期间,这样的约定均属无效。所以选项 A 错误。

关于选项 B。《诉讼时效规定》第 5 条规定:"当事人约定同一债务分期履行的,诉讼时效期间从最后一期履行期限届满之日起计算。"故选项 B 正确。

关于选项 C。《诉讼时效规定》第 4 条第 1 款规定:"当事人在一审期间未提出诉讼时效抗辩,在二审期间提出的,人民法院不予支持,但其基于新的证据能够证明对方当事人的请求权已过诉讼时效期间的情形除外。"所以当事人在二审期间可以基于新的证据提出诉讼时效期间届满抗辩,选项 C 错误。

关于选项 D。《诉讼时效规定》第 22 条规定:"诉讼时效期间届满,当事人一方向对方当事人作出同意履行义务的意思表示或者自愿履行义务后,又以诉讼时效期间届满为由进行抗辩的,人民法院不予支持。"故选项 D 正确。

三、诉讼时效经过的法律后果

对债权人的效力	(1) 债权人仍可起诉,法院应予受理。 (2) 债务人自愿履行的,不得反悔。
对债务人的效力	(1) 债人获得时效抗辩权 ① 债务人在一审期间未提出诉讼时效抗辩,在二审期间提出的,人民法院不予支持,但其基于新的证据能够证明对方当事人的请求权已过诉讼时效期间的情形除外。 ② 债务人未提出诉讼时效抗辩,人民法院不应对诉讼时效问题进行释明及主动适用诉讼时效的规定进行裁判。 ③ 债务人获得时效抗辩,如债务人行使时效抗辩,法院应当判决驳回诉讼请求。 (2) 债务人有权放弃时效抗辩权。

(一)抗辩权发生

诉讼时效期间届满,权利人并未丧失程序上的起诉权,权利人起诉后,法院应当受理。但是诉讼时效期间经过,赋予义务人以抗辩权。义务人主张诉讼时效已经经过的抗辩权,则权利人丧失胜诉权。若未主张,法院亦不得主动释明,权利人不丧失实体胜诉权。

(二)义务人的自愿履行

诉讼时效期间经过并未消灭实体权利,义务人在期间届满后自愿履行义务的,视为自愿放弃时效利益,权利人可受领其履行不构成不当得利。

(三)时效利益的放弃

诉讼时效利益不得预先放弃,但一旦诉讼时效期间届满,义务人取得的时效利益属于其私人利益,应遵循自愿的原则,允许其放弃。时效利益一旦放弃视为时效期间未届满,重新开始计算时效期间。

(四)实体权利不消灭

《民法通则》第 138 条规定:"超过诉讼时效期间,当事人自愿履行的,不受诉讼时效限制。"诉讼时效届满,实体权利不消灭。因此,诉讼时效届满,当事人一方向对方当事人作出同意履行义务的意思表示或者自愿履行义务以后,又以诉讼时效期间届满为由进行抗辩的,法院不予支持。

[**历年真题**] 甲公司与乙银行签订借款合同,约定借款期限自 2010 年 3 月 25 日起至 2011 年 3 月 24 日止。乙银行未向甲公司主张过债权,直至 2013 年 4 月 15 日,乙银行将该笔债权转让给丙公司并通知了甲公司。2013 年 5 月 16 日,丁公司通过公开竞拍购买并接管了甲公司。下列哪一选项是正确的?(2013年卷三5题)
A. 因乙银行转让债权通知了甲公司,故甲公司不得对丙公司主张诉讼时效的抗辩
B. 甲公司债务的诉讼时效从 2013 年 4 月 15 日起中断
C. 丁公司债务的诉讼时效从 2013 年 5 月 16 日起中断
D. 丁公司有权向丙公司主张诉讼时效的抗辩

【答案】 D
【考点】 本题考核诉讼时效、债权债务转让中抗辩权之延续。
【解析】 选项 A 错误。《民法总则》第 188 条规定:"向人民法院请求保护民事权利的诉讼时效期间为三年,法律另有规定的除外。"《民法通则》第 137 条规定:"诉讼时效期间从知道或者应当知道权利被侵害时起计算。"据此可知,甲公司与乙银行签订借款合同,约定借款期限至 2011 年 3 月 24 日到期,因此从 2011 年 3 月 25 日甲公司不偿还借款,使乙银行的权利受到侵害,乙银行的债权诉讼时效期间2年,即从 2011 年 3 月 25 日起到 2013 年 3 月 24 止。如果乙未在此期限内向甲公司主张债权的,其债权超过诉讼时效,甲公司有权对乙银行行使时效抗辩。另根据《合同法》第 82 的规定:"债务人接到债权转让通知后,债务人对让与人的抗辩,可以向受让人主张。"以及第 85 条的规定:"债务人转移义务的,新债务人可以主张原债务人对债权人的抗辩。"可知在本题中,乙银行将债权转让给丙公司,丁公司通过接管甲公司继受了甲公司的债务,丁公司作为新的债务人,丙公司作为新的债权人,丁公司可以向丙公司主张原债务人甲公司对原债权人乙银行关于诉讼时效的抗辩。所以选项 A 错误,选项 D 正确。

在选项 B、C 中,甲公司与乙银行签订借款合同,约定借款期限自 2010 年 3 月 25 日起至 2011 年 3 月 24 日止。诉讼时效应当从 2011 年 3 月 25 日起算,截止到 2013 年 3 月 24 日止。期间,乙银行未向甲公司主张过债权。2013 年 3 月 25 日以后,乙银行的债权已过诉讼时效,不可能再导致时效中断的效果。所以选项 B、C 错误。

四、诉讼时效的中止和中断

诉讼时效中止,是指在普通诉讼时效或者特殊诉讼时效期间的**最后 6 个月内**,因发生一定的法定事由使得权利人不能行使请求权,暂时停止计算诉讼时效期间,待阻碍时效期间进行的法定事由结束后,再继续诉讼时效期间的计算。

《民法总则》第 194 条规定:"在诉讼时效期间的最后六个月内,因下列障碍,不能行使请求权的,诉讼时效中止:(一) 不可抗力;(二) 无民事行为能力人或者限制民事行为能力人没有法定代理人,或者法定代理人死亡、丧失民事行为能力、丧失代理权;(三) 继承开始后未确定继承人或者遗产管理人;(四) 权利人被义务人或者其他人控制;(五) 其他导致权利人不能行使请求权的障碍。自中止时效的原因消除之日起满六个月,诉讼时效期间届满。"

诉讼时效中断,是指诉讼时效期间计算期间,因发生一定的法定事由,使已经进行的时效期间统归无效,待法定事由消除后,在重新计算诉讼时效期间。诉讼时效中断涉及的内容复杂,重点就诉讼时效中断内容作详细说明。

（一）诉讼时效中断的事由

事由	权利人提起诉讼	应当认定与提起诉讼一样具有诉讼时效中断的效力： (1) 申请仲裁；申请破产、申报破产债权。 (2) 为主张权利而申请宣告义务人失踪或死亡。 (3) 申请诉前财产保全、诉前临时禁令等诉前措施；申请强制执行；申请追加当事人或者被通知参加诉讼。 (4) 在诉讼中主张抵消。应当认定与提起诉讼一样具有诉讼时效中断的效力。
	权利人主张权利	(1) 一方向对方送交主张权利的文书，对方当在文书上签字、盖章或者虽未签字、盖章但能够以其他方式证明该文书到达对方当事人的。 (2) 当事人一方以发送信件或者数据电文方式主张权利，信件或者数据电文到达或者应当到达对方当事人的。 (3) 当事人一方为金融机构，依照法律规定或者当事人约定从对方当事人账户中扣收欠款本息的。 (4) 当事人一方下落不明，对方当事人在国家级或者下落不明的当事人一方住所地的省级有影响的媒体上刊登具有主张权利内容的公告的，但法律和司法解释另有特别规定的，适用其规定。 前款第一项情形中，对方当事人为法人或者其他组织的，签收人可以是其法定代表人、主要负责人、负责收发信件的部门或者被授权主体；对方当事人为自然人的，签收人可以是自然人本人、同住的具有完全行为能力的亲属或者被授权主体。
	义务人同意履行	义务人作出分期履行、部分履行、提供担保、请求延期履行、制定清偿债务计划等承诺或者行为的，应当认定为《民法通则》第140条规定的当事人一方同意履行义务。
效力		诉讼时效中断的事由发生后，已经过的时效期间归于无效，中断事由存续期间，时效不进行，中断事由终止时，重新计算时效期间。 时效中断的效力的延伸： (1) 部分债权中断的效力及于剩余债权（《民事诉讼时效的司法解释》第11条）。 (2) 连带债权（债务）一人中断及于他人（第17条）。 (3) 代位权诉讼，债权人起诉次债务人同时中断债权人对债务人的债权（第18条）。 (4) 债权转让与债务承担中的时效中断（第19条）。 (5) 债权转让的，应当认定诉讼时效从债权转让通知到达债务人之日起中断。 (6) 债务承担情形下，构成原债务人对债务承认的，应当认定诉讼时效从债务承担意思表示到达债权人之日起中断。 (7) 债务人与第三人签订债务承担协议，须经债权人同意对债权人生效，直接中断时效。债权人与第三人签订债务承担协议，直接生效，时效须经原债务人承认方可中断。

1. 权利人请求，即权利人于诉讼外向义务人请求其履行义务的意思表示

当事人请求的方式，可以为口头形式，也可以是书面形式。具体如：

(1) 当事人一方直接向对方当事人送交主张权利文书，对方当事人在文书上签字、盖章或

者虽未签字、盖章但能够以其他方式证明该文书到达对方当事人的。对方当事人为法人或者其他组织的,签收人可以是其法定代表人、主要负责人、负责收发信件的部门或者被授权主体;对方当事人为自然人的,签收人可以是自然人本人、同住的具有完全行为能力的亲属或者被授权主体。

(2) 当事人一方以发送信件或者数据电文方式主张权利,信件或者数据电文到达或者应当到达对方当事人的。

(3) 当事人一方为金融机构,依照法律规定或者当事人约定从对方当事人账户中扣收欠款本息的。

(4) 当事人一方下落不明,对方当事人在国家级或者下落不明的当事人一方住所地的省级有影响的媒体上刊登具有主张权利内容的公告的,但法律和司法解释另有特别规定的,适用其规定。

权利人对同一债权中的部分债权主张权利,诉讼时效中断的效力及于剩余债权,但权利人明确表示放弃剩余债权的情形除外。对于连带债权人中的一人发生诉讼时效中断效力的事由,应当认定对其他连带债权人也发生诉讼时效中断的效力。对于连带债务人中的一人发生诉讼时效中断效力的事由,应当认定对其他连带债务人也发生诉讼时效中断的效力。债权人提起代位权诉讼的,应当认定债权人的债权和债务人的债权均发生诉讼时效中断的效力。债权转让的,应当认定诉讼时效从债权转让通知到达债务人之日起中断。债务承担情形下,构成原债务人对债务人承认的,应当认定诉讼时效从债务人承担意思表示到达债权人之日起中断。

2. 义务人的同意,是指义务人向权利人表示同意履行义务的意思

关于义务人的同意,需注意以下的情形:

(1) 义务人作出分期履行、部分履行、提供担保、请求延期履行、制订清偿债务计划等承诺或者行为的,应当认定为《民法通则》第140条规定的当事人一方同意履行义务。

(2) 对于连带债权人中的一人发生诉讼时效中断效力的事由,应当认定对其他连带债权人也发生诉讼时效中断的效力。对于连带债务人中的一人发生诉讼时效中断效力的事由,应当认定对其他连带债务人也发生诉讼时效中断的效力。

(3) 债权人提起代位权诉讼的,应当认定对债权人的债权和债务人的债权均发生诉讼时效中断的效力。

(4) 债权转让的,应当认定诉讼时效从债权转让通知到达债务人之日起中断。债务承担情形下,构成原债务人对债务承认的,应当认定诉讼时效从债务承担意思表示到达债权人之日起中断。

3. 提起诉讼或仲裁,是指权利人提起民事诉讼或申请仲裁,请求法院或仲裁庭保护其权利的行为

在出现下列事项之一时,应当认定与提起诉讼具有同等诉讼时效中断的效力:① 申请仲裁;② 申请支付令;③ 申请破产、申报破产债权;④ 为主张权利而申请宣告义务人失踪或死亡;⑤ 申请诉前财产保全、诉前临时禁令等诉前措施;⑥ 申请强制执行;⑦ 申请追加当事人或者被通知参加诉讼;⑧ 在诉讼中主张抵消;⑨ 其他与提起诉讼具有同等诉讼时效中断效力的事项。

[历年真题] 关于诉讼时效,下列哪一选项是正确的?(2012年卷三5题)

A. 甲借乙5万元,向乙出具借条,约定1周之内归还。乙债权的诉讼时效期间从借条出

具日起计算

B. 甲对乙享有10万元货款债权,丙是连带保证人,甲对丙主张权利,会导致10万元货款债权诉讼时效中断

C. 甲向银行借款100万元,乙提供价值80万元房产作抵押,银行实现对乙的抵押权后,会导致剩余的20万元主债务诉讼时效中断

D. 甲为乙欠银行的50万元债务提供一般保证。甲不知50万元主债务诉讼时效期间届满,放弃先诉抗辩权,承担保证责任后不得向乙追偿

【答案】 C

【解析】 关于选项A。《民法总则》第188条第2款规定:"诉讼时效期间自权利人知道或者应当知道权利受到损害以及义务人之日起计算。"甲乙之间借款合同约定的借款期限为1周,甲逾期未归还借款时乙才应当知道自己的权利被侵犯,所以乙的诉讼时效应当从借款期限届满时甲仍未归还时开始计算,而不是从借条出具日起计算。故选项A错误。

关于选项B。《担保法解释》第36条第1款规定:"一般保证中,主债务诉讼时效中断,保证债务诉讼时效中断;连带责任保证中,主债务诉讼时效中断,保证债务诉讼时效不中断。"故选项B错误。

关于选项C。《诉讼时效规定》第11条规定:"权利人对同一债权中的部分债权主张权利,诉讼时效中断的效力及于剩余债权,但权利人明确表示放弃剩余债权的情形除外。"在选项C中,银行对乙的房产行使抵押权属于对部分债权主张权利,该行为对剩余的20万元债权发生诉讼时效中断的效果。故选项C正确。

关于选项D。保证人行使先诉抗辩权与否不会影响到债务人对债权人最终的清偿责任。保证人未放弃先诉抗辩权的,由债务人对债权人承担清偿责任;保证人放弃先诉抗辩权的,在其承担保证责任后,基于追偿权,债务人应当对保证人承担清偿责任。所以一般保证人在放弃先诉抗辩权后,仍然可以向债务人进行追偿。故选项D错误。

(二)诉讼时效中断的法律效果

诉讼时效中断的事由发生以后,已经经过的时效期间归于无效,在中断事由存续期间,时效不进行,中断事由终止时,重新计算时效期间。

第二节 期 限

一、期限

期限是民事权利义务关系发生、变更、消灭的时间,期间可分为期日与期间。期日是指不可分或视为不可分的特定时间。期间是指从起始的时间到终止的时间所经过的时间区间,如从某年某月某日至某年某月某日。

二、期限的效力

期限的效力有:① 决定民事主体的法律地位,即民事主体的法律地位由期限决定,例如自然人的民事权利能力自出生时期,自死亡时终止。② 决定民事权利的取得、变更或丧失,例如动产所有权自交付时起转移。③ 决定民事义务的存在与否,即民事义务的承担由期限决定,例如在专利权存续期间的实施义务。

三、期限的类型

依据民事主体对期限有无选择权,期限分为三种类型:

(1) 约定期限,是指当事人自由选择确定的期限,例如,履行债务的期限,履行合同的期限等。

(2) 法定期限,是指法律强制规定的期限,例如诉讼时效期间。在法律不允许当事人约定期限时,法定期限不可更改。

(3) 指定期限,是指由法院或仲裁机关确定的期限。指定期限的实质也是法定期限,其与法定期限的区别在于法律将确定期限的"法定"权授予法院或仲裁机关行使,例如,宣告死亡以判决宣告之日为死亡日期。

第二编
物权法

第一章 物权概述

第一节 物权的概念、特征、分类

一、物权的概念与特征

1. 物权的概念物权是指权利人依法对特定的物享有直接支配和排他的权利。
2. 物权的特征
(1) 财产权。与人身权相对,不具有人格利益,不具有专属性,可以转让、继承。
(2) 支配权。物权人对于标的物的支配,无须他人行为的介入,即可实现,该支配包括法律上的支配和事实上的支配。
(3) 绝对权(对世权)。物权的权利主体特定,义务主体不特定,不特定的第三人负有不侵害物权的消极不作为义务。
(4) 具有排他性。同一物上不能并存两个同一内容的物权,体现为"一物一权"及物权的优先效力、物权的追及效力。
(5) 物权的客体主要为物,且为有体物,特定情形下,权利和不特定物也可称为物权的客体(例如:土地使用权可作为抵押权的客体,不特定物可作为动产浮动抵押的客体)。

物权法体系图如下所示:

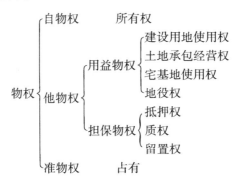

二、物的分类

(一) 动产与不动产民法关于动产与不动产的分类,是先确定不动产,在不动产之外的均属于动产。

1. 不动产的范围

关于不动产的范围,依《物权法》的规定,包括土地及其定着物,详言之:

(1) 土地,是地表某一地段包括地质、地貌、气候、水文、土壤、植被等多种自然要素在内的自然综合体。土地中的土沙、岩石等为土地的成分而非独立于土地之外。土地中的矿物专属于国家所有,故不是集体所有土地的构成成分。

(2) 建筑物与构筑物,具有固定性、继续性与独立性。

(3) 林木。

(4) 与不动产尚未分离的出产物,如农作物。不动产的处分、抵押的效力及于尚未分离的出产物,但反之不然,即对尚未分离的出产物的处分不及于其附着的不动产。(注意:此处不同于房屋与土地的关系,我国的房屋与土地的关系是"房地一体"主义,"房随地走""地随房走")

2. 区分动产与不动产的意义

(1) 最重要的意义在于物权变动的法定要件不同——动产让与不要求书面形式,仅依交付而生效;不动产让与须采书面形式,且依登记而生效。

(2) 设定他物权的类型不同——质权、留置权只能设立在动产之上,用益物权只能设立于不动产之上。

(3) 不动产涉诉的,实行地域专属管辖,而动产无此要求。

(二) 主物与从物

1. 区分标准

主物与从物是依据物与物之间是否具有从属关系为标准所作的分类。从物指从属于主物的物,从物之外即为主物。事实上,主物、从物必须特定于某两物之间的关系才能定论。

2. 认定主物、从物关系的成立,须同时具备以下条件

(1) 二者在物理上相互独立,否则,会构成整体与部分的关系,如房屋与窗户(窗户不具有物理独立性,是房屋的组成部分),又如轮胎与汽车(但备用胎备用时与汽车是相互独立的)。

(2) 二者在经济用途上存在主、从关系。A 物脱离 B 物,不损害 A 物的独立用途,则 A 物为主物;B 物脱离 A 物,则失去其本来的用途(价值),则 B 物为从物。否则,会构成不存在任何联系的两个独立物,如鞋子与袜子、上衣与裙子、帽子与围巾。

(3) 交易观念上视为有主、从关系如装米的米袋,非为从物。

3. 在区分主从物时,应注意以下四点

(1) 从物独立于主物,非主物的构成部分;

(2) 从物在功能上协助主物发挥经济效用;

(3) 依日常之观念,从物与主物具有一定的时间和空间的结合关系;

(4) 主物与从物属于同一主体。

4. 分类意义

若无相反法律规定或约定,主物的权利变动及于从物。(《物权法》第 115 条)

典型的主从关系有:电视机与遥控器、房屋与车库、落地灯与灯罩、网球拍与球拍套、书架与图书馆、鼠标与电脑、眼镜盒与眼镜、汽车与备胎等。

[历年真题] 根据民法中物的分类标准,下列物中哪些属于主物与从物的关系?(1997 年卷三 46 题)

A. 锁与钥匙　　　　B. 上衣与裤子　　　　C. 电视机与遥控器　　D. 房屋与窗户

【答案】 AC

(三) 原物与孳息

孳息	分类	天然孳息	依据自然规律或者物的用法而产生的物,需与原物分离,独立存在。如:母牛生下的小牛,果树上摘下的苹果等。
		法定孳息	基于法律关系所产生的收益,例如租金、利息等。
	归属	天然孳息	按照当事人的约定。 没有约定的,由所有权人取得;既有所有权人,又有用益物权人的,由用益物权人取得。
		法定孳息	有约定按照约定;没有约定的,按照交易习惯确定。
		权利发生变动	《合同法》第163条,标的物在交付之前产生的孳息,归出卖人所有,交付之后产生的孳息,归买受人所有。(交付主义)
		婚姻法司法解释	《婚姻法解释(三)》第5条,夫妻一方个人财产在婚后产生的收益,除孳息和自然增值外,应认定为夫妻共同财产,即孳息仍属于个人财产。
	收取		孳息收取并不等同于取得孳息的所有权。在质押期间、留置期间抵押权人、质权人、留置权人有权收取孳息,并非取得孳息的所有权。

1. 区分标准

原物,指孳息所从出之物。孳息,指由原物所生之物或收益。孳息必须与原物分离,至于该分离原因是自然原因或是人工原因,在所不论,与原物分离前为原物的成分,不属于孳息。

孳息分为两种:

(1) 天然孳息,指因自然规律而产生的物,如植物所结出的果实、动物的出产物(奶、仔、鸟卵)以及其他依物的使用方法所获得的出产物。

注意:① 天然孳息的重要特点在于,收取天然孳息后,不对原物构成根本性破坏(不改变其性质或对其构成毁损),所以,牛奶、牛黄属于天然孳息;屠牛所取得的牛皮、牛肉就不是天然孳息。

② 对一物进行加工所产生的新物,不是孳息。

③ 埋藏物,始终独立于埋藏体,不是孳息。

(2) 法定孳息,指利息、租金和其他因法律关系所得的收益。基于法律所承认的游戏规则所产生的概率性收益,如福利彩票的中奖奖金被称为射幸孳息,也为法定孳息的一种。注意:购买股票取得的股息,不属于法定孳息。

[历年真题] 下列各选项中,哪些属于民法上的孳息?(2005年卷三52题)
A. 出租柜台所得租金   B. 果树上已成熟的果实
C. 动物腹中的胎儿   D. 彩票中奖所得奖金
【答案】 AD

2. 孳息所有权的归属

天然孳息	① 有约定的,按照当事人的约定。 ② 没有约定的,由所有权人取得;既有所有权人,又有用益物权人的,由用益物权人取得。
法定孳息	① 有约定的,按照当事人的约定。 ② 没有约定的,按照交易习惯确定。

[特别提示]

(1)《物权法》规定抵押权人(于抵押物被人民法院扣押后)、质权人(在质押期间、留置期间)有权收取(抵押物、质物、留置物)的孳息,但并非直接取得孳息的所有权。注意:收取不等于取得,在未就所收取的孳息实现担保物权之前,担保物权人并不能取得孳息的所有权。

(2)《婚姻法解释(三)》第5条规定:"夫妻一方个人财产在婚后产生的收益,除孳息和自然增值外,应认定为夫妻共同财产。"此规定修改了《婚姻法解释(二)》第11条的规定,即夫妻一方的个人财产在婚姻关系存续期间产生的孳息和自然增值仍为夫妻个人财产。

[历年真题] 甲、乙夫妻的下列哪一项婚后增值或所得,属于夫妻共同财产?

A. 甲婚前承包果园,婚后果树上结的果实
B. 乙婚前购买的一套房屋升值了50万元
C. 甲用婚前的10万元婚后投资股市得利5万元
D. 乙婚前收藏的玉石升值了10万元

【答案】 C

第二节 物权的效力

返还原物请求权	要件	(1) 请求人为物权人; (2) 被请求权人为现时的无权占有人。(注意:对曾经的无权占有人不可主张返还原物请求权)
	效力	返还原物请求权的效力及于原物及孳息。原物如果不存在,就只能请求赔偿损失。
排除妨害请求权	要件	(1) 请求人为物权人; (2) 妨害人的违法行为(或超出物权人容忍限度的行为)致使物权人无法充分地行使占有、使用、收益、处分权能; (3) 请求时妨害仍然在持续中。
	效力	(1) 排除妨害,如令妨害人清除掉堆在自己房屋门口的垃圾。 (2) 排除妨害费用的承担:① 妨害人具有过错的,费用由妨害人承担;② 妨害人无过错的,费用由双方合理分担。
消除危险请求权	要件	(1) 请求人为物权人; (2) 物权的行使受到现实的危险,致使无法充分地行使占有、使用、收益、处分权能; (3) 请求时危险依然存在且被请求人对危险的消除具有支配力。

不同的物权,其效力各异。但所有的物权均属支配权,即物权人直接支配一定的物(或法定的权利),享有该利益,并排斥他人干涉。基于物权的支配权属性,物权具有四方面的效力,以保障其支配性的实现。

一、物权之共同效力

(1) 排他效力,指在同一物之上,依法律行为成立一物权者,不容许再成立与之有同一内

容的物权或两个不相容的物权。详言之,物权的排他效力与物权立法上的一物一权原则是一个问题的两个方面。一物一权,即一物不存二主,此处的"权",严格地讲是指所有权(共有是两个以上的人分享一个所有权)。

(2) 追及效力,指物权成立后,不论其标的物辗转至何人之手,权利人均可以追及标的物之所在,并直接行使权利,因而又称"物在呼叫主人",但物的占有人通过合法手段有权占有的除外(例如善意取得)。

[口诀记忆]

一个前提:原物还存在。

两个天敌:① 合法取得;② 有权占有。

(3) 优先效力,指同一标的物上存在数个内容相互冲突的权利时,效力较强的权利排斥效力较弱的权利而率先获得实现。物权的优先效力包括两个方面:(1) 物权对债权的优先效力(对外的优先效力);(2) 物权对物权的优先效力(对内的优先效力)。

二、物权对债权的优先效力

物权优于债权	同一物之上存在的数个相互冲突的权利,效力较强的排斥效力较弱的权利而率先得以实现。	例外:买卖不破租赁和预告登记。
物权之间的优先效力——不动产抵押权之间的优先性	不在同一天登记的,先登记的优先。	不动产设立抵押权必须登记,否则不生效即不产生抵押权。
	同一天在不同部门登记的,同一顺序。	
	登记与未登记的,物权优于债权。	
物权之间的优先效力——动产抵押权之间的优先性	都登记的,以登记的先后为序。	动产抵押登记并非生效要件,而只是对抗要件
	登记与未登记的,登记者优先。	
	都登记的,同一顺序	
不同种类的担保物权的顺序	不动产担保时:法定优先权 > 抵押权	留置权是法定物权,故其优于一切意定物权
	动产担保场合:留置权 > 登记的抵押权 > 质权 > 未登记的抵押权	

(一) 物权优先于债权

物权优先于债权,是指同一物上既存在物权,又存在债权时,物权的实现先于债权。

例 甲有一套房屋卖给乙,约定5天之后办理过户登记手续。由于乙急着要住这套房屋,所以甲立即就把房屋交付给了乙,而乙也立即支付了价款。到了第二天甲又把房屋卖给了丙,而且立即就办理了过户登记手续。① 丙可以要求乙交还房屋。② 法律依据是:物权优先于债权。

(二) 物权优先于债权之例外 物权优先于债权是一原则性规定,但这一原则有例外:

1. 买卖不破租赁

在现代法上,租赁权日益物权化,为了保护承租人利益,维护正常的租赁关系,各国法规定,租赁期间租赁物所有权变动的,不影响原承租人的债权,原租赁合同对新主人仍有约束力,此谓"买卖不破租赁"。但注意:

(1) 买卖不破租赁，是一个以偏概全的称谓，根据《合同法》第 229 条规定，它的全称应该叫"所有权变动不破租赁"。即在租赁期间，不仅是买卖，如果发生赠与、继承等所有权发生变动的情形，也不会破除租赁关系。

(2) 根据《合同法》第 230 条规定，承租人在同等条件下享有优先购买权，但仅限于房屋上。

2. "预告登记"

关于预告登记的内容，详见下文讲解。

3. 承包人的优先受偿权（工程价款债权）优先于在建设工程上设立的抵押权，还优先于尚未支付一定比例购房款的业主的所有权。

4. 船舶优先权先于船舶留置权优先受偿。

三、物权对物权的优先效力

（一）处理物权对内优先效力的规则同一标的物上并存数个物权时，物权对物权的优先效力按照下列规则确定：原则：适用"先来后到"规则（"时间在先，权利在先"），先成立的物权优先于后成立的物权。

法律另有规定的除外。比如：《物权法》第 199、239 条。再比如：他物权优先于所有权。

（二）抵押权顺位（《物权法》第 199 条）

1. 同一不动产上并存数个抵押权的，其抵押权的顺位是

(1) 先登记的优先于后登记的；

(2) 同一天登记（比如一个上午登记，一个下午登记）的，顺位相同，按照债权比例清偿；

(3) 登记的与未登记的：物权优先于债权。严格地讲，此时并不是物权与物权之间的顺位，因为未经登记的抵押权不产生抵押权效力。

2. 同一动产上并存数个抵押权的，其抵押权的顺位是

(1) 登记过的优先于未登记的；(2) 登记过的有两个以上的，先登记的优先于后登记的，同一天登记的顺位相同；(3) 没有登记的有两个以上的，顺位相同，按照债权比例清偿。

> **注意**：1. 抵押权人可以放弃抵押权的顺位，抵押权人与抵押人协议变更顺位以及被担保的债权数额等内容的，应当经其他抵押权人的书面同意，未经其他抵押权人书面同意的，不得对其他抵押权人产生不利影响。
>
> 2. 抵押权与所有权混同情形：同一物上成立两个以上抵押权时，顺序在先的抵押权与该物的所有权归属于同一人时，该所有人的先位抵押权仍可对抗后位抵押权。

四、动产质权、抵押权、留置权竞合规则

同一动产上并存质权、抵押权、留置权时，其彼此间的优先性问题十分复杂。分两个层次来看：

（一）留置权与质权、抵押权

留置权与质权、抵押权之间，又分"先成立留置权"还是"后成立留置权"两种情形，作不同处理。

1. 先设立质权或者抵押权,后成立留置权,则留置权优先于质权、抵押权

《物权法》第239条规定:"同一动产上已设立抵押权或者质权,该动产又被留置的,留置权人优先受偿。"即留置权＞抵押权/质权。

2. 先成立留置权,后设立质权或者抵押权

此时,关键在于质权或者抵押权是谁设立的。又分两种情况:

(1)留置权成立后,若动产的所有人以自己的名义再设立质权、抵押权,则先成立的留置权优先于后设立的质权、抵押权。

(2)留置权成立后,若留置权人以自己的名义设立质权、抵押权,则后设立的质权、抵押权优先于先成立的留置权。

留置权人若自愿在其留置权上设定一定的负担,则其留置权不再享有优先性,这体现了民法中的处分原则;动产的所有人在留置物上又设立质权、抵押权的,对留置权人的权利不产生任何影响,这体现了物权人不得对第三人设定义务的原则。

(二)质权与抵押权

质权与抵押权之间,分动产所有人"先抵后质"与"先质后抵"两种情形,作不同处理。(注意:为了简化问题,这里只分析动产所有人以自己的名义先后设立质权与抵押权的情形,不考虑质权人或抵押权人以自己的名义设立质权或者抵押权)

(1)先设立质权,后设立抵押权的:质权＞抵押权。

(2)先设立抵押权,后设立质权的:登记抵押权＞质权＞未登记的抵押权。(根据《物权法》第188条规定,未经登记的动产抵押权,不能对抗善意第三人。)

[历年真题] 1. 甲公司以其机器设备为乙公司设立了质权。10日后,丙公司向银行贷款100万元,甲公司将机器设备又抵押给银行,担保其中40万元贷款,但未办理抵押登记。同时,丙公司将自有房产抵押给银行,担保其余60万元贷款,办理了抵押登记。20日后,甲将机器设备再抵押给丁公司,办理了抵押登记。丙公司届期不能清偿银行贷款。下列哪一表述是正确的?(2013年卷三8题)

A. 如银行主张全部债权,应先拍卖房产实现抵押权
B. 如银行主张全部债权,可选择拍卖房产或者机器设备实现抵押权
C. 乙公司的质权优先于银行对机器设备的抵押权
D. 丁公司对机器设备的抵押权优先于乙公司的质权

【答案】 C
【考点】 共同担保
【解析】 关于选项A、B。《物权法》第176条规定:"被担保的债权既有物的担保又有人的担保的,债务人不履行到期债务或者发生当事人约定的实现担保物权的情形,债权人应当按照约定实现债权;没有约定或者约定不明确,债务人自己提供物的担保的,债权人应当先就该物的担保实现债权;第三人提供物的担保的,债权人可以就物的担保实现债权,也可以要求保证人承担保证责任。提供担保的第三人承担担保责任后,有权向债务人追偿。"《担保法解释》第75条规定:"同一债权有两个以上抵押人的,债权人放弃债务人提供的抵押担保的,其他抵押人可以请求人民法院减轻或者免除其应当承担的担保责任。同一债权有两个以上抵押人的,当事人对其提供的抵押财产所担保的债权份额或者顺序没有约定或者约定不明的,抵押权人可以就其中任一或者各个财产行使抵押权。抵押人承担担保责任后,可以向债务人追偿,也

可以要求其他抵押人清偿其应当承担的份额。"可知丙公司向银行贷款 100 万元时,双方已经明确约定抵押财产所担保的债权份额,即甲公司机器设备抵押担保 40 万元,丙公司房产抵押担保 60 万元,因此当银行主张全部债权时,只能按照双方的约定,拍卖丙提供的房屋实现 60 万元的抵押权,同时拍卖甲公司机器设备实现 40 万元的抵押权。所以选项 A、B 错误。

关于选项 C。《物权法》第 181 条规定:"经当事人书面协议,企业、个体工商户、农业生产经营者可以将现有的以及将有的生产设备、原材料、半成品、产品抵押,债务人不履行到期债务或者发生当事人约定的实现抵押权的情形,债权人有权就实现抵押权时的动产优先受偿。"另第 189 条规定:"企业、个体工商户、农业生产经营者以本法第一百八十一条规定的动产抵押的,应当向抵押人住所地的工商行政管理部门办理登记。抵押权自抵押合同生效时设立;未经登记,不得对抗善意第三人。依照本法第一百八十一条规定抵押的,不得对抗正常经营活动中已支付合理价款并取得抵押财产的买受人。"由此可知,甲公司将机器设备抵押给银行时未办理抵押登记,故银行的成立在先的抵押权不能对抗在后的善意第三人,所以乙公司的质权优先于银行对机器设备的抵押权,选项 C 正确。

关于选项 D。甲公司以其机器设备为乙公司设立了质权,后再以机器设备为丁公司设立抵押权并已经登记,根据物权优先原则,一物之上存在两个物权时,成立在先的物权要优先于成立在后的物权。本题中乙公司的质权成立在先,丁公司的已登记的抵押权成立在后,所以乙公司的质权优先于丁公司的抵押权。所以选项 D 错误。

2. 同升公司以一套价值 100 万元的设备作为抵押,向甲借款 10 万元,未办理抵押登记手续。同升公司又向乙借款 80 万元,以该套设备作为抵押,并办理了抵押登记手续。同升公司欠丙货款 20 万元,将该套设备出卖给丙。丙不小心损坏了该套设备送于修理,因欠丁 5 万元修理费,该套设备被丁留置。关于甲、乙、丙、丁对该套设备享有的担保物权的清偿顺序,下列哪一排列是正确的?(2011 年卷三 7 题)

A. 甲乙丙丁   B. 乙丙丁甲   C. 丙丁甲乙   D. 丁乙丙甲

【答案】 D

【考点】 担保物权的竞合

【解析】 同一动产上同时并存抵押权、质权、留置权,且分别担保不同的债权,称为动产担保物权的竞合。当各动产担保物权发生竞合时,就存在各担保物权清偿顺序问题。《物权法》第 239 条规定:"同一动产上已设立抵押权或者质权,该动产又被留置的,留置权人优先受偿。"可知留置权优先于抵押权、质权。

当同一动产上抵押权和质权并存时,原则上按照设立时间的先后确定清偿顺序,但有例外情形。《物权法》第 188 条规定:"以本法第一百八十条第一款第四项、第六项规定的财产或者第五项规定的正在建造的船舶、航空器抵押的,抵押权自抵押合同生效时设立;未经登记,不得对抗善意第三人。"可知,如果先设立的动产抵押权未经登记,则该未登记的动产抵押权不得对抗在后取得质权和已经登记的抵押权的善意第三人。在这里,我们可以总结一个公式:留置权 > 登记抵押权 > 质权 > 未登记的抵押权。因此本题中应优先受偿的是留置权人丁,其次是经过抵押登记的抵押权人乙,再是质权人丙,最后是未经抵押登记的抵押权人甲,所以本题答案为选项 D。

第三节 物权请求权

一、物权请求权的概念、特征

(一) 概念

物权请求权,指物权的圆满状态受到侵害、妨害或者有被妨害之虞时,物权人为回复物权的圆满状态,请求侵害人、妨害人为一定行为或不为一定行为的权利,称之为"物权法上的保护方法",主要包括以下三种:(1) 返还原物请求权(《物权法》第34条);(2) 排除妨害请求权(《物权法》第35条);(3) 消除危险请求权(《物权法》第35条)。

(二) 特征

物权请求权的特点:

1. 不以相对人的过错为要件。
2. 不以物权人遭受损失为要件。
3. 不适用诉讼时效。
4. 物权请求权是请求权、对人权、相对权,是一种救济性权利。
5. 物权请求权的内容是行为请求权,即请求相对人作出返还原物、消除危险、排除妨害的行为。
6. 物权请求权不是债权,但与债权结构类似,所以,在法律对物权请求权规定不足时,可以类推适用法律关于债权的相关规定。
7. 物权请求权独立于物权而存在,但其是基于物权产生的,不能与物权分离而单独存在。

二、返还原物请求权

(一) 构成要件

1. 请求人为物权人(注意:司法考试的答题标准是,该物权必须是包含占有权能的物权,如所有权、用益物权、质权、留置权。抵押权人不享有返还原物请求权);还需注意:破产管理人、遗产管理人等虽非物权人,基于诉讼承担,亦可作为原告行使他人的返还原物请求权。
2. 被请求权人为(相对于请求人的)现时的无权占有人。

返还原物请求权是司法考试经常涉及的知识点,为了强化对该知识点的掌握,以下面几个事例为主,以期做到窥一斑而知全貌。

例1 甲将房屋出卖给乙,交付了房屋,但没有办理过户登记。此后,因房价上涨,甲欲毁约。① 根据区分原则,买卖合同已经生效。② 乙基于合同债权占有房屋,为有权占有,甲虽为房屋的所有权人,对乙无返还原物请求权。③ 对有权占有人,不成立返还原物请求权。

例2 甲将房屋出卖给乙,交付了房屋,但没有办理过户登记。因房价上涨,甲又将房屋出卖给不知情的丙,并给丙办理过户登记。① 甲、乙间的买卖合同有效,乙基于合同债权占有房屋,为有权占有。② 基于债权的有权占有具有相对性,乙相对于甲为有权占有,相对于丙则为无权占有。③ 所有权人丙对乙享有返还原物请求权。

例3 甲的汽车被乙盗窃,乙将汽车交给雇用的司机丙驾驶。① 丙是占有辅助人,不是占有人,也就不是无权占有人。② 乙才是无权占有人,甲应对乙行使返还原物请求权,而不能对丙行使返还原物请求权。

例4 甲的手机为乙所盗,乙将手机借给丙使用。① 乙是无权的间接占有人,丙是无权的直接占有人。② 甲既可对乙,亦可对丙行使返还原物请求权。③ 返还原物请求权的对象包括无权的直接占有人,也包括无权的间接占有人。

例5 甲的手机为乙所盗,乙以市价出售给不知情的丙,并交付。① 手机是盗赃,丙不能善意取得手机所有权,丙对手机为无权占有,甲对丙享有返还原物请求权。② 甲对乙不享有返还原物请求权。原因是:自以出卖的意思将手机交付给丙时,乙对手机的占有消灭,乙不再是无权占有人。乙曾经是无权占有人,但不是现时的无权占有人。③ 甲对乙享有侵权损害赔偿或不当得利返还请求权。④ 请求的对象是现时的无权占有人,即请求之时,依然是无权占有人。曾经的无权占有人,若其占有因完成交付、遗失、被盗等原因而消灭,对其不再成立返还原物请求权。

(二)返还原物请求权的效力

权利人行使返还原物请求权,被请求人应返还原物及孳息。

[特别提示]

1. 返还原物请求权与占有恢复请求权的区别

(1)请求权人不同。① 前者(返还原物请求权)的请求权人须为物权人。② 后者(占有恢复请求权)的请求权人须为占有人(是否物权人在所不问)。

(2)构成要件不同。① 前者仅要求相对人为无权占有人(其无权占有的原因在所不问)。② 后者要求占有人的占有被"侵夺",无侵夺,则无占有恢复请求权。例如,甲的手机丢失,被乙拾得,甲对乙享有返还原物请求权,但甲对乙无占有恢复请求权。再例如,甲将房屋出租给乙,租赁2年,期满甲不愿出租,乙拒不返还。甲对乙享有返还原物请求权,但甲对乙无占有恢复请求权。

(3)被请求的对象不同。① 前者被请求的对象为现时的无权占有人。② 后者被请求的对象为占有的侵夺人及其继受人(有时,即使对有权占有人,亦可行使占有恢复请求权)。例如,甲将房屋出租给乙,租赁期间,甲请人把乙赶走,自己住进该房屋。甲是房屋的所有权人,甲对房屋系有权占有,但甲侵夺了乙的占有,乙可对甲行使占有恢复请求权。

(4)权利行使期限不同。① 前者不适用诉讼时效,也不适用除斥期间② 后者适用。1年的除斥期间,应自侵占之日起1年内行使。

(5)功能与效力不同。① 返还原物请求权的功能在于保护物权人对物的圆满支配状态,具有保护的终局性。② 占有恢复请求权的功能在于维护财产秩序,保护社会和平,限制以法律禁止的私力剥夺他人占有;但是,占有恢复请求权对无权占有的保护不具有终局性,无权占有人行使占有恢复请求权后,并不能终局保有占有利益,在权利人请求时,无权占有人应当依照《物权法》第243条的规定向权利人返还占有物及其孳息。

2. **返还原物请求权与占有恢复请求权可以发生竞合**

例如:甲的手机被乙盗窃。则:(1)甲的占有被乙侵占,甲可依照《物权法》第245条对乙行使占有恢复请求权,除斥期间为1年。(2)甲是所有人,乙为手机的无权占有人,甲亦可依照《物权法》第34条对乙行使返还原物请求权,无时间限制。不过,如果乙将该手机出卖给不知情的丙并交付,为了保护善意的丙,《物权法》第107条规定,甲应当自知道或者应当知道丙之日起2年内行使返还原物请求权,否则丙善意取得手机所有权。这个2年的期间为除斥期间。

[历年真题] 甲将1套房屋出卖给乙,已经移转占有,没有办理房屋所有权移转登记。现甲死亡,该房屋由其子丙继承。丙在继承房屋后又将该房屋出卖给丁,并办理了房屋所有权移转登记。下列哪些表述是正确的?(2012年卷三56题)

A. 乙虽然没有取得房屋所有权,但是基于甲的意思取得占有,乙为有权占有
B. 乙可以对甲的继承人丙主张有权占有
C. 在丁取得房屋所有权后,乙可以以占有有正当权利来源对丁主张有权占有
D. 在丁取得房屋所有权后,丁可以基于其所有权请求乙返还房屋

【答案】 ABD(司法部答案为ABCD)
【考点】 区分原则、概括继承、返还原物请求权
【解析】 关于选项A。《物权法》第15条规定:"当事人之间订立有关设立、变更、转让和消灭不动产物权的合同,除法律另有规定或者合同另有约定外,自合同成立时生效;未办理物权登记的,不影响合同效力。"这就是物权与债权相区分原则。甲将房屋出卖给乙,交付了房屋,但没有办理过户登记,乙不能取得房屋的所有权,但不影响甲、乙间买卖合同的成立与生效。乙虽非房屋所有权人,但基于买卖合同占有房屋,属于有权占有。故选项A正确。

关于选项B。根据《继承法》第33条规定:"继承遗产应当清偿被继承人依法应当缴纳的税款和债务"这规定了概括继承规则,即权利、义务一并继承。甲死亡后,若甲的继承人丙不放弃继承,则甲生前签订的合同由继承人丙法定承受,丙替代甲成为买卖合同的当事人,乙相对于丙为基于有效的买卖合同占有房屋,属于有权占有人。故选项B正确。

关于选项C。债权具有相对性,基于债权取得的有权占有也具有相对性。乙基于债权取得的有权占有仅对债权的当事人甲或者丙构成有权占有,但乙相对于丁为无权占有。故选项C错误。

关于选项D。《物权法》第34条规定:物权占有不动产或者动产的,权利人可以请求返还原物。可见,返还原物请求权的构成要件为:(1)请求人为物权人;(2)被请求人为现时的无权占有人。题中丁已经取得房屋所有权,乙相对于丁为无权占有人,丁可对乙行使返还原物请求权。所以选项D正确。

三、排除妨害请求权

(一) 构成要件
(1) 请求人为物权人。
(2) 妨害人以无权占有以外的方式妨害物权的行使。
(3) 妨害具有不法性或者超越了正常的容忍限度。
(4) 提出请求之时,妨害仍在持续中。

(二) 排除妨害请求权的效力
(1) 除去妨害。妨害人须采取措施排除妨害,例如:以违章建筑堵塞通道的,应拆除违章建筑;清理丢弃的垃圾;不再制造噪音;撤销错误的不动产登记。
(2) 排除妨害费用的承担:① 妨害人具有过错的,应独自承担排除妨害的费用;② 妨害人对妨害无过错的(如地震倒围墙于邻居院中),由双方合理分担排除妨害的费用。

[特别提示]
(1) 一种特殊的妨害。① 声明否认他人物权的行为,不属于对他人物权的直接侵害,物

权人不得直接对否认者主张排除妨害请求权,而应提起确认之诉。② 物权人获得确认之诉的胜诉判决后,仍继续声明否认该物权的行为,构成对该物权的妨害,物权人可对其行使排除妨害请求权。

(2) 排除妨害请求权可对两种人提出:行为妨害人与状态妨害人。① 行为妨害人,指以自己行为对他人的物权施加妨害者;② 状态妨害人,指对排除他人的妨害行为具有事实上的支配力者。

【历年真题】 叶某将自有房屋卖给沈某,在交房和过户之前,沈某擅自撬门装修,施工导致邻居赵某经常失眠。下列哪些表述是正确的?(2013年卷三55题)

A. 赵某有权要求叶某排除妨碍
B. 赵某有权要求沈某排除妨碍
C. 赵某请求排除妨碍不受诉讼时效的限制
D. 赵某可主张精神损害赔偿

【答案】 ABC
【考点】 排除妨害请求权
【解析】《物权法》第35条规定:"妨害物权或者可能妨害物权的,权利人可以请求排除妨害或者消除危险。"排除妨害请求权的构成要件为:(1) 请求人是物权人;(2) 物权遭受不法妨害;(3) 被请求人为对妨害的除去具有支配力的人;(4) 请求时,妨害仍在持续中。根据民法学理,妨害人分为行为妨害人和状态妨害人。行为妨害人是指具体实施妨害行为的人,状态妨害人是指对造成妨害之物或设施有事实上支配力的人。题中在交房和过户之前,叶某是房屋的所有权人,对房屋有事实上的支配力,但叶某没有除去妨害,属于状态妨害人,沈某施工产生的噪音与震动对赵某的房屋所有权构成妨害,属于行为妨害人。所以赵某可对叶某、沈某行使排除妨害请求权,选项A、B正确。

关于选项C。根据《诉讼时效规定》第1条的规定:"当事人可以对债权请求权提出诉讼时效抗辩,但对下列债权请求权提出诉讼时效抗辩的,人民法院不予支持:(一) 支付存款金及利息请求权;(二) 兑付国债、金融债券以及向不特定对象发行的企业债券本息请求权;(三) 基于投资关系产生的缴付出资请求权;(四) 其他依法不适用诉讼时效规定的债权请求权。"可知,诉讼时效仅适用于债权请求权,而排除妨碍请求权属于物权请求权,不适用诉讼时效制度的规定。所以选项C正确。

关于选项D。《精神损害赔偿解释》第8条第1款规定:"因侵权致人精神损害,但未造成严重后果,受害人请求赔偿精神损害的,一般不予支持,人民法院可以根据情形判令侵权人停止侵害、恢复名誉、消除影响、赔礼道歉。"题中,沈某制造的噪音只是造成赵某失眠,不属于严重的精神损害,所以赵某无权请求精神损害赔偿,选项D错误。

四、消除危险请求权

(一) 构成要件

(1) 请求人为物权人。
(2) 物权的行使具有受到妨害的现实危险。
(3) 被请求人为对危险的除去具有支配力的人。
(4) 提出请求之时,危险仍现实存在。

（二）消除危险请求权的效力

（1）消除危险。制造危险的相对人应采取预防措施，除去现实危险。消除危险的行为既可以是作为，也可以不作为。

（2）消除危险的费用，原则上应由相对人负担。若危险的产生由不可抗力所致，或者危险的原因与请求权人自身具有客观上的关联时，则应参酌个案的具体情况，可以确定由请求人与相对人合理分担。

第四节　物权法定原则

一、物权法定的背景

由于物权是支配权、对世权、绝对权，具有排他效力、优先效力和追及效力，为了维护交易安全、稳定社会秩序，我国《物权法》第5条规定物权的种类和内容，由法律规定。这是法律关于物权法定原则的直接规定。

物权法定原则，是指物权的种类及其内容等均由法律明确规定，当事人不得任意创设新物权或变更物权的法定内容之原则。

二、物权法定的内容

（一）种类法定

种类法定，又称"类型强制"，即物权的种类只能由法律加以规定，当事人不能创设《物权法》以外的物权类型，如关于"居住权"的创设属于无效的物权种类。

（二）内容法定

内容法定，即物权的具体内容由法律加以规定，当事人不得约定与《物权法》所规定的相违背的内容，如创设不以占有为内容的质权无效。

（三）效力法定

效力法定，即物权的行使产生何种效力由法律加以规定，当事人不得约定与法律所规定的效力不相一致的效果。

（四）公示方法法定

公示方法法定，即动产物权的公示方法为交付，不动产物权的公示方法为登记，当事人不得约定前述方法之外的其他方法。

三、违反物权法定原则的法律效果

（一）违反种类法定

（1）不发生物权效力。该权利不属于物权。

（2）若无其他无效事由，可产生合同效力。

（二）违反内容法定

（1）不发生物权效力。增添权能的，无该权能；限制权能的，视为无限制。

（2）若无其他无效事由，可产生合同效力。

（3）具有其他无效事由的，合同无效。如"流质契约"的约定，该约定也是无效的。

（三）违反公示方法法定特别是，若当事人的约定违反物权变动规则法定：

（1）该约定不能直接导致物权变动的效果。

(2) 无其他无效事由的,可产生合同效力。
(四) 违反效力法定
(1) 不发生物权效力,该物权不具有该效力。
(2) 若不涉及第三人,可在当事人之间发生该约定的效力(合同有效)。

第二章 物权变动

第一节 物权变动的概念及原因

一、物权变动的概念

物权变动,就物权自身而言,指物权的设立、变更、转让和消灭;就物权主体而言,指权利主体取得、丧失与变更物权;就权利的内容而言,指权利的内容发生变化。提到物权的变动,首先要明白物权是如何取得的。物权的取得分为原始取得与继受取得。

(一) 物权的原始取得
物权的原始取得,指非依他人既存的权利而取得物权。

$$
原始取得 \begin{cases} 先占 \\ 添附(加工、附合、混合) \\ 善意取得 \\ 生产 \\ 建造房屋 \\ 收取孳息(天然孳息与法定孳息) \\ 发现埋藏物、拾得遗失物 \\ 没收、征收 \\ 时效取得 \\ 其他 \end{cases}
$$

原始取得所有权时,除非法律另有规定(如《物权法》第108条),标的物上原有的负担(用益物权和担保物权)消灭。

(二) 物权的继受取得
物权的继受取得,指基于他人既存的权利而取得物权。

$$
继受取得 \begin{cases} 买卖 \\ 赠与 \\ 遗赠 \\ 继承 \end{cases}
$$

继受取得有两种分类方法:
1. 移转的继受取得与创设的继受取得
(1) 移转的继受取得,指就他人的物权依原状而取得。例如,基于有效买卖合同或赠与合同而受让所有权;因继承、受遗赠取得物权;因企业合同取得物权。
(2) 创设的继受取得,指在他人所有物上设立用益物权或者担保物权。例如,在土地上设立土地承包经营权、建设用地使用权、地役权;在动产上设立质权或者抵押权。注意:创设取得只能设定他物权,所有权不能通过创设取得。

2. 特定继受取得与概括继受取得

(1) 特定继受取得,指仅对特定物继受取得物权。如通过买卖合同、赠与取得所有权。再如通过抵押合同、质押合同取得抵押权、质权。

(2) 概括继受取得,指就他人的权利义务予以全部继受而取得物权。例如因继承、企业合并而取得被继承人、被合并企业的权利和义务。

区分特定继受取得和概括继受取得的意义在于:在概括继受取得中,取得物权的人不仅要承继前手的权利,也要承继其义务(特别要注意《继承法》第 33 条);而在特定继受取得中,取得物权的人只继受特定物上的权利义务,并不负担前手(于该物之外)的其他义务。

二、物权变动的原因

物权变动不能无缘无故地发生,需有能够出现引起物权变动的法律事实,才能依据法律的规定发生物权变动的效果。能够引起物权变动的法律事实,称为物权变动的原因。

物权变动的原因主要有三种:

1. 法律行为

单方民事法律行为(如抛弃、捐助、遗赠)、合同(如买卖合同、抵押合同)和多方法律行为(如设立公司的协议)均可引起物权变动。这也是物权变动最常见、最主要的原因。

2. 法律行为以外的其他原因,包括事件和事实行为

事实行为如遗失物的拾得、埋藏物的发现、先占、添附等均可导致物权变动;事件,如法定期间的届满、因不可抗力导致物权客体灭失等。

3. 公法上的原因

公法上的行政行为或者司法行为也可以引起物权的变动,如征收、没收、强制执行、判决等。

第二节 物权变动的规范模式

		原则	不动产物权变动 = 有效的合同 + 登记
基于法律行为物权变动	不动产	例外	(1) 土地承包经营权自合同生效时设立;土地承包经营权的转让 = 有效的合同 + 登记 > 第三人。 (2) 地役权 = 有效的合同 + 登记 > 第三人。
	动产	原则	动产物权变动 = 有效的合同 + 交付。 船舶、航空器和机动车物权变动 = 有效的合同 + 登记 > 第三人。 《物权法司法解释(一)》第 6 条转让人转移船舶、航空器和机动车等所有权,受让人已经支付对价并取得占有,虽未经登记,但转让人的债权人主张其为物权法第 24 条所称的"善意第三人"的,不予支持,法律另有规定的除外。 此处注意"善意第三人"的范围。
		例外	动产抵押(或者浮动抵押)物权变动 = 有效的合同 + 登记 > 第三人。

(续表)

非基于法律行为的物权变动	（1）因法律文书或者征收决定等导致物权变动，自法律文书或者征收决定生效时发生效力。 《物权法》第28条因人民法院、仲裁委员会的法律文书或者人民政府的征收决定等，导致物权设立、变更、转让或者消灭的，自法律文书或者人民政府的征收决定等生效时发生效力。 注意：《物权法解释》第7条规定："人民法院、仲裁委员会在分割共有不动产或者动产等案件中作出并依法生效的改变原有物权关系的判决书、裁决书、调解书，以及人民法院在执行程序中作出的拍卖成交裁定书、以物抵债裁定书，应当认定为物权法第二十八条所称导致物权设立、变更、转让或者消灭的人民法院、仲裁委员会的法律文书。" （2）因继承或受遗赠导致的物权变动，自继承或者受遗赠开始时发生效力。 （3）因合法建造等事实行为导致物权变动的，自事实行为成就时生效。 注意：《物权法》第31条规定："依照本法第二十八条至第三十条规定享有不动产物权的，处分该物权时，依照法律规定需要办理登记的，未经登记，不发生物权效力。"

一、基于法律行为的物权变动之规范模式

（一）物权变动模式

在引起物权变动的法律事实中，最重要的是法律行为。在物权基于法律行为发生变动上，主要有三种不同的学说主张。

1. 意思主义

意思主义，又称"债权意思主义"，是指物权的设定与移转仅仅因当事人的债权意思表示而发生效力，即在当事人之间关于物权变动的意思表示达成一致便可产生物权变动的效果，无须进行交付或登记，以法、日民法典为代表。

但是，未经登记或者交付的物权变动，不得对抗第三人。也就是说，登记或交付不是物权变动的生效要件而是对抗要件。在这里，登记或交付是一种法律行为。

债权行为 = 物权变动 + 登记/交付（法律行为）> 第三人

2. 物权形式主义

物权的变动除了当事人意思达成一致以外，还需对物权变动进行交付或登记，方可产生物权变动的效果，以《德国民法典》为代表。在这里，登记或交付是一种事实行为。

物权合同 + 交付/登记（事实行为）= 物权变动

3. 债权形式主义

债权形式主义，又称意思主义与登记或交付的结合，是指物权变动，只需在债权的意思表示之外加上登记或交付即可，不需要另有物权的合意，故无物权行为的独立性；既然无物权行为的独立性，则物权变动的效力自然受其原因行为即债权行为的影响，故不存在物权行为的无因性。在这里，登记或交付是一种法律行为。

有效债权行为 + 交付/登记（法律行为）= 物权变动

4. 我国的立法选择

我国以债权形式主义为原则,以意思主义为例外。

注意:特殊动产的物权变动,除了遵循动产物权变动的交付主义原则外,还有一项特殊规则——非经登记,不得对抗第三人。

例外的意思主义:土地承包经营权、地役权、动产抵押权和特殊动产集合抵押权一经意思表示达成一致,即产生物权变动的效果。

(二)物权变动的区分原则

《物权法》第15条规定了基于法律行为的不动产物权变动的区分原则。区分原则要求,在基于法律行为的物权变动中,应在观念与制度上区分物权变动效果的发生与债权效果的发生。债权效果是否发生,应依照法律关于债权行为的规定来确定;物权变动效果是否发生,应依照物权变动的规则确定;因欠缺公示手段导致不能发生物权变动效果的,法律行为(债权行为)的效力不因此而受影响。

与区分原则相关的是物权变动的无因性。德国民法与我国台湾地区民法上有物权变动的无因性这一制度,他们将法律行为区分为负担行为和物权行为,引起物权变动的是其中的物权行为。在基于法律行为的物权变动中,即使作为负担行为的合同无效,只要作为处分行为的物权合同有效,则物权变动仍然发生。物权变动不因负担行为的无效而无效。

中国大陆不承认物权变动的无因性,所有的基于法律行为的物权变动,若其法律行为(债权行为)无效、不成立或者被撤销,即使动产已经交付、不动产已经办理过户登记,依然不能发生物权变动的效果。总结如下:

(1)反着不发生影响,即未交付、未登记的,不影响法律行为(债权行为)的生效。

(2)正着发生影响,即法律行为(债权行为)不成立、无效或者被撤销的,不可能发生物权变动的效果。

[历年真题] 甲向乙借款,丙与乙约定以自有房屋担保该笔借款。丙仅将房本交给乙,未按约定办理抵押登记。借款到期后甲无力清偿,丙的房屋被法院另行查封。下列哪些表述是正确的?(2013年卷三57题)

A. 乙有权要求丙继续履行担保合同,办理房屋抵押登记
B. 乙有权要求丙以自身全部财产承担担保义务
C. 乙有权要求丙以房屋价值为限承担担保义务
D. 乙有权要求丙承担损害赔偿责任

【答案】 CD
【考点】 区分原则、实际履行、违约损害赔偿
【解析】 关于选项A。《物权法》第15条规定:"当事人之间订立有关设立、变更、转让和消灭不动产物权的合同,除法律另有规定或者合同另有约定外,自合同成立时生效;未办理物权登记的,不影响合同效力。"《合同法》第107条规定:"当事人一方不履行合同义务或者履行合同义务不符合约定的,应当承担继续履行、采取补救措施或者赔偿损失等违约责任。"丙、乙约定由丙的房屋进行抵押,他们之间的抵押合同自合同成立时发生法律效力,丙未按约定办理抵押登记,只是乙的抵押权未设立,不影响丙、乙之间抵押合同的效力。所以乙有权要求丙继续履行抵押合同。但《物权法》第184条规定:"下列财产不得抵押:(一) 土地所有权;(二) 耕地、宅基地、自留地、自留山等集体所有的土地使用权,但法律规定可以抵押的除外;

（三）学校、幼儿园、医院等以公益为目的的事业单位、社会团体的教育设施、医疗卫生设施和其他社会公益设施；（四）所有权、使用权不明或者有争议的财产；（五）依法被查封、扣押、监管的财产；（六）法律、行政法规规定不得抵押的其他财产。"另《合同法》第110条也规定；"当事人一方不履行非金钱债务或者履行非金钱债务不符合约定的，对方可以要求履行，但有下列情形之一的除外：（一）法律上或者事实上不能履行；（二）债务的标的不适于强制履行或者履行费用过高；（三）债权人在合理期限内未要求履行。"本题中丙的房屋已经被法院查封，不得作为抵押物进行抵押，债务人丙在法律上已经不能履行债务，所以乙无权要求丙继续履行抵押合同，办理抵押登记，但抵押合同有效，乙能向丙主张违约责任，选项A错误，选项D正确。

从上述的分析可知，乙的抵押权未设立，乙无权要求对丙的房屋行使抵押权，即无权要求丙承担物权法上的担保责任。但是乙、丙订立的抵押合同是有效的，乙有权要求丙承担抵押合同的担保义务。注意担保责任与担保义务不是同一概念，承担担保责任须以担保权的有效存在为前提，如果抵押权设立无效，抵押人不承担担保责任。而担保义务只需要存在有效的抵押合同，即便抵押权设立无效，抵押人仍应依据抵押合同承担担保义务。担保义务存在于双方所订立的抵押合同的意思表示中。乙、丙订立抵押合同的意思表示内容为如果届期债务人甲不能清偿债务，乙有权拍卖丙的房屋以清偿债务人甲所欠乙的债务。双方约定的是以丙的房屋做物的担保，而非以丙的信用即全部财产做人的担保，因此，借款到期后甲无力清偿，乙有权要求丙以房屋为限承担担保义务而无权要求丙以自身财产承担担保义务。所以选项B错误，而选项C正确。

（三）基于法律行为的物权变动的特点

1. 法律行为（单方、双方、多方法律行为）必须有效。我国物权法不承认物权变动的无因性，基础关系（法律行为）不成立、无效或者被撤销的，即使动产已经交付或者不动产已经办理了登记手续，仍不能发生物权变动。

2. 原则上必须公示，除非法律另有规定，基于法律行为的不动产物权变动必须完成登记（设立登记、移转登记、变更登记或者注销登记），基于法律行为的动产物权变动必须完成交付。

（四）基于法律行为的动产物权变动

1. 原则

（1）基于法律行为的动产物权变动，以交付为生效要件。（2）其适用范围包括：动产物权的抛弃、动产买卖、动产赠与、动产质权的设立、部分权利质权的设立、基于设立公司的动产出资。

2. 例外

（1）关于动产抵押和动产浮动抵押，合同生效即发生物权变动，不以交付或者登记作为物权变动的生效要件，但未经登记，不得对抗善意第三人。

（2）权利质权，以登记为物权变动的生效要件，主要包括：① 以没有权利凭证的有价证券出质的，质权自有关部门办理出质登记时设立。（《物权法》第224条）② 以基金份额、证券登记结算机构登记的股权出质的，质权自证券登记结算机构办理出质登记时设立；其他股权出质的，质权自工商行政管理部门办理出质登记时设立。（《物权法》第226条）③ 以著作财产权出质的，质权自国家版权局办理出质登记时设立；以专利权出质的，质权自国家知识产权局办理出质登记时设立；以商标权出质的，质权自国家商标局办理出质登记时设立。（《物权法》第

227条)④以应收账款设立权利质权的,质权自信贷征信机构办理出质登记时质权设立。(《物权法》第228条)

[历年真题]　1. 甲对乙享有10万元的债权,甲将该债权向丙出质,借款5万元。下列哪一表述是错误的?(2012年卷三7题)

A. 将债权出质的事实通知乙不是债权质权生效的要件
B. 如未将债权出质的事实通知乙,丙即不得向乙主张权利
C. 如将债权出质的事实通知了乙,即使乙向甲履行了债务,乙不得对丙主张债已消灭
D. 乙在得到债权出质的通知后,向甲还款3万元,因还有7万元的债权额作为担保,乙的部分履行行为对丙有效

【答案】　D
【考点】　债权权利质权
【解析】　根据传统民法理论,以债权为标的设立权利质权时,除适用关于质权设立的一般规定外,如需要订立书面的质权合同,还须适用关于债权转让的法律规则。具体的说,债权权利质权的设立应当通知债务人,未通知债务人的,该权利质权的设立不得对抗债务人。即以债权为标的设立权利质权时,出质人或者质权人应通知债务人,但是通知并非权利质权的设立要件,仅为对抗要件。未通知债务人的,不会影响债权质权的设立,只是使该权利质权不具有对抗债务人的效力。如果出质人或者质权人未通知债务人的,由于债务人不知该债权已经设立质权的事实而向债权人进行清偿的,会发生清偿的法律效果。反之,出质人或者质权人通知债务人后债务人仍对债权人履行债的,则对质权人而言不能发生清偿的法律效果。所以选项A、B、C的表述是正确的,不当选。

在选项D中,债务人乙在得到债权出质的通知后,仍然向债权人甲清偿3万元,该3万元清偿对质权人丙而言,不能发生清偿的效力,乙仍应当承担10万元的债权质押担保,乙的3万元履行行为对丙来说是无效的。所以选项D的表述是错误的,当选。

2. 甲将一辆汽车以15万元卖给乙,乙付清全款,双方约定七日后交付该车并办理过户手续。丙知道此交易后,向甲表示愿以18万元购买,甲当即答应并与丙办理了过户手续。乙起诉甲、丙,要求判令汽车归己所有,并赔偿因不能及时使用汽车而发生的损失。关于该汽车的归属,下列哪一说法是正确的?(2010年卷三6题)

A. 归乙所有,甲、丙应赔偿乙的损失
B. 归乙所有,乙只能请求甲承担赔偿责任
C. 归丙所有,但甲、丙应赔偿乙的损失
D. 归丙所有,但丙应赔偿乙的损失

【答案】　无答案(司法部答案为A)
【考点】　基于法律行为的动产物权变动
【解析】　《物权法》第24条规定:"船舶、航空器和机动车等物权的设立、变更、转让和消灭,未经登记,不得对抗善意第三人。"可见,船舶、飞行器和机动车等特殊动产的物权变动模式采登记对抗主义,即上述特殊动产的转让从交付时起所有权即发生了变动,但是不登记不具有对抗善意第三人的效力。

本题中,甲将汽车卖给乙,双方签订了买卖合同,但是甲没有交付汽车,所以汽车的所有权仍属甲所有。后甲又将汽车卖给了丙,并与丙办理了过户手续,甲仍是汽车的所有权人,其将汽车卖给丙的行为属于有权处分,乙也未取得汽车的所有权,所以甲、丙的行为不属于"恶意串通,损害第几人利益"的情形,买卖合同有效。当甲将汽车交付给丙并办理过户登记后,丙

依法取得了汽车的所有权。根据《合同法解释(二)》第 15 条的规定:"出卖人就同一标的物订立多重买卖合同,买受人因不能按照合同约定取得标的物所有权,请求追究出卖人违约责任的,人民法院应予支持。"所以乙只能向出卖人甲主张违约责任。综上所述,本题没有正确选项。司法部公布答案的选项 A 是错误的。

3. 甲向乙借款,欲以轿车作担保。关于担保,下列哪些选项是正确的?(2 年卷三 58 题)
A. 甲可就该轿车设立质权
B. 甲可就该轿车设立抵押权
C. 就该轿车的质权自登记时设立
D. 就该轿车的抵押权自登记时设立

【答案】 AB
【考点】 动产质权、动产抵押权、物权变动
【解析】 根据《物权法》第 208 条的规定:"为担保债务的履行,债务人或者第三人将其动产出质给债权人占有的,债务人不履行到期债务或者发生当事人约定的实现质权的情形,债权人有权就该动产优先受偿。前款规定的债务人或者第三人为出质人,债权人为质权人,交付的动产为质押财产。"另《物权法》第 212 条规定:"质权自出质人交付质押财产时设立。"可知,轿车作为动产,甲可就该轿车设立质权,该质权自甲将轿车交付给乙时设立。所以选项 A 正确,选项 C 错误。

另根据《物权法》第 180 条第 1 款的规定:"债务人或者第三人有权处分的下列财产可以抵押:(六)交通运输工具",以及第 188 条的规定:"以本法第一百八十条第一款第四项、第六项规定的财产或者第五项规定的正在建造的船舶、航空器抵押的,抵押权自抵押合同生效时设立;未经登记,不得对抗善意第三人。"本题中,轿车作为交通运输工具,甲可以该轿车设立抵押权,且抵押权自双方订立的抵押合同生效时设立,无须进行登记。所以选项 B 正确,选项 D 错误。

(五)基于法律行为的不动产物权变动

1. 原则

(1)基于法律行为的不动产物权变动,除法律另有规定外,一律以登记(注销登记、移转登记、设立登记、变更登记)作为物权变动的生效要件。其公式是:生效的法律行为 + 处分权 + 登记 = 物权变动。

(2)其适用范围包括:不动产物权(所有权、抵押权、建设用地使用权)的抛弃、不动产买卖(《物权法》第 9 条)、不动产赠与(《物权法》第 9 条)、建设用地使用权出让与转让(《物权法》第 139 条)、不动产抵押权的设立(《物权法》第 187 条)、基于设立公司协议的不动产出资。

(3)物权变动的时间点是将注销登记、移转登记、设立登记、变更登记记载到不动产登记簿之日,而不是发放权属证书(房产证、建设用地使用权证等)之日。不动产登记簿是物权变动的法律依据,权属证书(房产证、建设用地使用权证等)不是物权变动的依据,仅为享有不动产物权的初步证明材料。

[历年真题] 1. 甲被法院宣告失踪,其妻乙被指定为甲的财产代管人。3 个月后,乙将登记在自己名下的夫妻共有房屋出售给丙,交付并办理了过户登记。在此过程中,乙向丙出示了甲被宣告失踪的判决书,并将房屋属于夫妻二人共有的事实告知丙。1 年后,甲重新出现,并经法院撤销了失踪宣告。现甲要求丙返还房屋。对此,下列哪一说法是正确的?(2016 年卷三 6 题)

A. 丙善意取得房屋所有权,甲无权请求返还

B. 丙不能善意取得房屋所有权,甲有权请求返还
C. 乙出售夫妻共有房屋构成家事代理,丙继受取得房屋所有权
D. 乙出售夫妻共有房屋属于有权处分,丙继受取得房屋所有权

【答案】 B

2. 甲、乙和丙于2012年3月签订了散伙协议,约定登记在丙名下的合伙房屋归甲、乙共有。后两人未履行协议。同年8月,法院判决丙办理该房屋过户手续,丙仍未办理。9月,丙死亡,丁为其唯一继承人。12月,丁将房屋赠给女友戊,并对赠与合同作了公证。下列哪一表述是正确的?(2013年卷三6题)

A. 2012年3月,甲、乙按份共有房屋
B. 2012年8月,甲、乙按份共有房屋
C. 2012年9月,丁为房屋所有人
D. 2012年12月,戊为房屋所有人

【答案】 C
【考点】 物权变动
【解析】 关于选项A。不动产物权变动以登记为生效要件,2012年3月,甲、乙、丙三人约定登记在丙名下的合伙房屋归甲、乙共有。该约定虽然有效,但由于房屋没有办理过户登记手续,所有权仍然归丙所有,所以选项A错误。

关于选项B。2012年8月法院判决丙办理该房屋过户手续,丙仍未办理,此时房屋所有权人仍然是丙,所以选项B错误。

关于选项C。根据《物权法》第29条规定,因继承或者受遗赠取得物权的,自继承或者受遗赠开始时发生效力。可知2012年9月丙死亡,继承开始,丁为其唯一继承人,法定继承丙的房屋,此时,丁是房屋的所有权人。所以选项C正确。

关于选项D。2012年12月丁将房屋赠与女友戊,双方虽然对赠与合同作了公证,但未办理房屋过户登记。因此,房屋的所有权人仍然是丁,选项D错误。

2. 例外

(1) 土地承包经营权的设立与转让。① 土地承包经营权的设立。(a) 土地承包经营合同生效,土地承包经营权设立,无须登记(设立登记)。(b) 注意:已经设立的土地承包经营权,即使未登记,也可对抗本集体经济组织的其他成员。因为,农村是一个熟人社会,本集体经济组织的其他成员均知道谁对该土地享有土地承包经营权,集体经济组织在该土地上再为他们设立土地承包经营权的,他们常常属于恶意的第三人。(《物权法》第127条)② 土地承包经营权的转让。(a) 土地承包经营权设立后,土地承包经营权人转让土地承包经营权的,无须办理移转登记(变更登记),自转让合同生效时,受让人取得土地承包经营权。(b) 但是,若未办理移转登记,受让人取得的土地承包经营权不能对抗善意第三人。(《物权法》第129条)

(2) 地役权的设立与转让。① 地役权的设立。设立地役权的合同生效,地役权设立,无须登记。但未经登记的地役权不能对抗取得供役地不动产权利的善意受让人。(《物权法》第158条)② 地役权的转让。地役权人转让地役权的,自让与合同生效,无须登记,受让人取得地役权。但受让人未登记的,不能对抗取得供役地不动产权利的善意受让人。

(六) 物权的抛弃

因抛弃而导致物权消灭,属于基于单方法律行为导致的物权变动。抛弃所有权的,所有人的所有权消灭,原物成为无主物;抛弃他物权的,他物权消灭,设立他物权的所有权上的负担消灭。

二、非基于法律行为的物权变动之规范模式

一般来说，非因法律行为而发生的物权变动，不经登记或交付即可直接生效，此类物权变动又称为不必公示的物权变动。我国《物权法》在第28条至30条中规定了非基于法律行为物权变动的规则模式。

（一）非因法律行为而发生物权变动的情形

非基于法律行为发生的物权变动，均不以登记或交付为其生效要件。具体情形如下：

（1）因法院或仲裁机构的法律文书、政府的征收决定发生的物权变动，自该行为生效时发生效力。

（2）因继承、受遗赠取得物权的，自继承或受遗赠开始时发生效力。

（3）因合法建造、拆除房屋设立、消灭物权的，自该事实行为成就时发生效力。

注意：上述生效法律文书仅限于形成判决，不包括及给付判决和确认判决。

（二）物权取得人处分权的限制

根据《物权法》第31条规定，对不动产进行处分时，法律要求登记而未登记的，不得处分所取得的不动产物权；否则，不发生物权效力。即权利人要进一步处分需要办理登记的不动产物权的，应先办理登记手续，然后再进行处分，否则不发生物权变动的效力。也就是说，当事人若要处分其不动产物权，须进行2次登记，只是第一次登记没有创设物权的效力，是一种"宣示登记"。

未经登记不发生物权效力，是指不发生物权变动的效果，但根据区分原则，若债权行为符合生效要件，则债权行为仍然有效。

第三节　不动产物权变动的公示方法

一、不动产的登记制度

不动产登记，是指登记机关根据当事人的申请并经审查，对不动产物权的设立、变更、移转、消灭等事项登录记载于特定簿册的事实。

不动产登记，是不动产物权变动的法定公示手段；是基于法律行为的不动产物权变动的生效要件；是非基于法律行为发生的不动产物权变动的处分要件。在物权法上具有重要的意义。

（一）登记机构

《物权法》第10条规定，不动产登记，由不动产所在地的登记机构办理。国家对不动产实行统一登记制度。统一登记的范围、登记机构和登记办法，由法律、行政法规规定。

（二）不动产登记簿与权属证书

《物权法》第17条规定："不动产权属证书是权利人享有该不动产物权的证明。不动产权属证书记载的事项，应当与不动产登记簿一致；记载不一致的，除有证据证明不动产登记簿确有错误外，以不动产登记簿为准。"《物权法》第18条规定："权利人、利害关系人可以申请查询、复制登记资料，登记机构应当提供。"

二、不动产登记的分类

	登记前提	效力	相关规定
预告登记	当事人自愿登记,防止"一房两卖"。	未经预告登记人同意的,处分行为不发生物权效力。	预告登记后,债权消灭或者能够进行不动产登记之日起3个月内,未申请登记的,预告登记失效。
异议登记	权利人、利害关系人对不动产登记簿记载的事项有异议。	异议登记期间,名义登记人并未丧失处分权,处分有效,发生物权效力。	登记机构予以异议登记,申请人在15日内不起诉,异议登记失效。
变更登记	权利人、利害关系人认为不动产登记簿记载的事项有错误。	符合更正登记条件的,登记机关应当办理更正登记,消除错误登记。	不动产登记簿记载的权利人不同意更正的,利害关系人可以申请异议登记。

（一）更正登记

更正登记,是指当事人认为登记有错误时申请更正或者登记机关发现有登记错误时依职权所进行的登记更正。《物权法》第19条第1款规定："权利人、利害关系人认为不动产登记簿记载的事项错误的,可以申请更正登记。不动产登记簿记载的权利人书面同意更正或者有证据证明有错误的,登记机构应当予以更正。"

1. 更正登记的构成要件

（1）不动产登记簿出现登记错误。

（2）权利人或利害关系人提出更正申请。

（3）登记名义人书面同意更正或申请人确有证据证明登记错误。

2. 更正登记的效力

（1）以更正后的登记确定不动产物权的归属和内容。

（2）当事人提供虚假材料申请登记,给他人造成损害的,应当承担赔偿责任。

（3）由于登记机构自身的登记错误给他人造成损害的,登记机构应当承担赔偿责任。登记机构赔偿后,可向造成登记错误的人追偿。

[历年真题] 甲与乙签订《协议》,由乙以自己名义代甲购房,甲全权使用房屋并获取收益。乙与开发商和银行分别签订了房屋买卖合同和贷款合同。甲把首付款和月供款给乙,乙再给开发商和银行,房屋登记在乙名下。后甲要求乙过户,乙主张是自己借款购房。下列哪一选项是正确的？（2015年卷三5题）

A. 甲有权提出更正登记

B. 房屋登记在乙名下,甲不得请求乙过户

C.《协议》名为代购房关系,实为借款购房关系

D. 如乙将房屋过户给不知《协议》的丙,丙支付合理房款则构成善意取得

【答案】 A

【考点】 更正登记、物权取得

【解析】《物权法》第19条第1款规定："权利人、利害关系人认为不动产登记簿记载的

事项错误的,可以申请更正登记。不动产登记簿记载的权利人书面同意更正或者有证据证明登记确有错误的,登记机构应当予以更正。"可知,更正登记有三个要件:(1)不动产登记簿出现登记错误(包括权利主体、客体、内容错误);(2)权利人或者利害关系人提出更正申请;(3)登记名义人书面同意更正或者申请人却有证据证明登记错误。本题,甲与乙约定由乙以自己名义代甲购房,乙将房屋登记在自己名下的行为,符合更正登记的构成要件,甲有权提出更正登记。故选项 A 正确。

《物权法》第 33 条规定:"因物权的归属、内容发生争议的,利害关系人可以请求确认权利。"据此可知,房屋虽然登记在乙名下,但实质上该房屋所有权属于甲,甲有权请求乙过户。故选项 B 错误,不当选。甲与乙签订的《协议》中约定,乙能够以自己的名义代甲购房,实质上是隐名的间接代理关系,而非借贷购房关系。故选项 C 错误,不当选。

本题存在瑕疵,选项 D 也可看做是正确的。乙将甲的房屋出卖构成无权处分,且如果乙将房屋过户给不知《协议》的丙,丙支付合理房款,则符合善意取得的构成要件。选项 D 可以看做是正确的。

(二) 异议登记

1. 异议登记的规定

根据《物权法》第 19 条第 2 款的规定,未能办理更正登记,利害关系人申请异议登记的,异议登记申请人应当在 15 日内提起确权之诉,否则异议登记失去效力,给权利人造成损失的,异议登记申请人应当予以赔偿。

2. 异议登记的效力

(1) 15 日内提起确权之诉,否则异议登记将失去效力;异议登记不当给权利人造成损害的,异议登记申请人应当赔偿损失。

(2) 在异议登记期间,异议登记不能阻止债权的发生,也不能阻止物权的发生,只是在不动产登记簿上以异议登记的形式标明该不动产可能存在权利瑕疵,给相关人予以警示,仅产生对抗善意第三人善意取得的效力。

[历年真题] 刘某借用张某的名义购买房屋后,将房屋登记在张某名下。双方约定该房屋归刘某所有,房屋由刘某使用,产权证由刘某保存。后刘某、张某因房屋所有权归属发生争议。关于刘某的权利主张,下列哪些表述是正确的?(2014 年卷三 55 题)

A. 可直接向登记机构申请更正登记
B. 可向登记机构申请异议登记
C. 可向法院请求确认其为所有权人
D. 可依据法院确认其为所有权人的判决请求登记机关变更登记

【答案】 BCD
【考点】 更正登记、异议登记
【解析】 选项 A 错误。在不动产登记簿记载的权利人书面同意更正或者有证据证明确有错误的情况下,才可以更正登记。而题目中,两位当事人约定将房屋登记在张某名下,不属于登记错误,发生权属纠纷表明张某不可能同意更正。因此,不符合申请更正登记的情况。

选项 B 正确。不动产权属证书记载的事项与不动产登记簿一致;而不动产登记簿记载的权利人不同意更正的,利害关系人可以申请异议登记。因此,刘某可向登记机构申请异议登记。

选项C、D正确。本题中,刘某与张某约定房屋登记在张某名下,由刘某使用房屋并保存产权证,约定本身合法有效。故刘某可以先通过法院请求确认其为所有权人,再依据法院判决请求登记机关变更登记。(特别提醒:预告登记即《物权法》第20条在2015年司法考试中的重要性)

(三)预告登记

根据《物权法》第20条,预告登记是指为了保全以将来发生不动产物权变动为内容的债权请求权,按照约定向登记机构申请预告登记。预告登记后,未经预告登记的权利人同意,处分该不动产的,不发生物权效力。

预告登记后,债权消灭或自能够进行不动产登记之日起3个月内未申请登记的,预告登记失效。

1. 预告登记的种类
(1)商品房预售登记。
(2)在建工程抵押的预告登记。
(3)抵押权顺位的预告登记。
2. 预告登记的效力
(1)预告登记的是债权而非物权,该债权不会因为预告登记而上升为物权,所以预告登记后,处分权人仍有可能再次处分该不动产,此时,预告登记之后的债权行为(如买卖合同、抵押合同)仍然是有效的。
(2)未经预告登记的权利人同意,处分权人处分该不动产的,不发生物权效力。
(3)预告登记的对抗效力期间是3个月,自债权消灭或能够进行不动产登记之日起开始计算。在此期间内,没有对不动产申请登记的,预告登记自动失效。

[历年真题] 甲公司开发写字楼一幢,于2008年5月5日将其中一层卖给乙公司,约定半年后交房,乙公司于2008年5月6日申请办理了预告登记。2008年6月2日甲公司因资金周转困难,在乙公司不知情的情况下,以该层楼向银行抵押借款并登记。现因甲公司不能清偿欠款,银行要求实现抵押权。下列哪一判断是正确的?(2009年卷三8题)
A. 抵押合同有效,抵押权设立
B. 抵押合同无效,但抵押权设立
C. 抵押合同有效,但抵押权不设立
D. 抵押合同无效,抵押权不设立

【答案】 C
【考点】 预告登记
【解析】《物权法》第20条规定:"当事人签订买卖房屋或者其他不动产物权的协议,为保障将来实现物权,按照约定可以向登记机构申请预告登记。预告登记后,未经预告登记的权利人同意,处分该不动产的,不发生物权效力。预告登记后,债权消灭或者自能够进行不动产登记之日起三个月内未申请登记的,预告登记失效。"本题中乙公司办理了预告登记且在有效期内,所以甲公司设立抵押权的行为不发生物权变动。另《物权法》第15条规定:"当事人之间订立有关设立、变更、转让和消灭不动产物权的合同,除法律另有规定或者合同另有约定外,自合同成立时生效;未办理物权登记的,不影响合同效力。"所以甲公司为银行所设立的抵押权因预告登记而无效,但甲与银行之间的抵押合同是有效的。所以本题答案为选项C。

第四节 动产物权变动的公示方法

一、交付的概念及构成要件

1. 概念 交付，即占有的移转。
2. 构成要件 交付的要件有二
（1）移转占有。现实交付与简易交付移转的是直接占有；指示交付与占有改定则创设或移转间接占有。
（2）具有交付的合意。当事人之间就占有的移转达成协议。因此，仅有占有的移转，没有交付的合意，不构成交付，不发生动产物权的变动。

二、交付的类型

（一）交付的一般形态——现实交付

现实交付，是指事实管领力的移转，即双方在约定的地点，基于交付的合意移转直接占有，使受让人取得直接占有，让与人终局放弃全部占有地位。直接占有是否终局性移转，须依一般社会观念（交易观念）定之。

例 甲将汽车出卖给乙，由甲的司机丙交给乙的司机丁。① 这也是现实交付，称为经由占有辅助人为交付。② 丁辅助占有之时，乙取得汽车所有权。

[特别提示]

《合同法》第141条第2款第1项规定的是一种现实交付。

《合同法》第141条规定："出卖人应当按照约定的地点交付标的物。当事人没有约定交付地点或者约定不明确，依照本法第六十一条的规定仍不能确定的，适用下列规定：（一）标的物需要运输的，出卖人应当将标的物交付给第一承运人以运交给买受人。（二）标的物不需要运输，出卖人和买受人订立合同时知道标的物在某一地点的，出卖人应当在该地点交付标的物；不知道标的物在某一地点的，应当在出卖人订立合同时的营业地交付标的物。"

《合同法》第141条第2款第1项是出题人特别爱考的一种现实交付：货交第一承运人即完成现实交付。但有三个条件：① 动产买卖合同；② 没有约定交付地点；③ 货物需要运输。

再理解：在动产买卖合同中：① 若约定了交付地点，就应在约定的地点完成交付，否则就不是交付了；② 若没有约定交付地点，但货物又不需要运输，则适用第141条第2款第2项，交付的地点是出卖人所在地或者双方订立合同时知道的某一地点（不是第一承运人）。

[历年真题] 案情 2007年2月10日，甲公司与乙公司签订一份购买1000台A型微波炉的合同，约定由乙公司3月10日前办理托运手续，货到付款。

乙公司如期办理了托运手续，但装货时多装了50台B型微波炉。甲公司于3月13日与丙公司签订合同，将处于运输途中的前述合同项下的1000台A型微波炉转卖给丙公司，约定货物质量检验期为货到后10天内。

3月15日，上述货物在运输途中突遇山洪暴发，致使100台A型微波炉受损报废。

问题 乙公司办理完托运手续后，货物的所有权归谁？为什么？（2004年卷四第4题第2问）

答案：属于甲公司。根据《合同法》第141条第2款，在甲、乙的动产买卖合同中，没有约定交付地点，且货物需要运输，乙货交第一承运人，即完成现实交付。根据《物权法》第23条的规定，微波炉的所有权自完成现实交付时移转于买受人甲。

(二) 交付的特殊形态——观念交付

观念交付，是指在特殊情况下，法律允许当事人通过特别的约定采用变通的或观念上的方法移转标的物权利的交付方式。观念交付主要包括下列三种形式：

1. 简易交付

简易交付是一种观念交付，指动产物权的受让人已经直接占有该动产，在让与人与受让人就移转动产所有权或设立动产质权达成合意时，即视为已经完成交付，以代替现实交付。

《物权法》第25条规定，动产物权设立和转让前，权利人已经依法占有该动产的，物权自法律行为生效时发生效力。

2. 指示交付

指示交付也是一种观念交付，指让与人的动产被他人直接占有期间，让与人与受让人合意移转动产所有权或设立动产质权，且合意对受让人移转让与人对动产直接占有人的返还请求权(包括：债权返还请求权、返还原物请求权或者占有恢复请求权)，以代替现实交付。

《物权法》第26条规定，动产物权设立和转让前，第三人依法占有该动产的，负有交付义务的人可以通过转让请求第三人返还原物的权利代替交付。

(1) 指示交付的内容

指示交付包括两个合意：① 移转动产所有权或者设立动产质权的合意；② 让与返还请求权的合意。即负有交付义务的人可以通过转让请求第三人返还原物的权利代替交付。

(2) 指示交付的类型。① 让与人系间接占有人(如出租人、出借人、寄存人)时，可将他基于占有媒介关系(租赁、借用、寄存)所生的债权返还请求权让与受让人，以代交付。这种返还请求权的让与同时为间接占有的移转。② 让与人非间接占有人时，可对受让人让与对直接占有人的返还原物请求权、占有恢复请求权或者占有之不当得利返还请求权以代现实交付。

3. 占有改定

占有改定是第三种观念交付，指动产所有权的让与人与受让人通过达成两个合意的方式完成交付：

(1) 受让人取得动产所有权的合意。

(2) 让与人和受让人成立借用、保管、租赁、委托、承揽等债权合同的合意，依照该债权合同使受让人取得间接占有，以代现实交付。记住：占有改定就是两个约定。

例 5月1日，甲将钢琴出卖给乙，双方同时约定："自该日起乙取得钢琴所有权，但甲借用一个月。"甲、乙于5月1日达成两个合意：(a) 乙于5月1日取得钢琴所有权；(b) 甲、乙间成立为期一个月的借用合同，基于借用合同，甲取得直接占有，乙取得间接占有。占有改定一定包含两个约定。

[特别提示]

特别提示(一)：以占有改定完成交付的关键在于，通过两个约定，使受让人取得间接占有，至于让与人究竟因此取得直接占有还是间接占有，在所不问。

特别提示(二)：占有改定系交付的一种。但占有改定的适用范围有两个限制。

(1) 设立动产质权、权利质权时，若采用占有改定方式交付，不发生物权变动的效果，质权未设立。(法律依据是:《物权法》第27条和《担保法解释》第87条。)

(2) 让与人实施无权处分,且以占有改定方式完成交付的,不发生善意取得的效果,受让人不能善意取得动产所有权或动产质权。(无法律依据,系通说观点)

第三章 所 有 权

第一节 建筑物区分所有权

一、建筑物区分所有权的概念与特征

(一) 概念

建筑物区分所有权,指业主对一栋建筑物中自己专有部分的单独所有权、对共有部分的共有权以及因共有关系而产生的管理权相结合所形成的"三位一体"的所有权。

建筑物区分所有权 { 专有所有权 / 共有所有权 / 成员权

(二) 特征

1. 复合性

建筑物区分所有权由专有权、共有所有权和成员权三部分组成,一般不动产所有权无此构成。

2. 专有所有权的主导型

(1) 区分所有权取得专有部分所有权便取得了共有所有权和成员权;反之,丧失专有部分所有权的同时也就丧失了共有所有权和成员权。

(2) 专有所有权的大小,决定了共有所有权和成员权的大小。

(3) 在区分所有权的设定登记上,只登记专有部分所有权,共有所有权和成员权不需要登记。

3. 一体性

专有所有权、共有所有权和成员权必须结为一体、不可分离。

二、建筑物区分所有权的内容

(一) 专有所有权

专有所有权,是指建筑物区分所有权人对建筑物中属于其独立所有的部分予以自由使用、收益、处分的权利。《物权法》第71条规定:"业主对其建筑物专有部分享有占有、使用、收益和处分的权利。业主行使权利不得危及建筑物的安全,不得损害其他业主的合法权益。"

1. 专有所有权的客体

(1) 业主专有的住宅或经营性用房。

(2) 买卖合同明示由业主单独所有的车位、车库。

(3) 买卖合同明示由业主单独所有的绿地。

(4) 具有构造上、利用上的独立性,能够进行房屋登记的摊位。

(5) 买卖合同明示归业主专有的露台。

2. 专有所有权中专有部分的判断标准

根据《建筑物区分所有权司法解释》第 2 条的规定,建筑区划内符合下列条件的房屋,以及车位、摊位等特定空间,应当认定为物权法第 6 章所称的专有部分:

(1) 具有构造上的独立性,能够明确区分;

(2) 具有利用上的独立性,可以排他使用;

(3) 能够登记成为特定业主所有权的客体。

规划上专属于特定房屋,且建设单位销售时已经根据规划列入该特定房屋买卖合同中的露台等。

3. 专有所有权的行使

(1) 业主将住宅改为经营性用房的,应经有利害关系的业主同意("有利害关系的业主"是指本栋建筑物内的所有其他业主,本栋建筑物之外的业主,主张自己属于有利害关系的业主的,应当证明其房屋价值、生活质量受到或者可能受到不利影响")。

关于"住改商"问题,还应注意以下几点:① 业主不得违反法律、法规、管理规约将住房改为经营性用房;若改的,除遵守法律、法规、管理规约外,应经有利害关系的业主同意。(《物权法》第 77 条)② 未经有利害关系的业主同意进行"住改商"所应承担的责任:有利害关系的业主可请求排除妨害、消除危险、恢复原状或者赔偿损失。(《建筑物区分所有权司法解释》第 10 条第 1 款)③ 有利害关系的业主同意:全体同意。(《建筑物区分所有权司法解释》第 10 条第 2 款)④ 有利害关系的业主的范围:本栋建筑物内的其他业主;建筑区划内,本栋建筑物之外的业主,主张与自己有利害关系的,应证明其房屋价值、生活质量受到或者可能受到不利影响。(《建筑物区分所有权司法解释》第 11 条)

(2) 业主行使专有权不得危及建筑物的安全。

(3) 业主转让其专有权时,其他业主不享有优先购买权。

(二) 共有部分的共有权

共有部分的共有权,是指建筑物区分所有权人法律或者管理规约的规定,对建筑物专有部分以外的共用部分所享有的占有、使用及收益的权利。《物权法》第 72 条第 1 款规定:"业主对建筑物专有部分以外的共有部分,享有权利,承担义务;不得以放弃权利不履行义务。"

1. 共有权的客体

[相关法条]

《物权法》

第 73 条 建筑区划内的道路,属于业主共有,但属于城镇公共道路的除外。建筑区划内的绿地,属于业主共有,但属于城镇公共绿地或者明示属于个人的除外。建筑区划内的其他公共场所、公用设施和物业服务用房,属于业主共有。

第 74 条 建筑区划内,规划用于停放汽车的车位、车库应当首先满足业主的需要。

建筑区划内,规划用于停放汽车的车位、车库的归属,由当事人通过出售、附赠或者出租等方式约定。

占用业主共有的道路或者其他场地用于停放汽车的车位,属于业主共有。

第 79 条 建筑物及其附属设施的维修资金,属于业主共有。经业主共同决定,可以用于电梯、水箱等共有部分的维修。维修资金的筹集、使用情况应当公布。

第80条 建筑物及其附属设施的费用分摊、收益分配等事项,有约定的,按照约定;没有约定或者约定不明确的,按照业主专有部分占建筑物总面积的比例确定。

《建筑物区分所有权问题的解释》

第3条 除法律、行政法规规定的共有部分外,建筑区划内的以下部分,也应当认定为物权法第六章所称的共有部分:

(一)建筑物的基础、承重结构、外墙、屋顶等基本结构部分,通道、楼梯、大堂等公共通行部分,消防、公共照明等附属设施、设备,避难层、设备层或者设备间等结构部分;

(二)其他不属于业主专有部分,也不属于市政公用部分或者其他权利人所有的场所及设施等。

建筑区划内的土地,依法由业主共同享有建设用地使用权,但属于业主专有的整栋建筑物的规划占地或者城镇公共道路、绿地占地除外。

依据上述法律规定,共有权的客体可以归纳如下:

(1)建筑物的基本构造部分。如支柱、屋顶、梁、柱、外墙、承重墙、地下室。

(2)建筑物的公用设施。如楼梯、电梯、走廊等。

(3)建筑物占有的基地使用权以及小区内的空地(但属于业主专有的整栋建筑物的规划占地或者城镇公共道路、绿地占地除外)。

(4)建筑区划内的道路(属于城镇公共道路的除外)。

(5)建筑区划内的绿地(属于城镇公共绿地或明示属于个人的除外)。

(6)建筑区划内的其他公共场所、公用设施和物业服务用房。

(7)占用业主共有道路或者其他场地用于停放汽车的车位。

(8)建筑物及附属设施的维修资金。

2. 共有权的行使

(1)共有部分的使用权,包括共同使用和轮流使用。

(2)收益权,依照各自的持分比例取得因公用部分产生的收益。

(3)共用部分的单纯的修缮改良权。

3. 共有权行使的限制

(1)应依共有部分本来的用途使用共用部分。

(2)不得以放弃权利为由不履行义务,即权利可以放弃,义务必须履行。

(三)共有事务管理的成员权

成员权是指建筑物区分所有权人基于一栋建筑物的构造、权利归属和使用上的密切关系而形成的作为建筑物管理团体成员之一所享有的权利和承担的义务。

1. 成员权的内容

业主的成员权(管理权)内容为:第一,业主有权设立业主大会并选举业主委员会。第二,业主有权决定区分建筑物的相关事项。

(1)管理组织。管理组织包括业主大会和业主委员会。业主大会由全体业主组成;业主委员会由业主大会选举产生的部分业主组成,是业主大会的执行机构。

(2)管理方式。对于共有事务的管理,业主可以自主管理,也可以委托(物业服务机构等)管理,受托管理人受业主的监督。对建设单位聘请的物业服务企业或者其他管理人,业主有权依法变更。

(3) 管理规则对于管理事务中涉及重要事项的,由业主共同决定,具体规则如下:① 改建、重建建筑物及其附属设施的,筹集、使用维修基金的,应当经专有部分占建筑物总面积2/3以上业主且占总人数2/3以上的业主同意。② 其他重要事项,应当经专有部分占建筑物总面积过半数的业主且占总人数过半数的业主同意。

(四) 业主权利的救济

1. 业主大会或者业主委员会作出的决定侵害了业主合法权益或者违反了法律规定的程序的,业主可以请求人民法院予以撤销,自知道或者应当知道业主大会或业主委员会作出决定之日起1年内行使。

2. 依据《物权法》第83条的规定,业主对侵害自己合法权益的行为,可以依法向人民法院提起诉讼。

3. 业主委员会或者业主在下列情况下请求确认合同或者合同相关条款无效的,人民法院应予支持:

(1) 物业服务企业将物业服务区域内的全部物业服务业务一并委托他人而签订的委托合同;

(2) 物业服务合同中免除物业服务企业责任、加重业主委员会或者业主责任、排除业主委员会或者业主要权利的条款。

[历年真题] 1. 甲、乙二人按照3:7的份额共有一辆货车,为担保丙的债务,甲、乙将货车抵押给债权人丁,但未办理抵押登记。后该货车在运输过程中将戊撞伤。对此,下列哪一选项是正确的?(2016年卷三8题)

A. 如戊免除了甲的损害赔偿责任,则应由乙承担损害赔偿责任

B. 因抵押权未登记,戊应优先于丁受偿

C. 如丁对丙的债权超过诉讼时效,仍可在2年内要求甲、乙承担担保责任

D. 如甲对丁承担了全部担保责任,则有权向乙追偿

【答案】 D

2. 北林公司是某小区业主选聘的物业服务企业。关于业主与北林公司的权利义务,下列哪一选项是正确的?(10年卷三8题)

A. 北林公司公开作出的服务承诺及制定的服务细则,不是物业服务合同的组成部分

B. 业主甲将房屋租给他人使用,约定由承租人交纳物业费,北林公司有权请求业主甲对该物业费的交纳承担连带责任

C. 业主乙拖欠半年物业服务费,北林公司要求业主委员会支付欠款,业主委员会无权拒绝

D. 业主丙出国进修两年返家,北林公司要求其补交两年的物业管理费,丙有权以两年未接受物业服务为由予以拒绝

【答案】 B

【考点】 物业服务合同

【解析】 《物业服务纠纷案件解释》第3条第2款规定:"物业服务企业公开作出的服务承诺及制定的服务细则,应当认定为物业服务合同的组成部分。"所以选项A错误。

《物业服务纠纷案件解释》第7条规定:"业主与物业的承租人、借用人或者其他物业使用

人约定由物业使用人缴纳物业费,物业服务企业请求业主承担连带责任的,人民法院应予支持。"所以选项 B 正确。

《物业服务纠纷案件解释》第 8 条第 2 款规定:"物业服务企业向业主委员会提出物业费主张的,人民法院应当告知其向拖欠物业费的业主另行主张权利。"所以选项 C 错误。

《物业服务纠纷案件解释》第 6 条规定:"经书面催交,业主无正当理由拒绝交纳或者在催告的合理期限内仍未交纳物业费,物业服务企业请求业主支付物业费的,人民法院应予支持。物业服务企业已经按照合同约定以及相关规定提供服务,业主仅以未享受或者无需接受相关物业服务为抗辩理由的,人民法院不予支持。"所以选项 D 错误。

第二节　相　邻　关　系

一、相邻关系的概念与特征

（一）概念

相邻关系是指两个或者两个以上相邻不动产的所有人或使用人,在行使占有、使用、收益、处分权利时因给对方提供必要便利而发生的权利义务关系。

相邻关系,从本质上来说是一方所有人或者使用人的财产权利的延伸,同时又是对他方所与人或者使用人的财产权利的限制。

（二）特征

1. 相邻关系发生在两个以上的不动产相邻的所有人或者使用人之间。相邻人可以是自然人,也可以是法人;可以是财产所与人,也可以是非所有人,如承包经营人、承租人等。

2. 相邻关系的客体一般不是不动产本身,而是由行使所有权或使用权所引起的和相邻人有关的经济利益或其他利益。

3. 相邻关系的发生与不动产的相邻有关。如,土地承包经营人乙不经过承包经营人甲承包的土地就不能到达自己承包的土地。甲乙之间具有相邻关系。但是如果甲、乙之间的土地一个在河北,一个在西藏,自然就不会发生通行关系。

所谓"相邻",不以不动产的直接相邻为限。例如,甲、乙两村处于同一条河流的上下游,两村虽然不直接相邻,但亦可能因用水关系而发生相邻关系,即有相邻关系适用的余地。

4. 相邻关系依据法律明文规定。

二、处理相邻关系的原则和具体规定

《物权法》第 84 条规定:"不动产的相邻权利人应当按照有利生产、方便生活、团结互助、公平合理的原则,正确处理相邻关系。"这是关于相邻关系的处理原则的规定。

《物权法》第 85 条规定:"法律、法规对处理相邻关系有规定的,依照其规定;法律、法规没有规定的,可以按照当地习惯。"根据法律规定,处理相邻关系法律、法规有规定的,依照其规定;没有规定的,可以按照当地习惯。

三、各种相邻关系

（一）相邻通行关系

《物权法》第87条规定，不动产权利人对相邻权利人因通行等必须利用其土地的，应当提供必要的便利。

通行人应当尽量避免对相邻的不动产权利人造成损害，造成损害的，应当予以赔偿。

（二）相邻管线安设关系

《物权法》第88条规定，不动产权利人因建造、修缮建筑物以及铺设电线、电缆、水管、暖气和燃气管线等必须利用相邻土地、建筑物的，该土地、建筑物的权利人应当提供必要的便利。

（三）相邻防险、排污关系

《物权法》第91条、92条规定，不动产权利人挖掘土地、建造建筑物、铺设管线以及安装设备等，不得危及相邻不动产的安全。不动产权利人因用水、排水、通行、铺设管线等利用相邻不动产的，应当尽量避免对相邻的不动产权利人造成损害；造成损害的，应当给予赔偿。

（四）相邻用水、流水、截水、排水关系

相邻人应当尊重水的自然流向，在需要改变流向并影响相邻他方用水时，应征得他方的同意，并对造成的损失予以适当补偿。

（五）相邻光照、通风、音响、震动关系

相邻人在建造建筑物时，应当与邻人的建筑物留有一定的距离，不得违反国家规定的有关工程建设的标准，以免影响邻人的通风、采光和日照。相邻各方应当注意精神文明，不得以高音、噪音、震动等妨碍邻人的工作、生活和休息。否则，邻人有权请求停止侵害。

第三节　所有权的特别取得方式

要件	（1）处分人为无权处分； （2）第三人受让该不动产或者动产时是善意的； （3）以合理的价格转让； （4）转让的不动产或者动产依照法律规定应当登记的已经登记，不需要登记的已经交付给受让人。
法律效果	（1）物权法效果：① 善意第三人取得所有权，原所有权人的所有权消灭。② 善意受让人取得动产后，该动产上的原有权利(抵押权或者质权)消灭，但善意受让人在受让时知道或者应当知道该权利的除外。 （2）债法效果。原所有权人有权向无处分权人请求赔偿损失。

（续表）

需要注意的问题		（1）关于"善意的认定"。受让人受让不动产或者动产时，不知道转让人无处分权，且无重大过失的，应当认定受让人为善意。[《物权法解释（一）》第15条] （2）对不动产认定不构成无权处分的情形：① 登记簿上存在有效的异议登记；② 预告登记有效期内，未经预告登记的权利人同意；③ 登记簿上已经记载司法机关或者行政机关依法裁定、决定查封或者以其他形式限制不动产权利的有关事项；④ 受让人知道登记簿上记载的权利主体错误；⑤ 受让人知道他人已经依法享有不动产物权。[《物权法解释（一）》第16条] （3）"受让人受让该不动产或者动产时"，是指依法完成不动产物权转移登记或者动产交付之时。 ① 当事人以物权法第25条规定的方式（简易交付）交付动产的，转让动产法律行为生效时为动产交付之时；② 当事人以物权法第26条规定的方式（指示交付）交付动产的，转让人与受让人之间有关转让返还原物请求权的协议生效时为动产交付之时。[《物权法解释（一）》第18条] （4）受让人不得主张善意取得的情形：① 转让合同因违反《合同法》第52条规定被认定无效；② 转让合同因受让人存在欺诈、胁迫或者乘人之危等法定事由被撤销。[《物权法解释（一）》第21条]
例外规定	法条依据	所有权人或者其他权利人有权追回遗失物。该遗失物通过转让被他人占有的，权利人有权向无处分权人请求损害赔偿，或者自知道或者应当知道受让人之日起2年内向受让人请求返还原物，但受让人通过拍卖或者向具有经营资格的经营者购得该遗失物的，权利人请求返还原物时应当支付受让人所付的费用。权利人向受让人支付所付费用后，有权向无处分权人追偿。
	具体	盗赃物、遗失物、漂流物、埋藏物等占有脱离物原则上不适用善意取得，权利人有权自知道或者应当知道受让人之日起2年内向受让人请求返还原物。
		若受让人通过拍卖或者向具有经营资格的经营者购得该遗失物的，权利人请求返还原物时应当支付受让人所付的费用。
		2年期间内，不发生善意取得的效果；但是2年时间经过，权利人未请求善意受让人返还的，善意受让人可以取得所有权。
	例外	占有脱离物原则上不适用善意取得，善意受让人不能取得所有权；但是占有脱离物可以善意取得留置权。这是《物权法》第107条的例外。

一、善意取得

（一）善意取得概念及法理基础

善意取得又称即时取得，无处分权人将其占有的动产或错误登记在其名下的不动产在未经权利人同意的情况下转让给受让人，如受让人取得该物时系出于善意，则受让人取得该物的所有权，原权利人丧失所有权。善意取得的前提是发生了无权处分。

之所以规定善意取得,旨在妥当处理无权处分情形下的一对矛盾:所有权之静的秩序安全的保护与善意受让人之动的交易安全的保护,经过利益衡量,在物权法领域,善意取得制度以牺牲所有权之静的安全为代价,保障财产交易之动的安全,旨在降低交易成本,鼓励交易;同时在债法领域对所有权人因此受到的损失予以救济。

(二)善意取得的构成要件

1. 标的物包括动产和不动产

(1)动产由于其可移动性较为灵活,所以其占有人非所有人的情形屡见不鲜。注意:动产需要区分占有委托物和占有脱离物。

占有委托物,是指基于权利人的意思而丧失占有的物,如租赁物、借用物,占有委托物适用善意取得。

占有脱离物,是指非基于权利人的意思而丧失占有的物,如遗失物、赃物,占有脱离物不适用善意取得。

(2)对于不动产,简言之,表现为登记错误,主要包括三种情形:① 夫妻共有房屋登记在一方名下。② 基于权利人的委托登记在另一人名下,从而发生房屋登记名实不符的。③ 基于无效交易而发生房屋登记名实不符的。转让人为无权处分人无权处分是适用善意取得的前提。

3. 以合理的价格受让

基于公平的理念,善意取得的法律行为应该具有财产交易的性质,即受让人必须付出了代价,具有有偿性。遗赠、赠与等不适用善意取得。

4. 受让人受让财产时为善意

关于"善意"的理解,要结合《物权法司法解释(一)》的相关规定进行正确理解。

依据《物权法司法解释(一)》第15条的规定,受让人受让不动产或者动产时,不知道转让人无处分权,且无重大过失的,应当认定受让人为善意。

注意:以下情形认为受让人具有重大过失:

(1)真实权利人有证据证明不动产受让人应当知道转让人无处分权的;

(2)受让人受让动产时,交易的对象、场所或者时机等不符合交易习惯的。

依据《物权法解释(一)》第16条的规定,"具有下列情形之一的,应当认定不动产受让人知道转让人无处分权:(一)登记簿上存在有效的异议登记;(二)预告登记有效期内,未经预告登记的权利人同意;(三)登记簿上已经记载司法机关或者行政机关依法裁定、决定查封或者以其他形式限制不动产权利的有关事项;(四)受让人知道登记簿上记载的权利主体错误;(五)受让人知道他人已经依法享有不动产物权。"

民法上的善意,指不知情,即在受让人与无权处分人进行民事行为的当时,受让人不知道对方对标的物无处分权。

5. 转让的财产已经完成交付或登记

(1)对于不动产,完成了登记。

(2)对于动产,完成了交付,交付包括现实交付、简易交付和指示交付,占有改定不适用善意取得。

[**历年真题**] 甲发现去年丢失的电动自行车被路人乙推行,便上前询问,乙称从朋友丙处购买,并出示了丙出具的付款收条。如甲想追回该自行车,可以提出下列哪些理由支持请

求?(2009年卷三53题)

A. 甲丢失该自行车被丙拾得
B. 丙从甲处偷了该自行车
C. 乙明知道该自行车是丙从甲处偷来的仍然购买
D. 乙向丙支付的价格远远低于市场价

【答案】 ABCD
【考点】 善意取得
【解析】 根据《物权法》第106条的规定,动产所有权的善意取得的构成要件为:(1)动产占有人实施了无权处分;(2)该动产属于占有委托物,即基于所有权人的意思取得占有(遗失物或者盗赃物等占有脱离物原则上不能善意取得);(3)受让人受让该不动产时主观上为善意;(4)受让人以合理的对价受让;(5)已经完成了交付(占有改定与指示交付不发生善意取得的效果)。可知若该自行车为遗失物或者盗赃物,则不符合善意取得的条件,甲对自行车的所有权未消灭,根据《物权法》第107条的规定:"所有权人或者其他权利人有权追回遗失物。该遗失物通过转让被他人占有的,权利人有权向无处分权人请求损害赔偿,或者自知道或者应当知道受让人之日起二年内向受让人请求返还原物"所以甲有权自知道或者应当知道受让人乙之日起2年内要求乙返还。选项A正确,选项B正确。

关于选项C。乙明知道该自行车是丙从甲处偷来的仍然购买,则乙在购买时具有恶意,不符合善意取得构成要件,乙不能取得所有权,甲作为所有权人有权请求乙返还。故选项C正确。

若乙向丙购买时,不符合以合理的价格受让这一条件,不能善意取得,甲有权请求乙返还。所以选项D正确。

(三)善意取得的法律效果

1. 物权效果

(1)善意第三人取得标的物的所有权,原权利人的所有权消灭。《物权法》第108条规定:"善意受让人取得动产后,该动产上的原有权利消灭,但善意受让人在受让时知道或者应当知道该权利的除外。"

(2)善意取得为原始取得,受让标的物上的权利负担消灭,但受让人在受让时明知道有权利负担的除外。

2. 债权效果

原权利人丧失权利后,可向无权处分人请求赔偿。《物权法》第106条第2款规定:"受让人依照前款规定取得不动产或者动产的所有权的,原所有权人有权向无处分权人请求赔偿损失。"

(四)善意取得规定适用的扩张

根据《物权法》第106条第3款,他物权也可使用善意取得,参照适用所有权善意取得的构成要件。

注意:(1)抵押权、质权的善意取得不要求具备"以合理的价格受让"这一要件。

(2)动产抵押权的成立不以登记为生效要件,所以其善意取得不以登记或交付为构成要件。

(3)因留置权为法定担保物权,其善意取得由其特别构造,不以无权处分为前提。

[历年真题] 1. 甲遗失了其为乙保管的迪亚手表,为偿还乙,甲窃取丙的美茄手表和4000元现金。甲将美茄手表交给乙,因美茄手表比迪亚手表便宜1000元,甲又从4000元中补偿乙1000元。乙不知甲的盗窃情节。乙将美茄手表赠与丁,又用该1000元的一半支付某自来水公司水费,另一半购得某商场所卖的一件衬衣。下列哪些说法是正确的?(2015年卷三61题)
    A. 丙可请求丁返还手表
    B. 丙可请求甲返还3000元、请求自来水公司和商场各返还500元
    C. 丙可请求乙返还1000元不当得利
    D. 丙可请求甲返还4000元不当得利
【答案】 AD
【考点】 金钱的属性、善意取得、不当得利
【解析】 依据《物权法》第107条的规定:"所有权人或者其他权利人有权追回遗失物。该遗失物通过转让被他人占有的,权利人有权向无处分权人请求损害赔偿,或者自知道或者应当知道受让人之日起二年内向受让人请求返还原物,但受让人通过拍卖或者向具有经营资格的经营者购得该遗失物的,权利人请求返还原物时应当支付受让人所付的费用。权利人向受让人支付所付费用后,有权向无处分权人追偿。"本题中,丙的手表被甲窃取,乙赠与给丁,丁不能善意取得手表的所有权,手表仍归丙所有。物权就有追及效力,即物在呼叫主人,作为所有权人的丙有权请求丁返还手表。故选项A正确。
    依据货币占有即所有的理论,甲窃取丙的4000元现金后甲就是该4000元的所有权人,甲将1000元现金补偿给乙属于有权处分,乙成为1000元现金的所有权人,乙不构成不当得利,丙无权请求乙返还1000元,故C选项错误。乙将1000元现金的一半支付水费,另一半购买衬衣的行为都是有权处分,自来水公司与商场不构成不当得利,丙无权请求自来水公司和商场各返还500元。故选项B错误。
    货币在直接当事人之间可构成不当得利,丙有权要求甲返还4000元的不当得利。选项D正确。
    2. 甲公司与乙公司约定,由甲公司向乙公司交付1吨药材,乙公司付款100万元。乙公司将药材转卖给丙公司,并约定由甲公司向丙公司交付,丙公司收货后3日内应向乙支付价款120万元。
    张某以自有汽车为乙公司的债权提供抵押担保,未办理抵押登记。抵押合同约定:"在丙公司不付款时,乙公司有权就出卖该汽车的价款清偿自己的债权。"李某为这笔货款出具担保函:"在丙公司不付款时,由李某承担保证责任"。丙公司收到药材后未依约向乙公司支付120万元,乙公司向张某主张实现抵押权,同时要求李某承担保证责任。
    张某见状,便将其汽车赠与刘某。刘某将该汽车作为出资,与钱某设立丁酒店有限责任公司,并办理完出资手续。
    丁公司员工方某驾驶该车接送酒店客人时,为躲避一辆逆行摩托车,将行人赵某撞伤。方某自行决定以丁公司名义将该车放在戊公司维修,为获得维修费的八折优惠,方某以其名义在与戊公司相关的庚公司为该车购买一套全新坐垫。汽车修好后,方某将车取走交丁公司投入运营。戊公司要求丁公司支付维修费,否则对汽车行使留置权,丁公司回函请宽限一周。庚公司要求丁公司支付坐垫费,丁公司拒绝。请回答第(1)—(6)题。
    (1) 关于乙公司与丙公司签订合同的效力,下列表述正确的是:(2011年卷三86题)

A. 效力待定　　　　　　　　　　B. 为甲公司设定义务的约定无效
C. 有效　　　　　　　　　　　　D. 无效

【答案】　C

【考点】　无权处分合同的效力、由第三人履行合同的效力

【解析】　无权处分是指没有处分权而处分他人或自己的财产。《合同法》第51条规定："无处分权的人处分他人财产，经权利人追认或者无处分权的人订立合同后取得处分权的，该合同有效。"不过，《买卖合同解释》第3条构成《合同法》第51条的例外。根据《买卖合同解释》第3条规定，因无权处分订立的买卖合同，无权处分本身不影响合同的效力，若无其他效力瑕疵，因无权处分订立的买卖合同有效，而非效力待定。故选项A错误，选项C正确，选项D错误。

《合同法》第65条规定："当事人约定由第三人向债权人履行债务的，第三人不履行债务或者履行债务不符合约定，债务人应当向债权人承担违约责任。"可知，合同当事人约定由合同以外的第三人向债权人履行债务的，该约定对于合同债权人与债务人发生效力，仅对第三人不产生效力，若第三人不对合同债权人履行债务或履行债务不适当，债权人不得对第三人主张违约责任，债权人只能要求债务人承担违约责任。所以，约定由第三人履行的合同对于合同当事人是有效的，只是该约定不对第三人产生效力而已。故选项B错误。

(2) 关于乙公司要求担保人承担责任，下列表述正确的是：(11年卷三87题)
A. 乙公司不得向丙公司和李某一并提起诉讼
B. 李某对乙公司享有先诉抗辩权
C. 乙公司应先向张某主张实现抵押权
D. 乙公司可以选择向张某主张实现抵押权或者向李某主张保证责任

【答案】　BD

【考点】　一般保证人的先诉抗辩权、混合担保

【解析】　《担保法》第17条第1、2款规定："当事人在保证合同中约定，债务人不能履行债务时，由保证人承担保证责任的，为一般保证。一般保证的保证人在主合同纠纷未经审判或者仲裁，并就债务人财产依法强制执行仍不能履行债务前，对债权人可以拒绝承担保证责任。"该条规定了一般保证人的先诉抗辩权。本题中，李某的担保函指明"在丙公司不付款时，由李某承担保证责任"，可知李某的保证方式为一般保证，李某对债权人乙公司享有先诉抗辩权。所以选项B正确。

《担保法解释》第125条规定："一般保证的债权人向债务人和保证人一并提起诉讼的，人民法院可以将债务人和保证人列为共同被告参加诉讼。但是，应当在判决书中明确在对债务人财产依法强制执行后仍不能履行债务时，由保证人承担保证责任。"可见，虽然一般保证人享有先诉抗辩权，但是债务人不履行到期债务时，债权人可以将债务人与一般保证人列为共同被告起诉。所以选项A错误。

《物权法》第176条规定："被担保的债权既有物的担保又有人的担保的，债务人不履行到期债务或者发生当事人约定的实现担保物权的情形，债权人应当按照约定实现债权；没有约定或者约定不明确，债务人自己提供物的担保的，债权人应当先就该物的担保实现债权；第三人提供物的担保的，债权人可以就物的担保实现债权，也可以要求保证人承担保证责任。提供担保的第三人承担担保责任后，有权向债务人追偿。"本题中，为了担保丙公司对乙公司的债务，

第三人张某以自有汽车设立抵押权,提供物的担保;李某提供保证,对债权人乙公司行使权利的顺序与份额没有约定,当债务人丙不履行到期债务时,乙公司既可以就张某的汽车行使抵押权,也可以要求李某承担保证责任。故选项 C 错误,选项 D 正确。

(3) 在刘某办理出资手续后,关于汽车所有权人,下列选项正确的是:(2011 年卷三 88 题)

A. 乙公司　　　　B. 张某　　　　C. 刘某　　　　D. 丁公司

【答案】　D

【考点】　抵押物的转让、动产所有权的善意取得

【解析】　《物权法》第 191 条第 2 款规定:"抵押期间,抵押人未经抵押权人同意,不得转让抵押财产,但受让人代为清偿债务消灭抵押权的除外。"据此,在抵押期间,抵押人张某未经抵押权人乙公司同意,将汽车赠给刘某的行为属于无权处分,同时由于赠与不发生善意取得的效果,故该赠与不能发生所有权移转的效果,刘某并未取得该汽车的所有权。

刘某将自己不享有所有权的汽车作为出资设立丁公司,也是无权处分,但因丁公司符合《物权法》第 106 条规定的动产所有权善意取得的构成要件,丁公司已经善意取得该汽车的所有权。所以本题的正确答案是选项 D。

(4) 关于对赵某的损害应承担侵权责任的主体,下列选项正确的是:(2011 年卷三 89 题)

A. 方某　　　　B. 钱某和刘某　　　　C. 丁公司　　　　D. 摩托车主

【答案】　D

【考点】　机动车道路交通事故责任、紧急避险

【解析】　《侵权责任法》第 31 条规定:"因紧急避险造成损害的,由引起险情发生的人承担责任。如果危险是由自然原因引起的,紧急避险人不承担责任或者给予适当补偿。紧急避险采取措施不当或者超过必要的限度,造成不应有的损害,紧急避险人应当承担适当的责任。"本题中,丁公司员工方某驾驶该车接送酒店客人时,为躲避一辆逆行摩托车,将行人赵某撞伤,方某的行为构成紧急避险,且无避险不当,所以对赵某的损害应承担侵权责任应全部由引起险情发生的摩托车车主承担。所有本题答案为选项 D。

(5) 关于汽车维修合同,下列表述正确的是:(2011 年卷三 90 题)

A. 方某构成无因管理　　　　B. 方某构成无权代理
C. 方某构成无权处分　　　　D. 方某构成表见代理

【答案】　AB

【考点】　无因管理、无权处分与无权代理的区分、表见代理

【解析】　根据《民法通则》第 93 条的规定,无因管理的构成要件有三个:(1) 管理他人事务;(2) 具有管理意思,即管理人认识其所管理的系他人事务,并欲使管理事务所产生的利益归于他人;(3) 管理人对于管理他人事务无法定义务或约定义务。本题中,方某对于车辆没有维修义务和职责,其将该车放在戊公司维修的行为构成无因管理。所以选项 A 正确。

方某自行决定以丁公司名义将该车放在戊公司维修,丁公司并未授予方某对外订立汽车修理合同的代理权。所以方某擅自以丁公司的名义与戊公司订立的维修合同的行为构成无权代理,该汽车修理合同属于效力待定的合同。故选项 B 正确。

无权处分,指无处分权人以自己的名义订立的旨在发生物权变动的合同。本题中的维修合同只是对车进行维修,并非处分行为,所以不构成无权处分,选项 C 错误。根据《合同法》第

49条规定,表见代理的构成要件有四:(1)行为人实施了无权代理行为;(2)具有使相对人相信行为人具有代理权的事实和理由;(3)相对人主观上系善意且无过失;(4)被代理人的行为与权利外观的形成具有牵连性。方某实施的无权代理没有能使相对人相信行为人具有代理权的事实和理由,所以选项D错误。

(6)关于坐垫费和维修费,下列表述正确的是:(2011年卷三91题)
A. 方某应向庚公司支付坐垫费
B. 丁公司应向庚公司支付坐垫费
C. 丁公司应向戊公司支付维修费
D. 戊公司有权将汽车留置

【答案】 AC
【考点】 无因管理、效力待定合同的追认、留置权的消灭
【解析】 坐垫的购买合同是方某以自己的名义订立的,方某是合同的当事人,根据合同的相对性,应由方某自己承担支付坐垫费的义务。故选项A正确,选项B错误。

《合同法解释(二)》第12条规定:"无权代理人以被代理人的名义订立合同,被代理人已经开始履行合同义务的,视为对合同的追认。"其规范意旨是,因无权代理的合同为效力待定的合同,被代理人追认的,合同自始生效。被代理人的追认既可以采用明示的方式,也可采用默示的方式。当戊公司要求丁公司支付维修费时,丁公司回函请宽限一周,以推定的方式对维修合同予以了追认,该汽车维修合同已经生效。故选项C正确。

《物权法》第240条规定:"留置权人对留置财产丧失占有或者留置权人接受债务人另行提供担保的,留置权消灭。"据此,留置权成立以后,若留置权人自愿将留置的动产交付给债务人的,留置权消灭;或者留置的动产被他人侵占后,留置权人未在侵占之日起1年内回复占有的,留置权消灭。本题中,汽车修好后,方某将车取走交丁公司投入运营,戊公司已经自愿将汽车的占有移转给了债务人丁公司,戊公司对汽车的留置权已经消灭。故选项D错误。

3. 甲有一块价值一万元的玉石。甲与乙订立了买卖该玉石的合同,约定价金11 000元。由于乙没有带钱,甲未将该玉石交付与乙,约定三日后乙到甲的住处付钱取玉石。随后甲又向乙提出,再借用玉石把玩几天,乙表示同意。隔天,知情的丙找到甲,提出愿以12 000元购买该玉石,甲同意并当场将玉石交给丙。丙在回家路上遇到债主丁,向丙催要9 000元欠款甚急,丙无奈,将玉石交付予丁抵偿债务。后丁将玉石丢失被戊拾得,戊将其转卖给己。根据上述事实,请回答下列(1)—(3)题。(2009年卷三91—93题)

(1)关于乙对该玉石所有权的取得和交付的表述,下列选项正确的是:
A. 甲、乙的买卖合同生效时,乙直接取得该玉石的所有权
B. 甲、乙的借用约定生效时,乙取得该玉石的所有权
C. 由于甲未将玉石交付乙,所以乙一直未取得该玉石的所有权
D. 甲通过占有改定的方式将玉石交付给了乙

【答案】 BD
【考点】 基于法律行为的动产物权变动、交付
【解析】 《物权法》第23条规定:"动产物权的设立和转让,自交付时发生效力,但法律另有规定的除外。"据此,基于法律行为的动产物权变动,除非法律另有规定,若未完成交付,不发生动产物权变动。交付是动产物权变动的生效要件。交付有四种方式(现实交付、简易交付、指示交付、占有改定),在买卖合同中采取任何一种交付方式都可以导致动产所有权的移转。动产买卖合同中,如果买受人于订立买卖合同之前已经直接占有该动产,买卖合同生效

之时,买受人即取得该动产的所有权,这种取得动产所有权的交付方式称为简易交付。《物权法》第 25 条规定:"动产物权设立和转让前,权利人已经依法占有该动产的,物权自法律行为生效时发生效力。"这就是关于简易交付的规定。甲、乙并未采用简易交付,故选项 A 错误。

《物权法》第 27 条规定:"动产物权转让时,双方又约定由出让人继续占有该动产的,物权自该约定生效时发生效力。"这是关于占有改定的规定。占有改定包含两个约定,第一个约定是动产所有权移转的约定,第二个约定是出让人与受让人之间成立委托、保管、租赁、承揽、借用等合同关系,受让人基于该合同关系取得动产的间接占有,以代替现实交付。本题中,甲向乙提出借用玉石把玩儿天,乙表示同意,借用约定生效,此时双方已经以占有改定的方式完成了交付,乙自此时取得玉石所有权。而买卖合同生效之时,乙并未取得该玉石的所有权,所以选项 B、D 正确,而选项 A、C 错误。

(2)关于丙、丁对该玉石所有权的取得问题,下列说法正确的是:
A. 甲将玉石交付给丙时,丙取得该玉石的所有权
B. 甲、丙的买卖合同成立时,丙取得该玉石的所有权
C. 丙将玉石交给丁时,丁取得该玉石的所有权
D. 丁不能取得该玉石的所有权

【答案】 C
【考点】 善意取得
【解析】 根据《物权法》第 106 条的规定,动产所有权善意取得的构成要件为:(1)动产占有人实施无权处分;(2)标的物须为占有委托物(盗赃、遗失物、漂流物、埋藏物等为占有脱离物,原则上不能善意取得);(3)受让人受让动产时主观上为善意;(4)约定以合理的价格受让;(5)已经完成了交付(占有改定与指示交付不发生善意取得的效果)。从上题分析中可知乙已经取得了玉石的所有权,甲再将玉石出卖给丙构成无权处分,但因丙主观上是恶意的,丙不能善意取得该玉石的所有权。所以选项 A 错误,选项 B 错误。

丙将玉石交给丁,是无权处分行为,丙、丁之间成立代物清偿协议,丁因善意以合理的价格从丙处取得玉石,符合动产所有权善意取得的构成要件,丁能够善意取得该玉石的所有权。所以选项 C 正确,选项 D 错误。

(3)关于该玉石的返还问题,下列说法正确的是:
A. 戊已取得了该玉石的所有权,原所有权人无权请求返还该玉石
B. 该玉石的真正所有权人请求已返还该玉石不受时间限制
C. 该玉石的真正所有权人可以在戊与己的转让行为生效之日起两年内请求己返还该玉石
D. 该玉石的真正所有权人可以在知道或者应当知道该玉石的受让人己之日起两年内请求己返还该玉石

【答案】 D
【考点】 善意取得
【解析】 《物权法》第 107 条规定:"所有权人或者其他权利人有权追回遗失物。该遗失物通过转让被他人占有的,权利人有权向无处分权人请求损害赔偿,或者自知道或者应当知道受让人之日起二年内向受让人请求返还原物,但受让人通过拍卖或者向具有经营资格的经营者购得该遗失物的,权利人请求返还原物时应当支付受让人所付的费用。权利人向受让人支

付所付费用后,有权向无处分权人追偿。"可知对于遗失物,不能善意取得,所有权人有权追回。本题中,丁将玉石丢失被戊拾得,戊将其转卖给己。因为玉石为遗失物,原则上不发生善意取得,丁有权自知道或者应当知道受让人己之日起两年内请求己返还。所以本题的正确答案是选项 D。

(五)善意取得制度适用的限制

占有脱离物原则上不适用善意取得制度,《物权法》第 107 条规定,所有权人或者其他权利人有权追回遗失物。该遗失物通过转让被他人占有的,权利人有权向无处分权人请求损害赔偿,或者自知道或者应当知道受让人之日起 2 年内向受让人请求返还原物,但受让人通过拍卖或者向具有经营资格的经营者购得该遗失物的,权利人请求返还原物时应当支付受让人所付的费用。权利人向受让人支付所付费用后,有权向无处分权人追偿。

(1)占有人对占有脱离物实施无权处分的,原则上善意的受让人不能善意取得,权利人有权自知道或者应当知道受让人之日起 2 年内向受让人请求返还原物。

(2)如果善意受让人是通过拍卖或者向具有经营资格的经营者处购买的,善意受让人有权请求权利人支付自己支付的价款,权利人拒绝支付的,无权请求善意受让人返还原物。

(3)2 年期限届满,权利人未请求善意受让人返还的,善意受让人可以善意取得物权。

(4)只要在 2 年期间内,占有脱离物不论辗转多少手,均不会发生善意取得的效果。

二、拾得遗失物

(一)拾得遗失物的概念与构成要件

1. 概念遗失物指非基于遗失人的意志而暂时丧失占有的物,可见遗失物并非无主财产。
2 构成要件

(1)须为他人之物(有主物)。

(2)须为动产,不动产不会构成遗失物。

(3)须为非隐藏物。

(4)遗失人对于物的占有的丧失须非基于自己的意思(否则应属抛弃物)。

(5)须有拾得行为。只发现而不占有,不能构成拾得。拾得遗失物属于法律事实中的事实行为,因此不以拾得人有行为能力为构成要件。

(二)拾得遗失物的效力

1. 拾得人的义务

(1)向失主返还遗失物即孳息。

(2)拾得人应当及时通知权利人领取,或者送交公安等有关部门。

(3)拾得人在遗失物送交有关部门前,应妥善保管遗失物。拾得人若因一般过失致使遗失物毁损、灭失的,不承担赔偿责任;因故意或重大过失致使遗失物毁损、灭失的,应当承担赔偿责任。

2. 拾得人的权利

(1)必要费用偿还请求权。拾得人为保管遗失物所支出的保管费、维修费、饲养费、登报费等,可以向领取人主张返还。

(2)报酬请求权只有在权利人悬赏寻找遗失物时,拾得人才享有报酬请求权。

(3)行使留置权如果权利人不支付必要费用,拾得人有权留置遗失物。

注意:如果拾得人恶意侵占遗失物的,则不得主张上述三项权利(遗失物所遵循的法理基础是无因管理)。

(三) 遗失物的归属

(1) 正常情况下,由权利人领回。

(2) 遗失物自发布招领公告之日起6个月内无人认领的,归国家所有,不认定为无主物。《物权法》第113条规定,遗失物自发布招领公告之日起6个月内无人认领的,归国家所有。

(四) 参照适用拾得遗失物规则的情形

根据《物权法》第114条规定,拾得漂流物、发现埋藏物、发现隐藏物、拾得失散的饲养的动物的,参照拾得遗失物的有关规定。

[历年真题] 1. 甲将一套房屋转让给乙,乙再转让给丙,相继办理了房屋过户登记。丙翻建房屋时在地下挖出一瓷瓶,经查为甲的祖父埋藏,甲是其祖父唯一的继承人。丙将该瓷瓶以市价卖给不知情的丁,双方钱物交割完毕。现甲、乙均向丙和丁主张权利。下列哪一选项是正确的?(2015年卷三6题)

A. 甲有权向丙请求损害赔偿 B. 乙有权向丙请求损害赔偿
C. 甲、乙有权主张丙、丁买卖无效 D. 丁善意取得瓷瓶的所有权

【答案】 A
【考点】 埋藏物
【解析】 依据《物权法》第114条的规定:"拾得漂流物、发现埋藏物或者隐藏物的,参照拾得遗失物的有关规定。文物保护法等法律另有规定的,依照其规定。"依据《物权法》第109条的规定:"拾得遗失物,应当返还权利人。拾得人应当及时通知权利人领取,或者送交公安等有关部门。"所以对于埋藏物能够确定权利人的,该埋藏物属于权利人所有。故本题,该瓷瓶属于埋藏物,是甲的祖父埋藏,甲是唯一继承人,故该瓷瓶就归甲所有。所有权人甲有权向丙请求损害赔偿,选项A正确,选项B、C错误。依据《物权法》第107条的规定:"所有权人或者其他权利人有权追回遗失物。该遗失物通过转让被他人占有的,权利人有权向无处分权人请求损害赔偿,或者自知道或者应当知道受让人之日起二年内向受让人请求返还原物,但受让人通过拍卖或者向具有经营资格的经营者购得该遗失物的,权利人请求返还原物时应当支付受让人所付的费用。权利人向受让人支付所付费用后,有权向无处分权人追偿。"埋藏物不适用善意取得制度,故选项D错误。

2. 方某将一行李遗忘在出租车上,立即发布寻物启事,言明愿以2000元现金酬谢返还行李者。出租车司机李某发现该行李及获悉寻物启事后即与方某联系。现方某拒绝支付2000元给李某。下列哪一表述是正确的?(2013年卷三13题)

A. 方某享有所有物返还请求权,李某有义务返还该行李,故方某可不支付2000元酬金
B. 如果方某不支付2000元酬金,李某可行使留置权拒绝返还该行李
C. 如果方某未曾发布寻物启事,则其可不支付任何报酬或费用
D. 既然方某发布了寻物启事,则其必须支付酬金

【答案】 D
【考点】 拾得遗失物的返还、领取悬赏
【解析】 《物权法》第109条规定:"拾得遗失物,应当返还权利人。"该法第112条第2款规定:"权利人悬赏寻找遗失物,领取遗失物时应当按照承诺履行义务。"可知,李某拾得方

某遗失的行李,应当返还,方某悬赏寻找遗失物,应当按承诺支付悬赏金额。所以选项 A 错误,选项 D 正确。

《物权法》第 230 条第 1 款规定:"债务人不履行到期债务,债权人可以留置已经合法占有的债务人的动产,并有权就该动产优先受偿。"据此可知,留置的动产必须是债权人已经"合法占有"的动产,本题中,出租车司机李某拾得方某的行李应当返还,否则构成不当得利,则李某对遗失物的占有不属于合法占有,而是非法占有,因此不能留置。选项 B 错误。

《物权法》第 112 条第 1 款规定:"权利人领取遗失物时,应当向拾得人或者有关部门支付保管遗失物等支出的必要费用。"所以即使方某没有悬赏,也应当依法向李某支付必要的费用,选项 C 错误。

3. 一日清晨,甲发现一头牛趴在自家门前,便将其拴在自家院内,打探失主未果。时值春耕,甲用该牛耕种自家田地。期间该牛因劳累过度得病,甲花费 300 元将其治好。两年后,牛的主人乙寻牛来到甲处,要求甲返还,甲拒绝返还。下列哪一说法是正确的?(2009 年卷三 13 题)

A. 甲应返还牛,但有权要求乙支付 300 元
B. 甲应返还牛,但无权要求乙支付 300 元
C. 甲不应返还牛,但乙有权要求甲赔偿损失
D. 甲不应返还牛,无权要求乙支付 300 元

【答案】　B
【考点】　拾得遗失物
【解析】　《物权法》第 109 条规定:"拾得遗失物,应当返还权利人。拾得人应当及时通知权利人领取,或者送交公安等有关部门。"乙的牛丢失,被甲拾得,乙作为所有权人,有权请求拾得人返还。此外,根据民法理论,返还原物请求权属于物上请求权,不适用诉讼时效。另《物权法》第 112 条第 1 款规定:"权利人领取遗失物时,应当向拾得人或者有关部门支付保管遗失物等支出的必要费用。"本题中,该牛因为给甲耕田劳累过度而生病,甲花费的 300 元治病费用不属于"为保管遗失物等支出的必要费用",所以不得请求乙补偿。本题答案为选项 B。

三、添附

添附是不同所有人之物结合、混合在一起或者不同人的劳力与物结合在一起而形成一种新物的法律状态。添附包括附合、混合与加工三种形式。添附是能够导致所有权变动的法律事实之一。

（一）附合

附合是指不同所有人的物结合在一起而形成新物。因附合而形成的新物,称之为附合物。附合的具体情形包括:① 动产与不动产的附合;② 动产与动产的附合。

种类	构成要件	法律效果
动产与动产	（1）动产与动产相结合，自外观上尚能区分二者。 （2）不经毁坏不能分离或者分离所需费用过于巨大。 （3）动产为不同的人所有。	（1）原则上原动产所有人按照附合时各自动产的价值按份共有附合物的所有权。 （2）如果附合的动产中，有可视为主物的，则由该主物的所有权人取得附合物的所有权，另一动产的所有权因此消灭。
动产与不动产	（1）动产附合于不动产之上，二者尚能自外观上予以辨认。 （2）动产成为不动产的重要成分，即非经毁损或变更其性质不能分离。 （3）动产与不动产属于不同的人所有。	（1）动产所有权因附合而消灭。 （2）不动产所有权人取得附合物的所有权。

（二）混合 混合是指不同所有人的动产互相混杂在一起而成为新物。

1. 混合的构成要件

（1）动产与动产混合，即发生混合的各物都是动产。

（2）混合后不能识别原物或者识别所需费用较大。

（3）被混合的动产属于不同的所有人。

2. 法律效果

（1）各动产所有人原则上按照混合时各自原物的价值共有混合物的所有权。

（2）被混合的动产有可被视为主物的，由该主物的所有人取得混合物的所有权。

（三）加工 加工是指对他人的动产进行制作、改造，使之形成一种具有更高价值的新物。

1. 加工的而构成要件

（1）加工的标的物须为动产；

（2）加工的标的物须为他人所有；

（3）须因加工而制成了新物或使原物的价值发生了较大的或巨额的增加。

2. 法律效果

（1）原则上，加工物的所有权归原材料的所有人；

（2）如果因所增加的价值明显超过了原材料的价值，加工物的所有权归加工人，但加工人具有恶意的除外；

（3）前述规则不适用加工承揽合同，在加工承揽合同中，双方已约定了所有权的归属。

四、先占

（一）构成要件

（1）先占的客体为无主动产；

（2）先占人有以为自己所有而占有的意思；

（3）先占不得违反法律、法规的禁止性规定，且不与他人依法享有的合法占有相冲突。

(二) 法律效果

先占人通过先占方式取得无主动产的所有权,即先占人原始取得无主动产所有权。

[历年真题] 潘某与刘某相约出游,潘某在长江边拾得一块奇石,爱不释手,拟带回家。刘某说,《物权法》规定河流属于国家所有,这一行为可能属于侵占国家财产。关于潘某能否取得奇石的所有权,下列哪一说法是正确的?(2011年卷三9题)

A. 不能,因为石头是河流的成分,长江属于国家所有,石头从河中分离后仍然属于国家财产
B. 可以,因为即使长江属于国家所有,但石头是独立物,经有关部门许可即可取得其所有权
C. 不能,因为即使石头是独立物,但长江属于国家所有,石头也属于国家财产
D. 可以,因为即使长江属于国家所有,但石头是独立物、无主物,依先占的习惯可以取得其所有权

【答案】 D
【考点】 物的成分、独立物、国家所有权、先占
【解析】 《物权法》第46条规定:"矿藏、水流、海域属于国家所有。"但潘某在长江边上拾得的奇石并不是水流的组成部分,因此属于独立物。对于该独力物的归属,法律没有明确的规定,所以属于无主物,适用先占的规则,由潘某取得其所有权。所以选项A、C错误,选项D正确。奇石属于无主物,不存在"经有关部门许可"的问题。所以本题答案为选项D。

第四章 共 有

一、共有的概念和特征

(一) 概念

共有是两个以上的人(公民或法人)对同一财产享有所有权。《物权法》第93条规定:"不动产或者动产可以由两个以上单位、个人共有。共有包括按份共有和共同共有。"

(二) 特征

(1) 共有的主体不是单一的,而是两个以上的公民、法人。
(2) 共有的客体是特定的独立物。
(3) 共有人对共有物按照各自的份额或者平等地享有权利。

二、共有的类型

类型	概念	特征
按份共有	二人以上按照各自确定的份额对共有物享有权利和承担义务的共有关系。	(1) 按份共有中的份额是抽象的,是所有权的份额,而不是共有物的份额。 (2) 共有人的应有份额抽象地及于共有物的整体,而非具体地及于共有物的部分。 (3) 按份共有人对其份额享有独立的所有权,有权转让、抵押自己共有的份额(无须其他共有人同意)。

(续表)

类型	概念	特征
共同共有	二人以上根据共同关系对共有物不分份额地共同享有权利并承担义务的共有关系。	(1) 须有家庭、夫妻等共同关系; (2) 共有人不分份额地分享一个所有权。

三、共有的认定

一般认为,共同共有只能基于共同关系而生,所以《物权法》第103条规定:"共有人对共有的不动产或者动产没有约定为按份共有或者共同共有,或者约定不明确的,除共有人具有家庭关系等外,视为按份共有。"

即原则上认定为按份共有,但以下四种情形视为共同共有:
(1) 夫妻共同共有。
(2) 家庭共同共有。
(3) 遗产分割前,继承人对遗产的共同共有。
(4) 被宣告无效或被撤销的婚姻,当事人同居期间所得的财产,按共同共有处理。但有证据证明为当事人一方所有的除外。

四、按份共有与共同共有

按份共有	份额的确定	(1) 有约定,按约定。 (2) 没有约定或者约定不明确的,按照出资额确定;不能确定出资额的,视为等额。
	内部关系	(1) 收益。各共有人依其份额对共有物进行占有、使用、收益,这种权利的行使及于共有物的全部。 (2) 处分。对共有物的处分,包括事实上的处分(如改变物的形状、毁坏等)以及法律上的处分(如出租、互易、赠与等)。 ① 处分共有物,应当经占份额2/3以上的按份共有人的同意。 ② 若共有人中的一人或者数人擅自处分共有物的,构成无权处分;第三人为有偿、善意的,依照善意取得制度取得所有权,其他共有人可以追究擅自处分共有人的侵权责任。 (3) 重大修缮。对于重大修缮行为,应取得2/3以上份额的共有人的同意。 (4) 管理。共有人按照约定管理共有物,没有明确约定的,各共有人都有管理的权利与义务。 (5) 转让共有份额。如无相反约定,按份共有人在共有期间即可以随时提出分出、转让份额。 共有人转让共有份额时,其他共有人在同等条件下享有优先购买权。 注意:(1) 优先权的例外:① 共有份额的权利主体因继承、赠与等原因发生变化时,其他按份共有人不享有优先购买权。《物权法司法解释(一)》第9条共有份额的权利主体因继承、遗赠等原因发生变化时,其他按份共有人主张优先购买的,不予支持,但按份共有人之间另有约定的除外。② 按份共有人之间转让共有份额,除按份共有人之间另有约定的,其他按份共有人不享有优先购买权。[《物权法解释(一)》第13条]

(续表)

按份共有	内部关系	(2)"同等条件"的理解。"同等条件"应当综合共有份额的转让价格、价款履行方式及期限等因素确定。若两个以上的按份共有人主张优先购买的,可以进行协商,协商不成的按照转让时各自份额比例行使优先购买权。[《物权法解释(一)》第10条、第14条] (3)优先购买权行使期间的确定。① 按份共有人之间,有约定的依约定;② 没有约定或者约定不明确的,按下列情形确定:(a) 转让人向其他按份共有人发出的包含同等条件内容的通知中载明行使期间的,以该期间为准;(b) 通知中未载明行使期间,或者载明的期间短于通知送达之日起15日的,为15日;(c) 转让人未通知的,为其他按份共有人知道或者应当知道最终确定的同等条件之日起15日;(d) 转让人未通知,且无法确定其他按份共有人知道或者应当知道最终确定的同等条件的,为共有份额权属转移之日起6个月。[《物权法解释(一)》第11条] (4)按份共有人向共有人之外的他人转让份额的,其他按份共有人在同等条件下享有优先购买权。具有下列情形的,其他按份共有人不享有优先购买权:① 未在本解释第11条规定的期间内主张优先购买,或者虽主张优先购买,但提出减少转让价款、增加转让人负担等实质性变更要求;② 以其优先购买权受到侵害为由,仅请求撤销共有份额转让合同或者认定该合同无效。[《物权法解释(一)》第12条]
	外部关系	(1)共有人对第三人的权利。共有人享有连带债权,但法律另有规定或者第三人知道共有人不具有连带债权关系的除外。 (2)共有人对第三人的义务。共有人承担连带债务,但法律另有规定或者第三人知道共有人不具有连带债务关系的除外。 (3)共有人内部关系。除共有人另有约定外,按份共有人按照份额享有债权、承担债务。超过自己应担份额的,有权向其他共有人追偿。
	共有物分割	(1)共有人之间明确约定共有期间不得分割份额的,依其约定;但有重大理由需要分割的,仍可以请求分割。 (2)如共有人没有约定不得分割的,可随时请来分割。 (3)分割方式:① 协议确定分割方式;② 达不成协议的,实物分割;③ 无法实物分割的,变价或者作价分割。 (4)分割后的瑕疵担保责任。共有物分割后,各共有人相互之间承担与买卖合同中出卖人相同的瑕疵担保责任,即共有人分割所得的不动产或者动产有瑕疵的,其他共有人应当分担损失。
共同共有	认定	共有人对共有的不动产或者动产没有约定为按份共有或者共同共有,或者约定不明确的,除共有人具有家庭关系等外,视为按份共有。以下情形属于共同共有:(1) 夫妻关系(夫妻共同共有财产); (2) 家庭成员关系(家庭共同共有财产); (3) 遗产开始分割之前,继承人对遗产的共同共有。

(续表)

共同共有	内部关系	(1) 收益。由全体共有人共同享有。 (2) 管理。各共有人均可为之。 (3) 重大修缮。应取得全体共同共有人的同意。 (4) 处分。① 处分共有物的,应经全体共有人的同意;若部分共有人擅自处分的,构成无权处分,若符合善意取得制度的,第三人可善意取得所有权。② 夫妻处分共同财产的,有相互代理权。夫或妻对夫妻共同所有的财产,有平等的处理权。具体包括:因日常生活需要而为的处分(任何一方都可单独决定)以及非因日常生活需要而为的处分行为(夫妻应平等协商取得一致意见)。
	外部关系	(1) 在对外关系上,共有人享有连带债权、承担连带债务,但法律另有规定或者第三人知道共有人不具有连带债权关系的除外。 (2) 共有人内部关系。除共有人另有约定外,共同共有人共同享有债权、承担债务。
	共有物分割	(1) 共有人明确约定不得分割共有物的,依其约定;但共有人有重大理由需要分割的,仍可以请求分割。 (2) 共有人没有约定不得分割的,共同共有人在下列两种情形下可以请求分割:① 共有的基础丧失的;② 有重大理由需要分割的。具体包括:(a) 一方有隐藏、转移、变卖、毁损、挥霍夫妻共同财产或者伪造夫妻共同债务等严重损害夫妻共同财产利益行为的;(b) 一方负有法定扶养义务的人患有重大疾病需要医治,另一方不同意支付相关医疗费用的。 (3) 分割方式同按份共有。

(一) 按份共有的内部关系

1. 收益

对于按份共有物的占有、使用、收益,各共有人依约定的各自份额行使;份额约定不明确的,按照出资额确定;不能确定出资额的,视为等额享有。(《物权法》第 104 条)

2. 管理

共有人按照约定管理共有物;没有明确约定的,各个共有人都有管理的权利和义务。

3. 重大修缮对重大修缮行为,须取得 2/3 以上份额的共有人的同意,方可为之。

4. 处分共有物处分,包括法律上的处分,如抛弃、买卖、赠与、设立抵押或质押等行为;也包括事实上的处分,如消费、毁灭等。

(1) 这种处分必须取得 2/3 以上份额的共有人的同意,方可为之,任何其中一个或几个共有人不得擅自处分。

(2) 若其中一个或几个共有人擅自处分的,构成无权处分行为,若第三人为有偿、善意的,则第三人善意取得该物的所有权,其他共有人可追究擅自处分人的侵权行为。

5. 分割共有物

(1) 若共有人明确约定共有期间不得分割共有物,从之;但是,共有人有重大理由需要分割的,仍然可以请求分割。

(2) 若共有人没有约定不得分割的,按份共有人可以随时请求分割。

(3) 共有人可以协议约定分割的方式;达不成协议的,原则上进行实物分割;难以实物分割或者实物分割会减损价值的,再采用变价分割或作价分割。

6. 转让共有份额

只要没有相反约定,按份共有人在共有期间可以随时提出分割、转让、抛弃份额。共有人转让份额时,其他共有人有优先购买权。

[历年真题] 1. 红光、金辉、绿叶和彩虹公司分别出资 50 万、20 万、20 万、10 万元建造一栋楼房,约定建成后按投资比例使用,但对楼房管理和所有权归属未作约定。对此,下列哪一说法是错误的?(2010 年卷三 7 题)

A. 该楼发生的管理费用应按投资比例承担

B. 该楼所有权为按份共有

C. 红光公司投资占 50%,有权决定该楼的重大修缮事宜

D. 彩虹公司对其享有的份额有权转让

【答案】 C

【考点】 共有

【解析】 关于选项 A、B。《物权法》第 103 条规定:"共有人对共有的不动产或者动产没有约定为按份共有或者共同共有,或者约定不明确的,除共有人具有家庭关系等外,视为按份共有。"本题中四家公司对共有的类型没有约定,他们之间不具有家庭关系,所以应视为按份共有。另根据《物权法》第 98 条的规定:"对共有物的管理费用以及其他负担,有约定的,按照约定;没有约定或者约定不明确的,按份共有人按照其份额负担,共同共有人共同负担。"对于份额的确定,《物权法》第 104 条规定:"按份共有人对共有的不动产或者动产享有的份额,没有约定或者约定不明确的,按照出资额确定;不能确定出资额的,视为等额享有。"可知,该楼发生的管理费用应按投资比例来确定,所以选项 A 说法正确,不当选;选项 B 说法正确,不当选。

关于选项 C。《物权法》第 97 条规定:"处分共有的不动产或者动产以及对共有的不动产或者动产作重大修缮的,应当经占份额三分之二以上的按份共有人或者全体共同共有人同意,但共有人之间另有约定的除外。"题中没有说四家公司另有规定,所以红光公司的份额仅占50%,没有达到三分之二,无权决定该楼的重大修缮事宜。所以选项 C 说法错误,当选。

关于选项 D,《物权法》第 101 条规定:"按份共有人可以转让其享有的不动产或者动产份额。其他共有人在同等条件下享有优先购买的权利。"所以选项 D 说话正确,不当选。

2. 甲、乙、丙、丁共有 1 套房屋,各占 1/4,对共有房屋的管理没有进行约定。甲、乙、丙未经丁同意,以全体共有人的名义将该房屋出租给戊。关于甲、乙、丙上述行为对丁的效力的依据,下列哪一表述是正确的?(2012 年卷三 6 题)

A. 有效,出租属于对共有物的管理,各共有人都有管理的权利

B. 有效,对共有物的处分应当经占共有份额 2/3 以上的共有人的同意,出租行为较处分为轻,当然可以为之

C. 无效,对共有物的出租属于处分,应当经全体共有人的同意

D. 有效,出租是以利用的方法增加物的收益,可以视为改良行为,经占共有份额 2/3 以上的共有人的同意即可

【答案】　B
【考点】　共有物的管理
【解析】　关于选项A。《物权法》第96条规定："共有人按照约定管理共有的不动产或者动产;没有约定或者约定不明确的,各共有人都有管理的权利和义务。"注意,这里的管理共有的不动产或者动产,是指以防止共有物的灭失、损毁或者权利丧失、限制等为目的,而维持现状的行为,又称为共有物的保存,共有物的保存对全体共有人都有好处,不会损害其他共有人的利益,所以物权法规定各共有人都有管理的权利,而共有物的出租需要由共有人决定共有物的使用、收益等内容,并非简单的共有物的管理行为,因此不适用《物权法》第96条的规定,选项A错误。

关于选项B、C。《物权法》第97条规定："处分共有的不动产或者动产以及对共有的不动产或者动产作重大修缮的,应当经占份额三分之二以上的按份共有人或者全体共同共有人同意,但共有人之间另有约定的除外。"本题中,甲、乙、丙、丁对房屋为按份共有,份额均为1/4。但根据学理上的分类,出租属于负担行为,不属于处分行为。按照举重以明轻的原则,出租行为较处分行为为轻,既然在按份共有中占份额2/3以上的按份共有人对共有物实施的处分行为有效,2/3以上的按份共有人对共有物实施的出租行为也有效,所以选项B正确,选项C错误。

关于选项D。改良行为,指在不改变共有物的性质的前提下,对共有物进行加工、修理,以增加其效用或者价值行为,比如对房屋重大修缮。而出租属于对共有物的利用,而非改良行为。所以选项D错误。

(二) 共同共有的内部关系

1. 收益

共同共有物的收益,由全体共有人共同享有。

2. 管理

人人均可行使管理权。

3. 重大修缮

对于重大修缮行为,取得全体共有人的一致同意方可为之。

4. 处分共有物

(1) 共同共有财产的处分应由全体共有人共同为之;若部分共有人擅自处分的,构成无权处分,第三人可适用善意取得规则取得该物的所有权。

(2) 关于夫妻处分共同财产的相互代理权,《婚姻法》第17条规定:夫或妻对夫妻共同所有的财产,有平等的处理权。

5. 分割共有物

(1) 共有人明确约定不得分割共有物的,从之;但共有人有重大理由需要分割的,仍然可以请求分割。

(2) 没有约定不得分割共有物的,共有人只有在下列情形中才可以分割:① 共有的基础丧失的;② 有重大理由需要分割的,如一方有隐瞒、移转、变卖、毁损、挥霍夫妻共有财产或伪造夫妻共同债务等严重损害夫妻共同财产利益的行为;一方负有法定扶养义务的人患重大疾病需要医治,另一方不同意支付相关医疗费用的。

至于分割方式,与按份共有相同。

[历年真题] 关于共有,下列哪些表述是正确的?(2011年卷三56题)

A. 对于共有财产,部分共有人主张按份共有,部分共有人主张共同共有,如不能证明财产是按份共有的,应当认定为共同共有。

B. 按份共有人对共有不动产或者动产享有的份额,没有约定或者约定不明确的,按照出资额确定;不能确定出资额的,视为等额享有。

C. 夫或妻在处理夫妻共同财产上权利平等,日常生活需要而处理夫妻共同财产的,任何一方均有权决定。

D. 对共有物的分割,当事人没有约定或者约定不明确的,按份共有人可以随时请求分割,共同共有人在共有的基础丧失或者有重大理由需要分割时可以请求分割。

【答案】 BCD

【考点】 共有

【解析】 《物权法》第103条规定:"共有人对共有的不动产或者动产没有约定为按份共有或者共同共有,或者约定不明确的,除共有人具有家庭关系等外,视为按份共有。"所以选项A错误。

《物权法》第104条规定:"按份共有人对共有的不动产或者动产享有的份额,没有约定或者约定不明确的,按照出资额确定;不能确定出资额的,视为等额享有。"所以选项B正确。

《婚姻法解释(一)》第17条规定:"婚姻法第十七条关于'夫或妻对夫妻共同所有的财产,有平等的处理权'的规定,应当理解为:(一)夫或妻在处理夫妻共同财产上的权利是平等的。因日常生活需要而处理夫妻共同财产的,任何一方均有权决定;(二)夫或妻非因日常生活需要对夫妻共同财产做重要处理决定,夫妻双方应当平等协商,取得一致意见。他人有理由相信其为夫妻双方共同意思表示的,另一方不得以不同意或不知道为由对抗善意第三人。"所以选项C正确。

《物权法》第99条规定:"共有人约定不得分割共有的不动产或者动产,以维持共有关系的,应当按照约定,但共有人有重大理由需要分割的,可以请求分割;没有约定或者约定不明确的,按份共有人可以随时请求分割,共同共有人在共有的基础丧失或者有重大理由需要分割时可以请求分割。因分割对其他共有人造成损害的,应当给予赔偿。"所以选项D正确。

(三)共有的外部关系

《物权法》第102条规定:"因共有的不动产或者动产产生的债权债务,在对外关系上,共有人享有连带债权、承担连带债务,但法律另有规定或者第三人知道共有人不具有连带债权债务关系的除外;在共有人内部关系上,除共有人另有约定外,按份共有人按照份额享有债权、承担债务,共同共有人共同享有债权、承担债务。偿还债务超过自己应当承担份额的按份共有人,有权向其他共有人追偿。"

1. 共有人对第三人的权利

第三人侵害共有物时,成立连带债权,每个共有人均可行使全部的物上请求权或债权请求权。

2. 共有人对第三人的义务

若共有物侵权造成第三人损害,则应成立连带债务。

五、共有人的优先购买权及冲突解决

物权法第101条
- 按份共有人可以转让其享有的共有的不动产或者动产份额。其他共有人在同等条件下享有优先购买的权利。

物权法司法解释（一）第10条
- 《物权法》第101条所称的"同等条件"，应当综合共有份额的转让价格、价款履行方式及期限等因素确定。

物权法司法解释（一）第9条
- 共有份额的文体因继承、遗赠等原因发生变化时，其他按份共有人主张优先购买的，不予支持，但按份共有人之间另有约定的除外。

物权法解释（一）第3条
- 内部转让：按份共有人之间转让共有份额，其他按份共有人主张根据《物权法》第101条规定优先购买的。不予支持，但按份共有人之间另有约定的除外。

物权法司法解释（一）第14条
- 两个以上按份共有人主张优先购买且协商不成时，请求按照转让时各自份额比例行使优先购买权的，应予支持。

（一）按份共有人的优先购买权。按份共有人转让自己份额的，其他共有人在同等条件下，有优先于他人的购买权。若其他共有人为两人以上且都想购买，则由转让人决定受让人。

（二）共同共有人的优先购买权。

在共同共有财产分割后，原共同共有人出卖分得的财产时，如果出卖的财产与其他原共有人分得的财产属于"一个整体"或"配套使用"的，其他原共有人可以主张优先购买权。

（三）房屋承租人的优先购买权

根据《城镇房屋租赁合同解释》第24条的规定，按份共有人的优先购买权优先于房屋承租人的优先购买权。

[历年真题] 甲、乙、丙、丁按份共有一艘货船，份额分别为10%、20%、30%、40%。甲欲将其共有份额转让，戊愿意以50万元的价格购买，价款一次付清。关于甲的共有份额转让，下

列哪些选项是错误的？（2016年卷三53题）

A. 甲向戊转让其共有份额，须经乙、丙、丁同意
B. 如乙、丙、丁均以同等条件主张优先购买权，则丁的主张应得到支持
C. 如丙在法定期限内以50万元分期付款的方式要求购买该共有份额，应予支持
D. 如甲改由向乙转让其共有份额，丙、丁在同等条件下享有优先购买权

【答案】 ABCD

第五章 用益物权

第一节 用益物权的概述

一、用益物权的概念与特征

（一）概念

用益物权，指对他人的物在一定范围内，加以占有、使用、收益的限制物权。用益物权主要以不动产为标的物，因为动产的种类繁多，数量零碎，价值较低，如有需要尽可买之，即便偶尔需要利用他人的动产，也可依借贷、租赁等债的方式获得，而不必依赖用益物权。

（二）特征与另外一种限制物权——担保物权相比，用益物权具有以下法律特征：

（1）用益物权的享有和行使以对物占有为前提，除了质权、留置权外，其余担保物权不以直接占有标的物为前提。

（2）用益物权是以使用、收益为目的的限制物权，意在获取标的物的使用价值；担保物权以就担保物的交换价值优先受偿为目的。

（3）用益物权主要以不动产为标的物，担保物权的标的物包括动产、权利与不动产。

（4）用益物权为独立物权，即不以主体享有的其他民事权利为前提而能够独立存在；担保物权为从属物权，从属于主债权而存在。

二、用益物权的种类

用益物权 $\begin{cases} 土地承包经营权 \\ 用益物权 \\ 宅基地使用权 \\ 地役权 \end{cases}$

第二节 土地承包经营权

一、土地承包经营权的客体

集体所有或国家所有包括农民集体使用的耕地、林地、草地以及其他用于农业的土地。《物权法》第124条规定："农村集体经济组织实行家庭承包经营为基础、统分结合的双层经营体制。农民集体所有和国家所有由农民集体使用的耕地、林地、草地以及其他用于农业的土地，依法实行土地承包经营制度。"

二、土地承包经营权的承包期限

$$\begin{cases} 耕地,30 年 \\ 草地,30—50 年 \\ 林地,30—70 年 \\ 特殊林地,可延长 \\ 承包期限届满的,期满可续包 \end{cases}$$

三、土地承包经营权的取得

（一）土地承包经营权的设立

《物权法》第 127 条规定："土地承包经营权自土地承包经营权合同生效时设立。县级以上地方人民政府应当向土地承包经营权人发放土地承包经营权证、林权证、草原使用权证，并登记造册，确认土地承包经营权。"依据规定可知，土地承包经营权自土地承包合同生效时设立，未登记也具有物权的对抗效力，地方人民政府发放证书、登记造册，只是为了"确认"土地承包经营权，而不是其取得和发生物权效力的要件。

（二）土地承包经营权的流转

法律对土地承包经营权的流转作出了一些限制性的规定，《物权法》第 128 条规定："土地承包经营权人依照农村土地承包法的规定，有权将土地承包经营权采取转包、互换、转让等方式流转。流转的期限不得超过承包期的剩余期限。未经依法批准，不得将承包地用于非农建设。"第 129 条规定："土地承包经营权人将土地承包经营权互换、转让，当事人要求登记的，应当向县级以上地方人民政府申请土地承包经营权变更登记；未经登记，不得对抗善意第三人。"第 133 条规定："通过招标、拍卖、公开协商等方式承包荒地等农村土地，依照农村土地承包法等法律和国务院的有关规定，其土地承包经营权可以转让、入股、抵押或者以其他方式流转。"

四、土地承包经营权的效力

（一）承包人权利义务

1. 以家庭承包方式取得的土地承包经营权，只能依法将承包经营权采取转包、互换、转让等方式流转；流转变更，未经登记，不得对抗善意第三人；流转期限不得超过承包剩余期限；未经批准，不得将承包地用于非农建设。

2. 通过招标、拍卖、公开协商等方式承包"四荒地"，其承包权可以转让、出租、入股、抵押或以其他方式流转。（《物权法》第 133 条）

（二）发包人义务

1. 承包期内不得调整承包地，除非因自然灾害严重毁损的，《物权法》第 130 条规定："承包期内发包人不得调整承包地。因自然灾害严重毁损承包地等特殊情形，需要适当调整承包的耕地和草地的，应当依照农村土地承包法等法律规定办理。"

2. 承包期内不得收回承包地，《物权法》第 131 条规定："承包期内发包人不得收回承包地。农村土地承包法等法律另有规定的，依照其规定。"

[历年真题] 1. 季大与季小兄弟二人，成年后各自立户，季大一直未婚。季大从所在村集体经济组织承包耕地若干。关于季大的土地承包经营权，下列哪些表述是正确的？（2014

年卷三 56 题)

A. 自土地承包经营权合同生效时设立
B. 如季大转让其土地承包经营权,则未经变更登记不发生转让的效力
C. 如季大死亡,则季小可以继承该土地承包经营权
D. 如季大死亡,则季小可以继承该耕地上未收割的农作物

【答案】 AD
【考点】 土地承包经营权的设立、法定继承、遗产的范围
【解析】 选项 A 正确。《物权法》第 127 条第 1 款规定:"土地承包经营权自土地承包经营权合同生效时设立。"因此,季大的土地承包经营权自土地承包经营权合同生效时设立。

选项 B 错误。土地承包经营权的转让自当事人意思一致时即发生效力,只是未经登记,不得对抗善意第三人。可见,登记只是对抗要件。

选项 C 错误。据《农业部关于发布审理涉及农村土地承包纠纷案件适用法律问题的若干规定(征求意见稿)的通知》的规定,家庭承包的,家庭成员之一死亡的,不发生土地承包经营权继承问题,承包地由家庭其他成员继续承包经营。家庭成员全部死亡,该土地承包经营权消灭,但承包地为林地的除外。此处季大与季小各自立户,不再属于家庭成员关系。其承包的耕地在季大死亡后土地承包经营权消灭,季小不能继承。

选项 D 正确。据《农村土地承包法》规定,承包人应得的承包收益,依照继承法的规定继承。因此若季大死亡,季小可以继承该耕地上未收割的农作物。

2. 关于土地承包经营权的设立,下列哪些表述是正确的?(2010 年卷三 55 题)
A. 自土地承包经营合同成立时设立
B. 自土地承包经营权合同生效时设立
C. 县级以上地方政府在土地承包经营权设立时应当发放土地承包经营权证
D. 县级以上地方政府应当对土地承包经营权登记造册,未经登记造册的,不得对抗善意第三人

【答案】 BC
【考点】 土地承包经营权
【解析】 《物权法》第 127 条第 1 款规定:"土地承包经营权自土地承包经营权合同生效时设立。"所以选项 A 错误,选项 B 正确。

《物权法》第 127 条第 2 款规定:"县级以上地方人民政府应当向土地承包经营权人发放土地承包经营权证、林权证、草原使用权证,并登记造册,确认土地承包经营权。"《农村土地承包经营法》第 23 条第 1 款规定:"县级以上地方人民政府应当向承包方颁发土地承包经营权证或者林权证等证书,并登记造册,确认土地承包经营权。"所以选项 C 正确。

《物权法》第 129 条规定:"土地承包经营权人将土地承包经营权互换、转让,当事人要求登记的,应当向县级以上地方人民政府申请土地承包经营权变更登记;未经登记,不得对抗善意第三人。"法条规定的是已经设立的土地承包经营权要取得对抗善意第三人的效力,须经土地承包经营权人办理变更登记或者设权登记。但题中说的是登记造册,设权登记与登记造册不相同,登记造册属于行政管理程序,不能产生对抗效力,只有设权登记或者变更登记才能产生对抗效力。所以选项 D 错误。

第三节　建设用地使用权

一、建设用地使用权概念

建设用地使用权,是指土地使用权人为建造建筑物或其他工作物而使用国有土地的权利。《物权法》第135条规定:"建设用地使用权人依法对国家所有的土地享有占有、使用和收益的权利,有权利用该土地建造建筑物、构筑物及其附属设施。"

二、建设用地使用权的取得

(一)建设用地使用权的设定

根据法律规定,建设用地使用权的设定包括两种方式:一是出让方式;二是划拨方式。《物权法》第138条第1款规定:"采取招标、拍卖、协议等出让方式设立建设用地使用权的,当事人应当采书面形式订立建设用地使用权出让合同。"第139条规定:"设立建设用地使用权的,应当向登记机构申请建设用地使用权登记。建设用地使用权自登记时设立。登记机构应当向建设用地使用权人发放建设用地使用权证书。"依据法律规定可知,登记是建设用地使用权生效的要件,即建设用地使用权自登记时设立。

建设用地使用权的划拨取得,是指土地使用人依据法律规定通过行政划拨方式无偿取得建设用地使用权。

(二)建设用地使用权的让与

建设用地使用权的让与为物权变动之一,其转让一般应采用书面形式并于登记后发生效力。

三、建设用地使用权的效力

(一)使用权人的权利

1. 将建设用地使用权转让、互换、出资、赠与或者抵押的权利。根据《物权法》第143—147条的规定,除法律有特别规定以外,建设用地使用权人有权将建设用地使用权转让、互换、出资、赠与或者抵押。

(1)形式及期限要求。建设用地使用权转让、互换、出资、赠与或者抵押的,当事人应当采取书面形式订立相应的合同。使用期限由当事人约定,但不得超过建设用地使用权的剩余期限。

(2)进行变更登记。《物权法》第145条规定:"建设用地使用权转让、互换、出资或者赠与的,应当向登记机构申请变更登记。"

(3)房随地走。《物权法》第146条规定:"建设用地使用权转让、互换、出资或者赠与的,附着于该土地上的建筑物、构筑物及其附属设施一并处分。"

(4)地随房走。《物权法》第147条规定:"建筑物、构筑物及其附属设施转让、互换、出资或者赠与的,该建筑物、构筑物及其附属设施占用范围内的建设用地使用权一并处分。"

2. 建设用地使用权被提前收回时获得补偿的权利。《物权法》第148条规定:"建设用地使用权期间届满前,因公共利益需要提前收回该土地的,应当依照本法第四十二条的规定对该土地上的房屋及其他不动产给予补偿,并退还相应的出让金。"

3. 享有所建造的建筑物及其他工作物的所有权。《物权法》第142条规定:"建设用地使用权人建造的建筑物、构筑物及其附属设施的所有权属于建设用地使用权人,但有相反证据证明的除外。"

(二)使用权人的义务

1. 支付出让金的义务。转让获得建设用地使用权的使用权人应当支付出让金。

2. 不改变土地用途。《物权法》第140条规定:"建设用地使用权人应当合理利用土地,不得改变土地用途;需要改变土地用途的,应当依法经有关行政主管部门批准。"

四、建设用地使用权期限届满后的续期

(一)住宅建设用地使用权

依据《物权法》第149条第1款规定:"住宅建设用地使用权期间届满的,自动续期。"

(二)非住宅建设用地使用权

依据《物权法》第149条第2款规定:"非住宅建设用地使用权期间届满后的续期,依照法律规定办理。"

第四节 宅基地使用权

宅基地使用权	
取得方式	经乡(镇)人民政府审核,由县级人民政府批准。
使用权人的权利	(1)占有、使用权。具体体现在:利用该集体所有的土地建造住宅及其附属设施。但法律未明确享有收益权。 (2)基本上无流转权。宅基地使用权实行一户一宅原则,权利人不得买卖或者变相变卖(抵押、出租、出资、赠与)宅基地;当然,权利人可以出卖、出租宅基地上的房屋,但不得另行申请宅基地。 (3)不承担风险。宅基地因为自然灾害等原因灭失的,宅基地使用权随之消灭;无宅基地的村民,应当另行分配宅基地。
登记的效力	已经登记的宅基地使用权转让或者消灭的,应当及时办理变更、注销登记手续。

第五节 地役权

一、地役权的概念与特征

(一)概念 地役权是指以他人不动产供自己不动产便利之用的用益物权。

(二)特征

1. 地役权同时涉及需役地和供役地,是通过在供役地上设立负担来满足需役地之便利的权利。

2. 权利主体的广泛性

地役权人可以是不动产的所有人、建设用地使用权人、土地承包经营权人、宅基地使用权人、承租人等。

3. 客体的广泛性

地役权的客体包括他人的土地、房屋、空间等。

4. 从属性

地役权不得与需役地分离而单独转让、不得与需役地分离而成为其他权利的标的。

（1）地役权不得单独转让，具体而言：(《物权法》第164条）① 地役权人不得自己保留需役地的所有权或使用权，单独将地役权让与他人；② 地役权人不得自己保留地役权，仅把需役地的所有权或使用权让与他人；③ 地役权人不得把需役地的所有权或使用权与地役权分别让与不同的人。

（2）地役权不得单独抵押。(《物权法》第165条）

5. 不可分性

地役权的取得、丧失均为全部的，地役权及于供役地的全部，也及于需役地的全部。

二、地役权与相邻关系

	地役权	相邻关系
产生方式	通过约定产生。	基于法律规定产生。
独立性	是一种独立的用益物权。	非独立的物权，是所有权或使用权的延伸与扩张。
内容	只要不违反法律的禁止性规定和公序良俗，当事人可任意约定地役权的内容。	请求相邻的不动产权利人提供最低限度的便利。
是否有偿	可有偿，也可无偿。	无偿。
规范	主要是行为规范，在发生纠纷后也可是裁判规范。	主要是裁判规范，往往是在发生纠纷后才发挥作用。

三、地役权的取得

（一）地役权取得

1. 基于民事行为而取得地役权的，如根据地役合同

设立地役权，当事人应当采取书面形式订立地役权合同。地役权自地役权合同生效时设立。当事人要求登记的，可以向登记机构申请地役权登记；未经登记，不得对抗善意第三人。

2. 地役权也可以基于让与而取得

但是由于地役权的从属性，地役权的让与应与需役地的让与共同为之，并亦应有书面合同。

3. 基于民事行为以外的原因取得地役权的，如继承。

（二）地役权期限不得超过用益物权的剩余期限。

（三）地役权双方的权利和义务地役权人的最小损害义务。(《物权法》第160条）

（四）地役权消灭（《物权法》第168条）

地役权是一种不动产物权，不动产物权的一般消灭原因，当然适用于地役权。以下叙述的是地役权消灭的几项特殊原因：

1. 土地灭失

土地灭失是任何以土地为标的的物权消灭的原因，但地役权不但因为作为其标的物的土地（供役地）灭失时消灭，而且地役权也因需役地的灭失而消灭。

2. 目的事实不能

设定地役权的目的事实上不能实现，即供役地事实上不能再供需役地便利时，地役权消灭。例如汲水地役权因供役地水源枯竭而消灭。

3. 供役地权利人解除地役权关系

在下列两种情形下，地役权因供役地权利人解除地役权关系而消灭：第一，地役权人违反法律规定或者合同约定，滥用地役权；第二，有偿利用供役地，约定的付款期间届满后在合理期限内经两次催告未支付费用。

《物权法》第168条规定："地役权人有下列情形之一的，供役地权利人有权解除地役权合同，地役权消灭：（一）违反法律规定或者合同约定，滥用地役权；（二）有偿利用供役地，约定的付款期间届满后在合理期限内经两次催告未支付费用。"

4. 抛弃

地役权人如将其地役权抛弃，供役地则因之恢复其无负担的状态，地役权归于消灭。但如果是有偿的地役权，地役权人抛弃地役权后，仍应支付地役权全部期间的租金。

5. 存续期间的届满或者其他预定事由的发生

地役权如有存续期间，因期间的届满而消灭。其设定行为附有解除条件的，因条件的成就，地役权消灭。

[历年真题] 1. 2013年2月，A地块使用权人甲公司与B地块使用权人乙公司约定，由乙公司在B地块上修路。同年4月，甲公司将A地块过户给丙公司，6月，乙公司将B地块过户给不知上述情形的丁公司。下列哪些表述是正确的？（2013年卷三56题）

A. 2013年2月，甲公司对乙公司的B地块享有地役权
B. 2013年4月，丙公司对乙公司的B地块享有地役权
C. 2013年6月，甲公司对丁公司的B地块享有地役权
D. 2013年6月，丙公司对丁公司的B地块享有地役权

【答案】　AB
【考点】　地役权
【解析】　关于选项A。《物权法》第158条规定："地役权自地役权合同生效时设立。当事人要求登记的，可以向登记机构申请地役权登记；未经登记，不得对抗善意第三人。"本题中，2013年2月，甲、乙公司通过约定，由甲公司（题中写的是乙公司，为命题者笔误）在乙公司的B地块上修路。双方达成合意，地役权合同成立，甲公司获得地役权。所以选项A正确。

关于选项B。《物权法》第164条规定："地役权不得单独转让。土地承包经营权、建设用地使用权等转让的，地役权一并转让，但合同另有约定的除外。"第166条规定："需役地以及需役地上的土地承包经营权、建设用地使用权部分转让时，转让部分涉及地役权的，受让人同时享有地役权。"可知，2013年4月，甲公司将A地块过户给丙公司，地役权作为从权利，随土

地使用权转让而转让,转让后丙公司对乙公司的 B 地块享有地役权。所以选项 B 正确。

选项 C 错误。2013 年 4 月,甲公司已经将其 A 地块转让给丙公司,因此,自 2013 年 4 月以后甲公司不再对 B 地块享有地役权。

选项 D 正确。《物权法》第 158 条规定,地役权自地役权合同生效时设立。当事人要求登记的,可以向登记机构申请地役权登记;未经登记,不得对抗善意第三人。本案中,地役权并未登记,但地役权本身仍然是存在的,只是丙的地役权不得对抗善意的第三人丁。所以选项 D 不正确。

2. 某郊区小学校为方便乘坐地铁,与相邻研究院约定,学校人员有权借研究院道路通行,每年支付一万元。据此,学校享有的是下列哪一项权利?(2010 年卷三 9 题)

A. 相邻权　　　　B. 地役权　　　　C. 建设用地使用权　　D. 宅基地使用权

【答案】 B

【考点】 地役权

【解析】《物权法》第 87 条规定:"不动产权利人对相邻权利人因通行等必须利用其土地的,应当提供必要的便利。"这是法律对相邻权的规定。《物权法》第 156 条规定:"地役权人有权按照合同约定,利用他人的不动产,以提高自己的不动产的效益。前款所称他人的不动产为供役地,自己的不动产为需役地。"该条是关于地役权的规定。相邻权与地役权的区别在于:(1) 相邻权是法定的;地役权是约定的;(2) 相邻权的取得是无偿的;地役权的取得可以是有偿的,也可以无偿取得;(3) 相邻权的义务人仅提供最低限度的容忍义务;地役权的义务人提供的容忍义务并非最低限度的容忍义务,其内容由当事人约定。本题中,题目交代,小学只是为了方便而与研究院约定在后者的道路上通行,且每年支付一万元。所以约定的是地役权,选项 A 错误,选项 B 正确。

《物权法》第 135 条规定,建设用地使用权的内容是在国家所有权土地上建造建筑物、构筑物及其附属设施,《物权法》第 152 条规定,宅基地使用权的内容是利用集体的土地建造住宅及其附属设施。所以选项 C 错误,选项 D 错误。

第六章　担 保 物 权

第一节　担保物权概述

一、担保物权的概念与特征

(一) 概念

担保物权,是指以担保债务的清偿为目的,以债务人或第三人的特定物或权利作为担保物,在债务人不清偿到期债务或者出现约定的情形时,债权人就担保物的交换价值所享有的优先受偿的他物权。

(二) 特征

1. 从属性

担保物权从属于债权,其从属性主要体现在以下五个方面:

(1) 成立上的从属性。担保物权以主债权债务的存在或者将来存在为前提,主债权不存在,担保物权无从成立。

(2) 内容和范围上的从属性。担保物权担保的范围以主债务的范围为限(小于等于主债务)。

(3) 效力上的从属性。主合同无效,担保合同无效,抵押权和质权未设立。(《物权法》第172条)。

(4) 消灭上的从属性。主债务全部消灭的,担保物权消灭。(《物权法》第177条)须注意:若主债务部分消灭,基于担保物权的不可分性,担保物权并不消灭,仅内容和范围相应缩减。

(5) 移转上的从属性。债权转让时,除非让与人和受让人另有约定,或者债权人与物保人另有约定,或者法律另有规定,担保物权随同债权转让给受让人。

2. 物上代位性

物上代位性是指担保物权的效力不能及于担保物本身,而且及于担保物的变异物、赔偿金、补偿金以及保险金等代位物。

根据《物权法》第174条,担保期间,担保财产毁损、灭失或者被征收等,担保物权并不消灭,担保物权人可以就获得的保险金、赔偿金或者补偿金等优先受偿。被担保的债权的履行期未届满的,也可以提存该保险金、赔偿金或者补偿金等。

3. 不可分性

不可分性是指担保物权所担保的债权之债权人可就担保物的全部行使其权利。

《担保法解释》第71条和第72条规定了抵押权的不可分性。其实,所有的担保物权均具有不可分性,主要表现在以下五个方面:

(1) 担保物一部分灭失,残存的部分仍担保全部债权。(2) 担保物被分割的,分割后的各部分担保物均担保全部债权。(3) 担保物的价值增加或减少的,增加或减少后的担保物价值仍担保全部债权。(4) 债权部分消灭的,剩余债权仍对全部担保物享有担保物权。(5) 债权部分转让的,保留部分和转让部分债权均对担保物享有担保物权。

二、流质(押)契约之禁止

(一) 流质(押)契约的概念

根据《物权法》第186条和第211条,流质(押)契约,指在意定担保物权合同中,双方约定,若债务人到期不履行债务,担保物的所有权直接转移为债权人所有。

(二) 流质(押)契约的特点

(1) 约定的时间点是债务"履行期届满之前";

(2) 约定的内容是债务人不履行到期债务时,债权人"即时"取得担保物的所有权。

(三) 流质(押)契约的效力

流质(押)条款取消了在实现担保物权时担保物的市场定价机会,在多数场合下对于抵(质)押人不利,故各国法均规定流质(押)条款无效。但是,流质(押)条款的效力不影响合同其他条款的效力。因此,流质(押)条款无效视为合同中无此条款,抵押权仍可以折价、变卖、拍卖的方式实现。

三、免责的债务承担与担保责任的承担

(1) 根据《物权法》第175条规定,第三人提供担保,未经其书面同意,债权人允许债务人

转移全部或部分债务的,担保人不再承担相应的担保责任。

（2）根据《担保法》第23条规定,保证期间,债权人许可债务人转让债务的,应当取得保证人的同意,保证人对未经其同意转让的债务,不再承担保证责任。但是,保证人仍应对未转让部分的债务承担保证责任。

[历年真题] 甲公司将1台挖掘机出租给乙公司,为担保乙公司依约支付租金,丙公司担任保证人,丁公司以机器设备是指抵押。乙公司欠付10万元租金时,经甲公司、丙公司和丁公司口头同意,将6万元租金债务转让给戊公司。之后,乙公司为现金周转将挖掘机分别以45万元和50万元的价格先后出卖给丙公司和丁公司,丙公司和丁公司均已付款,但乙公司没有依约交付挖掘机。

在乙公司将6万元租金债务转让给戊公司之后,关于丙公司和丁公司的担保责任,下列表述正确的是:(2012年卷三88题)

A. 丙公司仅需对乙公司剩余租金债务承担担保责任
B. 丁公司仅需对乙公司剩余租金债务承担担保责任
C. 丙公司仍应承担全部担保责任
D. 丁公司仍应承担全部担保责任

【答案】 AB
【考点】 债务转让与担保责任的承担
【解析】 《物权法》第175条规定:"第三人提供担保,未经其书面同意,债权人允许债务人移转全部或者部分债务的,担保人不再承担相应的担保责任。"《担保法》第23条规定:"保证期间,债权人许可债务人转让债务的,应当取得保证人的书面同意,保证人对未经其同意转让的债务,不再承担保证责任。"据此,债务人经债权人同意转让自己的债务时,若未经提供担保的第三人的书面同意,对于已经转让的债务,提供担保的第三人不再承担担保责任。本题中,乙公司将对甲的10万元租金债务中的6万元转让给戊公司时,只是取得了保证丙与抵押人丁的口头同意,没有取得其书面同意,所以,对于转让给戊的6万元债务,丙、丁不再承担担保责任。所以选项A、B正确,选项C、D错误。

四、混合担保

[相关法条]
《物权法》
第176条 被担保的债权既有物的担保又有人的担保的,债务人不履行到期债务或者发生当事人约定的实现担保物权的情形,债权人应当按照约定实现债权;没有约定或者约定不明确,债务人自己提供物的担保的,债权人应当先就该物的担保实现债权;第三人提供物的担保的,债权人可以就物的担保实现债权,也可以要求保证人承担保证责任。提供担保的第三人承担担保责任后,有权向债务人追偿。

第194条第2款 债务人以自己的财产设定抵押,抵押权人放弃该抵押权、抵押权顺位或者变更抵押权的,其他担保人在抵押权人丧失优先受偿权益的范围内免除担保责任,但其他担保人承诺仍然提供担保的除外。

第218条 质权人可以放弃质权。债务人以自己的财产出质,质权人放弃该质权的,其他担保人在质权人丧失优先受偿权益的范围内免除担保责任,但其他担保人承诺仍然提供担保的除外。由以上法律规定可知，对于同一个债，既有物保、又有人保的，称为混合担保。对于混合担保，究竟该如何实现担保权呢？

1. 有约定的，从约定。
2. 没有约定的：
(1) 债务人自己提供物保的，物保应当优先于人保实现受偿。
(2) 第三人提供物保的，物保与人保处于同等顺位。
3. 债务人以自己的财产提供担保的，担保权人放弃担保物权或者变更担保物权的顺位的，其他担保人在担保物权人放弃的范围内免除担保责任，但其他担保人仍承诺提供担保的除外。

[历年真题] 1. 甲公司欠乙公司货款100万元，先由甲公司提供机器设备设定抵押权、丙公司担任保证人，后由丁公司提供房屋设定抵押权并办理了抵押登记。甲公司届期不支付货款，下列哪一表述是正确的？(2014年卷三8题)
A. 乙公司应先行使机器设备抵押权
B. 乙公司应先行使房屋抵押权
C. 乙公司应先行请求丙公司承担保证责任
D. 丙公司和丁公司可相互追偿
【答案】 A
【考点】 混合担保
【解析】《物权法》第176条规定：被担保的债权既有物的担保又有人的担保的，债务人不履行到期债务或者发生当事人约定的实现担保物权的情形，债权人应当按照约定实现债权；没有约定或者约定不明确，债务人自己提供物的担保的，债权人应当先就该物的担保实现债权；第三人提供物的担保的，债权人可以就物的担保实现债权，也可以要求保证人承担保证责任。提供担保的第三人承担担保责任后，有权向债务人追偿。可见，①债务人提供的物保和第三人提供的人保并存时，需先执行债务人的物保，不足的部分再执行第三人的人保。② 第三人提供的物保和第三人提供的人保并存时，在外部的关系上承担连带责任，被执行的顺序上没有先后之分。

故本题中，乙公司应先行使机器设备抵押权；丙公司和丁公司可相互追偿。故选项A正确，选项B、C、D错误。

2. 甲公司将1台挖掘机出租给乙公司，为担保乙公司依约支付租金，丙公司担任保证人，丁公司以机器设备设置抵押。乙公司欠付10万元租金时，经甲公司、丙公司和丁公司口头同意，将6万元租金债务转让给戊公司。之后，乙公司为现金周转将挖掘机分别以45万元和50万元的价格先后出卖给丙公司和丁公司，丙公司和丁公司均已付款，但乙公司没有依约交付挖掘机。

在乙公司将6万元租金债务转让给戊公司之前，关于丙公司和丁公司的担保责任，甲公司下列做法正确的是：(2012年卷三87题)
A. 可以要求丙公司承担保证责任
B. 可以要求丁公司承担抵押担保责任
C. 须先要求丙公司承担保证责任，后要求丁公司承担抵押担保责任
D. 须先要求丁公司承担抵押担保责任，后要求丙公司承担保证责任
【答案】 AB
【考点】 混合担保

【解析】《物权法》第176条规定:"被担保的债权既有物的担保又有人的担保的,债务人不履行到期债务或者发生当事人约定的实现担保物权的情形,债权人应当按照约定实现债权;没有约定或者约定不明确,债务人自己提供物的担保的,债权人应当先就该物的担保实现债权;第三人提供物的担保的,债权人可以就物的担保实现债权,也可以要求保证人承担保证责任。提供担保的第三人承担担保责任后,有权向债务人追偿。"本题中,对于乙公司对甲公司负担的10万元租金债务,丙提供保证,丁提供抵押,因债务人乙并未以自己的财产提供物的担保,所以,债权人甲公司行使对丙的保证债权或者行使对丁的机器设备的抵押权没有顺序限制。所以选项A、选项B正确;选项C、选项D错误。

五、担保物权的消灭

根据《物权法》的相关规定可知,在下列情形下,担保物权消灭:

1. 主债权债务全部消灭

注意:若主债权部分消灭,因担保物权具有不可分性,担保物权并不消灭。

2. 担保物权实现。

3. 债权人放弃担保物权

均为有相对人的单方法律行为,须向相对人作出,但无须任何人同意。具体而言:① 抛弃动产抵押权,抛弃的意思表示到达抵押人,抵押权消灭;② 抛弃不动产抵押权,抛弃的意思表示到达相对人,且办理抵押的注销登记时,抵押权消灭;③ 抛弃质权,抛弃的意思表示到达相对人,并向出质人返还质物的占有时,质权消灭。④ 抛弃留置权的,抛弃的意思表示到达相对人,并向债务人返还留置物的占有的,留置权消灭。

4. 担保物因不可归责于担保人的原因毁损、灭失,且无代位物(保险金、补偿金、赔偿金)的,担保物权消灭。

5. 混同

担保物权与所有权人成为同一个人的,担保物权消灭。注意:此点存在例外。例如《担保法解释》第77条规定的例外。

6. 混合担保中,债权人放弃债务人提供的物保的,提供担保的第三人在债权人丧失优先受偿权益的范围内免除担保责任。

7. 债权人同意债务人转让债务未经担保人书面同意的,担保人不再承担担保责任。

六、无效担保

情形	效力
主合同有效、担保合同无效	(1) 债权人无过错的,担保人、债务人对债权人承担连带责任。 (2) 债权人、担保人均有过错的,担保人责任限额是债务人不能清偿部分的1/2。
主合同无效而导致担保合同无效的	(1) 担保人无过错的,担保人免责。 (2) 担保人有过错的,担保人责任限额为债务人不能清偿部分的1/3。

第二节 抵押权

一、抵押权概念

抵押权是指债务人或者第三人不转移财产的占有,将该财产作为债权的担保,债务人未履行债务时,债权人依照法律规定的程序就该财产优先受偿的权利。债务人或者第三人为抵押人,债权人为抵押权人,提供担保的财产为抵押财产。

二、抵押权的设定

(一)抵押权的标的 抵押权的标的,是指抵押人用以设定抵押的财产。

1. 抵押权标的的要件

(1)具有特定性。

(2)具有交换价值和可让与性。

(3)须为非消耗物,不因抵押人继续占有、使用该物而灭失或毁损。

(4)须为依法未被禁止抵押的财产。

2. 可以抵押的财产

(1)根据《物权法》第180条的规定:"债务人或者第三人有权处分的下列财产可以抵押:(一)建筑物和其他土地附着物;(二)建设用地使用权;(三)以招标、拍卖、公开协商等方式取得的荒地等土地承包经营权;(四)生产设备、原材料、半成品、产品;(五)正在建造的建筑物、船舶、航空器;(六)交通运输工具;(七)法律、行政法规未禁止抵押的其他财产。抵押人可以将前款所列财产一并抵押。"

(2)"房地一体"主义。根据《物权法》第182条和第200条,我国建筑物与建设用地使用权实行的是"房地一体"主义,即"房随地走、地随房走",具体表现在以下方面:① 以建筑物抵押的,则建筑物占用范围内的建设用地使用权一并抵押;② 以建设用地使用权抵押的,则该土地上已有的建筑物一并设定抵押;③ 土地上新增的建筑物不属于一并抵押的范围,但在实现建设用地使用权上的抵押权时,应当将新增的建筑物与建设用地使用权一并处分,但新增建筑物所得的价款,抵押权人无权优先受偿。注意:在"房地一体"主义中,原则上,前者设定抵押权时,后者也须办理抵押权登记,但若后者未办理不动产抵押登记,仍视为已经建立了抵押权登记,抵押权成立。④ 乡村企业建筑物抵押时采取"地随房走",但"房不随地走",即乡镇、村企业的集体建设用地使用权不得单独抵押;以乡镇、村企业的厂房等建筑物抵押的,其占用范围内的集体建设用地使用权一并抵押。实现抵押权后,不得改变土地的所有权性质和土地用途。

3. 不得抵押的财产

《物权法》第184条从反面规定了抵押物的范围,即法定不可抵押财产以外的财产都可用于抵押。依据《物权法》第184条的规定,不得抵押的财产包括:

(1)国有、集体土地所有权。

(2)集体土地使用权,但下列情形除外:① 以招标、拍卖、公开协商等方式取得的"四荒"(荒山、荒沟、荒丘、荒滩)等土地承包经营权。② 以乡(镇)、村企业厂房抵押的,占用范围内的建设用地使用权一并抵押。

(3)公益法人的公益设施;但公益法人以公益设施以外的财产为自身债务设立抵押的,该抵押有效。

（4）所有权、使用权不明或有争议的财产；注意：① 按份共有人有权单独决定以其份额设定抵押。② 共同共有物设定抵押的，应经全体共有人同意，否则无效。③ 部分共同共有人擅自以共有物抵押的，其他共有人明知而未持异议的，视为同意，该抵押有效。

（5）依法被查封、扣押的财产。注意："先抵后封"不影响抵押权的实现，即已经设定抵押的财产被采取查封、扣押等财产保全或者执行措施的，不影响抵押权的效力。

（6）依法被确认为违法、违章建筑的。

[历年真题] 1. 甲向某银行贷款，甲、乙和银行三方签订抵押协议，由乙提供房产抵押担保。乙把房本交给银行，因登记部门原因导致银行无法办理抵押物登记。乙向登记部门申请挂失房本后换得新房本，将房屋卖给知情的丙并办理了过户手续。甲届期未还款，关于贷款、房屋抵押和买卖，下列哪些说法是正确的？（2015年卷三53题）

A. 乙应向银行承担违约责任
B. 丙应代为向银行还款
C. 如丙代为向银行还款，可向甲主张相应款项
D. 因登记部门原因未办理抵押登记，但银行占有房本，故取得抵押权

【答案】 AC
【考点】 抵押权的设立、第三人代为清偿
【解析】 依据《物权法》187条的规定："以本法第一百八十条第一款第一项至第三项规定的财产或者第五项规定的正在建造的建筑物抵押的，应当办理抵押登记。抵押权自登记时设立。"依据《担保法解释》第59条的规定："当事人办理抵押物登记手续时，因登记部门的原因致使其无法办理抵押物登记，抵押人向债权人交付权利凭证的，可以认定债权人对该财产有优先受偿权。但是，未办理抵押物登记的，不得对抗第三人。"选项D错误，因登记部门原因未办理抵押登记，银行不能取得抵押权，但银行占有房本可享有优先受偿权。

虽然乙与银行之间的抵押权未设立，但依据区分原则，抵押合同已经成立并生效，乙未履行给银行办理抵押登记的义务，而是更换新房本将房屋卖给丙，构成违约。乙应向银行承担违约责任。故选项A正确。

本题中，银行对房屋不享有抵押权（因未办理不动产抵押登记），作为房屋受让人的丙并没有替甲向银行还款的义务，故选项B的说法错误，不当选。

第三人代为清偿的构成要件有：（1）代为清偿的债务允许第三人代为清偿，即具有非专属性；（2）无禁止第三人代为清偿的约定；（3）须经债权人同意；（4）须第三人具有为债务人清偿的意思。丙可代甲向银行还款，还款后丙可向甲主张相应款项。故选项C正确。

2. 甲向乙借款，丙与乙约定以自有房屋担保该笔借款。丙仅将房本交给乙，未按约定办理抵押登记。借款到期后甲无力清偿，丙的房屋被法院另行查封。下列哪些表述是正确的？（2013年卷三57题）

A. 乙有权要求丙继续履行担保合同，办理房屋抵押登记
B. 乙有权要求丙以自身全部财产承担担保义务
C. 乙有权要求丙以房屋价值为限承担担保义务
D. 乙有权要求丙承担损害赔偿责任

【答案】 CD

(二) 抵押合同

依据《物权法》和《担保法》的规定，设立抵押权，当事人应当以书面形式订立抵押合同。抵押合同一般包括下列条款：(1) 被担保债权的种类和数额；(2) 债务人履行债务的期限；(3) 抵押财产的名称、数量、质量、状况、所在地、所有权或者使用权归属；(4) 担保的范围；(5) 当事人认为需要约定的其他事项。抵押合同不完全具备上述规定内容的，可以予以补正，不影响抵押合同的效力。但抵押合同对被担保的主债权种类、抵押财产没有约定或者约定不明的，根据主合同和抵押合同不能补正或者无法推定的，抵押不成立。

(三) 抵押登记

关于抵押登记的效力问题，我国物权法中采用了登记要件主义和登记对抗主义。

《物权法》第187条规定了登记要件主义，以本法第180条第1款第一项至第三项规定的财产或者第五项规定的正在建造的建筑物抵押的，应当办理抵押登记。抵押权自登记时设立。《物权法》第188条规定了登记对抗主义，以本法第180条第1款第四项、第六项规定的财产或者第五项规定的正在建造的船舶、航空器抵押的，抵押权自抵押合同生效时设立；未经登记，不得对抗善意第三人。

三、当事人之间的权利义务

(一) 抵押人的权利

1. 占有、使用、收益权

由于抵押权的设定并不移转抵押物的占有，所以，抵押人仍然享有占有、使用、收益的权利。

2. 抵押期间的处分权 (抵押物的转让)

抵押期间，抵押人未经抵押权人同意，不得转让抵押财产，但受让人代为清偿债务消灭抵押权的除外。

(1) 抵押期间，抵押人可以转让抵押物。

(2) 抵押期间，转让抵押物，应当经抵押权人同意，并将转让所得的价款向抵押权人提前清偿债务或提存。

(3) 抵押期间，未经抵押权人同意，不得转让抵押财产。抵押人转让抵押物未经抵押权人同意，但受让人代为清偿债务的，抵押权消灭，转让有效。

注意：该禁止性规范仅仅否定物权的效力，未经抵押权人同意发生的负担行为 (债权行为) 仍然有效。

[历年真题] 甲公司向某银行贷款100万元，乙公司以其所有的一栋房屋作抵押担保，并完成了抵押登记。现乙公司拟将房屋出售给丙公司，通知了银行并向丙公司告知了该房屋已经抵押的事实。乙、丙订立书面买卖合同后到房屋管理部门办理过户手续。下列哪些说法是正确的？(2009年卷三55题)

A. 不论银行是否同意转让，房屋管理部门应当准予过户，但银行仍然对该房屋享有抵押权

B. 如丙公司代为清偿了甲公司的银行债务，则不论银行是否同意转让，房屋管理部门均应当准予过户

C. 如丙公司向银行承诺代为清偿甲公司的银行债务，则不论银行是否同意转让，房屋管

理部门均应当准予过户

D. 如甲公司清偿了银行债务,则不论银行是否同意,房屋管理部门均应当准予过户

【答案】 BD

【考点】 抵押物的转让、抵押权消灭的事由

【解析】《物权法》第191条第2款规定:"抵押期间,抵押人未经抵押权人同意,不得转让抵押财产,但受让人代为清偿债务消灭抵押权的除外。"所以未经抵押权人银行的同意,抵押人乙公司不得将抵押的房屋转让给丙公司,所以选项A错误。

根据《物权法》192条的规定,丙公司可以代位清偿债务而消灭抵押权,抵押权人不得拒绝。所以选项B正确。

只有当受让人代位清偿债务,消灭抵押权,房屋转让才无须经过银行的同意。相反,若受让人仅仅承诺代位清偿债务,而没有实际清偿,抵押权就还没有消灭,未经银行的同意,乙公司就不得将房屋转让给丙公司。所以选项C错误。

《物权法》第177条规定:"有下列情形之一的,担保物权消灭:(一) 主债权消灭;(二) 担保物权实现;(三) 债权人放弃担保物权;(三) 法律规定的担保物权消灭的其他情形。"抵押权具有从属性,所以如果甲公司清偿了银行债务,主债权因为清偿而消灭,抵押权也随之消灭。甲公司转让曾经抵押的房屋就不需要经过银行的同意,所以选项D正确。

(二) 抵押权人的权利

1. 优先受偿权

优先受偿权是设立抵押权的当然目的,是抵押权实现的效果。

2. 保全请求权

抵押财产价值减少的,抵押权人有权要求恢复抵押财产的价值,或者提供与减少价值相应的担保。抵押人不恢复抵押财产的价值也不提供担保的,抵押权人有权要求债务人提前清偿债务。

保全请求权主要包括以下内容:

(1) 抵押人的行为可能导致抵押物的价值减少的,抵押权人有权请求停止该行为。

(2) 抵押人的行为已经致抵押物的价值减少的,抵押权人有权请求恢复原价值或者提供相应的补充担保。

(3) 抵押人的行为致抵押物的价值减少的,抵押人既不恢复抵押财产的价值也不提供相应的补充担保的,抵押人有权要求债务人提前清偿债务。

[历年真题] 甲以自有房屋向乙银行抵押借款,办理了抵押登记。丙因甲欠钱不还,强行进入该房屋居住。借款到期后,甲无力偿还债务。该房屋由于丙的非法居住,难以拍卖,甲怠于行使对丙的返还请求权。乙银行可以行使下列哪些权利?(2012年卷三57题)

A. 请求甲行使对丙的返还请求权,防止抵押财产价值的减少

B. 请求甲将对丙的返还请求权转让给自己

C. 可以代位行使对丙的返还请求权

D. 可以依据抵押权直接对丙行使返还请求权

【答案】 AB

【考点】 抵押权保全请求权;代位权;返还原物请求权

【解析】《物权法》第243条规定:"不动产或者动产被占有人占有的,权利人可以请求返还原物及其孳息,但应当支付善意占有人因维护该不动产或者动产支出的必要费用。"本题

中,丙强行进入甲的房屋居住,侵犯了甲的所有权,甲有权请求丙返还原物。根据《物权法》第193条的规定:"抵押人的行为足以使抵押财产价值减少的,抵押权人有权要求抵押人停止其行为"可知,当甲怠于对丙行使上述返还原物所有权,导致抵押物价值因此降低时,甲已构成以不作为的方式侵犯抵押权,此时,抵押权人乙可以行使保全请求权,请求甲停止不作为的行为,即请求甲对丙行使返还请求权。据此,选项A是正确的。

关于选项B,抵押权人乙可以和甲通过协议的方式将房屋折价抵偿债务。根据《物权法》第195条的规定,抵押权行使的方式之一就是甲与乙约定由乙取得抵押物的所有权,以折抵甲的欠款。在双方办理房屋过户登记后,乙取得房屋所有权。此时,乙可以要求甲转移房屋所有权,基于所有权的返还请求权也一并转移。所以选项B正确。

《合同法解释(一)》第13条第1款规定:"合同法第七十三条规定的'债务人怠于行使其到期债权,对债权人造成损害的',是指债务人不履行其对债权人的到期债务,又不以诉讼方式或者仲裁方式向其债务人主张其享有的具有金钱给付内容的到期债权,致使债权人的到期债权未能实现。"本题中,甲对丙享有的债权是返还原物请求权,而不是具有金钱给付内容的到期债权,所以乙不能行使代位权,选项C错误。

根据《物权法》第195条的规定:"债务人不履行到期债务或者发生当事人约定的实现抵押权的情形,抵押权人可以与抵押人协议以抵押财产折价或者以拍卖、变卖该抵押财产所得的价款优先受偿。协议损害其他债权人利益的,其他债权可以在知道或者应当知道撤销事由之日起一年内请求人民法院撤销该协议。抵押权人与抵押人未就抵押权实现方式达成协议的,抵押权人可以请求人民法院拍卖、变卖抵押财产,抵押财产折价或者变卖的,应当参照市场价格。"可知,抵押权的实现方式为以拍卖、变卖抵押财产所得的价款优先受偿或者以抵押的财产折价来冲抵债务,而非直接对第三人行使返还请求权,所以选项D错误。

四、抵押权的顺位及其变更与放弃

(一) 确定抵押权顺位的规则

(1) 同一不动产上并存数个抵押权时,其顺序为:① 先登记的优于后登记的;② 同一天登记的,顺位相同,按照债权比例清偿。

(2) 同一动产上并存数个抵押权时,其顺序为:① 登记的优于未登记的;② 先登记的优于后登记的;③ 都没登记的,顺位相同,按照债权比例清偿。

(二) 抵押权顺位的变更

关于抵押权顺位的变更,抵押权人应就变更顺位达成协议,不动产应当进行变更登记。

未经其他抵押权人书面同意,抵押权顺位的变更不得对其他抵押权人产生不利影响,即该变更协议旨在变更当事人之间产生效力。

[历年真题] 黄河公司以其房屋作抵押,先后向甲银行借款100万元,乙银行借款300万元,丙银行借款500万元,并依次办理了抵押登记。后丙银行与甲银行商定交换各自抵押权的顺位,并办理了变更登记,但乙银行并不知情。因黄河公司无力偿还三家银行的到期债务,银行拍卖其房屋,仅得价款600万元。关于三家银行对该价款的分配,下列哪一选项是正确的?(2008年卷三11题)

A. 甲银行100万元、乙银行300万元、丙银行200万元

B. 甲银行得不到清偿、乙银行100万元、丙银行500万元

C. 甲银行得不到清偿、乙银行 300 万元、丙银行 300 万元
D. 甲银行 100 万元、乙银行 200 万元、丙银行 300 万元

【答案】 C

(三) 抵押权顺位的放弃

抵押权顺位的放弃,指同一财产上的先顺位抵押权人为后顺位抵押权人的利益而放弃其优先受偿的顺序。抵押权顺位的放弃是对一种权利的放弃,不会对其他抵押权人产生不利影响,因而无需取得其他抵押权人的同意。

种类	概念	效力
相对放弃	先顺位的抵押权人为同一抵押财产上的"某一特定"的后顺位抵押权人的利益,而放弃其在先顺位。	(1) 对其他抵押权人而言,抵押权顺位的放弃对其并未产生不利影响。 (2) 对放弃者与被放弃者而言,放弃者与被放弃者处于同一顺位,将其各自按照原来顺位可分配的数额合在一起,由双方按其债权比例分配。
绝对放弃	先顺位的抵押权人并非专为同一财产上的"某一特定"的后顺位抵押权人的利益,而是为同一抵押财产上的"所有"的后顺位抵押权人的利益抛弃其在先顺位。	(1) 后顺位的抵押权人的顺位依次升进。 (2) 放弃者变为最后顺位的抵押权人。

五、抵押权实现与买卖不破租赁

(一) 不适用买卖不破租赁:先抵后租,抵押权登记的

(二) 适用买卖不破租赁

1. 先租后抵

"订立抵押合同前"抵押财产已出租的,原租赁关系不受该抵押权的影响。即抵押权人拍卖、变卖抵押物后,仍适用买卖不破租赁规则,新的所有权人应法定承受原租赁合同。

2. 先抵后租,抵押权未登记的

"先抵后租",分两种情况:

(1) 若抵押权已经登记,则不再适用买卖不破租赁。
(2) 若抵押权未登记(当然仅限于动产),仍适用买卖不破租赁。

[历年真题]

2013 年 2 月 1 日,王某以一套房屋为张某设定了抵押,办理了抵押登记。同年 3 月 1 日,王某将该房屋无偿租给李某 1 年,以此抵王某欠李某的借款。房屋交付后,李某向王某出具了借款还清的收据。同年 4 月 1 日,李某得知房屋上设有抵押后,与王某修订租赁合同,把起租日改为 2013 年 1 月 1 日。张某实现抵押权时,要求李某搬离房屋。下列哪些表述是正确的?(2014 年卷三 57 题)

A. 王某、李某的借款之债消灭
B. 李某的租赁权可对抗张某的抵押权

C. 王某、李某修订租赁合同行为无效   D. 李某可向王某主张违约责任

【答案】　ACD

【考点】　买卖不破租赁；恶意串通

【解析】　选项A正确。当事人互负债务，标的物种类、品质不相同的，经双方协商一致，也可以抵消。（见《合同法》第100条）王某将房屋租赁给李某，李某向王某出具借款还清收据，租金抵借款，故借款之债因抵消而消灭。

选项B错误。张某抵押权成立在先，李某的租赁权设定在后，因此，李某的租赁权不能对抗张某的抵押权。

选项C正确。恶意串通，损害国家、集体或者第三人利益的，合同无效。因为王某、张某修订租赁合同的行为将改变抵押合同与租赁合同的成立时间顺序，损害了抵押权人张某的利益，故该修订行为无效。

选项D正确。因张某实现抵押权，要求李某搬离房屋，致使王某无法合理履行出租人义务，构成对李某的违约，应当承担违约责任。

六、抵押权与诉讼时效

《物权法》第202条规定："抵押权人应当在主债权诉讼时效期间行使抵押权；未行使的，人民法院不予保护。"

根据上述法条可知，主债权的诉讼时效是抵押权的存续期间，一旦诉讼时效经过，抵押人便产生抗辩权。

[历年真题]　甲公司向乙银行贷款1000万元，约定2005年12月2日一次性还本付息。丙公司以自己的一栋房屋作抵押。甲到期没有清偿债务，乙银行每个月都向其催收，均无效果，最后一次催收的时间是2007年3月6日。乙银行在下列哪一时间前行使抵押权，才能得到法院的保护？（2007年卷三13题）

A. 2007年12月2日   B. 2009年12月2日
C. 2009年3月6日   D. 2011年3月6日

【答案】　C

七、共同抵押

（一）共同抵押的类型

（1）按份共同抵押。若两个以上的抵押人在设立抵押权时，分别或者共同与债权人约定各自仅对特定的债权数额承担担保责任，为按份共同抵押，债权人行使抵押权时，只能按照约定的份额行使抵押权。

（2）若两个以上的抵押人在设立抵押权时，未与债权人约定债权人行使抵押权的顺序与份额，为连带共同抵押，债权人行使抵押权时，不受顺序与份额的限制，可以就其中的任一抵押权行使担保权，也有权对所有的抵押权同时行使担保物权。

[历年真题]　甲公司以其机器设备为乙公司设立了质权。10日后，丙公司向银行贷款100万元，甲公司将机器设备又抵押给银行，担保其中40万元贷款，但未办理抵押登记。同时，丙公司将自有房产抵押给银行，担保其余60万元贷款，办理了抵押登记。20日后，甲将机器设备再抵押给丁公司，办理了抵押登记。丙公司届期不能清偿银行贷款。下列哪一表述是

正确的？（2013年卷三8题）

A. 如银行主张全部债权，应先拍卖房产实现抵押权
B. 如银行主张全部债权，可选择拍卖房产或者机器设备实现抵押权
C. 乙公司的质权优先于银行对机器设备的抵押权
D. 丁公司对机器设备的抵押权优先于乙公司的质权

【答案】 C

（二）连带共同抵押与混合担保的一个重要区别：

（1）《物权法》第176条规定，在混合担保中，若债务人以自己的财产设立的抵押或者质押，且没有约定债权人行使权利的顺序与份额的，债权人行使权利有顺序限制，债权人应先对债务人提供的物保行使抵押权或者质权。原因：有保证，对保证人主张债权费时、费力、费劲。

（2）《担保法解释》第75条规定，在连带共同抵押中，即使债务人以自己的财产设立了抵押权，债权人行使权利无顺序限制，即使债权人尚未对债务人的财产行使抵押权，亦可对第三人的财产行使抵押权。换言之，债权人享有选择权，可选择其中之一行使抵押权，也可同时行使所有或者数个抵押权。

（三）共同抵押中追偿权的行使

（1）若是按份共同抵押，抵押人承担了担保责任后只能向债务人追偿，不能向其他按份共同抵押人追偿（天底下所有的按份责任之间不存在追偿权）。

（2）若是连带共同抵押，抵押人承担了担保责任后，追偿顺序没有限制，既可向债务人全额追偿，也可以直接按照内部的份额比例向其他连带共同抵押人追偿。

特别提示：在混合担保、连带共同抵押、连带共同保证中，承担了担保责任的第三人应如何追偿（追偿顺序）是一个有争议的知识点。司法考试的答题标准是：

在混合担保中，承担了担保责任的第三人，其追偿权无顺序限制，既可向债务人全额追偿，亦可直接按照内部份额比例向其他担保人追偿。

在连带共同抵押中，承担了担保责任的第三人，其追偿权的行使也无顺序限制。

在连带共同保证中，根据《担保法解释》第20条第2款规定，承担了担保责任的保证人，其追偿权有顺序限制，应先向债务人全额追偿，向债务人不能追偿的部分，再按照内部的份额比例向其他连带共同保证人追偿。

[历年真题] 甲公司向乙银行借款100万元，丙、丁以各自房产分别向乙银行设定抵押，戊、己分别向乙银行出具承担全部责任的担保函，承担保证责任。下列哪些表述是正确的？（2012年卷三55题）

A. 乙银行可以就丙或者丁的房产行使抵押权
B. 丙承担担保责任后，可向甲公司追偿，也可要求丁清偿其应承担的份额
C. 乙银行可以要求戊或者己承担全部保证责任
D. 戊承担保证责任后，可向甲公司追偿，也可要求己清偿其应承担的份额

【答案】 ABC

八、抵押权的实现

抵押权的实现，是指在债务人届期不履行债务或者发生当事人约定的实现抵押权的情形时，抵押权人处分抵押物并以其变价价值优先受偿其债权的行为。

（一）抵押权实现的条件
(1) 债务人不履行到期债务。
(2) 发生当事人约定的实现抵押权的情形。
（二）抵押权的实现方式
(1) 抵押权人可以与抵押人协议以抵押财产折价或者以拍卖、变卖该抵押财产所得的价款优先受偿。但是，该协议损害其他债权人利益，且符合债权人撤销的构成要件，其他债权人可以在知道撤销事由之日起1年内依照《合同法》第74条的规定行使债权人撤销权，撤销该协议。
(2) 不能就抵押权的实现方式达成协议的，抵押权人一般应请求人民法院拍卖、变卖抵押财产。此时，抵押权人不得自行拍卖、变卖抵押财产（在这一点上，与质权不同）。

九、动产浮动抵押

动产浮动抵押权	
定义	经当事人书面协议，企业、个体工商户、农业生产经营者可以将现有的以及将有的生产设备、原材料、半成品、产品抵押，债务人不履行到期债务或者发生当事人约定的实现抵押权的情形时，债权人有权就实现抵押权时的动产优先受偿的一种担保方式。
特点	(1) 主体的特定性。抵押人限于企业、个体工商户、农业生产经营者。 (2) 担保财产的集合性。抵押财产是经营者所有的集合动产，包括现有或将有的生产设备、原材料、半成品、产品。 (3) 抵押财产的不特定性。抵押财产包括现有的和将有的财产，其范围和价值具有变动性。 (4) 抵押财产的可转让性。在抵押期间，未出现实现抵押权的情形时，抵押人"可以不经抵押权人的允许"，在正常的经营活动中转让抵押物。
抵押财产的确定	(1) 债务履行期届满，债权未实现。 (2) 抵押人被宣告破产或者被撤销。 (3) 当事人约定的实现抵押权的情形。 (4) 严重影响债权实现的其他情形。
规则	(1) 动产浮动抵押自抵押合同生效时设立；未经登记，不得对抗善意第三人。 (2) 欲取得对抗效力，应到抵押人住所地的工商行政管理部门办理登记。 (3) 抵押期间，未出现实现抵押权的情形时，抵押人转让抵押财产的，只要买受人支付了合理对价并完成了交付，无论受让人为善意或者恶意，均自动解除抵押关系，不再属于抵押财产。

[历年真题] 某农村养殖户为扩大规模向银行借款，欲以其财产设立浮动抵押。对此，下列哪些表述是正确的？（2010年卷三56题）

A. 该养殖户可将存栏的养殖物作为抵押财产
B. 抵押登记机关为抵押财产所在地的工商部门
C. 抵押登记可对抗任何善意第三人

D. 如借款到期未还,抵押财产自借款到期时确定

【答案】 AD

【考点】 动产浮动抵押

【解析】 根据《物权法》第181条的规定,个体工商户、农业生产经营者可以将现有的以及将有的生产设备、原材料、半成品、产品设立动产浮动抵押。所以选项A正确。

根据《物权法》第189条第1款的规定,动产浮动抵押的登记机关为抵押人住所地的工商行政管理部门,而不是动产所在地的工商部门。所以选项B错误。

根据《物权法》第189条第2款的规定,已经登记的动产浮动抵押,不得对抗正常经营活动中支付合理价款并取得抵押财产的买受人。所以选项C错误。

《物权法》第196条规定:"依照本法第一百八十一条规定设定抵押的,抵押财产自下列情形之一发生时确定:(一)债务履行期届满,债权未实现;(二)抵押人被宣告破产或者被撤销;(三)当事人约定的实现抵押权的情形;(四)严重影响债权实现的其他情形。"如借款到期未还,抵押财产自借款到期时确定,所以选项D正确。

十、最高额抵押

最高额抵押	
定义	最高额抵押是指为担保将来一段时间可能发生的不超过一定数额债权的实现而设立的担保方式。
特点	(1) 担保合同成立在前,主债权合同成立在后。 (2) 担保的主债权的发生及其数额具有不确定性。 (3) 在担保债权确定前,部分债权转让的,最高额抵押权不随之转让。
担保债权的确定途径	(1) 约定的债权确定期间届满。 (2) 没有约定或者约定不明确的,抵押权人或抵押人自最高额抵押权设立之日起满2年后确定债权。 (3) 新的债权不可能发生。 (4) 抵押财产被查封、扣押。 (5) 债务人、抵押人被宣告破产或者被撤销。 (6) 法律规定债权确定的其他情形。
效力	(1) 抵押权人实现最高额抵押权时,如果实际发生的债权余额高于最高限额的,以最高限额为限,超过部分为一般债权,不具有优先受偿的效力。 (2) 如果实际发生的债权余额低于最高限额的,以实际发生的债权余额为限对抵押物优先受偿。
其他	(1) 最高额质权参照适用最高额抵押权的规则。 (2) 最高额保证:未约定保证期间的最高额保证,保证人有任意解除权,可随时单方面通知对方解除合同。合同解除后,保证人仅对通知到债权人前已发生的债权承担保证责任。

[历年真题] 2014年7月1日,甲公司、乙公司和张某签订了《个人最高额抵押协议》,张某将其房屋抵押给乙公司,担保甲公司在一周前所欠乙公司货款300万元,最高债权额400万

元,并办理了最高额抵押登记,债权确定期间为 2014 年 7 月 2 日到 2015 年 7 月 1 日。债权确定期间内,甲公司因从乙公司分批次进货,又欠乙公司 100 万元。甲公司未还款。关于有抵押担保的债权额和抵押权期间,下列哪些选项是正确的?(15 年卷三 54 题)

  A. 债权额为 100 万元   B. 债权额为 400 万元
  C. 抵押权期间为 1 年   D. 抵押权期间为主债权诉讼时效期间

【答案】 BD
【考点】 最高额抵押
【解析】 依据《物权法》第 203 条第 2 款的规定:"最高额抵押权设立前已经存在的债权,经当事人同意,可以转入最高额抵押担保的债权范围。"甲公司欠乙公司的 300 万元货款以及债权确定期间甲公司欠乙公司的 100 万元货款都是抵押权担保的债权范围。故选项 A 错误,选项 B 正确。

  依据《物权法》第 207 条的规定:"最高额抵押权除适用本节规定外,适用本章第一节一般抵押权的规定。"依据《物权法》第 202 条的规定:"抵押权人应当在主债权诉讼时效期间行使抵押权;未行使的,人民法院不予保护。"抵押权期间为主债权诉讼时效期间。故选项 C 错误,选项 D 正确。

第三节 质 权

一、质权概述

(一) 定义

质权,是指为担保债权的履行,债务人或第三人将其动产或权利移交债权人占有,从而成立的担保物权。

(二) 特点

1. 质权主要是一种动产物权,对不动产不能设定质权。此外,权利也可以成为质权的标的,称权利质权。

2. 质权的设立,通常是以合同进行,其当事人是质权人和出质人。

3. 出质人交付质物时,质押权成立暨生效,债权人始对质物享有优先受偿权,即动产质权的生效采交付要件主义。以汇票、支票、本票、公司债券设立权利质权的,自交付权利凭证时质权设立,但是,若未在权利凭证上背书"质押"字样,已经设立的权利质权不得对抗善意第三人。

质押物约定与移交不一致的,以后者为准。(《担保法解释》第 89 条)。注意:① 以占有改定方式完成交付的,不发生质权设立的效果。② 设立权利质权后,未经质权人同意,出质人不得转让权利质权的客体,出质的知识产权人不得许可他人使用已经出质的知识产权。经过质权人同意转让或者许可他人使用权利质权所获得的价款,应当向质权人提前清偿债务或者提存。

二、质权人的权利与义务

(一) 质权人的权利

1. 占有权

因质权是移转占有的权利,不同于抵押权,因此,质权人享有占有的权利,包括直接占有和间接占有。

2. 孳息收取权

根据《物权法》213 条规定,质权人有权收取质押财产的孳息,但合同另有约定的除外。前款规定的孳息应当先充抵收取孳息的费用。主要包括以下四层含义:

(1) 质押合同若无相反约定,质权人有权收取质物孳息;
(2) 该孳息的所有权仍归属于出质人,质权人享有收取权;
(3) 收取孳息的目的在于控制孳息,以方便对其主张债权;
(4) 该孳息应当首先抵充收取孳息的费用,剩下的用于质押,仍有剩下的则返还出质人。

3. 保全质权

因不能归责于质权人的事由可能使质押财产毁损或者价值明显减少,足以危害质权人权利的,质权人有权要求出质人提供相应的担保;出质人不提供的,质权人可以拍卖、变卖质押财产,并与出质人通过协议将拍卖、变卖所得的价款提前清偿债权或者提存。

4. 优先受偿权

5. 转质权

根据《物权法》第 217 条规定,质权人在质权存续期间,未经出质人同意转质,造成质押财产毁损、灭失的,应当向出质人承担赔偿责任。

转质	
定义	质权人在质权存续期间,以其占有的质物为第三人设定质权,以担保自己的债务。
特点	(1) 质权人合法享有质权; (2) 质权人因前一质权而合法占有质物; (3) 目的是为了担保自己的债务而非他人债务; (4) 质权人为第三人而设定转质权。
类型	(1) 承诺转质。经出质人同意,质权人以质权人身份转质。 (2) 责任转质。未经出质人同意,质权人以质权人身份转质。此种情形下,质权人对因转质而发生的损害负赔偿责任。
效力	责任转质: (1) 转质权所担保债权范围以原质权所担保债权为限。 (2) 转质权优先于原质权。 (3) 转质人对质物的毁损灭失承担"绝对无过错责任"。 承诺转质: (1) 转质权优先于原质权。 (2) 转质权具有独立性,不受原质权的限制;原质权消灭的,不影响转质权的存续。 (3) 转质人对质物的损毁灭失承担"过错责任"。

注意:责任转质不同于质权的善意取得。在责任转质中,质权人是以质权人的身份向第三人转质的;在质权的善意取得中,质权人是以质物的所有人的身份为第三人设定质权的,适用质权的善意取得的规定。

(二) 质权人的义务

1. 妥善保管质物

因保管不善而对质物造成损坏的,应当承担赔偿责任。

2. 不得擅自使用、出租、处分质物

擅自使用、处分质物给出质人造成损害的,应当承担赔偿责任。

3. 及时行使质权

（1）在债务履行期限届满后,出质人可以主动请求质权人及时行使质权；质权人不行使的,出质人可直接请求法院变现质物。

（2）出质人主动请求行使质权,因质权人怠于行使质权造成损害的,质权人负责赔偿。

4. 质权消灭后,向出质人返还质物。

三、权利质权

（一）以有价证券设定质权

（1）有价证券包括五类债权证券（汇票、本票、支票、债券、存款单）和两类物权证券（仓单、提单）,原则上以交付权利凭证为质权的生效要件；无权利凭证的,以出质登记为生效要件。以票据或债券出质的,应背书记载"质押"字样,没有背书的,不得对抗第三人。

（2）汇票、支票、本票、债券、存款单、仓单、提单的兑现日期或者提货日期先于主债权到期的,质权人可以兑现或者提货,并与出质人协议将兑现的价款或者提取的货物提前清偿债务或者提存。

（二）以基金份额、股权设定质权

（1）以登记为质权的生效要件。

（2）基金份额、股权出质后,不得转让,但经出质人与质权人协商同意的除外。出质人转让基金份额、股权所得的价款,应当向质权人提前清偿债务或者提存。

（三）以知识产权中的财产权设定质权

（1）以登记为质权的生效要件。

（2）知识产权中的财产权出质后,出质人不得转让或者许可他人使用,但经出质人与质权人协商同意的除外。出质人转让或者许可他人使用出质的知识产权中的财产权所得的价款,应当向质权人提前清偿债务或者提存。

（四）以应收账款设定质权

（1）以登记为质权的生效要件。

（2）应收账款出质后,不得转让,但经出质人与质权人协商同意的除外。出质人转让应收账款所得的价款,应当向质权人提前清偿债务或者提存。

[历年真题]

1. 甲公司为乙公司向银行贷款 100 万元提供保证,乙公司将其基于与丙公司签订的供货合同而对丙公司享有的 100 万元债权出质给甲公司作反担保。下列哪一表述是正确的？（2013 年卷三 7 题）

A. 如乙公司依约向银行清偿了贷款,甲公司的债权质权仍未消灭

B. 如甲公司、乙公司将出质债权转让给丁公司但未通知丙公司,则丁公司可向丙公司主张该债权

C. 甲公司在设立债权质权时可与乙公司约定,如乙公司届期不清偿银行贷款,则出质债权归甲公司所有

D. 如乙公司将债权出质的事实通知了丙公司,则丙公司可向甲公司主张其基于供货合同

而对乙公司享有的抗辩

【答案】 D

【考点】 反担保、债权转让。

【解析】 选项A错误。《物权法》第171条第2款规定:"第三人为债务人向债权人提供担保的,可以要求债务人提供反担保。反担保适用本法和其他法律的规定。"另第177条规定:"有下列情形之一的,担保物权消灭:(一)主债权消灭;(二)担保物权实现;(三)债权人放弃担保物权;(四)法律规定担保物权消灭的其他情形。"本题中,乙将其对丙公司享有的债权出质给甲公司作反担保时,因丙公司依约向银行清偿贷款,则甲公司的保证债务因主债权消灭而消灭,甲公司不须履行保证责任,则乙公司为偿还甲公司保证债务而提供的债权质权的反担保也就随之消灭。

选项B错误。《合同法》第80条第1款规定:"债权人转让权利的,应当通知债务人。未经通知,该转让对债务人不发生效力。"可知,如果甲公司、乙公司将出质债权转让给丁公司但未通知丙公司的话,丁公司不能向丙公司主张债权。

选项C错误。《物权法》第211条规定,质权人在债务履行期届满前,不得与出质人约定债务人不履行到期债务时质押财产归债权人所有。可知,质押合同中的"流质"条款无效。

选项D正确。根据《合同法》第82条的规定:"债务人接到债权转让通知后,债务人对让与人的抗辩,可以向受让人主张。"可知,在本题中,如果乙公司将债权出质的事实通知了丙公司,则债权出质对丙公司发生效力,甲公司成为质权人,且丙公司可对质权人甲公司主张其原先具有的对乙公司享有的抗辩。

2. 甲对乙享有10万元的债权,甲将该债权向丙出质,借款5万元。下列哪一表述是错误的?(2012年卷三7题)

A. 将债权出质的事实通知乙不是债权质权生效的要件

B. 如未将债权出质的事实通知乙,丙即不得向乙主张权利

C. 如将债权出质的事实通知了乙,即使乙向甲履行了债务,乙不得对丙主张债已消灭

D. 乙在得到债权出质的通知后,向甲还款3万元,因还有7万元的债权额作为担保,乙的部分履行行为对丙有效

【答案】 D

【考点】 债权权利质权

【解析】 根据传统民法理论,以债权为标的设立权利质权时,除适用关于质权设立的一般规定外,如需要订立书面的质权合同,还须适用关于债权转让的法律规则。具体说来,债权权利质权的设立应当通知债务人,未通知债务人的,该权利质权的设立不得对抗债务人。即以债权为标的设立权利质权时,出质人或者质权人应通知债务人,但是通知并非权利质权的设立要件,仅为对抗要件。未通知债务人的,不会影响债权质权的设立,只是使该权利质权不具有对抗债务人的效力。如果出质人或者质权人未通知债务人的,由于债务人不知该债权已经设立质权的事实而向债权人进行清偿的,会发生清偿的法律效果。反之,出质人或者质权人通知债务人后债务人仍对债权人履行债务的,则对质权人而言不能发生清偿的法律效果。所以选项A、B、C的表述是正确的,不当选。

在选项D中,债务人乙在得到债权出质的通知后,仍然向债权人甲清偿3万元,该3万元清偿对质权人丙而言,不能发生清偿的效力,乙仍应当承担10万元的债权质押担保,乙的3万

元履行行为对丙来说是无效的。所以选项D的表述是错误的,当选。

3. 根据《物权法》的规定,下列哪一类权利不能设定权利质权？(2009年卷三7题)

A. 专利权 B. 应收账款债权
C. 可以转让的股权 D. 房屋所有权

【答案】 D

【考点】 权利质权

【解析】 根据物权法定原则,权利质权的客体仅限于法律明文规定的民事权利。根据《物权法》第223条的规定:"债务人或者第三人有权处分的下列权利可以出质:(一)汇票、支票、本票;(二)债券、存款单;(三)仓单、提单;(四)可以转让的基金份额、股权;(五)可以转让的注册商标专用权、专利权、著作权等知识产权中的财产权;(六)应收账款;(七)法律、行政法规规定可以出质的其他财产权利。"可知本题答案为选项D。

第四节 留　置　权

一、留置权概述

(一) 定义

留置权,是债权人按照合同约定占有债务人的财产,在债务人逾期不履行债务时,有留置该财产并就该财产优先受偿的权利。

(二) 构成要件

留置权构成要件	
积极要件	(1) 标的物是债权人合法占有的债务人的动产。 (2) 债权已届清偿期。 (3) 债权的发生与动产的占有基于同一法律关系。
消极要件	(1) 对动产的占有不是基于侵权行为。 (2) 当事人约定不得留置的,不得留置。 (3) 留置不得违反公共秩序和善良风俗。 (4) 留置不得与留置人所承担的义务相抵触。

注意:对于企业之间的留置权(商事留置权),不受同一法律关系的束缚。

[历年真题]　1. 辽东公司欠辽西公司货款200万元,辽西公司与辽中公司签订了一份价款为150万元的电脑买卖合同,合同签订后,辽中公司指示辽西公司将该合同项下的电脑交付给辽东公司。因辽东公司届期未清偿所欠货款,故辽西公司将该批电脑扣留。关于辽西公司的行为,下列哪一选项是正确的？(2010年卷三10题)

A. 属于行使抵押权 B. 属于行使动产质权
C. 属于行使留置权 D. 属于自助行为

【答案】 C

【考点】 商事留置权

【解析】 关于选项A。《物权法》第179条第1款规定:"为担保债务的履行,债务人或者第三人不转移财产的占有,将该财产抵押给债权人的,债务人不履行到期债务或者发生当事人约定的实现抵押权的情形,债权人有权就该财产优先受偿。"可知抵押权设定必须是债权人与债务人或第三人就抵押物设定抵押权进行约定,而非法律强制规定。本题中,作为债权人的辽西公司占有着电脑,但辽西公司扣留电脑并非是与辽东公司约定的,所以辽西公司扣留电脑的行为不是行使抵押权,所以选项 A 错误。

关于选项 B。《物权法》第 208 条第 1 款规定:"为担保债务的履行,债务人或者第三人将其动产出质给债权人占有的,债务人不履行到期债务或者发生当事人约定的实现质权的情形,债权人有权就该动产优先受偿。"可知,动产质权设定必须是债权人与债务人或第三人就动产质权的设定进行约定,而非法律强制规定。本题中,辽西公司扣留电脑并非与辽东公司进行约定,故辽西公司扣留电脑的行为不是在行使动产质权,所以选项 B 错误。

关于选项 C。留置权是指债权人按照合同约定占有债务人的财产,在债务人逾期不履行债务时,有留置该财产以迫使债务人履行债务,并在债务人仍不履行债务时就该财产优先受偿的权利。根据《物权法》第 230 条的规定:"债务人不履行到期债务,债权人可以留置已经合法占有的债务人的动产,并有权就该动产优先受偿。"《物权法》第 231 条规定:"债权人留置的动产,应当与债权属于同一法律关系,但企业之间留置的除外。"《物权法》第 233 条规定:"留置财产为可分物的,留置财产的价值应当相当于债务的金额。"可知,留置权成立的要件为:(1)须债权人合法占有债务人的动产;(2)须债权已届清偿期;(3)须债权与动产属于同一法律关系,但企业间留置除外;(4)留置动产须与担保债权价值相当。

本题中,辽西公司已经合法占有电脑,辽西公司对辽东公司的 200 万元债权已届清偿期,但辽东公司仍未清偿,辽西公司的 200 万元债权虽与电脑不属于同一法律关系,但是因为辽东公司与辽西公司属于企业,可以例外适用留置权。另辽西公司的债权数额为 200 万元,电脑价值为 150 万元,价值相当。所以辽西公司可以行使留置权,其将电脑扣留的行为即属于行使留置权的行为,选项 C 正确。

关于选项 D。自助行为是指民事主体为保护自己的权利,对他人的人身自由予以拘束或者对他人的财产予以扣押或者毁损的行为。自助行为的构成要件包括:(1)为保护自己的权利;(2)情势紧迫来不及请求公力救济,且不实施自助必然导致权利难以实现或者无从实现;(3)采取的手段适当;(4)事后及时请求有关国家机关处理。本题中,辽西公司扣留电脑的行为,不是在情势紧迫来不及请求公力救济的情况下实施,所以不属于自助行为,选项 D 错误。

2. 小贝购得一只世界杯指定用球后兴奋不已,一脚踢出,恰好落入邻居老马家门前的水井中,正在井边清洗花瓶的老马受到惊吓,手中花瓶落地摔碎。老马从井中捞出足球后,小贝央求老马归还,老马则要求小贝赔偿花瓶的损失。对此,下列哪些选项是正确的?(2010 年卷三 54 题)

  A. 小贝对老马享有物权请求权
  B. 老马对小贝享有物权请求权
  C. 老马对小贝享有债权请求权
  D. 如小贝拒绝赔偿,老马可对足球行使留置权

【答案】　AC
【考点】　留置权、返还原物请求权
【解析】　所谓返还原物请求权,是指物权人在其所有物被他人非法占有时,可以向非法

占有人请求返还原物,或请求法院责令非法占有人返还原物。根据《物权法》第34条的规定:"无权占有不动产或者动产的,权利人可以请求返还原物。"可知,返还原物请求权的构成要件有:(1)请求人为物权人;(2)被请求人为无权占有人;(3)请求时被请求返还的标的物尚存在。本题中,小贝乃足球的所有权人,老马对足球的占有属于无权占有且原物依然存在,所以,小贝对老马享有返还原物请求权,属于物权请求权,所以选项A正确。

小贝导致老马花瓶损失的行为,符合过错侵权的四个构成要件:(1)加害人实施了加害行为(作为或不作为);(2)受害人遭受了可救济的损害;(3)加害行为与损害具有因果关系;(4)加害人具有故意或者过失。所以老马对小贝有损害赔偿请求权,属于债权请求权,所以选项C正确。

由于小贝的侵权行为,导致老马手中花瓶落地撞碎,老马对花瓶的所有权因此而消灭,老马对小贝只有债权请求权,而没有物权请求权。所以选项B错误。

关于选项D,根据《物权法》第230条第1款的规定:"债务人不履行到期债务,债权人可以留置已经合法占有的债务人的动产,并有权就该动产优先受偿。"本题中,老马对足球的占有属于非法占有,且老马留置的动产与所担保的债权不属于同一法律关系,所以老马对足球不可以行使留置权,所以选项D错误。

二、留置权的行使

1. 若留置物为可分物,则债权人有义务留置与债务金额相当价值的动产。
2. 若留置物为不可分物的,留置权人可就留置物的全部行使留置权。
3. 留置权人的优先受偿权不同于质押权人、抵押权人,其行使前必须忍耐不少于两个月的宽限期。具体言之:

(1)当事人可在合同中自由约定宽限期,但该宽限期不得少于2个月。凡约定宽限期的,宽限期过后,债权人无须通知,即可直接行使留置权。

(2)当事人未约定宽限期的,债权人须在主债权届满后,确定不少于2个月的宽限期,并通知债务人履行;宽限期过后仍未履行的,才可行使留置权。

债权人未尽第2项通知义务而直接变现留置物的,应负赔偿责任。

(3)虽然未到宽限期届满,但债务人可以请求留置权人在债务履行期间届满后行使留置权;留置权人不行使的,债务人可以请求法院直接变现留置物。

注意:同一动产上已设立抵押权或者质权,该动产又被留置的,留置权人优先受偿。

三、留置权人的权利和义务

权利	(1)留置标的物; (2)收取留置物的孳息; (3)保管留置物的费用请求权; (4)优先受偿权。
义务	(1)妥善保管义务。留置权人应妥善保管留置物,否则,给留置物造成损害的,应当承担赔偿责任。 (2)留置期间不得擅自使用、出租、处分留置物。

四、留置权的消灭

根据《物权法》第 177 条和第 240 条的规定,留置权消灭主要有以下几种原因:
(1) 主债权消灭;
(2) 留置权实现;
(3) 留置权人放弃留置权;
(4) 留置物毁损灭失且无代位物;
(5) 债务人另行提供担保并被债权人接受;
(6) 留置权人丧失对留置物的占有。

[历年真题] 下列哪些情形下权利人可以行使留置权?(2015 年卷三 55 题)

A. 张某为王某送货,约定货物送到后一周内支付运费。张某在货物运到后立刻要求王某支付运费被拒绝,张某可留置部分货物

B. 刘某把房屋租给方某,方某退租搬离时尚有部分租金未付,刘某可留置方某部分家具

C. 何某将丁某的行李存放在火车站小件寄存处,后丁某取行李时认为寄存费过高而拒绝支付,寄存处可留置该行李

D. 甲公司加工乙公司的机器零件,约定先付费后加工。付费和加工均已完成,但乙公司尚欠甲公司借款,甲公司可留置机器零件

【答案】 CD

【考点】 留置权

【解析】 依据《物权法》第 230 条第 1 款的规定:"债务人不履行到期债务,债权人可以留置已经合法占有的债务人的动产,并有权就该动产优先受偿。"留置权的构成要件有三个:(1) 债务人未履行到期债务;(2) 债权人合法占有债务人的财产;(3) 债权人占有的动产与所担保的债权属于同一法律关系。关于选项 A,张某与王某约定货物送到一周内支付运费,张某在货物运到后立刻要求王某支付运费,王某有权拒绝,即债务人王某并没违反履行到期债务的义务,张某不可留置部分货物。故选项 A 错误。

关于选项 B。债权人行使留置权的要件之一是债权人占有的动产与所担保的债权属于同一法律关系。方某未支付租金与刘某留置方某家具不属于同一法律关系,刘某不可留置方某的家具。故选项 B 错误。

关于选项 C。依据《担保法解释》第 108 条的规定:"债权人合法占有债务人交付的动产时,不知债务人无处分该动产的权利,债权人可以按照担保法第八十二条的规定行使留置权。"可知,债权人可以善意取得留置权。何某将丁某的行李寄存在寄存处,符合留置权的善意取得,寄存处可以善意取得留置权,有权留置丁某的行李,故选项 C 正确。

关于选项 D。依据《物权法》第 231 条的规定:"债权人留置的动产,应当与债权属于同一法律关系,但企业之间留置的除外。"一般留置权要求债权人占有的动产与所担保的债权属于同一法律关系,但商事留置权无此要求。虽然甲公司加工乙公司的机器零件与乙公司对甲公司的欠款不属于同一法律关系,但符合商事留置权的规定。故选项 D 正确。

第七章 占 有

一、占有的概述

（一）占有的定义 占有,即人对物管领控制的事实。

（二）占有的特征

(1) 占有是一种事实,而非权利。

(2) 占有是一种财产利益。有权占有与无权占有均受保护,只是程度不同而已。

(3) 占有的客体为物。对权利的占有属于准占有。

(4) 民法承认观念占有,如间接占有等。

（三）占有的要素

(1) 体素,即对物的管领与控制,是否具有事实上的管领力,应以社会观念及外部可认识的空间关系、时间关系和法律关系认定。

(2) 心素,即占有的意思,该意思不是法律行为上的意思,而是一种自然意思,故取得某物的占有或维持其占有皆不以具有行为能力为必要。

二、占有的分类

占有的分类		区分意义
自主占有与他主占有	自主占有:以自己所有的意思占有物。	在先占与时效取得制度中,要求权利人必须为自主占有。
	他主占有:无所有的意思,仅于某种特定关系支配物的意思的占有。	
直接占有与间接占有	直接占有:直接对物进行事实上的管领与控制。	(1) 直接占有可以独立存在、间接占有不可以独立存在。 (2) 间接占有可以形成占有阶梯,形成多层次间接占有;直接占有则否。
	间接占有:虽未直接占有某物,但依据一定的法律关系而对于直接占有人享有占有返还请求权的占有。	
有权占有与无权占有	有权占有:基于法律上的原因对物进行的占有。	(1) 有权占有可以拒绝他人行使本权,反之,与本权人请求返还占有物的,无权占有人负有返还义务,即占有物返还请求权只能针对无权占有人。 (2) 因侵权行为占有他人之物的,不发生留置权。
	无权占有:欠缺本权的占有。	

(续表)

占有的分类		区分意义
善意占有与恶意占有	善意占有:误信自己具有占有的权源而无怀疑地进行的占有。	(1) 无权占有人"使用"占有物导致磨损、折旧、损坏的,恶意占有人应当承担赔偿责任;善意的自主占有人不承担赔偿责任。 (2) 权利人请求返还占有物时,善意占有人有权请求权利人支付保管、维修等必要费用;恶意占有人无此权利。 (3) 无权占有的标的物毁损、灭失的,无权占有人均应返还补偿金、赔偿金或保险金。但对于此外的损失,善意占有人不承担责任,恶意占有人应承担赔偿责任。
	恶意占有:明知无占有的权源或对是否具有占有的权源有所怀疑而仍然进行的占有。	
单独占有与共同占有	单独占有:一个主体对物的占有。	(1) 内部关系:数人共同占有一物时,仅仅就占有物的使用范围发生争议时,不得互相请求占有保护。 (2) 外部关系:数人共同占有一物时,若有人侵夺其他共同占有人的占有,占有被侵夺的共同占有人可行使占有返还请求权,请求侵夺人向全部共同占有人返还占有,不得仅请求返还给自己。
	共同占有:数人对同一物的占有。	

[历年真题] 1. 甲拾得乙的手机,以市价卖给不知情的丙并交付。丙把手机交给丁维修。修好后丙拒付部分维修费,丁将手机扣下。关于手机的占有状态,下列哪些选项是正确的?(2015年卷三56题)

A. 乙丢失手机后,由直接占有变为间接占有
B. 甲为无权占有、自主占有
C. 丙为无权占有、善意占有
D. 丁为有权占有、他主占有

【答案】 ABCD
【考点】 占有
【解析】 乙的手机丢失被甲拾得,乙即由直接占有变成间接占有。故选项A正确。占有人对占有物不享有占有的权利的,该占有为无权占有。甲拾得乙得手机,对该手机不享有的权利,甲对手机占有为无权占有。以据为己有的意思而占有为自主占有;不以据为己有的意思而占有为他主占有。甲拾得他人手机,对手机的占有为自主占有。故选项B正确。

甲将手机卖给不知情的丙,丙对手机不能取得所有权,丙对手机不享有占有的权利,为无权占有,但是主观上丙是善意的,为善意占有。故选项C正确。

依据《物权法》第106条第3款的规定:"当事人善意取得其他物权的,参照前两款规定。"留置权可以善意取得。本题中,丁将手机扣下,善意取得手机留置权,丁为有权占有。丁占有手机不是以据为己有为意思的占有,乙是他主占有。故选项D正确。

2. 甲、乙是邻居。乙出国2年,甲将乙的停车位占为己用。期间,甲将该停车位出租给

丙,租期1年。期满后丙表示不再续租,但仍继续使用该停车位。下列哪一表述是错误的?(2012年卷三8题)

  A. 甲将乙的停车位占为己用,甲属于恶意、无权占有人
  B. 丙的租期届满前,甲不能对丙主张占有返还请求权
  C. 乙可以请求甲返还原物。在甲为间接占有人时,可以对甲请求让与其对丙的占有返还请求权
  D. 无论丙是善意或恶意的占有人,乙都可以对其行使占有返还请求权

【答案】　D
【考点】　占有的分类;占有恢复请求权;返还原物请求权
【解析】　关于选项A。占有人对占有物不享有占有的权利(物权、债权、监护权)的,该占有为无权占有。无权占有分为善意占有与恶意占有。无权占有人不知道也不应当知道自己欠缺占有权源的,为善意占有;无权占有人知道或者应当知道自己欠缺占有权源的,为恶意占有。本题中,甲擅自占有乙的车位,没有占有的权力,属于无权占有。并且甲知道自己对乙的车位欠缺占有的权利,属于恶意占有。所以选项A正确,不当选。

  关于选项B。根据《物权法》第245条的规定,占有返还请求权的构成要件是:(1)请求人为占有人;(2)占有人的占有被侵夺;(3)被请求人为侵夺人及其继受人;(4)须在占有被侵夺之日起1年内行使。甲将停车位出租给丙,甲、丙之间存在租赁合同关系,在租赁期间,丙取得租赁物的使用权,丙对于甲而言属于有权占有,并未侵夺甲的占有,故甲对丙不享有占有返还请求权,所以选项B正确,不当选。

  关于选项C。根据《物权法》第34条的规定,返还原物请求权的构成要件是:(1)请求人为物权人;(2)被请求人为无权占有人。乙系停车位的所有权人,甲系停车位的无权占有人,所以,乙可对甲行使返还原物请求权。但是由于甲将停车位出租给丙,此时甲在事实上不是对物进行直接占有,而是间接占有人,所以在乙对其行使返还请求权时,甲可以通过指示交付方式代替现实交付,将自己对丙享有的基于租赁合同产生的对丙的占有返还请求权让与乙,选项C正确,不当选。

  关于选项D。根据《物权法》第245条的规定:"占有的不动产或者动产被侵占的,占有人有权请求返还原物"返还原物请求权是对侵占而言的。如果丙是恶意占有人,明知该车位不是甲所有而承租,构成侵占,乙可以对其行使占有返还请求权。但如果丙为善意占有人,误以为甲对该车位有处分权,其是基于与甲原有的有效的租赁关系而占有车位,不构成侵占,乙不能对其行使占有返还请求权,故选项D错误,当选。

三、占有的推定

(一)占有状态的推定

1. 占有状态的推定包括以下几个方面:
(1)无权占有与有权占有不明时,除有相反证据证明外,推定为有权占有。
(2)在无权占有中,善意占有和恶意占有不明时,除有相反证据证明外,推定为善意占有。
(3)和平、公然占有的事实不明时,推定为和平占有、公然占有。

2. 占有状态的推定属于证明规则,欲否定占有人是自主占有、善意占有、公然占有、和平占有的,须提出反证,推翻该推定。

(二)占有的权利推定

2016年的民法真题中,考查到占有的权利推定。《德国民法典》中第1006条第1款第1句规定:"(1)为动产占有人的利益,推定其为物的所有人。但从物从前占有人那里被盗、遗失或者以其他方式丧失的,对前占有人不适用前句的规定,但物为金钱或者无记名证券的除外;(2)为前占有人的利益,推定其在占有存续期间曾经是物的所有人。(3)在间接占有的情况下,这一推定适用于间接占有人。"简单来说,占有的权利推定即是推定动产的占有人为物的权利人。

1. 占有的权利推定

(1)占有人在占有物上行使权利的,推定其合法有此权利,占有人免负举证责任。

(2)占有的权利推定,原则上以动产为限,未登记的不动产物权准用之。

2. 占有权利推定的限制

(1)已经登记的不动产,不适用占有权利推定规则。

(2)占有人以他主占有的意思占有,则对于使其占有之人,对该占有人不适用占有的权利推定。

(3)占有的权利推定只具有消极的效力,占有人不得利用此种权利推定,请求为所有权登记的积极证明。

[历年真题] 甲、乙就乙手中的一枚宝石戒指的归属发生争议。甲称该戒指是其在2015年10月1日外出旅游时让乙保管,属甲所有,现要求乙返还。乙称该戒指为自己所有,拒绝返还。甲无法证明对该戒指拥有所有权,但能够证明在2015年10月1日前一直合法占有该戒指,乙则拒绝提供自2015年10月1日后从甲处合法取得戒指的任何证据。对此,下列哪一说法是正确的?(2016年卷三9题)

A. 应推定乙对戒指享有合法权利,因占有具有权利公示性
B. 应当认定甲对戒指享有合法权利,因其证明了自己的先前占有
C. 应当由甲、乙证明自己拥有所有权,否则应判决归国家所有
D. 应当认定由甲、乙共同共有

【答案】 B

四、占有保护请求权

1. 占有返还请求权

自侵占发生之日起1年内未行使,请求权消灭(除斥期间)。占有返还请求权的构成要件包括:

(1)占有被侵夺,即违背占有人的意思,以法律禁止的私力剥夺占有人的占有,将占有人的占有物移转到自己的管理控制之下。

(2)请求权人须为占有被侵夺之人。

(3)被请求人为占有的侵夺人或其继受人。

(4)自侵夺之日起1年内行使。

2. 排除妨碍或者消除危险请求权

无期限限制。

3. 损害赔偿请求权

适用一般诉讼时效。

[历年真题] 1. 张某拾得王某的一只小羊拒不归还,李某将小羊从张某羊圈中抱走交给王某。下列哪一表述是正确的?(2014年卷三9题)

A. 张某拾得小羊后因占有而取得所有权　　B. 张某有权要求王某返还占有

C. 张某有权要求李某返还占有　　D. 李某侵犯了张某的占有

【答案】　D

【考点】　占有返还请求权

【解析】　选项A错误。拾得遗失物,应当返还给权利人。可见,张某拾得小羊不能因占有取得其所有权。

选项B错误,选项C错误。李某将小羊从张某羊圈中抱走,侵犯了张某的占有,但随即李某将小羊交还给王某,李某失去占有,张某不能再向李某主张占有返还请求权。

选项D正确。占有是一种既成事实,即使这种事实与其他当事人的权利相抵触,也不应该再受到非法行为的侵害。对占有的保护,就是对社会安宁、稳定的保护。因此,李某将小羊从张某羊圈中抱走的行为侵犯了张某的占有。

2. 某小区徐某未获得规划许可证和施工许可证便在自住房前扩建一个门面房,挤占小区人行通道。小区其他业主多次要求徐某拆除未果后,将该门面房强行拆除,毁坏了徐某自住房屋的墙砖。关于拆除行为,下列哪些表述是正确的?(2014年卷三58题)

A. 侵犯了徐某门面房的所有权

B. 侵犯了徐某的占有

C. 其他业主应恢复原状

D. 其他业主应赔偿徐某自住房屋墙砖毁坏的损失

【答案】　BD

【考点】　违章建筑物、占有保护

【解析】　选项A错误。徐某未获得规划许可证和施工许可证便在自住房前扩建的门面房,属于违章建筑。徐某对其只有占有权,没有所有权。

选项B正确。徐某对违章建筑的占有属于一种事实状态,受法律保护,应当由有关部门对其进行处理,私人不得对其进行强拆。

选项C错误。徐某的门面房本身即属于违章建筑,没有恢复原状的必要性。

选项D正确。其他业主的行为构成了对徐某的侵权,应当就徐某拥有所有权的自住房的墙砖损失的侵权问题进行赔偿。

3. 丙找甲借自行车,甲的自行车与乙的很相像,均放于楼下车棚。丙错认乙车为甲车,遂把乙车骑走。甲告知丙骑错车,丙未理睬。某日,丙骑车购物,将车放在商店楼下,因墙体倒塌将车砸坏。下列哪些表述是正确的?(2012年卷三58题)

A. 丙错认乙车为甲车而占有,属于无权占有人

B. 甲告知丙骑错车前,丙修车的必要费用,乙应当偿还

C. 无论丙是否知道骑错车,乙均有权对其行使占有返还请求权

D. 对于乙车的毁损,丙应当承担赔偿责任

【答案】　ABCD

【考点】 占有

【解析】 关于选项 A。丙借用的是甲的自行车,但错认乙车为甲车,把乙车骑走,丙对乙的自行车欠缺占有权,属于无权占有。所以选项 A 正确。

关于选项 B。《物权法》第 243 条规定:"不动产或者动产被占有人占有的,权利人可以请求返还原物及其孳息,但应当支付善意占有人因维护该不动产或者动产支出的必要费用。"丙对乙的自行车虽然属于无权占有,但丙认为自己占有的是甲的自行车,不知道也不应当知道自己对乙的自行车构成无权占有,所以在甲告知丙骑错车前,丙对乙的自行车构成善意占有。所以丙修车的必要费用,乙应当偿还,故选项 B 正确。

关于选项 C。《物权法》第 245 条规定:"占有的不动产或者动产被侵占的,占有人有权请求返还原物"丙擅自取走乙的自行车,侵夺了乙对其自行车的占有,原占有人乙可对丙行使占有返还请求权。占有返还请求权与侵夺人丙主观上善意还是恶意无关。故选项 C 正确。

关于选项 D。当甲告知丙骑错车时,丙对自行车的占有变更为恶意占有。根据《物权法》第 244 条的规定,恶意占有人占有期间,其占有的标的物毁损灭失的,不论恶意占有人对标的物的毁损灭失是否具有过错,权利人均有权请求恶意占有人承担赔偿责任。所以对于乙车的毁损,丙应当承担赔偿责任,选项 D 正确。

# 第三编
债权法

第一章 债法概述

一、债与债权的含义

债是指特定的当事人之间得请求为一定给付的民事法律关系。简单来说,债是指特定人可以请求特定人为一定行为或者不为一定行为的民事法律关系。其中,一方享有的请求他方为一定行为或不为一定行为的权利,称为债权;他方负有的为满足该项请求而为一定行为或者不为一定行为(给付)的拘束,称为债务。享有债权者为债权人,负有债务者为债务人。债权人有权要求债务人按照合同的约定或者依照法律的规定履行义务。

二、债权的特征

债权,是指在债的关系中,一方享有的请求特定相对方为一定行为或不为一定行为的权利。债权具有以下特征:

(一)债权为财产权

债权要么直接具有一定的财产价值,要么可以依法转化成一定的财产价值,即可用一定的财产对其加以评价,因此,它是财产权。

(二)债权为请求权

债权以请求权的行使方式请求债务人为一定行为或不为一定行为,而不是直接支配债务人的人身、债务人的行为或者债务人应为给付之物,这一点与物权不同。在强制执行的情况下,债务人乃是受到国家强制力的强制,而非债权人的支配。

(三)债权为相对权

债权人和债务人都是特定的一人或者数人,即债具有相对性。因此,债权人原则上只能请求债务人履行给付,不得要求债务人之外的第三人履行给付(但在侵害债权或者由第三人履行的合同等特殊情形下例外),在债务人不履行债务的情形下,债权人也不能直接支配债务人的人身或者财产。这与物权、人身权、知识产权等绝对权的对世权属性明显不同。

(四)债权具有期限性

债权具有请求权效力,该效力受期限的限制,具体表现为:由当事人约定的期限和法律规定的期限限制。故请求权效力有存续期间。因此,在权利满足上,债权原则上因消灭得到满足。债权人或债务人行使权利、履行义务是为了促使债的消灭,而物权人则尽力维护物的存在,为的是保有物权的支配权。

(五)债权之间具有相容性

债权人有权请求债务人为给付行为,但无权直接支配债务人的人身、行为、财产,因此,同一客体(标的)可同时或先后成立数个债权,也即数个债权可以并存。这也是一物数卖得以发生的原因。这与物权的排他性不同。

(六)债权之间具有平等性

一般情况下,数个债权不论其发生的先后,都处于平等地位,即在实现的顺序上没有绝对的先后次序,这种情况称之为债权的平等性。需注意:债权平等性有例外。如:《买卖合同解释》第9条和第10条规定的"动产多重买卖"中的债权人享有的"请求实际履行"的债权就具有不平等性。再如：在普通债权与特殊债权并存的场合下也存在债权之间具有不平等性。① 海商法上的船舶优先权。② 租赁权的物权化(见《合同法》第229—230条)③ 预告登记制度(见《物权法》第20条)，④ 破产债权(见《企业破产法》第113条：在破产清算的场合下：劳动债权优先于税收债权；税收债权又优先于普通破产债权)。

三、债的分类

（一）法定之债与意定之债

这是依债的发生原因对债进行的分类。

(1) 法定之债，指依照法律的规定而发生的债。包括侵权行为之债、无因管理之债、不当得利之债、缔约过失之债、拾得遗失物之债等内容。

(2) 意定之债。顾名思义即由特定当事人的意思合意而发生的债，即依据法律行为发生的债。包括合同之债、单方行为所生之债(例如：悬赏广告、遗赠、捐助行为)、多方行为所生之债(例如：合伙人之间的合伙协议、设立公司协议所生之债)。

(3) 两者的区分意义：两者构成要件不同，法律适用也不同。法定之债的内容由法律直接加以规定；而意定之债的内容则主要由当事人自主决定，法律规定一般仅起着补充作用。

（二）单一之债与多数人之债

(1) 这是依照债的主体数量进行的分类。同一个债的关系中，凡是债务人或者债权人一方为二人或者二人以上的，为多数人之债。反之，债权人和债务人均为一人的债，即为单一之债。

(2) 两者的区分意义：在于更好地把握多数人之债中所包含的双重法律关系：一是债权人与债务人之间的关系；二是多数人一方的多数人之间的内部关系，即债权人之间或者债务人之间关系。

注意：对同一个债，才能进行单一之债与多数人之债的划分。若两个债的债务人依照法律规定承担连带责任，因为是两个债，就不能说在债的分类上，它们是多数人之债。

（三）按份之债与连带之债

这是对多数人之债的进一步分类。区分依据是多数人主体一方有无连带关系。

(1) 按份之债指债的一方当事人为多数，各自按照确定的份额享有权利或者承担债务的债。债权人为两人以上的为按份债权；债务人为两人以上的属按份债务。

(2) 连带之债指债的多数债权人中的任何一人都有权请求对方履行全部债务；或者债的多数债务人中的任何一人都有义务履行全部债务的债。前者为连带债权，后者为连带债务。

(3) 两者区分意义：按份之债与连带之债的效力不同。① 按份之债的效力：一是按份之债的对外效力。按份债权或按份债务效力各自独立，对于按份债权而言，每个债权人仅对自己所享有的债权份额有权请求债务人清偿，而无权请求债务人向自己旅行全部债务。接受超过自己债权份额的给付，构成不当得利。对于按份债务而言，每个债务人仅对自己所负的债务份额向债权人履行债务，对其他债务人应负的债务份额没有清偿义务。二是按份之债无内部关系。② 连带之债的效力：一是连带之债的对外效力。连带之债的对外效力表现为，各连带债权人可向任何一个债务人请求全部或者部分给付，一个债权人受领了全部债务，其他债权人的债权也消灭。同样，各债务人也有履行全部债务的义务，被请求的债务人不能以债务已超过自己应负担的份额为由拒绝给付，连带债务可因债务人中的一人、数人或全体债务人的全部给付而消灭。二是连带之债的对内效力：在连带债务，对外承担债务超过自己应承担份额的债务人，就超出部分，有权请求其他连带债务人依照内部的份额比例分担。

[历年真题] 1. 甲、乙与丙就交通事故在交管部门的主持下达成《调解协议书》，由甲、乙分别赔偿丙5万元，甲当即履行。乙赔了1万元，余下4万元给丙打了欠条。乙到期后未履行，丙多次催讨未果，遂持《调解协议书》与欠条向法院起诉。下列哪一表述是正确的？（2013年卷三12题）

A. 本案属侵权之债　　　　　　　　B. 本案属合同之债
C. 如丙获得工伤补偿，乙可主张相应免责　　D. 丙可要求甲继续赔偿4万元

【答案】 B
【考点】 债的分类、债的履行
【解析】 选项A错误，选项B正确。甲、乙与丙在交通事故发生后，在交管部门的主持下达成《调解协议书》：由甲、乙分别赔偿丙5万元。甲、乙对丙的债务内容是当事人之间协议的结果，并非直接因交通事故产生的赔偿，因而是合同之债而非侵权之债。

选项C错误。在我国司法实践中，对于因工受伤的，可以请求所在单位给予工伤补偿的同时，还要求侵权人给予侵权损害赔偿，可以得到双份赔偿。所以，如果丙获得工伤补偿，乙不可以主张相应免责，所以选项C错误。

选项D错误。甲、乙对丙的赔偿额已经明确约定，甲、乙对丙成立的是按份之债，而非连带之债。因此，若乙不履行，丙无权要求甲赔偿。

2. 甲公司向银行贷款1 000万元，乙公司和丙公司向银行分别出具担保函："在甲公司不按时偿还1 000万元本息时，本公司承担保证责任。"关于乙公司和丙公司对银行的保证债务，下列哪一表述是正确的？（2011年卷三10题）

A. 属于选择之债　　　　　　　　B. 属于连带之债
C. 属于按份之债　　　　　　　　D. 属于多数人之债

【答案】 B
【考点】 债的分类
【解析】 关于选项A。按照债之标的是否具有选择可能性，债可分为简单之债与选择之债。简单之债是指仅有一个标的的债。选择之债是指债的标的有数个，债务人可以择一履行或者债权人可以择一请求履行的债。本题中，乙公司与银行、丙公司与银行均成立保证之债，构成共同保证。这两个保证之债均只有一个标的，并无选择的可能性，都属于简单之债，而非选择之债。所以选项A错误。

《担保法》第12条规定："同一债务有两个以上保证人的，保证人应当按照保证合同约定的保证份额，承担保证责任。没有约定保证份额的，保证人承担连带责任，债权人可以要求任何一个保证人承担全部保证责任，保证人都负有担保全部债权实现的义务"保证人乙、丙均未与债权人银行约定各自承担保证责任的份额，乙、丙构成连带共同保证，乙、丙应对债务人甲公司的1 000万元借款债务承担连带保证责任，所以选项B正确，选项C错误。

单一之债是指在同一个债中，其债权人与债务人均为一人。多数人之债是指在同一个债中，其债权人或者债务人为二人以上，本题中，乙与银行成立了一个保证之债，丙与银行成立了另一个保证之债，而不是基于同一个债承担连带责任，就不属于多数人之债。所以选项D错误。

(四)劳务之债、财物之债与货币之债

按照标的物性质不同,可以将债分为劳务之债、财物之债与货币之债。

(1) 劳务之债,是指债务人通过提供一定劳务来履行债务的债。如委托合同、雇佣合同、表演合同、授课合同。劳务之债有标的(客体),但无标的物。劳务之债具有人身的特点,故债务人应当亲自履行其债务。

(2) 财物之债,是指债务人通过给付一定财产来履行债务的债。如买卖合同、租赁合同、承揽合同之债。财物之债有标的(客体),亦有标的物。

(3) 货币之债,是指债务人通过支付一定的货币来履行债务的债。例如用人单位与劳动者的劳动合同中,用人单位主要承担着支付工资的货币之债。

(4) 区分意义。① 劳务之债、财物之债与货币之债性质、种类不同,因此不可以单方抵销;② 劳务之债一般不得由第三人代为履行,也不得强制履行;而财物之债与货币之债一般可由第三人代为履行,也可以强制履行。

[历年真题] 甲对乙说:如果你在3年内考上公务员,我愿将自己的一套住房或者一辆宝马轿车相赠。乙同意。两年后,乙考取某国家机关职位。关于甲与乙的约定,下列哪一说法是正确的?(2009年卷三9题)

A. 属于种类之债
B. 属于选择之债
C. 属于连带之债
D. 属于劳务之债

【答案】 B

【考点】 债的分类

【解析】 按照标的性质,债可分为劳务之债与财物之债。劳务之债,是指债务人须提供一定劳务来履行的债,比如雇佣合同、表演合同等。财物之债,是指债务人应给付一定财产来履行债务的债,比如买卖合同、赠与合同等。本题中,甲与乙间赠与合同的标的是交付住房或轿车的行为,为财物之债,而非劳务之债,所以选项D错误。

财物之债,按照标的物的性质,又可分为种类物之债与特定物之债。种类物之债是指以种类物为标的物的债。种类物是具有相同品质、可用相同的物替代的物。特定物之债是指给付的标的物为具体确定的债,即以特定物为标的物的债。特定物包括两类:(1) 独一无二的物;(2) 原本为种类物,经行为人指定而成为特定物。本题中,该房屋和汽车都是特定物,所以该赠与合同为特定之债,而非种类之债。所以选项A错误。

按照债的标的是否具有选择可能性,债可分为简单之债与选择之债。简单之债是指债权仅有一个标的的债,债务人只能按照该种标的履行,债权人也只能请求债务人按照该种标的履行的债。选择之债,指债的标的有数种,债务人可以从中选择其一履行或者债权人可以选择其一请求债务人履行的债。本题中,甲可以在赠与房屋或者赠与汽车中任选其一履行,该债为选择之债,而非简单之债,所以选项B正确。

同一个债,按其多数人主体一方有无连带关系,可分为连带之债与按份之债。连带之债是指债权人有权同时或分别请求债务人中的一人、数人或全体就债务的全部或者部分承担清偿责任的债。按份之债是指债权人只能请求两个以上的债务人按照确定的份额对债务承担清偿责任的债务。可见,连带之债与按份之债,其债务人均须二人以上。本题中,债务人仅甲一人,所以选项C错误。

（五）种类物之债与特定物之债

根据财物是特定物还是种类物，还可以将财物之债进一步分为种类物之债与特定物之债。

（1）种类物是具有相同品质、可用相同的物替代的物。种类之债即为标的物为种类物的债。在给付标的物时一般以种类与数量指示的债。

（2）特定物是指：① 特定条件下独一无二的物：房子、艺术馆里的某一副美术作品、饶雪漫的作品《沙漏》等；② 原本为种类物，经行为人指定而特定的物。例如，甲在乙的水果摊选一个大西瓜，约定乙送货上门给甲。特定之债，给付的标的物为特定物的债。

（3）区分意义：① 劳务之债与货币之债无种类物之债与特定物之债的区分。② 种类物之债一般不发生履行不能，在债务人履行种类物之债时，债权人可以请求其实际履行；而对于特定物之债，在债务履行前因标的物的毁损、灭失，债务人出现履行不能的情况，债权人不能请求其实际履行，只能通过其他途径救济。③ 种类物之债的风险负担区别于特定物之债：对于种类物买卖，标的物若未被特定化，其风险恒定地由出卖人承担，不能移转给买受人承担。

[历年真题] 方某为送汤某生日礼物，特向余某定做一件玉器。订货单上，方某指示余某将玉器交给汤某，并将订货情况告知汤某。玉器制好后，余某委托朱某将玉器交给汤某，朱某不慎将玉器碰坏。下列哪一表述是正确的？（2014年卷三11题）

A. 汤某有权要求余某承担违约责任　　B. 汤某有权要求朱某承担侵权责任
C. 方某有权要求朱某承担侵权责任　　D. 方某有权要求余某承担违约责任

【答案】　D

（六）简单之债与选择之债　根据债的标的的数量以及可否选择，可以将债分为简单之债与选择之债。

1. 简单之债指标的（客体）单一的债。

2. 选择之债指债的标的有数个，当事人可以从中选择一项来履行的债

选择之债一经选择，便转化为简单之债。

选择之债在实际履行时必将转化为简单之债，转化的途径有以下三种：

（1）协议补充确定：当事人通过补充协议确定实际履行的标的，则原本的选择之债自然变为简单之债。

（2）选择权的行使：享有选择权的一方一旦作出选择的意思表示，则选择之债转化为简单之债。其中，享有选择权的主体：① 可以由双方当事人约定，② 无约定时推定由债务人享有，③ 享有选择权的一方主体未在约定或者经催告后的合理期限内行使选择权的，选择权转归对方行使；第三人的选择权转归债务人行使。

（3）其他标的出现履行不能：若选择之债仅剩一个可以履行，选择之债成为简单之债。

第二章　债 的 发 生

债是法律关系，引起债之法律关系发生的事实，为债的发生原因。债的发生原因主要有以下几种：① 合同；② 无因管理；③ 不当得利；④ 因侵权行为产生的债；⑤ 因其他原因产生的债。例如：因悬赏广告产生债，因缔约过失产生的债。关于合同与侵权后续章节会详细讲解，此处重点讲解无因管理与不当得利。

第一节 无因管理

一、无因管理的概念

依据《民法通则》第93条的规定,没有法定的或者约定的义务,为避免他人利益受损失进行管理或者服务的,有权要求受益人偿付由此而支出的必要费用。可知,无因管理是指没有法定或者约定义务的人,为了他人的利益免受损失而自愿为他人管理必要事务的行为。据此,无因管理人在管理活动中支出的必要费用,有权请求被管理人补偿,被管理人也有义务给付,管理人与被管理人之间这种权利义务关系称为因无因管理所生之债。由于其不是基于当事人之间的事先约定,而是因法律的直接规定,因此无因管理为法定之债。

二、无因管理的分类与构成要件

（一）无因管理的分类

无因管理	正当的无因管理	(1)管理他人事务;
		(2)具有管理意思;
		(3)无法定或约定的义务;
		(4)管理利于本人,且不违反本人明示或者可推知的意思意思。
	不正当的无因管理	(1)管理他人事务;
		(2)具有管理意思;
		(3)无法定或约定的义务;
		(4)管理不利于本人,或是违反本人明示或者可推知的意思意思。

无因管理分为两种:

（1）正当的无因管理,只有正当的无因管理才能自动在管理人与被管理人间成立无因管理之债。

（2）不当的无因管理,不当的无因管理不能自动在管理人与被管理人之间成立无因管理之债,须经被管理人主张发生无因管理效力,不当的无因管理才能成立无因管理之债,且管理人的权利受有一定限制。

（二）无因管理的构成要件

1. 无因管理必须是管理他人事务

该要件要注意两点:一是何谓"管理事务";二是何谓"他人事务"。

（1）管理事务。管理事务,是指一切能够满足生活利益并适于作为债的客体的事项。管理行为包括事实行为与法律行为。无论管理行为属于事实行为还是法律行为,管理事务的承担本身均属于事实行为,不要求管理人具有民事行为能力(无民事行为能力人、限制民事行为能力人只要具有管理能力,均可实施无因管理。见下例)。

例 14岁的甲和15岁的乙放学回家途中,乙突然晕倒。甲打车将乙送往医院(花费200

元打车费)。甲在管理过程中实施了一个法律行为,打车(订立客运合同)与甲的行为能力相适应,有效。甲具有管理能力,甲打车将乙送往医院的行为构成无因管理,不因其为限制民事行为能力人而影响无因管理的成立。

管理事务范围虽广泛,但应注意对所管理的事务的要求:

① 所管理的"事务",应该是能够产生债权债务关系的事务。关于宗教、道德、友谊、习俗的事务,不是无因管理的事务,如为生病的朋友祈祷。

② 所管理的"事务",须为合法事务。非法事务不得作为无因管理的事务。例如,为盗贼隐藏赃物的行为。

③ 管理的"事务",须是不属于被管理人个人的专属事务。专属事务必须由被管理人亲自处理,他人不得代办,因而不能作为无因管理的事务,如结婚、离婚、收养等。

④ 管理的"事务"不是被管理人授权的事务。经被管理人授权的事务,便产生了约定的义务,管理人的行为即不再属于无因管理。

⑤ 管理的"事务"不是管理人先行行为而产生的法定义务。

(2) 他人事务。纯为自己的事务不能成为无因管理上的事务,即为自己而管理他人事务的,不成立无因管理。如果管理的事务系为管理人自己和他人的共同事务,可以就属于他人的事务部分成立无因管理,如修缮自己与他人共用的院墙。

民法理论上通常把他人事务分为:客观的他人事务和主观的他人事务。客观的他人事务,指事务在性质上与他人具有当然的结合关系,事务的内容属于他人利益的范畴。如,修缮他人的房屋,出卖他人的所有物。主观的他人事务,指该事务外表上属于中性,可依管理人的主观意思判断是否为他人管理事务。

2. 管理人须有为他人管理的意思

为他人管理的意思,是指管理人认识到其所管理的是他人事务,并想让管理事务发生的利益归于被管理人。管理人具有为他人管理的意思即可成立无因管理,而不要求他在管理时知道该事务属于何人的事务。例如,误将甲的事务认作乙的事务而管理,仍可对甲成立无因管理。

3. 就管理的事务,没有受委托或无法律上原因

无因管理上的"无因",是指无法律依据,即没有法律规定或者约定的义务。注意,虽然没有法定、契约义务,但以下行为仍不成立无因管理:

① 履行公益性质的义务,如青年志愿者为孤老院打扫卫生的行为。

② 履行道德性质的义务,如养子女对亲生父母的日常生活衣食住行之照料。

③ 履行宗教性质的义务,如佛教教徒自愿为佛庙添加香火之行为。4 管理利于本人,且不违反本人明示或者可推知的意思

管理事务的承担,利于本人,且不违反本人明示或者可推知的意思。但是在下列情况下,管理人对事务的管理即使违反本人明示或可推知的意思,仍可成立正当的无因管理:

① 为本人尽公益上的义务,例如缴纳税款。

② 为本人履行法定抚养、赡养等义务,例如以本人名义给其父母应得的赡养费。

③ 本人之意思违反公共秩序或者善良风俗的。例如在本人自杀时救助本人使得自己受伤。

三、正当无因管理的法律效果

（一）正当无因管理发生三方面的法律效果

（1）正当的无因管理在管理人与本人之间发生法定债的关系，即无因管理之债。

（2）正当的无因管理在一定范围内阻却违法。在管理必须的限度内介入他人权利范围的，不构成侵权。修缮他人房屋，出售他人财产的，不侵犯所有权。

（3）管理人与本人之间不成立不当得利。本人因无因管理取得的利益具有法律上的原因，管理人虽因此遭受损失，不成立不当得利之债。

（二）与侵权责任的竞合

无因管理成立后，管理人在管理事务的实施环节违反了善良管理人的注意义务，从事了不利于被管理人或违反被管理人明示或可推知意思的行为，因故意或过失不法侵害被管理人权利者，侵权行为仍可成立，故正当的无因管理并不绝对排斥侵权行为之成立。

（三）管理人之义务

1. 适当管理义务

适当管理义务，是指管理人应依被管理人明示或可推知之意思，以有利于被管理人的方法管理事，换言之，管理人在管理事务过程中，必须尽到善良管理人的注意义务；未尽此项义务，致被管理人遭受损害时，应负无因管理之债不履行的损害赔偿责任。

注意：在以下例外情况下可以适当降低管理人的适当管理义务标准：管理人为了免除本人生命、身体或者财产上急迫危险而未事务之管理，对于因其管理所产生的损害，除有故意或者重大过失外，不承担赔偿责任。

2. 通知义务

（1）管理开始时，若能通知本人，应立即通知本人。

（2）若无急迫情形，应等候本人指示：① 本人指示继续管理的，无因管理转化为委托合同。② 本人指示停止管理的，管理人仍继续管理的，属于违反本人明示的管理，自此时起构成不正当无因管理。

3. 计算义务

计算义务，即准用法律关于委托合同中受托人的计算义务，管理人应将因管理事务所收取金钱、财物及孳息交付被管理人，以自己名义所取得权利应转移给被管理人；如有损害，并应赔偿。

4. 报告义务

管理人应当将管理事务的过程及其进展等详细的情况报告给被管理人，于终止时报告结果。

（四）管理人之权利

1. 支出必要费用偿还请求权

管理人有权请求被管理人偿付：① 管理人为管理事务支出必要或有益费用，并得请求自支出时起之利息。② 管理人因管理事务而对第三人负担之债务。

2. 损害赔偿请求权

管理人因管理事务而受损害的，得请求被管理人损害赔偿；管理人因管理事务而丧生者，被管理人应负担丧葬费、法定扶养费等。

3. 管理人无报酬请求权,否则无因管理将成为变相之有偿契约

管理人也没有劳务费用请求权。

4. 正当的无因管理一经成立,管理人即享有上述权利,并不以被管理人获益为前提

无因管理重在管理行为本身,而不强调管理的结果。重在管理事务之承担本身是否有利于被管理人,结果是否有利,是否超过被管理人所受之利益,在所不问。也就是说,管理人不担保管理之结果,被管理人应承担管理事务的风险。

四、不当的无因管理

(一) 不当的无因管理的构成要件

(1) 管理他人事务。

(2) 具有管理意思(指管理人知道管理的是他人事务,并愿意将管理所得的利益归属于他人)。

(3) 就事务的管理,管理人无法定义务或者约定义务。

(4) 管理事务的承担,不利于本人,或违反本人明示或可得推知的意思。

(二) 不当的无因管理的法律效果

(1) 不阻却违法。这种行为违反了被管理人明示或可得推知的意思,已经构成对他人事务的干涉,因此不具有违法阻却性,适用侵权行为的规定。

(2) 若本人主张享有无因管理所得的利益,则本人负有偿付必要费用、必要债务、管理人因管理遭受的损失的义务,但本人的偿付义务以其所得的利益为限。

(3) 被管理人不主张利益时,产生不当得利之债。

[历年真题] 1. 甲的房屋与乙的房屋相邻。乙把房屋出租给丙居住,并为该房屋在A公司买了火灾保险。某日甲见乙的房屋起火,唯恐大火蔓延自家受损,遂率家人救火,火势得到及时控制,但甲被烧伤住院治疗。下列哪一表述是正确的?(2014年卷三20题)

A. 甲主观上为避免自家房屋受损,不构成无因管理,应自行承担医疗费用

B. 甲依据无因管理只能向乙主张医疗费赔偿,因乙是房屋所有人

C. 甲依据无因管理只能向丙主张医疗费赔偿,因丙是房屋实际使用人

D. 甲依据无因管理不能向A公司主张医疗费赔偿,因甲欠缺为A公司的利益实施管理的主观意思

【答案】 D

【考点】 无因管理

【解析】 选项A错误。甲在为他人利益同时兼为自己利益而管理事务的,仍可在为他人利益范围内成立无因管理。

选项B、C错误。没有法定的或者约定的义务,为避免他人利益受损失进行管理或者服务的,有权要求受益人偿付由此而支付的必要费用。(见《民法通则》第93条)甲的行为构成无因管理,因此有权向受益人主张赔偿,而此事件中的受益人为乙和丙,故甲既可向乙主张,也可向丙主张。

选项D正确。若要成立无因管理,需要符合其主观要件即管理人为了避免他人利益受损的主观。而此处甲对房屋是否投保不知情,不能推定他有为保险公司管理的主观意思,因此不能甲依据无因管理向保险公司主张医疗费赔偿。

2. 下列哪一情形会引起无因管理之债？（2013年卷三21题）
A. 甲向乙借款，丙在明知诉讼时效已过后擅自代甲向乙还本付息
B. 甲在自家门口扫雪，顺便将邻居乙的小轿车上的积雪清扫干净
C. 甲与乙结婚后，乙生育一子丙，甲抚养丙5年后才得知丙是乙和丁所生
D. 甲拾得乙遗失的牛，寻找失主未果后牵回暂养。因地震致屋塌牛死，甲出卖牛皮、牛肉获价款若干

【答案】 D
【考点】 无因管理
【解析】 《民法通则》第93条规定："没有法定的或者约定的义务，为避免他人利益受损失进行管理或者服务的，有权要求受益人偿付由此而支付的必要费用。"可知，无因管理的构成要件包括：(1) 管理他人事务；(2) 具有管理意思。即管理人认识其所管理的，系他人事务，并欲使管理事务所生的利益归于他人；(3) 管理人对于管理他人事务无法定义务或约定义务。不违背他人明示或可推知的意思。

选项A错误。甲向乙借款，已过诉讼时效，甲享有时效利益，丙明知诉讼时效已过还擅自代甲向乙还本付息，明显违背了甲的意思，因而不构成无因管理。

选项B错误。甲在自家门口扫雪，顺便将邻居乙的小轿车上的积雪清扫干净，是生活中常见的互助行为，并不产生民事法律关系，不构成无因管理。

选项C错误。甲抚养丙5年后才得知丙并非自己亲生，主观上是履行自己的抚养义务，没有为他人的意思，不构成无因管理。

选项D正确。甲拾得乙遗失的牛，寻找失主未果后牵回暂养，后来因地震致屋塌牛死，甲出卖牛皮、牛肉获价款若干。甲客观上管理了乙的事务，主观有为他人的意思，没有法定或约定的义务，而且无论是暂养还是后来牛死之后出卖牛皮、牛肉的行为都不违反失主的意思，构成无因管理。

3. 刘某承包西瓜园，收获季节突然病故。好友刁某因联系不上刘某家人，便主动为刘某办理后事和照看西瓜园，并将西瓜卖出，获益5万元。其中，办理后事花费1万元、摘卖西瓜雇工费以及其他必要费用共5 000元。刁某认为自己应得劳务费5 000元。关于刁某的行为，下列哪一说法是正确的？（2011年卷三20题）
A. 5万元属于不当得利
B. 应向刘某家人给付3万元
C. 应向刘某家人给付4万元
D. 应向刘某家人给付3.5万元

【答案】 D
【考点】 无因管理
【解析】 无因管理是指没有法定或约定的义务，为避免他人利益受损，自愿管理他人事务的行为。无因管理的构成要件有三个：(1) 管理他人事务；(2) 具有管理意思，管理人知道管理的是他人事务，并欲将管理所取得的利益归属于本人；(3) 管理人就事务的管理无法定或约定义务。本题中，刁某给刘某办理丧事以及出售刘某的西瓜的行为均符合无因管理的构成要件，既然是无因管理，也就不存在不当得利，故选项A错误。

《民通意见》第132条规定："民法通则第九十三条规定的管理人或者服务人可以要求受益人偿付的必要费用，包括在管理或者服务活动中直接支出的费用，以及在该活动中受到的实际损失。"所以，基于无因管理之债，管理人刁某享有的权利是请求本人偿付自己因无因管理

支出的必要费用、负担的必要债务以及因此遭受的财产、人身损失。但刁某要求支付的劳务费5 000元不属于在管理或者服务活动中支出的费用和已经在活动中受到的实际损失,所以无权要求支付。刁某有权请求刘某的家人偿付丧葬费1万元,其他必要费用5 000元,刁某可以主张法定抵消。抵消后,刁某应向刘某家人给付35万元。所以选项B错误,选项C错误,选项D正确。

第二节 不当得利

一、不当得利的概念

（一）概念

不当得利与无因管理、侵权等一样,是一种法定的债的发生原因之一。具体是指没有合法根据,使他人受到损失而自己获得利益的事实。其中取得不当利益的人叫受益人,财产受到损失的人叫受害人。

（二）制度意义

不当得利制度的目的在于规范私法上无法律原因的财货变动,使无法律上原因而受利益,致他人受损害者,负返还所受利益的义务。不当得利制度强调去除不当得利,而非损害赔偿,因此,当得利少于损失时,返还的数额以得利为准;当得利大于损失时,返还的数额以损失为准。可见不当得利制度一定程度上受返还范围的限制。

二、不当得利的构成要件

1. 一方受有财产上的利益

一方受有利益是不当得利前提,该利益包括财产积极增加与财产消极增加。财产积极增加,指财产本不增加而增加;财产消极增加,指财产本应减少而未减少。

2. 他方受损失

不当得利的受益以他方受损为前提,否则不构成不当得利。此处损失包括财产积极减少与财产消极减少。财产积极减少,指财产本不应减少而减少。财产消极减少,指财产本应增加而未增加。

3. 获得利益与受有损失之间具有因果关系。

4. 获得利益没有法律上的原因。

三、不当得利的排除情形

（一）给付型不当得利的排除情形

通常情况下,因给付而受有利益,当欠缺给付目的时,成立不当得利,发生不当得利返还请求权。但在特别情况下,给付人不得向受益人请求不当得利之返还。给付型不当得利的排除情形有以下几种:

1. 给付系基于履行道德上的义务(如对亲属误以为有扶养义务而扶养)。
2. 债务人为清偿未到期债务而给付。
3. 明知无债务(无给付义务)而为清偿。
4. 基于不法原因而给付(如支付赌债、行贿、支付毒资等)。

(二) 其他情形排除

1. 强迫得利,指受损人因其行为使受益人受有利益,但违反了受益人的意思,不符合其经济计划的情形。

例 乙将房屋出租给甲,租期3年。甲经乙同意对房屋进行了装修,但双方并未约定装饰装修物的归属。租期届满后,乙不同意继续出租给甲。双方对装修费用发生争执,经鉴定构成附合的装修物(如地砖、壁纸)的残值为10万元。构成附合装修物的残值虽然构成不当得利,但一般属于强迫得利,故甲不能对乙主张不当得利请求权。

2. 反射利益,指一方虽因一定的行为或者事实而受益,但并未导致他方损害的情形。

例 甲房地产开发商投巨资在某区兴建学校,致使该小区(学区房)房价大幅度上涨,因而业主乙购买的房屋价值也随之剧增。乙受有的利益属于反射利益,不成立不当得利。

四、不当得利的效力

(一) 返还范围

根据《民法通则》第92条和《民通意见》第131条的规定,成立不当得利之债的,受害人有权请求受益人返还不当得利,返还范围是:所受利益和孳息。具体而言:

1. 原物存在的,返还原物;原物不存在的,折价返还;原物毁损后存在代位物的,应返还原物的代位物。

2. 所受利益依其性质不能返还的,应返还其价值。

3. 孳息(自然孳息与法定孳息),亦应返还。

4. 根据《民通意见》第131条的规定,受益人利用不当得利所取得的其他利益(主要是利用不当得利进行投资所产生的收益),扣除劳务管理费用后,国家对其予以收缴,而不是返还给受害人。

(二) 受益人的善恶意对返还利益范围的影响

成立不当得利之债不以当事人的过错为构成要件,但在确定返还范围时须考虑受益人主观上为善意或恶意。

1. 若受领人为善意,仅返还现存利益即可;若受领人为恶意,其应当返还所受的一切利益。

2. 善意受益人将利益无偿转让给第三人时,善意受益人就无偿转让不负返还义务。第三人在受益人免除返还责任的限度内对受害人负返还责任。

例 甲的一只羊混入乙的羊群中,乙对此不知情,一直将该羊当作自己的。后来,乙将羊赠与了丙。乙属于善意的得利人。善意的乙将所受利益无偿让与丙,无现存利益,乙不承担返还义务。

3. 恶意受益人将所受利益无偿让与第三人时,恶意受益人的返还责任不受影响。但此时,受害人有选择权,在第三人与受害人之间符合不当得利的构成要件的情况下,受害人也可以选择要求第三人负担返还义务。

例 甲的一只羊混入了乙的羊群中,某天,乙发觉该羊不是自己的,遂决定将羊赠送给了丙。乙属于恶意的得利人,乙将所受的利益无偿让与给丙,虽无现存利益,乙仍应负担返还所受利益的义务。甲可以选择向乙或丙主张返还不当得利。

[**历年真题**] 1. 顺风电器租赁公司将一台电脑出租给张某,租期为2年。在租赁期间

内,张某谎称电脑是自己的,分别以市价与甲、乙、丙签订了三份电脑买卖合同并收取了三份价款,但张某把电脑实际交付给了乙。后乙的这台电脑被李某拾得,因暂时找不到失主,李某将电脑出租给王某获得很高收益。王某租用该电脑时出了故障,遂将电脑交给康成电脑维修公司维修。王某和李某就维修费的承担发生争执。康成公司因未收到修理费而将电脑留置,并告知王某如7天内不交费,将变卖电脑抵债。李某听闻后,于当日潜入康成公司偷回电脑。

如乙请求李某返还电脑和所获利益,下列说法正确的是:(2015年卷三90题)
A. 李某向乙返还所获利益时,应以乙所受损失为限
B. 李某应将所获利益作为不当得利返还给乙,但可以扣除支出的必要费用
C. 乙应以所有权人身份而非不当得利债权人身份请求李某返还电脑
D. 如李某拒绝返还电脑,需向乙承担侵权责任

【答案】 BCD
【考点】 不当得利、遗失物的归还、侵占遗失物
【解析】 依据《民法通则》第92条的规定:"没有合法根据,取得不当利益,造成他人损失的,应当将取得的不当利益返还受损失的人。"可知,不当得利的构成要件有四个:(1)一方获利;(2)一方受损;(3)获益和受损之间存在因果关系;(4)没有法定或约定的原因。根据《民通意见》第131条的规定:"返还的不当利益,应当包括原物和原物所生的孳息。利用不当得利所取得的其他利益,扣除劳务管理费用后,应当予以收缴。"可知,(1)当获得的利益大于受到的损失时,返还以实际损失为准;(2)当获得的利益小于所受损失时,返还以获得的利益为准。本题,李某返还所获利益时,不一定以乙所受损失为限。故选项A错误,不当选。当然李某支出的必要费用可以向乙主张,故选项B正确,当选。

《物权法》第109条规定:"拾得遗失物,应当返还权利人。拾得人应当及时通知权利人领取,或者送交公安等有关部门。"可知,乙要求李某返还电脑应基于所有权而产生的物权请求权,而非基于不当得利产生的债权请求权。故选项C正确,当选。

《物权法》第112条第3款规定:"拾得人侵占遗失物的,无权请求保管遗失物等支出的费用,也无权请求权利人按照承诺履行义务。"可知本题,如李某拒绝返还电脑,即侵占遗失物,乙可以向李某主张侵权责任。故选项D正确,当选。

2. 下列哪一情形产生了不当得利之债?(2013年卷三20题)
A. 甲欠乙款超过诉讼时效后,甲向乙还款
B. 甲欠乙款,提前支付全部利息后又在借期届满前提前还款
C. 甲向乙支付因前晚打麻将输掉的2 000元现金
D. 甲在乙银行的存款账户因银行电脑故障多出1万元

【答案】 D
【考点】 不当得利之债
【解析】 《民法通则》第93条规定:"没有法定的或者约定的义务,为避免他人利益受损失进行管理或者服务的,有权要求受益人偿付由此而支付的必要费用。"可知,无因管理的构成要件包括:(1)管理他人事务;(2)具有管理意思,即管理人认识其所管理的,系他人事务,并欲使管理事务所生的利益归于他人;(3)管理人对于管理他人事务无法定义务或约定义务。不违背他人明示或可推知的意思。

选项A错误。《民法通则》第138条规定:"超过诉讼时效期间,当事人自愿履行的,不受

诉讼时效限制。"甲欠乙款超过诉讼时效后,乙的实体债权仍然存在,只是程序上胜诉权消灭。据此可知,甲自愿还款,乙收下,有法律上的依据。所以不构成不当得利。

选项B错误。《合同法》第208条规定:"借款人提前偿还借款的,除当事人另有约定的以外,应当按照实际借款的期间计算利息。"甲欠乙款,提前支付全部利息后又在借期届满前提前还款,甲自愿放弃自己的时效与利息利益,法律并不禁止,不构成不当得利。

选项C错误。甲因赌博向乙支付钱财,赌博是一种违法行为,不构成不当得利,而是非法所得,应当予以没收。

选项D正确。甲在乙银行的存款账户因银行电脑故障多出1万元,甲获益,乙银行因此受损,两者有因果关系,且甲的收益没有法律依据,所以属于不当得利。

3. 甲将某物出售予乙,乙转售于丙,甲应乙的要求,将该物直接交付于丙。下列哪一说法是错误的?(2012年卷三20题)

A. 如仅甲、乙间买卖合同无效,则甲有权向乙主张不当得利返还请求权
B. 如仅乙、丙间买卖合同无效,则乙有权向丙主张不当得利返还请求权
C. 如甲、乙间以及乙、丙间买卖合同均无效,甲无权向丙主张不当得利返还请求权
D. 如甲、乙间以及乙、丙间买卖合同均无效,甲有权向乙、乙有权向丙主张不当得利返还请求权

【答案】 C

【考点】 不当得利

【解析】 根据《民法通则》第92条的规定:"没有合法根据,取得不当利益,造成他人损失的,应当将取得的不当利益返还受损失的人。"本题中,甲将某物出售予乙,乙转售于丙,因此在甲、乙之间以及乙、丙之间存在两个买卖合同,甲应乙的要求,将该物直接交付于丙,称为"经由被指令人为交付",是缩短给付中的一种。其所有权不是由甲直接移转给丙,而是物的所有权由甲移转给乙,再由乙移转给丙。而在甲与丙之间并无给付关系。

在选项A中,乙依据甲、乙之间的买卖合同取得获得货物的所有权,属于取得利益的一方,甲丧失了对货物的所有权,属于受到损失的一方。甲的受损和乙的获利均基于甲、乙之间的买卖合同,此时该买卖合同无效,即属于无法律上的根据,乙的获利符合不当得利的成立要件,甲有权向乙主张不当得利返还请求权,所以,选项A说法正确,不当选。

在选项B中,丙依据乙、丙之间的买卖合同取得货物的所有权,丙属于取得利益的一方,而乙依据买卖合同负有交付货物于丙的债务,对物的所有权丧失,乙属于受有损失的一方。乙的受损和丙的获利均基于乙、丙之间的买卖合同,此时该买卖合同无效,即属无法律上的根据,丙的获利符合不当得利的成立要件,乙有权向丙主张不当得利返还请求权,所以选项B正确,不当选;综合选项A、选项B,可知选项D的说法也是正确的,不当选。

在选项C中,如果甲、乙以及乙、丙间的合同均无效,则交付不发生转移所有权的效力,该物的所有权依然属于甲所有,甲有权向丙主张不当得利返还,或者主张原物返还请求权,所以C选项说法错误,当选。

4. 下列哪一情形不产生不当得利之债?(2011年卷三19题)

A. 甲向乙借款10万元,1年后根据约定偿还本息15万元
B. 甲不知诉讼时效已过,向债权人乙清偿债务
C. 甲久别归家,误把乙的鸡当成自家的吃掉

D. 甲雇用的装修工人,误把邻居乙的装修材料用于甲的房屋装修

【答案】 B

【考点】 不当得利

【解析】 根据《民法通则》第92条的规定,可知不当得利的构成要件有四个:(1)一方获得利益,包括财产积极增加与财产消极增加;(2)他方受有损失,包括财产积极减少与财产消极减少;(3)获得利益与受到损失之间具有因果关系;(4)获得利益没有法律上的原因。

借款人按照约定还本付息,贷款人取得的利息是依据借款合同取得的,具有法律上的原因,一般不构成不当得利。但是自然人之间的借款合同,双方约定的利息不得高于同期银行贷款利率的四倍,超过部分无效。2011年,一年期定期存款利率约为6%,四倍为24%。甲最多应向乙支付24 000元的利息,多支付的26 000元利息没有法律上的原因,构成不当得利,所以选项A不当选。

《诉讼时效规定》第22条规定:"诉讼时效期间届满,当事人一方向对方当事人作出同意履行义务的意思表示或者自愿履行义务后,又以诉讼时效期间届满为由进行抗辩的,人民法院不予支持。"债权的诉讼时效期间经过后,只是丧失胜诉权,债权的受领权能依然存在,乙受领甲的给付有法律上原因,不构成不当得利。故选项B当选。

在选项C中,甲吃了乙的鸡,乙因此遭受了损失,甲受有利益,且两者间存在因果关系,甲获利没有法律上的基础,符合不当得利的构成要件。所以选项C不当选。在选项D中,甲雇用装修工人,误把邻居乙的装修材料用于甲的房屋装修,甲因此获利,乙因此受损,并且甲的获利没有任何合法原因,所以甲、乙之间应成立不当得利,选项D不当选。

第三章 债的移转

第一节 债的移转概述

一、债的移转的类型

债的移转可分为法定移转、约定移转以及裁判移转三类。

法定移转
- 代位求偿权
- 继承(《继承法意见》第33条)
- 买卖不破租赁(《合同法》第229条)
- 房屋租赁合同的法定承受(《合同法》第234条)
- 企业合并、分立(《合同法》第90条)

裁判移转

约定移转
- 债权让与(《合同法》第79—83条)
- 债务承担(《合同法》第84—87条)
- 约定概括承受(《合同法》第88、89条)

二、债的法定移转

债的法定移转,指债权、债务直接依照法律规定发生移转。其主要特征在于,无须债权人

的同意。债的法定移转主要包括：代位求偿权、继承、买卖不破租赁、房屋租赁合同的法定承受、企业合并、分立。

（一）因继承发生的债权、债务的法定承受

1. 法律依据。《继承法》第33条规定："继承遗产应当清偿被继承人依法应当缴纳的税款和债务，缴纳税款和清偿债务以他的遗产实际价值为限。超过遗产实际价值部分，继承人自愿偿还的不在此限。继承人放弃继承的，对被继承人依法应当缴纳的税款和债务可以不负清偿责任。"

2. 内容。（1）概括继承规则。继承人未放弃继承的，应一并继承被继承人生前享有的权利和负担的债务。即被继承人享有的合同债权与负担的合同债务由被继承人法定承受。（2）限定继承规则。继承人未放弃继承的，其承担被继承人生前所负债务以其继承的遗产价值为限，超过部分，继承人无清偿的法定义务。

（二）因企业合并、分立发生的债权、债务的法定承受

1. 法律规定。《合同法》第90条规定："当事人订立合同后合并的，由合并后的法人或者其他组织行使合同权利，履行合同义务。当事人订立合同后分立的，除债权人和债务人另有约定的以外，由分立的法人或者其他组织对合同的权利和义务享有连带债权，承担连带债务。"

2. 内容。（1）企业合并。例如：甲公司与乙公司签订买卖原材料的合同。合同存续期间，甲公司被丙公司合并，则甲公司在该合同中享有的权利和负担的义务，由丙公司法定承受。（2）企业分立。例如：甲公司与乙公司签订买卖原材料的合同。合同存续期间，甲公司被分立为丙公司和丁公司。除非丙公司、丁公司与乙公司另有约定，甲公司在该合同中负担的义务，由丙公司、丁公司承担连带清偿责任。

[历年真题] 债的法定移转指依法使债权债务由原债权债务人转移给新的债权债务人。下列哪些选项属于债的法定移转的情形？（2013年卷三59题）

A. 保险人对第三人的代位求偿权
B. 企业发生合并或者分立时对原债权债务的承担
C. 继承人在继承遗产范围内对被继承人生前债务的清偿
D. 根据买卖不破租赁规则，租赁物的受让人对原租赁合同的承受

【答案】 ABCD

【考点】 债的法定移转

【解析】 关于选项A。根据《保险法》第60条的规定："因第三者对保险标的的损害而造成保险事故的，保险人自向被保险人赔偿保险金之日起，在赔偿金额范围内代位行使被保险人对第三者请求赔偿的权利。前款规定的保险事故发生后，被保险人已经从第三者取得损害赔偿的，保险人赔偿保险金时，可以相应扣减被保险人从第三者已取得的赔偿金额。保险人依照本条第一款规定行使代位请求赔偿的权利，不影响被保险人就未取得赔偿的部分向第三者请求赔偿的权利。"可知，保险人自向被保险人赔偿保险金之日起，被保险人对第三人的请求权法定移转给保险人，保险人在赔偿金额范围内可以代位行使被保险人对第三者请求赔偿的权利，所以选项A正确。

关于选项B。根据《合同法》第90条的规定："当事人订立合同后合并的，由合并后的法人或者其他组织行使合同权利，履行合同义务。当事人订立合同后分立的，除债权人和债务人另有约定的以外，由分立的法人或者其他组织对合同的权利和义务享有连带债权，承担连带债

务。"可知,企业发生合并或者分立时,合并或分立之前企业的债权债务转移给合并或分立后的企业,属于法定债权债务转移,所以选项B正确。

关于选项C。根据《继承法意见》第62条的规定:"遗产已被分割而未清偿债务时,如有法定继承又有遗嘱继承和遗赠的,首先由法定继承人用其所得遗产清偿债务;不足清偿时,剩余的债务由遗嘱继承人和受遗赠人按比例用所得遗产偿还;如果只有遗嘱继承和遗赠的,由遗嘱继承人和受遗赠人按比例用所得遗产偿还。"可知,被继承人生前的债务在遗产范围内法定移转给了继承人,所以选项C正确。

关于选项D。根据《合同法》第229条的规定:"租赁物在租赁期间发生所有权变动的,不影响租赁合同的效力。"可知,在租赁合同中,法律规定租赁物在租赁期间发生所有权变动的,租赁物的受让人承担原出租人对承租人的债权债务,这属于法定债权债务移转的情形,所以选项D正确。

第二节 债权让与

一、债权让与的构成要件

1. 存在合法有效的债权。
2. 被转让的债权具有可让与性。

《合同法》第79条规定,三种债权不具有可让与性:(1) 基于合同性质不得转让:具有信任关系产生的债权,如雇佣、委托、租赁,专为特定人利益产生的债权,不作为债权,从债权等。(2) 当事人之间约定不得转让的债权。(3) 法律有特别规定不得转让的债权,如赡养费请求权、扶养费请求权。

3. 让与人与受让人就债权让与达成协议,且并不违反法律有关规定。
4. 债权让与须通知债务人(非债权让与的生效要件)。

让与人与受让人一经达成债权让与协议,债权让与即生效。债权让与生效不以债务人同意为条件。但是,债权让与协议本身生效后,若要对债务人产生效力,需以通知债务人为要件。通知人应为债权人,通知方式为不要式。已签订协议而未作通知的债权让与,只产生内部效力。

例 甲对乙负有100万元债务。乙于2015年3月1日于与丙达成协议,将对甲的100万元债权让与给丙。乙向甲发出的让与通知于2015年3月15日到达甲。2015年3月1日,丙取得乙的债权。3月15日,债权转让对甲生效,此后,甲对乙履行债务的,不发生清偿的效力。3月1日至3月15日期间,虽然丙已经取得债权,但该债权转让对甲不生效。即对甲而言,债权人依然是乙。

二、债权让与的法律效果

(一) 债权让与的内部效力

(1) 原债权人(即让与人)脱离合同关系,受让人进入合同关系成为当事人,即成为新的债权人。

(2) 从权利随之移转,但专属于债权人自身的除外。(除合同另有约定外,基于担保物权与保证债权的从属性,债权全部转让的,抵押权、质权、留置权、保证债权随同移转;基于担保物权的不可分性,债权部分转让的,抵押权、质权仍同时担保已经转让部分的债权和尚未转让部分的债权。)

(3) 让与人对其让与的债权负瑕疵担保责任。

(二) 债权让与的外部效力

(1) 债权让与成立并一经通知债务人,债务人只能对受让人履行。

(2) 债务人可援用对让与人的抗辩权对抗受让人(参见《合同法》第82条)。其原因是:受让人继受取得债权,应该承担该债权上原有的瑕疵。

(3) 债务人可援用对让与人的法定抵消权对抗受让人(参见《合同法》第83条)。其原因是:债务人对债权让与之抵消适格地位不因债权让与而受影响。

(4) 被转让的债权在债权让与通知到达债务人之日起诉讼时效中断。《诉讼时效规定》第19条第1款规定:"债权转让的,应当认定诉讼时效从债权转让通知到达债务人之日起中断。"

[历年真题] 甲向乙借款300万元于2008年12月30日到期,丁提供保证担保,丁仅对乙承担保证责任。后乙从甲处购买价值50万元的货物,双方约定2009年1月1日付款。2008年10月1日,乙将债权让与丙,并于同月15日通知甲,但未告知丁。对此,下列哪些选项是正确的?(2010年卷三57题)

A. 2008年10月1日债权让与在乙丙之间生效
B. 2008年10月15日债权让与对甲生效
C. 2008年10月15日甲可向丙主张抵消50万元
D. 2008年10月15日后丁的保证债务继续有效

【答案】 AB
【考点】 保证、债权让与
【解析】 《合同法》第80条第1款规定:"债权人转让权利的,应当通知债务人。未经通知,该转让对债务人不发生效力。"乙、丙于2008年10月1日就债权转让达成合意,债权自该日转移。故选项A正确。

债权转让的通知于2008年1月15日到达债务人甲,债权转让于该日对债务人甲生效,故选项B正确。

根据《合同法》第83条规定:"债务人接到债权转让通知时,债务人对让与人享有债权,并且债务人的债权先于转让的债权到期或者同时到期的,债务人可以向受让人主张抵消。"本题中,乙对甲的50万元债务虽然成立于债权让与通知到达甲之前,但是,乙对甲债务的履行期限为2009年1月1日,而甲对丙债务的履行期限为2008年12月30日,前者比后者晚,所以2008年10月15日,甲无权对丙主张抵消50万元。故选项C错误。

《担保法解释》第28条规定:"保证期间,债权人依法将主债权转让给第三人的,保证债权同时转让,保证人在原保证担保的范围内对受让人承担保证责任。但是保证人与债权人事先约定仅对特定的债权人承担保证责任或者禁止债权转让的,保证人不再承担保证责任。"本题中,因保证合同约定,保证人丁仅对乙承担保证责任,债权转让后,保证人丁不再承担保证责任。故选项D错误。

第三节 债务承担

一、债务承担的类型

债务承担包括免责的债务承担与并存的债务承担。免责的债务承担,指债务人将其债务全部或者部分转让给第三人承担,对于转让的部分,原债务人免除债务。并存的债务承担,是指债务人将其债务全部或者部分转让给第三人承担,对于转让的部分,原债务人不免除债务,而是与加入债的关系的第三人一起对债权人承担连带清偿责任(其特点是两个债务人连带,且协议不必征得债权人同意)。

二、(免责的)债务承担的构成要件

1. 存在合法有效的债务;
2. 被移转的债务应具有可移转性;
3. 第三人与债权人或债务人签订债务承担协议;(除并存的债务承担外,第三人与债务人签订债务承担协议,须经债权人同意。)

三、债务承担的效力

(一)免责的债务承担的效力

(1)就已经全部或者部分转让给受让人承担的债务,原债务人免除债务,原债务人也不对受让人履行债务承担担保责任。

(2)抗辩权援用。债务受让人可以主张原债务人对债权人的抗辩。

(3)被承担之债务发生诉讼时效中断。《诉讼时效规定》第19条第2款规定:"债务承担情形下,构成原债务人对债务承认的,应当认定诉讼时效从债务承担意思表示到达债权人之日起中断。"

(4)从债务随主债务移转,有人身专属性的从债务除外。

(二)并存的债务承担的效力

并存的债务承担与免责的债务承担效力不同的是,在并存的债务承担中,原债务人不免除债务,仍处于债务关系中,只是多了新债务人与原债务人共同承担债务,与原债务人成立连带债务关系。

[历年真题] 1. 甲公司对乙公司享有10万元债权,乙公司对丙公司享有20万元债权。甲公司将其债权转让给丁公司并通知了乙公司,丙公司未经乙公司同意,将其债务转移给戊公司。如丁公司对戊公司提起代位权诉讼,戊公司下列哪一抗辩理由能够成立?(2011年卷三12题)

A. 甲公司转让债权未获乙公司同意

B. 丙公司转移债务未经乙公司同意

C. 乙公司已经要求戊公司偿还债务

D. 乙公司、丙公司之间的债务纠纷有仲裁条款约束

【答案】 B

【考点】 债权转让、债务承担、代位权

【解析】 根据《合同法解释(一)》第11的规定,代位权的成立要件有四个:(1)债权人对债务人的债权合法、有效(即未过诉讼时效)、到期;(2)债务人对次债务人的债权合法、有效、到期;(3)债务人怠于行使对次债务人的金钱债权,并因此损害债权人的债权;(4)债务人对次债务人的债权不具有专属性。

《合同法》第80条第1款规定:"债权人转让权利的,应当通知债务人。未经通知,该转让对债务人不发生效力。"根据这一规定,债权转让,自让与人与受让人就债权转让意思表示一致,即发生债权移转的效果,无须债务人同意,也无须通知债务人。通知的效力在于,债权转让的通知到达债务人时,债权转让对债务人发生效力,债务人只能对债权受让人履行债务,债务人仍对原债权人履行债务的,不发生清偿的效力。本题中,债权人甲公司将债权转让给丁公司,且通知了债务人,债权转让有效,且对债务人乙公司发生效力,若新的债权人丁公司行使代位权,债务人不得以债权转让未经债务人同意为由进行抗辩,故选项A错误。

《合同法》第84条规定:"债务人将合同的义务全部或者部分转移给第三人的,应当经债权人同意。"债务人转让债务若未经债权人同意,债务转让合同属于效力待定的合同,不发生债务移转的效果。本题中,债务人丙公司将其对乙公司的债务转让给戊公司,但未经债权人乙公司的同意,丙、戊间的债务转让合同效力待定,戊尚未承担丙公司的债务。若丁公司行使代位权,戊公司可以丙公司转移债务未经乙公司同意为由进行抗辩,故选项B正确。

《合同法解释(一)》第13条规定:"合同法第七十三条规定的'债务人怠于行使其到期债权,对债权人造成损害的',是指债务人不履行其对债权人的到期债务,又不以诉讼方式或者仲裁方式向其债务人主张其享有的具有金钱给付内容的到期债权,致使债权人的到期债权未能实现。"因此,若乙公司不对戊公司起诉或者申请仲裁,仅在诉讼外对债务人戊公司主张债权,仍属怠于行使到期债权,不影响债权人丁公司行使代位权,故选项C错误。

仲裁条款具有排除诉讼的效力,但仲裁条款具有相对性,只能约束仲裁协议的双方。故债务人乙公司与次债务人丙公司之间的仲裁协议,不能阻止债权人丁公司以起诉的方式行使代位权,故选项D错误。

2. 甲将其对乙享有的10万元货款债权转让给丙,丙再转让给丁,乙均不知情。乙将债务转让给戊,得到了甲的同意。丁要求乙履行债务,乙以其不知情为由抗辩。下列哪一表述是正确的?(2012年卷三13题)

A. 甲将债权转让给丙的行为无效
B. 丙将债权转让给丁的行为无效
C. 乙将债务转让给戊的行为无效
D. 如乙清偿10万元债务,则享有对戊的求偿权

【答案】 D

【考点】 债权转让;债务转让

【解析】 《合同法》第80条第1款规定:"债权人转让权利的,应当通知债务人。未经通知,该转让对债务人不发生效力。"《合同法》第79条规定:"债权人可以将合同的权利全部或部分转让给第三人,但有下列情形之一的除外:(一)根据合同性质不得转让;(二)按照当事人约定不得转让;(三)依照法律规定不得转让。"可知,债权转让的要件有三个:(1)债权具有可转让性;(2)债权人与受让人就债权转让达成一致;(3)依照法律规定债权转让需要批

准,应办理审批手续。债权发生转让的效果不以通知债务人为要件。债权转让通知的意义在于,通知到达债务人后,债权转让才对债务人发生效力,债务人才负有向新的债权人清偿的义务。本题中,甲将其对乙的债权转让给丙,丙又转让给丁,均未通知债务人乙,但这不会影响债权转让的效力。所以选项 A 错误,选项 B 错误。

《合同法》第 84 条规定:"债务人将合同的义务全部或者部分转移给第三人的,应当经债权人同意。"据此,免责的债务承担,须经债权人同意,未经债权人同意的,免责的债务承担的效力未定。本题中,两次债权转让均未通知债务人乙,故两次债权转让均未对乙发生效力,对乙而言,其债权人仍为甲。所以,乙将债务转让给戊,并经过了甲的同意,乙、戊间债务承担的合同有效。选项 C 错误。

如果丁请求乙履行债务,乙可以自己已经不是债务人为由拒绝。如果乙同意替戊履行债务,则构成第三人代为清偿,可基于无因管理或者不当得利对戊追偿。故选项 D 正确。

第四节　债的概括承受

我国《合同法》第 88—90 条对债权债务的概括移转作了原则性的规定。债权债务的概括承受是债的当事人将债权与债务一并移转给第三人。债权债务的概括承受包括意定承受与法定承受。

一、意定概括承受(合同承受)

(一)概念

合同承受是指双务合同的一方当事人经合同相对方的同意将其债权债务通过协议一并移转给第三方。对于意定概括承受,必须经对方当事人同意,概括转让债权债务的协议才能生效。

注意:在意定概括承受中,在下列例外情况下,概括转让债权债务的协议无须经过合同相对方的同意也能生效(即在旅游行程开始前的合理期限内,旅游者将其在旅游合同中的权利义务概括转让给第三人的,无须合同相对方同意即可生效)。

附《旅游纠纷规定》第 11 条:除合同性质不宜转让或者合同另有约定之外,在旅游行程开始前的合理期间内,旅游者将其在旅游合同中的权利义务转让给第三人,请求确认转让合同效力的,人民法院应予支持。

因前款所述原因,旅游经营者请求旅游者、第三人给付增加的费用或者旅游者请求旅游经营者退还减少的费用的,人民法院应予支持。

(二)合同承受的要件

(1)须有合法有效的双务合同存在。

(2)合同当事人一方与第三人达成合同承受的协议。

(3)经合同对方当事人的同意。

(三)意定承受的效力

(1)第三人取得让与人所享有的合同权利及所负担的合同义务。

(2)让与人退出合同关系。

(3)从权利、从债务随同转移,但专属于让与人的除外。

二、法定概括承受

当事人订立合同后合并的,由合并后的法人或其他组织行使合同权利,承担合同义务。因为承受原因源自法律规定,无须征得对方同意,依单独通知或公告通知便可发生效力。

第四章 债的保全

债的保全就是确保债权完满而免受债务人侵害的制度。债的保全方法有两种:① 债权人的代位权;② 债权人的撤销权。

第一节 债权人代位权

一、概念

债权人的代位权是指债务人怠于行使其到期债权,债权人为了保全其债权不受损害而以自己的名义向人民法院请求代位行使债务人所怠于行使之权利的权利。

《合同法》第73条规定:"因债务人怠于行使其到期债权,对债权人造成损害的,债权人可以向人民法院请求以自己的名义代位行使债务人的债权,但该债权专属于债务人自身的除外。代位权的行使范围以债权人的债权为限。债权人行使代位权的必要费用,由债务人负担。"

二、债权人代位权的构成要件

1. 债权人对债务人的债权须合法、有效、到期

这是代位权行使的前提。如果债权人与债务人之间的债权为非法(如赌债)的,则债权人无代位权。

2. 债务人与次债务人之间的债权(仅限金钱债权)也须合法、有效、到期

如果两个债权中其中一债权因违法而被认定无效、或被撤销或债权已过诉讼时效,都不能行使代位权。债权人可代位行使的只能是金钱债权,对于债务人对次债务人的非金钱请求权(如返还原物请求权),债权人无权行使代位权。

3. 债务人怠于行使对次债务人的到期债权,并因此损害债权人的债权

(1)"怠于行使"的认定。《合同法解释(一)》第13条规定:"合同法第七十三条规定的'债务人怠于行使其到期债权,对债权人造成损害的',是指债务人不履行其对债权人的到期债务,又不以诉讼方式或者仲裁方式向其债务人主张其享有的具有金钱给付内容的到期债权,致使债权人的到期债权未能实现。"可知,只要债务人未对次债务人起诉或者申请仲裁,就属于"怠于行使"其到期债权。

(2)债权人债权受损害的判断标准。采用"债务超过说",即债务除了对次债务人的债权以外,债务人的其他财产不足以清偿对债权人的债务。

4. 债务人对次债务人的债权不具有专属性

代位权的客体须不是专属于债务人自身的债权。下列具有专属性的债权不得代位行使:

(1)基于身份关系产生的债权,如基于抚养关系、继承关系产生的给付请求权。

（2）专属于自然人的债权，如退休金、养老金、抚恤金、安置费等债权。
（3）基于人身伤害产生的损害赔偿请求权。
（4）人寿保险合同的保险金请求权。

三、代位权的行使

（一）代位权的行使主体

代位权的行使主体是债务人的所有债权人，只要具备了代位权成立的要件，都可行代位权。债权人行使代位权，以自己为原告，以次债务人为被告，要求次债务人对债务人履行到期债务，并直接向自己履行。

（二）代位权行使的方法

行使代位权，至债权人应以自己的名义通过诉讼方式为之。具体而言各当事人诉讼地位如下：① 原告：债权人。② 被告：次债务人。③ 无独立请求权的第三人：可以追加债务人为无独立请求权第三人。④ 管辖法院：被告住所地人民法院。

（三）代位权行使的范围

代位权行使的范围，以保全债权人债权的必要范围为限度，即不得超过次债务人对债务人所负债务的数额。

（四）代位权行使后对各方当事人的效力

1. 对债务人的效力

债权人行使代位权，次债务人向债权人履行义务以后，债务人与次债务人，债务人与债权人之间的债权债务关系即消灭。

2. 对次债务人的效力

对次债务人而言，无论是债务人行使权利，还是债权人行使代位权，其法律地位及利益均没有影响。因此，次债务人可主张以下抗辩：

（1）债务人对债权人的抗辩。

（2）次债务人对债务人的抗辩，即凡次债务人可对抗债务人的一切抗辩，均可用以对抗行使代位权的债权人，例如，同时履行抗辩、不安抗辩、先履行抗辩、时效抗辩等，均可向债权人主张。

四、代位权行使的法律效果

1. 实体法上的效果

次债务人向债权人履行义务以后，债务人与次债务人，债务人与债权人之间的债权债务关系在对等额范围内消灭。

2. 程序法上的效果

① 债权人胜诉的，诉讼费用由次债务人承担，从实现的债权中优先支付。② 其他必要费用(律师费用、差旅费用)，由债务人分担。

[历年真题]

1. 甲公司对乙公司享有5万元债权，乙公司对丙公司享有10万元债权。如甲公司对丙公司提起代位权诉讼，则针对甲公司，丙公司的下列哪些主张具有法律依据？(2012年卷三59题)

A. 有权主张乙公司对甲公司的抗辩
B. 有权主张丙公司对乙公司的抗辩
C. 有权主张代位权行使中对甲公司的抗辩
D. 有权要求法院追加乙公司为共同被告

【答案】 ABC
【考点】 代位权;实体上的抗辩与程序上的抗辩
【解析】 《合同法解释(一)》第18条第2款:"债务人在代位权诉讼中对债权人的债权提出异议,经审查异议成立的,人民法院应当裁定驳回债权人的起诉。"据此,在甲对丙提起的代位权诉讼中,若债务人乙对债权人甲享有抗辩,次债务人丙可对甲主张。故A选项正确。

《合同法解释(一)》第18条第1款规定:"在代位权诉讼中,次债务人对债务人的抗辩,可以向债权人主张。"据此,在甲对丙提起的代位权诉讼中,如次债务人丙对债务人乙享有抗辩,次债务人丙均可对甲主张。故B选项正确。

《合同法解释(一)》第16条第1款规定:"债权人以次债务人为被告向人民法院提起代位权诉讼,未经债务人列为第三人的,人民法院可以追加债务人为第三人。"可知,在代位权诉讼中,原告为债权人,被告为次债务人,如果代位权行使不符合要求,则被告次债务人丙可以对原告甲进行抗辩,所以选项C是正确的,同时,丙有权请求追加乙公司为第三人,而不是共同被告,故D选项错误。

2. 甲对乙享有2006年8月10日到期的6万元债权,到期后乙无力清偿。乙对丙享有5万元债权,清偿期已届满7个月,但乙未对丙采取法律措施。乙对丁还享有5万元人身损害赔偿请求权。后乙去世,无其他遗产,遗嘱中将上述10万元的债权赠与戊。对此,下列哪些选项是正确的?(2010年卷三58题)

A. 甲可向法院请求撤销乙的遗赠
B. 在乙去世前,甲可直接向法院请求丙向自己清偿
C. 在乙去世前,甲可直接向法院请求丁向自己清偿
D. 如甲行使代位权胜诉,行使代位权的诉讼费用和其他费用都应该从乙财产中支付

【答案】 AB
【考点】 代位权、撤销权
【解析】 根据《合同法》第74条第1款的规定:"因债务人放弃其到期债权或者无偿转让财产,对债权人造成损害的,债权人可以请求人民法院撤销债务人的行为。债务人以明显不合理的低价转让财产,对债权人造成损害,并且受让人知道该情形的,债权人也可以请求人民法院撤销债务人的行为。"可知,本题中,乙欠甲6万元到期债务无力清偿,但是乙却将自己对丙享有的5万元债权以及自己对丁享有的5万元人身损害赔偿清求权以遗嘱形式赠与戊,且属于无偿转让财产,债权人甲可以请求人民法院撤销债务人乙的行为,所以选项A正确。

债权人代位权是当债务人怠于行使其对于第三人享有的权利而危及债权人的债权时,债权人为保全自己的债权,可以以自己的名义代位行使债务人对第三人的权力。代位权的构成要件有四个:(1)债权人对债务人的债权合法、有效、到期;(2)债务人对次债务人的债权合法、有效、到期;(3)债务人怠于行使对次债务人的债权,未起诉或者未申请仲裁,并因此损害债权人的债权;(4)债务人对次债务人的债权不是专属性的债权。据此,债权人甲有权对债务人乙的债务人丙行使代位权。同时,《合同法解释(一)》第20条规定:"债权人向次债务人提

起的代位权诉讼经人民法院审理后认定代位权成立的,由次债务人向债权人履行清偿义务,债权人与债务人、债务人与次债务人之间相应的债权债务关系即予消灭。"故选项 B 正确。

《合同法解释(一)》第 12 条规定:"合同法第七十三条第一款规定的专属于债务人自身的债权,是指基于扶养关系、抚养关系、赡养关系、继承关系产生的给付请求权和劳动报酬、退休金、养老金、抚恤金、安置费、人寿保险、人身伤害赔偿请求权等权利。"据此,乙对丁享有的 5 万元人身损害赔偿请求权是专属于债务人自身的债权,不得成为代位权的客体,故债权人甲无权对丁行使代位权,选项 C 错误。

《合同法》第 73 条第 2 款规定:"代位权的行使范围以债权人的债权为限。债权人行使代位权的必要费用,由债务人负担。"《合同法解释(一)》第 19 条规定:"在代位权诉讼中,债权人胜诉的,诉讼费用由次债务人负担,从实现的债权中优先支付。"据此,债权人提起代位权诉讼胜诉的:诉讼费用由次债务人负担;其他必要费用,如律师费用、差旅费,由债务人负担。故选项 D 错误。

第二节 债权人撤销权

一、概念

债权人撤销权是指债权人对于债务人损害债权的行为,有请求法院对该行为予以撤销的权利。

《合同法》第 74 条规定:"因债务人放弃其到期债权或者无偿转让财产,对债权人造成损害的,债权人可以请求人民法院撤销债务人的行为。债务人以明显不合理的低价转让财产,对债权人造成损害,并且受让人知道该情形的,债权人也可以请求人民法院撤销债务人的行为。撤销权的行使范围以债权人的债权为限。债权人行使撤销权的必要费用,由债务人负担。"此为债权人撤销权的规范基础。

债权人撤销权与债权人代位权不同,代位权针对的是债务人的不作为行为(怠于行使其到期债权),目的在于保障责任财产的正当的增加;而撤销权针对的是债务人的作为行为(滥用处分权),目的是避免责任财产的不当减少。

二、债权人撤销权的成立要件

1. 债权人对债务人的债权合法、有效(无须到期)

(1)债务人实施的处分行为须在债权发生后有效成立且继续存在。即债权人对债务人的债权必须成立于债务人实施处分行为"之前",若在"之后",则债权人不能行使撤销权。

例 2015 年 4 月,甲将自己价值 300 万元的房屋无偿赠与乙,交付了房屋,且给乙办理了过户登记手续。2015 年 6 月,甲因为急需用钱,向丙借款 300 万元,还款期限为 2015 年 8 月。2015 年 8 月,甲无力偿还丙的借款。丙遂请求撤销甲、乙之间的房屋赠与合同。丙无权请求撤销甲、乙之间的房屋赠与合同。因为甲将房屋赠与给乙的行为发生在甲向丙借款之前。原因在于:债权人撤销权的功能在于恢复债务人的责任财产,而不是在于增加债务人的责任财产。

(2)债务人对债权人享有提供劳务之债权,债权人不得行使撤销权。

2. 债务人负担债务后,实施的行为对债权造成侵害

(1)债务人实施的财产处分行为包括以下几种:① 放弃到期债权。② 放弃其未到期债

权。③ 无偿赠与财产。④ 以明显不合理的低价转让财产。⑤ 债务人以明显不合理的高价收购他人财产。⑥ 放弃债权担保。指债务人放弃自己的担保物权或者担保债权。⑦ 恶意延长到期债权的履行期。⑧ 恶意串通的事后抵押。(《担保法解释》第 69 条)

(2) 债务人的行为损害了债权人的债权。造成损害的标准如何认定,采取"债务超过说",即债务人实施处分财产的行为后,债务人的其他剩余财产不足以清偿对债权人负担的债务。

例 甲向乙借款 500 万元,还款日期为 2015 年 7 月 1 日。2015 年 3 月甲将自己一套价值 500 万元的房屋以 50 万元价格出卖给丙,并给丙办理了过户登记手续。后借款到期后,乙要求甲清偿债务,甲拒绝履行义务,乙向法院起诉,要求撤销甲与丙之间的房屋买卖合同。经查明,甲除了出卖给丙的房屋以外,还有银行存款 800 万元。甲虽然以低价将房屋出卖给丙,但其剩余财产足以清偿欠乙的借款,乙无权请求撤销甲、丙之间的房屋买卖合同。原因在于:债权损害标准采取的是"债务超过说",甲出卖房屋的行为未损害乙的债权。

(3) 债务人对债权人负担债务后,放弃继承、拒绝接受赠与等行为即使损害了债权人的债权,债权人也不能行使撤销权。原因:债权人撤销权的功能在于恢复债务人的责任财产,而不是增加债务人的责任财产。

3. 若债务人的行为是有偿行为,须债务人、受让人具有恶意,即包括了债务人的恶意,也包括了受益人的恶意。如果仅有债务人的恶意,而受益人为善意时,债权人不得行使撤销权,原因在于,保护善意第三人。

三、债权人撤销权的行使

(一) 行使撤销权的主体

在撤销权成立的情形下,债务人的债权人中的任何一人都能行使撤销权。债权人为多数人时,可以共同行使撤销权,也可以单独行使撤销权。

(二) 行使撤销权的范围

依据《合同法》第 74 条的规定,债权人撤销权的行使范围以债权人享有的债权为限,即以债权人对债务人的债权数额为限。

(三) 行使撤销权的方法

撤销权的行使,应由债权人以自己的名义,以诉讼的形式为之。具体而言各当事人诉讼地位如下:① 原告:债权人。② 被告:债务人。③ 无独立请求权第三人:可以追加受益人或者受让人为无独立请求权第三人。④ 管辖法院:被告住所地人民法院。

(四) 行使撤销权的期限

《合同法》第 75 条规定:"撤销权自债权人知道或者应当知道撤销事由之日起一年内行使。自债务人的行为发生之日起五年内没有行使撤销权的,该撤销权消灭。"此撤销权的存续期间,也称为撤销权的除斥期间。债权人撤销权受双重除斥期间的限制,任何一种除斥期间届至,都导致撤销权消灭。

四、债权人撤销权行使的效力

(一) 对债务人的效力

(1) 自人民法院依法撤销债务人的处分行为之日起,债务人的行为自始无效。债务免除的,视为未免除;债务让与的,视为未让与;移转财产的,视为未移转。

(2)债权人行使撤销权所支出的诉讼费用、律师代理费、差旅费等必要费用,由债务人负担;受益人、受让人有过错的,应适当分担。

(二)对债权人的效力

债权人(撤销权人)有权请求受益人或者受让人向自己返还所受利益,并有义务将收取的利益加入债务人的一般财产,作为全体一般债权人的责任财产,而优先受偿的权利。

(三)对受益人的效力

已受领债务人之财产者,应撤销权人的请求,受益人应向撤销权人给付其所得财产利益。原物不能返还者,应折价赔偿。已向债务人支付代价者,可向债务人主张不当得利返还。

[历年真题] 1. 杜某拖欠谢某100万元。谢某请求杜某以登记在其名下的房屋抵债时,杜某称其已把房屋作价90万元卖给赖某,房屋钥匙已交,但产权尚未过户。该房屋市值为120万元。关于谢某权利的保护,下列哪些表述是错误的?(2014年卷三54题)

A. 谢某可请求法院撤销杜某、赖某的买卖合同
B. 因房屋尚未过户,杜某、赖某买卖合同无效
C. 如谢某能举证杜某、赖某构成恶意串通,则杜某、赖某买卖合同无效
D. 因房屋尚未过户,房屋仍属杜某所有,谢某有权直接取得房屋的所有权以实现其债权

【答案】 ABD
【考点】 债权人撤销权、债权行为与物权行为相区分原则
【解析】 选项A错误。杜某将其市值120万元的房屋以90万元卖给赖某,不属于以明显低价转让(未低于市价的30%),且赖某也不一定知情。因此,谢某无权以此要求撤销买卖合同。本案中,将其市值120万元的房屋以90万元卖给赖某,不属于以明显低价转让,且题干也未明示受让人赖某对此知情。因此,谢某不能以此为由请求法院撤销杜某与赖某之间的买卖合同。

选项B错误。房屋买卖合同不以房屋登记过户为生效要件。因此杜某与赖某的买卖合同是有效的。

选项C正确。恶意串通,损害国家、集体或者第三人利益的,合同无效。因此,若谢某能举证杜某、赖某构成恶意串通,则杜某、赖某买卖合同无效。

选项D错误。房屋尚未过户,故房屋产权仍属杜某所有,谢某无权直接取得房屋的所有权以实现其债权。而可以以其他协商、诉讼等方式解决。

2. 甲公司在2011年6月1日欠乙公司货款500万元,届期无力清偿。2010年12月1日,甲公司向丙公司赠送一套价值50万元的机器设备。2011年3月1日,甲公司向丁基金会捐赠50万元现金。2011年12月1日,甲公司向戊希望学校捐赠价值100万元的电脑。甲公司的3项赠与行为均尚未履行。下列哪一选项是正确的?(2012年卷三15题)

A. 乙公司有权撤销甲公司对丙公司的赠与
B. 乙公司有权撤销甲公司对丁基金会的捐赠
C. 乙公司有权撤销甲公司对戊学校的捐赠
D. 甲公司有权撤销对戊学校的捐赠

【答案】 C
【考点】 债权人撤销权

【解析】 债权人撤销权的功能在于恢复债务人的一般责任财产,而不在于增加债务人的责任财产。所以,债权人有权撤销的债务人的处分行为,须发生在债务人对债权人负担债务之后,而不能发生在债务人对债权人负担债务之前。在选项 A 中,甲公司对丙公司赠与价值 50 万元机器设备的行为发生在甲对乙负担债务之前,乙公司无权撤销。故选项 A 错误。同理,甲公司对丁基金会的捐赠行为也发生在甲对乙负担债务之前,故选项 B 错误。

根据《合同法》第 73 条的规定,债权人撤销权的构成要件有三个:(1) 债权人对债务的债权合法、有效;(2) 债务人对债权人负担债务之后实施了有效的法律行为,该法律行为损害到债权人的债权;(3) 若债务人实施的法律行为系有偿行为,需要债务人与受益人对债权人遭受的损害具有恶意。本题中,甲公司向戊希望小学的赠与行为符合债权人撤销权的构成要件,乙公司有权行使债权人撤销权,撤销甲公司向戊希望小学的赠与合同。故选项 C 正确。

《合同法》第 186 条规定:"赠与人在赠予财产的权利移转之前可以撤销赠与。具有救灾、扶贫等社会公益、道德义务性质的赠与合同或者经过公证的赠与合同,不适用前款规定。"甲公司向戊希望小学的赠与属于具有社会公益性质的赠与合同,赠与人甲公司不享有任意撤销权。故选项 D 错误。

第五章 债 的 担 保

第一节 保 证

一、保证及保证合同

(一) 概念

保证是指主债当事人以外的第三人与主债权人约定,当主债务人不履行债务时,保证人按照约定履行债务或者承担责任的合同担保方式。

保证合同,指保证人与债权人约定在债务人不履行债务时,由保证人按照约定履行债务或者承担责任的协议。

(二) 保证合同成立的方式(《担保法》第 13 条;《担保法解释》第 22 条)

① 订立书面保证合同。
② 主合同定有保证条款,保证人在主合同上签字或盖章的。
③ 主合同虽无保证条款,保证人在主合同上以保证人身份签字或盖章的。
④ 第三人单方以书面形式向债权人出具担保书,债权人接受且未提出异议的。
⑤ 自然人之间的口头保证合同,有两个以上无利害关系人证明的,也视为保证合同成立。(《民通意见》第 108 条)

[历年真题] 1. 根据甲公司的下列哪些《承诺(保证)函》,如乙公司未履行义务,甲公司应承担保证责任?(2015 年卷二 57 题)

A. 承诺:"积极督促乙公司还款,努力将丙公司的损失降到最低"
B. 承诺:"乙公司向丙公司还款,如乙公司无力还款,甲公司愿代为清偿"
C. 保证:"乙公司实际投资与注册资金相符"。实际上乙公司实际投资与注册资金不符

D. 承诺:"指定乙公司与丙公司签订保证合同"。乙公司签订了保证合同但拒不承担保证责任

【答案】　BC
【考点】　保证合同的成立
【解析】　关于选项 A。从学理上来说,安慰函无法律后果。甲公司积极督促乙公司还款的行为不是保证,只是督促作用,甲公司不承担保证责任。选项 A 错误。

关于选项 B。甲公司承诺乙公司无力还款,甲公司愿代为清偿,属于第三人单方向债权人出具担保书,债权人接受、未表示异议的情形。甲公司应承担保证责任。选项 B 当选。

关于选项 C。依据《担保法解释》第 27 条的规定:"保证人对债务人的注册资金提供保证的,债务人的实际投资与注册资金不符,或者抽逃转移注册资金的,保证人在注册资金不足或者抽逃转移注册资金的范围内承担连带保证责任。"这是特殊保证,即保证出资到位。如果乙公司出资不到位,甲公司就应承担连带责任。故选项 C 正确。

关于选项 D。甲公司承诺:"指定乙公司与丙公司签订保证合同。"甲公司并不是保证合同的当事人,乙公司签订了保证合同后甲公司就已经履行了义务,甲不承担保证责任。故选项 D 错误,不当选。

2. 甲乙双方拟订的借款合同约定:甲向乙借款 11 万元,借款期限为 1 年。乙在签字之前,要求甲为借款合同提供担保。丙应甲要求同意担保,并在借款合同保证人一栏签字,保证期间为 1 年。甲将有担保签字的借款合同交给乙。乙要求从 11 万元中预先扣除 1 万元利息,同时将借款期限和保证期间均延长为 2 年。甲应允,双方签字,乙依约将 10 万元交付给甲。下列哪一表述是正确的?(2011 年卷三 11 题)

A. 丙的保证期间为 1 年
B. 丙无须承担保证责任
C. 丙应承担连带保证责任
D. 丙应对 10 万元本息承担保证责任

【答案】　B
【考点】　保证合同的成立
【解析】　《担保法》第 6 条规定:"本法所称保证,是指保证人和债权人约定,当债务人不履行债务时,保证人按照约定履行债务或者承担责任的行为。"据此,保证合同的当事人为保证人与债权人,保证合同自保证人与债权人就保证合同的主要条款协商一致时成立。债务人不是保证合同的当事人。债务人与保证人之间的法律关系可能为委托合同、赠与合同、无因管理、不当得利等,但均为保证合同之外的法律关系。本题中,债权人为乙,保证人为丙,须乙、丙经过要约与承诺过程,并就保证合同的主要条款意思表示一致,保证合同才能成立。

《合同法》第 30 条第 1、2 款规定:"承诺的内容应当与要约的内容一致。受要约人对要约的内容作出实质性变更的,为新要约。有关合同标的、数量、质量、价款或者报酬、履行期限、履行地点和方式,违约责任和解决争议方法等的变更,是对要约内容的实质性变更。"丙预先在拟定的借款合同上以保证人身份签字,是对乙发出的订立保证合同的要约,乙面对的是两个生效的要约,甲借款的要约和丙提供保证的要约,但乙在对丙的要约予以承诺时,单方面变更了作为实质性内容的履行期限、保证期间、主债权数额等条款,且未经丙同意,故乙的签字行为不能视为对丙发出的保证合同要约的承诺,丙与乙之间的保证合同尚未成立,丙无须承担保证责任。故选项 B 为正确答案。

《担保法解释》第 30 条第 1、2 款规定:"保证期间,债权人与债务人对主合同数量、价款、币种、利率等内容作了变动,未经保证人同意的,如果减轻债务人的债务的,保证人仍应当对变更后的合同承担保证责任;如果加重债务人的债务的,保证人对加重的部分不承担保证责任。债权人与债务人对主合同履行期限作了变动,未经保证人书面同意的,保证期间为原合同约定的或者法律规定的期间。"但是,该条规定的适用以保证合同已经成立为前提条件。所以选项 A 错误,选项 C 错误,选项 D 错误。

(三)保证责任的范围(《担保法》第 21 条)

1. 部分保证

按照约定,保证人仅对债务人的部分债务承担保证责任。

2. 全部保证

保证人对债务人的全部债务承担保证责任。未约定保证范围或约定不明的,保证人须对主债权及利息、违约金、损害赔偿金和实现债权的费用承担保证责任。

(四)保证债务的从属性

例 甲、乙订立买卖合同,约定甲向乙购买价值 50 万元的汽车一辆。乙向甲交付了汽车,甲一年后一次性支付全部价款。为担保甲对乙负担的 50 万元债务,丙提供保证。

1. 保证债务从属性的含义

就上述例子而言从属性体现在五个方面:

(1)成立上的从属性。若乙对甲的价款债权不存在,则丙对乙的保证债务也不存在。

(2)效力上的从属性。若甲、乙间买卖合同无效,则乙、丙间保证合同亦因此无效。

(3)内容与范围上的从属性。乙对丙的保证债务小于或等于甲对乙的价款债权。

(4)消灭上的从属性。若甲对乙的价款债务全部消灭,丙对乙的保证债务随同消灭。

(5)移转上的从属性。若乙将对甲的 50 万元债权让与给丁,丁同时取得乙对丙的保证债权。但有例外,在下列两种情形下(《担保法解释》第 28 条),保证债权不随同债权转让:① 丙、乙约定,丙仅对乙承担保证责任;② 丙、乙约定,禁止债权转让。

2. 保证债务从属性之展开

(1)保证期间,债权转让的,保证债权随同转让。但有两个例外:① 约定仅对特定债权人承担保证责任;② 约定禁止债权转让的(《担保法》第 22 条;《担保法解释》第 28 条)。

(2)保证期间,债务人经债权人同意转让债务的,应当取得保证人书面同意,保证人对未经其同意转让部分的债务,不再承担保证责任,但保证人仍应当对未转让部分的债务承担保证责任(《担保法》第 23 条;《担保法解释》第 29 条)。(3)保证期间,债权人与债务人协议变更主债务(数量、价款、币种、利率、履行期限等)内容,应当取得保证人书面同意。未经保证人同意的;① 如果减轻债务人的债务,保证人对减轻后的债务承担保证责任;② 如果加重债务人的债务,保证人对加重的部分不承担保证责任;③ 变动债务履行期限,保证期间仍为原合同约定的或者法律规定的期间。

二、保证人

(一)保证人的范围

对于保证人的资格,法律作了明确规定。《担保法》第 7 条规定:"具有代为清偿债务能力的法人、其他组织或者公民,可以作保证人。"保证人可以是自然人、法人或其他组织。

(二) 保证人资格的限制

1. 下列主体不得为保证人。其作为保证人订立的保证合同无效,但可能存在例外:

(1) 国家机关。有例外:经国务院批准为使用外国政府或者国际经济组织贷款进行转贷的除外(《担保法》第 8 条)。

(2) 公益性事业单位或社会团体。学校、幼儿园、医院等以公益为目的的事业单位、社会团体不得为保证人(《担保法》第 9 条)。

(3) 企业法人的职能部门(保卫科、工会、科研所)。

2. 企业法人的分支机构(分公司)以自己的名义提供保证的。

(1) 经过企业书面授权的,保证合同有效:① 由分支机构承担保证责任;② 分支机构的财产不足以承担保证责任的,剩余部分由企业法人承担(《担保法解释》第 17 条)。

(2) 未经企业书面授权的,保证合同无效:① 债权人与企业法人均有过错的,各自承担与其过错相应的责任;② 债权人无过错的,由企业法人承担全部缔约过失责任(《担保法》第 29 条;《担保法解释》第 17 条)。

3. 保证人原则上应具有行为能力和清偿债务的能力。一般而言,具有清偿能力,是对保证人的基本要求。但是,依据《担保法解释》第 14 条的规定:"不具有完全代偿能力的法人、其他组织或者自然人,以保证人身份订立保证合同后,又以自己没有代偿能力要求免除保证责任的,人民法院不予支持。"可知,保证人代偿能力的有无并不影响保证合同的效力。

三、保证方式

(一) 一般保证

1. 概念

一般保证是指当事人在保证合同中约定,只有在债务人不能履行债务时,保证人才履行保证债务的保证方式。

一般保证是当事人在合同中约定的保证方式,如果双方没有约定一般保证,或者约定不明,根据《担保法》第 19 条的规定:"当事人对保证方式没有约定或者约定不明确的,按照连带责任保证承担保证责任",依法推定为连带保证。据此可知,一般保证必须明确约定。

2. 一般保证人享有先诉抗辩权

在主合同纠纷未经审判或者仲裁,并就债务人财产依法强制执行仍不能履行债务前,对债权人可以拒绝承担保证责任。

3. 在下列四种情形下,一般保证人丧失先诉抗辩权

(1) 债务人住所变更,致使债权人要求其履行债务发生重大困难。

(2) 债务人下落不明、移居境外,且无财产可供执行。

(3) 人民法院受理债务人破产案件,中止执行程序。

(4) 保证人以书面形式向债权人或者债务人放弃先诉抗辩权的。

(二) 连带责任保证

1. 概念

连带责任保证,指保证人在债务人不履行债务时与债务人承担连带责任的保证。连带责任保证人不享有先诉抗辩权。

2. 连带责任保证的成立方式有二

（1）明确约定为连带责任保证；

（2）没有约定保证方式或者约定不明确的，保证人承担连带责任保证。（《担保法》第18、19条）

（三）保证人的诉讼主体地位

1. 一般保证

一般保证中，债务人甲不履行到期债务的，债权人乙起诉的，保证人丙的诉讼地位如下：

（1）可以只列甲为被告。

（2）不能只列丙为被告。只列丙为被告的，法院应当追加甲为共同被告。

（3）可以将甲、丙列为共同被告。

（4）将甲、丙列为共同被告的。应当在判决书中明确在对债务人财产依法强制执行后仍不能履行债务时，由保证人承担保证责任（此时，先诉抗辩权事实上转化为先执行抗辩权）。

2. 连带责任保证

连带责任保证中，债务人甲不履行到期债务的，债权人乙起诉的，保证人丙的诉讼地位如下：

（1）可以只列甲为被告。

（2）可以只列丙为被告。

（3）可以将甲、丙列为共同被告。

四、共同保证

（一）概念

以保证人人数多少为依据，保证分为共同保证与单独保证。单独保证一个保证人为同一债务作保证的方式。共同保证，也称数人保证，是指两个或者两个以上的保证人为同一债务人的同一债务作保证的方式。

共同保证与单独保证不同，在数个共同保证人之间存在如何承担保证债务的问题。

《担保法》第12条规定："同一债务有两个以上保证人的，保证人应当按照保证合同约定的保证份额，承担保证责任。没有约定保证份额的，保证人承担连带责任，债权人可以要求任何一个保证人承担全部保证责任，保证人都负有担保全部债权实现的义务。已经承担保证责任的保证人，有权向债务人追偿，或者要求承担连带责任的其他保证人清偿其应当承担的份额。"依据法律规定可知，共同保证人之间承担保证债务的方式有两种：一是按份共同保证；二是连带共同保证。

（二）按份共同保证

1. 按份共同保证的成立

须保证人分别或共同与债权人约定各保证人承担保证责任的份额。

2. 按份共同保证的效力（见下例）

（1）保证人按照确定的份额对债权人承担保证责任。

（2）保证人之间无内部关系。

（3）保证人承担保证责任后，只能向债务人追偿，无权请求其他保证人分担。

例 甲向乙借款100万元，丙（亿万富翁）提供保证时与乙约定，丙仅承担10万元的保证责任,丁(个体户)提供保证时与乙约定,丁仅承担80万元的保证责任。丙、丁均未和乙就保证方式作出约定。后因甲不履行到期债务,丁经乙请求承担了80万元的担保责任。① 因未约定保证方式,丙、丁的保证方式均为连带责任保证,均不享有先诉抗辩权。② 因丙、丁分别与乙约定了各自承担保证责任的份额,故丙、丁属按份共同保证。③ 若甲不履行到期债务,乙仅有权请求丙承担10万元的保证责任,仅有权请求丁承担80万元的保证责任。④ 丁承担80万元保证责任后,仅能向债务人甲追偿80万元,对丙无分担请求权。

(三) 连带共同保证

1. 连带共同保证成立的两种方式

(1) 明确约定各保证人彼此承担连带责任。

(2) 均未与债权人约定各保证人承担保证责任的份额。

2. 连带共同保证的效力(见下例)

(1) 债务人不履行到期债务时,各保证人应对债权人承担连带责任。

(2) 保证人的追偿权具有顺序性:① 连带共同保证人承担保证责任后,应先向债务人追偿;② 向债务人不能追偿的部分,由各连带保证人按其内部约定的比例分担。没有约定的,平均分担(《担保法解释》第20条第2款)。

例 甲向乙借款100万元,丙、丁、戊为保证人,但均未约定保证方式及其承担保证责任的份额。甲到期不能还款,丙经乙请求承担了100万元的保证责任,丙承担保证责任后,对甲行使追偿权仅获得40万元,其余部分甲无力清偿。① 丙、丁、戊均未约定保证方式,因而其保证方式均为连带责任保证,所有的保证人均无先诉抗辩权。② 丙、丁、戊均未约定共同保证的责任份额,丙、丁、戊为连带共同保证人,相互之间均对债务人甲的债务承担连带责任。③ 丙承担保证责任以后,只能首先向债务人甲行使追偿权。④ 丙向甲行使追偿权以后,对于甲不能清偿的部分,按照丙、丁、戊之间的内部责任份额行使追偿权。本例中,由于丙、丁、戊没有约定内部比例,推定其内部份额均等,则丙可以向丁追偿20万元,向戊追偿20万元。

3. 连带共同保证与连带责任保证(见下例)

(1) "连带责任保证"强调的是保证人无先诉抗辩权。

(2) "连带共同保证"强调的是债权人可请求任一保证人就全部债务承担保证责任。与先诉抗辩权无直接关联。

例 甲欠乙100万元。丙提供保证,未约定保证数额,但明确约定为一般保证。丁也提供保证,未约定保证数额,亦未约定保证方式。现甲不履行到期债务。① 丙、丁系连带共同保证人。乙有权请求丙承担100万元的保证责任,乙也有权请求丁承担100万元的保证责任。② 丙的保证方式为一般保证。在对甲强制执行完毕无效果之前,若乙请求丙承担100万元的保证责任,丙可对乙行使先诉抗辩权。③ 丁的保证方式为连带责任保证。在对甲强制执行完毕无效果之前,若乙请求丁承担100万元的保证责任,丁无所抗辩。

[历年真题] 甲公司向乙银行借款100万元,丙、丁以各自房产分别向乙银行设定抵押,戊、己分别向乙银行出具承担全部责任的担保函,承担保证责任。下列哪些表述是正确的? (2012年卷三55题)

A. 乙银行可以就丙或者丁的房产行使抵押权

B. 丙承担担保责任后,可向甲公司追偿,也可要求丁清偿其应承担的份额

C. 乙银行可以要求戊或者己承担全部保证责任

D. 戊承担保证责任后,可向甲公司追偿,也可要求己清偿其应承担的份额

【答案】 ABC

【考点】 连带共同抵押、连带共同保证

【解析】《担保法解释》第75条第2、3款规定:"同一债权有两个以上抵押人的,当事人对其提供的抵押财产所担保的债权份额或者顺序没有约定或者约定不明的,抵押权人可以就其中任一或者各个财产行使抵押权。抵押人承担担保责任后,可以向债务人追偿,也可以要求其他抵押人清偿其应当承担的份额。"本题中,丙、丁没有约定抵押财产所担保的债权份额,丙、丁构成连带共同抵押。在连带共同抵押中,抵押权人乙行使抵押权无先后顺序限制。故选项A正确。

在连带共同抵押中,某一抵押人承担担保责任后,其追偿权的行使也无顺序限制。故选项B正确。

《担保法解释》第20条规定:"连带共同保证的债务人在主合同规定的债务履行期届满没有履行债务的,债权人可以要求债务人履行债务,也可以要求任何一个保证人承担全部保证责任。连带共同保证的保证人承担保证责任后,向债务人不能追偿的部分,由各连带保证人按其内部约定的比例分担。没有约定的,平均分担。"可知,戊、己构成连带共同保证。在连带共同保证中,债权人乙行使保证债权没有顺序限制,可以请求任一保证人或者全部保证人承担保证责任。故选项C正确。

根据《担保法解释》第20条第2款的规定:"连带共同保证的保证人承担保证责任后,向债务人不能追偿的部分,由各连带保证人按其内部约定的比例分担。没有约定的,平均分担。"可知,某一保证人承担保证责任后,其追偿权具有顺序限制,其应先向债务人全额追偿,向债务人不能追偿的部分,按照连带共同保证人内部的份额按比例追偿。故选项D错误。

五、保证期间

(一)保证期间的作用与效力

1. 作用

督促债权人依法定方式积极行使债权:

(1)一般保证:债权人须在保证期间内(对债务人和/或保证人)起诉或申请仲裁。

(2)连带责任保证:债权人须在保证期间内请求保证人承担保证责任。

2. 效力

在保证期间内,若债权人未依法定方式主张权利,保证期间经过,保证责任消灭。

(二)保证期间的类型

1. 约定保证期间和法定保证期间

(1)约定保证期间。约定保证期间是由当事人在保证合同中自行约定承担保证责任的期限。通常保证期间由当事人约定,没有约定或者约定不明的,依法律规定。

(2)法定保证期间法律规定的保证期间:从主债务履行期届满之日起6个月。无论约定或者法律规定的保证期间,法律后果是一样的,保证期间届满,保证人不再承担保证责任。

2. 一般保证的保证期间与连带保证的保证期间

(1)一般保证的保证期间。《担保法》第25条第1款规定:"一般保证的保证人与债权人未约定保证期间的,保证期间为主债务履行期届满之日起六个月。"根据担保法的规定可知,

一般保证的保证期间为主债务履行期届满之日起6个月。

（2）连带保证的保证期间。《担保法》第26条规定："连带责任保证的保证人与债权人未约定保证期间的,债权人有权自主债务履行期届满之日起六个月内要求保证人承担保证责任。"根据担保法的规定可知,连带保证的保证期间为自主债务履行期届满之日起6个月。

（三）保证期间的确定

1. 有约定的按约定(可约定为3个月,亦可约定为2年)

需注意:下列两种约定不发生效力,依法确定保证期间的长度(《担保法解释》第32条):

（1）约定的保证期间早于或者等于主债务履行期限的,视为没有约定,保证期间为主债务履行期届满之日起6个月。

（2）约定保证人承担保证责任直至主债务本息还清时为止等类似内容的,视为约定不明,保证期间为主债务履行期届满之日起2年。

2. 未约定保证期间的,无论一般保证与连带责任保证,保证期间均为6个月

6个月的起算点是:

（1）自主债务履行期届满之日起计算(《担保法》第25、26条);

（2）没有约定债务履行期限的,自宽限期届满之日起计算(《担保法解释》第33条);

（3）债务人被宣告破产的,自破产程序终结之日起计算(《担保法解释》第44条)。

[历年真题] 甲乙双方拟订的借款合同约定:甲向乙借款11万元,借款期限为1年。乙在签字之前,要求甲为借款合同提供担保。丙应甲要求同意担保,并在借款合同保证人一并签字,保证期间为1年。甲将有担保签字的借款合同交给乙。乙要求从11万元中预先扣除1万元利息,同时将借款期限和保证期间均延长为2年。甲应允,双方签字,乙依约将10万元交付给甲。下列哪一表述是正确的?（2011年卷三11题）

A. 丙的保证期间为1年 B. 丙无须承担保证责任
C. 丙应承担连带保证责任 D. 丙应对10万元本息承担保证责任

【答案】 B

【考点】 保证责任、保证期间

【解析】《担保法》第6条规定："本法所称保证,是指保证人和债权人约定,当债务人不履行债务时,保证人按照约定履行债务或者承担责任的行为。"据此,保证合同的当事人为保证人与债权人,保证合同自保证人与债权人就保证合同的主要条款协商一致时成立。债务人不是保证合同的当事人。债务人与保证人之间的法律关系可能为委托合同、赠与合同、无因管理、不当得利等,但均为保证合同之外的法律关系。本题中,债权人为乙,保证人为丙,须乙、丙经过要约与承诺过程,并就保证合同的主要条款意思表示一致,保证合同才能成立。

《合同法》第30条规定："承诺的内容应当与要约的内容一致。受要约人对要约的内容作出实质性变更的,为新要约。有关合同标的、数量、质量、价款或者报酬、履行期限、履行地点和方式、违约责任和解决争议方法等的变更,是对要约内容的实质性变更。"丙预先在拟定的借款合同上以保证人身份签字,是对乙发出的订立保证合同的要约,乙面对的是两个生效的要约,甲借款的要约和丙提供保证的要约,但乙在对丙的要约予以承诺时,单方面变更了作为实质性内容的履行期限、保证期间、主债权数额等条款,且未经丙同意,故乙的签字行为不能视为对丙发出的保证合同要约的承诺,丙与乙之间的保证合同尚未成立,丙无须承担保证责任。故选项B正确。

《担保法解释》第 30 条第 1、2 款规定:"保证期间,债权人与债务人对主合同数量、价款、币种、利率等内容作了变动,未经保证人同意的,如果减轻债务人的债务的,保证人仍应当对变更后的合同承担保证责任;如果加重债务人的债务的,保证人对加重的部分不承担保证责任。债权人与债务人对主合同履行期限作了变动,未经保证人书面同意的,保证期间为原合同约定的或者法律规定的期间。"但是,该条规定的适用以保证合同已经成立为前提条件。所以选项 A 错误,选项 C 错误,选项 D 错误。

六、保证债务的诉讼时效期间

(一)保证期间与保证债务诉讼时效的关系

1. 债权人未依法定方式行使债权。保证期间内,债权人未依法定方式行使权利的,保证期间经过,保证人免除保证责任。因此,无须计算保证债务的诉讼时效,即"保证期间经过,不再计算保证债务的诉讼时效"。

2. 债权人依法定方式行使债权的。保证期间内,债权人依照《担保法》第 25、26 条行使债权的,督促债权人积极行使权利的任务由保证期间转交给保证债务的诉讼时效。按照《担保法解释》第 34 条规定的开始计算为期 2 年的保证债务的诉讼时效期间,即"开始计算保证债务的诉讼时效的,不再计算保证期间"。

(二)保证债务诉讼时效期间的起算(《担保法解释》第 34 条)

1. 一般保证的债权人在保证期间届满前对债务人提起诉讼或者申请仲裁的,从判决或者仲裁裁决生效之日起,开始计算保证合同的诉讼时效。

2. 连带责任保证的债权人在保证期间届满前要求保证人承担保证责任的,从债权人要求保证人承担保证责任之日起,开始计算保证合同的诉讼时效。

(三)主债务诉讼时效期间与保证债务诉讼时效期间的作用

1. 诉讼时效期间分别计算

无论一般保证还是连带责任保证,其主债务的诉讼时效期间和保证债务的诉讼时效期间都是分别计算的。

2. 保证债务诉讼时效期间的作用

若债权人在保证债务的诉讼时效期间内,持续没有行使权利,保证债务的诉讼时效期间经过,保证人获得自己的抗辩权,无论主债务的诉讼时效期间的状况如何,保证人均可行使自己的抗辩权,拒绝承担保证责任。

3. 主债务诉讼时效期间的作用

若债权人在主债务的诉讼时效期间内,持续没有行使权利,主债务的诉讼时效期间经过,即使保证债务的诉讼时效期间尚未经过,保证人亦可援用债务人的抗辩权,拒绝承担保证。

(四)主债务诉讼时效中断、中止对保证债务诉讼时效的影响(《担保法解释》第 36 条)

1. 主债务诉讼时效中止的

(1)一般保证:保证债务的诉讼时效同时中止。(2)连带责任保证:保证债务的诉讼时效同时中止。

2. 主债务诉讼时效中断的

(1)一般保证:保证债务的诉讼时效中断。(2)连带责任保证:保证债务的诉讼时效不中断。

(五) 保证人的抗辩权

1. 保证人自己对债权人享有的抗辩权

(1) 一般保证人享有先诉抗辩权。

(2) 若保证债务的诉讼时效期间经过,一般保证人和连带责任保证人均享有诉讼时效经过的抗辩权。

2. 保证人可以援用的债务人的抗辩权(来源于保证债务内容及范围上的从属性)

(1) 可援用之债务人的抗辩权(《担保法》第 20 条)。① 主债务诉讼时效期间经过的抗辩权。② 同时履行抗辩权。③ 顺序履行抗辩权。④ 不安抗辩权。

(2) 债务人放弃对债权人的抗辩权的,保证人仍可援用债务人对债权人的抗辩权(《担保法》第 20 条)。

(六) 保证人的抗辩与保证人的追偿权

1. 债务人对债权人主张抗辩权

若债务人对债权人主张了抗辩权,则保证人必须援用债务人的抗辩权,拒绝就超出主债务范围的部分承担保证责任。否则,保证人未援用债务人的抗辩权并承担保证责任的,就超出主债务的部分,保证人对债务人无追偿权。

例 甲欠乙 200 万元,丙提供保证。该债务诉讼时效经过后,乙请求甲履行债务,甲对乙行使了诉讼时效抗辩。乙找到保证人丙,要求丙承担保证责任。丙未援用甲对乙的诉讼时效抗辩,对乙承担了 200 万元的保证责任。丙对甲无追偿权。原因:基于保证债务的内容和范围的从属性,甲对乙行使诉讼时效抗辩后,丙对乙无保证债务。丙必须援用甲对乙的诉讼时效抗辩权,拒绝承担保证责任。

2. 债务人放弃对债权人的抗辩权

若债务人放弃对债权人的抗辩权,保证人仍可援用债务人放弃的抗辩权。但是,若保证人未援用债务人放弃的抗辩权并承担保证责任的,保证人对债务人的追偿权不受影响。

例 甲欠乙 200 万元,丙提供保证。甲对乙的债务诉讼时效期间经过后,乙请求甲履行 200 万元的债务,甲实在是无力偿还,遂请求乙宽限 1 年,乙迫于无奈表示同意。后乙担心 1 年期满后甲仍无力偿还 200 万元的债务,于是找到了保证丙,要求丙承担保证责任。甲请求乙宽限 1 年,放弃了对乙的诉讼时效抗辩,甲对乙的 200 万元债务诉讼时效期间(自宽限期满后)重新计算 2 年。丙仍可以对乙援用甲的诉讼时效抗辩权,拒绝承担保证责任。如果丙未对乙援用甲的诉讼时效抗辩权,并对乙承担了 200 万元的保证责任,丙对甲的追偿权不受影响。

3. 保证人的抗辩权

若债务人对债权人不享有抗辩权或者债务人放弃对债权人的抗辩权,保证人放弃自己对债权人的抗辩权承担保证责任的,保证人对债务人的追偿权不受影响。

例 甲欠乙 200 万元,丙提供保证,丙与乙约定保证方式为一般保证。甲到期未对乙履行债务。乙见甲无力还款,未对甲主张权利(未起诉甲),直接要求保证丙承担保证责任。因丙是承担一般保证责任的保证人,丙享有先诉抗辩权,丙可对乙主张先诉抗辩权,拒绝承担保证责任。如果丙放弃自己的先诉抗辩权,并对乙承担了 200 万元的保证责任,丙对甲的追偿权不受影响。

[**历年真题**] 甲公司从乙公司采购 10 袋菊花茶,约定:"在乙公司交付菊花茶后,甲公司

应付货款 10 万元。"丙公司提供担保函:"若甲公司不依约付款,则由丙公司代为支付。"乙公司交付的菊花茶中有 2 袋经过硫黄熏蒸,无法饮用,价值 2 万元。乙公司要求甲公司付款未果,便要求丙公司付款 10 万元。下列哪些表述是正确的?(2011 年卷三 54 题)

A. 如丙公司知情并向乙公司付款 10 万元,则丙公司只能向甲公司追偿 8 万元
B. 如丙公司不知情并向乙公司付款 10 万元,则乙公司会构成不当得利
C. 如甲公司付款债务诉讼时效已过,公司仍向乙公司付款 8 万元,则丙公司不得向甲公司追偿
D. 如丙公司放弃对乙公司享有的先诉抗辩权,仍向乙公司付款 8 万元,则丙公司不得向甲公司追偿

【答案】 ABC
【考点】 顺序履行抗辩权、保证人的抗辩权
【解析】《合同法》第 67 条规定:"当事人互负债务,有先后履行顺序,先履行一方未履行的,后履行一方有权拒绝其履行要求。先履行一方履行债务不符合约定的,后履行一方有权拒绝其相应的履行要求。"在甲、乙的买卖合同中,乙应先交付菊花茶,然后甲公司支付价款。因乙交付的价值 2 万元的 2 袋菊花茶不能饮用,甲公司可以行使顺序履行抗辩权,拒绝支付相应的价款。本题中,甲原本负有支付 10 万元价款的债务,可行使顺序履行抗辩权,拒绝支付相应的 2 万元价款。《担保法》第 20 条第 1 款规定:"一般保证和连带责任保证的保证人享有债务人的抗辩权。债务人放弃对债务的抗辩权的,保证人仍有权抗辩。"因此,丙作为保证人,有权援用债务人甲的顺序履行抗辩权,拒绝对 2 万元的价款承担保证责任。另《担保法解释》第 43 条规定:"保证人自行履行保证责任时,其实际清偿额大于主债权范围的,保证人只能在主债权范围内对债务人行使追偿权。"据此,若丙公司知情并向乙公司付款 10 万元,则丙公司只能向甲公司追偿 8 万元,故选项 A 正确。

如果丙公司不知情并向乙公司付款 10 万元,其中的 2 万元构成不当得利,故选项 B 正确。

《担保法》第 31 条规定:"保证人承担保证责任后,有权向债务人追偿。"《诉讼时效规定》第 21 条规定:"主债务诉讼时效期间届满,保证人享有主债务人的诉讼时效抗辩权。保证人未主张前述诉讼时效抗辩权,承担保证责任后向主债务人行使追偿权的,人民法院不予支持,但主债务人同意给付的情形除外。"本题中,如果甲公司付款债务已过诉讼时效,丙公司仍向乙公司付款 8 万元,则丙公司不得向甲公司追偿,故选项 C 正确。

《担保法》第 17 条第 1、2 款规定:"当事人在保证合同中约定,债务人不能履行债务时,由保证人承担保证责任的,为一般保证。一般保证的保证人在主合同纠纷未经审判或者仲裁,并就债务人财产依法强制执行仍不能履行债务前,对债权人可以拒绝承担保证责任。"可知,债权人未就债务人财产依法强制执行前向一般保证人主张的,一般保证人享有先诉抗辩权。但一般保证人也可以放弃先诉抗辩权而直接为清偿,并不丧失对债务人的追偿权。本题中,如果丙公司放弃对乙公司享有的先诉抗辩权,向乙公司付款 8 万元,丙公司仍可以就该 8 万元向甲公司追偿,故选项 D 错误。

七、保证人对债务人的追偿权

1. 求偿权的构成要件
(1) 保证人向债权人履行了保证债务。

（2）保证人无赠与的意思。
（3）因保证人履行保证债务使得债务人免责。

2. 追偿的范围

（1）保证人受债务人委托承担保证责任的，其追偿的范围包括：① 保证人所清偿债务的本金及利息；② 必要费用；③ 因不可归责于保证人的事由遭受的损害。

（2）保证人基于适法无因管理承担保证责任的，其追偿的范围包括：① 保证人所清偿债务的本金及利息；② 必要费用；③ 因不可归责于保证人的事由遭受的损害。

3. 追偿权的行使

（1）追偿权的正常行使。① 有权对债务人以诉讼或者诉讼外请求的方式对债务人求偿。② 债务人破产的，保证人有权申报破产债权，参与破产财产的分配。③ 追偿权的诉讼时效期间为2年，自保证人向债权人承担责任之日起开始计算。

（2）追偿权的预先行使。① 债务人破产时，债权人未申报债权，尚未承担保证责任的保证人可预先行使追偿权。② 预先追偿的方式，是保证人可以参加破产财产分配。③ 各连带共同保证的保证人只能作为一个主体申报债权。④ 债权人知道或者应当知道债务人破产，既未申报债权也未通知保证人，致使保证人不能预先行使追偿权的，保证人在该债权在破产程序中可能受偿的范围内免除保证责任。

八、总结保证人的免责

出现下列情形时，保证人不承担保证责任：

（1）保证期间内，债权人未主张保证请求权。

（2）主合同双方当事人串通，骗取保证人提供保证的。

（3）主合同债权人采取欺诈、胁迫等手段，使保证人在违背真实意思的情况下提供保证的。

（4）同一债权既有保证又有物的担保，债权人完全放弃物的担保的。

（5）保证期间，债权人将主债权转让给第三人，而该债权是保证人与债权人事先约定仅对特定的债权人承担保证责任或约定禁止转让的，保证人对该转让的债权不再承担保证责任。

（6）保证期间，债权人许可债务人转让部分债务未经保证人书面同意的，保证人对未经其同意转让的部分，不再承担保证责任。

第二节 定 金

一、概念与特征

（一）概念

定金，是指合同当事人为确保合同的履行，依法律规定或双方约定，由当事人一方在合同订立时或订立后、履行前，预先给付对方一定金钱或其他替代物。

（二）特征

（1）定金合同是从合同。定金的设立是担保主合同的实现。

（2）定金合同是要式合同。(《担保法》第90条)

（3）定金合同是实践合同。(《担保法》第90条、《担保法解释》第119条)

（4）定金属于金钱担保，既不属于物保，也不属于人保。
（5）定金具有预先支付性。

二、定金的类型

定金作为一种合同担保方式，因其设立的目的、性质和效力的不同，可以分为几种类型：

（一）违约定金

违约定金是指在交付或者接受定金后，任何一方当事人不履行主合同，都应按照定金罚则予以制裁。

（二）立约定金

立约定金是指当事人为保证以后正式订立合同而专门约定的定金。《担保法解释》第115条对立约定金有规定："当事人约定以交付定金作为订立主合同担保的，给付定金的一方拒绝订立主合同的，无权要求返还定金；收受定金的一方拒绝订立主合同的，应当双倍返还定金。"

（三）成约定金

成约定金是指以定金交付作为合同成立或者生效要件的定金。《担保法解释》第116条规定："当事人约定以交付定金作为主合同成立或者生效要件的，给付定金的一方未支付定金，但主合同已经履行或者已经履行主要部分的，不影响主合同的成立或者生效。"根据司法解释可知，成约定金，只有交付定金，主合同才能成立或生效；不交付定金，合同就不能成立或生效。但是，主合同已经履行或者已经履行主要部分的，虽未交付成约定金，不影响主合同的成立或者生效。

（四）解约定金

解约定金是指当事人为保留单方解除主合同的权利而交付的定金。定金交付后，交付定金的一方可以按照合同的约定以丧失定金为代价而解除合同，收受定金的一方可以双倍返还定金为代价而解除主合同。《担保法解释》第117条对解约定金作了规定："定金交付后，交付定金的一方可以按照合同的约定以丧失定金为代价而解除主合同，收受定金的一方可以双倍返还定金为代价而解除主合同。对解除主合同后责任的处理，适用《中华人民共和国合同法》的规定。"

（五）证约定金

证约定金是指为证明合同关系的成立而设立的定金。证约定金是违约定金、解约定金附带具有的功能。而立约定金、成约定金不一定具有证约定金的功能。

[历年真题] 甲、乙约定：甲将100吨汽油卖给乙，合同签订后三天交货，交货后十天内付货款。还约定，合同签订后乙应向甲支付十万元定金，合同在支付定金时生效。合同订立后，乙未交付定金，甲按期向乙交付了货物，乙到期未付款。对此，下列哪一表述是正确的？（2010年卷三14题）

A. 甲可请求乙支付定金
B. 乙未支付定金不影响买卖合同的效力
C. 甲交付汽油使得定金合同生效
D. 甲无权请求乙支付价款

【答案】 B
【考点】 成约定金
【解析】《担保法》第90条规定："定金合同从实际交付定金之日起生效。"定金合同属于实践合同，由于乙一直未按照约定支付定金，因此甲、乙间的定金合同尚未生效，甲无权请求乙支付定金,故选项 A 错误。

《担保法解释》第116条规定:"当事人约定以交付定金作为主合同成立或者生效要件的,给付定金的一方未支付定金,但主合同已经履行或者已经履行主要部分的,不影响主合同的成立或者生效。"可知,乙虽未支付定金,但因主合同已经履行,买卖合同已经生效。乙未支付定金不影响买卖合同的效力,故选项 B 正确。

定金合同的生效要件为交付定金,甲交付汽油的行为,只能使买卖合同生效,而不能使定金合同生效,故选项 C 错误。既然买卖合同已经生效,出卖人甲已经按约交付了货物,则买受人乙负有支付价款的义务,故选项 D 错误。

三、违约定金

(一) 违约定金的特点

1. 要式性

定金合同属于实践合同。定金合同从实际交付定金之日起生效。实际交付的定金数额多于或者少于约定数额,视为变更定金合同;收受定金一方提出异议并拒绝接受定金的,定金合同不生效。

2. 文义性

当事人需要在定金合同中注明"定金"字样或者约定"定金罚则",才能成立定金合同。否则不成立定金合同。对此,《担保法解释》第118条规定:"当事人交付留置金、担保金、保证金、订约金、押金或者定金等,但没有约定定金性质的,当事人主张定金权利的,人民法院不予支持。"

3. 限额性

定金的数额由当事人约定,但不得超过主合同标的额的20%,超过部分不产生定金的效力。《担保法》第91条和《担保法解释》第121条对此都进行了规定。

(二) 违约定金的效力

1. 定金罚则的构成要件

(1) 主合同有效;

(2) 定金合同有效;

(3) 义务人根本违约;

(4) 不存在不可抗力等抗辩事由。

2. 定金罚则适用规则

(1) 给付定金的一方不履行约定的债务的,无权要求返还定金;

(2) 收受定金的一方不履行约定的债务的,应当双倍返还定金。

3. 定金罚则的例外适用

《担保法解释》第120条第2款规定:"当事人一方不完全履行合同的,应当按照未履行部分所占合同约定内容的比例,适用定金罚则。"

4. 不适用定金罚则的情形

依据《担保法解释》第122条的规定:"因不可抗力、意外事件致使主合同不能履行的,不适用定金罚则。因合同关系以外第三人的过错,致使主合同不能履行的,适用定金罚则。受定金处罚的一方当事人,可以依法向第三人追偿。"下列情形不适用定金罚则:

（1）因不可抗力不履行合同义务。
（2）因意外事件不履行合同义务。
（3）双方违约的。

5. 违约金与定金不得并用

《合同法》第116条规定："当事人既约定违约金，又约定定金的，一方违约时，对方可以选择适用违约金或者定金条款。"根据合同法规定，违约金与定金不得同时适用，当事人要择一适用。

[历年真题] 甲公司与乙公司签订了一份手机买卖合同，约定：甲公司供给乙公司某型号手机1000部，每部单价1000元，乙公司支付定金30万元，任何一方违约应向对方支付合同总价款30%的违约金。合同签订后，乙公司向甲公司支付了30万元定金，并将该批手机转售给丙公司，每部单价1100元，指明由甲公司直接交付给丙公司。但甲公司未按约定期间交货。请回答问题。

关于返还定金和支付违约金，乙公司向甲公司提出请求，下列表述正确的是：（2010年卷三91题）

A. 请求甲公司双倍返还定金60万元并支付违约金30万元
B. 请求甲公司双倍返还定金40万元并支付违约金30万元
C. 请求甲公司双倍返还定金60万元或者支付违约金30万元
D. 请求甲公司双倍返还定金40万元或者支付违约金30万元

【答案】 D
【考点】 定金、违约金
【解析】 《担保法解释》第121条规定："当事人约定的定金数额超过主合同标的额百分之二十的，超过的部分，人民法院不予支持。"本题中，合同标的额为100万元，约定的定金为30万元，超出了20%这一比例，超过的部分不产生定金的效力。因此，现甲对乙构成违约，乙向甲支付的30万元定金中，只有20万元产生定金的效力，剩余的10万元定金应作为不当得利，由甲返还给乙，不发生双倍返还的效力。故甲应当返还定金40万元，而不是60万元，故选项A、选项C均属错误。

《合同法》第116条规定："当事人既约定违约金，又约定定金的，一方违约时，对方可以选择适用违约金或者定金条款。"据此，定金与违约金不得并用，只能择一主张，故选项B错误，选项D正确。

第六章 债 的 消 灭

一、清偿

清偿，与履行的意思一样，是指债务人向债权人全面而适当地履行了债务，从而使债权的目的得到实现而消灭。因此，一般来说，清偿人是债务人，受领人是债权人，清偿的标的物为约定的标的物，但也存在例外，即第三人代为清偿、代为受领与代物清偿的情况。

(一) 第三人代为清偿

1. 第三人代为清偿的构成要件

(1) 债务的性质允许第三人代为清偿。

注意:注重债务人之特别技能、技术、设备的债务;因债权人、债务人间的特别信任关系所生的债务,如委任、雇佣等;不作为债务(如竞业禁止)等具有专属性的债务未经债权人同意,不允许第三人代为清偿。

(2) 债权人与债务人之间无相反约定。如果债权人与债务人约定不得由第三人代为清偿,则不能由第三人代为清偿。

(3) 须债权人没有拒绝第三人代为清偿。如果债权人拒绝,第三人不得代为清偿。第三人清偿可分为一般的第三人和与债有利害关系的第三人。对于一般第三人的清偿,如果债务人提出异议,债权人有权拒绝受领,而不负受领迟延责任,如果债权人不予拒绝而受领,第三人的清偿仍属有效。对债务的履行有法律上利害关系的第三人代为清偿时,债权人即使有异议,也不得拒绝其清偿。

(4) 须第三人有为债务人清偿的意思。

2. 代为清偿的法律效果

(1) 债务人对债权人的债务因第三人代为清偿而消灭。

(2) 若第三人系对于债务之清偿有法律上利害关系的第三人,则第三人享有代位求偿权。

(3) 若第三人基于委托合同代为清偿,第三人可基于委托合同向债务人求偿;若第二人基于赠与合同代为清偿,第三人对债务人无求偿权;第三人基于其他原因代为清偿,第三人可基于无因管理或者不当得利向债务人求偿。

[历年真题] 甲公司对乙公司负有交付葡萄酒的合同义务。丙公司和乙公司约定,由丙公司代甲公司履行,甲公司对此全不知情。下列哪一表述是正确的?(2012年卷三12题)

A. 虽然甲公司不知情,丙公司的履行仍然有法律效力

B. 因甲公司不知情,故丙公司代为履行后对甲公司不得追偿代为履行的必要费用

C. 虽然甲公司不知情,但如丙公司履行有瑕疵的,甲公司需就此对乙公司承担违约责任

D. 虽然甲公司不知情,但如丙公司履行有瑕疵从而承担违约责任的,丙公司可就该违约赔偿金向甲公司追偿

【答案】 A

【考点】 第三人代为清偿

【解析】 第三人清偿是指债务可由债务人之外的第三人清偿。其有效要件为:(1) 债务的性质允许第三人代为清偿。具有专属性的债务,第三人不得代为清偿。(2) 无禁止代为清偿的约定。若债务人与债权人约定禁止第三人代为清偿,则不可以代为清偿。(3) 须经债权人同意。但是如果第三人就债务的清偿具有法律上的利害关系,债权人不得拒绝。(4) 须第三人具有为债务人清偿的意思。本题中,第三人丙替债务人甲清偿债务,经过了债权人乙的同意,清偿有效。所以选项A正确。

第三人清偿的法律效果主要是因第三人清偿债务,债务人免除其债务,债权亦因此消灭。第三人可基于无因管理或者不当得利向债务人追偿;但第三人以赠与的意思代为清偿的,无追偿权。所以,丙公司代为清偿后,有权依照无因管理或者不当得利向甲公司追偿,选项B错误。

因乙公司接受丙的代为清偿，甲对乙的债务免除，所以，若丙的履行有瑕疵，应由丙公司自行承担赔偿责任，甲公司无须承担责任，所以选项 C 错误。若因丙履行瑕疵而对乙承担违约责任，就该违约赔偿金，丙不享有向甲追偿的权利，所以选项 D 错误。

（二）代物清偿

代物清偿是指债权人受领了清偿人的他种给付来代替原定给付，从而使债务消灭的协议。代物清偿协议性质为实践合同，即协议的生效除意思表示达成一致外，还须完成履行行为。若只达成协议，而没有完成履行行为，属于债的变更，这种情况下，原定债务不消灭。

1. 代物清偿的构成要件

（1）有合法、有效债务的存在。

（2）为消灭原债务，清偿人以其他给付代替原定给付。

（3）清偿须与债权人达成协议。

（4）已经完成其他给付的履行行为。

2. 代物清偿的法律效果

（1）以原定给付为内容的债务因代物清偿而消灭。

[历年真题]　材料①：2012 年 2 月，甲公司与其全资子公司乙公司签订了《协议一》，约定甲公司将其建设用地使用权用于抵偿其欠乙公司的 2 000 万元债务，并约定了仲裁条款。但甲公司未依约将该用地使用权过户到乙公司名下，而是将之抵押给不知情的银行以获贷款，办理了抵押登记。根据材料①，关于甲公司、乙公司与银行的法律关系，下列表述正确的是（2013 年卷三 86 题）

A. 甲公司欠乙公司 2 000 万元债务没有消灭

B. 甲公司抵押建设用地使用权的行为属于无权处分

C. 银行因善意取得而享有抵押权

D. 甲公司用建设用地使用权抵偿债务的行为属于代为清偿

【答案】　A

【考点】　代物清偿

【解析】　代物清偿是指债权人受领他种给付以代原定给付，而使债务消灭的协议。代物清偿的要件为：(1) 须有合法债务存在；(2) 须以他种给付代替原来的给付；(3) 清偿须与债权人达成协议。代物清偿协议为实践合同，须完成履行行为，协议才能生效。在《协议一》中，甲公司与乙公司仅仅达成了以甲享有的建设用地使用权抵偿甲欠乙 2 000 万元债务的协议，但并未实际履行，所以，甲、乙的代物清偿协议尚未生效。甲欠乙的 2 000 万元债务没有消灭，选项 A 正确。

《物权法》第 9 条第 1 款规定："不动产物权的设立、变更、转让和消灭，经依法登记，发生效力；未经登记，不发生效力，但法律另有规定的除外。"甲、乙达成移转建设用地使用权的协议后，一直未办理过户登记，甲仍享有建设用地使用权，且该建设用地使用权的处分权能未受限制，甲将该建设用地使用权抵押给银行的行为属于有权处分。故选项 B 错误。善意取得以无权处分为前提，故选项 C 错误。

"代为清偿"是指债务人以外的第三人替债务人向债权人清偿债务。代为清偿的要件有四个：(1) 债务的性质允许第三人代为清偿。具有专属性的债务，第三人不得代为清偿。(2) 无禁止第三人代为清偿的约定。若债务人与债权人约定禁止第三人代为清偿，则不可以代为清偿。(3) 须经债权人同意。但是如果第三人就债务的清偿具有法律上的利害关系,债权人不得拒绝。(4) 须第三人具有为债务人清偿的意思。在《协议一》中,甲、乙的约定属于代物清偿,而不是债务人甲之外的第三人代为清偿。所以选项 D 错误。

二、抵消

抵消是指在双方互负债务的场合,各以其债权充当债务之清偿,而使其债务与对方的债务在对等额内相互消灭。抵消可以分为法定抵消与合意抵消。

(一) 法定抵消

1. 法定抵消的要件

(1) 双方互负债务。互负债务是单方抵消的绝对要件,但是有两个例外:第一,《合同法》第 83 条规定的债权让与中债务人对债权受让人的抵消;第二,在保证中,债权人请求保证人承担保证责任时,保证人可以就主债务人对债权人所享有的债权主张抵消保证债务。(2) 双方互负的债务标的物的种类、品质相同;(3) 自动债权已届清偿期;(4) 依债的性质可以抵消。不得用以抵消的债务,大致有以下几种:

① 性质上不得抵消。例如不作为债务、提供劳务的债务等。与人身不可分离的债务,如抚恤金、退休金、扶养费债务等,也不得抵消。

② 法律规定不得抵消的。例如:(a) 禁止强制执行的债务。法院决定扣留、提取收入时,应保留被执行人及其所扶养家属的生活必须费用;查封、扣押、冻结、拍卖、变卖被执行人的财产,应当保留被执行人及其所扶养家属的生活必需品。(b) 因故意侵权行为所发生的债务。故意实施侵权行为的债务人,不得主张抵消。(见下例)(c) 约定应向第三人给付的债务。第三人请求债务人履行时,债务人不得以自己对于他方当事人享有债权而主张抵消;他方当事人请求债务人向第三人履行时,债务人也不得以第三人对自己负有债务而主张抵消。

例 王某欠张某 10 万元已到期,一直未还款。一日,张某因与王某言辞不合,张某一怒之下将王某打伤,王某花去医药费 7 万元。此处张某不能向王某主张抵消 7 万元。原因:因故意侵权产生的债务,侵权人不得主张抵消。

③ 当事人约定不得抵消的。

2. 法定抵消权的行使

(1) 法定抵消权的性质:形成权。抵消权为形成权,此种意思表示一经抵消权人作出即发生法律效力,不需对方当事人同意。

(2) 行使方法:单方依通知的方式行使。法定抵消权人主张抵消的,应当发出抵消的通知,通知到达对方时,产生抵消的效力。

(3) 抵消的异议期:有约定的从约定,没约定的应在解除合同或者债务抵消通知到达之日起 3 个月提出,否则,人民法院不予支持。法律依据:《合同法解释(二)》第 24 条规定:"当事人对合同法第九十六条、第九十九条规定的合同解除或者债务抵消虽有异议,但在约定的异议期限届满后才提出异议并向人民法院起诉的,人民法院不予支持;当事人没有约定异议期间,在解除合同或者债务抵消通知到达之日起三个月以后才向人民法院起诉的,人民法院不予支持。"

(4) 限制:抵消不得附条件或附期限。

3. 法定抵消权行使的法律效果

符合法定抵消条件的,抵消的通知到达相对人时,双方的债权在"对等额内消灭"。

例 甲欠乙10万元合同货款,乙欠甲5万元借款,均已到期,乙向甲主张抵消,抵消的通知到达甲时,乙对甲的5万元债务消灭,甲对乙的10万余债务消灭5万元,还剩5万元。

(二)合意抵消

合意抵消是指互负债务的当事人双方协商达成意见一致,互相消灭对方债权的行为。其实质是互负债务的双方当事人订立一个全部或者部分消灭彼此债权债务的合同。因此,无论双方互负债务的给付种类、品质是否相同,也无论债务的履行期限是否届满,诉讼时效是否经过,只要经双方协商一致,均可以抵消。

三、提存

提存是债务人移转交付不能的标的物于法定机构,以代替向债权人交付从而消灭债务的行为。

(一)提存的要件

1. 具有提存的原因

根据《合同法》第101条的规定,出现下列情形时,难以履行债务的,债务人可以将标的物提存:

(1)债权人无正当理由拒绝受领。

(2)债权人下落不明。例如,债权人住所变更,未通知债务人,或者债权人居所因变动而不明,债务人不能确定谁是受领人等。

(3)债权人死亡未确定继承人或者丧失民事行为能力而未确定监护人。

(4)法律规定的其他情形。例如,法人分立或者合并而财产继受关系未清。

2. 标的物适合于提存

下列标的物不得提存:

(1)标的物因性质不适合提存。例如:鲜活易腐物品、易燃易爆危险品等。

(2)标的物提存费用过高的。对于标的物不适合提存的,债务人依法可以拍卖或者变卖标的物,提存所得的价款。

3. 提存关系的当事人明确

(1)提存人。提存人须具备提存资格。具备提存资格的人为履行清偿义务人。

(2)提存受领人。提存受领人为债权人或者债权人的继承人、监护人等。

(3)提存机构。《提存公证规则》第4条第1款规定,提存公证由债务履行地的公证处管辖。

(二)提存的效力

1. 债务人与债权人之间的效力

债务人或其他得为清偿的人将债的标的物提存后,不论债权人受领与否,依法均发生债务消灭的效力。

2. 提存人与提存部门之间的效力

提存机构依照法律规定,负有保管提存物的义务,债权人不领取或者超过保管期限不领取的,提存机构可以拍卖,保存期价款。提存人应负担提存机构保管提存物的费用。

3. 债权人与提存机构之间的效力

(1)债的标的物提存后,债权人可随时领取提存物,同时应承担提存机构保管、变卖或者出卖提存物的费用。

(2) 标的物提存后危险负担已移转于债权人,故因不可归责于提存机构的事由而导致提存物毁损灭失的,提存机构不负责任;但如因提存机关的故意或者重大过失所致,债权人得请求损害赔偿。

(3) 债权人请求领取提存物时,应持提存通知,并应提交债权存在的证明文件。债权人自提存之日起5年内不行使领取提存物的权利,扣除提存费用后,提存物归国家。

[历年真题]

乙在甲提存机构办好提存手续并通知债权人丙后,将2台专业相机、2台天文望远镜交甲提存。后乙另行向丙履行了提存之债,要求取回提存物。但甲机构工作人员在检修自来水管道时因操作不当引起大水,致乙交存的物品严重毁损。下列哪一选项是错误的?(2012年卷三14题)

A. 甲机构机构成违约行为
B. 甲机构应承担赔偿责任
C. 乙有权主张赔偿财产损失
D. 丙有权主张赔偿财产损失

【答案】 D

【考点】 提存、提存公证规则

【解析】 《提存公证规则》第2条规定:"提存公证是公证处依照法定条件和程序,对债务人或担保人为债权人的利益而交付的债之标的物或担保物进行寄托、保管,并在条件成就时交付债权人的活动。为履行清偿义务或担保义务而向公证处申请提存的人为提存人。提存之债的债权人为提存受领人。"同时,根据民法理论,提存人向公证机关完成提存后,将成立一个向第三人履行的保管合同,寄存人为提存人,公证机关为保管人,债权人为利益第三人。《提存公证规则》第19条第1款规定:"公证处有保管提存标的物的权利和义务。公证处应当采取适当的方法妥善保管提存标的,以防毁损、变质或灭失。"《提存公证规则》第27条第2款规定:"提存期间,提存物毁损灭失的风险责任由提存受领人负担;但因公证处过错造成毁损、灭失的,公证处负有赔偿责任。"本题中,乙办好提存手续后,又另行清偿了对债权人丙所负的债务,此时,提存人乙享有取回权,有权请求提存机关甲返还提存物。因甲提存机构保管不善导致提存物毁损灭失,既构成违约,又构成侵权,乙可以依照《合同法》第122条的规定择一请求甲承担违约责任或者侵权责任。故选项A、B、C正确,不当选;选项D错误,当选。

四、免除

(一) 概念

免除,是指债权人欲抛弃债权并将此意思向债务人表示,进而发生债务消灭的单方行为。

(二) 特征

免除具有以下特征:① 免除是单方法律行为。一旦免除的意思表示到达相对方,即发生债务全部或者部分消灭的效果,无需相对方的同意。② 免除一经作出,债即消灭,债权人不得撤销。③ 免除的意思应向债务人表示,为非要式行为。④ 免除是无因行为。免除的原因无效或不成立,不影响免除的效力。

(三) 免除的要件

(1) 免除应由债权人作出,且债权人免除债务时具有相应的行为能力。

(2) 免除必须向债务人作出。免除是相对人的单方法律行为,若未向相对人作出,质权消灭之前，债权人不得免除债务人的债务。

(3) 免除不得损害第三人的利益。例如：如果债权人在债权上已经设定了权利质权，则在质权消灭之前，债权人不得免除债务人的债务。

(四) 免除的效力

(1) 免除全部债务，债务全部消灭，从债务随同消灭；免除部分债务的，债务部分免除，从权利并不消灭。

(2) 在按份债务中，免除某一债务人的债务，该债务人的债务消灭，对其他债务人的债务没有影响。

(3) 连带债务中，免除某一债务人的债务，其他债务人对该债务人应当承担的份额不再承担连带责任。

五、混同

(一) 混同的概念

狭义的混同，即债的混同，指同一债之债权、债务归于一人，使得债权债务消灭的事实行为。广义的混同，则还包括物权之间的混同及物权债权之间的混同，即同一物上的所有权与他物权同归一人，从而导致他物权消灭，以及同一物上的所有权与承租权同归一人，从而导致承租权消灭的事实。

(二) 混同发生的原因

混同的原因并无限制。例如，债务人继承债权人对自己的债权、债权人公司与债务人公司合并、债务人自债权人受让对自己的债权，均可发生混同。

(三) 混同的效力

混同的效力原则上是使债权债务归于消灭。但是，也存在例外，即在涉及第三人利益的情况下，混同并不发生债权债务消灭的效果，主要有以下两种情况：

(1) 混同的债权上设有权利质权的。

(2) 债权人请求法院扣押债务人对第三人的债权，此后即使债务人与第三人之间的债权债务发生混同，为了保护债权人的利益，被扣押的债权并不消灭，他仍可请求法院对该债权强制执行。

第四编
合 同 法

第一章 合同概述

一、合同的概念与特征

（一）合同的概念

合同又称契约，是平等主体的自然人、法人和其他组织之间设立、变更、终止民事权利义务关系的协议。我国《合同法》采用了相对狭义的合同概念，仅仅指财产性的协议，身份类的协议不能通过我国《合同法》来调整。

下列关系不适用《合同法》：① 政府依法进行管理活动所订立的合同，属于行政合同，不是民事合同。② 法人、其他组织内部事务管理方面的合同。③ 婚姻、收养、监护等有关身份关系的协议。

（二）合同的特征

（1）合同的主体是平等主体的自然人、法人和其他组织。因此非平等主体之间的协议不是合同，例如上下级政府之间的一些工作协议就不是合同。需要注意的是，并非国家机关作为一方主体订立的协议都不是合同，在国家机关以平等的民事主体身份出现时，和其他民事主体间也可订立合同。

（2）合同的内容是民事权利与民事义务。

（3）合同的客体是一定的行为。当事人将意愿赋予这种行为来达到预期的法律效果。

二、合同的相对性

（一）合同相对性的内涵

合同的相对性，指合同仅在合同当事人之间发生拘束力，合同的效力仅及于合同当事人，包括主体的相对性、内容的相对性与责任的相对性。在司法考试中需要把握的内容是：

（1）合同债权人只能请求合同债务人履行合同义务（或者承担违约责任），不能请求合同以外的第三人履行合同义务（或者承担违约责任）。

（2）合同当事人之外的第三人无权请求合同债务人履行合同义务（或者承担违约责任）。

（3）合同债务人因第三人违约的，仍应对合同债权人承担违约责任，债务人与第三人的关系另行解决。

（二）合同相对性原则的例外规定

1. 合同保全

《合同法》第73条规定的代位权以及《合同法》第74条规定的撤销权，突破了合同的相对性，合同债权人在法定条件成就时，得对合同关系以外的第三人主张权利。

2. 买卖不破租赁

依据《合同法》第229条与《城镇房屋租赁合同解释》第20条，租赁期间，租赁物的所有权发生变动的，原租赁合同对新的所有权人继续有效，即新的所有权人应法定承受原租赁合同。

3. （建设工程施工合同）分包人的连带责任

《合同法》第272条第2款规定，总承包人或者勘察、设计、施工承包人经发包人同意，可以将自己承包的部分工作交由第三人完成。第三人就其完成的工作成果与总承包人或者勘察、设计、施工承包人向发包人承担连带责任。

4. 非法转包、违法分包情形下,发包人对实际施工人的责任

《建设工程施工合同解释》第26条规定:"实际施工人以转包人、违法分包人为被告起诉的,人民法院应当依法受理。实际施工人以发包人为被告主张权利的,人民法院可以追加转包人或者违法分包人为本案当事人。发包人只在欠付工程价款范围内对实际施工人承担责任。"

5. 单式联运合同

《合同法》第313条规定:"两个以上承运人以同一运输方式联运的,与托运人订立合同的承运人应当对全程运输承担责任。损失发生在某一运输区段的,与托运人订立合同的承运人和该区段的承运人承担连带责任。"

注意:多式联运合同,实际承运人与多式联运经营人不承担连带责任,没有突破合同的相对性问题。

[历年真题] 顺风电器租赁公司将一台电脑出租给张某,租期为2年。在租赁期间内,张某谎称电脑是自己的,分别以市价与甲、乙、丙签订了三份电脑买卖合同并收取了三份价款,但张某把电脑实际交付给了乙。后乙的这台电脑被李某拾得,因暂时找不到失主,李某将电脑出租给王某获得很高收益。王某租用该电脑时出了故障,遂将电脑交给康成电脑维修公司维修。王某和李某就维修费的承担发生争执。康成公司因未收到修理费而将电脑留置,并告知王某如7天内不交费,将变卖电脑抵债。李某听闻后,于当日潜入康成公司偷回电脑。

关于康成公司的民事权利,下列说法正确的是:(2015年卷三91题)

A. 王某在7日内未交费,康成公司可变卖电脑并自己买下电脑
B. 康成公司曾享有留置权,但当电脑被偷走后,丧失留置权
C. 康成公司可请求李某返还电脑
D. 康成公司可请求李某支付电脑维修费

【答案】 BC

【考点】 留置权的行使及消灭、占有保护请求权、合同的相对性

【解析】 《物权法》第236条第1款规定:"留置权人与债务人应当约定留置财产后的债务履行期间;没有约定或者约定不明确的,留置权人应当给债务人两个月以上履行债务的期间,但鲜活易腐等不易保管的动产除外。债务人逾期未履行的,留置权人可以与债务人协议以留置财产折价,也可以就拍卖、变卖留置财产所得的价款优先受偿。"可知,留置权人应当给债务人2个月以上履行债务期间,即康成公司应当给王某2个月以上履行债务期间,故选项A错误,不当选。

《物权法》第240条规定:"留置权人对留置财产丧失占有或者留置权人接受债务人另行提供担保的,留置权消灭。"可知,康成公司享有留置权,但因该电脑被李某偷回即丧失占有,留置权消灭。故选项B正确,当选。

《物权法》第245条第1款规定:"占有的不动产或者动产被侵占的,占有人有权请求返还原物;对妨害占有的行为,占有人有权请求排除妨害或者消除危险;因侵占或者妨害造成损害的,占有人有权请求损害赔偿。"康成公司基于与王某之间的承揽合同而占有电脑,属于有权占有,可以基于占有保护请求权请求李某返还电脑,故选项C正确,当选。

根据合同相对性理论,康成公司只能要求承揽人王某支付电脑维修费,而不得要求合同以外的第三人即李某支付电脑维修费,故选项 D 错误,不当选。

三、合同的分类

（一）有名合同与无名合同这是以法律是否作出规定并赋予特定名称为标准进行的分类。

1. 概念

有名合同,又称典型合同,是指法律作出规定并赋予特定名称的合同。《合同法》分则规定的 15 类合同,均为有名合同。

无名合同,也称非典型合同,是指法律未作规定,也未赋予特定名称,任由当事人自由创立的合同。

2. 分类的意义

对于当事人没有约定或者约定不明的内容所适用的法律规则不同:

（1）有名合同,当事人可以参照法律有关规定订立,在合同法上争议时,法院或者仲裁机关应按照法律的有关规定裁判。

（2）无名合同,法律未作具体规定,其成立、生效及纠纷解决,除适用有关民事法律行为和合同的一般规定外,可以参照与之类似的有名合同的法律规定。

（二）双务合同与单务合同这是依合同当事人双方是否互负义务进行的分类。

1. 概念

双务合同是指双方对待给付义务,且一方当事人所享有的权利,即为对方当事人所负担的义务的合同。

单务合同是指仅一方当事人负担给付义务或者虽然双方均须负担给付义务,但双方的义务不具有对待给付关系的合同。可细分为:① 仅一方负担给付义务的合同。例如,自然人之间的借款合同。② 双方均负担给付义务,但双方的义务不具有对待给付关系的合同。例如附义务的赠与合同。

2. 分类的意义

（1）履行抗辩权仅发生于双务合同中(《合同法》第 66—69 条),单务合同无此问题。

（2）合同被解除、确认无效或被撤销时,双务合同存在双方互为返还给付问题(《合同法》第 58 条),单务合同不存在对待给付及返还问题。

（3）双务合同存在风险负担的问题,单务合同无风险负担的问题。注意:单务合同通常是无偿合同,双务合同通常是有偿合同,但他们并非一一对应关系。

（三）有偿合同与无偿合同这是以当事人是否因给付而取得对价为标准进行的分类。

1. 概念有偿合同,是指合同当事人一方享有合同规定的权益,必须向对方给付相应代价的合同

无偿合同,则是指一方只为给付而无对价的合同。反之,可表述为,合同一方当事人享有权益,但不必向合同相对方给付相应代价的合同。合同是交易的法律形式,而交易以等价有偿为原则,因此现代法上以有偿合同为常态,以无偿合同为异态。公认的无偿合同有:赠与合同、借用合同、保证合同可为有偿,也可为无偿,但若当事人无特别约定或依交易习惯确定,原则上推定为无偿的合同有:委托合同、保管合同、自然人之间的借贷合同(民间借贷)。

2. 分类意义

(1) 有偿合同当事人的注意义务较无偿合同的重:例如:①《合同法》第189条:赠与人仅在故意、重大过失致对方损害时才承担合同责任,而一般有偿合同以无过错责任为原则。②《合同法》第374条:无偿保管合同的保管人仅在故意、重大过失致对方损害时才承担责任,有偿保管合同的保管人承担过错责任。③《合同法》第406条:无偿委托合同的受托人仅在故意、重大过失致对方损害时才承担责任,有偿委托合同的受托人承担过错责任。

(2) 纯获利益的赠与等无偿合同,不要求获益当事人具有完全行为能力,但有偿合同对当事人的行为能力要求较高。

(3) 善意取得的构成以第三人与无权处分人之间是有偿交易为要件。

(四) 诺成合同与实践合同这是根据合同的成立是否以交付标的物为要件而进行的分类。

1. 概念诺成合同

又称不要物合同,指只要行为人意思表示一致,就能成立的合同。实践合同,又称要物合同,指除意思表示一致外,还需以物的交付为成立(生效)要件的合同。合同以诺成合同为常态,以实践合同为异态。

2. 实践合同的类型

(1) 定金合同;
(2) 借用合同;
(3) 自然人之间的借贷合同;
(4) 保管合同。

3. 分类的意义

(1) 二者成立的要件不同。诺成合同不以交付标的物或完成其他给付为成立要件;而实践合同的成立以交付标的物或完成其他给付为要件,如《合同法》第367条规定:"保管合同自保管物交付时成立,但当事人另有约定的除外。"

(2) 交付标的物的意义不同。在诺成合同中,交付标的物或完成其他给付系当事人的给付义务,即合同的履行行为,违反该义务便产生违约责任;而在实践合同中,交付标的物或完成其他给付不是当事人的给付义务,是合同的成立要件,违反它不产生违约责任,构成缔约过失责任。

(五) 要式合同与非要式合同

这是根据合同的成立是否需要采用特定的形式或程序进行的分类。

1. 概念

要式合同,是指法律要求必须具备特定形式的合同。其形式,既包括书面形式,也包括批准、备案等形式。

非要式合同,是指法律不要求必须具备一定形式的合同。非典型合同都是不要式合同。

2. 分类意义

两者成立或生效的条件不同,如果为要式合同,只有在符合法律规定或当事人约定的特别形式或程序时,合同才能成立或生效;如果为非要式合同,只需要符合合同的一般成立或生效要件,合同就能成立或生效。

注意:要式合同的要式性对于合同的成立和生效仅有相对的意义。我国《合同法》第36

条出于鼓励交易的理念有如下规定:"法律、行政法规规定或者当事人约定采用书面形式订立合同,当事人未采用书面形式但一方已经履行合同主要义务,对方接受的,该合同成立"。

（六）本约与预约

这是依据订立合同是否有事先约定的关系为标准进行的分类。

1. 概念

预约,是指约定将来订立一定合同的合同。预约是一个以订立合同为给付内容的合同,它不同于附生效条件的合同。

本约,指为履行预约而订立的合同。可见,预约与本约之间具有手段和目的的关系。

2. 分类的意义

（1）明确二者具有不同的订约目的和法律效力。预约合同的目的和效力是将来按照合同约定的条件订立本合同,不产生实体权利义务;而本约的目的和效力则是确定当事人之间的实体权利义务。

（2）进一步理解:预约的性质也是合同,违反预约合同的规定也须承担违约责任。

（七）确定合同与射幸合同

这是根据合同的效果在缔约时是否确定为标准进行的分类。

1. 概念

确定合同,又称实定合同,是指给付的内容和范围在合同成立时就已经确定的合同。一般的合同均为确定合同。

射幸合同,又称机会合同,是指给付的内容和范围在合同成立时并不确定,而是取决于合同成立后是否发生偶然事件的合同。例如保险合同、抽奖合同、博彩合同等。射幸合同除法律特别承认的以外,都是非法的。

2. 分类意义

确定合同一般要求等价有偿,不能显失公平,否则会影响合同的效力;射幸合同则不要求等价有偿。

射幸合同因双方的给付义务严重不对等,故其类型由法律明文加以规定。例如,在我国,彩票是合法的,而赌博则是非法的。

（八）束己合同与涉他合同这是以合同是否涉及第三人为标准进行的分类。

1. 概念

束己合同,也称"为订约人利益订立的合同",是指订约当事人为自己设定权利和义务,自己受约束的合同。该类合同的特点在于:合同仅在当事人之间发生效力,体现合同的相对性。这类合同是合同的常态。

涉他合同,是指当事人在合同中为第三人设定了权利或义务的合同。涉他合同突破了合同的相对性原则,使合同权利或义务涉及第三人。它包括"为第三人利益的合同"和"由第三人履行的合同"两种类型。

为第三人利益的合同,是指当事人为第三人设定了合同权利,由第三人取得利益的合同。《合同法》第 64 条对此作出了规定:当事人约定由债务人向第三人履行债务的,债务人未向第三人履行债务或者履行债务不符合约定,应当向债权人承担违约责任。该类合同只能为第三人设定权利,不得为其设定义务;第三人不是合同当事人,无须在合同上签字或盖章,也不需要通过其代理人参与缔约,但却于合同成立后直接享有合同权利。订约人虽然可以为第三人设定合同权利,但不能强迫第三人接受该权利,即第三人可以接受合同权利,也可以拒绝接受。

由第三人履行的合同,是指合同当事人为第三人约定了合同义务,由第三人向合同债权人履行该合同义务的合同。《合同法》第65条对此作出了规定:当事人约定由第三人向债权人履行债务的,第三人不履行债务或者履行债务不符合约定,债务人应当向债权人承担违约责任。该类合同不能当然地约束第三人,第三人拒绝履行合同时不承担违约责任,由合同债务人负责履行。

2. 分类意义

(1) 两类合同缔约目的不同,束己合同是为缔约当事人自己设定合同权利义务,涉他合同是为第三人设定合同权利或者义务。

(2) 两类合同的效力不同,束己合同对缔约当事人有约束力,涉他合同对第三人不能当然地有约束力。涉他合同虽然对合同的相对性原则有所突破,但违约责任的承担没有突破合同相对性。因第三人原因而发生违约的情形下,仍由债务人向债权人承担违约责任,至于债务人和第三人之间的关系,则另案处理。

(3) 当事人的法律地位不同。在涉他合同中,第三人并非合同的当事人,第三人不享有撤销、变更、解除合同等专属合同当事人的权利。

(九) 一时性合同与持续性合同

这是依据合同所确定的给付形态进行的分类。

1. 概念

一时性合同,是指债务因一次给付即履行完毕的合同,如买卖、赠与合同。值得注意的是,分期交付合同,只要其总给付自始确定,分期给付的时间因素对给付的内容和范围不发生影响,仍属一时性合同,只是在给付方面,债务人的履行方式可以分期给付而已。

持续性合同,是指合同的内容非一次给付,而是须经持续的给付才能履行完毕的合同,如租赁合同、委托合同等。持续性合同的特征在于,时间因素在合同履行上居于重要的地位,总给付的内容取决于应为给付时间的长短。

持续性合同和分期给付合同不同,前者自始没有一个确定的总给付,在一定时间内提出的给付,不是总给付的部分,而是履行当时所负的债务。后者自始有一个确定的总给付,只是分期履行而已,每期给付均为总给付的一部分。

2. 分类意义

(1) 债权债务的移转限制不同。持续性合同的当事人双方多有信任关系,其债权债务原则上不得任意移转;而一时性合同没有如此严格限制。

(2) 债务不履行的后果不同。持续性合同之债务不履行,一般发生合同终止效果,且应向将来发生效力,一般不具有溯及既往的效力;而一时性合同不履行时,合同因违约而解除时具有溯及既往的效力。

(十) 主合同与从合同

这是依据两合同之间存在的主、从关系为标准进行的分类。

1. 概念

(1) 主合同,是指两合同中不依赖另一合同而独立存在的合同。其特点在于,主合同能够独立存在,不以其他合同的存在为前提。主合同和从合同是相对而言的,没有从合同就无主合同,没有主合同也就无从合同。

(2) 从合同,是指两合同中以另一合同的存在为存在前提的合同。一般而言,从合同依赖于主合同的存在而存在,从合同自身不能独立存在。抵押合同、质押合同、保证合同、定金合同等担保合同与其所担保的合同之间关系,就是主从合同关系。其中,担保合同是从合同,被担保的合同为主合同。

2. 分类意义

主从合同之间具有成立、存续、消灭上的从属关系。从合同以主合同的存在为前提,主合同变更或消灭,从合同原则上随之变更或消灭。

[历年真题] 张某、方某共同出资,分别设立甲公司和丙公司。2013 年 3 月 1 日,甲公司与乙公司签订了开发某房地产项目的《合作协议一》,约定如下:"甲公司将丙公司 10% 的股权转让给乙公司,乙公司在协议签订之日起三日内向甲公司支付首付款 4 000 万元,尾款 1 000 万元在次年 3 月 1 日之前付清。首付款用于支付丙公司从某国土部门购买 A 地块土地使用权。如协议签订之日起三个月内丙公司未能获得 A 地块土地使用权致双方合作失败,乙公司有权终止协议。"

《合作协议一》签订后,乙公司经甲公司指示向张某、方某支付了 4 000 万元首付款。张某、方某配合甲公司将丙公司的 10% 的股权过户给了乙公司。

2013 年 5 月 1 日,因张某、方某未将前述 4 000 万元支付给丙公司致其未能向某国土部门及时付款,A 地块土地使用权被收回挂牌卖掉。

2013 年 6 月 4 日,乙公司向甲公司发函:"鉴于土地使用权已被国土部门收回,故我公司终止协议,请贵公司返还 4 000 万元。"甲公司当即回函:"我公司已把股权过户到贵公司名下,贵公司无权终止协议,请贵公司依约支付 1 000 万元尾款。"

2013 年 6 月 8 日,张某、方某与乙公司签订了《合作协议二》,对继续合作开发房地产项目做了新的安排,并约定:"本协议签订之日,《合作协议一》自动作废。"丁公司经甲公司指示,向乙公司送达了《承诺函》:"本公司代替甲公司承担 4 000 万元的返还义务。"乙公司对此未置可否。

关于《合作协议一》,下列表述正确的是:(2014 年卷三 86 题)

A. 是无名合同　　　　　　　　B. 对股权转让的约定构成无权处分
C. 效力待定　　　　　　　　　D. 有效

【答案】 ABD

【考点】 合同的分类、无权处分

【解析】 选项 A 正确。有名合同特指《合同法》明确规定的买卖合同,供用电、水、气、热力合同,赠与合同,借款合同,租赁合同,融资租赁合同,承揽合同,建设工程合同,运输合同,技术合同,保管合同,仓储合同,委托合同,行纪合同,居间合同。案例中的《合作协议一》属于上述 15 类合同之外的合同。故属于无名合同。

选项 B 正确。甲公司并非丙公司的股东,无权处分丙公司的股权,故《合作协议一》中关于股权转让的约定构成无权处分。

选项 C 错误,选项 D 正确。法律对股权转让等权利转让合同有规定的依其规定;无规定的可依《合同法》第 124 条和第 174 条的规定,即可参照适用买卖合同的有关规定。因此股权转让参照买卖合同,因为无权处分的买卖合同若无其他效力瑕疵则为有效,故本案中无权处分股权所订立的合同有效,而非效力待定。

第二章　合同的成立

一、要约与要约邀请

	要约	要约邀请
概念	要约是由特定人发出的希望和他人订立合同的意思表示。	要约邀请是希望他人向自己发出要约的意思表示。
具体表现	(1)要约必须具有订立合同的意图； (2)要约的内容必须具体、确定,合同至少应具备当事人姓名、确定的标的和数量； (3)要约须向特定的受要约人发出；注意例外情况时对不特定人的要约。	(1)寄送的价目表； (2)拍卖公告； (3)招标公告； (4)招股说明书； (5)商业广告。

(一)要约

1. 概念

要约,是指一方当事人以订立合同为目的而发出的,由相对人受领的意思表示。其中,发出要约的人称要约人,受领要约的人称相对人或受要约人。

2. 要约的构成要件

(1)要约必须是向特定人发出的意思表示。要约是要约人向相对人所作出的含有合同条件的意思表示,旨在经受要约人的承诺以成立合同。只有要约人是特定的人,受要约人才能向其承诺。

(2)向要约人希望与之订立合同的受要约人作出。要约一般向特定的人作出,在特殊情况下,也可以向不特定人作出,例如,悬赏广告。

(3)具有订立合同的目的并表明一经承诺即受拘束的意旨。要约人需向受要约人表明,要约一经受要约人承诺,合同即告成立,要约人就要受到该意思表示约束。

(4)内容具体而确定。① 具体,是指必须包含合同的主要条款；② 确定,是指内容明确,而非含糊不清。

(二)要约邀请

要约邀请是希望他人向自己发出要约的意思表示,又称为要约引诱。依据《合同法》第15条的规定,常见的要约邀请有：

(1)寄送的价目表；

(2)拍卖公告；

(3)招标公告；

(4)招股说明书；

(5)商业广告。商业广告为要约邀请,但如果商业广告中明确注明是要约,或者含有广告者希望与之订立合同的意思表示,其内容也具备与他人订立合同的必要条款,且表明了愿意承受拘束的意旨,如含有"保证现货供应"、"款到发货"或含有确切的期限保证供货等用语的,则认定为要约。

(三)悬赏广告

1. 悬赏广告的性质

关于悬赏广告的性质,通说认为是单方允诺。

《合同法解释(二)》第3条规定:"悬赏人以公开方式声明对完成一定行为的人支付报酬,完成特定行为的人请求悬赏人支付报酬的,人民法院依法予以支持。但悬赏有合同法第五十二条规定情形的除外。"

2. 悬赏广告的效力

(1) 完成指定行为的相对人为无、限制民事行为能力人或者相对人完成指定行为时不知道有悬赏广告存在的,不影响其报酬请求权。(见例1和例2)

例1　甲饲养的宠物狗走失,遂于小区内张贴启事,声明:"如有发现并送还者,重谢2万元。"乙不知道甲所发的启事,发现该宠物狗后送还给甲。乙虽然在完成指定行为时不知道甲发布的悬赏广告,但乙完成了指定的行为,乙有权请求甲支付报酬2万元。

例2　甲饲养的宠物狗走失,遂于小区内张贴启事,声明:"如有发现并送还者,重谢2万元。"9岁的乙发现该宠物狗,并送还给甲。乙虽然为无民事行为能力人,但其完成了悬赏广告指定的行为,有权请求甲支付报酬2万元。

(2) 如果是多数人完成指定行为的,报酬请求权的决定原则是:①两个以上的人先后完成指定行为的,仅最先完成者享有报酬请求权。但悬赏人善意向最先通知者支付报酬的,悬赏人向最先完成者支付报酬的义务消灭。②两个以上的人分别同时或者共同完成指定的行为的,由他们共同取得报酬,悬赏人善意向最先通知者支付报酬的,其支付报酬的义务消灭。(见例3、例4和例5)

例3　甲发布悬赏广告,声称:"现有对联上联:上海自来水来自海上,能对出下联者,奖励1万元。"乙、丙、丁分别于5月1日、5月2日、5月3日对出下联(山东落花生花落东山)。(1)仅最先完成的乙享有报酬请求权。(2)如丁最先通知,甲善意地向最先通知的丁支付报酬,甲向乙支付报酬的义务消灭,乙不得请求甲向自己支付报酬,乙有权请求丁返还不当得利1万元。(3)两个以上的人先后完成指定行为的,仅最先完成的人享有报酬请求权。

例4　甲发布悬赏广告,声称:"现有对联上联:上海自来水来自海上,能对出下联者,奖励1万元。"乙、丙、丁分别各自于5月1日对出下联(山东落花生花落东山)。(1)乙、丙、丁同时完成指定行为,共同对甲获得报酬请求权(实质为连带债权)。(2)如丁最先通知,甲善意地向最先通知的丁支付报酬,甲支付报酬的义务消灭,乙、丙不得再请求甲向自己支付报酬,乙有权请求丁返还不当得利1/3万元,丙也有权请求丁返还不当得利1/3万元。(3)数人同时完成指定行为的,共同取得报酬请求权。

例5　甲发布悬赏广告,声称:"现有对联上联:上海自来水来自海上,能对出下联者,奖励1万元。"乙、丙、丁共同努力,共同于5月1日对出下联(山东落花生花落东山)。(1)乙、丙、丁共同完成指定行为,共同对甲取得报酬请求权。(2)其他效果同例4。

[历年真题]　甲与同学打赌,故意将一台旧电脑遗留在某出租车上,看是否有人送还。与此同时,甲通过电台广播悬赏,称捡到电脑并归还者,付给奖金500元。该出租汽车司机乙很快将该电脑送回,主张奖金时遭拒。下列哪一表述是正确的?(2012年卷三4题)

A. 甲的悬赏属于要约　　　　　　B. 甲的悬赏属于单方允诺
C. 乙归还电脑的行为是承诺　　　D. 乙送还电脑是义务,不能获得奖金

【答案】　B

(四)商品房的销售广告和宣传资料的性质(一般为要约邀请,具备一定条件则为要约)

依据《商品房买卖合同解释》第3条,房地产开发商作为出卖人所作出的商品房的销售广告和宣传资料为要约邀请。但是,如果同时符合以下三个条件,该广告或者宣传资料应定性为商品房买卖合同的要约。(1)广告和宣传资料说明和允诺的对象是商品房开发规划范围内的"房屋"及"相关设施";(2)所作的说明和允诺"具体确定";(3)该说明和允诺对商品房买卖"合同的订立"以及房屋"价格的确定"有重大影响。

二、要约的生效、撤回、撤销、失效

(一)要约的生效

要约的生效	对特定人以非对话方式作出的要约,自到达相对人时生效。
	对特定人以对话方式作出的要约,自相对人了解时生效。
	要约对不特定人作出的要约(如构成要约的商业广告、自动售货机),自作出时生效。

(二)要约的撤回

在要约生效之前,为了阻止要约生效,要约人可以撤回要约,但须满足两个要求:
(1)发出撤回的通知;
(2)撤回的通知先于要约或者与要约同时到达相对人。

(三)要约的撤销

1. 在要约生效之后,相对人作出承诺之前,要约人可以撤销要约,但须满足三个要求
(1)发出撤销的通知;
(2)撤销通知须于相对人发出承诺的通知之前到达相对人;
(3)要约属于可撤销的要约。

2. 不可撤销的三种情形
(1)要约人确定了承诺期限;
(2)要约人以其他形式明示要约不可撤销的;
(3)受要约人有理由认为要约不可撤销,并为履行合同作了准备工作的。

3. 要约撤销的效力
(1)相对人失去了承诺的权利;
(2)要约人的行为构成缔约过失的,应承担缔约过失责任。

(四)要约的失效

1. 要约的失效,指要约丧失法律效力。
2. 要约失效的意义在于:受要约人丧失承诺的资格。
3. 要约失效的原因(《合同法》第20条)
(1)拒绝要约的通知到达要约人;

（2）要约被依法撤销；
（3）受要约人对要约的内容作了实质性变更的；
（4）拍卖中竞买人的应价要约，有更高应价出现的。

三、承诺

承诺是指受领要约的相对人为成立合同而同意接受要约的意思表示。要约一经承诺，合同即告成立。

（一）承诺的构成要件

1. 主体

承诺只能由受要约人（其他人无承诺资格）作出。

2. 方式

以通知的方式，即承诺必须向要约人作出承诺的通知（例外：根据交易习惯或要约要求作出承诺的行为——意思实现）。

3. 内容

承诺的内容应当与要约的内容一致。

（1）承诺人对要约的内容作出实质性变更的，承诺无效，只能视为新的要约；
（2）承诺人对要约的内容作出非实质性变更的，除非要约人及时表示反对或者要约表明承诺不得对要约作出任何变更的，承诺有效，合同的内容以承诺的内容为准。

4. 承诺期间

承诺必须在承诺期限内到达要约人。

（1）承诺期间届满后，承诺才到达的，为承诺的迟到，无效，视为新的要约；
（2）承诺人于承诺期间作出承诺的通知，按照通常情形能够及时到达要约人，但因其他原因承诺到达要约人时超过承诺期限的，为承诺的迟延，除非要约人及时通知受要约人不受承诺的约束，该承诺有效。

5. 承诺必须表明受要约人决定与要约人订立合同（具有受拘束的意思）。

（二）承诺期限的确定

1. 承诺必须在承诺的期限内到达

（1）要约确定了承诺期限的，依照该期限。
（2）要约未确定承诺期限的，双方又未约定的，分两种情况：① 以对话方式作出的要约，相对人应立即作出承诺。② 以非对话方式作出的要约：承诺应当在合理期限内到达［该合理期限的起算：自信件载明的日期（或邮戳日）或者电报发出之日或者传真（快速方式）到达之日开始计算］。

（三）承诺的生效

《合同法》第 25 条规定："承诺生效时合同成立。"即承诺的生效，通常意味着合同的成立，因此承诺的生效时间十分重要。承诺生效的时间因承诺方式的不同而不同：

（1）要约人约定承诺期限的，承诺在承诺期限内到达要约人时，承诺生效。
（2）要约人没有确定承诺期限的，如果受要约人以对话方式作出承诺的，自要约人"了解"承诺内容时，承诺生效。
（3）以非对话的通知方式承诺。以通知方式承诺的，通知到达要约人时生效。所谓"到达",指到达要约人控制的范围,要约人具有知悉可能性,而实际上是否知悉在所不问。

(4) 采用数据电文方式承诺。采用数据电文方式承诺的,要约人指定特定系统接受数据电文的,承诺进入该特定系统时生效;要约人未指定特定系统的,承诺自进入要约人的任何系统的首次时间生效。

(5) 承诺不需要通知的,根据交易习惯或者要约的要求承诺不需要通知的,受要约人可以通过作出特定的行为来承诺(如向自动售货机投币购物)。自作出承诺的行为时,承诺生效。

(6) 以单纯的沉默作出承诺。缔约当事人双方事前约定承诺可以沉默方式作出的,承诺期间届满,受要约人未作任何表示的,视为作出承诺,承诺期间届满之日为承诺生效之日。

(四) 承诺的撤回(承诺不可撤销)
1. 承诺的撤回,是指承诺人阻止承诺发生法律效力的意思表示。
2. 在承诺的通知发出之后,承诺人还可以撤回承诺
要求是:① 发出撤回通知;② 撤回通知先于承诺或者与承诺同时到达要约人。
3. 由于承诺生效时合同即告成立,因此承诺不得撤销。

四、合同成立的时间与地点

(一) 合同成立的时间
合同成立的时间,是指合同开始对当事人产生法律拘束力的时间。合同的成立时间因合同订立的形式不同而有所不同。
1. 以一般形式订立的成立时间
《合同法》第25条规定:"承诺生效时合同成立。"即在承诺生效时,合同即告成立。
2. 以特殊形式订立合同的成立时间
(1) 法律规定或者当事人约定采用书面形式订立合同的,自最后一方在合同书上签字、盖章或者摁手印时,合同成立。
(2) 法律规定或者当事人约定采用书面形式订立合同的,当事人未采用书面形式,但当事人一方已经履行了合同主要义务,对方接受的,合同成立。
(3) 当事人采用信件、数据电文形式订立合同,在合同成立前要求签订确认书的,以签订确认书的时间为合同成立的时间,即自最后一方在确认书上签字、盖章或者摁手印时,合同成立。

(二) 合同成立的地点
(1) 《合同法》第34条第1款规定:"承诺生效的地点为合同成立的地点。"这是确定合同成立地点的一般原则。
(2) 《合同法》第35条规定:"当事人采用合同书形式订立合同的,双方当事人签字或者盖章的地点为合同成立的地点。"即订立书面合同的,最后一方签字、盖章或者摁手印的地点。
(3) 《合同法解释(二)》第4条规定:"采用书面形式订立合同,合同约定的签订地与实际签字或者盖章地点不符的,人民法院应当认定约定的签订地为合同签订地;合同没有约定签订地,双方当事人签字或者盖章不在同一地点的,人民法院应当认定最后签字或者盖章的地点为合同签订地。"即如果出现约定的地点与实际签字或者盖章地点不符的情形,以约定的地点为

合同签订地。

[历年真题] 张某和李某采用书面形式签订一份买卖合同,双方在甲地谈妥合同的主要条款,张某于乙地在合同上签字,李某于丙地在合同上摁了手印,合同在丁地履行。关于该合同签订地,下列哪一选项是正确的?(2010年卷三11题)

A. 甲地　　　　B. 乙地　　　　C. 丙地　　　　D. 丁地

【答案】　C

【考点】　合同签订地

【解析】　根据《合同法解释二》第4条的规定:"合同没有约定签订地,双方当事人签字或者盖章不在同一地点的,人民法院应当认定最后签字或者盖章的地点为合同签订地。"在本题中,双方当事人并没有约定合同签订地,张某首先在乙地签字,李某后来于丙地在合同上摁了手印,根据《合同法解释二》第5条的规定:"当事人在合同书上摁手印的,人民法院应当认定其具有与签字或者盖章同等的法律效力。"因此,李某的摁手印具有与签字或者盖章同等的法律效力。本题的情形属于《合同法解释二》第4条规定的"双方当事人签字或者盖章不在同一地点的,人民法院应当认定最后签字或者盖章的地点为合同签订地"。结合本题,即后签字的李某签字或者盖章的地点即丙地为合同签订地。因此,本题的正确答案为C。

五、合同主要条款与合同的成立

合同的成立还可以通过一种本质性的语言来描述,即:双方当事人就合同的主要条款达成一致时合同即成立。

一般只掌握买卖合同的主要条款即可。根据《合同法解释(二)》第1条的规定:(1)买卖合同的当事人可以约定买卖合同的主要条款;(2)若当事人没有约定买卖合同的主要条款或者要约人未确定买卖合同的主要条款,则买卖合同的主要条款只有标的和数量。价款、合同履行的时间、地点等均不是买卖合同的主要条款。可见,只要买卖双方就标的与数量达成一致,即可认定买卖合同成立,其他的合同条款内容依照《合同法》第61、62、125条规定的漏洞补充规则予以填补。

[相关法条]

《合同法》第61条　合同生效后,当事人就质量、价款或者报酬、履行地点等内容没有约定或者约定不明确的,可以协议补充;不能达成补充协议的,按照合同有关条款或者交易习惯确定。

《合同法》第62条　当事人就有关合同内容约定不明确,依照本法第六十一条的规定仍不能确定的,适用下列规定:

(一)质量要求不明确的,按照国家标准、行业标准履行;没有国家标准、行业标准的,按照通常标准或者符合合同目的的特定标准履行。

(二)价款或者报酬不明确的,按照订立合同时履行地的市场价格履行;依法应当执行政府定价或者政府指导价的,按照规定履行。

(三)履行地点不明确,给付货币的,在接受货币一方所在地履行;交付不动产的,在不动产所在地履行;其他标的,在履行义务一方所在地履行。

(四)履行期限不明确的,债务人可以随时履行,债权人也可以随时要求履行,但应当给对方必要的准备时间。

（五）履行方式不明确的,按照有利于实现合同目的的方式履行。(六)履行费用的负担不明确的,由履行义务一方负担。

《合同法》第125条第1款 当事人对合同条款的理解有争议的,应当按照合同所使用的词句、合同的有关条款、合同的目的、交易习惯以及诚实信用原则,确定该条款的真实意思。

六、格式条款的特别规制

（一）格式条款的订立规则

提供格式条款的一方对于免除或者限制自己责任的格式条款,应尽两个义务:

(1)提示义务,即提请对方注意该类条款;

(2)说明义务,应对方要求对该类条款进行说明。

（二）格式条款的无效

无效的格式条款	(1)符合《合同法》第52条所列情形之一的;	一方以欺诈、胁迫的手段订立合同,损害国家利益;
		恶意串通,损害国家、集体或者第三人利益;
		以合法形式掩盖非法目的;
		损害社会公共利益;
		违反法律、行政法规的强制性规定。
	(2)符合《合同法》第53条所列情形之一的;	免除造成对方人身伤害责任的;
		免除因故意、重大过失致使对方财产损害责任的。
	(3)格式条款提供方免除其责任的;	
	(4)格式条款提供方加重对方责任的;	
	(5)格式条款提供方排除对方主要权利的。	

（三）格式条款的解释

对格式条款的理解发生争议时,顺序依照下列规则确定格式条款的含义:

(1)非格式条款优先。格式条款和非格式条款不一致的,优先采用非格式条款。

(2)对格式条款的理解发生争议的,按照通常理解予以解释。

(3)依照通常解释该格式条款具有两种以上含义的,应当作出不利于提供格式条款一方的解释。

[历年真题] 刘某提前两周以600元订购了海鸥航空公司全价1 000元的六折机票,后因临时改变行程,刘某于航班起飞前一小时前往售票处办理退票手续,海鸥航空公司规定起飞前两小时内退票按机票价格收取30%手续费。下列哪一选项是正确的？(2008年四川卷三7题)

A. 退票手续费的规定是无效格式条款

B. 刘某应当支付300元的退票手续费

C. 刘某应当支付180元的退票手续费

D. 航空公司只能收取退票的成本费而不能收取手续费

【答案】 C

第三章 合同的效力

一、效力待定的合同

(一) 效力待定合同的概念

效力待定的合同,是指合同已经成立,但其有效还是无效处于不确定状态,须经有权人的特定行为或者一定事实的发生才能确定合同的效力的合同。此类合同成立后往往欠缺某些有效条件,若后来此条件具备,则可转化为有效合同;否则,也可能转为无效或被撤销的合同,从而自始无效。至于合同效力的转化,往往掌握在第三人之手中,例如,限制民事行为能力人的法定代理人,无权代理行为的被代理人等。

(二) 效力待定合同的类型

1. 限制民事行为能力人依法不能独立订立的合同

(1) 法定代理人拒绝追认的,合同确定无效。① 法定代理人明确表示拒绝追认的,合同确定无效。② 自相对人催告以后,法定代理人在 1 个月内未作表示的,视为拒绝追认,合同确定无效。

(2) 法定代理人追认的,自追认生效时,合同自始有效。① 追认具有溯及力,追认生效时,合同自订立时起生效。② 追认生效的时间点。依据《合同法解释(二)》第 11 条规定:"根据合同法第四十七条、第四十八条的规定,追认的意思表示自到达相对人时生效,合同自订立时起生效。"追认生效采取到达主义,即追认的意思表示到达相对人时生效。

(3) 追认生效之前,善意相对人享有撤销权。① 仅善意相对人享有撤销权。恶意相对人不享有该撤销权。② 除诉讼外,善意相对人可通知相对人撤销合同,通知到达相对人,合同确定无效。③ 善意相对人的撤销权须在追认生效之前行使。其追认权因追认的生效而消灭。

2. 因无权代理(不构成表见代理)订立的合同

(1) 被代理人拒绝追认的,合同确定无效。① 被代理人明确表示拒绝追认的,合同确定无效。② 自相对人催告后,被代理人在一个月内未作表示的,视为拒绝追认,合同确定无效。

(2) 被代理人追认的,自追认生效时,合同自始有效。① 追认具有溯及力,追认生效时,合同自订立时起生效。② 追认生效的时间点。依据《合同法解释(二)》第 11 条的规定:"根据合同法第四十七条、第四十八条的规定,追认的意思表示自到达相对人时生效,合同自订立时起生效。"追认生效采取到达主义,即追认的意思表示到达相对人时生效。

(3) 追认生效之前,善意相对人享有撤销权。① 仅善意相对人享有撤销权。恶意相对人不享有该撤销权。② 除诉讼外,善意相对人可通知相对人撤销合同,通知到达相对人,合同确定无效。③ 善意相对人的撤销权因追认生效而消灭。

3. 因无权处分订立的合同

(1) 因无权处分订立的合同效力问题

依据《合同法》第 51 条规定:"无处分权的人处分他人财产,经权利人追认或者无处分权的人订立合同后取得处分权的,该合同有效。"① 因无权处分订立的合同效力待定。② 合同成立后,权利人追认的,合同有效。③ 合同成立后,处分人取得处分权的,合同有效。④ 合同成立后,权利人未追认且处分人亦未取得处分权的,合同确定无效。(见例1)

例1 甲委托乙保管相机一部。3月1日,乙以自己的名义将该相机赠送给不知情的丙。(1) 乙、丙之间的赠与合同属于因无权处分而订立的合同,效力待定。(2) 假设3月15日,甲对丙表示追认,自追认的意思表示到达丙时,追认生效,则乙、丙的赠与合同自3月1日有效。(3) 假设3月20日,乙通过买卖取得该相机的处分权,乙、丙的赠与合同溯及至3月1日生效。(4) 假设甲拒绝追认,乙亦未取得该相机的处分权,经过合理期间后,乙、丙赠与合同确定无效。

(2) 例外情形第一种例外情形:《买卖合同解释》第3条

《买卖合同解释》第3条规定:"当事人一方以出卖人在缔约时对标的物没有所有权或者处分权为由主张合同无效的,人民法院不予支持。出卖人因未取得所有权或者处分权致使标的物所有权不能转移,买受人要求出卖人承担违约责任或者要求解除合同并主张损害赔偿的,人民法院应予支持。"

① 因无权处分订立的买卖合同,无权处分不影响买卖合同的效力,若无其他效力(如行为能力瑕疵、意思表示瑕疵等),该买卖合同有效。(见例2)

例2 甲将自己的手机借给乙使用,使用期为1年。在使用期内,乙未经甲的同意,将该手机以市价5 000元的价格出卖该不知情的丙,并交付手机。乙、丙间的买卖手机的合同,不因乙的无权处分而影响合同的效力,乙、丙间的合同有效。丙善意取得手机所有权。

② 出卖人因未取得所有权或者处分权致使标的物所有权不能转移,买受人有权要求出卖人承担违约责任或者要求解除合同并主张损害赔偿。

第二种例外情形:擅自出租他人之物的租赁合同,系广义的无权处分订立的合同。原则上,擅自出租他人之物订立的租赁合同有效。房屋租赁合同的非法转租合同虽属于擅自出租他人之物的租赁合同,但是,根据《城镇房屋租赁合同解释》第16条,房屋租赁合同的非法转租合同无效。(见例3)

例3 甲将房屋出租给乙,乙未经甲同意,擅自转租给丙。(1) 乙、丙间的租赁合同属于房屋租赁合同的非法转租,依据《城镇房屋租赁合同解释》第16条,乙、丙间的房屋租赁合同无效。(2) 若甲自知道或者应当知道非法转租之日起6个月内未表示异议,视为甲同意转租,乙、丙间的租赁合同转化为合法转租,自成立时生效。

[**历年真题**] 1. 顺风电器租赁公司将一台电脑出租给张某,租期为2年。在租赁期间内,张某谎称电脑是自己的,分别以市价与甲、乙、丙签订了3份电脑买卖合同并收取了3份价款,但张某把电脑实际交付给了乙。后乙的这台电脑被李某拾得,因暂时找不到失主,李某将电脑出租给王某获得很高收益。王某租用该电脑时出了故障,遂将电脑交给康成电脑维修公司维修。王某和李某就维修费的承担发生争执。康成公司因未收到修理费而将电脑留置,并告知王某如7天内不交费,将变卖电脑抵债。李某听闻后,于当日潜入康成公司偷回电脑。

关于张某与甲、乙、丙的合同效力,下列选项正确的是:(2015年卷三89题)

A. 张某非电脑所有权人,其出卖为无权处分,与甲、乙、丙签订的合同无效

B. 张某是合法占有人,其与甲、乙、丙签订的合同有效

C. 乙接受了张某的交付,取得电脑所有权

D. 张某不能履行对甲、丙的合同义务,应分别承担违约责任

【答案】 BCD
【考点】 无权处分订立合同效力
【解析】 无权处分是指没有处分权而处分他人或者自己的财产。本题中,张某将租赁来的电脑谎称自己的出卖给甲、乙、丙,签订的买卖合同是因无权处分订立的买卖合同。《合同法》第51条规定:"无处分权的人处分他人财产,经权利人追认或者无处分权的人订立合同后取得处分权的,该合同有效。"但是依据《买卖合同解释》第3条的规定,当事人一方以出卖人在缔约时对标的物没有所有权或者处分权为由主张合同无效的,人民法院不予支持。可知,因无权处分订立的买卖合同,无权处分本身不影响合同的效力,若无其他效力瑕疵,因无权处分订立的买卖合同有效,而不是效力待定。张某不是电脑的所有权人,将电脑出卖给甲、丙,该买卖合同效力不因无权处分而受影响,合同有效。故选项A错误,不当选。选项B正确,当选。

《买卖合同解释》第9条规定:"出卖人就同一普通动产订立多重买卖合同,在买卖合同均有效的情况下,买受人均要求实际履行合同的,应当按照以下情形分别处理:(一) 先行受领交付的买受人请求确认所有权已经转移的,人民法院应予支持;(二) 均未受领交付,先行支付价款的买受人请求出卖人履行交付标的物等合同义务的,人民法院应予支持;(三) 均未受领交付,也未支付价款,依法成立在先合同的买受人请求出卖人履行交付标的物等合同义务的,人民法院应予支持。"张某与甲、乙、丙签订的买卖合同均有效,并且乙接受了张某的交付,取得电脑的所有权,选项C正确,当选。甲、丙虽然不能取得电脑的所有权,但与张某签订的买卖合同有效,甲、丙可基于有效的买卖合同追究张某的违约责任。故选项D正确,当选。

2. 甲用伪造的乙公司公章,以乙公司名义与不知情的丙公司签订食用油买卖合同,以次充好,将劣质食用油卖给丙公司。合同没有约定仲裁条款。关于该合同,下列哪一表述是正确的?(2013年卷三4题)
  A. 如乙公司追认,则丙公司有权通知乙公司撤销
  B. 如乙公司追认,则丙公司有权请求法院撤销
  C. 无论乙公司是否追认,丙公司均有权通知乙公司撤销
  D. 无论乙公司是否追认,丙公司均有权要求乙公司履行
【答案】 B

3. 下列甲与乙签订的哪些合同有效?(2011年卷三58题)
  A. 甲与乙签订商铺租赁合同,约定待办理公证后合同生效。双方未办理合同公证,甲交付商铺后,乙支付了第1个月的租金
  B. 甲与乙签署股权转让协议,约定甲将其对丙公司享有的90%股权转让给乙,乙支付1亿元股权受让款。但此前甲已将该股权转让给丁
  C. 甲与乙签订相机买卖合同,相机尚未交付,也未付款。后甲又就出卖该相机与丙签订买卖合同
  D. 甲将商铺出租给丙后,将该商铺出卖给乙,但未通知丙
【答案】 ABCD(司法部公布答案为ACD)
【考点】 合同的变更、合同的效力
【解析】 根据《合同法》第37条的规定,当事人约定采用书面形式订立合同,未采用书面形式但一方已经履行主要义务,对方接受的,该合同成立。在选项A中,甲与乙约定租赁合

应自办理公证后生效,而双方没有办理合同公证,但事后甲交付商铺,乙支付第1个月的租金,甲已经履行主要义务,乙接受了,可认定双方之间的合同成立。根据《合同法》第44条第1款的规定:"依法成立的合同,自成立时生效。"可知,甲、乙之间的合同应当有效,选项A正确。

《合同法》第51条规定:"无处分权的人处分他人财产,经权利人追认或者无处分权的人订立合同后取得处分权的,该合同有效。"但是,根据《买卖合同解释》第3条的规定,因无权处分订立的买卖合同,若无其他效力瑕疵,买卖合同有效。在B选项中,甲将股权转让给乙属于无权处分,甲、乙间的转让合同有效,仅股权移转效力待定。故选项B正确。

《合同法解释(二)》第15条规定:"出卖人就同一标的物订立多重买卖合同,合同均不具有合同法第五十二条规定的无效情形,买受人因不能按照合同约定取得标的物所有权,请求追究出卖人违约责任的,人民法院应予支持。"可知,出卖人可以就同一标的物订立多重买卖合同,只要该合同不具备使合同无效的事由,多重买卖合同均属有效合同。甲与乙签订相机买卖合同,相机尚未交付,甲并未丧失对相机的所有权,其有权与丙再签订相机买卖合同,此时两个买卖合同在不具有无效事由时均为有效合同,故选项C正确。

《城镇房屋租赁合同解释》第21条规定:"出租人出卖租赁房屋未在合理期限内通知承租人或者存在其他侵害承租人优先购买权情形,承租人请求出租人承担赔偿责任的,人民法院应予支持。但请求确认出租人与第三人签订的房屋买卖合同无效的,人民法院不予支持。"在选项D中,甲虽侵害了房屋承租人丙的优先购买权,但甲、乙间的房屋买卖合同并不因此而无效。故选项D正确。

二、可撤销、可变更的合同

(一) 概念

可变更、可撤销的合同,是指行为人的意思与表示不一致或意思表示不自由,导致非真实意思表示时订立的合同,对于此类合同,法律并不使之绝对无效,而是权衡当事人的利害关系,赋予表意人以变更权、撤销权。

(二) 类型

(1) 因重大误解订立的合同。

(2) 因欺诈订立的合同(未损害国家利益)。

(3) 因胁迫订立的合同(未损害国家利益)。

(4) 因乘人之危订立的合同。

(5) 订立合同时显失公平的合同。

(三) 撤销权的行使主体

(1) 重大误解,仅误解方享有撤销权;双方均构成重大误解,双方均有撤销权。

(2) 合同成立时显失公平的,仅受有不利一方享有撤销权。

(3) 因欺诈、胁迫、乘人之危订立的合同,仅受害人享有撤销权。

(4) 代理人订立合同时,遭受欺诈、胁迫或者发生重大误解的,代理人不享有撤销权,撤销权归被代理人享有。(见例4)

例4 甲授权给乙,由乙代为购买苹果手机一部。乙遭受丙的欺诈,购买了一部假的苹果手机。代理人乙遭受欺诈,就是被代理人甲遭受欺诈,若符合欺诈的构成要件,撤销权由被代理人甲享有,代理人乙不享有撤销权。

(四) 撤销权的行使

(1) 撤销权为形成权,适用除斥期间,该期间为1年。自撤销权人知道或应当知道撤销事由之日(即知道自己受欺诈之日)起算。

(2) 除斥期间内不行使撤销权,该权利本身即消灭,可撤销合同转化为有效合同。撤销权的行使必须经人民法院或仲裁机构确认,不得由当事人自己确认。

(五) 撤销权与变更权的关系

(1) 当事人请求变更,人民法院、仲裁机构可予以变更,但不得撤销。

(2) 当事人请求撤销的,人民法院、仲裁机构可酌情予以变更或撤销。

注意:欺诈与重大误解的区别。重大误解人的错误认识往往源于误解人自己的疏忽或缺乏经验等自身原因,而受欺诈人的错误认识来自于相对人的欺诈行为(捏造虚假情况或隐瞒真实情况)。

[历年真题] 1. 甲以23万元的价格将一辆机动车卖给乙。该车因里程表故障显示行驶里程为4万公里,但实际行驶了8万公里,市值为16万元。甲明知有误,却未向乙说明,乙误以为真。乙的下列哪一请求是错误的?(2015年卷三2题)

A. 以甲欺诈为由请求法院变更合同,在此情况下法院不得判令撤销合同

B. 请求甲减少价款至16万元

C. 以重大误解为由,致函甲请求撤销合同,合同自该函到达甲时即被撤销

D. 请求甲承担缔约过失责任

【答案】 C

【考点】 合同的效力

【解析】 关于选项A。甲明知该车里程表显示的行驶里程有误,却未告知乙,符合欺诈的构成要件,订立的买卖合同属于可撤销、可变更合同。依据《合同法》第54条第3款的规定,当事人请求变更的,人民法院或者仲裁机关不得撤销。故选项A正确。

关于选项B。依据《合同法》第111条的规定:"质量不符合约定的,应当按照当事人的约定承担违约责任。对违约责任没有约定或者约定不明确,依照本法第六十一条的规定仍不能确定的,受损害方根据标的的性质以及损失的大小,可以合理选择要求对方承担修理、更换、重作、退货、减少价款或者报酬等违约责任。"受损害方享有减价请求权,乙有权请求甲减少价款至16万元。选项B正确。

关于选项C。可撤销、可变更合同中的撤销权人行使撤销权只能以起诉或者申请仲裁的方式行使。乙致函甲,即使该函到达甲时合同依然没有被撤销。选项C错误。

关于选项D。依据《合同法》第42条的规定,当事人在订立合同过程中有下列情形之一,给对方造成损失的,应当承担损害赔偿责任:(一) 假借订立合同,恶意进行磋商;(二) 故意隐瞒与订立合同有关的重要事实或者提供虚假情况;(三) 有其他违背诚实信用原则的行为。本题因甲的欺诈行为,乙有权撤销合同,主张缔约过失责任。选项D正确。

2. 某旅游地的纪念品商店出售秦始皇兵马俑的复制品,价签标名为"秦始皇兵马俑",2 800元一个。王某购买了一个,次日,王某以其购买的"秦始皇兵马俑"为复制品而非真品属于欺诈为由,要求该商店退货并赔偿。下列哪些表述是错误的?(2015年卷三52题)

A. 商店的行为不属于欺诈,真正的"秦始皇兵马俑"属于法律规定不能买卖的禁止流通物

B. 王某属于重大误解,可请求撤销买卖合同
C. 商店虽不构成积极欺诈,但构成消极欺诈,因其没有标明为复制品
D. 王某有权请求撤销合同,并可要求商店承担缔约过失责任

【答案】 BCD

【考点】 合同效力

【解析】 依据《民通意见》第68条的规定:"一方当事人故意告知对方虚假情况,或者故意隐瞒真实情况,诱使对方当事人作出错误意思表示的,可以认定为欺诈行为。"欺诈有四个构成要件:(1)故意告知虚假情况或者故意隐瞒真实情况,后者仅限于具有法定告知义务的情形;(2)使对方产生错误认识;(3)对方因认识错误作出不真实的意思表示;(4)欺诈具有不当性。本题中,商店出售"秦始皇兵马俑",王某购买,不符合欺诈的构成要件,商店的出售行为并未使王某陷入错误认识。故选项A正确,选项C错误。

依据《民通意见》第71条的规定:"行为人因为对行为的性质、对方当事人、标的物的品种、质量、规格和数量等错误认识,使行为的后果与自己的意思相悖,并造成较大损失的,可以认定为重大误解。"重大误解有三个构成要件:(1)当事人对合同的要素发生重大认识错误;(2)因错误作出与内心真意不一致的意思表示;(3)发生错误认识的一方因错误认识遭受较大损失。本题中,王某购买"秦始皇兵马俑"应知道其并非为真品,没有发生重大的认识错误,选项B错误。

王某购买"秦始皇兵马俑"的买卖合同不构成欺诈也不构成重大误解,不属于可撤销、可变更的合同,王某无权请求撤销合同,亦无权要求商店承担缔约过失责任。

3. 某校长甲欲将一套住房以50万元出售。某报记者乙找到甲,出价40万元,甲拒绝。乙对甲说:"我有你贪污的材料,不答应我就举报你。"甲信以为真,以40万元将该房卖与乙。乙实际并无甲贪污的材料。关于该房屋买卖合同的效力,下列哪一说法是正确的?(2010年卷三5题)

A. 存在欺诈行为,属可撤销合同
B. 存在胁迫行为,属可撤销合同
C. 存在乘人之危的行为,属可撤销合同
D. 存在重大误解,属可撤销合同

【答案】 B

【考点】 欺诈、胁迫、乘人之危、重大误解

【解析】 《民通意见》第68条规定:"一方当事人故意告知对方虚假情况,或者故意隐瞒真实情况,诱使对方作出错误意思表示的,可以认定为欺诈行为。"可知,欺诈的构成要件有四个:(1)故意告知虚假情况或者故意隐瞒真实情况,后者仅限于具有法定告知义务的情形;(2)使对方陷于错误;(3)对方因认识错误作出不真实的意思表示;(4)欺诈具有不当性。本题中,乙故意告知了虚假情况,甲也因此陷入认识错误,但甲不是基于认识错误作出不真实的意思表示,而是因为恐惧作出不真实的意思表示,所以甲的错误认识与不真实的意思表示之间不存在因果关系。乙的行为不构成欺诈,选项A错误。

《民通意见》第69条规定,以给公民及其亲友的生命健康、荣誉名誉、财产等造成损害为要挟,迫使对方作出违背真实的意思表示的,可以认定为胁迫行为。可知,胁迫的构成要件有四个:(1)故意预告实施危害;(2)对方因此陷入恐惧;(3)对方因恐惧作出不真实的意思表示;(4)预告实施的危害具有不当性。可知,本题中,乙以甲的名誉为要挟,迫使甲作出违背其真实的意思表示,符合胁迫的构成要件。根据《合同法》第54条的规定,甲、乙之间的买卖合

同属于可撤销的合同,故选项B正确。

《民通意见》第70条规定:"一方当事人乘对方处于危难之机,为牟取不正当利益,迫使对方作出不真实的意思表示,严重损害对方利益的,可以认定为乘人之危。"乘人之危的构成要件有三个:(1)一方乘对方处于危难之际;(2)逼迫对方作出不真实的意思表示;(3)严重损害对方的利益。本题中,乙并非利用甲的危难之机谋取不正当利益,而是基于胁迫,乙的行为并非乘人之危,故选项C不当选。

根据《民通意见》第71条的规定:"行为人因对行为的性质、对方当事人、标的物的品种、质量、规格和数量等的错误认识,使行为的后果与自己的意思相悖,并造成较大损失的,可以认定为重大误解。"可知,重大误解的构成要件有三个:(1)当事人对合同的要素发生重大错误认识;(2)因错误作出与内心真意不一致的意思表示;(3)发生错误者因此遭受较大损失。本题中,甲作出违背自己真实意思的表示,不是基于其对法律行为后果等的错误认识,而是基于受到胁迫,所以甲的行为不属于重大误解,选项D错误。

4. 下列哪一情形构成重大误解,属于可变更、可撤销的民事行为?(2012年卷三3题)
A. 甲立下遗嘱,误将乙的字画分配给继承人
B. 甲装修房屋,误以为乙的地砖为自家所有,并予以使用
C. 甲入住乙宾馆,误以为乙宾馆提供的茶叶是无偿的,并予以使用
D. 甲要购买电动车,误以为精神病人乙是完全民事行为能力人,并与之签订买卖合同

【答案】 C
【考点】 重大误解、法律行为的效力
【解析】 《继承法意见》第38条规定:"遗嘱人以遗嘱处分了属于国家、集体或他人所有的财产,遗嘱的这部分,应认定无效。"可知,甲在遗嘱中,处分了乙的财产的这部分属于无效,而非可撤销的民事行为,故选项A错误。

关于选项B,民法将行为划分为民事行为和事实行为,民事行为是指以意思表示为要素发生民事法律后果的行为,民事行为又称为法律行为,包括民事法律行为、无效民事行为、可变更或可撤销的民事行为、效力待定的民事行为。事实行为是指行为人不具有设立、变更或消灭民事法律关系的意图,但依照法律的规定能引起民事法律后果的行为,包括拾得遗失物、发现埋藏物、先占、无因管理、不当得利等。本题中,甲装修房屋的行为属于事实行为中的不当得利,而非民事行为,所以选项B错误。

根据《民通意见》第71条的规定:"行为人因为对行为的性质、对方当事人、标的物的品种、质量、规格和数量等的错误认识,使行为的后果与自己的意思相悖,并造成较大损失的,可以认定为重大误解。"《合同法》第54条第1款的规定:"下列合同,当事人一方有权请求人民法院或者仲裁机构变更或者撤销:(一)因重大误解订立的;(二)在订立合同时显失公平的。"可知,在选项C中,乙宾馆提供的茶叶属于有偿行为,而甲误以为其为无偿而予以消费,属于对交易行为性质的错误认识,符合重大误解的构成要件,所以选项C是正确的。

无效民事行为是指欠缺法律行为根本生效要件,自始、确定和当然不发生行为人意思之预期效力的民事行为。无效的民事行为是指从行为开始起就没有法律约束力。效力待定的民事行为是指民事法律行为之效力有待于第三人意思表示,在第三人意思表示前,效力处于不确定状态的民事行为。根据《民法通则》第13条的规定:"不能辨认自己行为的精神病人是无民事行为能力人,由他的法定代理人代理民事活动,不能完全辨认自己行为的精神病人是限制民事

行为能力人,可以进行与他的精神健康状况相适应的民事活动;其他民事活动由他的法定代理人代理,或者征得他的法定代理人的同意。"可知,精神病人乙可能属于无民事行为能力人,也可能属于限制行为能力人。在乙为无民事行为能力人时,根据《民法通则》第58条的规定,甲、乙之间的买卖合同无效;在乙为限制民事行为能力人时,根据《合同法》第47条第1款的规定:"限制民事行为能力人订立的合同,经法定代理人追认后,该合同有效,但纯获利益的合同或者与其年龄、智力、精神健康状况相适应而订立的合同,不必经法定代理人追认"。可知,甲、乙之间的买卖合同效力待定,不属于可变更、可撤销的民事行为,所以选项D错误。

5. 关于意思表示法律效力的判断,下列哪些选项是正确的?(2011年卷三53题)

A. 甲在商场购买了一台液晶电视机,回家后发现其妻乙已在另一商场以更低折扣订了一台液晶电视机。甲认为其构成重大误解,有权撤销买卖

B. 甲向乙承诺,以其外籍华人身份在婚后为乙办外国绿卡。婚后,乙发现甲是在逃通缉犯。乙有权以甲欺诈为由撤销婚姻

C. 甲向乙银行借款,乙银行要求甲提供担保。丙为帮助甲借款,以举报丁偷税漏税相要挟,迫使其为甲借款提供保证,乙银行对此不知情。丁有权以其受到胁迫为由撤销保证

D. 甲患癌症,其妻乙和医院均对甲隐瞒其病情。经与乙协商,甲投保人身保险,指定身故受益人为乙。保险公司有权以乙欺诈为由撤销合同

【答案】 CD

【考点】 重大误解、胁迫、欺诈、可撤销的婚姻

【解析】 根据《民通意见》第71条的规定:"行为人因为对行为的性质、对方当事人、标的物的品种、质量、规格和数量等的错误认识,使行为的后果与自己的意思相悖,并造成较大损失的,可以认定为重大误解。"可知,重大误解的构成要件有三个:(1)当事人对合同的要素发生重大错误认识;(2)因错误作出与内心真意不一致的意思表示;(3)发生错误者因此遭受较大损失。本题中,甲购买液晶电视机时,不知妻子不久前已经以更优的价格订购了一台,家中已经不需要再购买电视机了,甲的错误与买卖合同的要素无关,属于狭义的动机错误,不构成重大误解,甲不享有撤销该买卖合同的权利,故A选项错误。

《婚姻法》第11条规定,因胁迫结婚的,受胁迫一方可以向婚姻登记机关或人民法院请求撤销该婚姻。可撤销的婚姻仅限于因胁迫而结婚。选项B中属于因欺诈而结婚,不属于可撤销的婚姻。故选项B错误。

《民通意见》第69条规定,以给公民及其亲友的生命健康、名誉、财产等造成损害为要挟,迫使对方作出违背真实的意思表示的,可以认定为胁迫行为。可知,胁迫的构成要件有四个:(1)故意预告实施危害;(2)对方因此陷入恐惧;(3)对方因恐惧作出不真实的意思表示;(4)预告实施的危害具有不当性。可知,本题中,丙以举报丁偷税漏税相要挟,逼迫丁为甲提供担保,符合胁迫的构成要件。但保证合同的当事人是保证人丁和债权人乙银行,而实施胁迫行为的人是丙,这被称之为第三人实施胁迫行为,因第三人实施胁迫而订立的合同,无论合同相对人是否知道胁迫的事实,受害人均享有撤销权。所以选项C的表述正确。

关于选项D,在利益第三人合同中,合同以外的第三人实施欺诈,受益人未实施欺诈的,若利益第三人于合同订立时知道或者应当知道第三人的欺诈行为,则受害人享有撤销合同的权利。所以故选项D正确。

三、无效的合同

（一）概念

无效的合同,指欠缺合同的有效要件,确定不发生当事人预期法律后果的合同。这种合同自始、当然、确定无效,对合同无效有过错的当事人须承担缔约过失责任、不当得利返还或者侵权责任。

（二）类型

(1) 因欺诈、胁迫订立且损害国家利益的合同,无效。国家利益,指国家的经济利益、政治利益、安全利益、军事利益。

(2) 恶意串通,损害国家、集体或者第三人利益的合同,无效。

(3) 以合法形式掩盖非法目的的合同无效。

(4) 损害社会公共利益的合同,无效。公共利益,指任何不特定第三人的利益,包括合同的内容严重损害社会公共秩序和公共道德两个方面。

(5) 违反法律、行政法规的强制性规定的合同,无效。

注意:关于几个概念:① 法律:全国人民代表大会及其常务委员会颁行的立法;行政法规:国务院制定的立法。② 效力规范,是指不仅要取缔违反的行为,对违反者加以法律制裁,而且对其行为在私法上的效力也加以否认。

取缔规范,是指取缔违反之行为,对违反者加以行政处罚乃至刑事制裁,以禁遏其行为。但并不当然否认其在私法上的效力。对于违反了取缔规范的法律行为,可以由行政机关对当事人进行行政处罚,但不能当然认定在民法上无效。

[历年真题]

1. 张某和李某设立的甲公司伪造房产证,以优惠价格与乙企业(国有)签订房屋买卖合同,以骗取钱财。乙企业交付房款后,因甲公司不能交房而始知被骗。关于乙企业可以采取的民事救济措施,下列哪一选项是正确的？(2015年卷三3题)

A. 以甲公司实施欺诈损害国家利益为由主张合同无效

B. 只能请求撤销合同

C. 通过乙企业的主管部门主张合同无效

D. 可以请求撤销合同,也可以不请求撤销合同而要求甲公司承担违约责任

【答案】 D

【考点】 合同的效力

【解析】 关于选项A,依据《合同法》第52条第1项的规定:"有下列情形之一的,合同无效:(一)一方以欺诈、胁迫的手段订立合同,损害国家利益"。国家利益指国家的经济利益、政治利益、安全利益和军事利益。关于何谓国家利益,说法不一。多数人主张,国家利益就是社会公共利益。国有企业的利益不属于国家利益。甲公司与乙公司签订的房屋买卖合同没有损害国家利益。故选项A错误。

关于选项B,甲公司欺诈乙公司,签订房屋买卖合同,乙公司有权选择撤销或者变更该合同。选项B"只能请求撤销合同"的说法太过绝对,故选项B不正确。关于选项C,甲公司与乙公司之间签订的房屋买卖合同属于可撤销、可变更的合同,不是无效的合同,故选项C错误。

关于选项D,可撤销、可变更的合同,在被撤销前,合同已经成立并生效。乙公司可以不请

求撤销合同而要求甲公司承担违约责任,当然乙公司也可以选择撤销该合同。故选项 D 的说法正确。

2. 下列哪些情形属于无效合同？(2012 年卷三 52 题)
A. 甲医院以国产假肢冒充进口假肢,高价卖给乙
B. 甲乙双方为了在办理房屋过户登记时避税,将实际成交价为 100 万元的房屋买卖合同价格写为 60 万元
C. 有妇之夫甲委托未婚女乙代孕,约定事成后甲补偿乙 50 万元
D. 甲父患癌症急需用钱,乙趁机以低价收购甲收藏的 1 幅名画,甲无奈与乙签订了买卖合同

【答案】 BC
【考点】 合同的效力
【解析】《民通意见》第 68 条规定:"一方当事人故意告知对方虚假情况,或者故意隐瞒真实情况,诱使对方作出错误意思表示的,可以认定为欺诈行为。"可知,欺诈的构成要件有四个:(1) 故意告知虚假情况或者故意隐瞒真实情况,后者仅限于具有法定告知义务的情形;(2) 使对方陷于错误;(3) 对方因认识错误作出不真实的意思表示;(4) 欺诈具有不当性。可知 A 选项中的甲医院的行为构成欺诈,但未损害国家利益,根据《合同法》第 54 条,甲、乙间的买卖合同属于可撤销的合同。故选项 A 错误。

《合同法》第 52 条第三项规定,以合法形式掩盖非法目的的合同无效。可知,B 选项中甲、乙为避税而故意将 100 万元的价格写成 60 万元,其目的为非法目的,买卖合同无效。故选项 B 正确。

《合同法》第 52 条第(四)项规定,损害社会公共利益的合同无效。代孕合同有违公序良俗,属于损害公共利益的合同,无效。故选项 C 正确。

在选项 D 中,乙利用甲的危急以低价收购甲收藏的名画,属于乘人之危而订立的合同,属于可撤销、可变更的合同。故选项 D 错误。

四、合同被确认无效、被撤销后的法律后果

(一) 合同全部无效与部分无效
(1) 合同一经确认无效或被撤销,均有溯及力,溯及至合同成立之时无效,即自始无效。
(2) 同一个合同内容中,既有无效部分,也有有效部分,两者具有可分性,则合同部分无效,不影响其他部分效力,如联营协议中的保底条款无效,不影响其他条款的效力。
(3) 解决争议条款在有效力上具有独立性。

(二) 财产返还的处理
(1) 一方因合同而取得财产的或在单务合同中,应单方返还。
(2) 双务合同中双方因合同而取得财产的,应双方返还。
(3) 返还财产的范围:以全部返还为原则,故应原数(财产尚存时)或原价(财产不存在时),返还。

(三) 赔偿损失的处理
(1) 一方有过错的,该方赔偿。
(2) 双方有过错的,各自承担相应责任。

第四章 合同的履行

合同的履行,是指合同生效以后,合同当事人依照合同的约定为给付的行为。

一、合同履行的原则

（一）全面适当履行原则

依据《合同法》第60条第1款的规定:"当事人应当按照约定全面履行自己的义务。"全面履行原则,是指合同当事人按照合同约定的标的及其数量、质量,由适当的主体在适当的履行期限、履行地点,以适当的履行方式,全面完成合同义务的原则。即如果合同当事人不履行合同的主给付义务、从给付义务以及附随义务的,则构成违约,要承担违约责任。

（二）诚实信用原则

依据《合同法》第60条第2款的规定:"当事人应当遵循诚实信用原则,根据合同的性质、目的和交易习惯履行通知、协助、保密等义务。"诚实信用原则的内容包括以下几个方面:(1)在债务人履行合同债务时,债权人应适当受领给付;(2)债务人履行债务,可以主动要求债权人创造必要的条件,提供便利;(3)债务人应根据合同的性质、目的和交易习惯履行通知、协助、保密等附随义务;(4)因故不能履行或不能完全履行债务的,应积极采取措施避免或减少损失,否则要就扩大损失负责。

（三）实际履行原则

实际履行原则是当事人按照合同约定的标的完成合同义务的原则。该原则要求当事人在履行合同中,要实际履行标的,不能用其他标的代替原合同的标的,也不能以违约金或赔偿金代替履行标的。

《合同法》第110条规定的情形,不适用实际履行原则:(1)法律上或者事实上不能履行。如以特定物为标的物的合同,当标的物灭失时。实际履行已不能。(2)债务的标的不适于强制履行或者履行费用过高。(3)债权人在合理期限内未要求履行。

二、双务合同履行中的抗辩权

依据《合同法》第66—69条的规定,双务合同履行中的抗辩权有三种。

（一）同时履行抗辩权

1. 概念

同时履行抗辩权,是指在没有规定履行顺序的双务合同中,当事人一方在对方履行之前或履行不符合约定时,能够拒绝对方履行请求的权利。《合同法》第66条对此作了规定:当事人互负债务,没有先后履行顺序的,应当同时履行。一方在对方履行之前有权拒绝其履行要求。一方在对方履行债务不符合约定时,有权拒绝其相应的履行要求。

2. 构成要件

(1) 当事人双方在同一双务合同中互负对待给付义务。

(2) 双方债务无先后履行顺序。

(3) 双方债务均届至。

(4) 他方当事人尚未履行,但是请求本方履行合同义务。具体包括:① 他方当事人不履行的,债务人可以提出完全的抗辩权;② 他方当事人不完全履行的,债务人可以提出相应的抗辩权。

3. 同时履行抗辩权的效力

(1) 同时履行抗辩权能一时阻却请求权行使。

(2) 同时履行抗辩权无请求合同相对方先为给付的效力,也无消灭对方请求权的效力。

(3) 当事人因行使同时履行抗辩权拒绝履行义务的,不构成违约。

(二) 先履行抗辩权

1. 概念

先履行抗辩权,也称顺序履行抗辩权,是指在约定了先后履行顺序的双务合同中,后履行一方当事人享有的在先履行一方未履行或者履行债务不符合约定时,得拒绝其履行请求的权利。《合同法》第67条对此作了规定:"当事人互负债务,有先后履行顺序,先履行一方未履行的,后履行一方有权拒绝其履行要求。先履行一方履行债务不符合约定的,后履行一方有权拒绝其相应的履行要求。"

2. 构成要件

(1) 合同当事人因同一双务合同而互负债务。

(2) 债务有先后履行顺序。

(3) 先给付一方未履行。

(4) 双方债务均届期满。

(5) 应当先履行的一方请求应后履行的一方履行债务。

3. 先履行抗辩权的效力

(1) 一时性阻却请求权行使(即应先履行的一方对应后履行一方的请求)。

(2) 即使先履行一方因行使不安抗辩权而中止履行自己的义务,后履行一方仍可行使先履行抗辩权来拒绝其履行请求。

(3) 因行使先履行抗辩权拒绝履行合同义务的,不构成违约。

(三) 不安抗辩权

1. 概念

不安抗辩权,是指在约定了先后履行顺序的双务合同中,应先履行的一方在应后履行一方因财产状况恶化而难为对待给付时所享有的、得于应后履行一方未履行且未提供担保之前拒绝先为履行的权利。《合同法》第68、69条对此作了规定:"应当先履行债务的当事人,有确切证据证明对方有下列情形之一的,可以中止履行:(一)经营状况严重恶化;(二)转移财产、抽逃资金,以逃避债务;(三)丧失商业信誉;(四)有丧失或者可能丧失履行债务能力的其他情形。当事人没有确切证据中止履行的,应当承担违约责任。""当事人依照本法第六十八条的规定中止履行的,应当及时通知对方。对方提供适当担保时,应当恢复履行。中止履行后,对方在合理期限内未恢复履行能力并且未提供适当担保的,中止履行的一方可以解除合同。"

2. 构成要件

(1) 合同当事人因同一双务合同而互负债务。

(2) 双方当事人履行债务的期限有先后顺序。

(3) 应后履行一方有不能为对待给付的危险,包括经营状况严重恶化、移转财产或者抽逃资金以逃避债务、丧失商业信誉、有丧失或者可能丧失偿债能力的其他情形等。

(4) 应后履行一方未履行且未提供担保。

3. 不安抗辩权的行使

(1) 先给付一方有确切证据证明后给付义务人有不能为对待给付的危险。

(2) 先给付一方中止履行,并及时通知对方。

(3) 若对方恢复履行能力或提供适当担保的,应当继续履行。

(4) 对方未能及时恢复履行能力,亦未提供担保的,可以解除合同。

4. 不安抗辩权的效力

(1) 中止履行,在后履行一方提供适当担保前,现履行一方有权中止履行,但应当及时通知对方。

(2) 解除合同,在先履行义务人中止履行后,对方在一定期限内仍然没有恢复履行能力,且未提供适当担保的,中止履行的一方可以解除合同。

[历年真题] 1. 甲与乙公司签订的房屋买卖合同约定:"乙公司收到首期房款后,向甲交付房屋和房屋使用说明书;收到二期房款后,将房屋过户给甲。"甲交纳首期房款后,乙公司交付房屋但未立即交付房屋使用说明书。甲以此为由行使先履行抗辩权而拒不支付二期房款。下列哪一表述是正确的?(2015年卷三10题)

A. 甲的做法正确,因乙公司未完全履行义务

B. 甲不应行使先履行抗辩权,而应行使不安抗辩权,因乙公司有不能交付房屋使用说明书的可能性

C. 甲可主张解除合同,因乙公司未履行义务

D. 甲不能行使先履行抗辩权,因甲的付款义务与乙公司交付房屋使用说明书不形成主给付义务对应关系

【答案】 D

【考点】 先履行抗辩权

【解析】 依据《合同法》第67条的规定:"当事人互负债务,有先后履行顺序,先履行一方未履行的,后履行一方有权拒绝其履行要求。先履行一方履行债务不符合约定的,后履行一方有权拒绝其相应的履行要求。"本题中,根据甲与乙公司签订的房屋买卖合同,甲是先履行一方,甲不享有先履行抗辩权。故选项A错误,不当选。

《合同法》第68条规定:"应当先履行债务的当事人,有确切证据证明对方有下列情形之一的,可以中止履行:(一) 经营状况严重恶化;(二) 转移财产、抽逃资金,以逃避债务;(三) 丧失商业信誉;(四) 有丧失或者可能丧失履行债务能力的其他情形。当事人没有确切证据中止履行的,应当承担违约责任。"可知,先履行一方须在有确切证据证明对方当事人存在不能履行情形时才可行使不安抗辩权。本题中,乙公司不能交付房屋使用说明书的情形不符合行使不安抗辩权的情形,故选项B错误,不当选。

《合同法》第94条规定:"有下列情形之一的,当事人可以解除合同:(一) 因不可抗力致使不能实现合同目的;(二) 在履行期限届满之前,当事人一方明确表示或者以自己的行为表明不履行主要债务;(三) 当事人一方迟延履行主要债务,经催告后在合理期限内仍未履行;(四) 当事人一方迟延履行债务或者有其他违约行为致使不能实现合同目的;(五) 法律规定的其他情形。"本题中,乙公司不履行交付房屋使用说明书的行为属于迟延履行从给付义务,

违反该义务不会导致合同目的无法实现。因此甲不能主张撤销合同,故选项 C 错误,不当选。

双务合同中履行抗辩权的行使是相应的抗辩,即当事人享有对待给付义务。本题中,甲的付款义务与乙公司交付房屋使用说明书不形成主给付义务对应关系,故甲不能行使先履行抗辩权。选项 D 正确。

2. 甲、乙订立一份价款为十万元的图书买卖合同,约定甲先支付书款,乙两个月后交付图书。甲由于资金周转困难只交付五万元,答应余款尽快支付,但乙不同意。两个月后甲要求乙交付图书,遭乙拒绝。对此,下列哪一表述是正确的?(2010 年卷三 13 题)
   A. 乙对甲享有同时履行抗辩权
   B. 乙对甲享有不安抗辩权
   C. 乙有权拒绝交付全部图书
   D. 乙有权拒绝交付与五万元书款价值相当的部分图书
   【答案】 D
   【考点】 双务合同履行中的抗辩权
   【解析】 《合同法》第 66 条规定:"当事人互负债务,没有先后履行顺序的,应当同时履行。一方在对方履行之前有权拒绝其履行要求。一方在对方履行债务不符合约定时,有权拒绝其相应的履行要求。"可知,同时履行抗辩权行使的前提中双务合同当事人的债务履行顺序无先后之分。本题中,买卖合同约定甲应先支付书款,乙 2 个月后交付图书,其履行义务的顺序有先后之分,故选项 A 错误。

根据《合同法》第 68 条的规定,应当先履行债务的一方在法定条件下可以行使不安抗辩权,而乙作为应当后履行的一方是不能行使不安抗辩权的,故选项 B 错误。

《合同法》第 67 条规定:"当事人互负债务,有先后履行顺序,先履行一方未履行的,后履行一方有权拒绝其履行要求。先履行一方履行债务不符合约定的,后履行一方有权拒绝其相应的履行要求。"同时,《合同法》第 72 条规定:"债权人可以拒绝债务人部分履行债务,但部分履行不损害债权人利益的除外。债务人部分履行给债权人增加的费用,由债务人负担。"据此,乙可以行使顺序履行抗辩权,但只能拒绝与甲未支付价款部分相应的请求,所以选项 C 错误,选项 D 正确。

3. 2011 年 5 月 6 日,甲公司与乙公司签约,约定甲公司于 6 月 1 日付款,乙公司月 15 日交付"连升"牌自动扶梯。合同签订后 10 日,乙公司销售他人的"连升"牌自动扶梯发生重大安全事故,质监局介入调查。合同签订后 20 日,甲、乙、丙公司三方合意,由丙公司承担付款义务。丙公司 6 月 1 日未付款。下列哪一表述是正确的?(2011 年卷三 14 题)
   A. 甲公司有权要求乙公司交付自动扶梯
   B. 丙公司有权要求乙公司交付自动扶梯
   C. 丙公司有权行使不安抗辩权
   D. 己公司有权要求甲公司和丙公司承担连带债务
   【答案】 C
   【考点】 顺序履行抗辩权、不安抗辩权、债务承担
   【解析】 《合同法》第 67 条规定:"当事人互负债务,有先后履行顺序,先履行一方未履行的,后履行一方有权拒绝其履行要求。先履行一方履行债务不符合约定的,后履行一方有权拒

绝其相应的履行要求。"《合同法》第85条规定："债务人移转义务的,新债务人可以主张原债务人对债权人的抗辩。"可知,甲、乙、丙公司三方合意,甲公司对乙公司的付款义务移转给丙公司承担。债务承担者丙有权主张原债务人甲对乙的抗辩权。甲、乙约定,甲先支付价款,乙后交付电梯,现甲未支付价款,乙可以行使顺序履行抗辩权,故选项A错误。

丙公司仅为甲公司债务的承担者,并不享有该买卖合同中的权利,丙公司无权请求乙公司交付自动扶梯。故选项B错误。

根据《合同法》第68条的规定,若应当先履行债务的一方确有证据证明对方有丧失履行债务能力的情形,可以行使不安抗辩权,中止履行。本题中,甲、乙约定甲公司于6月1日付款,乙公司6月15日交付"连升"牌自动扶梯。现乙公司销售他人的"连升"牌自动扶梯发生重大安全事故,有证据证明对方有丧失履行债务能力的情形,甲公司对乙公司享有不安抗辩权。合同签订后20日,甲公司通过三方合意将自己的债务移转给丙公司承担,根据《合同法》第85条,债务受让人丙公司可以主张原债务人甲公司的不安抗辩权,故选项C正确。

我国《合同法》规定的债务承担为"免责的债务承担",甲公司经债权人乙公司同意,将其全部债务移转给丙公司承担后,甲公司就不再是债务人。所以,乙公司不能要求甲公司对丙公司的债务履行承担责任,选项D错误。

4. 甲公司与乙公司签订服装加工合同,约定乙公司支付预付款一万元,甲公司加工服装1000套,3月10日交货,乙公司3月15日支付余款九万元。3月10日,甲公司仅加工服装900套,乙公司此时因濒临破产致函甲公司表示无力履行合同。下列哪一说法是正确的?(2009年卷三10题)

A. 因乙公司已支付预付款,甲公司无权中止履行合同
B. 乙公司有权以甲公司仅交付900套服装为由,拒绝支付任何货款
C. 甲公司有权以乙公司已不可能履行合同为由,请求乙公司承担违约责任
D. 因乙公司丧失履行能力,甲公司可行使顺序履行抗辩权

【答案】 C
【考点】 预付款的效力、不安抗辩权、顺序履行抗辩权、预期违约
【解析】 根据《合同法》第68条的规定,应当先履行的一方,确有证据证明应当后履行的一方具有丧失或者可能丧失履行债务能力的情形,可以行使不安抗辩权,中止履行自己的义务。本题中,甲、乙公司互负债务,甲公司3月10日交货,乙公司3月15日支付余款9万元,甲、乙之间有先后履行顺序,在后履行一方的乙公司因经营状况严重恶化表示无力履行合同时,先履行一方的甲公司可以行使不安抗辩权,中止履行合同,所以选项A、D均错误。

《合同法》第67条规定:"当事人互负义务,有先后履行顺序,先履行一方未履行的,后履行一方有权拒绝其履行请求。先履行一方履行债务不符合约定的,后履行一方有权拒绝其相应的履行要求。"据此,乙公司可以行使顺序履行抗辩权,有权拒绝相应的履行要求,即拒绝支付100套服装的货款,但不得拒绝支付任何货款。故选项B错误。

《合同法》第108条规定:"当事人一方明确表示或者以自己的行为表明不履行合同义务的,对方可以在履行期限届满之前要求其承担违约责任。"这是关于预期违约的规定。本题中,虽然乙公司债务的履行期限于3月15日届至,但乙公司于3月10日明确表示将不履行债务,构成明示毁约,甲公司有权对乙公司主张预期违约的违约责任,故选项C正确。

三、缔约过失责任

（一）缔约过失责任的概述

缔约过失责任，是指在合同订立过程中，一方当事人因过错导致合同不成立、无效或者被撤销，致对方遭受损失时所应承担的损害赔偿责任。

合同的订立是一个过错。当事人在这一过程的关系，是正在发生中的合同关系，而不是已经存在的合同关系。根据诚实信用原则，当事人在订立合同的过程中，应当负有一定的注意义务。交易是一个过程，包括当事人开始接触、相互洽商、最后成交几个阶段。法律保护交易，应该是对整个交易过程的保护。合同关系和违约责任是对有效成立的合同的充分保护，而合同前义务的规定和缔约过失责任是对解除磋商的最后保护。

（二）缔约过失的构成要件

1. 当事人为了订立合同而解除或磋商。

2. 一方违反了协助、照顾、保护、忠实、通知、保密等先合同义务，行为人违反先合同义务的情形主要有：

（1）恶意磋商责任。一方当事人假借订立合同，以损害对方利益为目的，恶意进行磋商，导致对方丧失交易机会，增加交易成本等不利后果的，过失方应承担缔约过失责任。

（2）虚假陈述责任。在缔约过程中，一方当事人故意隐瞒与订立合同有关的重要事实或者提供虚假情况，给对方造成损失的，应承担缔约过失责任。

（3）未尽通知、协助义务，造成对方损失的责任。

（4）未尽告知义务，造成对方损失的责任。

（5）未尽照顾、保护义务，造成对方损失的责任。

（6）泄露或不正当使用商业秘密责任。

3. 给合同相对方造成合理的信赖利益的损失。

4. 违反先合同有的行为与合理的信赖利益损失具有因果关系。

（三）缔约过失责任的赔偿范围 缔约过失责任的承担方式是赔偿对方信赖利益的损失。

信赖利益的损失，即信赖合同有效成立的缔约人因对方作出致使合同不成立、无效或者被撤销的缔约过失行为所蒙受的损失。具体包括：

（1）缔约费用，包括邮电费用、赶赴缔约地等所支出的合理费用等。

（2）准备履行所支出的费用，如为运输标的物或受领对方的给付所支出的合理费用。

（3）上述费用的利息。

（4）因对方未尽照顾、保护义务所遭受的财产或人身损害。

（5）因丧失与第三人的缔约机会所遭受的损失。

[历年真题] 1. 甲房产开发公司在交给购房人张某的某小区平面图和项目说明书中都标明有一个健身馆。张某看中小区健身方便，决定购买一套商品房并与甲公司签订了购房合同。张某收房时发现小区没有健身馆。下列哪些表述是正确的？（2014年卷三51题）

A. 甲公司不守诚信，构成根本违约，张某有权退房

B. 甲公司构成欺诈，张某有权请求甲公司承担缔约过失责任

C. 甲公司恶意误导，张某有权请求甲公司双倍返还购房款

D. 张某不能滥用权利，在退房和要求甲公司承担违约责任之间只能选择一种

【答案】 AB
【考点】 合同解除
【解析】 选项A正确。因一方当事人根本违约导致合同目的不能实现的,另一方当事人可以解除合同并要求对方承担责任。(见《合同法》第94条)因此,张某以健身方便为目的购买甲公司的商品房,但实际中因没有健身房而达不到目的。原因是甲公司的虚假宣传,故张某有权请求解除合同,并予退房。

选项B正确。甲公司在售房过程中进行了虚假宣传,构成欺诈,受害人张某有权请求甲公司承担缔约过失责任。(《合同法》第42条规定:"当事人在订立合同过程中有下列情形之一,给对方造成损失的,应当承担损害赔偿责任:(一)假借订立合同,恶意进行磋商;(二)故意隐瞒与订立合同有关的重要事实或者提供虚假情况;(三)有其他违背诚实信用原则的行为。"

选项C错误。题中的情形不满足法律规定的双倍返还购房款的条件,因此,张某无权请求甲公司双倍返还购房款。最高人民法院《关于审理商品房买卖合同纠纷案件适用法律若干问题的解释》第8条规定:"具有下列情形之一的,导致商品房买卖合同目的不能实现的,无法取得房屋的买受人可以请求解除合同、返还已付购房款及利息、赔偿损失,并可以请求出卖人承担不超过已付购房款一倍的赔偿责任:(一)商品房买卖合同订立后,出卖人未告知买受人又将该房屋抵押给第三人;(二)商品房买卖合同订立后,出卖人又将该房屋出卖给第三人。"第9条规定:"出卖人订立商品房买卖合同时,具有下列情形之一,导致合同无效或者被撤销、解除的,买受人可以请求返还已付购房款及利息、赔偿损失,并可以请求出卖人承担不超过已付购房款一倍的赔偿责任:(一)故意隐瞒没有取得商品房预售许可证明的事实或者提供虚假商品房预售许可证明;(二)故意隐瞒所售房屋已经抵押的事实;(三)故意隐瞒所售房屋已经出卖给第三人或者为拆迁补偿安置房屋的事实。"

选项D错误。合同解除与承担违约责任可以并用。故张某在要求退房同时可一并要求甲公司承担违约责任。

2. 甲、乙同为儿童玩具生产商。六一节前夕,丙与甲商谈进货事宜。乙知道后向丙提出更优惠条件,并指使丁假借订货与甲接洽,报价高于丙以阻止丙与甲签约。丙经比较与乙签约,丁随即终止与甲的谈判,甲因此遭受损失。对此,下列哪一说法是正确的?(2010年卷三12题)

A. 乙应对甲承担缔约过失责任
B. 丙应对甲承担缔约过失责任
C. 丁应对甲承担缔约过失责任
D. 乙、丙、丁无须对甲承担缔约过失责任

【答案】 C
【考点】 缔约过失责任
【解析】 缔约过失责任,是指在合同订立过程中,当事人一方违反诚实信用原则,因自己的故意或过失给缔约相对方造成信赖利益的损失时,依法应当承担的损害赔偿责任。原则上,缔约过失责任只能成立于磋商合同的当事人之间,甲、乙之间并未进入磋商阶段,因此二者之间不成立缔约过失责任,故选项A错误。

选项B、D错误,丙并非假借订立合同,恶意与甲进行磋商,而是在商谈缔约过程中,选择与提出更优惠条件的乙缔约,丙的行为属于正常的商业活动,所以选项B、D错误。

《合同法》第42条第1项规定:"当事人在订立合同过程中有下列情形之一,给对方造成损失的,应当承担损害赔偿责任:(一)假借订立合同,恶意进行磋商"本题中,丁假借订货与

甲接洽,报价高于丙以阻止甲与丙签约,在丙与乙签约后,丁随即终止与甲的谈判,使甲遭受损失。丁的行为属于"假借订立合同,恶意进行磋商"的行为,其给甲造成损失,应当承担缔约过失责任。据此,故选项 C 正确。

第五章　合同的终止

合同的中止又称合同的消灭,指合同关系在客观上不复存在,合同债权债务归于消灭。

一、合同的解除

(一) 概念

合同的解除,是指合同成立以后,因当事人一方的意思表示或者双方的协议,使基于合同而发生的债权债务关系归于消灭的行为。

(二) 类型

1. 约定解除,当事人通过行使约定的解除权而进行的合同解除。约定解除即当事人在合同成立后、生效前,在合同中约定了解除的条件,并约定一方或双方保留解除合同的权利,一旦条件成就,一方或双方即可行使约定的解除权,解除合同。

2. 协议解除,又称为双方解除,是指在合同成立后,未履行或者尚未完全履行之前,当事人双方就消灭有效合同达成意思表示一致,从而使合同关系自始或向将来消灭的一种方式。

3. 法定解除,是指在合同履行完毕前,一方当事人通过行使法律规定的解除权,从而使合同关系归于消灭的一种合同解除方式。

(三) 合同解除的条件

1. 一般法定解除

一般法定解除,是指《合同法》总则规定的,适用于所有合同的一种解除权,一般法定解除的条件包括:

(1) 因不可抗力致使不能实现合同目的,当事人双方均可解除合同。

(2) 预期违约,即在合同履行期限届满之前,当事人一方明确表示或者以自己的行为表明不履行主要债务的,对方当事人可以解除合同。

(3) 当事人一方迟延履行主要债务,经催告过后在合理的期限内仍未履行的,对方当事人可以解除合同。

注意:该情形仅限于履行期限与合同订立目的不具有密切联系的迟延履行,如果履行期限对合同目的的实现具有十分重要的意义(例如,订做生日蛋糕、结婚礼服等用于特定场合的商品),则一方当事人迟延履行,即构成根本违约,对方当事人无须催告,即享有法定解除权。

(4) 当事人一方迟延履行债务或者有其他违约行为致使合同目的不能实现的,对方当事人可不经催告而解除合同。

(5) 法律规定的其他情形。

2. 特殊法定解除

(1) 下列两类合同,双方当事人均享有法定解除权

① 委托合同。《合同法》第 410 条规定:"委托人或者受托人可以随时解除委托合同。因

解除合同给对方造成损失的,除不可归责于该当事人的事由以外,应当赔偿损失。"通过法律规定可知,委托合同中的委托人和受托人均享有任意解除权。

② 不定期租赁合同。对于不定期租赁合同,出租人与承租人均享有任意解除权。不定期租赁合同包括:第一,租赁期限6个月以上,当事人未采用书面形式的合同。《合同法》第215条对此作出了规定,租赁期限6个月以上的,应当采用书面形式。当事人未采用书面形式的,视为不定期租赁。第二,当事人对租赁期限没有约定或者约定不明的租赁合同。《合同法》第232条对此作出了规定,当事人对租赁期限没有约定或者约定不明确,依照本法第61条的规定仍不能确定的,视为不定期租赁。当事人可以随时解除合同,但出租人解除合同应当在合理期限之前通知承租人。第三,租赁期限届满,承租人继续使用租赁物,出租人没有提出异议的。《合同法》第236条对此作出了规定,租赁期间届满,承租人继续使用租赁物,出租人没有提出异议的,原租赁合同继续有效,但租赁期限为不定期。

（2）下列几类合同,仅合同"特定一方"当事人享有任意解除权

① 加工承揽合同的定作人。法律依据:《合同法》第268条,定作人可以随时解除承揽合同,造成承揽人损失的,应当赔偿损失。

② 货运合同的托运人。法律依据:《合同法》第308条,在承运人将货物交付收货人之前,托运人可以要求承运人中止运输、返还货物、变更到达地或者将货物交给其他收货人,但应当赔偿承运人因此受到的损失。

③ 保管合同中,寄存人享有任意解除权;没有约定保管期限的保管合同,保管人也享有任意解除权。法律依据:《合同法》第376条,寄存人可以随时领取保管物。当事人对保管期间没有约定或者约定不明确的,保管人可以随时要求寄存人领取保管物;约定保管期间的,保管人无特别事由,不得要求寄存人提前领取保管物。

④ 保险合同的投保人。法律依据:《保险法》第15条,除本法另有规定或者保险合同另有约定外,保险合同成立后,投保人可以解除合同,保险人不得解除合同。

（3）《合同法》分则中涉及的几种法定解除情节

① 分期付款的买卖合同,买受人未支付到期价款的金额达到全部价款的1/5的,出卖人有权解除合同。

② 借款合同。借款人未按照约定的借款用途使用借款的,贷款人有权解除合同。

③ 租赁合同。承租人擅自转租的,出租人有权解除合同（此处有6个月的除斥期间的时间限制,6个月经过,解除权消灭。）

④ 承揽合同。承揽人擅自将承揽的"主要工作"交由第三人完成的,定作人有权解除合同（此处注意,如果承揽人擅自交由第三人完成的是不重要的次要工作,则定作人不得解除合同）。

二、法定解除权、约定解除权的行使

约定解除权或者法定解除权的存在本身并不当然导致合同的解除,须经解除权人依法行使解除权,才能达到合同解除的效果。这区别于附解除条件的合同,附解除条件的合同解除条件一旦成就,合同即自动解除。

（一）解除权的行使方式

（1）解除权的行使采用通知的方式,口头或书面通知均可。解除权的行使,属于有相对人

的单方法律行为,应由解除权人向相对人为解除的意思表示。当事人一方依照约定解除权或者法定解除权主张解除合同的,应当通知对方当事人。合同自通知到达对方当事人时解除。

(2) 合同相对方对解除合同有异议的,可以向法院提起确认之诉,法院的判决仅为对解除后果的确认。相对人异议的期间,有约定的按约定,没有约定异议期间的,应当在解除合同通知到达之日起3个月内向法院提起。

(3) 若法律规定解除合同应当办理批准、登记等手续的,依法办理批准、登记手续后,方才发生合同解除的效果。

(二) 法律明确规定的解除权的除斥期间

解除权是形成权,适用除斥期间。法律明定的解除权的除斥期间有两个:

(1) 承租人非法转租的,出租人应自知道或者应当知道之日起6个月内行使解除权;

(2) 在商品房买卖合同中:① 出卖人迟延交付房屋或者买受人迟延支付购房款的,经催告后3个月仍未履行的,对方当事人才享有法定撤销权;② 一方享有法定解除权时,对方催告其行使的,应在催告后的3个月内行使;对方未催告的,应当在解除权发生之日起1年内行使。

三、合同解除后的法律效果

1. 合同终止

合同一经解除,合同的权利义务消灭即合同终止,其将产生的法律效果是:

(1) 尚未履行的,终止履行,另一方不得请求履行;

(2) 合同解除,不影响结算和清理条款、解决争议条款的效力。

2. 溯及力问题

(1) 继续性合同的解除不具有溯及力。

继续性合同是指一方或双方履行行为处在继续状态的合同。典型的继续性合同如租赁合同、借用合同、提供劳务的合同。

(2) 非继续性合同的解除是否具有溯及力,法律并未明确作出规定,在协议解除的场合可由当事人自己约定,在其他场合也情况各异,主要依据当事人的意志及合同法的相关原则来确定。涉及诉讼时,法官也享有自由裁量权。

3. 违约责任问题

(1) 合同因违约解除的,违约方应当承担损害赔偿责任。

(2) 因不可抗力致使合同目的不能实现而解除合同的,未履行义务的一方符合下列三个条件的,不承担损害赔偿责任:① 不可抗力不是发生在其迟延履行以后;② 已经及时通知对方;③ 在合理期限内提供发生不可抗力的证明。

(3) 合同中的争议解决条款、违约金、定金条款,不因合同的解除而终止。

[历年真题] 1. 张某、方某共同出资,分别设立甲公司和丙公司。2013年3月1日,甲公司与乙公司签订了开发某房地产项目的《合作协议一》,约定如下:"甲公司将丙公司10%的股权转让给乙公司,乙公司在协议签订之日起三日内向甲公司支付首付款4000万元,尾款1000万元在次年3月1日之前付清。首付款用于支付丙公司从某国土部门购买A地块土地使用权。如协议签订之日起三个月内丙公司未能获得A地块土地使用权致双方合作失败,乙公司有权终止协议。"

《合作协议一》签订后,乙公司经甲公司指示向张某、方某支付了4000万元首付款。张某、方某配合甲公司将丙公司的10%的股权过户给了乙公司。

2013年5月1日,因张某、方某未将前述4000万元支付给丙公司致其未能向某国土部门及时付款,A地块土地使用权被收回挂牌卖掉。

2013年6月4日,乙公司向甲公司发函:"鉴于土地使用权已被国土部门收回,故我公司终止协议,请贵公司返还4000万元。"甲公司当即回函:"我公司已把股权过户到贵公司名下,贵公司无权终止协议,请贵公司依约支付1000万元尾款。"

2013年6月8日,张某、方某与乙公司签订了《合作协议二》,对继续合作开发房地产项目做了新的安排,并约定:"本协议签订之日,《合作协议一》自动作废。"丁公司经甲公司指示,向乙公司送达了《承诺函》:"本公司代替甲公司承担4000万元的返还义务。"乙公司对此未置可否。请回答第(1)、(2)题。

(1) 关于2013年6月4日乙公司向甲公司发函,下列表述正确的是:(2014年卷三87题)

A. 行使的是约定解除权　　　B. 行使的是法定解除权
C. 有权要求返还4000万元　　D. 无权要求返还4000万元

【答案】　AC
【考点】　约定解除
【解析】　选项A正确,选项B错误。《合同法》第93条第2款规定,当事人可以约定一方解除合同的条件,解除合同的条件成就时,解除权人可以解除合同。故乙公司于2013年6月4日向甲公司的发函,行使的是约定解除权,而非法定解除权。

选项C正确,选项D错误。《合同法》第97条规定:合同解除后,尚未履行的,终止履行;已经履行的,根据履行情况和合同性质,当事人可以要求恢复原状、采取其他补救措施,并有权要求赔偿损失。案例中,《合作协议一》签订后,乙公司经甲公司指示向张某、方某支付了4000万元首付款。合同已经履行,且以金钱给付为内容属可恢复原状的,在乙公司解除合同的通知达到甲公司时合同解除,合同解除后,乙公司有权要求甲公司返还已支付价款4000万元。

(2) 关于甲公司的回函,下列表述正确的是:(2014年卷三89题)

A. 甲公司对乙公司解除合同提出了异议
B. 甲公司对乙公司提出的异议理由成立
C. 乙公司不向甲公司支付尾款构成违约
D. 乙公司可向甲公司主张不安抗辩权拒不向甲公司支付尾款

【答案】　A
【考点】　约定解除
【解析】　选项A正确,选项B错误。乙公司向甲公司行使约定解除权,甲公司回函表示乙公司无权终止协议,属于对乙公司行使合同解除权的异议,但该异议理由不成立。

选项C错误。合同解除权属于形成权,权利人一方行使权利无需对方的同意,故在乙公司解除合同的通知达到甲公司时合同已解除。因此,乙公司拒绝支付尾款不构成违约。

选项D错误。主张不安抗辩权的主体应该是履行顺序在先的一方当事人,而在本案例中乙公司支付尾款履行顺序在后,故不能主张不安抗辩权。[《合同法》第68条规定:"应当先履行债务的当事人,有确切证据证明对方有下列情形之一的,可以中止履行:(一) 经营状况严重恶化;(二) 转移财产、抽逃资金,以逃避债务;(三) 丧失商业信誉;(四) 有丧失或者可能丧失

履行债务能力的其他情形。当事人没有确切证据中止履行的,应当承担违约责任。"〕

2. 甲公司与乙公司签订并购协议:"甲公司以 1 亿元收购乙公司在丙公司中 51% 的股权。若股权过户后,甲公司未支付收购款,则乙公司有权解除并购协议。"后乙公司依约履行,甲公司却分文未付。乙公司向甲公司发送一份经过公证的《通知》:"鉴于你公司严重违约,建议双方终止协议,贵方向我方支付违约金;或者由贵方提出解决方案。"3 日后,乙公司又向甲公司发送《通报》:"鉴于你公司严重违约,我方现终止协议,要求你方依约支付违约金。"下列哪一选项是正确的? (2011 年卷三 13 题)

A. 《通知》送达后,并购协议解除
B. 《通报》送达后,并购协议解除
C. 甲公司对乙公司解除并购协议的权利不得提出异议
D. 乙公司不能既要求终止协议,又要求甲公司支付违约金

【答案】 B

【考点】 约定解除权、解除权的行使、解除与违约金的支付

【解析】 合同的解除分为协议解除、约定解除和法定解除。约定解除是指合同当事人约定一方或者双方享有解除权的条件,条件成就时,一方或者双方享有解除权。《合同法》第 93 条第 2 款规定:"当事人可以约定一方解除合同的条件。解除合同的条件成就时,解除权人可以解除合同。"本题中,甲、乙公司签订的并购协议中约定了甲公司在股权过户后未支付收购款时,乙公司可以解除协议,事后,甲公司分文未付,乙公司解除协议的条件已经满足,可以单方解除协议。

《合同法》第 96 条第 1 款规定:"当事人一方依照本法第九十三条第二款、第九十四条的规定主张解除合同的,应当通知对方。合同自通知到达对方时解除。对方有异议的,可以请求人民法院或者仲裁机构确认解除合同的效力。"可知,行使解除权应发出解除的通知,通知到达对方时合同被解除。本题中,《通知》并不包含解除合同的目的意思和效果意思,不能认定为解除的通知,故 A 选项错误;《通报》包括解除的目的意思和效果意思,应认定为解除的意思表示,故选项 B 正确。《合同法》第 96 条规定,一方行使法定解除权或者约定解除权时,对方有权提出异议。所以选项 C 错误。

根据《合同法》第 97 条的规定:"合同解除后,尚未履行的,终止履行;已经履行的,根据履行情况和合同性质,当事人可以要求恢复原状、采取其他补救措施,并有权要求赔偿损失。"可知,乙公司在解除协议后如果有损失,可以要求甲公司赔偿损失,双方有违约金条款的,解除合同不影响违约金条款的效力,所以选项 D 错误。

3. 关于合同解除的表述,下列哪一选项是正确的? (2009 年卷三 11 题)

A. 赠与合同的赠与人享有任意解除权
B. 承揽合同的承揽人享有任意解除权
C. 没有约定保管期间保管合同的保管人享有任意解除权
D. 居间合同的居间人享有任意解除权

【答案】 C

【考点】 法定解除权

【解析】 《合同法》第 186 条规定:"赠与人在赠与财产的权利转移之前可以撤销赠与。具有救灾、扶贫等社会公益、道德义务性质的赠与合同或者经过公证的赠与合同,不适用前款

规定。"这是关于赠与人的任意撤销权的规定。任意撤销权不同于任意解除权。所以选项A错误。

《合同法》第268条规定:"定作人可以随时解除承揽合同,造成承揽人损失的,应当赔偿损失。"享有任意解除权的是定作人,而非承揽人,所以选项B错误。

《合同法》第376条规定:"寄存人可以随时领取保管物。当事人对保管期间没有约定或者约定不明确的,保管人可以随时要求寄存人领取保管物;约定保管期间的,保管人无特别事由,不得要求寄存人提前领取保管物。"可见,在保管合同中,寄存人享有任意解除权;没有约定保管期限,保管人也享有任意解除权,但是约定了保管期限的,保管人就没有任意解除权了,所以选项C正确。

任意解除权的产生,只能通过双方当事人的约定,或者是基于法律的规定。在双方当事人没有约定,《合同法》对此又没有明确法律规定时,居间人不能享有任意解除权。

二、情势变更

(一) 情势变更的概念

情势变更是指合同当事人双方订立合同时的基本情势非因当事人的过错在合同履行过程中发生了根本变化,继续履行原定的合同条款将对一方当事人显失公平,故当事人可以要求变更、解除合同。

《合同法解释(二)》第26条规定,合同成立以后客观情况发生了当事人在订立合同时无法预见的、非不可抗力造成的不属于商业风险的重大变化,继续履行合同对于一方当事人明显不公平或者不能实现合同目的,当事人请求人民法院变更或者解除合同的,人民法院应当根据公平原则,并结合案件的实际情况确定是否变更或者解除。该规定被解释为情势变更的法律规范。

(二) 情势变更的适用条件

1. 须有不属于不可抗力或者商业风险的情势异常变动的事实,主要包括等价关系的严重破坏和合同目的不达两种类型。

2. 情势发生在合同订立后、履行完毕前。

3. 情势变更是当事人于缔约时所不能预见的,且该情势的发生不可归责于合同当事人

(1) 影响合同履行的情势。包括政治、经济、法律以及商业上的种种客观情况,如国家政策、行政措施、法律规定、物价、币值、国内和国际市场运行状况等,都会对合同的履行有所影响。其中,有的是当事人在订立合同时能够预见并应当预见的,如市场经济条件下的各种商业风险,国家倡导或者限制的经济活动等;有的则是当事人无法预见的,如突发的自然灾害以及其他不可抗力等。

(2) 当事人在订立合同时无法预见的,既不是不可抗力造成的又不是商业风险的客观情况的重大变化,才能构成情势变更。当事人无法预见,则不可归责于当事人;不可抗力造成的则构成法定免责事由,不能构成情势变更;商业风险属于当事人应当预见到的客观情况,因商业风险而受有不利,不能成立情势变更。

4. 情势变更使继续履行合同将显失公平或者合同目的不能实现。

5. 应当经高级人民法院审核,必要时应报请最高人民法院审核。

(三) 情势变更原则的适用及其法律效果

依据《合同法解释(二)》第 26 条的规定,构成情势变更的,当事人得请求人民法院变更或者解除合同。情势变更的效力是:

(1) 双方当事人可以协议变更或者解除合同。

(2) 双方当事人不能达成协议的,受有不利的一方当事人可以起诉至法院,法院享有"公平裁决权",有权以下列方式直接干预合同关系:① 合同目的不能实现,或者合同的履行成为不可预期,或者合同的履行失去意义的,人民法院应判决解除合同;② 合同目的可以实现的,人民法院可以判决变更合同。

(3) 因情势变更而变更或者解除合同的,无损害赔偿问题(因情势变更不可归责于一方当事人)。只存在损失如何分担的问题(由法院酌情决定损失的分担问题)。因情势变更而变更或者解除合同以后,受有不利的一方得到救济,避免了损失,但是,对方当事人同样无过错,其可能因此而受到损失,由法院酌情决定损失的分担问题。

[历年真题] 1. 甲公司向乙公司购买小轿车,约定 7 月 1 日预付 10 万元,10 月 1 日预付 20 万元,12 月 1 日乙公司交车时付清尾款。甲公司按时预付第一笔款。乙公司于 9 月 30 日发函称因原材料价格上涨,需提高小轿车价格。甲公司于 10 月 1 日拒绝,等待乙公司答复未果后于 10 月 3 日向乙公司汇去 20 万元。乙公司当即拒收,并称甲公司迟延付款构成违约,要求解除合同,甲公司则要求乙公司继续履行。下列哪一表述是正确的?(2014 年卷三 12 题)

A. 甲公司不构成违约
B. 乙公司有权解除合同
C. 乙公司可行使先履行抗辩权
D. 乙公司可要求提高合同价格

【答案】 A

【考点】 不安抗辩权、情势变更

【解析】 选项 A 正确。甲公司作为先履行的一方当事人,在有确切证据证明对方可能不履行的情况下(乙公司称要求提高轿车价格,甲公司回函拒绝,此时,甲公司在得到答复之前有理由相信自己的拒绝可能会造成乙公司的拒绝履行。),可以中止履行,因此,甲公司延迟付第二笔款不构成违约。(参见《合同法》第 68 条)

选项 B 错误。题目中乙公司不具备解除合同的法定条件。[《合同法》第 94 条规定:"有下列情形之一的,当事人可以解除合同:(一) 因不可抗力致使不能实现合同目的的;(二) 在履行期限届满之前,当事人一方明确表示或者以自己的行为表明不履行主要债务;(三) 当事人一方迟延履行主要债务,经催告后在合理期限内仍未履行;(四) 当事人一方迟延履行债务或者有其他违约行为致使不能实现合同目的;(五) 法律规定的其他情形。"]

选项 C 错误。先行履行抗辩权是指当事人互负债务,有先后履行顺序,先履行一方未履行或履行债务不符合要求的,后履行一方有权拒绝其履行要求。而本题中,在 10 月 3 日,甲公司已经履行了付款义务,此时,乙公司不得行使先行履行抗辩权。

选项 D 错误。原材料上涨属于正常的商业风险,不属于法律规定的合同变更事由,乙公司不得以此为由要求提高合同价格。

2. 甲与乙教育培训机构就课外辅导达成协议,约定甲交费 5 万元,乙保证甲在接受乙的辅导后,高考分数能达到二本线。若未达到该目标,全额退费。结果甲高考成绩仅达去年二本线,与今年高考二本线尚差 20 分。关于乙的承诺,下列哪一表述是正确的?(2012 年卷三 11 题)

A. 属于无效格式条款
B. 因显失公平而可变更
C. 因情势变更而可变更
D. 虽违背教育规律但属有效

【答案】 D
【考点】 合同的效力
【解析】 格式条款是指当事人为了重复使用而预先拟定,并在订立合同时未与对方协商的条款。《合同法》第 40 条规定:"格式条款具有本法第五十二条和第五十三条规定情形的,或者提供格式条款一方免除其责任、加重对方责任、排除对方主要权利的,该条款无效。"而本题中不具有其中的无效情形,故选项 A 错误。

根据《民通意见》第 72 条的规定:"一方当事人利用优势或者利用对方没有经验,致使双方的权利与义务明显违反公平、等价有偿原则的,可以认定为显示公平。"可知,显失公平有三个要件:(1) 双务合同双方的权利义务明显不对等,有违等价有偿原则;(2) 显失公平发生在合同成立之时;(3) 一方利用了自己的优势或者利用了对方急迫、轻率、无经验。而本题不符合显失公平的构成要件,所以选项 B 错误。情势变更是指合同有效成立后,因不可归责于双方当事人的原因发生情势变更,导致合同的基础动摇或丧失,若继续维持合同原有效力将显失公平,此时允许变更合同内容或者解除合同。根据《合同法解释(二)》第 26 条的规定,可知情势变更的构成要件有五个:(1) 发生了不属于商业风险,又不属于不可抗力的情势异常变动;(2) 情势变动发生在合同成立后,合同消灭之前的这个时间段;(3) 情势变动是不可归责于一方当事人的;(4) 情势变动系受有不利一方订立合同时不能预见的;(5) 继续按照原来的合同履行,将显失公平,有违诚实信用原则。本题中,甲、乙订立课外辅导协议后客观情况并没有发生任何变化,不属于情事变更,所以选项 C 错误。

根据《民法通则》第 55 条的规定:"民事法律行为应当具备下列条件:(一) 行为人具有相应的民事行为能力;(二) 意思表真实;(三) 不违反法律或者社会公共利益。"可知,选项 D 中,结果甲高考成绩仅达去年二本线,与今年高考二本线尚差 20 分。违背了教育规律,但从协议效力来看,订约双方当事人均具有民事行为能力,课外辅导协议的内容属于双方当事人真实意思的表示,又不违反法律或者社会公共利益,因此应当认定为有效,选项 D 正确。

第六章　合同不履行的法律后果

一、合同不履行的概念

合同不履行,是指合同当事人不履行合同债务或者履行合同债务不符合约定的行为,简称"违约"。

二、违约行为的形态

(一) 预期违约

预期违约,是指合同当事人在履行期限届满前,没有正当理由而明确表示不履行合同,或者以其行为表明不可能履行合同,又称先期违约。

《合同法》第 108 条对预期违约制度作了规定:"当事人一方明确表示或者以自己的行为表明不履行合同义务的,对方可以在履行期限届满之前要求其承担违约责任。"预期违约主要表现为明示预期违约和默示预期违约两种形态。

1. 明示违约

明示违约,是指在履行期届至前,债务人无正当理由明确肯定地表示其将不履行合同义务的违约形态。

2. 默示违约

默示违约,是指在履行期届至前,债权人有明确证据证明,在合同履行期届至时,债务人将不履行或者不能履行债务,且债务人拒绝提供相应担保的违约形态。

(二) 实际违约

实际违约,是指在债务履行期届至后,债务人无正当理由,未全面适当地履行合同义务的违约形态。实际违约包括:

1. 不履行

不履行也称拒绝履行,是指在债务履行期之后,债务人无正当理由拒绝履行债务的违约形态。

2. 迟延履行

迟延履行,是指合同当事人违反了合同规定的期限,包括迟延给付与迟延受领。迟延给付是指债务人在履行期届至之后,能够按时履行而未按时履行而构成的违约形态;迟延受领是指债权人未对债务人的履行进行及时受领而构成的违约形态。

3. 不完全履行

不完全履行包括瑕疵履行与部分履行,一般来说,是债务人违反了合同中关于质量、数量的规定而生产的一种违约形态。其中,瑕疵履行还可以细分为瑕疵给付与加害给付,主要是依照违反质量条款严重程度及危害程度不同所作的分类。

[历年真题] 1. 赵某从商店购买了一台甲公司生产的家用洗衣机,洗涤衣物时,该洗衣机因技术缺陷发生爆裂,叶轮飞出造成赵某严重人身损害并毁坏衣物。赵某的下列哪些诉求是正确的?(2015年卷三58题)

A. 商店应承担更换洗衣机或退货、赔偿衣物损失和赔偿人身损害的违约责任

B. 商店应按违约责任更换洗衣机或者退货,也可请求甲公司按侵权责任赔偿衣物损失和人身损害

C. 商店或者甲公司应赔偿因洗衣机缺陷造成的损害

D. 商店或者甲公司应赔偿物质损害和精神损害

【答案】 ABCD

【考点】 产品责任、加害给付、请求权竞合和精神损害赔偿

【解析】 依据《合同法》第122条的规定:"因当事人一方的违约行为,侵害对方人身、财产权益的,受损害方有权选择依照本法要求其承担违约责任或者依照其他法律要求其承担侵权责任。"依据《侵权责任法》第41条的规定:"因产品存在缺陷造成他人损害的,生产者应当承担侵权责任。"因洗衣机技术缺陷发生爆裂,造成赵某的人身伤害和物质损失,赵某有权请求商店承担违约责任,要求生产者甲公司承担侵权责任。选项A、B正确,当选。

依据《产品质量法》第43条的规定:"因产品存在缺陷造成人身、他人财产损害的,受害人可以向产品的生产者要求赔偿,也可以向产品的销售者要求赔偿"依据《侵权责任法》第43条第1款的规定:"因产品存在缺陷造成损害的,被侵权人可以向产品的生产者请求赔偿,也可以向产品的销售者请求赔偿。"商店或者甲公司应赔偿因洗衣机缺陷造成的损害,选项C正

确,当选。

《精神损害赔偿解释》第1条规定,自然人因生命权、健康权、身体权人格权利遭受非法侵害,向人民法院起诉请求赔偿精神损害的,人民法院应当依法予以受理可知,精神损害赔偿采用法定主义,法律没有明文规定的,无权主张精神损害赔偿。本题中,赵某有权请求商店和甲公司承担精神损害赔偿责任。选项D正确,当选。

2. 孙女士于2004年5月1日从某商场购买一套化妆品,使用后皮肤红肿出疹,就医不愈花费巨大。2005年4月,孙女士多次交涉无果将商场诉至法院。下列哪些说法是正确的? (2009年卷三57题)

A. 孙女士可以要求商场承担违约责任
B. 孙女士可以要求商场承担侵权责任
C. 孙女士可以要求商场承担缔约过失责任
D. 孙女士可以要求撤销合同

【答案】 AB
【考点】 加害给付
【解析】《合同法》第122条规定:"因当事人一方的违约行为,侵害对方人身、财产权益的,受损害方有权选择依照本法要求其承担违约责任或者依照其他法律要求其承担侵权责任。"这是关于加害给付的规定,在加害给付的场合,合同债务人瑕疵履行行为同时构成违约与侵权,发生责任竞合,受害人可以择一主张违约责任或者侵权责任,但不能同时主张。本题中,商场基于买卖合同交付的化妆品质量不合格,构成违约。另一方面,由于其交付的化妆品质量不合格,使得孙女士使用后皮肤红肿出疹,侵害了孙女士的健康等固有利益,构成产品侵权。所以选项A正确,选项B正确。

关于选项C。根据《合同法》的规定,缔约过失责任是指当事人在订立合同过程中有假借订立合同、恶意进行磋商,故意隐瞒与订立合同有关的重要事实或者提供虚假情况以及其他违背诚实信用原则的行为,给对方造成损失,应当承担损害赔偿责任的情形。缔约过失责任发生在订立合同的过程中,发生缔约过失责任的前提是合同不成立或者无效。本题中,孙女士从商场购买化妆品后,双方合同已经成立,商场应当承担违约责任,而不是缔约过失责任,所以选项C错误。

选项D错误。合同订立后,对双方当事人具有约束力,除非符合一定的要件,否则不得任意撤销。《合同法》第54条第1、2款规定:"下列合同,当事人一方有权请求人民法院或者仲裁机构变更或者撤销:(一) 因重大误解订立的;(二) 在订立合同时显失公平的。一方以欺诈、胁迫的手段或者乘人之危,使对方在违背真实意思的情况下订立的合同,受损害方有权请求人民法院或者仲裁机构变更或者撤销。"本题中,孙女士购买化妆品不符合上述可撤销情形,所以孙女士无权要求撤销合同。

(三) 根本违约与非根本违约

1. 根本违约,是指使合同相对方的合同目的不能实现的违约

如出卖人随意改换标的物,出租人擅自改变租赁物的功能,债务人的给付质量不符合约定等。

2. 非根本违约,是指虽然使合同相对方受到损失但是尚不损害其订约目的或尚不致对方重大损害的违约

如出卖人交付的标的物数量稍有欠缺、付款义务人迟延付款等。

3. 二者的区别

(1) 是否发生合同解除权效果不同。根本违约的,成立合同解除条件,守约方得主张合同解除权、违约赔偿请求权。非根本违约的,不构成合同解除权,守约方得主张违约赔偿请求权,但没有合同解除权。

(2) 拒绝受领给付的范围不同。根本违约的,守约方有权拒绝受领任何给付,或者有权退回质量瑕疵标的物等。非根本违约的,守约方仅得就瑕疵给付部分主张违约赔偿请求权,在没有特别约定的条件下,无权拒绝受领无瑕疵的部分。

三、承担违约责任的构成要件

违约责任的构成要件不是整齐划一的,而是因各个合同的归责原则与各类具体责任形式的不同而有所区别。

(一) 违约责任的一般构成要件

违约责任的一般构成要件是指所有违约责任都必须具备的要件,具体包括:

(1) 须合同有效。合同有效方有履行的效力,不履行才会发生违约责任。未生效合同、无效合同均无履行效力,没有违约基础,自不发生违约责任。

(2) 具有违约行为。无论是预期违约还是现实违约、全部违约还是部分违约、根本违约还是非根本违约,有违约行为是具备违约责任的一个构成要件。

(3) 没有免责事由。免责事由是法律规定的或者当事人约定的不承担违约责任的事由,也叫"免责抗辩事由"。发生合同不履行而无免责事由的,应当承担违约责任。

(二) 违约责任的特殊构成要件

违约责任的特殊构成要件,是指应合同特殊的归责原则或者特定种类的违约责任形式的要求,使某一些特定的违约责任的构成除需要满足一般的构成要件以外,还要具备特别的构成要件。

1. 损害后果

承担违约责任是否以造成损害后果为构成要件,要看具体的违约责任形式:

(1) 若要适用违约责任形态中的损害赔偿,就需要以损害后果作为构成要件,因为没有损害后果,自然不发生损害赔偿金。

(2) 若适用违约责任形式中的实际履行、采取补救措施、违约金、定金这四种违约责任形式,则不需要以损害后果为要件。

2. 因果关系仅在适用违约损害赔偿时为违约责任的构成要件。

3. 违约方有过错

违约责任原则上都为无过错责任,因此,不要求违约方有过错。但有例外,即在某些以过错原则为归责原则的合同类型中,违约方有过错就是违约责任的构成要件。此处的过错责任仅仅适用于法律明确规定的某类合同中的"特定"违约行为,而不是某类合同中的"所有"违约行为。具体情况有:

(1) 赠与合同:《合同法》第189、191条;

(2) 租赁合同:《合同法》第222条;

(3) 加工承揽合同:《合同法》第265条;

(4) 客运合同中承运人对旅客自带物品的毁损责任:《合同法》第 303 条第 1 款;
(5) 多式联运合同:《合同法》第 320 条;
(6) 保管合同:《合同法》第 374 条;
(7) 仓储合同:《合同法》第 394 条;
(8) 委托合同:《合同法》第 406 条。

四、违约责任的形式

《合同法》第 107 条规定:"当事人一方不履行合同义务或者履行合同义务不符合约定的,应当承担继续履行、采取补救措施或者赔偿损失等违约责任。"依照该法条规定,违约责任形式主要有继续履行、赔偿损失、支付违约金和其他补救措施等。

(一) 实际履行

实际履行又称继续履行,是指合同的一方当事人未履行或者未全面履行其合同义务,构成了违约,合同的另一方当事人可以要求其按照合同的规定继续履行其义务。

1. 标的物是特定物的

因其灭失而履行不能的,债务人免于实际履行的责任。(债权人可要求债务人通过其他责任形式来承担违约责任)

2. 金钱之债或者种类物之债的债务人不履行的

非违约一方可要求违约方实际履行,但是以下三种情形例外:

(1) 法律上或者事实上不能履行,例如,债务人破产的;合同标的物在合同成立后成为法律规定的禁止流通物的。

(2) 债务的标的不适于强制履行或者履行费用过高。

(3) 债权人在合理期限内未要求履行。

注意:实际履行不能与解除合同并用,除此之外,可以与其他的违约责任形式并用。

(二) 采取补救措施

采取补救措施是指由债务人对可采用更换、修理、重作、退货、减少价款或者报酬等方式的瑕疵给付,实施相应补救措施,消除或者减轻债权人所受损害的责任形式。

《合同法》第 107 条、第 111 条、第 128 条对这一责任形式进行了具体规定。

采取补救措施的违约责任形式适用合同当事人一方存在瑕疵给付的违约行为的场合,可以与损害赔偿并存。合同法对此责任形式有明确规定,但特别法(《产品质量法》《消费者权益保护法》等)有特别规定的从其规定。

(三) 违约损害赔偿

违约损害赔偿包括当事人约定的违约损害赔偿(类似于当事人约定的违约金)与法定的违约损害赔偿,本部分涉及的违约损害赔偿是指法定的违约损害赔偿。

1. 补偿性损害赔偿

(1) 补偿性法定损害赔偿金,可由两部分构成:① 实际损失,又称为直接损失,即因违约行为遭受的财产损害和人身损害而导致的现实财产的减少(不包括精神损害赔偿);② 可得利益的损失,是指缔约时可以预见到的履行利益的损失,主要指利润的损失。

(2) 补偿性法定损害赔偿金适用的规则:现实中,为防止当事人对损害赔偿漫天要价,因此,对补偿性损害赔偿进行了限制,主要是赔偿数额上的限制,以下是一些限制规则:① 可预见规则,是指损害赔偿的数额不得超过违反合同一方在订立合同时预见到或者应当预见到的因违反合同可能造成的损失。《合同法》第113条对此作出了规定,当事人一方不履行合同义务或者履行合同义务不符合约定,给对方造成损失的,损失赔偿额应当相当于因违约所造成的损失,包括合同履行后可以获得的利益,但不得超过违反合同一方订立合同时预见到或者应当预见到的因违反合同可能造成的损失。② 减损规则,是指当事人一方违约后,对方没有采取适当措施而使损失扩大的,未违约方不得就扩大的损失要求赔偿。《合同法》第119条第1款对此作出了规定,当事人一方违约后,对方应当采取适当措施防止损失的扩大;没有采取适当措施致使损失扩大的,不得就扩大的损失要求赔偿。③ 损益相抵规则,是指若存在违约行为在给对方造成损失的同时,还给对方带来了收益或者给对方减少了费用的支出,则在计算损害赔偿的数额时应当减去该收益或者节约的费用。《合同法》第119条第2款对此作出了规定,当事人因防止损失扩大而支出的合理费用,由违约方承担。④ 存在混合过错时过错相抵规则,是指合同当事人一方违约造成对方损失,合同另一方当事人对损失的发生也有过错,违约方可以主张扣减相应的损失赔偿额。《合同法》第120条对此作出了规定,当事人双方都违反合同的,应当各自承担相应的责任。第121条规定当事人一方因第三人的原因造成违约的,应当向对方承担违约责任。当事人一方和第三人之间的纠纷,依照法律规定或者按照约定解决。

2. 惩罚性损害赔偿

惩罚性损害赔偿主要是指在经营者提供商品或者服务有欺诈行为,国家为了达到惩罚经营者的目的,规定了特殊的赔偿金额,此金额高于消费者购买商品的价款或者接受服务的费用的情形。我国法律明确规定的惩罚性损害赔偿主要见于以下三种:

(1)《消费者权益保护法》第55条规定的经营者承担的惩罚性损害赔偿。《消费者权益保护法》第55条规定:"经营者提供商品或者服务有欺诈行为的,应当按照消费者的要求增加赔偿其受到的损失,增加赔偿的金额为消费者购买商品的价款或者接受服务的费用的三倍;增加赔偿的金额不足五百元的,为五百元。法律另有规定的,依照其规定。经营者明知商品或者服务存在缺陷,仍然向消费者提供,造成消费者或者其他受害人死亡或者健康严重损害的,受害人有权要求经营者依照本法第四十九条、第五十一条等法律规定赔偿损失,并有权要求所受损失二倍以下的惩罚性赔偿。"

(2) 生产不符合食品安全标准的食品或者经营明知是不符合食品安全标准的食品的惩罚性赔偿责任。法律依据是《食品安全法》第148条第2款的规定:"生产不符合食品安全标准的食品或者经营明知是不符合食品安全标准的食品,消费者除要求赔偿损失外,还可以向生产者或者经营者要求支付价款十倍或者损失三倍的赔偿金;增加赔偿的金额不足一千元的,为一千元。但是,食品的标签、说明书存在不影响食品安全且不会对消费者造成误导的瑕疵的除外。"

(3) 房地产销售企业对房屋购买人承担的惩罚性损害赔偿责任。根据《商品房买卖合同解释》第8、9、14条的规定,在七种情形下,商品房的购买者有权主张已付房款双倍的惩罚性赔偿责任。该惩罚性赔偿仅适用于房地产开发企业与购房者之间的房屋买卖合同,如房屋的出卖人不是房地产开发企业,则不适用该责任。另外,该责任是已付房款的双倍惩罚性责任,不是合同标的额的双倍。

[历年真题] 某房地产开发公司在销售中被查出大量欺诈消费者的事实。下列哪些情

形中,买受人可以请求该公司返还已付购房款及利息、赔偿损失,并可以请求该公司承担不超过已付购房款一倍的赔偿责任?(2009年卷三58题)

A. 该公司故意隐瞒没有取得商品房预售许可证明的事实
B. 该公司故意隐瞒所售房屋已经抵押的事实
C. 该公司故意隐瞒所售房屋已经出卖给第三人的事实
D. 该公司故意隐瞒所售房屋存在严重质量问题的事实

【答案】 ABC
【考点】 惩罚性损害赔偿、商品房买卖合同
【解析】《商品房买卖合同解释》第9条规定:"出卖人订立商品房买卖合同时,具有下列情形之一,导致合同无效或者被撤销、解除的,买受人可以请求返还已付购房款及利息、赔偿损失,并可以请求出卖人承担不超过已付购房款一倍的赔偿责任:(一)故意隐瞒没有取得商品房预售许可证明的事实或者提供虚假商品房预售许可证明;(二)故意隐瞒所售房屋已经抵押的事实;(三)故意隐瞒所售房屋已经出卖给第三人或者为拆迁补偿安置房屋的事实。"所以,选项A正确、选项B正确、选项C正确。而选项D的表述没有法律依据,故选项D错误。

(四)违约金

1. 概念

违约金有法定违约金与约定违约金之分,但在一般的合同中,大多违约金属约定违约金。约定违约金是指双方当事人在订立的合同中约定,在合同履行中,若一方存在违约行为,应向非违约方作出独立于履行行为以外的金钱给付。

关于违约金的法律依据是《合同法》第114条的规定。《合同法》第114条规定:"当事人可以约定一方违约时应当根据违约情况向对方支付一定数额的违约金,也可以约定因违约产生的损失赔偿额的计算方法。约定的违约金低于造成的损失的,当事人可以请求人民法院或者仲裁机构予以增加;约定的违约金过分高于造成的损失的,当事人可以请求人民法院或者仲裁机构予以适当减少。当事人就迟延履行约定违约金的,违约方支付违约金后,还应当履行债务。"

2. 违约金的适用

(1)违约金与定金不能并用。双方在合同中既约定违约金又约定定金的,在发生一方违约后,非违约方在二者中只能选择行使一种。

(2)约定的违约金数额较实际发生的违约行为造成的损失过高或者过低的,可适当进行调整(此处,当事人约定的违约金超过造成损失的30%的,一般可认定为"过分高于造成的损失")。

(3)补偿性违约金与损害赔偿不能并用。这种情况是指合同约定的违约金数额较实际发生的违约行为造成的损失相比过低,非违约方请求人民法院增加违约金的,则增加后的违约金以不超过实际损失额为限。且当事人在增加违约金以后不能又请求对方赔偿损失。

(4)违约金和继续履行。当事人无相反约定的,债权人要求继续履行而违约方有继续履行条件的,支付违约金不能排除继续履行。

(5)违约金和其他补救措施。当事人没有相反约定的,二者可以并用。

[历年真题] 1. 甲、乙签订一份买卖合同,约定违约方应向对方支付18万元违约金。后甲违约,给乙造成损失15万元。下列哪一表述是正确的?(2013年卷三14题)

A. 甲应向乙支付违约金18万元,不再支付其他费用或者赔偿损失

B. 甲应向乙赔偿损失15万元，不再支付其他费用或者赔偿损失
C. 甲应向乙赔偿损失15万元并支付违约金18万元，共计33万元
D. 甲应向乙赔偿损失15万元及其利息

【答案】 A
【考点】 违约金
【解析】 违约金可以分为赔偿性违约金与惩罚性违约金。赔偿性违约金与损害赔偿在功能上具有一致性，不能同时适用，而惩罚性违约金是在损害赔偿之外存在的以惩罚为目的的责任方式，可以与损害赔偿并存适用。根据《合同法解释（二）》第28条规定："当事人依照合同法第一百一十四条第二款的规定，请求人民法院增加违约金的，增加后的违约金数额以不超过实际损失额为限。增加违约金以后，当事人又请求对方赔偿损失的，人民法院不予支持。"可知，在合同法上，违约金原则上应为赔偿性违约金，不能与损害赔偿并存适用。本题中，选项C并存适用是错误的。

根据《合同法》第114条第2款的规定："约定的违约金低于造成的损失的，当事人可以请求人民法院或者仲裁机构予以增加；约定的违约金过分高于造成的损失的，当事人可以请求人民法院或者仲裁机构予以适当减少。"《合同法解释（二）》第29条规定："当事人主张约定的违约金过高请求予以适当减少的，人民法院应当以实际损失为基础，兼顾合同的履行情况、当事人的过错程度以及预期利益等综合因素，根据公平原则和诚实信用原则予以衡量，并作出裁决。当事人约定的违约金超过造成损失的百分之三十的，一般可以认定为合同法第一百一十四条第二款规定的'过分高于造成的损失'。"本题中，甲、乙之间约定违约金18万，实际损失为15万，实际损失的30%为5万，而甲、乙约定的违约金仅高于实际损失3万，未过分高于实际损失，所以选项B、D是错误。由于违约金和实际损失不能并存适用，甲向乙支付违约金18万元后，无需再支付乙其他费用或赔偿损失，所以选项A正确。

2. 甲公司与乙公司签订了一份手机买卖合同，约定：甲公司供给乙公司某型号手机1000部，每部单价1000元，乙公司支付定金30万元，任何一方违约应向对方支付合同总价款30%的违约金。合同签订后，乙公司向甲公司支付了30万元定金，并将该批手机转售给丙公司，每部单价1100元，指明由甲公司直接交付给丙公司。但甲公司未按约定期间交货。请回答（1）、（2）题。

（1）关于返还定金和支付违约金，乙公司向甲公司提出请求，下列表述正确的是：（2010年卷三91题）
A. 请求甲公司双倍返还定金60万元并支付违约金30万元
B. 请求甲公司双倍返还定金40万元并支付违约金30万元
C. 请求甲公司双倍返还定金60万元或者支付违约金30万元
D. 请求甲公司双倍返还定金40万元或者支付违约金30万元

【答案】 D
【考点】 定金、违约金
【解析】《担保法解释》第121条规定："当事人约定的定金数额超过主合同标的额百分之二十的，超过的部分，人民法院不予支持。"本题中，合同标的额为100万元，约定的定金为30万元，超出了20%这一比例，超过的部分不产生定金的效力。因此，现甲对乙构成违约，乙向甲支付的30万元定金中，只有20万元产生定金的效力，剩余的10万元定金应作为不当得

利,由甲返还给乙,不发生双倍返还的效力。故甲应当返还定金40万元,而不是60万元,故选项A、选项C均属错误。

《合同法》第116条规定:"当事人既约定违约金,又约定定金的,一方违约时,对方可以选择适用违约金或者定金条款。"据此,定金与违约金不得并用,只能择一主张,故选项B错误,选项D正确。

(2)关于甲公司违约时继续履行债务,下列表述错误的是:(2010年卷三92题)
A. 乙公司在请求甲公司支付违约金以后,就不能请求其继续履行债务
B. 乙公司在请求甲公司支付违约金的同时,还可请求其继续履行债务
C. 乙公司在请求甲公司继续履行债务以后,就不能请求其支付违约金
D. 乙公司可选择请求甲公司支付违约金,或请求其继续履行债务

【答案】 AC
【考点】 实际履行与违约金
【解析】《合同法》第114条第3款规定:"当事人就迟延履行约定违约金的,违约方支付违约金后,还应当履行债务。"可知,实际履行与支付违约金这两种违约责任方式可以并用。所以选项A和选项C的表述错误,当选。选项B的表述正确,不当选。民事权利具有可处分性,虽然实际履行与请求支付违约金可以并用,但是权利人可以择一行使,所以选项D表述正确,不当选。

(五)减价请求权
1. 减价请求权的概念
减价请求权属于违约责任形式中的一种,是指在双务有偿合同(主要是买卖合同)中,如果一方当事人交付的标的物具有质量瑕疵,对方当事人可以向其承担减少价款的违约责任。
2. 减价请求权的性质
关于减价请求权的性质,尚有争议,通说认为减价请求权是形成权,即非违约方请求违约方承担减少价款的违约责任时,无须违约方的同意。
3. 减价请求权的适用范围 减价请求权适用于买卖合同等双务有偿合同。
4. 减价请求权的行使
(1)若给付的标的物具有质量瑕疵,非违约方享有请求违约方承担减少价款责任的权利。此权利的行使需注意两要件:① 因标的物具有质量瑕疵,从而使标的物价值因该瑕疵而减少;② 买受人在主张该权利之前已经履行了及时检验和通知的义务。
(2)减价请求权的关键内容即到底减多少价款,适用法定标准。若双方有约定的按照约定,没约定的,减少的数额为"符合约定质量标准的标的物于交付时的市场价值"减去"具有瑕疵的标的物于交付时的市场价值"。

第七章 移转标的物所有权的合同

第一节 买卖合同

买卖合同是当事人双方约定,一方交付标的物并移转标的物的所有权于对方,对方受领标

的物并支付价款的合同。

一、买卖合同的效力

（一）出卖人的主要义务

1. 按照约定交付标的物。出卖人必须按照合同约定的种类、规格、数量、质量、期限、地点和方式交付标的物。至于是现实交付还是观念交付，只要符合合同约定，均是可以的。

（1）交付的期限。合同约定交付期限的，出卖人应当在约定的交付期限内交付。出卖人提前交付的，须征得买受人的同意；否则，买受人有权拒绝。合同没有约定交付期限或者约定不明确的，可由当事人达成补充协议，不能达成补充协议的，则按照合同的有关条款或交易习惯确定，仍不能确定的，出卖人可以随时交付，买受人也可以随时提出交付请求，但应当给对方必要的准备时间。

（2）交付的地点。《合同法》第141条规定："出卖人应当按照约定的地点交付标的物。当事人没有约定交付地点或者约定不明确，依照本法第六十一条的规定仍不能确定的，适用下列规定：（一）标的物需要运输的，出卖人应当将标的物交付给第一承运人以运交给买受人；（二）标的物不需要运输，出卖人和买受人订立合同时知道标的物在某一地点的，出卖人应当在该地点交付标的物；不知道标的物在某一地点的，应当在出卖人订立合同时的营业地交付标的物。"

（3）交付标的物的质量。出卖人应当按照约定的质量交付标的物。当事人对标的物的质量没有约定或者约定不明确的，可以协议补充；不能达成补充协议的，按照合同的有关条款或交易习惯确定，仍不能确定的，按照国家标准、行业标准确定；没有国家标准、行业标准的，按照通常标准或符合合同目的的特定标准确定。出卖人提供标的物的样品或者有关标的物的质量说明的，交付的标的物应当符合该样品或说明的质量标准。

（4）交付的数量。出卖人应当按照约定的数量交付标的物。出卖人多交付标的物的，买受人可以接受或者拒绝接受多交的部分。买受人接受多交的部分，应当按照合同的价格支付价款；买受人拒绝接受多交部分的，应当妥善保管并通知出卖人，因保管而支出的必要费用由出卖人承担。

（5）交付的方式。如包装方式，合同对包装方式有约定的，出卖人应当按照约定的方式交付标的物。合同没有约定或者约定不明确的，当事人可以协议补充；不能达成补充协议的，按照合同的有关条款或交易习惯确定，仍不能确定的，应当按照通用的方式包装；没有通用方式的，应当采用足以保护标的物的包装方式。

（6）标的物有从物的，应随主物一并交付。标的物的孳息在原物交付前产生的，归出卖人；在交付后产生的，归买受人。

（7）出卖人在交付标的物时，须将与标的物有关的单证一并交付，如发票、产品合格证、使用说明书等。

2. 标的物质量瑕疵担保义务。

3. 按约定移转标的物所有权

（1）标的物所有权转移，是指买卖合同的标的物自出卖人转移归买受人享有的过程。在买卖合同中，买受人的目的即是获得标的物的所有权，因此它是买卖合同的一个基本问题，但同时它又是一个物权法问题。

（2）标的物为动产时，其所有权的转移规则是：① 一般规则为，以交付的完成时间为所有权的移转时间；② 当事人之间有约定的从其约定，常考的是动产的保留所有权买卖。

（3）标的物为不动产时其所有权的转移规则：① 一般规则为，不动产所有权移转时间以登记簿记载的时间为准；② 因为物权法定主义，当事人不能通过特殊约定排除登记规定（当事人约定买受人支付全部价金时，即转移不动产所有权的约定无效）。

4. 标的物权利瑕疵担保义务

标的物权利瑕疵担保，是指出卖人就其所交付的标的物，除法律另有规定以外，负有保证第三人不得向买受人主张任何权利的义务。

出卖人的标的物瑕疵担保义务应符合以下条件：

（1）权利瑕疵须在标的物交付时已经存在。

（2）买受人不知道或者不应当知道标的物存在权利瑕疵。依据《合同法》第151条的规定，买受人订立合同时知道或者应当知道第三人对买卖的标的物享有权利的，出卖人不承担本法第150条规定的义务。《合同法》第150条规定的即是权利瑕疵担保义务。

如果标的物存在权利瑕疵，买受人可以进行权利瑕疵的抗辩。《合同法》第152条规定："买受人有确切证据证明第三人可能就标的物主张权利的，可以中止支付相应的价款，但出卖人提供适当担保的除外。"

（二）买受人的主要义务

1. 支付合同价款

依据《合同法》第159条的规定："买受人应当按照约定的数额支付价款。对价款没有约定或者约定不明确的，适用本法第六十一条、第六十二条第二项的规定。"具体而言：买受人应当依据合同约定支付合同价款。合同对价款没有约定或者约定不明确的，当事人可以协议补充；不能达成补充协议的，按照合同有关条款或者交易习惯确定，仍无法确定的，根据订立合同时履行地的市场价格履行。依法应当执行政府定价或政府指导价的，按照政府定价或政府指导价履行。在合同约定的交付期限内政府价格调整的，依交付时的价格计价。逾期交付标的物的，遇价格上涨时，按原价执行；价格下降时，按新价格执行。逾期提取标的物或者逾期付款的，遇价格上涨时，按新价格执行；价格下降时，按原价格执行。

依据《合同法》第160条的规定："买受人应当按照约定的地点支付价款。对支付地点没有约定或者约定不明确，依照本法第六十一条的规定仍不能确定的，买受人应当在出卖人的营业地支付，但约定支付价款以交付标的物或者交付提取标的物单证为条件的，在交付标的物或者交付提取标的物单证的所在地支付。"

依据《合同法》第161条的规定："买受人应当按照约定的时间支付价款。对支付时间没有约定或者约定不明确，依照本法第六十一条的规定仍不能确定的，买受人应当在收到标的物或者提取标的物单证的同时支付。"

2. 受领标的物

对于出卖人交付的标的物，买后人应及时受领，否则将负迟延受领的责任。

3. 标的物检验、瑕疵通知和保管义务

买受人受领标的物以后，应在约定的或者法定的期限内及时检验标的物。如发现标的物存在应由出卖人负担责任的瑕疵时，应及时通知出卖人并妥善保管标的物。

（1）关于买受人的标的物检验及通知义务，其主要的内容是：① 买受人收到出卖人交付的标的物时具有检验义务(该义务属于不真正义务,出卖人不能要求买受人履行此义务)。②买受人在验货时发现标的物有瑕疵的,应当在约定期间或者合理期间内通知出卖人(此处的检验期间属于除斥期间,不能中止、中断、延长)。③买受人怠于通知的,将丧失请求出卖人承担违约责任的权利,即视为标的物交付合格。④若出卖人知道或者应当知道提供的标的物不符合约定的,买受人不受检验期间的限制,但买受人请求出卖人承担违约责任的债权仍受诉讼时效的限制。

(2)验货期间(无约定前提下的检验期间):①有约定的从约定,并在此期间内通知出卖人验货的情况;②没有约定的,应及时验货,并在合理期间内通知出卖人验货的情况。第一,对于数量瑕疵和外观瑕疵,当事人未约定检验期间的,买受人应当在收货的同时检验并通知。因此,不存在合理期间的问题。法律依据:《买卖合同解释》第15条规定:"当事人对标的物的检验期间未作约定,买受人签收的送货单、确认单等载明标的物数量、型号、规格的,人民法院应当根据合同法第一百五十七条的规定,认定买受人已对数量和外观瑕疵进行了检验,但有相反证据足以推翻的除外。"第二,隐蔽瑕疵是存在于标的物内部,经过使用或者专门的技术检测才能发现的质量缺陷,也称内在瑕疵,如手机信号接受能力不符合约定、电脑配置不符合约定等。

对于隐蔽瑕疵,合理期间是指买受人发现或者应当发现之后的一定期间,具体时间长短由法院根据买卖合同的具体情况合理确定。《买卖合同解释》第17条规定:"人民法院具体认定合同法第一百五十八条第二款规定的"合理期间"时,应当综合当事人之间的交易性质、交易目的、交易方式、交易习惯、标的物的种类、数量、性质、安装和使用情况、瑕疵的性质、买受人应尽的合理注意义务、检验方法和难易程度、买受人或者检验人所处的具体环境、自身技能以及其他合理因素,依据诚实信用原则进行判断。"

《合同法》第158条第2款规定的"2年"是最长的合理期间。该期间为不变期间,不适用诉讼时效中止、中断或者延长的规定。依据该法条可知,(a)"合理期间"的确定应当综合各种因素进行判断。(b)"合理期间"最长为2年,期间为不变期间,不适用诉讼时效中止、中断或者延长的规定。

二、买卖合同标的物的风险负担

(一)概念

风险,是指非由任何一方当事人的过错而导致的标的物的毁损灭失。买卖合同标的物的风险负担,是指在买卖过程中,标的物因不可归责于当事人的事由毁损、灭失的风险的分配。

(二)买卖合同的风险负担的限定

(1)风险(即标的物的毁损、灭失)的发生应在合同生效之后,终止之前。

(2)风险负担仅存在于标的物是特定物或者标的物虽是种类物但已经被特定化(即划拨)的场合,即种类物风险转移的前提是划拨,即出卖人必须以装运单据、加盖标记、通知买受人等可以识别的方式清楚的将标的物特定于买卖合同,才有风险转移的问题。

(三)风险负担及移转规则

1. 一般规则

《合同法》以"交付移转风险"为一般原则。该法第142条规定:"标的物毁损、灭失的风险,在标的物交付之前由出卖人承担,交付之后由买受人承担,但法律另有规定或者当事人另有约定的除外。"这一原则的合理之处在于:标的物归谁占有,谁有最大的方便去维护财产的安全,防止风险发生。

关于一般规则,要注意以下理解:

(1) 风险负担的移转与标的物所有权的移转并没有直接联系。只要标的物已经交付,即使买受人尚未取得标的物的所有权,风险也移转由买受人承担。

(2) 风险负担的移转与出卖人是否应当承担违约责任一般也没有直接联系。只要出卖人不构成根本违约,出卖人交付标的物后,风险即由买受人承担。

(3) 根据《合同法》第147条,出卖人按照约定未交付有关标的物的单证和资料的,只要已经完成了标的物的交付,风险也发生移转。

2. 特殊规则

根据《合同法》第143—149条的规定,买卖合同标的物的风险负担在特定情形下的规则如下:

(1) 在途货物买卖。"在途货物买卖",指出卖人与买受人就正在运输旅途中的标的物订立买卖合同。依据《合同法》第144条规定,在途货物买卖中,自买卖合同成立时起,风险即移转给买受人承担。

注意:在途货物买卖的如果是特定物,风险自合同成立时移转。但是如果为种类物,在该种类物特定化于买卖合同中之前,即使合同已经成立,风险也不移转。

(2) 一方违约。买卖合同一方当事人的违约行为,可能对买卖合同的风险负担产生影响。具体包括以下情形:

① 买受人迟延受领。《合同法》第143条规定:"因买受人的原因致使标的物不能按照约定的期限交付的,买受人应当自违反约定之日起承担标的物毁损、灭失的风险。"

② 买受人迟延提货。《合同法》第146条规定,买卖双方当事人对交付地点"没有约定"或者约定不明确的,且标的物不需要运输的,出卖人和买受人订立合同时知道标的物在某一地点的,出卖人应当在该地点交付标的物;不知道标的物在某一地点的,应当在出卖人订立合同时的营业地交付标的物。因此,当出卖人在交付期限届至时将标的物置于该交付地点,买受人违反约定没有收取的,标的物毁损、灭失的风险自买受人违反约定之日起,由买受人承担。

③ 房屋买卖合同的买受人受领迟延。《商品房买卖合同解释》第11条第2款规定,除非法律另有规定或者当事人另有约定,买受人接到出卖人的书面交房通知,无正当理由拒绝接收的,房屋毁损、灭失的风险自"书面交房通知确定的交付使用之日"起,由买受人承担。

④ 出卖人根本违约,买受人拒绝接受货物或者解除合同的。《合同法》第148条规定,出卖标的物的质量不符合要求,致使不能实现合同目的的,买受人有权拒绝接受标的物或者解除合同。如果买受人有权拒绝接受标的物或者解除合同,标的物毁损、灭失的,风险由出卖人承担。

[历年真题] 甲、乙约定卖方甲负责将所卖货物运送至买方乙指定的仓库。甲如约交货,乙验收收货,但甲未将产品合格证和原产地证明文件交给乙。乙已经支付80%的货款。交货当晚,因山洪暴发,乙仓库内的货物全部毁损。下列哪些表述是正确的?(2013年卷三61题)

A. 乙应当支付剩余20%的货款
B. 甲未交付产品合格证与原产地证明,构成违约,但货物损失由乙承担

C. 乙有权要求解除合同,并要求甲返还已支付的80%货款
D. 甲有权要求乙支付剩余的20%货款,但应补交已经毁损的货物

【答案】 AB
【考点】 风险负担、违约责任
【解析】 《合同法》第142条规定:"标的物毁损、灭失的风险,在标的物交付之前由出卖人承担,交付之后由买受人承担,但法律另有规定或者当事人另有约定的除外。"因甲已向乙完成了货物交付,风险应由乙承担,乙应当支付剩余20%货款。故选项A正确。

《合同法》第149条规定:"标的物毁损、灭失的风险由买受人承担的,不影响因出卖人履行债务不符合约定,买受人要求其承担违约责任的权利。"本题中,甲履行了主给付义务而未履行从给付义务的行为不影响风险的转移,货物损失由乙承担。但其未交付产品合格证与原产地证明的行为违反了合同的约定,构成违约,所以选项B正确。

《买卖合同解释》第25条规定:"出卖人没有履行或者不当履行从给付义务,致使买受人不能实现合同目的,买受人主张解除合同的,人民法院应当根据合同法第九十四条第(四)项的规定,予以支持。"据此,如果出卖人没有履行或者不当履行从给付义务,不会致使买受人不能实现合同目的,买受人则不得主张解除合同。本题中,甲未交付产品合格证与原产地证明,不会导致合同目的无法实现。所以,乙无权要求解除合同,也无权要求甲返还乙支付的80%货款,选项C错误。

风险已经转移给乙,对于因山洪暴发带来的货物毁损,甲不承担责任。所以甲有权请求乙支付剩余的20%的货款,但不需要补交货款,所以选项D错误。

三、一物数卖

一物数卖,是指出卖人就同一动产或者不动产同时与数人订立数个买卖合同。一物数卖涉及合同法与物权法,内容丰富,牵涉知识点较多,范围较广。只要掌握全面、准确,此部分得分相对容易。

[历年真题] 1. 甲有件玉器,欲转让,与乙签订合同,约好10日后交货付款;第二天,丙见该玉器,愿以更高的价格购买,甲遂与丙签订合同,丙当即支付了80%的价款,约好3天后交货;第三天,甲又与丁订立合同,将该玉器卖给丁,并当场交付,但丁仅支付了30%的价款。后乙、丙均要求甲履行合同,诉至法院。下列哪一表述是正确的?(2013年卷三11题)

A. 应认定丁取得了玉器的所有权
B. 应支持丙要求甲交付玉器的请求
C. 应支持乙要求甲交付玉器的请求
D. 第一份合同有效,第二、三份合同均无效

【答案】 A
【考点】 一物多卖、所有权转移
【解析】 《买卖合同解释》第9条规定:"出卖人就同一普通动产订立多重买卖合同,在买卖合同均有效的情况下,买受人均要求实际履行合同的,应当按照以下情形分别处理:(一)先行受领交付的买受人请求确认所有权已经转移的,人民法院应予支持;(二)均未受领交付,先行支付价款的买受人请求出卖人履行交付标的物等合同义务的,人民法院应予支持;(三)均未受领交付,也未支付价款,依法成立在先合同的买受人请求出卖人履行交付标的物等合同义

务的,人民法院应予支持。"本案中,丁已经先行受领了玉器,即享有了玉器的所有权,所以,乙、丙要求交付的请求将不能获得支持。所以选项 A 正确,选项 B、C 错误。

甲将玉器分别与乙、丙、丁签订买卖合同时,甲都还没有交付,所有权仍归甲,甲在签订合同时对玉器均为有权处分,所以三份合同均有效,所以选项 D 错误。

2. 房地产开发企业甲急欲销售其开发的某住宅区的最后 1 套别墅,遂打电话向乙、丙、丁发出售房要约,并声明该要约的有效期为 1 个月。要约发出后第 10 日,甲与乙签订买卖合同并交付该别墅,乙支付了全部房款,但未办理产权变更登记。第 21 日,甲与不知情的丙签订买卖合同并办理了产权变更登记。第 25 日,甲又与不知情的丁签订了买卖合同。第 26 日,该别墅被意外焚毁。请回答(1)—(3)题。[2006 年卷三(1)—(3)题]

(1) 下列关于甲、乙、丙之间关系的何种表述是正确的?
A. 甲、乙之间买卖合同有效
B. 甲、丙之间买卖合同无效,因该合同损害乙的利益
C. 甲不应向丙承担不能交付房屋的违约责任,因为房屋系意外焚毁
D. 丙应负担房屋被焚毁的风险

【答案】 A
【考点】 不动产买卖合同的效力及风险负担
【解析】 甲与乙之间的买卖合同是双方真实意思的表示,且没其他合同生效的阻却事由,故合同成立生效,故选项 A 正确。甲与丙之间的买卖合同是双方真实意思的表示,且丙为善意,所以合同成立生效,故选项 B 错误。《合同法》第 107 条规定:"当事人一方不履行合同义务或者履行合同义务不符合约定的,应当承担继续履行、采取补救措施或者赔偿损失等违约责任。"我国合同法对于违约适用的是严格责任,除不可抗力可以免除违约责任之外,只要当事人一方不履行合同义务或者履行合同义务不符合约定的就应当承担违约责任,因此甲应当向丙承担不能交付房屋的违约责任,故选项 C 错误。《合同法》第 142 条规定:"标的物毁损、灭失的风险,在标的物交付之前由出卖人承担,交付之后由买受人承担,但法律另有规定或者当事人另有约定的除外。"由于甲没有向丙交付房屋,所以丙不应当负担房屋被焚毁的风险,故选项 D 错误。

(2) 下列关于甲、丁之间买卖合同的何种表述是正确的?
A. 合同因欺诈而可撤销
B. 合同因自始履行不能而无效
C. 合同因无权处分而效力待定
D. 如果合同被撤销,则甲应向丁承担缔约过错责任

【答案】 ACD
【考点】 效力待定合同、可撤销的合同
【解析】《合同法》第 51 条规定:"无处分权的人处分他人财产,经权利人追认或者无处分权的人订立合同后取得处分权的,该合同有效。"甲与丙间的买卖合同合法有效,且办理了产权变更登记,所以丙已取得房屋的所有权,所以甲之后与丁订立买卖合同时不具有处分权,故其与丁间的合同因无权处分而效力待定,故选项 C 正确。同时,甲在与丁订立合同时隐瞒了房屋所有权已转移的事实,构成欺诈,合同因欺诈而可撤销,丁撤销合同后可要求甲承担缔约过失责任。故选项 A、D 正确。

(3) 下列关于乙的权利义务的何种表述是正确的?
A. 若房屋未焚毁,丙有权要求乙搬离房屋
B. 若房屋未焚毁,法院应确认该房屋为乙所有
C. 乙对房屋的占有为善意、自主占有
D. 乙应向丙赔偿因房屋焚毁而造成的损失

【答案】 AC
【考点】 不动产交付的效力
【解析】 尽管甲与乙之间的买卖合同合法有效且乙已经取得房屋的占有,但是依照我国法律规定,不动产的所有权须登记才能转让,所以乙不能取得房屋的所有权,丙是房屋的所有权人,所以若房屋未焚毁,丙有权要求乙搬离房屋,故选项 A 正确,选项 B 错误。乙对房屋的占有为善意、自主占有,故选项 C 正确。乙对占有的房屋,负有与管理自己事务一样的注意义务,由于房屋是意外焚毁,乙不具有过错,故不应向丙赔偿因房屋焚毁而造成的损失,故选项 D 错误。

四、保留所有权买卖合同

(一) 概念

保留所有权买卖是指双方当事人在合同中约定买受人支付价金之前,出卖人保留合同标的物的所有权的一种买卖。这类买卖的标的物所有权转移时间不是在交付时,而是在买受人支付所有价金之时。此制度的目的在于担保出卖人对买受人的债权,是一种广义的担保。

(二) 保留所有权买卖适用的范围 保留所有权买卖仅适用于不动产买卖,不动产买卖无适用余地。

(三) 保留所有权买卖的条件成就前产生的约束

(1) 买受人未取得标的物所有权,其无权处分买卖合同的标的物。

(2) 买受人享有期待权。与之相对应的,出卖人在此阶段虽然享有标的物的所有权,但权利受到一定的限制。

(四) 在特定条件下出卖人先享有取回权

买受人有下列情形之一,对出卖人造成损害,出卖人可以主张取回标的物的:

(1) 未按约定支付价款的;(若已支付价款的 75% 以上,则出卖人不能取回)

(2) 未按约定完成特定条件的;

(3) 将标的物出卖、出质或者作出其他不当处分的(在这种情况下,标的物已被第三人善意取得的,出卖人不能取回)。

(五) 买受人的回赎权

取回权并不意味着买卖双方买卖合同的结束,因此,在出卖人行使取回权后,当事人双方可约定一定的回赎期(不能约定的,由出卖人指定一个合理的期间),在回赎期内,买受人消除出卖人取回标的物的事由的,可以主张行使回赎权回赎标的物。

[历年真题] 甲将其 1 辆汽车出卖给乙,约定价款 30 万元。乙先付了 20 万元,余款在 6 个月内分期支付。在分期付款期间,甲先将汽车交付给乙,但明确约定付清全款后甲才将汽车的所有权移转给乙。嗣后,甲又将该汽车以 20 万元的价格卖给不知情的丙,并以指示交付的方式完成交付。下列哪一表述是正确的? (2012 年卷三 9 题)

A. 在乙分期付款期间,汽车已经交付给乙,乙即取得汽车的所有权
B. 在乙分期付款期间,汽车虽然已经交付给乙,但甲保留了汽车的所有权,故乙不能取得汽车的所有权
C. 丙对甲、乙之间的交易不知情,可以依据善意取得制度取得汽车所有权
D. 丙不能依甲的指示交付取得汽车所有权

【答案】 B
【考点】 保留所有权买卖
【解析】《合同法》第134条规定:"当事人可以在买卖合同中约定买受人未履行支付价款或者其他义务的,标的物的所有权属于出卖人。"在保留所有权买卖中,买受人取得所有权附生效条件,须所附生效条件成就,买受人才能取得所有权。本题中,甲、乙明确约定付清全款后甲才将汽车的所有权移转给乙,汽车虽然已经交付给乙,但乙没有付清全款,乙还不能取得汽车所有权,故选项A错误,选项B正确。

《买卖合同解释》第37条第2款规定:"买受人在回赎期间内没有回赎标的物的,出卖人可以另行出卖标的物。"在保留所有权买卖中,在所附条件成就前,买受人未取得标的物的所有权,其所有权仍归出卖人。但是,买受人享有期待权,因此,出卖人虽系标的物的所有权人,出卖人的所有权并不完整。仅在出卖人行使取回权后,买受人未在回赎期间内回赎的,出卖人才享有再次出卖的权利。在此之前,出卖人(所谓保留的所有权人)擅自将标的物出卖给第三人的,属于侵害附条件权利的行为(即侵害了买受人的期待权),受让人不一定能够取得标的物的所有权。通说观点认为:在回赎期满前,出卖人擅自将标的物出卖给第三人的,第三人能否取得标的物的所有权,分两种情况处理:(1)若保留所有权买卖已经登记,则即使受让人属于善意,买卖合同也是无效的,买受人不能取得标的物的所有权。(2)若保留所有权买卖尚未登记,又分两种情况:① 若出卖人已经向第三人完成了现实交付,若第三人属于善意,则第三人可以取得所有权;若第三人为恶意(知道买卖的标的物属于保留所有权买卖的标的物),第三人不能取得所有权。② 若出卖人仅向第三人完成了指示交付,恶意的第三人不能取得所有权,但善意的第三人可以取得所有权,不过,此时买受人的期待权并不消灭,而是继续存在于第三人已经取得所有权的标的物上(学理依据:《德国民法典》第936条第3项),只要买受人完成指定行为(或者完成条件时),买受人就取得标的物的所有权,第三人已经取得的所有权就因此消灭。本题中,保留所有权买卖没有登记,所以,第三人若为善意,具有取得标的物所有权的可能性,甲作为所有权人将汽车出卖给丙,不能说就是无权处分,自然没有善意取得适用的空间,故选项C错误。

如前所述,甲以指示交付的方式交付标的物,若丙为善意,仍能取得标的物的所有权,只是乙的期待权仍不消灭,若乙完成了约定条件(支付了全部价款),应确定由乙取得所有权,丙已经取得的所有权因此消灭。所以选项D错误。

第二节 特殊买卖合同

一、分期付款买卖合同

(一) 概念

分期付款买卖合同,是指当事人双方约定,出卖人先行给付标的物于买受人,而买受人分

期(即在一定期间内至少分三次)给付价金的买卖合同。

（二）出卖人的权利

1. 依据《合同法》第167条的规定，买受人未支付到期价款金额达到全部价款1/5的，出卖人可以行使两种权利：

（1）单方变更合同权。要求买受人支付剩余的全部价款（加速到期！），即改变合同原有的分期付款的约定。

（2）单方解除合同权，即出卖人可以行使法定解除权解除合同并要求买受人支付该标的物的使用费。

（三）对买受人的保护

上述提到的全部价款的"1/5以上"这一比例为强制性规范，当事人的约定违反该比例的，损害买受人利益的，约定无效，仍按照"1/5以上"的比例调整。具体来说，当事人约定的比例高于1/5的，有利于买受人，约定有效；当事人约定的比例低于1/5的，不利于买受人，约定无效，视为无约定，继续依法定的1/5来。

[历年真题] 曾某购买某汽车销售公司的轿车一辆，总价款20万元，约定分10次付清，每次两万元，每月的第一天支付。曾某按期支付6次共计12万元后，因该款汽车大幅降价，曾某遂停止付款。下列哪些表述是正确的？（2009年卷三59题）

A. 汽车销售公司有权要求曾某一次性付清余下的8万元价款

B. 汽车销售公司有权通知曾某解除合同

C. 汽车销售公司有权收回汽车，并且收取曾某汽车使用费

D. 汽车销售公司有权收回汽车，但不退还曾某已经支付的12万元价款

【答案】 ABC

【考点】 分期付款买卖

【解析】《合同法》第167条规定："分期付款的买受人未支付到期价款的金额达到全部价款的1/5的，出卖人可以要求买受人支付全部价款或者解除合同。出卖人解除合同的，可以向买受人要求支付该标的物的使用费。"可知，在分期付款买卖合同中，当买受人未支付的到期价款达到标的额的1/5以上时，出卖人有权选择行使以下权利：(1)解除买卖合同，并要求买受人支付使用费；(2)要求买受人一次性支付剩余的全部价款。所以选项A正确，选项B正确，选项C正确。

另根据《合同法》第97条的规定："合同解除后，尚未履行的，终止履行；已经履行的，根据履行情况和合同性质，当事人可以要求恢复原状、采取其他补救措施，并有权要求赔偿损失。"所以，汽车买卖公司解除合同后，在扣除汽车使用费和补偿因为曾某拒付价款所遭受的损失之后，汽车销售公司应当将曾某支付的12万元价款的剩余部分返还给曾某。这是合同解除和恢复原状的效力。故选项D错误。

二、样品买卖合同

（一）概念

凭样品买卖合同是指出卖人交付的标的物须与当事人保留的样品及其说明具有同一品质的合同。

（二）凭样品买卖合同
（1）出卖人就交付的标的物与样品及其说明的质量相同负有瑕疵担保责任。
（2）样品与样品质量的文字说明不一致，且双方当事人不能就质量标准达成一致时：
① 样品封存后外观和内在品质没有发生变化的，依样品表明的质量为准，舍弃文字说明；
② 样品封存后，外观和内在品质发生变化，或者当事人对是否发生变化有争议而又无法查明的，以文字说明为准，舍弃样品。
（3）样品有隐蔽瑕疵而买受人不知情的，出卖人应当交付符合合同同种物通常质量标准的标的物（这种情况下，出卖人交付的标的物与样品相同，也属于违约）。

三、试用买卖合同

（一）概念

试用买卖合同，是指当事人双方约定由买受人试用或者检验标的物，以买受人认可标的物为条件的买卖合同。

（二）特征

1. 试用买卖合同属于生效附条件的合同

试用人同意购买是合同的生效要件。在当事人对试用达成意思一致时买卖合同成立但未生效。试用过程中，买受人对标的物予以认可，则买卖合同才生效。

2. 买受人的认可不能附条件

买受人是否同意购买全凭自己的自由意志，他人不得干涉。且在合同中也不得附加条件。以下情形因不符合此规定而不适用试用买卖合同：

（1）约定标的物经过试用或者检验符合一定要求时，买受人应当购买标的物；
（2）约定第三人经试验对标的物认可时，买受人应当购买标的物；
（3）约定买受人在一定期间内可以调换标的物；
（4）约定买受人在一定期间内可以退还标的物。

（三）买受人的认可权与拒绝权

1. 买受人认可权与拒绝权均属于形成权。

2. 买受人行使认可权的时间在试用期内

试用期的长短有约定的按照约定，没有约定且根据合同漏洞填补规则仍不能确定的，由出卖人确定。

3. 买受人行使认可权与拒绝权的效果

（1）买受人作出同意购买认可的效果：试用买卖合同生效（通说认为，买受人的认可不具有溯及力，即买受人认可合同那一刻才生效，而非溯及自成立时生效）。

（2）买受人拒绝认可的效果：① 买卖合同确定不发生效力；② 买受人应当返还标的物，并不支付标的物的使用费。

4. 买受人行使认可的形式

（1）明示认可。以书面或者口头的形式通知出卖方为购买。

（2）推定认可。买受人以其行为表示同意购买：标的物因试用交付给买受人后，出卖人请求返还而买受人拒不返还的；买受人交付一部分或者全部价款的；买受人就标的物行使了出卖、出租、设定担保等非试用行为的。

(3) 单纯沉默认可。约定有试用期的,试用期届满未作任何表示的。

第三节 赠与合同

一、赠与合同的概念与性质

（一）概念赠与合同是指赠与人将自己的财产无偿给予受赠人,受赠人表示接受赠与的合同。

（二）性质

(1) 赠与合同为单务合同,也即只有赠与人负担交付赠与物等主义务,受赠人不负对价(注:赠与合同是双方民事法律行为而非单方民事法律行为)。

(2) 赠与合同为不要式合同,口头、书面形式均可。

(3) 赠与合同为诺成合同。

(4) 赠与合同为无偿合同。此处的无偿性与可以附义务之间并不矛盾。因为此处的义务特点有:① 是不足以与赠与物构成对价,② 严格区别于附条件的赠与合同的"条件"。

(5) 赠与合同是有名合同、非要式合同。

(6) 赠与合同是移转财产权利的合同。

二、赠与合同的任意撤销

赠与合同的撤销,是指在赠与合同生效后,因发生法定的撤销事由,赠与人或其他撤销权人撤销该赠与合同的行为。

赠与合同的撤销分为任意撤销与法定撤销。任意撤销是指赠与人基于独立意志而撤销赠与合同的情况;法定撤销是指赠与人基于法律规定而撤销赠与合同的情况。

（一）任意撤销

《合同法》第186条规定:"赠与人在赠与财产的权利转移之前可以撤销赠与。具有救灾、扶贫等社会公益、道德义务性质的赠与合同或者经过公证的赠与合同,不适用前款规定。"

1. 任意撤销赠与合同应具备下列两个条件

(1) 须在赠与合同生效之后、赠与财产的权利移转之前,作出撤销的意思表示。

(2) 须所撤销的赠与合同不在法律禁止撤销之列。依据《合同法》第186条的规定,具有救灾、扶贫等社会公益、道德义务性质的赠与合同或者经过公证的赠与合同,不允许赠与人任意撤销。

2. 任意撤销的后果

任意撤销权为形成权,自赠与人撤销的通知到达受赠人时即发生撤销的效力。

(1) 赠与合同自始或仅向将来消灭,赠与人不再承担赠与的义务。但任意撤销之前已经部分交付的动产,不得请求返还。

(2) 赠与人有过失的,应当承担缔约过失责任,赔偿受赠人信赖利益的损失。

（二）法定撤销

1. 概念

赠与合同的法定撤销,指在具备法定撤销事由时,赠与人或者其继承人、法定代理人行使撤销权,使赠与合同自始无效的行为。

2. 法定撤销事由

受赠人有下列情形之一,赠与人或者其继承人、法定代理人有权撤销赠与合同:

(1) 严重侵害赠与人或者赠与人的近亲属;

(2) 对赠与人有扶养义务而不履行;

(3) 不履行赠与合同约定的义务。

3. 法定撤销权的行使

(1) 依据《合同法》第192条第2款的规定:"赠与人的撤销权,自知道或者应当知道撤销原因之日起一年内行使。"

(2) 依据《合同法》第193条第2款的规定:"赠与人的继承人或者法定代理人的撤销权,自知道或者应当知道撤销原因之日起六个月内行使。"

适用情形:因受赠人的违法行为致使赠与人死亡或者丧失民事行为能力的,赠与人的继承人或者法定代理人可以撤销赠与。

4. 法定撤销权行使的后果

赠与人的法定撤销权也为形成权,自撤销的通知到达受赠人时发生撤销的效力,赠与合同自始无效。依据《合同法》第194条的规定:"撤销权人撤销赠与的,可以向受赠人要求返还赠与的财产。"

三、赠与合同的解除权

依据《合同法》第195条的规定:"赠与人的经济状况显著恶化,严重影响其生产经营或者家庭生活的,可以不再履行赠与义务。"

四、赠与合同标的物的瑕疵担保责任

依据《合同法》第191条的规定,赠与人对赠与合同标的物,① 原则上不要求其承担合同标的物的瑕疵担保责任;② 特殊情形下,赠与人对赠与合同标的物承担瑕疵担保责任。具体包括:

(1) 附义务的赠与中,在附义务限度内比照买卖合同之出卖人承担瑕疵担保责任。

(2) 故意不告知或者保证无瑕疵的,造成受赠人损失的,应承担损害赔偿责任。

[历年真题] 1. 郭某意外死亡,其妻甲怀孕两个月。郭某父亲乙与甲签订协议:"如把孩子顺利生下来,就送十根金条给孩子。"当日乙把8根金条交给了甲。孩子顺利出生后,甲不同意由乙抚养孩子,乙拒绝交付剩余的两根金条,并要求甲退回8根金条。下列哪些选项是正确的?(2015年卷三60题)

A. 孩子为胎儿,不具备权利能力,故协议无效

B. 孩子已出生,故乙不得拒绝赠与

C. 8根金条已交付,故乙不得要求退回

D. 两根金条未交付,故乙有权不交付

【答案】 BC

【考点】 赠与合同、赠与合同的任意撤销权

【解析】 本题中,协议是郭某的父亲乙与甲签订的,当事人是郭某的父亲乙与甲,孩子是利益第三人。孩子虽然为胎儿,但孩子并不是该协议的双方当事人,该协议成立,而非无效。故选项A错误,不当选。

郭某父亲乙与甲的协议是附生效条件的赠与合同,当条件成就时赠与合同就成立并生效。本题中,甲将孩子顺利生下后,赠与合同成立并生效,乙应履行合同义务,不得拒绝赠与,对已经交付的8根金条,是乙履行合同义务的行为,不符合赠与合同撤销,乙不得要求退回。故选项B、C正确,当选。

依据《合同法》第186条的规定:"赠与人在赠与财产的权利转移之前可以撤销赠与。具有救灾、扶贫等社会公益、道德义务性质的赠与合同或者经过公证的赠与合同,不适用前款规定。"本题的赠与属于道德性赠与,乙不得行使任意撤销权撤销赠与,而是应履行赠与合同的义务,交付剩余的两根金条。故选项D错误,不当选。

2. 甲公司员工魏某在公司年会抽奖活动中中奖,依据活动规则,公司资助中奖员工子女次年的教育费用,如员工离职,则资助失效。下列哪些表述是正确的?(2012年卷三61题)

A. 甲公司与魏某成立附条件赠与

B. 甲公司与魏某成立附义务赠与

C. 如魏某次年离职,甲公司无给付义务

D. 如魏某次年未离职,甲公司在给付前可撤销资助

【答案】 AC

【考点】 附条件合同、附义务的赠与、赠与人的任意撤销权

【解析】 附条件赠与,是指当事人对赠与行为设定一定的条件,把条件的成就与否作为赠与行为的效力发生或消灭的前提。在附条件的赠与中,条件的成就与否关系到赠与合同的效力。附义务赠与,是指在赠与合同中赠与人对其赠与附加一定的条件,使受赠人负担一定的给付义务,在附义务的赠与中,所附的义务与赠与合同的法律效力无关,不能因为附义务而延缓或解除赠与的效力。

本题中,公司资助魏某子女以次年教育经费,以魏某继续在公司工作为条件,因此为附条件的赠与合同,即魏某次年不离职,甲公司有给付义务;若魏某次年离职,甲公司无给付义务。因此选项A、C正确,选项B错误。

《合同法》第186条规定:"赠与人在赠与财产的权利转移之前可以撤销赠与,具有救灾、扶贫等社会公益、道德义务性质的赠与合同或者经过公证的赠与合同,不适用前款规定。"甲公司与魏某之间的赠与合同具有社会公益性,故甲公司在给付之前不能撤销资助。因此,选项D错误。

第四节 借款合同

[相关法条]

最高人民法院《关于审理民间借贷案件适用法律若干问题的规定》

第1条 本规定所称的民间借贷,是指自然人、法人、其他组织之间及其相互之间进行资金融通的行为。

经金融监管部门批准设立的从事贷款业务的金融机构及其分支机构,因发放贷款等相关金融业务引发的纠纷,不适用本规定。

第22条 借贷双方通过网络贷款平台形成借贷关系,网络贷款平台的提供者仅提供媒介服务,当事人请求其承担担保责任的,人民法院不予支持。

网络贷款平台的提供者通过网页、广告或者其他媒介明示或者有其他证据证明其为借贷

提供担保,出借人请求网络贷款平台的提供者承担担保责任的,人民法院应予支持。

第 23 条 企业法定代表人或负责人以企业名义与出借人签订民间借贷合同,出借人、企业或者其股东能够证明所借款项用于企业法定代表人或负责人个人使用,出借人请求将企业法定代表人或负责人列为共同被告或者第三人的,人民法院应予准许。

企业法定代表人或负责人以个人名义与出借人签订民间借贷合同,所借款项用于企业生产经营,出借人请求企业与个人共同承担责任的,人民法院应予支持。

第 25 条 借贷双方没有约定利息,出借人主张支付借期内利息的,人民法院不予支持。

自然人之间借贷对利息约定不明,出借人主张支付利息的,人民法院不予支持。除自然人之间借贷的外,借贷双方对借贷利息约定不明,出借人主张利息的,人民法院应当结合民间借贷合同的内容,并根据当地或者当事人的交易方式、交易习惯、市场利率等因素确定利息。

第 26 条 借贷双方约定的利率未超过年利率24%,出借人请求借款人按照约定的利率支付利息的,人民法院应予支持。

借贷双方约定的利率超过年利率36%,超过部分的利息约定无效。借款人请求出借人返还已支付的超过年利率36%部分的利息的,人民法院应予支持。

第 27 条 借据、收据、欠条等债权凭证载明的借款金额,一般认定为本金。预先在本金中扣除利息的,人民法院应当将实际出借的金额认定为本金。

第 30 条 出借人与借款人既约定了逾期利率,又约定了违约金或者其他费用,出借人可以选择主张逾期利息、违约金或者其他费用,也可以一并主张,但总计超过年利率24%的部分,人民法院不予支持。

第 31 条 没有约定利息但借款人自愿支付,或者超过约定的利率自愿支付利息或违约金,且没有损害国家、集体和第三人利益,借款人又以不当得利为由要求出借人返还的,人民法院不予支持,但借款人要求返还超过年利率36%部分的利息除外。

一、借款合同的分类

(一)借款合同根据主体不同分为两类:
(1)商业银行为贷款人的商业借贷合同;
(2)自然人与自然人之间的,又称民间借贷合同。
(3)非企业法人与企业法人之间,企业法人与其他组织之间,其他组织与其他组织之间,以及企业法人、其他组织贷给自然人的借款合同(则为法律所禁止,应为无效合同)。

因此,在这儿仅讨论前两者的区别:① 商业借贷合同为要式合同;民间借贷合同为非要式合同。② 商业借贷合同为诺成合同;民间借贷合同为实践合同。③ 商业借贷合同为有偿合同;民间借贷合同无特别约定时,推定为无偿合同。④ 商业借贷合同为双务合同;民间借贷合同为单务合同。⑤ 商业借贷合同为商事合同;民间借贷合同为民事合同。

注意:民间借贷无偿性的含义是不支付利息,而非不返还本金。连本都应为赠与而非借贷。无息的民间借贷,不影响贷款人在借款人逾期还款时,主张逾期的利息。

二、民间借贷合同的利息问题

(一)利息的有无
(1)借贷双方没有约定利息,出借人无权主张支付借期内利息。
(2)自然人之间借贷对利息约定不明,出借人无权主张支付利息。

（3）借贷双方对借贷利息约定不明，出借人主张利息的，人民法院应当结合民间借贷合同的内容，并根据当地或者当事人的交易方式、交易习惯、市场利率等因素确定利息。需注意：自然人之间借贷的除外。

（4）借贷双方约定的利率未超过年利率24%的，为有效约定，出借人有权请求借款人按照约定的利率支付利息。

（5）借贷双方约定的利率超过年利率36%，超过部分的利息约定无效。

（6）借贷双方约定的利率超过24%但未超过36%的，为自然债务，当事人自愿履行的，法律无限制。

（7）借款人请求出借人返还已支付的超过年利率36%部分的利息的，人民法院应予支持。

（二）利息的扣除

利息不得在本金中提前预扣，预先在本金中扣除利息的，人民法院应当将实际出借的金额认定为本金。

（三）利息的支付时间

（1）有约定的，按约定。

（2）没有约定，又不能协商确定的，借款人可以随时返还；贷款人可以催告借款人在合理期限内返还。

（四）支付利息的期限

（1）有约定的，按约定。

（2）没有约定，又不能协商确定的：① 借款期间不满1年的，应当在返还借款时一并支付；② 借款期间1年以上的，应当在每届满1年时支付；剩余期间不满1年的，应当在返还借款时一并支付。

（3）借款人提前偿还借款的，除当事人另有约定的以外，应当按照实际借款的期间计算利息（鼓励提前还款）。

（五）逾期利息与违约金、其他费用的适用

出借人与借款人既约定了逾期利率，又约定了违约金或者其他费用，出借人可以选择主张逾期利息、违约金或者其他费用，也可以一并主张，但总计超过年利率24%的部分，人民法院不予支持。

三、民间借贷合同中贷款人的监督检查权

借款人未依借款用途而用款的，贷款人有权采取以下措施：

（1）停止发放借款。

（2）提前收回借款。

（3）解除合同。

[历年真题] 1. 自然人甲与乙签订了年利率为30%、为期1年的1000万元借款合同。后双方又签订了房屋买卖合同，约定："甲把房屋卖给乙，房款为甲的借款本息之和。甲须在一年内以该房款分6期回购房屋。如甲不回购，乙有权直接取得房屋所有权。"乙交付借款时，甲出具了收到全部房款的收据。后甲未按约定回购房屋，也未把房屋过户给乙。因房屋价格上涨至3 000万元，甲主张偿还借款本息。下列哪些选项是正确的？（2015年卷三51题）

A. 甲、乙之间是借贷合同关系,不是房屋买卖合同关系
B. 应在不超过银行同期贷款利率的4倍以内承认借款利息
C. 乙不能获得房屋所有权
D. 因甲未按约定偿还借款,应承担违约责任

【答案】 ABCD(选项B说法存在瑕疵)
【考点】 民间借贷、违约责任
【解析】 依据最高人民法院《关于审理民间借贷案件适用法律若干问题的规定》第24条第1款的规定:"当事人以签订买卖合同作为民间借贷合同的担保,借款到期后借款人不能还款,出借人请求履行买卖合同的,人民法院应当按照民间借贷法律关系审理,并向当事人释明变更诉讼请求。当事人拒绝变更的,人民法院裁定驳回起诉。"选项A正确。

甲、乙之间签订房屋买卖合同的目的是为了担保借款的偿还,甲、乙之间是借贷合同关系,不是房屋买卖合同关系。甲未办理房屋过户给乙,不发生物权变动,乙不能取得房屋所有权,选项C正确。

甲、乙之间存在借款合同,甲未按约定偿还借款,应承担违约责任,选项D正确。

依据最高人民法院《关于审理民间借贷案件适用法律若干问题的规定》第26条的规定:"借贷双方约定的利率未超过年利率24%,出借人请求借款人按照约定的利率支付利息的,人民法院应予支持。借贷双方约定的利率超过年利率36%,超过部分的利息约定无效。借款人请求出借人返还已支付的超过年利率36%部分的利息的,人民法院应予支持。"本题中,依据法律规定,利息未超过年利率24%的应予以认可,超过36%的,不予认可。选项B说法存在瑕疵。

2. 胡某于2006年3月10日向李某借款100万元,期限3年。2009年3月30日,双方商议再借100万元,期限3年。两笔借款均先后由王某保证,未约定保证方式和保证期间。李某未向胡某和王某催讨。胡某仅于2010年2月归还借款100万元。关于胡某归还的100万元,下列哪一表述是正确的?(2014年卷三13题)

A. 因2006年的借款已到期,故归还的是该笔借款
B. 因2006年的借款无担保,故归还的是该笔借款
C. 因2006年和2009年的借款数额相同,故按比例归还该两笔借款
D. 因2006年和2009年的借款均有担保,故按比例归还该两笔借款

【答案】 A

第五节 供用电、水、气、热力合同

一、供用电、水、气、热力合同的概念与特征

(一)概念

供用电、水、气、热力合同,是指一方提供电、水、气、热力供另一方使用,另一方支付使用费用的合同。提供电、水、气、热力的一方为供方,使用电、水、气、热力的一方为用方。

(二)特征

与一般买卖合同相比,供用电、水、气、热力合同具有以下特征:

(1)主体的特殊性。供方是依法取得供电、供水、供气、供热力营业资格的企业,用方是社

会公众和企业、机关、社会团体和事业单位。

(2) 公益性。供用电、水、气、热力合同的目的是为了满足用方的需求,满足社会生产、生活对电、水、气、热力的需要。国家对这类合同的收费标准有限制,供方不得随意提高收费标准。

(3) 连续性。供用电、水、气、热力合同,不因一次给付而终止,而是连续提供和使用一段时间。

(4) 合同形式的特殊性。供用电、水、气、热力合同都采用标准合同。

二、供用电、水、气、热力合同的效力

以供电合同为例,说明供方与用方的义务。供用水合同、供用气合同、供用热力合同当事人的义务,参照供用电合同的有关规定。

(一) 供方的义务

(1) 安全供应的义务。供电人应当按照国家规定的供电质量标准和约定安全供电。供电人未按照国家规定的供电质量标准和约定安全供电,造成用电人损失的,应当承担损害赔偿责任。

(2) 中断供电的通知义务。供电人因供电设施计划检修、临时检修、依法限电或者用电人违法用电等原因,需要中断供电时,应当按照国家有关规定事先通知用电人。未事先通知用电人即中断供电,造成用电人损失的,应当承担损害赔偿责任。

(3) 断电时的及时抢修义务。因自然灾害等原因断电,供电人应当按照国家有关规定及时抢修。未及时抢修,造成用电人损失的,应当承担损害赔偿责任。

(二) 用方的义务

(1) 交付电费的义务。用电人应当按照国家有关规定和当事人的约定及时交付电费。用电人逾期不交付电费的,应当按照约定支付违约金。经催告用电人在合理期限内仍不交付电费和违约金的,供电人可以中止供电。

(2) 安全用电的义务。用电人应当按照国家有关规定和当事人的约定安全用电。用电人未按照国家有关规定和当事人的约定安全用电,造成供电人损失的,应当承担损害赔偿责任。

[历年真题] 甲公司与小区业主吴某订立了供热合同。因吴某要出国进修半年,向甲公司申请暂停供热未果,遂拒交上一期供热费。下列哪些表述是正确的?(2014年卷三60题)

A. 甲公司可以直接解除供热合同
B. 经催告吴某在合理期限内未交费,甲公司可以解除供热合同
C. 经催告吴某在合理期限内未交费,甲公司可以中止供热
D. 甲公司可以要求吴某承担违约责任

【答案】 CD
【考点】 供用电水气热合同
【解析】 《合同法》第182条规定:用电人应当按照国家有关规定和当事人的约定及时交付电费。用电人逾期不交付电费的,应当按照约定支付违约金。经催告用电人在合理期限内仍不交付电费和违约金的,供电人可以按照国家规定的程序中止供电。

《合同法》第184条规定:"供用水、供用气、供用热力合同,参照供用电合同的有关规定。"

可见,甲公司不能直接解除供热合同,也不能经催告后解除供热合同。但经催告吴某在合理期限内仍未交费的,甲公司可以中止供热,并要求吴某承担违约责任。故选项 A、B 错误,选项 C、D 正确。

第八章　移转标的物用益权的合同

第一节　租赁合同

本章重点知识提要:本章为重点章节,注意理解把握买卖不破租赁、承租人优先购买权、转租等内容。

一、租赁合同的概念与特征

(一) 概念租赁合同,是指出租人将租赁物交付给承租人使用、收益,承租人支付租金的合同。

(二) 特征

(1) 租赁合同是标的物的使用权、收益权与租金交易的合同。出租人保留租赁物的所有权,承租人对租赁物享有占有、使用和收益的权利,但没有取得租赁物所有权的权利。

(2) 租赁合同是双务、有偿、诺成合同。

(3) 租赁合同租赁物为特定的非消耗物。

(4) 租赁权有一定的物权权能。承租人的承租权可以对抗他人。例如,买卖不破租赁。

(5) 租赁期限在 6 个月以上的租赁合同为要式合同。《合同法》第 215 条规定,租赁期限 6 个月以上的,应当采用书面形式。当事人未采用书面形式的,视为不定期租赁。

二、租赁合同的效力

(一) 出租人的主要义务

(1) 交付租赁物。出租人应当依照合同约定的时间、方式交付租赁物。

(2) 保持租赁物符合约定的使用、收益状态,即租赁物瑕疵担保义务。

(3) 返还担保物。承租人于订约时交付了押金或其他担保物的,合同终止时,出租人应予返还。

(二) 承租人的主要义务

(1) 按照约定支付租金。承租人依照约定的租金标准、给付时间和方式交付。

(2) 依照约定善意使用、收益和保管租赁物。承租人应妥善保管租赁物,承租人因过失导致租赁物毁损、灭失的,应负违约责任。

(3) 通知义务。租赁关系存续期间,租赁物有修理、防止危害的必要,或第三人就租赁物主张权利,或出现其他应当通知的情况时,承租人应及时通知出租人。

(4) 返还租赁物。租赁合同终止时,承租人应返还租赁物予出租人。否则,构成违约。

(5) 不得擅自转租。承租人转租,须经出租人同意。

三、租赁合同的终止

（一）租赁合同终止的原因

依据《合同法》的规定，租赁合同终止的原因主要有以下几种：

1. 租赁期限届满

租赁合同订有期限的，租赁期限届满时租赁合同终止。

2. 租赁合同被解除

法定解除事由有以下几种：

（1）承租人未按约定的方法或者租赁物的性质使用租赁物，致使租赁物受到损失的。

（2）承租人未经出租人同意转租的。

（3）承租人无正当理由未支付或者迟延支付租金，在出租人给予的合理期限内仍不支付的。

（4）因不可归责于承租人的事由而使租赁物部分或者全部毁损、灭失，致使不能实现租赁合同目的的。

（5）不定期租赁合同，当事人可以随时解除合同。

（6）租赁物危及承租人的安全或者健康，即使承租人订立合同时明知该租赁物质量不合格，承租人仍然可以随时解除合同。

（二）租赁合同终止的后果

（1）租赁合同终止，不具有溯及力，即双方对已经履行的部分不负有相互返还的义务。

（2）租赁关系终止后，除租赁物全部灭失而无法返还外，承租人应将租赁物返还给出租人。

（3）租赁关系终止时租赁期限未满的，出租人预收租金的，应将多收的未到期租金和利息返还给承租人。

第二节 房屋租赁合同

一、不定期租赁合同

（一）概念

不定期租赁合同是相对于定期租赁合同而言的，是指当事人未约定租赁期限或者约定不明确的租赁合同。反之，定期租赁合同即指合同约定有明确期限的租赁合同。我国合同法中规定的不定期租赁合同有三种类型：

不定期租赁合同类型	（1）租赁期限为6个月以上且当事人未采取书面形式的租赁合同。
	（2）租赁期间届满，承租人继续使用租赁物，出租人没有提出异议的。
	（3）合同当事人未约定租赁期限的。

（二）不定期租赁合同双方当事人的解除权

不定期租赁合同中的任意撤销权：

(1) 双方当事人均享有；
(2) 无须赔偿对方当事人的损失；
(3) 出租人行使任意解除权需要提前通知承租人，而承租人行使任意解除权时无此要求。

二、一房数租

租赁是债权行为，因此一房数租不适用无权处分，且与多重买卖有区别。一房数租的，在合同均有效的情形下，履行顺序见以下法条。

[相关法条]

《城镇房屋租赁合同解释》第 6 条　出租人就同一房屋订立数份租赁合同，在合同均有效的情况下，承租人均主张履行合同的，人民法院按照下列顺序确定履行合同的承租人：

（一）已经合法占有租赁房屋的；

（二）已经办理登记备案手续的；

（三）合同成立在先的。

不能取得租赁房屋的承租人请求解除合同、赔偿损失的，依照合同法的有关规定处理。

[历年真题]　孙某与李某签订房屋租赁合同，李某承租后与陈某签订了转租合同，孙某表示同意。但是，孙某在与李某签订租赁合同之前，已经把该房租给了王某并已交付。李某、陈某、王某均要求继续租赁该房屋。下列哪一表述是正确的？（2014 年卷三 14 题）

A. 李某有权要求王某搬离房屋

B. 陈某有权要求王某搬离房屋

C. 李某有权解除合同，要求孙某承担赔偿责任

D. 陈某有权解除合同，要求孙某承担赔偿责任

【答案】　C

【考点】　一房数租

【解析】　选项 A 错误。最高人民法院《关于审理城镇房屋租赁合同纠纷案件具体应用法律若干问题的解释》第 6 条规定："出租人就同一房屋订立数份租赁合同，在合同均有效的情况下，承租人均主张履行合同的，人民法院按照下列顺序确定履行合同的承租人：（一）已经合法占有租赁房屋的；（二）已经办理登记备案手续的；（三）合同成立在先的。不能取得租赁房屋的承租人请求解除合同、赔偿损失的，依照合同法的有关规定处理。"可见，王某作为合法占有房屋并签订租赁合同在先的承租人，其顺位优先，李某无权要求其搬离房屋。

选项 B 错误。同上，陈某无权要求王某搬离房屋。

选项 C 正确。孙某违约致使李某的房屋租赁合同无法实现合同目的，李某有权解除合同，并要求孙某承担赔偿责任。

选项 D 错误。陈某与孙某之间不存在合同关系，据合同的相对性原理，陈某无权请求孙某承担赔偿责任（当然，陈某可请求李某承担赔偿责任）。

三、租赁合同中当事人的法定解除权

《合同法》规定了较多涉及租赁合同当事人的解除权，除不定期租赁合同双方当事人均享有任意撤销权以外，出租人或者承租人还享有法定解除权。

（一）出租人的法定解除权

（1）承租人未按约定的方法或者租赁物的性质使用租赁物，致使租赁物受到损失的。（《合同法》第219条）

（2）房屋租赁合同中，承租人擅自变动房屋建筑主体和承重结构或者扩建，在出租人要求的合理期限内仍不予恢复原状的。（《城镇房屋租赁合同解释》第7条）

（3）承租人未经出租人同意擅自转租的（但出租人知道或者应当知道擅自转租之日起6个月未提出异议的，解除权消灭）。（《合同法》第224条）

（4）承租人无正当理由未支付租金或者迟延支付租金，经出租人催告后在合理期间内仍未支付的。（《合同法》第227条）

（二）承租人的法定解除权

（1）因不可归责于承租人的事由，致使租赁物部分或者全部毁损、灭失，不能实现合同目的的。（《合同法》第231条）

（2）租赁物危及承租人的安全或者健康的，即使承租人订立合同时明知该租赁物质量不合格的。（《合同法》第233条）

（3）出租人就同一房屋签订数份有效的租赁合同，不能取得租赁房屋的承租人有权解除合同。（《城镇房屋租赁合同解释》第6条）

（4）房屋租赁合同中，因下列三种原因之一，导致租赁房屋无法使用的：① 租赁房屋被司法机关或者行政机关依法查封的；② 租赁房屋权属有争议的；③ 租赁房屋具有违反法律、行政法规关于房屋使用条件强制性规定情况的。（《城镇房屋租赁合同解释》第8条）

[历年真题] 甲将其临街房屋和院子出租给乙作为汽车修理场所。经甲同意，乙先后两次自费扩建多间房屋作为烤漆车间。乙在又一次扩建报批过程中发现，甲出租的全部房屋均未经过城市规划部门批准，属于违章建筑。下列哪些选项是正确的？（2015年卷三59题）

A. 租赁合同无效

B. 因甲、乙对于扩建房屋都有过错，应分担扩建房屋的费用

C. 因甲未告知乙租赁物为违章建筑，乙可解除租赁合同

D. 乙可继续履行合同，待违章建筑被有关部门确认并影响租赁物使用时，再向甲主张违约责任

【答案】 AB

【考点】 租赁合同、违章建筑

【解析】 依据《城镇房屋租赁合同解释》第2条规定："出租人就未取得建设工程规划许可证或者未按照建设工程规划许可证的规定建设的房屋，与承租人订立的租赁合同无效。但在一审法庭辩论终结前取得建设工程规划许可证或者经主管部门批准建设的，人民法院应当认定有效。"可知，甲出租的全部房屋均未经过城市规划部门批准，甲与乙的租赁合同无效。选项A正确。

依据《城镇房屋租赁合同解释》第14条的规定："承租人经出租人同意扩建，但双方对扩建费用的处理没有约定的，人民法院按照下列情形分别处理：（一）办理合法建设手续的，扩建造价费用由出租人负担；（二）未办理合法建设手续的，扩建造价费用由双方按照过错分担。"可知，关于扩建费用的分担：（1）非法扩建的，扩建费用由承租人承担。（2）合法扩建的。① 办理合法建设手续的，扩建造价费用由出租人负担；② 未办理合法建设手续的，扩建造价

费用由双方按照过错分担。该建筑属于违章建筑,甲、乙对房屋的扩建都有过错,应按过错分担。故选项 B 正确。

甲与乙之间签订的租赁合同是无效的,乙无需解除合同。乙亦无需继续履行合同,向甲主张违约责任。故选项 C、D 不当选。

四、房屋租赁合同的法定承受

（一）概念

房屋租赁合同的法定承受,是指在承租人死亡、宣告失踪等特殊情形下,其法定承受人自动成为房屋租赁合同的当事人,概括承受原合同的权利义务,无须房屋出租人的同意。

（二）法律后果

（1）承租人在房屋租赁期间死亡的,与其生前共同居住的人可以法定承受原租赁合同。

（2）承租人租赁房屋用于以个体工商户或者个人合伙方式从事经营活动,承租人在租赁期间死亡、宣告失踪或者宣告死亡,其共同经营人或者其他合伙人可以请求法定承受原租赁合同租赁该房屋。

五、买卖不破租赁

[相关法条]

《合同法》第 229 条　租赁物在租赁期间发生所有权变动的,不影响租赁合同的效力。

《城镇房屋租赁合同解释》第 20 条　租赁房屋在租赁期间发生所有权变动,承租人请求房屋受让人继续履行原租赁合同的,人民法院应予支持。但租赁房屋具有下列情形或者当事人另有约定的除外:

（一）房屋在出租前已设立抵押权,因抵押权人实现抵押权发生所有权变动的;

（二）房屋在出租前已被人民法院依法查封的。

《物权法》第 190 条　订立抵押合同前抵押财产已出租的,原租赁关系不受该抵押权的影响。抵押权设立后抵押财产出租的,该租赁关系不得对抗已登记的抵押权。

买卖不破租赁的概念	指在租赁期间,租赁物的所有权发生变动,租赁合同对受让人继续有效。它是物权优于债权的一个例外,也是债权对抗所有权的一个例外。不动产租赁合同与动产租赁合同均适用买卖不破租赁。
买卖不破租赁的构要件	(1) 租赁合同必须有效。 (2) 租赁期间内,租赁物的所有权因买卖、互易、赠与、投资、继承、遗赠、企业合并等原因发生变动。
买卖不破租赁的例外情形	(1) 租赁物被没收、征收的。
	(2) 先抵押后出租,抵押权已经登记的(先出租后抵押,或者动产抵押办理抵押登记的)。先抵押后出租但抵押权未登记的,仍适用买卖不破租赁规则)。
	(3) 房屋在出租前已被人民法院依法查封的。

六、房屋承租人的优先购买权

[相关法条]

《合同法》第 230 条 出租人出卖租赁房屋的,应当在出卖之前的合理期限内通知承租人,承租人享有以同等条件优先购买的权利。

《城镇房屋租赁合同解释》

第 21 条 出租人出卖租赁房屋未在合理期限内通知承租人或者存在其他侵害承租人优先购买权情形,承租人请求出租人承担赔偿责任的,人民法院应予支持。但请求确认出租人与第三人签订的房屋买卖合同无效的,人民法院不予支持。

第 22 条 出租人与抵押权人协议折价、变卖租赁房屋偿还债务,应当在合理期限内通知承租人。承租人请求以同等条件优先购买房屋的,人民法院应予支持。

第 23 条 出租人委托拍卖人拍卖租赁房屋,应当在拍卖 5 日前通知承租人。承租人未参加拍卖的,人民法院应当认定承租人放弃优先购买权。

第 24 条 具有下列情形之一,承租人主张优先购买房屋的,人民法院不予支持:

(一) 房屋共有人行使优先购买权的;

(二) 出租人将房屋出卖给近亲属,包括配偶、父母、子女、兄弟姐妹、祖父母、外祖父母、孙子女、外孙子女的;

(三) 出租人履行通知义务后,承租人在十五日内未明确表示购买的;

(四) 第三人善意购买租赁房屋并已经办理登记手续的。

(一) 房屋承租人优先购买权的适用范围

(1) 仅适用于房屋租赁合同。

(2) 在承租期间,出租人出卖房屋、拍卖房屋等。

(二) 承租人优先购买权的内容

1. 出租人出卖租赁房屋的,应提前 15 天通知承租人;拍卖的应提前 5 天通知承租人。

2. 承租人在同等条件下享有优先购买权。

3. 房屋承租人优先购买权的排除情形

在下列几种情形下,房屋承租人不享有优先购买权:

(1) 房屋共有人行使优先购买权的;

(2) 出租人将房屋出卖给近亲属,包括配偶、父母、子女、兄弟姐妹、祖父母、外祖父母、孙子女、外孙子女的;

(3) 出租人履行通知义务后,承租人在 15 日内未明确表示购买的;

(4) 第三人善意购买租赁房屋并已经办理登记手续的。

[历年真题] 1. 甲将房屋租给乙,在租赁期内未通知乙就把房屋出卖并过户给不知情的丙。乙得知后劝丙退出该交易,丙拒绝。关于乙可以采取的民事救济措施,下列哪一选项是正确的?(2015 年卷三 11 题)

A. 请求解除租赁合同,因甲出卖房屋未通知乙,构成重大违约

B. 请求法院确认买卖合同无效

C. 主张由丙承担侵权责任,因丙侵犯了乙的优先购买权

D. 主张由甲承担赔偿责任,因甲出卖房屋未通知乙而侵犯了乙的优先购买权

【答案】 D

【考点】 房屋租赁合同、承租人的优先购买权

【解析】 关于选项A。依据买卖不破租赁理论,甲出卖房屋未通知乙,新的房屋所有人法定成为租赁合同的出租方,甲的行为不属于重大违约,选项A不正确。

关于选项B和C。依据《城镇房屋租赁合同解释》第21条的规定:"出租人出卖租赁房屋未在合理期限内通知承租人或者存在其他侵害承租人优先购买权情形,承租人请求出租人承担赔偿责任的,人民法院应予支持。但请求确认出租人与第三人签订的房屋买卖合同无效的,人民法院不予支持。"承租人不得以出租人未提前在合理期限内通知为由请求宣告买卖合同无效,选项B错误,选项C错误。

关于选项D。出租人侵害房屋承租人的优先购买权的救济包括:(1)若已经办理了过户登记且第三人购买房屋时为善意,则房屋承租人不再享有优先购买权,只能请求出租人承担损害赔偿责任。(2)若尚未办理过户登记或者虽然办理过户登记但第三人购买房屋时为恶意,则房屋承租人依然享有购买权,恶意第三人有权请求承担违约责任。依据上述救济,选项D正确。

2. 甲与乙订立房屋租赁合同,约定租期5年。半年后,甲将该出租房屋出售给丙,但未通知乙。不久,乙以其房屋优先购买权受侵害为由,请求法院判决甲丙之间的房屋买卖合同无效。下列哪一表述是正确的?(2013年卷三10题)

A. 甲出售房屋无须通知乙
B. 丙有权根据善意取得规则取得房屋所有权
C. 甲侵害了乙的优先购买权,但甲与丙之间的合同有效
D. 甲出售房屋应当征得乙的同意

【答案】 C

【考点】 房屋承租人的优先购买权问题

【解析】《合同法》第230条规定:"出租人出卖租赁房屋的,应当在出卖之前的合理期限内通知承租人,承租人享有以同等条件优先购买的权利。"可知,甲出售房屋之前应当在合理期限内通知承租人乙。只需通知乙,不需要征得乙的同意,所以选项A、D错误。

根据《物权法》第106条的规定可知,善意取得的前提是无处分权人处分他人的动产或者不动产,在本题中,甲作为房屋的所有权人,出售自己的房屋,属于有权处分,故丙是基于合同取得房屋所有权而不是根据善意取得规则取得房屋所有权。所以选项B错误。

关于选项C,《城镇房屋租赁合同解释》第21条规定:"出租人出卖租赁房屋未在合理期限内通知承租人或者存在其他侵害承租人优先购买权情形,承租人请求出租人承担赔偿责任的,人民法院应予支持。但请求确认出租人与第三人签订的房屋买卖合同无效的,人民法院不予支持。"可知,在甲与丙签订房屋买卖合同后,乙无权以其房屋优先购买权受侵害为由,请求法院判决甲、丙之间的合同无效,所以选项C正确。

七、转租

转租,指承租人在维持与出租人之间租赁合同的同时,将租赁物的全部或者一部分出租给第三人(次承租人)使用、收益,第三人向承租人(转租人)支付租金的行为。

(一) 合法转租

1. 概念

合法转租,指经出租人同意的转租合同。需注意以下三点:

(1) 须经出租人同意。出租人同意的意思表示,可明示,也可默示;可事前同意,也可事后追认;可以向承租人表示,也可以向第三人表示。

(2) 出租人同意转租的推定。出租人知道或者应当知道承租人转租,但在6个月内未提出异议的,推定为同意转租,该转租合同有效。出租人不得再行主张转租合同无效或者主张解除租赁合同。

(3) 超期转租未经出租人同意的,超期部分的转租合同无效。

2. 合法转租的转租合同中,出租人、承租人、次承租人之间的关系

(1) 出租人与次承租人之间没有合同关系。

(2) 承租人可以从中赚取租金差价,另有约定的除外。

(3) 在次承租人损害租赁物的场合,各类权利的主张方式有:(体现了合同的相对性)① 承租人就次承租人的行为对出租人负责,承担损害赔偿责任;② 承租人向出租人承担责任之后,承租人可以向次承租人主张违约损害赔偿;③ 出租人可以基于其所有人地位向次承租人主张侵权损害赔偿或者物上请求权(出租人不可以直接向次承租人主张违约损害赔偿,因为两者之间没有合同关系)。

3. 次承租人的代位清偿请求权

为了保护次承租人的利益,承租人拖欠租金违约的,次承租人可以代付租金、违约金来阻止出租人行使法定解除权。这是次承租人的一项权利,承租人不得异议,出租人拒绝的,次承租人有权提存。(见《城镇房屋租赁合同解释》第17条)

(二) 非法转租

1. 概念 承租人未经出租人同意,擅自签订转租合同。

2. 非法转租效果

(1) 非法转租租赁房屋的,次租赁合同无效。

(2) 若出租人自知道之日起6个月内没有表示异议,推定其同意转租,非法转租即转化为合法转租。

(3) 租赁期间,承租人非法转租取得的租金不构成不当得利,因为承租人依据合法的租赁关系,对租赁物享有受益权能。出租人若解除租赁合同,则解除之后承租人继续出租取得的租金才构成不当得利。

(4) 在非法转租中,次承租人相对于出租人来说是无权占有人,因此,作为所有权人的出租人对次承租人享有返还原物请求权。

例 甲将自己的房屋出租给乙,乙未经甲的同意,擅自将房屋出租给丙。丙相对于乙为有权占有人,但相对于甲而言,丙为无权占有人,甲有权请求丙返还原物即返还房屋给自己。

3. 注意区分非法转租与擅自出租他人之物

(1) 擅自出租他人之物与非法转租是包含关系。所有的非法转租都是擅自出租他人之物。

(2) 擅自出租他人之物订立的租赁合同有效,其例外是:非法转租的次租赁合同无效。

(3) 非法转租取得的租金与擅自出租他人之物取得的租金。根据《合同法》第225条的

规定,租赁期间,承租人擅自转租取得的租金不构成不当得利。若出租人对租赁物不享有收益权能,则擅自出租他人之物取得的租金构成不当得利。

[历年真题] 1. 孙某与李某签订房屋租赁合同,李某承租后与陈某签订了转租合同,孙某表示同意。但是,孙某在与李某签订租赁合同之前,已经把该房租给了王某并已交付。李某、陈某、王某均要求继续租赁该房屋。下列哪一表述是正确的?(2014年卷三14题)

A. 李某有权要求王某搬离房屋
B. 陈某有权要求王某搬离房屋
C. 李某有权解除合同,要求孙某承担赔偿责任
D. 陈某有权解除合同,要求孙某承担赔偿责任

【答案】 C
【考点】 一房数租
【解析】 选项A错误。最高人民法院《关于审理城镇房屋租赁合同纠纷案件具体应用法律若干问题的解释》第6条规定:"出租人就同一房屋订立数份租赁合同,在合同均有效的情况下,承租人均主张履行合同的,人民法院按照下列顺序确定履行合同的承租人:(一)已经合法占有租赁房屋的;(二)已经办理登记备案手续的;(三)合同成立在先的。不能取得租赁房屋的承租人请求解除合同、赔偿损失的,依照合同法的有关规定处理。"可见,王某作为合法占有房屋并签订租赁合同在先的承租人。其顺位优先,李某无权要求其搬离房屋。

选项B错误。同上,陈某无权要求王某搬离房屋。

选项C正确。孙某违约致使李某的房屋租赁合同无法实现合同目的,李某有权解除合同,并要求孙某承担赔偿责任。

选项D错误。陈某与孙某之间不存在合同关系,据合同的相对性原理,陈某无权请求孙某承担赔偿责任(当然,陈某可请求李某承担赔偿责任)。

2. 丁某将其所有的房屋出租给方某,方某将该房屋转租给唐某。下列哪些表述是正确的?(2011年卷三57题)

A. 丁某在租期内基于房屋所有权可以对方某主张返还请求权,方某可以基于其与丁某的合法的租赁关系主张抗辩权
B. 方某未经丁某同意将房屋转租,并已实际交付给唐某租用,则丁某无权请求唐某返还房屋
C. 如丁某与方某的租赁合同约定,方某未经丁某同意将房屋转租,丁某有权解除租赁合同,则在合同解除后,其有权请求唐某返还房屋
D. 如丁某与方某的租赁合同约定,方某未经丁某同意将房屋转租,丁某有权解除租赁合同,则在合同解除后,在丁某向唐某请求返还房屋时,唐某可以基于与方某的租赁关系进行有效的抗辩

【答案】 AC
【考点】 租赁合同
【解析】《合同法》第224条第2款规定,承租人未经出租人同意转租的,出租人可以解除合同。

选项A正确。丁某将其所有的房屋出租给方某,在租赁期内丁某可以基于房屋的所有权请求方某返还房屋,但是方某可以基于与丁某之间的合法有效的租赁合同主张抗辩。

选项B错误。方某将房屋转租给唐某,无论之前是否征得丁某的同意,丁某都可以基于所有权要求唐某返还房屋。但是如果方某在转租之前已经征得丁某同意,唐某可以基于合法的租赁关系主张抗辩;如果方某在转租之前未征得丁某同意,丁某可以先解除与方某的租赁合同,然后要求唐某返还房屋,唐某此时则无权主张抗辩。

选项C正确,选项D错误。若丁某与方某的租赁合同中约定"方某未经丁某同意将房屋转租,丁某有权解除租赁合同",方某在未经丁某同意的情况下将房屋转租给唐某的,丁某对租赁合同享有单方解除权,在合同解除后,其有权请求唐某返还房屋。

八、租赁合同当事人的其他权利、义务

（一）出租人的义务

1. 出租人的适租义务

（1）出租人应保证租赁物在租赁期间符合约定的用途。

（2）租赁物存在危及承租人的安全或者健康的情形的,承租人可以随时解除租赁合同。

2. 出租人的维修义务

（1）出租人应当承担租赁物的维修义务。

（2）出租人不履行维修义务,承租人自己维修的,承租人有权请求出租人承担维修费用。

（3）因维修租赁物影响承租人使用的,应当相应减少租金或者延长租期。

3. 出租人的权利瑕疵担保义务

《合同法》第228条规定,因第三人主张权利,致使承租人不能对租赁物使用、收益的,承租人可以要求减少租金或者不支付租金。

（二）承租人的义务

1. 不得擅自转租的义务

《合同法》第224条规定,承租人未经出租人同意转租的,出租人可以解除合同。

2. 妥善保管租赁物的义务

《合同法》第222条规定,承租人应当妥善保管租赁物,因保管不善造成租赁物毁损、灭失的,应当承担损害赔偿责任。

3. 按照约定使用租赁物的义务

承租人应当按照约定的方法使用租赁物。承租人按照约定的方法或者租赁物的性质使用租赁物,致使租赁物受到损耗的,不承担损害赔偿责任。承租人未按照约定的方法或者租赁物的性质使用租赁物,致使租赁物受到损失的,出租人可以解除合同并要求赔偿损失。

4. 不得随意对租赁物进行改善或者增设他物

《合同法》第223条规定:"承租人经出租人同意,可以对租赁物进行改善或者增设他物。承租人未经出租人同意,对租赁物进行改善或者增设他物的,出租人可以要求承租人恢复原状或者赔偿损失。"

5. 支付租金的义务

《合同法》第226条规定:"承租人应当按照约定的期限支付租金。"

九、房屋租赁合同中装饰装修物的处理

[相关法条]
《城镇房屋租赁合同解释》

第9条 承租人经出租人同意装饰装修,租赁合同无效时,未形成附合的装饰装修物,出租人同意利用的,可折价归出租人所有;不同意利用的,可由承租人拆除。因拆除造成房屋毁损的,承租人应当恢复原状。

已形成附合的装饰装修物,出租人同意利用的,可折价归出租人所有;不同意利用的,由双方各自按照导致合同无效的过错分担现值损失。

第10条 承租人经出租人同意装饰装修,租赁期间届满或者合同解除时,除当事人另有约定外,未形成附合的装饰装修物,可由承租人拆除。因拆除造成房屋毁损的,承租人应当恢复原状。

第11条 承租人经出租人同意装饰装修,合同解除时,双方对已形成附合的装饰装修物的处理没有约定的,人民法院按照下列情形分别处理:

(一)因出租人违约导致合同解除,承租人请求出租人赔偿剩余租赁期内装饰装修残值损失的,应予支持;

(二)因承租人违约导致合同解除,承租人请求出租人赔偿剩余租赁期内装饰装修残值损失的,不予支持。但出租人同意利用的,应在利用价值范围内予以适当补偿;

(三)因双方违约导致合同解除,剩余租赁期内的装饰装修残值损失,由双方根据各自的过错承担相应的责任;

(四)因不可归责于双方的事由导致合同解除的,剩余租赁期内的装饰装修残值损失,由双方按照公平原则分担。法律另有规定的,适用其规定。

第12条 承租人经出租人同意装饰装修,租赁期间届满时,承租人请求出租人补偿附合装饰装修费用的,不予支持。但当事人另有约定的除外。

第13条 承租人未经出租人同意装饰装修或者扩建发生的费用,由承租人负担。出租人请求承租人恢复原状或者赔偿损失的,人民法院应予支持。

第14条 承租人经出租人同意扩建,但双方对扩建费用的处理没有约定的,人民法院按照下列情形分别处理:

(一)办理合法建设手续的,扩建造价费用由出租人负担;

(二)未办理合法建设手续的,扩建造价费用由双方按照过错分担。

关于房屋租赁合同中装饰装修的处理,法律依据是《合同法》第223条的规定:"承租人经出租人同意,可以对租赁物进行改善或者增设他物。承租人未经出租人同意,对租赁物进行改善或者增设他物的,出租人可以要求承租人恢复原状或者赔偿损失。"另外,需注意《城镇房屋租赁合同解释》第9条、第10条、第11条、第12条关于装饰装修物处理规则的规定。

关于城镇房屋租赁合同中租赁物扩建问题,需注意《城镇房屋租赁合同解释》第13条、第14条的规定。

(一)租赁物扩建处理

1. 未经出租人同意扩建的

未经出租人同意扩建的,费用由承租人负担。出租人请求承租人恢复原状或者赔偿损失

的,人民法院应予支持。
  2. 经出租人同意扩建的
  经出租人同意扩建的,双方对扩建费用的处理没有约定的,按照下列规则处理:
  (1) 办理合法建设手续的,扩建造价费用由出租人负担;
  (2) 未办理合法建设手续的,扩建造价费用由双方按照过错分担。
  (二) 房屋租赁合同中装饰装修的处理

未经出租人同意,承租人擅自装修、扩建的	1. 承租人的行为构成违约。	
	2. 若造成房屋损坏,还构成侵权,作为所有权人的出租人有权请求承租人承担侵权责任(恢复原状、赔偿损失)。	
	3. 无论装饰装修物是否构成附合,出租人对承租人均无补偿义务(学理基础:强迫得利)。	
经出租人同意,承租人对租赁房屋进行装修的	1. 尚未构成附合的装饰装修物	承租人有权取回(但因此造成房屋毁损的,承租人负有恢复原状的义务)。
	2. 构成附合的装饰装修物	(1) 租赁期间届满时:对于构成附合的装饰装修物,出租人无补偿的义务。
		(2) 租赁合同被解除的:① 因出租人违约导致合同解除的,承租人有权请求出租人补偿。② 因承租人违约导致合同解除的,承租人无权请求出租人补偿。③ 因双方违约导致合同解除的,双方按照过错程度分担损失。④ 因不可归责于双方原因导致合同解除的,双方按照公平原则合理分担。
		(3) 租赁合同无效的,对于构成附合的装饰装修物,按照双方的过错程度分担。

第三节 融资租赁合同

一、融资租赁合同的概念

  (一) 概念
  融资租赁合同是指承租人选定出卖人、租赁物,出租人据其选定买得该物,并由出卖人向承租人交付租赁物,承租人支付租金且占有、使用、受益租赁物,并根据约定享有返还租赁物或取得租赁物所有权之选择权的合同。
  (二) 特征
  与一般租赁合同相比,融资租赁合同具有下列特征:
  (1) 涉及两个合同、三方当事人。融资租赁合同中的当事人包括:出租人、承租人、出卖人。所涉及的两个合同为:出租人和承租人之间的租赁合同,出租人与出卖人之间的买卖合同。

（2）具有融资、融物双重功能。融资租赁合同的目的在于通过融物来达到融资的目的。

（3）标的物一般由出租人按照承租人的要求购买。承租人的要求，表现为对出卖人的选择和对租赁物的选择。

（4）融资租赁合同为诺成、要式、双务、有偿合同。融资租赁合同只须当事人达成合意即可成立，无须标的物的交付。《合同法》第238条第2款规定："融资租赁合同应当采用书面形式。"第248条规定："承租人应当按照约定支付租金。"

二、融资租赁合同当事人之间的关系

1. 出卖人与买受人（出租人）之间的关系：买卖关系。
2. 出卖人与承租人之间的关系：① 出卖人直接向承租人交付标的物。② 出卖人向承租人负瑕疵担保责任，承租人可直接对出卖人行使索赔权。
3. 买受人（出租人）与承租人之间：租赁关系。与一般的租赁关系的区别：① 出租人不承担租赁物的瑕疵担保责任（例外：承租人依赖出租人的技能确定租赁物或者出租人干涉选择租赁物的，出租人应当承担瑕疵担保责任）。② 出租人不承担租赁物的维修义务。③ 出租人不承担租赁物致人损害的责任。

三、融资租赁合同的认定与效力

（1）承租人与出卖人可以为同一人：承租人将其自有物出卖给出租人，可以再通过融资租赁合同将租赁物从出租人处租回。

（2）若有关规定要求承租人对于租赁物的经营使用应当取得行政许可的，出租人未取得行政许可不影响融资租赁合同有效、无效。

四、承租人的权利

（1）出租人应当按照约定向承租人交付标的物，承租人享有与受领标的物有关的买受人的权利。

（2）承租人对出卖人和租赁物选定后，出租人未经承租人的同意，不得变更出租人与出卖人之间的买卖合同。

五、承租人支付租金的义务

承租人支付租金的义务具有以下特点：

（1）租赁物存有瑕疵时，承租人不得拒付租金。

（2）若承租人依赖出租人的技能确定租赁物或者出租人干预选择租赁物，则可主张减轻或者免除相应租金支付义务。

（3）承租人须承担租金风险负担：在租赁物期间，租赁物毁损、灭失的风险由承租人承担，出租人可以要求承租人继续支付租金。

六、租赁物的归属

1. 当事人可约定租赁期满后租赁物归承租人；无约定的归出租人。

2. 融资租赁合同被认定无效情况下租赁物的所有权归属

(1) 当事人就合同无效情形下租赁物归属有约定的,从其约定。

(2) 未约定或者约定不明,且协商不成的,租赁物应当返还出租人。

(3) 但因承租人原因导致合同无效,出租人不要求返还租赁物,或者租赁物正在使用,返还出租人后会显著降低租赁物价值和效用的,人民法院可以判决租赁物所有权归承租人,并根据合同履行情况和租金支付情况,由承租人就租赁物进行折价补偿。

七、承租人无权处分租赁物

1. 承租人或者租赁物的实际使用人,未经出租人同意转让租赁物或者在租赁物上设立其他物权,适用善意取得规则。

2. 注意,下列三种情形,受让人不能善意取得(推定其为恶意)

(1) 出租人已在租赁物的显著位置作出标识,第三人在与承租人交易时知道或者应当知道该物为租赁物的。

(2) 出租人授权承租人将租赁物抵押给出租人并在登记机关依法办理抵押权登记的。

(3) 第三人与承租人交易时,未按照法律、行政法规、行业或者地区主管部门的规定在相应机构进行融资租赁交易查询的。

[历年真题] 甲根据乙的选择,向丙购买了1台大型设备,出租给乙使用。乙在该设备安装完毕后,发现不能正常运行。下列哪些判断是正确的?(2016年卷三61题)

A. 乙可以基于设备质量瑕疵而直接向丙索赔
B. 甲不对乙承担违约责任
C. 乙应当按照约定支付租金
D. 租赁期满后由乙取得该设备的所有权

【答案】 ABC

【考点】 融资租赁合同

【解析】《合同法》第 240 条规定:"出租人、出卖人、承租人可以约定,出卖人不履行买卖合同义务的,由承租人行使索赔的权利。承租人行使索赔权利的,出租人应当协助。"故选项 A 正确。

《合同法》第 244 条规定:"租赁物不符合约定或者不符合使用目的的,出租人不承担责任,但承租人依赖出租人的技能确定租赁物或者出租人干预选择租赁物的除外。"根据该条规定,除非例外情形,出租人不承担租赁物的质量瑕疵担保责任。故选项 B 正确。

《合同法》第 248 条规定:"承租人应当按照约定支付租金。承租人经催告后在合理期限内仍不支付租金的,出租人可以要求支付全部租金;也可以解除合同,收回租赁物。"根据该条规定,租赁物具有瑕疵的,承租人支付租金的义务不受影响;租赁物意外毁损、灭失的,承租人支付租金的义务也不受影响。故选项 C 正确。

《合同法》第 250 条规定:"出租人和承租人可以约定租赁期间届满租赁物的归属。对租赁物的归属没有约定或者约定不明确,依照本法第六十一条的规定仍不能确定的,租赁物的所有权归出租人。"依据该条规定,选项 D 错误。

第九章 完成工作成果的合同

第一节 承揽合同

一、承揽合同的概念与特征

(一) 概念

承揽合同是承揽人按照定作人的要求完成工作,交付工作成果,定作人给付报酬的合同。承揽合同的标的是完成并交付工作成果,而不是提供劳务,即使承揽人付出了劳务,如果没有完成工作成果,也不能取得报酬。

(二) 特征

(1) 承揽合同是双务、有偿、诺成合同。在承揽合同中,承揽人交付工作成果,定作人接受工作成果并支付报酬,故承揽合同是双务、有偿合同。承揽合同因当事人双方的意思表示一致而成立,属于诺成合同。

(2) 以完成一定的工作为目的。

(3) 承揽人独立完成约定工作。承揽合同是基于信赖关系而订立的合同,承揽人须以自己的技术条件、设备等独立完成主要工作,不得擅自转交第三人完成,否则,定作人可以解除合同;经定作人同意将承揽工作的一部分转让给第三人完成的,承揽人应就第三人的工作向定作人承担责任。

(4) 标的物具有特定性。

二、承揽合同的类型

承揽合同包括加工、定作、修理、复制、测试、检验等合同。

(1) 加工合同,即承揽人以自己的设备、技术或劳力,根据定作人的要求对其提供的材料进行加工的合同。

(2) 定作合同,即承揽人按照定作人的要求,用自己的材料和技术制成成品交付给定作人,由定作人支付报酬的合同。

(3) 修理合同,即承揽人为定作人自理损坏的物品、设备、交通工具等,取得修理费用的合同。

(4) 测试合同和检验合同,即承揽人运用自己的知识、技能,对定作人提供的物品的数量、质量、性能等内容进行测试、检验,并将结果提交给定作人,由定作人支付报酬的合同。

三、承揽人的权利、义务

(一) 承揽人的权利

依据《合同法》第 264 条的规定:"定作人未向承揽人支付报酬或者材料费等价款的,承揽人对完成的工作成果享有留置权,但当事人另有约定的除外。"

(二) 承揽人的义务

(1) 承揽人应亲自完成主要工作及保密义务。依据《合同法》第 253 条第 2 款的规定:

"承揽人将其承揽的主要工作交由第三人完成的,应当就该第三人完成的工作成果向定作人负责;未经定作人同意的,定作人也可以解除合同。"另外,未经定作人同意,承揽人不得将技术资料或者复制品留存或转让给第三人。

(2) 承揽人应当妥善保管定作人提供的材料以及完成的工作成果,依据《合同法》第265条的规定,因保管不善造成毁损、灭失的,应当承担损害赔偿责任。

(3) 共同承揽人的连带责任。依据《合同法》第267条的规定:"共同承揽人对定作人承担连带责任,但当事人另有约定的除外。"

四、承揽合同的风险负担

工作成果在交付定作人以前,风险由承揽人负担。但定作人受领迟延的,迟延期间的风险由定作人负担。原材料由承揽人提供的,风险由承揽人负担;原材料由定作人提供或者定作人已付款购买的,风险由定作人负担。

五、承揽合同的终止

(一) 合同解除

1. 协议解除

协议解除,即承揽合同的双方当事人于承揽合同成立以后,通过协商的方式解除合同。

2. 定作人的任意解除

依据《合同法》第268条的规定:"定作人可以随时解除承揽合同,造成承揽人损失的,应当赔偿损失。"

3. 因当事人一方严重违约而解除合同

承揽合同在一方严重违约致使合同不能继续履行时,另一方有权解除。具体情形包括:

(1) 承揽人未经定作人同意,将承揽合同的主要工作转由第三人完成的;

(2) 定作人未尽协助义务,承揽人可催告其在合理期限内履行,经催告仍不履行的,承揽人有权解除合同;

(3) 承揽人未依约按时完成合同工作义务,致使其工作于定作人已无意义的;

(4) 定作人在检验监督中,发现承揽工作存在问题,向承揽人提出,而承揽人拒不更改的。

(二) 法定终止

(1) 承揽人死亡或者丧失工作能力。由于承揽合同是以承揽人的特定技能为前提的,故承揽人死亡或者丧失工作能力的,承揽合同终止。

(2) 定作人死亡且继承人不需要该项工作。

[历年真题] 方某为送汤某生日礼物,特向余某定作一件玉器。订货单上,方某指示余某将玉器交给汤某,并将订货情况告知汤某。玉器制好后,余某委托朱某将玉器交给汤某,朱某不慎将玉器碰坏。下列哪一表述是正确的?(2014年卷三11题)

A. 汤某有权要求余某承担违约责任　　B. 汤某有权要求朱某承担侵权责任
C. 方某有权要求朱某承担侵权责任　　D. 方某有权要求余某承担违约责任

【答案】　D
【考点】　加工承揽合同、合同的相对性
【解析】　根据民法理论,方某(定作人)未提供原材料,由余某(承揽人)提供原材料加工玉器。制作物玉器完成时，由余某取得所有权，余某向汤某完成交付时，汤某才取得玉器的所有权。由于尚未完成玉器的交付，玉器的所有权仍归余某，汤某与方某均无权请求朱某承担侵权责任。故选项B错误，选项C错误。

《合同法》第121条规定："当事人一方因第三人的原因造成违约的，应当向对方承担违约责任。当事人一方和第三人之间的纠纷，依照法律规定或者按照约定解决。"朱某系余某（债务人）的履行辅助人，现余某因第三人朱某的原因对方某违约，方某有权请求余某承担违约责任。

《合同法》第64条规定："当事人约定由债务人向第三人履行债务的，债务人未向第三人履行债务或者履行不符合约定，应当向债权人承担违约责任。"按照约定，该加工承揽合同属于向第三人履行的合同，根据《合同法》第64条，债务人（余某）未向第三人（汤某）履行债务或者履行不符合约定的，第三人（汤某）无权请求债务人（余某）承担违约责任，仅债权人（方某）有权请求余某承担违约责任。综上所述，选项A错误，选项D正确。本题正确答案为D。

第二节 建设工程施工合同

[相关法条]
《合同法》
第269条 建设工程合同是承包人进行工程建设，发包人支付价款的合同。
建设工程合同包括工程勘察、设计、施工合同。
第272条 发包人可以与总承包人订立建设工程合同，也可以分别与勘察人、设计人、施工人订立勘察、设计、施工承包合同。发包人不得将应当由一个承包人完成的建设工程肢解成若干部分发包给几个承包人。
总承包人或者勘察、设计、施工承包人经发包人同意，可以将自己承包的部分工作交由第三人完成。第三人就其完成的工作成果与总承包人或者勘察、设计、施工承包人向发包人承担连带责任。承包人不得将其承包的全部建设工程转包给第三人或者将其承包的全部建设工程肢解以后以分包的名义分别转包给第三人。
禁止承包人将工程分包给不具备相应资质条件的单位。禁止分包单位将其承包的工程再分包。建设工程主体结构的施工必须由承包人自行完成。

一、转包合同

（一）概念转包合同，即承包人将承包的全部建设工程转包给第三人完成的合同。
（二）法律效果
依据《合同法》第272条规定，转包合同无效，承包人非法转包的，发包人有权解除建设工程施工合同。

二、分包合同

分包合同包括合法分包合同与违法分包合同。合法分包合同，即承包人经发包方同意后，将其承包的部分工作交由第三人完成的合同。违法分包合同，即承包人违反法律的强制性规定,将其承包的工作交由第三人完成的合同。

(一) 合法分包

合法分包的条件包括:

(1) 经发包人同意;

(2) 承包人只能将其承包的部分工作分包给第三人;

(3) 分包给第三人的工作不能是承包人的主体工作;

(4) 分包人具有相应的资质;

(5) 分包单位不得将其承包的工程再分包。

(二) 非法分包

违法分包的合同为无效合同。具体包括:

(1) 承包人将其承包的全部建设工程肢解以后再分别承包给第三人。

(2) 分包人不具有相应的资质。

(3) 承包人将自己承包工程的主体结构分包给第三人。

(4) 分包人将其分包的工程再分包。

(三) 分包人的连带责任

分包合同,工程质量不合格的,分包人与承包人对发包人承担连带责任。

三、建设工程施工合同无效的情形

[相关法条]

《建设工程施工合同解释》

第1条 建设工程施工合同具有下列情形之一的,应当根据合同法第五十二条第(五)项的规定,认定无效:

(一) 承包人未取得建筑施工企业资质或者超越资质等级的;

(二) 没有资质的实际施工人借用有资质的建筑施工企业名义的;

(三) 建设工程必须进行招标而未招标或者中标无效的。

第2条 建设工程施工合同无效,但建设工程经竣工验收合格,承包人请求参照合同约定支付工程价款的,应予支持。

第3条 建设工程施工合同无效,且建设工程经竣工验收不合格的,按照以下情形分别处理:

(一) 修复后的建设工程经竣工验收合格,发包人请求承包人承担修复费用的,应予支持;

(二) 修复后的建设工程经竣工验收不合格,承包人请求支付工程价款的,不予支持。

因建设工程不合格造成的损失,发包人有过错的,也应承担相应的民事责任。

第4条 承包人非法转包、违法分包建设工程或者没有资质的实际施工人借用有资质的建筑施工企业名义与他人签订建设工程施工合同的行为无效。人民法院可以根据民法通则第一百三十四条规定,收缴当事人已经取得的非法所得。

第5条 承包人超越资质等级许可的业务范围签订建设工程施工合同,在建设工程竣工前取得相应资质等级,当事人请求按照无效合同处理的,不予支持。

依据《建设工程施工合同解释》以及《合同法》第272条的规定,下列建设工程施工合同无效：

（1）非法转包合同；

（2）违法分包合同；

（3）承包人未取得或超越相应资质的。但是，承包人在建设工程竣工前取得相应资质的，不按无效处理；

（4）没有资质的实际施工人借用有资质的实际施工人借用有资质的建筑施工企业名义的；

（5）建设工程必须进行招标而未招标或者中标无效的。

[历年真题] 1. 甲公司与没有建筑施工资质的某施工队签订合作施工协议，由甲公司投标乙公司的办公楼建筑工程，施工队承建并向甲公司交纳管理费。中标后，甲公司与乙公司签订建筑施工合同。工程由施工队负责施工。办公楼竣工验收合格交付给乙公司。乙公司尚有部分剩余工程款未支付。下列哪一选项是正确的？（2015年卷三14题）

A. 合作施工协议有效　　　　　　B. 建筑施工合同属于效力待定

C. 施工队有权向甲公司主张工程款　D. 甲公司有权拒绝支付剩余工程款

【答案】　C

【考点】　建设工程施工合同

【解析】　关于选项A。《合同法》第272条规定，承包人不得将其承包的全部建设工程转包给第三人。可知，转包合同一律无效。选项A错误，不当选。

甲公司与乙公司签订的建筑施工合同，因甲公司具备相应的资质，属于有效的合同，选项B错误，不当选。

《建设工程施工合同解释》第2条规定："建设工程施工合同无效，但建设工程经竣工验收合格，承包人请求参照合同约定支付工程价款的，应予支持。"本题中，办公楼竣工验收合格，施工队有权向甲公司主张工程款。故选项C正确，当选，选项D错误，不当选。

2. 甲公司与乙公司签订建设工程施工合同，将工程发包给乙公司施工，约定乙公司垫资1000万元，未约定垫资利息。甲公司、乙公司经备案的中标合同中工程造价为1亿元，但双方私下约定的工程造价为8000万元，均未约定工程价款的支付时间。7月1日，乙公司将经竣工验收合格的建设工程实际交付给甲公司，甲公司一直拖欠工程款。关于乙公司，下列哪些表述是正确的？（2012年卷三61题）

A. 1000万元垫资应按工程欠款处理

B. 有权要求甲公司支付1000万元垫资自7月1日起的利息

C. 有权要求甲公司支付1亿元

D. 有权要求甲公司支付1亿元自7月1日起的利息

【答案】　ABCD

【考点】　建设工程施工合同

【解析】　《建设工程施工合同解释》第6条规定："当事人对垫资和垫资利息有约定，承包人请求按照约定返还垫资及其利息的，应予支持，但是约定的利息计算标准高于中国人民银行发布的同期同类贷款利率的部分除外。当事人对垫资没有约定的，按照工程欠款处理。当事人对垫资利息没有约定，承包人请求支付利息的，不予支持。"可知，对垫资的性质应具体加以区分：(1) 如果发包人与承包人约定承包人垫资及其利息，则垫资相当于承包人向发包人的借款。(2) 如发包人与承包人对于承包人垫资及其利息未作约定,承包人对工程支付的款项视为发包人对承包人的工程欠款。本题中,甲、乙约定乙垫资1 000万元,但未约定垫资利息,所以,乙的垫资应按工程欠款处理,故选项A正确。

《建设工程施工合同解释》第18条规定:"利息从应付工程价款之日计付。当事人对付款时间没有约定或者约定不明确的,下列时间视为应付款时间:(一) 建设工程已经交付的,为交付之日;(二) 建设工程没有交付的,为提交竣工结算文件之日;(三) 建设工程未交付,工程价款也未结算的,为当事人起诉之日。"故选项B正确,选项D正确。

《建设工程施工合同解释》第21条规定:"当事人就同一建设工程另行订立的建设工程施工合同与经过备案的中标合同实质性内容不一致的,应当以备案的中标合同作为结算工程价款的依据。"据此,甲、乙间应按照1亿元结算工程价款,选项C正确。

四、建设工程施工合同无效时实际施工人的权利

(一) 实际施工人的价款请求权

(1) 建设工程施工合同无效,但建设工程经竣工验收合格的,实际施工人有权请求依照合同约定支付工程价款。

(2) 建设工程施工合同无效,建设工程经竣工验收不合格,经修复后验收合格的,实际施工人有权请求依照合同约定支付合同工程价款。修复后经竣工验收不合格的,实际施工人无权请求支付工程价款。

(二) 诉讼当事人

[相关法条]

《建设工程施工合同解释》

第26条 实际施工人以转包人、违法分包人为被告起诉的,人民法院应当依法受理。

实际施工人以发包人为被告主张权利的,人民法院可以追加转包人或者违法分包人为本案当事人。发包人只在欠付工程价款范围内对实际施工人承担责任。

(1) 实际施工人可以仅以转包人或者违法分包人为被告起诉。

(2) 实际施工人也可以直接起诉发包人。人民法院可以追加转包人或者违法分包人为本案当事人。

[历年真题] 甲公司将一工程发包给乙建筑公司,经甲公司同意,乙公司将部分非主体工程分包给丙建筑公司,丙公司又将其中一部分分包给丁建筑公司。后丁公司因工作失误致使工程不合格,甲公司欲索赔。对此,下列哪些说法是正确的?(2010年卷三第59题,多选)

A. 上述工程承包合同均无效
B. 丙公司在向乙公司赔偿损失后,有权向丁公司追偿
C. 甲公司有权要求丁公司承担民事责任
D. 法院可收缴丙公司由于分包已经取得的非法所得

【答案】 BCD

【考点】 建设工程合同

【解析】 《合同法》第272条第2、3款规定:"总承包人或者勘察、设计、施工承包人经发包人同意,可以将自己承包的部分工作交由第三人完成。第三人就其完成的工作成果与总承

包人或者勘察、设计、施工承包人向发包人承担连带责任。承包人不得将其承包的全部建设工程转包给第三人或者将其承包的全部建设工程肢解以后以分包的名义分别转包给第三人。禁止承包人将工程分包给不具备相应资质条件的单位。禁止分包单位将其承包的工程再分包。建设工程主体结构的施工必须由承包人自行完成。"

因此乙、丙之间的分包合同是有效的，丙、丁之间的分包合同无效的，故选项A错误。

《建设工程施工合同解释》第4条规定："承包人非法转包、违法分包建设工程或者没有资质的实际施工人借用有资质的建筑施工企业名义与他人签订建设工程施工合同的行为无效。人民法院可以根据民法通则第一百三十四条规定，收缴当事人已经取得的非法所得。"选项D正确。

丙、丁之间是违法分包无效，丁公司存在过错导致损害，故甲可以要求丁公司承担相应的民事责任，选项C正确。

丁公司操作失误造成的损失，存在过错，因此丙公司有权向其追偿，选项B正确。

五、承包人的优先受偿权

依据《合同法》第286条的规定："发包人未按照约定支付价款的，承包人可以催告发包人在合理期限内支付价款。发包人逾期不支付的，除按照建设工程的性质不宜折价、拍卖的以外，承包人可以与发包人协议将该工程折价，也可以申请人民法院将该工程依法拍卖。建设工程的价款就该工程折价或者拍卖的价款优先受偿。"可见：

（一）承包人对发包人的受偿权的成立要件

（1）建设工程合同有效。

（2）发包人不将到期价款支付给承包人。

（3）经承包人催告后，在合理期间内，发包人仍不支付。

（4）建设工程适宜折价或拍卖。

（二）承包人对发包人的受偿权的行使

（1）承包人有权以建设工程折价或者以拍卖建设工程的价款优先清偿发包人欠付的工程价款。

（2）优先于抵押权和其他债权但不得对抗已经全部或大部分付款的购房人。

（3）优先权的行使期限为6个月，自竣工之日或约定竣工之日。

[历年真题] 甲公司将建筑工程发包给乙公司，乙公司将其转包给丙公司，丙公司将部分工程包给由121个农民工组成的施工队。施工期间，丙公司拖欠施工队工程款达500万元之多，农民工因此踏上维权之路。丙公司以乙公司拖欠其工程款800万元为由、乙公司以甲公司拖欠其工程款1000万元为由拒付欠款。施工队将甲公司诉至法院，要求甲公司支付500万元。根据社会主义法治理念，关于本案的处理，下列哪些说法是正确的？（2011年卷三51题）

A. 法院应驳回施工队的诉讼请求，因甲公司与施工队无合同关系。法院不应以破坏合同相对性为代价，片面实现社会效果

B. 法院应支持施工队的诉讼请求。法院不能简单以坚持合同的相对性为由否定甲公司的责任，从而造成农民工不断申诉，案结事不了

C. 法院应当追加乙公司和丙公司为本案当事人。法院一并解决乙公司和丙公司的欠款纠纷，以避免机械执法，就案办案

D. 法院可以追加乙公司和丙公司为本案当事人。法院加强保护农民工权益的力度,有利于推进法律效果和社会效果的有机统一

【答案】 BD
【考点】 建设工程施工合同
【解析】《建设工程施工合同解释》第4条规定:"承包人非法转包、违法分包建设工程或者没有资质的实际施工人借用有资质的建筑施工企业名义与他人签订建设工程施工合同的行为无效。人民法院可以根据民法通则第一百三十四条规定,收缴当事人已经取得的非法所得。"据此,承包人乙公司将承包的工程转包给丙公司构成非法转包,乙、丙间的转包合同无效。丙公司将工程分包给施工队的分包合同也无效。

《建设工程施工合同解释》第2条规定:"建设工程施工合同无效,但建设工程经竣工验收合格,承包人请求参照合同约定支付工程价款的,应予支持。"可知,只要工程经竣工验收合格,承包人丙公司和施工队有权请求参照合同的约定支付工程价款。

《建设工程施工合同解释》第26条规定:"实际施工人以转包人、违法分包人为被告起诉的,人民法院应当依法受理。实际施工人以发包人为被告主张权利的,人民法院可以追加转包人或者违法分包人为本案当事人。发包人只在欠付工程价款范围内对实际施工人承担责任。"可知,施工队(实际施工人)可以发包人甲公司为被告起诉,法院应予受理。故选项A错误,选项B正确。

若施工队以甲公司为被告起诉,法院"可以"追加承包人乙公司和分包人丙公司为本案当事人,而不是"应当"追加。故选项C错误,选项D正确。

第十章　提供劳务的合同

第一节　运 输 合 同

一、客运合同

(一)客运合同的成立与生效

1. 客运合同的成立

《合同法》第293条的规定:"客运合同自承运人向旅客交付客票时成立,但当事人另有约定或者另有交易习惯的除外。"依据该法条规定,客运合同的成立一般自承运人向旅客交付客票时成立。但是当事人另有约定或者另有交易习惯的除外。

2. 客运合同的生效

(1)先购票后登上运输设备的,检票时合同生效。
(2)先登上运输设备后购票的,补到票时合同生效。

(二)承运人的义务与责任

1. 承运人对旅客的救助义务

根据《合同法》第301条规定:"承运人在运输过程中,应当尽力救助患有疾病、分娩、遇险的旅客。""患有疾病、分娩"是旅客因自身的原因而遭到危险;"遇险"指旅客因意外事故、自身的原因或因他人殴打、犯罪行为而遭遇生命、健康危险。

2. 承运人对旅客人身伤害的赔偿责任

《合同法》第 302 条规定:"承运人应当对运输过程中旅客的伤亡承担损害赔偿责任,但伤亡是旅客自身健康原因造成的或者承运人证明伤亡是旅客故意、重大过失造成的除外。前款规定适用于按照规定免票、持优待票或者经承运人许可搭乘的无票旅客。"依据法条规定,承运人的法定免责事由有两个:

(1) 伤亡是旅客自身健康原因造成的;

(2) 承运人证明伤亡是旅客故意、重大过失造成的。

(三) 承运人对旅客携带的财产损害的赔偿责任

(1)《合同法》第 303 条第 1 款规定:"在运输过程中旅客自带物品毁损、灭失,承运人有过错的,应当承担损害赔偿责任。"依据规定,承运人对旅客自带物品毁损、灭失,承担过错责任。

(2)《合同法》第 303 条第 2 款规定:"旅客托运的行李毁损、灭失的,适用货物运输的有关规定。"依照货物运输合同的规定,承担无过错责任。

二、货运合同

(一) 概念

货运合同即货物运输合同,是指承运人按照约定将托运人交付的货物运送到约定地点并交付给收货人,托运人或者收货人支付运费的运输合同。

(二) 托运人的权利

《合同法》第 308 条规定:"在承运人将货物交付收货人之前,托运人可以要求承运人中止运输、返还货物、变更到达地或者将货物交给其他收货人,但应当赔偿承运人因此受到的损失。"

在承运人将货物交付收货人之前,托运人享有任意变更权、解除权。

(三) 承运人的责任

《合同法》第 311 条规定:"承运人对运输过程中货物的毁损、灭失承担损害赔偿责任,但承运人证明货物的毁损、灭失是因不可抗力、货物本身的自然性质或者合理损耗以及托运人、收货人的过错造成的,不承担损害赔偿责任。"

承运人对运输的货物承担无过错的责任。法定免责事由包括三个:

(1) 货物的毁损、灭失是因不可抗力造成的;

(2) 货物的毁损、灭失是货物本身的自然性质或者合理损耗造成的;

(3) 货物的毁损、灭失是托运人、收货人的过错造成的。

(四) 收货人的义务

《合同法》第 310 条规定:"收货人提货时应当按照约定的期限检验货物。对检验货物的期限没有约定或者约定不明确,依照本法第六十一条的规定仍不能确定的,应当在合理期限内检验货物。收货人在约定的期限或者合理期限内对货物的数量、毁损等未提出异议的,视为承运人已经按照运输单证的记载交付的初步证据。"依据规定,收货人有验收、通知的义务。

(五) 单式联运合同承运人的责任

《合同法》第 313 条规定:"两个以上承运人以同一运输方式联运的,与托运人订立合同的承运人应当对全程运输承担责任。损失发生在某一运输区段的,与托运人订立合同的承运人和该区段的承运人承担连带责任。"

在单式联运合同中,承运人对全程运输承担责任。对于发生在某一运输区段的,承运人和该区段的承运人承担连带责任。

(六)多式联运合同承运人的责任

《合同法》第317条规定:"多式联运经营人负责履行或者组织履行多式联运合同,对全程运输享有承运人的权利,承担承运人的义务。"

在多式联运合同中,不管货物损失发生在哪一个运输区段,都由与托运人订立多式联运合同的多式联运经营人单独对托运人承担责任,实际承运人不承担连带责任。

第二节 保管合同

一、保管合同的概念与特征

(一)概念 保管合同是保管人保管寄存人交付的保管物,并返还该物的合同。

(二)特征

(1)保管合同为要物合同,即实践合同。除当事人另有约定外,保管合同自保管物交付时成立。

(2)保管合同可以是有偿,也可以是无偿。保管合同是否有偿,由合同当事人自由约定。

(3)保管合同一般是不要式合同。

二、保管合同的效力

(一)保管人的主要义务

(1)妥善保管的义务。保管人应尽善良管理人的注意义务,按照约定的保管场所、方法进行保管。保管人因保管不善造成保管物毁损、灭失的,有偿保管的,承担损害赔偿责任;无偿保管的,能够证明自己没有重大过失的,不承担赔偿责任。

(2)不得使用保管物的义务。非经寄存人的同意,保管人不得使用或者许可第三人使用保管物。

(3)按照约定返还保管物及其孳息的义务。

(4)告知义务。当保管物发生危险或者第三人对保管物主张权利、提起诉讼或者实行扣押时,保管人应及时通知寄存人。

(二)寄存人的主要义务

(1)按照约定支付报酬或者偿还保管费用的义务。

(2)赔偿损失的义务。保管人因保管物自身性质或瑕疵而遭受损害的,寄存人应当给予赔偿。

(3)告知和声明义务。保管物瑕疵和特殊保管措施告知义务以及贵重物品声明义务。

第三节　仓储合同

一、仓储合同的概念

仓储合同是保管人储存存货人交付的仓储物,存货人支付仓储费用的合同。

二、仓储合同与保管合同的异同

（一）相同之处

（1）保管人负有妥善保管义务、亲自保管义务。

（2）保管人不得使用或者许可第三人使用保管物,但是有约定的除外。

（3）第三人对保管物主张权利时,保管人应对寄存人负返还义务,若有孳息的,孳息归寄存人。

（4）寄存人寄存贵重物品时有声明的义务,否则,寄存的物品发生毁损灭失时,保管人依照一般物品予以赔偿。

（5）寄存人不履行支付费用的义务时,保管人有留置保管物的权利。

（二）不同之处

（1）保管合同可以为有偿合同,也可以为无偿合同。如果没有约定,依据《合同法》第61条仍不能确定的,保管合同为无偿合同,而仓储合同为有偿合同。

（2）保管合同与仓储合同的保管人皆承担过错责任。但是无偿保管合同的保管人仅在故意、重大过失致保管物毁损时才承担赔偿责任。

三、仓储合同的效力

（一）保管人的义务

（1）妥善保管的义务。保管人应当按照合同约定的条件,妥善保管仓储物。因保管不善,造成仓储物毁损、灭失的,保管人负赔偿责任。但因仓储物的性质、包装不符合约定或者超过有效储存期造成的仓储物变质、毁损的,保管人不承担赔偿责任。

（2）仓储物变质或者毁损时的通知义务。《合同法》第389条、第390条规定,保管人对入库仓储物发现有变质或者其他损坏的,应当及时通知存货人或者仓单持有人。保管人对入库仓储物发现有变质或者其他损坏,危及其他仓储物的安全和正常保管的,应当催告存货人或者仓单持有人作出必要的处置。因情况紧急,保管人可以作出必要的处置,但事后应当将该情况及时通知存货人或者仓单持有人。

（3）仓储物返还义务。仓储合同因期限届满或者因法定事由而终止时,保管人应当将仓储物返还存货人或者仓单持有人。当事人对仓储期间没有约定或者约定不明确的,存货人或者仓单持有人可以随时要求返还仓储物。

（二）存货人的主要义务

（1）按照约定支付仓储费的义务。存货人不按约定支付仓储费的,保管人有权对仓储物行使留置权。

（2）提供仓储物相关资料和说明的义务。《合同法》第383条第1、2款规定:"储存易燃、易爆、有毒、有腐蚀性、有放射性等危险物品或者易变质物品,存货人应当说明该物品的性质,提供有关资料。存货人违反前款规定的,保管人可以拒收仓储物,也可以采取相应措施以避免损失的发生,因此产生的费用由存货人承担。"

(3) 及时提取仓储物的义务。期限届满,存货人或者仓单持有人应当凭仓单提取货物。未约定仓储期限的,存货人或者仓单持有人可以随时提取货物,保管人也可以随时要求存货额或者仓单持有人提取货物,但应给对方必要的准备时间。

[历年真题] 关于保管合同和仓储合同,下列哪些说法是错误的?(2010年卷三61题)
A. 二者都是有偿合同
B. 二者都是实践性合同
C. 寄存人和存货人均有权随时提取保管物或仓储物而无须承担责任
D. 因保管人保管不善造成保管物或仓储物毁损、灭失的,保管人承担严格责任

【答案】 ABCD
【考点】 保管合同、仓储合同
【解析】 依合同当事人之间的权利义务是否存在对价关系,可将合同分为有偿合同与无偿合同。有偿合同,是指当事人一方享有合同规定的权益,须向对方当事人偿付相应代价的合同,否则为无偿合同。根据《合同法》第381条规定:"仓储合同是保管人储存存货人交付的仓储物,存货人支付仓储费的合同。"由此可知,仓储合同都是有偿合同。

《合同法》第366条规定:"寄存人应当按照约定支付保管费。当事人对保管费没有约定或者约定不明确,依照本法第六十一条的规定仍不能确定的,保管是无偿的。"据此,保管合同既可以是有偿合同,也可以是无偿合同。故选项A表述错误,当选。

从合同成立条件的角度,可将合同分为诺成合同与实践合同。诺成合同是指一旦缔约当事人的意思表示达成一致,合同即告成立。实践合同是指除当事人意思表示一致以外尚需交付标的物合同才能成立。根据《合同法》第367条的规定:"保管合同自保管物交付时成立,但当事人另有约定的除外。"另第382条规定:"仓储合同自成立时生效。"可知,仓储合同属于诺成性合同,保管合同在当事人没有约定的情况下属于实践性合同,据此,选项B错误。

《合同法》第376条第1款规定:"寄存人可以随时领取保管物。"可知,在保管合同中,寄存人可以随时领取保管物。《合同法》第391条规定:"当事人对储存期间没有约定或者约定不明确的,存货人或者仓单持有人可以随时提取仓储物,保管人也可以随时要求存货人或者仓单持有人提取仓储物,但应当给予必要的准备时间。"可知,只有在当事人对储存期间没有约定或者约定不明确的情况下,存货人才可以随时提取仓储物,否则应承担违约责任。故选项C的表述错误。

《合同法》第374条规定:"保管期间,因保管人保管不善造成保管物毁损、灭失的,保管人应当承担损害赔偿责任,但保管是无偿的,保管人证明自己没有重大过失的,不承担损害赔偿责任。"《合同法》第394条规定:"储存期间,因保管人保管不善造成仓储物毁损、灭失的,保管人应当承担损害赔偿责任。因仓储物的性质、包装不符合约定或者超过有效储存期造成仓储物变质、损坏的,保管人不承担损害赔偿责任。"可知,在仓储合同中,因保管人保管不善造成仓储物毁损、灭失的,保管人承担过错责任;在无偿保管合同中,保管人因故意或者重大过失造成保管物的毁损、灭失的,保管人承担过错责任;在有偿的保管合同中,保管人造成保管物的毁损、灭失的无过错严格责任,即严格责任。故选项D表述错误。

第四节 委托合同

一、委托合同的概念与特征

(一) 概念

委托合同是指委托人和受托人约定,由受托人处理委托人事务的合同。委托人是委托他人为自己处理事务的人,受托人是按照约定为委托人处理事务的人。

(二) 特征

(1) 受托人须在委托人授权的范围内,以委托人的名义从事与委托事务相关的活动,其活动的后果由委托人承担。

(2) 委托合同是诺成合同、不要式合同。

(3) 委托合同既可以是有偿合同,也可以是无偿合同。

二、委托合同的效力

(一) 受托人的主要义务

1. 按照委托人的指示处理委托事务

原则上,委托人应当亲自处理委托的事务,不得随意转托他人。但经委托人同意或者遇有紧急情况时,为保护委托人的利益可以转委托。转委托未经同意的,受托人应当对转委托的第三人的行为承担责任,但在紧急情况下受托人为维护委托人的利益需要而转委托的除外。

2. 妥善管理委托事务

有偿的委托合同,受托人因其过错给委托人造成损失的,应当承担赔偿责任;无偿的委托合同,受托人因故意或者重大过失给委托人造成损失的,才承担赔偿责任。

3. 及时、如实报告事务处理情况。

4. 发现违约现象时依法披露第三人、委托人

受托人以自己的名义同第三人订立合同时,第三人不知道受托人与委托人之间的关系的,发现违约时,受托人须依法披露第三人或者委托人。具体规则是:

(1) 第三人的披露及其后果。受托人因第三人的原因对委托人不履行义务,受托人应当向委托人披露第三人。委托人因此可以行使受托人对第三人的权利,但第三人与受托人订立合同时如果知道该委托人就不会订立合同的除外。

(2) 委托人的披露及其后果。受托人因委托人的原因对第三人不履行义务,受托人应当向第三人披露委托人。第三人因此可以选择受托人或者委托人为相对人主张权利。但第三人不得变更选定的相对人。

(二) 委托人的主要义务

1. 按照约定或者法律规定支付费用。

2. 按照约定支付报酬

有偿的委托合同,受托人完成委托事务的,委托人应依约定向受托人支付报酬。

3. 按照法律规定赔偿受托人的损失

受托人在处理受托事务的过程中,因不可归责于自己的事由遭受到损失的,委托人应当赔偿。

4. 发生违约时,受托人依法披露第三人、委托人时,须担当相对人,主张权利、承担违约责任。《合同法》第403条规定,受托人以自己的名义与第三人订立合同时,第三人不知道受托人与委托人之间的代理关系的,受托人因第三人的原因对委托人不履行义务,受托人应当向委托人披露第三人,委托人因此可以行使受托人对第三人的权利,但第三人与受托人订立合同时如果知道该委托人就不会订立合同的除外。受托人因委托人的原因对第三人不履行义务,受托人应当向第三人披露委托人,第三人因此可以选择受托人或者委托人作为相对人主张其权利,但第三人不得变更选定的相对人。委托人行使受托人对第三人的权利的,第三人可以向委托人主张其对受托人的抗辩。第三人选定委托人作为其相对人的,委托人可以向第三人主张其对受托人的抗辩以及受托人对第三人的抗辩。

三、受托人以自己名义同第三人订立的合同的效力问题

《合同法》第402条规定:"受托人以自己的名义,在委托人的授权范围内与第三人订立的合同,第三人在订立合同时知道受托人与委托人之间的代理关系的,该合同直接约束委托人和第三人,但有确切证据证明该合同只约束受托人和第三人的除外。"

受托人以自己的名义与第三人订立的合同效力比较特殊,该合同直接约束委托人和第三人,但有确切证据证明该合同只约束受托人和第三人的除外。

[历年真题] 1. 甲去购买彩票,其友乙给甲10元钱让其顺便代购彩票,同时告知购买号码,并一再嘱咐甲不要改变。甲预测乙提供的号码不能中奖,便擅自更换号码为乙购买了彩票并替乙保管。开奖时,甲为乙购买的彩票中了奖,二人为奖项归属发生纠纷。下列哪一分析是正确的?(2015年卷三9题)

A. 甲应获得该奖项,因按乙的号码无法中奖,甲、乙之间应类推适用借贷关系,由甲偿还乙10元

B. 甲、乙应平分该奖项,因乙出了钱,而甲更换了号码

C. 甲的贡献大,应获得该奖项之大部,同时按比例承担彩票购买款

D. 乙应获得该奖项,因乙是委托人

【答案】 D

【考点】 委托

【解析】 从委托角度考虑,委托人处理委托事务时超越权限,委托人予以追认,应当认定为有权的委托合同法律关系。从代理角度考虑,甲让友人乙代其购买彩票,在甲、乙之间构成代理关系,而非借贷关系。因此,甲、乙之间不是借用借贷关系。选项A错误,不当选。

甲在购买彩票时更换了号码,在处理委托事务时超越了其权限,构成无权代理。《合同法》第48条规定:"行为人没有代理权、超越代理权或者代理权终止后以被代理人名义订立的合同,未经被代理人追认,对被代理人不发生效力,由行为人承担责任。相对人可以催告被代理人在一个月内予以追认。被代理人未作表示的,视为拒绝追认。合同被追认之前,善意相对人有撤销的权利。撤销应当以通知的方式作出。"可知,无权代理订立的合同效力待定,如乙追认,则法律后果由乙承担。同时依据《合同法》第404条的规定,委托人处理委托事务取得的财产,应当转交给委托人。因此,获得的奖项归委托人即乙所有,故选项D正确。

选项B、选项C错误,不当选。

2. 某律师事务所指派吴律师担任某案件的一、二审委托代理人。第一次开庭后,吴律师

感觉案件复杂,本人和该事务所均难以胜任,建议不再继续代理。但事务所坚持代理。一审判决委托人败诉。下列哪些表述是正确的?(2013年卷三60题)

A. 律师事务所有权单方解除委托合同,但须承担赔偿责任
B. 律师事务所在委托人一审败诉后不能单方解除合同
C. 即使一审胜诉,委托人也可以解除委托合同,但须承担赔偿责任
D. 只有存在故意或者重大过失时,该律师事务所才对败诉承担赔偿责任

【答案】 AC
【考点】 委托合同
【解析】《合同法》第410条规定:"委托人或者受托人可以随时解除委托合同。因解除合同给对方造成损失的,除不可归责于该当事人的事由以外,应当赔偿损失。"依据《合同法》规定,委托合同双方当事人均享有任意解除权。故选项A正确,选项B错误,选项C正确。

《合同法》第406条规定:"有偿的委托合同,因受托人的过错给委托人造成损失的,委托人可以要求赔偿损失。无偿的委托合同,因受托人的故意或者重大过失给委托人造成损失的,委托人可以要求赔偿损失。受托人超越权限给委托人造成损失的,应当赔偿损失。"依据法律规定可知,委托人与律师事务所之间的委托合同一般属于有偿委托合同,律所只要对败诉具有过错即须承担违约责任,故选项D错误。

第五节 行 纪 合 同

一、行纪合同概念及行纪合同与委托合同之比较

(一) 概念

行纪合同,指一方根据他方的委托,以自己的名义为他方从事贸易活动,并收取报酬的合同。其中以自己名义为他方办理义务的一方,为行纪人;由行纪人为之办理业务,并向行纪人支付报酬的一方,为委托人。

(二) 行纪合同与委托合同之比较

不同之处	(1)行纪人具有主体资格的限制,只能是经批准经营行纪业务的人;委托合同的受托人一般无资格的限制。
	(2)行纪人从事的事务仅限于买卖等贸易活动,一般为法律行为;委托合同中受托人处理的既可以是民事行为,也可以是事实行为。
	(3)行纪人只能以自己的名义进行活动,故其所为的民事行为一般不能直接对委托人发生效力;而委托合同的受托人可以自己的名义,也可以委托人名义,故受托人与第三人间订立的合同有时直接对委托人发生效力。
	(4)行纪合同为有偿合同;委托合同既可以有偿也可以无偿。
相同之处	(1)受托人与行纪人均为委托人的利益而从事受托事务,利益均归于委托人。
	(2)受托人与行纪人均需对委托人履行报告义务,听从委托人指示。

二、行纪合同当事人的有关权利、义务

（一）行纪人的主要权利

1. 报酬请求权

行纪人有请求委托人支付约定报酬的权利，行纪人高于指定价格卖出或低于指定的价格买入时，有增加报酬的请求权。

2. 留置与提存权

依照《合同法》第420条、第422条的规定，委托人逾期未支付报酬的，行纪人对委托物享有留置权，但当事人另有约定的除外；委托人无正当理由，拒绝受领买入物品或者未卖出的物品的，行纪人有权提存委托物。

3. 介入权

行纪人接受委托实施行纪行为时，以自己的名义介入买卖活动，即是行纪人的介入权。《合同法》第419条规定："行纪人卖出或者买入具有市场定价的商品，除委托人有相反的意思表示的以外，行纪人自己可以作为买受人或者出卖人。行纪人有前款规定情形的，仍然可以要求委托人支付报酬。"

（1）行纪人行使介入权的要件：① 积极要件。所委托卖出或者买入的商品具有市场定价。② 消极要件。委托人未作出反对行纪人介入的意思表示；行纪人尚未对委托事务作出处理；行纪合同有效存在。

（2）行纪人行使介入权的法律效果。使委托人和行纪人之间产生了买卖合同，关于买卖合同的有关法律规定都可以适用。行纪人行使介入权后，仍有报酬请求权。

[历年真题] 甲将10吨大米委托乙商行出售。双方只约定，乙商行以自己名义对外销售，每公斤售价两元，乙商行的报酬为价款的5%下列哪些说法是正确的？（2009年卷三61题）

A. 甲与乙商行之间成立行纪合同关系
B. 乙商行为销售大米支出的费用应由自己负担
C. 如乙商行以每公斤25元的价格将大米售出，双方对多出价款的分配无法达成协议，则应平均分配
D. 如乙商行与丙食品厂订立买卖大米的合同，则乙商行对该合同直接享有权利、承担义务

【答案】 ABD
【考点】 行纪合同
【解析】《合同法》第414条规定："行纪合同是行纪人以自己的名义为委托人从事贸易活动，委托人支付报酬的合同。"本题中，甲将10吨大米委托乙商行出售，双方约定，乙商行以自己名义对外销售，符合行纪合同的特点，故选项A正确。

《合同法》第415条规定："行纪人处理委托事务支出的费用，由行纪人负担，但当事人另有约定的除外。"报酬与费用是不同的概念。在行纪合同中，行纪人有权请求委托人支付报酬，但行纪费用由行纪人自己承担。故选项B正确。

依据《合同法》第418条第2款的规定："行纪人高于委托人指定的价格卖出或者低于委托人指定的价格买入的，可以按照约定增加报酬。没有约定或者约定不明确，依照本法第六十

一条的规定仍不能确定的,该利益属于委托人。"故选项 C 错误。《合同法》第 418 条第 2 款的适用有一个前提条件,就是本条第 3 款的规定:"委托人对价格有特别指示的,行纪人不得违背该指示卖出或者买入。"这一点务必注意,不要忽略。

《合同法》第 421 条规定:"行纪人与第三人订立合同的,行纪人对该合同直接享有权利、承担义务。第三人不履行义务致使委托人受到损害的,行纪人应当承担损害赔偿责任,但行纪人与委托人另有约定的除外。"根据规定,行纪合同体现了合同的相对性。本题中,乙商行与丙食品厂订立买卖大米的合同,乙商行对该合同直接享有权利、承担义务。故选项 D 正确。

(二) 行纪人的主要义务

1. 依照指示处理委托事务

行纪人在处理委托事务时,应当尽谨慎注意义务,不得违反委托人的指示。《合同法》第 418 条第 1 款规定:"行纪人低于委托人指定的价格卖出或者高于委托人指定的价格买入的,应当经委托人同意。未经委托人同意,行纪人补偿其差额的,该买卖对委托人发生效力。"

2. 负担行纪费用

行纪人在处理行纪事务时所支出的费用,除当事人另有约定外,由行纪人自己负担。

3. 妥善保管委托物

行纪人占有委托物的,应当妥善保管,未尽注意致使委托物毁损灭失的,应当负损害赔偿责任。

(三) 委托人的主要权利和义务

1. 支付报酬的义务

行纪人完成或者部分完成委托事务的,委托人应当按照约定支付相应的报酬。

2. 及时接受行纪人完成委托事务的后果

对不符合约定的情况,应立即通知行纪人。

第六节 居 间 合 同

一、居间合同的概念和特

(一) 概念

居间合同是居间人向委托人报告订立合同的机会或者提供订立合同的媒介服务,委托人支付报酬的合同。

(二) 特征

(1) 居间合同是提供服务的合同。居间合同的标的是居间人为委托人提供劳务。在居间合同中,居间人的居间活动是向委托人报告订立合同的机会或者提供媒介服务,促使委托人与第三人达成协议。

(2) 居间合同为双务、有偿合同。居间人为委托人提供媒介服务,委托人向其支付报酬,故居间合同为双务、有偿合同。

(3) 居间合同为诺成、不要式合同。居间合同的成立不以居间人现实地提供居间服务为要件,当事人双方意思表示一致即告成立,且无须采用特定的形式,口头、书面、其他形式均可。故居间合同为诺成、不要式合同。

二、居间合同的效力

（一）居间人的主要义务

（1）报告订立合同的机会或者提供媒介服务。居间人为委托人提供订立合同的机会或者提供缔约服务，不履行该义务，居间人则无权获得报酬。

（2）忠实和勤勉义务。居间人应如实报告有关订立合同的事项，不得隐瞒重要事实或者提供虚假情况。居间人违反该义务，损害委托人利益的，不得要求支付报酬并承担损害赔偿责任。

（3）保密义务。居间人负有保密义务，不得将其掌握的委托人的事项随意告知相对人。

（4）负担居间费用。居间人促成合同的，自行负担因居间事务而支出的费用。

（二）委托人的主要义务

（1）按照约定支付报酬。居间合同是有偿合同，居间人促成合同的，委托人应当按照约定支付报酬。没有约定报酬或者约定不明确的，可由当事人协议补充；不能达成补充协议的，按照交易习惯确定；仍不能确定的，则根据居间人的劳务合理确定。委托人未按约定支付报酬的，应当承担违约责任。

（2）偿付必要费用的义务。居间人未促成合同的，不得要求支付报酬，但可以要求委托人支付从事居间活动所支出的必要费用。

[历年真题] 1. 刘某与甲房屋中介公司签订合同，委托甲公司帮助出售房屋一套。关于甲公司的权利义务，下列哪一说法是错误的？（2015年卷三15题）

A. 如有顾客要求上门看房时，甲公司应及时通知刘某
B. 甲公司可代刘某签订房屋买卖合同
C. 如促成房屋买卖合同成立，甲公司可向刘某收取报酬
D. 如促成房屋买卖合同成立，甲公司自行承担居间活动费用

【答案】 B（司法部公布答案C）
【考点】 居间合同
【解析】 此题有异议。选项C是正确的。《合同法》第424条规定："居间合同是居间人向委托人报告订立合同的机会或者提供订立合同的媒介服务，委托人支付报酬的合同。"本题中，刘某与甲房屋中介公司签订的合同属于居间合同，故有顾客要求上门看房时，甲公司应及时通知刘某，故选项A正确，不当选。

通过题目看不出刘某授权甲公司代其签订房屋买卖合同，甲公司不可代刘某签订房屋买卖合同，故选项B错误，当选。

《合同法》第426条规定："居间人促成合同成立的，委托人应当按照约定支付报酬。对居间人的报酬没有约定或者约定不明确，依照本法第六十一条的规定仍不能确定的，根据居间人的劳务合理确定。因居间人提供订立合同的媒介服务而促成合同成立的，由该合同的当事人平均负担居间人的报酬。居间人促成合同成立的，居间活动的费用，由居间人负担。"可知，如促成房屋买卖合同成立，甲公司可向刘某收取报酬，但甲公司应自行承担居间活动费。故选项C、选项D正确，不当选。

2. 甲委托乙寄售行以该行名义将甲的一台仪器以3 000元出售，除酬金外双方对其他事项未作约定。其后，乙将该仪器以3 500元卖给了丙，为此乙多支付费用100元。对此，下列哪

些选项是正确的？（2010年卷三60题）

　　A. 甲与乙订立的是居间合同

　　B. 高于约定价格卖得的500元属于甲

　　C. 如仪器出现质量问题，丙应向乙主张违约责任

　　D. 乙无权要求甲承担100元费用

【答案】　BCD

【考点】　行纪合同、居间合同

【解析】《合同法》第424条规定："居间合同是居间人向委托人报告订立合同的机会或者提供订立合同的媒介服务，委托人支付报酬的合同。"《合同法》第414条规定："行纪合同是行纪人以自己的名义为委托人从事贸易活动，委托人支付报酬的合同。"本题中，甲委托乙寄售行以该行名义出售甲的仪器，应当属于行纪合同，而非居间合同，故选项A错误。

《合同法》第418条第2款规定："行纪人高于委托人制定的价格卖出或者低于委托人指定的价格买入的，可以按照约定增加报酬。没有约定或者约定不明确，依照本法第六十一条的规定仍不能确定的，该利益属于委托人。"本题中，乙高于约定价格卖得的500元，且双方对利益没有约定归属，该利益应当属于委托人甲，故选项B正确。

《合同法》第421条第1款规定："行纪人与第三人订立合同的，行纪人对该合同直接享有权利、承担义务。"根据合同的相对性，若仪器出现质量问题，丙应向乙主张违约责任，故选项C正确。

《合同法》第415条规定："行纪人处理委托事务支出的费用，由行纪人负担，但当事人另有约定的除外。"所以乙无权要求甲承担100元费用，选项D正确。

第十一章　提供智力成果的合同

第一节　技　术　合　同

一、技术合同的概念与特征

（一）概念

技术合同，是指当事人就技术开发、技术转让、技术咨询与技术服务订立的确立相互间权利义务的合同，技术合同是技术开发、技术转让、技术咨询和技术服务等以技术及提供技术的行为为标的的合同的总称。

（二）特征

1. 技术合同是双务、有偿合同

在技术合同中，一方当事人进行开发、转让、咨询或者服务，另一方支付报酬，故技术合同是双务、有偿合同。

2. 技术合同是诺成合同

技术合同自双方当事人达成合意即告成立，属于诺成合同。

3. 技术合同的特殊规定

技术开发合同与技术转让合同为要式合同；技术咨询合同与技术服务合同为非要式合同。

二、职务技术成果的权益归属

（一）职务技术成果的认定

职务技术成果包括两类：

1. 执行法人或者其他组织的工作任务完成的技术成果，包括：

（1）履行本职工作或者履行本单位交付的本职工作之外的任务所完成的技术成果。

（2）离职、退休或者调动工作1年内完成的与其在原单位承担的本职工作或者原单位分配的任务有关的技术成果。

2. 主要利用法人或者其他组织的物质技术条件所完成的技术成果，包括：

（1）职工在技术成果的研究开发过程中，全部或者大部分利用了法人或者其他组织的资金、设备、器材、原材料、未公开的技术信息和资料等物质条件，并且这些物质条件对形成该技术成果具有实质性影响。

（2）该技术成果的实质性内容是在法人或者其他组织未公开的技术成果、阶段性技术成果的基础上完成的。

（二）职务技术成果的权益归属

1. 单位享有使用权、转让权、专利申请权

即职务技术成果的使用权、转让权、申请专利权属于法人或者其他组织。

2. 完成职务技术成果的个人享有署名权、获得报酬权等

具体包括：

（1）署名权，即在技术成果文件上写明自己是完成者。

（2）获得奖励或者报酬的权利。

（3）优先受让权，即法人或者其他组织转让职务技术成果时，享有在同等条件下优先受让的权利。

（4）获得单位以外授予的荣誉证书、奖励等的权利，如国家科技进步奖等。

（三）非职务技术成果的归属

专利申请权归发明人、设计人；申请批准后，发明人、设计人为专利权人。（发明人、设计人，是指对发明创造的实质性特点作出创造性贡献的人。）

注意：下列人员不属于发明人、设计人：① 在完成发明创造过程中只负责组织工作的人；② 为物质技术条件的利用提供方便的人；③ 从事其他辅助工作的人。

[历年真题] 1. 甲公司聘请乙专职从事汽车发动机节油技术开发。因开发进度没有达到甲公司的要求，甲公司减少了给乙的开发经费。乙于2007年3月辞职到丙公司，获得了更高的薪酬和更多的开发经费。2008年1月，乙成功开发了一种新型汽车节油装置技术。关于该技术专利申请权的归属，下列哪些选项是错误的？（2010年卷三65题）

A. 甲公司
B. 乙
C. 丙公司
D. 甲公司和丙公司共有

【答案】 BCD

【考点】 职务发明

【解析】《专利法》第6条第1款规定："执行本单位的任务或者主要是利用本单位的物质技术条件所完成的发明创造为职务发明创造。职务发明创造申请专利的权利属于该单位；申请被批准后，该单位为专利权人。"《专利法实施细则》第12条规定："专利法第六条所称执

行本单位的任务所完成的职务发明创造,是指:(一)在本职工作中作出的发明创造;(二)履行本单位交付的本职工作之外的任务所作出的发明创造;(三)退休、调离原单位后或者劳动、人事关系终止后1年内作出的,与其在原单位承担的本职工作或者原单位分配的任务有关的发明创造。专利法第六条所称本单位,包括临时工作单位;专利法第六条所称本单位的物质技术条件,是指本单位的资金、设备、零部件、原材料或者不对外公开的技术资料等。"

根据法律规定,乙在甲公司的本职工作任务是开发汽车发动机节油技术,乙辞职后1年内在丙公司开发出的汽车发动机节油技术仍然属于执行甲公司的任务所完成的职务发明创造,故专利申请权属于甲公司。故选项A正确,不当选;选项B错误,当选;选项C错误,当选;选项D错误,当选。

2. 工程师王某在甲公司的职责是研发电脑鼠标。下列哪些说法是错误的?(2012年卷三64题)

A. 王某利用业余时间研发的新鼠标的专利申请权属于甲公司
B. 如王某没有利用甲公司物质技术条件研发出新鼠标,其专利申请权属于王某
C. 王某主要利用了单位物质技术条件研发出新型手机,其专利申请权属于王某
D. 如王某辞职后到乙公司研发出新鼠标,其专利申请权均属于乙公司

【答案】 BCD
【考点】 专利权、职务发明归属
【解析】 《专利法》第6条第1款规定:"执行本单位的任务或者主要是利用本单位的物质技术条件所完成的发明创造为职务发明创造。职务发明创造申请专利的权利属于该单位;申请被批准后,该单位为专利权人。"《专利法实施细则》第12条规定:"专利法第六条所称执行本单位的任务所完成的职务发明创造,是指:(一)在本职工作中作出的发明创造;(二)履行本单位交付的本职工作之外的任务所作出的发明创造;(三)退休、调离原单位后或者劳动、人事关系终止后1年内作出的,与其在原单位承担的本职工作或者原单位分配的任务有关的发明创造。专利法第六条所称本单位,包括临时工作单位;专利法第六条所称本单位的物质技术条件,是指本单位的资金、设备、零部件、原材料或者不对外公开的技术资料等。"

依据法律规定,王某在甲公司的本职工作就是研发电脑鼠标,所以,即使王某利用业余时间开发出新鼠标,也属于因完成本职工作做出的发明创造,其专利申请权属于甲公司,故选项A正确,不当选。

因为王某的本职工作就是开发电脑鼠标,所以即使王某没有利用甲公司物质技术条件研发出新鼠标,该新鼠标也属于职务发明,专利申请权仍属于甲公司。故选项B错误,当选。

若王某主要利用了单位的物质技术条件研发出新型手机,该新型手机虽然不属于完成本职工作作出的发明创造,但因主要利用了本单位的物质技术条件,也属于职务发明创造,专利申请权属于单位,故选项C错误,当选。

王某辞职后1年内作出与在原单位承担的本职工作或者原单位分配的任务有关的发明创造,都属于职务发明,专利申请权属于甲公司。故选项D表述以偏概全,错误,当选。

三、委托开发、合作开发的技术成果之权益归属

(一)委托开发完成的发明创造的权益归属

《合同法》第339条规定,委托开发完成的发明创造,除当事人另有约定以外,申请专利

的权利属于研究开发人。研究开发人取得专利权的,委托人可以免费实施该专利。研究开发人转让专利申请权的,委托人享有以同等条件优先受让的权利。依据规定,对于委托开发的发明创造的归属:

(1) 当事人有约定的依约定。

(2) 当事人没有约定的,专利申请权属于研究开发人。研究开发人转让专利申请权的,委托人享有优先受让的权利。研究开发人取得专利权的,委托人可以免费实施该专利。

(二) 合作开发完成的发明创造的权益归属

《合同法》第340条规定:"合作开发完成的发明创造,除当事人另有约定的以外,申请专利的权利属于合作开发的当事人共有。当事人一方转让其共有的专利申请权的,其他各方享有以同等条件优先受让的权利。合作开发的当事人一方声明放弃其共有的专利申请权的,可以由另一方单独申请或者由其他各方共同申请。申请人取得专利权的,放弃专利申请权的一方可以免费实施该专利。合作开发的当事人一方不同意申请专利的,另一方或者其他各方不得申请专利。"依据规定,合作开发完成的发明创造的权益归属:

(1) 当事人有约定的依约定。

(2) 当事人没有约定的,专利申请权属于合作开发的当事人共有。

(3) 合作开发的当事人一方不同意申请专利的,另一方或者其他各方不得申请专利。

(4) 当事人一方转让其共有的专利申请权的,其他各方享有以同等条件优先受让的权利。

(5) 取得专利权的,放弃专利申请权的一方可以免费实施该专利。

[历年真题] 1. 甲研究所与刘某签订了一份技术开发合同,约定由刘某为甲研究所开发一套软件。3个月后,刘某按约定交付了技术成果,甲研究所未按约定支付报酬。由于没有约定技术成果的归属,双方发生争执。下列哪些选项是正确的?(2009年卷三62题)

A. 申请专利的权利属于刘某,但刘某无权获得报酬

B. 申请专利的权利属于刘某,且刘某有权获得约定的报酬

C. 如果刘某转让专利申请权,甲研究所享有以同等条件优先受让的权利

D. 如果刘某取得专利权,甲研究所可以免费实施该专利

【答案】 BCD

【考点】 委托开发完成的发明创造的权益归属

【解析】 《合同法》第339条规定:"委托开发完成的发明创造,除当事人另有约定的以外,申请专利的权利属于研究开发人。研究开发人取得专利权的,委托人可以免费实施该专利。研究开发人转让专利申请权的,委托人享有以同等条件优先受让的权利。"依据规定,选项C正确,当选;选项D正确,当选。

本题中,虽然申请专利的权利属于受托人刘某,但甲研究所仍应支付报酬,这是其合同义务。故选项A错误,选项B正确,当选。

2. 甲、乙、丙三人合作开发一项技术,合同中未约定权利归属。该项技术开发完成后,甲、丙想要申请专利,而乙主张通过商业秘密来保护。对此,下列哪些选项是错误的?(2010年卷三62题)

A. 甲、丙不得申请专利

B. 甲、丙可申请专利,申请批准后专利权归甲、乙、丙共有

C. 甲、丙可申请专利,申请批准后专利权归甲、丙所有,乙有免费实施的权利

D. 甲、丙不得申请专利，但乙应向甲、丙支付补偿费
【答案】 BCD
【考点】 合作开发完成的发明创造的权益归属
【解析】 《合同法》第340条规定："合作开发完成的发明创造，除当事人另有约定的以外，申请专利的权利属于合作开发的当事人共有。当事人一方转让其共有的专利申请权的，其他各方享有以同等条件优先受让的权利。合作开发的当事人一方声明放弃其共有的专利申请权的，可以由另一方单独申请或者由其他各方共同申请。申请人取得专利权的，放弃专利申请权的一方可以免费实施该专利。合作开发的当事人一方不同意申请专利的，另一方或者其他各方不得申请专利。"如果合作开发人乙不同意申请专利，则其他各方不得申请专利。甲、丙不得申请专利，故选项 A 正确，不当选；选项 B 错误，当选；选项 C 错误，当选；选项 D 错误，当选。

四、委托开发或者合作开发完成的技术秘密成果的权益归属

《合同法》第341条规定："委托开发或者合作开发完成的技术秘密成果的使用权、转让权以及利益的分配办法，由当事人约定。没有约定或者约定不明确，依照本法第六十一条的规定仍不能确定的，当事人均有使用和转让的权利，但委托开发的研究开发人不得在向委托人交付研究开发成果之前，将研究开发成果转让给第三人。"依据规定，委托开发或者合作开发完成的技术秘密成果的权益归属是：

（1）有约定依约定。
（2）没有约定的，当事人均有使用权和转让权。
（3）当事人一方将技术秘密成果的转让权让与他人，或者以独占、排他使用许可的方式许可他人使用技术秘密成果，未经对方当事人同意或者追认的，应当认定该让与或者学科行为无效，即在追认前，转让合同与许可合同均属于效力待定的合同。

[历年真题] 甲公司与乙公司签订一份技术开发合同，未约定技术秘密成果的归属。甲公司按约支付了研究开发经费和报酬后，乙公司交付了全部技术成果资料。后甲公司在未告知乙公司的情况下，以普通使用许可的方式许可丙公司使用该技术，乙公司在未告知甲公司的情况下，以独占使用许可的方式许可丁公司使用该技术。下列哪一说法是正确的？（2011年卷三15题）
A. 该技术成果的使用权仅属于甲公司
B. 该技术成果的转让权仅属于乙公司
C. 甲公司与丙公司签订的许可使用合同无效
D. 乙公司与丁公司签订的许可使用合同无效
【答案】 D
【考点】 技术开发合同
【解析】 《合同法》第341条规定："委托开发或者合作开发完成的技术秘密成果的使用权、转让权以及利益的分配办法，由当事人约定。没有约定或者约定不明确，依照本法第六十一条的规定仍不能确定的，当事人均有使用和转让的权利，但委托开发的研究开发人不得在向委托人交付研究开发成果之前，将研究开发成果转让给第三人。"根据规定，委托开发的技术秘密成果，当事人对其权益归属没有约定，又不能按照《合同法》第61条确定时，委托人和受

托人均享有使用权和转让权。故选项 A 错误,不当选;选项 B 错误,不当选。

《技术合同解释》第 20 条规定:"合同法第三百四十一条所称'当事人均有使用和转让的权利',包括当事人均有不经对方同意而自己使用或者以普通使用许可的方式许可他人使用技术秘密,并独占由此所获利益的权利。当事人一方将技术秘密成果的转让权让与他人,或者以独占或者排他使用许可的方式许可他人使用技术秘密,未经对方当事人同意或者追认的,应当认定该让与或者许可行为无效。"根据规定,本题中,甲、丙之间的普通使用许可合同有效,故选项 C 错误,不当选。乙、丁之间的独占使用许可合同无效,故选项 D 正确,当选。

第二节 技术转让合同

一、技术转让合同的概念和特征

(一)概念

技术转让合同,是指当事人就专利权转让、专利申请权转让、技术秘密转让和专利实施许可所订立的合同。技术转让合同包括专利权转让合同、专利申请权转让合同、技术秘密转让合同和专利实施许可合同。

(二)特征

(1)技术转让合同的标的物为现有的技术成果。尚未研究开发的技术或者不涉及专利或者非专利技术成果的知识、技术、经验等,不能成为技术转让合同的标的物。

(2)技术转让合同可以对转让标的物的使用范围作出限制。

(3)技术转让合同为要式合同。《合同法》第 342 条第 2 款规定:"技术转让合同应当采用书面形式。"

二、技术转让合同当事人的权利和义务

(一)技术让与人的义务

(1)保证转让的技术及技术的权利无瑕疵,即对转让的技术承担瑕疵担保责任。

(2)专利权有效期届满或者专利权被宣告无效的,专利权人不得就该项专利与他人订立专利实施许可合同。

(3)按照约定转让技术成果,进行技术指导。让与人未按照约定转让技术的,应当返还部分或者全部使用费,并承担违约责任。

(4)交付有关实施技术的资料,并提供必要的技术指导,保证技术的实用性、可靠性。

(5)对技术保密。技术转让合同中涉及技术秘密的,应当保守秘密。

(二)技术受让人的义务

(1)按照约定合理使用技术。不得擅自许可第三人实施专利或者技术秘密。受让人擅自许可第三人使用的,与第三人构成共同侵权。

(2)按照约定承担保密义务。受让人违反约定的保密义务的,承担违约责任。

(3)按照约定支付使用费。未按照约定支付使用费的,应当补交使用费,并按照约定支付违约金;不补交使用费或者支付违约金的,应当停止实施专利或者使用技术秘密,交换技术资料,承担违约责任。

三、"非法垄断技术、妨碍技术进步"的技术转让合同无效

《技术合同解释》第10条规定，技术合同中的下列"非法垄断、妨碍技术进步"的合同条款无效：

（1）限制当事人一方在合同标的技术基础上进行新的研究开发或者限制其使用所改进的技术，或者双方交换改进技术的条件不对等，包括要求一方将其自行改进的技术无偿提供给对方、非互惠性转让给对方、无偿独占或者共享该改进技术的知识产权；

（2）限制当事人一方从其他来源获得与技术提供方类似技术或者与其竞争的技术；

（3）阻碍当事人一方根据市场需求，按照合理方式充分实施合同标的技术，包括明显不合理地限制技术接受方实施合同标的技术生产产品或者提供服务的数量、品种、价格、销售渠道和出口市场；

（4）要求技术接受方接受并非实施技术必不可少的附带条件，包括购买非必需的技术、原材料、产品、设备、服务以及接收非必需的人员等；

（5）不合理地限制技术接受方购买原材料、零部件、产品或者设备等的渠道或者来源；

（6）禁止技术接受方对合同标的技术知识产权的有效性提出异议或者对提出异议附加条件。

[历年真题] 1. 甲公司非法窃取竞争对手乙公司最新开发的一项技术秘密成果，与丙公司签订转让合同，约定丙公司向甲公司支付一笔转让费后拥有并使用该技术秘密。乙公司得知后，主张甲丙间的合同无效，并要求赔偿损失。下列哪些说法是正确的？（2009年卷三62题）

A. 如丙公司不知道或不应当知道甲公司窃取技术秘密的事实，则甲丙间的合同有效

B. 如丙公司为善意，有权继续使用该技术秘密，乙公司不得要求丙公司支付费用，只能要求甲公司承担责任

C. 如丙公司明知甲公司窃取技术秘密的事实仍与其订立合同，不得继续使用该技术秘密，并应当与甲公司承担连带赔偿责任

D. 不论丙公司取得该技术秘密权时是否为善意，该技术转让合同均无效

【答案】 CD

【考点】 技术秘密转让合同

【解析】《合同法》第329条规定："非法垄断技术、妨碍技术进步或者侵害他人技术成果的技术合同无效。"根据规定，本题中，甲、丙之间订立的技术转让合同侵犯了乙的商业秘密，无论丙是否知道或者应当知道该技术转让合同侵犯乙的商业秘密，甲、丙之间的技术转让合同均属无效。故选项A错误，不当选；选项D正确，当选。

《技术合同解释》第12条第1款规定："根据合同法第三百二十九条的规定，侵害他人技术秘密的技术合同被确认无效后，除法律、行政法规另有规定的以外，善意取得该技术秘密的一方当事人可以在其取得时的范围内继续使用该技术秘密，但应当向权利人支付合理的使用费并承担保密义务。"依据规定，选项B错误，不当选。

《技术合同解释》第12条第2款规定："当事人双方恶意串通或者一方知道或者应当知道另一方侵权仍与其订立或者履行合同的，属于共同侵权，人民法院应当判令侵权人承担连带赔偿责任和保密义务，因此取得技术秘密的当事人不得继续使用该技术秘密。"依据规定，本题

中,如果受让人丙公司明知甲公司窃取技术秘密的事实仍与其订立合同的话,属于共同侵权,应当承担连带赔偿责任和保密义务,因该无效合同而取得技术秘密的当事人不得继续使用该技术秘密。故选项C正确,当选。

2. 甲公司向乙公司转让了一项技术秘密。技术转让合同履行完毕后,经查该技术秘密是甲公司通过不正当手段从丙公司获得的,但乙公司对此并不知情,且支付了合理对价。下列哪一表述是正确的?(2013年卷三16题)

A. 技术转让合同有效,但甲公司应向丙公司承担侵权责任
B. 技术转让合同无效,甲公司和乙公司应向丙公司承担连带责任
C. 乙公司可在其取得时的范围内继续使用该技术秘密,但应向丙公司支付合理的使用费
D. 乙公司有权要求甲公司返还其支付的对价,但不能要求甲公司赔偿其因此受到的损失

【答案】 C

【考点】 技术秘密转让合同

【解析】 《合同法》第329条规定:"非法垄断技术、妨碍技术进步或者侵害他人技术成果的技术合同无效。"依据规定,本题中,甲、乙间的技术转让合同侵犯了丙的技术成果,该技术转让合同无效。故选项A错误,不当选。

甲、乙均侵犯了丙的技术秘密成果权,但甲、乙之间欠缺共同故意,不构成共同侵权,甲、乙无须承担连带责任。故选项B错误,不当选。

《技术合同解释》第12条第1款规定:"根据合同法第三百二十九条的规定,侵害他人技术秘密的技术合同被确认无效后,除法律、行政法规另有规定的以外,善意取得该技术秘密的一方当事人可以在其取得时的范围内继续使用该技术秘密,但应当向权利人支付合理的使用费并承担保密义务。"根据规定,选项C正确,当选。

甲、乙之间的技术转让合同无效,乙有权请求甲方返还不当得利,并请求甲承担缔约过失责任。故选项D错误,不当选。

五、后续改进的技术成果的权益归属

[相关法条]

《合同法》第354条 当事人可以按照互利的原则,在技术转让合同中约定实施专利、使用技术秘密后续改进的技术成果的分享办法。没有约定或者约定不明确,依照本法第六十一条的规定仍不能确定的,一方后续改进的技术成果,其他各方无权分享。

1. 根据《合同法》第354条规定,技术转让合同的双方当事人可以约定实施专利、使用技术秘密后续改进的技术成果的权益归属。没有约定的,一方后续改进的技术成果,其他各方无权分享。

2. 关于双方当事人"约定"的限制(下列约定无效)
(1) 限制一方当事人在合同标的技术基础上进行新的研究开发的约定无效;
(2) 限制一方当事人使用其所改进的技术的约定无效;
(3) 双方交换改进技术的条件不对等的约定无效。

[历年真题] 甲公司与乙公司签订一份专利实施许可合同,约定乙公司在专利有效期限内独占实施甲公司的专利技术,并特别约定乙公司不得擅自改进该专利技术。后乙公司根据消费者的反馈意见,在未经甲公司许可的情形下对专利技术做了改进,并对改进技术采取了保

密措施。下列哪一说法是正确的？（2012年卷三16题）
A. 甲公司有权自己实施该专利技术
B. 甲公司无权要求分享改进技术
C. 乙公司改进技术侵犯了甲公司的专利权
D. 乙公司改进技术属于违约行为

【答案】 B
【考点】 专利实施许可合同、专利技术改进
【解析】 《合同法》第354条规定："当事人可以按照互利的原则，在技术转让合同中约定实施专利、使用技术秘密后续改进的技术成果的分享办法。没有约定或者约定不明确，依照本法第六十一条的规定仍不能确定的，一方后续改进的技术成果，其他各方无权分享。"依据规定，本题中，在甲、乙的技术转让合同中，双方未约定乙改进的后续技术成果的权益归属，该后续技术成果归属乙公司，甲公司无权分享。同时，乙对改进技术还采取了保密措施，即使乙不申请专利，乙对该技术成果也享有技术秘密权，甲不得擅自使用。故选项A错误，不当选；选项B正确，当选。

《合同法》第329条规定："非法垄断技术、妨碍技术进步或者侵害他人技术成果的技术合同无效。"《技术合同解释》第10条规定："下列情形，属于合同法第三百二十九条所称的'非法垄断、妨碍技术进步'：(一)限制当事人一方在合同标的技术基础上进行新的研究开发或者限制其使用所改进的技术，或者双方交换改进技术的条件不对等，包括要求一方将其自行改进的技术无偿提供给对方、非互惠性转让给对方、无偿独占或者共享该改进技术的知识产权；(二)限制当事人一方从其他来源获得与技术提供方类似技术或者与其竞争的技术；(三)阻碍当事人一方根据市场需求，按照合理方式充分实施合同标的技术，包括明显不合理地限制技术接受方实施合同标的的技术生产产品或者提供服务的数量、品种、价格、销售渠道和出口市场；(四)要求技术接受方接受并非实施技术必不可少的附带条件，包括购买非必需的技术、原材料、产品、设备、服务以及接收非必需的人员等；(五)不合理地限制技术接受方购买原材料、零部件、产品或者设备等的渠道或者来源；(六)禁止技术接受方对合同标的的技术知识产权的有效性提出异议或者对提出异议附加条件。"依据规定，本题中，甲、乙约定"乙公司不得擅自改进该技术专利"的约定属于"垄断技术、妨碍技术进步的约定"，该部分约定无效。约定无效，乙改进技术的行为不构成违约。故选项D错误，不当选。

只有未经专利权人许可，擅自实施了《专利法》第11条规定的受专利权控制的行为，又无违法阻却事由，才会构成侵犯专利权的行为。擅自改进专利技术的行为本身一般不会构成侵犯专利权。故选项C错误，不当选。

第五编
侵权责任法

第一章 侵权责任的概述

一、侵权责任的保护范围

[相关法条]

《侵权责任法》第2条　侵害民事权益,应当依照本法承担侵权责任。

本法所称民事权益,包括生命权、健康权、姓名权、名誉权、荣誉权、肖像权、隐私权、婚姻自主权、监护权、所有权、用益物权、担保物权、著作权、专利权、商标专用权、发现权、股权、继承权等人身、财产权益。

侵权责任保护范围可总结为:

1. 权益 = 权利 + 利益,包括但不限于:

(1) 人身权;

(2) 物权;

(3) 知识产权;

(4) 股权;

(5) 继承权。

2. 身体权、名称权没有规定,但是也包括在内。

3. 隐私权是新增权利。

4. 第三人侵犯债权制度原则上不予承认。

二、侵权责任的归责原则

一般分为过错责任原则和无过错责任原则,具体分为五项:

(一) 过错责任原则

过错责任原则是指行为人的过错是侵权责任的必备条件的规则原则。《侵权责任法》第6条第1款规定,行为人因过错侵害他人民事权益,应当承担侵权责任。法律没有明确规定不以过错为要件的,过错便是行为人承担侵权责任的要件。

在适用过错责任原则时,第三人过错和被侵权人过错对责任承担有重要影响。如果数人基于共同故意实施侵权行为,应承担连带赔偿责任;如果损害是因受害人故意造成的,行为人不承担责任;如果被侵权人对损害的发生也有过错,可以减轻侵权人的责任。

(二) 过错推定责任原则

过错推定责任,是指根据法律规定推定行为人有过错,行为人不能证明自己没有过错的,应当承担侵权责任。换句话说,发生损害即推定有过错,被告通过证明无过错可以免责(仅限于法律特别规定)。

[相关法条]

《侵权责任法》第38条　无民事行为能力人在幼儿园、学校或者其他教育机构学习、生活期间受到人身损害的,幼儿园、学校或者其他教育机构应当承担责任,但能够证明尽到教育、管理职责的,不承担责任。

《侵权责任法》第 58 条　患者有损害,因下列情形之一的,推定医疗机构有过错:(一)违反法律、行政法规、规章以及其他有关诊疗规范的规定;(二)隐匿或者拒绝提供与纠纷有关的病历资料;(三)伪造、篡改或者销毁病历资料。

《侵权责任法》第 81 条　动物园的动物造成他人损害的,动物园应当承担侵权责任,但能够证明尽到管理职责的,不承担责任。

过错推定责任的范围包括以下几种:
(1)《侵权责任法》第 38 条,无民事行为能力人的校园侵权。
(2)《侵权责任法》第 58 条,医疗损害责任。
(3)《侵权责任法》第 81 条,动物园的动物侵权。
(4)《侵权责任法》第 86 条,物件损害责任。

(三)相对的无过错责任原则不以过错为要件,但存在不可抗力等法定免责事由(仅限于法律特别规定)。相对无过错责任的范围,法律规定的大多数特殊侵权责任:
(1)监护责任;
(2)雇主责任;
(3)产品责任(生产者);
(4)交通事故责任(机动车与非机动车驾驶人和行人);
(5)环境污染责任;
(6)高度危险作业责任;
(7)家庭饲养动物侵权;
(8)物件倒塌损害责任。

(四)绝对的无过错责任原则

绝对责任,不以过错为要件,也不存在任何其他免责事由(仅限于法律特别规定)。

绝对无过错责任的范围只有 2 种:
(1)《侵权责任法》第 79 条,违规饲养动物的责任。
(2)《侵权责任法》第 80 条,饲养违禁动物的责任。

[相关法条]

《侵权责任法》第 79 条　违反管理规定,未对动物采取安全措施造成他人损害的,动物饲养人或者管理人应当承担侵权责任。

《侵权责任法》第 80 条　禁止饲养的烈性犬等危险动物造成他人损害的,动物饲养人或者管理人应当承担侵权责任。

(五)公平补偿

[相关法条]

《侵权责任法》第 24 条　受害人和行为人对损害的发生都没有过错的,可以根据实际情况,由双方分担损失。

适用对象:作为侵权行为法归责原则的补充性规定,既不适用过错责任的情形,也不能适用无过错责任的情形。也就是说其适用的前提是:
(1)不适用于适用无过错责任的情形。
(2)双方皆无过错。

第二章　侵权责任的构成与免除

一、侵权责任的构成要件

（一）有侵害行为

有侵害行为，是指行为人实施的行为违反了法律的规定，具体表现为作为的违法行为和不作为的违法行为。作为的违法行为，是指法律禁止实施某种行为，行为人违反法律而作为。不作为的违法行为，是指法律要求行为人在某种情况下必须实施某种行为，而负有这种义务的人不履行其义务，就构成不作为的违法行为。

（二）有损害事实的客观存在

损害事实包括财产损害、人身损害和精神损害。需要注意的是，损害事实不仅包括已经存在的不利后果，还包括构成现实威胁的不利后果，例如，某人的房屋倾斜。如其不采取防范措施，房屋随时有可能倒塌损害他人的人身、财产安全。

（三）侵害行为与损害事实间的因果关系

因果关系，是指行为人的行为与损害事实之间存在引起与被引起的客观联系。因果关系是侵权行为的必备构成要件，在行为与损害事实之间确定存在因果关系的，就有可能构成侵权责任。

（四）行为人主观上具有过错

行为人主观上有过错，是一般侵权行为的专属构成要件。只要法律没有明确规定不以过错为要件，则过错就是行为人承担侵权责任的要件。

二、侵权责任的免责事由

（一）正当理由——违法行为的正当化

1. 依法执行职务

依法执行职务，指为了维护社会公共利益和公民的合法权益，在执行职务时，不可避免地对他人的财产和人身造成伤害，不构成侵权行为，不承担侵权责任。

（1）依法执行职务的范围包括：① 国家机关工作人员在执行职务的范围内不可避免地造成他人损害的；② 工作人员因合法执行职务的需要损害他人；③ 公民依法维护公共利益和公共秩序的行为。

（2）依法执行职务的构成要件：① 有合法的授权；② 执行职务的程序和方式均合法；③ 致人损害是执行职务的需要。

2. 受害人同意

受害人同意，指受害人事先明确作出自愿承担某种损害结果的意思表示，且该自愿受损的意思表示不违反法律和社会公共利益。

3. 正当防卫

《侵权责任法》第30条规定："因正当防卫造成损害的，不承担责任。正当防卫超过必要的限度，造成不应有的损害的，正当防卫人应当承担适当的责任。"

4. 紧急避险

《侵权责任法》第31条规定:"因紧急避险造成损害的,由引起险情发生的人承担责任。如果危险是由自然原因引起的,紧急避险人不承担责任或者给予适当补偿。紧急避险采取措施不当或者超过必要的限度,造成不应有的损害的,紧急避险人应当承担适当的责任。"

(二)外来原因——因果关系的介入

1. 受害人过错

(1)过错相抵。《侵权责任法》第26条规定:"被侵权人对损害的发生也有过错的,可以减轻侵权人的责任。"

(2)受害人的故意。《侵权责任法》第27条规定:"损害是因受害人故意造成的,行为人不承担责任。"

2. 第三人原因

《侵权责任法》第28条规定:"损害是因第三人造成的,第三人应当承担侵权责任。"

3. 不可抗力

《侵权责任法》第29条规定:"因不可抗力造成他人损害的,不承担责任。法律另有规定的,依照其规定。"

第三章 多数人侵权

一、共同侵权行为

(一)概念

共同侵权行为,是指二人以上共同实施的需要对损害后果负连带赔偿责任的加害行为。共同侵权行为是一般侵权行为的类型之一,因为这类侵权行为也适用过错规则原则,其构成要件也有四个:违法行为、损害事实、因果关系和过错。

(二)共同侵权行为的类型

共同侵权行为分为普通共同侵权行为以及复杂型共同侵权行为。复杂型共同侵权行为又可以区分为:教唆帮助型共同侵权行为和共同危险行为。

1. 普通型共同侵权行为

普通型共同侵权行为是共同侵权行为的一般情况,符合共同侵权的一般要件,即加害人是数人;数个加害人主观有共同过错:共同故意或共同过失或故意与过失的混合行为;共同的违法行为;共同违法行为导致了同一的损害结果;共同的违法行为与同一的损害结果之间具有因果关系。依照法律规定,共同侵权人负连带责任。

《侵权责任法》第8条规定:"二人以上共同实施侵权行为,造成他人损害的,应当承担连带责任。"

2. 教唆、帮助的共同侵权行为。

[法律依据]

《民通意见》第148条 教唆、帮助他人实施侵权行为的人,为共同侵权人,应当承担连带民事责任。

教唆、帮助无民事行为能力人实施侵权行为的人,为侵权人,应当承担民事责任。

教唆、帮助限制民事行为能力人实施侵权行为的人,为共同侵权人,应当承担主要民事责任。

《侵权责任法》第9条 教唆、帮助他人实施侵权行为的,应当与行为人承担连带责任。

教唆、帮助无民事行为能力人、限制民事行为能力人实施侵权行为的,应当承担侵权责任;该无民事行为能力人、限制民事行为能力人的监护人未尽到监护责任的,应当承担相应的责任。

（1）教唆、帮助者与行为人构成共同侵权行为,承担连带责任。
（2）教唆、帮助无行为能力人、限制行为能力人实施侵权行为,教唆帮助人承担责任。
（3）被教唆帮助的监护人未尽到监护责任的,应当承担相应的责任,是按份责任。

3. 共同危险行为

《侵权责任法》第10条规定:"二人以上实施危及他人人身、财产安全的行为,其中一人或者数人的行为造成他人损害,能够确定具体侵权人的,由侵权人承担责任;不能确定具体侵权人的,行为人承担连带责任。"

（1）共同危险行为的构成要件。① 两个以上的人均实施了足以造成他人人身、财产损害的事实。② 其中一个行为或者部分行为造成了损害后果。③ 但不能确定是谁的行为实际造成了损害后果的发生。

例 甲、乙、丙三人在河边用石子玩打水漂游戏,比看谁打得更远。正好有一个小孩儿在河对岸玩耍,被打过来的石子击中头部,造成伤害,难以确定实际加害人。甲、乙、丙的行为构成共同危险行为。共同危险行为的主要特征在于加害人不明,受害人难以证明因果关系,故在责任成立上推定甲、乙、丙的行为与损害结果之间具有因果关系,对损害承担连带责任。

（2）免责事由——能够确定具体侵权人此处注意与"人身损害赔偿解释"区别:《人身损害赔偿解释》:证明危险行为与损害没有因果关系;《侵权行为法》:免责事由是证明具体侵权人。

（3）共同危险行为责任承担。① 共同危险行为人承担连带责任。② 如果能确定实际加害人,则由实际加害人单独承担责任,其他行为人免责。③ 如果不能确定实际加害人,行为人及时证明自己的行为与损害无因果关系,也不能免除责任。

二、无意思联络的数人侵权

[相关法条]

《侵权责任法》第11条 二人以上分别实施侵权行为造成同一损害,每个人的侵权行为都足以造成全部损害的,行为人承担连带责任。

《侵权责任法》第12条 二人以上分别实施侵权行为造成同一损害,能够确定责任大小的,各自承担相应的责任;难以确定责任大小的,平均承担赔偿责任。

（一）概念

无意思联络的数人侵权是数个行为人事先没有共同的意思联络,但他们的单独行为在客观上共同导致了受害人的损害,法律根据其损害的可分与不可分确定赔偿责任的行为。

（二）《侵权责任法》第11条规定的无意思联络的数人侵权

1. 构成要件

（1）二人以上分别实施侵权行为,无共同故意或者共同过失,不属于共同侵权。

(2) 其加害行为结合在一起,同时造成同一个不可分割的损害后果。
(3) 在因果关系上,每个人的行为都足以造成全部损害。
2. 责任承担
加害人承担连带责任。由于每个人的行为均足以造成全部损害,让其承担连带责任并不为过。受害人有权起诉任何一个加害人,也可以在一个诉讼中起诉所有的加害人。

(三)《侵权责任法》第12条规定的无意思联络的数人侵权
1. 构成要件
(1) 二人以上分别实施加害行为,无共同故意或者共同过失,不构成共同侵权。
(2) 其加害行为结合在一起,共同造成同一个不可分割的损害。
(3) 在因果关系上,每个人的行为单独不足以造成全部损害,结合在一起共同造成损害后果的发生。
2. 责任承担
加害人按照其原因力大小及过错程度承担按份责任,换言之,能够确定责任大小的,各自承担相应的责任;难以确定责任大小的,平均承担赔偿责任。

[历年真题] 1. 甲在晚10点30分酒后驾车回家,车速每小时80公里,该路段限速60公里。为躲避乙逆向驾驶的摩托车,将行人丙撞伤,丙因住院治疗花去10万元。关于丙的损害责任承担,下列哪一说法是正确的?(2010年卷三20题)
A. 甲应承担全部责任　　　　　　B. 乙应承担全部责任
C. 甲、乙应承担按份责任　　　　D. 甲、乙应承担连带责任
【答案】　C(司法部公布的答案是 D)
【考点】　共同侵权
【解析】　本题司法部公布的答案为 D 选项,但《人身损害赔偿解释》第3条第1款已经被《侵权责任法》第8—12条修正。《人身损害赔偿解释》第3条第1款规定的"客观关联的共同侵权"已被废止。

根据《侵权责任法》的规定,二人以上基于共同故意或者共同过失实施侵权行为的,构成共同侵权,依照《侵权责任法》第8条规定承担连带责任。二人以上不存在共同故意或者共同过失,分别实施侵权行为造成同一损害的,不按照共同侵权处理,如果每一个加害人的行为单独均足以导致损害后果的,构成累积的因果关系案型,加害人依照《侵权责任法》第11条的规定承担连带责任;如果每一个加害人的行为单独不足以造成损害后果,需要共同结合才能导致损害后果的,构成共同因果关系,加害人依照《侵权责任法》第12条承担按份责任。本题中,甲有酒后超速驾驶的加害行为,乙有违章逆行的加害行为,但因甲、乙主观上无共同故意或共同过失,不构成共同侵权。但是,甲、乙分别实施的加害行为结合在一起造成同一损害,且甲、乙的行为单独均不足以导致损害后果的发生,应适用《侵权责任法》第12条,甲、乙应承担按份责任。所以本题的答案应为选项 C。

2. 甲饲养的一只狗在乙公司施工的道路上追咬丙饲养的一只狗,行人丁避让中失足掉入施工形成的坑里,受伤严重。下列哪些说法是错误的?(2009年卷二70题)
A. 如甲能证明自己没有过错,不应承担对丁的赔偿责任
B. 如乙能证明自己没有过错,不应承担对丁的赔偿责任
C. 如丙能证明自己没有过错,不应承担对丁的赔偿责任

D. 此属意外事件,甲、乙、丙均不应承担对丁的赔偿责任

【答案】 ACD

【考点】 分别侵权

【解析】《侵权责任法》第78条规定:"饲养的动物造成他人损害的,动物饲养人或者管理人应当承担侵权责任,但能够证明损害是因被侵权人故意或者重大过失造成的,可以不承担或者减轻责任。"可知,饲养动物致人损害的责任是无过错责任,因此,甲、丙即使证明自己对损害的发生没有过错,也不能免除责任。故选项A表述错误,当选;选项C表述错误,当选。

《侵权责任法》第91条第1款规定:"在公共场所或者道路上挖坑、修缮安装地下设施等,没有设置明显标志和采取安全措施造成他人损害的,施工人应当承担侵权责任。"可知,地面施工致人损害的责任采用过错推定的归责方式,所以,选项B表述正确,不当选。

意外事件是指致害人虽尽合理注意,也难以预见的加害事实。本题中,甲、丙放任饲养动物在道路上游走,应当能够预见自己的动物很可能致人损害;乙公司没有设置明显标志和采取安全措施,也应当预见到很容易致人损害,甲、乙、丙均有预见可能性。所以该加害事实不属于意外事件,选项D表述错误,当选。

第四章 具体侵权行为

第一节 特殊主体的侵权行为与责任

一、无、限制民事行为能力人致人损害的责任承担

[相关法条]

《侵权责任法》第32条 无民事行为能力人、限制民事行为能力人造成他人损害的,由监护人承担侵权责任。监护人尽到监护责任的,可以减轻其侵权责任。

有财产的无民事行为能力人、限制民事行为能力人造成他人损害的,从本人财产中支付赔偿费用。不足部分,由监护人赔偿。

(一) 无民事行为能力人、限制民事行为能力人造成他人损害的责任承担

(1) 无民事行为能力人、限制民事行为能力人自己有财产的,从本人财产中支付赔偿费用。不足部分,由监护人赔偿。

(2) 无民事行为能力人、限制民事行为能力人自己没有财产的,由监护人承担责任。

(3) 父母离婚后,由与该子女共同生活的父母一方承担责任,如果独立承担责任有困难的,可以要求不与该子女共同生活的另一方承担剩余的责任。

(4) 监护人尽了监护职责的,可以适当减轻民事责任,但不能免责。

(二) 委托监护与擅自变更监护情形下无民事行为能力人、限制民事行为能力人造成他人损害的责任承担

(1)《民通意见》第22条规定:"监护人可以将监护职责部分或者全部委托给他人。因被监护人的侵权行为需要承担民事责任的,应当由监护人承担,但另有约定的除外;被委托人确有过错的,负连带责任。"

(2)《民通意见》第18条规定:"监护人被指定后,不得自行变更。擅自变更的,由原被指定的监护人和变更后的监护人承担监护责任。"

[历年真题]

甲的儿子乙(8岁)因遗嘱继承了祖父遗产10万元。某日,乙玩耍时将另一小朋友丙的眼睛划伤。丙的监护人要求甲承担赔偿责任2万元。后法院查明,甲已尽到监护职责。下列哪一说法是正确的?(2015年卷三24题)

A. 因乙的财产足以赔偿丙,故不需用甲的财产赔偿
B. 甲已尽到监护职责,无需承担侵权责任
C. 用乙的财产向丙赔偿,乙赔偿后可在甲应承担的份额内向甲追偿
D. 应由甲直接赔偿,否则会损害被监护人乙的利益

【答案】 A

【考点】 无民事行为能力人侵权

【解析】 依据《侵权责任法》第32条第2款的规定:"有财产的无民事行为能力人、限制民事行为能力人造成他人损害的,从本人财产中支付赔偿费用。不足部分,由监护人赔偿。"本题中,8岁的乙继承了祖父遗产10万元,乙本人财产足以支付赔偿费用,则监护人无须承担赔偿责任。故选项A正确,当选。选项C、选项D错误,不当选。

《侵权责任法》第32条第1款的规定:"无民事行为能力人、限制民事行为能力人造成他人损害的,由监护人承担侵权责任。监护人尽到监护责任的,可以减轻其侵权责任。"本题中,法院查明,甲已尽到监护职责,可以适当减轻其责任,而不是无需承担责任,故选项B错误,不当选。

二、幼儿园、学校或者其他教育机构的侵权行为与责任

[相关法条]

《侵权责任法》第38条 无民事行为能力人在幼儿园、学校或者其他教育机构学习、生活期间受到人身损害的,幼儿园、学校或者其他教育机构应当承担责任,但能够证明尽到教育、管理职责的,不承担责任。

《侵权责任法》第39条 限制民事行为能力人在学校或者其他教育机构学习、生活期间受到人身损害,学校或者其他教育机构未尽到教育、管理职责的,应当承担责任。

《侵权责任法》第40条 无民事行为能力人或者限制民事行为能力人在幼儿园、学校或者其他教育机构学习、生活期间,受到幼儿园、学校或者其他教育机构以外的人员人身损害的,由侵权人承担侵权责任;幼儿园、学校或者其他教育机构未尽到管理职责的,承担相应的补充责任(为一般过错责任)。

(一)概念

教育机构的责任是指幼儿园、学校或者其他教育机构未尽教育管理职责,导致无行为能力人和限制行为能力人在其机构学习和生活期间受到人身损害,该教育机构应承担侵权责任。

(二)构成要件

(1)无、限制民事行为能力人在教育机构学习和生活期间受到人身损害。
(2)教育机构未尽到教育、管理义务。
(3)教育机构的不作为与损害事实之间具有因果关系。

（4）教育机构具有过错。教育机构的责任与监护人的责任不同，监护人的责任为无过错责任，教育机构对自己的过错承担责任。

（三）责任承担

1. 无民事行为能力人在教育机构遭受人身损害的责任承担

（1）归责原则。无民事行为能力人在教育机构遭受人身损害的，教育机构承担过错推定责任。

（2）因教育机构未尽到教育、管理责任的，直接由教育机构承担与其过错相应的责任。

（3）因教育机构以外的第三人造成人身损害的，由第三人承担责任，教育机构承担与其过错相应的补充责任。

2. 限制民事行为能力人在教育机构遭受人身损害的责任承担

（1）归责原则。限制民事行为能力人在教育机构遭受人身损害的，教育机构承担过错责任。

（2）因教育机构未尽到教育管理责任的，直接由教育机构承担与其过错相应的责任。

（3）因教育机构以外的第三人造成人身损害的，由第三人承担责任，教育机构承担与其过错相应的补充责任。

[历年真题] 某小学组织春游，队伍行进中某班班主任张某和其他教师闲谈，未跟进照顾本班学生。该班学生李某私自离队购买食物，与小贩刘某发生争执被打伤。对李某的人身损害，下列哪一说法是正确的？（2009年卷三23题）

A. 刘某应承担赔偿责任
B. 某小学应承担赔偿责任
C. 某小学应与刘某承担连带赔偿责任
D. 刘某应承担赔偿责任，某小学应承担相应的补充赔偿责任

【答案】 D
【考点】 教育机构违反安保义务的责任
【解析】 《侵权责任法》第40条规定："无民事行为能力人或者限制民事行为能力人在幼儿园、学校或者其他教育机构学习、生活期间，受到幼儿园、学校或者其他教育机构以外的人员人身损害的，由侵权人承担侵权责任；幼儿园、学校或者其他教育机构未尽到管理职责的，承担相应的补充责任。"本题中，李某被刘某打伤，应对李某承担侵权责任，班主任张某未跟进照顾本班学生，未尽到管理职责，应承担相应的补充责任。所以本题答案为选项D。

三、用人者责任

[相关法条]

《侵权责任法》第34条　用人单位的工作人员因执行工作任务造成他人损害的，由用人单位承担侵权责任。

劳务派遣期间，被派遣的工作人员因执行工作任务造成他人损害的，由接受劳务派遣的用工单位承担侵权责任；劳务派遣单位有过错的，承担相应的补充责任。

《侵权责任法》第35条　个人之间形成劳务关系，提供劳务一方因劳务造成他人损害的，由接受劳务一方承担侵权责任。提供劳务一方因劳务自己受到损害的，根据双方各自的过错承担相应的责任。

（一）用人单位责任

1. 构成要件

（1）须有用工关系的存在。

（2）须有工作人员的致害行为。

（3）须有损害后果。

（4）工作人员的损害行为与损害结果之间具有因果关系。

2. 归责原则

无过错责任

用人单位的工作人员因执行工作任务造成他人损害的，由用人单位承担无过错的替代责任。

3. 责任主体

用人单位（国家机关、事业单位、企业、个体工商户等）。

工作人员不是责任主体。工作人员即使对损害的发生具有故意或者重大过失，也不对外承担责任。用人单位对外承担责任以后，是否有权向有过错的工作人员追偿。

4. 劳务派遣关系中的用工责任

（1）由接受劳务派遣的用工单位承担无过错的替代责任。

（2）用工单位的赔偿能力不足，劳务派遣单位有过错的，承担相应的补充责任。

[历年真题] 1. 甲电器销售公司的安装工人李某在为消费者黄某安装空调的过程中，不慎从高处掉落安装工具，将路人王某砸成重伤。李某是乙公司的劳务派遣人员，此前曾多次发生类似小事故，甲公司曾要求乙公司另派他人，但乙公司未予换人。下列哪一选项是正确的？（2014年卷三21题）

A. 对王某的赔偿责任应由李某承担，黄某承担补充责任

B. 对王某的赔偿责任应由甲公司承担，乙公司承担补充责任

C. 甲公司与乙公司应对王某承担连带赔偿责任

D. 对王某的赔偿责任承担应采用过错责任原则

【答案】 B

【考点】 劳务派遣致人损害的责任承担

【解析】《侵权责任法》第34条规定："用人单位的工作人员因执行工作任务造成他人损害的，由用人单位承担侵权责任。劳务派遣期间，被派遣的工作人员因执行工作任务造成他人损害的，由接受劳务派遣的用工单位承担侵权责任；劳务派遣单位有过错的，承担相应的补充责任。"可见，李某作为派遣员工工作期间造成他人损害，应当由用工单位甲公司承担侵权责任，同时，甲公司曾因类似小事故要求乙公司另派他人，但乙公司未予更换，即派遣单位也有过错，乙公司应当承担补充责任。另外，对王某的赔偿责任承担应采用无过错责任原则，而非过错责任原则。因此，选项A、C、D均错误，选项B正确。

2. 甲公司为劳务派遣单位，根据合同约定向乙公司派遣搬运工。搬运工丙脾气暴躁常与人争吵，乙公司要求甲公司更换丙或对其教育管理，甲公司不予理会。一天，乙公司安排丙为顾客丁免费搬运电视机，丙与丁发生激烈争吵故意摔坏电视机。对此，下列哪些说法是错误的？（2010年卷三70题）

A. 甲公司和乙公司承担连带赔偿责任

B. 甲公司承担赔偿责任,乙公司承担补充责任
C. 甲公司和丙承担连带赔偿责任
D. 丙承担赔偿责任,甲公司承担补充责任

【答案】 ABCD
【考点】 用人单位的责任
【解析】 《侵权责任法》第34条第2款规定:"劳务派遣期间,被派遣的工作人员因执行工作任务造成他人损害的,由接受劳务派遣的用工单位承担侵权责任;劳务派遣单位有过错的,承担相应的补充责任。"据此,丁的损害应当先由用工单位乙承担赔偿责任,乙无力赔偿的部分,由有过错的甲承担与其过错相应的补充责任。故选项A、B、C、D均错误。

(二) 因提供个人劳务致人损害的侵权责任

[相关法条]
《侵权责任法》第35条 个人之间形成劳务关系,提供劳务一方因劳务造成他人损害的,由接受劳务一方承担侵权责任。提供劳务一方因劳务自己受到损害的,根据双方各自的过错承担相应的责任。

1. 构成要件
(1) 须为个人之间的劳务关系。个人之间提供劳务,包括家庭用工、私人帮工。
(2) 提供劳务的一方造成他人的损害。
(3) 须提供劳务的行为与致人损害之间具有因果关系。

2. 责任承担
(1) 由接受劳务的一方承担无过错的替代责任。接受劳务一方对外承担责任以后,可以向有过错的提供劳务一方追偿。
(2) 劳务关系中提供劳务的一方自己受到损害的,接受劳务的一方有过错的,承担与其过错相应的责任。无过错的,无责任。双方都有过错的,各自承担与其过错相应的责任。

[历年真题] 1. 甲聘请乙负责照看小孩,丙聘请丁做家务。甲和丙为邻居,乙和丁为好友。一日,甲突生急病昏迷不醒,乙联系不上甲的亲属,急将甲送往医院,并将甲的小孩委托给丁临时照看。丁疏于照看,致甲的小孩在玩耍中受伤。下列哪一说法是正确的?(2012年卷三21题)

A. 乙将甲送往医院的行为属于无因管理
B. 丁照看小孩的行为属于无因管理,不构成侵权行为
C. 丙应当承担甲小孩的医疗费
D. 乙和丁对甲小孩的医疗费承担连带责任

【答案】 A
【考点】 个人劳务关系中的侵权责任、无因管理
【解析】 无因管理的构成要件有四个:(1) 管理人管理他人事物;(2) 管理人具有管理意思;(3) 管理人无管理的法定义务或约定义务;(4) 对事物的管理在客观上有利于本人,不违反本人明示或者可得推知的意思。本题中,甲只是聘请乙负责照看小孩,在甲昏迷时,乙并无送甲前往医院的约定或者法定的义务,因此,乙将甲送往医院的行为构成正当无因管理。选项A正确。

乙委托丙照看小孩,乙、丙间成立了委托合同,丙系基于委托合同照看小孩,丙对小孩的照

看是基于约定义务,因此不构成无因管理。同时,丙疏于照看小孩,致使甲的小孩在玩耍中受伤,丙的行为构成过错侵权,应承担过错侵权责任。因此,选项B错误。

甲与乙、丙与丁之间的法律关系均属于个人之间的劳务关系。《侵权责任法》第35条规定:"个人之间形成劳务关系,提供劳务一方因劳务造成他人损害的,由接受劳务一方承担侵权责任。"据此,在个人之间的劳务关系中,若提供劳务一方因劳务致人损害的,接受劳务一方须承担无过错的替代责任。不过,丙替乙照看甲的小孩,超出了丙、丁间的个人劳务关系范围,不属于因劳务致人损害,故接受劳务的一方丙无须承担责任。故选项C错误。乙对甲的小孩遭受损害没有过错,故乙无须承担责任。故选项D错误。

2. 甲在乙承包的水库游泳,乙的雇工丙、丁误以为甲在偷鱼苗将甲打伤。下列哪一说法是正确的?(2009年卷三22题)

A. 乙、丙、丁应承担连带责任　　B. 丙、丁应先赔偿甲的损失,再向乙追偿
C. 只能由丙、丁承担连带责任　　D. 只能由乙承担赔偿责任

【答案】 D

【解析】 《侵权责任法》第35条规定:"个人之间形成劳务关系,提供劳务一方因劳务造成他人损害的,由接受劳务一方承担侵权责任。提供劳务一方因劳务自己受到损害的,根据双方各自的过错承担相应的责任。"本题中,乙与丙、丁间形成劳务关系,提供劳务的丙、丁造成他人损害的,应当由接受劳务的乙承担责任。所以选项D正确,选项A、B、C错误。

四、网络用户、网络服务提供者致人损害的侵权行为与责任

[相关法条]

《侵权责任法》第36条　网络用户、网络服务提供者利用网络侵害他人民事权益的,应当承担侵权责任。

网络用户利用网络服务实施侵权行为的,被侵权人有权通知网络服务提供者采取删除、屏蔽、断开链接等必要措施。网络服务提供者接到通知后未及时采取必要措施的,对损害的扩大部分与该网络用户承担连带责任。

网络服务提供者知道网络用户利用其网络服务侵害他人民事权益,未采取必要措施的,与该网络用户承担连带责任。

(一) 构成要件

1. 网络用户利用网络实施侵权行为。
2. 网络用户的侵权行为导致受害人损害。
3. 网络服务提供者负有法定作为的义务而不作为

该不作为具体表现为:

(1) 网络用户利用网络服务实施侵权行为的,被侵权人有权通知网络服务提供者采取删除、屏蔽、断开链接等必要措施。网络服务提供者接到通知后未及时采取必要措施的。

(2) 网络服务提供者知道网络用户利用网络侵害他人权利,而未采取必要措施。

(二) 责任承担

(1) 网络服务提供者接到通知后未及时采取必要措施的,对损害的扩大部分与该网络用户承担连带责任。

(2) 网络服务提供者知道网络用户利用其网络服务侵害他人民事权益,未采取必要措施

的,与该网络用户承担连带责任。

[历年真题] 甲、乙是同事,因工作争执甲对乙不满,写了一份丑化乙的短文发布在丙网站。乙发现后要求丙删除,丙不予理会,致使乙遭受的损害扩大。关于扩大损害部分的责任承担,下列哪一说法是正确的?(2010年卷三23题)

A. 甲承担全部责任
B. 丙承担全部责任
C. 甲和丙承担连带责任
D. 甲和丙承担按份责任

【答案】 C
【考点】 网络侵权
【解析】 《侵权责任法》第36条第2款规定:"网络用户利用网络服务实施侵权行为的,被侵权人有权通知网络服务提供者采取删除、屏蔽、断开链接等必要措施。网络服务提供者接到通知后未及时采取必要措施的,对损害的扩大部分与该网络用户承担连带责任。"本题中,甲利用丙网站发布丑化乙的短文,乙要求丙删除,而丙并未删除,致使乙遭受的损害扩大,甲和丙应对扩大损害部分的责任承担连带责任。据此,本题应选选项C。

五、公共场所的管理者或者群众活动组织者不作为的责任

[相关法条]
《侵权责任法》第37条 宾馆、商场、银行、车站、娱乐场所等公共场所的管理人或者群众性活动的组织者,未尽到安全保障义务,造成他人损害的,应当承担侵权责任。

因第三人的行为造成他人损害的,由第三人承担侵权责任;管理人或者组织者未尽到安全保障义务的,承担相应的补充责任。

(一) 构成要件
(1) 公共场所的管理人和群众性活动的组织者对其支配的场所负有安全保障义务。
(2) 未履行法定安全保障义务。
(3) 有人身和财产损害事实。
(4) 损害事实与未履行安全保障义务之间具有因果关系。
(5) 安全保障义务人有过错。

(二) 责任承担
1. 违反安全保障义务直接给受害人造成人身、财产损害责任承担
(1) 归责方式安全保障义务人承担过错责任。
(2) 义务主体。义务主体是安全保障义务人,即公共场所的管理人和群众性活动的组织者。
2. 违反安全保障义务致使第三人给受害人造成损害的责任承担
(1) 归责方式。过错责任。
(2) 责任主体。第三人承担全部责任,第三人不能确定或无力承担责任的,管理人或者组织者未尽到安全保障义务的,承担相应的补充责任。

[历年真题] 1. 某洗浴中心大堂处有醒目提示语:"到店洗浴客人的贵重物品,请放前台保管"。

甲在更衣时因地滑摔成重伤,并摔碎了手上价值20万元的定情信物玉镯。经查明:因该

中心雇用的清洁工乙清洁不彻底,地面湿滑导致甲摔倒。下列哪一选项是正确的?(2015年卷三23题)

A. 甲应自行承担玉镯损失
B. 洗浴中心应承担玉镯的全部损失
C. 甲有权请求洗浴中心赔偿精神损害
D. 洗浴中心和乙对甲的损害承担连带责任

【答案】 C

【考点】 安全保障义务

【解析】 依据《侵权责任法》37条第1款的规定:"宾馆、商场、银行、车站、娱乐场所等公共场所的管理人或者群众性活动的组织者,未尽到安全保障义务,造成他人损害的,应当承担侵权责任。"洗浴中心应承担侵权责任。选项A错误。

甲存在过失,要求洗浴中心承担全部损失的说法错误,选项B错误。

依据《侵权责任法》第34条第1款的规定:"用人单位的工作人员因执行工作任务造成他人损害的,由用人单位承担侵权责任。"本题中,洗浴中心雇用的清洁工乙清洁不彻底,地面湿滑导致甲摔倒,造成的损害由洗浴中心承担责任。选项D错误。

《精神损害赔偿解释》第1条规定:"自然人因下列人格权利遭受非法侵害,向人民法院起诉请求赔偿精神损害的,人民法院应当依法予以受理:(一)生命权、健康权、身体权;(二)姓名权、肖像权、名誉权、荣誉权;(三)人格尊严权、人身自由权。违反社会公共利益、社会公德侵害他人隐私或者其他人格利益,受害人以侵权为由向人民法院起诉请求赔偿精神损害的,人民法院应当依法予以受理。"本题中,玉镯为定情信物,而且造成甲的重伤,甲有权请求精神损害赔偿。选项C正确,当选。

2. 小偷甲在某商场窃得乙的钱包后逃跑,乙发现后急追。甲逃跑中撞上欲借用商场厕所的丙,因商场地板湿滑,丙摔成重伤。下列哪些说法是错误的?(2012年卷三67题)

A. 小偷甲应当赔偿丙的损失
B. 商场须对丙的损失承担补充赔偿责任
C. 乙应适当补偿丙的损失
D. 甲和商场对丙的损失承担连带责任

【答案】 CD

【考点】 违反安全保障义务的侵权责任、正当防卫

【解析】 安全保障义务,是指宾馆、商场、银行、车站、娱乐场所等公共场所的管理人或者群众性活动的组织者所负有的在合理限度范围内保护他人人身和财产安全的义务。《侵权责任法》第37条规定:"宾馆、商场、银行、车站、娱乐场所等公共场所的管理人或者群众性活动的组织者,未尽到安全保障义务,造成他人损害的,应当承担侵权责任。因第三人的行为造成他人损害的,由第三人承担侵权责任;管理人或者组织者未尽到安全保障义务的,承担相应的补充责任。"本题中,小偷甲撞倒丙,丙摔成重伤,其应当对丙的损害承担赔偿责任。而商场地板湿滑,未尽到安全保障义务,应当对丙承担相应的补充赔偿责任。据此,选项A、B正确,选项C、D错误。

第二节 产品责任

[相关法条]

《侵权责任法》第 41 条　因产品存在缺陷造成他人损害的,生产者应当承担侵权责任。

《侵权责任法》第 42 条　因销售者的过错使产品存在缺陷,造成他人损害的,销售者应当承担侵权责任。

销售者不能指明缺陷产品的生产者也不能指明缺陷产品的供货者的,销售者应当承担侵权责任。

《侵权责任法》第 43 条　因产品存在缺陷造成损害的,被侵权人可以向产品的生产者请求赔偿,也可以向产品的销售者请求赔偿。

产品缺陷由生产者造成的,销售者赔偿后,有权向生产者追偿。因销售者的过错使产品存在缺陷的,生产者赔偿后,有权向销售者追偿。

《侵权责任法》第 44 条　因运输者、仓储者等第三人的过错使产品存在缺陷,造成他人损害的,产品的生产者、销售者赔偿后,有权向第三人追偿。

《侵权责任法》第 46 条　产品投入流通后发现存在缺陷的,生产者、销售者应当及时采取警示、召回等补救措施。未及时采取补救措施或者补救措施不力造成损害的,应当承担侵权责任。

《侵权责任法》第 47 条　明知产品存在缺陷仍然生产、销售,造成他人死亡或者健康严重损害的,被侵权人有权请求相应的惩罚性赔偿。

一、产品缺陷责任

(一) 归责原则无过错责任。

(二) 责任主体生产者、销售者。

(三) 责任承担

1. 生产者、销售者对外:连带责任

生产者、销售者对内:追偿时销售者根据过错分担责任。

生产者、销售者相互之间有追偿权。依据《侵权责任法》第 43 条第 2、3 款的规定,产品缺陷由生产者造成的,销售者赔偿后,有权向生产者追偿。

因销售者的过错使产品存在缺陷的,生产者赔偿后,有权向销售者追偿。

2. 仓储者、运输者有过错的,生产者、销售者赔偿后可向其追偿

《侵权责任法》第 44 条规定:"因运输者、仓储者等第三人的过错使产品存在缺陷,造成他人损害的,产品的生产者、销售者赔偿后,有权向第三人追偿。"

(四) 免责事由(《产品质量法》第 41 条)

(1) 未将产品投入流通的。

(2) 产品投入流通时,引起损害的缺陷尚不存在的。

(3) 将产品投入流通时的科学技术水平尚不能发现缺陷的存在的。

(五) 产品责任的三项创新(一个义务两个责任)

1. 缺陷产品召回义务

《侵权责任法》第 46 条规定:"产品投入流通后发现存在缺陷的,生产者、销售者应当及时

采取警示、召回等补救措施。未及时采取补救措施或者补救措施不力造成损害的,应当承担侵权责任。"

2. 排除妨害、消除危险责任

如果产品有缺陷,虽然没有发生实际损害后果,但有致人损害和财产损害的危险可能性,而且继续使用有缺陷的产品有可能危及他人人身及财产安全,则可以请求排除妨碍、消除危险。

《侵权责任法》第45条规定:"因产品缺陷危及他人人身、财产安全的,被侵权人有权请求生产者、销售者承担排除妨碍、消除危险等侵权责任。"

3. 惩罚性赔偿责任

惩罚性赔偿是指行为人明知产品有缺陷仍然生产、销售造成他人死亡或者健康严重损害的,受害人可以获得除实际损害赔偿金之外的损害赔偿金。《侵权责任法》第47条规定:"明知产品存在缺陷仍然生产、销售,造成他人死亡或者健康严重损害的,被侵权人有权请求相应的惩罚性赔偿。"

[历年真题] 1. 李某用100元从甲商场购买一只电热壶,使用时因漏电致李某手臂灼伤,花去医药费500元。经查该电热壶是乙厂生产的。下列哪一表述是正确的?(2013年卷三15题)

A. 李某可直接起诉乙厂要求其赔偿500元损失
B. 根据合同相对性原理,李某只能要求甲商场赔偿500元损失
C. 如李某起诉甲商场,则甲商场的赔偿范围以100元为限
D. 李某只能要求甲商场更换电热壶,500元损失则只能要求乙厂承担

【答案】 A
【考点】 产品责任
【解析】 《侵权责任法》第43条规定:"因产品存在缺陷造成损害的,被侵权人可以向产品的生产者请求赔偿,也可以向产品的销售者请求赔偿。产品缺陷由生产者造成的,销售者赔偿后,有权向生产者追偿。因销售者的过错使产品存在缺陷的,生产者赔偿后,有权向销售者追偿。据此可知,因产品存在缺陷造成损害的,被侵权人可以向产品的生产者请求赔偿,也可以向产品的销售者请求赔偿。"故选项A正确。

2. 甲系某品牌汽车制造商,发现已投入流通的某款车型刹车系统存在技术缺陷,即通过媒体和销售商发布召回该款车进行技术处理的通知。乙购买该车,看到通知后立即驱车前往丙销售公司,途中因刹车系统失灵撞上大树,造成伤害。下列哪些说法是正确的?(2011年卷三67题)

A. 乙有权请求甲承担赔偿责任
B. 乙有权请求丙承担赔偿责任
C. 乙有权请求惩罚性赔偿
D. 甲的责任是无过错责任

【答案】 ABD
【考点】 产品侵权
【解析】 《侵权责任法》第46条规定:"产品投入流通后发现存在缺陷的,生产者、销售者应当及时采取警示、召回等补救措施。未及时采取补救措施或者补救措施不力造成损害的,应当承担侵权责任。"本题中,汽车生产者甲公司虽采取了补救措施,但因补救措施不力造成产品侵权,仍应承担侵权责任。《侵权责任法》第43条第1款规定:"因产品存在缺陷造成损害

的,被侵权人可以向产品的生产者请求赔偿,也可以向产品的销售者请求赔偿。"故选项 A 正确,选项 B 正确。

《侵权责任法》第 47 条规定:"明知产品存在缺陷仍然生产、销售,造成他人死亡或者健康严重损害的,被侵权人有权请求相应的惩罚性赔偿。"受害人因产品侵权对生产者或销售者主张惩罚性赔偿责任,有两个限制条件:(1)生产者或销售者明知产品具有缺陷;(2)损害后果必须达到受害人死亡或健康严重损害的程度。本题中,生产者甲、销售者丙均不具备明知的要件,故选项 C 错误。

产品侵权的归责原则,通说认为生产者承担无过错责任。故选项 D 正确。

3. 大学生甲在寝室复习功课,隔壁寝室的学生乙、丙到甲寝室强烈要求甲打开电视观看足球比赛,甲只好照办。由于质量问题,电视机突然爆炸,甲、乙、丙三人均受重伤。关于三人遭受的损害,下列哪一选项是正确的?(2010年卷三21题)
A. 甲可要求电视机的销售者承担赔偿责任
B. 甲可要求乙、丙承担损害赔偿责任
C. 乙、丙无权要求电视机的销售者承担赔偿责任
D. 乙、丙有权要求甲承担损害赔偿责任

【答案】 A
【考点】 产品侵权
【解析】 《侵权责任法》第 43 条规定:"因产品存在缺陷造成损害的,被侵权人可以向产品的生产者请求赔偿,也可以向产品的销售者请求赔偿。产品的缺陷由生产者造成的,销售者赔偿后,有权向生产者追偿。因销售者的过错使产品存在缺陷的,生产者赔偿后,有权向销售者追偿。"可知,因产品侵权造成损害的,产品的生产者和销售者应对外承担无过错责任,且受害人享有选择权,可以要求生产者承担侵权责任,也可以要求销售者承担侵权责任。这种责任称为不真正连带责任。可知,本题中,电视机由于质量问题突然爆炸属于产品缺陷致人损害,被侵权人甲、乙、丙三人可以向产品的生产者请求赔偿,也可以向产品的销售者请求赔偿。所以选项 A 正确,选项 C 错误。

一般侵权行为的构成要求为:(1)行为的违法性;(2)损害事实的存在;(3)因果关系;(4)行为人主观上有过错。《侵权责任法》第 6 条第 1 款明确规定:"行为人因过错侵害他人民事权益,应当承担侵权责任。"本题中,乙、丙观看电视的行为并不具有违法性,而且乙、丙对甲的损害也没有过错,故乙、丙无须对甲承担赔偿责任,选项 B 错误。同理,甲没有侵害乙、丙的过错,也无须对乙、丙的损害承担赔偿责任,选项 D 错误。

第三节 机动车交通事故责任

[相关法条]

《侵权责任法》第 48 条 机动车发生交通事故造成损害的,依照道路交通安全法的有关规定承担赔偿责任。

《道路交通安全法》第 76 条 机动车发生交通事故造成人身伤亡、财产损失的,由保险公司在机动车第三者责任强制保险责任限额范围内予以赔偿;不足的部分,按照下列规定承担赔偿责任:

（一）机动车之间发生交通事故的，由有过错的一方承担赔偿责任；双方都有过错的，按照各自过错的比例分担责任。

（二）机动车与非机动车驾驶人、行人之间发生交通事故，非机动车驾驶人、行人没有过错的，由机动车一方承担赔偿责任；有证据证明非机动车驾驶人、行人有过错的，根据过错程度适当减轻机动车一方的赔偿责任；机动车一方没有过错的，承担不超过百分之十的赔偿责任。

交通事故的损失是由非机动车驾驶人、行人故意碰撞机动车造成的，机动车一方不承担赔偿责任。

一、归责原则

（1）机动车之间的归责原则为过错责任。
（2）机动车对非机动车、行人的归责原则为无过错责任。

二、免责事由

（1）过失相抵。非机动车、行人有过错的，适当减轻，机动车完全无过错的，责任减轻到不超过10%。
（2）故意免责。非机动车、行人故意碰撞造成的，机动车驾驶人不承担责任。

三、机动车所有人与使用人不一致的处理：以实际控制为准

（一）租赁、借用的机动车
（1）首先由保险公司在强制责任险的限额内赔偿；
（2）不足部分，由机动车使用人承担赔偿责任；
（3）机动车所有人对损害的发生有过错的，承担相应的赔偿责任。
（二）转让并交付但未办理登记的机动车
（1）首先由保险公司在强制责任险的限额内赔偿；
（2）不足部分，由受让人承担赔偿责任。
（三）转让拼装或者报废的机动车
以买卖等方式转让拼装或者已达到报废标准的机动车，由转让人和受让人承担连带责任。
（四）盗抢的机动车
（1）由盗窃人、抢劫人、抢夺人承担完全赔偿责任。
（2）保险公司在机动车强制责任险的限额内垫付抢救费用的，有权向责任人追偿。
（五）驾驶人逃逸时的救济
（1）如果机动车参加强制保险的，由保险公司在强制责任险的限额内赔偿（保险救济）。
（2）如果机动车不明或者未参加强制保险的，需要支付被侵权人人身伤亡的抢救、丧葬等费用的，由道路交通事故社会救助基金垫付（社会救济）。
（3）道路交通事故社会救助基金垫付后，有权向责任人追偿。

[历年真题] 1. 甲赴宴饮酒，遂由有驾照的乙代驾其车，乙违章撞伤丙。交管部门认定乙负全责。以下假定情形中对丙的赔偿责任，哪些表述是正确的？（2013年卷三67题）

A. 如乙是与甲一同赴宴的好友，乙不承担赔偿责任

B. 如乙是代驾公司派出的驾驶员，该公司应承担赔偿责任

C. 如乙是酒店雇佣的为饮酒客人提供代驾服务的驾驶员,乙不承担赔偿责任
D. 如乙是出租车公司驾驶员,公司明文禁止代驾,乙为获高额报酬而代驾,乙应承担赔偿责任

【答案】 BC
【考点】 过错责任、用人单位责任
【解析】 根据《侵权责任法》第49条的规定:"因租赁、借用等情形机动车所有人与使用人不是同一人时,发生交通事故后属于该机动车一方责任的,由保险公司在机动车强制保险责任限额范围内予以赔偿。不足部分,由机动车使用人承担赔偿责任;机动车所有人对损害的发生有过错的,承担相应的赔偿责任。"可知,甲赴宴饮酒时由有驾照的乙代驾,发生交通事故后,机动车使用人乙应当承担赔偿责任。所以选项A错误。

关于选项B。《侵权责任法》第34条第1款规定:"用人单位的工作人员因执行工作任务造成他人损害的,由用人单位承担侵权责任。"可知,如乙是代驾公司派出的驾驶员,因乙执行工作任务发生交通事故致人损害,应由用人单位代驾公司承担责任,乙不应承担赔偿责任。所以选项B正确。

同理,如果乙是酒店雇用的为饮酒客人提供代驾服务的驾驶员,乙违章撞伤丙属于职务侵权,应由酒店而非乙承担赔偿责任,所以选项C正确。

关于选项D。根据《民通意见》第58条的规定:"企业法人的法定代表人和其他工作人员,以法人名义从事的经营活动,给他人造成经济损失的,企业法人应当承担民事责任。"可知,乙作为出租车公司的工作人员,其以出租公司的名义从事活动的过程中致人损害时,应由出租公司承担责任,而不管公司是否明文禁止代驾。所以选项D错误。

2. 周某从迅达汽车贸易公司购买了1辆车,约定周某试用10天,试用期满后3天内办理登记过户手续。试用期间,周某违反交通规则将李某撞成重伤。现周某困难,无力赔偿。关于李某受到的损害,下列哪一表述是正确的?(2011年卷三6题)
A. 因在试用期间该车未交付,李某有权请求迅达公司赔偿
B. 因该汽车未过户,不知该汽车已经出卖,李某有权请求迅达公司赔偿
C. 李某有权请求周某赔偿,因周某是该汽车的使用人
D. 李某有权请求周某和迅达公司承担连带赔偿责任,因周某和迅达公司是共同侵权人

【答案】 C
【考点】 机动车道路交通事故侵权责任
【解析】 周某与迅达公司签订汽车试用买卖合同,试用买卖的特点是买卖合同虽已成立,但在买受人认可之前,买卖合同尚未生效。因此,虽然迅达公司已经向周某交付了汽车,但周某尚未取得汽车所有权,汽车的所有权仍归迅达公司。

根据《侵权责任法》第49条的规定:"因租赁、借用等情形机动车所有人与使用人不是同一人时,发生交通事故后属于该机动车一方责任的,由保险公司在机动车强制保险责任限额范围内予以赔偿。不足部分,由机动车使用人承担赔偿责任;机动车所有人对损害的发生有过错的,承担相应的赔偿责任。"可知,机动车发生交通事故时,应当由机动车的实际控制人,即使用人对自己的侵权行为承担赔偿责任,而非由机动车的所有人承担赔偿责任,除非机动车所有人对损害的发生有过错。本题中,周某在试用期间因违反交通规则将李某撞成重伤时,周某作为车辆的使用人应当承担责任,车辆所有人迅达汽车贸易公司对损害的发生并无过错,因此不

需要承担责任。据此,本题正确答案为选项 C。

3. 某机关法定代表人甲安排驾驶员乙开车执行公务,乙以身体不适为由拒绝。甲遂临时安排丙出车,丙在途中将行人丁撞成重伤。有关部门认定丙和丁对事故的发生承担同等责任。关于丁人身损害赔偿责任的承担,下列哪些表述是错误的?(2009 年卷三 69 题)

A. 甲用人不当应当承担部分赔偿责任
B. 乙不服从领导安排应当承担部分赔偿责任
C. 丙有过错应当承担部分赔偿责任
D. 该机关应当承担全部赔偿责任

【答案】　ABCD
【考点】　机动车道路交通事故责任、用人单位责任
【解析】　《侵权责任法》第 34 条第 1 款规定:"用人单位的工作人员因执行工作任务造成他人损害的,由用人单位承担侵权责任。"甲是某机关法定代表人,甲执行职务的时候没有独立的人格,甲执行职务的行为就是机关的行为,应由机关承担责任,而甲不承担责任。故选项 A 错误,当选。乙不服从领导安排与事故的发生没有因果关系,乙无须承担责任,故选项 B 表述错误,当选。

丙因执行工作任务致人损害,应由所在单位承担责任,丙即使具有故意或重大过失,也不承担连带责任,故选项 C 表述错误,当选。

《道路交通安全法》第 76 条规定:"机动车发生交通事故造成人身伤亡、财产损失的,由保险公司在机动车第三者责任强制保险责任限额范围内予以赔偿;不足的部分,按照下列规定承担赔偿责任:(一)机动车之间发生交通事故的,由有过错的一方承担赔偿责任;双方都有过错的,按照各自过错的比例分担责任。(二)机动车与非机动车驾驶人、行人之间发生交通事故,非机动车驾驶人、行人没有过错的,由机动车一方承担责任;有证据证明非机动车驾驶人、行人有过错的,根据过错程度适当减轻机动车一方的赔偿责任;机动车一方没有过错的,承担不超过百分之十的责任。交通事故的损失是由非机动车驾驶人、行人故意碰撞机动车造成的,机动车一方不承担赔偿责任。"本题中,行人丁对损害的发生具有过错,可以适当减轻该机关的责任,故选项 D 表述错误,当选。

第四节　医疗损害责任

一、医疗技术损害责任

[相关法条]

《侵权责任法》第 54 条　患者在诊疗活动中受到损害,医疗机构及其医务人员有过错的,由医疗机构承担赔偿责任。

《侵权责任法》第 57 条　医务人员在诊疗活动中未尽到与当时的医疗水平相应的诊疗义务,造成患者损害的,医疗机构应当承担赔偿责任。

《侵权责任法》第 58 条　患者有损害,因下列情形之一的,推定医疗机构有过错:

(一)违反法律、行政法规、规章以及其他有关诊疗规范的规定;
(二)隐匿或者拒绝提供与纠纷有关的病历资料;
(三)伪造、篡改或者销毁病历资料。

《侵权责任法》第60条　患者有损害,因下列情形之一的,医疗机构不承担赔偿责任:
(一)患者或者其近亲属不配合医疗机构进行符合诊疗规范的诊疗;
(二)医务人员在抢救生命垂危的患者等紧急情况下已经尽到合理诊疗义务;
(三)限于当时的医疗水平难以诊疗。
前款第一项情形中,医疗机构及其医务人员也有过错的,应当承担相应的赔偿责任。

(一)适用范围医疗机构的医务人员在诊断、治疗过程中因过失给患者造成人身损害。
(二)归责原则:过错责任
1. 原则上,受害人需要举证证明医务人员具有过错。
2. 例外情形
下列三种情形,采用过错推定原则,推定医疗机构具有过错:
(1)违反法律、行政法规、规章以及其他有关诊疗规范的规定;
(2)隐匿或者拒绝提供与纠纷有关的病历资料;
(3)伪造、篡改或者销毁病历资料。
(三)责任主体:医疗机构
(1)医疗机构承担责任。
(2)医疗人员具有重大过失的,不承担连带责任。
(四)免责事由
(1)患者或者其近亲属不配合医疗机构进行符合诊疗规范的诊疗;
(2)医务人员在抢救生命垂危的患者等紧急情况下已经尽到合理诊疗义务;
(3)限于当时的医疗水平难以诊疗。

二、违反告知义务的医疗损害责任

[相关法条]
《侵权责任法》第55条　医务人员在诊疗活动中应当向患者说明病情和医疗措施。需要实施手术、特殊检查、特殊治疗的,医务人员应当及时向患者说明医疗风险、替代医疗方案等情况,并取得其书面同意;不宜向患者说明的,应当向患者的近亲属说明,并取得其书面同意。
医务人员未尽到前款义务,造成患者损害的,医疗机构应当承担赔偿责任。

《侵权责任法》第56条　因抢救生命垂危的患者等紧急情况,不能取得患者或者其近亲属意见的,经医疗机构负责人或者授权的负责人批准,可以立即实施相应的医疗措施。

(一)违反一般告知义务的医疗损害责任
1. 适用范围
医疗机构的医务人员在诊疗过程中未告知患者病情、应采取的医疗措施给患者造成损害。
2. 责任主体
医疗机构承担责任。
3. 归责方式:过错责任。
过错的认定——违反义务。
(1)告知说明义务。《侵权责任法》第55条规定:"医务人员在诊疗活动中应当向患者说明病情和医疗措施。"即一般病情,说明即可。医务人员未尽到前款义务,造成患者损害的,医疗机构应当承担赔偿责任。

(2) 合理诊疗义务。《侵权责任法》第 57 条规定:"医务人员在诊疗活动中未尽到与当时的医疗水平相应的诊疗义务,造成患者损害的,医疗机构应当承担赔偿责任。"

(二) 违反特殊告知义务的医疗损害责任

1. 适用范围

在治疗过程中,需要实施手术、特殊检查、特殊治疗的,医务人员应当及时向患者说明医疗风险、替代医疗方案等情况,并取得其书面同意;不宜向患者说明的,应当向患者的近亲属说明,并取得其书面同意。

2. 责任主体

医疗机构

3. 归责方式

过错责任。过错的认定——违反义务,即特殊病情:说明——书面同意;实施手术、特殊检查、特殊治疗:说明——书面同意;不宜向患者说明的:向患者近亲属说明——书面同意。

(三) 医疗机构的紧急处置权

(1) 适用范围因抢救生命垂危的患者等紧急情况,不能取得患者或者其近亲属意见的。

(2) 处置的内容经医疗机构负责人或者授权的负责人批准,可以立即实施相应的医疗措施。

(3) 法律效果只要医务人员不存在技术上的差错,不成立违反特殊告知义务的医疗侵权。

三、医疗产品致人损害的责任承担

[相关法条]

《侵权责任法》第 59 条　因药品、消毒药剂、医疗器械的缺陷,或者输入不合格的血液造成患者损害的,患者可以向生产者或者血液提供机构请求赔偿,也可以向医疗机构请求赔偿。患者向医疗机构请求赔偿的,医疗机构赔偿后,有权向负有责任的生产者或者血液提供机构追偿。

(1) 适用范围。医疗机构在诊断、治疗过程中使用的药品、消毒药剂、医疗器械或者血液制品具有缺陷给患者造成的损害。

(2) 归责方式。无过错责任。

(3) 医疗机构与医疗产品的提供者承担不真正连带责任。

第五节　饲养动物损害责任

一、饲养动物损害责任的一般条款

[相关法条]

《侵权责任法》第 78 条　饲养的动物造成他人损害的,动物饲养人或者管理人应当承担侵权责任,但能够证明损害是因被侵权人故意或者重大过失造成的,可以不承担或者减轻责任。

(一) 概念与范围限定

(1) "动物"的限定。仅指"饲养动物"。

(2) 须为动物独立致害。如果动物在人的支配下致人损害的,不属于动物致人损害,属于人的加害行为。

(3) 包括对他人造成人身损害与财产损害。

(二) 责任承担

(1) 责任主体。饲养人、管理人,注意不是所有人。

(2) 归责原则。动物饲养人或者管理人承担无过错责任。

(3) 受害人挑动动物,对损害的发生具有故意或者重大过失的,可以减轻或者免除动物饲养人或者管理人的责任。

二、饲养动物致人损害责任承担:绝对无过错责任

[相关法条]

《侵权责任法》第79条 违反管理规定,未对动物采取安全措施造成他人损害的,动物饲养人或者管理人应当承担侵权责任。

《侵权责任法》第80条 禁止饲养的烈性犬等危险动物造成他人损害的,动物饲养人或者管理人应当承担侵权责任。

(一) 适用情形

(1) 违反安全管理规定饲养动物。例如,饲养人携犬外出时,负有应当给犬戴束犬链的安全防范义务。如违反该义务造成他人损害的,应当承担侵权责任。

(2) 禁止饲养烈性犬等危险动物。

(二) 责任承担

(1) 违反管理规定,未对动物采取安全措施造成他人损害的,无免责事由。

(2) 饲养禁止饲养的烈性犬等危险动物致人损害的,无免责事由。

(3) 无免责事由,是指即使受害人主动挑逗动物,对损害的发生具有故意或者重大过失,也不能减轻或者免除饲养人或者管理人的责任。

三、动物园饲养的动物致人损害的责任

[相关法条]

《侵权责任法》第81条 动物园的动物造成他人损害的,动物园应当承担侵权责任,但能够证明尽到管理职责的,不承担责任。

(一) 概念

动物园的管理职能,在具体情况下,采取社会所要求的安全管理措施,例如,对于用栅栏围起来的动物,动物园要避免其逃出栅栏,且确保栅栏没有毁坏。

(二) 责任承担

1. 动物园承担过错推定责任。

2. 动物园能证明自己对损害的发生没有过错的,不承担责任。

四、遗弃、逃逸的动物致人损害的责任

[相关法条]
《侵权责任法》第 82 条 遗弃、逃逸的动物在遗弃、逃逸期间造成他人损害的,由原动物饲养人或者管理人承担侵权责任。

(一) 责任承担
1. 归责原则:无过错责任。
2. 遗弃、逃逸的动物致人损害的,由原饲养人承担无过错责任。
3. 若遗弃、逃逸的动物被他人收养的,该动物致人损害的,由新的饲养人承担责任,原饲养人不承担责任。

五、因第三人过错致人损害的责任

[相关法条]
《侵权责任法》第 83 条 因第三人的过错致使动物造成他人损害的,被侵权人可以向动物饲养人或者管理人请求赔偿,也可以向第三人请求赔偿。动物饲养人或者管理人赔偿后,有权向第三人追偿。

(一) 概念
第三人是指动物饲养人或者管理人以及受害人以外的人。动物饲养人或管理人为法人或其他组织的,其工作人员不属于此处的第三人。

(二) 责任承担
1. 有过错的第三人与饲养人或者管理人承担不真正连带责任。
2. 有过错的第三人承担最终责任,即动物饲养人或者管理人赔偿后,有权向第三人追偿。

[历年真题] 关于动物致害侵权责任的说法,下列哪些选项是正确的?(2015 年卷三 67 题)
A. 甲 8 周岁的儿子翻墙进入邻居院中玩耍,被院内藏獒咬伤,邻居应承担侵权责任
B. 小学生乙和丙放学途经养狗的王平家,丙故意逗狗,狗被激怒咬伤乙,只能由丙的监护人对乙承担侵权责任
C. 丁丁夜班回家途经邻居家门时,未看到邻居饲养的小猪趴在路上而绊倒摔伤,邻居应承担侵权责任
D. 戊带女儿到动物园游玩时,动物园饲养的老虎从破损的虎笼蹿出将戊女儿咬伤,动物园应承担侵权责任

【答案】 ACD
【考点】 动物侵权
【解析】 《侵权责任法》第 78 条规定:"饲养的动物造成他人损害的,动物饲养人或者管理人应当承担侵权责任,但能够证明损害是因被侵权人故意或者重大过失造成的,可以不承担或减轻责任。"甲 8 周岁的儿子翻墙进入邻居家玩耍,被院内藏獒咬伤,动物饲养人邻居应承担侵权责任。故选项 A 正确,当选。

《侵权责任法》第 83 条规定:"因第三人的过错致使动物造成他人损害的,被侵权人可以

向动物饲养人或者管理人请求赔偿,也可以向第三人请求赔偿。动物饲养人或者管理人赔偿后,有权向第三人追偿。"因第三人丙逗狗,狗咬伤乙,由动物饲养人王平和第三人丙承担不真正连带责任。故选项 B 错误,不当选。

《侵权责任法》第 78 条规定:"饲养的动物造成他人损害的,动物饲养人或者管理人应当承担侵权责任,但能够证明损害是因被侵权人故意或者重大过失造成的,可以不承担或者减轻责任。"动物致人损害的侵权行为包括积极的侵害行为也包括消极的侵害行为,小猪趴在路上造成丁的侵权属于消极的侵害行为,丁因未尽到注意义务存在过失,但并不能因此而免除动物饲养人邻居的侵权责任。故选项 C 正确,当选。

《侵权责任法》第 81 条规定:"动物园的动物造成他人损害的,动物园应当承担侵权责任,但能够证明尽到管理职责的,不承担责任。"可知,动物园动物侵权的,动物园承担过错推定责任,即动物园不能证明自己无过错的,应承担侵权责任。动物园饲养的老虎从破损的虎笼蹿出咬伤戊的女儿,动物园具有过错,应承担侵权责任。故选项 D 正确,当选。

第六节 物件损害责任

一、建筑物、建筑物上的搁置物、悬挂物脱落、坠落致人损害的责任

[相关法条]

《侵权责任法》第 85 条 建筑物、构筑物或者其他设施及其搁置物、悬挂物发生脱落、坠落造成他人损害,所有人、管理人或者使用人不能证明自己没有过错的,应当承担侵权责任。所有人、管理人或者使用人赔偿后,有其他责任人的,有权向其他责任人追偿。

1. 责任主体:所有人、管理人或者使用人。
2. 归责方式:过错推定责任。
3. 因其他人原因造成损害的,由所有人、管理人或者使用人对外承担责任。其承担责任以后,有权向其他责任人追偿。

二、建筑物倒塌致人损害的责任

[相关法条]

《侵权责任法》第 86 条 建筑物、构筑物或者其他设施倒塌造成他人损害的,由建设单位与施工单位承担连带责任。建设单位、施工单位赔偿后,有其他责任人的,有权向其他责任人追偿。

因其他责任人的原因,建筑物、构筑物或者其他设施倒塌造成他人损害的,由其他责任人承担侵权责任。

(一) 区分不动产的脱落、坠落和倒塌两种责任

侵害形态	责任主体	归责原则
脱落、坠落	管理人、所有人或使用人	过错推定
倒塌	建设单位与施工单位承担连带责任	无过错责任

（二）因质量问题倒塌
(1) 责任主体。建设单位与施工单位承担连带责任。
(2) 归责方式。无过错责任。
(3) 勘察、设计、监理、验收单位具有过错的,不对外承担责任。建设单位与施工单位对外承担责任以后,可以向有过错的勘察、设计、监理、验收单位追偿。
（三）完全因第三人原因导致建筑物倒塌的责任
(1) 责任主体。第三人承担全部责任。
(2) 归责方式。无过错责任。

三、公共道路上堆放、倾倒、遗撒妨碍通行物致人损害的责任

[相关法条]

《侵权责任法》第 89 条　在公共道路上堆放、倾倒、遗撒妨碍通行的物品造成他人损害的,有关单位或者个人应当承担侵权责任。

《道路交通损害赔偿解释》第 10 条　因在道路上堆放、倾倒、遗撒物品等妨碍通行的行为,导致交通事故造成损害,当事人请求行为人承担赔偿责任的,人民法院应予支持。道路管理者不能证明已按照法律、法规、规章、国家标准、行业标准或者地方标准尽到清理、防护、警示等义务的,应当承担相应的赔偿责任。

(1) 适用范围。在公共道路上堆放、倾倒、遗撒妨碍通行物致人损害。
(2) 责任主体。堆放、倾倒、遗撒者与道路维护、管理人承担按份责任。
(3) 归责方式。过错推定。

四、堆放物倒塌、林木折断等致人损害的责任

[相关法条]

《侵权责任法》第 88 条　堆放物倒塌造成他人损害,堆放人不能证明自己没有过错的,应当承担侵权责任。

《侵权责任法》第 90 条　因林木折断造成他人损害,林木的所有人或者管理人不能证明自己没有过错的,应当承担侵权责任。

(1) 归责方式。过错推定原则。
(2) 责任承担。① 堆放物倒塌造成他人损害,堆放人承担过错推定责任。② 林木折断、树枝脱落致人损害的,所有人或者管理人承担过错推定责任。

五、工程施工致人损害责任

[相关法条]

《侵权责任法》第 91 条　在公共场所或者道路上挖坑、修缮安装地下设施等,没有设置明显标志和采取安全措施造成他人损害的,施工人应当承担侵权责任。

窨井等地下设施造成他人损害,管理人不能证明尽到管理职责的,应当承担侵权责任。

（一）地面施工致人损害的责任承担
(1) 施工地点在公共场所、道路、通道等很可能危及他人安全的场所。

(2) 加害行为属于不作为。没有设置明显标志和采取安全措施。
(3) 归责方式。过错推定。
(4) 责任主体。施工单位。
(二) 窨井等地下设施致人损害的责任承担
(1) 归责方式。过错推定。
(2) 责任主体。管理者。

[历年真题] 甲饲养的一只狗在乙公司施工的道路上追咬丙饲养的一只狗,行人丁避让中失足掉入施工形成的坑里,受伤严重。下列哪些说法是错误的?(2009年卷三70题)
A. 如甲能证明自己没有过错,不应承担对丁的赔偿责任
B. 如乙能证明自己没有过错,不应承担对丁的赔偿责任
C. 如丙能证明自己没有过错,不应承担对丁的赔偿责任
D. 此属意外事件,甲、乙、丙均不应承担对丁的赔偿责任
【答案】 ACD
【考点】 分别侵权
【解析】 《侵权责任法》第78条规定:"饲养的动物造成他人损害的,动物饲养人或者管理人应当承担侵权责任,但能证明损害是因被侵权人故意或者重大过失造成的,可以不承担或者减轻责任。"可知,饲养动物致人损害的责任是无过错责任,因此,甲、丙即使证明自己对损害的发生没有过错,也不能免除责任,故选项A表述错误,当选;选项C表述错误,当选。

《侵权责任法》第91条第1款规定:"在公共场所或者道路上挖坑、修缮安装地下设施等,没有设置明显标志和采取安全措施造成他人损害的,施工人应当承担侵权责任。"可知,地面施工致人损害的责任采用过错推定的归责方式,所以,如乙能证明自己没有过错,不应承担对丁的赔偿责任,选项B表述正确,不当选。

意外事件是指致害人虽尽合理注意,也难以预见的加害事实。本题中,甲、丙放任饲养动物在道路上游走,应当能够预见自己的动物很可能致人损害;乙公司没有设置明显标志和采取安全措施,也应当预见到很容易致人损害,甲、乙、丙均有预见可能性。所以该加害事实不属于意外事件,选项D表述错误,当选。

六、高空抛物致人损害("飞来横祸")

[相关法条]
《侵权责任法》第87条 从建筑物中抛掷物品或者从建筑物上坠落的物品造成他人损害,难以确定具体侵权人的,除能够证明自己不是侵权人的外,由可能加害的建筑物使用人给予补偿。

1. 责任承担
(1) 责任主体。可能加害的建筑物使用人。
(2) 归责原则。公平责任。
(3) 责任承担。给予补偿。
2. 免责事由
证明自己不是侵权人。

第七节　高度危险责任

一、高度危险责任概述

1. 原则

高度危险责任适用无过错原则。

2. 例外

在两种特殊情形下适用过错责任原则。

(1)《侵权责任法》第74条规定,所有人将高度危险物交由他人管理的,由管理人承担侵权责任;所有人有过错的,与管理人承担连带责任。

(2)《侵权责任法》第75条规定,非法占有高度危险物造成他人损害的,由非法占有人承担侵权责任。所有人、管理人不能证明对防止他人非法占有尽到高度注意义务的,与非法占有人承担连带责任。

3. 免责事由

高度危险责任的免责事由依据《侵权责任法》第70—76条的规定确认。

二、因高度危险作业致人损害的责任

[相关法条]

《侵权责任法》第70条　民用核设施发生核事故造成他人损害的,民用核设施的经营者应当承担侵权责任,但能够证明损害是因战争等情形或者受害人故意造成的,不承担责任。

《侵权责任法》第71条　民用航空器造成他人损害的,民用航空器的经营者应当承担侵权责任,但能够证明损害是因受害人故意造成的,不承担责任。

《侵权责任法》第73条　从事高空、高压、地下挖掘活动或者使用高速轨道运输工具造成他人损害的,经营者应当承担侵权责任,但能够证明损害是因受害人故意或者不可抗力造成的,不承担责任。被侵权人对损害的发生有过失的,可以减轻经营者的责任。

(一)民用核设施发生核事故致人损害责任

(1)经营者承担无过错责任。

(2)免责事由,即下列情形下,经营者不承担责任。① 损害是因战争等情形造成的;② 损害是受害人故意造成的。

(二)民用航空器致人损害责任

(1)经营者承受无过错责任。

(2)免责事由。只有一种,损害因受害人故意造成的,经营者不承担责任。注意:不可抗力和战争等情形都不是免责事由。

(三)从事高空、高压、地下挖掘活动或者使用高速轨道运输工具致人损害责任

(1)经营者承担无过错责任。

(2)免责事由。① 能够证明损害是因受害人故意或者不可抗力造成的,免责。② 被侵权人对损害的发生有过失的,可以减轻经营者的责任。

三、因高度危险致人损害责任

[相关法条]

《侵权责任法》第72条　占有或者使用易燃、易爆、剧毒、放射性等高度危险物造成他人损害的,占有人或者使用人应当承担侵权责任,但能够证明损害是因受害人故意或者不可抗力造成的,不承担责任。被侵权人对损害的发生有重大过失的,可以减轻占有人或者使用人的责任。

《侵权责任法》第74条　遗失、抛弃高度危险物造成他人损害的,由所有人承担侵权责任。所有人将高度危险物交由他人管理的,由管理人承担侵权责任;所有人有过错的,与管理人承担连带责任。

《侵权责任法》第75条　非法占有高度危险物造成他人损害的,由非法占有人承担侵权责任。所有人、管理人不能证明对防止他人非法占有尽到高度注意义务的,与非法占有人承担连带责任。

（一）占有或者使用易燃、易爆、剧毒、放射性等高度危险物致人损害责任

（1）占有人或者使用人承担无过错责任。

（2）免责事由。① 能够证明损害是因受害人故意或者不可抗力造成的,不承担责任。② 被侵权人对损害的发生有重大过失的,可以减轻占有人或者使用人的责任。

若被侵权人对损害的发生仅有一般过失的,不能减轻责任。

（二）遗失、抛弃高度危险物致人损害责任

（1）所有人承担无过错责任。

（2）所有人将高度危险物交由他人管理的:① 由管理人承担侵权责任;② 所有人有过错的,与管理人承担连带责任。

（三）非法占有高度危险物致人损害责任

（1）非法占有人承担无过错责任。

（2）所有人、管理人不能证明对防止他人非法占有尽到高度注意义务的,与非法占有人承担连带责任。

四、未经许可进入高度危险活动区域或者高度危险物存放区域受到损害责任

[相关法条]

《侵权责任法》第76条　未经许可进入高度危险活动区域或者高度危险物存放区域受到损害,管理人已经采取安全措施并尽到警示义务的,可以减轻或者不承担责任。

（一）责任承担管理人已经采取安全措施并尽到警示义务的,可以减轻或者不承担责任。

（二）免责学理基础受害人具有重大过失,可以免除或者减轻责任。

第八节　环境污染责任

[相关法条]

《侵权责任法》第65条　因污染环境造成损害的,污染者应当承担侵权责任。

《侵权责任法》第66条　因污染环境发生纠纷,污染者应当就法律规定的不承担责任或

者减轻责任的情形及其行为与损害之间不存在因果关系承担举证责任。

《侵权责任法》第67条　两个以上污染者污染环境,污染者承担责任的大小,根据污染物的种类、排放量等因素确定。

《侵权责任法》第68条　因第三人的过错污染环境造成损害的,被侵权人可以向污染者请求赔偿,也可以向第三人请求赔偿。污染者赔偿后,有权向第三人追偿。

一、环境污染侵权责任的承担

(1) 归责原则。无过错责任。

(2) 因果关系推定,推定污染行为与损害间具有因果关系。污染者可以通过举证证明污染行为与损害不具有因果关系而免责。

(3) 因第三人的过错行为致使污染者污染环境责任。污染者与第三人承担不真正连带责任,污染者赔偿后,有权向第三人追偿。

(4) 诉讼时效。3年。环境污染侵权致人人身、财产损失的,诉讼时效期间为3年。

二、共同排污的责任

(1) 两个以上的共同排污人具有共同故意或共同过失而导致环境侵权的责任　两个以上的人共同排污导致环境污染侵权的,若具有共同故意或者共同过失的,构成共同侵权,应承担连带责任。

(2) 两个以上的共同排污人不具有共同故意或共同过失而导致环境侵权的责任　两个以上的人共同排污导致环境污染侵权的,若无共同故意或者共同过失的,一律按照排放物的种类与排放量承担按份责任。

[历年真题]　甲、乙、丙三家公司生产三种不同的化工产品,生产场地的排污口相邻。某年,当地大旱导致河水水位大幅下降,三家公司排放的污水混合发生化学反应,产生有毒物质致使河流下游丁养殖场的鱼类大量死亡。经查明,三家公司排放的污水均分别经过处理且符合国家排放标准。后丁养殖场向三家公司索赔。下列哪一选项是正确的?(2015年卷三22题)

A. 三家公司均无过错,不承担赔偿责任
B. 三家公司对丁养殖场的损害承担连带责任
C. 本案的诉讼时效是2年
D. 三家公司应按照污染物的种类、排放量等因素承担责任

【答案】　D
【考点】　共同排污
【解析】　甲、乙、丙没有共同故意、没有共同过失,不构成共同侵权。《侵权责任法》第12条规定:"二人以上分别实施侵权行为造成同一损害,能够确定责任大小的,各自承担相应的责任;难以确定责任大小的,平均承担赔偿责任。"《侵权责任法》第67条规定:"两个以上污染者污染环境,污染者承担责任的大小,根据污染物的种类、排放量等因素确定。"可知,甲、乙、丙应按照污染物的种类、排放量等因素承担按份责任,而非连带责任,故选项A、B错误,不当选。选项D正确,当选。环境污染案件的诉讼时效间为3年而非2年,故选项C错误,不当选。

第九节　帮工人致人损害或遭受损害的侵权责任

[**相关法条**]
《人身损害赔偿解释》
第 13 条　为他人无偿提供劳务的帮工人,在从事帮工活动中致人损害的,被帮工人应当承担赔偿责任。被帮工人明确拒绝帮工的,不承担赔偿责任。帮工人存在故意或者重大过失,赔偿权利人请求帮工人和被帮工人承担连带责任的,人民法院应予支持。

第 14 条　帮工人因帮工活动遭受人身损害的,被帮工人应当承担赔偿责任。被帮工人明确拒绝帮工的,不承担赔偿责任;但可以在受益范围内予以适当补偿。

帮工人因第三人侵权遭受人身损害的,由第三人承担赔偿责任。第三人不能确定或者没有赔偿能力的,可以由被帮工人予以适当补偿。

一、概念

因帮工致人人身损害或者因帮工遭受人身损害。此处的"帮工",是指无偿为他人提供劳务的人。

二、因帮工致人人身损害的责任

1. 归责原则
无过错责任。
2. 责任承担
(1) 被帮工人承担无过错的替代责任。
(2) 帮工人有故意或者重大过失的,帮工人承担连带责任。
(3) 被帮工人明确拒绝帮工的,被帮工人不承担责任,由帮工人承担责任。

三、因帮工致使帮工人遭受人身损害的责任

(一) 因第三人(第三人不包括其他帮工人)致使帮工人遭受人身损害责任
(1) 由第三人承担责任。
(2) 第三人不能确定或者没有赔偿能力的,可以由被帮工人予以适当补偿。
(二) 非因第三人致使帮工人遭受人身损害责任
(1) 由被帮工人承担无过错责任。
(2) 被帮工人明确拒绝帮工的,不承担赔偿责任;但可以在受益范围内予以适当补偿。

[**历年真题**]
1. 甲家盖房,邻居乙、丙前来帮忙。施工中,丙因失误从高处摔下受伤,乙不小心撞伤小孩丁。下列哪些表述是正确的?(2014 年卷三 66 题)
   A. 对丙的损害,甲应承担赔偿责任,但可减轻其责任
   B. 对丙的损害,甲不承担赔偿责任,但可在受益范围内予以适当补偿
   C. 对丁的损害,甲应承担赔偿责任
   D. 对丁的损害,甲应承担补充赔偿责任

【答案】 AC

【考点】 帮工遭受或致人人身损害的责任承担

【解析】 根据《人身损害赔偿解释》的规定，帮工人因帮工活动遭受人身损害的，被帮工人应当承担赔偿责任。被帮工人明确拒绝帮工的，不承担赔偿责任；但可以在受益范围内予以适当补偿。帮工人存在故意或者重大过失，赔偿权利人请求帮工人和被帮工人承担连带责任的，人民法院应予支持。丙在帮工的过程中因自己失误从高处摔下受伤，应由被帮工人甲对此承担赔偿责任。因丙也存在过失，甲可以减轻其责任。同时帮工人乙在从事帮工活动中致第三人丁损害的，由被帮工人甲承担赔偿责任。故选项A、C正确；选项B、D错误。

2. 甲为父亲祝寿宴请亲友，请乙帮忙买酒，乙骑摩托车回村途中被货车撞成重伤，公安部门认定货车司机丙承担全部责任。经查：丙无赔偿能力。丁为货车车主，该货车一年前被盗，未买任何保险。关于乙人身损害的赔偿责任承担，下列哪一选项是正确的？（2010年卷三24题）

A. 甲承担全部赔偿责任　　　　　　B. 甲予以适当补偿
C. 丁承担全部赔偿责任　　　　　　D. 丁予以适当补偿

【答案】 B

【考点】 机动车道路交通事故责任、因帮工遭受损害的责任

【解析】 《人身损害赔偿解释》第14条第2款规定："帮工人因第三人侵权遭受人身损害的，由第三人承担赔偿责任。第三人不能确定或者没有赔偿能力的，可以由被帮工人予以适当补偿。"本题中，帮工人乙因第三人丙遭受人身损害，由于第三人丙无赔偿能力，因此，可以由被帮工人甲予以适当补偿。故选项A错误，选项B正确。

《侵权责任法》第52条规定："盗窃、抢劫或者抢夺的机动车发生交通事故造成损害的，由盗窃人、抢劫人或者抢夺人承担赔偿责任。保险公司在机动车强制保险责任限额范围内垫付抢救费用的，有权向交通事故责任人追偿。"可知，本题中，被盗货车发生交通事故的，应由盗窃人承担赔偿责任，车主丁不承担责任。所以选项C错误，选项D错误。

第十节　旅　游　侵　权

一、旅游经营者、旅游辅助服务者违反告知义务造成侵权的责任

[相关法条]

《旅游纠纷规定》第8条第1款　旅游经营者、旅游辅助服务者对可能危及旅游者人身、财产安全的旅游项目未履行告知、警示义务，造成旅游者人身损害、财产损失，旅游者请求旅游经营者、旅游辅助服务者承担责任的，人民法院应予支持。

（一）旅游经营者、旅游辅助服务者的警示、告知义务

旅游经营者、旅游辅助服务者对可能危及旅游者人身、财产安全的旅游项目应履行告知、警示义务。违反了合同的从给付义务，构成违约。

（二）责任承担

旅游经营者、旅游辅助服务者承担侵权责任。

二、旅游经营者、旅游辅助服务者违反安全保障义务造成侵权的责任

[相关法条]

《旅游纠纷规定》第7条　旅游经营者、旅游辅助服务者未尽到安全保障义务,造成旅游者人身损害、财产损失,旅游者请求旅游经营者、旅游辅助服务者承担责任的,人民法院应予支持。

因第三人的行为造成旅游者人身损害、财产损失,由第三人承担责任;旅游经营者、旅游辅助服务者未尽安全保障义务,旅游者请求其承担相应补充责任的,人民法院应予支持。

（一）旅游经营者、旅游辅助服务者未尽到安全保障义务的责任

旅游经营者、旅游辅助服务者未尽到安全保障义务,造成旅游者人身损害、财产损失,旅游经营者、旅游辅助服务者应承担责任。

（二）第三人行为造成侵权的责任

1. 第三人承担责任。
2. 旅游经营者、旅游辅助服务者未尽安全保障义务的,承担相应的补充责任。

三、旅游经营者擅自转让旅游业务致旅游者遭受损害的责任

[相关法条]

《旅游纠纷规定》第10条　旅游经营者将旅游业务转让给其他旅游经营者,旅游者不同意转让,请求解除旅游合同、追究旅游经营者违约责任的,人民法院应予支持。旅游经营者擅自将其旅游业务转让给其他旅游经营者,旅游者在旅游过程中遭受损害,请求与其签订旅游合同的旅游经营者和实际提供旅游服务的旅游经营者承担连带责任的,人民法院应予支持。

（一）适用范围

旅游经营者擅自将其旅游业务转让给其他旅游经营者,即旅游经营者转让旅游业务未经旅游者的同意,旅游者在旅游过程中遭受损失。

（二）责任承担

1. 违约责任

旅游者不同意旅游经营者转让旅游业务,旅游经营者将旅游业务转让给其他旅游经营者,旅游者有权追究旅游经营者违约责任。

2. 侵权责任

旅游经营者擅自将其旅游业务转让给其他旅游经营者,旅游者在旅游过程中遭受损害,有权请求与其签订旅游合同的旅游经营者和实际提供旅游服务的旅游经营者承担连带责任。

[历年真题]　甲参加乙旅行社组织的旅游活动。未经甲和其他旅游者同意,乙旅行社将本次业务转让给当地的丙旅行社。丙旅行社聘请丁公司提供大巴运输服务。途中,由于丁公司司机黄某酒后驾驶,与迎面违章变道的个体运输户刘某驾驶的货车相撞,造成甲受伤。甲的下列哪些请求能够获得法院的支持？（2014年卷三67题）

A. 请求丁公司和黄某承担连带赔偿责任

B. 请求黄某与刘某承担连带赔偿责任

C. 请求乙旅行社和丙旅行社承担连带赔偿责任
D. 请求刘某承担赔偿责任

【答案】 CD
【考点】 旅游合同、用人单位责任、分别侵权
【解析】 选项A、B错误。用人单位的工作人员因执行工作任务造成他人损害的,由用人单位承担侵权责任。因此黄某酒后驾车造成甲受伤的,应由其单位丁公司承担赔偿责任。(此题为秒杀题,由于A和B两个选项太容易排除,而此题又是一道多选题,所以一定选项C和选项D两个选项。)

选项C正确。《旅游纠纷规定》第10条第2款规定,旅游经营者擅自将其旅游业务转让给其他旅游经营者,旅游者在旅游过程中遭受损害,请求与其签订旅游合同的旅游经营者和实际提供旅游服务的旅游经营者承担连带责任的,人民法院应予支持。可见,甲可以请求乙旅行社和丙旅行社承担连带责任。

选项D正确。《侵权责任法》第11条规定,二人以上分别实施侵权行为造成同一损害,每个人的侵权行为都足以造成全部损害的,行为人承担连带责任。本题中,刘某违章变道造成甲受伤,刘某应当承担赔偿责任。

四、旅游辅助服务者造成侵权的责任

[相关法条]
《旅游纠纷规定》第14条 因旅游辅助服务者的原因造成旅游者人身损害、财产损失,旅游者选择请求旅游辅助服务者承担侵权责任的,人民法院应予支持。

旅游经营者对旅游辅助服务者未尽谨慎选择义务,旅游者请求旅游经营者承担相应补充责任的,人民法院应予支持。

(一)责任主体
旅游辅助服务者;旅游经营者(未尽谨慎选择义务)。
(二)责任承担
(1)旅游辅助服务者承担侵权责任。
(2)旅游经营者如果对损害的发生无过错的,不承担侵权责任。需注意:旅游者可以请求旅游经营者承担违约责任。
(3)旅游经营者对旅游辅助服务者未尽谨慎选择的义务,即对损害的发生具有过错,旅游者可以请求旅游经营者承担与其过错相应的补充责任。

[历年真题] 梁某与甲旅游公司签订合同,约定梁某参加甲公司组织的旅游团赴某地旅游。旅游出发前15日,梁某因出差通知甲公司,由韩某替代跟团旅游。旅游行程一半,甲公司不顾韩某反对,将其旅游业务转给乙公司。乙公司组织游客参观某森林公园,该公园所属观光小火车司机操作失误致火车脱轨,韩某遭受重大损害。下列哪些表述是正确的?(2011年卷三60题)
A. 即使甲公司不同意,梁某仍有权将旅游合同转让给韩某
B. 韩某有权请求甲公司和乙公司承担连带责任
C. 韩某有权请求某森林公园承担赔偿责任
D. 韩某有权请求小火车司机承担赔偿责任

【答案】 ABC
【考点】 旅游合同、旅游中侵权责任的承担
【解析】《旅游纠纷规定》第 11 条规定:"除合同性质不宜转让或者合同另有约定以外,在旅游行程开始前的合理期间内,旅游者将其在旅游合同中的权利义务转让给第三人,请求确认转让合同效力的,人民法院应予支持。因前款所述原因,旅游经营者请求旅游者、第三人给付增加的费用或者旅游者请求旅游经营者退还减少的费用的,人民法院应予支持。"所以,即使甲公司不同意,梁某仍有权将旅游合同转让给第三人韩某,故选项 A 正确。

《旅游纠纷规定》第 10 条规定:"旅游经营者将旅游业务转让给其他旅游经营者,旅游者不同意转让,请求解除旅游合同、追究旅游经营者违约责任的,人民法院应予支持。旅游经营者擅自将其旅游业务转让给其他旅游经营者,旅游者在旅游过程中遭受损害,请求与其签订旅游合同的旅游经营者和实际提供旅游服务的旅游经营者承担连带责任的,人民法院应予支持。"甲公司不顾韩某反对,将其旅游业务擅自转给乙公司,在旅游过程中韩某遭受重大损害,其有权请求甲公司和乙公司承担连带责任,所以选项 B 正确。

旅游辅助服务者是指与旅游经营者存在合同关系,协助旅游经营者履行旅游合同义务,实际提供交通、游览、住宿、餐饮、娱乐等旅游服务的人。根据《旅游纠纷规定》第 14 条的规定:"因旅游辅助服务者的原因造成旅游者人身损害、财产损失,旅游者选择请求旅游辅助服务者承担侵权责任的,人民法院应予支持。旅游经营者对旅游辅助服务者未尽谨慎选择义务,旅游者请求旅游经营者承担相应补充责任的,人民法院应予支持。"可知,本题中乙公司属于旅游经营者,森林公园属于旅游辅助服务者。韩某有权请求某森林公园承担赔偿责任,故选项 C 正确。

《侵权责任法》第 34 条第 1 款规定:"用人单位的工作人员因执行工作任务造成他人损害的,由用人单位承担侵权责任。"小火车司机属于因执行工作任务致人损害,应由用人单位承担侵权责任,故选项 D 错误。

五、旅游者在自行安排活动中遭受损害的责任

[相关法条]
《旅游纠纷规定》第 19 条　旅游者在自行安排活动期间遭受人身损害、财产损失,旅游经营者未尽到必要的提示义务、救助义务,旅游者请求旅游经营者承担相应责任的,人民法院应予支持。前款规定的自行安排活动期间,包括旅游经营者安排的在旅游行程中独立的自由活动期间、旅游者不参加旅游行程的活动期间以及旅游者经导游或者领队同意暂时离队的个人活动期间等。

(一) 承担责任的条件
(1) 旅游者在自行安排活动期间遭受人身损害、财产损失。此处的"自行安排活动期间"包括旅游经营者安排的在旅游行程中独立的自由活动期间、旅游者不参加旅游行程的活动期间以及旅游者经导游或者领队同意暂时离队的个人活动期间等。
(2) 旅游经营者未履行必要的提示义务、救助义务。
(二) 责任主体
旅游经营者承担相应责任。

第六编
婚 姻 法

第一章 结 婚

一、结婚的概念

结婚,又称婚姻关系的成立,是指男女双方依法定条件和程序,建立夫妻关系的双方民事法律行为。

二、结婚的条件

(一) 法定条件

1. 男女双方完全自愿

结婚是双方法律行为,需要双方当事人意思表示一致。关于结婚行为,应注意以下几点:

(1) 结婚行为是亲为行为,不得代理。《婚姻法》第8条规定,要求结婚的男女双方必须亲自到婚姻登记机关进行结婚登记。符合本法规定的,予以登记,发给结婚证。取得结婚证,即确立夫妻关系。未办理结婚登记的,应当补办登记。

(2) 婚姻行为不得附条件或者期限。

(3) 内心保留或者戏谑表示原则上不影响婚姻行为的有效性。此所谓"婚姻无戏言、一切皆真实"。

2. 达到法定年龄(男22周岁,女20周岁)

《婚姻法》第6条规定,结婚年龄,男不得早于22周岁,女不得早于20周岁。晚婚晚育应予鼓励。

3. 双方均无配偶,符合一夫一妻。

(二) 禁止条件

1. 非直系血亲(包括自然血亲与拟制血亲)。

2. 非三代以内旁系血亲(同一父母或同一祖父母、外祖父母)

《婚姻法》第7条规定直系血亲和三代以内的旁系血亲,禁止结婚。

3. 无医学上认为不应当结婚的疾病

《婚姻法》第7条规定患有医学上认为不应当结婚的疾病,禁止结婚。

三、结婚登记

1. 效力

自登记时起,确立夫妻关系。

2. 补办效力

从符合结婚实质要件时起算。

3. 办理结婚登记不得代理。

4. 登记机关

(1) 城市:街道办事处或市辖区、不设区的市人民政府的民政部门。

(2) 农村:乡、民族乡、镇的人民政府。

四、非法同居(一方或双方有配偶而同居):1994年2月1日为分水领

(1) 解除同居关系,法院不予受理,解除非法同居关系,法院应当受理。
(2) 无论何种同居,因财产分割或子女抚养提起诉讼,法院应当受理。

五、无效婚姻

(一) 无效情形(《婚姻法》第10条)
(1) 重婚的。
(2) 有禁止结婚的亲属关系的。
(3) 婚前患有医学上认为不应当结婚的疾病,婚后尚未治愈的。
(4) 未到法定婚龄的。

需注意:除了《婚姻法》第10条列举的无效婚姻的情形,其他均不是无效婚姻。

《婚姻法解释(三)》第1条规定:"当事人以婚姻法第十条规定以外的情形申请宣告婚姻无效的,人民法院应当判决驳回当事人的申请。当事人以婚姻登记程序存在瑕疵为由提起民事诉讼,主张撤销结婚登记的,告知其可以依法申请行政复议或者其他行政诉讼。"

(二) 无效婚姻的宣告无效婚姻的宣告需经申请。申请人包括:
(1) 婚姻当事人。
(2) 利害关系人:① 重婚的:当事人的近亲属及基层组织;② 未达法定婚龄的:未达法定婚龄者的近亲属;③ 有禁止结婚的近亲属关系的:当事人的近亲属;④ 患有不应结婚的疾病的:与患病者共同生活的近亲。

(三) 须于法定期限内申请

申请期限:夫妻一方或者双方死亡后1年内,生存一方或者利害关系人依据《婚姻法》第10条申请宣告婚姻无效的,人民法院应予支持。

(四) 须经法院宣告

申请机关只能向法院提出申请(婚姻登记机关现无此权利),确属无效婚姻的,申请人申请撤诉的,不予准许。

(五) 判决

(1) 人民法院受理离婚案件后,确属无效婚姻的,应当将婚姻无效的情形告知当事人,并依法作出宣告婚姻无效的判决。
(2) 对婚姻效力的审理不适用调解;有关婚姻效力的判决一经作出,即生效力,不得上诉。

(六) 无效婚姻的补正

当事人依据《婚姻法》第10条规定向人民法院申请宣告婚姻无效的,申请时,法定的无效婚姻情形已经消失的,人民法院不予支持。具体情形包括:
(1) 重婚的,有配偶一方已与原配偶解除婚姻关系的;
(2) 患有医学上认为不应当结婚的疾病已经治愈的;
(3) 未达到法定年龄者已达到法定年龄。唯一不能治愈的无效原因仅有当事人有禁止结婚的自然血亲关系。

[历年真题] 甲(男,22周岁)为达到与乙(女,19周岁)结婚的目的,故意隐瞒乙的真实年龄办理了结婚登记。两年后,因双方经常吵架,乙以办理结婚登记时未达到法定婚龄为由向

法院起诉,请求宣告婚姻无效。人民法院应如何处理?(2003年卷三4题)

A. 以办理结婚登记时未达到法定婚龄为由宣告婚姻无效
B. 对乙的请求不予支持
C. 宣告婚姻无效,确认为非法同居关系,并予以解除
D. 认定为可撤销婚姻,乙可行使撤销权

【答案】 B

(七)婚姻被宣告无效的法律后果
(1)婚姻自始无效。
(2)当事人不具有夫妻的权利和义务。
(3)当事人所生的子女,适用《婚姻法》有关父母子女的规定。
(4)当事人同居期间所得的财产,按共同共有处理(但有证据证明为当事人一方所有的除外)。

[历年真题] 1. 甲与乙登记结婚3年后,乙向法院请求确认该婚姻无效。乙提出的下列哪一理由可以成立?(2011年卷三22题)

A. 乙登记结婚的实际年龄离法定婚龄相差2年
B. 甲婚前谎称是海归博士且有车有房,乙婚后发现上当受骗
C. 甲与乙是表兄妹关系
D. 甲以揭发乙父受贿为由胁迫乙结婚

【答案】 C
【考点】 婚姻无效
【解析】《婚姻法》第10条规定:"有下列情形之一的,婚姻无效:(一)重婚;(二)有禁止结婚的亲属关系的;(三)婚前患有医学上认为不应当结婚的疾病,婚后尚未治愈的;(四)未到法定婚龄的。"《婚姻法解释(一)》第8条:"当事人依据婚姻法第十条规定向人民法院申请宣告婚姻无效的,申请时,法定的无效婚姻情形已经消失的,人民法院不予支持。"乙结婚时离法定婚龄相差2岁,但现已经过了3年,无效情形已经消失。故选项A理由不成立,不当选。

《婚姻法解释(三)》第1条第1款规定:"当事人以婚姻法第十条规定以外的情形申请宣告婚姻无效的,人民法院应当判决驳回当事人的申请。"因欺诈结婚的,不属于无效婚姻。故选项B不当选。

《婚姻法》第7条规定:"有下列情形之一的,禁止结婚:(一)直系血亲和三代以内的旁系血亲;(二)患有医学上认为不应当结婚的疾病的。"表兄妹属于三代以内的旁系血亲,甲、乙的婚姻无效。故选项C当选。

《婚姻法》第11条的规定:"因胁迫结婚的,受胁迫的一方可以向婚姻登记机关或人民法院请求撤销该婚姻。"可知因胁迫结婚的,属于可撤销的婚姻,而不是无效婚姻。故选项D不当选。

2. 甲男与乙女通过网聊恋爱,后乙提出分手遭甲威胁,乙无奈遂与甲办理了结婚登记。婚后乙得知,甲婚前就患有医学上不应当结婚的疾病且久治不愈,乙向法院起诉离婚。下列哪一说法是正确的?(2009年卷三19题)

A. 法院应判决撤销该婚姻
B. 法院应判决宣告该婚姻无效

C. 对该案的审理应当进行调解
D. 当事人可以对法院的处理结果依法提起上诉

【答案】 B
【考点】 无效婚姻
【解析】《婚姻法》第 11 条规定："因胁迫结婚的,受胁迫的一方可以向婚姻登记机关或人民法院请求撤销该婚姻。"可知,撤销婚姻的,必须由受胁迫的一方自己提起,法院不能主动撤销婚姻。本题中,乙女没有向法院申请撤销婚姻,所以法院不能主动判决撤销婚姻,选项 A 错误。

《婚姻法》第 10 条规定："有下列情形之一的,婚姻无效:(一) 重婚的;(二) 有禁止结婚的亲属关系的;(三) 婚前患有医学上认为不应当结婚的疾病,婚后尚未治愈的;(四) 未到法定婚龄的。"《婚姻法解释(二)》第 3 条规定:"人民法院受理离婚案件后,经审查确属无效婚姻的,应当将婚姻无效的情形告知当事人,并依法作出宣告无效的判决。"本题中,甲婚前就患有医学上不应当结婚的疾病且久治不愈,具有无效事由,法院应作出宣告无效的判决。故选项 B 正确。

《婚姻法解释(一)》第 9 条规定:"人民法院审理宣告婚姻无效案件,对婚姻效力的审理不适用调解,应当依法作出判决;有关婚姻效力的判决一经作出,即发生法律效力。涉及财产分割和子女抚养的,可以调解。调解达成协议的,另行制作调解书。对财产分割和子女抚养问题的判决不服的,当事人可以上诉。"可知,宣告婚姻无效的判决一经作出即发生效力,当事人不得上诉。又因涉及公共利益,有关婚姻无效的部分不适用调解,申请人不得撤诉。但宣告婚姻无效的诉讼可能还涉及子女抚养和财产分割,对这部分适用诉讼程序,当事人可以调解,可以提出上诉。所以选项 C 和选项 D 说法错误。

六、可撤销婚姻

[相关法条]

《婚姻法》第 11 条 因胁迫结婚的,受胁迫的一方可以向婚姻登记机关或人民法院请求撤销该婚姻。受胁迫的一方撤销婚姻的请求,应当自结婚登记之日起一年内提出。被非法限制人身自由的当事人请求撤销婚姻的,应当自恢复人身自由之日起一年内提出。

《婚姻法解释(一)》第 10 条 婚姻法第十一条所称的"胁迫",是指行为人以给另一方当事人或者其近亲属的生命、身体健康、名誉、财产等方面造成损害为要挟,迫使另一方当事人违背真实意愿结婚的情况。

因受胁迫而请求撤销婚姻的,只能是受胁迫一方的婚姻关系当事人本人。

可撤销婚姻	
撤销权人	受胁迫人本人。
撤销原因	受胁迫,即胁迫人以对另一方或其近亲属的生命、健康、名誉、财产等方面造成损害为要挟。
撤销机关	法院、婚姻登记机关。
除斥期间	1 年,自婚姻登记之日或恢复自由之日起算。

(续表)

	可撤销婚姻
效力	1. 具有溯及力,自始无效。 2. 当事人不具有夫妻的权利关系。 3. 当事人所生的子女,适用《婚姻法》有关父母子女的规定。 4. 当事人同居期间所得的财产,按共同共有处理(但有证据证明为当事人一方所有的除外)。

[历年真题]　胡某与黄某长期保持同性恋关系,胡某创作同性恋题材的小说发表。后胡某迫于父母压力娶陈某为妻,结婚时陈某父母赠与一套房屋,登记在陈某和胡某名下。婚后,胡某收到出版社支付的小说版税10万元。此后,陈某得知胡某在婚前和婚后一直与黄某保持同性恋关系,非常痛苦。下列哪一说法是正确的?(2015年卷三20题)

A. 胡某隐瞒同性恋重大事实,导致陈某结婚的意思表示不真实,陈某可请求撤销该婚姻

B. 陈某受欺诈而登记结婚,导致陈某父母赠与房屋意思表示不真实,陈某父母可撤销赠与

C. 该房屋不属于夫妻共同财产

D. 10万元版税属于夫妻共同财产

【答案】　D

【考点】　夫妻共同财产、婚姻撤销、赠与合同

【解析】　依据《婚姻法》第11条的规定:"因胁迫结婚的,受胁迫的一方可以向婚姻登记机关或人民法院请求撤销该婚姻。受胁迫的一方撤销婚姻的请求,应当自结婚登记之日起一年内提出。被非法限制人身自由的当事人请求撤销婚姻的,应当自恢复人身自由之日起一年内提出。"撤销婚姻只能是因胁迫结婚的,本题中,胡某隐瞒同性恋的事实,属于欺诈,陈某不可以请求撤销婚姻。故选项A说法不正确,不当选。

陈某受欺诈结婚与陈某父母赠与房屋是两个独立的法律关系,陈某父母不可撤销赠与,选项B错误,不当选。

依据《婚姻法》第18条的规定:"有下列情形之一的,为夫妻一方的财产:(一) 一方的婚前财产;(二) 一方因身体受到伤害获得的医疗费、残疾人生活补助费等费用;(三) 遗嘱或赠与合同中确定只归夫或妻一方的财产;(四) 一方专用的生活用品;(五) 其他应当归一方的财产。"本题中,陈某父母赠与房屋,登记在陈某和胡某的名下,该房屋属于夫妻共同财产。故选项C错误。

《婚姻法》第17条规定:"夫妻在婚姻关系存续期间所得的下列财产,归夫妻共同所有:(一) 工资、奖金;(二) 生产、经营的收益;(三) 知识产权的收益;(四) 继承或赠与所得的财产,但本法第十八条第三项规定的除外;(五) 其他应当归共同所有的财产。夫妻对共同所有的财产,有平等的处理权。"同时,依据《婚姻法解释(二)》第12条的规定:"婚姻法第十七条第三项规定的'知识产权的收益',是指婚姻关系存续期间,实际取得或者已经明确可以取得的财产性收益。"在婚姻关系存续期间,取得的知识产权收益属于夫妻共同财产。故选项D正确,当选。

第二章 离 婚

一、诉讼离婚

[相关法条]

《婚姻法》第 32 条 男女一方要求离婚的,可由有关部门进行调解或直接向人民法院提出离婚诉讼。

人民法院审理离婚案件,应当进行调解;如感情确已破裂,调解无效,应准予离婚。

有下列情形之一,调解无效的,应准予离婚:(一)重婚或有配偶者与他人同居的;(二)实施家庭暴力或虐待、遗弃家庭成员的;(三)有赌博、吸毒等恶习屡教不改的;(四)因感情不和分居满二年的;(五)其他导致夫妻感情破裂的情形。一方被宣告失踪,另一方提出离婚诉讼的,应准予离婚。

(一)判决离婚的法定条件

《婚姻法》第 32 条以"感情确已破裂"作为判决离婚的法定条件。并且规定了判定夫妻感情确已破裂的情形。

法定情形:(《婚姻法》第 32 条)

(1)重婚或与他人同居的。

(2)实施家庭暴力或虐待、遗弃家庭成员的。

(3)有赌博、吸毒等恶习屡教不改的。

(4)因感情不和分居满二年的;一方被宣告失踪,另一方提出离婚诉讼的,应准予离婚。

(二)不得离婚的情形

(1)女方在怀孕期间、分娩后 1 年内或中止妊娠后 6 个月内,男方不得提出离婚。下列情形除外:① 女方提出离婚;② 人民法院认为确有必要受理男方离婚请求的。

(2)军人的配偶未经军人同意,不得起诉离婚。但是,军人一方具有重大过错的除外。军人的重大过错主要包括:① 与他人重婚或者与他人同居;② 实施家庭暴力或虐待、遗弃家庭成员;③ 有赌博、吸毒等恶习屡教不改。

(3)判决不准离婚和调解和好的离婚案件,没有新情况、新理由,"原告"在 6 个月内又起诉离婚的,人民法院不予受理。被告起诉的,不在此限。

(4)原告撤诉或者按撤诉处理的离婚案件,没有新情况、新理由,6 个月内又起诉的,人民法院不予受理。被告起诉的,不在此限。

(三)离婚程序

(1)离婚诉讼不得代理,但根据《婚姻法解释(三)》第 8 条的规定,监护人代理无民事行为能力人提起离婚诉讼的,人民法院应当受理。

(2)离婚诉讼的审理,应当进行调解;调解和好的,可以不制作调解书;当事人因特殊情况无法参加调解的,除本人无法表达意志外,应当出具书面意见;无民事行为能力人的离婚案件,由法定代理人代理进行。

(3)一审判决离婚的案件,法庭宣告判决时应告知当事人:在上诉期限届满前,不得结婚,否则构成重婚罪。

（4）二审程序：① 对离婚与否的判决及有关财产分配、子女抚养问题的判决不服的，当事人均可提出上诉。② 一审判决不离婚，二审认为应判决离婚的，可与子女抚养、财产问题一并主持调解；调解不成的，发回重审。

（5）再审程序：① 对判决离婚的生效判决不服的，不得申请再审。② 对财产分割的生效判决不服的，可申请再审。对判决未处理的共同财产，当事人应另行起诉。

二、协议离婚

（1）条件：双方自愿；就子女、财产问题达成协议。
（2）经婚姻登记机关审查合格，发给离婚证，婚姻关系即告解除。
（3）对于财产协议的履行发生争议而提起诉讼的，人民法院应当受理。

[**历年真题**] 甲与乙离婚，甲、乙的子女均已成年，与乙一起生活。甲与丙再婚后购买了一套房屋，登记在甲的名下。后甲因中风不能自理，常年卧床。丙见状离家出走达3年之久。甲乙的子女和乙想要回房屋，进行法律咨询。下列哪些意见是错误的？（2011年卷三52题）

A. 因房屋登记在甲的名下，故属于甲个人房产
B. 丙在甲中风后未尽妻子责任和义务，不能主张房产份额
C. 甲与乙的子女可以申请宣告丙失踪
D. 甲本人向法院提交书面意见后，甲与乙的子女可代理甲参与甲与丙的离婚诉讼

【答案】 ABC
【考点】 夫妻共同财产、宣告失踪、离婚诉讼的代理
【解析】 根据《婚姻法》第17条的规定，除非法律另有规定或者夫妻双方另有书面约定，在婚姻关系存续期间，夫妻一方或者双方取得的财产属于夫妻共同共有的财产。本题中，甲与丙是在婚后购买的房屋，房屋应为甲、丙共同共有。故选项A错误。

根据《物权法》第95条的规定："共同共有人对共有的不动产或者动产共同享有所有权。"本题中，甲、丙基于夫妻关系，对房屋共同享有所有权，丙是否在甲中风后尽到妻子的责任和义务不影响丙主张房产份额的权利，所以选项B的说法错误。

《民法通则》第20条第1款规定："公民下落不明满二年的，利害关系人可以向人民法院申请宣告他为失踪人。"《民通意见》第24条规定："申请宣告失踪的利害关系人，包括被申请宣告失踪人的配偶、父母、子女、兄弟姐妹、祖父母、外祖父母、孙子女、外孙子女以及其他与被申请人有民事权利义务关系的人。"另根据《继承法》第10条第3款的规定："本法所说的子女，包括婚生子女、非婚生子女、养子女和有扶养关系的继子女。"本题中，丙离家出走达3年，下落不明已经届满2年，但是甲、丙结婚时，甲、乙的子女均已成年，与丙没有形成有抚养关系的继子女，所以甲、乙的子女不属于利害关系人的范畴，无权向法院申请宣告丙失踪。故选项C说法错误。

关于选项D，《民事诉讼法》第62条规定："离婚案件有诉讼代理人的，本人除不能表达意思的以外，仍应出庭；确因特殊情况无法出庭的，必须向人民法院提交书面意见。"另《民事诉讼法》第58条规定，当事人、法定代理人可以委托一至二人作为诉讼代理人。律师、当事人的近亲属、有关的社会团体或者所在单位推荐的人，经人民法院许可的其他公民，都可以被委托为诉讼代理人。可知，如果甲因中风确实不能出庭参与离婚诉讼，甲出具书面意见后，可委托

其子女作为诉讼代理人参加诉讼。故选项 D 正确。

三、离婚损害赔偿请求权

[相关法条]
《婚姻法》第 46 条　有下列情形之一,导致离婚的,无过错方有权请求损害赔偿:
(一) 重婚的;
(二) 有配偶者与他人同居的;
(三) 实施家庭暴力的;
(四) 虐待、遗弃家庭成员的。

离婚损害赔偿请求权	
前提	当事人已经离婚。对于法院判决不准离婚和当事人不起诉离婚,仅提起损害赔偿请求的,人民法院不予支持。
情形	(1) 重婚的; (2) 有配偶者与他人同居的; (3) 实施家庭暴力的; (4) 虐待、遗弃家庭成员的。 注意:(1) 不包括有赌博、吸毒等恶习屡教不改的; (2) 男方以其生育权遭受侵害为由,在离婚时提起损害赔偿请求的,不予支持。
权利人	无过错方
义务人	具有过错的配偶。注:第三者不承担赔偿责任。 夫妻双方均有过错行为的,任何一方均丧失离婚损害赔偿请求权。
内容	(1) 物质损害赔偿; (2) 精神损害赔偿。
提出时间	(1) 协议离婚的,可在离婚后 1 年内提出;已明确表示放弃该请求的,不得再度主张。 (2) 诉讼离婚的:在离婚诉讼中提出。 例外情形:(1) 无过错方作为被告的,若其未同意离婚亦未提起损害赔偿请求的,可在离婚后 1 年内就此单独提起诉讼。 (2) 无过错方作为被告的,在一审中未提损害赔偿请求,在二审中提出的,法院应当进行调解,调解不成的,告知当事人在离婚后 1 年内另行起诉。

[历年真题]　1. 董楠(男)和申蓓(女)是美术学院同学,共同创作一幅油画作品《爱你一千年》。毕业后二人结婚育有一女。董楠染上吸毒恶习,未经申蓓同意变卖了《爱你一千年》,所得款项用于吸毒。因董楠恶习不改,申蓓在女儿不满 1 周岁时提起离婚诉讼。下列哪些说法是正确的?(2015 年卷三 65 题)

A. 申蓓虽在分娩后 1 年内提出离婚,法院应予受理
B. 如调解无效,应准予离婚

C. 董楠出售《爱你一千年》侵犯了申蓓的物权和著作权
D. 对董楠吸毒恶习,申蓓有权请求离婚损害赔偿

【答案】 ABC

【考点】 合作作品著作权的归属、按份共有物、诉讼离婚

【解析】《婚姻法》第34条规定:"女方在怀孕期间、分娩后一年内或中止妊娠后六个月内,男方不得提出离婚。女方提出离婚的,或人民法院认为确有必要受理男方离婚请求的,不在此限。"可知,女方在分娩后1年内,男方不得提出离婚,女方提出离婚的不受限制。本题中,申蓓在分娩后1年内提出离婚,法院应予受理。故选项A正确,当选。

《婚姻法》第32条规定:"男女一方要求离婚的,可由有关部门进行调解或直接向人民法院提出离婚诉讼。人民法院审理离婚案件,应当进行调解;如感情确已破裂,调解无效,应准予离婚。有下列情形之一,调解无效的,应准予离婚:(一)重婚或有配偶者与他人同居的;(二)实施家庭暴力或虐待、遗弃家庭成员的;(三)有赌博、吸毒等恶习屡教不改的;(四)因感情不和分居满二年的;(五)其他导致夫妻感情破裂的情形。"可知,男女一方有吸毒恶习屡教不改的,调解无效,应准予离婚。本题,董楠吸毒恶习不改,调解无效的,应准予离婚。故选项B正确,当选。

董楠和申蓓共同创造的油画作品《爱你一万年》具有双重属性,作为一幅画,《爱你一万年》是董楠和申蓓按份共有的物,作为作品,《爱你一万年》是董楠和申蓓合作创作的作品。董楠未经申蓓同意,变卖《爱你一万年》侵犯了身边的物权即共有物以及著作权即申蓓获得报酬的权利。故选项C正确,当选。

《婚姻法》第46条规定:"有下列情形之一,导致离婚的,无过错方有权请求损害赔偿:(一)重婚的;(二)有配偶者与他人同居的;(三)实施家庭暴力的;(四)虐待、遗弃家庭成员的。"可知,离婚损害赔偿请求只有法律规定的四种情形,不包括吸毒。申蓓无权请求离婚损害赔偿。故选项D错误,不当选。

2. 甲与乙结婚多年后,乙患重大疾病需要医治,甲保管夫妻共同财产但拒绝向乙提供治疗费,致乙疾病得不到及时治疗而恶化。下列哪一说法是错误的?(2012年卷三23题)
A. 乙在婚姻关系存续期间,有权起诉请求分割夫妻共同财产
B. 乙有权提出离婚诉讼并请求甲损害赔偿
C. 乙在离婚诉讼中有权请求多分夫妻共同财产
D. 乙有权请求公安机关依照《治安管理处罚法》对甲予以行政处罚

【答案】 C

【考点】 夫妻共同共有财产的分割、离婚损害赔偿请求权

【解析】《婚姻法解释(三)》第4条规定:"婚姻关系存续期间,夫妻一方请求分割夫妻共同财产的,人民法院不予支持,但有下列重大理由且不损害债权人利益的除外:(一)一方有隐藏、转移、变卖、毁损、挥霍夫妻共同财产或者伪造夫妻共同债务等严重损害夫妻共同财产利益行为的;(二)一方负有法定抚养义务的人患重大疾病需要医治,另一方不同意支付相关医疗费用的。"本题中,甲、乙作为夫妻,一方对另一方有法定扶养义务,在乙患重大疾病需要医治时,拒绝支付相关医疗费用,则乙可在婚姻关系存续期间请求分割共同财产,据此,选项A正确,不当选。

《婚姻法》第46条规定:"有下列情形之一,导致离婚的,无过错方有权请求损害赔偿:

(一)重婚的;(二)有配偶与他人同居的;(三)实施家庭暴力的;(四)虐待、遗弃家庭成员的。"本题中,甲拒绝向乙提供治疗费,致乙疾病恶化,属于虐待家庭成员。故选项B正确,不当选。

《婚姻法》第39条第1款规定:"离婚时,夫妻的共同财产由双方协议处理;协议不成的,由人民法院根据财产的具体情况,照顾子女或者女方的权益的原则判决。"《婚姻法》第47条规定:"离婚时,一方隐藏、转移、变卖、毁损夫妻共同财产,或伪造债务企图侵占另一方财产的,分割夫妻共同财产时,对隐藏、转移、变卖、毁损夫妻共同财产或伪造债务的一方,可以少分或不分"本题中没有上述行为,所以选项C错误,当选。

《治安管理处罚法》第45条规定:"有下列行为之一的,处五日以下拘留或者警告:(一)虐待家庭成员,被虐待人要求处理的;(二)遗弃没有独立生活能力的被扶养人的。"本题中,甲虐待家庭成员,可以请求公安机关依照《治安管理处罚法》对甲进行行政处罚,所以选项D正确,不当选。

3. 2003年5月王某(男)与赵某结婚,双方书面约定婚后各自收入归个人所有。2005年10月王某用自己的收入购置一套房屋。2005年11月赵某下岗,负责照料女儿及王某的生活。2008年8月王某提出离婚,赵某得知王某与张某已同居多年。法院应支持赵某的下列哪些主张?(2009年卷三66题)

A. 赵某因抚育女儿、照顾王某生活付出较多义务,王某应予以补偿
B. 离婚后赵某没有住房,应根据公平原则判决王某购买的住房属于夫妻共同财产
C. 王某与张某同居导致离婚,应对赵某进行赔偿
D. 张某与王某同居破坏其家庭,应向赵某赔礼道歉

【答案】 AC
【考点】 离婚损害赔偿请求权、离婚时一方的扶助义务、离婚一方的补偿义务
【解析】 《婚姻法》第40条规定:"夫妻书面约定婚姻关系存续期间所得的财产归各自所有,一方因抚育子女、照料老人、协助另一方工作等付出较多义务的,离婚时有权向另一方请求补偿,另一方应当予以补偿。"本题中,王某与赵某结婚后书面约定了婚后财产归各自所以,但赵某下岗后,负责照料女儿及王某的生活,付出了较多义务,有权获得补偿,所以选项A正确。

《婚姻法》第42条规定:"离婚时,如一方生活困难,另一方应从其住房等个人财产中给予适当帮助。具体办法由双方协议;协议不成时,由人民法院判决。"《婚姻法解释(一)》第27条规定:"婚姻法第四十二条所称'一方生活困难',是指依靠个人财产和离婚时分得的财产无法维持当地基本生活水平。一方离婚后没有住处的,属于生活困难。离婚时,一方以个人财产中的住房对生活困难者进行帮助的形式,可以是房屋的居住权或者房屋的所有权。"本题中,离婚时赵某没有住房,属于生活困难,赵某可以取得王某购买住房的居住权或所有权,而不是应当取得所有权,所以选项B错误。

《婚姻法》第46条规定:"有下列情形之一,导致离婚的,无过错方有权请求损害赔偿:(一)重婚的;(二)有配偶者与他人同居的;(三)实施家庭暴力的;(四)虐待、遗弃家庭成员的。"本题中,王某与张某同居,属于有过错的一方,若法院判决离婚,王某应对赵某进行损害赔偿,所以选项C正确。

关于选项D,《婚姻法解释(一)》第29条第1款规定:"承担婚姻法第四十六条规定的损

害赔偿责任的主体,为离婚诉讼当事人中无过错方的配偶。"可知,离婚损害赔偿的当事人仅限于夫妻双方,而不能扩大到婚姻以外的第三人,所以选项 D 错误。

四、亲子关系

亲子鉴定	1. 夫妻一方向人民法院起诉请求确认亲子关系不存在,并已提供必要证据予以证明,另一方没有相反证据又拒绝做亲子鉴定的,人民法院可以推定请求确认亲子关系不存在一方的主张成立。 2. 当事人一方起诉请求确认亲子关系,并提供必要证据予以证明,另一方没有相反证据又拒绝做亲子鉴定的,人民法院可以推定请求确认亲子关系一方的主张成立。
亲子关系与监护	1. 父母与子女的关系,不因父母离婚而消除。 2. 离婚后,父母对子女仍负监护职责。在法定情形下,一方申请法院取消对方监护资格的除外。 3. 抚养权。哺乳期内的子女,原则上由母亲抚养;哺乳期后的子女,双方协议,协议不成的,由法院判决。
抚养费	离婚后,一方抚养子女的,另一方应当负担必要的抚养费,包括但不限于子女的生活费、教育费及医疗费。
探望权	不直接抚养子女的一方享有探望权,另一方有协助义务。当事人单独以探望权起诉的,法院应当受理。

五、其他规定

(一) 离婚时一方的扶助义务

[相关法条]

《婚姻法》第 42 条 离婚时,如一方生活困难,另一方应从其住房等个人财产中给予适当帮助。具体办法由双方协议;协议不成时,由人民法院判决。

《婚姻法解释(一)》第 27 条规定,《婚姻法》第 42 条所称"一方生活困难",是指依靠个人财产和离婚时分得的财产无法维持当地基本生活水平。

一方离婚后没有住处的,属于生活困难。

离婚时,一方以个人财产中的住房对生活困难者进行帮助的形式,可以是房屋的居住权或者房屋的所有权。

1. 离婚时,一方生活困难,另一方具有扶助义务

所谓"一方生活困难"是指:

(1) 依靠个人财产和离婚时分得的财产无法维持当地基本生活水平。

(2) 一方离婚后没有住处。

(3) 一方缺乏生活自理能力,又没有法定扶养义务人。

2. 扶助方式依照具体情况确定

(1) 一次性或定期支付一定的金钱、财物;

(2) 将其享有居住权或所有权的房屋提供给对方居住;

（3）承担照顾对方生活的义务。
（二）离婚经济补偿
[法律依据]
《婚姻法》第 40 条　夫妻书面约定婚姻关系存续期间所得的财产归各自所有，一方因抚育子女、照料老人、协助另一方工作等付出较多义务的，离婚时有权向另一方请求补偿，另一方应当予以补偿。

1. 夫妻约定婚姻关系存续期间所得的财产归各自所有，并不代表另一方无权请求分得另一方的财产

在下列情况下，一方可以分得另一方的财产：
（1）配偶一方死亡的，没有订立遗嘱，其合法财产为遗产，配偶依据继承法的相关规定，作为第一顺位继承人，法定继承其遗产。
（2）夫妻离婚时，一方符合《婚姻法》第 40 条规定的条件的，有权请求对方予以补偿。
2. 离婚时经济补偿的要件
（1）夫妻书面约定婚姻存续期间取得的财产归各自分别所有。
（2）一方因抚育子女、照料老人、协助另一方工作等付出较多义务。
（3）双方离婚。
（三）彩礼返还问题
当事人请求返还按照习俗给付的彩礼的，如果查明属于以下情形，人民法院应当予以支持：
（1）双方未办理结婚登记手续的。
（2）双方办理结婚登记手续但确未共同生活的。
（3）婚前给付并导致给付人生活困难的。适用前款第 2、3 项的规定，应当以双方离婚为条件。

六、离婚的法律后果

1. 身份关系
男女双方解除婚姻关系。
2. 财产关系
（1）债务清偿
① 原则：共同债务以共同财产清偿；个人债务以个人财产清偿。《婚姻法》第 41 条规定，离婚时，原为夫妻共同生活所负的债务，应当共同偿还。共同财产不足清偿的，或财产归各自所有的，由双方协议清偿；协议不成时，由人民法院判决。
② 以下为共同债务：其一，家庭生活；其二，家庭生产经营；其三，子女扶养；其四，履行共同义务；其五，为一方治疗疾病。
③ 以下为个人债务，夫妻一方的个人债务，由个人财产进行偿还；离婚时，不得要求用共同财产清偿，对方也无须负连带责任。其一，夫妻双方约定由个人承担的债务，债权人知道的，可对抗之；举证责任在夫妻一方。但为逃避债务的除外。其二，擅自资助无扶养关系的亲友；其三，一方未经对方同意，独自筹资进行经营，收入未用于共同生活；其四，债权人与债务人明确约定为个人债务。其五，其他个人债务，如侵权行为。

(2) 在夫妻关系存续期间以一方名义对外举债的,分别按照下列规定处理

① 属于个人婚前债务。对一方婚前已经形成的债务,原则上认定为夫妻一方的个人债务;债权人能够证明所欠债务用于婚后共同生活的,应当认定为共同债务,由夫妻双方共同偿还。

② 婚姻关系存续期间以一方名义所欠的债务。按照《婚姻法解释(二)》第24条的规定,属于婚姻关系存续期间以一方名义欠下的债务,原则上应当认定为夫妻共同债务,应该由夫妻共同偿还。但是,如果夫妻一方能够证明该债务确为欠债人个人债务,那么未欠债的婚姻关系当事人可以对抗债权人的请求。属于个人债务的情形包括:第一,债权人与债务人明确约定该项债务属于个人债务;第二,属于《婚姻法》第19条第3项规定的情况,即夫妻对婚姻关系存续期间所得的财产约定归各自所有的,夫或妻一方对外所负的债务,第三人知道该约定的,以夫或妻一方所有的财产清偿。

[**历年真题**] 黄某与唐某自愿达成离婚协议并约定财产平均分配,婚姻关系存续期间的债务全部由唐某偿还。经查,黄某以个人名义在婚姻存续期间向刘某借款10万元用于购买婚房。下列哪一表述是正确的?(2011年卷三21题)

A. 刘某只能要求唐某偿还10万元
B. 刘某只能要求黄某偿还10万元
C. 如黄某偿还了10万元,则有权向唐某追偿10万元
D. 如唐某偿还了10万元,则有权向黄某追偿5万元

【答案】 C
【考点】 夫妻共同债务的清偿
【解析】《婚姻法》第41条规定:"离婚时,原为夫妻共同生活所负的债务,应当共同偿还。共同财产不足清偿的,或财产归各自所有的,由双方协议清偿;协议不成时,由人民法院判决。"可知,夫妻离婚时,夫妻共同债务先用夫妻共同财产清偿;共同财产不足以清偿的,男女双方以各自的财产对夫妻共同债务承担连带清偿责任。《婚姻法解释(二)》第24条规定:"债权人就婚姻关系存续期间夫妻一方以个人名义所负债务主张权利的,应当按夫妻共同债务处理。但夫妻一方能证明债权人与债务人明确约定为个人债务,或者能够证明属于婚姻法第十九条第三款规定情形的除外。"新增两款,分别规定:"夫妻一方与第三人串通,虚构债务,第三人主张权利的,人民法院不予支持;夫妻一方在从事赌博、吸毒等违法犯罪活动中所负债务,第三人主张权利的,人民法院不予支持。"据此,黄某在婚姻存续期间以个人名义向刘某所借且用于购买婚房的10万元应认定为夫妻共同债务,黄某与唐某应承担连带清偿责任,故选项A错误,选项B错误。

《婚姻法解释(二)》第25条规定:"当事人的离婚协议或者人民法院的判决书、裁定书、调解书已经对夫妻财产分割问题作出处理的,债权人仍有权就夫妻共同债务向男女双方主张权利。一方就共同债务承担连带清偿责任后,基于离婚协议或者人民法院的法律文书向另一方主张追偿的,人民法院应当支持。"本题中,黄某与唐某在离婚协议中对夫妻共同债务承担的约定不能对抗债权人,双方对债权人承担连带责任;但该约定在黄某与唐某间发生效力,所以如果黄某偿还了10万元,则有权向唐某追偿10万元。则选项C正确,选项D错误。

第三章 夫妻财产关系

一、法定夫妻财产制

[相关法条]

《婚姻法》第 17 条 夫妻在婚姻关系存续期间所得的下列财产,归夫妻共同所有:
(一)工资、奖金;
(二)生产、经营的收益;
(三)知识产权的收益;
(四)继承或赠与所得的财产,但本法第十八条第三项规定的除外;
(五)其他应当归共同所有的财产。
夫妻对共同所有的财产,有平等的处理权。

《婚姻法解释(二)》第 11 条 婚姻关系存续期间,下列财产属于婚姻法第十七条规定的"其他应当归共同所有的财产":
(一)一方以个人财产投资取得的收益;
(二)男女双方实际取得或者应当取得的住房补贴、住房公积金;
(三)男女双方实际取得或者应当取得的养老保险金、破产安置补偿费。

《婚姻法解释(二)》第 12 条 婚姻法第十七条第三项规定的"知识产权的收益",是指婚姻关系存续期间,实际取得或者已经明确可以取得的财产性收益。

《婚姻法解释(二)》第 14 条 人民法院审理离婚案件,涉及分割发放到军人名下的复员费、自主择业费等一次性费用的,以夫妻婚姻关系存续年限乘以年平均值,所得数额为夫妻共同财产。
前款所称年平均值,是指将发放到军人名下的上述费用总额按具体年限均分得出的数额。其具体年限为人均寿命七十岁与军人入伍时实际年龄的差额。

《婚姻法解释(二)》第 22 条 当事人结婚前,父母为双方购置房屋出资的,该出资应当认定为对自己子女的个人赠与,但父母明确表示赠与双方的除外。
当事人结婚后,父母为双方购置房屋出资的,该出资应当认定为对夫妻双方的赠与,但父母明确表示赠与一方的除外。

《婚姻法解释(三)》第 5 条 夫妻一方个人财产在婚后产生的收益,除孳息和自然增值外,应认定为夫妻共同财产。

第 7 条 婚后由一方父母出资为子女购买的不动产,产权登记在出资人子女名下的,可按照婚姻法第十八条第(三)项的规定,视为只对自己子女一方的赠与,该不动产应认定为夫妻一方的个人财产。
由双方父母出资购买的不动产,产权登记在一方子女名下的,该不动产可认定为双方按照各自父母的出资份额按份共有,但当事人另有约定的除外。

第 10 条 夫妻一方婚前签订不动产买卖合同,以个人财产支付首付款并在银行贷款,婚后用夫妻共同财产还贷,不动产登记于首付款支付方名下的,离婚时该不动产由双方协议处理。

依前款规定不能达成协议的,人民法院可以判决该不动产归产权登记一方,尚未归还的贷款为产权登记一方的个人债务。双方婚后共同还贷支付的款项及其相对应财产增值部分,离婚时应根据婚姻法第三十九条第一款规定的原则,由产权登记一方对另一方进行补偿。

(一) 法定夫妻共同财产

夫妻共同财产范围	工资、奖金。
	生产、经营的收益。
	夫妻双方实际取得的或者应当取得的住房补贴、住房公积金、养老保险金、破产安置补偿费。
	一方个人财产在婚姻关系存续期间所取得的收益。注意:夫妻个人财产的孳息(天然孳息、法定孳息)和自然增值仍为个人财产。
	实际取得或者已经明确可以取得的知识产权上的财产性收益。
	继承或赠与所获得的财产(但遗嘱或赠与合同确定只归夫妻一方的财产,为夫妻的个人财产)。
	由一方婚前承租、婚后用共有财产购买的房屋,虽房屋权属证书登记在一方名下,仍认定为夫妻共有财产。
	婚前,父母为双方购置房屋出资的,该出资是对自己子女的个人赠与,除非父母明确表示赠与双方;婚后,父母为双方购置房屋出资的额,该出资是对夫妻双方的赠与,除非父母明确表示赠与一方的。

1. 法定夫妻共同财产范围

除非当事人另有约定,在婚姻关系存续期间,夫妻一方取得或者双方共同取得的下列财产均属夫妻共同共有的财产:

(1) 工资、奖金。(《婚姻法》第 17 条)

(2) 生产、经营的收益。(《婚姻法》第 17 条)

(3) 双方实际取得或者应当取得的"住房补贴"、"住房公积金"、"养老保险金"和"破产安置补偿"。[《婚姻法解释(二)》第 11 条]

(4) 夫妻一方财产在婚后产生的收益,除孳息和自然增值外,属于夫妻共同财产。[《婚姻法解释(三)》第 5 条]

(5) 实际取得或者已经明确可以取得"知识产权上的财产性收益"。[《婚姻法解释(二)》第 12 条]

(6) 继承或赠与所得的财产(但遗嘱或赠与合同确定只归夫或妻一方的财产,为夫或妻的个人财产)。(《婚姻法》第 17 条)

(7) 由一方婚前以个人财产购买,且登记在自己名下的不动产,并于婚后以夫妻共同财产还贷的,除非当事人另有约定,原则上认定房屋所有权归登记名义人个人所有,但婚后以共同财产还贷的部分及其自然增值,应认定为夫妻共同财产。[《婚姻法解释(三)》第 10 条]

(8) 军人的复员费、自主择业费等一次性费用,以夫妻婚姻关系存续年限乘以年平均值,所得数额为夫妻共同财产[平均值的求算方法见《婚姻法解释(二)》第14条第2款]。

(9)婚后,夫妻双方的父母出资为夫妻购买的房屋,产权登记在夫妻一方名下的,除非另有约定,原则上认定为夫妻按份共有。份额按照双方父母的出资比例确定。[《婚姻法解释(三)》第7条第2款]

2. 需要注意的几点问题

(1)在婚姻关系存续期间,配偶一方死亡的,共同财产的一半才是死者的遗产。

(2)离婚时,除非当事人另有约定,夫妻共同财产原则上应由双方平分(同时要考虑照顾妇女、儿童的精神)。

(3)根据《物权法》第102条,因夫妻共同共有的财产产生的债务(合同之债、侵权之债),共有人对外应负连带责任。

3. 夫妻对共同所有的财产,有平等的处理权。

(1)夫或妻在处理夫妻共同财产上的权利是平等的。

(2)夫妻互有"家事代理权",即因日常生活需要而处理夫妻共同财产的,任何一方均有独立的决定权,无需经过对方的同意。

(3)夫或妻非因日常生活需要对夫妻共同财产处分的,应经夫妻一致同意,否则一方擅自以自己的名义处分的,属于无权处分。

4. 夫妻共同共有财产在婚姻存续期间的分割

婚姻关系存续期间,夫妻一方请求分割共同财产的,人民法院不予支持,但有下列重大理由且不损害债权人利益的除外:

(1)一方有隐藏、转移、变卖、毁损、挥霍夫妻共同财产或者伪造夫妻共同债务等严重损害夫妻共同财产利益行为的;

(2)一方负有法定扶养义务的人患重大疾病需要医治,另一方不同意支付相关医疗费用的。

(二) 法定夫妻个人财产

个人财产范围	一方的婚前财产。
	一方因身体受到伤害获得的医疗费、残疾人生活补助费等费用。
	遗嘱或赠与合同确定只归一方所有的财产。
	一方专用的生活用品。
	军人的死亡保险金、伤残补助金、医药生活补助费属于军人的个人财产。
	军人复员费、自主择业费扣除夫妻共同财产的部分属于复转军人的个人财产。
	由一方婚前以个人财产购买,且登记在自己名下的不动产,并于婚后以夫妻共同财产还贷的,除非当事人另有约定,原则上认定房屋所有权归登记名义人个人所有。
	婚后由一方父母出资为子女购买的不动产,产权登记在出资人子女名下的,可以视为只对自己子女一方的赠与,该不动产应认定为夫妻一方的个人财产。

1. 法定夫妻个人财产范围下列财产属于夫妻个人财产:

(1)一方的婚前财产(《婚姻法》第18条)。

(2)一方因身体受到伤害获得的医疗费、残疾人生活补助费等费用。(《婚姻法》第18条)

(3) 遗嘱或者赠与合同确定只归一方所有的财产。(《婚姻法》第 18 条)
(4) 一方专用的生活用品。(《婚姻法》第 18 条)
(5) 军人的伤亡保险金、伤残补助金、医药生活补助费属于军人的个人财产。
(6) 军人复员费、自主择业费扣除夫妻共同财产的部分属于复转军人的个人财产。[《婚姻法解释(二)》第 13 条]
(7) 由一方婚前个人财产购买,且登记在自己名下的不动产,并于婚后以夫妻共同财产还贷的,除非当事人另有约定,原则上认定房屋所有权归登记名义人个人所有。[《婚姻法解释(三)》第 10 条]
(8) 婚后由一方父母出资为子女购买的不动产,产权登记在出资人子女名下的,可以视为只对自己子女一方的赠与,该不动产应认定为夫妻一方的个人财产。[《婚姻法解释》(三)第 7 条第 1 款]

注意:一方个人财产婚后产生的孳息和自然增值也属个人财产,其他则归共同财产。

2. 法定夫妻个人财产不因婚姻关系的延续而转化为夫妻共同财产。2001 年修改《婚姻法》之前,法律规定夫妻个人财产因结婚满 8 年而转换为夫妻共同财产。《婚姻法解释(一)》第 19 条修改了这一规定,夫妻个人财产,除非当事人约定共同共有,不因婚姻关系的延续而转化为共同财产。

[历年真题]

1. 甲、乙结婚的第 10 年,甲父去世留下遗嘱,将其拥有的一套房子留给甲,并声明该房屋只归甲一人所有。下列哪一表述是正确的?(2009 年卷三 20 题)
  A. 该房屋经过八年婚后生活即变成夫妻共有财产
  B. 如甲将该房屋出租,租金为夫妻共同财产
  C. 该房屋及租金均属于共同财产
  D. 甲、乙即使约定将该房屋变为共同财产,其协议也无效

【答案】 无答案(司法部公布的答案是 B)
【考点】 法定夫妻共同财产、法定夫妻个人财产
【解析】 根据《婚姻法》第 18 条第 3 项的规定,遗嘱或赠与合同中确定只归夫或妻一方的财产,为夫妻一方的个人财产。本题中,甲父的遗嘱声明该房屋只归甲一人所有,该房屋应为甲的个人财产。《婚姻法解释(一)》第 19 条规定:"婚姻法第十八条规定为夫妻一方所有的财产,不因婚姻关系的延续而转化为夫妻共同财产。但当事人另有约定的除外。"所以选项 A 错误。

关于选项 B。《婚姻法解释(三)》第 5 条规定:"夫妻一方个人财产在婚后产生的收益,除孳息和自然增值外,应认定为夫妻共同财产。"注意夫妻个人财产在婚后产生的收益分为投资收益、孳息和自然增值三种,仅投资收益属于夫妻共同财产,孳息和自然增值仍属个人财产。据此,如甲将该房屋出租,租金为法定孳息,其仍属甲的个人财产。故选项 B 是错误的,选项 C 错误。

《婚姻法》第 19 条第 1 款规定:"夫妻可以约定婚姻关系存续期间所得的财产以及婚前财产归各自所有、共同所有或部分各自所有、部分共同所有。约定应当采用书面形式。没有约定或者约定不明确的,适用本法第十七条、第十八条的规定。"所以甲、乙在婚姻存续期间可以约定将甲的婚前财产房屋变为共同财产,故选项 D 错误。

2. 甲(男)、乙(女)结婚后,甲承诺,在子女出生后,将其婚前所有的一间门面房,变更登记为夫妻共同财产。后女儿丙出生,但甲不愿兑现承诺,导致夫妻感情破裂离婚,女儿丙随乙一起生活。后甲又与丁(女)结婚。未成年的丙因重病住院急需医疗费20万元,甲与丁签订借款协议从夫妻共同财产中支取该20万元。下列哪一表述是错误的?(2014年卷三23题)

A. 甲与乙离婚时,乙无权请求将门面房作为夫妻共同财产分割
B. 甲与丁的协议应视为双方约定处分共同财产
C. 如甲、丁离婚,有关医疗费应按借款协议约定处理
D. 如丁不同意甲支付医疗费,甲无权要求分割共有财产

【答案】 D
【考点】 夫妻财产关系;夫妻共有财产的分割
【解析】 选项A正确。甲虽曾承诺变更登记门面房,但未作产权变更,故其仍属于甲的婚前个人财产,在离婚时乙无权请求将门面房作为夫妻共同财产进行分割。

选项B、C正确。《婚姻法解释(三)》第16条规定,夫妻之间订立借款协议,以夫妻共同财产出借给一方从事个人经营活动或用于其他个人事务的,应视为双方约定处分夫妻共同财产的行为,离婚时可按照借款协议的约定处理。因此,甲与丁的协议应视为双方约定处分共同财产,若甲、丁离婚,有关医疗费按借款协议约定处理。

选项D错误。《婚姻法解释(三)》第4条规定:"婚姻关系存续期间,夫妻一方请求分割共同财产的,人民法院不予支持,但有下列重大理由且不损害债权人利益的除外:(一)一方有隐藏、转移、变卖、毁损、挥霍夫妻共同财产或者伪造夫妻共同债务等严重损害夫妻共同财产利益行为的;(二)一方负有法定扶养义务的人患重大疾病需要医治,另一方不同意支付相关医疗费用的。"可见,如丁不同意甲支付医疗费,甲可以要求分割共有财产。

(三)婚房的归属
《婚姻法解释(三)》其实没变!
1. 父母赠与婚房
[相关法条]
《婚姻法解释(三)》第7条 婚后由一方父母出资为子女购买的不动产,产权登记在出资人子女名下的,可按照婚姻法第十八条第(三)项的规定,视为只对自己子女一方的赠与,该不动产应认定为夫妻一方的个人财产。

由双方父母出资购买的不动产,产权登记在一方子女名下的,该不动产可认定为双方按照各自父母的出资份额按份共有,但当事人另有约定的除外。

2. 配偶婚前买房
[相关法条]
《婚姻法解释(三)》第10条 夫妻一方婚前签订不动产买卖合同,以个人财产支付首付款并在银行贷款,婚后用夫妻共同财产还贷,不动产登记于首付款支付方名下的,离婚时该不动产由双方协议处理。

依前款规定不能达成协议的,人民法院可以判决该不动产归产权登记一方,尚未归还的贷款为产权登记一方的个人债务。双方婚后共同还贷支付的款项及其相对应财产增值部分,离婚时应根据婚姻法第三十九条第一款规定的原则,由产权登记一方对另一方进行补偿。

二、约定夫妻财产制

[相关法条]

《婚姻法》第 19 条　夫妻可以约定婚姻关系存续期间所得的财产以及婚前财产归各自所有、共同所有或部分各自所有、部分共同所有。约定应当采用书面形式。没有约定或约定不明确的,适用本法第十七条、第十八条的规定。

夫妻对婚姻关系存续期间所得的财产以及婚前财产的约定,对双方具有约束力。夫妻对婚姻关系存续期间所得的财产约定归各自所有的,夫或妻一方对外所负的债务,第三人知道该约定的,以夫或妻一方所有的财产清偿。

1. 内容

夫妻可自由约定婚前及婚内所得财产归夫妻各自所有,或一律共同所有,或部分共同所有、部分各自所有。

2. 形式

书面形式,否则不成立。

3. 效力

对内有效,对外不得对抗善意第三人;夫妻之间即使有约定,当一方向债权人举债的,仍为共同债务,除非有证据表明第三人知道的,可对抗第三人;举证责任在夫妻一方。

三、离婚时夫妻共同财产的分割

(一) 诉讼离婚时分割夫妻共同财产的规则

1. 诉讼离婚时

(1) 双方就分割夫妻共同财产达成协议的,按照协议分割。

(2) 达不成协议的,原则均分。法院亦可根据财产的具体情况,依照照顾子女和女方权益的原则判决分割。(《婚姻法》第 39 条第 1 款)

2. 对毁损或者企图侵占夫妻共同财产的一方予以适当的惩罚

(1) 离婚时,一方隐藏、转移、变卖、毁损夫妻共同财产,或伪造债务企图侵占另一财产的,对过错方,法院"可以"判决"不分或者少分"。

(2) 离婚后,另一方发现对方有上述行为的,可以向人民法院提起诉讼,请求再次分割夫妻共同财产,诉讼时效期间为 2 年,自当事人"发现之次日"起算(起算点不包括"应当发现之次日")。[《婚姻法》第 47 条;《婚姻法解释(一)》第 31 条]

(二) 特殊夫妻共同共有财产的分割规则

1. 《婚姻法解释(二)》第 16 条、第 17 条、第 18 条规定,对下列三种特殊的夫妻共同共有财产,采用较为特殊的分割规则:

(1) 分割夫妻一方在"有限责任公司"的出资额(另一方不是该公司股东)的规则。① 夫妻双方协议将该出资额部分或全部转让给该股东的配偶,过半数股东同意、其他股东放弃优先购买权的,该股东的配偶成为公司股东。② 夫妻双方就出资额转让份额和价格协商一致后:(a) 过半数股东不同意转让,但愿意以同等价格购买该出资额的,可对转让出资的财产进行分割;(b) 过半数股东不同意转让,又不愿意以同等价格购买的,"视为"其同意转让,该股东的配偶成为该公司的股东。

(2) 分割夫妻一方在"合伙企业"中的出资(另一方不是该企业合伙人)的规则。夫妻双方协议将一方在合伙企业中的财产份额全部或者部分转让给对方的:① 其他合伙人一致同意的,该配偶取得合伙人地位(即:让其入伙)。② 其他合伙人不同意转让的,但行使优先购买权的,则对转让所得予以分割。③ 其他合伙人不同意转让,又不行使优先购买权的,但同意该合伙人退伙或者退还部分财产份额的,则对退还的财产进行分割。④ 其他合伙人不同意转让,又不行使优先购买权,也不同意该合伙人退伙

或者退还部分财产的,"视为"同意转让,该配偶取得合伙人地位。

(3) 分割夫妻一方在独资企业中投资的规则:① 仅一方主张经营的,经评估后,由取得企业的一方给对方相应的补偿;② 双方均主张经营的,由竞价优胜方给对方相应的补偿。③ 双方都不愿意经营的,清算后,分割剩余财产。

[历年真题] 甲、乙因离婚诉至法院,要求分割实为共同财产而以甲的名义对丙合伙企业的投资。诉讼中,甲、乙经协商,甲同意将其在丙合伙企业中的财产份额转让给乙。法院对此作出处理,下列哪些选项是正确的?(2010年卷三66题)

A. 其他三分之二以上合伙人同意转让的,乙取得合伙人地位

B. 其他合伙人不同意转让,在同等条件下行使优先受让权的,可对转让所得的财产进行分割

C. 其他合伙人不同意转让,也不行使优先受让权,但同意甲退伙或退还其财产份额的,可对退伙财产进行分割

D. 其他合伙人对转让、退伙、退还财产均不同意,也不行使优先受让权的,视为全体合伙人同意转让,乙依法取得合伙人地位

【答案】 BCD

【考点】 离婚时夫妻共同财产的分割规则

【解析】 《婚姻法解释(二)》第17条规定:"人民法院审理离婚案件,涉及分割夫妻共同财产中以一方名义在合伙企业中的出资,另一方不是该企业合伙人的,当夫妻双方协商一致,将其合伙企业中的财产份额全部或者部分转让给对方时,按以下情形分别处理:(一) 其他合伙人一致同意的,该配偶依法取得合伙人地位;(二) 其他合伙人不同意转让,在同等条件下行使优先受让权的,可以对转让所得的财产进行分割;(三) 其他合伙人不同意转让,也不行使优先受让权,但同意该合伙人退伙或者退还部分财产份额的,可以对退还的财产进行分割;(四) 其他合伙人既不同意转让,也不行使优先受让权,又不同意该合伙人退伙或者退还部分财产份额的,视为全体合伙人同意转让,该配偶依法取得合伙人地位。"可知,选项A错误,选项B、C、D正确。

2.《婚姻法解释(三)》规定的几种情形

(1)《婚姻法解释(三)》第12条规定:"婚姻关系存续期间,双方用夫妻共同财产出资购买以一方父母名义参加房改的房屋,产权登记的一方父母名下,离婚时另一方主张按照夫妻共同财产对该房屋进行分割的,人民法院不予支持。购买该房屋时的出资,可以作为债权处理。"

(2)《婚姻法解释(三)》第13条规定:"离婚时夫妻一方尚未退休、不符合领取养老保险金条件,另一方请求按照夫妻共同财产分割养老保险金的,人民法院不予支持;婚后以夫妻共同财产缴付养老保险费,离婚时一方主张将养老金账户中婚姻关系存续期间个人实际缴付部

分作为夫妻共同财产分割的,人民法院应予支持。"

(3)《婚姻法解释(三)》第15条规定:"婚姻关系存续期间,夫妻一方作为继承人依法可以继承的遗产,在继承人之间尚未实际分割,起诉离婚时另一方请求分割的,人民法院应当告知当事人在继承人之间实际分割遗产后另行起诉。"

(三) 协议离婚后对夫妻共同财产的重新分割

根据《婚姻法解释(二)》第9条,协议离婚后:

(1) 一方以订立财产分割协议时受到欺诈、胁迫为由请求变更或者撤销财产分割协议的,应当在协议离婚后1年内起诉。

(2) 不具有欺诈、胁迫情形的,人民法院不予支持。

第七编
继 承 法

第一章 继 承 概 述

一、继承开始的时间与地点

（一）继承开始的时间

1. 继承自被继承人死亡时开始。死亡包括生理死亡和宣告死亡。宣告死亡的,死亡时间为判决生效之日。

2. 相互有继承关系的几个人在同一事件中死亡的处理:依据《继承法意见》第2条的规定:"相互有继承关系的几个人在同一事件中死亡,如不能确定死亡先后时间的,推定没有继承人的人先死亡。死亡人各自都有继承人的,如几个死亡人辈分不同,推定长辈先死亡;几个死亡人辈分相同,推定同时死亡,彼此不发生继承,由他们各自的继承人分别继承。"由此可以看出,相互有继承关系的几个人在同一事故中死亡,其处理规则如下:

（1）推定没有继承人的先死亡。

（2）都有继承人的,推定长辈先死亡。

（3）辈分相同的,推定同时死亡,彼此之间不发生继承。

[历年真题] 1. 甲自书遗嘱将所有遗产全部留给长子乙,并明确次子丙不能继承。乙与丁婚后育有一女戊、一子己。后乙、丁遇车祸,死亡先后时间不能确定。甲悲痛成疾,不久去世。丁母健在。下列哪些表述是正确的？（2013年卷三66题）

A. 甲、戊、己有权继承乙的遗产

B. 丁母有权转继承乙的遗产

C. 戊、己、丁母有权继承丁的遗产

D. 丙有权继承、戊和己有权代位继承甲的遗产

【答案】 ACD

【考点】 死亡推定、法定继承、代位继承

【解析】 根据《继承法意见》第2条的规定:"相互有继承关系的几个人在同一事件中死亡,如不能确定死亡先后时间的,推定没有继承人的人先死亡。死亡人各自都有继承人的,如几个死亡人辈分不同,推定长辈先死亡;几个死亡人辈分相同,推定同时死亡,彼此不发生继承,由他们各自的继承人分别继承。"可知,本题中,乙、丁死亡,不能确定死亡的先后时间时,由于其各自都有继承人,且辈分相同,因此,应当推定乙、丁同时死亡,彼此不发生继承,由他们各自的继承人分别继承。另根据《继承法》第10条第1款的规定:"遗产按照下列顺序继承:第一顺序:配偶、子女、父母。第二顺序:兄弟姐妹、祖父母、外祖父母。继承开始后,由第一顺序继承人继承,第二顺序继承人不继承。没有第一顺序继承人继承的,由第二顺序继承人继承。"可知,作为乙的第一顺序继承人的甲、戊、己均有继承权,选项A正确。作为丁的第一顺序继承人的丁母、戊、己、均有继承权,选项C正确。

关于选项B。转继承是指继承人在继承开始后实际接受遗产前死亡,该继承人的合法继承人代其实际接受其有权继承的遗产。根据《继承法意见》第52条的规定:"继承开始后,继承人没有表示放弃继承,并于遗产分割前死亡的,其继承遗产的权利转移给他的合法继承

人。"选项 B 中,由于乙、丁同时死亡,彼此不发生继承,丁无权继承乙的遗产,所以丁母也就无权转继承乙的遗产。所以选项 B 错误。

关于选项 C。代位继承是指被继承人的子女先于被继承人死亡时,由被继承人子女的晚辈直系血亲代替先死亡的长辈直系血亲继承被继承人遗产的一项法定继承制度。根据《继承法》第 27 条的规定:"有下列情形之一的,遗产中的有关部分按照法定继承办理:(一) 遗嘱继承人放弃继承或者受遗赠人放弃受遗赠的;(二) 遗嘱继承人丧失继承权的;(三) 遗嘱继承人、受遗赠人先于遗嘱人死亡的;(四) 遗嘱无效部分所涉及的遗产;(五) 遗嘱未处分的遗产。"可知,本题中,甲自书遗嘱将所有遗产全部留给乙,但乙发生车祸先于甲死亡,涉及代位继承,因此甲的遗产应当按照法定继承办理,乙、丙都可继承甲的遗产。

《继承法》第 11 条规定:"被继承人的子女先于被继承人死亡的,由被继承人的子女的晚辈直系血亲代位继承。代位继承人一般只能继承他的父亲或者母亲有权继承的遗产份额。"《继承法意见》第 25 的规定:"被继承人的孙子女、外孙子女、曾孙子女、外曾孙子女都可以代位继承,代位继承人不受辈数的限制。"本题中,由于被继承人的儿子乙先于被继承人甲死亡,所以乙的子女戊、已可以代位继承甲的遗产。故选项 D 正确。

2. 王某与李某系夫妻,二人带女儿外出旅游,发生车祸全部遇难,但无法确定死亡的先后时间。下列哪些选项是正确的?(2008 年卷三 60 题)

A. 推定王某和李某先于女儿死亡
B. 推定王某和李某同时死亡
C. 王某和李某互不继承
D. 女儿作为第一顺序继承人继承王某和李某的遗产

【答案】 ABCD

(二) 继承开始的地点:
被继承人的住所地或者主要遗产地,两者不一致的,以后者为准。

二、遗产

[相关法条]

《继承法》第 3 条　遗产是公民死亡时遗留的个人合法财产,包括:
(一) 公民的收入;
(二) 公民的房屋、储蓄和生活用品;
(三) 公民的林木、牲畜和家禽;
(四) 公民的文物、图书资料;
(五) 法律允许公民所有的生产资料;
(六) 公民的著作权、专利权中的财产权利;
(七) 公民的其他合法财产。

(一) 遗产的范围
我国《继承法》规定,遗产是公民死亡时遗留的个人合法财产。判断哪些是遗产的标准有三:第一,遗产形成时间:死亡时遗留下来的。第二,遗产是个人的财产。故夫妻共同财产中的一半才属于遗产。第三,遗产是合法的财产。

另外,注意:

（1）遗产不仅包括积极财产（权利），还包括消极财产（义务）。继承人继承财产权利时，应当在其继承范围内承担清偿被继承人生前所负债务。

（2）不包括与被继承人人身密切相关的人身权和财产权。如姓名权、财产权等人身权，又如房屋租赁合同中的承租权等债权。

（3）基于特定身份所享有的财产权或财产不是遗产。因工伤残者或者革命残废军人生前所享有的领取抚恤费的权利，不属于遗产，不能由他人继承。但生前已领取的抚恤费可作为遗产。

4. 保险金的处理。① 不属于遗产：死者生前参加人身保险，投保人死亡时，如果已制定受益人的，该保险金归属于受益人。② 属于遗产：未指定受益人；受益人先于投保人死亡；受益人丧失收益权或者放弃收益权。

（二）遗产的法律地位

《继承法》第25条第1款规定："继承开始后，继承人放弃继承的，应该在遗产处理前，作出放弃继承的意思表示。没有表示的，视为接受继承。"依据法律规定，自继承开始之时，遗产归继承人所有；继承人为数人时，共同继承人对遗产享有共有权。

[历年真题]　1. 甲与乙结婚，女儿丙三岁时，甲因医疗事故死亡，获得60万元赔款。甲生前留有遗书，载明其死亡后的全部财产由其母丁继承。经查，甲与乙婚后共同购买了一套住房外，另有20万元存款。下列哪一说法是正确的？（2013年卷三24题）

A. 60万元赔款属于遗产

B. 甲的遗嘱未保留丙的遗产份额，遗嘱全部无效

C. 住房和存款的各一半属于遗产

D. 乙有权继承甲的遗产

【答案】　C

【考点】　遗产的范围、遗嘱的效力

【解析】　《人身损害赔偿解释》第1条第2款规定，人身损害"赔偿权利人"，是指因侵权行为或者其他致害原因直接遭受人身损害的受害人、依法由受害人承担扶养义务的被扶养人以及死亡受害人的近亲属。可知，该60万的赔款在性质上属于死亡赔偿金，是赔给死者的近亲属的，而不是赔偿给死者，所以不属于甲的遗产。所以选项A错误。

关于选项B。《继承法》第19条规定："遗嘱应当对缺乏劳动能力又没有生活来源的继承人保留必要的遗产份额。"本案中，甲死亡时，女儿丙才3岁时，甲的遗嘱应保留丙的遗产份额，但甲没有保留，属于部分无效的遗嘱，而非全部无效。所以选项B错误。

关于选项C。《继承法》第26条第1款规定："夫妻在婚姻关系存续期间所得的共同所有的财产，除有约定的以外，如果分割遗产，应当先将共同所有的财产的一半分出为配偶所有，其余的为被继承人的遗产。"本案中，甲与乙婚后购买的住房及20万元存款都是夫妻共有财产，应当先分出一半给乙，其余一半是甲的遗产。所以选项C正确。关于选项D，甲生前留有遗书，载明其死亡后的全部财产由其母丁继承，除了为其女丙保留一部分之外，该遗嘱其余部分应认定有效，乙无权继承甲的遗产。所以选项D错误。

2. 甲在乙寺院出家修行，立下遗嘱，将下列财产分配给女儿丙：乙寺院出资购买并登记在甲名下的房产；甲以僧人身份注册的微信账号；甲撰写《金刚经解说》的发表权；甲的个人存款。甲死后，在遗产分割上乙寺院与丙之间发生争议。下列哪一说法是正确的？（2012年卷

三22题)

A. 房产虽然登记在甲名下，但甲并非事实上的所有权人，其房产应归寺院所有
B. 甲以僧人身份注册的微博账号，目的是为推广佛法理念，其微博账号应归寺院所有
C. 甲撰写的《金刚经解说》属于职务作品，为保护寺院的利益，其发表权应归寺院所有
D. 甲既已出家，四大皆空，个人存款应属于寺院财产，为维护宗教事业发展，其个人存款应归寺院所有

【答案】 A
【考点】 遗产的范围
【解析】 《继承法》第3条规定："遗产是公民死亡时遗留的个人合法财产，包括：(一) 公民的收入；(二) 公民的房屋、储蓄和生活用品；(三) 公民的林木、牲畜和家禽；(四) 公民的文物、图书资料；(五) 法律允许公民所有的生产资料；(六) 公民的著作权、专利权中的财产权利；(七) 公民的其他合法财产。"

《继承法意见》第38条规定："遗嘱人以遗嘱处分了属于国家、集体或他人所有的财产，遗嘱的这部分，应认定无效。"本题中，房产是由乙寺院出资购买的，其所有权应是乙寺院的，登记在甲的名下属于登记错误，甲对该房产不享有所有权。因此，选项A正确。

虚拟财产，又称"网财"，是指网民、网络游戏玩家在网络游戏中的账号及积累的"货币""装备""宠物"等财产。甲以僧人身份注册的微博账号属于虚拟财产，甲在其账号中推广佛法理念，是其个人劳动的体现，因此应当由甲取得微账号的所有权。选项B错误。

根据《著作权法》第16条第1款的规定："公民为完成法人或者其他组织工作任务所创作的作品是职务作品，除本条第二款的规定以外，著作权由作者享有，但法人或者其他组织有权在其业务范围内优先使用。作品完成两年内，未经单位同意，作者不得许可第三人以与单位使用的相同方式使用该作品。"可知，一般情况下，职务作品的著作权仍由作者享有。《著作权法》第16条第2款规定："有下列情形之一的职务作品，作者享有署名权，著作权的其他权利由法人或者其他组织享有，法人或者其他组织可以给予作者奖励：(一) 主要是利用法人或者其他组织的物质技术条件创作，并由法人或者其他组织承担责任的工程设计图、产品设计图、地图、计算机软件等职务作品；(二) 法律、行政法规规定或者合同约定著作权由法人或者其他组织享有的职务作品。"可知，本题中，甲撰写《金刚经解说》是完成寺院工作任务所创作的作品，属于职务作品，但不属于《著作权法》第16条第2款规定的由法人或者其他组织享有著作权的职务作品，所以甲撰写的《金刚经解说》的发表权归甲享有，选项C错误。

甲的存款是甲的个人财产，作为遗产由丙继承。故选项D错误。

三、继承权的取得、丧失与放弃

(一) 继承权的取得

1. 法定继承权的取得

法定继承权基于法律规定而取得。取得原因包括：

(1) 基于婚姻关系：配偶；
(2) 基于血缘关系：父母、子女、兄弟姐妹、祖父母、外祖父母；
(3) 基于扶养关系：如尽了主要抚养义务的丧偶儿媳和丧偶女婿。又如形成抚养关系的继父母子女、形成抚养关系的继兄弟、姐妹。

2. 遗嘱继承权的取得条件
（1）有法定继承权；
（2）有合法有效的遗嘱。
（二）继承权的丧失
我国《继承法》第7条规定：法定继承人和遗嘱继承人有以下行为之一的，丧失继承权：
（1）故意杀害被继承人的（不论是否以剥夺财产为目的，也不论是否既遂）。
（2）为争夺遗产而杀害其他继承人的（注意动机）。
（3）遗弃或虐待被继承人情节严重的（情节必须达到严重程度）。
（4）伪造、篡改、销毁遗嘱情节严重的（情节必须达到严重程度）。
（三）继承权的放弃
我国《继承法》规定：继承开始后，继承人放弃继承的，应当在遗产处理前，作出放弃的表示。未表示的，视为接受继承。注意：
（1）放弃的时间：继承开始后，遗产分割前。在遗产处理后，放弃的不是继承权而是财产权；
（2）放弃的方式：明示作出。
（3）继承权不得因放弃继承权而不履行由其个人承受的法定义务，否则，放弃继承权的行为无效。
（4）继承权放弃的撤回：在遗产处理前反悔的，由法院决定是否承认；遗产处理后反悔的，不予承认。
（5）受遗赠权的接受、放弃与继承权的接受、放弃不同。受遗赠权的接受必须明示，受遗赠权的放弃可以是明示作出，也可以是默示。但继承权的接受可以默示，放弃必须明示。

[历年真题] 下列哪一行为可引起放弃继承权的后果？（2011年卷三23题）
A. 张某口头放弃继承权，本人承认
B. 王某在遗产分割后放弃继承权
C. 李某以不再赡养父母为前提，书面表示放弃其对父母的继承权
D. 赵某与父亲共同发表书面声明断绝父子关系

【答案】 A
【考点】 继承权的放弃
【解析】《继承法意见》第47条规定："继承人放弃继承应当以书面形式向其他继承人表示。用口头方式表示放弃继承，本人承认，或有其他充分证据证明的，也应当认定其有效。"在选项A中，张某用口头方式放弃继承权，本人承认的，可以引起放弃继承权的后果，所以选项A正确，当选。
《继承法意见》第49条规定："继承人放弃继承的意思表示，应当在继承开始后、遗产分割前作出。遗产分割后表示放弃的不再是继承权，而是所有权。"所以王某在遗产分割后放弃的不是继承权，而是所有权，故选项B错误，不当选。
《继承法意见》第46条规定："继承人因放弃继承权，致其不能履行法定义务的，放弃继承权的行为无效。"李某放弃继承权是为了不再赡养父母，该放弃行为无效，故选项C不当选。
断绝父子关系的约定因违反社会公共利益即公序良俗而无效，该约定不能导致父子关系的消灭，从而也不能导致法定继承权的丧失，不会引起放弃继承权的效果，故选项D错误，不当选。

四、继承的顺序、遗产的分割和被继承人的债务清偿

（一）继承的顺序

根据我国《继承法》第5条的规定，对于遗产的继承顺序是：① 执行遗赠抚养协议；② 执行遗嘱或者遗赠；③ 按照法定继承继承遗产。故继承方式之间的效力为：遗赠抚养协议＞遗嘱或者遗赠＞法定继承。

（1）遗赠抚养协议：指由遗赠人和抚养人签订的，由遗赠人设立遗嘱，将自己的合法财产，指定在其死后转移给抚养人所有，而由抚养人承担遗赠人生养死葬义务的协议。遗赠抚养协议是双务、有偿、双方、要式的法律行为。

（2）遗赠：指遗嘱人以遗嘱的方式将个人财产的部分或全部在其死后赠给法定继承人以外的人（包括自然人、法人、非法人团体和国家）的单方法律行为。

（3）遗嘱继承：与法定继承相对，指继承人依照被继承人生前设立的合法有效的遗嘱继承被继承人遗产的一项继承制度。

（4）法定继承：指继承人的范围、顺序和遗产分配原则均有法律直接规定的继承制度。

[历年真题]

甲妻病故，膝下无子女，养子乙成年后常年在外地工作。甲与村委会签订遗赠扶养协议，约定甲的生养死葬由村委会负责，死后遗产归村委会所有。后甲又自书一份遗嘱，将其全部财产赠与侄子丙。甲死后，乙就甲的遗产与村委会以及丙发生争议。对此，下列哪一选项是正确的？（2010年卷三19题）

A. 甲的遗产应归村委会所有
B. 甲所立遗嘱应予撤销
C. 村委会、乙和丙共同分割遗产，村委会可适当多分
D. 村委会和丙平分遗产，乙无权分得任何遗产

【答案】 A

【考点】 继承方式

【解析】《继承法》第5条规定："继承开始后，按照法定继承办理；有遗嘱的，按照遗嘱继承或者遗赠办理；有遗赠扶养协议的，按照协议办理。"《继承法意见》第5条规定："被继承人生前与他人订有遗赠抚养协议，同时又立有遗嘱的，继承开始后，如果遗赠抚养协议与遗嘱没有抵触，遗产分别按协议和遗嘱处理；如果有抵触，按协议处理，与协议抵触的遗嘱全部或部分无效。"可知，本题中，甲与村委会签订遗赠扶养协议后又自书一份遗嘱，且遗赠抚养协议的内容与遗嘱的内容相抵触时，遗嘱应无效，甲的遗产归村委会所有，所以选项A正确。

（二）遗产的分割

1. 遗产分割的原则有

（1）遗产分割自由。遗产共有是一种暂时性的共有关系，继承人可以自由协商遗产的分割时间，任何人都可以随时行使遗产分割请求权，要求分割遗产。

（2）有利于生产和生活。

（3）为胎儿保留应继份额。遗产分割时应当为胎儿保留一定的遗产份额，该份额由其母亲代管。

（4）不损害遗产的效用。对于不可分割或不易分割的遗产，可以采取折价、作价补偿、共

有或分割价款的方式处理。
2. 遗产分割方式
(1) 实物分割。遗产为可分物时,按各个继承人应得的遗产份额,对遗产进行实际分割。
(2) 折价分割,适当补偿。遗产不可分或不易分时,可由最需要遗产的人取得,然后对其他继承人进行补偿。
(3) 共有。遗产不可分或不易分,又无法作价补偿时,由数个继承人共同拥有遗产的所有权。
(4) 变价分割。变卖遗产,按各自所得份额分割价款。

(三) 被继承人债务的清偿
1. 继承遗产时被继承人生前所负债务的清偿
(1) 以继承人继承的遗产为限。继承人放弃继承的,继承人不负清偿责任。
(2) 清偿被继承人的债务以其遗产的实际价值为限。
(3) 清偿债务不能影响缺乏劳动能力又没有生活来源的继承人的基本生活需要。
(4) 执行遗赠不得妨碍清偿遗赠人的债务。执行遗赠应于清偿债务后执行,清偿债务后,无遗产可执行遗赠的,则不能执行遗赠。
2. 遗产分割后被继承人生前所负债务的清偿
根据《继承法意见》第62条,遗产分割后,被继承人生前所负债务按照下列顺序清偿:
(1) 由法定继承人以所得遗产(按比例)清偿。
(2) 法定继承人以所得遗产不能清偿的债务,由遗嘱继承人和受遗赠人用所得遗产按比例清偿。
(3) 没有法定继承只有遗赠继承和遗赠的,由遗嘱继承人和受遗赠人按比例用所得遗产偿还。

[历年真题] 1. 郭大爷女儿5年前病故,留下一子甲。女婿乙一直与郭大爷共同生活,尽了主要赡养义务。郭大爷继子丙虽然与其无扶养关系,但也不时从外地回来探望。郭大爷还有一丧失劳动能力的养子丁。郭大爷病故,关于其遗产的继承,下列哪些选项是正确的?(2010年卷三67题)
A. 甲为第一顺序继承人　　　　B. 乙在分配财产时,可多分
C. 丙无权继承遗产　　　　　　D. 分配遗产时应该对丁予以照顾
【答案】 ABCD
【考点】 法定继承、代位继承、继承人对遗产的分配、继承人以外的人对遗产的分配
【解析】 《继承法》第11条规定:"被继承人的子女先于被继承人死亡的,由被继承人的子女的晚辈直系血亲代位继承。代位继承人一般只能继承他的父亲或者母亲有权继承的遗产份额。"据此,甲属于代位继承人,有权作为第一顺序继承人,参与遗产分配,分得其母亲应当分得的遗产份额,选项A正确。
《继承法》第12条规定:"丧偶儿媳对公、婆,丧偶女婿对岳父、岳母,尽了主要赡养义务的,作为第一顺序继承人。"《继承法》第13条第3款规定:"对被继承人尽了主要扶养义务或者与被继承人共同生活的继承人,分配遗产时,可以多分。"据此,丧偶女婿乙对岳父尽了主要赡养义务,应作为第一顺序继承人,同时可以多分遗产,故选项B正确。
丙是继子女,但没有与郭大爷形成扶养关系,所以并不是继承人,不享有继承权,无权继承

遗产。但《继承法》第 14 条规定："对继承人以外的依靠被继承人扶养的缺乏劳动能力又没有生活来源的人，或者继承人以外的对被继承人扶养较多的人，可以分给他们适当的遗产。"因此，丙虽无继承权，但可以作为继承人以外的人适当分得遗产。故选项 C 正确。

《继承法》第 13 条第 2 款规定："对生活有特殊困难的缺乏劳动能力的继承人，分配遗产时，应当予以照顾。"丁是养子女，是郭大爷的第一顺序法定继承人，又丧失了劳动能力，应当予以照顾，故选项 D 正确。

2. 何某死后留下一间价值 6 万元的房屋和 4 万元现金。何某立有遗嘱，4 万元现金由 4 个子女平分，房屋的归属未作处理。何某女儿主动提出放弃对房屋的继承权，于是 3 个儿子将房屋变卖，每人分得 2 万元。现债权人主张何某生前曾向其借款 12 万元，并有借据为证。下列哪些说法是错误的？（2009 年卷三 67 题）

A. 何某已死，债权债务关系消灭
B. 4 个子女平均分担，每人偿还 3 万元
C. 4 个子女各自以继承所得用于清偿债务，剩下两万元由 4 人平均分担
D. 4 个子女各自以继承所得用于清偿债务，剩下两万元 4 人可以不予清偿

【答案】 ABC

【解析】 《继承法》第 33 条规定，继承遗产应当清偿被继承人依法应当缴纳的税款和债务，缴纳税款和清偿债务以他的遗产实际价值为限。超过遗产实际价值部分，继承人自愿偿还的不在此限。继承人放弃继承的，对被继承人依法应当缴纳的税款和债务可以不负偿还责任。根据上述规定，债权债务关系不因债务人的死亡而当然消灭，死者有财产的，要用其财产承担生前债务。因此，选项 A 错误。

根据《继承法》第 33 条的规定，继承人仅在继承遗产的价值范围内承担偿还被继承人生前债务的责任。本案中，何某女儿放弃了对房屋的继承，仅对现金继承了 1 万，因此，她仅需要对债权人负担偿还 1 万的义务。另外，本案中，被继承人所有的遗产总和价值是 10 万，继承人仅需要在继承 10 万元的财产范围内承担还债责任，对于剩余的 2 万元债务，四人可以不予清偿，当然如果有继承人自愿清偿的，法律也不禁止。因此，选项 B、C 错误，选项 D 正确。

第二章　法　定　继　承

一、法定继承人的顺序及方式

1. 第一顺序：配偶、子女、父母、尽了主要赡养义务的丧偶儿媳、丧偶女婿；第二顺序：兄弟姐妹、祖父母、外祖父母；

2. 继承开始后，由第一顺序的继承人继承，第二顺序继承人不继承；没有第一顺序继承人，才由第二顺序继承人继承。丧偶儿媳对公婆、丧偶女婿对岳父母尽了主要赡养义务的，作为第一顺序继承人。

注意：子女包括婚生子女、非婚生子女、养子女和有抚养关系的继子女；父母包括生父母、养父母和有抚养关系的继父母。

[历年真题] 钱某与胡某婚后生有子女甲和乙，后钱某与胡某离婚，甲、乙归胡某抚养。

胡某与吴某结婚,当时甲已参加工作而乙尚未成年,乙跟随胡某与吴某居住,后胡某与吴某生下一女丙,吴某与前妻生有一子丁。钱某和吴某先后去世,下列哪些说法是正确的?(2009年卷三68题)

  A. 胡某、甲、乙可以继承钱某的遗产 B. 甲和乙可以继承吴某的遗产
  C. 胡某和丙可以继承吴某的遗产 D. 乙和丁可以继承吴某的遗产

【答案】 CD
【考点】 法定继承
【解析】 《继承法》第10条第1款规定:"遗产按照下列顺序继承:第一顺序:配偶、子女、父母。第二顺序:兄弟姐妹、祖父母、外祖父母。"根据上述规定可知,配偶的一方享有对另一方遗产的继承权。本题中,胡某虽然以前与钱某有婚姻关系,但是钱某去世时,他们已经离婚,胡某不再是钱某的配偶,则胡某不享有对钱某遗产的继承权。因此,选项A错误。

  《继承法》第10条第3款规定:"本法所说的子女,包括婚生子女、非婚生子女、养子女和有扶养关系的继子女。"按照通常的理解,所谓"有扶养关系",是指因为年老等原因而失去劳动能力不能自食其力,或者因为年幼又无生活来源,需要有能力的家人帮助,而且事实上也形成了帮助关系,比如继父母扶养年幼的继子女学习和生活,继子女扶养年老的继父母。因此,并非所有的继子女与继父母之间都形成过扶养关系,比如,子女因母亲改嫁而与继父一起生活,如果子女此时已经自立,他(她)与继父母之间便无扶养关系。反过来,如果继父即使年老,但有自己的生活来源,事实上并不需要他(她)帮助,二者之间也没有扶养关系。本案中,胡某与吴某结婚时,甲已参加工作且独立生活,而乙未成年跟随胡某与吴某居住。由此可知,甲与吴某之间没有形成扶养关系,而乙与吴某之间形成了扶养关系,即甲无权继承吴某的遗产,乙有权继承吴某的遗产。因此,选项B错误。

  吴某去世时,胡某是吴某的配偶,根据《继承法》第10条第1款的规定,胡某有权继承吴某的遗产。丙是胡某与吴某的婚生子女,享有吴某遗产的继承权。因此,选项C正确。

  吴某是丁的生父,丁享有对吴某遗产的继承权,乙与吴某形成了有扶养关系的继子女关系,乙有权继承吴某的遗产。因此,选项D正确。

  注意:法定继承的几种特殊适用情形
  《继承法》第27条规定,下列五种情形应当按照法定继承处理:
  (1)遗嘱继承人放弃继承或者受遗赠人放弃受遗赠的;
  (2)遗嘱继承人丧失继承权的;
  (3)遗嘱继承人、受遗赠人"先于"遗嘱人死亡的;
  (4)遗嘱无效部分所涉及的遗产;
  (5)遗嘱未处分的遗产。

二、代位继承

  代位继承是指被继承人的子女先于被继承人死亡时,由被继承人子女的晚辈直系血亲代替继承其应继承的份额。

  (一)构成要件
  (1)被代位人继承人先于被继承人死亡;
  (2)被代位继承人仅限于被继承人的子女,且没有丧失继承权;

(3) 代位继承人须为被代位继承人的直系血亲,这里也包括拟制血亲;
(4) 代位继承仅发生在法定继承中。
(二) 代位继承的效力
代位继承人代替被代位继承人的继承地位,与第一顺位其他继承人共同继承。无论代位继承人为一人或多人,均只能取得被代位继承人的应继份,故称之为代位,即代替其位置。

[历年真题] 甲育有二子乙和丙。甲生前立下遗嘱,其个人所有的房屋死后由乙继承。乙与丁结婚,并有一女戊。乙因病先于甲死亡后,丁接替乙赡养甲。丙未婚。甲死亡后遗有房屋和现金。下列哪些表述是正确的?(2012年卷三66题)

A. 戊可代位继承
B. 戊、丁无权继承现金
C. 丙、丁为第一顺序继承人
D. 丙无权继承房屋

【答案】 AC
【考点】 遗嘱无效、代位继承、法定继承
【解析】 根据《继承法》第27条的规定:"有下列情形之一的,遗产中的有关部分按照法定继承办理:(一) 遗嘱继承人放弃继承或者受遗赠人放弃受遗赠的;(二) 遗嘱继承人丧失继承权的;(三) 遗嘱继承人、受遗赠人先于遗嘱人死亡的;(四) 遗嘱无效部分所涉及的遗产;(五) 遗嘱未处分的遗产。"可知,代位继承仅适用法定继承,而不适用遗嘱继承。甲的遗嘱规定,房屋由乙遗嘱继承,但乙先于甲死亡,故房屋应按照法定继承办理,因此,丙对房屋也享有继承权,故选项 D 错误。

《继承法》第11条规定:"被继承人的子女先于被继承人死亡的,由被继承人的子女的晚辈直系血亲代位继承。代位继承人一般只能继承他的父亲或者母亲有权继承的遗产份额。"乙先于甲死亡,戊可作为第一顺序继承人代位继承。故选项 A 正确。

《继承法》第12条规定:"丧偶儿媳对公、婆,丧偶女婿对岳父、岳母,尽了主要赡养义务的,作为第一顺序继承人。"乙去世后,丁接替乙赡养甲。所以,丧偶儿媳丁在甲死亡时可以作为第一顺序继承人继承。故选项 B 错误;选项 C 正确。

2. 张某李某系夫妻,生有一子张甲和一女张乙。张甲于2007年意外去世,有一女丙。张某在2010年死亡,生前拥有个人房产一套,遗嘱将该房产处分给李某。关于该房产的继承,下列哪些表述是正确的?(2011年卷三65题)

A. 李某可以通过张某的遗嘱继承该房产
B. 丙可以通过代位继承要求对该房产进行遗产分割
C. 继承人自张某死亡时取得该房产所有权
D. 继承人自该房产变更登记后取得所有权

【答案】 AC
【考点】 代位继承、遗嘱继承、非基于法律行为的物权变动
【解析】 遗嘱继承,是指继承开始后,继承人按照被继承人合法有效的遗嘱取得被继承人遗产的法律制度。遗嘱继承需要符合三个条件:(1) 没有遗赠扶养协议;(2) 被继承人的遗嘱合法有效;(3) 遗嘱继承人没有丧失、放弃继承权,也未先于遗嘱人死亡。本题中,该房产属于张某的个人财产,张某所立遗嘱确定该房产由法定继承人李某单独继承,符合遗嘱继承的三个条件,因此李某可以通过张某的遗嘱继承该房产,选项 A 正确。

根据《继承法》第27条的规定:"有下列情形之一的,遗产中的有关部分按照法定继承办

理:(一)遗嘱继承人放弃继承或者受遗赠人放弃受遗赠的;(二)遗嘱继承人丧失继承权的;(三)遗嘱继承人、受遗赠人先于遗嘱人死亡的;(四)遗嘱无效部分所涉及的遗产;(五)遗嘱未处分的遗产。"可知,只在法定继承的情况下才适用代位继承。另《继承法》第11条规定:"被继承人的子女先于被继承人死亡的,由被继承人的子女的晚辈直系血亲代位继承。代位继承人一般只能继承他的父亲或者母亲有权继承的遗产份额。"本题中,张某已立遗嘱该房产由法定继承人李某单独继承,按照遗嘱继承优于法定继承的原则,丙不得要求代位继承。所以选项B错误。

《物权法》第29条规定:"因继承或者受遗赠取得物权的,自继承或者受遗赠开始时发生效力。"以及《继承法》第2条规定:"继承从被继承人死亡时开始。"可知,本题中,继承人应自张某死亡时取得该房产所有权,而不是在变更登记后取得所有权,只是未经登记的,不得处分。所以选项C正确,选项D错误。

三、转继承

转继承是指继承人在继承开始后、遗产分割前死亡,其应所继承的遗产份额转由其继承人继承的一种继承制度。死亡的继承人为被转继承人,其继承人成为转继承人。

(一)转继承的构成要件

(1)被转继承人在继承开始后、遗产分割前死亡;
(2)被转继承人未丧失继承权或放弃继承权;
(3)由转继承人继承被转继承人应继承的遗产份额。

(二)代位继承与转继承的区别

(1)本质不同:代位继承一次继承,代位继承人是第一顺序继承人;转继承人不是第一顺序继承人。
(2)适用范围不同:代位继承只适用于法定继承;转继承可发生在法定继承、遗嘱继承和遗赠中。
(3)发生根据不同:代位继承因为被继承人的子女先于被继承人死亡;转继承发生于继承开始后,遗产分割前。
(4)继承人范围不同:代位继承只限于被代位人的晚辈直系血亲;被转继承人的所有合法继承人。

代位继承与转继承的对比

	代位继承	转继承
本质	一次继承	二次继承
适用范围	法定继承	均可
发生根据	被继承人子女先于被继承人死亡	继承人后于被继承人、在遗产分割前死亡
继承人范围	被继承人的直系血亲	包括直系血亲,也包括被转继承人的其他法定继承人

[历年真题] 老夫妇王冬与张霞有一子王希、一女王楠,王希婚后育有一子王小力。王冬和张霞曾约定,自家的门面房和住房属于王冬所有。2012年8月9日,王冬办理了公证遗

嘱,确定门面房由张霞和王希共同继承。2013年7月10日,王冬将门面房卖给他人并办理了过户手续。2013年12月,王冬去世,不久王希也去世了。关于住房和出售门面房价款的继承,下列哪一说法是错误的?(2015年卷三21题)

A. 张霞有部分继承权
B. 王楠有部分继承权
C. 王小力有部分继承权
D. 王小力对住房有部分继承权、对出售门面房的价款有全部继承权

【答案】 D

【考点】 遗嘱的撤销、转继承

【解析】《继承法意见》第39条规定:"遗嘱人生前的行为与遗嘱的意思表示相反,而使遗嘱处分的财产在继承开始前灭失,部分灭失或所有权转移、部分转移的,遗嘱视为被撤销或部分被撤销。"通过行为对公证遗嘱的内容进行了变更,此时不再按公证遗嘱,应按法定继承。《继承法》第10条规定:"遗产按照下列顺序继承:第一顺序:配偶、子女、父母。第二顺序:兄弟姐妹、祖父母、外祖父母。"可知,2013年12月王冬去世后,作为其法定继承人的张霞、王希、王楠都有权继承其出售门面房的价款及住房。不久,王希去世,此时,发生转继承,王希继承的部分再次进行分割,由其母张霞和子王小力平均分配。最终,关于王冬遗产的分配情况即张霞有部分继承权、王楠有部分继承权以及王小力有部分继承权,故选项A、B、C说法正确,不当选。选项D错误,当选。

四、法定继承的遗产分配方法

(1)第一顺序优先,同一顺序均等,即同一顺序的法定继承人应该平均分配遗产。
(2)特殊情形特殊处理:① 对于生活有特殊困难并且缺乏劳动能力的法定继承人,应当多分;② 对被继承人尽了主要扶养义务(或者与被继承人共同生活)的法定继承人,可以多分;③ 对于有扶养能力和扶养条件却不对被继承人尽扶养义务的法定继承人,应当不分或者少分。④ 继承人协商同意的,也可以不均等。
(3)法定继承人以外的人酌情分配遗产问题在法定继承中,除了依法参加继承的法定继承人以外,具备法定条件的其他人也有权取得一定的遗产。① 继承人以外的依照被继承人扶养的缺乏劳动能力又无生活来源的人。② 继承人以外的对被继承人扶养较多的人。

[历年真题]

1. 甲(男)与乙(女)结婚,其子小明20周岁时,甲与乙离婚。后甲与丙(女)再婚,丙子小亮8周岁,随甲、丙共同生活。小亮成年成家后,甲与丙甚感孤寂,收养孤儿小光为养子,视同已出,未办理收养手续。丙去世,其遗产的第一顺序继承人有哪些?(2014年卷三65题)

A. 小明   B. 小亮   C. 甲   D. 小光

【答案】 BC

【考点】 法定继承

【解析】 遗产继承的顺序如下:第一顺序:配偶、子女、父母;第二顺序:兄弟姐妹、祖父母、外祖父母。其中,子女包括婚生子女、非婚生子女、养子女和有扶养关系的继子女。(《继承法》第10条)。题目中,甲与丙结婚时小明已经20岁,故小明与丙之间不属于有扶养关系的继子女。故选项A错误。

收养应当向县级以上人民政府民政部门登记。收养关系自登记之日起成立;自收养关系成立之日起,养父母与养子女间的权利义务关系,适用法律关于父母子女关系的规定。甲与丙收养小光并未办理收养手续,因此,收养关系不成立,小光不能以养子女的身份参与继承。故选项 D 错误。

丙的第一顺序继承人为配偶甲与子女小亮。故选项 B、C 正确。

2. 李某死后留下一套房屋和数十万存款,生前未立遗嘱。李某有 3 个女儿,并收养了一子。大女儿中年病故,留下一子。养子收入丰厚,却拒绝赡养李某。在两个女儿办理丧事期间,小女儿因交通事故意外身亡,留下一女。下列哪些选项是正确的?(2007 年卷三 68 题)

A. 二女儿和小女儿之女均是第一顺序继承人
B. 大女儿之子对李某遗产的继承属于代位继承
C. 小女儿之女属于转继承人
D. 分配遗产时,养子应当不分或少分

【答案】 BCD

【解析】 《继承法》第 11 条规定了代位继承,"被继承人的子女先于被继承人死亡的,由被继承人的子女的晚辈直系血亲代位继承。"大女儿先于李某死亡,其子李某对遗产的继承构成代位继承,因此选项 B 正确。

转继承是指被继承人死亡后,继承人没有表示放弃继承,并在尚未实际接受遗产前死亡,该继承人的继承人代其实际接受其有权继承的遗产。《继承法意见》第 52 条规定:"继承开始后,继承人没有表示放弃继承,并于遗产分割前死亡的,其继承遗产的权利转移给他的合法继承人。"小女儿在李某死亡后,实际接受遗产前死亡,并未表示放弃继承,所以其女可以成为转继承人,选项 C 正确。

本题难点在于转继承人是否属于第一顺位继承人。代位继承人是第一顺位继承人容易理解,因为被继承的子女先于被继承人死亡,被继承人的子女的晚辈直系血亲遂补上已空缺的继承人的位子,由此作为第一顺位继承人参与继承。但很多考生误认为转继承也是如此运作而将转继承人也视为第一顺位继承人。事实上,转继承是发生了两次继承。如题,小女儿既然后于李某死亡,李某死亡时小女儿的继承权已达到实现,李某的遗产变为了小女儿与其他继承人共有的财产,这是第一次继承。第二次继承发生在小女儿死亡后,其女继承其本已继承的财产份额,换言之,小女儿之女是作为小女儿的继承人来接受遗产的,因此,小女儿之女并未成为李某的第一顺位继承人,而是小女儿的继承人,选项 A 错误。

根据《继承法》第 7 条的规定,继承人遗弃被继承人的,丧失继承权。所谓遗弃是指有赡养能力、抚养能力的继承人,拒绝赡养或抚养没有独立生活能力或丧失劳动能力的被继承人的行为。从本题提供的信息来看(李某死后留下 1 套房屋和数十万存款),可以认为李某并非没有独立生活能力或丧失劳动能力的被继承人,养子虽然拒绝赡养李某,但并未构成遗弃,并不丧失继承权。《继承法》第 13 条第 4 款规定:"有扶养能力和有扶养条件的继承人,不尽扶养义务的,分配遗产时,应当不分或者少分。"因此选项 D 正确。综上,本题答案为选项 B、C、D。

第三章 遗嘱继承、遗赠和遗赠扶养协议

一、遗嘱

（一）遗嘱的有效要件

1. 主体要件

遗嘱人在遗嘱作成时必须有遗嘱能力。完全行为能力人才有遗嘱能力,无行为能力人和限制行为能力人没有遗嘱能力,时间以设立遗嘱时为准。

2. 客体要件

遗嘱处分的必须是遗嘱人个人合法财产。

3. 内容要件

（1）遗嘱必须是遗嘱人的真实意思表示；

（2）遗嘱不得取消缺乏劳动能力又无生活来源的继承人的继承权；

（3）遗嘱必须为胎儿保留必要的应留份；

（4）遗嘱内容不得违反社会公德和社会利益；

（5）遗嘱形式必须符合法律的规定。

（二）遗嘱的形式

1. 公证遗嘱,是指经过国家机关依法认可其真实性与合法性的书面遗嘱

《继承法》第 20 条第 3 款规定:"自书、代书、录音、口头遗嘱,不得撤销、变更公证遗嘱。"也就是说,有多个遗嘱时,公证遗嘱效力最强；无公证遗嘱时,则以最后立的遗嘱为准。

2. 自书遗嘱,指遗嘱人亲手书写的遗嘱

自书遗嘱的形式要件为：

（1）由遗嘱人亲自书写。

（2）注明年、月、日。

（3）有遗嘱人的亲笔签名。

注意:公民在遗书中涉及死后个人财产处分的内容,确为死者真实意思的表示,有本人签名并注明了年、月、日,又无相反证据的,可按自书遗嘱对待。

3. 代书遗嘱,遗嘱人委托他人代为书写做成的遗嘱

代书遗嘱的形式要件为：

（1）遗嘱人口述遗嘱内容。

（2）两个以上无利害关系的见证人在场见证,其中一人代书。

（3）遗嘱人、代书人、其他见证人签名、并注明年、月、日。

注意:不能充当见证人的有:① 无行为能力人和限制行为能力人；② 继承人、受遗赠人；③ 与继承人、受遗赠人有利益关系的人。

4. 录音遗嘱,指由遗嘱人口述,以录音、录像为载体形成的遗嘱

录音遗嘱的形式要件是：

（1）由遗嘱人亲自叙述遗嘱的全部内容。

（2）两个以上无利害关系的见证人在场见证(要求将见证人录入录音、录像之中)。

5. 口头遗嘱,指遗嘱人用口头表述的遗嘱

口头遗嘱的形式要件为:

(1) 情况危急。所谓危急情况指遗嘱人生命垂危或者有其他紧急情况等。注意:危急情况解除后,遗嘱人能够用书面形式或者录音遗嘱形式设立遗嘱的,口头遗嘱无效。

(2) 有两个以上无利害关系的见证人。

(三) 遗嘱的效力

1. 遗嘱无效的情况

(1) 无或限制行为人所立遗嘱无效,即使无行为能力或者限制行为能力人后来具备了完全行为能力,其先前所立遗嘱仍属于无效遗嘱。

(2) 受欺诈、胁迫所立遗嘱无效。

(3) 伪造的遗嘱无效;遗嘱被篡改的,篡改的内容无效。

(4) 遗嘱生效时,没有为缺乏劳动能力又无生活来源的人保留必要份额,遗嘱的该内容无效。

(5) 处分了国家、集体或他人的财产的,遗嘱的该部分无效。

(6) 危急情况消失后,口头遗嘱人能够用书面或者录音形式订立遗嘱的,先前所立的口头遗嘱无效。

另外,需要知道的是,附义务的遗嘱继承或遗赠:如继承人、受遗赠人无正当理由不履行,经受益人或其他继承人请求,人民法院可以取消他接受附义务那部分遗产的权利,由提出请求的继承人或受益人负责按遗嘱人的意愿履行义务,接受遗产。

(四) 遗嘱的变更和撤销

遗嘱具有可撤回性,因此,在遗嘱发生效力前,遗嘱人可以随时变更或撤销所订立的遗嘱。遗嘱的变更和撤销方式包括两种。

1. 遗嘱变更、撤销的明示方式

遗嘱变更、撤销的明示方式,是指遗嘱人以明确的意思表示变更、撤销遗嘱。遗嘱人以明示方式变更、撤销遗嘱的,须以法律规定的方式进行。《继承法》第 20 条第 3 款规定,自书、代书、录音、口头遗嘱,不得撤销、变更公证遗嘱。因此,公证遗嘱的变更、撤销只有到公证机关办理公证后方为有效。

2. 遗嘱变更、撤销的推定方式

遗嘱变更、撤销的推定方式,是指遗嘱人虽未以明确的意思表示变更、撤销所订立的遗嘱,但法律根据遗嘱人的行为推定遗嘱人有变更或撤销遗嘱的意思表示,并产生变更或撤销遗嘱的法律后果。

推定方式主要有三种:

(1) 遗嘱人立有数份遗嘱,且内容相互抵触的,以最后所立的遗嘱为准,推定后立的遗嘱变更或撤销先前所立的遗嘱。

(2) 遗嘱人生前的行为与遗嘱的意思表示相反,而使遗嘱处分的财产在继承开始前灭失、部分灭失,或所有权移转的,遗嘱视为被撤销或者部分撤销。

(3) 遗嘱人故意销毁遗嘱的,推定遗嘱人撤销原遗嘱。原遗嘱毁坏后是否又立有新遗嘱不影响推定的效力。

[历年真题] 1. 甲有乙、丙和丁 3 个女儿。甲于 2013 年 1 月 1 日亲笔书写一份遗嘱,写

明其全部遗产由乙继承,并签名和注明年月日。同年3月2日,甲又请张律师代书一份遗嘱,写明其全部遗产由丙继承。同年5月3日,甲因病被丁送至医院急救,甲又立口头遗嘱一份,内容是其全部遗产由丁继承,在场的赵医生和李护士见证。甲病好转后出院休养,未立新遗嘱。如甲死亡,下列哪一选项是甲遗产的继承权人?(2014年卷三24题)

A. 乙   B. 丙   C. 丁   D. 乙、丙、丁

【答案】 A

【考点】 遗嘱

【解析】 (1)代书遗嘱应当有两个以上见证人在场见证,由其中一人代书,注明年、月、日,并由代书人、其他见证人和遗嘱人签名。而本题中,甲只请了张律师一人代书,无其他见证人。故该代书遗嘱无效。(2)遗嘱人在危急情况下,可以立口头遗嘱。口头遗嘱应当有两个以上见证人在场见证。危急情况解除后,遗嘱人能够用书面或者录音形式立遗嘱的,所立的口头遗嘱无效。而甲在危急情况解除后,未用书面或录音形式立遗嘱。故之前的口头遗嘱无效。(3)故最后有效的遗嘱只有甲在2013年1月1日订立的自书遗嘱,即全部遗产由乙继承。因此,选项B、C、D错误。选项A正确。

2. 甲有一子一女,二人请了保姆乙照顾甲。甲为感谢乙,自书遗嘱,表示其三间房屋由两个子女平分,所有现金都赠给乙。后甲又立下书面遗嘱将其全部现金分给两个子女。不久甲去世。下列哪些选项是错误的?(2007年卷三69题)

A. 甲的前一遗嘱无效   B. 甲的后一遗嘱无效
C. 所有现金应归甲的两个子女所有   D. 所有现金应归乙所有

【答案】 ABD

【解析】 遗嘱无效,是指已成立的遗嘱因违反法律规定的有效要件而不受法律保护,不发生效力。遗嘱无效的事由主要有:遗嘱人在立遗嘱时欠缺遗嘱能力的;遗嘱是伪造的或被篡改的;遗嘱处分了国家、集体或他人所有的财产的;遗嘱未为胎儿及在继承开始时既缺乏劳动能力又没有生活来源的法定继承人保留必要份额的。我国《继承法》第22条第2款规定:"遗嘱必须表示遗嘱人的真实意思,受胁迫、欺骗所立的遗嘱无效。"可见,本题中甲前后所立两份遗嘱均不存在无效事由,均是甲真实的意思表示,所以,前后遗嘱均有效。甲后立的遗嘱中改变了前遗嘱中对现金的分配,该行为实际上是对遗嘱的撤回。所谓遗嘱的撤回,是指遗嘱人依法改变原先所立遗嘱的部分或全部内容,使其部分或全部不发生效力。《继承法》第20条第2款规定:"立有数份遗嘱,内容相抵触的,以最后的遗嘱为准。"即前遗嘱失效。但失效与无效不同,无效是自始无效、确定无效,不仅没有执行效力,也没有设立效力。而失效是有效的遗嘱不能生效,仅没有执行效力。所以,不能把"遗嘱无效"与"遗嘱失效"混同。可见,前后两遗嘱均为有效,只是前遗嘱因遗嘱的撤回而不生效。因此,选项A、B是错误的。既然甲在后遗嘱改变了前遗嘱中有关现金分配的内容,依法应以后遗嘱为准,所有现金应依后遗嘱的内容分给两个子女。因此,选项C正确,选项D错误,选项D应当入选。综上,本题答案为选项A、B、D。

二、遗赠

遗赠,是指遗嘱人以遗嘱的方式将个人财产的部分或全部在其死后赠给法定继承人以外的人(包括自然人、法人、非法人团体和国家)的单方法律行为。

1. 受遗赠人的范围国家、集体或者法定继承人之外的自然人。
2. 受遗赠人的接受表示知道受赠后 2 个月内作出接受表示，否则视为放弃。
3. 遗赠不生效的情形
(1) 受遗赠人先于遗赠人死亡的；
(2) 受遗赠人丧失受遗赠权的；
(3) 附有解除条件的遗赠,遗赠人死亡以前条件已经成就；
(4) 附有停止条件的遗赠,受遗赠人在条件成就以前已经死亡的。
4. 遗赠和遗嘱继承的区别

	遗赠	遗嘱继承
受遗赠人和遗嘱继承人范围	法定继承人以外的人。	只能是法定继承人。
受遗赠权和遗嘱继承权的客体	仅限于遗产中的积极财产。	积极财产和消极财产(债务)。
接受遗产方式	不直接参与遗产分配,从继承人或者遗嘱执行人处取得财产。	直接参与遗产分配。
权利人未作明示的法律后果	受遗赠人自知道遗赠后两个月内未作出接受表示的,视为放弃。	未作表示的,视为接受。

5. 遗赠和赠与的区别

	遗赠	赠与
发生效力的时间	遗嘱人死亡后生效。	赠与人生前发生效力。
法律行为性质	单方法律行为。	双方法律行为。
处分财产的性质	遗嘱人死后遗留的财产。	生前财产。
处分财产的范围	遗赠不得剥夺无独立生活能力又无生活来源的继承人的份额。	无限制。
效力	遗赠未生效前,遗嘱人可随意变更、撤销。	一般情况下,不得任意撤销。

三、遗赠扶养协议

1. 主体
无法定赡养义务的人。
2. 性质
(1) 双务有偿法律行为。
(2) 权利义务。扶养人负生养死葬的义务,有受遗赠的权利。
(3) 生前法律行为与死后法律行为的双重属性,即财产的赠与在遗赠人死后生效,扶养人扶养义务生前生效。

3. 效力

遗赠扶养协议的效力最强,强于遗嘱、遗赠、法定继承。

4. 遗赠扶养协议与附条件赠与的主要区别

(1) 前者是双务有偿;后者是单务无偿。

(2) 前者赠与在死亡后发生效力,后者约定条件成就时生效。

5. 遗赠扶养协议的解除包括下列两种情形

(1) 双方协商一致同意解除。

(2) 当事人一方由于无正当理由拒不履行协议内容,导致协议解除。若由于遗赠人的行为导致协议解除,则应支付扶养人已经支付的扶养费用和劳动报酬;若扶养人无正当理由不承担扶养遗赠人的义务,导致协议解除的,则其无权请求返还其已经支付的扶养费用和劳动报酬。

[历年真题] 1. 甲与保姆乙约定:甲生前由乙照料,死后遗产全部归乙。乙一直细心照料甲。后甲女儿丙回国,与乙一起照料甲,半年后甲去世。丙认为自己是第一顺序继承人,且尽了义务,主张甲、乙约定无效。下列哪一表述是正确的?(2012年卷三24题)

A. 遗赠抚养协议有效

B. 协议部分无效,丙可以继承甲的一半遗产

C. 协议无效,应按法定继承处理

D. 协议有效,应按遗嘱继承处理

【答案】 A

【考点】 法定继承、遗赠扶养协议

【解析】《继承法》第31条第1款规定:"公民可以与扶养人签订遗赠扶养协议。按照协议,扶养人承担该公民生养死葬的义务,享有受遗赠的权利。"遗赠抚养协议具有生前与死因行为,具有双务性,根据《民法通则》的规定并无无效情形,选项A正确,其他错误。

2. 甲妻病故,膝下无子女,养子乙成年后常年在外地工作。甲与村委会签订遗赠扶养协议,约定甲的生养死葬由村委会负责,死后遗产归村委会所有。后甲又自书一份遗嘱,将其全部财产赠与侄子丙。甲死后,乙就甲的遗产与村委会以及丙发生争议。对此,下列哪一选项是正确的?(2010年卷三19题)

A. 甲的遗产应归村委会所有

B. 甲所立遗嘱应予撤销

C. 村委会、乙和丙共同分割遗产,村委会可适当多分

D. 村委会和丙平分遗产,乙无权分得任何遗产

【答案】 A

【考点】 继承方式

【解析】《继承法》第5条规定:"继承开始后,按照法定继承办理;有遗嘱的,按照遗嘱继承或者遗赠办理;有遗赠扶养协议的,按照协议办理。"《继承法意见》第5条规定:"被继承人生前与他人订有遗赠抚养协议,同时又立有遗嘱的,继承开始后,如果遗赠抚养协议与遗嘱没有抵触,遗产分别按协议和遗嘱处理;如果有抵触,按协议处理,与协议抵触的遗嘱全部或部分无效。"可知,本题中,甲与村委会签订遗赠抚养协议后又自书一份遗嘱,且遗赠抚养协议的内容与遗嘱的内容相抵触时,遗嘱应无效,甲的遗产归村委会所有,所以选项A正确。

第八编
知识产权法

第一章 著作权法

第一节 著作权客体

一、著作权的客体

著作权的客体是著作权法保护的对象,即文学、艺术和科学领域中的作品。

(一) 作品的概念

作品,是指文学、艺术和科学领域内具有创造性并能以某种有形形式复制的智力成果。其构成要件是:

1. 属于文学、艺术和自然科学、社会科学、工程技术等科学领域中的智力成果。
2. 具有独创性

含义包括:

(1) 作品系独立创作完成,而非剽窃之作;
(2) 作品必须体现作者的个性特征,属于作者智力劳动创作结果,即具有创作性。

3. 可复制性

作品必须可以通过某种有形形式复制,从而被他人感知。

(二) 独创性的理解

1. "独"

是指作者独自完成作品,具有独立性包括两种情形:

(1) 创作从来没有的新作品。
(2) 以他人已经存在的作品为基础进行再创作,产生的新作品与原作品可以被人客观识别。

例 面对雾霾严重的境况,诗人甲遂作诗一首:"黄沙九万里,神州尽雾霾。昏昏无晴日,我辈徒悲哀。"以抒发心中无限感慨。这首诗词作品体现了诗人甲的独创性,甲对其享有著作权。

2. "创"

是指作品达到一定程度的智力创造水平,体现出作者富有个性的判断和选择。

例 诗人甲苦于无新作问世,一日闲来无事,遂将一首古诗进行了改编,改为:黄河远上,白云间一片,孤城万仞山。羌笛何须怨?杨柳春风,不度玉门关。虽然只是将原诗的标点符号进行了变动,但体现出了诗人甲的创造性,对这首新诗,甲享有著作权。

3. 因不具有创造性而不属于作品的情形

(1) 电视节目表。
(2) 因精确临摹所产生的复制品。
(3) 按姓氏笔画排列的电话号码簿。

(三) 作品的种类

(1) 文字作品,是指小说、诗词、散文、论文等以文字形式表现的作品。
(2) 口述作品,是指即兴的演说、授课、法庭辩论等以口头语言形式表现的作品。

（3）音乐、戏剧、曲艺、舞蹈、杂技艺术作品。
（4）美术、建筑作品。
（5）摄影作品，是指借助器械在感光材料或者其他介质上记录客观物体形象的艺术作品。
（6）电影作品和以类似摄制电影的方法创作的作品，是指摄制在一定介质上，由一系列有伴音或者无伴音的画面组成，并且借助适当装置放映或者以其他方式传播的作品。
（7）图形作品和模型作品。
（8）计算机软件，是指计算机程序及其文档。
（9）法律、行政法规规定的其他作品。如民间文学艺术作品等。

二、不予保护的对象

（1）官方文件，即法律、法规、国家机关的决议、决定、命令和其他具有立法、行政、司法性质的文件及其官方正式译文。官方文件具有独创性，属于作品范畴，不通过著作权法保护的根本原因，在于方便人们自由复制和传播。
（2）时事新闻，是指通过报纸、期刊、广播电台、电视台等媒体报道的单纯事实消息。
（3）历法、数表、通用表格和公示。这类成果变现形式单一，应成为人类共同财富，不宜被垄断使用。

三、违法作品的保护问题

（1）2010 年以前，违法作品不受保护。
（2）2010 年以后，违法作品，国家可以采取措施，禁止其出版、传播。但其仍受一定程度的保护，若有侵犯其著作权的行为，权利人仍有权请求加害人承担停止侵权、销毁侵权物品等责任，只是一般不能主张损害赔偿。

[历年真题]

我国《著作权法》不适用于下列哪些选项？（2011 年卷三 61 题）
A. 法院判决书
B. 《与贸易有关的知识产权协定》的官方中文译文
C. 《伯尔尼公约》成员国国民的未发表且未经我国有关部门审批的境外影视作品
D. 奥运会开幕式火炬点燃仪式的创意

【答案】 ABD
【考点】 著作权的客体、不享有著作权的作品
【解析】 《著作权法》第 5 条规定："本法不适用于：（一）法律、法规,国家机关的决议、决定、命令和其他具有立法、行政、司法性质的文件，及其官方正式译文；（二）时事新闻；（三）历法、通用数表、通用表格和公式。"法院判决属于具有司法性质的文件，不能成为著作权的客体，故选项 A 当选。

《与贸易有关的知识产权协定》属于法规，其官方中文译文不能成为著作权的客体，故选项 B 当选。

《著作权法》第 2 条第 2 款规定："外国人、无国籍人的作品根据其作者所属国或者经常居住地国同中国签订的协议或者共同参加的国际条约享有的著作权，受本法保护。"可知,《伯尔尼公约》成员国的国民享有著作权的作品，在中国获得自动保护，无须履行任何手续，均自其

创造完成之日起在中国获得保护。《著作权法》第4条规定："著作权人行使著作权，不得违反宪法和法律，不得损害公共利益。国家对作品的出版、传播依法进行监督管理。"可知，对于未经行政审批的外国影视作品，我国法律有权对其出版、发行进行限制，但其依法可以享有的著作权仍受中国著作权法保护。故选项C不当选。

根据著作权法的基本理论，著作权法保护的客体是表达，即以某种形式表现出来的智力成果，如文字作品保护的是文字的表达，音乐作品保护的是声音的表达。著作权法并不保护思想、观念、创意等仅止于思想观念而未表达出来的抽象领域。据此，选项D中奥运会开幕式火炬点燃仪式的创意不属于我国《著作权法》保护的对象，选项D正确。

第二节 著作权的主体

一、一般意义上的著作权主体

（一）作者

依据《著作权法》第11条第2款的规定："创作作品的公民是作者。"创作，是指产生文学、艺术和科学作品的智力活动。为他人创作进行组织工作，提供咨询意见，物质条件，或者进行了其他辅助工作的，均不视为创作。

单位在特定情形下通过某特定机构或者自然人行使或者表达其自由意志，单位也可被拟制为作者。《著作权法》第11条第3、4款规定："由法人或者其他组织主持，代表法人或者其他组织意志创作，并由法人或者其他组织承担责任的作品，法人或者其他组织视为作者。如无相反证明，在作品上署名的公民、法人或者其他组织为作者。"

（二）继受人

继受人指因发生继承、赠与、遗赠或受让等法律事实而取得著作财产权的人。继受著作权人包括继承人、受赠人、受遗赠人、受让人、作品原件的合法持有人和国家。继受著作权人只能成为著作财产权的继受主体，而不能成为著作人身权的继受主体。

（三）外国人和无国籍人只要符合下列条件之一，外国人、无国籍人的作品即可受我国著作权法的保护：

（1）外国人、无国籍人的作品根据其作者所属国或者经常居住地国同中国签订的协议或者共同参加的国际条约享有著作权的。

（2）其作品首先在中国境内出版的。在中国境外首先出版，30日内又在中国境内出版的，视为该作品同时在中国境内出版。

（3）未与中国签订协议或者共同参加国际条约的国家的作者以及无国籍人的作品首次在中国参加的国际条约的成员国出版的，或者在成员国和非成员国同时出版的。

[历年真题] 甲无国籍，经常居住地为乙国，甲创作的小说《黑客》在丙国首次出版。我国公民丁在丙国购买了该小说，未经甲同意将其翻译并在我国境内某网站传播。《黑客》要受我国著作权法保护，应当具备下列哪一条件？（2010年卷三15题）

A.《黑客》不应当属于我国禁止出版或传播的作品

B. 甲对丁翻译《黑客》并在我国境内网站传播的行为予以追认

C. 乙和丙国均加入了《保护文学艺术作品伯尔尼公约》

D. 乙或丙国加入了《保护文学艺术作品伯尔尼公约》

【答案】 D

【考点】 著作权的客体、外国人作品获得著作权的时间

【解析】《著作权法》第4条规定："著作权人行使著作权,不得违反宪法和法律,不得损害公共利益。国家对作品的出版、传播依法进行监督管理。"据此可知,即使《黑客》属于我国禁止出版或传播的作品,也可以受到著作权法的保护,只是我们可以限制其出版、传播。故选项A错误。

《伯尔尼公约》采用自动保护原则,即外国人或无国籍人的作品以中国或者成员国为起源国的,不需要履行任何手续,就可以在我国获得保护。因此,本题中,甲的作品《黑客》在中国获得保护,无须经甲对丁的行为予以追认作为前提条件,故选项B错误。

《著作权法》第2条规定："中国公民、法人或者其他组织的作品,不论是否发表,依照本法享有著作权。外国人、无国籍人的作品根据其作者所属国或者经常居住地同中国签订的协议或者共同参加的国际条约享有的著作权,受本法保护。外国人、无国籍人的作品首先在中国境内出版的,依照本法享有著作权。未与中国签订协议或者共同参加国际条约的国家的作者以及无国籍人的作品首次在中国参加的国际条约的成员国出版的,或者在成员国和非成员国同时出版的,受本法保护。"本题中,甲属于无国籍人,其经常居住地为乙国,《黑客》首次在丙国出版,因此,根据《著作权法》第2条的规定,只要乙国和丙国中的一个国家属于《伯尔尼公约》的成员国,其《黑客》就可以受到我国《著作权法》的保护。故选项C错误,选项D正确。

二、合作作品的著作权归属

(一)合作作品的概念合作作品,是指两人以上合作创作的作品。其构成要件是:

1. 作者为两人或者两人以上。
2. 作者之间有共同创作的主观合意。
3. 有共同创作作品的行为,即各方都为作品的完成作出了直接、实质性的贡献。

(二)合作作品的著作权归属

1. 合作作品,著作权由合作作者共同享有

合作作者之一死亡后:

(1)其对合作作品享有的著作财产权由其继承人继承。

(2)无人继承又无人受遗赠的,由其他合作作者享有。

2. 合作作者对著作权的行使不能协商一致的,按下列规则处理

(1)合作作品可以分割使用的,作者对各自创作的部分可以单独享有著作权,但行使著作权时不得侵犯合作作品整体的著作权。

(2)合作作品不可以分割使用的,任何一方不得组织他方行使除转让以外的其他权利,但是所得的收益应当合理分配给所有合作作者。合作作者之一死亡的,分配给其继承人。

[历年真题] 1. 甲、乙合作创作了一部小说,后甲希望出版小说,乙无故拒绝。甲把小说上传至自己博客并保留了乙的署名。丙未经甲、乙许可,在自己博客中设置链接,用户点击链接可进入甲的博客阅读小说。丁未经甲、乙许可,在自己博客中转载了小说。戊出版社只经过甲的许可就出版了小说。下列哪一选项是正确的?(2015年卷三16题)

A. 甲侵害了乙的发表权和信息网络传播权
B. 丙侵害了甲、乙的信息网络传播权
C. 丁向甲、乙寄送了高额报酬,但其行为仍然构成侵权
D. 戊出版社侵害了乙的复制权和发行权

【答案】 C
【考点】 合作作品
【解析】 依据《著作权法实施条例》第9条的规定:"合作作品不可以分割使用的,其著作权由各合作作者共同享有,通过协商一致行使;不能协商一致,又无正当理由的,任何一方不得阻止他方行使除转让以外的其他权利,但是所得收益应当合理分配给所有合作作者。"可知,只有转让才需全体合作作者一致同意,除此之外,每个合作人都可单独行使。戊出版社只需经甲或乙任意一方的同意即可,未侵害乙的复制权和发行权。故选项A、D错误。

依据最高人民法院《关于审理侵害信息、网络传播权民事纠纷适用法律若干问题的规定》第4条的规定:"有证据证明网络服务提供者与他人以分工合作等方式共同提供作品、表演、录音录像制品,构成共同侵权行为的,人民法院应当判令其承担连带责任。网络服务提供者能够证明其仅提供自动接入、自动传输、信息存储空间、搜索、链接、文件分享技术等网络服务,主张其不构成共同侵权行为的,人民法院应予支持。"本题中,丙在自己博客中设置链接,用户点击链接可进入甲的博客阅读小说的行为并不侵害甲、乙的信息网络传播权。故选项B错误。

《关于规范网络转载版权秩序的通知》第2条规定,报刊单位之间相互转载已经刊登的作品,适用《著作权法》第33条第2款的规定,即作品刊登后,除著作权人声明不得转载、摘编的外,其他报刊可以转载或者作为文摘、资料刊登,但应当按照规定向著作权人支付报酬。报刊单位与互联网媒体、互联网媒体之间相互转载已经发表的作品,不适用前款规定,应当经过著作权人许可并支付报酬。可知,丁转载小说应经甲、乙的同意并支付报酬。本题中,乙支付了报酬,但未经著作权人甲、乙的许可,仍构成著作权侵权,故选项C正确,当选。

2. 甲、乙合作完成一部剧本,丙影视公司欲将该剧本拍摄成电视剧。甲以丙公司没有名气为由拒绝,乙独自与丙公司签订合同,以10万元价格将该剧本摄制权许可给丙公司。对此,下列哪一说法是错误的?(2010年卷三16题)

A. 该剧本版权由甲乙共同享有
B. 该剧本版权中的人身权不可转让
C. 乙与丙公司签订的许可合同无效
D. 乙获得的十万元报酬应当合理分配给甲

【答案】 C
【考点】 合作作品的著作权归属
【解析】 《著作权法》第13条规定:"两人以上合作创作的作品,著作权由合作作者共同享有。"本题中,该剧本是甲、乙合作创作的作品,其著作权由甲、乙共同享有。故选项A表述正确,不当选。

著作权分为著作人身权和财产权,其中发表权、署名权、修改权、保护作品完整权属于著作人身权,而复制权、发行权、出租权、展览权、表演权、放映权、广播权、信息网络传播权、摄制权、改编权、翻译权、汇编权属于著作财产权。只有著作财产权可以转让,著作人身权具有专属性,不可以转让,故选项B表述正确,不当选。

《著作权法实施条例》第9条规定:"合作作品不可以分割使用的,其著作权由各合作作者

共同享有,通过协商一致行使;不能协议一致的,又无正当理由的,任何一方不得阻止他方行使除转让以外的其他权利,但是所得收益应当合理分配给所有合作作者。"本题中,该剧本属于合作作品,且不可分割使用,乙有权不经甲的允许,单独行使除转让权以外的著作权能,所以乙擅自将作品许可给丙使用的行为有效,故选项C的表述错误,当选。乙获得的收益1万元应当合理分配给所有合作作者。所以选项D的表述正确,不当选。

三、委托作品的著作权归属

[相关法条]

《著作权法》第17条　受委托创作的作品,著作权的归属由委托人和受托人通过合同约定。合同未作明确约定或者没有订立合同的,著作权属于受托人。

《著作权解释》

第12条　按照著作权法第十七条规定委托作品著作权属于受托人的情形,委托人在约定的使用范围内享有使用作品的权利;双方没有约定使用作品范围的,委托人可以在委托创作的特定目的范围内免费使用该作品。

第13条　除著作权法第十一条第三款规定的情形外,由他人执笔,本人审阅定稿并以本人名义发表的报告、讲话等作品,著作权归报告人或者讲话人享有。著作权人可以支付执笔人适当的报酬。

第14条　当事人合意以特定人物经历为题材完成的自传体作品,当事人对著作权权属有约定的,依其约定;没有约定的,著作权归该特定人物享有,执笔人或整理人对作品完成付出劳动的,著作权人可以向其支付适当的报酬。

原则	1. 有约定的,按约定;无约定的,属于受托人。 2. 著作权属于受托人的,委托人享有下列权利:(1) 在约定的使用范围内使用该作品。(2) 没有约定使用范围的,有权在委托创作的特定范围内免费使用该作品。
例外	1. 当事人合意以特定人物经历为题材完成的自传体作品:(1) 有约定的,按约定。(2) 没有约定的,著作权归该特定人物。执笔人或者整理人有权获得适当的报酬。 2. 由他人执笔,本人审阅定稿并以本人名义发表的报告、讲话等作品:(1) 构成单位作品的,由所在单位享有著作权。(2) 不构成单位作品的,著作权归报告人或者讲话人享有。执笔人可获得适当的报酬。

四、职务作品的著作权归属

原则	作者为完成所在单位的工作任务所创作的作品是职务作品。有约定的,按约定。没有约定的,著作权由作者享有。单位享有以下权利: 1. 在其业务范围内优先使用。 2. 作品完成2年(自作者向单位交付作品之日起计算)内,未经单位同意,作者不得许可第三人以与单位使用的相同方式使用该作品。 3. 职务作品完成2年内,经单位同意,作者许可第三人以与单位使用的相同方式使用职务作品所获报酬,由作者与单位按约定的比例分配。

(续表)

例外	如无相反约定,下列职务作品的著作权由单位享有: 1. 主要利用法人或其他组织的物质技术条件制作,并由法人或其他组织承担责任的工程设计图、产品设计图、地图、计算机软件等职务作品。 2. 构成单位作品(即单位视为作者)的。此时,作者享有以下权利:(1) 署名权;(2) 获得奖励权;(3) 获得报酬权。

五、演绎作品的著作权归属

(一) 法律规定

《著作权法》第12条规定:"改编、翻译、注释、整理已有作品而产生的作品,其著作权由改编、翻译、注释、整理人享有,但行使著作权时不得侵犯原作品的著作权。"

(二) 著作权归属

(1) 演绎作品的著作权属于演绎作品的作者享有,但行使著作权时不得侵犯原作品的著作权。

(2) 第三人使用演绎作品时,须经演绎作品以及原作品著作权人的同意,并支付报酬。

[历年真题]

居住在A国的我国公民甲创作一部英文小说,乙经许可将该小说翻译成中文小说,丙经许可将该翻译的中文小说改编成电影文学剧本,并向丁杂志社投稿。下列哪些说法是错误的?(2012年卷三63题)

A. 甲的小说必须在我国或A国发表才能受我国著作权法保护
B. 乙翻译的小说和丙改编的电影文学剧本均属于演绎作品
C. 丙只需征得乙的同意并向其支付报酬
D. 丁杂志社如要使用丙的作品还应当分别征得甲、乙的同意,但只需向丙支付报酬

【答案】 ACD

【考点】 著作权取得的时点、演绎作品著作权的归属

【解析】 《著作权法》第2条第1款规定:"中国公民、法人或者其他组织的作品,不论是否发表,依照本法享有著作权。"中国人创作的作品,获得自动保护,自创作完成之日起受我国著作权法保护,无须发表。故选项A错误,当选。

《著作权法》第12条规定:"改编、翻译、注释、整理已有作品而产生的作品,其著作权由改编、翻译、注释、整理人享有,但行使著作权时不得侵犯原作品的著作权。"据此,乙翻译的小说和丙改编的电影文学剧本均属于演绎作品。故选项B正确,不当选。

《著作权法》第12条规定:"改编、翻译、注释、整理已有作品而产生的作品,其著作权由改编、翻译、注释、整理人享有,但行使著作权时不得侵犯原作品的著作权。"可知,演绎作品的作者,对演绎作品享有著作权,但其在对原作品进行再创作时,应事先征得原作者的同意,所以,选项C中改编剧本除了要征得翻译者乙同意外,还需征得原作者甲的同意,所以选项C错误,当选。

丁杂志使用丙作品的行为属于对该作品发表权、发行权的行使。丙改编的文学剧本也是演绎作品,丁杂志社如果要发表、发行,应取得甲、乙、丙的同意并向乙、丙支付报酬。故选项D错误,当选。

六、汇编作品的著作权归属

(一) 汇编作品的概念

汇编作品,是指汇编若干作品、作品的片段或者不构成作品的数据或者其他材料,对其内容的选择或者编排体现独创性的作品。

(二) 著作权的归属

(1) 汇编作品的著作权由汇编人享有。

(2) 行使著作权时,不得侵犯原作品的著作权。

(3) 汇编他人受著作权法保护的作品或作品片段时,应征得他人的同意,并不得侵犯他人对作品享有的发表权、署名权、保护作品完整权和获得报酬权等权利。

【历年真题】 某出版社出版了一本学术论文集,专门收集国内学者公开发表的关于如何认定和处理侵犯知识产权行为的有关论文或论文摘要。该论文集收录的论文受我国著作权法保护,其内容选择和编排具有独创性。下列哪一说法是正确的?(2012年卷三17题)

A. 被选编入论文集的论文已经发表,故出版社不需征得论文著作权人的同意

B. 该论文集属于学术著作,具有公益性,故出版社不需向论文著作权人支付报酬

C. 他人复制该论文集只需征得出版社同意并支付报酬

D. 如出版社未经论文著作权人同意而将有关论文收录,出版社对该论文集仍享有著作权

【答案】 D

【考点】 汇编权、汇编作品著作权的归属

【解析】 《著作权法》第10条规定:"著作权包括下列人身权和财产权:……(十六)汇编权,即将作品或者作品的片段通过选择或者编排,汇集成新作品的权利"。这是关于汇编权的规定。可知,汇编权属于作品的作者,他人若行使汇编权,必须征得原著作权人的同意,并依照约定或者法律有关规定获得报酬。本题中,某出版社出版一本学术论文集,专门收集国内学者公开发表的论文,即属于汇编行为,应征得各论文作者的同意,即取得原著作权人汇编权并支付报酬。所以选项A错误,选项B错误。

《著作权法》第10条规定:"著作权包括下列人身权和财产权:……(五) 复制权,即以印刷、复印、拓印、录音、录像、翻录、翻拍等方式将作品制作一份或者多份的权利"。可知,本题中,他人复制该论文集,同时也是对各单个论文的复制,所以如有人复制该论文集,不仅需要经过汇编作品的著作权人的同意并支付报酬,还须经过每一篇学术论文的著作权人同意并支付报酬。故选项C错误。

《著作权法》第14条规定:"汇编若干作品、作品的片段或者不构成作品的数据或者其他材料,对其内容的选择或者编排体现独创性的作品,为汇编作品,其著作权由汇编人享有,但行使著作权时,不得侵犯原作品的著作权。"本题中,该论文集属于汇编作品,该出版社对该论文集享有独立的著作权,因此,即使出版社未经论文著作权人同意而将有关论文收录,出版社对该论文集仍享有著作权,其享有的是"汇编作品"的著作权,而不是汇编权,所以选项D正确。

七、影视作品的著作权归属

(一) 影视作品的概念

影视作品,是指电影作品和以类似摄制电影的方法创作的作品。

(二) 著作权归属
(1) 影视作品的著作权由制片者享有。
(2) 编剧、导演、摄影、作词、作曲等作者享有两项权利:① 署名权。② 获得报酬权。
(3) 主要演员享有两项权利:① 表明表演者身份的权利。② 获得报酬权。
(4) 影视作品中的剧本、音乐等可以单独使用的作品的作者有权单独行使其著作权。

八、匿名作品、美术作品的著作权归属

[相关法条]
《著作权法》
第 18 条　美术等作品原件所有权的转移,不视为作品著作权的转移,但美术作品原件的展览权由原件所有人享有。
《著作权法实施条例》
第 13 条　作者身份不明的作品,由作品原件的所有人行使除署名权以外的著作权。作者身份确定后,由作者或者其继承人行使著作权。

美术作品	1. 美术作品的著作权由作者享有。 2. 美术等作品原件所有权的转移,原件的所有权人同时享有"原件的展览权"。 3. 美术等作品原件所有权转移的,作者依然享有除原件展览权以外的其他著作权。
匿名作品	1. 作者身份不明的作品,由作品原件的所有人行使除署名权以外的著作权。 2. 作者身份确定后,由作者或者其继承人行使著作权。

第三节　著作权的内容

[相关法条]
《著作权法》第 10 条　著作权包括下列人身权和财产权:
(一) 发表权,即决定作品是否公之于众的权利;
(二) 署名权,即表明作者身份,在作品上署名的权利;
(三) 修改权,即修改或者授权他人修改作品的权利;
(四) 保护作品完整权,即保护作品不受歪曲、篡改的权利;
(五) 复制权,即以印刷、复印、拓印、录音、录像、翻录、翻拍等方式将作品制作一份或者多份的权利;
(六) 发行权,即以出售或者赠与方式向公众提供作品的原件或者复制件的权利;
(七) 出租权,即有偿许可他人临时使用电影作品和以类似摄制电影的方法创作的作品、计算机软件的权利,计算机软件不是出租的主要标的的除外;
(八) 展览权,即公开陈列美术作品、摄影作品的原件或者复制件的权利;
(九) 表演权,即公开表演作品,以及用各种手段公开播送作品的表演的权利;
(十) 放映权,即通过放映机、幻灯机等技术设备公开再现美术、摄影、电影和以类似摄制电影的方法创作的作品等的权利;

（十一）广播权，即以无线方式公开广播或者传播作品，以有线传播或者转播的方式向公众传播广播的作品，以及通过扩音器或者其他传送符号、声音、图像的类似工具向公众传播广播的作品的权利；

（十二）信息网络传播权，即以有线或者无线方式向公众提供作品，使公众可以在其个人选定的时间和地点获得作品的权利；

（十三）摄制权，即以摄制电影或者以类似摄制电影的方法将作品固定在载体上的权利；

（十四）改编权，即改变作品，创作出具有独创性的新作品的权利；

（十五）翻译权，即将作品从一种语言文字转换成另一种语言文字的权利；

（十六）汇编权，即将作品或者作品的片段通过选择或者编排，汇集成新作品的权利；

（十七）应当由著作权人享有的其他权利。

著作权人可以许可他人行使前款第（五）项至第（十七）项规定的权利，并依照约定或者本法有关规定获得报酬。

著作权人可以全部或者部分转让本条第一款第（五）项至第（十七）项规定的权利，并依照约定或者本法有关规定获得报酬。

一、著作权权利概述

1. 著作权包括著作人身权和著作财产权。

2. 著作人身权包括

发表权、署名权、修改权和保护作品完整权。著作财产权包括13项：复制权、发行权、出租权、展览权、表演权、放映权、广播权、信息网络传播权、摄制权、改编权、翻译权、汇编权、获得报酬权。

3. 著作人身权的特点

（1）著作人身权除发表权以外，保护期限不受限制。

（2）著作人身权具有专属性，原则上不得转让与继承。

二、具体权利

（一）发表权

1. 概念

发表权，即决定作品是否公之于众的权利。所谓"公之于众"，是指著作权人自行或许可他人将作品向不特定人公开，使作品处于为不特定人可得而知的状态，但不以公众知晓为构成要件。

2. 下列三种情形，推定著作权人许可他人行使其发表权

（1）将未发表的美术作品或摄影作品的原件转让；

（2）同意将未发表的作品摄制成电影；

（3）将未发表之作品的著作权财产权转让。

3. 遗作的发表权归属

《著作权法实施条例》第17条规定："作者生前未发表的作品，如果作者未明确表示不发表，作者死亡后50年内，其发表权可由继承人或者受遗赠人行使；没有继承人又无人受遗赠的，由作品原件的所有人行使。"

4. 发表权是一次性权利。发表权一次用尽。

[历年真题] 甲生前曾多次表示要将自己尚未发表的书稿赠送给乙,但一直未交付。后甲立遗嘱由丙继承全部遗产,但甲临终前又将该书稿赠与丁并立即交付。该书稿的发表权应由谁行使?(2009年卷三21题)

A. 乙　　　　　　　B. 丙　　　　　　　C. 丁　　　　　　　D. 丙和丁

【答案】 B
【考点】 发表权、遗嘱的变更与撤销
【解析】 《继承法意见》第39条规定:"遗嘱人生前的行为与遗嘱的意思表示相反,而使遗嘱处分的财产在继承开始前灭失、部分灭失或所有权转移、部分转移的,遗嘱视为被撤销或者部分被撤销"。本来甲立遗嘱由丙继承全部遗产,但甲临终前又将书稿赠与丁并立即交付,则甲立的遗嘱视为被撤销,丁取得了书稿的所有权,但作品所有权的转移,不视为作品著作权的转移。根据《著作权法实施条例》第17条的规定:"作者生前未发表的作品,如果作者未明确表示不发表,作者死亡后50内,其发表权可由继承人或者受遗赠人行使;没有继承人又无人受遗赠的,由作品原件的所有人行使。"本题中,丙是甲的继承人,甲生前未明确表示该作品不得发表,故该书稿的发表权应由继承人丙行使。所以本题的正确答案是选项B。

(二) 署名权

署名权,即表明作者身份,在作品上署名的权利;如无相反证明,在作品上署名的公民、法人或者其他组织为作者。

1. 合作作者的署名顺序纠纷,按照下列规则处理

(1) 有约定,按约定。

(2) 没有约定的,可以按照创作作品付出的劳动、作品排列、作者姓氏笔画等确定。(《著作权解释》第11条)

2. 署名权的消极权能

(1) 作者有权禁止未参加创作的人在作品上署名。

(2) 使用他人作品,应当指明作者姓名、作品名称;但另有约定或者由于作品使用方式所限无法指明的除外。

(三) 修改权与保护作品完整权

1. 概念

修改权,即修改或者授权他人修改作品的权利;保护作品完整权,即保护作品不受歪曲、篡改的权利。

2. 下列两种行为不构成侵权

(1) 著作权人许可他人将作品摄制成电影或者电视剧的,视为已同意对其作品进行必要的改动,但这种改动不得歪曲篡改原作品。

(2) 报社、期刊可以不经作者同意对作品进行文字性修改、删节,但对内容的修改,应当经作者的许可。但是图书出版者未经作者许可,不能对作品进行修改、删节。

[历年真题] 王琪琪在某网站中注册了昵称为"小玉儿"的博客账户,长期以"小玉儿"名义发博文。其中,署名"小玉儿"的《法内情》短文被该网站以写作水平不高为由删除;署名"小玉儿"的《法外情》短文被该网站添加了"作者:王琪琪"字样。关于该网站的行为,下列哪些表述是正确的?(2013年卷三62题)

A. 删除《法内情》的行为没有侵犯王琪琪的发表权
B. 删除《法内情》的行为没有侵犯王琪琪的信息网络传播权
C. 添加字样的行为侵犯了王琪琪的署名权
D. 添加字样的行为侵犯了王琪琪的保护作品完整权

【答案】 ABC

【考点】 发表权、信息网络传播权、署名权、保护作品完整权

【解析】 发表权,即决定作品是否公之于众的权利。发表权一经作品的发表,权利随即消失,所以删除《法内情》的行为不会侵犯其发表权。故选项 A 正确。

信息网络传播权,即以有线或者无线方式向公众提供作品行为,本题中,网站删除作者的作品,并未通过信息网络向公众传播其作品,因此网站没有侵犯王琪琪的信息网络传播权。故选项 B 正确。

署名权包含署名或不署名的决定权,包括署其本名、笔名、别名或假名的选择决定权,他人不得侵犯作者的署名权。本题中,作者选择署网名,说明其不愿意署其本名,该网站擅自添加了作者的本名"工琪琪"的行为,侵犯了作者自主选择署名方式的权利,属于侵犯署名权的情形。故选项 C 正确。

保护作品完整权,及保护作品不受歪曲,篡改的权利。本题中,该网站并没有歪曲、篡改作者作品的情形,所以不构成侵犯保护作品完整权。故选项 D 错误。

(四)复制权

复制权,即以印刷、复印、拓印、录音、录像、翻录、翻拍等方式将作品制作一份或者多份的权利。复制的要件包括:

(1)将作品于有形物质载体上再现。

(2)作品须相对稳定和持久地固定在物质载体上。

(五)发行权

1. 概念

发行权,即以出售或者赠与方式向公众提供作品的原件或者复制件的权利。发行权的特点是:

(1)提供作品的对象是公众;

(2)方式为销售或者赠与;

(3)须有作品载体所有权的移转。

2. 发行权一次用尽

经著作权人许可,向公众出售或赠与作品的原件或者复制件后,该特定原件或者复制件上的发行权消灭,他人向公众的再销售、再赠与的行为不侵犯发行权。

(六)出租权

1. 概念

出租权,即有偿许可他人临时使用电影作品和以类似摄制电影的方法创作的作品、计算机软件的权利,计算机软件不是出租的主要标的的除外。

2. 享有出租权的主体

(1)电影作品的著作权人;

(2)以类似摄制电影方法创作的作品的著作权人;

(3) 计算机软件的著作权人;
(4) 录音、录像制品的制作者。

[历年真题]
下列哪些出租行为构成对知识产权的侵犯?(2009年卷三64题)
A. 甲购买正版畅销图书用于出租   B. 乙购买正版杀毒软件用于出租
C. 丙购买正版唱片用于出租   D. 丁购买正宗专利产品用于出租
【答案】 BC
【考点】 出租权、专利权的内容
【解析】《著作权法》第10条第(7)项规定:"出租权,即有偿许可他人临时使用电影作品和以类似摄制电影的方法创作的作品、计算机软件的权利,计算机软件不是出租的主要标的的除外。"《著作权法》第42条规定:"录音录像制作者对其制作的录音录像制品,享有许可他人复制、发行、出租、通过信息网络向公众传播并获得报酬的权利"。可知,享有出租权的只有电影作品、以类似摄制电影方法创作的作品和计算机软件的著作权人和录音录像制品制作者。因此,甲购买正版畅销图书用于出租的行为,不属于侵犯出租权的行为。故选项A错误。

计算机软件的著作权人享有出租权,所以乙购买正版杀毒软件用于出租的行为,侵犯了软件著作权人的出租权。选项B正确。

录音录像制品制作者享有出租权,丙购买正版唱片用于出租,侵犯了唱片制作者的出租权。故选项C正确。

《专利法》第11条规定:"发明和实用新型专利权被授予后,除本法另有规定的以外,任何单位或者个人未经专利权人许可,都不得实施其专利,即不得为生产经营目的制造、使用、许诺销售、销售、进口其专利产品,或者使用其专利方法以及使用、许诺销售、销售、进口依照该专利方法直接获得的产品。外观设计专利权被授予后,任何单位或者个人未经专利权人许可,都不得实施其专利,即不得为生产经营目的制造、许诺销售、销售、进口其外观设计专利产品。"可知,专利权人不能控制出租专利的行为,所以丁购买正宗专利产品用于出租,不构成对知识产权的侵犯。故选项D错误。

(七) 表演权
1. 概念
表演权,即公开表演作品,以及用各种手段公开播送作品的表演的权利。
2. 表演权涉及的行为种类
(1) 公开的表演(现场表演或直接表演);
(2) 机械表演。
3. 下列行为不涉及表演权
(1) 非公开表演。如家庭内部表演。
(2) 免费的公开表演。免费的公开表演属于合理使用。
4. 表演权与表演者权的区别
(1) 权利主体不同。表演权由著作权人享有;表演者权由作品的表演者享有。
(2) 权利客体不同。表演权的客体是作品;表演者权的客体是对作品的表演活动。
(3) 权利性质不同。表演权为财产权;表演者权为既有人身权,也有财产权。
(4) 保护期限不同。自然人的作品,其表演权的保护期限截止到作者死亡后第50年的

12月31日;表演者权的保护期限截止到该表演发生后第50年的12月31日。

[历年真题] 王某创作歌曲《唱来唱去》,张某经王某许可后演唱该歌曲,并由花园公司合法制作成录音制品后发行。下列哪些未经权利人许可的行为属于侵权行为?(2012年卷三62题)

A. 甲航空公司购买该正版录音制品后在飞机上播放供乘客欣赏
B. 乙公司购买该正版录音制品后进行出租
C. 丙学生购买正版的录音制品后用于个人欣赏
D. 丁学生购买正版录音制品试听后将其上传到网络上传播

【答案】 ABD
【考点】 表演权;出租权;合理使用;信息网络传播权
【解析】 《著作权法》第10条规定:"著作权包括下列人身权和财产权:……(九)表演权,即公开表演作品,以及用各种手段公开播送作品的表演的权利"。表演权包括各种表演方式,即活表演和机械表演。在选项A中,甲航空公司的行为属于对《唱来唱去》的机械表演,侵犯了王某的表演权。故选项A当选。

《著作权法》第10条规定:"著作权包括下列人身权和财产权:……(七)出租权,即有偿许可他人临时使用电影作品和以类似摄制电影方法创作的作品、计算机软件的权利,计算机软件不是出租的主要标的的除外"。《著作权法》第42条规定:"录音录像制作者对其制作的录音录像制品,享有许可他人复制、发行、出租、通过信息网络传播并获得报酬的权利"。在选项B中,乙公司的行为侵犯了录音制品制作者花园公司的出租权。故选项B正确。

《著作权法》第22条规定:"在下列情况下使用作品,可以不经著作权人许可,不向其支付报酬,但应当指明作者姓名、作品名称,并且不得侵犯著作权人依照本法享有的其他权利:(一)为个人学习、研究或者欣赏,使用他人已经发表的作品"。在选项C中,丙的机械表演行为属于合理使用,未侵犯著作权人王某的表演权。故选项C不当选。

《著作权法》第10条规定:"著作权包括下列人身权和财产权:……(十二)信息网络传播权,即以有线或者无线方式向公众提供作品,使公众可以在其个人选定的时间和地点获得作品的权利"。在选项D中,丁的行为同时侵犯了王某的信息网络传播权、表演者张某的信息网络传播权和录音制品制作者花园公司的信息网络传播权。故选项D当选。

(八)信息网络传播权

1. 概念

信息网络传播权,即以有线或者无线方式向公众提供作品,使公众可以在其个人选定的时间和地点获得作品的权利。

2. 著作权人、表演者、录音(录像)制品的制作者均享有信息网络传播权。

3. 信息网络传播权与发行权、广播权的区别

(1)信息网络传播权与发行权的区别,在于发行权控制的传播行为,伴随着作品载体所有权的移转,而信息网络传播权不涉及此问题。

(2)信息网络传播权与广播权的区别,在于信息网络传播权控制的行为中,公众可以在其个人选定的时间和地点获得作品;而广播权控制的传播行为中,公众对时间是不能进行选择的。

(九)广播权

1. 概念

广播权,即以无线方式公开广播或者传播作品,以有线传播或者转播的方式向公众传播广播的作品,以及通过扩音器或者其他传送符号、声以及音、图像的类似工具向公众传播广播的作品的权利。

2. 广播权控制下列三种情况向公众提供作品的权利

(1)无线广播;

(2)以无线或者有线方式转播;

(3)公开播放接收到的广播的作品。

3. 享有广播权的几类主体

(1)著作权人享有广播权;

(2)表演者享有广播权;

(3)录音制品制作者不享有广播权;

(4)录像制品制作者享有广播权;

(5)广播电台、电视台对其播放的节目信号享有转播权。

第四节 著作权的限制

一、合理使用

[相关法条]

《著作权法》第22条 在下列情况下使用作品,可以不经著作权人许可,不向其支付报酬,但应当指明作者姓名、作品名称,并且不得侵犯著作权人依照本法享有的其他权利:

(一)为个人学习、研究或者欣赏,使用他人已经发表的作品;

(二)为介绍、评论某一作品或者说明某一问题,在作品中适当引用他人已经发表的作品;

(三)为报道时事新闻,在报纸、期刊、广播电台、电视台等媒体中不可避免地再现或者引用已经发表的作品;

(四)报纸、期刊、广播电台、电视台等媒体刊登或者播放其他报纸、期刊、广播电台、电视台等媒体已经发表的关于政治、经济、宗教问题的时事性文章,但作者声明不许刊登、播放的除外;

(五)报纸、期刊、广播电台、电视台等媒体刊登或者播放在公众集会上发表的讲话,但作者声明不许刊登、播放的除外;

(六)为学校课堂教学或者科学研究,翻译或者少量复制已经发表的作品,供教学或者科研人员使用,但不得出版发行;

(七)国家机关为执行公务在合理范围内使用已经发表的作品;

(八)图书馆、档案馆、纪念馆、博物馆、美术馆等为陈列或者保存版本的需要,复制本馆收藏的作品;

(九)免费表演已经发表的作品,该表演未向公众收取费用,也未向表演者支付报酬;

(十)对设置或者陈列在室外公共场所的艺术作品进行临摹、绘画、摄影、录像;

(十一)将中国公民、法人或者其他组织已经发表的以汉语言文字创作的作品翻译成少数民族语言文字作品在国内出版发行;

(十二) 将已经发表的作品改成盲文出版。

前款规定适用于对出版者、表演者、录音录像制作者、广播电台、电视台的权利的限制。

(一) 合理使用的概念

合理使用,是指根据法律的明文规定,不必征得著作权人同意而无偿使用他人已经发表作品的行为。

(二) 合理使用的构成要件

(1) 一般只针对已经发表的作品,使用他人未发表的作品必须征得著作权人同意。

(2) 必须基于法律的明文规定。

(3) 不必征得著作权人许可而无偿使用他人作品。

(4) 不得影响该作品的正常使用,也不得不合理地损害著作权人的合法利益。

(三) 合理使用的情形

(1) 为个人学习、研究或者欣赏,使用他人已经发表的作品。

(2) 为介绍、评论某一作品或者说明某一问题,在作品中适当引用他人已经发表的作品。

(3) 为报道时事新闻,在报纸、期刊、广播电台、电视台等媒体中不可避免地再现或者引用已经发表的作品。

(4) 报纸、期刊、广播电台、电视台等媒体刊登或者播放其他报纸、期刊、广播电台、电视台等媒体已经发表的关于政治、经济、宗教问题的时事性文章,但作者声明不许刊登、播放的除外。

(5) 报纸、期刊、广播电台、电视台等媒体刊登或者播放在公众集会上发表的讲话,但作者声明不许刊登、播放的除外。

(6) 为学校课堂教学或者科学研究,翻译或者少量复制已经发表的作品,供教学或者科研人员使用,但不得出版发行。

(7) 国家机关为执行公务在合理范围内使用已经发表的作品。

(8) 图书馆、档案馆、纪念馆、博物馆、美术馆等为陈列或者保存版本的需要,复制本馆收藏的作品。

(9) 免费表演已经发表的作品,该表演未向公众收取费用,也未向表演者支付报酬。

(10) 对设置或者陈列在室外公共场所的艺术作品进行临摹、绘画、摄影、录像。

(11) 将中国公民、法人或者其他组织已经发表的以汉语言文字创作的作品翻译成少数民族语言文字作品在国内出版发行。

(12) 将已经发表的作品改成盲文出版。

[历年真题] 甲展览馆委托雕塑家叶某创作了一座巨型雕塑,将其放置在公园入口,委托创作合同中未约定版权归属。下列行为中,哪一项不属于侵犯著作权的行为?(2014年卷三17题)

A. 甲展览馆许可乙博物馆异地重建完全相同的雕塑

B. 甲展览馆仿照雕塑制作小型纪念品向游客出售

C. 个体户冯某仿照雕塑制作小型纪念品向游客出售

D. 游客陈某未经著作权人同意对雕塑拍照纪念

【答案】 D

【考点】 复制权、发行权、合理使用

【解析】 选项A、B、C均错误。本题中雕塑的著作权属于受托人叶某。(《著作权法》第17条规定:"受委托创作的作品,著作权的归属由委托人和受托人通过合同约定。合同作未作明确约定或者没有订立合同的,著作权属于受托人。")因此,雕塑著作权中的复制权和发行权属于叶某。而甲展览馆与个体户冯某的行为侵犯了叶某著作财产权中的复制权和发行权。

选项D正确。题中陈某拍照纪念的行为属于合理使用,不属于侵权行为(此题为秒杀题,只要能够掌握《著作权法》第22条中规定的12种合理使用行为,便可立即选出选项D为正确答案)。

二、法定许可使用

[相关法条]
《著作权法》

第23条 为实施九年制义务教育和国家教育规划而编写出版教科书,除作者事先声明不许使用的外,可以不经著作权人许可,在教科书中汇编已经发表的作品片段或者短小的文字作品、音乐作品或者单幅的美术作品、摄影作品,但应当按照规定支付报酬,指明作者姓名、作品名称,并且不得侵犯著作权人依照本法享有的其他权利。

前款规定适用于对出版者、表演者、录音录像制作者、广播电台、电视台的权利的限制。

第33条 著作权人向报社、期刊社投稿的,自稿件发出之日起十五日内未收到报社通知决定刊登的,或者自稿件发出之日起三十日内未收到期刊社通知决定刊登的,可以将同一作品向其他报社、期刊社投稿。双方另有约定的除外。

作品刊登后,除著作权人声明不得转载、摘编的外,其他报刊可以转载或者作为文摘、资料刊登,但应当按照规定向著作权人支付报酬。

第40条 录音录像制作者使用他人作品制作录音录像制品,应当取得著作权人许可,并支付报酬。

录音录像制作者使用改编、翻译、注释、整理已有作品而产生的作品,应当取得改编、翻译、注释、整理作品的著作权人和原作品著作权人许可,并支付报酬。

录音制作者使用他人已经合法录制为录音制品的音乐作品制作录音制品,可以不经著作权人许可,但应当按照规定支付报酬;著作权人声明不许使用的不得使用。

第43条 广播电台、电视台播放他人未发表的作品,应当取得著作权人许可,并支付报酬。

广播电台、电视台播放他人已发表的作品,可以不经著作权人许可,但应当支付报酬。

第44条 广播电台、电视台播放已经出版的录音制品,可以不经著作权人许可,但应当支付报酬。当事人另有约定的除外。具体办法由国务院规定。

第46条 电视台播放他人的电影作品和以类似摄制电影的方法创作的作品、录像制品,应当取得制片者或者录像制作者许可,并支付报酬;播放他人的录像制品,还应当取得著作权人许可,并支付报酬。

(一)法定许可使用与合理使用的区别

(1)法定许可仅限于录音制作者、广播电视组织和报社的等邻接权人,一般人不享有法定许可使用权;而合理使用无主体范围的限制。

(2)法定许可使用须向权利人支付报酬;合理使用无须支付报酬。

(3) 权利人可以事先声明排除法定许可;权利人不能事先声明排除合理使用。

(二) 法定许可使用的情形

(1) 报刊转载法定许可。作品刊登后,除著作权人声明不得转载、摘编的外,其他报刊可以转载或者作为文摘、资料刊登,但应当按照规定向著作权人支付报酬。

(2) 录音制品的法定许可。录音制作者使用他人已经合法录制为录音制品的音乐作品制作录音制品,可以不经著作权人许可,但应当按照规定支付报酬;著作权人声明不许使用的不得使用。

(3) 广播组织播放作品的法定许可。

广播电台、电视台播放他人已发表的作品,可以不经著作权人许可,但应当支付报酬。例外:广播电台、电视台播放他人已发表的电影作品、以类似摄制电影的方法创作的作品、录像制品,不适用法定许可。

(4) 为实施九年制义务教育和国家教育规划而编写出版教科书,可以不经著作权人许可,在教科书中汇编已经发表的作品片段或者短小的文字作品、音乐作品或者单幅的美术作品、摄影作品。

(5) 为通过信息网络实施九年制义务教育或者国家教育规划,可以不经著作权人许可,使用其已经发表作品的片断或者短小的文字作品、音乐作品或者单幅的美术作品、摄影作品制作课件,由制作课件或者依法取得课件的远程教育机构通过信息网络向注册学生提供,但应当向著作权人支付报酬。

(6) 为扶助贫困,通过信息网络向农村地区的公众免费提供中国公民、法人或者其他组织已经发表的种植养殖、防病治病、防灾减灾等与扶助贫困有关的作品和适应基本文化需求的作品,网络服务提供者应当在提供前公告拟提供的作品及其作者、拟支付报酬的标准。自公告之日起30日内,著作权人不同意提供的,网络服务提供者不得提供其作品;自公告之日起满30日,著作权人没有异议,网络服务提供者可以提供其作品,并按照公告的标准向著作权人支付报酬。网络服务提供者提供著作权人的作品后,著作权人不同意提供的,网络服务提供者应当立即删除著作权人的作品,并按照公告的标准向著作权人支付提供作品期间的报酬。依照前款规定提供作品的,不得直接或者间接获得经济利益。

[历年真题] 1. 甲创作了一首歌曲《红苹果》,乙唱片公司与甲签订了专有许可合同,在聘请歌星丙演唱了这首歌曲后,制作成录音制品(CD)出版发行。下列哪些行为属于侵权行为?(2014年卷三62题)

A. 某公司未经许可翻录该CD后销售,向甲、乙、丙寄送了报酬

B. 某公司未经许可自聘歌手在录音棚中演唱了《红苹果》并制作成DVD销售,向甲寄送了报酬

C. 某商场购买CD后在营业时间作为背景音乐播放,经过甲许可并向其支付了报酬

D. 某电影公司将CD中的声音作为电影的插曲使用,只经过了甲许可

【答案】 AD

【考点】 著作权、表演者权、录制者权、法定许可

【解析】 选项A正确。某公司翻录录音制品应当取得著作权人甲、录音制作者乙唱片公司和演唱者丙的许可,仅支付报酬仍构成侵权。(《著作权法》第42条规定:"录音录像制作者对其制作的录音录像制品,享有许可他人复制、发行、出租、通过信息网络向公众传播并获得报

酬的权利。权利的保护期为50年,截止于该制品首次制作完成后第五十年的12月31日。被许可人复制、发行、通过信息网络向公众传播录音录像制品,还应当取得著作权人、表演者许可,并支付报酬。"此法条相当重要)

选项B错误。录音制作者使用他人已经合法录制为录音制品的音乐作品制作录音制品,可以不经著作权人许可,但应当按照规定支付报酬;著作权人声明不许使用的不得使用。因此,某公司未经许可自聘歌手在录音棚中演唱了《红苹果》并制作成DVD销售,向甲寄送了报酬的行为不侵权。

选项C错误。此商场购买CD后,在营业时间作为背景音乐播放,经过甲许可并向其支付了报酬,可见,其依法获得许可并支付报酬,自然不构成侵权。

选项D正确。录音录像制作者对其制作的录音录像制品,享有许可他人复制、发行、出租、通过信息网络向公众传播并获得报酬的权利。未经录音录像制作者许可,复制、发行、通过信息网络向公众传播其制作的录音录像制品的,构成侵权,本法另有规定的除外,(参见《著作权法》第42条、第48条)。因此,电影公司将CD中的声音作为插曲等使用方式,未经乙唱片公司的许可,属于侵权行为。

2. 某诗人署名"漫动的音符",在甲网站发表题为《天堂向左》的诗作,乙出版社的《现代诗集》收录该诗,丙教材编写单位将该诗作为范文编入《语文》教材,丁文学网站转载了该诗。下列哪一说法是正确的?(2011年卷三16题)

A. 该诗人在甲网站署名方式不合法
B. 《天堂向左》在《现代诗集》中被正式发表
C. 丙可以不经该诗人同意使用《天堂向左》,但应当按照规定支付报酬
D. 丁网站未经该诗人和甲网站同意而转载,构成侵权行为

【答案】 C
【考点】 署名权、发表权、法定许可
【解析】 《著作权法》第10条第2项规定:"署名权,即表明作者身份,在作品上署名的权利"。包括有权决定是否在作品上署名,署真名还是假名,以及合作作者署名的顺序,有权决定原作品的作者享有在演绎作品上署名的权利以及有权禁止未参与创作的人在作品上的署名等。因此,某诗人在其创作的作品《天堂向左》署名"漫动的音符"的方式符合法律规定,故选项A错误。

《著作权法》第10条规定,著作权人享有发表权,即决定作品是否公之于众的权利。发表权是一次性的权利,若作品经著作权人自行或者许可他人公之于众,则发表权消灭。同时,《关于审理著作权民事纠纷案件适用法律若干问题的解释》第9条规定:"著作权法第十条第(一)项规定的'公之于众',是指著作权人自行或者经著作权人许可将作品向不特定的人公开,但不以公众知晓为构成条件。"可知,作者将《天堂向左》在甲网站发表时,该作品即已经向不特定第三人公开,其已完成了发表行为。故选项B错误。

法定许可是指对已经发表的作品,在符合法定条件时,可以不经著作权人允许而依法使用该作品,但应向著作权人支付报酬的制度。《著作权法》第23条规定:"为实施九年制义务教育和国家教育规划教材而编写出版教科书,除作者事先声明不许使用的外,可以不经著作权人许可,在教科书中汇编已经发表的作品片段或者短小的文字作品、音乐作品或者单幅的美术作品、摄影作品,但应当按照规定支付报酬,指明作品姓名、作品名称,并且不得侵犯著作权人依

照本法规定享有的其他权利。"丙的行为符合法定许可的构成要件,所以丙可以不经该诗人同意使用《天堂向左》,但应当按照规定支付报酬,选项 C 正确。

关于选项 D,该诗人将诗作发表在甲网站上,诗人是该诗作的作者,甲网站并不能获得该诗的著作权人的身份,因此,丁网站转载该诗需要经过该诗人同意,而不需要经甲网站的同意。所以选项 D 错误。

三、著作权的保护期限

署名权、修改权、保护作品完整权	1. 保护期不受限制。 2. 著作权人死亡后,由其继承人、受遗赠人保护(但不是享有)。 3. 无人继承又无人受遗赠的,由著作权行政管理部门保护。
发表权、著作财产权	自然人享有著作权的作品: 1. 保护期为作者终生及其死后 50 年,截止于作者死亡之后第 50 年的 12 月 31 日。 2. 合作作品截止于最后死亡的作者死亡后第 50 年的 12 月 31 日。
	法人或其他组织享有著作权的作品: 1. 保护期为 50 年,截止于作品发布后第 50 年的 12 月 31 日。 2. 作品自创作完成后 50 年内未发表的,著作权不再保护。
	自然人、法人或者其他组织享有著作权的影视作品: 1. 保护期为 50 年,截止于作品首次发表后第 50 年的 12 月 31 日。 2. 作品自创作完成后 50 年内未发表的,著作权不再保护。
	作者身份不明作品:(1)截止于作品发表后第 50 年的 12 月 31 日。(2)作者身份确定后,适用《著作权法》第 21 条的规定。

[历年真题] 甲的画作《梦》于 1960 年发表。1961 年 3 月 4 日甲去世。甲的唯一继承人乙于 2009 年 10 月发现丙网站长期传播作品《梦》,且未署甲名。2012 年 9 月 1 日,乙向法院起诉。下列哪一表述是正确的?(2013 年卷三 17 题)

A. 《梦》的创作和发表均产生于我国《著作权法》生效之前,不受该法保护
B. 乙的起诉已超过诉讼时效,其胜诉权不受保护
C. 乙无权要求丙网站停止实施侵害甲署名权的行为
D. 乙无权要求丙网站停止实施侵害甲对该作品的信息网络传播权的行为

【答案】 D
【考点】 著作权的保护。
【解析】 选项 A 错误。《著作权法》第 60 条第 1 款规定:"本法规定的著作权人和出版者、表演者、录音录像制作者、广播电台、电视台的权利,在本法施行之日尚未超过本法规定的保护期的,依照本法予以保护。"可知,无论是在《著作权法》颁布之前或之后创作的作品,只要在保护期限内,都受该法保护,所以选项 A 错误。

选项 B 错误。《关于审理著作权民事纠纷案件适用法律若干问题的解释》第 28 条规定:"侵犯著作权的诉讼时效为二年,自著作权人知道或者应当知道侵权行为之日起计算。权利人超过二年起诉的,如果侵权行为在起诉时仍在持续,在该著作权保护期内,人民法院应当判决被告停止侵权行为;侵权损害赔偿数额应当自权利人向人民法院起诉之日起向前推算两年

计算。"本题中,丙网站长期传播作品《梦》,至乙起诉时一直未停止侵权行为,因此乙的起诉并未超过诉讼时效,所以 B 选项错误。

《著作权法》第 20 条规定:"作者的署名权、修改权、保护作品完整权的保护期不受限制。"据此可知,《著作权法》对署名权的保护期限不受限制,因此,著作权人的继承人有权要求丙网站停止侵害著作权人署名权的行为。所以选项 C 错误。

《著作权法》第 21 条第 1 款规定:"公民的作品,其发表权、本法第十条第一款第(五)项至第(十七)项规定的权利的保护期为作者终生及其死亡后五十年,截止于作者死亡后第五十年的 12 月 31 日;如果是合作作品,截止于最后死亡的作者死亡后第五十年的 12 月 31 日。"可知,著作财产权的保护是有期限限制的,自然人作品财产权的保护期截止于自然人死亡后第 50 年的 12 月 31 日,甲于 1961 年 3 月去世,其著作财产权的保护期于 2011 年 12 月 31 日截止,乙于 2012 年 9 月起诉时,该著作财产权已届满,所以丙网站可以通过网络传播该作品,选项 D 正确。

第五节 邻 接 权

一、邻接权的概念

邻接权,是指作品传播者对在作品传播过程中产生的劳动成果依法享有的专有权利,又称为作品传播者权。

二、表演者权

[相关法条]

《著作权法》第 38 条 表演者对其表演享有下列权利:

(一) 表明表演者身份;

(二) 保护表演形象不受歪曲;

(三) 许可他人从现场直播和公开传送其现场表演,并获得报酬;

(四) 许可他人录音录像,并获得报酬;

(五) 许可他人复制、发行录有其表演的录音录像制品,并获得报酬;

(六) 许可他人通过信息网络向公众传播其表演,并获得报酬。被许可人以前款第(三)项至第(六)项规定的方式使用作品,还应当取得著作权人许可,并支付报酬。

第 39 条 本法第三十八条第一款第(一)项、第(二)项规定的权利的保护期不受限制。

本法第三十八条第一款第(三)项至第(六)项规定的权利的保护期为五十年,截止于该表演发生后第五十年的 12 月 31 日。

(一) 表演者权的主体

表演者权的主体包括:演员、演出单位或者其他表演文学、艺术作品的人。

(二) 表演者权的客体

表演者权的客体是指表演活动,即通过演员的声音、表情、动作公开再现作品或演奏作品。

(三) 表演者权的内容

(1) 表明表演者身份;

(2) 保护表演形象不受歪曲;
(3) 许可他人从现场直播和公开传送其现场表演,并获得报酬;
(4) 许可他人录音录像,并获得报酬;
(5) 许可他人复制、发行录有其表演的录音录像制品,并获得报酬;
(6) 许可他人通过信息网络向公众传播其表演,并获得报酬。

(四) 表演者权的保护期
(1) 表明表演者身份、保护表演形象不受歪曲的期限不受限制。
(2) 其他权利的保护期为 50 年,截止于该表演发生后第 50 年的 12 月 31 日。

(五) 表演者的义务
(1) 表演者公开表演他人作品的,应当取得著作权人许可,并支付报酬。
(2) 表演者公开表演演绎作品的,应取得演绎作品和原作品的著作权人许可,并支付报酬。
(3) 表演者不得侵犯著作权人的署名权、修改权、保护作品完整权和获得报酬权。

三、录音录像制作者权

[相关法条]
《著作权法》第 42 条　录音录像制作者对其制作的录音录像制品,享有许可他人复制、发行、出租、通过信息网络向公众传播并获得报酬的权利;权利的保护期为五十年,截止于该制品首次制作完成后第五十年的 12 月 31 日。

被许可人复制、发行、通过信息网络向公众传播录音像制品,还应当取得著作权人、表演者许可,并支付报酬。

(一) 主体
录音制作者和录像制作者。

(二) 客体
录音制品和录像制品。
1. 录音制品,是指人任何声音的原始录制品。
2. 录像制品,是指电影作品和以类似摄制电影的方法创作的作品以外的任何有伴音或者无伴音的连续相关形象的原始录制品。

(三) 权利的内容
(1) 复制权。
(2) 发行权。
(3) 出租权。
(4) 信息网络传播权。

(四) 保护期
录音录像制作者权的保护期为 50 年。

(五) 录音录像制作者的义务
(1) 使用他人作品制作录音录像制品,应取得著作权人许可,并支付报酬。
(2) 使用演绎作品制作录制品的,应取得演绎作品著作权人和原作品著作权人的许可,并支付报酬。

（3）录制表演活动的，应当取得表演者的许可，并支付报酬。
（4）不得侵犯作者的署名权、修改权、保护作品完整权和获得报酬权。

四、播放者的权利

[相关法条]

《著作权法》第45条 广播电台、电视台有权禁止未经其许可的下列行为：（一）将其播放的广播、电视转播；（二）将其播放的广播、电视录制在音像载体上以及复制音像载体。前款规定的权利的保护期为五十年，截止于该广播、电视首次播放后第五十年的12月31日。

（一）播放者权的主体和客体
（1）主体。广播电视组织，包括广播电台和电视台。
（2）客体。播放的广播或电视，而非广播或电视节目。
（二）播放者权的内容
（1）转播权。广播电台、电视台有权禁止未经其许可将其播放的广播、电视节目信号以无线或者有线方式转播。
（2）录制、复制权。广播电台、电视台有权禁止未经其许可将其播放的广播、电视节目信号录制在音像载体上以及复制音像载体。
（三）保护期保护期为五十年，截止于该广播、电视首次播放后第五十年的12月31日。
（四）广播电视组织的义务
（1）播放他人未发表的作品，应当取得著作权人的许可，并支付报酬。
（2）播放已经发表的作品或已出版的录音录像制品，可以不经著作权人许可，但应按规定支付报酬。
（3）电视台播放他人的电影作品或者以类似摄制电影的方法创作的作品、录像制品，应当取得制片人或者录像制品的许可，并支付报酬；播放他人的录像制品，还应当取得著作权人许可，并支付报酬。

五、出版者的权利

（一）出版者的权利内容
（1）版式设计专有权，出版者有权许可或者禁止他人使用其出版的图书、期刊的版式设计。
（2）保护期限。该权利的保护期为10年，截止于使用该版式设计的图书、期刊首次出版后第10年的12月31日。
（二）报社、杂志社对著作权人的投稿作品在一定期限内享有先载权
报社、杂志社对著作权人的投稿作品在一定期限内享有先载权。但著作权人自稿件发出之日起15日内未收到报社通知决定刊登的，或者自稿件发出之日起30日内收到期刊社通知决定刊登的，可以将同一作品向其他报社、期刊社投稿。双方另有约定的除外。

第六节　著作权侵权

一、判断侵犯著作权的标准

只要他人擅自实施了《著作权法》第 10 条的行为，又没有违法阻却事由，就应当认定为侵犯了著作权。

二、承担民事责任的著作权侵权行为

（一）责任类型包括停止侵害、消除影响、赔礼道歉、赔偿损失等。

（二）具体情形

（1）未经著作权人许可，发表其作品的；

（2）未经合作作者许可，将与他人合作创作的作品当做自己单独创作的作品发表的；

（3）没有参加创作，为谋取个人名利，在他人作品上署名的；

（4）歪曲、篡改他人作品的；

（5）剽窃他人作品的；

（6）未经著作权人许可，以展览、摄制电影和以类似摄制电影的方法使用作品，或者以改编、翻译、注释等方式使用作品的，本法另有规定的除外；

（7）使用他人作品，应当支付报酬而未支付的；

（8）未经电影作品和以类似摄制电影的方法创作的作品、计算机软件、录音录像制品的著作权人或者与著作权有关的权利人许可，出租其作品或者录音录像制品的，本法另有规定的除外；

（9）未经出版者许可，使用其出版的图书、期刊的版式设计的；

（10）未经表演者许可，从现场直播或者公开传送其现场表演，或者录制其表演的；

（11）其他侵犯著作权以及与著作权有关的权益的行为。

三、承担综合法律责任的著作权侵权行为

（一）责任类型包括民事责任、行政责任、刑事责任。

（二）具体情形

（1）未经著作权人许可，复制、发行、表演、放映、广播、汇编、通过信息网络向公众传播其作品的，本法另有规定的除外；

（2）出版他人享有专有出版权的图书的；

（3）未经表演者许可，复制、发行录有其表演的录音录像制品，或者通过信息网络向公众传播其表演的，本法另有规定的除外；

（4）未经录音录像制作者许可，复制、发行、通过信息网络向公众传播其制作的录音录像制品的，本法另有规定的除外；

（5）未经许可，播放或者复制广播、电视的，本法另有规定的除外；

（6）未经著作权人或者与著作权有关的权利人许可，故意避开或者破坏权利人为其作品、录音录像制品等采取的保护著作权或者与著作权有关的权利的技术措施的，法律、行政法规另有规定的除外；

(7) 未经著作权人或者与著作权有关的权利人许可,故意删除或者改变作品、录音录像制品等的权利管理电子信息的,法律、行政法规另有规定的除外;

(8) 制作、出售假冒他人署名的作品的。

[历年真题] 1. 甲、乙、丙、丁相约勤工俭学。下列未经著作权人同意使用他人受保护作品的哪一行为没有侵犯著作权?(2015年卷三17题)

A. 甲临摹知名绘画作品后廉价出售给路人

B. 乙收购一批旧书后廉价出租给同学

C. 丙购买一批正版录音制品后廉价出租给同学

D. 丁购买正版音乐CD后在自己开设的小餐馆播放

【答案】 B

【考点】 著作权侵权、出租权

【解析】 关于选项A。甲临摹绘画作品并出售给路人的行为侵犯了作品所有人的复制权与发行权,构成著作权侵权,选项A不当选。

关于选项B。作为著作权的出租权,只有四类主体享有,即电影作品的著作权人,以类似摄制电影的方法创作的作品的著作权人,计算机软件著作权人,录音、录像制品的制作人。图书的作者作为著作权人不享有出租权,故选项B出租行为不侵权,应当选。

关于选项C。侵犯了录音制品制作人的出租权,构成著作权侵权,不当选。

关于选项D。丁购买正版音乐CD播放的行为,侵犯了著作权人的表演权(机械表演权)。故选项D构成著作权侵权,不当选。

2. 应出版社约稿,崔雪创作完成一部儿童题材小说《森林之歌》。为吸引儿童阅读,增添小说的离奇色彩,作者使用笔名"吹雪",特意将小说中的狗熊写成三条腿的动物。出版社编辑在核稿和编辑过程中,认为作者有笔误,直接将"吹雪"改为"崔雪"、将狗熊改写成四条腿的动物。出版社将《森林之歌》批发给书店销售。下列哪些说法是正确的?(2015年卷三62题)

A. 出版社侵犯了作者的修改权

B. 出版社侵犯了作者的保护作品完整权

C. 出版社侵犯了作者的署名权

D. 书店侵犯了作者的发行权

【答案】 ABC

【考点】 著作权侵权

【解析】 作品的修改权与保护作品完整权基本上是一回事,若擅自修改他人作品,或者歪曲、篡改、割裂作品达到有损作者声誉的程度,即构成对修改权或者保护作品完整权的侵害。本题中,出版社编辑未经崔雪许可,将作者笔名"吹雪"改为"崔雪",将小说中写的三条腿的狗熊改为四条腿的狗熊,构成对作品修改权与保护作品完整权的侵害。故选项A、B正确。

署名权,即表明作者身份,在作品上署名的权利。具体包括作者决定是否署名以及如何署名等。作为小说《森林之歌》的作者,崔雪有权决定使用笔名"吹雪"署名,出版社未经作者的同意,擅自将其署名改为"崔雪",侵犯了作者的署名权。故选项C正确。

发行权,是指著作权人享有的以出售或者赠与方式向公众提供作品原件或者复制件的权利。发行权一次用尽(首次销售原则),书店销售《森林之歌》的行为是经过作者崔雪的授权许可的,书店并未侵犯作者的发行权。故选项D错误,不当选。

第二章 专 利 法

第一节 专利权的主体

一、发明人或设计人

(一) 概念

发明人或设计人,是指对发明创造的实质性特点作出了创造性贡献的人。在完成发明创造过程中,只负责组织工作的人、为物质技术条件的利用提供方便的人或者从事其他辅助性工作的人,例如试验员、描图员、机械加工人员等,均不是发明人或者设计人。

(二) 类型

发明人或者设计人包括非职务发明创造的发明人,或者设计人和职务发明创造的发明人或者设计人两类。

对于非职务发明创造,申请专利的权利属于发明人或者设计人。发明人或者设计人对非职务发明创造申请专利,任何单位或者个人不得压制。申请被批准后,该发明人或者设计人为专利权人。

如果一项非职务发明创造是由两个或者两个以上的发明人、设计人共同完成的,则完成发明创造的人称为共同发明人或共同设计人。共同发明创造的专利申请权和取得专利权归全体共有人共同所有。

二、发明人或设计人的单位

对于职务发明创造,专利权的主体是该发明创造的发明人或者设计人所在单位。

三、受让人

受让人,是指通过合同或继承而依法取得专利权的单位或者个人。专利申请权和专利权可以转让。专利申请权转让之后,受让人就是该专利权的主体;专利权转让后,受让人成为该专利权的新主体。

四、外国人

外国人包括具有外国国籍的自然人和法人。

第二节 专利权的客体

一、专利权的客体

专利权的客体有三:发明、实用新型和外观设计。

二、不授予专利权的客体

依据《专利法》第5条、第20条、第25条的规定,下列客体不授予专利:

(1) 对违反法律规定获取或者利用遗传资源,并依赖该遗传资源完成的发明创造。

(2) 对平面印刷品的图案、色彩或者两者结合作出的主要起标识作用的设计。

(3) 科学发现。

(4) 智力活动的规则和方法。例如各种游戏、娱乐的规则。

(5) 疾病的诊断和治疗方法。

(6) 动物和植物品种。

(7) 用原子核变换方法获得的物质。

(8) 对违反法律、社会公德或者妨碍公共利益的发明创造。

(9) 任何单位或者个人将在中国完成的发明或者实用新型向外国申请专利的,应当事先报经国务院专利行政部门进行保密审查。若违反前述规定向外国申请专利后,又就该发明或者实用新型向中国申请专利的,不授予专利权。

[历年真题] 范某的下列有关骨科病预防与治疗方面研究成果中,哪些可在我国申请专利?(2013年卷三64题)

A. 发现了导致骨癌的特殊遗传基因
B. 发明了一套帮助骨折病人尽快康复的理疗器械
C. 发明了如何精确诊断股骨头坏死的方法
D. 发明了一种高效治疗软骨病的中药制品

【答案】 BD
【考点】 可授予专利权的客体
【解析】 根据《专利法》第25条的规定:"对下列各项,不授予专利权:(一)科学发现;(二)智力活动的规则和方法;(三)疾病的诊断和治疗方法;(四)动物和植物品种;(五)用原子核变换方法获得的物质;(六)对平面印刷品的图案、色彩或者二者的结合作出的主要起标识作用的设计。对前款第(四)项所列产品的生产方法,可以依照本法规定授予专利权。"可知,选项A属于科学发现,在我国不能申请专利,所以选项A不当选。选项C属于上述疾病的诊断和治疗方法,也不能在我国申请专利,而选项B、D的内容,不属于上述规定的范围,可在我国申请专利,所以选项B、D正确。

第三节 授予专利权的条件

一、发明或者实用新型专利的授予条件

(一)新颖性

新颖性,是指该发明或者实用新型不属于现有技术;也没有任何单位或者个人就同样的发明或者实用新型在申请日以前向国务院专利行政部门提出过申请,并记载在申请日以后公布的专利申请文件或者公告的专利文件中。申请专利的发明或者实用新型满足新颖性的标准,必须不同于现有技术,同时还不得出现抵触申请。

现有技术

现有技术是指申请日以前在国内外为公众所知的技术。技术公开的方式有三种：

(1) 出版物公开，即通过出版物在国内外公开披露技术信息。出版物，是指记载有技术或设计内容的独立存在的有形传播载体。公开披露技术信息，是指技术内容向不负有保密义务的不特定相关公众公开。公开的程度以所属技术领域一般技术人员能实施为准。

(2) 使用公开，即在国内外通过使用或实施方式公开技术内容。

(3) 其他方式的公开，即在国内外以出版物和使用以外的方式公开，主要指口头方式公开，如通过口头交谈、讲课、作报告、在广播电台或电视台播放等方式，使公众了解有关技术内容。

[历年真题] 甲公司开发了一种汽车节能环保技术，并依法获得了实用新型专利证书。乙公司拟与甲公司签订独占实施许可合同引进该技术，但在与甲公司协商谈判过程中，发现该技术在专利申请日前已经属于现有技术。乙公司的下列哪一做法不合法？（2013年卷三18题）

A. 在该专利技术基础上继续开发新技术　　B. 诉请法院判决该专利无效
C. 请求专利复审委员会宣告该专利无效　　D. 无偿使用该技术

【答案】　B

【考点】　现有技术

【解析】　选项A、D中的做法合法。《专利法》第22条第1款规定："授予专利权的发明和实用新型，应当具备新颖性、创造性和实用性。"《专利法》第62条规定："在专利侵权纠纷中，被控侵权人有证据证明其实施的技术或者设计属于现有技术或者现有设计的，不构成侵犯专利权。"本题中，乙公司在与甲公司协商谈判过程中发现技术已属于现有技术，因此乙公司在现有技术的基础上继续开发新技术或无偿使用该现有技术都是合法行为。所以选项A、D中的做法合法。

选项B中的做法不合法，选项C中的做法合法。《专利法》第45条规定："自国务院专利行政部门公告授予专利权之日起，任何单位或者个人认为该专利权的授予不符合本法有关规定的，可以请求专利复审委员会宣告该专利权无效。"该法第46条第2款规定："对专利复审委员会宣告专利权无效或者维持专利权的决定不服的，可以自收到通知之日起三个月内向人民法院起诉。人民法院应当通知无效宣告请求程序的对方当事人作为第三人参加诉讼。"可知，请求宣告该专利权无效需要先向专利复审委员会申请，而不能直接向人民法院起诉。所以选项B的做法不合法，选项C的做法合法。

2. 抵触申请

抵触申请，是指一项申请专利的发明或者实用新型在申请日以前，已有同样的发明或者实用新型由他人向专利局提出过申请，并且记载在该发明或实用新型申请日以后公布的专利申请文件中。先申请被称为后申请的抵触申请。抵触申请会破坏新颖性，防止专利重复授权。

3. 不视为丧失新颖性的公开

申请专利的发明、实用新型和外观设计在申请日以前6个月内，有下列情形之一的，不丧失新颖性：

(1) 在中国政府主办或者承认的国际展览会上首次展出的；

(2) 在国务院有关主管部门和全国性学术团体组织召开的学术会议或者技术会议上首次

发表的;

(3) 他人未经申请人同意而泄露其内容的。

(二) 创造性

创造性,是指同申请日以前已有的技术相比,该发明有突出的实质性特点和显著的进步,该实用新型有实质性特点和进步。

(三) 实用性

实用性,是指该发明或者实用新型能够制造或者使用,并且能够产生积极效果。

二、外观设计专利的授予条件

1. 新颖性新颖性,即指不属于现有技术且不存在抵触申请。
2. 具有区别于现有技术的特征

授予专利权的外观设计与现有设计或者现有设计特征的组合相比,应当具有明显区别。

3. 非冲突性

授予专利权的外观设计不得与他人在申请日以前已经取得的合法权利相冲突。这里的在先权利包括了商标权、著作权、企业名称权、肖像权、知名商品特有包装装潢使用权等。在先取得,是指在外观设计的申请日或者优先权日之前取得。

第四节　授予专利权的申请

一、专利的申请

(一) 先申请原则

1. 含义

(1) 同样的发明创造只能授予一项专利权。

(2) 两个以上的申请人分别就同样的发明创造申请专利的,专利权授予最先申请的人。

(3) 两个以上的申请人在同一天分别就同样的发明创造申请专利的,应当在收到国务院专利行政部门的通知后自行协商,协商不成的,驳回各方申请。

2. 申请日的确定

(1) 国务院专利行政部门收到专利申请文件之日为申请日。如果申请文件是邮寄的,以寄出的邮戳日为申请日。

(2) 有优先权的,以优先权日为申请日。

(二) 优先权原则

[相关法条]

《专利法》

第29条　申请人自发明或者实用新型在外国第一次提出专利申请之日起十二个月内,或者自外观设计在外国第一次提出专利申请之日起六个月内,又在中国就相同主题提出专利申请的,依照该外国同中国签订的协议或者共同参加的国际条约,或者依照相互承认优先权的原则,可以享有优先权。

申请人自发明或者实用新型在中国第一次提出专利申请之日起十二个月内,又向国务院专利行政部门就相同主题提出专利申请的,可以享有优先权。

第30条 申请人要求优先权的,应当在申请的时候提出书面声明,并且在三个月内提交第一次提出的专利申请文件的副本;未提出书面声明或者逾期未提交专利申请文件副本的,视为未要求优先权。

1. 国际优先权

申请人自发明或者实用新型在外国第一次提出专利申请之日起12个月内,或者自外观设计在外国第一次提出专利申请之日起6个月内,又在中国就相同主题提出专利申请的,依照该外国同中国签订的协议或者共同参加的国际条约,或者依照相互承认优先权的原则,以其在外国第一次提出申请的日期为在中国提出申请的日期。

(1) 享有国际优先权的条件。① 第一次提出专利申请的国家须为根据条约、协议、互惠原则承认中国人优先权的国家。② 第一次提出的专利申请须为确定了申请日的正式申请。③ 向中国人提出专利申请的发明创造与第一次在外国提出的专利申请的主题相同。④ 在法定期限内:第一次提出申请之日起12个月内(发明或者实用新型)或者6个月内(外观设计)。

(2) 享有国际优先权的效果。将申请人在中国的专利申请日提前到其第一次在外国提出申请的专利申请日。优先权是"先申请原则"的延伸,这与专利申请日的确定有关。

2. 国内优先权

申请人自发明或者实用新型在中国第一次提出专利申请之日起12个月内,又向国务院专利行政部门就相同主题提出专利申请的,以其第一次的申请日期为在后申请的申请日。

(三) 单一性原则

[相关法条]

《专利法》

第9条 同样的发明创造只能授予一项专利权。但是,同一申请人同日对同样的发明创造既申请实用新型专利又申请发明专利,先获得的实用新型专利权尚未终止,且申请人声明放弃该实用新型专利权的,可以授予发明专利权。

两个以上的申请人分别就同样的发明创造申请专利的,专利权授予最先申请的人。

第31条 一件发明或者实用新型专利申请应当限于一项发明或者实用新型。属于一个总的发明构思的两项以上的发明或者实用新型,可以作为一件申请提出。

一件外观设计专利申请应当限于一项外观设计。同一产品两项以上的相似外观设计,或者用于同一类别并且成套出售或者使用的产品的两项以上外观设计,可以作为一件申请提出。

1. 含义

(1) 一件发明或者实用新型专利申请应当限于一项发明或者实用新型。
(2) 一件外观设计专利申请应当限于一项外观设计。

2. 单一性原则的例外

(1) 属于一个总的发明构思的两项以上的发明或者实用新型,可以作为一件申请提出。
(2) 同一产品两项以上的相似外观设计,或者用于同一类别并且成套出售或者使用的产品的两项以上外观设计,可以作为一件申请提出。
(3) 同一申请人同日对同样的发明创造既申请实用新型专利又申请发明专利,先获得的实用新型专利权尚未终止,且申请人声明放弃该实用新型专利权的,可以授予发明专利权。

[历年真题] 甲公司开发出一项发动机关键部件的技术,大大减少了汽车尾气排放。乙

公司与甲公司签订书面合同受让该技术的专利申请权后不久,将该技术方案向国家知识产权局同时申请了发明专利和实用新型专利。下列哪一说法是正确的?(2011年卷三17题)

A. 因该技术转让合同未生效,乙公司无权申请专利
B. 因尚未依据该技术方案制造出产品,乙公司无权申请专利
C. 乙公司获得专利申请权后,无权就同一技术方案同时申请发明专利和实用新型
D. 乙公司无权就该技术方案获得发明专利和实用新型专利

【答案】 D
【考点】 申请专利的权利与专利申请权、可专利性、单一性原则
【解析】 发明创造完成后,申请并获得专利授权的可能性是一种财产利益,可以转让。这种转让在法律上被划分为"专利申请提出前的转让"和"专利申请提出后的转让",前者又被称为"申请专利的权利的转让",属于普通民事权益的转让,属不要式行为,其转让合同的生效无须履行特定的程序。后者又被称为"专利申请权的转让",由于转让发生在提出专利申请之后,同时为了使被转让的权利具有排斥申请日后的善意第三人的效力,法律将这种转让合同规定为要式行为,未履行法定程序,转让合同不能生效。对于第二种转让,法律有明文规定,《专利法》第10条规定:"专利申请权和专利权可以转让。……转让专利申请权或者专利权的,当事人应当订立书面合同,并向国务院专利行政部门登记,由国务院专利行政部门予以公告。专利申请权或者专利权的转让自登记之日起生效。"本题中,甲公司向乙公司转让的是"申请专利的权利",而不是"专利申请权",所以甲、乙间的技术转让合同无须专利行政部门登记,甲、乙间的转让合同已经生效。故选项A错误。

《专利法》第22条规定:"授予专利权的发明和实用新型,应当具备新颖性、创造性和实用性。……实用性,是指该发明或者实用新型能够制造或者使用,并且能够产生积极效果。"可知,授予专利权的发明和实用新型并非要求申请人已经实际制造出了产品,仅要求所属领域的普通技术人员依照说明书的内容可以制造出产品。故选项B错误。

《专利法》第9条第1款规定:"同样的发明创造只能授予一项专利权。但是,同一申请人同日对同样的发明创造既申请实用新型专利又申请发明专利,先获得的实用新型专利权尚未终止,且申请人声明放弃该实用新型专利权的,可以授予发明专利权。"故选项C错误,选项D正确。

第五节 专利权的归属

一、职务发明的专利权归属

(一)职务发明的专利权归属
(1)专利申请权属于单位,申请被批准后,该单位为专利权人。
(2)所在单位转让专利申请权的,发明人享有在同等条件下优先受让的权利。
(二)发明人、设计人的权利
(1)署名权,即有权在专利文件中写明自己是发明人或者设计人。
(2)获得奖励权。
(3)获得报酬权。

（三）职务发明情形职务发明包括两种：

1. 主要利用本单位的物质技术条件所完成的发明创造。
2. 执行本单位的任务所完成的发明创造。包括：
（1）履行本职工作任务所完成的发明创造。
（2）履行本单位交付的本职工作以外的任务完成的发明创造。
（3）离职、退休或者调动工作后1年内作出的，与其在原单位承担的本职工作或者原单位分配的任务有关的发明创造。

[历年真题] 工程师王某在甲公司的职责是研发电脑鼠标。下列哪些说法是错误的？（2012年卷三64题）

A. 王某利用业余时间研发的新鼠标的专利申请权属于甲公司
B. 如王某没有利用甲公司物质技术条件研发出新鼠标，其专利申请权属于王某
C. 王某主要利用了单位物质技术条件研发出新型手机，其专利申请权属于王某
D. 如王某辞职后到乙公司研发出新鼠标，其专利申请权均属于乙公司

【答案】 BCD
【考点】 专利权、职务发明创造
【解析】《专利法》第6条规定："执行本单位的任务或者主要是利用本单位的物质技术条件所完成的发明创造为职务发明创造。职务发明创造申请专利的权利属于该单位；申请被批准后，该单位为专利权人。非职务发明创造，申请专利的权利属于发明人或者设计人；申请被批准后，该发明人或者设计人为专利权人。利用本单位的物质技术条件所完成的发明创造，单位与发明人或者设计人订有合同，对申请专利的权利和专利权的归属作出约定的，从其约定。"

《专利法实施细则》第12条规定："专利法第六条所称执行本单位的任务所完成的职务发明创造，是指：（一）在本职工作中作出的发明创造；（二）履行本单位交付的本职工作之外的任务所作出的发明创造；（三）退休、调离原单位后或者劳动、人事关系终止后1年内作出的，与其在原单位承担的本职工作或者原单位分配的任务有关的发明创造。专利法第六条所称本单位，包括临时工作单位；专利法第六条所称本单位的物质技术条件，是指本单位的资金、设备、零部件、原材料或者不对外公开的技术资料等。"

关于选项A。王某在甲公司的本职工作就是研发电脑鼠标，所以，即使王某利用业余时间开发出新鼠标，也属于因完成本职工作作出的发明创造。其专利申请权属于甲公司，故选项A正确，不当选。

关于选项B。因为王某的本职工作就是开发电脑鼠标，所以，即使王某没有利用甲公司物质技术条件研发出新鼠标，该新鼠标也属于职务发明，专利申请权仍属于甲公司。故选项B错误，当选。

关于选项C。若王某主要利用了单位物质技术条件研发出新型手机，该新型手机虽然不属于完成本职工作完成的发明创造，但因主要利用了本单位的物质技术条件，也属于职务发明创造，专利申请权属于单位，故选项C错误，当选。

关于选项D。王某辞职后1年内作出与在原单位承担的本职工作或者原单位分配的任务有关的发明创造，都属于职务发明，专利申请权属于甲公司。选项D的说法以偏概全，故选项D错误，当选。

二、共同发明的专利权归属

（一）享有专利权的主体
（1）专利申请权由共同发明人共同享有。
（2）共同发明人一方不同意申请专利的，另一方或者其他各方不得申请专利。
（3）一方转让其专利申请权的，其他各方享有优先受让权。
（4）取得专利权以后，放弃自己共有的专利申请权的一方，可以免费实施该专利。
（二）共有专利权
（1）共有人对专利申请权、专利权的行使有约定的，按照约定。
（2）没有约定的，共有人均有自己实施该专利或者以普通许可方式许可他人实施该专利的权利。所获得报酬应在共有人中合理分配。
（3）共有人之一未经其他共有人允许，转让或者以独占或者排他许可方式许可他人实施的，转让和许可合同属于因无权处分订立的合同。

第六节　专利权的内容与限制

一、专利权的内容

（一）发明和实用新型专利权的内容
（1）标示权，即专利权人享有在其专利产品或者该产品的包装上标明专利权标记和专利号的权利。
（2）独占实施权，即任何单位或者个人未经专利权人许可，都不得实施其专利，即不得为生产经营的目的制造、使用、许诺销售、销售、进口其专利产品，或者使用其专利方法以及使用、许诺销售、销售、进口依照该专利方法直接获得的产品。
（二）外观设计专利权的内容
（1）标示权，即专利权人享有在其专利产品或者该产品的包装上标明专利权标记和专利号的权利。
（2）任何人不得未经专利权人的许可，为生产经营目的制造、许诺销售、销售、进口其外观设计专利产品。

二、专利权的保护期限

（一）发明专利权的保护期
发明专利权的保护期为20年，实用新型和外观设计的保护期限为10年，均自申请日起计算。
（二）起算点的确定
根据《专利法实施细则》第11条的规定，除《专利法》第28条和第42条规定的情形外，专利法所称申请日，有优先权的，指优先权日。细则所称申请日，除另有规定的外，是指《专利法》第28条规定的申请日。

三、专利权被宣告无效的后果

[相关法条]
《专利法》
第45条 自国务院专利行政部门公告授予专利权之日起,任何单位或者个人认为该专利权的授予不符合本法有关规定的,可以请求专利复审委员会宣告该专利权无效。

第47条 宣告无效的专利视为自始即不存在。

宣告专利权无效的决定,对在宣告专利权无效前人民法院作出并已执行的专利侵权的判决、调解书,已经履行或者强制执行的专利侵权纠纷处理决定,以及已经履行的专利实施许可合同和专利权转让合同,不具有追溯力。但是因专利权人的恶意给他人造成的损失,应当给予赔偿。

依照前款规定不返还专利侵权赔偿金、专利使用费、专利权转让费,明显违反公平原则的,应当全部或者部分返还。

(一)无效宣告

发明创造被授予专利权以后,任何单位或者个人发现有不符合专利法有关规定的,都可以在专利授权之日起申请宣告该专利权无效。

请求宣告无效的,必须依法向专利复审委员会提交申请书和相应文件,并说明理由。

专利复审委员会认为请求书符合法律规定的,应依法定程序作出宣告专利权无效或者维持专利权的决定,当事人对该决定不服的,可依法提起诉讼。

(二)宣告无效的法律后果

1. 专利权被宣告无效后,专利权视为自始即不存在。
2. 宣告无效的溯及力问题

(1)宣告专利权无效的决定,对在宣告专利权无效以前,人民法院作出并已执行的专利侵权的判决、裁定,已经履行或者强制执行的专利侵权纠纷处理决定,以及已经履行的专利实施许可合同和专利权转让合同,不具有溯及力。

(2)但是,因专利权人的恶意给他人造成的损失,应当给予赔偿。

(3)如果依据上述规定,专利权人或者专利权转让人不向被许可实施专利人或者专利受让人返还专利使用费或者专利权转让费,明显违反公平原则,专利权人或者专利权转让人应当向被许可实施专利权人或者专利权受让人返还全部或者部分专利使用费或者专利权转让费。

四、专利权的限制

[相关法条]
《专利法》
第48条 有下列情形之一的,国务院专利行政部门根据具备实施条件的单位或者个人的申请,可以给予实施发明专利或者实用新型专利的强制许可:

(一)专利权人自专利权被授予之日起满三年,且自提出专利申请之日起满四年,无正当理由未实施或者未充分实施其专利的;

(二)专利权人行使专利权的行为被依法认定为垄断行为,为消除或者减少该行为对竞争产生的不利影响的。

第 49 条 在国家出现紧急状态或者非常情况时,或者为了公共利益的目的,国务院专利行政部门可以给予实施发明专利或者实用新型专利的强制许可。

第 50 条 为了公共健康目的,对取得专利权的药品,国务院专利行政部门可以给予制造并将其出口到符合中华人民共和国参加的有关国际条约规定的国家或者地区的强制许可。

第 51 条 一项取得专利权的发明或者实用新型比前已经取得专利权的发明或者实用新型具有显著经济意义的重大技术进步,其实施又有赖于前一发明或者实用新型的实施的,国务院专利行政部门根据后一专利权人的申请,可以给予实施前一发明或者实用新型的强制许可。

在依照前款规定给予实施强制许可的情形下,国务院专利行政部门根据前一专利权人的申请,也可以给予实施后一发明或者实用新型的强制许可。

(一) 强制许可的类型

专利权的限制,即强制许可。强制许可又称为非自愿许可,指国务院专利行政部门依照法律规定,不经专利权人的同意,直接许可具备实施条件的申请者实施发明或者实用新型专利的一种行政措施。强制许可可以分为三类:

1. 滥用专利权的强制许可

有下列情形之一的,国务院专利行政部门根据具备实施条件的单位或者个人的申请,可以给予实施发明专利或者实用新型专利的强制许可:

(1) 专利权人自专利权被授予之日起满 3 年,且自提出专利申请之日起满 4 年,无正当理由未实施或者未充分实施其专利的。申请强制许可的单位或者个人应当提供证据,证明其以合理的条件请求专利权人许可其实施专利,但未能在合理的时间内获得许可。

(2) 专利权人行使专利权的行为被依法认定为垄断行为,为消除或者减少该行为对竞争产生的不利影响的。

2. 根据公共利益需要的强制许可

(1) 在国家出现紧急状态或者非常情况时,或者为了公共利益的目的,国务院专利行政部门可以给予实施发明专利或者实用新型专利的强制许可。

(2) 为了公共健康目的,对取得专利权的药品,国务院专利行政部门可以给予制造并将其出口到符合中华人民共和国参加的有关国际条约规定的国家或者地区的强制许可。

3. 从属专利的强制许可

一项取得专利权的发明或者实用新型比前已经取得专利权的发明或者实用新型具有显著经济意义的重大技术进步,其实施又有赖前一发明或者实用新型的实施的,国务院专利行政部门根据后一专利权人的申请,可以给予实施前一发明或者实用新型的强制许可。

在依照前款规定给予实施强制许可的情形下,国务院专利行政部门根据前一专利权人的申请,也可以给予实施后一发明或者实用新型的强制许可。

(二) 强制许可的效力

(1) 被许可人不享有独占的实施权,并且无权允许他人实施。被许可人应当支付合理的使用费。

(2) 除专利权人行使专利权的行为被依法认定为垄断行为后,为消除或者减少该行为对竞争者产生的不利影响,以及为了公共健康目的的强制许可外,强制许可的实施应当主要为了供应国内市场。

(3) 强制许可涉及的发明创造为半导体技术的,其实施限于公共利益的目的和专利权人行使专利权的行为被依法认定为垄断行为后,为消除或者减少该行为对竞争者产生的不利影响的情形。

第七节 专利侵权

一、发明或者实用新型专利权的保护

(一) 发明或者实用新型专利权的保护范围

发明或者实用新型专利权的保护范围以其权利要求的内容为准,说明书及附图可以用于解释其权利要求。在确定发明和实用新型专利权的保护范围时,应当注意以下问题:

(1) 应当根据权利人主张的权利要求,依法确定专利权的保护范围。权利人在一审法庭辩论终结前变更其主张的权利要求的,应当准许。

权利人主张以从属权利要求确定专利权保护范围的,应当以该从属权利要求记载的附加技术特征及其引用的权利要求记载的技术特征,确定专利权的保护范围。

(2) 应当根据权利要求的记载,结合本领域普通技术人员阅读说明书及附图后对权利要求的理解,确定权利要求的内容。

(3) 对于权利要求,可以运用说明书及附图、权利要求书中的相关权利要求,专利审查档案进行解释。

(4) 对于权利要求中以功能或者效果表述的技术特征,应当结合说明书和附图描述的该功能或者效果的具体实施方式及其等同的实施方式,确定该技术特征的内容。

(5) 对于仅在说明书或者附图中描述而在权利要求中未记载的技术方案,权利人不得在侵犯专利权纠纷案件中将其纳入专利权保护范围。

(6) 专利申请人、专利权人在专利授权或者无效宣告程序中,通过对权利要求、说明书的修改或者意见陈述而放弃的技术方案,权利人不得在侵犯专利权纠纷案件中又将其纳入专利权保护范围。

(二) 侵犯发明、实用新型专利的判断步骤

(1) 对被控侵权的产品或方法进行技术特征概括,确定其技术方案包括的全部的技术特征。

(2) 要求原告提供专利权利要求书。

(3) 将权利要求书中所描述的专利技术方案的全部技术特点与被控侵权的技术中的全部技术特征进行比对。

(4) 然后判断是否构成侵权。

(三) 侵犯发明、实用新型专利的判断标准

1. 权利要求书中记载的技术特征采用全面覆盖原则作为判断的标准

权利要求书中记载的全部技术特征一个都不少地出现在被控侵权的技术方案中,则构成侵权。反之,如果被控侵权物中缺少权利要求书中记载的一个或数个技术特征,则不构成侵权。

2. 等同技术特征

等同技术特征,是指与权利要求记载的技术特征相比,以基本相同的手段、实现基本相同

的功能、达到基本相同的效果,并且本领域普通技术人员在被诉侵权行为发生时无须创造性劳动即可联想到的特征。

例 甲公司拥有一项汽车仪表盘的发明专利,其权利要求记载的必要技术特征可以分解为 $a+b+c+d$ 共四项。乙公司制造四种仪表盘,其必要技术特征可以作四种分解,甲公司与乙公司的必要技术特征所代表的字母相同,表明其相应的必要技术特征相同或等同。若乙公司的技术为 $a+b+c+d+e$,则构成侵权。

3. 禁止反悔原则。

最高人民法院《关于审理侵权专利纠纷案件应用法律若干问题的解释》第 6 条规定:"专利申请人、专利权人在专利授权或者无效宣告程序中,通过对权利要求、说明书的修改或者意见陈述而放弃的技术方案,权利人在侵犯专利权纠纷案件中又将其纳入专利权保护范围的,人民法院不予支持。"

二、外观设计专利权的保护范围

(一)外观设计专利权的保护范围

外观设计专利权的保护范围以表示在图片或者照片中的该外观设计专利产品为准。外观设计专利权的保护范围取决于两个方面:

1. 表示在图片或者照片中的外观设计。
2. 专利授权时指定的外观设计使用产品的范围。

确定外观设计是否相同或者近似,应当以同类产品为基础。

(二)侵犯外观设计专利权的判断标准

1. 被控侵权的外观设计使用的产品与专利外观设计使用的产品相同或者类似

所谓"产品相同或者类似",指产品的用途相同或者类似。

2. 被控侵权的外观设计与专利外观设计在整体视觉效果上相同或者实质性类似

下列情形,通常对外观设计的整体视觉效果具有影响:

(1)产品正常使用时容易被直接观察到的部位相对于其他部位。

(2)授权外观设计区别于现有设计的设计特征相对于授权外观设计的其他设计特征。

(3)被诉侵权设计与专利外观设计在整体视觉效果上无差异的,人民法院应当认定两者相同,在整理视觉效果上无实质性差异的,应当认定两者近似。

三、专利侵权行为的表现

(一)直接侵权行为

(1)制造发明、实用新型、外观设计专利产品的行为。

(2)使用发明、实用新型专利产品的行为。将侵犯发明或者实用新型专利权的产品作为零部件,制造另一产品的,应当认定为使用发明、实用新型专利产品的行为。

(3)许诺销售发明、实用新型、外观设计专利产品的行为。许诺销售,是指以做广告、在商店橱窗中陈列或者在展销会上展出等方式作出销售商品的意思表示。

(4)销售发明、实用新型或者外观设计专利产品的行为。

(5)进口发明、实用新型、外观设计专利产品的行为。

(6)使用专利方法以及使用、许诺销售、销售、进口依照该专利方法直接获得的产品的行为。

(7) 假冒他人专利的行为。为生产经营目的使用或者销售不知道是未经专利权人许可而制造并出售的专利产品或者依照专利方法直接获得的产品,能够证明其产品合法来源的,仍然属于侵犯专利权的行为,需要停止侵害但不承担赔偿责任。

(二) 间接侵权行为

间接侵权行为,是指行为人本身的行为并不直接构成对专利权的侵害,但实施了诱导、怂恿、教唆、帮助他人侵害专利权的行为。例如,行为人知道有关产品系只能用于实施特定发明或者实用新型专利的原材料、中间产品、零部件、设备等,仍然将其提供给第三人以实施侵犯专利权的行为,权利人主张该行为人和第三人承担连带民事责任的,人民法院应当支持;该第三人的实施不是为生产经营目的,权利人主张该行为人承担民事责任的,人民法院应当支持。

四、不构成侵权的情形

[相关法条]
《专利法》
第62条 在专利侵权纠纷中,被控侵权人有证据证明其实施的技术或者设计属于现有技术或者现有设计的,不构成侵犯专利权。

第69条 有下列情形之一的,不视为侵犯专利权:
(一) 专利产品或者依照专利方法直接获得的产品,由专利权人或者经其许可的单位、个人售出后,使用、许诺销售、销售、进口该产品的;
(二) 在专利申请日前已经制造相同产品、使用相同方法或者已经作好制造、使用的必要准备,并且仅在原有范围内继续制造、使用的;
(三) 临时通过中国领陆、领水、领空的外国运输工具,依照其所属国同中国签订的协议或者共同参加的国际条约,或者依照互惠原则,为运输工具自身需要而在其装置和设备中使用有关专利的;
(四) 专为科学研究和实验而使用有关专利的;
(五) 为提供行政审批所需要的信息,制造、使用、进口专利药品或者专利医疗器械的,以及专门为其制造、进口专利药品或者专利医疗器械的。

(一) 现有技术抗辩(《专利法》第62条)

现有技术抗辩,又称"公知技术抗辩",指被控侵权人有证据证明其实施的技术或者设计属于现有技术的,不构成侵犯专利权。

(二) 权利用尽

专利产品或者依照专利方法直接获得的产品,由专利权人或者经其许可的单位、个人出售后,使用、许诺销售、销售、进口该产品的,不构成侵权。

(三) 先用权

1. 概念

在专利申请日前已经制造相同产品、使用相同方法或者已经作好制造、使用的必要准备,并且仅在原有的范围内继续制造、使用的,不构成侵权。

2. 限制

先用权受到以下几个方面的限制(最高人民法院《关于审理侵犯专利权纠纷案件应用法

律若干问题的解释》第 15 条）：

（1）先用权人必须是在专利申请日前通过合法手段获得专利技术的；如果是非法获得的技术，不享有先用权。

（2）所谓"已经作好制造、使用的必要准备"，指具有下列情形之一：① 已经完成实施发明创造所必需的主要技术图纸或者工艺文件；② 已经制造或者购买实施发明创造所必需的主要设备或者原材料。

（3）所谓"原有范围"指，专利申请日前已有的生产规模以及利用已有的生产设备或者根据已有的生产设备可以达到的生产规模。

（4）先用权人在专利申请日后将其已经实施或者作好实施必要准备的技术或者设计转让或者许可他人实施的，先用权消灭，受让人或者被许可人不可主张先用权抗辩，（但是该技术或者设计与先用权人的原有企业一并转让或者继承的除外）。

（四）临时过境

临时通过中国领陆、领水、领空的外国运输工具，依照其所属国同中国签订的协议或者共同参加的国际条约，或者依照互惠原则，为运输工具自身需要而在其装置和设备中使用有关专利的。

（五）不构成侵权的其他情形

1. 专为科学研究和实验而使用有关专利的，不构成侵权。
2. 为提供行政审批所需要的信息，制造、使用、进口专利药品或者专利医疗器械的，以及专门为其制造、进口专利药品或者专利医疗器械的。

[历年真题] 1. 2010 年 3 月，甲公司将其研发的一种汽车零部件向国家有关部门申请发明专利。该专利申请于 2011 年 9 月公布，2013 年 7 月 3 日获得专利权并公告。2011 年 2 月，乙公司独立研发出相同零部件后，立即组织生产并于次月起持续销售给丙公司用于组装汽车。2012 年 10 月，甲公司发现乙公司的销售行为。2015 年 6 月，甲公司向法院起诉。下列哪一选项是正确的？（2015 年卷三 18 题）

A. 甲公司可要求乙公司对其在 2013 年 7 月 3 日以前实施的行为支付赔偿费用
B. 甲公司要求乙公司支付适当费用的诉讼时效已过
C. 乙公司侵犯了甲公司的专利权
D. 丙公司没有侵犯甲公司的专利权

【答案】　C
【考点】　专利权侵权
【解析】　关于选项 A。依据《专利法》第 13 条规定："发明专利申请公布后，申请人可以要求实施其发明的单位或者个人支付适当的费用。"甲公司可要求乙公司支付适当费用，而不是赔偿费用。故选项 A 错误。

关于选项 B。依据《专利法》第 68 条第 2 款规定："发明专利申请公布后至专利权授予前使用该发明未支付适当使用费的，专利权人要求支付使用费的诉讼时效为二年，自专利权人得知或者应当得知他人使用其发明之日起计算，但是，专利权人于专利权授予之日前即已得知或者应当得知的，自专利权授予之日起计算。"本题，甲公司请求乙公司支付适当费用的诉讼时效自 2013 年 7 月 3 日开始计算，自 2015 年 6 月甲公司起诉要求支付适当费用的诉讼时效并没有经过。故选项 B 错误。

依据《专利法》第 11 条第 1 款的规定:"发明和实用新型专利权被授予后,除本法另有规定的以外,任何单位或者个人未经专利权人许可,都不得实施其专利"。乙公司的行为构成对甲公司专利权的侵犯。故选项 C 正确。

最高人民法院《关于审理侵犯专利权纠纷案件应用法律若干问题的解释》第 12 条第 1 款规定:"将侵犯发明或者实用新型专利权的产品作为零部件,制造另一产品的,人民法院应当认定属于专利法第十一条规定的使用行为;销售该另一产品的,人民法院应当认定属于专利法第十一条规定的销售行为。"丙公司用乙公司销售的零部件组装汽车的行为,构成对甲公司专利权的侵犯。故选项 D 错误。

2. 甲公司获得一项智能手机显示屏的发明专利权后,将该技术以在中国大陆独占许可方式许可给乙公司实施。乙公司付完专利使用费并在销售含有该专利技术的手机过程中,发现丙公司正在当地电视台做广告宣传具有相同专利技术的手机,便立即通知甲公司起诉丙公司。法院受理该侵权纠纷后,丙公司在答辩期内请求宣告专利无效。下列哪些说法是错误的? (2015 年卷三 63 题)

A. 乙公司获得的专利使用权是债权,在不通知甲公司的情况下,不能直接起诉丙公司
B. 专利无效宣告前,丙公司侵犯了专利实施权中的销售权
C. 如专利无效,则专利实施许可合同无效,甲公司应返还专利使用费
D. 法院应中止专利侵权案件的审理

【答案】 ABCD
【考点】 专利侵权
【解析】 《专利法》第 12 条规定了专利独占实施许可,本题中,乙公司获得的是独占实施许可权,当专利权遭受侵害时,依据《专利法》第 60 条的规定:"未经专利权人许可,实施其专利,即侵犯其专利权,引起纠纷的,由当事人协商解决;不愿协商或者协商不成的,专利权人或者利害关系人可以向人民法院起诉,也可以请求管理专利工作的部门处理。"专利权人以及利害关系人有权起诉,对于独占实施许可人有权独立提起诉讼,本题乙公司有权直接提起诉讼,无须通知甲公司。故选项 A 错误,当选。

依据《专利法》第 11 条第 1 款的规定:"发明和实用新型专利权被授予后,除本法另有规定的以外,任何单位或者个人未经专利权人许可,都不得实施其专利。"即不得为生产经营目的制造、使用、许诺销售、销售、进口其专利产品,或者使用其专利方法以及使用、许诺销售、销售、进口依照该专利方法直接获得的产品。可知,销售与许诺销售行为都有可能造成专利权侵权,丙公司在当地电视台做广告宣传的行为侵犯的是许诺销售权,丙公司实施的并不是销售行为,丙公司未侵犯专利实施权中的销售权。故选项 B 错误,当选。

依据《专利法》第 47 条第 1 款的规定:"宣告无效的专利权视为自始即不存在。宣告专利权无效的决定,对在宣告专利权无效前人民法院作出并已执行的专利侵权的判决、调解书,已经履行或者强制执行的专利侵权纠纷处理决定,以及已经履行的专利实施许可合同和专利权转让合同,不具有追溯力。但是因专利权人的恶意给他人造成的损失,应当给予赔偿。"可知,专利权无效具有溯及力,专利权被宣告无效后视为自始不存在。专利实施许可合同的溯及力问题要看是否履行完毕,合同已经履行完毕的不具有溯及力,合同未履行完毕的则具有溯及力。本题中,如专利无效,专利实施许可合同已经履行完毕的不具有溯及力,未履行完毕的则具有溯及力。故选项 C 说法错误,当选。

依据最高人民法院《关于审理专利纠纷案件适用法律问题的若干规定》第 11 条的规定："人民法院受理的侵犯发明专利权纠纷案件或者经专利复审委员会审查维持专利权的侵犯实用新型、外观设计专利权纠纷案件,被告在答辩期间内请求宣告该项专利权无效的,人民法院可以不中止诉讼。"可知,丙公司在答辩期间内请求宣告专利无效的,人民法院可以不中止诉讼,选项 D 人民法院应中止诉讼的表述错误,当选。

3. 中国甲公司的一项发明在中国和 A 国均获得了专利权。中国的乙公司与甲公司签订了中国地域内的专利独占实施合同。A 国的丙公司与甲公司签订了在 A 国地域内的专利普通实施合同并制造专利产品,A 国的丁公司与乙公司签订了在 A 国地域内的专利普通实施合同并制造专利产品。中国的戊公司、庚公司分别从丙公司和丁公司进口这些产品到中国使用。下列哪些说法是正确的?(2014 年卷三 63 题)
   A. 甲公司应向乙公司承担违约责任
   B. 乙公司应向甲公司承担违约责任
   C. 戊公司的行为侵犯了乙公司的专利独占实施权
   D. 庚公司的行为侵犯了甲公司的专利权

【答案】 BD
【考点】 知识产权的地域性、专利权许可使用合同、专利侵权的免责事由
【解析】 独占实施许可,是指专利权人授予被许可方在合同约定的期限范围内对所许可的专利技术具有独占性实施权。专利权人不得将该项专利技术许可给第三方,其本人也不能在上述的期限、地区或领域内实施该项专利技术。普通实施许可,是指许可方授予被许可方在许可合同所规定的期限、地区或工业领域内制造、使用或销售已许可的专利产品或技术,同时,许可方可自己实施或再许可他人实施该项专利。选项 A 错误,选项 B 正确。题中,乙公司在中国享有独占实施合同,但乙公司无权授权丁公司在 A 国地域范围内实施专利普通实施许可合同制造专利产品的权利。而甲公司作为专利权人,有权授予丙公司在 A 国实施普通许可的权利,因此,乙公司应向甲公司承担违约责任。

选项 C 错误。丙公司在 A 国合法获得专利实施许可,戊公司通过合法途径进口其产品到中国,属于合法的行为,未侵犯乙公司的专利独占实施权。

选项 D 正确。乙公司授权给丁公司实施专利的行为违法,故丁公司并不享有生产专利产品的权利。庚公司进口专利产品侵害了甲公司的专利权。

4. 下列哪一选项不属于侵犯专利权的行为?(2012 年卷三 18 题)
   A. 甲公司与专利权人签订独占实施许可合同后,许可其子公司乙公司实施该专利技术
   B. 获得强制许可实施权的甲公司许可他人实施该专利技术
   C. 甲公司销售不知道是侵犯他人专利的产品并能证明该产品来源合法
   D. 为提供行政审批所需要的信息,甲公司未经专利权人的同意而制造其专利药品

【答案】 D
【考点】 专利侵权
【解析】 专利的独占实施许可,是指专利权人在约定的期限、地域和以约定的方式,将该专利权仅许可给一个被许可人使用,无权将该专利权再许可给其他人。本题中,专利权人甲公司已签订了专利权独占许可合同,所以其不可以再许可其子公司乙公司实施该专利技术。所以选项 A 错误。

《专利法》第 56 条规定:"取得实施强制许可的单位或者个人不享有独占的实施权,并且无权允许他人实施。"强制许可使用合同的被许可人擅自许可他人实施该专利技术的,构成共同侵权。故选项 B 错误。

《专利法》第 70 条规定:"为生产经营目的使用、许诺销售或者销售不知道是未经专利权人许可而制造并售出的专利侵权产品,能证明该产品的合法来源的,不承担赔偿责任。"据此,善意销售专利侵权产品的行为已构成对专利权的侵犯,应承担停止侵害等责任。只不过,如果善意销售者能够证明其销售产品的合法来源的,不承担赔偿责任。故选项 C 错误。

《专利法》第 69 条第 5 项规定,为提供行政审批所需要的信息,制造、使用、进口专利药品或者专利医疗器械的,以及专门为其制造、进口专利药品或者专利医疗器械的,不视为侵犯专利权。所以选项 D 正确。

5. 甲公司获得一项用于自行车雨伞装置的实用新型专利,发现乙公司生产的自行车使用了该技术,遂向法院起诉,要求乙公司停止侵害并赔偿损失 10 万元。甲公司的下列哪些做法是正确的?(2011 年卷三 63 题)

A. 向乙公司所在地的基层法院起诉
B. 起诉时未向受理法院提交国家知识产权局出具的该专利书面评价报告
C. 将仅在说明书中表述而未在权利要求中记载的技术方案纳入专利权的保护范围
D. 举证期届满后法庭辩论终结前变更其主张的权利要求

【答案】 BD
【考点】 专利侵权
【解析】 根据 2013 年最新修订的最高人民法院《关于审理专利纠纷案件适用法律问题的若干规定》第 2 条规定:"专利纠纷第一审案件,由各省、自治区、直辖市人民政府所在地的中级人民法院和最高人民法院指定的中级人民法院管辖。最高人民法院根据实际情况,可以指定基层人民法院管辖第一审专利纠纷案件。"本题中,甲公司向乙公司所在地的基层法院起诉,但该基层法院不一定是最高人民法院指定的基层人民法院,故选项 A 不当选。

《专利法》第 61 条第 2 款规定:"专利侵权纠纷涉及实用新型专利或者外观设计专利的,人民法院或者管理专利工作的部门可以要求专利权人或者利害关系人出具由国务院专利行政部门对相关实用新型或者外观设计进行检索、分析和评价后作出的专利权评价报告,作为审理、处理专利侵权纠纷的证据。"可知,法律规定的是法院"可以"而非"应当"要求提供评价报告。故选项 B 当选。

《专利法》第 59 条规定:"发明或者实用新型专利权的保护范围以其权利要求的内容为准,说明书及附图可以用于解释权利要求的内容。"同时,《关于审理侵犯专利权纠纷案件应用法律若干问题的解释》第 5 条规定:"对于仅在说明书或者附图中描述而在权利要求中未记载的技术方案,权利人在侵犯专利权纠纷案件中将其纳入专利权保护范围的,人民法院不予支持。"可知,仅在说明书中表述而未在权利要求中记载的技术方案纳入专利权的保护范围是不能获得法院支持的。所以选项 C 错误,不当选。

《关于审理侵犯专利权纠纷案件应用法律若干问题的解释》第 1 条规定:"人民法院应当根据权利人主张的权利要求,依据专利法第五十九条第一款的规定确定专利权的保护范围。权利人在一审法庭辩论终结前变更其主张的权利要求的,人民法院应当准许。"故选项 D 当选。

6. 甲是某产品的专利权人,乙于 2008 年 3 月 1 日开始制造和销售该专利产品。甲于 2009 年 3 月 1 日对乙提起侵权之诉。经查,甲和乙销售每件专利产品分别获利为 2 万元和 1 万元,甲因乙的侵权行为少销售 100 台,乙共销售侵权产品 300 台。关于乙应对甲赔偿的额度,下列哪一选项是正确的?(2010 年卷三 18 题)

A. 200 万元 B. 250 万元 C. 300 万元 D. 500 万元

【答案】 A
【考点】 专利侵权损害赔偿数额的确定
【解析】《专利法》第 65 条规定:"侵犯专利权的赔偿数额按照权利人因被侵权所受到的实际损失确定;实际损失难以确定的,可以按照侵权人因侵权所获得的利益确定。权利人的损失或者侵权人获得的利益难以确定的,参照该专利许可使用费的倍数合理确定。赔偿数额还应当包括权利人为制止侵权行为所支出的合理开支。权利人的损失、侵权人获得的利益和专利许可使用费均难以确定的,人民法院可以根据专利权的类型、侵权行为的性质和情节等因素,确定给予一万元以上一百万元以下的赔偿。"

该条依序规定了确定专利侵权损害赔偿数额的方法。本题中,权利人因侵权遭受的实际损失可以确定,为 100(万元)×2 = 200(万元)。所以应照此确定赔偿数额,答案为选项 A。

7. 黑土公司获得一种新型药品制造方法的发明专利权后,发现市场上有大量白云公司制造的该种新型药品出售,遂向法院起诉要求白云公司停止侵权并赔偿损失。依据新修改《专利法》规定,下列哪一说法是错误的?(2009 年卷三 17 题)

A. 所有基层法院均无该案管辖权
B. 黑土公司不应当承担被告的药品制造方法与专利方法相同的证明责任
C. 白云公司如能证明自己实施的技术属于现有技术,法院应告知白云公司另行提起专利无效宣告程序
D. 如侵犯专利权成立,即使没有证据确定损害赔偿数额,黑土公司仍可获得 1 万元以上 100 万元以下的赔偿额

【答案】 AC
【考点】 专利侵权
【解析】 根据 2013 年最新修订的最高人民法院《关于审理专利纠纷案件适用法律问题的若干规定》第 2 条规定:"专利纠纷第一审案件,由各省、自治区、直辖市人民政府所在地的中级人民法院和最高人民法院指定的中级人民法院管辖。最高人民法院根据实际情况,可以指定基层人民法院管辖第一审专利纠纷案件。"所以选项 A 错误,当选。

《专利法》第 61 条第 1 款规定:"专利侵权纠纷涉及新产品制造方法的发明专利的,制造同样产品的单位或者个人应当提供其产品制造方法不同于专利方法的证明。"据此,新产品制造方法专利侵权的案件,适用举证责任倒置,由被控侵权人承担证明自己所用制造方法不同于专利方法的证明责任。本题中,黑土公司就白云公司制造的该种新型药品出售,向法院提起诉讼,应由白云公司承担证明责任,故选项 B 的表述正确,不当选。

《专利法》第 62 条规定:"在专利侵权纠纷中,被控侵权人有证据证明其实施的技术或者设计属于现有技术或者现有设计的,不构成侵犯专利权。"该条规定了现有技术抗辩,被控侵权人只要举证证明自己所实施的技术属于现有技术,法院即应判决驳回原告的诉讼请求。被控侵权人是否另行申请宣告专利无效,由被控侵权人自行决定。故选项 C 的表述错误,

当选。

《专利法》第65条规定:"侵犯专利权的赔偿数额按照权利人因被侵权所受到的实际损失确定;实际损失难以确定的,可以按照侵权人因侵权所获得的利益确定。权利人的损失或者侵权人获得的利益难以确定的,参照该专利许可使用费的倍数合理确定。赔偿数额还应当包括权利人为制止侵权行为所支付的合理开支。权利人的损失、侵权人获得的利益和专利许可使用费均难以确定的,人民法院可以根据专利权的类型、侵权行为的性质和情节等因素,确定给予一万元以上一百万元以下的赔偿。"可知,如果侵犯专利权成立,即使没有证据确定损害赔偿数额,黑土公司仍可获得1万元以上100万元以下的赔偿额。故选项D表述正确,不当选。

第三章 商 标 权

第一节 商标权的取得

一、取得商标权的途径

商标权的取得分为原始取得和继受取得。根据《商标法》第4条的规定:"自然人、法人或者其他组织在生产经营活动中,对其商品或者服务需要取得商标专用权的,应当向商标局申请商标注册。本法有关商品商标的规定,适用于服务商标。"商标权的原始取得,应当按照商标注册程序办理。

继受取得的应按合同转让和继承注册商标的程序办理。未注册商标的使用人虽然根据商标法的规定可以根据具体情况获得一定程度的法律保护,但不享有商标权。

二、商标注册

商标是指经营者在商品或服务上使用的,将自己经营的商品或提供的服务与其他经营者经营的商品或提供的服务区别开来的一种商业识别标志。

(一)注册商标的条件

[相关法条]

《商标法》

第8条 任何能够将自然人、法人或其他组织的商品与他人的商品区别开的标志,包括文字、图形、字母、数字、三维标志、颜色组合和声音等,以及上述要素的组合,均可以作为商标申请注册。

第9条 申请注册的商标,应当有显著特征,便于识别,并不得与他人在先取得的合法权利相冲突。

商标注册人有权标明"注册商标"或者注册标记。

商标注册的条件:

1. 应当具有显著性

商标的显著特征可以通过两种途径获得:

（1）标志本身固有的显著性特征，如设计独特的商标；

（2）通过使用获得显著性，如直接叙述商品质量等特点的叙述性标志经过使用取得显著特征，并便于识别的，可以作为"第二含义"商标注册。

2. 不得与所示的商品的功能性相联系

3. 不得侵犯申请日期在先权利和他人的合法权益。

4. 具备法定的构成要素，具备可视性、可听性。文字、图形、字母、数字、三维标志、颜色组合和声音等，以及上述要素的组合。

（二）下列标志不得作为商标（使用）——针对所有商标

[相关法条]

《商标法》

第10条 下列标志不得作为商标使用：

（一）同中华人民共和国的国家名称、国旗、国徽、国歌、军旗、军徽、军歌、勋章等相同或者近似的，以及同中央国家机关的名称、标志、所在地特定地点的名称或者标志性建筑物的名称、图形相同的；

（二）同外国的国家名称、国旗、国徽、军旗等相同或者近似的，但经该国政府同意的除外；

（三）同政府间国际组织的名称、旗帜、徽记等相同或者近似的，但经该组织同意或者不易误导公众的除外；

（四）与表明实施控制、予以保证的官方标志、检验印记相同或者近似的，但经授权的除外；

（五）同"红十字""红新月"的名称、标志相同或者近似的；

（六）带有民族歧视性的；

（七）带有欺骗性，容易使公众对商品的质量等特点或者产地产生误认的；

（八）有害于社会主义道德风尚或者有其他不良影响的。

县级以上行政区划的地名或者公众知晓的外国地名，不得作为商标。但是，地名具有其他含义或者作为集体商标、证明商标组成部分的除外；已经注册的使用地名的商标继续有效。

第11条 下列标志不得作为商标注册：

（一）仅有本商品的通用名称、图形、型号的；

（二）仅直接表示商品的质量、主要原料、功能、用途、重量、数量及其他特点的；

（三）其他缺乏显著特征的。前款所列标志经过使用取得显著特征，并便于识别的，可以作为商标注册。

第12条 以三维标志申请注册商标的，仅由商品自身的性质产生的形状、为获得技术效果而需有的商品形状或者使商品具有实质性价值的形状，不得注册。

第13条 为相关公众所熟知的商标，持有人认为其权利受到侵害时，可以依照本法规定请求驰名商标保护。

就相同或者类似商品申请注册的商标是复制、摹仿或者翻译他人未在中国注册的驰名商标，容易导致混淆的，不予注册并禁止使用。

就不相同或者不相类似商品申请注册的商标是复制、摹仿或者翻译他人已经在中国注册的驰名商标，误导公众，致使该驰名商标注册人的利益可能受到损害的，不予注册并禁止使用。

第15条 未经授权，代理人或者代表人以自己的名义将被代理人或者被代表人的商标进行注册,被代理人或者被代表人提出异议的,不予注册并禁止使用。

就同一种商品或者类似商品申请注册的商标与他人在先使用的未注册商标相同或者近似,申请人与该他人具有前款规定以外的合同、业务往来关系或者其他关系而明知该他人商标存在,该他人提出异议的,不予注册。

第 16 条 商标中有商品的地理标志,而该商品并非来源于该标志所标示的地区,误导公众的,不予注册并禁止使用;但是,已经善意取得注册的继续有效。

前款所称地理标志,是指标示某商品来源于某地区,该商品的特定质量、信誉或者其他特征,主要由该地区的自然因素或者人文因素所决定的标志。

第 30 条 申请注册的商标,凡不符合本法有关规定或者同他人在同一种商品或者类似商品上已经注册的或者初步审定的商标相同或者近似的,由商标局驳回申请,不予公告。

第 31 条 两个或者两个以上的商标注册申请人,在同一种商品或者类似商品上,以相同或者近似的商标申请注册的,初步审定并公告申请在先的商标;同一天申请的,初步审定并公告使用在先的商标,驳回其他人的申请,不予公告。

第 32 条 申请商标注册不得损害他人现有的在先权利,也不得以不正当手段抢先注册他人已经使用并有一定影响的商标。

1. **不能作为商标使用的标志(亦不可获得注册)**

(1)《商标法》第 10 条规定的情形:① 同中华人民共和国的国家名称、国旗、国徽、国歌、军旗、军徽、军歌、勋章等相同或近似的,以及同中央国家机关的名称、标志、所在地特定地点的名称或标志性建筑物的名称、图形相同的;② 同外国的国家名称、国旗、国徽、军旗等相同或近似的,但经该国政府同意的除外;③ 同政府间国际组织的名称、旗帜、徽记等相同或近似的,但经该组织同意或不易误导公众的除外;④ 与表明实施控制、予以保证的官方标志、检验印记相同或近似的,但经授权的除外;⑤ 同"红十字""红新月"的名称、标志相同或近似的;⑥ 带有民族歧视性的;⑦ 带有欺骗性,容易使公众对商品的质量等特点或产地产生误认的;⑧ 有害于社会主义道德风尚或有其他不良影响的。

(2)县级以上行政区划的地名或公众知晓的外国地名,不得作为商标。但有例外:① 已经注册使用的地名商标继续有效。② 作为集体商标、证明商标组成部分的。③ 地名具有其他含义的。

(3)侵犯他人驰名商标的标识:① 就相同或者类似商品申请注册的商标是复制、摹仿或者翻译他人未在中国注册的驰名商标,容易导致混淆的;② 就不相同或者不相类似商品申请注册的商标是复制、摹仿或翻译他人已经在中国注册的驰名商标,误导公众,致使该驰名商标注册人的利益可能受到损害的。

(4)代理人、代表人抢注或者擅自使用被代理人、被代表人的商标:经授权,代理人或者代表人以自己的名义将被代理人或者被代表人的商标进行注册,被代理人或者被代表人提出异议的,不予注册并禁止使用。

(5)误导性使用地理标志的标识:① 商标中有商品的地理标志,而该商品并不来源于该标志所标示的地区,误导公众的。② 例外:已经善意取得注册的继续有效。

2. **下列标志不得作为商标注册——可以作为商标使用**

(1)仅有本商品的通用名称、图形、型号的;

(2)仅仅直接表示商品的质量、主要原料、功能、用途、重量、数量及其他特点的;

(3) 缺乏显著特征的。

(4) 以三维标志申请注册商标的,仅由商品自身的性质产生的形状、为获得技术效果而需有的商品形状或者使商品具有实质性价值的形状,不得注册。

(5) 基于业务关系恶意抢注他人未注册商标。

(6) 与已经注册的或者初步审定的商标相同或者近似的。

(7) 违反先申请原则的。

(8) 抢注知名商标或者侵害他人在先权利的。

三、商标注册的原则

(一) 申请人

1. 中国人

可以自行办理,也可以委托依法设立的商标代理机构办理。

2. 外国人或者外国企业

应当委托依法设立的商标代理机构办理。

3. 代理机构的义务

(1) 商标代理机构对在代理过程中知悉的被代理人的商业秘密,负有保密义务。

(2) 委托人申请注册的商标可能存在商标法规定不得注册情形的,商标代理机构应告知委托人。

(3) 商标代理机构知道或应知委托人申请注册的商标属于恶意抢注或与在先权利冲突的,不得接受其委托。

(4) 商标代理机构除对其代理服务申请商标注册外,不得申请注册其他商标。

【历年真题】

如外国企业在我国申请注册商标,下列哪一说法是正确的?(2012年卷三19题)

A. 应当委托在我国依法成立的律师事务所代理

B. 所属国必须已加入《保护工业产权巴黎公约》

C. 所属国必须已加入世界贸易组织

D. 如所属国商标注册主管机关曾驳回了其商标注册申请,该申请在我国仍有可能获准注册

【答案】 D

【考点】 商标注册的申请

【解析】《商标法》第18条第2款规定:"外国人或者外国企业在中国申请商标注册和办理其他商标事宜的,应当委托国家许可的具有商标代理资格的组织代理。"故选项A错误。

《商标法》第17条规定:"外国人或者外国企业在中国申请商标注册的,应当按其所属国和中华人民共和国签订的协议或者共同参加的国际条约办理,或者按对等原则办理。"故选项B错误,选项C错误。

知识产权具有地域性。在我国申请注册商标,能否获得注册,按照我国法律进行审查,与其所属国商标注册主管机关是否驳回其商标注册申请无关。故选项D正确。

(二) 自愿注册原则

(1) 自然人、法人或者其他组织在生产经营活动中,对其商品或者服务需要取得商标专用

权的,应当向商标局申请商标注册。

(2) 法律、行政法规规定必须使用注册商标的商品,必须申请商标注册,未经核准注册的,不得在市场销售。(目前仅限于"烟草制品")。

(三) 分类申请原则

依据《商标法》第22条的规定,商标注册申请人应当按规定的商品分类表填报使用商标的商品类别和商品名称,提出注册申请。商标注册申请人可以通过一份申请就多个类别的商品申请注册同一商标。商标注册申请等有关文件,可以以书面方式或者数据电文方式提出。

(1) 申请人应当按照规定的商品分类表填报使用商标的商品类别和商品名称,提出注册申请。

(2) 商标注册申请人可以通过一份申请就多个类别的商品申请注册同一商标。

(四) 先申请原则

1. 含义

两个或者两个以上的商标注册申请人,在同一种商品或者类似商品上,以相同或者近似的商标申请注册的,按下列规则办理:

(1) 初步审定并公告申请在先的商标;

(2) 同一天申请的,初步审定并公告使用在先的商标;

(3) 同日使用或者均未使用的,由申请人于收到通知之日起30日内,自行协商;

(4) 不愿意协商或者协商不成的,以抽签方式确定一个申请人。申请人接到通知后未参与抽签的,视为放弃申请。

2. 申请日的确定

(1) 申请日期,以商标局收到申请文件的日期为准。

(2) 申请人享有优先权的,以优先权日为申请日。

(五) 优先权原则

1. 国外申请优先权要件

(1) 自其商标在外国第一次提出商标注册申请之日起6个月内;

(2) 又在中国就相同商品以同一商标提出商标注册申请的;

(3) 第一次提出商标申请的所在国,应当与我国签订协议或者共同参加国际条约,或者相互承认优先权。

依据《商标法》第25条第2款的规定,优先权不能自动享有,要履行下列行为:① 提出书面申请;② 时间上应在提出商标注册申请时提出;③ 在3个月内提交第一次提出的商标注册申请文件的副本。

2. 国际展览会优先权

商标在中国政府主办的或者承认的国际展览会展出的商品上首次使用的,自该商品展出之日起6个月内,该商标的注册申请人可以享有优先权。

依照前款要求优先权的,应当在提出商标注册申请的时候提出书面声明,并且在3个月内提交展出其商品的展览会名称、在展出商品上使用该商标的证据、展出日期等证明文件;未提出书面声明或者逾期未提交证明文件的,视为未要求优先权。

[历年真题] 商标注册申请人自其在某外国第一次提出商标注册申请之日起6个月内,又在中国就相同商品以同一商标提出注册申请的,依据下列哪些情形可享有优先权?(2010

年卷三 64 题)

A. 该外国同中国签订的协议
B. 该外国同中国共同参加的国际条约
C. 该外国同中国相互承认优先权
D. 该外国同中国有外交关系

【答案】 ABC
【考点】 注册商标申请、优先权
【解析】《商标法》第 25 条第 1 款规定:"商标注册申请人自其商标在外国第一次提出商标注册申请之日起六个月内,又在中国就相同商品以同一商标提出商标注册申请的,依照该外国同中国签订的协议或者共同参加的国际条约,或者按照相互承认优先权的原则,可以享有优先权。"所以本题答案为选项 A、B、C,选项 D 错误。

第二节 商标权的内容

一、商标专用权

[相关法条]
《商标法》
第 3 条 经商标局核准注册的商标为注册商标,包括商品商标、服务商标和集体商标、证明商标;商标注册人享有商标专用权,受法律保护。

本法所称集体商标,是指以团体、协会或者其他组织名义注册,供该组织成员在商事活动中使用,以表明使用者在该组织中的成员资格的标志。

本法所称证明商标,是指由对某种商品或者服务具有监督能力的组织所控制,而由该组织以外的单位或者个人使用于其商品或者服务,用以证明该商品或者服务的原产地、原料、制造方法、质量或者其他特定品质的标志。

集体商标、证明商标注册和管理的特殊事项,由国务院工商行政管理部门规定。

(一)概念

专用权,是指商标权主体对其注册商标依法享有的自己在指定商品或者服务项目上独占使用的权利。注册商标的专用权,以核准注册的商标和核定使用的商品为限。

(二)其他重点法条

1.《商标法》第 23 条规定:"注册商标需要在核定使用范围之外的商品上取得商标专用权的,应当另行提出注册申请。"

2.《商标法》第 24 条规定:"注册商标需要改变其标志的,应当重新提出注册申请。"

(三)商标的类型

1. 商品商标

商品商标,是指商品的生产者或经营者为了将自己生产或经营的商品与他人生产或经营的商品区别开来,而使用的文字、图形或其组合标志。

2. 服务商标

服务商标,又称服务标记或劳务标志,是指提供服务的经营者为将自己提供的服务与他人提供的服务相区别而使用的标志。与商品商标一样,服务商标可以由文字、图形、字母、数字、三维标志、声音和颜色组合,以及上述要素的组合而构成。

3. 集体商标

集体商标,是指以团体、协会或者其他组织名义注册,供该组织成员在商事活动中使用,以表明使用者在该组织中的成员资格的标志。

4. 证明商标

证明商标,是指由对某种商品或者服务具有监督能力的组织所控制,而由该组织以外的单位或者个人使用于其商品或者服务,用以证明该商品或者服务的原产地、原料、制造方法、质量或者其他特定品质的标志。

(四)未注册商标(不享有专用权,但受保护)

1. 未注册驰名商标

(1)《商标法》第13条第3款规定:"就不相同或者不相类似商品申请注册的商标是复制、摹仿或者翻译他人已经在中国注册的驰名商标,误导公众,致使该驰名商标注册人的利益可能受到损害的,不予注册并禁止使用。"

(2)侵犯未注册驰名商标的,不承担赔偿责任。

2. 未注册(非驰名)商标

(1)就同一种商品或者类似商品申请注册的商标与他人在先使用的未注册商标相同或者近似,申请人与该他人具有前款规定以外的合同、业务往来关系或者其他关系而明知该他人商标存在,该他人提出异议的,不予注册。

(2)申请商标注册不得损害他人现有的在先权利,也不得以不正当手段抢先注册他人已经使用并有一定影响的商标。

二、许可权

许可权,是指商标权人可以通过签订商标使用许可合同许可他人使用其注册商标的权利。许可人应当监督被许可人使用其注册商标的商品质量,被许可人必须在使用该注册商标的商品上标明被许可人的名称和商品产地。

商标使用许可的类型主要有独占使用许可、排他使用许可、普通使用许可。

三、转让权

商标转让权,是指商标权人依法享有的将其注册商标依法定程序和条件,转让给他人的权利。转让注册商标的,转让人和受让人应当签订转让协议,并共同向商标局提出申请。

(一)下列商标应当一并转让

(1)在同一种商品上注册的近似的商标;

(2)在类似商品上注册的相同或者近似的商标。

未一并转让的,由商标局通知其限期改正;期满未改正的,视为放弃转让该注册商标的申请,商标局应当书面通知申请人。对容易导致混淆或者有其他不良影响的转让,商标局不予核准,书面通知申请人并说明理由。

第三节 商标权异议制度

[相关法条]
《商标法》
第33条 对初步审定公告的商标,自公告之日起三个月内,在先权利人、利害关系人认为违反本法第十三条第二款和第三款、第十五条、第十六条第一款、第三十条、第三十一条、第三十二条规定的,或者任何人认为违反本法第十条、第十一条、第十二条规定的,可以向商标局提出异议。公告期满无异议的,予以核准注册,发给商标注册证,并予公告。

第34条 对驳回申请、不予公告的商标,商标局应当书面通知商标注册申请人。商标注册申请人不服的,可以自收到通知之日起十五日内向商标评审委员会申请复审。商标评审委员会应当自收到申请之日起九个月内作出决定,并书面通知申请人。有特殊情况需要延长的,经国务院工商行政管理部门批准,可以延长三个月。当事人对商标评审委员会的决定不服的,可以自收到通知之日起三十日内向人民法院起诉。

第35条 对初步审定公告的商标提出异议的,商标局应当听取异议人和被异议人陈述事实和理由,经调查核实后,自公告期满之日起十二个月内作出是否准予注册的决定,并书面通知异议人和被异议人。有特殊情况需要延长的,经国务院工商行政管理部门批准,可以延长六个月。

商标局作出准予注册决定的,发给商标注册证,并予公告。异议人不服的,可以依照本法第四十四条、第四十五条的规定向商标评审委员会请求宣告该注册商标无效。商标局作出不予注册决定,被异议人不服的,可以自收到通知之日起十五日内向商标评审委员会申请复审。商标评审委员会应当自收到申请之日起十二个月内作出复审决定,并书面通知异议人和被异议人。有特殊情况需要延长的,经国务院工商行政管理部门批准,可以延长六个月。被异议人对商标评审委员会的决定不服的,可以自收到通知之日起三十日内向人民法院起诉。人民法院应当通知异议人作为第三人参加诉讼。

商标评审委员会在依照前款规定进行复审的过程中,所涉及的在先权利的确定必须以人民法院正在审理或者行政机关正在处理的另一案件的结果为依据的,可以中止审查。中止原因消除后,应当恢复复审程序。

第36条 法定期限届满,当事人对商标局作出的驳回申请决定、不予注册决定不申请复审或者对商标评审委员会作出的复审决定不向人民法院起诉的,驳回申请决定、不予注册决定或者复审决定生效。

经审查异议不成立而准予注册的商标,商标注册申请人取得商标专用权的时间自初步审定公告三个月期满之日起计算。自该商标公告期满之日起至准予注册决定作出前,对他人在同一种或者类似商品上使用与该商标相同或者近似的标志的行为不具有追溯力;但是,因该使用人的恶意给商标注册人造成的损失,应当给予赔偿。

(一)提出异议的条件
1. 异议期限
初审公告之日起3个月。

2. 异议事由

异议事由要依据法律的规定,包括:

(1) 违反相对拒绝注册事由。

(2) 违反绝对拒绝注册事由。

3. 异议提出对象

商标局。

4. 异议人分两种情形

(1) 违反相对拒绝注册事由的,仅限于在先权利人和利害关系人。

(2) 违反绝对拒绝注册事由的,任何人均有权提出异议。

(二) 违反相对拒绝注册事由的情形

(1) 侵犯未注册驰名商标。

(2) 侵犯注册驰名商标。

(3) 代理人抢注被代理人商标。

(4) 基于业务关系恶意抢注未注册商标。

(5) 误导性使用地理标志。

(6) 侵犯注册商标或者初审公告的商标。

(7) 违反先申请原则。

(8) 抢注知名商标。

(三) 违反绝对拒绝注册事由的情形

(1)《商标法》第10条规定的不得作为商标注册的标志。

(2)《商标法》第11条规定的不得作为商标注册的标志。

(3)《商标法》第12条规定的以三维标志申请注册商标的,仅由商品自身的性质产生的形状、为获得技术效果而需有的商品形状或者使商品具有实质性价值的形状,不得注册。

(四) 期满后无异议处理

公告期满无异议的,3个月公告期满无异议的,予以核准注册,发给商标注册证,并予公告。

(五) 商标局对异议的处理

(1) 或者作出核准注册的决定,或者作出不予注册的决定。

(2) 期限:公告期满之日起12个月。(特殊情况下)经工商总局批准,可延长6个月。

(六) 异议主体的权利

1. 异议人的权利

对商标局作出的准予注册的决定,不能申请复审,只能在商标核准注册之后,依照《商标法》第44条和第45条的规定,向商标评审委员会请求宣告该注册商标无效。

2. 被异议人的权利

(1) 对商标局作出的不予注册的决定,可以自收到通知之日起15日内向商标评审委员会申请复审(商标评审委员会应当自收到申请之日起12个月内作出复审决定,并书面通知异议人和被异议人。有特殊情况需要延长的,经国务院工商行政管理部门批准,可以延长6个月)。

(2) 对复审决定不服的,可以自收到通知之日起30日内向人民法院起诉。

第四节　商标权的保护期、续展、转让与许可使用

一、保护期

[相关法条]
《商标法》
第36条　法定期限届满，当事人对商标局作出的驳回申请决定、不予注册决定不申请复审或者对商标评审委员会作出的复审决定不向人民法院起诉的，驳回申请决定、不予注册决定或者复审决定生效。

经审查异议不成立而准予注册的商标，商标注册申请人取得商标专用权的时间自初步审定公告三个月期满之日起计算。自该商标公告期满之日起至准予注册决定作出前，对他人在同一种或者类似商品上使用与该商标相同或者近似的标志的行为不具有追溯力；但是，因该使用人的恶意给商标注册人造成的损失，应当给予赔偿。

第39条　注册商标的有效期为十年，自核准注册之日起计算。

注册商标的保护期为10年，依据是否经历异议程序，分两种情况：
（一）原则 注册商标的保护期为10年，自核准注册之日起计算。
（二）例外
经过异议程序后，核准注册的，注册商标的保护期为10年，自初步审定公告3个月期满之日起计算。

二、续展

[相关法条]
《商标法》
第40条　注册商标有效期满，需要继续使用的，商标注册人应当在期满前十二个月内按照规定办理续展手续；在此期间未能办理的，可以给予六个月的宽展期。每次续展注册的有效期为十年，自该商标上一届有效期满次日起计算。期满未办理续展手续的，注销其注册商标。

商标局应当对续展注册的商标予以公告。

第50条　注册商标被撤销、被宣告无效或者期满不再续展的，自撤销、宣告无效或者注销之日起一年内，商标局对与该商标相同或者近似的商标注册申请，不予核准。

（一）续展期限
（1）续展期。注册商标有效期满，需要继续使用的，商标注册人应当在期满前12个月内按照规定办理续展手续。
（2）宽限期。在续展期内未能办理的，可以给予6个月的宽展期。
（二）续展的法律后果
（1）在续展期限内办理续展手续的，每次续展注册的有效期为10年，自该商标上一届有效期满次日起计算。
（2）商标注册人或者利害关系人在注册商标续展宽限期内提出续展申请，没有获得核准前，以他人侵犯其注册商标专用权提起诉讼的，人民法院应予受理。

(三) 期满不续展的法律后果
(1) 注册商标被注销。
(2) 1年的过渡期。注册商标期满不再续展的,自注销之日起1年内,商标局对与该商标相同或者近似的商标注册申请,不予核准。

三、转让与使用许可

[相关法条]
《商标法》
第42条 转让注册商标的,转让人和受让人应当签订转让协议,并共同向商标局提出申请。受让人应当保证使用该注册商标的商品质量。

转让注册商标的,商标注册人对其在同一种商品上注册的近似的商标,或者在类似商品上注册的相同或者近似的商标,应当一并转让。

对容易导致混淆或者有其他不良影响的转让,商标局不予核准,书面通知申请人并说明理由。

转让注册商标经核准后,予以公告。受让人自公告之日起享有商标专用权。

第43条 商标注册人可以通过签订商标使用许可合同,许可他人使用其注册商标。许可人应当监督被许可人使用其注册商标的商品质量。被许可人应当保证使用该注册商标的商品质量。

经许可使用他人注册商标的,必须在使用该注册商标的商品上标明被许可人的名称和商品产地。

许可他人使用其注册商标的,许可人应当将其商标使用许可报商标局备案,由商标局公告。商标使用许可未经备案不得对抗善意第三人。

(一) 转让
1. 程序
(1) 转让注册商标的,转让人和受让人应当签订转让协议。
(2) 共同向商标局提出申请。
2. 限制
(1) 转让注册商标的,商标注册人对其在同一种商品上注册的近似的商标,或者在类似商品上注册的相同或者近似的商标,应当一并转让。
(2) 对容易导致混淆或者有其他不良影响的转让,商标局不予核准,书面通知申请人并说明理由。
3. 时间
转让注册商标经核准后,予以公告。受让人自公告之日起享有商标专用权。
4. 对其他转让合同效力的影响
注册商标的转让不影响转让前已经生效的商标使用许可合同的效力,但商标使用许可合同另有约定的除外。
(二) 许可使用
1. 程序
(1) 许可他人使用其注册商标的,许可人应当将其商标使用许可报商标局备案,由商标局公告(注意此处仅是"许可人"备案即可)。

(2) 商标使用许可未经备案不得对抗善意第三人。

2. 限制要求

(1) 经许可使用他人注册商标的,必须在使用该注册商标的商品上标明被许可人的名称和商品产地。

(2) 被许可人应当保证使用该注册商标的商品质量。

(3) 许可人应当监督被许可人使用其注册商标的商品质量。

3. 许可使用的类型

(1) 独占使用许可,是指商标注册人在约定的期间、地域和以约定的方式,将该注册商标仅许可一个被许可人使用,商标注册人依约定不得使用该注册商标。

(2) 排他使用许可,是指商标注册人在约定的期间、地域和以约定的方式,将该注册商标仅许可一个被许可人使用,商标注册人依约定可以使用该注册商标但不得另行许可他人使用该注册商标。

(3) 普通使用许可,是指商标注册人在约定的期间、地域和以约定的方式,许可他人使用其注册商标,并可自行使用该注册商标和许可他人使用其注册商标。

[历年真题] 甲公司通过签订商标普通许可使用合同,许可乙公司使用其注册商标"童声",核定使用的商品为儿童服装。合同约定,发现侵权行为后乙公司可以其名义起诉。后乙公司发现个体户萧某销售假冒"童声"商标的儿童服装,萧某不能举证证明该批服装的合法来源。下列哪些说法是正确的?(2011年卷三64题)

A. 乙公司必须在"童声"儿童服装上标明乙公司的名称和产地

B. 该商标使用许可合同自备案后生效

C. 乙公司不能以其名义起诉,因为诉权不得约定转移

D. 萧某应当承担停止销售和赔偿损失的法律责任

【答案】 AD

【考点】 注册商标许可使用、商标侵权的诉讼主体、善意销售

【解析】 《商标法》第43条第2款规定:"经许可使用他人注册商标的,必须在使用该注册商标的商品上标明被许可人的名称和商品产地。"所以乙公司必须在"童声"儿童服装上标明乙公司的名称和产地,故选项A正确。

《商标法》第43条第3款规定:"许可他人使用其注册商标的,许可人应当将其商标使用许可报商标局备案,由商标局公告。商标使用许可未经备案不得对抗善意第三人。"《商标法实施条例》第69条规定:"许可他人使用其注册商标的,许可人应当在许可合同有效期内向商标局备案并报送备案材料。备案材料应当说明注册商标使用许可人、被许可人、许可期限、许可使用的商品或者服务范围等事项。"同时,《关于审理商标民事纠纷案件适用法律若干问题的解释》第19条规定:"商标使用许可合同未经备案的,不影响该许可合同的效力,但当事人另有约定的除外。商标使用许可合同未在商标局备案的,不得对抗善意第三人。"本题中,商标使用许可合同未经备案的,不影响该许可合同的效力,所以选项B错误。

根据《商标法》第60条的规定,商标注册人或者利害关系人有权以自己的名义起诉,启动商标侵权案件。《关于审理商标民事纠纷案件适用法律若干问题的解释》第4条规定:"商标法第五十三条(现为第六十条)规定的利害关系人,包括注册商标使用许可合同的被许可人、

注册商标财产权利的合法继承人等。在发生注册商标专用权被侵害时,独占使用许可合同的被许可人可以向人民法院提起诉讼;排他使用许可合同的被许可人可以和商标注册人共同起诉,也可以在商标注册人不起诉的情况下,自行提起诉讼;普通使用许可合同的被许可人经商标注册人明确授权,可以提起诉讼。"乙公司作为普通实施许可合同的被许可人,若有甲公司的明确授权,可以自己的名义作为原告起诉。故选项 C 错误。

根据《商标法》第 57 条的规定,销售侵犯注册商标专用权的商品的行为属于侵权行为。同时,《商标法》第 64 条第 2 款规定:"销售不知道是侵犯注册商标专用权的商品,能证明该商品是自己合法取得的并说明提供者的,不承担赔偿责任。"萧某销售侵权产品,且不能提供产品的合法来源,故不能享有善意销售者的豁免,应当承担停止侵权和赔偿损失的责任。故选项 D 正确。

[知识点总结]

	著作权	专利申请权	专利权	注册商标权
转让	可以备案(备案不是生效要件。	登记,专利申请权的转让自登记之日起生效。	登记,专利权的转让自登记之日起生效。	登记并公告,受让人自公告之日起享有商标专用权。
许可	专有许可使用合同)可以备案,备案不是生效要件。	/	应当备案,未经备案不得对抗善意第三人。	应当备案,未备案的不影响许可合同的效力,但不得对抗善意第三人。

第五节 注册商标的撤销

[相关法条]
《商标法》
第 49 条 商标注册人在使用注册商标的过程中,自行改变注册商标、注册人名义、地址或者其他注册事项的,由地方工商行政管理部门责令限期改正;期满不改正的,由商标局撤销其注册商标。

注册商标成为其核定使用的商品的通用名称或者没有正当理由连续三年不使用的,任何单位或者个人可以向商标局申请撤销该注册商标。商标局应当自收到申请之日起九个月内作出决定。有特殊情况需要延长的,经国务院工商行政管理部门批准,可以延长三个月。

第 50 条 注册商标被撤销、被宣告无效或者期满不再续展的,自撤销、宣告无效或者注销之日起一年内,商标局对与该商标相同或者近似的商标注册申请,不予核准。

(一)注册商标撤销的类型
1. 违法使用撤销
商标注册人在使用注册商标的过程中,自行改变注册商标、注册人名义、地址或者其他注册事项的,由地方工商行政管理部门责令限期改正;期满不改正的,由商标局撤销其注册商标。

2. 显著性消灭

注册商标成为其核定使用的商品的通用名称或者没有正当理由连续3年不使用的,任何单位或者个人可以向商标局申请撤销该注册商标。

3. 无正当理由连续3年不使用

注册商标成为其核定使用的商品的通用名称或者没有正当理由连续3年不使用的,任何单位或者个人都可以向商标局申请撤销该注册商标。

(二)注册商标撤销的法律效果

1. 无溯及力

被撤销的注册商标,由商标局予以公告,该注册商标专用权自公告之日起终止。注意《商标法》第54条的规定:"对商标局撤销或者不予撤销注册商标的决定,当事人不服的,可以自收到通知之日起十五日内向商标评审委员会申请复审。商标评审委员会应当自收到申请之日起9个月内作出决定,并书面通知当事人。"

2. 1年的过渡期

注册商标被撤销,自撤销销之日起1年内,商标局对与该商标相同或者近似的商标注册申请,不予核准。

[历年真题] 1. 甲公司在食品上注册"乡巴佬"商标后,与乙公司签订转让合同,获5万元转让费。合同履行后,乙公司起诉丙公司在食品上使用"乡巴佬"商标的侵权行为。法院作出侵权认定的判决书刚生效,"乡巴佬"注册商标就因有"不良影响"被依法撤销。下列哪些说法是错误的?(2009年卷三65题)

A. "乡巴佬"商标权视为自始不存在

B. 甲公司应当向乙公司返还5万元

C. 撤销"乡巴佬"商标的裁定对侵权判决不具有追溯力

D. 丙公司可以将"乡巴佬"商标作为未注册商标继续使用

【答案】 BCD

【考点】 注册商标的撤销

【解析】 根据《商标法》第47条的规定:"依照本法第四十四条、第四十五条的规定宣告无效的注册商标,由商标局予以公告,该注册商标专用权视为自始即不存在。宣告注册商标无效的决定或者裁定,对宣告无效前人民法院作出并已执行的商标侵权案件的判决、裁定、调解书和工商行政管理部门作出并已执行的商标侵权案件的处理决定以及已经履行的商标转让或者使用许可合同不具有追溯力。但是因商标注册人的恶意给他人造成的损失,应当给予赔偿。依照前款规定不返还商标侵权赔偿金、商标转让费、商标使用费,明显违反公平原则的,应当全部或者部分返还。"因此,选项A正确。

已履行的商标转让合同不具有溯及力,因此,选项B错误。

宣告无效的裁定,仅对宣告无效前法院作出并执行的判决有溯及力,因此,选项C错误。

因为商标已经被撤销,因此丙不能继续使用,因此,选项D错误。

2. 甲公司注册了商标"霞露",使用于日用化妆品等商品上,下列哪一选项是正确的?(2010年卷三17题)

A. 甲公司要将该商标改成"露霞",应向商标局提出变更申请

B. 乙公司在化妆品上擅自使用"露霞"为商标,甲公司有权禁止
C. 甲公司因经营不善连续3年停止使用该商标,该商标可能被注销
D. 甲公司签订该商标转让合同后,应单独向商标局提出转让申请

【答案】 B

【考点】 注册商标的撤销、转让、变更

【解析】 《商标法》第24条规定:"注册商标需要改变其标志的,应当重新提出注册申请。"据此,甲公司若欲将"霞露"变更成"露霞",应当"重新提出注册申请",而不是提出"变更申请"。故选项A错误。

《商标法》第57条第1项规定:"有下列行为之一的,均属侵犯注册商标专用权:(一)未经商标注册人的许可,在同一种商品上使用与其注册商标相同的商标的"。《商标民事纠纷解释》第9条规定:"《商标法》第52条(现第57条)第1项规定的商标近似,是指被控侵权的商标与原告的注册商标相比较,其文字的字形、读音、含义或者图形的构图及颜色,或者其各要素组合后的整体结构相似,或者其立体形状、颜色组合近似,易使相关公众对商品的来源产生误认或者认为其来源与原告注册商标的商品有特定的联系。"可知,乙公司在化妆品上擅自使用"露霞"为商标,是在相同商品上擅自使用与注册商标近似的标志,构成侵权,故选项B正确。

《商标法》第49条第2款规定:"注册商标成为其核定使用的商品的通用名称或者没有正当理由连续三年不使用的,任何单位或者个人可以向商标局申请撤销该注册商标。"若甲公司在商标注册后,无正当理由连续三年停止使用,则商标局有权撤销该商标而不是注销,所以选项C错误。

《商标法实施条例》第31条规定:"转让注册商标的,转让人和受让人应当向商标局提交转让注册商标申请书。转让注册商标申请手续应当由转让人和受让人共同办理。"可知,本题中,甲公司应与乙公司共同向商标局提出转让申请。故选项D错误。

3. 个体经营户王小小从事理发服务业,使用"一剪没"作为未注册商标长期使用,享有较高声誉。王小小通过签订书面合同许可其同一城区的表妹张薇薇使用"一剪没"商标从事理发业务。后张薇薇以自己的名义申请"一剪没"商标使用于理发业务并获得注册。下列哪一说法是正确的?(2011年卷三18题)

A. 该商标使用许可合同自双方签字之日起生效
B. 该商标使用许可合同应当报商标局备案
C. 王小小有权自"一剪没"注册之日起5年内请求商标评审委员会撤销该注册商标
D. 王小小有权自"一剪没"注册之日起5年内请求商标局撤销该注册商标

【答案】 C

【考点】 未注册商标的使用许可、注册不当商标的撤销

【解析】 商标许可权,是指商标权人通过签订商标使用许可合同许可他人使用其注册商标的权利。可知,本题中,"一剪没"不是注册商标,王小小与张薇薇签订的合同不是商标使用许可合同。《商标法》第43条规定:"商标注册人可以通过签订商标使用许可合同,许可他人使用其注册商标。"《关于审理商标民事纠纷案件适用法律若干问题的解释》第19条规定:"商标使用许可合同未经备案的,不影响该许可合同的效力,但当事人另有约定的除外。商标使用

许可合同未在商标局备案的，不得对抗善意第三人。"但这些规范的都是注册商标的许可使用，而"一剪没"不是注册商标，所以选项 A、选项 B 商标错误，不当选。

《商标法》第 32 条规定："申请注册商标不得损害他人现有的在先权利，也不得以不正当手段抢先注册他人已经使用并有一定影响的商标。"《商标法》第 45 条第 1 款规定："已经注册的商标，违反本法条第十三条第二款和第三款、第十五条、第十六条第一款、第三十条、第三十一条、第三十二条规定的，自商标注册之日起五年内，在先权利人或者利害关系人可以请求商标评审委员会宣告该注册商标无效。对恶意注册的，驰名商标所有人不受五年的时间限制。"本题中，张薇薇抢注王小小已经使用并有一定影响的未注册商标，王小小作为利害关系人，有权自注册之日起 5 年请求商标评审委员会，而不是商标局撤销该注册商标。故选项 C 正确，选项 D 错误。

4. 甲公司将其生产的白酒独创性地取名为"逍遥乐"，并在该酒的包装、装潢和广告中突出宣传酒名，致"逍遥乐"被消费者熟知，声誉良好。乙公司知道甲公司没有注册"逍遥乐"后，将其作为自己所产白酒的商标使用并抢先注册。该商标注册申请经商标局初步审定并公告。下列哪些说法是错误的？（2012 年卷三 65 题）

A. 甲公司有权在异议期内向商标局提出异议，反对核准乙公司的注册申请
B. 如"逍遥乐"被核准注册，甲公司有权主张先用权
C. 如"逍遥乐"被核准注册，甲公司有权向商标局请求撤销该商标
D. 甲公司有权向法院起诉请求乙公司停止使用并赔偿损失

【答案】 BCD
【考点】 注册商标的异议程序，注册商标权的撤销、侵犯知名商品特有名称权的责任
【解析】 《商标法》第 33 条规定："对初步审定公告的商标，自公告之日起三个月内，在先权利人、利害关系人认为违反本法第十三条第二款和第三款、第十五条、第十六条第一款、第三十条、第三十一条、第三十二条规定的，或者任何人认为违反本法第十条、第十一条、第十二条规定的，可以向商标局提出异议。公告期满无异议的，予以核准注册，发给商标注册证，并予公告。"所以甲公司有权在异议期内向商标局提出异议，反对核准乙公司的注册申请。故选项 A 正确，不当选。先用权是专利侵权的抗辩，在商标法不存在先用权制度。故选项 B 错误，当选。

根据《商标法》第 45 条第 1 款规定："已经注册的商标，违反本法第十三条第二款和第三款、第十五条、第十六条第一款、第三十条、第三十一条、第三十二条规定的，自商标注册之日起五年内，在先权利人或者利害关系人可以请求商标评审委员会宣告该注册商标无效。对恶意注册的，驰名商标所有人不受五年的时间限制。"可知，甲公司应请求商标评审委员会，而不是请求商标局撤销该注册商标。故选项 C 错误，当选。

根据《反不正当竞争法》第 5 条和第 21 条的规定，经营者擅自使用知名商品特有的名称、包装、装潢，造成和他人知名商品相混淆，使购买者误认为是该知名商品的，应承担停止违法行为等责任。据此，甲公司只能请求乙公司停止使用，而不能主张损害赔偿。故选项 D 错误，当选。

第六节 注册商标的无效宣告

[相关法条]
《商标法》
第44条 已经注册的商标,违反本法第十条、第十一条、第十二条规定的,或者是以欺骗手段或者其他不正当手段取得注册的,由商标局宣告该注册商标无效;其他单位或者个人可以请求商标评审委员会宣告该注册商标无效。

商标局作出宣告注册商标无效的决定,应当书面通知当事人。当事人对商标局的决定不服的,可以自收到通知之日起十五日内向商标评审委员会申请复审。商标评审委员会应当自收到申请之日起九个月内作出决定,并书面通知当事人。有特殊情况需要延长的,经国务院工商行政管理部门批准,可以延长三个月。当事人对商标评审委员会的决定不服的,可以自收到通知之日起三十日内向人民法院起诉。

其他单位或者个人请求商标评审委员会宣告注册商标无效的,商标评审委员会收到申请后,应当书面通知有关当事人,并限期提出答辩。商标评审委员会应当自收到申请之日起九个月内作出维持注册商标或者宣告注册商标无效的裁定,并书面通知当事人。有特殊情况需要延长的,经国务院工商行政管理部门批准,可以延长三个月。当事人对商标评审委员会的裁定不服的,可以自收到通知之日起三十日内向人民法院起诉。人民法院应当通知商标裁定程序的对方当事人作为第三人参加诉讼。

第45条 已经注册的商标,违反本法第十三条第二款和第三款、第十五条、第十六条第一款、第三十条、第三十一条、第三十二条规定的,自商标注册之日起五年内,在先权利人或者利害关系人可以请求商标评审委员会宣告该注册商标无效。对恶意注册的,驰名商标所有人不受五年的时间限制。

商标评审委员会收到宣告注册商标无效的申请后,应当书面通知有关当事人,并限期提出答辩。商标评审委员会应当自收到申请之日起十二个月内作出维持注册商标或者宣告注册商标无效的裁定,并书面通知当事人。有特殊情况需要延长的,经国务院工商行政管理部门批准,可以延长六个月。当事人对商标评审委员会的裁定不服的,可以自收到通知之日起三十日内向人民法院起诉。人民法院应当通知商标裁定程序的对方当事人作为第三人参加诉讼。

商标评审委员会在依照前款规定对无效宣告请求进行审查的过程中,所涉及的在先权利的确定必须以人民法院正在审理或者行政机关正在处理的另一案件的结果为依据的,可以中止审查。中止原因消除后,应当恢复审查程序。

第46条 法定期限届满,当事人对商标局宣告注册商标无效的决定不申请复审或者对商标评审委员会的复审决定、维持注册商标或者宣告注册商标无效的裁定不向人民法院起诉的,商标局的决定或者商标评审委员会的复审决定、裁定生效。

第47条 依照本法第四十四条、第四十五条的规定宣告无效的注册商标,由商标局予以公告,该注册商标专用权视为自始即不存在。

宣告注册商标无效的决定或者裁定,对宣告无效前人民法院作出并已执行的商标侵权案件的判决、裁定、调解书和工商行政管理部门作出并已执行的商标侵权案件的处理决定以及已经履行的商标转让或者使用许可合同不具有追溯力。但是,因商标注册人的恶意给他人造成的损失,应当给予赔偿。

依照前款规定不返还商标侵权赔偿金、商标转让费、商标使用费,明显违反公平原则的,应当全部或者部分返还。

第 50 条 注册商标被撤销、被宣告无效或者期满不再续展的,自撤销、宣告无效或者注销之日起一年内,商标局对与该商标相同或者近似的商标注册申请,不予核准。

一、注册商标无效宣告的情形

(一) 违反绝对注册事由

1. 注册商标的无效情形

注册商标具有下列几种情形的,由商标局宣告无效;其他单位或者个人可以请求商标评审委员会宣告无效。

(1)《商标法》第 10 条规定的不得作为商标使用的标志。

(2)《商标法》第 11 条规定的不得作为商标注册的标志。

(3)《商标法》第 12 条规定的以三维标志申请注册商标的,仅由商品自身的性质产生的形状、为获得技术效果而需有的商品形状或者使商品具有实质性价值的形状,不得注册。

(4) 以欺骗手段或者其他不正当手段获得注册的。

2. 商标局依职权宣告无效的救济

(1) 申请复审。申请商标评审委员会复审的期间,为自收到决定通知之日起 15 日。

(2) 复审期间为 9 个月,自收到申请之日起 9 个月内作出维持注册商标或者宣告注册商标无效的裁定,并书面通知当事人。有特殊情况需要延长的,经国务院工商行政管理部门批准,可以延长 3 个月。

(3) 起诉期间为自商标评审委员会决定通知之日起 30 日。

3. 商标评审委员会依申请宣告无效的救济

(1) 自收到申请之日起 9 个月内作出裁定。

(2) 对裁定不服的,自收到裁定通知之日起 30 日起诉。

(二) 违反相对拒绝注册事由的情形

1. 注册商标宣告无效的情形

注册商标具有下列情形时,自商标注册之日起 5 年内,在先权利人或者利害关系人可以请求商标评审委员会宣告该注册商标无效。对恶意注册的,驰名商标所有人不受 5 年的时间限制。

(1) 侵犯未注册驰名商标(《商标法》第 13 条第 2 款);

(2) 侵犯注册驰名商标(《商标法》第 13 条第 3 款);

(3) 代理人抢注被代理人商标(《商标法》第 15 条);

(4) 基于业务关系恶意抢注未注册商标(《商标法》第 15 条);

(5) 误导性使用地理标志(《商标法》第 16 条第 1 款);

(6) 侵犯注册商标或者初审公告的商标(《商标法》第 30 条);

(7) 违反先申请原则(《商标法》第 31 条);

(8) 抢注知名商标(《商标法》第 32 条)。

2. 审查

(1) 商标评审委员会应当自收到申请之日起 12 个月内作出维持注册商标或者宣告注册商标无效的裁定,并书面通知当事人。有特殊情况需要延长的,经国务院工商行政管理部门批准,可以延长 6 个月。

(2) 当事人对商标评审委员会的裁定不服的,可以自收到通知之日起 30 日内向人民法院起诉。

(三) 注册宣告无效的法律后果

1. 商标权的消灭具有溯及力

注册商标被宣告无效的,由商标局予以公告,其商标权视为自始不存在。

2. 对已经执行或者履行的判决、决定、合同原则上无溯及力

(1) 宣告注册商标无效的决定或者裁定,对宣告无效前人民法院作出并已执行的商标侵权案件的判决、裁定、调解书和工商行政管理部门作出并已执行的商标侵权案件的处理决定,以及已经履行的商标转让或者使用许可合同不具有追溯力。

(2) 因商标注册人的恶意给他人造成的损失,应当给予赔偿。

(3) 依照前款规定不返还商标侵权赔偿金、商标转让费、商标使用费,明显违反公平原则的,应当全部或者部分返还。

3. 1 年的过渡期

注册商标被宣告无效,自宣告无效之日起 1 年内,商标局对与该商标相同或者近似的商标注册申请,不予核准。

第七节 商标侵权

[相关法条]

《商标法》

第 57 条 有下列行为之一的,均属侵犯注册商标专用权:

(一) 未经商标注册人的许可,在同一种商品上使用与其注册商标相同的商标的;

(二) 未经商标注册人的许可,在同一种商品上使用与其注册商标近似的商标,或者在类似商品上使用与其注册商标相同或者近似的商标,容易导致混淆的;

(三) 销售侵犯注册商标专用权的商品的;

(四) 伪造、擅自制造他人注册商标标识或者销售伪造、擅自制造的注册商标标识的;

(五) 未经商标注册人同意,更换其注册商标并将该更换商标的商品又投入市场的;

(六) 故意为侵犯他人商标专用权行为提供便利条件,帮助他人实施侵犯商标专用权行为的;

(七) 给他人的注册商标专用权造成其他损害的。

第 58 条 将他人注册商标、未注册的驰名商标作为企业名称中的字号使用,误导公众,构成不正当竞争行为的,依照《中华人民共和国反不正当竞争法》处理。

《商标法实施条例》

第 75 条 为侵犯他人商标专用权提供仓储、运输、邮寄、印制、隐匿、经营场所、网络商品交易平台等,属于商标法第五十七条第六项规定的提供便利条件。

第76条 在同一种商品或者类似商品上将与他人注册商标相同或者近似的标志作为商品名称或者商品装潢使用,误导公众的,属于商标法第五十七条第二项规定的侵犯注册商标专用权的行为。

《商标法解释》

第1条 下列行为属于商标法第五十二条(现第五十七条)第(五)项规定的给他人注册商标专用权造成其他损害的行为:

(一) 将与他人注册商标相同或者相近似的文字作为企业的字号在相同或者类似商品上突出使用,容易使相关公众产生误认的;

(二) 复制、摹仿、翻译他人注册的驰名商标或其主要部分在不相同或者不相类似商品上作为商标使用,误导公众,致使该驰名商标注册人的利益可能受到损害的;

(三) 将与他人注册商标相同或者相近似的文字注册为域名,并且通过该域名进行相关商品交易的电子商务,容易使相关公众产生误认的。

第2条 依据商标法第十三条第一款(现第二款)的规定,复制、摹仿、翻译他人未在中国注册的驰名商标或其主要部分,在相同或者类似商品上作为商标使用,容易导致混淆的,应当承担停止侵害的民事法律责任。

一、商标侵权的表现形式

(一) 未经商标注册人许可(均属侵犯注册商标专用权)

1. 在同一种商品上使用与其注册商标相同的商标的。
2. 在同一种商品上使用与其注册商标近似的商标,或者在类似商品上使用与其注册商标相同或者近似的商标,容易导致混淆的。

《商标法解释》第9条规定,商标近似,是指被控侵权的商标与原告的注册商标相比较,其文字的字形、读音、含义或者图形的构图及颜色,或者其各要素组合后的整体结构相似,或者其立体形状、颜色组合近似,易使相关公众对商品的来源产生误认或者认为其来源与原告注册商标的商品有特定的联系。

依据《商标法解释》第10条的规定,商标相同或者近似的判断原则是:

(1) 以相关公众的一般注意力为标准;

(2) 既要进行对商标的整体比对,又要进行对商标主要部分的比对,比对应当在比对对象隔离的状态下分别进行;

(3) 判断商标是否近似,应当考虑请求保护注册商标的显著性和知名度。

3. 销售侵犯注册商标专用权的商品的

例外:善意销售者能证明该商品是自己合法取得并说明提供者的,不承担赔偿责任。

4. 伪造、擅自制造他人注册商标标识或者销售伪造、擅自制造的注册商标标识的。
5. 反向假冒行为,是指未经商标注册人的许可,更换其注册商标并将该更换商标的商品又投入市场的行为。
6. 故意为侵犯他人商标专用权行为提供便利条件,帮助他人实施侵犯商标专用权行为的。

(二) 其他商标侵权行为

(1) 将他人注册商标、未注册的驰名商标作为企业名称中的字号使用,误导公众,构成不正当竞争行为的,依照《反不正当竞争法》处理。

(2) 将与他人注册商标相同或者相近似的文字作为企业的字号在相同或者类似商品上突出使用,容易使相关公众产生误认的。

(3) 将与他人注册商标相同或者相近似的文字注册为域名,并且通过该域名进行相关商品交易的电子商务,容易使相关公众产生误认的。

(4) 复制、摹仿、翻译他人注册的驰名商标或其主要部分在不相同或者不相类似商品上作为商标使用,误导公众,致使该驰名商标注册人的利益可能受到损害的。

(5) 依据《商标法》第13条第2款的规定,复制、摹仿、翻译他人未在中国注册的驰名商标或其主要部分,在相同或者类似商品上作为商标使用,容易导致混淆的。

(6) 在同一种商品或者类似商品上将与他人注册商标相同或者近似的标志作为商品名称或者商品装潢使用,误导公众的,属于《商标法》第57条第2项规定的侵犯注册商标专用权的行为。

二、商标侵权的抗辩

[相关法条]

《商标法》

第59条 注册商标中含有的本商品的通用名称、图形、型号,或者直接表示商品的质量、主要原料、功能、用途、重量、数量及其他特点,或者含有的地名,注册商标专用权人无权禁止他人正当使用。

三维标志注册商标中含有的商品自身的性质产生的形状、为获得技术效果而需有的商品形状或者使商品具有实质性价值的形状,注册商标专用权人无权禁止他人正当使用。

商标注册人申请商标注册前,他人已经在同一种商品或者类似商品上先于商标注册人使用与注册商标相同或者近似并有一定影响的商标的,注册商标专用权人无权禁止该使用人在原使用范围内继续使用该商标,但可以要求其附加适当区别标识。

第64条 注册商标专用权人请求赔偿,被控侵权人以注册商标专用权人未使用注册商标提出抗辩的,人民法院可以要求注册商标专用权人提供此前三年内实际使用该注册商标的证据。注册商标专用权人不能证明此前三年内实际使用过注册商标,也不能证明因侵权行为受到其他损失的,被控侵权人不承担赔偿责任。

销售不知道是侵犯注册商标专用权的商品,能证明该商品是自己合法取得并说明提供者的,不承担赔偿责任。

《商标法解释》

第2条 依据商标法第十三条第一款(现第二款)的规定,复制、摹仿、翻译他人未在中国注册的驰名商标或其主要部分,在相同或者类似商品上作为商标使用,容易导致混淆的,应当承担停止侵害的民事法律责任。

(一) 不构成侵权的情形

1. 特征描述性使用

特征描述性使用,是指虽然使用了他人商标中文字、图形,但并非用于指示商品的特定来源,而是对自己提供的商品本身特的描述。《商标法》第59条第1款、第2款作出了相关规定:

(1) 注册商标中含有的本商品的通用名称、图形、型号,或者直接表示商品的质量、主要原料、功能、用途、重量、数量及其他特点,或者含有的地名,注册商标专用权人无权禁止他人正当使用。

(2) 三维标志注册商标中含有的商品自身的性质产生的形状、为获得技术效果而需有的商品形状,或者使商品具有实质性价值的形状,注册商标专用权人无权禁止他人正当使用。

2. 用途说明性使用,是指使用他人商标中文字、图形,是为了说明自己所提供的商品能够与使用该商品的商品的配套,指示自己所提供商品的用途、服务对象和真实来源,且能够清晰区分自己所提供的商品与使用该商标的商品的不同来源的,不成立商标侵权。

3. 先用权

商标注册人申请商标注册前,他人已经在同一种商品或者类似商品上先于商标注册人使用与注册商标相同或者近似并有一定影响的商标的,注册商标专用权人无权禁止该使用人在原使用范围内继续使用该商标,但可以要求其附加适当区别标识。

4. 商标权用尽

商标权用尽,指对于经商标权人许可或者以其他方式合法投放市场的商品,他人在购买后无须经过商标权人许可,即可将带有该商标的商品再次出售或者以其他方式提供给公众,包括为此目的在广告宣传中使用该商标,均不构成对注册商标的侵犯。

(二) 不承担商标侵权赔偿责任的情形

1. 注册商标3年未使用

《商标法》第64条规定,注册商标3年未使用,并且注册商标专用权人不能证明受到其他损失的,侵权人不承担赔偿责任。

2. 善意销售行为

销售不知道是侵犯注册商标专用权的商品,能证明该商品是自己合法取得并说明提供者的,不承担赔偿责任。

3. 侵犯未注册驰名商标

侵犯未注册驰名商标的,只承担停止侵害、销毁侵权物品等责任,不承担赔偿责任。

[历年真题] 1. 甲公司为其生产的啤酒申请注册了"冬雨之恋"商标,但在使用商标时没有在商标标识上加注"注册商标"字样或注册标记。下列哪一行为未侵犯甲公司的商标权?(2013年卷三19题)

A. 乙公司误认为该商标属于未注册商标,故在自己生产的啤酒产品上也使用"冬雨之恋"商标

B. 丙公司不知某公司假冒"冬雨之恋"啤酒而予以运输

C. 丁饭店将购买的甲公司"冬雨之恋"啤酒倒入自制啤酒桶,自制"侠客"牌散装啤酒出售

D. 戊公司明知某企业生产假冒"冬雨之恋"啤酒而向其出租仓库

【答案】 B

【考点】 商标侵权行为

【解析】 根据《商标法》第57条规定:"有下列行为之一的,均属侵犯注册商标专用权:(一)未经商标注册人的许可,在同一种商品上使用与其注册商标相同的商标的;(二)未经商标注册人的许可,在同一种商品上使用与其注册商标近似的商标,或者在类似商品上使用与其注册商标相同或者近似的商标,容易导致混淆的;(三)销售侵犯注册商标专用权的商品的;

（四）伪造、擅自制造他人注册商标标识或者销售伪造、擅自制造的注册商标标识的；（五）未经商标注册人同意，更换其注册商标并将该更换商标的商品又投入市场的；（六）故意为侵犯他人商标专用权行为提供便利条件，帮助他人实施侵犯商标专用权行为的；（七）给他人的注册商标专用权造成其他损害的。"《商标法》第9条第2款规定，商标注册人有权标明"注册商标"或者注册标记。可知商标注册人有权选择标明或不标明"注册商标"字样或注册标记。在选项A中，乙公司在自己生产的啤酒产品上也使用"冬雨之恋"商标，属于未经商标注册人的许可，在同一种商品上使用与其注册商标相同的商标的行为。另外，商标侵权适用无过错责任归责原则，乙公司只要使用了他人的注册商标，即构成侵权。所以选项A属于商标侵权，不当选。

《商标法》第57条第5项规定未经商标注册人同意，更换其注册商标并将该更换商标的商品又投入市场的构成侵权，此为商标假冒行为。在选项C中，丁饭店将购买的甲公司"冬雨之恋"啤酒倒入自制啤酒桶，相当于更换了"冬雨之恋"的注册商标，自制"侠客"品牌散装啤酒并对外出售，符合规定的商标侵权情形，不当选。

《商标法》第57条第6项规定，故意为侵犯他人商标专用权行为提供便利条件，帮助他人实施侵犯商标专用权行为的，属侵犯注册商标专用权。本题中，戊公司明知某企业生产假冒"冬雨之恋"啤酒，是侵犯注册商标专用权的商品，而向其出租仓库，为商标侵权提供便利，构成共同商标侵权。所以选项B当选，选项D不当选。

2. 甲公司在汽车产品上注册了"山叶"商标，乙公司未经许可在自己生产的小轿车上也使用了"山叶"商标。丙公司不知乙公司使用的商标不合法，与乙公司签订书面合同，以合理价格大量购买"山叶"小轿车后售出，获利100万元以上。下列哪一说法是正确的？（2014年卷三19题）

A. 乙公司的行为属于仿冒注册商标
B. 丙公司可继续销售"山叶"小轿车
C. 丙公司应赔偿甲公司损失100万元
D. 工商行政管理部门不能对丙公司进行罚款处罚

【答案】 D
【考点】 商标侵权行为、善意销售
【解析】 选项A错误。乙公司未经许可在自己生产的小轿车上使用"山叶"商标的行为属于假冒注册商标的行为，而非仿冒注册商标的行为。

选项B错误。丙公司的行为构成商标侵权，只是其不知道自己侵犯了注册商标专有权。在知情后，丙公司应当停止继续销售。（《商标法》第60条第2款规定："工商行政管理部门处理时，认定侵权行为成立的，责令立即停止侵权行为，没收、销毁侵权商品和主要用于制造侵权商品、伪造注册商标标识的工具，违法经营额五万元以上的，可以处违法经营额五倍以下的罚款，没有违法经营额或者违法经营额不足五万元的，可以处二十五万元以下的罚款。对五年内实施两次以上商标侵权行为或者有其他严重情节的，应当从重处罚。销售不知道是侵犯注册商标专用权的商品，能证明该商品是自己合法取得并说明提供者的，由工商行政管理部门责令停止销售。"）

选项C错误。《商标法》第64条第2款规定："销售不知道是侵犯注册商标专用权的商品，能证明该商品是自己合法取得并说明提供者的，不承担赔偿责任。"可见，本题中丙公司虽构成侵权，但不需要承担赔偿责任。

选项D正确。对于销售侵权商品不知情,且能证明该商品是自己合法取得并说明提供者的,应责令停止销售,但不承担行政和民事责任。因此,工商行政管理部门应责令丙公司停止销售,但不能对丙公司进行罚款处罚。

3. 佳普公司在其制造和出售的打印机和打印机墨盒产品上注册了"佳普"商标。下列未经该公司许可的哪一行为侵犯了"佳普"注册商标专用权?(2015年卷三19题)

A. 甲在店铺招牌中标有"佳普打印机专营"字样,只销售佳普公司制造的打印机

B. 乙制造并销售与佳普打印机兼容的墨盒,该墨盒上印有乙的名称和其注册商标"金兴",但标有"本产品适用于佳普打印机"

C. 丙把购买的"佳普"墨盒装入自己制造的打印机后销售,该打印机上印有丙的名称和其注册商标"东升",但标有"本产品使用佳普墨盒"

D. 丁回收墨水用尽的"佳普"牌墨盒,灌注廉价墨水后销售

【答案】 D

【考点】 商标权侵权

【解析】 依据《商标法》第57条第1项的规定:"有下列行为之一的,均属侵犯注册商标专用权:(一)未经商标注册人的许可,在同一种商品上使用与其注册商标相同的商标的。"

关于选项A。甲在店铺招牌中标有"佳普打印机专营"字样,并不会使消费者产生商标混淆,消费者仍然知道该打印机是佳普公司制造的,故选项A不构成商标专用权侵权,不当选。

依据《商标法》第59条第1款规定:"注册商标中含有的本商品的通用名称、图形、型号,或者直接表示商品的质量、主要原料、功能、用途、重量、数量及其他特点,或者含有的地名,注册商标专用权人无权禁止他人正当使用。"乙在自己制造的"金兴"墨盒上标有"本产品适用于佳普打印机"属于描述性使用,不构成商标专用权侵权,不当选。选项C与选项B是同一类型,不构成商标专用权侵权,不当选。

关于选项D。丁未经允许,回收墨盒灌注廉价墨水后销售的行为构成商标专用权侵权,当选。

4. 河川县盛产荔枝,远近闻名。该县成立了河川县荔枝协会,申请注册了"河川"商标,核定使用在荔枝商品上,许可本协会成员使用。加入该荔枝协会的农户将有"河川"商标包装的荔枝批发给盛联超市销售。超市在销售该批荔枝时,在荔枝包装上还贴上了自己的注册商标"盛联"。下列哪些说法是正确的?(2015年卷三64题)

A. "河川"商标是集体商标

B. "河川"商标是证明商标

C. "河川"商标使用了县级以上行政区划名称,应被宣告无效

D. 盛联超市的行为没有侵犯商标权

【答案】 AD

【考点】 商标权

【解析】 《商标法》第3条规定:"经商标局核准注册的商标为注册商标,包括商品商标、服务商标和集体商标、证明商标;商标注册人享有商标专用权,受法律保护。本法所称集体商标,是指以团体、协会或者其他组织名义注册,供该组织成员在商事活动中使用,以表明使用者在该组织中的成员资格的标志。本法所称证明商标,是指由对某种商品或者服务具有监督能力的组织所控制,而由该组织以外的单位或者个人使用于其商品或者服务,用以证明该商品或

者服务的原产地、原料、制造方法、质量或者其他特定品质的标志。集体商标、证明商标注册和管理的特殊事项,由国务院工商行政管理部门规定。"本题中,"河川"商标是集体商标,不是证明商标,因题目并没有说荔枝受当地环境的影响具有独特的品质,"河川"商标不是证明该地区荔枝的特定品质,不是证明商标。故选项 A 正确,选项 B 错误。

依据《商标法》第 10 条第 2 款规定:"县级以上行政区划的地名或者公众知晓的外国地名,不得作为商标。但是,地名具有其他含义或者作为集体商标、证明商标组成部分的除外;已经注册的使用地名的商标继续有效。"可知,县级以上行政区划的地名,一般不得作为商标,但是作为集体商标或证明商标的除外。本题中,"河川"商标作为集体商标,虽然使用了县级以上行政区划名称,但仍可以作为商标。故选项 C 错误,不当选。

商标权用尽。农户将荔枝批发给超市销售,商品上的商标权已经用尽,盛联超市的转售行为不构成对商标权的侵犯,选项 D 正确,当选。

第八节 驰名商标的保护

一、驰名商标的概念

驰名商标,是指在一定地域范围内具有较高知名度并为相关公众知晓的商标。

二、驰名商标的认定

(一)认定主体
(1)驰名商标的认定可以由特定的行政机关认定;
(2)由最高人民法院指定的人民法院在审理案件时认定。

(二)认定原则驰名
商标的认定以被动认定和个案认定为原则。
(1)被动认定,是指只能基于纠纷当事人的申请才能认定驰名商标,法院、商标局或商标评审委员会均不得主动依职权认定。
(2)个案认定,是指只能在发生纠纷的个案中,商标是否驰名,对争议的解决具有直接意义时,才能依照法律标准进行审查认定。人民法院在审理商标纠纷案件中,根据当事人的请求和案件的具体情况,可以对涉及的注册商标是否驰名依法作出认定。

(三)认定驰名商标考虑的因素
(1)相关公众对该商标的知晓程度。这里的"相关公众",是指与商标所标识的某类商品或者服务有关的消费者和与前述商品或者服务的营销有密切关系的其他经营者。
(2)该商标使用的持续时间。
(3)该商标的任何宣传工作的持续时间、程度和地理范围。
(4)该商标作为驰名商标受保护的记录。
(5)该商标驰名的其他因素。

三、驰名商标的特殊保护措施

(一)不予注册情形
(1)复制、摹仿或者翻译他人未在中国注册的驰名商标或者主要部分,在相同或者类似商品上使用,容易导致混淆的,应当承担停止侵害的民事法律责任,申请注册的,不予注册并禁止使用。

(2)就不相同或者不相类似的商品申请注册的商标是复制、摹仿或者翻译他人已经在中国注册的驰名商标,误导公众,致使该驰名商标注册人的利益可能受到损害的,不予注册并禁止使用。

(二)关于赔偿问题

未注册驰名商标的持有人毕竟没有获得商标权,因而不能依据商标法享有损害赔偿请求权。

四、驰名商标的宣传

驰名商标认定的意义仅限于处理特定的纠纷,让在特定纠纷中的相关当事人依法获得特殊保护措施或者待遇。驰名商标不是授予商标权人或持有人或其产品或其服务的荣誉称号,因而《商标法》第14条第5款明确规定:"生产、经营者不得将'驰名商标'字样用于商品、商品包装或者容器上,或者用于广告宣传、展览以及其他商业活动中。"违反该规定的,由地方工商行政管理部门责令改正,处10万元罚款。

[**历年真题**] 甲公司是《保护工业产权巴黎公约》成员国A国的企业,于2012年8月1日向A国在牛奶产品上申请注册"白雪"商标被受理后,又于2013年5月30日向我国商标局申请注册"白雪"商标,核定使用在牛奶、糕点和食品容器这三类商品上。下列哪些说法是错误的?(2014年卷三64题)

A. 甲公司应委托依法设立的商标代理机构代理申请商标注册
B. 甲公司必须提出三份注册申请,分别在三类商品上申请注册同一商标
C. 甲公司可依法享有优先权
D. 如商标局在异议程序中认定"白雪"商标为驰名商标,甲公司可在其牛奶包装上使用"驰名商标"字样

【答案】 BCD
【考点】 优先权、单一性原则之例外、驰名商标
【解析】 选项A正确。依照《商标法》第18条第2款的规定,外国人或者外国企业在中国申请商标注册和办理其他商标事宜的,应当委托依法设立的商标代理机构办理。

选项B错误。《商标法》第22条第2款规定:"商标注册申请人可以通过一份申请就多个类别的商品申请注册同一商标。"而非必须提出3份注册申请,分别在三类商品上申请注册同一商标。

选项C错误。《商标法》第25条第1款规定:商标注册申请人自其商标在外国第一次提出商标注册申请之日起六个月内,又在中国就相同商品以同一商标提出商标注册申请的,依照该外国同中国签订的协议或者共同参加的国际条约,或者按照相互承认优先权的原则,可以享有优先权。本题中,甲公司在中国申请的时间距离在A国申请的时间超过6个月,不能享有优先权。

选项D错误。《商标法》第14条第5款规定:"生产、经营者不得将驰名商标字样用于商品、商品包装或者容器上,或者用于广告宣传、展览以及其他商业活动中。"

司考一本通

民事诉讼法・仲裁制度

编著 史飚

编写说明

实行统一的国家司法考试，不仅是我国司法改革的一项重大举措，也是我国法学教育改革的突破口。从律考转变为司考后，使得更多适合条件的考生热衷于此，司法考试也逐渐形成了市场，辅导用书层出不穷。然而在众多的司考辅导用书当中，如何作出选择，便成了备考考生一个头痛的问题。

司考该用何种辅导书？我们认为，要用"看一本就能通"的书。为了达成此目的，我们努力使本书具备了如下特色：

特色一　名师编著、套书完整

本书由来胜全方位法律人培训力邀各科司考名师亲自执笔，集结了老师们多年的司考辅导经验和智慧。本书共分八小册，涵盖了最新考纲的重要考点。

特色二　内容精炼、针对性强

本书强调内容的精炼和实战性。针对重要的考点，我们结合历年司考的规律，对其进行精讲，并针对实际考查情况和精讲内容，提供例题以提高实战能力。

特色三　体例安排科学合理

根据考纲的要求及体系，我们选出了各科的重要考点并对其从以下三个方面为考生提供帮助。

一、精讲。对当前考点进行精当、有效的讲解，以帮助读者掌握当前考点的精要，具备解决问题的基本能力。

二、例题。针对当前考点，并结合精讲内容，使考生得到及时、有效的练习，提高应试能力，并在修正自己错误的过程中得到提高。

三、提示与预测。主要是针对一些应当特别注意的问题的提示，以及对2017年司考动向的预测。

业精于勤而荒于嬉，行成于思而毁于随。当您拥有了本书，您便得到了一片肥沃的黑土，若能加以勤耕，今日播下的种子，定能在那金秋结出胜利的果实！

编者

2017年5月

前　　言

从2002年司法考试以来,民事诉讼法考查的内容一直围绕本学科的重点、难点和热点问题进行。热点问题为考试年度前新颁布的法律、司法解释,特别是其中新增加、新修订的内容。一般来讲,热点问题往往也是本学科中的难点和重点问题,因此,对于三点合一的问题必须要掌握,这些往往会成为当年考查的主要内容之一。

民事诉讼法学：

该部分重点内容和难点如下：

总论部分：基本原则和基本制度(辩论原则、处分原则、诚信原则；合议制度、公开审判制度、回避制度)；主管与管辖(法院审理民事案件与其他机关的关系、级别管辖、地域管辖、移送管辖、指定管辖、管辖权异议)；当事人(当事人能力与当事人适格、原告与被告的确定、必要共同诉讼人与普通共同诉讼人、第三人、第三人撤销之诉、公益诉讼、代理人)；证据与证明(在具体案件中区分证据的种类和证据的分类、自认制度、证据的收集、举证时限制度、证据交换制度、举证责任的分担、质证原则和认证的规则)；法院调解(法院调解适用的范围和时间、先行调解的案件范围、二审和再审程序中调解的具体运用、调解协议与调解书、不需要制作调解书的具体情形、诉讼和解)；留置送达的条件；保全和先予执行的条件以及措施的具体规定；罚款和拘留的具体运用。

这部分的热点问题主要包括：

一、新《民事诉讼法》增加和修订的内容,以及2015年2月4日实施的最高人民法院《关于适用〈中华人民共和国民事诉讼法〉的解释》(以下简称《民诉司法解释》)明确细化的内容,具体表现为：

1. 基本原则部分

增加了诚信原则。需要明确诚信原则的约束主体,包括当事人及其诉讼代理人,人民法院以及其他诉讼参与人。恶意诉讼、调解侵害他人利益或规避执行是当事人对诚信原则的违反,构成妨害民事诉讼的行为,根据情节轻重,可以对恶意诉讼的当事人予以罚款和拘留；构成犯罪的,依法追究刑事责任。对于恶意诉讼、调解侵害他人利益的,人民法院应当驳回其诉讼请求(《民事诉讼法》第13条、第112条、第113条)。

《民诉司法解释》对诚信原则有进一步的明确规定,包括：当事人具结(第111条)；证人具结(第119条)；证人拒绝具结的后果(第120条)；虚假调解的制裁(第144条)；禁反言(第229条)；一审诉讼行为对二审的约束(第342条)；失信被执行人名单(第518条)等。

2. 主管与管辖部分

增加了公司设立、确认股东资格、分配利润、解散等争议的管辖法院的规定；修订了协议管辖制度,扩大了协议管辖的案件范围、可选择的管辖法院；统一了国内和涉外的协议管辖制度；增加了国内案件的应诉管辖,统一了国内和涉外的规定；明确规定了对管辖权转移中上向下转移的限制(《民事诉讼法》第26条、第34条、第38条、第127条第2款)。

《民诉司法解释》明确的主要内容:合同履行地以争议标的确定;明确了不动产专属管辖的内容;明确了管辖权转移中上向下转移的案件范围;完善了指定管辖;明确了应诉管辖中对应诉的界定。

3. 当事人部分

增加了公益诉讼的规定,明确规定了公益诉讼中适格的当事人是法律规定的机关和有关组织;增加了第三人撤销之诉制度(《民事诉讼法》第55条、第56条第3款)。

《民诉司法解释》进一步明确了第三人撤销之诉与公益诉讼的提起条件、当事人、管辖、审理、救济等具体规定。

4. 证据和证明部分

新增了电子数据作为一种独立的证据种类;明确规定了哪些情形下证人可以不出庭以及证人出庭作证费用的负担;明确规定了鉴定申请程序、法院的职权鉴定、鉴定人的确定,增加了对鉴定人出庭义务及不出庭的法律效果、专家意见的规定;新增设了诉前和仲裁前证据保全制度(《民事诉讼法》第63条、第65条、第73条、第74条、第76至79条、第81条)。

《民诉司法解释》明确的主要内容:明确电子数据的界定;增加了当事人、证人签署保证书制度;细化了证人出庭义务;完善了专家辅助人制度;增加了举证责任分配原则的规定;增加了逾期举证及其后果的规定;增加了法官组织质证、进行认证的规定;明确了不同案件的证明标准。

5. 期间与送达部分

增加了其他方式的送达以及留置送达条件(《民事诉讼法》第86条、第87条)。

《民诉司法解释》明确的主要内容:明确规定了不变期间;扩大了直接送达接收人以及确立了通知到法院领取法律文书;明确了留置送达的情形。

6. 保全与先予执行部分

将保全范围扩大至财产和行为;增加了仲裁前的保全规定(《民事诉讼法》第100条、第101条)。

二、《侵权责任法》的颁布对民事诉讼的影响,具体体现为:

1. 具体案件中当事人的确定

例如:《侵权责任法》第8条规定:"二人以上共同实施侵权行为,造成他人损害的,应当承担连带责任。"《侵权责任法》第10条规定:"二人以上实施危及他人人身、财产安全的行为,其中一人或者数人的行为造成他人损害,能够确定具体侵权人的,由侵权人承担责任;不能确定具体侵权人的,行为人承担连带责任。"同时第13条规定:"法律规定承担连带责任的,被侵权人有权请求部分或者全部连带责任人承担责任。"也即共同侵权以及共同危险行为案件中被告的确定取决于原告的选择,不能任意追加。再如,《侵权责任法》第83条规定:"因第三人的过错致使动物造成他人损害的,被侵权人可以向动物饲养人或者管理人请求赔偿,也可以向第三人请求赔偿……"也即对因第三人的过错致使动物造成他人损害的案件,被侵权人既可以以动物饲养人或管理人为被告,也可以以第三人为被告提起诉讼。如果起诉动物饲养人或管理人的,动物饲养人或者管理人赔偿后,有权以第三人为被告向第二人追偿。

2. 举证责任分担的规定

特别要注意与现行民事诉讼规范不一致的规定。第一,在医疗事故侵权案件中,《侵权责任法》第54条规定:"患者在诊疗活动中受到损害,医疗机构及其医务人员有过错的,由医疗机构承担赔偿责任。"也就是说,在医疗事故侵权案件中,依然采取过错责任原则。这与《民诉证据规定》第4条第(8)项"因医疗行为引起的侵权诉讼,由医疗机构就医疗行为与损害结果之间不存在因果关系及不存在医疗过错承担举证责任"的规定有冲突,应当以《侵权责任法》的规定为准,《民诉证据规定》相应的部分应失效,即医疗机构不需要为不存在的过错承担举证责任。第二,在共同危险行为案件中,更加严格了危险人的举证责任。《侵权责任法》第10条规定:"二人以上实施危及他人人身、财产安全的行为,其中一人或者数人的行为造成他人损害,能够确定具体侵权人的,由侵权人承担责任;不能确定具体侵权人的,行为人承担连带责任。"《侵权责任法》第87条规定:"从建筑物中抛掷物品或者从建筑物上坠落的物品造成他人损害,难以确定具体侵权人的,除能够证明自己不是侵权人的外,由可能加害的建筑物使用人给予补偿。"

分论部分:第一审程序(登记立案制度、重复起诉的确定标准、法院在审查起诉时对特殊情况的处理、庭前会议按撤诉处理、缺席判决、延期审理、诉讼中止、诉讼终结的法定情形和具体适用,简易程序的适用范围和特点,小额诉讼的适用范围以及具体程序规定、小额程序与简易程序的转换、小额案件的再审);第二审程序(上诉人的确定、撤回上诉的效力、案件的审理范围、不开庭审理的条件和案件范围、二审中的调解和和解、裁判的具体适用);再审程序(当事人申请再审的案件范围、事由、管辖和时效,对当事人再审申请的受理和审查程序,检察监督的方式、事由、程序以及当事人申请检察建议与抗诉的法定情形,再审案件的审理法院,再审案件审理程序的特殊规定);执行程序(主要集中在一般规则:如执行管辖、执行行为异议、申请提级执行或指令执行、执行异议、执行和解、委托执行、执行承担等,以及特殊执行措施)。

对这部分的考查侧重法条的具体规定,特别是特殊情形的规范一定要掌握。

分论部分的热点问题主要包括:

(一)第一审程序

增加了立案前的先行调解、立案后的案件分流制度以及公开查阅裁判文书的制度;修订了受理审查时特殊情形的规定;增加了小额诉讼制度。(《民事诉讼法》第122条、第124条、第133条、第156条、第162条)

《民诉司法解释》明确的主要内容:建立了立案登记制度;明确规定了重复起诉的判断标准;完善了审前准备及增加了庭前会议的规定;规范了申请撤诉的条件;明确了缺席判决的条件;细化了当事人变更或增加诉讼请求权;细化了裁判公开查阅的方式和范围;完善了简易程序的适用范围;完善了小额诉讼案件的适用范围、具体程序、救济以及与简易程序的程序转化。

(二)第二审程序

明确了二审不开庭审理的条件;明确了二审法院对上诉判决和裁定的处理(《民事诉讼法》第169条、第170条)。

《民诉司法解释》明确的主要内容:明确二审不开庭审理的案件范围;明确了"严重违反法定程序的标准";明确了二审法院对具体情形的处理。

(三)审判监督程序

增加了人民法院基于审判监督权监督的对象为发生法律效力的判决、裁定、调解书;增加了当事人一方人数众多或者当事人双方为公民的案件,也可以向原审法院申请再审;修订了当事人申请再审的法定情形，取消了违反法律规定、管辖错误以及违反法定程序可能影响案件正确判决、裁定作为申请再审的事由；修订了申请再审的时效，即当事人申请再审，应当在判决、裁定发生法律效力后6个月内提出；有《民事诉讼法》第200条第1项、第3项、第12项、第13项规定情形的，自知道或者应当知道之日起6个月内提出；明确规定了决定再审后，不中止执行的案件，包括追索赡养费、扶养费、抚育费、抚恤金、医疗费用、劳动报酬等案件；增加了人民检察院监督对象为发生法律效力的判决、裁定；损害国家利益、社会公共利益的调解书；增加了检察建议作为监督方式之一；增加了当事人可以向人民检察院申请检察建议或者抗诉的法定情形（《民事诉讼法》第198至200条、第204至206条、第208条、第209条、第235条）。

《民诉司法解释》明确的主要内容：进一步明确了申请再审事由；明确了人民法院对检察院抗诉裁定再审的条件；明确规定了对检察建议的审查组织、审查期限；明确规定了人民法院不予受理当事人再审申请的情形；遗漏的必要共同诉讼人申请再审；执行程序中案外人申请再审。

（四）其他程序

增加并确认了调解协议案件的条件和审理；增加了实现担保物权案件的条件和审理；增加了督促程序与诉讼程序的衔接，即支付令异议成立，支付令自行失效，转入普通程序，但申请支付令的一方当事人不同意提起诉讼的除外（《民事诉讼法》第194条、第195条、第196条、第197条、第217条）。

《民诉司法解释》明确的主要内容：明确了确认调解协议的程序；明确了实现担保物权的程序；细化了申请和受理支付令的条件；明确规定了驳回支付令申请的情形；明确了支付令异议的构成以及审查处理、撤销支付令、督促程序终结以及支付令对担保人的约束力；明确了除权判决作出后的救济程序规定。

（五）执行程序

明确了执行和解达成后恢复原生效法律文书执行的条件，即申请执行人因受欺诈、胁迫与被执行人达成和解协议，或者当事人不履行和解协议的，人民法院可以根据当事人的申请，恢复对原生效法律文书的执行；扩大人民法院查询的范围以及协助执行的单位；明确规定了法院作为拍卖、变卖财产的主体（《民事诉讼法》第230条第2款、第240条、第247条）。

《民诉司法解释》明确的主要内容：进一步规定了案外人异议之诉和申请执行人许可执行之诉的提起条件、管辖、当事人以及具体审理；明确了执行和解恢复执行的情形；规定了查封、扣押、冻结的期限以及续封的期限。

仲裁法学：

本部分的重点内容集中在其不同于诉讼的制度和程序，以及仲裁与诉讼的关系上面。具体包括：基本制度（一裁终局、或裁或审）、仲裁协议（有效性的确定机构、有效要件、效力以及效力的扩张、独立性）、仲裁程序（仲裁当事人、仲裁员的确定、仲裁和解与调解、仲裁保全、裁决书的作出）、仲裁的司法监督（撤销和不予执行的条件、法定情形）。

对于民事诉讼和商事仲裁的复习方法，建议考生作如下尝试：

（一）以理论为基础，理论结合法条，以法条为归宿：解决学科知识体系的问题

1. 民事诉讼法的学科知识体系及其理论基础

（1）民事诉讼程序的开始体现当事人的处分权与法院审判权的结合。当公民、法人以及其他组织认为其合法权益受到侵犯或者发生争议时，是否提起诉讼，由当事人处分。如果决定

提起诉讼,根据《民事诉讼法》第119条规定的起诉条件,必然涉及民事诉讼的主管与管辖中的级别管辖与地域管辖制度,当事人中的原告、被告、共同诉讼人、第三人以及诉讼代理人的权限问题;当然,当事人起诉后,法院对起诉予以审查就必然涉及特殊情形的处理以及不予受理的适用。

(2)诉讼请求的确定与审理体现当事人的处分权与法院审判权的结合。为充分实现自身的合法权益,原告除了有权在诉讼的开始阶段决定如何提出诉讼请求以外,在诉讼的进行过程中,原告还有权决定是否变更与放弃诉讼请求;有独立请求权的第三人有权决定是否提出独立的诉讼请求,而被告则有权决定是否反驳原告的诉讼请求以及是否提出反诉。同样,法院对当事人针对诉讼请求所为的诉讼行为也应当予以审查。在这一过程中,必然涉及反诉以及法院对反诉和第三人参加之诉的处理问题,如裁定驳回起诉与判决驳回诉讼请求的具体适用。

(3)一审的结案方式体现当事人的处分权与法院审判权的结合。在一审案件的审理过程中,涉及调解与判决两种不同的结案方式,当事人有权申请法院进行调解,在协商达成调解协议的基础上以调解方式结案。如果当事人不愿意调解或者调解未达成协议,法院应及时裁判。调解,必然涉及调解所遵循的自愿、合法原则以及调解书或者调解协议的生效时间及其所产生的法律效力。如果裁判,必然涉及审理前准备阶段的交换证据、合议庭的评议以及撤诉、缺席判决、延期审理、诉讼中止、诉讼终结等特殊情形的适用。当然,如果需要适用简易程序,必然涉及简易程序适用的案件、法院以及不得适用简易程序的法定情形。

(4)对于允许上诉的裁判,二审程序的进行也体现了当事人处分权与法院审判权的结合。人民法院对民事案件经过一审作出裁判后,对于允许上诉的判决和裁定,是否提起上诉由当事人决定。当然该上诉是否符合法定条件,需经人民法院审查。在二审程序进行过程中,人民法院对上诉案件的审理范围也是由上诉人在上诉状中决定的,当然,遇到最高人民法院《关于经济审判方式改革问题的规定(试行)》(以下简称《审改规定》)第35条中的法定特殊情况除外。此外,在二审程序中,还涉及审理方式(尤其是"不开庭审理"的条件)、对上诉案件的调解以及裁判等重要内容。

(5)对于已生效的判决、裁定、调解书的申请再审,也体现了当事人的处分权与法院审判权的结合。人民法院对民事案件经过审理作出生效法律文书后,对于确有错误的判决和裁定,以及违反自愿原则和内容违反法律规定的调解书,是否申请再审,由当事人决定,当事人依法提出再审申请的,人民法院对其再审申请是否符合法定条件应当进行审查,以便决定是否再审。此时,必然涉及当事人申请再审的法定期间、法定管辖、法定情形以及申请再审的案件范围等重要内容。此外,还有法院基于审判监督权的再审以及检察院抗诉引起的再审,当然,考生还需要掌握民事诉讼法对再审案件的审理程序的规定。

(6)申请执行已生效法律文书体现了当事人处分权与法院审判权的结合。法律文书生效后,也只是意味着在当事人之间确认了实体权利义务关系,当义务人不自觉履行生效法律文书所确定的义务时,是否申请法院强制执行由权利人决定。当权利人提出执行申请后,人民法院应当对当事人的执行申请是否符合法定条件予以审查。此时,必然涉及申请执行的主体、法定期间、法定管辖等问题。在执行程序开始后,被执行人有权决定是否申请执行担保,同时双方当事人也有权决定是否和解。当然,如果双方当事人未能和解,则涉及法院根据案件的具体情况采取强制措施的问题。此外,执行程序中还包括执行异议、执行承担、执行中止、执行终结等特殊情形的适用。

综上所述，考生可以当事人处分权与法院审判权相结合这一基础理论，将民事诉讼法的主干内容组成一个完整的知识体系，当然，在这一知识体系中，还包括一些对上述诉讼案件的审判程序予以保障的程序制度，如回避制度、公开审判制度、合议制度、财产保全制度以及对妨害民事诉讼行为的强制措施等。此外，还包括一些特殊的审判程序，如特别程序、督促程序、公示催告程序，以及涉外民事诉讼程序。

此外，在理解民事诉讼法的学科体系时，除了上面所分析的当事人私权处分与法院审判权相结合的运用之外，大家还需注意对法院裁判权行使的被动性的理解，如民事诉讼实行不告不理原则，没有当事人的起诉，则没有法院对争议案件审判权的行使；法院行使裁判权的范围应当以当事人私权处分的范围为限制，即法院不得超出当事人基于私权处分而提出的诉讼请求的范围行使裁判权，否则势必使法院这个裁判者丧失其应有的中立性，从而损害司法的权威。

2. 仲裁法的学科知识体系及其理论基础

仲裁作为与民事诉讼相并行的具有法律效力的争议解决制度，其核心特点在于当事人的自愿性。考生可以当事人的自愿性为理论基础将仲裁法中的重要内容组成一个完整的知识体系，以便于系统掌握。

（1）对于法定允许仲裁的争议事项，是否提请仲裁由当事人自愿协商。这就必然涉及仲裁法所规定的允许和不允许仲裁的争议事项，还涉及仲裁法中的核心问题仲裁协议，其中仲裁协议的内容、形式、法律效力以及仲裁协议的无效问题均极其重要。

（2）将争议事项提请哪一个仲裁委员会仲裁，由当事人自愿协商。这就涉及仲裁委员会的设立及其设立条件、仲裁员的任职资格以及仲裁委员会独立于行政机关、各仲裁委员会相互之间独立的问题。

（3）仲裁庭的组成形式以及组成仲裁庭的首席仲裁员与独任仲裁员由当事人自愿协商确定。这就涉及仲裁庭的组成以及仲裁员的回避与更换问题。

（4）仲裁审理方式与结案方式由当事人自愿协商。这就涉及仲裁所实行的以不公开开庭审理为原则，以公开开庭（涉及国家秘密的除外）、书面审理为例外形式。可以由当事人协议选择。另外，当事人还可以协商决定结案的方式，如仲裁中的和解与调解制度。即使和解或者调解不成，由仲裁庭作出仲裁裁决，双方当事人还可以就仲裁裁决应记载的内容进行协商。

以当事人自愿原则为基础理论，可以将仲裁法的相关内容组成仲裁法的知识体系主干。当然，除此之外，为保障仲裁解决争议案件的公正性，仲裁法还设置了以撤销仲裁裁决和不予执行仲裁裁决为内容的监督制度。

（二）知识群的理解与运用：解决的是知识点之间的内容关联性问题

1. 以比较方法建立知识群

（1）民事诉讼法与仲裁法的比较。民事诉讼法与仲裁法均为以解决民事争议为目的的民事程序法，因而，两者存在许多相同之处，但毕竟人民法院与仲裁机构的性质存在实质性的区别，因此，两者必然在其具体程序上存在一定的区别。考生在阅读教材的过程中，应善于总结民事诉讼法与仲裁法的区别之处，这些内容往往是历年资格考试中重点考查的内容，其中不同之处主要包括：受理案件的范围、管辖、审理组织的确定方式、审理人员的确定程序、回避的具体情形、证据保全与财产保全的程序、审理方式、和解的效力、调解的开始方式以及调解达成协议后所制作的法律文书、判决书与裁决书的制作程序、审理人员有无拒绝署名权、当事人对审理涉外案件所适用的程序规则以及适用的语言有无选择权、能否由外籍人员审理涉外案件、审级,等等。

(2)民事诉讼相关知识的比较。和解与调解、判决与裁定的比较、诉讼程序与非讼程序的比较、国内民事诉讼与涉外民事诉讼相关制度的比较(管辖、期间、财产保全)等。

2. 以知识点建立学科内知识群

(1)管辖问题。诉讼案件与非讼案件不同。具体而言,一是级别管辖问题;二是地域管辖问题。

(2)意思自治的运用问题——诉讼的契约化问题。程序的选择(民事诉讼与仲裁)——诉讼程序与非讼程序的选择(通常程序与特别程序、通常程序与督促程序、通常程序与公示催告程序)——诉讼程序的选择(普通程序与简易程序)——具体程序制度的选择(法定管辖与协议管辖,审理方式的选择:公开与不公开,处理方式的选择:和解与调解以及调解与判决)。

(3)诉讼权利的运用问题。人民法院——审判权;当事人——诉权;其他诉讼参与人——诉讼权利。

(4)人民法院的处理问题。一审—二审—再审—执行。

(三)凝练法律条文

要想有效掌握现行有关民事诉讼法律的众多规定,不适宜采取逐个法律文件、逐条记忆的方法,而应当采用以下几点方法:

1. 立足民事诉讼法,结合司法解释

考生在掌握有关民事诉讼的法律规定时,应了解民事诉讼法与司法解释的关系,其中,《民事诉讼法》是基本法,而司法解释只是根据司法实践的需要,由最高人民法院对《民事诉讼法》中未规定的内容或者规定过于笼统、不易操作的内容进行的细化,因此,考生必须确立一种观念,即立足于民事诉讼法,结合司法解释中的相关规定,而不能将民事诉讼法及司法解释看作各自独立的法律文件。也就是说,考生应当先根据考试规律,特别是最近五年的考试真题试卷,将民事诉讼法中经常考查以及偶尔考查的内容按照民事诉讼中的具体程序确定出来,然后再将各个司法解释中的有关该内容的规定与民事诉讼法中的相关内容结合在一起,形成关于该具体程序制度的完整的法律条文的内容。这样,不仅可以使考生集中而系统地掌握关于某一具体诉讼程序制度的全部法律规定,不会使关于该具体程序制度的相关规定被肢解,而且还可以使考生在综合掌握及分析法律规定的情况下,理解该具体程序制度的内涵,以便于在理解的前提下,融会贯通地掌握民事诉讼法中的重要制度。

2. 应采取理解记忆的方法

在民事诉讼法所规定的众多具体制度中,因具体制度的不同,法律的具体规定方法也有所不同,因此,考生应针对具体制度规定,采用不同的分析方法理解掌握法律规定。具体有两种情况:

(1)既在民事诉讼法中作出了具体规定,同时又在相关司法解释中作出了更加详细的补充性规定。

(2)仅在民事诉讼法中对某一具体程序问题作出了相应规定,并没有相关司法解释予以补充。

这种情况考生掌握起来相对容易一些,只要能够理解该法律条文的规定,并掌握条文中的核心内容即可。例如关于人民法院应适用何种程序审理再审案件的问题,仅在《民事诉讼法》第207条作了明确具体的规定:"人民法院按照审判监督程序再审的案件,发生法律效力的判决、裁定是由第一审法院作出的，按照第一审程序审理，所作的判决、裁定，当事人可以上诉；发生法律效力的判决、裁定是由第二审法院作出的，按照第二审程序审理，所作的判决、裁定，是发生法律效力的判决、裁定；上级人民法院按照审判监督程序提审的，按照第二审程序审理，所作的判决、裁定是发生法律效力的判决、裁定。人民法院审理再审案件，应当另行组成合议庭。"虽然该条文较长，但经过分析不难发现，该法律条文的核心实际上是人民法院审理再审案件应当依照原审程序进行审理，即再审案件为一审案件，原审人民法院再审应适用第一审普通程序；再审案件为二审案件，原审人民法院再审应适用第二审程序；最高人民法院或者上级人民法院提审，无论提审一审案件还是提审二审案件，均应当适用第二审程序。这样就较为容易记忆。

（3）对某一具体程序问题，《民事诉讼法》并未直接作出规定，而只是在《民诉司法解释》中作出了相关的规定。这种情况同上一种情况相似，只要考生分析理解该法律条文即可。例如在第二审程序中，在关于提起上诉的条件中涉及上诉人与被上诉人的确定问题，其中比较复杂的是必要共同诉讼人的上诉问题。对于该具体程序问题，《民事诉讼法》并没有作出具体规定，而只是在《民诉司法解释》中予以了明确，即必要共同诉讼人中的一人或者部分人提出上诉的，按照下列情况处理：第一，该上诉是对与对方当事人之间的权利义务分担有意见，不涉及其他共同诉讼人利益的，对方当事人为被上诉人，未上诉的同一方当事人依原审诉讼地位列明；第二，该上诉仅对共同诉讼人之间的权利义务分担有意见，不涉及对方当事人利益的，未上诉的同一方当事人为被上诉人，对方当事人依原审诉讼地位列明；第三，该上诉对双方当事人之间以及共同诉讼人之间权利义务分担有意见的，未提出上诉的其他当事人均为被上诉人。该条文不仅内容较多，而且条文语言较为拗口，因此，许多考生感觉难以记忆，但如果对该条文内容进行分析，即可以发现其核心内容完全可以概括成为一句话，即有权上诉并提出上诉的人作为上诉人，上诉人对与其权利义务分担有意见的人作为被上诉人，其他人依原审诉讼地位列明即可。

（四）习题练习与自我模拟测试的方法

为了巩固所复习和掌握的学科基础知识和相关法律规定，进行习题练习是必不可少的；为了使自己积累一定的考试经验，进行一定的模拟测试也是极其重要的，但关键是要适度，否则适得其反。建议考生在选择练习习题时，选择以章节为特点编写的练习题；而在选择模拟试题时，可优先选择近五年的真题试卷，如果考生自身感觉还有一定的需求，可适量再选择一些其他的模拟试题。

目　　录

民事诉讼法

第一章　民事诉讼与民事诉讼法 …………………………………………（3）
第二章　民事诉讼法的基本原则与基本制度 ……………………………（5）
第三章　主管与管辖 ………………………………………………………（21）
第四章　诉 …………………………………………………………………（45）
第五章　诉讼参加人 ………………………………………………………（53）
第六章　民事证据 …………………………………………………………（80）
第七章　民事诉讼中的证明 ………………………………………………（90）
第八章　期间与送达 ………………………………………………………（108）
第九章　法院调解 …………………………………………………………（113）
第十章　保全和先予执行 …………………………………………………（120）
第十一章　对妨害民事诉讼的强制措施 …………………………………（128）
第十二章　普通程序 ………………………………………………………（130）
第十三章　简易程序 ………………………………………………………（145）
第十四章　公益诉讼 ………………………………………………………（151）
第十五章　第三人撤销权之诉 ……………………………………………（154）
第十六章　第二审程序 ……………………………………………………（159）
第十七章　特别程序 ………………………………………………………（171）
第十八章　审判监督程序 …………………………………………………（182）
第十九章　督促程序 ………………………………………………………（200）
第二十章　公示催告程序 …………………………………………………（206）
第二十一章　民事裁判 ……………………………………………………（212）
第二十二章　执行程序 ……………………………………………………（215）
第二十三章　涉外民事诉讼程序 …………………………………………（243）

仲 裁 制 度

第一章 仲裁及仲裁法的概述 ……………………………………………（253）
第二章 仲裁委员会和仲裁协会 …………………………………………（255）
第三章 仲裁协议 …………………………………………………………（256）
第四章 仲裁程序 …………………………………………………………（265）
第五章 申请撤销仲裁裁决 ………………………………………………（276）
第六章 仲裁裁决的执行与不予执行 ……………………………………（279）

民事诉讼法

第一章 民事诉讼与民事诉讼法

本章知识体系：

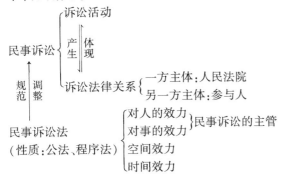

考点 1 民事诉讼法的性质

一、精讲

民事诉讼法是指国家制定或认可的,调整民事诉讼法律关系主体的行为和相互关系的法律规范的总和。关于民事诉讼法的性质,可以从以下两方面理解：

1. 民事诉讼法属于公法

法律依照其规范的对象或者主体之间的关系,可分为公法与私法。作为一门部门法,民事诉讼法是规范国家(法院)行使审判权程序的法规,与规范平等主体之间权利义务关系的私法不同,性质属于公法。民事诉讼法虽然属于公法,但其就当事人间的实体权利义务作出裁判,解决当事人间的民事纠纷,与纯粹公法性质的刑法、刑事诉讼法不同,在归类上属于民事法范围。

2. 民事诉讼法属于程序法

法律依照其内容的性质,可以分为实体法与程序法。程序法是相对实体法而言的,民事实体法是规定人们民事实体权利义务的法律,民事诉讼法是规范审理实体权利义务关系发生争议的程序,以民事诉讼程序与技术层面的事项为规范内容,在性质上属于程序法。

此外,《民事诉讼法》是由全国人民代表大会通过并颁布实施的,其效力仅次于根本法——宪法,属于基本法；从调整的社会关系看,《民事诉讼法》是调整民事诉讼法律关系的,属于一个独立的部门法。

二、例题

关于民事诉讼法的性质,下列哪一说法是正确的？（2011年真题,单选）

A. 根据其调整的社会关系,民事诉讼法是程序法

B. 根据其在法律体系中的地位,民事诉讼法是程序法

C. 根据其规定的内容,民事诉讼法是程序法

D. 根据公法与私法的划分标准,民事诉讼法是程序法

[释疑] 根据规范内容的性质,民事诉讼法是规范审理实体权利义务关系发生争议的程序,以民事诉讼程序与技术层面的事项为规范内容,属于程序法。(答案:C)

三、提示与预测

本章不是考试重点,偶有涉及,考生只需了解下列内容即可:

1. 了解民事纠纷及其特点

民事纠纷又称为民事冲突、民事争议,是指平等主体之间发生的,以民事权利义务为内容的社会纠纷。民事纠纷具有以下特点:

(1) 民事纠纷主体之间法律地位平等。

(2) 民事纠纷的内容是对民事权利义务的争议。

(3) 民事纠纷的可处分性。由于民事纠纷是民事权利享有和民事义务承担的争议,基于私法自治原则,民事纠纷主体有进行处分的权利。

2. 了解现行民事纠纷的解决机制

包括:和解、调解(主要是人民调解委员会的调解)、仲裁和民事诉讼。

3. 掌握民事诉讼法根据不同的分类标准,具备不同的性质。

4. 了解民事诉讼法的效力范围

民事诉讼法的作用和适用范围,具体说,就是民事诉讼法对什么事、对什么人、在什么空间和时间适用和发生作用。

(1) 我国民事诉讼法的空间效力包括我国整个领域,即我国的领土、领空、领海以及领土的延伸部分(如我国驻外使领馆、航行或停泊于国外或公海上的我国飞行器或船舶等)。凡居住于中国领域内的人,不管其国籍如何,均适用民事诉讼法,但享有外交特权与豁免权的外国人、外国组织或国际组织除外。

(2) 民事诉讼法的对人效力,凡中华人民共和国的国民以及依照中国法律设立的法人或者非法人团体,都应当适用民事诉讼法,即使其住所或者营业所在国外也是如此。另外,对于申请在我国进行民事诉讼的外国人、无国籍人以及外国企业和组织,也适用民事诉讼法。

(3) 民事诉讼法的对事效力,指的是法院的民事诉讼主管范围,即哪些民事纠纷和其他案件由我国法院依照我国民事诉讼法来解决。我国《民事诉讼法》第3条规定,人民法院受理公民之间、法人之间、其他组织之间以及他们相互之间因财产关系和人身关系提起的民事诉讼,适用本法规定。根据《民事诉讼法》的规定,只要属于平等主体之间的民事纠纷,就属于民事诉讼法的主管范围,但法律另有规定的除外。

(4) 民事诉讼法的时间效力,是指民事诉讼法在什么时间范围发生效力,包括何时生效、何时失效以及是否具有溯及力。民事诉讼法自施行之日生效,自废止之日失去效力。作为程序法,民事诉讼法一般具有溯及既往的效力,对于新《民事诉讼法》施行前受理的案件,已按照旧法进行的诉讼活动仍然有效,但尚未审结的案件,则应适用新法。

第二章 民事诉讼法的基本原则与基本制度

本章知识体系：

```
            ┌ 当事人诉讼权利平等原则
            │ 辩论原则
            │ 处分原则
    基本原则 ┤ 诚实信用原则
      ↑     │ 法院调解自愿及合法原则
     体现   │ 检察监督原则
            └ 同等与对等原则

            ┌ 合议制度
            │ 回避制度
    基本制度 ┤ 公开审判制度
            └ 两审终审制度
```

考点 1 法院调解的自愿及合法原则

一、精讲

根据法律的规定，这一原则包括四个方面的内容：

1. 法院调解活动贯穿民事诉讼的整个过程。在第一审程序中，从答辩期开始，直到判决作出之前，法院均可以进行调解。在第二审程序、审判监督程序中，法院可以调解。

2. 人民法院进行调解时必须遵守自愿与合法原则。自愿是指当事人参加调解和达成调解协议均出于自愿，不得强迫；合法是指调解的进行必须遵守民事诉讼法规定的程序，调解协议的内容不得违反国家法律、政策的规定，不得损害国家、集体和他人的合法利益。

3. 对调解不成的案件，法院应当及时作出判决。当事人不愿意就争议进行调解的，要避免滥用调解，久调不决。

4. 自愿与合法作为调解原则的内容，二者缺一不可，协调一致。

二、例题

1. 关于民事诉讼法基本原则在民事诉讼中的具体体现，下列哪一说法是正确的？（2011年真题，单选）

    A. 当事人有权决定是否委托代理人代为进行诉讼，是诉讼权利平等原则的体现

    B. 当事人均有权委托代理人代为进行诉讼，是处分原则的体现

    C. 原告与被告在诉讼中有一些不同但相对等的权利，是同等原则的体现

    D. 当事人达成调解协议不仅要自愿，内容也不得违法，是法院调解自愿和合法原则的体现

    [释疑] 该题目综合考查民事诉讼法基本原则在民事诉讼中的具体体现。当事人有权

决定是否委托代理人代为进行诉讼,是处分原则的体现;当事人均有权委托代理人代为进行诉讼,才是诉讼权利平等原则的体现;原告与被告在诉讼中有一些不同但相对等的权利,也是属于诉讼权利平等原则的体现,而同等原则仅适用于外国籍或无国籍的当事人;当事人达成调解协议不仅要自愿,内容也不得违法,是法院调解自愿和合法原则的体现。(答案:D)

三、提示与预测

法院调解是高频率考点之一。法院调解一般不是诉讼的必经程序,除非法律规定的先行调解的案件。例如:普通程序审理的离婚案件;简易程序审理的案件中婚姻家庭纠纷和继承纠纷;劳务合同纠纷;交通事故和工伤事故引起的权利义务关系较为明确的损害赔偿纠纷;宅基地和相邻关系纠纷;合伙协议纠纷;诉讼标的额较小的纠纷。

考点 2 当事人诉讼权利平等原则

一、精讲

《民事诉讼法》第8条规定了诉讼权利平等原则,即:"民事诉讼当事人有平等的诉讼权利。人民法院审理民事案件,应当保障和便利当事人行使诉讼权利,对当事人在适用法律上一律平等。"

当事人诉讼权利平等原则具有以下两个方面的内容:

1. 民事诉讼当事人平等地享有诉讼权利

具体包括两个方面的含义:

(1)诉讼权利的同等性,即在诉讼过程中,双方当事人的诉讼权利是相同的,如双方当事人都可以享有委托诉讼代理人、提供证据、参与庭审等权利。

(2)诉讼权利的对应性,当事人诉讼地位的对抗性决定了双方当事人的某些诉讼权利处于对应状态,如原告有起诉权,被告有反诉权,原告可以放弃或变更诉讼请求,被告可以承认或者反驳诉讼请求等。法律不因一方当事人的特殊身份或地位而多赋予其诉讼权利和行使诉讼权利的机会。

2. 人民法院应当保障和便利当事人平等地行使法律所规定的诉讼权利

也就是说,法院在诉讼过程中,有责任保障当事人行使法律规定的诉讼权利,不得随意限制或者剥夺当事人的诉讼权利;法院应当为当事人行使诉讼权利提供方便,使当事人能够充分和实际地行使法律规定的诉讼权利;法院对双方当事人行使诉讼权利应当一视同仁,不得偏袒一方,歧视压制另一方。

二、例题

社会主义法治的价值追求是公平正义,因此必须坚持法律面前人人平等原则。下列哪一民事诉讼基本原则最能体现法律面前人人平等原则的内涵?(2014年真题,单选)

A. 检察监督原则 B. 诚实信用原则
C. 当事人诉讼权利平等原则 D. 同等原则和对等原则

[释疑] 该题考查宪法原则在基本法中的落实。法律面前人人平等原则,直接体现在民事诉讼中为当事人诉讼权利平等原则,即平等地享有诉讼权利,平等地受到法院审判权的保

护，以及最终在适用法律上也一律平等。同等原则与对等原则中虽然也有平等的内涵，但该原则仅适用于在中国进行诉讼的外国籍或无国籍的当事人，是一种国际关系在民事诉讼中的体现。（答案：C）

三、提示与预测

当事人诉讼权利平等原则是民事诉讼中最基本的原则之一，是辩论原则、举证责任分配制度等制度设立的基础，一般出现在选择题中考查，考生应当掌握其具体表现。

经常与当事人诉讼权利平等原则一并考察的是同等原则和对等原则。我国《民事诉讼法》第5条规定了同等原则与对等原则，即"外国人、无国籍人、外国企业和组织在人民法院起诉、应诉，同中华人民共和国公民、法人和其他组织有同等的诉讼权利义务。外国法院对中华人民共和国公民、法人和其他组织的民事诉讼权利加以限制的，中华人民共和国人民法院对该国公民、企业和组织的民事诉讼权利，实行对等原则"。可见，同等原则和对等原则是同一个问题的两个方面，前者是目的，后者是手段。同等原则是国际上平等互惠原则在司法上的体现，它有利于发展不同国家之间的经济贸易交往和人员的友好往来。但是当这种原则受到破坏，国家之间平等互惠关系失去平衡，影响主权国家的尊严及其公民、企业和组织的正当权益时，就需要以相应的措施抵消其不平衡，可行的相应措施就是实行对等原则。

考点 3 辩论原则

一、精讲

辩论原则是经常会考查的基本原则之一，考生可以从以下四方面理解：

1. 辩论原则贯穿在整个民事诉讼过程中，当事人可以在整个审判过程中行使辩论权，通过辩论，证明事实，维护自己的主张；人民法院通过当事人的辩论，核实证据，查明案件事实，作出正确的裁判。

2. 辩论的内容广泛，既可以是程序方面的问题，也可以是包括实体事实与实体法律适用在内的实体方面的问题。

3. 辩论的形式多样，包括口头辩论与书面辩论。

4. 法院应当保护当事人辩论权的行使并受当事人辩论权的制约。法院应当保护当事人辩论权的行使，具体表现为：法院应当在诉讼过程中接受诉讼文书和证据，听取当事人陈述、辩论和质证；正确指引辩论，引导当事人提供有关证据，集中辩论焦点，制止与本案无关的发言的争议；正确判断当事人提出的请求。法院的裁判应当受当事人辩论权的约束，具体表现为：当事人争议的焦点事实，法院必须在裁判中作出认定；裁判的事实与依据必须来源于当事人辩论之后确定的事实和证据；未经法庭辩论和质证的证据，通常情况下不得作为法庭裁判的依据。

二、例题

1. 案情：居住在甲市A区的王某驾车以60公里的时速在甲市B区行驶，突遇居住在甲市C区的刘某骑自行车横穿马路，王某紧急刹车，刘某在车前倒地受伤。刘某被送往甲市B区医院治疗，疗效一般，留有一定后遗症。之后，双方就王某开车是否撞倒刘某，以及相关赔偿事宜发生争执，无法达成协议。

刘某诉至法院,主张自己被王某开车撞伤,要求赔偿。刘某提交的证据包括:甲市B区交警大队的交通事故处理认定书(该认定书没有对刘某倒地受伤是否为王某开车所致作出认定)、医院的诊断书(复印件)、处方(复印件)、药费和住院费的发票等。王某提交了自己在事故现场用数码摄像机拍摄的车与刘某倒地后状态的视频资料。图像显示,刘某倒地位置与王某车距离1米左右。王某以该证据证明其车没有撞到刘某。

一审中,双方争执的焦点为:刘某倒地受伤是否为王某驾车撞倒所致;刘某所留后遗症是否因医疗措施不当所致。

法院审理后,无法确定王某的车是否撞到刘某。一审法院认为,王某的车是否撞到刘某无法确定,但即使王某的车没有撞到刘某,由于王某车型较大、车速较快、刹车突然、刹车声音刺耳等原因,足以使刘某受到惊吓而从自行车上摔倒受伤。因此,王某应当对刘某受伤承担相应的责任。同时,刘某因违反交通规则,对其受伤也应当承担相应的责任。据此,法院判决:王某对刘某的经济损失承担50%的赔偿责任。关于刘某受伤后留下后遗症问题,一审法院没有作出说明。

问题:根据民事诉讼法学(包括证据法学)的相关原理,一审法院判决是否存在问题?为什么?(2012年卷四,案例分析题)

[释疑] 一审法院判决存在如下问题:第一,判决没有针对案件的争议焦点作出事实认定,违反了辩论原则;第二,在案件争执的法律要件事实真伪不明的情况下,法院没有根据证明责任原理作出判决;第三,法院未对第二个争执焦点作出事实认定,违反了辩论原则。

理由说明:(1)本案当事人的争执焦点是刘某倒地受伤是否为王某驾车撞到了刘某;刘某受伤之后所留下的后遗症是否因为医院对刘某采取的医疗措施不当所致。但法院判决中没有对这两个争议事实进行认定,而是把法院自己认为成立的事实——刘某因受到王某开车的惊吓而摔倒,作为判决的根据,而这一事实当事人并未主张,也没有经过双方当事人的辩论。因此,在这问题上,法院的做法实际上是严重限制了当事人辩论权的行使。

(2)法院通过调取相关证据,以及经过开庭审理,最后仍然无法确定王某的车是否撞到了刘某。此时,当事人所争议的案件事实处于真伪不明的状态,在此情况下,法院应当根据证明责任分配作出判决。

2.王某与钱某系夫妻,因感情不和王某提起离婚诉讼,一审法院经审理判决不准离婚。王某不服提出上诉,二审法院经审理认为应当判决离婚,并对财产分割与子女抚养一并作出了判决。关于二审法院的判决,下列哪些选项违反了《民事诉讼法》的原则或制度?(2010年真题,多选)

  A. 处分原则   B. 辩论原则   C. 两审终审制度   D. 回避制度

[释疑] 根据《民事诉讼法》第13条第2款的规定:"当事人有权在法律规定的范围内处分自己的民事权利和诉讼权利。"人民法院只能围绕当事人的诉讼请求进行审理,超裁、漏判均属于违背处分原则。本题中,当事人仅诉离婚,而二审法院却对财产分割与子女抚养一并作出了判决,属于超裁,违反了处分原则。A项当选。根据《民事诉讼法》第12条的规定:"人民法院审理民事案件时,当事人有权进行辩论。"人民法院作出裁判的依据应当来源于当事人的主张和辩论的事实,也即对于当事人没有主张与辩论的事实,人民法院不能进行审理并作出裁判,否则,则是对辩论原则的违反。B项当选。根据《民事诉讼法》第10条的规定,人民法院审理民事案件,实行两审终审制度,即一个民事案件经过两级法院审理即告终结的制度。本题

中,二审法院直接对财产分割与子女抚养事项作出了判决,剥夺了当事人对该事项的上诉权,违反了两审终审制度。C项当选。(答案:ABC)

3. 关于辩论原则的表述,下列哪些选项是正确的?(2009年真题,多选)
A. 当事人辩论权的行使仅局限于一审程序中开庭审理的法庭调查和法庭辩论阶段
B. 当事人向法院提出起诉状和答辩状是其行使辩论权的一种表现
C. 证人出庭陈述证言是证人行使辩论权的一种表现
D. 督促程序不适用辩论原则

[释疑] 根据《民事诉讼法》第12条的规定:"人民法院审理民事案件时,当事人有权进行辩论。"辩论权仅适用于诉讼程序,主体为当事人。因此,非诉程序和当事人以外的其他诉讼参与人不享有辩论权。(答案:BD)

三、提示与预测

辩论原则的具体运用是高频考点,选择题和案例分析题均可以考察。考生需要注意掌握:
(1) 行使辩论权的主体只能是当事人,不包括其他诉讼参与人。
(2) 辩论权的行使仅贯穿于诉讼案件的审判阶段,不包括执行阶段;也不包括特别程序、督促程序以及公示催告程序的审理阶段。
(3) 当事人争议的焦点事实,法院必须在裁判中作出认定。
(4) 人民法院作出裁判的事实与依据应当来源于当事人的主张和辩论的事实,对于当事人没有争议的事实,法院可以直接作为裁判的依据。
(5) 未经当事人辩论的事实,不能作为认定案件的事实;未经当事人举证质证的证据,通常不能作为法院裁判的依据。

考点 4　当事人处分原则

一、精讲

处分原则是民事诉讼的核心,包括以下内容:
1. 行使处分权的主体是当事人,其他诉讼参与人不享有处分权。
2. 当事人处分的内容是自己依法享有的民事权利与诉讼权利,并且当事人对民事权利的处分通常需要通过对诉讼权利的处分来实现。
3. 当事人行使处分权的行为贯穿整个民事诉讼的全部过程,包括诉讼阶段和执行阶段。
4. 当事人行使处分权应在法律规定的范围内进行。在我国,当事人行使处分权只能依法进行,即当事人行使处分权不得违反法律规定,不得损害国家、社会和集体利益,不得损害他人的合法权益,否则,处分行为无效。

对处分原则的考查,案例分析题和选择题均有考查,2005年卷四分析论述题第一问,及2006年、2007年卷四案例分析;2006年、2008年、2010年、2013年、2014年选择题中均有涉及。

二、例题

1. 当事人可对某些诉讼事项进行约定,法院应尊重合法有效的约定。关于当事人的约定及其效力,下列哪些表述是错误的?(2014年真题,多选)

A. 当事人约定"合同是否履行无法证明时,应以甲方主张的事实为准",法院应根据该约定分配证明责任

B. 当事人在诉讼和解中约定"原告撤诉后不得以相同的事由再次提起诉讼",法院根据该约定不能再受理原告的起诉

C. 当事人约定:"如果起诉,只能适用普通程序",法院根据该约定不能适用简易程序审理

D. 当事人约定:"双方必须亲自参加开庭审理,不得无故缺席",如果被告委托了代理人参加开庭,自己不参加开庭,法院应根据该约定在对被告两次传唤后对其拘传

[释疑] 本题考查当事人行使处分权的形式。民事诉讼中当事人处分诉讼权利的方式以单方处分为主,但法律也明确规定了当事人双方合意处分诉讼权利的情形,也称诉讼契约。包括:协议管辖、合意确定举证期限、合意确定证据交换日期、合意选定鉴定人、合意选择适用简易程序审理普通案件,以及二审程序中特定的案件当事人合意放弃上诉权(在二审程序中原审原告增加独立的诉讼请求、原审被告提起反诉的情形;一审判决不准离婚,二审法院认为应当离婚时,对子女抚养和财产分割问题一并调解,调解不成的,双方当事人同意由二审法院一并审理的,二审法院可以一并审理)。除了法律明确规定的诉讼契约对人民法院产生约束力之外,其他的当事人对诉讼权利的合意处分,对人民法院均不产生约束力。所以,ABCD均为错误。(答案:ABCD)

2. 关于民事诉讼基本原则的表述,下列哪一选项是正确的?(2013年真题,单选)

A. 外国人在我国进行民事诉讼时,与中国人享有同等的诉讼权利义务,体现了当事人诉讼权利平等原则

B. 法院未根据当事人的自认进行事实认定,违背了处分原则

C. 当事人主张的法律关系与法院根据案件事实作出的认定不一致时,根据处分原则,当事人可以变更诉讼请求

D. 环保组织向法院提起公益诉讼,体现了支持起诉原则

[释疑] 外国人在我国进行民事诉讼时,与中国人享有同等的诉讼权利义务,体现了同等原则,当事人诉讼权利平等原则只适用于中国籍的公民,A错误;法院未根据当事人的自认进行事实认定,违背的是辩论原则。根据辩论原则,对当事人没有争议的事实,包括自认的事实,应当作为裁判的事实依据,B错误;当事人主张的法律关系与法院根据案件事实作出的认定不一致时,当事人可以变更诉讼请求,是当事人对实体权利的处分,体现了处分原则,C正确;环保组织向法院提起公益诉讼,环保组织是适格的原告,不存在支持起诉的问题。支持起诉原则是指机关、社会团体、企事业单位对损害国家、集体或者个人民事权益的行为,可以支持受损害单位或者个人向人民法院起诉。其本质是由受损害的单位和个人以自己名义向法院起诉,而机关、社会团体、企事业单位给予受害单位和个人精神上、道德上和法律上、物质上的帮助;而公益诉讼是指对污染环境、侵害众多消费者合法权益等损害社会公共利益的行为,法律规定机关和有关组织(以自己的名义)向人民法院起诉,D错误。(答案:C)

3. 丙承租了甲、乙共有的房屋,因未付租金被甲、乙起诉。一审法院判决丙支付甲、乙租金及利息共计1万元,分5个月履行,每月给付2000元。甲、乙和丙均不服该判决,提出上诉:乙请求改判丙一次性支付所欠的租金1万元。甲请求法院判决解除与丙之间的租赁关系。丙

认为,租赁合同中没有约定利息,甲、乙也没有要求给付利息,一审法院不应当判决自己给付利息,请求判决变更一审判决的相关内容。丙还提出,为修缮甲、乙的出租房,自己花费了3 000元,请求抵消部分租金。关于一审法院判决丙给付甲、乙利息的做法,下列说法正确的是(2010年真题,不定选)

A. 违背了民事诉讼的处分原则
B. 违背了民事诉讼的辩论原则
C. 违背了民事诉讼的当事人诉讼权利平等原则
D. 违背了民事诉讼的同等原则

[释疑] 根据《民事诉讼法》第13条第2款的规定:"当事人有权在法律规定的范围内处分自己的民事权利和诉讼权利。"对于处分原则,需要注意掌握:

(1)当事人可以自由处分的是自己享有的实体权利和程序权利。

(2)当事人必须在法律规定的范围内处分自己享有的权利,否则,人民法院将对其处分予以干预。

(3)当事人对实体权利的处分,将制约法院的审判对象,即法院只能围绕当事人的诉讼请求进行审理,超裁、漏判均属违背处分原则。

(4)当事人对程序权利的处分,会制约诉讼程序的启动,即诉讼程序的启动,一般是基于当事人申请而发生。

A项正确。(答案:A)

4. 甲向法院起诉,要求判决乙返还借款本金2万元。在案件审理中,借款事实得以认定,同时,法院还查明,乙逾期履行还款义务近一年,法院遂根据银行同期定期存款利息,判决乙归还甲借款本金2万元,利息520元。关于法院对该案判决的评论,下列哪一选项是正确的?(2008年真题,单选)

A. 该判决符合法律规定,实事求是,全面保护了权利人的合法权益
B. 该判决不符合法律规定,违反了民事诉讼的处分原则
C. 该判决不符合法律规定,违反了民事诉讼的辩论原则
D. 该判决不符合法律规定,违反了民事诉讼的平等原则

[释疑] 见第3题,B项正确。(答案:B)

4. 在民事诉讼中,法院对下列哪些事项可以不经当事人申请而作出处理?(2006年真题,不定选)

A. 诉讼中裁定财产保全 B. 决定回避
C. 裁定移送管辖 D. 裁定先予执行

[释疑] 根据处分原则,民事诉讼中各种程序的启动应当由当事人申请进行,但法律也明确了有些事项法院可以不经当事人的申请而作出处理。包括:

(1)回避制度分为申请回避、自行回避和决定回避三种方式,对于自行回避,法院可以不经当事人的申请作出决定。根据《民事诉讼法》第44条第1款的规定:"审判人员有下列情形之一的,应自行回避,当事人有权用口头或者书面方式申请他们回避:(一)是本案的当事人或者当事人、诉讼代理人近亲属的;(二)与本案有利害关系的;(三)与本案当事人、诉讼代理人有其他关系,可能影响对案件公正审理的。""审判人员接受当事人、诉讼代理人请客送礼,

或者违反规定会见当事人、诉讼代理人的,当事人有权要求他们回避。"

（2）《民事诉讼法》第 100 条第 1 款规定:"人民法院对于可能因当事人一方的行为或者其他原因,使判决难以执行或者造成当事人其他损害的案件,根据对方当事人的申请,可以裁定对其财产进行保全、责令其作出一定行为或者禁止其作出一定行为;当事人没有提出申请的,人民法院在必要时也可以裁定采取保全措施。"我国民诉中保全程序的启动可以由当事人申请,也可以由法院依职权进行。

（3）《民事诉讼法》第 236 条第 1 款规定:"发生法律效力的民事判决、裁定,当事人必须履行。一方拒绝履行的,对方当事人可以向人民法院申请执行,也可以由审判员移送执行员执行。"我国执行开始的方式包括申请执行和移送执行,对于移送执行的案件,法院可以依职权进行。因此,A、B、C 三项正确。

除以上三种情形外,法院可以不经当事人的申请而作出处理的还包括:

（1）法院可以依职权收集证据,但仅限于涉及国家利益、社会公共利益,涉及身份关系,涉及公益诉讼,涉及当事人恶意串通损害他人合法权益的案件,以及涉及依职权追加当事人、中止诉讼、终结诉讼、回避等程序性事项的案件;

（2）法院可以基于审判监督权启动再审程序。（答案:ABC）

三、提示与预测

处分原则的具体运用是高频率考点,案例分析题和选择题均有考查,2005 年卷四分析论述题第一问,及 2006 年、2007 年卷四案例分析;2006 年、2008 年、2010 年、2013 年和 2014 年选择题均有涉及。对于处分原则,考生必须掌握当事人处分权的行使对法院审判权行使的制约体现的具体方面。当事人对实体权利的处分,直接制约着法院的审判对象。在第一审程序中,法院的审理范围仅限于当事人的诉讼请求,超出诉讼请求的审理、遗漏诉讼请求的审理均属于对处分原则的违反,构成救济的事由。当事人对程序权利的处分,一般制约诉讼程序的启动,例如,是否起诉、是否上诉由当事人自行决定,法院不能依职权引起。但也有例外的情形,即法院可以不经当事人的申请而作出程序处理的情形,见上述例题 4。当事人行使处分权通常是单方处分,但在法律明确规定的情形下,也可以双方合意处分,见上述例题 1。

考点 5　诚实信用原则

一、精解

民事诉讼中的诚实信用原则,是指法院、当事人以及其他诉讼参与人在审理民事案件和进行民事诉讼时必须公正、诚实和善意。诚实信用原则是 2012 年《民事诉讼法》修订新增加的内容,作为第 13 条第 1 款:"民事诉讼应当遵循诚实信用原则。"对于诚实信用原则,主要掌握下列内容:

1. 诚实信用原则贯穿于整个民事诉讼的始终。

2. 诚实信用原则约束所有的民事诉讼主体,包括当事人、法院、其他诉讼参与人。

对当事人的规制是要求在当事人进行诉讼时要诚实和善意,主要表现为:

（1）禁止当事人恶意制造诉讼（以欺骗方法形成不正当诉讼状态）;

(2) 禁止当事人无故拖延诉讼(促进诉讼的义务);
(3) 禁止当事人滥用诉讼权利;
(4) 当事人在诉讼时负有真实陈述义务;
(5) 不能进行虚假陈述或实施相互矛盾的行为(禁反言)。新《民事诉讼法》中诚实信用原则的具体体现是对当事人恶意制造诉讼侵害他人利益或逃避履行的规制。恶意诉讼、调解侵害他人利益或规避执行的行为,构成妨害民事诉讼的行为,根据情节轻重,可以对恶意诉讼的当事人予以罚款和拘留;构成犯罪的,依法追究刑事责任。对恶意诉讼、调解侵害他人利益的,人民法院应当驳回其诉讼请求(《民事诉讼法》第112条、第113条)。《民事诉讼法司法解释》对诚信原则有进一步的明确规定,包括:当事人具结(第111条)、证人具结(第119条);证人拒绝具结的后果(第120条);虚假调解的制裁(第144条);禁反言(第229条);一审诉讼行为对二审的约束(第342条);失信被执行人名单(第518条)等。

对法官的规制是要求法院在审理和裁判民事案件时应当公正合理,禁止法院滥用自由裁量权,禁止法院突袭裁判;

对其他诉讼参与人的约束是要求诉讼代理人、证人以及鉴定人等其他诉讼参与人在进行民事诉讼时诚实善意。具体表现为证人不得故意提供虚假的证言;鉴定人不得故意出具与事实不符的鉴定意见;翻译人员不得故意作与诉讼主体的意思不符的翻译;诉讼代理人不得滥用代理权或超越代理权等。

3. 诚实信用原则要求民事诉讼主体在主观上不得故意违背法律精神,例如当事人提供虚假证据、滥用诉讼权利以拖延诉讼程序;法院滥用自由裁量权、不依据案件事实主观地取舍证据等,均属于违反诚信原则的表现。

二、例题

根据《民事诉讼法》规定的诚信原则的基本精神,下列哪一选项符合诚信原则?(2014年真题,单选)

A. 当事人以欺骗的方法形成不正当诉讼状态
B. 证人故意提供虚假证言
C. 法院根据案件审理情况对当事人提供的证据不予采信
D. 法院对当事人提出的证据任意进行取舍或否定

[释疑] 诚信原则的核心就是诚实信用,无论是法院,还是当事人及诉讼参与人,在主观上都不得故意违背法律精神,例如当事人提供虚假证据、滥用诉讼权利以拖延诉讼程序;法院滥用自由裁量权、主观地取舍证据等都有违诚信要求,但"根据案情对证据不予采信"符合诚信原则的要求。(答案:C)

三、提示与预测

诚信原则属于热点问题,考生应当关注。主要掌握:
(1) 诚实信用原则适用所有民事诉讼主体,包括当事人及其诉讼代理人、其他诉讼参与人(证人、鉴定人等)、法院;
(2) 诚信原则要求民事诉讼主体在主观上不得故意违背法律精神;因此,违反诚信原则的行为在主观上一定是存有故意或任意。

(3) 违反诚信原则的主要情形。

主要掌握诚实信用原则对当事人及其他诉讼参与人的规制,具体见上述精解2。

考点 6 检察监督原则

一、精讲

民事诉讼的检察监督原则,是指检察机关有权对民事诉讼实行法律监督。此次《民事诉讼法》对检察监督原则作了修订,主要扩大了检察监督的范围,即由原法的"人民检察院有权对人民法院的审判活动实行法律监督"扩大为"人民检察院有权对民事诉讼实行法律监督"。

对于检察监督原则,主要掌握检察监督适用的范围:检察机关有权对民事诉讼实行监督。人民检察院的监督范围不仅包括民事审判活动,也包括民事执行活动;监督的对象不仅包括人民法院,同时包括当事人在内的一切诉讼参与人。

二、提示与预测

检察监督原则的掌握应当与审判监督程序中检察院的具体检察监督结合起来。除掌握监督范围的扩大外,还应当掌握:

(1) 检察机关不仅对已经发生法律效力的判决、裁定在法定条件下实行监督,也对损害国家利益、社会公共利益的调解书实行监督。也就是说,检察监督是一种事后监督,一种有限的监督,而其监督的对象是已经发生法律效力的判决、裁定和调解书。

(2) 检察机关监督的范围包括审判行为、执行行为以及调解行为。

(3) 检察监督的方式包括抗诉和检察建议。最高人民检察院和上级人民检察院对下级人民法院的监督方式为抗诉,地方各级人民检察院对同级人民法院的监督方式为提出检察建议。需要注意的是,只有抗诉才能引起再审。

考点 7 公开审判制度

一、精讲

公开审判制度是指依据法律规定,人民法院的审判活动除了合议庭评议案件外,向群众和社会公开审理、公开宣判的制度。公开审判制度主要掌握两点:(1) 公开审理是案件审理的主要方式,除法律明文规定不公开,或者法院依法基于当事人的申请不公开审理之外,其他案件应一律公开审理;(2) 任何诉讼案件,不论是否公开审理,宣判时一律公开。

公开审判制度的考点:不公开审理的案件的范围。

二、例题

1. 唐某作为技术人员参与了甲公司一项新产品研发,并与该公司签订了为期2年的服务与保密合同。合同履行1年后,唐某被甲公司的竞争对手乙公司高薪挖走,负责开发类似的产品。甲公司起诉至法院,要求唐某承担违约责任并保守其原知晓的产品秘密。关于该案的审

判,下列哪一说法是正确的?(2012年真题,单选)
A. 只有在唐某与甲公司共同提出申请不公开审理此案的情况下,法院才可以不公开审理
B. 根据法律的规定,该案不应当公开审理,但应当公开宣判
C. 法院可以根据当事人的申请不公开审理此案,但应当公开宣判
D. 法院应当公开审理此案并公开宣判

[释疑] 根据《民事诉讼法》第134条的规定:"人民法院审理民事案件,除涉及国家秘密、个人隐私或者法律另有规定的以外,应当公开进行。离婚案件,涉及商业秘密的案件,当事人申请不公开审理的,可以不公开审理。"我国民事诉讼不公开审理的案件分为法定不公开审理的案件和申请不公开审理的案件。

法定不公开审理的案件包括:(1)涉及国家秘密的案件;(2)涉及个人隐私的案件。

申请不公开审理的案件包括:(1)离婚案件;(2)涉及商业秘密的案件。这类案件只有在当事人申请不公开审理时,才可以不公开审理。此外,该类案件只要有一方当事人申请不公开审理即可,不需双方共同申请。

据此,C项表述正确。(答案:C)

2. 关于民事诉讼中的公开审判制度,下列哪一选项是错误的?(2007年真题,单选)
A. 公开审判制度是指法院审理民事案件,除法律规定的情况外,审判过程及结果应当向群众、社会公开
B. 公开审判是指法院审理案件和宣告判决一律公开进行的制度
C. 涉及国家秘密的案件,属于法定不公开审理的案件
D. 离婚案件,属于当事人申请不公开审理、法院决定可以不公开审理的案件

[释疑] 根据《民事诉讼法》第134条的规定,A项表述正确,而B项中审理案件和宣告判决一律公开是错误的,因为合议庭的评议是不公开的。C、D两项表述正确。(答案:B)

三、提示与预测

对于公开审判制度,应注意掌握其两方面的含义,并区分原则与例外情形,以及应当公开与可以公开的情形。此外,新《民事诉讼法》确立了裁判文书公开查阅制度,也是公开审判制度的体现,即第156条规定:公众可以查阅发生法律效力的判决书、裁定书,但涉及国家秘密、商业秘密和个人隐私的内容除外。

另外,《民诉司法解释》第220条对于"商业秘密"作出了如下界定:商业秘密,是指生产工艺、配方、贸易联系、购销渠道等当事人不愿公开的技术秘密、商业情报及信息。

考点 8　合议制度

一、精讲

合议制度是我国民事诉讼的审判组织制度,是由3名以上的单数人员组成审判集体,代表人民法院行使审判权,对案件进行审理、评议并作出裁判的制度。人民法院审理民事案件,除法律另有规定外,一律实行合议制。民事一审程序原则上实行合议制,二审程序和再审程序一律实行合议制。

合议制度的考点在于：不同审理程序中，合议庭的具体组成。

二、例题

1. 不同的审判程序，审判组织的组成往往是不同的。关于审判组织的适用，下列哪一选项是正确的？（2016年卷三35题，单选）

A. 适用简易程序审理的案件，当事人不服一审判决上诉后发回重审的，可由审判员独任审判

B. 适用简易程序审理的案件，判决生效后启动再审程序进行再审的，可由审判员独任审判

C. 适用普通程序审理的案件，当事人双方同意，经上级法院批准，可由审判员独任审判

D. 适用选民资格案件审理程序的案件，应组成合议庭审理，而且只能由审判员组成合议庭

[释疑] 本题考查审判组织在不同程序中的具体适用。发回重审和再审均带有纠错的性质，为保障案件的公正审理，无论原一审是适用简易程序，还是普通程序审理，只要是发回重审或再审的案件，一律组成合议庭审理，不适用独任制审理，A、B项错误；对于适用普通程序审理的案件，当事人双方合意适用简易程序审理的，适用简易程序，由审判员独任审判，不需要经上级法院批准，C项错误。根据《民事诉讼法》第178条的规定，选民资格案件由审判员组成合议庭审理，D项正确。（答案：D）

2. 关于合议庭评议案件，下列哪一表述是正确的？（2010年真题，单选）

A. 审判长意见与多数意见不同的，以其意见为准判决

B. 陪审员意见得到支持、形成多数的，可按该意见判决

C. 合议庭意见存在分歧的，也可提交院长审查决定

D. 审判人员的不同意见均须写入笔录

[释疑] 民事诉讼中合议庭评议案件，采取少数服从多数的评议原则，如果形不成多数意见，则提交审判委员会决定，审判人员的不同意见应当写入笔录。D项正确。（答案：D）

3. 根据我国《民事诉讼法》和相关司法解释的规定，下列关于审判组织的哪些表述是正确的？（2008年真题，多选）

A. 再审程序中只能由审判员组成合议庭

B. 二审法院裁定发回重审的案件，原审法院应当组成合议庭进行审理

C. 法院适用特别程序审理案件，陪审员不参加案件的合议庭

D. 中级法院作为一审法院时，合议庭可以由审判员与陪审员共同组成，作为二审法院时，合议庭则一律由审判员组成

[释疑] 本题考查合议庭在不同程序中的具体组成。第一审程序合议庭的组成有两种方式，即由审判员组成或者由审判员和陪审员共同组成。注意：无论是哪一级法院作为一审法院，适用第一审程序审理案件时，均由这两种方式组成合议庭。在第二审程序中，合议庭的组成只有一种方式，即审判员组成。发回重审的案件只能是按照一审程序另行组成合议庭审理。审理再审案件，原来是第一审的，按照第一审程序另行组成合议庭；原来是第二审的或者是上级人民法院提审的，按照第二审程序另行组成合议庭。而在特别程序中，如果是合议庭审理，该合议庭只能由审判员组成。因此，B、C、D项正确。（答案：BCD）

三、提示与预测

对于合议制度应着重掌握合议庭的组成形式及合议庭权限。合议庭的构成有两种方式：

（1）由审判员组成，即参加合议庭的均为人民法院的审判员；

（2）由审判员和陪审员组成，即参加合议庭的有人民法院的审判员，还有由一般群众充任的陪审员。陪审制度仅适用于一审程序，包括按照第一审程序进行的再审程序和发回重审的程序。此时，合议庭需要另行组成，原审人员不能参加。《民诉司法解释》第45条规定："在一个审判程序中参与过本案审判工作的审判人员，不得再参与该案其他程序的审判。发回重审的案件，在一审法院作出裁判后又进入第二审程序的，原第二审程序中合议庭组成人员不受前款规定的限制。"

在非诉讼程序中，审判组织一般为独任制，但对于特别程序中的选民资格案件或者重大、疑难案件，以及担保财产标的额超过基层法院的实现担保物权案件由审判员组成合议庭审理；对于公示催告程序中除权判决，由审判员组成合议庭作出。

合议庭行使对争议案件的审理和裁判权，合议庭评议案件实行少数服从多数的原则，但是，不能形成多数人意见时，要报请审判委员会决定，不得作出裁判，这一点与仲裁不同。

考点 9　回避制度

一、精讲

回避制度在近年考试中是与其他制度一并考查的，集中考查对回避决定的救济，即回避决定可以申请复议。

对于回避制度，考生需要掌握以下内容：

1. 回避适用的对象，包括：审判人员、书记员、执行员、翻译人员、鉴定人员和勘验人员。根据《民诉司法解释》第48条的规定，审判人员包括参与本案审理的人民法院院长、副院长、审判委员会委员、庭长、副庭长、审判员、助理审判员和人民陪审员。

2. 法定的回避情形

（1）审判人员是本案的当事人或者当事人诉讼代理人的近亲属。所谓近亲属，一般是指夫、妻、父、母、子女、同胞兄弟姊妹、祖父母、外祖父母、孙子女、外孙子女等。

（2）审判人员与本案有利害关系。所谓利害关系，是指案件的处理结果会直接或间接涉及审判人员本人的利益。

（3）审判人员与本案当事人、诉讼代理人有其他关系，可能影响对案件公正审理的。应该注意，这里的"其他关系"是有限制的，即是"可能影响对案件公正审理的"其他关系。《民诉司法解释》第43条第3项、第5项和第6项对其他关系作了进一步规定，包括：担任过本案的证人、鉴定人、辩护人、诉讼代理人、翻译人员的；本人或者其近亲属持有本案非上市公司当事人的股份或者股权的；以及与本案当事人或者诉讼代理人有其他利害关系，可能影响公正审理的。

（4）审判人员接受当事人、诉讼代理人请客送礼，或者违反规定会见当事人、诉讼代理人的，当事人有权要求他们回避。此外，《民诉司法解释》第44条对此条作了进一步的明确，包括：

"(一)接受本案当事人及其受托人宴请,或者参加由其支付费用的活动的;(二)索取、接受本案当事人及其受托人财物或者其他利益的;(三)违反规定会见本案当事人、诉讼代理人的;(四)为本案当事人推荐、介绍诉讼代理人,或者为律师、其他人员介绍代理本案的;(五)向本案当事人及其受托人借用款物的;(六)有其他不正当行为,可能影响公正审理的。"

3. 回避的方式:审判人员自行回避、当事人申请回避和院长或审判委员会决定回避。

《民诉司法解释》第46条规定:"审判人员有应当回避的情形,没有自行回避,当事人也没有申请其回避的,由院长或者审判委员会决定其回避。"

4. 人民法院决定回避的权限:院长担任审判长的回避,由审判委员会决定;审判人员的回避,由院长决定;其他人员的回避,如书记员、翻译人员、鉴定人、勘验人员的回避,由审判长决定;实行独任制的,由审判员决定。

5. 回避申请的效力及回避决定的救济

(1)当事人提出回避申请后,人民法院在作出是否回避的决定之前,被申请回避的人应当暂停参与本案工作,但案件需要采取紧急措施的除外。

(2)申请人对人民法院作出的申请回避的决定不服的,可以申请复议一次,但复议期间,被申请人不停止参与本案工作。

二、例题

1. 某区法院审理原告许某与被告某饭店食物中毒纠纷一案。审前,法院书面告知许某合议庭由审判员甲、乙和人民陪审员丙组成时,许某未提出回避申请。开庭后,许某始知人民陪审员丙与被告法定代表人是亲兄弟,遂提出回避申请。关于本案的回避,下列哪一说法是正确的?(2015年真题,单选)

A. 许某可在知道丙与被告法定代表人是亲兄弟时提出回避申请

B. 法院对回避申请作出决定前,丙不停止参与本案审理

C. 应由审判长决定丙是否应回避

D. 法院作出回避决定后,许某可对此提出上诉

[释疑] 本题综合考查回避制度。对于回避申请提交的时间,应当在开庭审理前提出,但回避的事由是在开庭后知道的,则在法庭辩论终结前提出即可。A选项正确;提出回避申请后,人民法院在对回避申请处理期间,被申请回避的人员应当停止参与本案的工作,避免产生不公正,B选项错误;对于人民陪审员的回避,与审判员一样,由院长决定,而非审判长决定,C错误;回避决定一经作出发生法律效力,对回避决定不服的,可以申请复议,非上诉,D错误。(答案为:A)

2. 关于回避,下列哪一说法是正确的?(2010年真题,单选)

A. 当事人申请担任审判长的审判人员回避的,应由审委会决定

B. 当事人申请陪审员回避的,应由审判长决定

C. 法院驳回当事人的回避申请,当事人不服而申请复议,复议期间被申请回避人不停止参与本案的审理工作

D. 如当事人申请法院翻译人员回避,可由合议庭决定

[释疑] 根据《民事诉讼法》第47条的规定:"人民法院对当事人提出的回避申请,应当

在申请提出的三日内,以口头或者书面形式作出决定。申请人对决定不服的,可以在接到决定时申请复议一次。复议期间,被申请回避的人员,不停止参与本案的工作。人民法院对复议申请,应当在三日内作出复议决定,并通知复议申请人。"(答案:C)

三、提示与预测

对比仲裁中回避制度的规定记忆。

比较项	民事诉讼	商事仲裁
回避的对象(《民事诉讼法》第44条、《民诉司法解释》第48、第49条)	审判人员(包括参与本案审理的人民法院院长、副院长、审判委员会委员、庭长、副庭长、审判员、助理审判员和人民陪审员)、书记员、执行员、翻译人员、鉴定人、勘验人 【注意】 证人不是回避的对象	仲裁员
回避的法定情形(《民事诉讼法》第45条、《民诉司法解释》第43条、第44条;《仲裁法》第34条)	(1) 是本案当事人或者当事人、诉讼代理人近亲属的; (2) 与本案有利害关系的; (3) 与本案当事人、诉讼代理人有其他关系,可能影响对案件公正审理的。 审判人员接受当事人、诉讼代理人请客送礼,或者违反规定会见当事人、诉讼代理人的,当事人有权要求他们回避。 《民诉司法解释》 第43条 审判人员有下列情形之一的,应当自行回避,当事人有权申请其回避: (1) 是本案当事人或者当事人近亲属的; (2) 本人或者其近亲属与本案有利害关系的; (3) 担任过本案的证人、鉴定人、辩护人、诉讼代理人、翻译人员的; (4) 是本案诉讼代理人近亲属的; (5) 本人或者其近亲属持有本案非上市公司当事人的股份或者股权的; (6) 与本案当事人或者诉讼代理人有其他利害关系,可能影响公正审理的。 第44条 审判人员有下列情形之一,当事人有权申请其回避: (1) 接受本案当事人及其受托人宴请,或者参加由其支付费用的活动的; (2) 索取、接受本案当事人及其受托人财物或者其他利益的;	(1) 是本案当事人或者当事人、诉讼代理人的近亲属; (2) 与本案有利害关系; (3) 与本案当事人、代理人有其他关系,可能影响案件公正审理的; (4) 私自会见当事人、代理人或者接受当事人、代理人请客送礼的。

(续表)

比较项	民事诉讼	商事仲裁
	(3) 违反规定会见本案当事人、诉讼代理人的； (4) 为本案当事人推荐、介绍诉讼代理人，或者为律师、其他人员介绍代理本案的； (5) 向本案当事人及其受托人借用款物的； (6) 有其他不正当行为，可能影响公正审理的。	
申请回避的时间（《民事诉讼法》第46条）	应当在案件开始审判时提出；回避事由在案件开始审理后知道的，也可以在法庭辩论终结前提出。	应当在首次开庭前提出，回避事由在首次开庭后知道的，可以在最后一次开庭终结前提出。
回避申请的决定程序（《民事诉讼法》47条）	院长担任审判长时的回避，由审判委员会决定；审判人员的回避，由院长决定；其他人员的回避，由审判长决定。	仲裁员的回避由仲裁委员会主任决定，仲裁委员会主任担任仲裁员的回避，由仲裁委员会集体决定。
回避申请的处理（《民事诉讼法》第48条）	人民法院对当事人提出的回避申请，应当在申请提出的3日内，以口头或者书面形式作出决定。决定期间，被申请回避的人员停止参与办案工作，需要采取紧急措施的除外。申请人对决定不服，可以在接到决定时申请复议一次。复议期间，被申请回避的人员，不停止参与本案的工作。	回避决定作出后，按照仲裁员选定程序重新选定仲裁员；当事人可以申请已经进行的仲裁程序重新进行，是否重新进行，由仲裁庭决定；仲裁庭也可以自行决定是否对已进行的仲裁程序重新进行。
回避的方式（《民事诉讼法》第44条、《民诉司法解释》第46条）	申请回避、自行回避、决定回避 《民诉司法解释》第46条：审判人员有应当回避的情形，没有自行回避，当事人也没有申请其回避的，由院长或者审判委员会决定其回避。	申请回避、自行回避

第三章 主管与管辖

本章知识体系：

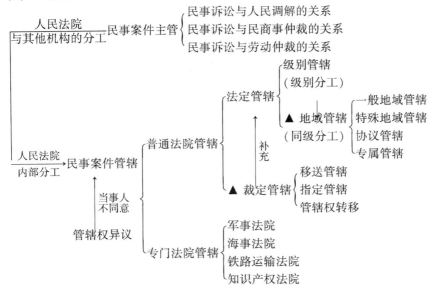

考点 1　法院民事诉讼主管与劳动仲裁的关系

一、精讲

根据《民事诉讼法》第 3 条的规定，我国民事诉讼案件的范围包括：公民之间、法人之间、其他组织之间以及他们之间因财产关系和人身关系提起的民事诉讼；因劳动合同关系和劳资关系产生的案件；法律规定适用民事诉讼程序的案件。

上述因劳动合同关系和劳资关系产生的案件，与因财产关系和人身关系而产生的纠纷不同，进行劳动仲裁是其进入民事诉讼的前置程序。

二、例题

1. 王某是某电网公司员工，在从事高空作业时受伤，为赔偿问题与电网公司发生争议。王某可以采用哪些方式处理争议？（2006 年真题，多选）

　　A. 可以向本公司劳动争议调解委员会申请调解，调解不成的，可以申请劳动仲裁
　　B. 可以直接向劳动争议仲裁委员会申请仲裁，对仲裁裁决不服的，可以向法院提起诉讼
　　C. 可以不申请劳动仲裁而直接向法院起诉
　　D. 如果进行诉讼并按简易程序处理，法院开庭审理时，可以申请先行调解

　　[释疑]　根据我国相关法律规定，劳动者与用人单位之间产生劳动争议，解决方式有四

种:和解、调解、仲裁与诉讼,其中和解、调解方式完全由当事人自行选择;而劳动争议仲裁则是提起劳动争议诉讼一个必经的阶段,即前置程序。不经过劳动争议仲裁,劳动争议案件不得进入诉讼程序。进入诉讼适用简易程序,根据《简易程序规定》第 14 条第(二)项的规定,对于劳务合同,可以先行调解。因此,A、B、D 三项正确,C 项错误。(答案:ABD)

三、提示与预测

应当掌握劳动争议仲裁是提起劳动争议诉讼的必经阶段,即前置程序。不经过劳动争议仲裁,劳动争议案件不得进入诉讼程序。

另外需要注意:在同一事件中,可以既存在劳动关系,同时又存在民事法律关系。例如,甲公司和乙公司签订一份安装设备合同,乙公司在安装过程中,不慎将甲公司职工张某的脚砸成骨折。在这一简单的案件中,存在两个不同的法律关系:(1)张某和自己所属单位之间的劳动关系;(2)安装公司与受害人张某之间的民事侵权关系。此时,受害人张某既可以基于侵权关系直接起诉安装公司,也可以选择劳动争议的解决方式。

考点 2 法院民事诉讼主管与民商事仲裁的关系

一、精讲

民事诉讼和民商事仲裁是两种解决民事纠纷的途径,当事人只能在仲裁或者诉讼中选择其一加以适用,当事人一旦选择了仲裁,有效的仲裁协议就排斥了法院的司法管辖权。如果当事人起诉,人民法院发现有仲裁协议,将不予受理;如果受理后,对方当事人可以在首次开庭前以存在仲裁协议对抗人民法院的管辖权,此时人民法院经审查,发现存在有效仲裁协议的,裁定驳回起诉。

二、例题

海云公司与金辰公司签订了一份装饰工程合同。合同约定:金辰公司包工包料,负责完成海云公司办公大楼的装饰工程。事后双方另行达成了补充协议,约定因该合同的履行发生的纠纷,由某仲裁委员会裁决。在装饰工程竣工后,质检单位鉴定复合地板及瓷砖系不合格产品。海云公司要求金辰公司返工并赔偿损失,金辰公司不同意,引发纠纷。请回答以下(1)、(2)题。(2005 年真题,不定选)

(1)假设某法院受理了海云公司的起诉,金辰公司应诉答辩,海云公司在首次开庭时,向法院提交了仲裁协议,对此,该法院应如何处理?

A. 裁定驳回海云公司的起诉
B. 裁定不予受理,告知当事人通过仲裁方式解决
C. 裁定将案件移送仲裁机构处理
D. 继续审理本案

[释疑] 根据《仲裁法》第 26 条的规定:"当事人达成仲裁协议,一方向人民法院起诉未声明有仲裁协议,人民法院受理后,另一方在首次开庭前提交仲裁协议的,人民法院应当驳回起诉,但仲裁协议无效的除外;另一方在首次开庭前未对人民法院受理该案提出异议的,视为放弃仲裁协议,人民法院应当继续审理。"可见,有效的仲裁协议并不禁止当事人起诉权的行

使,一方当事人起诉后,另一方当事人可以向法院提出有效的仲裁协议进行抗辩,法院应当裁定驳回起诉,告知向仲裁委员会申请仲裁。如果另一方当事人在首次开庭前未对人民法院受理该案件提出异议,则视为放弃仲裁协议,法院对该案件享有司法管辖权。因此,本题应当选D项。(答案:D)

(2)假设某法院受理本案后,金辰公司在答辩中提出双方有仲裁协议,法院应如何处理?

A. 裁定驳回起诉
B. 裁定不予受理
C. 审查仲裁协议,作出是否受理本案的决定书
D. 不审查仲裁协议,视为人民法院有管辖权

[释疑] 根据《民诉司法解释》第216条的规定:"在人民法院首次开庭前,被告以有书面仲裁协议为由对受理民事案件提出异议的,人民法院应当进行审查。经审查符合下列情形之一的,人民法院应当裁定驳回起诉:(一)仲裁机构或者人民法院已经确认仲裁协议有效的;(二)当事人没有在仲裁庭首次开庭前对仲裁协议的效力提出异议的;(三)仲裁协议符合仲裁法第十六条规定且不具有仲裁法第十七条规定情形的。"(答案:A)

三、提示与预测

该考点涉及商事仲裁与诉讼的关系,应当掌握。

注意:有效的仲裁协议并不禁止当事人起诉权的行使,一方当事人起诉后,另一方当事人可以向法院提出有效的仲裁协议进行抗辩,法院应当进行审查,如果仲裁协议是有效的,应当裁定驳回起诉,告知向仲裁委员会申请仲裁。如果另一方当事人在首次开庭前未对人民法院受理该案件提出异议,则视为放弃仲裁协议,法院对该案件享有司法管辖权。

考点 3 法院民事诉讼主管与人民调解的关系

一、精讲

人民调解是发生争议的双方当事人自愿由人民调解委员会解决其争议的一种诉讼外的纠纷解决方式。人民调解取决于当事人的自愿,不是民事诉讼的前置阶段。经过人民调解委员会调解达成的调解协议,具有法律约束力。

二、例题

张某与李某产生邻里纠纷,张某将李某打伤。为解决赔偿问题,双方同意由人民调解委员会进行调解。经调解员黄某调解,双方达成赔偿协议。关于该纠纷的处理,下列哪一说法是正确的?(2010年真题,单选)

A. 张某如反悔不履行协议,李某可就协议向法院提起诉讼
B. 张某如反悔不履行协议,李某可向法院提起人身损害赔偿诉讼
C. 张某如反悔不履行协议,李某可向法院申请强制执行调解协议
D. 张某可以调解委员会未组成合议庭调解为由,向法院申请撤销调解协议

[释疑] 人民调解协议具有法律约束力,当事人应当按照约定履行。当事人之间就调解

协议的履行或者调解协议的内容发生争议的,可以就调解协议向人民法院提起诉讼。(答案:A)

三、提示与预测

新《民事诉讼法》在特别程序一章中增加一节,确认调解协议案件,明确规定了申请确认调解协议的条件、法院如何审理以及依法确认的法律效力。《民事诉讼法》第194条规定:"申请司法确认调解协议,由双方当事人依照人民调解法等法律,自调解协议生效之日起三十日内,共同向调解组织所在地基层人民法院提出。"第195条规定:"人民法院受理申请后,经审查,符合法律规定的,裁定调解协议有效,一方当事人拒绝履行或者未全部履行的,对方当事人可以向人民法院申请执行;不符合法律规定的,裁定驳回申请,当事人可以通过调解方式变更原调解协议或者达成新的调解协议,也可以向人民法院提起诉讼。"《民诉司法解释》对确认程序作了具体规定,详细内容见后文特别程序。

考点 4 案件的管辖

一、精讲

管辖解决的是人民法院主管的民事案件在各级法院之间以及同级法院之间如何分工的问题。管辖分为法定管辖和裁定管辖。法定管辖包括:级别管辖、地域管辖、协议管辖、共同管辖和专属管辖。其中,级别管辖很少考查,而地域管辖是绝对的考查重点,包括一般地域管辖、特殊地域管辖。裁定管辖包括移送管辖、指定管辖、管辖权异议等内容。

二、例题

1. 根据《民事诉讼法》相关司法解释,下列哪些法院对专利纠纷案件享有管辖权?(2015年真题,多选)
   A. 知识产权法院
   B. 所有的中级法院
   C. 最高法院确定的中级法院
   D. 最高法院确定的基层法院

[分析] 本案考查专利纠纷案件的管辖法院。根据《民诉司法解释》第2条:专利纠纷案件由知识产权法院、最高人民法院确定的中级人民法院和基层人民法院管辖。本题ACD正确。

2. 关于管辖,下列哪一表述是正确的?(2014年真题,单选)
   A. 军人与非军人之间的民事诉讼,都应由军事法院管辖,体现了专门管辖的原则
   B. 中外合资企业与外国公司之间的合同纠纷,应由中国法院管辖,体现了维护司法主权的原则
   C. 最高法院通过司法解释授予部分基层法院专利纠纷案件初审管辖权,体现了平衡法院案件负担的原则
   D. 不动产纠纷由不动产所在地法院管辖,体现了管辖恒定的原则

[释疑] 本题考查确立管辖的原则。军人与非军人之间的民事纠纷,一般由地方法院管辖,只有非军人一方向军事法院起诉,军事法院才管辖,A错误;中外合资企业与外国公司之间的合同纠纷,不属于涉外专属管辖的案件,B错误;根据《民诉司法解释》第2条的规定:专利纠

纷案件由知识产权法院、最高人民法院确定的中级人民法院和基层人民法院管辖。最高人民法院《关于审理专利纠纷案件适用法律问题的若干规定》第2条第2款规定："最高人民法院根据实际情况，可以指定基层人民法院管辖第一审专利纠纷案件。"这可以适当减轻中院的负担，平衡法院的案件负担，C正确。不动产纠纷由不动产所在地法院管辖，体现的是便于管辖的原则，D错误。(答案:C)

三、提示与预测

1. 应当掌握专门法院对民事案件的管辖，具体包括：

（1）军事法院：《民诉司法解释》第11条规定："双方当事人均为军人或者军队单位的民事案件由军事法院管辖。"

（2）知识产权法院：根据2014年11月3日最高法向外发布的《关于北京、上海、广州知识产权法院案件管辖的规定》第1条的规定，知识产权法院管辖的第一审案件主要包括三类：一是专利、植物新品种、集成电路布图设计、技术秘密、计算机软件等技术类民事和行政案件；二是对国务院部门或者县级以上地方人民政府所作的涉及著作权、商标、不正当竞争等行政行为提起诉讼的行政案件；三是涉及驰名商标认定的民事案件。可见，知识产权法院案件管辖为民事行政"二合一"。目前，北京、上海和广州设立了知识产权法院，其级别相当于中级人民法院，向所在城市的人大常委会负责并汇报工作，其院长、庭长、审判员、审委会委员由所在城市人大常委会任命，其上诉法院为该省高级人民法院。

《民诉司法解释》第2条第1款规定："专利纠纷案件由知识产权法院、最高人民法院确定的中级人民法院和基层人民法院管辖。"

（3）海事法院：《民诉司法解释》第2条第2款规定："海事、海商案件由海事法院管辖。"目前，我国在北海、广州、厦门、上海、武汉、海口、宁波、青岛、大连、天津设立了海事法院。

（4）铁路运输法院：管辖有关铁路运输方面的民事争议案件。

2. 管辖是司法考试中每年必考的内容，考生必须掌握。近年出题趋势为：对管辖问题综合考查，一道题目中往往涉及管辖中的若干问题，包括确定管辖的原则、专门法院的管辖、督促程序案件的管辖、公示催告程序的管辖、级别管辖、一般地域管辖、协议管辖、涉外民事诉讼的管辖等问题，要求考生在总结的基础上综合掌握。

考点 5 案件的级别管辖

一、精讲

级别管辖是指各级人民法院受理第一审民事案件的分工与权限，其分工标准为案件的性质与案件影响的大小。

对案件级别管辖的考查主要与其他管辖的知识点结合考查。对于级别管辖，考生需要掌握：

（一）中级人民法院管辖的第一审民事案件，包括：

1. 重大涉外案件：涉及港、澳、台的案件管辖，参照涉外案件的规定

《民诉司法解释》第1条对于重大涉外案件做了如下规定：重大涉外案件，包括争议标的额大的案件、案情复杂的案件，或者一方当事人人数众多等具有重大影响的案件。

2. 在本辖区有重大影响的案件。

3. 最高人民法院确定由中级人民法院管辖的案件：

（1）专利纠纷案件由知识产权法院、最高人民法院确定的中级人民法院和基层人民法院管辖。（《民诉司法解释》第 2 条第 1 款）

（2）商标民事纠纷第一审案件，由中级以上人民法院管辖。

例外：各高级人民法院根据本辖区的实际情况，经最高人民法院批准，可以在较大城市确定 1 至 2 个基层人民法院受理第一审商标民事纠纷案件。

（3）著作权民事纠纷案件，由中级以上人民法院管辖。

例外：各高级人民法院根据本辖区的实际情况，可以确定若干基层人民法院管辖第一审著作权民事纠纷案件。

（4）海事、海商案件由海事法院管辖。

（5）当事人向人民法院申请确认仲裁协议效力的案件，由仲裁协议约定的仲裁机构所在地的中级人民法院管辖；仲裁协议约定的仲裁机构不明确的，由仲裁协议签订地或者被申请人住所地的中级人民法院管辖。申请确认涉外仲裁协议效力的案件，由仲裁协议约定的仲裁机构所在地、仲裁协议签订地、申请人或者被申请人住所地的中级人民法院管辖。请求法院撤销仲裁裁决的，由仲裁委员会所在地中级人民法院管辖。

（6）涉及域名争议的案件，由侵权行为地或被告住所地的中级人民法院管辖。

（7）虚假陈述证券民事赔偿案件，由省、直辖市、自治区人民政府所在的市、计划单列市和经济特区中级人民法院管辖。

（8）公益诉讼案件，由侵权行为地或者被告住所地中级人民法院管辖，但法律、司法解释另有规定的除外；因污染海洋环境提起的公益诉讼，由污染发生地、损害结果地或者采取预防污染措施地海事法院管辖。（《民诉司法解释》第 285 条）

（二）最高人民法院管辖的第一审民事案件

1. 在全国有重大影响的案件。
2. 认为应当由本院审理的案件。

二、例题

1. 根据《民事诉讼法》和司法解释的相关规定，关于级别管辖，下列哪些表述是正确的？（2012 年真题，多选）

A. 级别管辖不适用管辖权异议制度

B. 案件被移送管辖有可能是因为受诉法院违反了级别管辖的规定而发生的

C. 管辖权转移制度是对级别管辖制度的变通和个别的调整

D. 当事人可以通过协议变更案件的级别管辖

[释疑] 根据最高人民法院《关于审理民事级别管辖异议案件若干问题的规定》第 1 条的规定，管辖权异议包括级别管辖异议，A 错误；《民事诉讼法》第 34 条规定："合同或者其他财产权益纠纷的当事人可以书面协议选择被告住所地、合同履行地、合同签订地、原告住所地、标的物所在地等与争议有实际联系的地点的人民法院管辖，但不得违反本法对级别管辖和专属管辖的规定。"D 错误。（答案：BC）

2. 根据《民事诉讼法》和相关司法解释，关于中级法院，下列哪一表述是正确的？（2011

年真题,单选)

A. 既可受理一审涉外案件,也可受理一审非涉外案件
B. 审理案件组成合议庭时,均不可邀请陪审员参加
C. 审理案件均须以开庭审理的方式进行
D. 对案件所作出的判决均为生效判决

[释疑] 该题综合考查中级人民法院管辖的案件及其职能。根据《民事诉讼法》第18条的规定,中级人民法院管辖重大的涉外案件,以及其他符合规定的非涉外案件。中级人民法院既可以审理第一审案件,也可以审理第二审案件。在审理第一审案件时,合议庭可以邀请陪审员参加;在审理第二审案件时,不可邀请陪审员参加。中级人民法院审理二审案件时,对于某些案件,可以不开庭审理,而采径行裁判的方式。当中级人民法院作为第一审法院时,对案件所作出的判决则为未生效判决,只有作为第二审法院时,对案件所作出的判决才为生效判决。(答案:A)

3. 关于民事案件的级别管辖,下列哪一选项是正确的?(2009年真题,单选)

A. 第一审民事案件原则上由基层法院管辖
B. 涉外案件的管辖权全部属于中级法院
C. 高级法院管辖的一审民事案件包括在本辖区内有重大影响的民事案件和它认为应当由自己审理的案件
D. 最高人民法院仅管辖在全国有重大影响的民事案件

[释疑] 根据《民事诉讼法》第17条的规定,基层人民法院管辖第一审民事案件,但本法另有规定的除外。因此,A项正确。《民事诉讼法》第18条第(一)项规定,重大涉外案件的一审由中级人民法院管辖。据此可知,并非所有涉外案件的一审都由中院管辖,而是重大涉外案件的一审才由中院管辖。因此,B项错误。《民事诉讼法》第19条规定:"高级人民法院管辖在本辖区有重大影响的第一审民事案件。"因此,C项错误。《民事诉讼法》第20条规定:"最高人民法院管辖下列第一审民事案件:(一)在全国有重大影响的案件;(二)认为应当由本院审理的案件。"根据上述规定可知,最高人民法院管辖的一审民事案件有两类,而非仅限于在全国有重大影响的民事案件。因此,D项错误。(答案:A)

三、提示与预测

1. 针对考查内容综合性的趋势,首先,要掌握级别管辖与移送管辖、管辖权转移以及管辖权异议制度的关系;第二,还要掌握各级法院的职能,可以作为二审法院的中级人民法院、高级人民法院和最高人民法院,除了具有审判职能外,还具有纠错职能;此外,最高人民法院还具有司法解释的职能。

2. 掌握级别管辖的确定标准为:案件的影响力,案件的性质。只有中级人民法院审理的第一民事案件,涉及适用案件的性质和案件的影响力两个标准;其他的均以案件的影响力作为级别管辖的标准。需要注意,最高人民法院还可以审理其认为应当由自己审理的案件。

3. 注意:并不是所有专利权、著作权、商标权案件都由中级人民法院及以上的法院管辖。高院可以指定部分基层法院管辖著作权、商标权案件;最高院可以指定部分基层法院管辖专利权案件。

考点 6 一般地域管辖

一、精讲

一般地域管辖是以当事人所在地为标准确定的管辖。对公民提起的民事诉讼,由被告住所地人民法院管辖;被告住所地与经常居住地不一致的,由经常居住地人民法院管辖。对法人或者其他组织提起的民事诉讼,由被告住所地人民法院管辖。

对一般地域管辖的考点,集中为以下五点。

1. 住所地与经常居住地的判断

（1）当事人是自然人的,住所地是指自然人的户籍所在地;经常居住地是公民离开住所地至起诉时已连续居住1年以上的地方,但公民住院就医的地方除外。

如果公民住所地与经常居住地不一致的,经常居住地的适用优先于住所地,即当公民的住所地与经常居住地不一致时,由经常居住地人民法院管辖。(《民事诉讼法》第22条)

【注意】当事人的户籍迁出后尚未落户,有经常居住地的,由该地人民法院管辖;没有经常居住地的,由其原户籍所在地人民法院管辖。(《民诉司法解释》第7条)

（2）当事人是法人或其他组织的,住所地是法人或者其他组织的主要办事机构所在地;主要办事机构所在地不能确定的,其注册地或者登记地为住所地。(《民诉司法解释》第3条)

对于法人和其他组织而言,只能以住所地确定管辖。

2. 一般地域管辖的原则:被告所在地人民法院有管辖权

【注意】没有办事机构的公民合伙、合伙型联营体提起的诉讼,由被告注册登记地人民法院管辖。没有注册登记,几个被告又不在同一辖区的,被告住所地的人民法院都有管辖权。(《民诉司法解释》第5条)

3. 一般地域管辖的例外规定:原告所在地人民法院管辖有管辖权

根据《民事诉讼法》及相关司法解释的规定,原告住所地人民法院有管辖权的案件包括:

（1）对不在中华人民共和国领域内居住的人提起的有关身份关系的诉讼;该规定中的身份关系,是指与人的身份相关的各种关系,如婚姻关系、亲子关系、收养关系等。

（2）对下落不明或者宣告失踪的人提起的有关身份关系的诉讼。

（3）对被采取强制性措施的人提起的诉讼。

（4）对被监禁的人提起的诉讼。

【注意】双方当事人都被监禁或者被采取强制性教育措施的,由被告原住所地人民法院管辖。被告被监禁或者被采取强制性教育措施1年以上的,由被告被监禁地或者被采取强制性教育措施地人民法院管辖。(《民诉司法解释》第8条)

（5）被告被注销户籍的,由原告住所地法院管辖。

【注意】原告、被告均被注销户籍的,由被告居住地人民法院管辖。(《民诉司法解释》第6条)

4. 追索赡养费、抚育费、扶养费案件的管辖(《民诉司法解释》第9条)

追索赡养费、抚育费、扶养费案件的几个被告住所地不在同一辖区的,可以由原告住所地人民法院管辖。

5. 离婚案件的管辖:被告住所地

特殊规定:

(1) 对不在中华人民共和国领域内居住的人,下落不明或者宣告失踪的人提起的离婚诉讼,由原告住所地法院管辖。

(2) 公民离开住所地超过1年的离婚案件(《民诉司法解释》第12条)

夫妻一方离开住所地超过1年,另一方起诉离婚的案件,可以由原告住所地人民法院管辖。

夫妻双方离开住所地超过1年,一方起诉离婚的案件,由被告经常居住地人民法院管辖;没有经常居住地的,由原告起诉时被告居住地人民法院管辖。

(3) 涉外离婚案件的管辖(《民诉司法解释》第13—16条)

【注意】已经离婚的中国公民,双方均定居国外,仅就国内财产分割提起诉讼的,由主要财产所在地人民法院管辖。

二、例题

1. A市东区居民朱某(男)与A市西县刘某结婚,婚后双方住A市东区。一年后,公司安排刘某赴A市南县分公司工作。三年之后,因感情不合朱某向A市东区法院起诉离婚。东区法院受理后,发现刘某经常居住地在南县,其对该案无管辖权,遂裁定将案件移送南县法院。南县法院收到案件后,认为无管辖权,将案件移送刘某户籍所在地西县法院。西县法院收到案件后也认为无管辖权。关于本案的管辖问题,下列哪些说法是正确的?(2016年卷三77题,多选)

A. 东区法院有管辖权
B. 南县法院有管辖权
C. 西县法院有管辖权
D. 西县法院认为自己没有管辖权,应当裁定移送有管辖权的法院

[释疑] 本题考查离婚案件的管辖和移送管辖。根据《民诉司法解释》第12条第1款的规定,夫妻一方离开住所地超过一年,另一方起诉离婚的案件,可以由原告住所地人民法院管辖。即在此种情形下,原告住所地与被告住所地均有管辖权。由于经常居住地优先适用于住所地,因此,本案东区法院和南县法院有管辖权,AB正确,C错误。法律规定移送管辖只能移送一次,对于接受移送的法院认为移送错误的,应当报请上一级法院指定管辖,而不得自行移送,D错误。(答案:AB)

2. 关于管辖制度的表述,下列哪些选项是不正确的?(2013年真题,多选)

A. 对下落不明或者宣告失踪的人提起的民事诉讼,均应由原告住所地法院管辖
B. 因共同海损或者其他海损事故请求损害赔偿提起的诉讼,被告住所地法院享有管辖权
C. 甲区法院受理某技术转让合同纠纷案后,发现自己没有级别管辖权,将案件移送至甲市中院审理,这属于管辖权的转移
D. 当事人可以书面约定纠纷的管辖法院,这属于选择管辖

[释疑] 根据《民事诉讼法》第22条的规定,只有对下落不明或宣告失踪的人提起的有关身份关系的民事诉讼,应由原告住所地法院管辖,其他财产案件依然应当由被告住所地法院管辖,A项错误。根据《民事诉讼法》第32条的规定,因共同海损或者其他海损事故请求损害赔偿提起的诉讼,船舶最先到达地、共同海损理算地或者航程终止地的人民法院有管辖权,被告住所地法院不享有管辖权,B项错误。甲区法院受理某技术转让合同纠纷案后,发现自己

没有级别管辖权,将案件移送至甲市中院审理,属于移送转移。移送管辖的前提是案件受理后发现自己没有级别管辖权或地域管辖权,而将案件移送到有管辖权的法院,C项错误。当事人可以书面约定纠纷的管辖法院,是协议管辖,D项错误。(答案:ABCD)

3. 常年居住在Y省A县的王某早年丧妻,独自一人将两个儿子和一个女儿抚养成人。大儿子王甲居住在Y省B县,二儿子王乙居住在Y省C县,女儿王丙居住在W省D县。2000年以来,王某的日常生活费用主要来自大儿子王甲每月给的800元生活费。2003年12月,由于物价上涨,王某要求二儿子王乙每月也给一些生活费,但王乙以自己没有固定的工作、收入不稳定为由拒绝。于是,王某将王乙告到法院,要求王乙每月支付给自己赡养费500元。根据上述事实,请回答问题。

关于对本案享有管辖权的法院,下列选项正确的是?(2009年真题,不定选)

A. Y省A县法院　　B. Y省B县法院　　C. Y省C县法院　　D. W省D县法院

[释疑]　本题考查追索赡养费案件的管辖。《民诉司法解释》第9条规定:"追索赡养费、抚育费、扶养费案件的几个被告住所地不在同一辖区的,可以由原告住所地人民法院管辖。"本案属于追索赡养费的案件,且几个被告住所地不在同一辖区内,原告住所地和各个被告住所地的法院都有管辖权。因此,A、B、C、D项都正确。(答案:ABCD)

三、提示与预测

1. 对地域管辖的考查,侧重于从不同的角度综合考查,考生应当总结记忆。对于被告住所地人民法院有管辖权的案件,除法律规定的原告住所地人民法院有管辖权的案件和因公司设立、确认股东资格等纠纷案件、因海难救助费用或共同海损的案件,被告住所地法院没有管辖权之外,其他案件被告住所地法院均有管辖权。

2. 需要注意:法律规定"可以由原告住所地法院管辖"的案件,其前提是认可被告住所地或经常居住地有管辖权。例如:追索赡养费、抚育费、扶养费案件的管辖,被告住所地人民法院有管辖权;追索赡养费、抚育费、扶养费案件的几个被告住所地不在同一辖区的,可以由原告住所地人民法院管辖。此时,法律赋予原告对管辖法院有选择权,其仍然可以选择被告住所地的法院管辖。这类案件与原告住所地人民法院有管辖权的案件不同,注意区别记忆。

考点 7　合同纠纷案件的管辖

一、精讲

因合同纠纷提起的诉讼,由被告住所地或合同履行地人民法院管辖,这是对合同案件管辖的一般性规定。如果合同没有实际履行,且当事人双方所在地又都不在合同约定的履行地的,只能由被告住所地人民法院管辖。

被告住所地的确定,参照一般地域管辖的规定。这里主要掌握合同履行地的确定。合同履行地的具体确定如下:

根据《民诉司法解释》第18条的规定:合同约定履行地点的,以约定的履行地点为合同履行地。

合同对履行地点没有约定或者约定不明确,争议标的为给付货币的,接收货币的一方所在地为合同履行地;交付不动产的,不动产所在地为合同履行地;其他标的,履行义务一方所在地为合同履行地;即时结清的合同,交易行为地为合同履行地。

合同没有实际履行,当事人双方住所地都不在合同约定的履行地的,由被告住所地人民法院管辖。

此外,《民诉司法解释》还明确规定了一些具体合同中合同履行地的确定:

(1) 财产租赁合同、融资租赁合同以租赁物使用地为合同履行地。合同对履行地有约定的,从其约定。(《民诉司法解释》第19条)

(2) 以信息网络方式订立的买卖合同,通过信息网络交付标的的,以买受人住所地为合同履行地;通过其他方式交付标的的,收货地为合同履行地。合同对履行地有约定的,从其约定。(《民诉司法解释》第20条)

此外,《民事诉讼法》和《民诉司法解释》特别规定了一些特殊合同纠纷的管辖,如下:

(1) 保险合同纠纷案件的管辖(《民事诉讼法》第24条、《民诉司法解释》第21条)

由被告住所地或者保险标的物所在地人民法院管辖。但如果保险标的物是运输工具或者运输中的货物,则由被告住所地或者运输工具登记注册地、运输目的地、保险事故发生地的人民法院管辖。

因人身保险合同纠纷提起的诉讼,可以由被保险人住所地人民法院管辖。

(2) 票据纠纷案件的管辖:由票据支付地或者被告住所地人民法院管辖。(《民事诉讼法》第25条)

(3) 因公司设立、确认股东资格、分配利润、解散等纠纷提起的诉讼,由公司住所地人民法院管辖。(《民事诉讼法》第26条)

因股东名册记载、请求变更公司登记、股东知情权、公司决议、公司合并、公司分立、公司减资、公司增资等纠纷提起的诉讼,依照《民事诉讼法》第26条规定确定管辖。(《民诉司法解释》第22条)

(4) 运输合同纠纷案件的管辖:因铁路、公路、水上、航空运输和联合运输合同纠纷提起的诉讼,由运输始发地、目的地或者被告住所地人民法院管辖。(《民事诉讼法》第27条)

二、例题

1. 住所地在H省K市L区的甲公司与住所地在F省E市D区的乙公司签订了一份钢材买卖合同,价款数额为90万元。合同在B市C区签订,双方约定合同履行地为W省Z市Y区,同时约定如因合同履行发生争议,由B市仲裁委员会仲裁。合同履行过程中,因钢材质量问题,甲公司与乙公司发生争议,甲公司欲申请仲裁解决。因B市有两个仲裁机构,分别为丙仲裁委员会和丁仲裁委员会(两个仲裁委员会所在地都在B市C区),乙公司认为合同中的仲裁条款无效,欲向有关机构申请确认仲裁条款无效。(2016年卷三97题,不定选)

如仲裁条款被确认无效,甲公司与乙公司又无法达成新的协议,甲公司欲向法院起诉乙公司。关于对本案享有管辖权的法院,下列选项正确的是:

A. H省K市L区法院 B. F省E市D区法院
C. W省Z市Y区法院 D. B市C区法院

[释疑] 本题考查合同纠纷案件的管辖。对于合同纠纷案件,被告住所地与合同履行地享有管辖权,本案中F省E市D区为被告住所地,W省Z市Y区法院为约定的合同履行地,该两地的法院对案件享有管辖权,BC正确。(答案:BC)

2. 甲县的葛某和乙县的许某分别拥有位于丙县的云峰公司50%的股份。后由于二人经营理念不合,已连续4年未召开股东会,无法形成股东会决议。许某遂向法院请求解散公司,并在法院受理后申请保全公司的主要资产(位于丁县的一块土地的使用权)。依据法律,对本案享有管辖权的法院是:(2014年真题,不定选)

A. 甲县法院　　　B. 乙县法院　　　C. 丙县法院　　　D. 丁县法院

[释疑]　本题考查公司解散案件的管辖。《民事诉讼法》第26条规定:"因公司设立、确认股东资格、分配利润、解散等纠纷提起的诉讼,由公司住所地人民法院管辖。"(答案:C)

3. 2009年2月,家住甲市A区的赵刚向家住甲市B区的李强借了5 000元,言明2010年2月之前偿还。到期后赵刚一直没有还钱。

2010年3月,李强找到赵刚家追讨该债务,发生争吵。赵刚因所牵宠物狗易受惊,遂对李强说:"你不要大声喊,狗会咬你。"李强不理,仍然叫骂,并指着狗叫喊。该狗受惊,扑向李强并将其咬伤。李强治伤花费6 000元。

李强起诉要求赵刚返还欠款5 000元、支付医药费6 000元,并向法院提交了赵刚书写的借条、其向赵刚转账5 000元的银行转账凭证、本人病历、医院的诊断书(复印件)、医院处方(复印件)、发票等……请回答下列问题:

关于李强与赵刚之间欠款的诉讼管辖,下列选项正确的是(2012年真题,不定选):

A. 甲市A区法院　　　　　　　B. 甲市B区法院
C. 甲市中级法院　　　　　　　D. 应当专属甲市A区法院

[释疑]　本题考查借款合同案件的管辖。本题没有约定合同履行地,争议标的为给付货币,接受货币的一方所在地为合同履行地,因此,A项为被告住所地,B项为合同履行地。(答案:AB)

三、提示与预测

合同纠纷案件的管辖是高频率考点,考生必须掌握新《民诉司法解释》中对合同履行地的判定,以及特殊类型合同管辖的特别规定。

考点 8　侵权纠纷案件的管辖

一、精讲

侵权纠纷案件管辖的一般性规定为:由侵权行为地或者被告住所地人民法院管辖。侵权行为地包括侵权行为实施地和侵权结果发生地。

对于某些具体侵权案件,《民诉司法解释》明确界定了侵权行为地:

(1)信息网络侵权案件的侵权行为地:《民诉司法解释》第25条对信息网络侵权行为地作了明确界定,即信息网络侵权行为实施地包括实施被诉侵权行为的计算机等信息设备所在地,侵权结果发生地包括被侵权人住所地。

(2)名誉权侵权案件的侵权行为地:侵权行为地包括侵权行为实施地、侵权结果发生地。名誉侵权案件管辖的特殊之处在于,侵权行为地具有广泛性,即凡是报刊、书籍发行和销售的地方,均可视为侵权行为地。而被侵权的公民、法人或其他组织的住所地,视为侵权结果发生地。

此外，法律还规定了一些特殊侵权案件的管辖，包括：

（1）因铁路、公路、水上和航空事故请求损害赔偿提起的诉讼，由事故发生地或者车辆、船舶最先到达地、航空器最先降落地或者被告住所地人民法院管辖。（《民事诉讼法》第29条）

（2）因船舶碰撞或者其他海事损害事故请求损害赔偿提起的诉讼，由碰撞发生地、碰撞船舶最先到达地、加害船舶被扣留地或者被告住所地人民法院管辖。（《民事诉讼法》第30条）

（3）因海难救助费用提起的诉讼，由救助地或者被救助船舶最先到达地人民法院管辖。（《民事诉讼法》第31条）

（4）因共同海损提起的诉讼，由船舶最先到达地、共同海损理算地或者航程终止地人民法院管辖。（《民事诉讼法》第32条）

（5）因产品、服务质量不合格造成他人财产、人身损害提起的诉讼，产品制造地、产品销售地、服务提供地、侵权行为地和被告住所地人民法院都有管辖权。（《民诉司法解释》第26条）

（6）因侵犯著作权行为提起的民事诉讼，由侵权行为的实施地、侵权复制品储藏地或者查封扣押地、被告住所地人民法院管辖。侵权复制品储藏地，是指大量或者经常性储存、隐匿侵权复制品所在地；查封扣押地，是指海关、版权、工商等行政机关依法查封、扣押侵权复制品所在地。对涉及不同侵权行为实施地的多个被告提起的共同诉讼，原告可以选择其中一个被告的侵权行为实施地人民法院管辖；仅对其中某一被告提起的诉讼，该被告侵权行为实施地的人民法院有管辖权。

（7）因侵犯注册商标专用权行为提起的民事诉讼，由侵权行为的实施地、侵权商品的储藏地或者查封扣押地、被告住所地人民法院管辖。

二、例题

1. 2009年2月，家住甲市A区的赵刚向家住甲市B区的李强借了5 000元，言明2010年2月之前偿还。到期后赵刚一直没有还钱。

2010年3月，李强找到赵刚家中追讨该债务，发生争吵。赵刚因所牵宠物狗易受惊，遂对李强说："你不要大声喊，狗会咬你。"李强不理，仍然叫骂，并指着狗叫喊。该狗受惊，扑向李强并将其咬伤。李强治伤花费6 000元。

李强起诉要求赵刚返还欠款5 000元、支付医药费6 000元，并向法院提交了赵刚书写的借条、其向赵刚转账5 000元的银行转账凭证、本人病历、医院的诊断书（复印件）、医院处方（复印件）、发票等……请回答下列问题：

关于李强要求赵刚支付医药费的诉讼管辖，下列选项正确的是(2012年真题，不定选)
A. 甲市A区法院　　　　　　　　　B. 甲市B区法院
C. 甲市中级法院　　　　　　　　　D. 应当专属甲市A区法院

[释疑] 本案考查侵权案件的管辖，参见《民事诉讼法》第28条。（答案：A）

2. 某省海兴市的《现代企业经营》杂志刊登了一篇自由撰稿人吕某所写的报道，内容涉同省龙门市甲公司的经营方式。甲公司负责人汪某看到该篇文章后，认为《现代企业经营》作为一本全省范围内发行的杂志，其所发文章内容严重失实，损害了甲公司的名誉，使甲公司的经营受到影响。于是甲公司向法院起诉要求《现代企业经营》杂志社和吕某赔偿损失5万元，并赔礼道歉。一审法院仅判决杂志社赔偿甲公司3万元，未对"赔礼道歉"的请求进行处理。杂志社认为赔偿数额过高，不服一审判决提起上诉。(2008年真题，不定选)

甲公司提起诉讼时，可以选择的法院有：
A.《现代企业经营》杂志社所在地的海兴市 A 区法院
B. 吕某住所地的海兴市 B 区法院
C. 汪某住所地的龙门市 C 区法院
D. 甲公司所在地的龙门市 D 区法院

[释疑]　名誉侵权案件是司法考试考查频率较高的案件类型，需要考生掌握此类案件在管辖、当事人、执行等方面的特殊规定。本题考查名誉侵权案件的管辖，由侵权行为地和被告住所地人民法院管辖，侵权行为地包括侵权行为实施地和侵权结果发生地。名誉侵权案件管辖的特殊之处在于侵权行为地具有广泛性，即凡是报刊、书籍发行和销售的地方，均可视为侵权行为地，所以对侵权行为实施地考察没有实际意义，此时，主要是对侵权结果发生地的考察。被侵权的公民、法人或其他组织的住所地，视为侵权结果发生地。本题中，因为撰稿人吕某与《现代企业经营》杂志社无职务关系，因此均为本案的被告，海兴市 A 区、B 区分别为被告住所地，都有管辖权；甲公司所在地龙门市 D 区为侵权结果发生地，该区法院有管辖权。（答案：ABD）

三、提示与预测

侵权纠纷的管辖是高频率考点，特别是特殊侵权纠纷案件的管辖的特殊规定，必须掌握。
在侵权案件中，除了海难救助案件和共同海损案件，被告住所地没有管辖权外，其他侵权案件被告住所地均有管辖权。

考点 9　专属管辖

一、精讲

专属管辖是指法律规定的某些特殊类型的案件专门由特定的人民法院管辖，其他人民法院无权管辖，当事人也不得以协议的方式改变这种管辖。
专属管辖具有两大特征：一是强制性；二是排他性。
《民事诉讼法》第 33 条规定，下列案件，由本条规定的人民法院专属管辖：（1）因不动产纠纷提起的诉讼，由不动产所在地人民法院管辖。《民诉司法解释》第 28 条进一步规定，因不动产引起的纠纷，是指因不动产的权利确认、分割、相邻关系等引起的物权纠纷。农村土地承包经营合同纠纷、房屋租赁合同纠纷、建设工程施工合同纠纷、政策性房屋买卖合同纠纷，按照不动产纠纷确定管辖。不动产已登记的，以不动产登记簿记载的所在地为不动产所在地；不动产未登记的，以不动产实际所在地为不动产所在地。（2）因港口作业中发生纠纷提起的诉讼，由港口所在地人民法院管辖。（3）因继承遗产纠纷提起的诉讼，由被继承人死亡时住所地或者主要遗产所在地人民法院管辖。

二、例题

甲县居民刘某与乙大江房地产公司在丙县售房处签订了房屋买卖合同，购买大江公司在丁县所建住房一套。双方约定合同发生纠纷后，可以向甲县法院或者丙县法院起诉。后因面积发生争议，刘某欲向法院起诉。下列关于管辖权的哪种说法是正确的？（2006 年真题，

单选)
A. 甲县和丙县法院有管辖权
B. 只有丁县法院有管辖权
C. 乙县和丁县法院有管辖权
D. 丙县和丁县法院有管辖权

[释疑] 根据《民事诉讼法》第33条的规定,因不动产纠纷提起的诉讼,应当专属于不动产所在地人民法院管辖。结合本题,刘某与大江房地产公司因房屋面积所产生的争议属于不动产纠纷,应当由不动产所在地法院管辖,而本题的不动产所在地在丁县,所以只有丁县法院有管辖权,B项当选。(答案:B)

三、提示与预测

1. 在判断管辖时,应首先考虑是否存在专属管辖,其次看是否存在协议管辖,再次考虑是否存在特殊地域管辖,最后考虑一般地域管辖。
2. 专属管辖不排除仲裁的选择。
3. 必须掌握司法解释对不动产专属管辖案件的规定。
4. 主要遗产所在地是以遗产的数额和价值判断。

考点 10 协议管辖

一、精讲

根据《民事诉讼法》的规定,对合同纠纷以及其他财产权益纠纷的管辖,可分为协议管辖和法定管辖,在没有协议管辖的约定或协议管辖的约定无效时,才适用法定管辖,即协议管辖优先适用于法定管辖。

协议管辖是指双方当事人可以通过约定确定合同纠纷案件的管辖,即双方当事人可以书面协议选择被告住所地、合同履行地、合同签订地、原告住所地、标的物所在地等与争议有实际联系的地点的人民法院管辖,但不得违反本法对级别管辖和专属管辖的规定。

协议管辖的成立需要满足下列条件:

1. 协议管辖适用于合同和其他财产权益纠纷案件

协议管辖的案件适用范围,包括合同纠纷和其他财产权益纠纷。此处的其他财产权益纠纷,主要是指因侵犯财产权益引起的纠纷;也包括当事人因同居或者在解除婚姻、收养关系后发生的财产争议。(《民诉司法解释》第34条)

2. 协议管辖只适用于第一审法院的选择

协议管辖不适用于第二审民事案件及重审、再审、提审民事案件的管辖。法律明确规定,第二审民事案件由第一审法院的上一级法院;重审案件由原审法院管辖;再审申请则应向原审法院或者原审法院的上一级法院提出;提审案件则由原审法院的上一级法院管辖。当事人不得协议变更第二审民事案件及重审、再审、提审民事案件的管辖。

3. 协议管辖必须以书面形式,口头协议无效

根据《合同法》第11条的规定,书面形式是指合同书、信件和数据电文(包括电报、电传、传真、电子数据交换和电子邮件)等可以有形表现所载内容的形式。根据《民诉司法解释》第

29 条的规定,书面协议,包括书面合同中的协议管辖条款或者诉讼前以书面形式达成的选择管辖的协议。合同中的管辖条款较为常见,单独管辖协议非常少见,两者均符合法律规定的形式。

4. 当事人协议选择管辖法院的范围

只能在与争议有实际联系的地点的人民法院中选择。具体包括被告住所地、合同履行地、合同签订地、原告住所地、标的物所在地的人民法院和其他与争议有实际联系的地点的人民法院。如果当事人选择了与争议没有实际联系地点的人民法院,该协议无效。

1991 年《民事诉讼法》对当事人协议选择管辖法院的范围,仅限于被告住所地、合同履行地、合同签订地、原告住所地、标的物所在地,与当时的涉外协议管辖相比,可选择管辖法院的范围比较窄。2012 年《民事诉讼法》允许当事人选择与争议有实际联系地点的法院管辖,包括上述五个地点但不限于此。既扩大了当事人选择法院的范围,又给予了必要的限制,实现了在协议管辖上内外立法的一致。

5. 协议管辖不得违反《民事诉讼法》关于级别管辖和专属管辖的规定

《民事诉讼法》关于级别管辖和专属管辖的规定属于强制性法律规定,违反级别管辖和专属管辖规定的管辖协议无效。

二、例题

1. 住所地在 H 省 K 市 L 区的甲公司与住所地在 F 省 E 市 D 区的乙公司签订了一份钢材买卖合同,价款数额为 90 万元。合同在 B 市 C 区签订,双方约定合同履行地为 W 省 Z 市 Y 区,同时约定如因合同履行发生争议,由 B 市仲裁委员会仲裁。合同履行过程中,因钢材质量问题,甲公司与乙公司发生争议,甲公司欲申请仲裁解决。因 B 市有两个仲裁机构,分别为丙仲裁委员会和丁仲裁委员会(两个仲裁委员会所在地都在 B 市 C 区),乙公司认为合同中的仲裁条款无效,欲向有关机构申请确认仲裁条款无效。

如相关机构确认仲裁条款无效,甲公司欲与乙公司达成协议,确定案件的管辖法院。关于双方可以协议选择的管辖法院,下列选项正确的是:(2016 年卷三 96 题,不定选)

A. H 省 K 市 L 区法院 B. F 省 E 市 D 区法院
C. B 市 C 区法院   D. W 省 Z 市 Y 区法院

[释疑] 本题考查协议管辖的选择法院范围。根据《民事诉讼法》第 34 条的规定,合同或者其他财产权益纠纷的当事人可以书面协议选择被告住所地、合同履行地、合同签订地、原告住所地、标的物所在地等与争议有实际联系的地点的人民法院管辖,但不得违反本法对级别管辖和专属管辖的规定。本案中,H 省 K 市 L 区为原告住所地,F 省 E 市 D 区为被告住所地,B 市 C 区为合同签订地,W 省 Z 市 Y 区为约定的合同履行地,当事人可以协商从这四个法院中选择管辖法院,因此,ABCD 均正确。(答案:ABCD)

2. 主要办事机构在 A 县的五环公司与主要办事机构在 B 县的四海公司于 C 县签订购货合同,约定:货物交付地在 D 县;若合同的履行发生争议,由原告所在地或者合同签订地的基层法院管辖。现五环公司起诉要求四海公司支付货款。四海公司辩称已将货款交给五环公司业务员付某。五环公司承认付某是本公司业务员,但认为其无权代理本公司收取货款,且付某也没有将四海公司声称的货款交给本公司。四海公司向法庭出示了盖有五环公司印章的授权委托书,证明付某有权代理五环公司收取货款,但五环公司对该授权书的真实性不予认可。根

据案情,法院依当事人的申请通知付某参加(参与)了诉讼。对本案享有管辖权的法院包括(2015年真题,不定选)

A. A县法院　　　　B. B县法院　　　　C. C县法院　　　　D. D县法院

[释疑]　本题考查同时约定两个人民法院的协议管辖的效力。《民诉司法解释》第30条规定:根据管辖协议,起诉时能够确定管辖法院的,从其约定;不能确定的,依照民事诉讼法的相关规定确定管辖。管辖协议约定两个以上与争议有实际联系的地点的人民法院管辖,原告可以向其中一个人民法院起诉,也即管辖协议约定两个以上法院管辖的,不再导致管辖协议无效,而是允许原告选择向其中一个法院起诉。本案中当事人约定原告所在地或者合同签订地的基层法院管辖,A县为原告住所地、C县为合同签订地,均有管辖权,由原告选择即可。所以答案为:AC。

三、提示与预测

协议管辖成立的条件是2012年《民事诉讼法》修订的主要内容之一,必须掌握。

1. 2012年《民事诉讼法》扩大了国内协议管辖适用的案件范围、可选择的法院范围以及协议的方式,实现了协议管辖在立法上内外的一致性,即涉外编中删去协议管辖的规定。

【注意】侵犯财产权益的案件也可以协议管辖。

2. 2012年《民事诉讼法》第127条第2款规定了默示管辖,也称应诉管辖,即"当事人未提出管辖异议,并应诉答辩的,视为受诉人民法院有管辖权,但违反级别管辖和专属管辖规定的除外"。《民诉司法解释》第35条进一步规定:"当事人在答辩期间届满后未应诉答辩,人民法院在一审开庭前,发现案件不属于本院管辖的,应当裁定移送有管辖权的人民法院。"可见,国内和涉外案件均适用应诉管辖。2012年《民事诉讼法》在涉外编中删去了应诉管辖的规定。同时,协议管辖的方式,也包括明示书面形式和默示方式两种方式。

3. 根据管辖协议,起诉时能够确定管辖法院的,从其约定;不能确定的,依照民事诉讼法的相关规定确定管辖。管辖协议约定两个以上与争议有实际联系的地点的人民法院管辖,原告可以向其中一个人民法院起诉。(《民诉司法解释》第30条)

4.《民诉司法解释》中关于具体情形下管辖协议效力的规定:

(1)经营者使用格式条款与消费者订立管辖协议,未采取合理方式提请消费者注意,消费者主张管辖协议无效的,人民法院应予支持。(《民诉司法解释》第31条)

(2)管辖协议约定由一方当事人住所地人民法院管辖,协议签订后当事人住所地变更的,由签订管辖协议时的住所地人民法院管辖,但当事人另有约定的除外。(《民诉司法解释》第32条)

(3)合同转让的,合同的管辖协议对合同受让人有效,但转让时受让人不知道有管辖协议,或者转让协议另有约定且原合同相对人同意的除外。(《民诉司法解释》第33条)

(4)当事人因同居或者在解除婚姻、收养关系后发生的财产争议,约定管辖的,可以适用《民事诉讼法》第34条的规定确定管辖。(《民诉司法解释》第34条)

考点 11　共同管辖和选择管辖

一、精讲

共同管辖是指两个以上的人民法院对同一纠纷均具有管辖权。

选择管辖是指当事人可以在两个以上有管辖权的法院之中选择其一作为纠纷案件的管辖法院。

共同管辖与选择管辖是一个问题的两个侧面。比如，就合同纠纷案件而言，从法院的角度，被告住所地法院与合同履行地法院对同一案件具有共同管辖权；从当事人的角度，当事人可以在被告住所地法院或合同履行地法院之中选择一个作为本案的管辖法院。但共同管辖是选择管辖的基础。

【注意】在共同管辖的情形下如何确定具体的管辖法院。

(1) 当事人选择一个有管辖权的法院；如果当事人选择了两个以上有管辖权的法院，则由最先立案的人民法院管辖；如果两个法院同时立案，会发生管辖权争议，由法院协商解决；协商不成，由共同上级法院指定管辖。

(2) 跨省或跨区法院之间的管辖权争议，报请上级人民法院指定管辖时，应当逐级进行。

(3) 两个以上人民法院如对管辖权有争议，在争议未解决前，任何一方法院均不得对案件作出判决。对抢先作出判决的，上级人民法院应当以违反法定程序为由撤销该判决，并将案件移送或指定其他人民法院审理，或者由自己提审。

二、提示与预测

在共同管辖的情形下，如何确定具体的管辖法院是高频考点，可见，对共同管辖和选择管辖的考查，往往要与移送管辖、管辖恒定、管辖权争议以及指定管辖结合起来综合考查。

考点 12 移送管辖

一、精讲

移送管辖是指人民法院受理案件后，发现本法院对该案无管辖权，依法将案件移送给有管辖权的人民法院审理。

移送管辖的条件：

(1) 人民法院已经受理案件。

(2) 受理案件的人民法院受理该案时对其无管辖权，包括受理该案时无地域管辖权，或无级别管辖权。

(3) 须向有管辖权的人民法院移送，且接受移送的法院不得再自行移送。

【注意】对于地域管辖的移送，接受移送管辖的人民法院必须接受移送，如果认为地域管辖移送错误的，应报请上级人民法院指定管辖；对于因当事人级别管辖异议成立而发生的级别管辖的移送，当事人未提出上诉，但受移送的上级人民法院认为确有错误的，可以依职权裁定撤销。

(4) 移送的次数只能是一次。

不得移送管辖的情形：两个以上人民法院均有管辖权的诉讼，先立案的人民法院不得将案件移送给另一有管辖权的人民法院。

二、例题

1. 根据《民事诉讼法》和相关司法解释的规定，法院的下列哪些做法是违法的？(2014年

真题,多选)

A. 在一起借款纠纷中,原告张海起诉被告李河时,李河居住在甲市 A 区。A 区法院受理案件后,李河搬到甲市 D 区居住,该法院知悉后将案件移送 D 区法院

B. 王丹在乙市 B 区被黄玫打伤,以为黄玫居住乙市 B 区,遂向该区法院提起侵权诉讼。乙市 B 区法院受理后,查明黄玫的居住地是乙市 C 区,遂将案件移送乙市 C 区法院

C. 丙省高院规定,本省中院受理诉讼标的额 1 000 万元至 5 000 万元的财产案件。丙省 E 市中院受理一起标的额为 5 005 万元的案件后,向丙省高院报请审理该案

D. 居住地为丁市 H 区的孙溪要求居住地为丁市 G 区的赵山依约在丁市 K 区履行合同。后因赵山下落不明,孙溪以赵山为被告向丁市 H 区法院提起违约诉讼,该法院以本院无管辖权为由裁定不予受理

[释疑] 本题考查管辖恒定、移送管辖以及法院在受理审查时对无管辖权案件的处理。管辖恒定是指确定案件的管辖权,以起诉时为标准,起诉时对案件享有管辖权的法院,不因确定管辖的相关因素在诉讼过程中发生变化而影响其管辖权。选项 A 因被告住所地在起诉后变化而移送错误。移送管辖的适用情形只能是法院认为本院对案件无管辖权。乙县 B 区法院作为侵权行为地的法院对本案有管辖权,其移送不正确,B 项错误;而 C 项中,法院受理案件后发现该案件超出本院受案标的额的范围,应将案件移送至有管辖权的上级人民法院,非报请审理该案,C 项错误。丁市 H 区作为原告住所地对该案无管辖权,因此丁市 H 区裁定不予受理的做法正确,D 项正确。(答案:ABC)

2. 某省甲市 A 区法院受理一起保管合同纠纷案件,根据被告管辖权异议,A 区法院将案件移送该省乙市 B 区法院审理。乙市 B 区法院经审查认为,A 区法院移送错误,本案应归甲市 A 区法院管辖,发生争议。关于乙市 B 区法院的做法,下列哪一选项是正确的?(2010 年真题,单选)

A. 将案件退回甲市 A 区法院

B. 将案件移送同级第三方法院管辖

C. 报请乙市中级法院指定管辖

D. 与甲市 A 区法院协商不成,报请该省高级法院指定管辖

[释疑] 本题考查地域移送后,接受移送的法院认为自己没有管辖权时的处理。根据《民事诉讼法》第 36 条的规定:"人民法院发现受理的案件不属于本院管辖的,应当移送有管辖权的人民法院,受移送的人民法院应当受理。受移送的人民法院认为受移送的案件依照规定不属于本院管辖的,应当报请上级人民法院指定管辖,不得再自行移送。"据此可知,本案中 A 区法院基于管辖权异议成立将案件移送 B 区法院,也即认为受理的案件不属于本院管辖,接受案件移送的 B 区法院,认为移送错误,不得自行移送,应当报请乙市中级人民法院指定管辖。因此,C 项正确。

注:本题司法部公布答案为 D。该题焦点在于"是移送管辖还是管辖权争议的问题"。并非题干中提到"发生争议",就要理解为"管辖权争议",到底属于何种性质,需要看其具备了法定的何种条件。本题中,明显具备移送管辖的条件,受移送的法院认为移送错误,应当依据《民事诉讼法》第 36 条规定进行。管辖权争议,前提是两个法院对该案件均有管辖权,既然管辖权异议成立,也即意味着其中一个法院对案件没有管辖权了,何来争议?

3. 2008 年 7 月,家住 A 省的陈大因赡养费纠纷,将家住 B 省甲县的儿子陈小诉至甲县法

院,该法院受理了此案。2008年8月,经政府正式批准,陈小居住的甲县所属区域划归乙县管辖。甲县法院以管辖区域变化对该案不再具有管辖权为由,将该案移送至乙县法院。乙县法院则根据管辖恒定原则,将案件送还至甲县法院。下列哪些说法是正确的?(2009年真题,多选)

A. 乙县法院对该案没有管辖权   B. 甲县法院的移送管辖是错误的
C. 乙县法院不得将该案送还甲县法院   D. 甲县法院对该案没有管辖权

[释疑] 本题考查移送管辖与管辖恒定原则。根据《民诉司法解释》第38条的规定:"有管辖权的人民法院受理案件后,不得以行政区域变更为由,将案件移送给变更后有管辖权的人民法院。判决后的上诉案件和依审判监督程序提审的案件,由原审人民法院的上级人民法院进行审判;上级人民法院指令再审、发回重审的案件,由原审人民法院再审或者重审。"

本题中,陈小居住的甲县所属区域是在案件受理后划归乙县管辖,所以,该案件依然由甲县法院管辖,乙县法院没有管辖权,甲县法院将案件移送给乙县法院的做法是错误的。因此,A、B项正确,D项错误。

《民事诉讼法》第36条规定:"人民法院发现受理的案件不属于本院管辖的,应当移送有管辖权的人民法院,受移送的人民法院应当受理。受移送的人民法院认为受移送的案件依照规定不属于本院管辖的,应当报请上级人民法院指定管辖,不得再自行移送。"据此可知,本案中虽然乙县法院没有管辖权,但是它接到移送的案件后应当报请上级人民法院指定管辖,不得再自行移送。因此,C项正确。(答案:ABC)

三、提示与预测

移送管辖往往与指定管辖、管辖恒定、管辖权转移制度结合或对比起来考查,考生除需掌握移送管辖的条件及不发生移送管辖的情形外,还应当掌握:

1. 管辖恒定

管辖恒定是指人民法院对民事案件管辖权的确定,以起诉时为标准,起诉时对案件享有管辖权的人民法院,不因确定管辖的事实在诉讼过程中发生变化而影响其管辖权。确立管辖恒定的原则,可以避免已经确定的管辖因无法预料情形的发生而可能随时变动的风险,减少因管辖变动而造成的司法资源的浪费,减轻当事人的讼累,推动诉讼迅速、经济地进行。

管辖恒定主要指地域管辖恒定。

地域管辖恒定是指某一案件在起诉时按照法律规定确定了管辖法院后,不因在诉讼过程中确定管辖因素的变动而改变。例如,当事人住所地或者法院辖区的行政区域的变更均不影响受诉人民法院的管辖权。

我国《民事诉讼法》没有明确规定管辖恒定,但《民诉司法解释》第37条规定:"案件受理后,受诉人民法院的管辖权不受当事人住所地、经常居住地变更的影响。"第38条规定:"有管辖权的人民法院受理案件后,不得以行政区域变更为由,将案件移送给变更后有管辖权的人民法院。判决后的上诉案件和依审判监督程序提审的案件,由原审人民法院的上级人民法院进行审判;上级人民法院指令再审、发回重审的案件,由原审人民法院再审或者重审。"

总结:起诉时对案件没有管辖权的法院,可以直接裁定不予受理,告知向有管辖权的法院起诉;如果受理后才发现对该案件没有管辖权,则要移送管辖。而受理时如果法院有管辖权,则管辖权恒定。

2. 指定管辖

指定管辖是指上级人民法院以裁定的方式，指定下一级人民法院对某一案件行使管辖权。指定管辖包括报请上级人民法院指定管辖和上级人民法院直接指定管辖。对报请上级人民法院指定管辖的案件，下级人民法院应当中止审理。指定管辖裁定作出前，下级人民法院对案件作出判决、裁定的，上级人民法院应当在裁定指定管辖的同时，一并撤销下级人民法院的判决、裁定。（《民诉司法解释》第41条第2款）

指定管辖的适用范围：

（1）受移送的人民法院认为自己对移送来的案件无管辖权。

（2）有管辖权的法院因为特殊原因不能行使管辖权。

【注意】这里的特殊原因包括事实上的原因，如法院遇到不可抗力事由，如地震、水灾等；或者法律上的原因，如受诉法院的审判人员因回避等原因无法行使审判权。

（3）管辖权发生争议，而又协商不成的。《民诉司法解释》第40条规定：发生管辖权争议的两个人民法院因协商不成报请它们的共同上级人民法院指定管辖时，双方为同属一个地、市辖区的基层人民法院的，由该地、市的中级人民法院及时指定管辖；同属一个省、自治区、直辖市的两个人民法院的，由该省、自治区、直辖市的高级人民法院及时指定管辖；双方为跨省、自治区、直辖市的人民法院，高级人民法院协商不成的，由最高人民法院及时指定管辖。依照前款规定报请上级人民法院指定管辖时，应当逐级进行。

《民诉司法解释》第41条第1款进一步规定，对于人民法院因管辖权争议协商不成指定管辖的，应当作出裁定。

3. 管辖权转移

管辖权转移，也称移转管辖，是指经上级人民法院决定或同意，将某个案件的管辖权由上级人民法院转交给下级人民法院或者由下级人民法院转交上级人民法院。

管辖权的转移包括自上而下的转移和自下而上的转移两种。

对于自上而下的转移，《民事诉讼法》第38条第1款明确规定了条件，即确有必要将本院管辖的第一审民事案件交下级人民法院审理的，应当报请其上级人民法院批准。《民诉司法解释》第42条进一步规定："下列第一审民事案件，人民法院依照民事诉讼法第三十八条第一款规定，可以在开庭前交下级人民法院审理：（一）破产程序中有关债务人的诉讼案件；（二）当事人人数众多且不方便诉讼的案件；（三）最高人民法院确定的其他类型案件。人民法院交下级人民法院审理前，应当报请其上级人民法院批准。上级人民法院批准后，人民法院应当裁定将案件交下级人民法院审理。"

对于应由上级人民法院管辖的第一审民事案件，下级人民法院不得报请上级人民法院交其审理。

对于自下而上的转移，有两种方式：

（1）提审，即上级人民法院对下级人民法院管辖的第一审民事案件，有权决定由本院审理，下级人民法院不得拒绝；

（2）报请，即下级人民法院对它所管辖的第一审民事案件，认为需要由上级人民法院审理的，可以报请上级人民法院审理。

此外，我国民事诉讼法还设立了管辖权转移制度，考生可以将管辖权转移制度与移送管辖制度对比记忆：

区别	移送管辖	管辖权转移
性质不同	移送的仅仅是案件	转移的是管辖权
作用不同	主要纠正地域管辖的错误，也包括纠正级别管辖的错误	级别管辖的变通
程序不同	为单方行为，移送人民法院作出移送裁定，无须经过受移送人民法院的同意，且受移送人民法院必须接受移送	包括因上级人民法院单方决定的转移和因下级人民法院报请与上级人民法院同意双方行为而为的转移。对于上级人民法院将案件管辖权转移下级人民法院的，认为确有必要，并应当报请其上级人民法院批准。

注意：(1) 管辖权转移，转移的是案件的管辖权，即将案件的管辖权由有法定管辖权的法院转移到无管辖权的法院，主要解决的是管辖不方便的问题。

(2) 管辖权转移表现在级别管辖中，即管辖权的转移只限于上下级法院之间的转移。特别提示：① 对于上级人民法院将案件管辖权转移下级人民法院的，认为确有必要，并应当报请其上级人民法院批准。② 对于应由上级人民法院管辖的第一审民事案件，下级人民法院不得报请上级人民法院交其审理。

考点 13 管辖权异议

一、精讲

管辖权异议是指在人民法院受理案件后，当事人依法提出该人民法院对本案无管辖权的主张和意见。

1. 提出管辖权异议的条件

(1) 提出管辖权异议的主体是当事人。具体讲，提出异议人通常是本案的被告及其法定诉讼代理人。有独立请求权的第三人和无独立请求权的第三人无权提出管辖权异议。

(2) 异议的对象只能是一审案件的管辖权，包括地域管辖和级别管辖。

(3) 提出异议的期间是在提交答辩状期间。

【注意】提出异议期间不受提交答辩期间限制的唯一情形：原告增加诉讼请求金额致使案件标的额超过受诉人民法院级别管辖标准，被告可以在提交答辩状期间届满后提出管辖权异议。

法定期间不提出异议的法律后果：当事人未在法定期间提出管辖异议，并应诉答辩的，视为受诉人民法院有管辖权，但违反级别管辖和专属管辖规定的除外（《民事诉讼法》第127条第2款）。这里的应诉答辩主要指是否参与开庭审理，即当事人未提出管辖异议，就案件实体内容进行答辩、陈述或者反诉的，可以认定为《民事诉讼法》第127条第2款规定的应诉答辩（《民诉司法解释》第223条第2款）。同时，《民诉司法解释》第35条第1款还规定："当事人在答辩期间届满后未应诉答辩，人民法院在一审开庭前，发现案件不属于本院管辖的，应当裁定移送有管辖权的人民法院。"

(4) 异议应当以书面形式提出。

2. 管辖权异议的处理

人民法院对当事人提出的异议,应当审查。异议成立的,裁定将案件移送有管辖权的人民法院;异议不成立的,裁定驳回。对该驳回管辖权异议的裁定不服的,当事人可以依法上诉,但不能申请再审。

【注意】

(1) 被告以受诉人民法院同时违反级别管辖和地域管辖规定为由提出管辖权异议的,受诉人民法院应当一并作出裁定。

(2) 在管辖权异议裁定作出前,原告申请撤回起诉,受诉人民法院作出准予撤回起诉裁定的,对管辖权异议不再审查,并在裁定书中一并写明。

(3) 对于因当事人级别管辖异议成立而发生的级别管辖的移送,当事人未提出上诉,但受移送的上级人民法院认为确有错误的,可以依职权裁定撤销。

(4) 人民法院对当事人提出的管辖权异议,未经审查或审查后尚未作出裁定的,不得进入对该案的实体审理。

(5) 人民法院对管辖异议审查后确定有管辖权的,不因当事人提起反诉、增加或者变更诉讼请求等改变管辖,但违反级别管辖、专属管辖规定的除外。人民法院发回重审或者按第一审程序再审的案件,当事人提出管辖异议的,人民法院不予审查。(《民诉司法解释》第 39 条)

二、例题

1. 法院受理案件后,被告提出管辖异议,依据法律和司法解释规定,其可以采取下列哪些救济措施?(2016 年卷三 78 题,多选)

A. 向受诉法院提出管辖权异议,要求受诉法院对管辖权的归属进行审查

B. 向受诉法院的上级法院提出异议,要求上级法院对案件的管辖权进行审查

C. 在法院对管辖异议驳回的情况下,可以对该裁定提起上诉

D. 在法院对案件审理终结后,可以以管辖错误作为法定理由申请再审

[释疑] 本题考查对管辖权异议的审查与救济。管辖权异议是指当事人认为对受诉法院无管辖权,要求受诉法院对其管辖权的归属进行审查的意见,受诉法院应当对管辖权异议进行审查,在法院对管辖异议驳回的情况下,当事人可以对该裁定提起上诉,AC 正确;管辖权异议只能向受诉法院提出,B 错误;2012 年《民事诉讼法》修订,已经将管辖错误的再审事由删除,因此,D 项错误。(答案:AC)

2. 2011 年 7 月 11 日,A 市升湖区法院受理了黎明丽(女)诉张成功(男)离婚案。7 月 13 日,升湖区法院向张成功送达了起诉状副本。7 月 18 日,张成功向升湖区法院提交了答辩状,未对案件的管辖权提出异议。8 月 2 日,张成功向升湖区法院提出管辖权异议申请,称其与黎明丽已分居 2 年,分别居住在 A 市安平区各自父母家中。A 市升湖区法院以申请管辖权异议超过申请期限为由,裁定驳回张成功管辖权异议申请。后,升湖区法院查明情况,遂裁定将案件移送安平区法院。安平区法院接受移送,确定适用简易程序审理此案。(后文案情省略)(2011 年真题,不定选)

关于本案管辖,下列选项正确的是:

A. 张成功行使管辖异议权符合法律的规定

B. 张成功主张管辖异议的理由符合法律规定

C. 升湖区法院驳回张成功的管辖异议符合法律规定
D. 升湖区法院对案件进行移送符合法律规定

[释疑] 本题考查管辖权异议的条件、异议处理以及移送管辖。根据《民事诉讼法》第 127 条第 1 款的规定:"人民法院受理案件后,当事人对管辖权有异议的,应当在提交答辩状期间提出。人民法院对当事人提出的异议,应当审查。异议成立的,裁定将案件移送有管辖权的人民法院;异议不成立的,裁定驳回。"依据此条规定,提出管辖权异议的期间是在提交答辩状期间,本案中,张成功提出异议的时间超过法定申请期限,人民法院驳回其异议正确。但张成功提出管辖权异议的理由"其与黎明丽已分居 2 年,分别居住于 A 市安平区各自父母家中"是成立的,即 A 市安平区构成被告的经常居住地,因此,升湖区法院对案件移送 A 市安平区法院符合法律规定。(答案:BCD)

3. 红光公司起诉蓝光公司合同纠纷一案,A 市 B 区法院受理后,蓝光公司提出管辖权异议,认为本案应当由 A 市中级法院管辖。B 区法院裁定驳回蓝光公司异议,蓝光公司提起上诉。此时,红光公司向 B 区法院申请撤诉,获准。关于本案,下列哪一选项是正确的?(2010 年真题,单选)

A. B 区法院裁定准予撤诉是错误的,因为蓝光公司已经提起上诉
B. 红光公司应当向 A 市中级法院申请撤诉,并由其裁定是否准予撤诉
C. B 区法院应当待 A 市中级法院就蓝光公司的上诉作出裁定后,再裁定是否准予撤诉
D. B 区法院裁定准予撤诉后,二审法院不再对管辖权异议的上诉进行审查

[释疑] 本题考查人民法院对管辖权异议处理后,原告申请撤诉的处理。最高人民法院《关于审理民事级别管辖异议案件若干问题的规定》第 2 条规定:"在管辖权异议裁定作出前,原告申请撤回起诉,受诉人民法院作出准予撤回起诉裁定的,对管辖权异议不再审查,并在裁定书中一并写明。"即在管辖权异议裁定作出前,原告申请撤回起诉,先处理撤诉;如果在管辖权异议裁定作出后,原告申请撤回起诉,则应当由有管辖权的法院做撤诉处理。本案中,蓝光公司对 B 区法院管辖权异议的裁定不服上诉,上诉期间本案的管辖权尚未确定归属哪个法院,此时,红光公司申请撤诉,因为只有有管辖权的法院才有撤诉处理权,所以,正确的处理应当是 B 区法院应当待 A 市中级法院就蓝光公司的上诉作出裁定后,再裁定是否准予撤诉,即 C 项正确。(司法部公布答案:D)

三、提示与预测

管辖权异议制度是高频考点,可以单独考查管辖权异议的主体、期间、异议对象及对管辖权异议的处理;还可以与移送管辖结合考查。此外,考生还应当掌握上文中【注意】提示下的内容。

第四章 诉

本章知识体系：

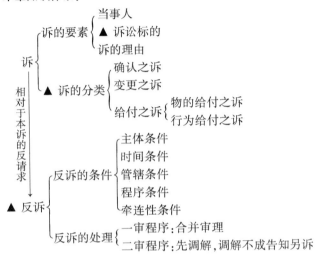

考点 1 诉的要素

一、精讲

诉的要素是指构成一个诉所不可缺少之因素。它包括诉的主体、诉讼标的和诉讼理由。

诉的主体，即诉的当事人，也就是为解决民事权利义务争议而参加诉讼的原告及其相对人。当事人是否适格，是法院审理案件首先要解决的问题。

诉讼标的是指存在于当事人之间，发生争议并要求法院以裁判的形式予以解决的民事法律关系。

诉讼理由，又称事实理由，是指使当事人提出的诉讼请求得以成立的根据，包括事实根据和法律根据两方面的内容。

二、例题

1. 李某驾车不慎追尾撞坏刘某轿车，刘某向法院起诉要求李某将车修好。在诉讼过程中，刘某变更诉讼请求，要求李某赔偿损失并赔礼道歉。针对本案的诉讼请求变更，下列哪一说法是正确的？（2015年真题，单选）

   A. 该诉的诉讼标的同时发生变更

   B. 法院应依法不允许刘某变更诉讼请求

   C. 该诉成为变更之诉

   D. 该诉仍属给付之诉

[释疑] 本题考查人民法院对诉讼请求的变更的处理以及与诉讼请求的变更诉的种类的关系。本案中诉讼标的是李某驾车撞坏刘某轿车的侵权关系，刘某起诉要求李某修车是诉讼请求，属于给付之诉。后刘某要求李某赔偿损失并赔礼道歉，仍然是基于前面的侵权关系，因此诉讼标的没有变化，仅是诉讼请求发生变化。变更后的诉讼请求，仍为给付之诉。人民法院对于诉讼请求的增加、变更，只要在法定的期间内提出，均应准许。所以 D 项正确。(答案为:D)

[提示] 诉的种类是以诉讼请求的性质来判断的，诉讼请求的变更，只有涉及性质发生变化，才会影响诉的种类。例如，由要求继续履行合同变更为解除合同，此时，该诉由给付之诉变为变更之诉。

2. 甲因乙久拖房租不付，向法院起诉，要求乙支付半年房租 6 000 元。在案件开庭审理前，甲提出书面材料，表示时间已过去 1 个月，乙应将房租增至 7 000 元。关于法院对甲增加房租的要求的处理，下列哪一选项是正确的？(2011 年真题，单选)

A. 作为新的诉讼受理，合并审理　　B. 作为诉讼标的变更，另案审理
C. 作为诉讼请求增加，继续审理　　D. 不予受理，告知甲可以另行起诉

[释疑] 根据《民诉证据规定》第 34 条第 3 款的规定:"当事人增加、变更诉讼请求或者提起反诉的，应当在举证期限届满前提出。"本案中，乙在案件开庭审理前将房租增至 7 000 元，属于诉讼请求数额的增加，并非提出新的诉讼请求，因此，法院应当作为诉讼请求增加，继续审理该案。(答案:C)

3. 刘某习惯每晚将垃圾袋放在家门口，邻居王某认为会招引苍蝇并影响自己出入家门。王某为此与刘某多次交涉未果，遂向法院提起诉讼，要求刘某不得将垃圾袋放在家门口，以保证自家的正常通行和维护环境卫生。关于本案的诉讼标的，下列哪一选项是正确的？(2009 年真题，单选)

A. 王某要求刘某不得将垃圾袋放在家门口的请求
B. 王某要求法院保障自家正常通行权的请求
C. 王某要求刘某维护环境卫生的请求
D. 王某和刘某之间的相邻关系

[释疑] 本题考查诉讼标的。诉讼标的是指存在于当事人之间、发生争议并要求法院以裁判的形式予以解决的民事法律关系，本题中 D 项正确。本案中当事人是基于相邻权法律关系发生争议，并请求人民法院作出裁判。本题中"不得将垃圾放在自家门前"是原告通过法院向对方当事人提出的要求，为诉讼请求，而"保护环境卫生和自家通行权"是原告诉讼请求所依据的事实和理由。(答案:D)

三、提示与预测

诉讼标的与诉讼请求、诉讼理由等的区别，是历年司法考试反复考查的内容，考生应予掌握。

诉讼标的是指存在于当事人之间、发生争议并要求法院以裁判的形式予以解决的民事法律关系。诉讼标的物则是指作为诉讼标的的民事法律关系中的权利义务所指向的对象，它总是表现为一定的金钱、物或行为。诉讼请求则是一方当事人通过人民法院向对方当事人所主

张的具体权利。诉讼理由是指使当事人提出的诉讼请求得以成立的根据。

在民事诉讼中,任何一种诉均具有诉讼标的;但并不是每一个诉都具有诉讼标的物,如确认之诉、变更之诉有诉讼标的,但不具有诉讼标的物。在民事诉讼中,诉讼标的不能变更,若诉讼标的被变更则原来之诉被新诉所替代;诉讼请求可以变更,而且诉讼请求还可以放弃,也可以增加或减少诉讼请求的数额,但是,增加或者变更诉讼请求应当在举证期限届满前提出。

考点 2 诉的分类

一、精讲

根据诉的具体内容,可以将诉分为三种,即确认之诉、变更之诉与给付之诉。给付之诉,其最大的特点是生效裁判的可执行性。通常可以将给付之诉分为物的给付之诉与行为的给付之诉;至于行为的给付,则既包括积极作为的行为给付,也包括消极不作为的行为给付,如停止某种侵权行为的实施等。

二、例题

1. 关于诉的分类的表述,下列哪一选项是正确的?(2013年真题,单选)
   A. 孙某向法院申请确认其妻无民事行为能力,属于确认之诉
   B. 周某向法院申请宣告自己与吴某的婚姻无效,属于变更之诉
   C. 张某在与王某协议离婚后,又向法院起诉,主张离婚损害赔偿,属于给付之诉
   D. 赵某代理女儿向法院诉请前妻将抚养费从每月1000元增加为2000元,属于给付之诉

[释疑] 诉的分类仅是针对诉讼案件进行的,对于特别程序、督促程序以及公示催告程序审理的案件,不属于诉的分类中的诉。A、B两项的案件属于特别程序审理的案件,因此不属于某种类型的诉,A、B项错误;张某在与王某协议离婚后,又向法院起诉,主张离婚损害赔偿,属于给付之诉,C项正确;赵某代理女儿向法院诉请前妻将抚养费从每月1000元增加为2000元,该诉强调的是抚养费用的增加与否,非给付与否,因此属于变更之诉更为准确,D项错误。(答案:C)

2. 关于诉的种类的表述,下列哪些选项是正确的?(2008年真题,多选)
   A. 甲公司以乙公司违约为由,诉至法院要求解除合同,属于变更之诉
   B. 甲公司以乙公司的履行不符合约定为由,诉至法院要求乙公司继续履行,属于给付之诉
   C. 甲向法院起诉乙,要求返还借款1000元,乙称自己根本没有向甲借过钱,该诉讼属于确认之诉
   D. 甲公司起诉乙公司,要求乙公司立即停止施工或采取有效措施降低噪声,属于变更之诉

[释疑] 本题考查诉的种类,需要考生掌握各种诉的基本特征,以此来判定选项中的表述是否正确。确认之诉是当事人向法院提出的要求确认某种法律关系存在或者不存在的诉。可见,C项不符合确认之诉的特征,表述错误。变更之诉是当事人向法院提出的改变现存的某种法律关系的请求。可见,A项符合变更之诉的特征,表述正确;而D项不符合变更之诉的特

征,表述错误。给付之诉是当事人向法院提出的,要求法院责令义务人履行一定的实体义务,以实现自己合法权益的请求。可见,B 项符合给付之诉的特征,表述正确。(答案:AB)

三、提示与预测

对诉的种类会结合实际情况考查对其的判定,考生需掌握各类型诉的特征。需要注意:

(1)诉的分类仅是针对诉讼案件进行的,对于特别程序、督促程序以及公示催告程序审理的案件,不属于诉的分类中的诉。

(2)确认之诉和变更之诉的判决没有强制执行力,变更之诉的判决一经生效,法律关系即产生变更的法律效力,不需要强制执行。

考点 3 反诉

一、精讲

反诉是指在诉讼进行过程中,本诉的被告以本诉原告为被告,向受理本诉的人民法院提出与本诉具有牵连关系的,目的在于抵消或者吞并本诉原告诉讼请求的独立的反请求。

1. 提起反诉的条件

除具备诉的要素外,还须具备:

(1)主体条件:反诉的当事人必须是本诉的当事人。双方当事人不增加、不减少,只是诉讼地位互换。

(2)时间条件:只能在本诉进行中提出,且应当在举证期限届满前提出。

(3)管辖条件:只能向审理本诉的人民法院提起。只有这样,才能达到本诉与反诉的合并审理,达到反诉的目的。本诉法院对反诉案件行使管辖权,涉及牵连管辖的问题。在实践中,受理本诉的法院对反诉不一定有管辖权,为了方便反诉的进行,法律规定了牵连管辖,即受理本诉的法院可以基于本反诉之间的牵连关系,而对本无管辖权的反诉行使管辖权。

如甲区张三和乙区李四在丙区打架,张三向乙区法院(被告住所地)起诉,诉讼中,李四提出反诉。即本来李四起诉张三,乙区法院没有管辖权的,但是基于本反诉之间的牵连关系,受理本诉的乙区法院取得反诉管辖权。

需要注意的是,如果反诉应由其他人民法院专属管辖,则人民法院应当裁定不予受理,告知另行起诉。此时不适用牵连管辖。

(4)反诉必须与本诉为同一诉讼程序。反诉只适用于普通程序和简易程序,不适用于特别程序。

(5)反诉与本诉应在诉讼标的和诉讼理由上有法律或事实上的牵连。《民诉司法解释》第 233 条对反诉与本诉的牵连性作了明确的规定,即诉讼标的及诉讼请求所依据的事实、理由有关联,具体讲反诉与本诉的诉讼请求基于相同法律关系、诉讼请求之间具有因果关系,或者反诉与本诉的诉讼请求基于相同事实的。

2. 对反诉的处理

在民事诉讼中,无论在一审程序、二审程序还是再审程序中,都允许当事人提起反诉,但法院对不同审理程序中反诉的处理是不同的:在一审程序中,人民法院应当将本诉和反诉合并审理,如果本诉撤诉,反诉另行进行;在二审程序中,当事人也可以提出反诉,但是法院处理方式与一审中的反诉不同,即应当在自愿、合法的基础上以调解的方式结案,如果调解不成,则就反诉部分告知当事人另行起诉。如果双方当事人同意由第二审人民法院一并审理的,第二审人民法院也可以一并裁判。在再审程序中,对当事人提起的反诉的处理,同二审程序一样。

二、例题

1. 刘某与曹某签订房屋租赁合同,后刘某向法院起诉,要求曹某依约支付租金。曹某向法院提出的下列哪一主张可能构成反诉?(2014年真题,单选)
   A. 刘某的支付租金请求权已经超过诉讼时效
   B. 租赁合同无效
   C. 自己无支付能力
   D. 自己已经支付了租金

   [释疑] 本题考查反诉的构成条件,主要是与反驳的区别。反诉,是指在诉讼程序进行中,本诉被告针对本诉原告向法院提出的独立的反诉请求,可见,反诉首先是一个独立的诉,所以必须提出一个独立的反请求。反诉不同于反驳,反驳是一方当事人驳斥对方当事人诉讼主张的一种诉讼手段和诉讼权利,可以从实体上和程序上、从事实上和法律上予以辩驳。反驳的目的虽然也在于使原告的诉讼目的无法实现,但是它并非是向原告提出独立的诉讼请求,不具有诉的性质。本题中A、C、D项均为反驳,不具有诉的性质。(答案:B)

2. 关于反诉,下列哪些表述是正确的?(2013年真题,多选)
   A. 反诉的原告只能是本诉的被告
   B. 反诉与本诉必须适用同一种诉讼程序
   C. 反诉必须在答辩期届满前提出
   D. 反诉与本诉之间须存在牵连关系,因此必须源于同一法律关系

   [释疑] 本题考查反诉的条件。(答案:AB)

3. 关于反诉,下列哪些表述是正确的?(2012年真题,多选)
   A. 反诉应当向受理本诉的法院提出,且该法院对反诉所涉及的案件也享有管辖权
   B. 反诉中的诉讼请求是独立的,它不会因为本诉的撤销而撤销
   C. 反诉如果成立,将产生本诉的诉讼请求被依法驳回的法律后果
   D. 本诉与反诉的当事人具有同一性,因此,当事人在本诉与反诉中诉讼地位是相同的

   [释疑] 本题考查反诉的条件。(答案:AB)

4. ……李强起诉要求赵刚返还欠款5 000元、支付医药费6 000元,并向法院提交了赵刚书写的借条、其向赵刚转账5 000元的银行转账凭证、本人病历、医院的诊断书(复印件)、医院处方(复印件)、发票等。

   赵刚称,其向李强借款是事实,但在2010年1月卖给李强一块玉石,价值5 000元,说好用玉石货款清偿借款。当时李强表示同意,并称之后会把借条还给赵刚,但其一直未还该借条……

   关于赵刚"用玉石货款清偿借款"的辩称,下列选项正确的是(2012年真题,多选):
   A. 将该辩称作为赵刚偿还借款的反驳意见来审查,审查的结果可以作为判决的根据

B. 赵刚应当以反诉的形式提出请求,法院可以与本诉合并进行审理

C. 赵刚必须另行起诉,否则法院不予处理

D. 赵刚既可以反诉的形式提出,也可另行起诉

[释疑] 本题考查反诉的条件及对反诉的处理。因为反诉是一个独立的诉,既可以在一审程序中以反诉的形式提出,法院对反诉与本诉合并审理,也可以另行起诉。(答案:BD)

5. 丙承租了甲、乙共有的房屋,因未付租金被甲、乙起诉。一审法院判决丙支付甲、乙租金及利息共计1万元,分5个月履行,每月给付2000元。甲、乙和丙均不服该判决,提出上诉:乙请求改判丙一次性支付所欠的租金1万元。甲请求法院判决解除与丙之间的租赁关系。丙认为租赁合同中没有约定利息,甲、乙也没有要求给付利息,一审法院不应当判决自己给付利息,请求判决变更一审判决的相关内容。丙还提出,为修缮甲、乙的出租房自己花费了3000元,请求抵消部分租金。关于丙提出用房屋修缮款抵消租金的请求,二审法院正确的处理办法是:(2010年真题,不定选)

A. 查明事实后直接判决

B. 不予审理

C. 经当事人同意进行调解解决,调解不成的,发回重审

D. 经当事人同意进行调解解决,调解不成的,告知丙另行起诉

[释疑] 本题考查二审中对反诉的处理。在二审过程中,原审被告可以提出反诉,但是,二审法院不能对该反诉直接作出判决,否则违反两审终审制度。二审法院对二审程序中的反诉,应当在当事人自愿的原则上进行调解,调解不成的,告知另行起诉。此次新《民事诉讼司法解释》增加了一项内容,即在二审中,双方当事人就反诉事项达不成调解协议的,如果双方当事人同意由第二审人民法院一并审理的,第二审人民法院可以一并裁判。(答案:D)

6. 甲公司起诉要求乙公司交付货物。被告乙公司向法院主张合同无效,应由原告甲公司承担合同无效的法律责任。关于本案被告乙公司主张的性质,下列哪一说法是正确的?(2009年真题,单选)

A. 该主张构成了反诉   B. 该主张是一种反驳

C. 该主张仅仅是一种事实主张   D. 该主张是一种证据

[释疑] 本题考查反诉与反驳的区别。反诉,是指在诉讼程序进行中,本诉被告针对本诉原告向法院提出的独立的反诉请求。反诉不同于反驳,反驳是指被告针对原告提出的诉讼请求和理由,从实体和程序上、从事实上和法律上予以辩驳。反驳的目的虽然也在于使原告的诉讼目的无法实现,但是它并非是向原告提出独立的诉讼请求。本题中,被告乙公司向法院提出合同无效的同时,向法院提出了独立的诉讼请求,即要求原告承担合同无效的法律责任。故本题中乙公司的主张是反诉,而非反驳。因此,本题的正确答案是A项。(答案:A)

三、提示与预测

对反诉的考查,集中在提起反诉的条件和对反诉的处理,出题频率比较高,考生必须掌握。此外,还需要注意下列知识点:

1. 反诉与反驳的区别

区别	反诉	反驳
性质不同	独立的诉讼,具有诉的性质	是一方当事人驳斥对方当事人诉讼主张的一种诉讼手段和诉讼权利,不具有诉的性质
诉讼地位不同	当事人的诉讼地位互换,具有双重性	当事人的诉讼地位不发生变化
提出的主体不同	只能是本诉的被告	双方当事人
提出的前提不同	反诉的提起必须以本诉的存在为前提,被告提出一项独立的诉讼请求,并不直接否定原告的诉讼请求	反驳是以直接否定原告提出诉讼请求的全部或一部分为前提
提出的时间不同	原则上只能在一审程序中举证期限届满之前提出	可以在一审、二审、再审程序中提出
目的不同	除了抵消、吞并原告的诉讼请求,使原告败诉之外,还提出了一项独立的诉讼请求	只在于否定原告提出的诉讼请求,并未提出独立的诉讼请求
共同点	都是被告可以行使的诉讼权利,被告可以通过这两者来推翻原告的诉讼请求,保护自己的合法权益	

2. 反诉是一个独立的诉,当事人既可以选择在一审程序中以反诉的形式提出,法院对反诉与本诉合并审理,也可以选择另行起诉的方式。需要注意的是:有些反诉必须与本诉一并提出,另行诉讼有可能构成重复诉讼,而不被人民法院受理。即有些反诉是强制反诉。例如:原告要求被告给付,被告要求确认法律关系无效的诉就必须以反诉的形式提出,而不能另行诉讼。如果此时被告向其他法院另行起诉要求确认法律关系无效,因为符合《民诉司法解释》第247条明确规定的重复起诉标准,即 ① 后诉与前诉的当事人相同;② 后诉与前诉的诉讼标的相同;③ 后诉的诉讼请求实质上否定前诉裁判结果。人民法院对被告的该项起诉,裁定不予受理;已经受理的,裁定驳回起诉。因此,属于后诉的诉讼请求实质上否定前诉裁判结果的反诉必须在本诉过程中一并提出,而不能另行诉讼。

3. 注意二审中反诉的处理。《民诉司法解释》第328条规定:"在第二审程序中,原审原告增加独立的诉讼请求或者原审被告提出反诉的,第二人民法院可以根据当事人自愿的原则就新增加的诉讼请求或者反诉进行调解;调解不成的,告知当事人另行起诉。双方当事人同意由第二审人民法院一并审理的,第二审人民法院可以一并裁判。"

考点 4 发回重审时诉讼请求增加、变更以及提起反诉的处理

一、精讲

发回重审是指在二审或再审程序中,如果具备法定发回重审的情形,上级法院将案件发回第一审人民法院按照第一程序重新审理该案件的程序。重审程序必须组成合议庭审理,不

适用独任制。同时,应当另行组成合议庭。

既然案件是发回第一审人民法院按照第一审程序重新审理,那么对于在重审程序中增加诉讼请求、变更以及提起反诉应当如何处理,因是二审发回重审还是再审发回重审而不同。

1. 二审发回重审当事人诉求变化的处理:二审裁定撤销一审判决发回重审的案件,当事人申请变更、增加诉讼请求或者提出反诉,第三人提出与本案有关的诉讼请求的,依照民事诉讼法第140规定处理。(《民诉司法解释》第251条)

2. 再审发回重审当事人诉求变化的处理:《民诉司法解释》第252条规定,再审裁定撤销原判决、裁定发回重审的案件,当事人申请变更、增加诉讼请求或者提出反诉,符合下列情形之一的,人民法院应当准许:

(1) 原审未合法传唤缺席判决,影响当事人行使诉讼权利的;

(2) 追加新的诉讼当事人的;

(3) 诉讼标的物灭失或者发生变化致使原诉讼请求无法实现的;

(4) 当事人申请变更、增加的诉讼请求或者提出的反诉,无法通过另诉解决的。

二、例题

章俊诉李泳借款纠纷案在某县法院适用简易程序审理。县法院判决后,章俊上诉,二审法院以事实不清为由发回重审。县法院征得当事人同意后,适用简易程序重审此案。在答辩期间,李泳提出管辖权异议,县法院不予审查。案件开庭前,章俊增加了诉讼请求,李泳提出反诉,县法院受理了章俊提出的增加诉讼请求,但以重审不可提出反诉为由拒绝受理李泳的反诉。关于本案,该县法院的下列哪些做法是正确的?(2015年真题,多选)

A. 征得当事人同意后,适用简易程序重审此案

B. 对李泳提出的管辖权异议不予审查

C. 受理章俊提出的增加诉讼请求

D. 拒绝受理李泳的反诉

[释疑] 本题考查二审发回重审时当事人增加诉讼请求、提起反诉人民法院的处理。首先,对于发回重审的案件,一律组成合议庭审理,不能适用简易程序审理,因此,A选项错误;对于管辖权异议的提出,法律明确规定为第一审程序中递交答辩状期间,也即管辖权异议的提出,仅限于第一审程序,而不包括适用第一审程序审理的情形,B选项正确;对于二审发回重审的案件,当事人申请变更、增加诉讼请求或者提出反诉,应当准予,并且合并审理。C项正确,D项错误。(答案:BC)

三、提示与预测

在再审发回重审时,对于当事人申请变更、增加的诉讼请求或者提出的反诉,只有无法通过另诉解决的,才可以合并审理。

第五章 诉讼参加人

本章知识体系：

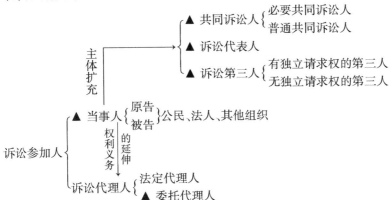

考点 1 民事诉讼权利能力和民事诉讼行为能力

一、精讲

民事诉讼权利能力和民事诉讼行为能力在考试中没有单独命题，但作为当事人知识体系中的基础理论之一，考生应当了解和掌握。

1. 民事诉讼权利能力

民事诉讼权利能力，又称当事人能力，是能够成为民事诉讼当事人，享有诉讼权利、承担诉讼义务的资格。民事诉讼权利能力，解决的是能够成为当事人的法律资格问题，与能否以自己的行为行使诉讼权利和承担诉讼义务没有关系。

对于自然人而言，其民事诉讼权利能力始于出生，终于死亡；对于法人、其他组织而言，始于依法成立，终于终止，如法人合并、分立等。

民事诉讼权利能力与民事权利能力是联系紧密的两个概念。在一般情况下，具有民事权利能力的人，就有民事诉讼权利能力。但在特殊情况下，民事权利能力和民事诉讼权利能力是分离的：没有民事权利能力的人，却有诉讼权利能力，即这些人虽然不能作为独立的民事主体进行民事活动，承担民事责任，但是如果在其活动的过程中发生争议，却可以作为独立的民事诉讼主体，享有诉讼权利，承担诉讼义务，如民法中所谓的非法人团体，可以构成民事诉讼中的其他组织。

2. 民事诉讼行为能力

民事诉讼行为能力是当事人亲自进行诉讼活动，以自己的行为行使诉讼权利和承担诉讼义务的能力。

对于自然人而言，只有具有完全民事行为能力人才具有诉讼行为能力，无民事行为能力人或限制民事行为能力人都不具有诉讼行为能力，必须由其法定代理人代为行使诉讼行为；对于法人、其他组织而言,其诉讼权利能力和诉讼行为能力同时产生、同时消灭,不存在诉讼权利能力与诉讼行为能力分离的问题。

民事诉讼行为能力与民事行为能力是紧密联系的两个概念,有完全民事行为能力的人,是具有民事诉讼行为能力的人;无民事行为能力或者限制民事行为能力人是无民事诉讼行为能力的人,只能由其法定诉讼代理人代为诉讼。

二、例题

根据民事诉讼理论和相关法律法规,关于当事人的表述,下列哪些选项是正确的?(2014年真题,多选)

A. 依法解散、依法被撤销的法人可以自己的名义作为当事人进行诉讼
B. 被宣告为无行为能力的成年人可以自己的名义作为当事人进行诉讼
C. 不是民事主体的非法人组织依法可以自己的名义作为当事人进行诉讼
D. 中国消费者协会可以自己的名义作为当事人,对侵害众多消费者权益的企业提起公益诉讼

[释疑] 本题考查当事人及当事人的确定。依法解散或被撤销的法人已经终止,无法再以自己的名义进行诉讼,A项错;民事权利能力始于出生终于死亡,与行为能力无关,B项正确;非法人组织虽然不是民事主体,但民诉法赋予其他组织作为诉讼主体的资格,即《民事诉讼法》第3条规定:"人民法院受理公民之间、法人之间、其他组织之间以及他们相互之间因财产关系和人身关系提起的民事诉讼,适用本法的规定。"C项正确;2013年10月第二次修正后的《中华人民共和国消费者权益保护法》第47条,明确赋予中国消费者协会以及在省、自治区、直辖市设立的消费者协会,对于侵害众多消费者权益的案件,可以依法提起公益诉讼,D项正确。(答案:BCD)

三、提示与预测

对于自然人,其民事诉讼权利能力与民事诉讼行为能力对于完全民事行为能力人而言是一致的;无民事行为能力或者限制民事行为能力人是无民事诉讼行为能力的人,这两种能力是分离的。

对于法人和其他组织,其民事诉讼权利能力与民事诉讼行为能力是一致的,他们的民事诉讼行为能力,由法定代理人或主要负责人具体实施。

考点 2 当事人适格

一、精讲

当事人适格,又称正当当事人,是指当事人就特定的诉讼,有资格以自己的名义成为原告或者被告,因而受本案判决拘束的当事人。

当事人是否适格,需要有一定的标准加以判断。一般来讲,应当以当事人是否是本案诉讼标的(即发生争执的实体法律关系)的主体作为判断当事人适格的标准。依据这一标准,只要是民事法律关系或民事权利的主体,以该民事法律关系或民事权利为诉讼标的进行诉讼,一般就是适格的当事人。此外,法律也明确规定了一些非实体权利义务主体成为适格当事人的

情形。

二、例题

1. 关于当事人能力和正当当事人的表述,下列哪一选项是正确的?(2013年真题,单选)

A. 一般而言,应以当事人是否对诉讼标的有确认利益,作为判断当事人适格与否的标准

B. 一般而言,诉讼标的的主体即是本案的正当当事人

C. 未成年人均不具有诉讼行为能力

D. 破产企业清算组对破产企业财产享有管理权,可以该企业的名义起诉或应诉

[释疑] 本题考查诉讼行为能力、正当当事人的判定标准以及法律明确规定的正当当事人。一般而言,应以当事人是否对诉讼标的有实体利益,作为判断当事人适格与否的标准,而非确认利益,A项错误。一般而言,诉讼标的的主体即是本案的正当当事人正确,因为正当当事人的判定标准即为是否为诉讼标的的主体,B项正确。未成年人包括年满16周岁,且以自己的劳动收入养活自己的人。这部分人在年龄上虽然属于未成年,因其已经自食其力,法律赋予其成年人的权利,这部分人享有诉讼行为能力,C项错误。根据《民诉司法解释》企业法人解散的,依法清算并注销前,以该企业法人为当事人;未依法清算即被注销的,以该企业法人的股东、发起人或者出资人为当事人。可见该法人尚未注销,应当以该企业法人为当事人,所以D选项正确。

说明:根据1996年《民诉意见》的规定破产企业清算组对破产企业财产享有管理权,可以该自己的名义起诉或应诉,而根据新的《民诉司法解释》的规定,清算组则不能以自己的名义起诉与应诉,因此,根据现行的规定,D项正确。(司法部答案:B;正确答案:BD)

2. 关于当事人能力与当事人适格的概念,下列哪些表述是正确的?(2012年真题,多选)

A. 当事人能力又称当事人诉讼权利能力,当事人适格又称正当当事人

B. 有当事人能力的人一定是适格当事人

C. 适格当事人一定具有当事人能力

D. 当事人能力与当事人适格均由法律明确加以规定

[释疑] 本题考查当事人能力与当事人适格的区别。当事人能力又称当事人诉讼权利能力,是作为民事诉讼主体的资格,由民事诉讼法明确加以规定;当事人适格又称正当当事人,首先需要具备当事人能力,其次需要与案件有利害关系。因此,AC正确,BD错误。(答案:AC)

3. 关于当事人适格的表述,下列哪一选项是错误的?(2008年真题,单选)

A. 当事人的诉讼权利能力是指抽象的诉讼当事人的资格,它与具体的诉讼没有直接联系;当事人适格是作为具体的诉讼当事人资格,是针对具体的诉讼而言的

B. 一般来讲,应当以当事人是否所争议的民事法律关系的主体,作为判断当事人是否适格的标准,但在某些例外情况下,非民事法律关系或民事权利主体,也可以作为适格当事人

C. 清算组织、遗产管理人、遗嘱执行人是适格的当事人,原因在于根据权利主体意思或法律规定,其对他人的民事法律关系享有管理权

D. 检察院就生效民事判决提起抗诉,抗诉的检察院是适格的当事人

[释疑] 本题考查当事人适格。当事人适格是指在具体的案件中,与案件有直接的或法律规定的利害关系,能够成为本案原告或被告,并受裁判约束的人。本案中,检察院是与案件没有利害关系的主体,因此,D项错误,符合题意。(答案:D)

三、提示与预测

当事人能力与当事人适格的关系是高频考点,考生必须掌握。

1. 注意当事人诉讼权利能力和当事人适格的区别

当事人诉讼权利能力,又称当事人能力,是指能够成为民事诉讼当事人,享有诉讼权利,承担诉讼义务的资格。它是作为抽象的诉讼当事人的资格,与具体的诉讼没有直接联系,与能否以自己的行为行使诉讼权利和承担诉讼义务没有关系,解决的仅是能够成为当事人的法律资格问题。

当事人适格,又称正当当事人,是指当事人就特定的诉讼,有资格以自己的名义成为原告或者被告,因而受本案判决拘束的当事人,也即当事人适格是作为具体的诉讼当事人资格,是针对具体诉讼而言的,因此还需要掌握判定当事人适格的标准问题。一般来讲,应当以当事人是否为所争议的民事法律关系的主体,作为判断当事人适格的标准,但在某些例外情况下,非民事法律关系或民事权利主体,也可以基于法律的规定作为适格当事人。

2. 法律规定的正当当事人

法律明确规定为正当当事人的情形,也即非实体权利义务主体成为适格当事人的法定情形,主要包括:

(1) 基于身份关系取得的诉讼实施权。包括公民基于身份权、继承权等权利,为维护死者或胎儿的民事权益而充当当事人。我国法律规定死者的著作权、名誉权应受法律保护,其配偶、父母、子女等近亲属可以原告身份起诉;在涉及胎儿的继承诉讼中,由于胎儿不是法律意义上的人,故不能成为诉讼当事人。《继承法》规定应当为胎儿保留适当的份额,侵犯胎儿的继承权的,胎儿的母亲有诉讼实施权。

(2) 基于财产管理权,为维护财产所有人或财产经营人的民事权益而进行诉讼担当,充任代位当事人。财产管理权是根据实体法的规定或民事法律行为而产生的,前者如破产清算组织、失踪人的财产代管人、遗嘱执行人或遗产管理人、依法设立的著作权集体管理组织等,后者如,因委托管理合同而产生的代管权。

▲(3) 公益诉讼中的适格原告。2012年《民事诉讼法》第55条增加了对公益诉讼案件中具有原告资格主体的规定,即"对污染环境、侵害众多消费者合法权益等损害社会公共利益的行为,法律规定的机关和有关组织可以向人民法院提起诉讼"。根据《民诉司法解释》第284条的规定,公益诉讼案件的适格原告为"环境保护法、消费者权益保护法等法律规定的机关和有关组织"。

3. 清算组不能成为当事人

《民诉司法解释》第64条:企业法人解散的,依法清算并注销前,以该企业法人为当事人;未依法清算即被注销的,以该企业法人的股东、发起人或者出资人为当事人。公司成立清算组的,由清算组负责人代表公司参加诉讼。

考点 3 当事人恒定与当事人变更

一、精讲

(一) 当事人恒定

当事人恒定是指争议的民事实体权利义务转移的,不影响当事人的诉讼主体资格和诉讼地位。《民诉司法解释》第249条规定:"在诉讼中,争议的民事权利义务转移的,不影响当事人的诉讼主体资格和诉讼地位。人民法院作出的发生法律效力的判决、裁定对受让人具有拘束力。受让人申请以无独立请求权的第三人身份参加诉讼的,人民法院可予准许。受让人申请替代当事人承担诉讼的,人民法院可以根据案件的具体情况决定是否准许;不予准许的,可以追加其为无独立请求权的第三人。"

(二)当事人变更

当事人变更,是指在诉讼过程中,根据法律规定或当事人的意思,原诉讼的当事人被变更或变动为新的当事人的一种诉讼现象。包括法定的当事人变更和任意的当事人变更。

1. 任意的当事人变更:《民诉司法解释》第250条:"依照本解释第二百四十九条规定,人民法院准许受让人替代当事人承担诉讼的,裁定变更当事人。变更当事人后,诉讼程序以受让人为当事人继续进行,原当事人应当退出诉讼。原当事人已经完成的诉讼行为对受让人具有拘束力。"

2. 法定的当事人变更,又称诉讼权利义务的承担,是指在民事诉讼进行过程中,由于特殊原因的出现,一方当事人的诉讼权利义务转移给案外人,由案外人承受原当事人的诉讼权利和义务,作为当事人继续进行诉讼。

在民事诉讼中,发生诉讼权利义务承担的主要有以下两种:

(1)作为一方当事人的自然人死亡,有继承人的,人民法院应裁定中止诉讼并及时通知其继承人作为当事人参加诉讼,被继承人已经进行的诉讼行为对继承人有效。但是,如果实体权利义务是专属于死亡当事人的,即基于身份而产生的案件,则不能发生权利义务承担,诉讼应当终结,如甲诉请要求与乙解除婚姻关系。

(2)作为一方当事人的法人或其他组织终止的,其权利义务继受人作为当事人承担诉讼。具体讲:法人分立、合并的,由分立、合并后的新法人承担;法人被人民法院宣告破产后,由清算组接替原法人继续进行诉讼;在法人撤销的情况下,如果有清算组,则由清算组接替继续进行诉讼;如果没有清算组,则由决定撤销的机构接替继续进行诉讼。

二、例题

1. 程某诉刘某借款诉讼过程中,程某将对刘某因该借款而形成的债权转让给了谢某。依据相关规定,下列哪些选项是正确的?(2016年卷三79题,多选)

A. 如程某撤诉,法院可以准许其撤诉
B. 如谢某申请以无独立请求权第三人身份参加诉讼,法院可予以准许
C. 如谢某申请替代程某诉讼地位的,法院可以根据案件的具体情况决定是否准许
D. 如法院不予准许谢某申请替代程某诉讼地位的,可以追加谢某为无独立请求权的第三人

[释疑] 本题考查当事人的恒定。《民诉法司法解释》第249条规定了当事人恒定,即在诉讼中,争议的民事权利义务转移的,不影响当事人的诉讼主体资格和诉讼地位。人民法院作出的发生法律效力的判决、裁定对受让人具有拘束力。受让人申请以无独立请求权的第三人身份参加诉讼的,人民法院可予准许。受让人申请替代当事人承担诉讼的,人民法院可以根据案件的具体情况决定是否准许;不予准许的,可以追加其为无独立请求权的第三人。本案在诉讼过程中,程某将其债权转让给谢某,根据当事人核定原则,程某依然是本案的原告,其享有撤

诉的权利,A 项正确;谢某作为权利的受让人,申请以无独立请求权的第三人身份参加诉讼的,人民法院可予准许。谢某申请替代当事人承担诉讼的,人民法院可以根据案件的具体情况决定是否准许;不予准许的,可以追加其为无独立请求权的第三人。BCD 正确。(答案:ABCD)

2. 2010 年 7 月,甲公司不服 A 市 B 区法院对其与乙公司买卖合同纠纷的判决,上诉至 A 市中级法院,A 市中级法院经审理维持原判决。2011 年 3 月,甲公司与丙公司合并为丁公司。之后,丁公司法律顾问在复查原甲公司的相关材料时,发现上述案件具备申请再审的法定事由。关于该案件的再审,下列哪一说法是正确的?(2012 年真题,单选)

A. 应由甲公司向法院申请再审
B. 应由甲公司与丙公司共同向法院申请再审
C. 应由丁公司向法院申请再审
D. 应由丁公司以案外人身份向法院申请再审

[释疑] 本题考查当事人的变更,也即诉讼权利义务的承担。企业合并的,以合并后的法人承担其权利、义务,进行诉讼,因此,C 正确。(答案为:C)

3. 三合公司诉两江公司合同纠纷一案,经法院审理后判决两江公司败诉。此后,两江公司与海大公司合并成立了大江公司。在对两江公司财务进行审核时,发现了一份对前述案件事实认定极为重要的证据。关于该案的再审,下列哪一说法是正确的(2011 年真题,单选)

A. 应当由两江公司申请再审并参加诉讼
B. 应当由海大公司申请再审并参加诉讼
C. 应当由大江公司申请再审并参加诉讼
D. 应当由两江公司申请再审,但必须由大江公司参加诉讼

[释疑] 本题为当事人变更情形,考点与上例完全相同。法人合并后,由合并后的法人承担其权利、义务,进行诉讼。当然,本题在不懂该知识点的情况下可以巧解,题目表述"两江公司与海大公司合并成立了大江公司",凭常识可知,两江公司与海大公司已经不存在了,所以凡是选项中出现这两家公司的均为错误选项,即直接排除 ABD 选项,答案选 C 选项。(答案为:C)

三、提示与预测

当事人恒定与任意的当事人变更是新增加的内容,应当掌握。此外,需要注意法定的当事人变更时,如果继承人或继受人无法确定,诉讼程序中止;如果继承人或继受人可以确定,直接裁定变更当事人即可,程序不需要中止。无论是在第一审程序,还是在第二审程序或再审程序,均可发生当事人的变更。

考点 5 原告和被告的具体确定

一、精讲

原告是指因民事权利发生争议,以自己的名义向人民法院提起民事诉讼,并引起诉讼程序发生的人;被告是指被原告指称侵犯其合法权利或者与原告发生权利义务争议,被人民法院通知应诉的人。

在民事诉讼中,可以作为当事人的包括公民、法人和其他组织。

注意以下具体情形下原告、被告的确定。

(一)法人非依法设立的分支机构,或者虽依法设立,但没有领取营业执照的分支机构,以设立该分支机构的法人为当事人。(《民诉司法解释》第53条)

(二)行为人作为当事人(《民诉司法解释》第62条)

1. 法人或者其他组织应登记而未登记,行为人即以该法人或者其他组织名义进行民事活动的;

2. 行为人没有代理权、超越代理权或者代理权终止后以被代理人名义进行民事活动的,但相对人有理由相信行为人有代理权的除外;

3. 法人或者其他组织依法终止后,行为人仍以其名义进行民事活动的。

(三)劳务关系中当事人的确定(《民诉司法解释》第56—58条,《侵权责任法》第34条、第35条)

《民诉司法解释》第56条规定:"法人或者其他组织的工作人员执行工作任务造成他人损害的,该法人或者其他组织为当事人。"

《民诉司法解释》第57条规定:"提供劳务一方因劳务造成他人损害,受害人提起诉讼的,以接受劳务一方为被告。"

《民诉司法解释》第58条规定:"在劳务派遣期间,被派遣的工作人员因执行工作任务造成他人损害的,以接受劳务派遣的用工单位为当事人。当事人主张劳务派遣单位承担责任的,该劳务派遣单位为共同被告。"

【提示】 对于在劳务派遣期间,被派遣的工作人员因执行工作任务造成他人损害的,应当以接受派遣单位为被告,劳务派遣单位有过错的,承担补充赔偿责任。即在劳务派遣期间,被派遣的工作人员因执行工作任务造成他人损害的,应当以接受派遣的用人单位为当事人;如果赔偿权利人起诉劳动派遣单位的,应当将接受派遣单位作为共同被告。

(四)企业法人解散的当事人的确定(《民诉司法解释》第64条)

企业法人解散的,依法清算并注销前,以该企业法人为当事人;未依法清算即被注销的,以该企业法人的股东、发起人或者出资人为当事人。

(五)保证关系中当事人的确定(《民诉司法解释》第66条,《担保法解释》第124—126条)

1. 一般保证关系:

(1)债权人仅起诉被保证人(债务人)的,可只列被保证人为被告;

(2)债权人仅起诉保证人的,人民法院应当通知被保证人(债务人)作为共同被告参加诉讼;

(3)一般保证的债权人向债务人和保证人一并提起诉讼的,人民法院应当将债务人和保证人列为共同被告参加诉讼(《民诉司法解释》第66条)。

2. 连带责任保证的债权人有权选择:

(1)可以将债务人或者保证人作为单一被告提起诉讼;

(2)也可以将债务人和保证人作为共同被告提起诉讼。此处与一般保证的不同在于:如果债权人只起诉保证人,无须将债务人列为共同被告。

3. 企业法人的分支机构为他人提供保证的,人民法院在审理保证纠纷案件中可以将该企业法人作为共同被告参加诉讼。但是商业银行、保险公司的分支机构提供保证的除外,即只以分支机构作为被告。

（六）村民委员会或者村民小组与他人发生民事纠纷的案件(《民事司法解释》第68条)

村民委员会或者有独立财产的村民小组为当事人

（七）侵害死者权利的案件(《民诉司法解释》第69条)

对侵害死者遗体、遗骨以及姓名、肖像、名誉、荣誉、隐私等行为提起诉讼的，死者的近亲属为当事人。

（八）因新闻报道或其他作品发生的名誉权侵权中当事人的确定

应根据原告的起诉确定被告：

（1）只诉作者的，列作者为被告；

（2）只诉新闻出版单位的，列新闻出版单位为被告；

（3）对作者和新闻出版单位都提起诉讼的，将作者和新闻出版单位均列为被告，此种情形有个例外，作者与新闻出版单位为隶属关系，作品系作者履行职务所形成的，只列单位为被告，这是因为作者的行为是职务行为，对外应当由单位承担责任。

（九）教育、管理、保护关系案件中当事人的确定(《侵权责任法》第38—40条、《人身损害赔偿规定》第7条)

1. 无民事行为能力人在幼儿园、学校或者其他教育机构学习、生活期间受到人身损害的，幼儿园、学校或者其他教育机构应当承担责任，但能够证明已尽到教育、管理职责的，不承担责任。

2. 限制民事行为能力人在学校或者其他教育机构学习、生活期间受到人身损害，学校或者其他教育机构未尽到教育、管理职责的，应当承担责任。

3. 第三人侵权致未成年人遭受人身损害的，应当承担赔偿责任。学校、幼儿园等教育机构有过错的，应当承担相应的补充赔偿责任。

【提示】 第三人侵权致未成年人遭受人身损害的，应当以第三人（侵权人）为被告；学校、幼儿园等教育机构有过错的，赔偿权利人可以一并主张第三人与学校、幼儿园等教育机构为共同被告；如果赔偿权利人只起诉学校、幼儿园等教育机构的，应当将第三人作为共同被告。

（十）安全保障关系案件中当事人的确定(《侵权责任法》第37条、《人身损害赔偿规定》第6条)

1. 从事住宿、餐饮、娱乐等经营活动或者其他社会活动的自然人、法人、其他组织，未尽合理限度范围内的安全保障义务，致使他人遭受人身损害，赔偿权利人请求其承担相应赔偿责任的，人民法院应予支持。

2. 因第三人侵权导致损害结果发生的，由实施侵权行为的第三人承担赔偿责任。安全保障义务人有过错的，应当在其能够防止或者制止损害的范围内承担相应的补充赔偿责任。安全保障义务人承担责任后，可以向第三人追偿。赔偿权利人起诉安全保障义务人的，应当将第三人作为共同被告，但第三人不能确定的除外。

（十一）帮工关系中当事人的确定(《人身损害赔偿规定》第13条、第14条)

1. 为他人无偿提供劳务的帮工人，在从事帮工活动中致人损害的，被帮工人应当承担赔偿责任。被帮工人明确拒绝帮工的，不承担赔偿责任。

2. 帮工人存在故意或者重大过失，赔偿权利人请求帮工人和被帮工人承担连带责任的，人民法院应予支持。

3. 帮工人因帮工活动遭受人身损害的,被帮工人应当承担赔偿责任。被帮工人明确拒绝帮工的,不承担赔偿责任,但可以在受益范围内予以适当补偿。

4. 帮工人因第三人侵权遭受人身损害的,由第三人承担赔偿责任。第三人不能确定或者没有赔偿能力的,可以由被帮工人予以适当补偿。

(十二) 共同侵权和共同危险行为中当事人的确定

1. 共同侵权人承担连带责任,二人以上共同实施侵权行为,造成他人损害的,应当承担连带责任。(《侵权责任法》第8条)

2. 行为人承担连带责任。二人以上实施危及他人人身、财产安全的行为,其中一人或者数人的行为造成他人损害,能够确定具体侵权人的,由侵权人承担责任;不能确定具体侵权人的,行为人承担连带责任。(《侵权责任法》第10条)

【注意】《侵权责任法》第13条规定,法律规定承担连带责任的,被侵权人有权请求部分或者全部连带责任人承担责任。也即,在共同侵权或共同危险行为案件中,被告的确定取决于原告的选择,原告选择起诉一部分侵权人或危险人的,这部分侵权人或危险人是本案的被告,法院不依职权追加另一部分侵权人或危险人为本案共同被告。这部分人承担赔偿责任后,可以向未承担责任的侵权人或危险人进行追偿。

(十三) 交通事故案件中当事人的确定(《侵权责任法》第49条)

因租赁、借用等情形机动车所有人与使用人不是同一人时,发生交通事故后属于该机动车一方责任的,由保险公司在机动车强制保险责任限额范围内予以赔偿。不足部分,由机动车使用人承担赔偿责任;机动车所有人对损害的发生有过错的,承担相应的赔偿责任。

(十四) 动物致害案件中当事人的确定(《侵权责任法》第78条、第83条)

1. 饲养的动物造成他人损害的,动物饲养人或者管理人应当承担侵权责任。

2. 因第三人的过错致使动物造成他人损害的,被侵权人可以向动物饲养人或者管理人请求赔偿,也可以向第三人请求赔偿。动物饲养人或者管理人赔偿后,有权向第三人追偿。

(十五) 解散公司诉讼中当事人的确定

《公司法解释(二)》第4条规定:"股东提起解散公司诉讼应当以公司为被告。原告以其他股东为被告一并提起诉讼的,人民法院应当告知原告将其他股东变更为第三人;原告坚持不予变更的,人民法院应当驳回原告对其他股东的起诉。原告提起解散公司诉讼应当告知其他股东,或者由人民法院通知其参加诉讼。其他股东或者有关利害关系人申请以共同原告或者第三人身份参加诉讼的,人民法院应予准许。"

例如:甲县的葛某和乙县的许某分别拥有位于丙县的云峰公司50%的股份。后由于二人经营理念不合,已连续4年未召开股东会,无法形成股东会决议。许某遂向法院请求解散公司,并在法院受理后申请保全公司的主要资产(位于丁县的一块土地的使用权)。本案中,原告为许某,被告应为云峰公司,葛某可以作为无独立请求权第三人参加诉讼。

对于股东具备什么条件才能提起解散公司的诉讼,《公司法解释(二)》第1条作了明确的规定:"单独或者合计持有公司全部股东表决权百分之十以上的股东,以下列事由之一提起解散公司诉讼,并符合公司法第一百八十三条规定的,人民法院应予受理:(一) 公司持续两年以上无法召开股东会或者股东大会,公司经营管理发生严重困难的;(二) 股东表决时无法达到法定或者公司章程规定的比例,持续两年以上不能作出有效的股东会或者股东大会决议,公司经营管理发生严重困难的;(三) 公司董事长期冲突,且无法通过股东会或者股东大会解决,公司经营管理发生严重困难的;(四)经营管理发生其他严重困难,公司继续存续会使股东利益受到重大损失的情形。股东以知情权、利润分配请求权等权益受到损害,或者公司亏损、财产不足以偿还全部债务,以及公司被吊销企业法人营业执照未进行清算等为由,提起解散公司诉讼的,人民法院不予受理。"

(十六)撤销股东会、董事会的决议诉讼中当事人的确定

《公司法》第22条第2款规定:"股东会或者股东大会、董事会的会议召集程序、表决方式违反法律、行政法规或者公司章程,或者决议内容违反公司章程的,股东可以自决议作出之日起六十日内,请求人民法院撤销。"

二、例题

1. 精神病人姜某冲入向阳幼儿园将入托的小明打伤,小明的父母与姜某的监护人朱某及向阳幼儿园协商赔偿事宜无果,拟向法院提起诉讼。关于本案当事人的确定,下列哪一选项是正确的?(2016年卷三36题,单选)

A. 姜某是被告,朱某是无独立请求权第三人

B. 姜某与朱某是共同被告,向阳幼儿园是无独立请求权第三人

C. 向阳幼儿园与姜某是共同被告

D. 姜某、朱某、向阳幼儿园是共同被告

[释疑] 本题考查无、限制明示行为能力人在教育管理场所侵权案件中当事人的确定。首先,根据《民事诉讼法解释》第67条的规定,无民事行为能力人、限制民事行为能力人造成他人损害的,无民事行为能力人、限制民事行为能力人和其监护人为共同被告。本案中,姜某和其监护人朱某应当为共同被告;其次,姜某是在幼儿园将小明打伤,根据《侵权责任法》第40条的规定,第三人侵权致未成年人遭受人身损害的,应当承担赔偿责任。学校、幼儿园等教育机构有过错的,应当承担相应的补充赔偿责任。姜某和幼儿园可以作为共同被告,正确答案为D。(答案:D)

2. 小桐是由菲特公司派遣到苏拉公司工作的人员,在一次完成苏拉公司分配的工作任务时,失误造成路人周某受伤,因赔偿问题周某起诉至法院。关于本案被告的确定,下列哪一选项是正确的?(2016年卷三37题,单选)

A. 起诉苏拉公司时,应追加菲特公司为共同被告

B. 起诉苏拉公司时,应追加菲特公司为无独立请求权第三人

C. 起诉菲特公司时,应追加苏拉公司为共同被告

D. 起诉菲特公司时,应追加苏拉公司为无独立请求权第三人

[释疑] 本题考查在劳务派遣期间,被派遣的工作人员因执行工作任务造成他人损害时被告的确定。在劳务派遣期间,被派遣的工作人员因执行工作任务造成他人损害的,接受劳务派遣单位为直接责任人,可以作为单一被告;赔偿权利人也可以将接受劳务派遣单位和劳务派遣单位作为共同被告起诉,但是劳务派遣单位仅在其过错范围内承担补充责任,享有先诉抗辩权;如果赔偿权利人仅起诉劳务派遣单位,则应当追加接受劳务派遣单位为共同被告。因此,本案C项正确。(答案:C)

3. 甲县的葛某和乙县的许某分别拥有位于丙县的云峰公司50%的股份。后由于二人经营理念不合,已连续4年未召开股东会,无法形成股东会决议。许某遂向法院请求解散公司,

并在法院受理后申请保全公司的主要资产(位于丁县的一块土地的使用权)。关于本案当事人的表述,下列说法正确的是:(2014年真题,不定选)

A. 许某是原告
B. 葛某是被告
C. 云峰公司可以是无独立请求权第三人
D. 云峰公司可以是有独立请求权第三人

[释疑]　本题考查股东提起解散公司诉讼中当事人的确定,《公司法解释(二)》第4条:"股东提起解散公司诉讼应当以公司为被告。原告以其他股东为被告一并提起诉讼的,人民法院应当告知原告将其他股东变更为第三人;原告坚持不变更的,人民法院应当驳回原告对其他股东的起诉。原告提起解散公司诉讼应当告知其他股东,或者由人民法院通知其参加诉讼。其他股东或者有关利害关系人申请以共同原告或者第三人身份参加诉讼的,人民法院应予准许。"A项正确。(答案:A)

4. 王甲两岁,在幼儿园入托。一天,为幼儿园送货的刘某因王甲将其衣服弄湿,便打了王甲一记耳光,造成王甲左耳失聪。王甲的父亲拟代儿子向法院起诉。关于本案被告的确定,下列哪一选项是正确的?(2009年真题,单选)

A. 刘某是本案唯一的被告
B. 幼儿园是本案唯一的被告
C. 刘某和幼儿园是本案共同被告
D. 刘某是本案被告,幼儿园是本案无独立请求权第三人

[释疑]　本题考查民事诉讼的被告。根据最高人民法院《关于审理人身损害赔偿案件适用法律若干问题的解释》第7条的规定,对未成年人依法负有教育、管理、保护义务的学校、幼儿园或其他教育机构,未尽职责范围内的相关义务致使未成年人遭受人身损害,或者未成年人致他人人身损害的,应当承担与其过错相应的赔偿责任。

第三人侵权致未成年人遭受人身损害的,应当承担赔偿责任。学校、幼儿园等教育机构有过错的,应当承担相应的补充赔偿责任。

根据上述规定可知,在本案中,刘某是实际的侵权人,需要承担民事赔偿责任,是本案的被告。另外,幼儿园对王甲负有安保义务,幼儿园没有尽到责任造成王甲人身受到侵害,应当承担补充赔偿责任,也是本案的被告。因此,C项正确。(答案:C)

5. 李某和张某到华美购物中心采购结婚物品。张某因购物中心打蜡地板太滑而摔倒,致使左臂骨折,住院治疗花费了大量医疗费,婚期也因而推迟。当时,购物中心负责地板打蜡的郑某目睹事情的发生经过。受害人认为购物中心存在过错,于是,起诉要求其赔偿经济损失以及精神损害赔偿。关于本案诉讼参与人,下列哪些选项是正确的?(2008年真题,多选)

A. 李某、张某应为本案的共同原告
B. 李某、郑某可以作为本案的证人
C. 华美购物中心为本案的被告
D. 华美购物中心与郑某为本案共同被告

[释疑]　本题考查诉讼参与人。诉讼参与人包括:当事人、诉讼代理人以及鉴定人员、证人、翻译人员等其他诉讼参与人。当事人又包括原告、被告和第三人。在具体案件中,对于原告和被告而言,要求其与本案有直接的利害关系或法律规定的利害关系,也即在具体案件中,要求当事人适格。本案中张某是在华美购物中心摔倒受伤的,因此,适格的原告只能是张某,适格的被告只能是华美购物中心。而李某和郑某与本案没有利害关系,但目睹了张某摔倒的经过,是本案的证人。(答案:BC)

三、提示与预测

1. 原告和被告的具体确定是高频考点,应当掌握具体情形下被告的确定。

2. 侵权法中规定补充责任的情形,在程序法中如何确定当事人:侵权人可以作为单一被告;补充责任人不能作为单一被告,只能作为共同被告

所谓补充赔偿责任,是指多个行为人基于各自不同的发生原因而产生数个责任,造成直接损害的直接责任人按照第一顺序承担全部责任,承担补充责任的责任人在第一顺序的责任人无力赔偿、赔偿不足或者下落不明的情况下,在能够防止或减少损害的范围内承担相应责任,且可以向第一顺序的直接责任人请求追偿的侵权责任形态。补充赔偿责任人享有先诉抗辩权,因此,赔偿权利人可以将直接责任人和补充责任人作为共同被告起诉,如果只起诉补充责任人,应当将直接责任人追加为共同被告。

例如:对于在劳务派遣期间,被派遣的工作人员因执行工作任务造成他人损害的,应当以接受派遣单位为被告,劳务派遣单位有过错的,承担补充赔偿责任;第三人在学校、幼儿园等教育机构致未成年人人身损害的,学校、幼儿园等教育机构承担补充赔偿责任;第三人在具有安全保障义务的场所致人损害的,安全保障义务人承担补充赔偿责任。

3. 侵权法中规定补充责任的情形,在程序法中如何确定当事人:赋予原告选择权

在侵权行为中,法律规定承担连带责任的,被侵权人有权请求部分或者全部连带责任人承担责任(《侵权责任法》第13条)——被告的确定由原告选择。

考点 6 必要共同诉讼

一、精讲

必要共同诉讼即当事人一方或双方为两人以上,诉讼标的是共同的,人民法院必须合并审理的诉讼。必要共同诉讼属于诉的主体合并。

1. 法律规定的必要共同诉讼情形

(1) 挂靠关系。《民诉司法解释》第54条规定:"以挂靠形式从事民事活动,当事人请求由挂靠人和被挂靠人依法承担民事责任的,该挂靠人和被挂靠人为共同诉讼人。"

(2) 个体工商户业主与实际经营者不一致。《民诉司法解释》第59条第1款规定:"在诉讼中,个体工商户以营业执照上登记的经营者为当事人。有字号的,以营业执照上登记的字号为当事人,但应同时注明该字号经营者的基本信息。"

(3) 个人合伙问题。《民诉司法解释》第60条规定:"在诉讼中,未依法登记领取营业执照的个人合伙的全体合伙人为共同诉讼人。个人合伙有依法核准登记的字号的,应在法律文书中注明登记的字号。全体合伙人可以推选代表人;被推选的代表人,应由全体合伙人出具推选书。"

(4) 企业法人分立问题。《民诉司法解释》第63条规定:"企业法人分立的,因分立前的民事活动发生的纠纷,以分立后的企业为共同诉讼人。"

(5) 借用关系。《民诉司法解释》第65条规定:"借用业务介绍信、合同专用章、盖章的空白合同书或者银行账户的,出借单位和借用人为共同诉讼人。"

(6) 一般保证关系。《民诉司法解释》第66条规定:"因保证合同纠纷提起的诉讼,债权

人向保证人和被保证人一并主张权利的,人民法院应当将保证人和被保证人列为共同被告。保证合同约定为一般保证,债权人仅起诉保证人的,人民法院应当通知被保证人作为共同被告参加诉讼;债权人仅起诉被保证人的,可以只列被保证人为被告。"

（7）监护关系。《民诉司法解释》第 67 条规定:"无民事行为能力人、限制民事行为能力人造成他人损害的,无民事行为能力人、限制民事行为能力人及其监护人为共同被告。"

（8）继承关系。《民诉司法解释》第 70 条规定:"在继承遗产的诉讼中,部分继承人起诉的,人民法院应通知其他继承人作为共同原告参加诉讼;被通知的继承人不愿意参加诉讼又未明确表示放弃实体权利的,人民法院仍应将其列为共同原告。"（遗嘱继承中可以出现有独立请求权的第三人）。

（9）代理关系。《民诉司法解释》第 71 条规定:"原告起诉被代理人和代理人,要求承担连带责任的,被代理人和代理人为共同被告。"

（10）共有财产关系。《民诉司法解释》第 72 条规定:"共有财产权受到他人侵害,部分共有权人起诉的,其他共有权人为共同诉讼人。"

（11）安全保障关系中,因第三人侵权导致损害结果发生的,由实施侵权行为的第三人承担赔偿责任。安全保障义务人有过错的,应当在其能够防止或者制止损害的范围内承担相应的补充赔偿责任。安全保障义务人承担责任后,可以向第三人追偿。赔偿权利人起诉安全保障义务人的,应当将第三人作为共同被告,但第三人不能确定的除外。

2. 必要共同诉讼人的追加

在必要共同诉讼中,共同诉讼人应当一起参加诉讼,法院应当合并作出裁判。对于共同诉讼中没有参加诉讼的当事人,加入诉讼的方式有两种:

（1）人民法院应当通知其参加。人民法院追加共同诉讼的当事人时,应通知其他当事人。应当追加的原告,已明确表示放弃实体权利的,可不予追加;既不愿意参加诉讼,又不放弃实体权利的,仍追加为共同原告,其不参加诉讼,不影响人民法院对案件的审理和判决。

（2）当事人也可以申请追加。人民法院对当事人提出的申请,应当进行审查,申请无理的,裁定驳回;申请有理的,书面通知被追加的当事人。

3. 必要共同诉讼人之间的关系

基于标的的同一性,必要共同诉讼人内部的关系具有牵连性。《民事诉讼法》第 52 条第 2 款规定:"共同诉讼的一方当事人对诉讼标的有共同权利义务的,其中一人的诉讼行为经其他共同诉讼人承认,对其他共同诉讼人发生效力",即共同诉讼的一方当事人对诉讼标的有共同权利义务的,其中一人的诉讼行为经其他共同诉讼人承认,才能发生法律效力,否则,该诉讼行为不发生法律效力。

二、例题

1. 徐某开设打印设计中心并以自己名义登记领取了个体工商户营业执照,该中心未起字号。不久,徐某应征入伍,将该中心转让给同学李某经营,未办理工商变更登记。后该中心承接广告公司业务,款项已收却未能按期交货,遭广告公司起诉。下列哪一选项是本案的适格被告?（2015 年真题,单选）

A. 李某
B. 李某和徐某
C. 李某和该中心
D. 李某、徐某和该中心

[释疑] 本案考查个体工商户的问题。个体工商户以营业执照上登记的经营者为当事人。有字号的,以营业执照上登记的字号为当事人,但应同时注明经营者的基本信息。营业执照上登记的经营者与实际经营者不一致的,以登记的经营者和实际经营者为共同诉讼人。本案应以李某和徐某为共同被告,B 正确(答案:B)

2. 甲向大恒银行借款 100 万元,乙承担连带保证责任,甲到期未能归还借款,大恒银行向法院起诉甲乙二人,要求其履行债务。关于诉的合并和共同诉讼的判断,下列哪些选项是正确的?(2013 年真题,多选)

A. 本案属于诉的主体的合并   B. 本案属于诉的客体的合并
C. 本案属于必要共同诉讼   D. 本案属于普通共同诉讼

[释疑] 关于连带保证责任中,如果债权人以债务人和保证人作为共同被告起诉,则人民法院应当按照必要共同诉讼进行审理。必要共同诉讼属于诉的主体合并,因此,A、C 项正确。(答案:AC)

3. 甲、乙、丙三人合伙开办电脑修理店,店名为"一通电脑行",依法登记。甲负责对外执行合伙事务。顾客丁进店送修电脑时,被该店修理人员戊的工具碰伤。丁拟向法院起诉。关于本案被告的确定,下列哪一选项是正确的?(2010 年真题,单选)

A. "一通电脑行"为被告
B. 甲为被告
C. 甲、乙、丙三人为共同被告,并注明"一通电脑行"字号
D. 甲、乙、丙、戊四人为共同被告

[释疑] 本题考查个人合伙问题。

根据《民诉司法解释》第 60 条的规定:"在诉讼中,未依法登记领取营业执照的个人合伙的全体合伙人为共同诉讼人。个人合伙有依法核准登记的字号的,应在法律文书中注明登记的字号。全体合伙人可以推选代表人;被推选的代表人,应由全体合伙人出具推选书。"(答案:C)

4. 甲在丽都酒店就餐,顾客乙因地板湿滑不慎滑倒,将热汤洒到甲身上,甲被烫伤。甲拟向法院提起诉讼。关于本案当事人的确定,下列哪一说法是正确的?(2010 年真题,单选)

A. 甲起诉丽都酒店,乙是第三人
B. 甲起诉乙,丽都酒店是第三人
C. 甲起诉,只能以乙或丽都酒店为单一被告
D. 甲起诉丽都酒店,乙是共同被告

[释疑] 本题考查安全保障关系中,因第三人侵权导致损害结果发生的案件中当事人的确定。因第三人侵权导致损害结果发生的,由实施侵权行为的第三人承担赔偿责任。安全保障义务人有过错的,应当在其能够防止或者制止损害的范围内承担相应的补充赔偿责任。安全保障义务人承担责任后,可以向第三人追偿。赔偿权利人起诉安全保障义务人的,应当将第三人作为共同被告,但第三人不能确定的除外。正确答案为 D 项。(答案:D)

5. 二审法院审理继承纠纷上诉案时,发现一审判决遗漏了另一继承人甲。关于本案,下列哪一说法是正确的?(2010 年真题,多选)

A. 为避免诉讼拖延,二审法院可依职权直接改判
B. 二审法院可根据自愿原则进行调解,调解不成的,裁定撤销原判决发回重审

C. 甲应列为本案的有独立请求权的第三人

D. 甲应是本案的共同原告

[释疑] 本题考查对二审中遗漏必要共同诉讼人的处理。

根据《民诉司法解释》第327条的规定，必须参加诉讼的当事人或者有独立请求权的第三人，在第一审程序中未参加诉讼，第二审人民法院可以根据当事人自愿的原则予以调解；调解不成的，发回重审。正确答案为B项。（答案：B）

6. 丙承租了甲、乙共有的房屋，因未付租金，被甲、乙起诉。一审法院判决丙支付甲、乙租金及利息共计1万元，分5个月履行，每月给付2000元。甲、乙和丙均不服该判决，提出上诉：乙请求改判丙一次性支付所欠的租金1万元。甲请求法院判决解除与丙之间的租赁关系。丙认为租赁合同中没有约定利息，甲、乙也没有要求给付利息，一审法院不应当判决自己给付利息，请求判决变更一审判决的相关内容。丙还提出，为修缮甲、乙的出租房，自己花费了3000元，请求抵消部分租金。关于甲上诉请求解除与丙的租赁关系，下列选项正确的是：(2010年真题，不定选)

A. 二审法院查明事实后直接判决

B. 二审法院直接裁定发回重审

C. 二审法院经当事人同意进行调解解决

D. 甲在上诉中要求解除租赁关系的请求，须经乙同意

[释疑] 本题考查必要共同诉讼人之间的关系。根据《民事诉讼法》第52条第2款的规定："共同诉讼的一方当事人对诉讼标的有共同权利义务的，其中一人的诉讼行为经其他共同诉讼人承认，对其他共同诉讼人发生效力。"本题选项正确的是D项。（答案：D）

三、提示与预测

1. 可能出现必要共同诉讼人的情形是考查的重点，除上述列明法律规定的必要共同诉讼的情形外，还包括实体法中规定承担连带责任的案件，这类案件是否构成必要共同诉讼，取决于原告如何起诉，如果原告选择将承担连带责任的人一并作为被告起诉，则构成必要共同诉讼。常见的情形有：名誉侵权案件中作者非基于职务行为，受害人以作者和出版单位为共同被告起诉的情形；第三人在教育管理机构侵权的案件中，赔偿权利人以第三人和教育管理机构为共同被告起诉的情形；第三人在安全保障义务场所侵权的案件中，赔偿权利人以第三人和安全保障义务人为共同被告起诉的情形；在一般保证关系中，债权人以债务人和保证人为共同被告起诉的情形；在连带保证关系中，债权人以债务人和保证人为共同被告起诉的情形等，人民法院都应当按照必要共同诉讼进行审理。

2. 法院对必要共同诉讼人的追加及其程序处理也是高频考点，必须掌握。

（1）一审程序中的追加：人民法院追加共同诉讼的当事人时，如果应当追加的原告已明确表示放弃实体权利的，可不予追加；既不愿意参加诉讼，又不放弃实体权利的，仍追加为共同原告，其不参加诉讼，不影响人民法院对案件的审理和依法作出判决；如果是应当追加的被告，无论其愿不愿意参加诉讼，都要追加为共同被告。

（2）二审程序中对遗漏的必要共同诉讼人的处理：必须参加诉讼的当事人在一审中未参加诉讼，第二审人民法院可以根据当事人自愿的原则予以调解，调解不成的，发回重审。发回重审的裁定书不列应当追加的当事人。

考点 7 普通共同诉讼

一、精讲

普通共同诉讼,是指当事人一方或者双方为二人以上,其诉讼标的是同一种类,人民法院认为可以合并审理,而且当事人也同意合并审理的诉讼。

普通共同诉讼是数个独立的诉的合并。因此,普通共同之诉既可以单独起诉,也可以共同起诉。共同起诉的,法院认为可以合并审理,当事人也同意合并审理的,就形成了普通共同诉讼。可见,普通共同诉讼是一种可分之诉,普通共同诉讼人之间的内部关系主要体现为独立性,即共同诉讼人各自的行为独立,诉讼中止与诉讼终结独立,裁判结果独立。

二、例题

1. 张某将邻居李某和李某的父亲打伤,李某以张某为被告向法院提起诉讼。在法院受理该案时,李某的父亲也向法院起诉,对张某提出了索赔请求。法院受理了李某父亲的起诉,在征得当事人同意的情况下决定将上述两案并案审理。在本案中,李某的父亲居于什么诉讼地位?(2008年真题,单选)

   A. 必要共同诉讼的共同原告　　B. 有独立请求权的第三人
   C. 普通共同诉讼的共同原告　　D. 无独立请求权的第三人

   [释疑]　本题考查共同诉讼人。本案中,李某和李某的父亲均被张某打伤,诉讼标的是同一种类的而非同一的,符合普通共同诉讼人的主体和客体条件,而不符合必要共同诉讼的客体条件。在征得当事人同意后,法院可以将两案合并审理,构成普通共同诉讼,李某和李某的父亲为普通共同诉讼人。(答案:C)

2. 关于必要共同诉讼与普通共同诉讼的区别,下列哪些选项是正确的?(2007年真题,多选)

   A. 必要共同诉讼的诉讼标的是共同的,普通共同诉讼的诉讼标的是同种类的
   B. 必要共同诉讼的诉讼标的只有一个,普通共同诉讼的诉讼标的有若干个
   C. 必要共同诉讼的诉讼请求只有一个,普通共同诉讼的诉讼请求有若干个
   D. 必要共同诉讼中共同诉讼人的诉讼行为必须一致,普通共同诉讼中共同诉讼人的诉讼行为不需要一致

   [释疑]　本题考查的是必要共同诉讼与普通共同诉讼的区别。(答案:AB)

   必要共同诉讼和普通共同诉讼的比较:

比较内容	必要共同诉讼	普通共同诉讼
标的性质	同一标的	同一种类标的
诉的特征	不可分之诉	可分之诉
标的数量	一个	若干个
合并不同	强制合并(必须一同起诉或应诉)	任意合并(可以共同起诉或应诉,也可以分别起诉或应诉;法院可以合并审理,也可以分开审理)

(续表)

比较内容	必要共同诉讼	普通共同诉讼
内部关系不同	牵连性(一人的诉讼行为经全体承认后,对全体诉讼人发生法律效力)	独立性(诉讼行为、特殊情形)
裁判不同	合一判决,结果同一	分别判决,裁判结果独立

考点 8 诉讼代表人

一、精讲

代表人诉讼实际上是在共同诉讼的基础上,因为当事人一方人数太多,无法都参加诉讼而形成的。如因产品质量、虚假广告、环境污染等引起的民事案件,受害人可能是一个人数众多的群体,这么多当事人不可能都去法院,只能推选代表,由代表人代为诉讼,由此产生的结果对其他未参加诉讼的当事人均有效。

诉讼代表人不是高频考点,但作为当事人的一种,应当掌握以下知识。

1. 诉讼代表人的确定

诉讼代表人的确定方式因代表人诉讼的种类不同而不同,具体如下表:

种类	代表人的确定方式	未推选代表的当事人的行为起诉时人数确定的
代表人诉讼(《民诉司法解释》第76条)	全体当事人推选共同的代表人	必要共同诉讼中自己参加诉讼
	部分当事人推选自己的代表人	普通共同诉讼中可以另行起诉
起诉时人数不确定代表人诉讼(《民诉司法解释》第77条)管辖→发布公告→权利人登记(证明)→推选或商定代表人→审理和裁判→判决公告→扩张	当事人推选代表→推不出	未登记的权利人在诉讼时效期间内另行起诉【注意】此时人民法院认定其诉讼请求成立的,可以不实质审理,直接裁定适用人民法院已作出的判决和裁定(裁判效力的扩张性)
	法院提出人选与当事人协商→协商不成	
	法院在起诉的当事人中指定	

2. 诉讼代表人的权限

诉讼代表人的权限因其所行使诉讼权利性质的不同而有所不同:

(1)对于一般性诉讼权利,如委托诉讼代理人、提供证据、参与庭审等,诉讼代表人可以自行行使,并且对被代表的当事人有效。

(2)对于特殊性诉讼权利,如变更、放弃诉讼请求或者承认对方当事人的诉讼请求,进行和解,必须经被代表的当事人同意。这里应理解为诉讼代表人行使特殊诉讼权利所产生的法律后果,经被代表当事人同意后对其有效;如果被代表的当事人不同意,则该行为所产生的后果仅对代表人本人及其对方当事人有效。

3. 代表人诉讼与共同诉讼的区别

项 目	代表人诉讼	共同诉讼
主体人数不同	10人以上	2人以上，10人以下
当事人是否全体参加诉讼不同	由诉讼代表人作为形式上的诉讼主体进行诉讼活动	全体当事人共同进行诉讼
诉讼行为效力不同	诉讼代表人实施的诉讼行为，除涉及处分实体利益的诉讼行为，一般须征得全体被代表人的同意，不仅及于代表人本人，还及于被代表的众多当事人	在必要共同诉讼中，其中一人的诉讼行为经全体承认，对全体发生效力；在普通共同诉讼中，其中一人的诉讼行为只对其本人发生效力
裁判的效力不同	对代表人本人，以及被代表的众多当事人有约束力；对未参加诉讼的人在诉讼时效内起诉的，可以直接裁定适用该裁判	对共同诉讼人有约束力

二、例题

1. 某企业使用霉变面粉加工馒头，潜在受害人不可确定。甲、乙、丙、丁等20多名受害者提起损害赔偿诉讼，但未能推选出诉讼代表人。法院建议由甲、乙作为诉讼代表人，但丙、丁等人反对。关于本案，下列哪一选项是正确的？（2011年真题，单选）

A. 丙、丁等人作为诉讼代表人参加诉讼
B. 丙、丁等人推选代表人参加诉讼
C. 诉讼代表人由法院指定
D. 在丙、丁等人不认可诉讼代表人的情况下，本案裁判对丙、丁等人没有约束力

[释疑]　本案考查诉讼代表人的确定。依照《民诉司法解释》第77条的规定："当事人一方人数众多在起诉时不确定的，由当事人推选代表人。当事人推选不出的，可以由人民法院提出人选与当事人协商；协商不成的，也可以由人民法院在起诉的当事人中指定代表人。"本案属于起诉时人数不确定的代表人诉讼，因未能推选出诉讼代表人，且法院建议由甲、乙作为诉讼代表人，遭丙、丁等人反对。因此，由人民法院在起诉的当事人中指定代表人。（答案：C）

2. A厂生产的一批酱油由于香精投放过多，对人体有损害。报纸披露此消息后，购买过该批酱油的消费者纷纷起诉A厂，要求赔偿损失。甲和乙被推选为诉讼代表人参加诉讼。下列哪一选项是正确的？（2008年真题，单选）

A. 甲和乙因故不能参加诉讼，法院可以指定另一名当事人为诉讼代表人代表当事人进行诉讼
B. 甲因病不能参加诉讼，可以委托一至两人作为诉讼代理人，而无须征得被代表的当事人的同意
C. 甲和乙可以自行决定变更诉讼请求，但事后应当及时告知其他当事人
D. 甲和乙经超过半数原告方当事人同意，可以和A厂签订和解协议

[释疑]　本题考查诉讼代表人的权限。根据《民事诉讼法》第54条的规定："诉讼标的是

同一种类、当事人一方人数众多在起诉时人数尚未确定的,人民法院可以发出公告,说明案件情况和诉讼请求,通知权利人在一定期间向人民法院登记。向人民法院登记的权利人可以推选代表人进行诉讼;推选不出代表人的,人民法院可以与参加登记的权利人商定代表人。代表人的诉讼行为对其所代表的当事人发生效力,但代表人变更、放弃诉讼请求或者承认对方当事人的诉讼请求,进行和解,必须经被代表的当事人同意。"A、C、D项错误;《民诉司法解释》第78条规定:"民事诉讼法第五十三条和第五十四条规定的代表人为二至五人,每位代表人可以委托一至二人作为诉讼代理人。"据此,B项是正确的。(答案:B)

三、提示与预测

在起诉时人数不确定的代表人诉讼中,如何选诉讼代表人、诉讼代表人的权限以及裁判效力扩张是高频考点,考生应当掌握。

考点 9 有独立请求权的第三人

一、精讲

有独立请求权的第三人就是对他人之间争议的标的主张独立的请求权,因而参加到他人已经开始的诉讼中的第三方当事人。

1. 参诉根据:对本诉原、被告争议的标的主张独立的请求权。
2. 参诉地位:参加之诉的原告。有独立请求权的第三人参加诉讼后,实际上处于参加之诉的原告地位,即形成两个独立之诉的合并,其一是本诉;其二是第三人参加之诉。因此,有独立请求权的第三人作为参加之诉的原告,享有与本诉原告完全相同的诉讼权利。

【注意】撤诉权的行使,即有独立请求权的第三人撤销参加之诉,本诉可以继续审理;本诉原告撤销本诉,有独立请求权的第三人作为另案原告,原案原告、被告作为另案被告,诉讼继续进行。

3. 参诉方式:申请参加诉讼,或者由人民法院通知参加诉讼。
4. 参诉的时间:第一审程序和第二审程序。

二、例题

1. 丁一诉弟弟丁二继承纠纷一案,在一审中,妹妹丁爽向法院递交诉状,主张应由自己继承系争的遗产,并向法院提供了父亲生前所立的其过世后遗产全部由丁爽继承的遗嘱。法院予以合并审理,开庭审理前,丁一表示撤回起诉,丁二认为该遗嘱是伪造的,要求继续进行诉讼。法院裁定准予丁一撤诉后,在程序上,下列哪一选项是正确的?(2016年卷三38题,单选)

A. 丁爽为另案原告,丁二为另案被告,诉讼继续进行
B. 丁爽为另案原告,丁一、丁二为另案被告,诉讼继续进行
C. 丁一、丁爽为另案原告,丁二为另案被告,诉讼继续进行
D. 丁爽、丁二为另案原告,丁一为另案被告,诉讼继续进行

[释疑] 本题考查有独立请求权第三人的判断以及本诉撤诉后的处理。有独立请求权第三人是指对本诉当事人争议的诉讼标的享有独立的请求权,为维护自己的权利,以本诉的原

告和被告为共同被告,以起诉的方式参加到本诉中的人。有独立请求权第三人是参加之诉的原告,因此,当本诉撤诉后,有独立请求权第三人应当作为另案原告,本诉的原被告作为另案被告,诉讼继续进行。本案中,B项正确。(答案:B)

2. 赵某与刘某将共有商铺出租给陈某。刘某瞒着赵某,与陈某签订房屋买卖合同,将商铺转让给陈某,后因该合同履行发生纠纷,刘某将陈某诉至法院。赵某得知后,坚决不同意刘某将商铺让与陈某。关于本案相关人的诉讼地位,下列哪一说法是正确的?(2015年真题,单选)

  A. 法院应依职权追加赵某为共同原告
  B. 赵某应以刘某侵权起诉,陈某为无独立请求权第三人
  C. 赵某应作为无独立请求权第三人
  D. 赵某应作为有独立请求权第三人

  [释疑] 本案中赵某对刘某与陈某签订的房屋买卖合同中的商铺享有部分所有权,因而参加到刘某与陈某的诉讼中是因为该二人的买卖行为侵害了其所有权,因此,赵某为有独立请求权第三人,D项正确。(答案:A)

3. 甲与乙对一古董所有权发生争议诉至法院。在诉讼过程中,丙声称古董属自己所有,主张对古董的所有权。下列哪一说法是正确的?(2009年真题,单选)

  A. 如丙没有起诉,法院可以依职权主动追加其作为有独立请求权的第三人
  B. 如丙起诉后认为受案法院无管辖权,可以提出管辖权异议
  C. 如丙起诉后经法院传票传唤,无正当理由拒不到庭,应当视为撤诉
  D. 如丙起诉后,甲与乙达成协议经法院同意而撤诉,应当驳回丙的起诉

  [释疑] 本题考查有独立请求权的第三人。有独立请求权的第三人,是指对原告和被告争议的诉讼标的有独立的请求权,而参加诉讼的人。本案中,丙声称古董属于自己所有,提出了独立的诉讼请求,属于有独立请求权的第三人。有独立请求权的第三人是以起诉的方式参加诉讼的,不能由法院依职权主动追加其作为有独立请求权的第三人参加诉讼。因此,A项错误。

  有独立请求权的第三人是以起诉的方式参加诉讼的,因此,在第三人参加诉讼的同时就默认受案法院有管辖权了,不可以再提出管辖权异议。因此,B项错误。

  根据《民诉司法解释》第236条的规定:"有独立请求权的第三人经人民法院传票传唤,无正当理由拒不到庭的,或者未经法庭许可中途退庭的,比照民事诉讼法第一百四十三条的规定,按撤诉处理。"因此,C项正确。根据《民诉司法解释》第237条的规定:"有独立请求权的第三人参加诉讼后,原告申请撤诉,人民法院在准许原告撤诉后,有独立请求权的第三人作为另案原告,原案原告、被告作为另案被告,诉讼继续进行。"因此,D项错误。(答案:C)

4. 甲有两子乙和丙,甲死亡后留有住房3间。乙乘丙长期外出之机,将3间房屋卖给丁,后因支付房款发生纠纷,乙将丁诉至法院。在诉讼过程中,丙知道了这一情况,要求参加诉讼。关于丙在诉讼中的地位,下列哪一选项是正确的?(2007年真题,单选)

  A. 必要的共同原告   B. 普通的共同原告
  C. 有独立请求权的第三人 D. 无独立请求权的第三人

  [释疑] 本题考查的是有独立请求权的第三人与共同诉讼人的区别。

有独立请求权的第三人与必要共同诉讼人的比较:

比较项	有独立请求权的第三人	必要共同诉讼人
参诉依据	有独立的请求权	存在共同的权利义务关系
参诉地位	原告	可为共同原告,也可为共同被告
参诉方式	以起诉的方式主动参加	可主动参加,也可被法院通知参加
参诉时间	一审开始后,结束之前	可在一审、二审、再审的各阶段
参诉目的	仅维护自己的合法权益	维护自己及共同诉讼人的合法权益
争议对象	本诉的原、被告双方当事人	仅为对方当事人
合并种类	两个独立之诉的合并	诉讼主体的合并
审理方式	可以合并审理	必须合并审理

有独立请求权的第三人与普通共同诉讼人的主要区别在于：

（1）参诉的地位：前者只能是原告，后者可为共同原告，也可为共同被告；

（2）争议对象：前者为本诉的原、被告双方当事人，后者仅为对方当事人。（答案：C）

三、提示与预测

有独立请求权的第三人的判断、参诉时间、参诉地位是高频考点，应当掌握。

此外，还要注意有独立请求权第三人在第一审程序加入和在第二审程序加入的处理方式不同：在第一审程序中，以起诉的方式加入，构成参加之诉和本诉的合并审理；在第二审程序中申请加入，人民法院应当对有独立请求权第三人提起的事项进行调解，调解不成的，裁定撤销第一审判决，发回重审。

考点 10 无独立请求权的第三人

一、精讲

无独立请求权的第三人是指对他人之间的诉讼标的虽然没有独立的请求权，但是案件最后的处理结果与其有法律上的利害关系，因而参加到他人已经开始的诉讼中去的人。

1. 参诉根据：与案件处理结果有法律上的利害关系

【注意】法律上的利害关系，是指实体上相牵连的权利义务关系，不是事实上的利害关系，应注意两点：第一，三个主体之间存在两个内容、客体相牵连的法律关系；第二，无独立请求权的第三人与本诉一方当事人之间的法律关系有发生争议的可能，并且该争议直接影响本诉当事人之间的法律关系。

2. 参诉地位：不完全当事人

无独立请求权的第三人是一个诉讼权利受到极大限制的当事人。其诉讼权利分为三类：

（1）有权行使的诉讼权利：无独立请求权的第三人有权行使一般性的诉讼权利，如提供证据、委托诉讼代理人、参与庭审、进行辩论等。

（2）无权行使的诉讼权利：《民诉司法解释》第82条规定："在一审诉讼中，无独立请求权的第三人无权提出管辖异议，无权放弃、变更诉讼请求或者申请撤诉，被判决承担民事责任的，有权提起上诉。"

（3）附条件行使的诉讼权利：根据《民诉司法解释》第82条与第150条的规定，无独立请求权的第三人行使上诉权与对调解的同意权,以及对调解书的签收权,取决于是否由其直接承担义务。

3. 参诉方式:申请参加或被通知参加。

二、例题

1. 关于无独立请求权第三人,下列哪些说法是错误的?(2011年真题,多选)

A. 无独立请求权第三人在诉讼中有自己独立的诉讼地位

B. 无独立请求权第三人有权提出管辖异议

C. 一审判决没有判决无独立请求权第三人承担民事责任的,无独立请求权的第三人不可以作为上诉人或被上诉人

D. 无独立请求权第三人有权申请参加诉讼和参加案件的调解活动,与案件原、被告达成调解协议

[释疑] 本题考查无独立请求权第三人的权限和诉讼地位。根据《民诉司法解释》第82条的规定:"在一审诉讼中,无独立请求权的第三人无权提出管辖异议,无权放弃、变更诉讼请求或者申请撤诉,被判决承担民事责任的,有权提起上诉。"可知,本题中B、C选项错误。在诉讼中,无独立请求权第三人虽然权限有一定的限制,但其具有独立的诉讼地位,即当事人中的第三人,A项正确。自愿调解是当事人的一项基本权利,作为当事人的无独立请求权第三人也应享有,因此D项正确。(答案:BC)

2. 2011年7月11日,A市升湖区法院受理了黎明丽(女)诉张成功(男)离婚案。7月13日,升湖区法院向张成功送达了起诉状副本。7月18日,张成功向升湖区法院提交了答辩状,未对案件的管辖权提出异议。8月2日,张成功向升湖区法院提出管辖权异议申请,称其与黎明丽已分居2年,分别居住于A市安平区各自父母家中。A市升湖区法院以申请管辖权异议超过申请期限为由,裁定驳回张成功管辖权异议申请。后,升湖区法院查明情况,遂裁定将案件移送安平区法院。安平区法院接受移送,确定适用简易程序审理此案。

安平区法院在案件开庭审理时组织调解。

黎明丽声称:2005年12月,其与张成功结婚,后因张成功有第三者陈佳,感情已破裂,现要求离婚。黎明丽提出,离婚后儿子张好帅由其行使监护权,张成功每月支付抚养费1 500元。现双方存款36万元(存折在张成功手中),由2人平分,生活用品归各自所有,不存在其他共有财产分割争议。

张成功承认:2005年12月,其与黎明丽结婚,自己现在有了第三者,36万元存款在自己手中,同意离婚,同意生活用品归各自所有,同意不存在其他共有财产分割争议。不同意支付张好帅抚养费,因其是黎明丽与前男友所生。

黎明丽承认:张好帅是其与前男友所生,但在户籍登记上,张成功与张好帅为父子关系,多年来父子相称,形成事实上的父子关系,故要求张成功支付抚养费。

调解未能达成协议。在随后的庭审中,黎明丽坚持提出的请求;张成功对调解中承认的多数事实和同意的请求予以认可,但否认了有第三者一事,仍不同意支付张好帅抚养费。黎明丽要求法院通知第三者陈佳以无独立请求权的第三人身份参加诉讼……(2011年真题,不定选)

对黎明丽要求陈佳以无独立请求权第三人参加诉讼的请求,下列选项正确的是:

A. 法院可以根据黎明丽的请求,裁定追加陈佳为无独立请求权第三人

B. 如张成功同意,法院可通知陈佳以无独立请求权第三人名义参加诉讼

C. 无论张成功是否同意,法院通知陈佳以无独立请求权第三人名义参加诉讼都是错误的

D. 如陈佳同意,法院可通知陈佳以无独立请求权第三人名义参加诉讼

[释疑] 本题考查无独立请求权第三人的判定。无独立请求权的第三人是指对他人之间的诉讼标的虽然没有独立的请求权,但是案件最后的处理结果与其有法律上的利害关系,因而参加到他人已经开始的诉讼中去的人。本案中,黎明丽与张成功离婚,与陈佳不存在任何法律上的利害关系,因此,法院不能裁定追加陈佳为无独立请求权第三人。(答案:C)

3. 甲为有独立请求权第三人,乙为无独立请求权第三人,关于甲、乙诉讼权利和义务,下列哪一说法是正确的?(2010年真题,单选)

A. 甲只能以起诉的方式参加诉讼,乙以申请或经法院通知的方式参加诉讼

B. 甲具有当事人的诉讼地位,乙不具有当事人的诉讼地位

C. 甲的诉讼行为可对本诉的当事人发生效力,乙的诉讼行为对本诉的当事人不发生效力

D. 任何情况下,甲有上诉权,而乙无上诉权

[释疑] 本题考查有独立请求权第三人与无独立请求权第三人诉讼权利与义务的不同。有独立请求权第三人是参加之诉的原告,只能以起诉的方式参诉,并享有当事人享有的一切诉讼权利;而无独立请求权第三人在诉讼上是不完全的当事人,只能通过法院通知参加或申请参加的方式参诉,其诉讼权利也受到一定的限制。本题正确选项为A项。(答案:A)

三、提示与预测

对法律规定可以或不可以作为无独立请求权第三人的情形,无独立请求权第三人的参诉方式,以及参诉地位和权限是高频考点,也是难点之一,需要在理解的基础上掌握。

1. 法律规定可以作为第三人的情形

(1)代位权诉讼中的第三人。债权人以次债务人为被告向人民法院提起代位权诉讼,未将债务人列为第三人的,人民法院可以追加债务人为第三人。

(2)因缺陷产品引起的侵权诉讼。消费者、用户因为使用不合格的产品造成本人或第三人人身伤害、财产损失的,受害人可以向产品制造者或销售者要求赔偿。因此提起的诉讼,由被告所在地或侵权行为地人民法院管辖。运输者和仓储者对产品质量负有责任,制造者或销售者请求赔偿损失的,可以另案处理,也可以将运输者和仓储者列为第三人,一并处理。

(3)撤销权诉讼中的第三人。债权人依照《合同法》第74条的规定提起撤销权诉讼的,由被告住所地人民法院管辖。债权人依照《合同法》第74条的规定提起撤销权诉讼时,只以债务人为被告,未将受益人或者受让人列为第三人的,人民法院可以追加该受益人或者受让人为第三人。两个或者两个以上债权人以同一债务人为被告,就同一标的提起撤销权诉讼的,人民法院可以合并审理。

(4)合同转让中的第三人。债权人转让合同权利后,债务人与受让人之间因履行合同发生纠纷诉至人民法院,债务人对债权人的权利提出抗辩的,可以将债权人列为第三人。经债权人同意,债务人转移合同义务后,受让人与债权人之间因履行合同发生纠纷诉至人民法院,受让人就债务人对债权人的权利提出抗辩的,可以将债务人列为第三人。合同当事人一方经对方同意将其在合同中的权利义务一并转让给受让人,对方与受让人因履行合同发生纠纷诉至人民法院,对方就合同权利义务提出抗辩的,可以将出让方列为第三人。

（5）保证合同中的第三人。债务人对债权人提起诉讼，债权人反诉的，保证人可以作为第三人参加诉讼。注意与债权人直接起诉债务人的区别。

2. 法律规定不得作为无独立请求权第三人的情形

（1）受诉人民法院对与原、被告双方争议的诉讼标的无直接牵连和不负有返还或赔偿等义务的人，以及与原告或被告约定仲裁或有约定管辖的案外人，或者专属管辖案件的一方当事人，均不得作为无独立请求权的第三人通知其参加诉讼。

（2）人民法院在审理产品质量纠纷案件中，对原、被告之间法律关系以外的人，有证据证明其已经提供了合同约定或者符合法律规定的产品的，或者案件中的当事人未在规定的质量异议期内提出异议的，或者作为收货方已经认可该产品质量的，不得作为无独立请求权的第三人通知其参加诉讼。

（3）人民法院对已经履行了义务，或者依法取得了一方当事人的财产，并支付了相应对价的原、被告以外的人，不得通知其作为无独立请求权的第三人参加诉讼。

3. 无独立请求权的第三人在诉讼中有独立的诉讼地位，但是诉讼权限不完整，并不当然享有当事人的所有诉讼权限

无独立请求权的第三人在一审中，无权对案件的管辖权提出异议，无权放弃、变更诉讼请求或者申请撤诉。而无独立请求权的第三人行使上诉权与对调解的同意权，以及对调解书的签收权，取决于是否由其直接承担义务。

考点 11 | 法定诉讼代理人的权限

一、精讲

法定诉讼代理人是依据法律规定，代理无民事诉讼行为能力的当事人进行诉讼活动的人。在我国，能够成为法定诉讼代理人的人员范围与无民事行为能力人和限制民事行为能力人的监护人一致。

法定诉讼代理人的代理权限是依据法律规定而产生的，具体包括两方面：一是依据实体法律规定取得监护权，如父母基于子女出生事实而取得对子女的监护权等；二是依据民事诉讼法的规定，享有监护权的人取得法定代理权。

《民诉司法解释》第 83 条规定："在诉讼中，无行为能力人、限制民事行为能力人的监护人是他的法定代理人。事先没有确定监护人的，可以由有监护资格的人协商确定；协商不成的，由人民法院在他们之中指定诉讼中的法定代理人。当事人没有民法通则第十六条第一款、第二款或者第十七条第一款规定的监护人的，可以指定该法第十六条第四款或者第十七条第三款规定的有关组织担任诉讼中的法定代理人。"

法定诉讼代理人是全权代理人，即法定诉讼代理人不仅能够行使一般性的诉讼权利，如提供证据、委托诉讼代理人等，而且可以自由行使一些涉及实体利益处分的特殊诉讼权利，如提出、放弃、变更诉讼请求，自行和解，请求调解等，其在诉讼中享有当事人所享有的一切诉讼权利，承担当事人所承担的一切诉讼义务。

二、例题

1. 关于法定诉讼代理人，下列哪些认识是正确的？（2011 年真题，多选）

A. 代理权的取得不是根据其所代理的当事人的委托授权
B. 在诉讼中可以按照自己的意志代理被代理人实施所有诉讼行为
C. 在诉讼中死亡的,产生与当事人死亡同样的法律后果
D. 所代理的当事人在诉讼中取得行为能力的,法定诉讼代理人则自动转化为委托代理人

[释疑] 本题考查的是法定代理权限及其取得。法定诉讼代理人是依据法律规定,代理无民事诉讼行为能力的当事人进行诉讼活动的人。因此,A项正确;法定诉讼代理人是全权代理人,在诉讼中享有当事人所享有的一切诉讼权利,承担当事人所承担的一切诉讼义务,即可以按照自己的意志代理被代理人实施所有诉讼行为,B项正确;法定代理人虽然与当事人享有同样的诉讼权限,但其诉讼地位不同,因此,法定代理人在诉讼中死亡,不会产生与当事人死亡同样的法律后果,C项错误;委托代理人的权限来源于当事人的委托授权,没有授权委托,法定代理人在所代理的当事人在诉讼中取得行为能力时则丧失代理权,D项错误。(答案:AB)

2. 关于民事诉讼中的法定代理人,下列哪些选项是正确的?(2007年真题,多选)
A. 法定代理人的被代理人都是无诉讼行为能力或限制行为能力的人
B. 法定代理人与诉讼当事人在诉讼上具有相同的诉讼地位
C. 法定代理人在诉讼中所实施的行为和发生的诉讼事件的法律后果与当事人所实施的行为和发生的诉讼事件的法律后果相同
D. 法定代理人与当事人都属于诉讼参加人的范畴

[释疑] 本题考查的是法定代理人。能够成为法定代理人的人员范围与无民事行为能力人和限制民事行为能力人的监护人一致,被代理人都是无诉讼行为能力人,也即无民事行为能力和限制民事行为能力人。法定代理人与当事人都属于诉讼参加人,但法定代理人在诉讼中虽然享有广泛的诉讼权利,但是为维护当事人的合法权益而代为进行诉讼活动的人,不能取代当事人。并且,其代理行为的后果由当事人承担。据此,A、D两项正确。(答案:AD)

考点 12 委托代理人

一、精讲

委托诉讼代理人是基于当事人、法定代理人或法定代表人的授权委托而代为进行诉讼活动的人。

1. 委托诉讼代理人的范围

律师、基层法律服务工作者;当事人的近亲属或者工作人员;当事人所在社区、单位以及有关社会团体推荐的公民。

《民诉司法解释》又作了进一步的解释。根据《民诉司法解释》第85条的规定,与当事人有夫妻、直系血亲、三代以内旁系血亲、近姻亲关系以及其他有抚养、赡养关系的亲属,可以当事人近亲属的名义作为诉讼代理人。根据《民诉司法解释》第86条的规定,与当事人有合法劳动人事关系的职工,可以当事人工作人员的名义作为诉讼代理人。《民诉司法解释》第87条对社会团体推荐的公民担任诉讼代理人应当符合的条件作出了如下规定:(1)社会团体属于依法登记设立或者依法免予登记设立的非营利性法人组织;(2)被代理人属于该社会团体

的成员,或者当事人一方住所地位于该社会团体的活动地域;(3)代理事务属于该社会团体章程载明的业务范围;(4)被推荐的公民是该社会团体的负责人或者与该社会团体有合法劳动人事关系的工作人员。专利代理人经中华全国专利代理人协会推荐,可以在专利纠纷案件中担任诉讼代理人。

【注意】无民事行为能力人、限制民事行为能力人以及依法不能作为诉讼代理人的,当事人不得委托其作为诉讼代理人。

2. 委托诉讼代理权限

(1)一般代理权限:代理人只能进行一般性诉讼权利的代理,如代理起诉、提供证据等。

(2)特殊代理权限:特殊诉讼权利的代理必须要有明确的授权,如果授权委托书中仅写全权代理而无具体授权,视为一般代理,诉讼代理人无权代为承认、放弃、变更请求,进行和解,提起反诉或者上诉。

当事人委托诉讼代理人后,本人可以出庭参加诉讼,也可以不出庭参加诉讼。但是,离婚案件例外,根据我国《民事诉讼法》第62条的规定,委托了诉讼代理人的离婚诉讼的当事人,本人除了不能表达意思的以外,仍应当出庭参加诉讼。确因特殊情况无法出庭的,必须向人民法院提交书面意见。

3. 递交委托书的途径

对于侨居在国外的中华人民共和国公民从国外寄交或者托交的授权委托书,必须经中华人民共和国驻该国的使领馆证明;没有使领馆的,由与中华人民共和国有外交关系的第三国驻该国的使领馆证明,再转由中华人民共和国驻该第三国使领馆证明,或者由当地的爱国华侨团体证明。

对于在中华人民共和国领域内没有住所的外国人、无国籍人、外国企业和组织委托中华人民共和国律师或者其他人代理诉讼,从中华人民共和国领域外寄交或者托交的授权委托书,应当经所在国公证机关证明,并经中华人民共和国驻该国使领馆认证;或者履行中华人民共和国与该所在国订立的有关条约中规定的证明手续后,才具有效力。

《民诉司法解释》明确规定了两种简化外国当事人授权委托手续的方式:

(1)外国人、外国企业或者组织的代表人在人民法院法官的见证下签署授权委托书,委托代理人进行民事诉讼的,人民法院应予认可。

(2)外国人、外国企业或者组织的代表人在中华人民共和国境内签署授权委托书,委托代理人进行民事诉讼,经中华人民共和国公证机构公证的,人民法院应予认可。

二、例题

1. 律师作为委托诉讼代理人参加诉讼,应向法院提交下列哪些材料?(2015年真题,单选)

A. 律师所在的律师事务所与当事人签订的协议书

B. 当事人的授权委托书

C. 律师的执业证

D. 律师事务所的证明

[解析]　本题难度不大,直接考查法条的规定,即《民诉司法解释》第88条规定:"诉讼代理人除根据民事诉讼法第五十九条规定提交授权委托书外,还应当按照下列规定向人民法

院提交相关材料:(一)律师应当提交律师执业证、律师事务所证明材料;(二)基层法律服务工作者应当提交法律服务工作者执业证、基层法律服务所出具的介绍信以及当事人一方位于本辖区内的证明材料;(三)当事人的近亲属应当提交身份证件和与委托人有近亲属关系的证明材料;(四)当事人的工作人员应当提交身份证件和与当事人有合法劳动人事关系的证明材料;(五)当事人所在社区、单位推荐的公民应当提交身份证件、推荐材料和当事人属于该社区、单位的证明材料;(六)有关社会团体推荐的公民应当提交身份证件和符合本解释第八十七条规定条件的证明材料。"可见,BCD 正确。(答案:BCD)

2. 某市法院受理了中国人郭某与外国人珍妮的离婚诉讼,郭某委托黄律师作为代理人,授权委托书中仅写明代理范围为"全权代理"。关于委托代理的表述,下列哪一选项是正确的?(2013年真题,单选)

A. 郭某已经委托了代理人,可以不出庭参加诉讼
B. 法院可以向黄律师送达诉讼文书,其签收行为有效
C. 黄律师可以代为放弃诉讼请求
D. 如果珍妮要委托代理人代为诉讼,必须委托中国公民

[释疑] 本题考查的是委托诉讼代理人的权限。根据《民诉司法解释》第89条第1款的规定,授权委托书仅写"全权代理"而无具体授权的,诉讼代理人无权代为承认、放弃、变更诉讼请求,进行和解,提出反诉或者提起上诉。即全权代理仅意味着一般委托代理,代理人只能代为进行除承认、放弃、变更诉讼请求,进行和解,提起反诉或者上诉之外的诉讼行为。B项正确(答案:B)

三、提示与预测

委托诉讼代理权限是高频考点,考生应当掌握特殊代理权限的内容,授权方式以及"全权代理"的含义。特殊代理权限的内容为代为承认、放弃、变更请求,进行和解,提起反诉或者上诉;委托特殊权限的方式为明确列明具体授权事项;授权委托书仅写"全权代理"而无具体授权的,该全权代理仅意味着一般委托代理,代理人只能代为进行除承认、放弃、变更诉讼请求,进行和解,提起反诉或者上诉之外的诉讼行为。

此外,考生还应当了解诉讼代表人与诉讼代理人之间权限的区别

项目	诉讼代表人	诉讼代理人
产生的依据不同	由当事人推选或由人民法院与当事人协商产生或由人民法院指定	基于法律规定或当事人的委托授权而产生
与诉讼标的的利益关系不同	与诉讼标的有着利益关系,其本身是当事人	与诉讼标的没有任何利益关系,其本身不是当事人
诉讼行为的后果不同	后果及于本人以及被代表的众多当事人	后果由被代理人承担

（续表）

项目	诉讼代表人	诉讼代理人
参加诉讼的目的不同	为了维护自己的和其所代表的众多当事人的合法权益	为了维护被代理人的合法权益
需同意或特别授权的权限不同	变更、放弃诉讼请求、承认对方当事人的诉讼请求，进行和解	承认、放弃、变更请求，进行和解，提起反诉或者上诉
人数不同	2—5 人	1—2 人

第六章　民事证据

本章知识体系：

民事证据
- 法定种类：书证、物证、电子数据、视听资料、▲证人证言、▲当事人陈述、▲鉴定结论、勘验笔录
- ▲学理分类
  - 本证与反证
  - 直接证据和间接证据
  - 原始证据和传来证据

考点 1　民事证据的法定种类

一、精讲

我国《民事诉讼法》将民事证据划分为八种，即：当事人陈述、书证、物证、视听资料、电子数据、证人证言、鉴定意见、勘验笔录。

1. 当事人陈述

当事人陈述是指当事人在诉讼中就与本案有关的事实，尤其是作为诉讼请求根据或反驳诉讼请求根据的事实，向法院所作的陈述。

当事人陈述的证据效力：

（1）具有免除对方当事人证明的效力。当事人如在诉讼中以承认对方当事人所主张的事实的方式作出了不利于己的陈述，该陈述一般具有免除对方当事人证明的效力。

（2）具有证据效力。当事人所作的对自己有利的陈述，经其他证据证明为真实后，法院可以把当事人的陈述作为认定案件事实的根据之一。

（3）不具有证据效力。当事人所作的有利于己的陈述，如果未得到其他证据证实，法院不得将该陈述作为认定案件事实的根据，该陈述也就无任何证据效力。

《民事证据规定》第 76 条："当事人对自己的主张，只有本人陈述而不能提出其他相关证据的，其主张不予支持。但对方当事人认可的除外。"

【注意】《民诉司法解释》第 110 条规定："人民法院认为有必要的，可以要求当事人本人到庭，就案件有关事实接受询问。在询问当事人之前，可以要求其签署保证书。保证书应当载明

据实陈述、如有虚假陈述愿意接受处罚等内容。当事人应当在保证书上签名或者捺印。负有举证证明责任的当事人拒绝到庭、拒绝接受询问或者拒绝签署保证书，待证事实又欠缺其他证据证明的，人民法院对其主张的事实不予认定。"

2. 书证

书证是指以文字、符号、图形等形式所记载的内容或表达的思想来证明案件事实的证据。

【注意】书证的提交。

（1）当书证为对方当事人或第三人持有时，当事人可以该书证作为当事人因客观原因不能收集的证据为由，向法院提出申请，由法院根据当事人的申请予以收集。

（2）书证在对方当事人控制之下的，承担举证证明责任的当事人可以在举证期限届满前书面申请人民法院责令对方当事人提交。

申请理由成立的，人民法院应当责令对方当事人提交，因提交书证所产生的费用，由申请人负担。对方当事人无正当理由拒不提交的，人民法院可以认定申请人所主张的书证内容为真实（《民诉司法解释》第 112 条）。

3. 物证

物证是指以其形状、质量、规格、受损坏的程度等证明案件事实的物品。

4. 视听资料

视听资料是指利用录音、录像等资料证明案件事实的证据。《民诉司法解释》第 116 条第 1 款规定，视听资料包括录音资料和影像资料。

5. 电子数据

电子数据，是指随着计算机及互联网络的发展，在计算机或计算机系统运行过程中，因电子化数据交换等产生的证明案件事实的信息。电子数据是此次民事诉讼法修订新增加的证据种类。《民诉司法解释》第 116 条对于电子数据作出了如下规定："电子数据是指通过电子邮件、电子数据交换、网上聊天记录、博客、微博客、手机短信、电子签名、域名等形成或者存储在电子介质中的信息。存储在电子介质中的录音资料和影像资料，适用电子数据的规定。"

6. 证人证言

证人是指知晓案件事实并应当事人的要求和法院的传唤到法庭作证的人。证人就案件事实向法院所作的陈述称为证人证言。

（1）证人的资格。我国民事诉讼中的证人，包括单位和个人两大类，即凡是知道案件情况的单位和个人都有义务出庭作证。个人作为证人，除了解案件事实外，还须能够正确表达自己的意志。

在我国，下列人员不得作为证人：

① 不能正确表达意思的人。能够向法庭正确表达自己的意思，是作为证人的必备条件。精神病人、生理上有缺陷的人、年幼的人，如果不具备这一条件，就不能作为证人。他们如果对与其年龄、智力状况或者精神状况相适应的待证事实提供证据，可以作为证人。

② 本案的诉讼代理人。对同一案件，诉讼代理人的身份与证人的身份是相互冲突的，因而不能既担任诉讼代理人又作证人。

③ 办理本案的法官、书记员、鉴定人、翻译人员和勘验人员。办理本案的上述人员如同时作为案件的证人，就有可能影响司法的公正，所以不得作为本案的证人。

与当事人有亲属关系和其他密切关系的人如果了解案件事实,可以作为证人出庭作证,但他们所提供的对该当事人有利的证言,可信度和证明力较低,一般低于其他证人提供的证言。在缺乏其他证据印证的情况下,不得单独将上述证言作为认定案件事实的依据。

(2) 证人应当出庭作证原则(《民诉司法解释》第 117 条)。申请证人出庭:应当在举证期限届满前提出。法院依职权收集证据的:可以依职权通知证人出庭作证。未经人民法院通知,证人不得出庭作证,但双方当事人同意并经人民法院准许的除外。

【注意】证人出庭作证的例外。证人有出庭作证的义务,无正当理由未出庭作证的证人证言,不能单独作为认定案件事实的依据。作为例外,证人可以用提交书面证言等方式替代出庭作证。

证人确有困难不能出庭的,经人民法院许可,可以通过书面证言、视听传输技术或者视听资料等方式作证。所谓"证人确有困难不能出庭",根据《民事诉讼法》第 73 条的规定,主要是指以下情形:① 因健康原因不能出庭的;② 因路途遥远,交通不便不能出庭的;③ 因自然灾害等不可抗力不能出庭的;④ 其他有正当理由不能出庭的。

(3) 证人因履行出庭作证义务而支出的交通、住宿、就餐等必要费用以及误工损失,由败诉一方当事人负担。当事人申请证人作证的,由该当事人先行垫付;当事人没有申请,人民法院通知证人作证的,由人民法院先行垫付。

《民诉司法解释》第 118 条进一步规定了费用的标准,即证人因履行出庭作证义务而支出的交通、住宿、就餐等必要费用,按照机关事业单位工作人员差旅费用和补贴标准计算;误工损失按照国家上年度职工日平均工资标准计算。

(4) 证人如实作证的义务包括签署保证书(《民事司法解释》第 119 条、第 120 条)。人民法院在证人出庭作证前应当告知其如实作证的义务以及作伪证的法律后果,并责令其签署保证书,但无民事行为能力人和限制民事行为能力人除外。证人签署保证书适用本解释关于当事人签署保证书的规定。证人拒绝签署保证书的,不得作证,并自行承担相关费用。

7. 鉴定意见

鉴定意见是指鉴定人运用专业知识、专门技术对案件中的专门性问题进行分析、鉴别、判断后作出的意见。

(1) 启动方式。既可由当事人申请,法院也可以依职权决定。当事人申请鉴定,可以在举证期限届满前提出。申请鉴定的事项与待证事实无关联,或者对证明待证事实无意义的,人民法院不予准许。

(2) 鉴定人的确定。前提是鉴定人必须具备资格。当事人申请鉴定的,应当组织双方当事人协商确定具备相应资格的鉴定人。协商不成的,由人民法院指定(《民事诉讼法》第 76 条、《民诉司法解释》第 121 条)。

符合依职权调查收集证据条件的,人民法院应当依职权委托鉴定,在询问当事人的意见后,指定具备相应资格的鉴定人。

(3) 鉴定人的权利和义务。权利包括:有权了解进行鉴定所需要的案件材料,必要时可以询问当事人、证人。义务包括:① 鉴定人应当提出书面鉴定意见,在鉴定书上签名或者盖章。② 出庭义务。当事人对鉴定意见有异议或者人民法院认为鉴定人有必要出庭的,鉴定人应当出庭作证。违反出庭义务的法律后果:经人民法院通知,鉴定人拒不出庭作证的,鉴定意见不得作为认定事实的根据;支付鉴定费用的当事人可以要求返还鉴定费用。

(4) 重新鉴定。当事人对人民法院委托的鉴定部门作出的鉴定结论有异议的,可以申请重新鉴定。但必须具备以下法定情形时,才能获得人民法院的准许:① 鉴定机构或者鉴定人员不具备相关的鉴定资格的;② 鉴定程序严重违法的;③ 鉴定结论明显依据不足的;④ 经过质证认定,不能作为证据使用的其他情形。

对有缺陷的鉴定结论,可以通过补充鉴定、重新质证或者补充质证等方法解决的,不予重新鉴定。

(5) 自行鉴定的效力。一方当事人自行委托有关部门作出的鉴定结论,另一方当事人有证据足以反驳并申请重新鉴定的,人民法院应予准许。(《民诉证据规定》第28条)

二、例题

1. 哥哥王文诉弟弟王武遗产继承一案,王文向法院提交了一份其父生前关于遗产分配方案的遗嘱复印件,遗嘱中有"本遗嘱的原件由王武负责保管"字样,并有王武的签名。王文在举证责任期间书面申请法院责令王武提交遗嘱原件,法院通知王武提交,但王武无正当理由拒绝提交。在此情况下,依据相关规定,下列哪些行为是合法的?(2016年卷三80题,多选)

    A. 王文可只向法院提交遗嘱的复印件
    B. 法院可依法对王武进行拘留
    C. 法院可认定王文所主张的该遗嘱能证明的事实为真实
    D. 法院可根据王武的行为而判决支持王文的各项诉讼请求

    [释疑] 本题考查书证在对方当事人控制下的提交以及不利推定。根据《民诉司法解释》第112条的规定,书证在对方当事人控制之下的,承担举证证明责任的当事人可以在举证期限届满前书面申请人民法院责令对方当事人提交。申请理由成立的,人民法院应当责令对方当事人提交,因提交书证所产生的费用,由申请人负担。对方当事人无正当理由拒不提交的,人民法院可以认定申请人所主张的书证内容为真实。因此,AC正确,BD错误。(答案:AC)

2. 张志军与邻居王昌因琐事发生争吵并相互殴打,之后,张志军诉至法院要求王昌赔偿医药费等损失共计3000元。在举证期限届满前,张志军向法院申请事发时在场的方强(26岁)、路芳(30岁)、蒋勇(13岁)出庭作证,法院准其请求。开庭时,法院要求上列证人签署保证书,方强签署了保证书,路芳拒签保证书,蒋勇未签署保证书。法院因此允许方强、蒋勇出庭作证,未允许路芳出庭作证。张志军在开庭时向法院提供了路芳的书面证言,法院对该证言不同意组织质证。关于本案,法院的下列哪些做法是合法的?(2015年真题,多选)

    A. 批准张志军要求事发时在场人员出庭作证的申请
    B. 允许蒋勇出庭作证
    C. 不允许路芳出庭作证
    D. 对路芳的证言不同意组织质证

    [释疑] 本题考查证人出庭作证、证人签署保证书以及拒签的法律后果。《民诉司法解释》第117条规定,当事人申请证人出庭,应当在举证期限届满前提出。法院依职权收集证据的,可以依职权通知证人出庭作证。未经人民法院通知,证人不得出庭作证,但双方当事人同意并经人民法院准许的除外。A正确。《民诉司法解释》第119条和120条规定了证人具结以及拒绝具结的法律后果的规定,即人民法院在证人出庭作证前应当告知其如实作证的义务以

及作伪证的法律后果,并责令其签署保证书,但无民事行为能力人和限制民事行为能力人除外。证人拒绝签署保证书的,不得作证,并自行承担相关费用。BC 项合法。因为不允许路芳作证,当然对其证言不组织质证,D 项正确。(答案:ABCD)

3. 在一起侵权诉讼中,原告申请由其弟袁某(某大学计算机系教授)作为专家辅助人出庭对专业技术问题予以说明。下列哪一表述是正确的?(2014 年真题,单选)
   A. 被告以袁某是原告的近亲属为由申请其回避,法院应批准
   B. 袁某在庭上的陈述是一种法定证据
   C. 被告可对袁某进行询问
   D. 袁某出庭的费用,由败诉方当事人承担

[释疑]　本题考查专家辅助人。《民事诉讼法》第 79 条规定:"当事人可以申请人民法院通知有专门知识的人出庭,就鉴定人作出的鉴定意见或者专业问题提出意见。"可见,目前我国立法对专家辅助人在法庭上的陈述没有归为法定证据的种类,只规定专家辅助人由当事人委托,费用也应当由委托人支付;同时,专家辅助人出庭就案件的专门性问题进行说明,接受审判人员和当事人的询问。本案中袁某作为专家辅助人,不属于回避的对象,其提供的意见也不属于法定证据的一种,袁某出庭的费用,应当由委托人支付,所以 A、B、D 项错误;而袁某出庭,可以接受双方当事人以及法官的询问,C 项正确。(答案:C)

4. 张某驾车与李某发生碰撞,交警赶到现场后用数码相机拍摄了碰撞情况,后李某提起诉讼,要求张某赔偿损失,并向法院提交了一张光盘,内附交警拍摄的照片。该照片属于下列哪一种证据?(2014 年真题,单选)
   A. 书证　　　　B. 鉴定意见　　　　C. 勘验笔录　　　　D. 电子数据

[释疑]　本题考查证据种类的电子数据。电子数据是 2012 年《民事诉讼法》修订新增加的证据种类,是指随着计算机及互联网络的发展,在计算机或计算机系统运行过程中,因电子化数据交换等产生的证明案件事实的信息。电子数据的具体形式多样,凡是与数码,电子数据交换等有关的产生的信息,均可纳入电子数据的范围,因此本案数码相机拍摄了碰撞情况,以及提交的光盘,属于电子数据,D 项正确。

《民诉司法解释》第 116 条规定:"电子数据是指通过电子邮件、电子数据交换、网上聊天记录、博客、微博客、手机短信、电子签名、域名等形成或者存储在电子介质中的信息。存储在电子介质中的录音资料和影像资料,适用电子数据的规定。"

5. 甲公司诉乙公司专利侵权,乙公司是否侵权成为焦点。经法院委托,丙鉴定中心出具了鉴定意见书,认定侵权。乙公司提出异议,并申请某大学燕教授出庭说明专业意见。关于鉴定的说法,下列哪一选项是正确的?(2013 年真题,单选)
   A. 丙鉴定中心在鉴定过程中可以询问当事人
   B. 丙鉴定中心应当派员出庭,但有正当理由不能出庭的除外
   C. 如果燕教授出庭,其诉讼地位是鉴定人
   D. 燕教授出庭费用由乙公司垫付,最终由败诉方承担

[释疑]　本题考查鉴定人的权利与义务以及专家辅助人。根据《民事诉讼法》第 77 条第 1 款规定:鉴定人有权了解进行鉴定所需要的案件材料,必要时可以询问当事人、证人。A 项正确;根据《民事诉讼法》第 78 条的规定:"当事人对鉴定意见有异议或者人民法院认为鉴定人必要出庭的,鉴定人应当出庭作证。经人民法院通知,鉴定人拒不出庭作证的,鉴定意见

不得作为认定事实的根据;支付鉴定费用的当事人可以要求返还鉴定费用。"B项错误;根据《民事诉讼法》第79条的规定:"当事人可以申请人民法院通知有专门知识的人出庭,就鉴定人作出的鉴定意见或者专业问题提出意见。"C、D项错误。(答案:A)

6. 根据证据理论和《民事诉讼法》以及相关司法解释,关于证人证言,下列哪些选项是正确的?(2011年真题,多选)
    A. 限制行为能力的未成年人可以附条件地作为证人
    B. 证人因出庭作证而支出的合理费用,由提供证人的一方当事人承担
    C. 证人在法院组织双方当事人交换证据时出席陈述证言的,可视为出庭作证
    D. 未成年人所作的与其年龄和智力状况不相当的证言,不能单独作为认定案件事实的依据,是关于证人证言证明力的规定

[释疑] 根据《民诉证据规定》第53条的规定:"不能正确表达意志的人,不能作为证人。待证事实与其年龄、智力状况或者精神健康状况相适应的无民事行为能力人和限制民事行为能力人,可以作为证人"A项正确。第54条第3款规定:"证人因出庭作证而支出的合理费用,由提供证人的一方当事人先行支付,由败诉一方当事人承担。"B项错误。第55条第2款规定:"证人在人民法院组织双方当事人交换证据时出席陈述证言的,可视为出庭作证。"C项正确。能否单独作为认定案件事实的依据,均为证据证明力的认定问题,D项正确。(答案:ACD)

7. 关于证人的表述,下列哪一选项是正确的?(2008年真题,单选)
    A. 王某是未成年人,因此,王某没有证人资格,不能作为证人
    B. 原告如果要在诉讼中申请证人出庭作证,应当在举证期限届满前提出,并经法院许可
    C. 甲公司的诉讼代理人乙律师是目击案件情况发生的人,对方当事人丙可以向法院申请乙作为证人出庭作证,如法院准许,则乙不得再作为甲公司的诉讼代理人
    D. 李某在法庭上宣读未到庭的证人的书面证言,该书面证言能够代替人出庭作证

[释疑] 本题考查证人。对于自然人做证人的资格,仅限于不能正确表达意志,如果未成年人能够正确表达意志,可以作为证人,A项错误。当事人申请证人出庭,应当在举证期限届满10日前提出,这里明确规定了具体的提出期限,即举证期限届满10日前,是便于法院通知证人以及证人能够安排好相关事宜及时出庭,B项错误。在民事诉讼中,诉讼代理人的身份和证人的身份是相冲突的,只能选择其中一身份,如果法院准许委托代理人作证人,其就不能再作诉讼代理人,C项正确。证人应当出庭作证,除非确有困难不能出庭,并经法院许可,才可以提交书面证言,D项错误。(答案:C)

三、提示与预测

1. 2012年修法新增加电子数据作为独立的证据种类,应掌握电子数据与书证、视听资料的区别。电子证据必须是储存在计算机中,通过一定手段转换成能为人们直接感知的形式。电子证据表现形式具有多样性(如文本、图形、动画、音频及视频等多种媒体信息)。视听资料是以音响、图像所表达的内容证明案件事实的,而书证则是以文字、符号、图形等所记载的内容或表达的内容证明案件事实。电子数据,就其必须通过一定手段转换成能为人们直接感知的形式而言,与视听资料有着相似之处;但电子数据又存在自己的独特性:一方面,视听资料的受众广、门槛低,在数码化时代的今天,一般人都可以轻易地摄制、播放视听资料,而电子数据往往存在代码性特征,接触、阅读、获取、复制、展示电子数据都需要比视听资料更复杂的软硬件,因

而在证据的搜集、审查上,往往需要借助专业机构的辅助;另一方面,视听资料具有形象性,诉讼主体能够比较容易地认知视听资料的内容,而电子数据具有更强的抽象性,在阅读和理解上往往也需要专业人士的判断。

可见,电子数据作为一种法定证据种类后,视听资料在现实生活中的范围大大减小,仅限于传统的录音录像,而凡是来源于数码产品、数据交换产生的信息,都归于电子数据。

电子数据经计算机输出后,以文本的形式表现,则与书证相似。

2. 证人证言是高频考点,特别是证人的资格以及证人证言的证明力,必须掌握。

3. 此次修法,鉴定意见修订的内容比较多,应当掌握鉴定意见的启动方式、鉴定人的确定、鉴定人的权利与义务以及违反出庭义务的法律后果。

4. 掌握专家辅助人制度。专家辅助人制度是 2012 年修法新增加的制度,《民诉司法解释》又对其作了进一步明确,考生应当掌握下列内容:

《民事诉讼法》第 79 条规定:"当事人可以申请人民法院通知有专门知识的人出庭,就鉴定人作出的鉴定意见或者专业问题提出意见。"

《民诉司法解释》第 122 条:"当事人可以依照民事诉讼法第七十九条的规定,在举证期限届满前申请一至二名具有专门知识的人出庭,代表当事人对鉴定意见进行质证,或者对案件事实所涉及的专业问题提出意见。具有专门知识的人在法庭上就专业问题提出的意见,视为当事人的陈述。人民法院准许当事人申请的,相关费用由提出申请的当事人负担。"

《民诉司法解释》第 123 条规定:"人民法院可以对出庭的具有专门知识的人进行询问。经法庭准许,当事人可以对出庭的具有专门知识的人进行询问,当事人各自申请的具有专门知识的人可以就案件中的有关问题进行对质。具有专门知识的人不得参与专业问题之外的法庭审理活动。"

5. 鉴定人与专家辅助人的区别。专家辅助人与鉴定人都是某些专业性问题方面的专家,但其在民事诉讼中是有区别的:

(1)专家辅助人受当事人委托,非由法院聘请。

(2)专家辅助人出庭就鉴定人作出的鉴定意见或者专业问题提出意见,不仅可以提供事实证据,还可以提供意见证据。而鉴定不能提供意见证据。

(3)专家辅助人必须出庭就案件的专门性问题进行说明。审判人员和当事人可以对出庭的专家辅助人进行询问。经人民法院准许,可以由当事人各自申请的专家辅助人就有案件中的问题进行对质。专家辅助人可以对鉴定人进行询问。

(4)专家辅助人就专业问题提出的意见,视为当事人的陈述。而鉴定人意见则是法定的证据种类之一。

考点 2　民事证据在理论上的分类

一、精讲

根据不同的划分标准,在学理上将民事证据分为:本证和反证、直接证据和间接证据、原始证据和传来证据。

1. 按照证据与证明责任的关系,可以把证据分为本证和反证

(1)本证是指对待证事实负有证明责任一方当事人提出的、用于证明待证事实的证据。

(2) 反证则是指对待证事实不负证明责任的一方当事人,为证明该事实不存在或不真实而提供的证据。

2. 根据证据与待证事实之间联系的不同,可以把证据分为直接证据和间接证据

(1) 直接证据是指与待证的案件事实具有直接联系,能够单独证明案件事实的证据。

(2) 间接证据是指与待证的案件事实之间具有间接联系,不能单独证明案件事实,因而需要与其他证据结合起来才能证明案件事实的证据。

3. 按照证据来源的不同,即按照是否来自原始出处,可以把证据分为原始证据和传来证据

(1) 原始证据是直接来源于案件原始事实的证据,是第一手证据材料。当事人建立合同关系时制作的合同书、立遗嘱人亲笔所书的遗嘱、证人亲眼所见的侵权事实等,都属于原始证据。

(2) 传来证据又称派生证据,是指由原始证据衍生出来的证据,是经过复制、转述等中间环节而形成的证据。相对于原始证据而言,是第二手证据材料。合同的抄本、物证的复制品、证人转述他人所见的案件事实等,都属于传来证据,与原始证据相比,其证明力较弱。

二、例题

1. 战某打电话向牟某借款 5 万元,并发短信提供账号,牟某当日即转款。之后,因战某拒不还款,牟某起诉要求战某偿还借款。在诉讼中,战某否认向牟某借款的事实,主张牟某转的款是为偿还之前向自己借的款,并向法院提交了证据;牟某也向法院提供了一些证据,以证明战某向其借款 5 万元的事实。关于这些证据的种类和类别的确定,下列哪一选项是正确的?(2016 年卷三 39 题,单选)

A. 牟某提供的银行转账凭证属于书证,该证据对借款事实而言是直接证据

B. 牟某提供的记载战某表示要向其借款 5 万元的手机短信属于电子数据,该证据对借款事实而言是间接证据

C. 牟某提供的记载战某表示要向其借款 5 万元的手机通话录音属于电子数据,该证据对借款事实而言是直接证据

D. 战某提供一份牟某书写的向其借款 10 万元的借条复印件,该证据对牟某主张战某借款的事实而言属于反证

[释疑] 本题考查证据的分类和种类。在借贷案件中,银行转账凭证对于借款事实而言,无法单独、直接证明,属于间接证据,A 项错误;牟某提供的记载战某表示要向其借款 5 万元的手机短信,手机的通话录音均属于电子数据,但该证据对借款事实而言是间接证据,不是直接证据,B 正确,C 错误;战某虽然对牟某主张其借款的事实不负有举证责任,但其提供的牟某书写的向其借款 10 万元的借条复印件,并不能够证明牟某主张其借款的事实不成立,因此不构成反证,D 错误。(答案:B)

2. 2009 年 2 月,家住甲市 A 区的赵刚向家住甲市 B 区的李强借了 5 000 元,言明 2010 年 2 月之前偿还。到期后赵刚一直没有还钱,在李强向赵刚要求归还欠款时,被赵刚家的狗咬伤……

李强起诉要求赵刚返还欠款 5 000 元、支付医药费 6 000 元,并向法院提交了赵刚书写的借条、其向赵刚转账 5 000 元的银行转账凭证、本人病历、医院的诊断书(复印件)、医院处方(复印件)、发票等。

赵刚称,其向李强借款是事实,但在 2010 年 1 月卖给李强一块玉石,价值 5 000 元,说好用玉石货款清偿借款。当时李强表示同意,并称之后会把借条还给赵刚,但其一直未还该借

条。……

关于赵刚向李强借款5000元的证据证明问题,下列选项正确的是:(2012年真题,多选)

A. 李强提出的借条是本证

B. 李强提出的其向赵刚转账5000元的银行转账凭证是直接证据

C. 赵刚承认借款事实属于自认

D. 赵刚所言已用卖玉石的款项偿还借款属于反证

[释疑] 本题考查证据的分类和自认的对象,本证是指负有举证责任的人提出的支持自己主张事实的证据,因此,A正确;根据《民事证据规定》第8条第1款的规定,在诉讼中,一方当事人对另一方当事人陈述的案件事实明确表示承认的,构成自认。C项正确。(答案:AC)

3. 案情:居住在甲市A区的王某驾车以60公里时速在甲市B区行驶,突遇居住在甲市C区的刘某骑自行车横穿马路,王某紧急刹车,刘某在车前倒地受伤。刘某被送往甲市B区医院治疗,疗效一般,留有一定后遗症。之后,双方就王某开车是否撞倒刘某,以及相关赔偿事宜发生争执,无法达成协议。

刘某诉至法院,主张自己被王某开车撞伤,要求赔偿。刘某提交的证据包括:甲市B区交警大队的交通事故处理认定书(该认定书没有对刘某倒地受伤是否为王某开车所致作出认定)、医院的诊断书(复印件)、处方(复印件)、药费和住院费的发票等。王某提交了自己在事故现场用数码摄像机拍摄的车与刘某倒地后状态的视频资料。图像显示,刘某倒地位置与王某车距离1米左右。王某以该证据证明其车没有撞到刘某……

问题:本案所列当事人提供的证据,属于法律规定中的哪种证据?属于理论上的哪类证据?(2012年卷四案例分析题第2问)

[释疑] 根据《民事诉讼法》关于证据的分类:本案中,交通大队的事故认定书、医院的诊断书(复印件)、处方(复印件)、药费和住院费的发票都属于书证,王某在事故现场用数码摄像机拍摄的、就他的车与刘某倒地之后的状态的视频资料属于视听资料。根据理论上对证据的分类:上述证据都属于间接证据;甲市B区交通大队的交通事故处理认定书、药费和住院费的发票、王某自己在事故现场用数码摄像机拍摄的就他的车与刘某倒地之后的状态的视频资料属于原始证据,医院的诊断书(复印件)、处方(复印件)属于传来证据;就证明王某的车撞到刘某并致刘受伤的事实而言,刘某提供的各类证据均为本证,王某提供的证据为反证。

4. 周某与某书店因十几本工具书损毁发生纠纷,书店向法院起诉,并向法院提交了被损毁图书以证明遭受的损失。关于本案被损毁图书,属于下列哪些类型的证据?(2010年真题,多选)

A. 直接证据   B. 间接证据   C. 书证   D. 物证

[释疑] 本题考查证据的分类和种类。本题中被损毁图书是以其外观特征来证明图书馆遭受了损失,在证据种类上属于物证;而被损毁图书可以单一证明损毁图书的事实,在证据分类上属于直接证据。本题答案为A、D项。(答案:AD)

5. 关于证据理论分类的表述,下列哪一选项是正确的?(2009年真题,单选)

A. 传来证据有可能是直接证据

B. 诉讼中原告提出的证据都是本证,被告提出的证据都是反证

C. 证人转述他人所见的案件事实都属于间接证据

D. 一个客观与合法的间接证据可以单独作为认定案件事实的依据

[释疑] 本题考查证据的分类。根据证据的来源不同,将证据分为原始证据和传来证据。原始证据是直接来源于案件事实而未经中间环节传播的证据;传来证据是指经过中间环节辗转得来,非直接来源于案件事实的证据。根据证据与案件事实的关系可以将证据分为直接证据和间接证据。直接证据是指能单独、直接证明案件主要事实的证据;间接证据是指不能单独、直接证明案件主要事实的证据。如果是经过了中间环节辗转得来,但是单独可以直接证明案件主要事实的证明,则该证据既是传来证据也是直接证据。因此,A项正确。

根据证据与证明责任承担者的关系,将证据分为本证与反证。本证,是指在民事诉讼中负有证明责任的一方当事人提出的用于证明自己所主张事实的证据;反证,是指没有证明责任的一方当事人提出的用于证明对方主张事实不真实的证据。本证与反证与当事人在诉讼中是原告还是被告没有关系,而与证据是否由承担证明责任的人提出有直接关系。因此,B项错误。

证人所转述他人所见的案件事实都属于传来证据,传来证据也可能是直接证据,而非都属于间接证据。因此,C项错误。

间接证据是指不能单独、直接证明案件主要事实的证据。根据间接证据的定义可知,间接证据本身就是不能单独、直接证明案件的主要事实,因此,无论什么样的间接证据,都不能单独作为认定案件事实的依据。因此,D项错误。(答案:A)

6. 原告诉请被告返还借款5万元,为证明这一事实,原告向法院提交了被告书写的"借据",被告则主张"借款已经清偿",并向法院出示了原告交给他的"收据"。关于原、被告双方的证据,下列哪些选项是正确的?(2007年真题,多选)

A. "借据"是本证,"收据"是反证
B. "借据"是本证,"收据"也是本证
C. "借据"是直接证据,"收据"是间接证据
D. "借据"是直接证据,"收据"也是直接证据

[释疑] 本题考查的是本证和反证、直接证据和间接证据的划分。本证和反证的划分标准:举证人与证明责任的关系。对待证事实负有证明责任的一方当事人提出的、用于证明待证事实的证据为本证。对待证事实不负证明责任的一方当事人,为证明该事实不存在或不真实而提供的证据为反证。它与举证人在诉讼中处于原告还是被告的诉讼地位无关。原告和被告在诉讼中都可能提出本证。

直接证据和间接证据的划分标准:能否单独证明案件事实。能够单独证明案件事实的证据为直接证据,不能单独证明案件事实,需要与其他证据结合起来才能证明案件事实的证据为间接证据。(答案:BD)

三、提示与预测

证据的种类是高频考点之一,考生需要掌握证据种类划分的依据,并能在案例中准确判断属于何种类型的证据。

第七章 民事诉讼中的证明

本章知识体系：

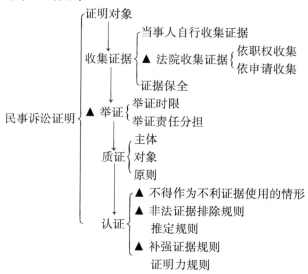

考点 1 证明对象

一、精讲

证明对象是指在民事诉讼中需要证明主体运用证据加以证明的案件事实。

1. 实体法事实

民事实体法律事实是指引起民事法律关系发生、变更或消灭的事实或者事实的组合。该实体法事实通常包括以下两种：

（1）实体法律关系构成所需要的要件事实，如构成侵权法律关系所需要的四要件，即违法行为、过错行为、损害后果以及上述行为与损害后果之间的因果关系。

（2）影响民事责任的事实，如第三人过错、受害人本人过错以及意外事件等事实。

2. 程序法事实

程序法事实，是指能够引起民事诉讼法律关系发生、变更或消灭的事实，即诉讼上的法律事实。

3. 外国法律和地方性法规、习惯

法官应当知悉本国的法律，因此本国法律不应成为诉讼中的证明对象，但外国法律不属于法官职务上应当知悉的范围。地方性法规数量多、变化快，本地的法官往往不了解外地制定的地方性法规。存在于某一地方的习惯一般只为本地人所知悉，审理案件的法官可能并不清楚。所以，在当事人主张适用外国法、地方性法规或要求从习惯时，它们也成为证明的对象。

4. 证据事实

证据事实是指作为法定证据种类的书证、物证等是否客观真实,所反映的内容与本案待证事实之间是否有关联性的问题。

二、提示与预测

证明对象,是判定证明责任的承担以及本证和反证区分的基础,特别是实体法事实,考生需要掌握证明对象在实际案件中的运用。

考点 2 无需证明的事实

一、精讲

在民事诉讼中,并不是所有的与案件相关的事实都需要证明,法律规定了无需证明的事实。

1. 诉讼上自认的事实

诉讼上自认,是指一方当事人在诉讼中向法院承认对方当事人所主张的不利于自己的案件主要事实。诉讼上自认的对象必须是案件事实,对方当事人关于适用或解释法律的陈述不能成为自认的对象。此外,自认的对象还必须是具体化了的案件的主要事实,间接事实一般不能成为自认的对象,辅助事实也不能成为自认的对象。

根据《民诉司法解释》第92条的规定,诉讼中是指在法庭审理中,或者在起诉状、答辩状、代理词等书面材料中。

(1)当事人自认和诉讼代理人的自认。依据自认的主体不同,可分为当事人自认与诉讼代理人自认。前者为当事人和法定代理人作出的自认,后者为委托代理人作出的自认。在当事人与诉讼代理人共同出庭时,当事人认为诉讼代理人自认有误时,有权及时予以更正。《民诉证据规定》第8条第3款关于诉讼代理人自认的规定是:"当事人委托诉讼代理人参加诉讼的,代理人的承认视为当事人的承认。但未经特别授权的代理人对事实的承认直接导致承认对方诉讼请求的除外;当事人在场但对其代理人的承认不作否认表示的,视为当事人的承认。"

(2)明示自认和默示自认。依据作出自认的方式不同,可分为明示自认与默示自认。前者指当事人以口头或书面方式明确表示承认;后者则是对不利于自己的事实保持沉默,不予争执与反驳。《民诉证据规定》第8条第2款增设了默示自认的规定:"对一方当事人陈述的事实,另一方当事人既未表示承认也未否认,经审判人员充分说明并询问后,其仍不明确表示肯定或者否定的,视为对该项事实的承认。"

(3)诉讼上自认的效力。在诉讼过程中,一方当事人对另一方当事人陈述的案件事实明确表示承认的,另一方当事人无需举证。

根据《民诉司法解释》第92条的规定,一方当事人在法庭审理中,或者在起诉状、答辩状、代理词等书面材料中,对于己不利的事实明确表示承认的,另一方当事人无需举证证明。

注意不免除对方举证责任的情形:

(1)涉及身份关系、国家利益、社会公共利益等应当由人民法院依职权调查的事实;

(2)诉讼和解或调解中的不利陈述不得在其后的诉讼中作为不利证据。

《民诉司法解释》第107条规定:"在诉讼中,当事人为达成调解协议或者和解协议作出妥协而认可的事实,不得在后续的诉讼中作为对其不利的根据,但法律另有规定或者当事人均同意的除外。"

(3) 自认的事实与查明的事实不符的,人民法院不予确认。

(4) 自认的撤回。在通常情况下,当事人在诉讼中作出自认后,是不允许将其撤回的。但在当事人满足《民诉证据规定》第8条第4款规定的条件:"当事人在法庭辩论终结前撤回承认并经对方当事人同意,或者有充分证据证明其承认行为是在受到胁迫或者重大误解情况下作出且与事实不符的",允许将自认撤回。

2. 法定的免证事实

《民诉司法解释》第93条规定:"下列事实,当事人无须举证证明:(一) 自然规律以及定理、定律;(二) 众所周知的事实;(三) 根据法律规定推定的事实;(四) 根据已知的事实和日常生活经验法则推定出的另一事实;(五) 已为人民法院发生法律效力的裁判所确认的事实;(六) 已为仲裁机构生效裁决所确认的事实;(七) 已为有效公证文书所证明的事实。前款第二项至第四项规定的事实,当事人有相反证据足以反驳的除外;第五项至第七项规定的事实,当事人有相反证据足以推翻的除外。"

二、例题

1. 下列哪一情形可以产生自认的法律后果?(2015年真题,单选)

A. 被告在答辩状中对原告主张的事实予以承认

B. 被告在诉讼调解过程中对原告主张的事实予以承认,但该调解最终未能成功

C. 被告认可其与原告存在收养关系

D. 被告承认原告主张的事实,但该事实与法院查明的事实不符

[分析] 本题考查自认的构成。根据《民诉司法解释》第92条的规定,一方当事人在法庭审理中,或者在起诉状、答辩状、代理词等书面材料中,对于己不利的事实明确表示承认的,另一方当事人无需举证证明。对于涉及身份关系、国家利益、社会公共利益等应当由人民法院依职权调查的事实,不适用前款自认的规定。自认的事实与查明的事实不符的,人民法院不予确认。A正确,CD错误;《民诉司法解释》第107条:在诉讼中,当事人为达成调解协议或者和解协议作出妥协而认可的事实,不得在后续的诉讼中作为对其不利的根据,但法律另有规定或者当事人均同意的除外。B错误(答案为:A)

2. 2011年7月11日,A市升湖区法院受理了黎明丽(女)诉张成功(男)离婚案。7月13日,升湖区法院向张成功送达了起诉状副本。7月18日,张成功向升湖区法院提交了答辩状,未对案件的管辖权提出异议。8月2日,张成功向升湖区法院提出管辖权异议申请,称其与黎明丽已分居2年,分别居住在A市安平区各自父母家中。A市升湖区法院以申请管辖权异议超过申请期限为由,裁定驳回张成功管辖权异议申请。后,升湖区法院查明情况,遂裁定将案件移送安平区法院。安平区法院接受移送,确定适用简易程序审理此案。

安平区法院在案件开庭审理时组织调解。

黎明丽声称:2005年12月,其与张成功结婚,后因张成功有第三者陈佳,感情已破裂,现要求离婚。黎明丽提出,离婚后儿子张好帅由其行使监护权,张成功每月支付抚养费1500元。现双方存款36万元(存折在张成功手中),由2人平分,生活用品归各自所有,不存在其

他共有财产分割争议。

张成功承认:2005年12月,其与黎明丽结婚,自己现在有了第三者,36万元存款在自己手中,同意离婚,同意生活用品归各自所有,同意不存在其他共有财产分割争议。不同意支付张好帅抚养费,因其是黎明丽与前男友所生。

黎明丽承认:张好帅是其与前男友所生,但在户籍登记上,张成功与张好帅为父子关系,多年来父子相称,形成事实上的父子关系,故要求张成功支付抚养费。

调解未能达成协议。在随后的庭审中,黎明丽坚持提出的请求;张成功对调解中承认的多数事实和同意的请求予以认可,但否认了有第三者一事,仍不同意支付张好帅抚养费。黎明丽要求法院通知第三者陈佳以无独立请求权的第三人身份参加诉讼。

安平区法院作出判决:解除黎明丽、张成功婚姻关系;张好帅由黎明丽行使监护权,张成功每月支付抚养费700元;存款双方平分,生活用品归个人所有,不存在其他共有财产分割争议。法院根据调解中被告承认自己有第三者的事实,认定双方感情破裂,张成功存在过失。(2011年真题,不定选)

下列双方当事人的承认,不构成证据制度中自认的是:

A. 张成功承认与黎明丽存在婚姻关系
B. 张成功承认家中存款36万在自己手中
C. 张成功同意生活用品归各自所有
D. 黎明丽承认张成功不是张好帅的亲生父亲

[释疑] 本题考查的是自认的对象。根据《民诉司法解释》第92条的规定,一方当事人在法庭审理中,或者在起诉状、答辩状、代理词等书面材料中,对于己不利的事实明确表示承认的,另一方当事人无需举证证明。对于涉及身份关系、国家利益、社会公共利益等应当由人民法院依职权调查的事实,不适用前款自认的规定。当事人自认的对象只能针对法律允许自认的事实,超出法律允许范围的自认不具有法律效力。在我国民事诉讼中,不允许当事人对涉及身份关系的案件的事实进行自认,例如,涉及婚姻关系和亲子关系的案件不能由当事人自认。本案属于离婚案件,张成功承认与黎明丽存在婚姻关系以及黎明丽承认张成功不是张好帅的亲生父亲均不构成自认,A、D项合题意;张成功承认家中存款36万元在自己手中,是对案件中财产事实的承认,构成自认,B项不合题意;张成功同意生活用品归各自所有是对财产的分配意见,不构成自认,C项合题意。(答案:ACD)

3. 下列关于民事诉讼自认及其法律后果的说法,哪些是错误的?(2005年真题,多选)

A. 老张诉小张的赡养纠纷案件中,小张对老张陈述的收养事实明确表示承认,老张对形成收养关系的事实无需举证

B. 对原告甲陈述的事实,被告乙不置可否,法官充分说明并询问后,乙仍不予回答,视为对该项事实的承认

C. 经当事人特别授权的代理律师在诉讼中对案件事实的承认,视为当事人的承认,但因此而导致承认对方诉讼请求的除外

D. 被告只要在法庭辩论终结前声明撤回承认,其在庭审过程中的承认即无效

[释疑] 本题考查的是诉讼上的自认。根据《民诉司法解释》第92条的规定,一方当事人在法庭审理中,或者在起诉状、答辩状、代理词等书面材料中,对于己不利的事实明确表示承认的,另一方当事人无需举证证明。对于涉及身份关系、国家利益、社会公共利益等应当由人

民法院依职权调查的事实,不适用前款自认的规定。A项中的案件属于涉及身份关系的案件,即使小张对老张陈述的收养事实明确表示承认,仍不能免除老张对形成收养关系的事实的举证责任,A项错误。《民诉证据规定》第8条第2款规定:"对一方当事人陈述的事实,另一方当事人既未表示承认也未否认,经审判人员充分说明并询问后,其仍不明确表示肯定或者否定的,视为对该项事实的承认。"B项正确,不合题意。

《民诉证据规定》第8条第3款规定:"当事人委托代理人参加诉讼的,代理人的承认视为当事人的承认。但未经特别授权的代理人对事实的承认直接导致承认对方诉讼请求的除外;当事人在场但对其代理人的承认不作否认表示的,视为当事人的承认。"在诉讼中,判断是否为特别授权的标准是是否明确列明明授权事项,明确列明授权事项的,方为特别授权;没有列明授权事项的,及时表述为特别授权,也应视为一般委托授权。因此,C项中的所指并不属于除外的情形,会导致自认的后果,所以C项正确,不合题意。《民诉证据规定》第8条第4款规定:"当事人在法庭辩论终结前撤回承认并经对方当事人同意,或者有充分证据证明其承认行为是在受胁迫或者重大误解情况下作出与事实不符的,不能免除对方当事人的举证责任。"在本题中,被告只有在法庭辩论终结前声明撤回承认并且得到原告同意的情况下,其在庭审过程中的承认才无效,D项错误。(答案:AD)

三、提示与预测

诉讼上自认的构成要件、自认的分类、自认的效力是高频考点,必须掌握。

考点 3 法院调查、收集证据

一、精讲

由于我国确立了"谁主张、谁举证"的证明责任分担原则,相应的证据一般要由当事人自行收集,也即我国民事诉讼法确定以当事人举证为主,但同时也规定,人民法院认为审理案件需要的证据,可以自行收集;对当事人难以收集的证据,法院也可以根据当事人的申请调查收集证据。

1. 法院自行调查、收集证据(《民诉司法解释》第96条)
(1) 涉及可能损害国家利益、社会公共利益的;
(2) 涉及身份关系的;
(3) 涉及《民事诉讼法》第55条规定诉讼的;
(4) 当事人有恶意串通损害他人合法权益可能的;
(5) 涉及依职权追加当事人、中止诉讼、终结诉讼、回避等程序性事项的。
除上述规定外,人民法院调查收集证据,应当依照当事人的申请进行。
2. 法院依据当事人的申请调查、收集证据(《民诉司法解释》第94条)
(1) 证据由国家有关部门保存,当事人及其诉讼代理人无权查阅调取的;
(2) 涉及国家秘密、商业秘密或者个人隐私的;
(3) 当事人及其诉讼代理人因客观原因不能自行收集的其他证据。

二、例题

关于民事诉讼中的证据收集,下列哪些选项是正确的?(2008年真题,多选)

A. 在王某诉齐某合同纠纷一案中,该合同可能存在损害第三人利益的事实,在此情况下,法院可以主动收集证据

B. 在胡某诉黄某侵权一案中,因客观原因,胡某未能提供一项关键证据,在此情况下,胡某可以申请法院收集证据

C. 在周某诉贺某借款纠纷一案中,周某因自己没有时间收集证据,于是申请法院调查收集证据,在此情况下,法院应当进行调查和收集证据工作

D. 在武某诉赵某一案中,武某申请法院调查、收集证据,但未获法院准许,武某可以向受案法院申请复议一次

[释疑] 本题考查法院收集证据的情形。首先需要明确,法院收集证据的情形包括两种:一为法院依职权收集证据,参见《民诉司法解释》第96条;二为法院依当事人及其诉讼代理人的申请收集证据,参见《民诉司法解释》第94条。依据《民诉司法解释》第96条的规定,A项正确。依据《民诉司法解释》第94条的规定,B项正确,C项错误。对法院就是否准许当事人申请法院调查收集证据的决定,当事人可以申请复议,D项正确。(答案:ABD)

三、提示与预测

法院调查取证不是考试重点,考生只需掌握:

(1)人民法院依申请调查取证的前提是当事人及其诉讼代理人因客观原因无法收集证据。

(2)当事人及其诉讼代理人申请人民法院调查收集证据,可以在举证期限届满前提出书面申请。

(3)当事人及其诉讼代理人向人民法院申请调查收集证据未获准许的,当事人及其代理人可以向受案法院申请复议一次。

考点 4 证据保全的条件和分类

一、精讲

证据保全是指在证据可能灭失或以后难以取得的情况下,法院根据申请人的申请或依职权,对证据加以固定和保护的制度。证据保全既是保全证据的手段,也是当事人以及人民法院收集证据的一种方式。

以采取时间的不同为标准,可将证据保全分为诉前的证据保全和诉讼中的证据保全。

1. 诉前证据保全

2012年《民事诉讼法》第81条第2款增加了法院的诉前证据保全制度。对诉前证据保全制度,应当掌握下列内容:

(1)法定事由:因情况紧急,证据可能灭失或者以后难以取得;

(2)申请人:只能由利害关系人提出申请,人民法院不能依职权进行;

(3)申请时间:提起诉讼前和申请仲裁前;

(4) 向哪里申请:只能向证据所在地、被申请人住所地或者对案件有管辖权的人民法院申请保全证据。

2. 诉讼中的证据保全

(1) 法定事由:证据可能灭失或者以后难以取得。"证据可能灭失",是指证人可能因病死亡,物证和书证可能会腐烂、销毁。证据"以后难以取得",是指虽然证据没有灭失,但如果不采取保全措施,以后取得该证据可能会成本过高或者难度很大,如证人出国定居或留学;

(2) 申请人:当事人提出申请,或人民法院依职权进行;

(3) 申请时间:举证期限届满前书面提出;

(4) 向哪里申请:只能向受诉法院提出申请。

二、例题

1. 甲县的佳华公司与乙县的亿龙公司订立的烟叶买卖合同中约定,如果因为合同履行发生争议,应提交 A 仲裁委员会仲裁。佳华公司交货后,亿龙公司认为烟叶质量与约定不符,且正在霉变,遂准备提起仲裁,并对烟叶进行证据保全。关于本案的证据保全,下列哪些表述是正确的?(2014 年真题,多选)

   A. 在仲裁程序启动前,亿龙公司可直接向甲县法院申请证据保全

   B. 在仲裁程序启动后,亿龙公司既可直接向甲县法院申请证据保全,也可向 A 仲裁委员会申请证据保全

   C. 法院根据亿龙公司申请采取证据保全措施时,可要求其提供担保

   D. A 仲裁委员会收到保全申请后,应提交给烟叶所在地的中级法院

   [释疑] 本题考查仲裁前的证据保全。根据《民事诉讼法》第 81 条第 2 款的规定:"因情况紧急,在证据可能灭失或者以后难以取得的情况下,利害关系人可以在提起诉讼或者申请仲裁前向证据所在地、被申请人住所地或者对案件有管辖权的人民法院申请保全证据。"A 项正确;根据《仲裁法》第 46 条的规定:"在证据可能灭失或者以后难以取得的情况下,当事人可以申请证据保全。当事人申请证据保全的,仲裁委员会应当将当事人的申请提交证据所在地的基层人民法院。"B、D 项错误;根据《民事诉讼法》第 81 条第 3 款的规定:"证据保全的其他程序,参照适用本法第九章保全的有关规定。"根据《民事诉讼法》第 101 条第 1 款的规定:"利害关系人因情况紧急,不立即申请保全将会使其合法权益受到难以弥补的损害的,可以在提起诉讼或者申请仲裁前向被保全财产所在地、被申请人住所地或者对案件有管辖权的人民法院申请采取保全措施。申请人应当提供担保,不提供担保的,裁定驳回申请。"C 项正确。(答案:AC)

2. 甲县吴某与乙县宝丰公司在丙县签订了甜橙的买卖合同,货到后,吴某发现甜橙开始腐烂,未达到合同约定的质量标准。退货无果,吴某拟向法院起诉,为了证明甜橙的损坏状况,向法院申请诉前证据保全。关于诉前保全,下列哪一表述是正确的?(2013 年真题,单选)

   A. 吴某可以向甲、乙、丙县法院申请诉前证据保全

   B. 法院应当在收到申请 15 日内裁定是否保全

   C. 法院在保全证据时,可以主动采取行为保全措施,减少吴某的损失

   D. 如果法院采取了证据保全措施,可以免除吴某对甜橙损坏状况提供证据的责任

   [释疑] 根据《民事诉讼法》第 81 条第 2 款的规定:"因情况紧急,在证据可能灭失或者

以后难以取得的情况下,利害关系人可以在提起诉讼或者申请仲裁前向证据所在地、被申请人住所地或者对案件有管辖权的人民法院申请保全证据。"因此,A、C项错误;根据《民事诉讼法》第101条第2款的规定:"人民法院接受申请后,必须在四十八小时内作出裁定;裁定采取保全措施的,应当立即开始执行。"因此,B项错误。证据保全是利害关系人或当事人收集证据的一种方式,因此,如果法院采取了证据保全措施,可以免除申请人就申请保全事项提供证据的责任,D项正确。(答案:D)

三、提示与预测

诉前和仲裁前的证据保全是2012年《民事诉讼法》增加的内容,考生应当掌握。同时需要注意:

(1)仲裁前证据保全,申请人在采取保全措施30日之内应当向仲裁机构申请仲裁,因此,对仲裁前证据保全有管辖权的人民法院只有证据所在地和被申请人住所地的人民法院。

(2)诉前证据保全,申请人在采取保全措施30日之内应当向有管辖权的人民法院起诉。

考点 5 举证时限的确定及其法律后果

一、精讲

举证时限,是指民事诉讼当事人向法院提供证据的期限。当事人必须在规定的时间期限内提供证据,逾期提出证据,将承担对其不利的法律后果。

《民事诉讼法》第65条规定:"当事人对自己提出的主张应当及时提供证据。人民法院根据当事人的主张和案件审理情况,确定当事人应当提供的证据及其期限。当事人在该期限内提供证据确有困难的,可以向人民法院申请延长期限,人民法院根据当事人的申请适当延长。当事人逾期提供证据的,人民法院应当责令其说明理由;拒不说明理由或者理由不成立的,人民法院根据不同情形可以不予采纳该证据,或者采纳该证据但予以训诫、罚款。"

《民诉司法解释》第99条至第102条对举证时限制度又作了进一步的规定。

1. 举证期限的确定方式(《民诉司法解释》第99条第1、2款)

(1)当事人协商,人民法院认可;

(2)人民法院确定。人民法院确定举证期限,第一审普通程序案件不得少于15日,当事人提供新的证据的第二审案件不得少于10日。

【注意】人民法院依据当事人的主张和案件审理情况,在审理前的准备阶段确定当事人提交证据的举证期限。

2. 举证时限的再次确定(《民事司法解释》第99条第3款)

举证期限届满后,当事人对已经提供的证据,申请提供反驳证据或者对证据来源、形式等方面的瑕疵进行补正的,人民法院可以酌情再次确定举证期限,该期限不受前款规定的限制。

3. 举证期限的延长(《民事诉讼法》第65条、《民事司法解释》第100条)

当事人在该期限内提供证据确有困难的,可以向人民法院申请延长期限,人民法院根据当事人的申请适当延长。

当事人在举证期限内提交证据材料确有困难的,应当在举证期限内向人民法院申请延期举证,经人民法院准许,可以适当延长举证期限。当事人在延长的举证期限内提交证据材料仍有困难的，可以再次提出延期申请，是否准许由人民法院决定。

延长的举证期限也适用于其他当事人。

4. 逾期举证的法律后果（《民事诉讼法》第65条，《民事司法解释》第101条、第102条）

（1）当事人逾期提供证据的，人民法院应当责令其说明理由；必要时可以要求其提供相应的证据。

例外：当事人因客观原因逾期提供证据，或者对方当事人对逾期提供证据未提出异议的，视为未逾期。

（2）拒不说明理由或者理由不成立的，人民法院根据不同情形可以不予采纳该证据，或者采纳该证据但予以训诫、罚款。

具体情形包括：

（1）当事人因故意或者重大过失逾期提供的证据，人民法院不予采纳。但该证据与案件基本事实有关的，人民法院应当采纳，并依照《民事诉讼法》第65条、第115条第1款的规定予以训诫、罚款。

（2）当事人非因故意或者重大过失逾期提供的证据，人民法院应当采纳，并对当事人予以训诫。

当事人一方要求另一方赔偿因逾期提供证据致使其增加的交通、住宿、就餐、误工、证人出庭作证等必要费用的，人民法院可予支持。

【注意】这里说明的理由包括"新证据"以及其他理由。《民诉证据规定》第41—44条，《审监程序解释》第10条，最高人民法院《关于适用〈关于民事诉讼证据的若干规定〉中有关举证时限规定的通知》（以下简称《举证时限通知》）第10条分别规定了新证据的界定。包括：① 一审中的新证据包括两种情形：一是当事人在一审举证期限届满后新发现的证据；二是当事人因客观原因无法在举证期限内提供，申请延期后，经法院准许，但在延长的期限内仍然无法提供的证据。② 二审中的新证据包括两种情形：一是一审庭审结束后新发现的证据；二是当事人在一审举证期限届满前申请人民法院调查取证未获准许，二审法院经审查认为应当准许并依当事人申请调取的证据。③ 再审中的新证据，是指原审庭审结束后新发现的证据。④ 视为新证据，当事人经人民法院准许延期举证，但因客观原因未能在准许的期限内提供，且不审理该证据可能导致裁判明显不公的，其提供的证据可视为新的证据。

此外，《举证时限通知》第10条规定了关于新的证据的认定问题，即"人民法院对于'新的证据'，应当依照《证据规定》第四十一条、第四十二条、第四十三条、第四十四条的规定，结合以下因素综合认定：（一）证据是否在举证期限或者《证据规定》第四十一条、第四十四条规定的其他期限内已经客观存在；（二）当事人未在举证期限或者司法解释规定的其他期限内提供证据，是否存在故意或者重大过失的情形"。

二、例题

1. 李某起诉王某要求返还10万元借款并支付利息5000元，并向法院提交了王某亲笔书写的借条。王某辩称，已还2万元，李某还出具了收条，但王某并未在法院要求的时间内提交证据。法院一审判决王某返还李某10万元并支付5000元利息，王某不服提起上诉，并称一审期间未找到收条，现找到了并提交法院。关于王某迟延提交收条的法律后果，下列哪一选项是正确的？（2016年卷三41题，单选）

A. 因不属于新证据,法院不予采纳
B. 法院应采纳该证据,并对王某进行训诫
C. 如果李某同意,法院可以采纳该证据
D. 法院应当责令王某说明理由,视情况决定是否采纳该证据

[释疑] 本题考查逾期举证的法律后果。根据《民事诉讼法》第65条以及《民诉司法解释》的相关规定,对于逾期提交的证据,人民法院应当责令其说明理由,理由成立的,例如属于法律规定的新证据,则视为未逾期。拒不说明理由或者理由不成立的,当事人非因故意或者重大过失逾期提供的证据,人民法院应当采纳,并对当事人予以训诫。本案中,王某二审中提交的收条,不属于新证据的范畴,但与案件基本事实有关,并且王某已经说明逾期提交的原因,因此,ACD项错误,B项正确。(答案:B)

2. 大皮公司因买卖纠纷起诉小华公司,双方商定了25天的举证时限,法院认可。时限届满后,小华公司提出还有一份发货单没有提供,申请延长举证时限,被法院驳回。庭审时,小华公司向法庭提交该发货单。尽管大皮公司反对,但法院在对小华公司予以罚款后,仍对该证据进行了质证。下列哪一诉讼行为不符合举证时限的相关规定?(2013年真题,单选)

A. 双方当事人协议确定举证时限
B. 双方确定了25天的举证时限
C. 小华公司在举证时限届满后申请延长举证时限
D. 法院不顾大皮公司反对,依然组织质证

[释疑] 本题考查举证时限的相关规定。根据《民诉司法解释》第99条的规定,举证时限的确定有两种方式,即双方当事人协议确定,人民法院认可,以及人民法院确定。前者没有时限长短的规定,而后者不得少于15天。A、B项正确;根据《民事司法解释》第100条的规定:"当事人在举证期限内提供证据材料确有困难的,应当在举证期限内向人民法院申请延期举证。"C项错误;根据《民事诉讼法》第65条的规定,当事人逾期提交的证据,依然可以组织质证,并不必然失权,D项正确。(答案:C)

3. 关于举证时限和证据交换的表述,下列哪一选项是正确的?(2009年真题,单选)

A. 证据交换可以依当事人的申请而进行,也可以由法院依职权决定而实施
B. 民事诉讼案件在开庭审理前,法院必须组织证据交换
C. 当事人在举证期限内提交证据确有困难的,可以在举证期限届满之后申请延长,但只能申请延长一次
D. 当事人在举证期限内未向法院提交证据材料的,在法庭审理过程中无权再提交证据

[释疑] 本题考查举证时限和证据交换的相关知识点。《民诉证据规定》第37条规定:"经当事人申请,人民法院可以组织当事人在开庭审理前交换证据。人民法院对于证据较多或者复杂疑难的案件,应当组织当事人在答辩期届满后、开庭审理前交换证据。"根据上述规定可知,证据交换可以依当事人申请而进行,也可以由法院依职权决定而实施。因此,A项正确。

根据《民诉证据规定》第37条第1款的规定,经当事人申请的,法院可以组织当事人在开庭审理前交换证据,而非应当或必须在开庭审理前组织证据交换。另外,《民诉证据规定》第38条规定:"交换证据的时间可以由当事人协商一致并经人民法院认可,也可以由人民法院指定。人民法院组织当事人交换证据的,交换证据之日举证期限届满。当事人申请延期举证经

人民法院准许的,证据交换日相应顺延。"因此,B项说法错误。

《民事证据规定》第36条规定:"当事人在举证期限内提供证据材料确有困难的,应当在向人民法院申请延期举证,经人民法院准许,可以适当延长举证期限。当事人在延长的举证期限内提交证据材料仍有困难的,可以再次提出延期申请,是否准许由人民法院决定。"据此可知,申请延期举证的次数并不限于一次,只是从第二次开始,是否准许由法院决定。因此,C项错误。

《民诉证据规定》第41条第1项规定:"一审程序中的新的证据包括:当事人在一审举证期限届满后新发现的证据;当事人确因客观原因无法在举证期限内提供,经人民法院准许,在延长的期限内仍无法提供的证据。"据此可知,当事人在举证期限内未向法院提交证据材料的,如果该证据材料属于法定的"新证据",仍然可以在法庭审理过程中提出。因此,D项错误。(答案:A)

三、提示与预测

1. 举证时限制度是高频考点。2012年《民事诉讼法》修订,明确规定了举证时限制度,对违反举证期限后果的规定,与2002年《民事证据规定》中违反举证期限的后果截然相反,即逾期举证并不视为当事人放弃举证权利,逾期提交的证据也并不必然导致证据失权的后果。但是,对于当事人逾期提供证据的,由人民法院责令说明理由,理由成立的,接受该证据;拒不说明理由或者理由不成立的,则存在两种可选择的做法:一是不予采纳证据;二是接受证据但对逾期举证的当事人施以训诫、罚款。而《民诉司法解释》又对逾期提交证据作了进一步细化,考生应当掌握。

2. 证据交换制度

与举证时限制度相关,《民诉证据规定》第37条至第40条确立了证据交换制度,《民诉司法解释》第224、第225条的内容对证据交换也作出了规定。对于证据交换制度,考生需要掌握以下内容:

(1)证据交换的启动方式:当事人申请或人民法院依职权启动。

(2)交换证据的时间的确定:当事人协商一致并经人民法院认可,也可以由人民法院指定。人民法院组织当事人交换证据的,交换证据之日举证期限届满。

(3)交换证据应当在审判人员主持下进行。

(4)证据交换一般不超过两次,但重大、疑难和案情特别复杂的案件,人民法院认为确有必要再次进行证据交换的除外。

(5)证据交换不是案件的必经程序。

【注意】当事人在证据交换过程中,认可(没有异议)并记录在卷的证据,经审判人员在庭审中说明后,可以作为认定案件事实的依据。

通过证据交换,要确定双方当事人争议的主要问题。

考点 6 证明责任的分配

一、精讲

证明责任,是民事诉讼当事人对自己提出的主张加以证明的责任;如果当事人不尽举证责任,或提供的证据无法证明其主张时,应当承担法律后果。

证明责任的功能在于:确定由何方当事人提供证据证明实体要件事实,为人民法院在实体要件事实真伪不明的情形下,作出判决提供正当依据。

证明责任包含两层内涵,即行为证明责任和结果证明责任。行为证明责任,是指当事人对自己主张的事实或反驳对方主张的事实有责任提出证据加以证明,也称为"提供证据责任"。行为证明责任的功能在于通过行为证明责任的分配和承担,确定由何方当事人提供证据来证明案件事实。当事人提供证据证明自己提出的有利于己方的实体要件事实,受到举证时限制度的规制,属于诉讼法的范畴。行为证明责任可以在双方当事人之间转移。结果证明责任,是指在案件审理终结时,法律所许可的证据或证明手段已经用尽,实体要件事实依然真伪不明的,由负有举证责任的当事人承担不利判决,即败诉风险。结果证明责任,是由法律预先规定的,在实体要件事实经过证明依然真伪不明时,实体法上的不利后果(败诉)由某方当事人承担,在诉讼中不得转移给对方当事人。

1. 证明责任的分担原则:谁主张、谁举证

谁主张、谁举证,即当事人对自己所主张的并作为证明对象的事实,应当提供证据加以证明。原告、有独立请求权的第三人必然有举证责任;被告是否有举证责任,取决于其是否提出需要作为证明对象的主张。

《民诉司法解释》第91条对于举证责任的承担作出了如下规定:"人民法院应当依照下列原则确定举证证明责任的承担,但法律另有规定的除外:(一)主张法律关系存在的当事人,应当对产生该法律关系的基本事实承担举证证明责任;(二)主张法律关系变更、消灭或者权利受到妨害的当事人,应当对该法律关系变更、消灭或者权利受到妨害的基本事实承担举证证明责任。"

2. 证明责任分担的具体规定

(1)在合同纠纷案件中,主张合同关系成立并生效的一方当事人,对合同订立和生效的事实承担举证责任;主张合同关系变更、解除、终止、撤销的一方当事人,对引起合同关系变动的事实承担举证责任;对合同是否履行发生争议的,由负有履行义务的当事人承担举证责任;对代理权发生争议的,由主张有代理权的一方当事人承担举证责任。

(2)在劳动争议纠纷案件中,因用人单位作出开除、除名、辞退、解除劳动合同、减少劳动报酬、计算劳动者工作年限等决定而发生劳动争议的,由用人单位负举证责任。

(3)在法律没有具体规定,依本规定及其他司法解释无法确定举证责任承担时,人民法院可以根据公平原则和诚实信用原则,综合当事人举证能力等因素,确定举证责任的承担。

3. 证明责任负担的例外——举证责任的倒置

(1)因新产品制造方法、发明专利引起的专利侵权诉讼,由制造同样产品的单位或者个人对其产品制造方法不同于专利方法承担举证责任。

(2)高度危险作业致人损害的侵权诉讼,由加害人就受害人故意造成损害的事实承担举证责任。

(3)因环境污染引起的损害赔偿诉讼,由加害人就法律规定的免责事由及其行为与损害结果之间不存在因果关系承担举证责任。

(4)建筑物或者其他设施以及建筑物上的搁置物、悬挂物发生倒塌、脱落、坠落致人损害的侵权诉讼,所有人或者管理人对其无过错承担举证责任。

(5) 饲养动物致人损害的侵权诉讼，由动物饲养人或者管理人就受害人有过错或者第三人有过错承担举证责任。

(6) 因缺陷产品致人损害的侵权诉讼，由产品的生产者就法律规定的免责事由承担举证责任。

(7) 因共同危险行为致人损害的侵权诉讼，由实施危险行为的人就其行为与损害结果之间不存在因果关系承担举证责任。

(8) 因医疗行为引起的侵权诉讼，由医疗机构就医疗行为与损害结果之间不存在因果关系承担举证责任。

【注意】在特殊侵权案件举证责任倒置的规定中，仅限于主观过错或因果关系的倒置，而损害事实和侵权行为不发生倒置，均由受害人举证证明。

二、例题

1. 刘月购买甲公司的化肥，使用后农作物生长异常。刘月向法院起诉，要求甲公司退款并赔偿损失。诉讼中甲公司否认刘月的损失是因其出售的化肥质量问题造成的，刘月向法院提供了本村吴某起诉甲公司损害赔偿案件的判决书，以证明甲公司出售的化肥有质量问题且与其所受损害有因果关系。关于本案刘月所受损害与使用甲公司化肥因果关系的证明责任分配，下列哪一选项是正确的？（2016年卷三40题，单选）

A. 应由刘月负担有因果关系的证明责任　　B. 应由甲公司负担无因果关系的证明责任
C. 应由法院依职权裁量分配证明责任　　　D. 应由双方当事人协商分担证明责任

[解析] 本题考查证明责任的分配。证明责任分配的一般原则为谁主张，谁举证，对于一般侵权案件而言，侵权行为、损害结果、加害人主管过错以及侵权行为与损害结果之间存在因果关系均由受害人举证证明，《民诉证据规定》第4条规定了八类特殊侵权案件证明责任倒置的情形。本案是化肥存在质量问题导致农作物生长异常而发生的侵权案件，不属于证明责任倒置的案件类型，因此，对于刘月所受损害与使用甲公司化肥因果关系的证明责任应当由刘月承担，A项正确（答案：A，司法部公布答案为B）。

2. 主要办事机构在A县的五环公司与主要办事机构在B县的四海公司于C县签订购货合同，约定：货物交付地在D县；若合同的履行发生争议，由原告所在地或者合同签订地的基层法院管辖。现五环公司起诉要求四海公司支付货款。四海公司辩称已将货款交给五环公司业务员付某。五环公司承认付某是本公司业务员，但认为其无权代理本公司收取货款，且付某也没有将四海公司声称的货款交给本公司。四海公司向法庭出示了盖有五环公司印章的授权委托书，证明付某有权代理五环公司收取货款，但五环公司对该授权书的真实性不予认可。根据案情，法院依当事人的申请通知付某参加（参与）了诉讼。本案需要由四海公司承担证明责任的事实包括：（2015年真题，不定选）

A. 四海公司已经将货款交付给了五环公司业务员付某
B. 付某是五环公司业务员
C. 五环公司授权付某代理收取货款
D. 付某将收取的货款交到五环公司

[释疑] 本题考查举证责任的分配。对于被告四海公司而言，其主张的事实有已经将货款交付给了五环公司业务员付某，并且付某有权代理公司收款，因此，需要四海公司举证的事

实包括:AC(答案为:AC)

3. 下列关于证明的哪一表述是正确的?(2014年真题,单选)
   A. 经过公证的书证,其证明力一般大于传来证据和间接证据
   B. 经验法则可验证的事实都不需要当事人证明
   C. 在法国居住的雷诺委托赵律师代理在我国的民事诉讼,其授权委托书需要经法国公证机关证明,并经我国驻法国使领馆认证后,方发生效力
   D. 证明责任是一种不利的后果,会随着诉讼的进行,在当事人之间来回移转

[释疑] 本题考查证明中的证明力大小、免证事实、涉外诉讼委托书的递交程序以及证明责任。公证的书证属于公文书,公文书的证明力大小只能和私文书进行比较,公文书的证明力一般大于私文书,A项错误;经验法则可验证的事实只有上升到众所周知的事实,才能免除当事人的举证责任,B项错误;《民事诉讼法》第64条规定,在中华人民共和国领域内没有住所的外国人、无国籍人、外国企业和组织委托中华人民共和国律师或者其他人代理诉讼,从中华人民共和国领域外寄交或者托交的授权委托书,应当经所在国公证机关证明,并经中华人民共和国驻该国使领馆认证,或者履行中华人民共和国与该所在国订立的有关条约中规定的证明手续后,才具有效力。C项正确;通常说的证明责任,是指结果意义的证明责任,即经过所有证明手段后待证事实依然真伪不明时,败诉风险由谁承担。结果责任是法律预先设置的,不在当事人之间移转,D项错误。(答案:C)

4. 甲路过乙家门口,被乙垒放在门口的砖头砸伤,甲起诉要求乙赔偿。关于本案的证明责任分配,下列哪一说法是错误的?(2012年真题,单选)
   A. 乙垒放砖头倒塌的事实,由原告甲承担证明责任
   B. 甲受损害的事实,由原告甲承担证明责任
   C. 甲所受损害是由于乙垒放砖头倒塌砸伤的事实,由原告甲承担证明责任
   D. 乙有主观过错的事实,由原告甲承担证明责任

[释疑] 本题考查搁置物倒塌致人伤害案件的举证责任分配,根据《民诉证据规定》第4条第1款第4项的规定:"建筑物或者其他设施以及建筑物上的搁置物、悬挂物发生倒塌、脱落、坠落致人损害的侵权诉讼,由所有人或者管理人对其无过错承担举证责任。"(答案:D)

5. 2009年2月,家住甲市A区的赵刚向家住甲市B区的李强借了5000元钱,言明2010年2月之前偿还。到期后赵刚一直没有还钱。

2010年3月,李强找到赵刚家追讨该债务,发生争吵。赵刚因所牵宠物狗易受惊,遂对李强说:"你不要大声喊,狗会咬你。"李强不理,仍然叫骂,并指着狗叫喊。该狗受惊,扑向李强并将其咬伤。李强治伤花费6000元。

李强起诉要求赵刚返还欠款5000元、支付医药费6000元,并向法院提交了赵刚书写的借条、其向赵刚转账5000元的银行转账凭证、本人病历、医院的诊断书(复印件)、医院处方(复印件)、发票等。

赵刚称,其向李强借款是事实,但在2010年1月卖给李强一块玉石,价值5000元,说好用玉石货款清偿借款。当时李强表示同意,并称之后会把借条还给赵刚,但其一直未归还该借条。

赵刚还称,李强故意激怒狗,被狗咬伤的责任应由李强自己承担。对此,赵刚提交了邻居孙某出具的书面证词,该证词描述了李强当时骂人和骂狗的情形。

赵刚认为,李强提交的诊断书、医院处方均为复印件,没有证明力。
关于本案李强被狗咬伤的证据证明问题,下列选项正确的是:(2012年真题,多选)
    A. 赵刚的证人提出的书面证词属于书证
    B. 李强提交的诊断书、医院处方为复印件,肯定无证明力
    C. 李强是因为激怒赵刚的狗而被狗咬伤的事实的证明责任由赵刚承担
    D. 李强受损害与被赵刚的狗咬伤之间具有因果关系的证明责任由李强承担
    [释疑] 本题考查饲养动物致人伤害案件的证明责任分配。根据《民诉证据规定》第4条第1款第5项,饲养动物致人损害的侵权诉讼,由动物饲养人或者管理人就受害人有过错或者第三人有过错承担举证责任。(答案:CD)

6. 关于证明责任,下列哪些说法是正确的?(2011年真题,多选)
    A. 只有在待证事实处于真伪不明的情况下,证明责任的后果才会出现
    B. 对案件中的同一事实,只有一方当事人负有证明责任
    C. 当事人对其主张的某一事实没有提供证据证明,必将承担败诉的后果
    D. 证明责任的结果责任不会在原、被告间相互转移
    [释疑] 本题考查证明责任。证明责任,又称举证责任,是指诉讼当事人在诉讼中应当承担的举出证据证明其主张的事实,以及不能证明时所要承担的不利后果。证明责任的功能在于:确定由何方当事人提供证据证明实体要件事实,为人民法院在实体要件事实真伪不明的情形下,作出判决提供正当依据。证明责任包含两层内涵,即行为证明责任和结果证明责任。
    行为证明责任,是指当事人对自己主张的事实或反驳对方主张的事实有责任提出证据加以证明,也称为"提供证据责任"。行为证明责任的功能在于通过行为证明责任的分配和承担,确定由何方当事人提供证据证明案件事实。当事人提供证据证明自己提出的有利于己方的实体要件事实,受到举证时限制度的规制,属于诉讼法的范畴。行为证明责任可以在双方当事人之间转移。
    结果证明责任,是指在案件审理终结时,法律所许可的证据或证明手段已经用尽,实体要件事实依然真伪不明的,由负有举证责任的当事人承担不利判决,即败诉风险。结果证明责任,是由法律预先规定的在实体要件事实经过证明依然真伪不明时,实体法上的不利后果(败诉)由某方当事人承担,在诉讼中不得转移给对方当事人。(答案:ABD)

7. 王某承包了20亩鱼塘。某日,王某发现鱼塘里的鱼大量死亡,王某认为鱼的死亡是因为附近的腾达化工厂排污引起,遂起诉腾达化工厂请求赔偿。腾达化工厂辩称,根本没有向王某的鱼塘排污。关于化工厂是否向鱼塘排污的事实举证责任,下列哪一选项是正确的?(2008年真题,单选)
    A. 根据"谁主张、谁举证"原则,应当由主张存在污染事实的王某负举证责任
    B. 根据"谁主张、谁举证"原则,应当由主张自己没有排污行为的腾达化工厂负举证责任
    C. 根据"举证责任倒置"规则,应当由腾达化工厂负举证责任
    D. 根据本证与反证的分类,应当由腾达化工厂负举证责任
    [释疑] 本题考查举证责任的分配。根据《民诉证据规定》第4条第1款第(三)项的规定:"(三)因环境污染引起的损害赔偿诉讼,由加害人就法律规定的免责事由及其行为与损害结果之间不存在因果关系承担举证责任。"也即法律仅将行为与损害后果之间的因果关系举证责任倒置给加害人一方,对于其他的侵权要件,则要适用"谁主张、谁举证"的原则。(答案:A)

三、提示与预测

举证责任分担的原则及其例外是高频考点,必须掌握。

此外,考生还需要掌握《侵权责任法》中对一些特殊侵权案件举证责任分担的规定,具体如下:

1. 医疗侵权纠纷

《侵权责任法》第54条对医疗侵权纠纷中民事责任的承担作了规定,即"患者在诊疗活动中受到损害,医疗机构及其医务人员有过错的,由医疗机构承担赔偿责任"。也即在医疗侵权案件中,医疗过错是由受害人举证的,而非倒置给医疗机构。所以,在医疗侵权案件中,医疗机构仅就医疗行为与损害结果之间不存在因果关系承担举证责任。《民诉证据规定》第4条第1款第(八)项"因医疗行为引起的侵权诉讼,由医疗机构就医疗行为与损害结果之间不存在因果关系及不存在医疗过错承担举证责任"的规定失效。《侵权责任法》第58条规定:"患者有损害,因下列情形之一的,推定医疗机构有过错:(一)违反法律、行政法规、规章以及其他有关诊疗规范的规定;(二)隐匿或者拒绝提供与纠纷有关的病历资料;(三)伪造、篡改或者销毁病历资料。"

2. 共同危险行为致人伤害案件

《侵权责任法》第10条规定:"二人以上实施危及他人人身、财产安全的行为,其中一人或者数人的行为造成他人损害,能够确定具体侵权人的,由侵权人承担责任;不能确定具体侵权人的,行为人承担连带责任。"也就是说,共同危险行为致人伤害的案件,危险行为人要对谁是侵权人承担举证责任。

《侵权责任法》第87条规定:"从建筑物中抛掷物品或者从建筑物上坠落的物品造成他人损害,难以确定具体侵权人的,除能够证明自己不是侵权人的外,由可能加害的建筑物使用人给予补偿。"也就是说,在建筑物中抛掷物品或者从建筑物上坠落的物品造成他人损害的案件中,危险人对自己不是侵权人承担举证责任。

【注意】无论是危险行为人要对谁是侵权人承担举证责任,还是危险行为人对自己不是侵权人承担举证责任,均属于危险行为人对自己的行为与损害结果之间不存在因果关系承担举证责任。

3. 动物园饲养动物致害案件

《侵权责任法》第81条规定了动物园饲养动物致害案件中动物园的免责事由,即"动物园的动物造成他人损害的,动物园应当承担侵权责任,但能够证明尽到管理职责的,不承担责任"。也就是说,在动物园饲养动物致害案件中,动物园承担过错推定责任,但法律规定了免责事由为证明已尽到管理职责。

考点 7 质证的主体和对象

一、精讲

质证是指诉讼当事人、诉讼代理人在法庭的主持下,对所提供的证据进行宣读、展示、辨认、质疑、说明、辩驳等活动。

(1) 质证的主体是当事人和诉讼代理人。当事人包括原告、被告、第三人等。

(2) 质证的客体是进入诉讼程序的各种证据,既包括当事人向法庭提供的证据,又包括法院依职权调查收集的证据。前者由双方当事人互相质证;后者则在审判人员出示后,由当事人进行质证。根据《民诉司法解释》第 104 条的规定,人民法院应当组织当事人围绕证据的真实性、合法性以及与待证事实的关联性进行质证,并针对证据有无证明力和证明力大小进行说明和辩论。能够反映案件真实情况、与待证事实相关联、来源和形式符合法律规定的证据,应当作为认定案件事实的根据。

(3) 质证的原则为公开质证,但涉及国家秘密、商业秘密和个人隐私或者法律规定的其他应当保密的证据除外(《民诉司法解释》第 103 条)。

二、提示与预测

质证不是考试重点,考生只需掌握质证的主体、客体以及不公开质证的情形即可。

考点 8 认证的规则

一、精讲

认证是指法庭对经过质证的各种证据材料作出判断和决定,确认其能否作为认定案件事实的根据。

1. 不得作为不利证据使用的情形(《民诉司法解释》第 107 条)

在诉讼中,当事人为达成调解协议或者和解协议作出妥协而认可的事实,不得在后续的诉讼中作为对其不利的根据,但法律另有规定或者当事人均同意的除外。

2. 非法证据排除规则(《民诉司法解释》第 106 条)

人民法院对以严重侵害他人合法权益、违反法律禁止性规定或者严重违背公序良俗的方法形成或者获取的证据,不得作为认定案件事实的根据。

3. 推定规则

有证据证明一方当事人持有证据无正当理由拒不提供,如果对方当事人主张该证据的内容不利于证据持有人,可以推定该主张成立。

《民诉司法解释》第 112 条也规定,书证在对方当事人控制之下的,承担举证证明责任的当事人可以在举证期限届满前书面申请人民法院责令对方当事人提交。

申请理由成立的,人民法院应当责令对方当事人提交,因提交书证所产生的费用,由申请人负担。对方当事人无正当理由拒不提交的,人民法院可以认定申请人所主张的书证内容为真实。

4. 不能单独作为认定案件事实的依据的证据(补强证据规则)

(1) 未成年人所作的与其年龄和智力状况不相当的证言;

(2) 与一方当事人或者其代理人有利害关系的证人出具的证言;

(3) 存有疑点的视听资料;

(4) 无法与原件、原物核对的复印件、复制品;

(5) 无正当理由未出庭作证的证人证言。

人民法院对以侵害他人合法权益或者违反法律禁止性规定的方法取得的证据,不能作为认定案件事实的依据。

5. 数个证据对同一事实的证明力的排序规则

（1）国家机关、社会团体依职权制作的公文书证的证明力一般大于其他书证；

（2）物证、档案、鉴定结论、勘验笔录或者经过公证、登记的书证，其证明力一般大于其他书证、视听资料和证人证言；

（3）原始证据的证明力一般大于传来证据；

（4）直接证据的证明力一般大于间接证据；

（5）证人提供的对与其有亲属或者其他密切关系的当事人有利的证言，其证明力一般小于其他证人的证言。

6. 证明标准

《民诉司法解释》第108条和第109条分别明确规定了高度盖然性证明标准以及特殊情形下排除合理怀疑之高度盖然性证明标准。

《民诉司法解释》第108条规定："对负有举证证明责任的当事人提供的证据，人民法院经审查并结合相关事实，确信待证事实的存在具有高度可能性的，应当认定该事实存在。对一方当事人为反驳负有举证证明责任的当事人所主张事实而提供的证据，人民法院经审查并结合相关事实，认为待证事实真伪不明的，应当认定该事实不存在。法律对于待证事实所应达到的证明标准另有规定的，从其规定。"

《民诉司法解释》第109条规定："当事人对欺诈、胁迫、恶意串通事实的证明，以及对口头遗嘱或者赠与事实的证明，人民法院确信该待证事实存在的可能性能够排除合理怀疑的，应当认定该事实存在。"

二、例题

1. 郭某诉张某财产损害一案，法院进行了庭前调解，张某承认对郭某财产造成损害，但在赔偿数额上双方无法达成协议。关于本案，下列哪一选项是正确的？（2010年真题，单选）

A. 张某承认对郭某财产造成损害，已构成自认

B. 张某承认对郭某财产造成损害，可作为对张某不利的证据使用

C. 郭某仍需对张某造成财产损害的事实举证证明

D. 法院无需开庭审理，本案事实清楚可直接作出判决

[释疑] 本题考查认证中不能作为不利证据使用的情形。根据《民诉司法解释》第107条的规定："在诉讼中，当事人为达成调解协议或者和解协议作出妥协而认可的事实，不得在后续的诉讼中作为对其不利的根据，但法律另有规定或者当事人均同意的除外。"正确选项为C项。（答案：C）

2. 某省海兴市的《现代企业经营》杂志刊登了一篇自由撰稿人吕某所写的报道，内容涉及同省龙门市甲公司的经营方式。甲公司负责人汪某看到该篇文章后，认为《现代企业经营》作为一本全省范围内发行的杂志，其所发文章内容严重失实，损害了甲公司的名誉，使公司的经营受到了影响。于是甲公司向法院起诉要求《现代企业经营》杂志社和吕某赔偿损失5万元，并赔礼道歉。一审法院仅判决杂志社赔偿甲公司3万元，未对"赔礼道歉"的请求进行处理。杂志社认为赔偿数额过高，不服一审判决提起上诉。根据上述事实，请回答：

在案件的一审过程中，关于本案的证据，下列选项正确的是：（2008年真题，不定选）

A. 因旷工而被甲公司开除了的甲公司员工于某所提供的证言不能单独作为认定案件事

实的证据

B. 吕某在采访甲公司某名保安时,采用录音笔偷录下双方的谈话,因该录音比较模糊,所以不能单独作为认定案件事实的证据

C. 甲公司提供的考勤数据表,属于一方当事人提出的证据,不能单独作为认定案件事实的证据

D.《现代企业经营》杂志社在庭审过程中,收到了甲公司员工刚刚提供的反映甲公司员工作息时间的一份材料,该材料可以作为新证据提交法庭

[释疑] 本题考查新证据、认证中的补强证据规则。《民诉证据规定》第76条规定:"当事人对自己的主张,只有本人陈述而不能提出其他相关证据的,其主张不予支持。但对方当事人认可的除外。"A项正确。《民诉证据规定》第69条规定:"下列证据不能单独作为认定案件事实的依据:(一) 未成年人所作的与其年龄和智力状况不相当的证言;(二) 与一方当事人或者其代理人有利害关系的证人出具的证言;(三) 存有疑点的视听资料;(四) 无法与原件、原物核对的复印件、复制品;(五) 无正当理由未出庭作证的证人证言。"B项正确,C项错误。根据《民诉证据规定》第41条的规定:"'新的证据',是指以下情形;……当事人在一审举证期限届满后新发现的证据;当事人确因客观原因无法在举证期限内提供,经人民法院准许,在延长的期限内仍无法提供的证据……"故 D 项正确。(答案:ABD)

三、提示与预测

不能单独作为认定案件事实依据的证据、推定的适用、非法证据排除规则是高频考点,必须掌握。

第八章　期间与送达

本章知识体系:

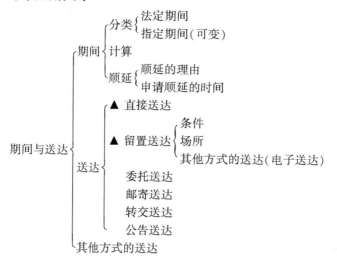

考点 1　期间的分类、计算和顺延

一、精讲

期间,是人民法院或者诉讼参与人进行或者完成某种诉讼行为应遵守的期限和日期。

1. 期间的分类

期间可以按照不同的标准进行分类。以法律规定还是法院指定为标准,可以把期间分为法定期间和指定期间;以期间设定后是否可以变更为标准,可以把期间分为不变期间和可变期间。

根据我国《民事诉讼法》第 82 条第 1 款的规定,民事诉讼中的期间包括法定期间和指定期间。

法定期间,是指由法律明文规定的诉讼期间。这里的法律应作广义理解,包括法律及其司法解释等。对于法定期间,除法律另有规定外,受诉法院不得依职权或者依当事人和其他诉讼参与人的申请而予以变更。所谓法律另有规定,是指法律针对诉讼中的某些特殊情况对法定期间所作的调节性规定。例如,《民事诉讼法》第 149 条规定:"人民法院适用普通程序审理的案件,应当在立案之日起六个月内审结。有特殊情况需要延长的,由本院院长批准,可以延长六个月;还需要延长的,报请上级人民法院批准。"

指定期间,是指人民法院根据案件的具体情况和审理案件的实际需要,依职权指定当事人或其他诉讼参与人实施或完成某项诉讼行为的期间。指定期间是法定期间的必要补充,是一种可变期间。人民法院在作出指定后,如遇有正当理由时,人民法院可以根据情况的变化重新指定期间,或延长原指定期间。

【特别提示】　法定期间既包括不变期间,也包括可变期间;指定期间都是可变期间。《民诉司法解释》第 127 条明确规定了不变期间,包括《民事诉讼法》第 56 条第 3 款的提起第三人撤销之诉期间、第 205 条当事人申请再审的期间以及本解释第 374 条利害关系人对确认调解协议效力、实现担保物权裁定提出异议期间、第 384 条调解书的申请再审期间、第 401 条撤回再审申请后,再次申请再审的期间、第 422 条案外人申请再审的期间、第 423 条执行中案外人对异议不服申请再审的期间(以上期间均规定为 6 个月),以及《民事诉讼法》第 223 条规定的除权判决作出后利害关系人起诉的 1 年期间。

2. 期间的计算

(1) 期间以时、日、月、年为计算单位。

(2) 期间开始的时、日,不计算在期间内。期间以月、年为计算单位,期间届满日为开始日的对应日,没有对应日的,以最后一个月的最后一天为期间届满日。例如:当事人申请执行的期限为 2 年,如果申请执行期于 2010 年 7 月 31 日开始,则于 2012 年 7 月 31 日届满。

期间的最后一日为法定节假日的,以节假日后的第一个工作日为期间届满日。诉讼文书的在途期间不包括在内,如诉讼文书通过邮局邮寄的,以邮戳为准。

3. 期间的顺延

(1) 申请顺延的事由:如果当事人有正当理由在规定的期间内没有完成应进行的诉讼行为,可以申请顺延期间。该正当理由包括:① 不可抗拒的事由:不能预见、不能避免和无法克服的客观情况;② 其他正当事由,即不可抗拒的事由以外的事由。

(2) 申请顺延的时间:当事人因不可抗拒的事由或者其他正当理由耽误期限的,在障碍消除后的 10 日内,可以申请顺延期限,是否准许,由人民法院决定。

二、例题

1. 张兄与张弟因遗产纠纷诉至法院，一审判决张兄胜诉。张弟不服，却在赴法院提交上诉状的路上被撞昏迷，待其经抢救苏醒时已超过上诉期限一天。对此，下列哪一说法是正确的？(2015年真题，单选)
   A. 法律上没有途径可对张弟上诉权予以补救
   B. 因意外事故耽误上诉期限，法院应依职权决定顺延期限
   C. 张弟可在清醒后10日内，申请顺延期限，是否准许，由法院决定
   D. 上诉期限为法定期间，张弟提出顺延期限，法院不应准许

[释疑] 本题考查期间的顺延。期间的顺延制度主要是针对当事人有正当理由在规定的期间内没有完成应进行的诉讼行为的在期间上的救济。A错误；期间的顺延，只能由当事人在障碍消除后10日内申请，法院不能依职权决定，B错误，C正确。期间的顺延中包括法定期间，D错误。(答案：C)

2. 关于《民事诉讼法》规定的期间制度，下列哪一选项是正确的？(2012年真题，单选)
   A. 法定期间都属于绝对不可变期间
   B. 涉外案件的审理不受案件审结期限的限制
   C. 当事人从外地到法院参加诉讼的，在途期间不包括在期间内
   D. 当事人有正当理由耽误了期间，法院应当依职权为其延展期间

[释疑] 本题考查的是期间的相关规定。我国民事诉讼实行双轨制，即国内和涉外分别进行规定。法律明确规定了不同审级的国内案件的审限，但对涉外案件没有审限的规定，因此，B正确。(答案：B)

3. 根据《民事诉讼法》和民事诉讼理论，关于期间，下列哪一选项是正确的？(2011年真题，单选)
   A. 法定期间都是不可变期间，指定期间都是可变期间
   B. 法定期间的开始日及期间中遇有节假日的，应当在计算期间时予以扣除
   C. 当事人参加诉讼的在途期间不包括在期间内
   D. 遇有特殊情况，法院可依职权变更原确定的指定期间

[释疑] 本题考查期间的分类以及计算。《民事诉讼法》第82条规定："期间包括法定期间和人民法院指定的期间。期间以时、日、月、年计算。期间开始的时和日，不计算在期间内。期间届满的最后一日是节假日的，以节假日后的第一日为期间届满的日期。期间不包括在途时间，诉讼文书在期满前交邮的，不算过期。"B、C项错误；根据可否适用中止、中断以及延长，期间分为不变期间和可变期间。不变期间不适用中止、中断以及延长。可见，法定期间与指定期间，不可变期间与可变期间是根据不同标准对期间的划分，法定期间包括不可变期间与可变期间，A项错误。指定期间是人民法院依职权指定的期间，例如举证期限，遇有特殊情况，法院也可依职权变更原确定的指定期间，D项正确。(答案：D)

三、提示与预测

期间的分类、期间的计算以及期间的顺延必须掌握。此外，该考点考查时会结合具体的制度，例如：在涉外民事诉讼案件中，在中华人民共和国境内没有住所的被告，提交答辩状、上诉

期、被上诉人提交答辩状的期间均为30日,当事人可以申请顺延期限,是否准许,由人民法院决定。

考点 2 直接送达、留置送达与电子送达

一、精讲

送达是人民法院依法定程序和方式,向当事人及其他参与诉讼人送交诉讼文书的行为。送达的主体(送达人)是人民法院。我国《民事诉讼法》明确规定了7种送达方式:直接送达、留置送达、电子送达、委托送达、邮寄送达、转交送达和公告送达。

1. 直接送达

直接送达是最基本的送达方式,送达诉讼文书,应当直接送交受送达人。一般情况下,受送达人是公民的,由该公民直接签收,该公民不在时交他的同住成年家属签收。受送达人是法人或者其他组织的,应当由法人的法定代表人、其他组织的主要负责人或者该法人、组织负责收件的人签收;受送达人有诉讼代理人的,可以送交其代理人签收;受送达人已向人民法院指定代收人的,送交代收人签收。

《民诉司法解释》第131条规定:"人民法院直接送达诉讼文书的,可以通知当事人到人民法院领取。当事人到达人民法院,拒绝签署送达回证的,视为送达。审判人员、书记员应当在送达回证上注明送达情况并签名。人民法院可以在当事人住所地以外向当事人直接送达诉讼文书。当事人拒绝签署送达回证的,采用拍照、录像等方式记录送达过程即视为送达。审判人员、书记员应当在送达回证上注明送达情况并签名。"

2. 留置送达

(1) 留置送达是人民法院在送达时,在受送达人或其他代收人无理拒收诉讼文书的情况下,送达人依照法定程序将诉讼文书放置于送达人的住所并产生送达法律效力的送达方式。

(2) 适用留置送达的条件:① 受送达人或其同住成年家属拒绝签收诉讼文书;法人的法定代表人、其他组织的主要负责人或者办公室、收发室、值班室等负责收件的人,拒绝签收或者盖章的;受送达人指定诉讼代理人为代收人的,向诉讼代理人送达时其拒收的。② 送达人可以邀请有关基层组织或者所在单位的代表到场,说明情况,在送达回证上记明拒收事由和日期,由送达人、见证人签名或者盖章,把诉讼文书留在受送达人的住所。③ 也可以把诉讼文书留在受送达人的住所,并采用拍照、录像等方式记录送达过程,即视为送达。

【注意】根据《民诉司法解释》第132条的规定:"受送达人有诉讼代理人的,人民法院既可以向受送达人送达,也可以向其诉讼代理人送达。受送达人指定诉讼代理人为代收人的,向诉讼代理人送达时,适用留置送达。"

(3) 留置地点:应当将诉讼文书放在受送达人的住所,而不得放在非住所的其他地方。

【注意】《简易程序规定》第11条规定了适用简易程序的诉讼文书,可以留置在受送达人的住所或者从业场所,即受送达的自然人以及他的同住成年家属拒绝签收诉讼文书的,或者法人、其他组织负责收件的人拒绝签收诉讼文书的,送达人应当依据2012年《民事诉讼法》第86条的规定邀请有关基层组织或者所在单位的代表到场见证,被邀请的人不愿到场见证的,送达人应当在送达回证上记明拒收事由、时间和地点以及被邀请人不愿到场见证的情形,将诉讼文书留在受送达人的住所或者从业场所,即视为送达。

3. 电子送达

电子送达是 2012 年《民事诉讼法》修订新增加的法定送达方式,《民事诉讼法》第 87 条规定:"经受送达人同意,人民法院可以采用传真、电子邮件等能够确认其收悉的方式送达诉讼文书,但判决书、裁定书、调解书除外。采用前款方式送达的,以传真、电子邮件等到达受送达人特定系统的日期为送达日期。"

(1) 电子送达的前提:经受送达人同意,并应当在送达地址确认书中予以确认。(《民诉司法解释》第 136 条)。

(2) 电子送达的诉讼文书:判决书、裁定书、调解书之外的其他诉讼文书。

(3) 电子送达的方式。可以采用传真、电子邮件、移动通信等即时收悉的特定系统作为送达媒介(《民诉司法解释》第 135 条)。

(4) 电子送达的送达日期。以传真、电子邮件等到达受送达人特定系统的日期为送达日期。"到达受送达人特定系统的日期",为人民法院对应系统显示发送成功的日期,但受送达人证明到达其特定系统的日期与人民法院对应系统显示发送成功的日期不一致的,以受送达人证明到达其特定系统的日期为准(《民诉司法解释》第 135 条)。

二、例题

1. 张某诉美国人海斯买卖合同一案,由于海斯在我国无住所,法院无法与其联系,遂要求张某提供双方的电子邮件地址,电子送达了诉讼文书,并在电子邮件中告知双方当事人在收到诉讼文书后予以回复,但开庭之前法院只收到张某的回复,一直未收到海斯的回复。后法院在海斯缺席的情况下,对案件作出判决,驳回张某的诉讼请求,并同样以电子送达的方式送达判决书。关于本案诉讼文书的电子送达,下列哪一做法是合法的?(2014 年真题,单选)

A. 向张某送达举证通知书　　　　B. 向张某送达缺席判决书
C. 向海斯送达举证通知书　　　　D. 向海斯送达缺席判决书

[释疑]　本题考查电子送达的适用范围。根据《民事诉讼法》第 87 条的规定:"经受送达人同意,人民法院可以采用传真、电子邮件等能够确认其收悉的方式送达诉讼文书,但判决书、裁定书、调解书除外。"可见,电子送达仅适用于除判决书、裁定书和调解书之外的诉讼文书,A 项正确。(答案:A)

2. 关于法院的送达行为,下列哪一选项是正确的?(2013 年真题,单选)

A. 陈某以马某不具有选民资格向法院提起诉讼,由于马某拒不签收判决书,法院向其留置送达
B. 法院通过邮寄方式向葛某送达开庭传票,葛某未寄回送达回证,送达无效,应当重新送达
C. 法院在审理张某和赵某借款纠纷时,委托赵某所在学校代为送达起诉状副本和应诉通知
D. 经许某同意,法院用电子邮件方式向其送达证据保全裁定书

[释疑]　本题考查留置送达、邮寄送达、委托送达以及电子送达的条件。根据《民事诉讼法》第 86 条的规定:"受送达人或者他的同住成年家属拒绝接收诉讼文书的,送达人可以邀请有关基层组织或者所在单位的代表到场,说明情况,在送达回证上记明拒收事由和日期,由送达人、见证人签名或者盖章,把诉讼文书留在受送达人的住所;也可以把诉讼文书留在受送达人的住所,并采用拍照、录像等方式记录送达过程,即视为送达。" A 项正确;根据《民事诉讼法》第 88 条的规定:"直接送达诉讼文书有困难的,可以委托其他人民法院代为送达,或者邮

寄送达。邮寄送达的,以回执上注明的收件日期为送达日期。"B、C项错误;根据《民事诉讼法》第87条第1款的规定:"经受送达人同意,人民法院可以采用传真、电子邮件等能够确认其收悉的方式送达诉讼文书,但判决书、裁定书、调解书除外。"D项错误。(答案:A)

3. 甲起诉要求与妻子乙离婚,法院经审理判决不予准许。书记员两次到甲住所送达判决书,甲均拒绝签收。书记员的下列哪一做法是正确的?(2009年真题,单选)

A. 将判决书交给甲的妻子乙转交
B. 将判决书交给甲住所地居委会转交
C. 请甲住所地居委会主任到场见证并将判决书留在甲住所
D. 将判决书交给甲住所地派出所转交

[释疑] 本题考查诉讼文书的送达。《民事诉讼法》第86条规定:"受送达人或者他的同住成年家属拒绝接收诉讼文书的,送达人应当邀请有关基层组织或者所在单位的代表到场,说明情况,在送达回证上注明拒收事由和日期,由送达人、见证人签名或者盖章,把诉讼文书留在受送达人的住所……即视为送达。"据此可知,本题的正确答案是C项。(答案:C)

三、提示与预测

1. 调解书的送达、离婚判决的送达、留置送达是高频考点,必须掌握。
2. 2012年《民事诉讼法》修订新增加了其他方式的送达,也称为电子送达,应当掌握。
3. 《民诉司法解释》增加了送达地址恒定的规定。《民诉司法解释》第137条规定:"当事人在提起上诉、申请再审、申请执行时未书面变更送达地址的,其在第一审程序中确认的送达地址可以作为第二审程序、审判监督程序、执行程序的送达地址。"
4. 委托送达的受托主体只能是其他人民法院,而非其他机构。
5. 转交送达限于受送达人是军人、被监禁的人以及被采取强制性教育措施的人,由其所在部队团以上单位的政治机关、其所在监所以及其所在强制性教育机构转交。
6. 受送达人下落不明,或者用其他方式无法送达的,公告送达。自发出公告之日起,经过60日,即视为送达。

第九章 法院调解

本章知识体系:

法院调解
- 适用阶段:案件受理后,裁判作出前
- ▲适用范围:争议案件
- ▲调解后果
  - 解调成功
    - 调解笔录
      - ▲适用范围:法定可不制作调解书案件
      - 生效时间:当事人、书记员和审判人员签名
    - 调解书
      - 生效时间:当事人签收
      - 送达方式:直接送达
  - 调解失败

考点 1 法院调解的适用案件范围和阶段

一、精讲

1. 法院调解适用的案件范围

（1）法院调解是我国法院行使审判权解决纠纷的一种方式，因此，所有纠纷案件均可以根据当事人的自愿进行调解，也就是所有经过审判程序（一审程序、二审程序和再审程序）审理的纠纷案件，均适用法院调解。

（2）不适用调解的案件。适用特别程序、督促程序、公示催告程序、执行案件、婚姻等身份关系确认案件以及其他依案件性质不能进行调解的民事案件，人民法院不予调解。

2. 法院调解适用的具体阶段

法院调解在诉讼各阶段均可以进行，具体而言，在答辩期满后、裁判作出前进行调解。在征得当事人各方同意后，人民法院可以在答辩期进行调解。

二、例题

1. 2011年7月11日，A市升湖区法院受理了黎明丽（女）诉张成功（男）离婚案。7月13日，升湖区法院向张成功送达了起诉状副本。7月18日，张成功向升湖区法院提交了答辩状，未对案件的管辖权提出异议。8月2日，张成功向升湖区法院提出管辖权异议申请，称其与黎明丽已分居2年，分别居住于A市安平区各自父母家中。A市升湖区法院以申请管辖权异议超过申请期限为由，裁定驳回张成功管辖权异议申请。后，升湖区法院查明情况，遂裁定将案件移送安平区法院。安平区法院接受移送，确定适用简易程序审理此案。

安平区法院在案件开庭审理时组织了调解。

……

调解未能达成协议。在随后的庭审中，黎明丽坚持提出的请求；张成功对调解中承认的多数事实和同意的请求予以认可，但否认了有第三者一事，仍不同意支付张好帅抚养费。黎明丽要求法院通知第三者陈佳以无独立请求权的第三人身份参加诉讼。……（2011年真题，不定选）

关于本案调解，下列选项正确的是：

A. 法院在开庭审理时先行调解的做法符合法律或司法解释规定
B. 法院在开庭审理时如不先行组织调解，将违反法律或司法解释规定
C. 当事人未达成调解协议，法院在当事人同意的情况下可以再次组织调解
D. 当事人未达成调解协议，法院未再次组织调解违法

[释疑] 本题考查离婚案件中的先行调解和自愿调解。根据最高人民法院《关于适用简易程序审理民事案件的若干规定》第14条第1款的规定："下列民事案件，人民法院在开庭审理时应当先行调解：（一）婚姻家庭纠纷和继承纠纷；（二）劳务合同纠纷；（三）交通事故和工伤事故引起的权利义务关系较为明确的损害赔偿纠纷；（四）宅基地和相邻关系纠纷；（五）合伙协议纠纷；（六）诉讼标的额较小的纠纷。"A、B项正确；当事人未达成调解协议，意味着调解不成功，只要当事人同意，法院可以再次组织调解；如果当事人不同意，法院则不得再次组织调解，C项正确，D项错误。（答案：ABC）

三、提示与预测

法院调解适用的案件范围是高频考点,必须掌握。

另外,2012年《民事诉讼法》修订,新增立案前的先行调解。《民事诉讼法》第122条规定:"当事人起诉到人民法院的民事纠纷,适宜调解的,先行调解,但当事人拒绝调解的除外。"立案前的先行调解,由于诉讼程序还没有开始,所以其在性质上属于诉讼外的调解,不属于法院调解的范围。

考点 2　法院调解的结束以及调解书的生效

一、精讲

法院调解的结束有两种情况:因调解无效而结束;因调解达成调解协议而结束。

1. 调解无效而结束的情形

(1) 经过调解,双方当事人不能达成协议,调解结束,法院应当及时作出判决。

(2) 当事人双方虽已达成协议,但协议内容不合法,当事人又不愿修改的,人民法院应当及时判决。根据最高人民法院《关于人民法院民事调解工作若干问题的规定》(以下简称《调解规定》)第12条的规定:"调解协议具有下列情形之一的,人民法院不予确认:① 侵害国家利益、社会公共利益的;② 侵害案外人利益的;③ 违背当事人真实意思的;④ 违反法律、行政法规禁止性规定的。"

(3) 当事人在调解书送达前一方反悔的,人民法院应当及时判决。

2. 调解成立而结束

双方当事人经法院调解后,达成了调解协议,经过人民法院审查,协议内容符合国家法律政策的,应予以批准。调解成立后,需制作调解书的,应制作调解书并发给双方当事人。对不需要制作调解书的,协议内容应记入笔录,并由双方当事人、审判人员和书记员签名盖章,从而结束案件的审理程序。

(1) 调解协议内容超出诉讼请求的,人民法院可以准许(《调解规定》第9条)。

(2) 调解协议约定一方不履行协议应当承担民事责任的,应予准许。

调解协议约定一方不履行协议,另一方可以请求人民法院对案件作出裁判的条款,人民法院不予准许(《调解规定》第10条)。

(3) 调解协议约定一方提供担保或者案外人同意为当事人提供担保的,人民法院应当准许。

案外人提供担保的,人民法院制作调解书应当列明担保人,并将调解书送交担保人。担保人不签收调解书的,不影响调解书生效。当事人或者案外人提供的担保符合《担保法》规定的条件时生效(《调解规定》第11条)。

双方当事人经法院调解后,达成了调解协议,经过人民法院审查,协议内容符合国家法律政策的,应予以批准。

3. 调解书的生效

(1) 不需要制作调解书的案件,如调解和好的离婚案件、调解维持收养关系的案件、能够即时履行的案件以及其他不需要制作调解书的案件,自双方当事人及审判人员、书记员在协议上签字盖章,调解协议即具有法律效力。

对于其他不需要制作调解书的案件,当事人请求制作调解书的,人民法院应当制作调解书送交当事人。当事人拒收调解书的,不影响调解协议的效力。一方不履行调解协议的,另一方可以持调解书向人民法院申请执行(《民诉司法解释》第 151 条也作了同样的规定)。

(2)需要制作调解书的案件,自双方当事人签收调解书后生效。如果调解书不能当庭送达双方当事人的,应以后收到调解书的当事人签收的日期为调解书生效日期。

调解书与生效判决具有同样的法律效力。

二、例题

1. 甲公司因合同纠纷向法院提起诉讼,要求乙公司支付货款 280 万元。在法院的主持下,双方达成调解协议。协议约定:乙公司在调解书生效后 10 日内支付 280 万元本金,另支付利息 5 万元。为保证协议履行,双方约定由丙公司为乙公司提供担保,丙公司同意。法院据此制作调解书送达各方,但丙公司反悔拒绝签收。关于本案,下列哪一选项是正确的?(2016 年卷三 42 题,单选)

A. 调解协议内容尽管超出了当事人诉讼请求,但仍具有合法性
B. 丙公司反悔拒绝签收调解书,法院可以采取留置送达
C. 因丙公司反悔,调解书对其没有效力,但对甲公司、乙公司仍具有约束力
D. 因丙公司反悔,法院应当及时作出判决

[释疑] 本题考查调解协议的内容、调解书的送达以及调解书对担保人的效力。法院调解是当事人行使处分权和法院行使审判权相结合的纠纷解决方式,调解协议的内容,只要符合当事人处分权的行使,就受到尊重。《调解规定》第 9 条也规定,调解协议内容超出诉讼请求的,人民法院可以准许,A 项正确;调解书签收生效,所以调解书只能直接送达当事人或当事人指定的代收人,不适用留置送达,B 项错误;根据《调解规定》第 11 条的规定,案外人提供担保的,人民法院制作调解书应当列明担保人,并将调解书送交担保人。担保人不签收调解书的,不影响调解书生效。当事人或者案外人提供的担保符合担保法规定的条件时生效,C、D 错误。(答案:A)

2. 达善公司因合同纠纷向甲市 A 区法院起诉美国芙泽公司,经法院调解双方达成调解协议。关于本案的处理,下列哪些选项是正确的?(2016 年卷三 85 题,多选)

A. 法院应当制作调解书
B. 法院调解书送达双方当事人后即发生法律效力
C. 当事人要求根据调解协议制作判决书的,法院应当予以准许
D. 法院可以将调解协议记入笔录,由双方签字即发生法律效力

[释疑] 本题考查涉外案件调解及其特殊规定。根据《民事诉讼法》第 97 条的规定,调解达成协议的,人民法院应当制作调解书,调解书经双方当事人签收后,即具有法律效力。送达与签收是同样的含义,因此,AB 正确。根据《民诉司法解释》第 530 条的规定,涉外民事诉讼中,经调解双方达成协议,应当制发调解书。当事人要求发给判决书的,可以依协议的内容制作判决书送达当事人,C 正确。根据《民事诉讼法》第 98 条的规定,下列案件调解达成协议,人民法院可以不制作调解书:(1)调解和好的离婚案件;(2)调解维持收养关系的案件;(3)能够即时履行的案件;(4)其他不需要制作调解书的案件。对不需要制作调解书的协议,

应当记入笔录,由双方当事人、审判人员、书记员签名或者盖章后,即具有法律效力。本案不属于法律规定可以不制作调解书,由双方签字即发生法律效力的情形,D项错误。(答案:ABC)

3. 关于法院制作的调解书,下列哪一说法是正确的?(2015年真题,单选)
   A. 经法院调解,老李和小李维持收养关系,可不制作调解书
   B. 某夫妻解除婚姻关系的调解书生效后,一方以违反自愿为由可申请再审
   C. 检察院对调解书的监督方式只能是提出检察建议
   D. 执行过程中,达成和解协议的,法院可根据当事人的要求制作成调解书

[解析] 民事诉讼法明确规定,对于达成维持收养关系的调解协议,可以不制作调解书,A正确;对于解除婚姻关系的调解书,甚至判决书,只要发生法律效力,则不得申请再审,B错误;对于调解书的检察监督,可以用抗诉和检察建议的方式进行,C错误;调解书只能在诉讼程序中作出,具有解决争议的功能。执行程序中虽然当事人可以达成和解,但其不是解决争议,因此不得依据其制作调解书。(答案:A)

4. 甲诉乙损害赔偿一案,双方在诉讼中达成和解协议。关于本案,下列哪一说法是正确的?(2012年真题,单选)
   A. 当事人无权向法院申请撤诉
   B. 因当事人已达成和解协议,法院应当裁定终结诉讼程序
   C. 当事人可以申请法院依和解协议内容制作调解书
   D. 当事人可以申请法院依和解协议内容制作判决书

[释疑] 根据《调解规定》第4条,当事人在诉讼中自行达成和解协议的,人民法院可以根据当事人的申请,依法确认和协议制作调解书。(答案:C)

5. 根据《民事诉讼法》及相关司法解释,关于法院调解,下列哪一选项是错误的?(2011年真题,单选)
   A. 法院可以委托与当事人有特定关系的个人进行调解,达成协议的,法院应当依法予以确认
   B. 当事人在诉讼中自行达成和解协议的,可以申请法院依法确认和解协议并制作调解书
   C. 法院制作的调解书生效后都具有执行力
   D. 法院调解书确定的担保条款的条件成就时,当事人申请执行的,法院应当依法执行

[释疑] 根据最高人民法院《调解规定》第3条的规定:"根据民事诉讼法第八十七条(新法第九十五条)的规定,人民法院可以邀请与当事人有特定关系或者与案件有一定联系的企业事业单位、社会团体或者其他组织,和具有专门知识、特定社会经验、与当事人有特定关系并有利于促成调解的个人协助调解工作。经各方当事人同意,人民法院可以委托前款规定的单位或者个人对案件进行调解,达成调解协议后,人民法院应当依法予以确认。"A项正确。第4条第1款规定:"当事人在诉讼过程中自行达成和解协议的,人民法院可以根据当事人的申请依法确认和解协议制作调解书。双方当事人申请庭外和解的期间,不计入审限。"B项正确。第11条规定:"调解协议约定一方提供担保或者案外人同意为当事人提供担保的,人民法院应当准许。案外人提供担保的,人民法院制作调解书应当列明担保人,并将调解书送交担保人。担保人不签收调解书的,不影响调解书生效。当事人或者案外人提供的担保符合担保法规定的条件时生效。"D项正确。只有具有给付性质的生效法律文书才具有执行力,因此,法院制作的调解书生效后,只有具有给付内容的才具有执行力,C项错误。(答案:C)

6. 某借款纠纷案二审中,双方达成调解协议,被上诉人当场将欠款付清。关于被上诉人请求二审法院制作调解书,下列哪一选项是正确的?(2009年真题,单选)

　　A. 可以不制作调解书,因为当事人之间的权利义务已经实现
　　B. 可以不制作调解书,因为本案属于法律规定可以不制作调解书的情形
　　C. 应当制作调解书,因为二审法院的调解结果除解决纠纷外,还具有对一审法院的判决效力发生影响的功能
　　D. 应当制作调解书,因为被上诉人已经提出请求,法院应当尊重

[释疑]　本题考查二审中调解的相关问题。《民事诉讼法》第172条规定:"第二审人民法院审理上诉案件,可以进行调解。调解达成协议,应当制作调解书,由审判人员、书记员署名,加盖人民法院印章。调解书送达后,原审人民法院的判决即视为撤销。"据此可知,调解也是二审程序中的结案方式之一,但是在二审程序中达成调解协议的都应当制作调解书,调解书应由审判员和书记员署名,并加盖人民法院的印章。因此,本题的正确答案是C项。(答案:C)

7. 关于民事诉讼中的法院调解与诉讼和解的区别,下列哪些选项是正确的?(2009年真题,多选)

　　A. 法院调解是法院行使审判权的一种方式,诉讼和解是当事人对自己的实体权利和诉讼权利进行处分的一种方式
　　B. 法院调解的主体包括双方当事人和审理该案件的审判人员,诉讼和解的主体只有双方当事人
　　C. 法院调解以《民事诉讼法》为依据,具有程序上的要求,诉讼和解没有严格的程序要求
　　D. 经过法院调解达成的调解协议生效后,如有给付内容则具有强制执行力,经过诉讼和解达成的和解协议即使有给付内容,也不具有强制执行力

[释疑]　本题考查民事诉讼中法院调解与诉讼和解的区别。法院调解,又称诉讼中调解,是指在民事诉讼中双方当事人在法院审判人员的主持和协调下,就案件争议的问题进行协商,从而解决纠纷所进行的活动。诉讼和解是指当事人在诉讼过程中通过自行协商,就案件争议问题达成协议,并共同向法院陈述协议的内容,要求结束诉讼从而终结诉讼的制度。法院调解与诉讼和解相比,有以下三点区别:

(1) 性质不同。前者含有人民法院行使审判权的性质;后者则是当事人在诉讼中对自己的诉讼权利和实体权利的处分。因此,A项正确。

(2) 参加主体不同。前者有人民法院和双方当事人共同参加;后者只有双方当事人自己参加。因此,B项正确。

(3) 效力不同。根据法院调解达成协议制作的调解书生效后,诉讼归于终结,有给付内容的调解书具有执行力;当事人在诉讼中和解的,则由原告申请撤诉,经法院裁定准许后结束诉讼,和解协议不具有执行力。因此,D项正确。

另外,诉讼中的法院调解要遵循一定的法律原则和程序。在我国,根据《民事诉讼法》的规定,法院调解要遵循当事人自愿和合法原则,且法院在组织调解时还需要一定的程序。而诉讼和解则没有相关的程序性规定和要求。因此,C项正确。(答案:ABCD)

三、提示与预测

法院调解是高频考点,考生应当掌握。同时,需要注意下列内容:

(1) 调解的主持人:审判员或合议庭、法院邀请的社会人士或单位或委托相关的社会人士或单位(委托调解、协助调解)。

(2) 调解的方式:人民法院审理民事案件,调解过程不公开,但当事人同意公开的除外。

调解协议内容不公开,但为保护国家利益、社会公共利益、他人合法权益,人民法院认为确有必要公开的除外。

主持调解以及参与调解的人员,对调解过程以及调解过程中获悉的国家秘密、商业秘密、个人隐私和其他不宜公开的信息,应当保守秘密,但为保护国家利益、社会公共利益、他人合法权益的除外。(《民诉司法解释》第 146 条)

3. 不制作调解书的情形,并非适用所有的调解案件,仅限于法律明确规定的情形;不制作调解书适用的程序仅限于第一审程序,第二审程序中达成调解协议都应当制作调解书,因为二审法院的调解结果除解决纠纷外,还具有对一审法院的判决效力发生影响的功能。

4. 简易程序中赋予当事人约定调解书生效时间的权利。《简易程序规定》第 15 条规定:"调解达成协议并经审判人员审核后,双方当事人同意该调解协议经双方签名或者捺印生效的,该调解协议自双方签名或者捺印之日起发生法律效力。当事人要求摘录或者复制该调解协议的,应予准许。"

5. 调解书的补正。《调解规定》第 16 条规定:"当事人以民事调解书与调解协议的原意不一致为由提出异议,人民法院审查后认为异议成立的,应当根据调解协议裁定补正民事调解书的相关内容。"

6. 部分调解成功先行制作调解书。《调解规定》第 17 条规定:"当事人就部分诉讼请求达成调解协议的,人民法院可以就此先行确认并制作调解书。当事人就主要诉讼请求达成调解协议,请求人民法院对未达成协议的诉讼请求提出处理意见并表示接受该处理结果的,人民法院的处理意见是调解协议的一部分内容,制作调解书的记入调解书。"

7. 当事人自行和解或者调解达成协议后,请求人民法院按照和解协议或者调解协议的内容制作判决书的,人民法院不予准许。无民事行为能力人的离婚案件,由其法定代理人进行诉讼。法定代理人与对方达成协议要求发给判决书的,可根据协议内容制作判决书。(《民诉司法解释》第 148 条)。在涉外民事诉讼中,经调解双方达成协议,应当制发调解书。当事人要求发给判决书的,可以依协议的内容制作判决书送达当事人。(《民诉司法解释》第 530 条)

8. 调解书确定的担保条款条件或承担民事责任的条件成就时,当事人可以申请执行;但对已经承担了调解书确定的民事责任后,对方当事人又要求承担迟延履行责任的,人民法院不予支持。(《调解规定》第 19 条)

9. 调解书的送达只适用直接送达,且只能直接送达本人或本人指定的代收人。

10. 诉讼调解和诉讼和解是两个诉讼过程中当事人行使实体处分权的制度,应当掌握其区别(见例题释疑)。

第十章 保全和先予执行

本章知识体系:

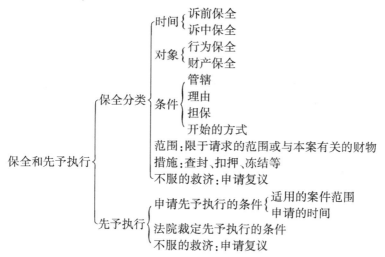

考点 1 保全的分类以及适用条件

一、精讲

1. 保全的分类

保全是指人民法院在利害关系人起诉前或者当事人起诉后,为保障将来生效判决能够得到执行或者避免财产遭受损失,或者避免对当事人其他权益造成损害,对对方当事人的财产或者争议的标的物,或者对对方当事人的侵害或有侵害之虞的行为采取的强制措施。

依据保全对象的不同,保全可以划分为财产保全和行为保全。财产保全,是指人民法院在诉讼过程中,或者诉讼开始前,根据当事人或利害关系人的申请,或者必要时依职权对当事人争议的财产或者与本案有关的财产采取强制性保护措施,以保证将来生效判决能顺利执行的法律制度。财产保全仅适用于财产给付之诉,这里的财产包括有形财产和无形财产。行为保全是指在民事诉讼中,为避免当事人或者利害关系人的利益受到不应有的损害或进一步损害,法院依据申请,对对方当事人的侵害或有侵害之虞的行为采取的强制措施。行为保全包括作为保全和不作为保全。行为保全是 2012 年《民事诉讼法》修订新增加的内容,考生应当注意。

依据申请保全时间的不同,保全可以划分为诉前保全和诉中保全。其中诉前保全包括诉讼前的保全和仲裁前的保全。仲裁前的保全是 2012 年《民事诉讼法》修订新增加的内容。

2. 诉前保全与诉讼中保全的区别

区别项	区别项	诉讼中保全
时间不同	诉讼或仲裁开始之前。	诉讼进行过程中(受理后判决生效前)。
管辖不同	被保全财产所在地、被申请人住所地或者对案件有管辖权的人民法院管辖。但30天内只能向有管辖权的法院提起诉讼。	在一审诉讼中,由第一审法院保全;在当事人提起上诉以后,二审法院接到报送的案件之前,由第一审法院保全;在第二审诉讼中,由第二审法院保全。
开始方式不同	利害关系人提出申请。	当事人提出申请或者法院依职权保全。
理由不同	利害关系人面临紧急情况、不立即申请保全将会使合法权益受到难以弥补的损害。	因一方当事人的行为或者其他原因,使判决难以执行或者造成当事人其他损害。
担保不同	应当提供担保。	法院可以责令当事人提供担保,但是代位权诉讼中,债权人请求人民法院对次债务人的财产采取保全措施的,应当提供相应的担保。
处理时间	48小时内作出裁定。	情况紧急的,48小时内作裁定,非紧急情况除外。
解除保全不同	人民法院采取保全措施后30日内不依法提起诉讼或者申请仲裁的。	财产案件对方当事人提供担保的。

相同点:
保全范围:限于请求的范围或者与本案有关的财物。
保全措施:查封、扣押、冻结以及法律规定的其他方式。
保全程序:当事人申请→法院裁定→采取保全措施。
错误申请的救济:由申请人赔偿被申请人因保全错误所受到的损失对保全裁定不服,可以申请复议一次。

3. 特殊的保全措施

(1) 财产已被查封、冻结的,可以轮候查封、冻结,不得重复查封、冻结。

(2) 人民法院对不动产和特定的动产(如车辆、船舶等)进行财产保全,可以采用扣押有关财产权证照并通知有关产权登记部门不予办理该项财产的转移手续的财产保全措施;必要时,也可以查封或扣押该项财产。

(3) 人民法院对抵押物、留置物可以采取财产保全措施,但抵押权人、留置权人有优先受偿权。(《民诉司法解释》第157条)

(4) 人民法院对债务人到期应得的收益,可以采取财产保全措施,限制其支取,通知有关单位协助执行。(《民诉司法解释》第158条)

(5) 债务人的财产不能满足保全请求,但对第三人有到期债权的,人民法院可以依债权人的申请裁定该第三人不得对本案债务人清偿。该第三人要求偿付的,由人民法院提存财物或价款。(《民诉司法解释》第159条)

(6) 人民法院对季节性商品、鲜活、易腐烂变质以及其他不宜长期保存的物品采取保全措

施时,可以责令当事人及时处理,由人民法院保存价款;必要时,人民法院可予以变卖,保存价款。(《民诉司法解释》第153条)

4. 保全的解除

(1) 根据《民事诉讼法》第101条的规定,诉前保全,申请人在人民法院采取保全措施后30日内不起诉或不申请仲裁的,人民法院应当解除保全。

(2) 根据《民事诉讼法》第104条的规定,财产纠纷案件,被申请人提供担保的,人民法院应当解除财产保全。

【注意】该项只限于财产保全的解除,不适用于行为保全的解除。

(3) 《民诉司法解释》第166条规定:"裁定采取保全措施后,有下列情形之一的,人民法院应当作出解除保全裁定:(一)保全错误的;(二)申请人撤回保全申请的;(三)申请人的起诉或者诉讼请求被生效裁判驳回的;(四)民法院认为应当解除保全的其他情形。"

(4) 根据《民诉司法解释》第163条的规定,法律文书生效后,进入执行程序前,债权人因对方当事人转移财产等紧急情况,不申请保全将可能导致生效法律文书不能执行或者难以执行的,可以向执行法院申请采取保全措施。债权人在法律文书指定的履行期间届满后五日内不申请执行的,人民法院应当解除保全。

(5) 根据《民诉司法解释》第165条的规定,人民法院裁定采取保全措施后,除作出保全裁定的人民法院自行解除或者其上级人民法院决定解除外,在保全期限内,任何单位不得解除保全措施。

二、例题

1. 李某与温某之间债权债务纠纷经甲市M区法院审理作出一审判决,要求温某在判决生效后15日内偿还对李某的欠款。双方均未提起上诉。判决履行期内,李某发现温某正在转移财产,温某位于甲市N区有可供执行的房屋一套,故欲申请法院对该房屋采取保全措施。关于本案,下列哪一选项是正确的?(2016年卷三43题,单选)

A. 此时案件已经审理结束且未进入执行阶段,李某不能申请法院采取保全措施

B. 李某只能向作出判决的甲市M区法院申请保全

C. 李某可向甲市M区法院或甲市N区法院申请保全

D. 李某申请保全后,其在生效判决书指定的履行期间届满后15日内不申请执行的,法院应当解除保全措施

[释疑] 本题考查执行前的保全。根据《民诉司法解释》第163条的规定,法律文书生效后,进入执行程序前,债权人因对方当事人转移财产等紧急情况,不申请保全将可能导致生效法律文书不能执行或者难以执行的,可以向执行法院申请采取保全措施。债权人在法律文书指定的履行期间届满后五日内不申请执行的,人民法院应当解除保全。本案中,具有执行管辖权的法院包括作出判决的甲市M区法院和财产所在地甲市N区法院,因此,C项正确,ABD项错误。(答案:C)

2. 李根诉刘江借款纠纷一案在法院审理,李根申请财产保全,要求法院扣押刘江向某小额贷款公司贷款时质押给该公司的两块名表。法院批准了该申请,并在没有征得该公司同意的情况下采取保全措施。对此,下列哪些选项是错误的?(2015年真题,多选)

A. 一般情况下,某小额贷款公司保管的两块名表应交由法院保管

B. 某小额贷款公司因法院采取保全措施而丧失了对两块名表的质权
C. 某小额贷款公司因法院采取保全措施而丧失了对两块名表的优先受偿权
D. 法院可以不经某小额贷款公司同意对其保管的两块名表采取保全措施

[**释疑**] 根据《民诉司法解释》第154条第3款的规定,查封、扣押、冻结担保物权人占有的担保财产,一般由担保物权人保管,由人民法院保管的,质权、留置权不因采取保全措施而消灭。ABC错误;根据《民诉司法解释》第157条的规定,人民法院可以对抵押物、留置物采取保全措施,抵押权人、留置权人有优先受偿权。D正确(答案:ABC)

3. 甲公司生产的"晴天牌"空气清新器销量占据市场第一,乙公司见状,将自己生产的同类型产品注册成"清天牌",并全面仿照甲公司产品,使消费者难以区分。为此,甲公司欲起诉乙公司侵权,同时拟申请诉前禁令,禁止乙公司销售该产品。关于诉前保全,下列哪些选项是正确的?(2015年真题,多选)
A. 甲公司可向有管辖权的法院申请采取保全措施,并应当提供担保
B. 甲公司可向被申请人住所地法院申请采取保全措施,法院受理后,须在48小时内作出裁定
C. 甲公司可向有管辖权的法院申请采取保全措施,并应当在30天内起诉
D. 甲公司如未在规定期限内起诉,保全措施自动解除

[**释疑**] 关于诉前保全,根据《民事诉讼法》第101条的规定,利害关系人因情况紧急,不立即申请保全将会使其合法权益受到难以弥补的损害的,可以在提起诉讼或者申请仲裁前向被保全财产所在地、被申请人住所地或者对案件有管辖权的人民法院申请采取保全措施。申请人应当提供担保,不提供担保的,裁定驳回申请。人民法院接受申请后,必须在四十八小时内作出裁定;裁定采取保全措施的,应当立即开始执行。ABC项正确;申请人在人民法院采取保全措施后三十日内不依法提起诉讼或者申请仲裁的,人民法院应当解除保全。D项错误。(答案:ABC)

4. 甲县的葛某和乙县的许某分别拥有位于丙县的云峰公司50%的股份。后由于二人经营理念不合,已连续4年未召开股东会,无法形成股东会决议。许某遂向法院请求解散公司,并在法院受理后申请保全公司的主要资产(位于丁县的一块土地的使用权)。关于许某的财产保全申请,下列说法正确的是:(2014年真题,不定选)
A. 本案是给付之诉,法院可作出保全裁定
B. 本案是变更之诉,法院不可作出保全裁定
C. 许某在申请保全时应提供担保
D. 如果法院认为采取保全措施将影响云峰公司的正常经营,应驳回保全申请

[**释疑**] 本题考查解散公司诉讼中对财产保全的特殊规定。本案属于变更之诉,法院可以作出保全裁定,A、B项错误;《公司法解释(二)》第3条规定:"股东提起解散公司诉讼时,向人民法院申请财产保全或者证据保全的,在股东提供担保且不影响公司正常经营的情形下,人民法院可予以保全。"可见,解散公司之诉比一般的诉中保全要求更高。股东申请保全应满足两个条件:一是提供担保;二是不影响公司运作。C、D项正确。(答案:CD)

5. 甲公司以乙公司为被告向法院提起诉讼,要求乙公司支付拖欠的货款100万元。在诉讼中,甲公司申请对乙公司一处价值90万元的房产采取保全措施,并提供担保。一审法院在作出财产保全裁定之后发现,乙公司在向丙银行贷款100万元时,已将该房产和一辆小轿车抵

押给丙银行。关于本案,下列哪一说法是正确的?(2008年真题,单选)

A. 一审法院不能对该房产采取保全措施,因为该房产已抵押给丙银行
B. 一审法院可以对该房产采取保全措施,但是需要征得丙银行的同意
C. 一审法院可以对该房产采取保全措施,但是丙银行仍然享有优先受偿权
D. 一审法院可以对该房产采取保全措施,同时丙银行的优先受偿权丧失

[释疑] 本题考查财产保全措施中特殊的规定。根据《民诉司法解释》第157条的规定:"人民法院对抵押物、留置物可以采取财产保全措施,但不影响抵押权人、债权人留置权人的优先受偿权。"(答案:C)

6. A地甲公司与B地乙公司签订买卖合同,约定合同履行地在C地,乙到期未能交货。甲多次催货未果,便向B地基层法院起诉,要求判令乙按照合同约定交付货物,并支付违约金。法院受理后,甲得知乙将货物放置于其设在D地的仓库,并且随时可能转移。下列哪些选项是错误的?(2008年真题,多选)

A. 甲如果想申请财产保全,必须向货物所在地的D地基层法院提出
B. 甲如果要向法院申请财产保全,必须提供担保
C. 受诉法院如果认为确有必要,可以直接作出财产保全裁定
D. 法院受理甲的财产保全申请后,应当在48小时内作出财产保全裁定

[释疑] 本题考查财产保全的管辖法院、条件以及作出保全裁定的时间要求。《民事诉讼法》第100条规定:"人民法院对于可能因当事人一方的行为或者其他原因,使判决难以执行或者造成当事人其他损害的案件,根据对方当事人的申请,可以裁定对其财产进行保全、责令其做出一定行为或者禁止其做出一定行为;当事人没有提出申请的,人民法院在必要时也可以裁定采取财产保全措施。人民法院采取财产保全措施,可以责令申请人提供担保,申请人不提供担保的,裁定驳回申请。人民法院接受申请后,对情况紧急的,必须在四十八小时内作出裁定;裁定采取保全措施的,应当立即开始执行。"

可知,诉中财产保全的管辖法院是受诉法院,非财产所在地法院,A项错误,符合题意;当事人申请诉中财产保全,法院可以责令提供担保,非必须提供担保,B项错误,符合题意;诉中财产保全,受诉人民法院可以在必要时直接裁定采取保全措施,C项正确,但不符合题意;法院受理甲的财产保全申请后,只有针对情况紧急的,才必须在48小时内作出裁定,D项错误,符合题意。(答案:ABD)

三、提示与预测

1. 诉前保全和诉中保全的区别

诉中财产保全和行为保全的区别,以及财产保全的特殊措施是高频考点,应当掌握。

2. 诉中财产保全和行为保全的区别

(1)申请保全的案件类型不同:财产保全仅限于财产案件;而行为保全则发生在财产案件和非财产案件中,例如:仅涉及行为禁止或行为履行的案件。

(2)申请的目的不同:财产保全的目的是为了保障将来判决能够顺利执行;行为保全的目的是避免造成当事人的其他损害。

(3)执行内容和方式不同:财产保全执行的内容是财产,可以采用查封、扣押、冻结等方式;行为保全的内容是行为,只能是发布禁令禁止某种行为,或督促实施某种行为。

（4）担保是否构成解除保全的条件不同：在财产保全中，提供担保构成解除保全的条件；在行为保全中，提供担保并不构成解除保全的条件。

3. 此外，需要注意 2012 年《民事诉讼法》修订的部分
（1）增加诉前或仲裁前的保全的管辖法院；
（2）规定诉前或仲裁前的保全的解除期限为 30 天；
（3）增加行为保全。

4. 诉讼中当事人申请保全，人民法院责令提供担保，但在特殊案件中，当事人申请保全应当提供担保。包括：
（1）代位权诉讼中，债权人请求人民法院对次债务人的财产采取保全措施的，应当提供相应的担保；
（2）股东提起解散公司诉讼中，向人民法院申请财产保全或者证据保全的，股东应当提供担保且不影响公司的正常经营。

5. 增加法律文书生效后，进入执行程序前的保全。《民诉司法解释》第 163 条规定，法律文书生效后，进入执行程序前，债权人因对方当事人转移财产等紧急情况，不申请保全将可能导致生效法律文书不能执行或者难以执行的，可以向执行法院申请采取保全措施。

6.《民诉司法解释》第 27 条规定了因保全受到损失提起诉讼的管辖，即："当事人申请诉前保全后没有在法定期间起诉或者申请仲裁，给被申请人、利害关系人造成损失引起的诉讼，由采取保全措施的人民法院管辖。当事人申请诉前保全后在法定期间内起诉或者申请仲裁，被申请人、利害关系人因保全受到损失提起的诉讼，由受理起诉的人民法院或者采取保全措施的人民法院管辖"。

考点 2 先予执行的条件和程序要求

一、精讲

先予执行，是指人民法院在受理案件后、终审判决作出前，根据一方当事人的申请，裁定对方当事人向提出申请的一方当事人给付一定数额的金钱或其他财物，或者实施或停止某种行为，并立即付诸执行的一种制度。

1. 法院裁定先予执行，必须符合下列条件
（1）适用的案件范围（《民事诉讼法》第 106 条）
① 追索赡养费、扶养费、抚育费、抚恤金、医疗费用的。
② 追索劳动报酬的。
③ 因情况紧急需要先予执行的。根据《民诉司法解释》第 170 条的规定，所谓"情况紧急"，具体包括以下 5 种情形："（一）需要立即停止侵害、排除妨碍的；（二）需要立即制止某项行为的；（三）追索恢复生产、经营急需的保险理赔费的；（四）需要立即返还社会保险金、社会救助资金的；（五）不立即返还款项，将严重影响权利人生活和生产经营的。"
（2）当事人之间权利义务关系明确，不先予执行将严重影响申请人的生活或者生产经营的。也就是说，人民法院对当事人申请先予执行的案件，只有在案件的基本事实清楚，当事人间的权利义务关系明确，被申请人负有给付、返还或者赔偿义务，先予执行的财产为申请人生

产、生活所急需,不先予执行会造成更大损失的情况下,才能采取先予执行的措施。

(3) 被申请人有履行能力。这是先予执行得以实施的必要基础。

2. 先予执行的程序要求

(1) 人民法院先予执行的裁定,应当由当事人提出书面申请,并经开庭审理后作出。在管辖权尚未确定的情况下,不得裁定先予执行。

(2)《民事诉讼法》规定的先予执行,人民法院应当在受理案件后终审判决作出前采取。

(3) 人民法院可以责令申请人提供担保,申请人不提供担保的,驳回申请。申请人败诉的,应当赔偿被申请人因先予执行所遭受的财产损失。

(4) 当事人对先予执行的裁定不服的,可以自收到裁定书之日起 5 日内向作出裁定的人民法院申请复议,申请复议一次(《民诉司法解释》第 171 条)。复议期间不停止裁定的执行。对当事人不服先予执行裁定提出的复议申请,人民法院应当在收到复议申请后 10 日内审查(《民诉司法解释》第 171 条)。裁定正确的,通知驳回当事人的申请;裁定不当的,作出新的裁定变更或者撤销原裁定。

二、例题

1. 关于财产保全和先予执行,下列哪些选项是正确的?(2012 年真题,多选)

A. 二者的裁定都可以根据当事人的申请或法院依职权作出

B. 二者适用的案件范围相同

C. 当事人提出财产保全或先予执行的申请时,法院可以责令其提供担保,当事人拒绝提供担保的,驳回申请

D. 对财产保全和先予执行的裁定,当事人不可以上诉,但可以申请复议一次

[释疑] 《民事诉讼法》第 100 条规定:"人民法院对于可能因当事人一方的行为或者其他原因,使判决难以执行或造成当事人其他损害的案件,根据对方当事人的申请,可以裁定对其财产进行保全、责令其做出一定行为或者禁止其做出一定行为;当事人没有提出申请的,人民法院在必要时也可以裁定采取保全措施。人民法院采取保全措施,可以责令申请人提供担保,申请人不提供担保的,裁定驳回申请。人民法院接受申请后,对情况紧急的,必须在四十八小时内作出裁定;裁定采取保全措施的,应当立即开始执行。"第 107 条 2 款规定:"人民法院可以责令申请人提供担保,申请人不提供担保的,驳回申请。申请人败诉的,应当赔偿被申请人因先予执行遭受的财产损失。"第 108 条规定:"当事人对保全或者先予执行的裁定不服的,可以申请复议一次。复议期间不停止裁定的执行。"(答案:CD)

2. 李某向 A 公司追索劳动报酬。诉讼中,李某向法院申请先予执行部分劳动报酬,法院经查驳回李某申请。李某不服,申请复议。法院审查后再次驳回李某申请。李某对复议结果仍不服,遂向上一级法院申请再审。关于上一级法院对该再审申请的处理,下列哪一选项是正确的?(2010 年真题,单选)

A. 裁定再审 B. 决定再审 C. 裁定不予受理 D. 裁定驳回申请

[释疑] 本题与申请再审的审查程序相结合考查先予执行裁定的救济。先予执行的裁定只能申请复议,不能申请再审。人民法院对于当事人的再审申请,应当受理,受理后经过审查认为其不符合再审的条件,则裁定驳回再审申请,本题正确选项为 D 项。(答案:D)

3. 常年居住在 Y 省 A 县的王某早年丧妻,独自一人将两个儿子和一个女儿抚养成人。大

儿子王甲居住在Y省B县,二儿子王乙居住在Y省C县,女儿王丙居住在W省D县。2000年以来,王某的日常生活费用主要来自大儿子王甲每月给的800元生活费。2003年12月,由于物价上涨,王某要求二儿子王乙每月也给一些生活费,但王乙以自己没有固定的工作、收入不稳定为由拒绝。于是,王某将王乙告到法院,要求王乙每月支付给自己赡养费500元。诉讼过程中,Y省适逢十年不遇的冰雪天气,王某急需生煤炉取暖,但已无钱买煤。王某听说王乙准备把自己存折上3 000多元钱转到一个朋友的账户上。对此,王某可以向法院申请采取的措施为何?(2009年真题,不定选)

A. 对妨害民事诉讼的强制措施
B. 诉讼保全措施
C. 证据保全措施
D. 先予执行措施

[释疑] 本题考查诉讼保全与先予执行。对妨害民事诉讼的强制措施,是指在民事诉讼中,对有妨害民事诉讼秩序的行为人采取的排除其妨害民事诉讼行为的一种强制措施。本案中,王乙转移财产的行为不构成对民事诉讼秩序的妨害,王某不能向法院申请妨害民事诉讼的强制措施。因此,A项错误。

《民事诉讼法》第100条第1款规定:"人民法院对于可能因当事人一方的行为或者其他原因,使判决难以执行或者造成当事人其他损害的案件,根据对方当事人的申请,可以裁定对其财产进行保全、责令其作出一定行为或者禁止其作出一定行为;当事人没有提出申请的,人民法院在必要时也可以裁定采取保全措施。"本案中,王乙转移财产的行为可能导致法院对王某追索赡养费的判决将来难以执行。此种情况下,王某可以申请法院进行财产保全。因此,B项正确。

证据保全是指在证据可能灭失或以后难以取得的情况下,法院根据申请人的申请或依职权,对证据加以固定和保护的制度。本案中,王乙不存在转移证据和毁灭证据的行为,王某不能申请证据保全。因此,C项错误。

《民事诉讼法》第106条第(一)项规定,追索赡养费、扶养费、抚育费、抚恤金、医疗费用的案件,人民法院根据当事人的申请,可以裁定先予执行。因此,D项正确。(答案:BD)

三、提示与预测

该部分应当掌握的高频考点包括:

1. 先予执行的适用案件范围,法院裁定先予执行的条件,以及作出先予执行裁定的法院和裁定的执行法院。

2. 还需要掌握先予执行与行为保全的相同点与区别。

相同点:

(1) 均包括行为的禁止、制止以及排除妨碍;

(2) 对裁定不服的救济方式相同,均为申请复议。

不同点:

(1) 适用的时间不同:先予执行只适用于诉讼过程中;行为保全适用于诉讼开始前和诉讼过程中;

(2) 适用的案件范围不同:先予执行只适用于法律明确规定的案件;行为保全适用于所有的诉讼案件;

(3) 适用的条件不同:裁定先予执行,除需要属于法律规定的适用先予执行的案件范围外，还需要满足当事人之间权利义务关系明确、被申请人有履行能力的条件。裁定行为保全，诉前需要满足因情况紧急，不立即申请保全将会使合法权益受到难以弥补的损失；诉中需要满足给当事人造成其他损害的。

（4）启动方式和担保不同：先予执行只能由当事人申请启动；而诉中行为保全，既可以由当事人申请启动，也可以由人民法院依职权启动。

第十一章　对妨害民事诉讼的强制措施

考点 1　拘传、罚款和拘留的具体适用

一、精讲

对妨害民事诉讼的强制措施，是指人民法院在民事诉讼中，为了制止和排除诉讼参与人或案外人对民事诉讼的妨害，维护正常的诉讼秩序，保证审判和执行活动的顺利进行，而依法对妨害人所采取的各种强制手段的总称。我国《民事诉讼法》规定了5种强制措施，即拘传、训诫、责令退出法庭、罚款和拘留。

1. 拘传的适用（《民诉司法解释》第174条、第175条）

（1）对必须到庭的被告经人民法院两次传票传唤，无正当理由不到庭时，才能适用。

必须到庭的被告包括：① 追索赡养费、抚养费、抚育费案件的被告；② 不到庭无法查明案件事实的被告。

（2）对必须到庭才能查清案件基本事实的原告，经两次传票传唤，无正当理由拒不到庭的，可以拘传。

（3）适用拘传必须经院长批准，签发拘传票，并直接送达被拘传人；在拘传前，应当向被拘传人说明拒不到庭的后果，经批评教育仍拒不到庭的，可以拘传其到庭。

2. 罚款的适用

（1）罚款的数额：对个人的罚款，为5万元以下；对单位的罚款为5万元以上、100万元以下。

（2）罚款由院长批准，制作罚款决定书。被罚款人不服，可以向上级人民法院申请复议1次。但是，复议期间不影响罚款决定书的效力。

3. 拘留的适用

拘留只能对严重妨害诉讼的行为人适用，需注意：

（1）拘留的期限为15日以下。

（2）拘留由人民法院院长批准，制作拘留决定书。对决定不服的，可以向上一级人民法院申请复议一次；被拘留人提出复议申请后，上级人民法院应当及时复议，如果发现拘留不当，应当及时口头通知解除拘留，然后在3日内补作复议决定书。

【注意】对同一妨害民事诉讼行为的罚款、拘留不得连续适用。但罚款和拘留可以合并适用。

二、例题

1. 甲在网上发表文章指责某大学教授乙编造虚假的学术经历,乙为此起诉。经审理,甲被判决赔礼道歉,但甲拒绝履行该义务。对此,法院可采取下列哪些措施?(2005年真题,多选)

   A. 由甲支付迟延履行金
   B. 采取公告、登报等方式,将判决的主要内容公布于众,费用由甲负担
   C. 决定罚款
   D. 决定拘留

   [释疑] 本题考查的是拒不履行侵害名誉权生效判决的法律后果。《民事诉讼法》第253条规定:"被执行人未按判决、裁定和其他法律文书指定的期间履行给付金钱义务的,应当加倍支付迟延履行期间的债务利息。被执行人未按判决、裁定和其他法律文书指定的期间履行其他义务的,应当支付迟延履行金。"A项正确。

   《民事诉讼法》第111条规定,诉讼参与人或者其他人有拒不履行人民法院已经发生法律效力的判决、裁定的行为的,人民法院可以根据情节轻重予以罚款、拘留;构成犯罪的,依法追究刑事责任。C、D两项正确。

   最高人民法院《关于审理名誉权案件若干问题的解答》第11问:侵权人不执行生效判决,不为对方恢复名誉、消除影响、赔礼道歉的,应如何处理?答:侵权人拒不执行生效判决,不为对方恢复名誉、消除影响的,人民法院可以采取公告、登报等方式,将判决的主要内容及有关情况公布于众,费用由被执行人负担,并可依照《民事诉讼法》第111条第(六)项的规定处理。B项正确。(答案:ABCD)

三、提示与预测

1. 对罚款和拘留的考查,通常和其他知识点相结合,题眼集中在两点:
   (1) 可以申请复议的决定;
   (2) 拒不履行生效裁判的法律后果,或拒不履行协助义务的法律后果。

2. 2012年《民事诉讼法》修订,增加恶意诉讼侵害他人合法利益或逃避履行的行为为妨碍民事诉讼的行为。《民事诉讼法》第112条规定:"当事人之间恶意串通,企图通过诉讼、调解等方式侵害他人合法权益的,人民法院应当驳回其请求,并根据情节轻重予以罚款、拘留;构成犯罪的,依法追究刑事责任。"第113条规定:"被执行人与他人恶意串通,通过诉讼、仲裁、调解等方式逃避履行法律文书确定的义务的,人民法院应当根据情节轻重予以罚款、拘留;构成犯罪的,依法追究刑事责任。"考生应当掌握。

3. 此次《民诉司法解释》增加了一些妨害民事诉讼的行为,包括《民诉司法解释》第176条的妨害法庭秩序的行为;第188条的拒不履行生效裁判的行为;第189条的诉讼参与人或其他人的妨害行为以及第192条的单位拒不履行协助的行为。对这些行为,考生应当了解。

第十二章 普通程序

本章知识体系：

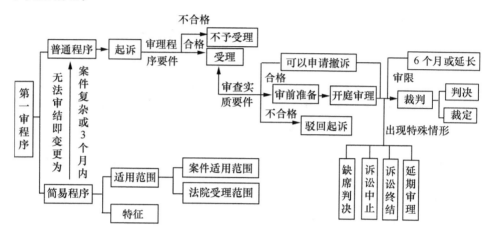

考点 1 起诉与立案

一、精讲

（一）起诉

1. 起诉的实质条件

根据《民事诉讼法》第119条的规定，起诉必须具备以下条件：

（1）原告是与本案有直接利害关系的公民、法人和其他组织。也就是说，原告必须适格。原告必须是具有诉讼能力的公民、法人或者其他组织，必须与本案有直接利害关系。

（2）有明确的被告。《民诉司法解释》第209条第1款规定："原告提供被告的姓名或者名称、住所等信息具体明确，足以使被告与他人相区别的，可以认定为有明确的被告。"

（3）有具体的诉讼请求和事实、理由。这是起诉的核心内容，只要有具体的诉讼请求、事实和理由，人民法院才能决定是否受理并启动审判程序。

（4）属于人民法院受理民事诉讼的范围和受诉人民法院管辖。

2. 起诉的形式条件：递交起诉状

《民事诉讼法》第120条规定："起诉应当向人民法院递交起诉状，并按照被告人数提出副本。书写起诉状确有困难的，可以口头起诉，由人民法院记入笔录，并告知对方当事人。"

根据《民事诉讼法》第121条的规定，起诉状应当记明下列事项：（1）双方当事人的基本情况；（2）诉讼请求和所根据的事实与理由；（3）证据和证据来源，证人姓名和住所。

3. 起诉的法律后果：诉讼时效中断。最高人民法院《关于民事诉讼时效的司法解释》（以下简称《诉讼时效解释》）第12条作出了明确规定："当事人一方向人民法院提交起诉状或者口头起诉的,诉讼时效从提交起诉状或者口头起诉之日起中断。"

（二）先行调解

《民事诉讼法》新增加了立案先行调解制度。《民事诉讼法》第 122 条规定："当事人起诉到人民法院的民事纠纷,适宜调解的,先行调解,但当事人拒绝调解的除外。"该法律规定主要指向立案前的调解,即当事人向人民法院起诉后,人民法院尚未立案,根据案件具体情况,人民法院认为适宜调解的,先行调解。当事人不同意调解或者调解不能达成协议的,人民法院应当依法及时审查并立案。

（三）登记立案

人民法院接到当事人提交的民事起诉状时,对符合《民事诉讼法》第 119 条的规定,且不属于第 124 条规定情形的,应当登记立案;对当场不能判定是否符合起诉条件的,应当接收起诉材料,并出具注明收到日期的书面凭证。

需要补充必要相关材料的,人民法院应当及时告知当事人。在补齐相关材料后,应当在 7 日内决定是否立案。

立案后发现不符合起诉条件或者属于《民事诉讼法》第 124 条规定情形的,裁定驳回起诉。（《民诉司法解释》第 208 条）

立案登记后,产生以下法律后果：

1. 人民法院取得了对该争议案件的审判权；
2. 人民法院取得了对该争议案件的排他管辖权,其他法院不得重复登记立案,立案的法院也不得将案件再移送给其他有管辖权的人民法院；
3. 双方当事人取得相应的原、被告诉讼地位。

二、例题

1. 何某因被田某打伤,向甲县法院提起人身损害赔偿之诉,法院予以受理。关于何某起诉行为将产生的法律后果,下列哪一选项是正确的？（2013 年真题,单选）

　　A. 何某的诉讼时效中断　　　　　　B. 田某的答辩期开始起算
　　C. 甲县法院取得排他的管辖权　　　D. 田某成为适格被告

[释疑]　根据民事诉讼理论,起诉行为产生诉讼时效中断的法律后果,因此,选项 A 是正确的。根据《民事诉讼法》第 125 条第 1 款的规定,被告应当在收到起诉状副本之日起 15 日内提出答辩状,因此,选项 B 是不正确的。根据民事诉讼理论,法院依法受理案件后,产生取得排他管辖权以及当事人取得诉讼地位的法律后果,因此,选项 C 与 D 均是不正确的。（答案：A）

2. 关于民事起诉状应当包括的内容,下列哪些选项是正确的？（2011 年真题,多选）

　　A. 双方当事人的基本情况　　　　　B. 案由
　　C. 诉讼请求　　　　　　　　　　　D. 证据和证据来源

[释疑]　该题直接考查起诉状的内容。根据《民事诉讼法》第 121 条的规定:起诉状应当记明下列事项:(1) 原告的姓名、性别、年龄、民族、职业、工作单位、住所、联系方式,法人或者其他组织的名称、住所和法定代表人或者主要负责人的姓名、职务、联系方式。(2) 被告的姓名、性别、工作单位、住所等信息,法人或者其他组织的名称、住所等信息;原告提供被告的姓名或者名称、住所等信息具体明确,足以使被告与他人相区别的,可以认定为有明确的被告。

(《民诉司法解释》第 209 条)。(3) 诉讼请求和所根据的事实与理由。(4) 证据和证据来源，证人姓名和住所。选项 A、C 与 D 项是正确的。(答案:ACD)

三、提示与预测

起诉的条件应当掌握。理解该起诉条件时应注意以下几点:(1) 原告适格。(2) 有明确的被告,即原告提供被告的姓名或者名称、住所等信息具体明确,足以使被告与他人相区别的,可以认定为有明确的被告。(3) 权利的可诉性与可保护性不同,即原告的诉讼请求所依据的权利,既可以是现行实体法已保护的权利,也可以是现行实体法尚未保护的权利,如青春损失费的诉讼请求,具有可诉性但不具有可保护性。(4) 起诉证据不同于胜诉证据,即起诉证据是符合起诉条件的证据,而胜诉证据是原告的诉讼请求应得到法律保护所需要的证据,换言之,胜诉证据需达到证明标准的要求。

考点 2 对于起诉时特殊情形的处理

一、精讲

《民事诉讼法》第 124 条以及《民诉司法解释》对起诉时特殊情形的处理作了明确规定,主要包括:

1. 不能明确确定被告的,不予受理

起诉状列写被告信息不足以认定明确的被告的,人民法院可以告知原告补正。原告补正后仍不能确定明确的被告的,人民法院裁定不予受理。(《民诉司法解释》第 209 条第 2 款)

2. 对本院没有管辖权的案件原告坚持起诉的,不予受理

对本院没有管辖权的案件,告知原告向有管辖权的人民法院起诉;原告坚持起诉的,裁定不予受理;立案后发现本院没有管辖权的,应当将案件移送有管辖权的人民法院。(《民诉司法解释》第 211 条)

3. 对有仲裁协议坚持向法院起诉的,不予受理

当事人在书面合同中订有仲裁条款,或者在发生纠纷后达成书面仲裁协议,一方向人民法院起诉的,人民法院应当告知原告向仲裁机构申请仲裁,其坚持起诉的,裁定不予受理,但仲裁条款或者仲裁协议不成立、无效、失效、内容不明确无法执行的除外。(《民诉司法解释》第 215 条)

4. 对于重复起诉的案件,应当不予受理

当事人就已经提起诉讼的事项在诉讼过程中或者裁判生效后再次起诉,同时符合下列条件的,构成重复起诉:① 后诉与前诉的当事人相同;② 后诉与前诉的诉讼标的相同;③ 后诉与前诉的诉讼请求相同,或者后诉的诉讼请求实质上否定了前诉的裁判结果。当事人重复起诉的,裁定不予受理;已经受理的,裁定驳回起诉,但法律、司法解释另有规定的除外。(《民诉司法解释》第 247 条)

5. 依照法律规定,在一定期限内不得起诉的案件,在不得起诉期限内起诉的,不予受理。如女方怀孕期间,男方起诉离婚的,法院不予受理。

6. 判决不准离婚和调解和好的离婚案件,判决、调解维持收养关系的案件,没有新情况、新理由,原告在 6 个月内又起诉的,不予受理。此外,根据《民诉司法解释》第 214 条第 2 款的

规定,原告撤诉或者按撤诉处理的离婚案件,没有新情况、新理由,6个月内又起诉的,可以参照《民事诉讼法》第 124 条第(七)项的规定不予受理。

【特别提示】
判决不准离婚和调解和好的离婚案件,判决、调解维持收养关系的案件,不受一事不再理原则的限制,即这两类案件在判决、调解书发生法律效力后,依然可以以同一事由提出同样的主张,人民法院应当受理,但同时具备"没有新情况、新理由,原告在六个月内又起诉的"条件时,人民法院不予受理,只要上述三个条件有一个条件发生变化,人民法院就应当受理。

7. 裁定不予受理、驳回起诉的案件,原告再次起诉,符合起诉条件且不属于《民事诉讼法》第 124 条规定情形的,人民法院应予受理。(《民诉司法解释》第 212 条)

8. 原告撤诉或者人民法院按撤诉处理后,原告以同一诉讼请求再次起诉的,人民法院应予受理。(《民诉司法解释》第 214 条第 1 款)

9. 夫妻一方下落不明,另一方诉至人民法院,只要求离婚,不申请宣告下落不明人失踪或死亡的案件,人民法院应当受理,对下落不明人用公告送达诉讼文书。(《民诉司法解释》第 217 条)

10. 赡养费、扶养费、抚育费案件,裁判发生法律效力后,因新情况、新理由,一方当事人再行起诉要求增加或减少费用的,人民法院应当作为新案处理。(《民诉司法解释》第 218 条)

11. 当事人超过诉讼时效期间起诉的,人民法院应予以受理。受理后对方当事人提出诉讼时效抗辩,人民法院经审理认为抗辩事由成立的,判决驳回其诉讼请求。(《民诉司法解释》第 219 条)

【特别提示】
当事人超过诉讼时效期间起诉的,人民法院应予以受理。但对是否超诉讼时效,人民法院不得依职权主动审查。根据《诉讼时效解释》第 3 条、第 4 条的规定,当事人未提出诉讼时效抗辩,人民法院不应对诉讼时效问题进行释明及主动适用诉讼时效的规定裁判。当事人在一审期间未提出诉讼时效抗辩,在二审期间提出的,人民法院不予支持,但其基于新的证据能够证明对方当事人的请求权已过诉讼时效期间的除外。

12. 裁判发生法律效力后,发生新的事实,当事人再次提起诉讼的,人民法院应当依法受理。(《民诉司法解释》第 248 条)

二、例题

1. 张丽因与王旭感情不和,长期分居,向法院起诉要求离婚。法院向王旭送达应诉通知书,发现王旭已于张丽起诉前因意外事故死亡。关于本案,法院应作出下列哪一裁判?(2015 年真题,单选)

   A. 诉讼终结的裁定　　　　　　B. 驳回起诉的裁定
   C. 不予受理的裁定　　　　　　D. 驳回诉讼请求的判决

   [释疑] 本题是在案件受理后发现王旭于起诉前就已经死亡,从王旭死亡之日起,张丽与王旭的婚姻关系已经自然解除。因此,本案不存在争议,不符合起诉的条件,但因已经受理,所以应当裁定驳回起诉,B 项正确。(答案:B)

2. 执法为民是社会主义法治的本质要求,据此,法院和法官应在民事审判中遵守诉讼程序,履行释明义务。下列哪一审判行为符合执法为民的要求?(2013 年真题,单选)

   A. 在李某诉赵某的欠款纠纷中,法官向赵某释明诉讼时效,建议赵某提出诉讼时效抗辩

B. 在张某追索赡养费的案件中,法官依职权作出先予执行裁定

C. 在杜某诉阎某的离婚案件中,法官向当事人释明可以同时提出离婚损害赔偿

D. 在罗某诉华兴公司房屋买卖合同纠纷中,法官主动走访现场,进行勘察,并据此支持了罗某的请求

[释疑] 该题综合性考查法官审判行为的正当行使问题。根据关于诉讼时效司法解释的规定,法院不应对诉讼时效问题进行释明,因此,选项A是错误的。根据《民事诉讼法》第106条的规定,法院裁定先予执行应根据当事人的申请,因此,选项B是错误的。根据民事诉讼理论,法院可以对案件所涉及的法律关系向当事人进行释明,因此,选项C是正确的。根据《证据规定》第15条的规定,选项D所涉及的房屋买卖合同纠纷不属于法院依职权调查证据的范围,因此,选项D是错误的。(答案:C)

3. 关于起诉与受理的表述,下列哪些选项是正确的?(2012年真题,多选)

A. 法院裁定驳回起诉的,原告再次起诉符合条件的,法院应当受理

B. 法院按撤诉处理后,当事人以同一诉讼请求再次起诉的,法院应当受理

C. 判决不准离婚的案件,当事人没有新事实和新理由再次起诉的,法院一律不予受理

D. 当事人超过诉讼时效起诉的,法院应当受理

[释疑] 根据《民诉司法解释》第212条的规定:"裁定不予受理、驳回起诉的案件,原告再次起诉,符合起诉条件且不属于民事诉讼法第一百二十四条规定情形的,人民法院应予受理。"选项A正确;根据《民诉司法解释》第214条的规定:"原告撤诉或者人民法院按撤诉处理后,原告以同一诉讼请求再次起诉的,人民法院应予受理。"选项B正确;根据《民事诉讼法》第124条第(七)项的规定,判决不准离婚和调解和好的离婚案件,判决、调解维持收养关系的案件,没有新情况、新理由,原告在六个月内又起诉的,不予受理。选项C是错误的;根据《民诉司法解释》第219条的规定:"当事人超过诉讼时效期间起诉的,人民法院应予受理。受理后对方当事人提出诉讼时效抗辩,人民法院经审理认为抗辩事由成立的,判决驳回原告的诉讼请求。"选项D正确。(答案:ABD)

4. 甲与乙系夫妻关系,4年前乙下落不明。甲提起离婚之诉。对于该起诉,法院应如何处理?(2007年真题,单选)

A. 法院应不予受理,并告知甲应当依照特别程序申请宣告乙死亡

B. 法院应不予受理,并告知甲先依照特别程序申请宣告乙为失踪人

C. 法院应当受理,但在受理后应当裁定中止诉讼,并依照特别程序认定乙为失踪人后,再对离婚之诉作出判决

D. 法院应当受理,并向乙公告送达有关的诉讼文书

[释疑] 本题考查的是起诉时特殊情形的处理。《民诉司法解释》第217条规定:"夫妻一方下落不明,另一方诉至人民法院,只要求离婚,不申请宣告下落不明人失踪或死亡的案件,人民法院应当受理,对下落不明人用公告送达诉讼文书。"因此,D项正确。(答案:D)

5. 根据我国民事诉讼法及相关司法解释的规定,对法院作出的判决、裁定已经发生法律效力的案件,当事人起诉,法院应予受理的有哪些?(2007年真题,多选)

A. 判决不准离婚,没有新情况、新理由,原告在6个月内起诉的

B. 原告撤诉后,没有新情况、新理由,原告又起诉的

C. 已过诉讼时效,法院判决驳回诉讼请求的

D. 追索赡养费案件的判决生效后,有新情况、新理由,当事人起诉要求增加赡养费的

[释疑] 本题考查的是审查与受理时特殊情形的处理。《民事诉讼法》第124条第(七)项规定:"判决不准离婚和调解和好的离婚案件,判决、调解维持收养关系的案件,没有新情况、新理由,原告在六个月内又起诉的,不予受理。"因此,A项不符合要求,不选。

《民诉司法解释》第214条第1款规定:"原告撤诉或者人民法院按撤诉处理后,当事人以同一诉讼请求再次起诉的,人民法院应予受理。"因为在一审诉讼过程中,撤诉只是意味着当事人放弃了让法院进行审判的诉讼权利,并不意味着当事人放弃了实体权利,因此,当事人可以再次起诉,而且,裁定准许撤回起诉以后,诉讼时效重新开始计算。故B项符合题意,当选。

裁定不予受理、裁定驳回起诉、裁定准予撤诉后当事人可以再起诉,但是判决驳回诉讼请求之后当事人不得再起诉。C项不选。

根据《民诉司法解释》第218条的规定:"赡养费、扶养费、抚育费案件,裁判发生法律效力后,因新情况、新理由,一方当事人再行起诉要求增加或者减少费用的,人民法院应作为新案受理。"D项符合要求,当选。(答案:BD)

三、提示与预测

1. 对于起诉时特殊情形的处理是高频考点,考生必须掌握,特别是下列情形:
(1) 撤诉案件再起诉的问题。
(2) 不受一事不再理原则限制的案件。
判决不准离婚和维持收养关系的案件,判决生效后,原告没有新情况、新理由6个月内又起诉的,人民法院不予受理;但上述条件只要有一个条件变化,人民法院就应当受理。
(3) 赡养费、抚养费、抚育费案件判决生效后,当事人有新情况、新理由起诉要求增加或减少费用的,人民法院作为新案受理。
(4) 超诉讼时效起诉案件的处理。
(5) 裁定不予受理、驳回起诉的案件再起诉,人民法院应当受理。
(6) 重复起诉的界定以及处理。
(7) 裁判发生法律效力后,发生新的事实,当事人再次提起诉讼的。
2. 掌握不予受理、驳回起诉、驳回诉讼请求的区别

比较内容	不予受理	驳回起诉	驳回诉讼请求
适用文书	裁定	裁定	判决
解决问题性质	程序问题	程序问题	实体问题
适用诉讼阶段	登记立案前	登记立案后	登记立案后
适用条件	法律明确规定的情形	起诉不符合条件	起诉符合条件,但丧失实体胜诉权。
当事人针对文书的权利	可以上诉、申请再审	可以上诉、申请再审	可以上诉、申请再审
当事人针对案件的权利	可以再起诉	可以再起诉	不得再起诉,因为一事不再理。
上诉期	10日	10日	15日
适用组织	立案庭	审判庭	审判庭

考点 3　审理前的准备

一、精讲

审理前的准备阶段主要包括下列事项
1. 在法定期间送达诉讼文书。
2. 告知当事人诉讼权利义务及合议庭的组成人员。
3. 审阅诉讼材料，调查收集必要的证据。
4. 根据受理案件的具体情况，进行分别处理
根据《民事诉讼法》第133条的规定，人民法院对受理的案件，分别情形，予以处理：
（1）当事人没有争议，符合督促程序规定条件的，可以转入督促程序；
（2）开庭前可以调解的，采取调解方式及时解决纠纷；
（3）根据案件情况，确定适用简易程序或者普通程序；
（4）需要开庭审理的，通过要求当事人交换证据等方式，明确争议的焦点。
5. 审理前准备方式
《民诉司法解释》第224条规定："依照民事诉讼法第一百三十三条第四项规定，人民法院可以在答辩期届满后，通过组织证据交换、召集庭前会议等方式，作好审理前的准备。"
6. 庭前会议
《民诉司法解释》第225条规定："根据案件具体情况，庭前会议可以包括下列内容：（一）明确原告的诉讼请求和被告的答辩意见；（二）审查处理当事人增加、变更诉讼请求的申请和提出的反诉，以及第三人提出的与本案有关的诉讼请求；（三）根据当事人的申请决定调查收集证据，委托鉴定，要求当事人提供证据，进行勘验，进行证据保全；（四）组织交换证据；（五）归纳争议焦点；（六）进行调解。"
7. 归纳争议焦点并征求当事人意见
《民诉司法解释》第226条规定："人民法院应当根据当事人的诉讼请求、答辩意见以及证据交换的情况，归纳争议焦点，并就归纳的争议焦点征求当事人的意见。"

二、提示与预测

根据受理案件的具体情况，进行分别处理是新增加的内容，应当掌握。同时，2012年《民事诉讼法》第133条和《民事诉讼法》第217条"人民法院收到债务人提出的书面异议后，经审查，异议成立的，应当裁定终结督促程序，支付令自行失效。支付令失效的，转入诉讼程序，但申请支付令的一方当事人不同意提起诉讼的除外"确立了诉讼程序与督促程序之间的互相转入的机制。

考点 4　开庭审理

一、精讲

开庭审理是在人民法院审判人员的主持下，在当事人和其他诉讼参与人参加下，依照法定程序和顺序，对争议案件进行实体审理，从而查明争议案件事实、分清是非，并在此基础上作出

裁判的全过程。开庭审理阶段不仅是当事人诉讼权利的集中体现阶段,而且也是人民法院对争议案件审判权的集中体现阶段。《民诉司法解释》第 228 条规定:"法庭审理应当围绕当事人争议的事实、证据和法律适用等焦点问题进行。"

根据我国民事诉讼法的规定,开庭审理应当按照下列顺序进行:

1. 开庭审理前的准备

《民事诉讼法》第 137 条第 1 款规定:"开庭审理前,书记员应当查明当事人和其他诉讼参与人是否到庭,宣布法庭纪律。"

2. 开庭开始阶段

《民事诉讼法》第 137 条第 2 款规定:"开庭审理时,由审判长核对当事人,宣布案由,宣布审判人员、书记员名单,告知当事人有关的诉讼权利义务,询问当事人是否提出回避申请。"

3. 法庭调查阶段

《民事诉讼法》第 138 条规定:"法庭调查按照下列顺序进行:(一) 当事人陈述;(二) 告知证人的权利义务,证人作证,宣读未到庭的证人证言;(三) 出示书证、物证、视听资料和电子数据;(四) 宣读鉴定意见;(五) 宣读勘验笔录。"

4. 法庭辩论阶段

《民事诉讼法》第 141 条规定:"法庭辩论按照下列顺序进行:(一) 原告及其诉讼代理人发言;(二) 被告及其诉讼代理人答辩;(三) 第三人及其诉讼代理人发言或者答辩;(四) 互相辩论。法庭辩论终结,由审判长按照原告、被告、第三人的先后顺序征询各方最后意见。"

《民诉司法解释》第 230 条规定:"人民法院根据案件具体情况并征得当事人同意,可以将法庭调查和法庭辩论合并进行。"

【注意】《民诉司法解释》增加了在庭审中禁反言的规定,也是诚信原则的体现。第 229 条规定:"当事人在庭审中对其在审理前的准备阶段认可的事实和证据提出不同意见的,人民法院应当责令其说明理由。必要时,可以责令其提供相应证据。人民法院应当结合当事人的诉讼能力、证据和案件的具体情况进行审查。理由成立的,可以列入争议焦点进行审理。"

5. 判决前的调解

《民事诉讼法》第 142 条规定:"法庭辩论终结,应当依法作出判决。判决前能够调解的,还可以进行调解,调解不成的,应当及时判决。"

6. 评议与裁判阶段

合议庭评议案件,应当不公开进行。评议作出裁判时采取少数服从多数的原则,按照多数人的意见作出,少数人的意见应当记入评议笔录,但该审判人员必须在裁判文书上署名。需要注意与仲裁的区别。

7. 宣判

裁判作出后可以采取两种方式宣判:一是定期宣判,并在宣判的同时发送裁判文书;二是当庭宣判,并在宣判后 10 日内发送裁判文书。无论是公开审理还是不公开审理,宣告裁判一律公开进行。

二、例题

1. 下列哪一选项中法院的审判行为,只能发生在开庭审理阶段?(2013年真题,单选)
   A. 送达诉讼文书
   B. 组织当事人进行质证
   C. 调解纠纷,促进当事人达成和解
   D. 追加必须参加诉讼的当事人

   [释疑] 根据《民事诉讼法》及有关司法解释的规定,开庭审理阶段也就是当事人在法庭的主持之下进行举证与质证的阶段,所以,当事人的举证与质证只能发生在开庭审理阶段,B项正确;而送达诉讼文书、调解纠纷,促进当事人达成和解、追加必须参加诉讼的当事人主要发生在审前准备阶段,所以,选项A、C与D均不符合该题要求。(答案:B)

2. 关于法院与仲裁庭在审理案件有关权限的比较,下列哪些选项是正确的?(2012年真题,多选)
   A. 在一定情况下,法院可以依职权收集证据,仲裁庭也可以自行收集证据
   B. 对专门性问题需要鉴定的,法院可以指定鉴定部门鉴定,仲裁庭也可以指定鉴定部门鉴定
   C. 当事人在诉讼中或仲裁中达成和解协议的,法院可以根据当事人的申请制作判决书,仲裁庭也可以根据当事人的申请制作裁决书
   D. 当事人协议不愿写明争议事实和判(裁)决理由的,法院可以在判决书中不予写明,仲裁庭也可以在裁决书中不予写明

   [释疑] 该题属于司法考试中典型的综合考查民事诉讼与仲裁相关制度比较的试题。根据2012年《民事诉讼法》第67条第1款的规定:"人民法院有权向有关单位和个人调查取证,有关单位和个人不得拒绝。"根据《仲裁法》第43条的规定:"当事人应当对自己的主张提供证据。仲裁庭认为有必要收集的证据,可以自行收集。"因此,选项A是正确的。根据2012年《民事诉讼法》第76条第2款的规定:"当事人未申请鉴定,人民法院对专门性问题认为需要鉴定的,应当委托具备资格的鉴定人进行鉴定。"根据《仲裁法》第44条的规定,仲裁庭对专门性问题认为需要鉴定的,可以交由当事人约定的鉴定部门鉴定,也可以由仲裁庭指定的鉴定部门鉴定。因此,选项B是正确的。根据《调解规定》第4条的规定:"当事人在诉讼过程中自行达成和解协议的,人民法院可以根据当事人的申请依法确认和解协议制作调解书。"此外,该规定第18条规定:"当事人自行和解或者经调解达成协议后,请求人民法院按照和解协议或者调解协议的内容制作判决书的,人民法院不予支持。"根据《仲裁法》第49条的规定:"当事人申请仲裁后,可以自行和解。达成和解协议的,可以请求仲裁庭根据和解协议作出裁决书,也可以撤回仲裁申请。"因此,选项C是错误的。根据《仲裁法》第54条的规定:"裁决书应当写明仲裁请求、争议事实、裁决理由、裁决结果、仲裁费用的负担和裁决日期。当事人协议不愿写明争议事实和裁决理由的,可以不写。"但是,在民事诉讼中当事人则无此项诉讼权利,因此,选项D是错误的。(答案:AB)

3. 关于民事案件的开庭审理,下列哪一选项是正确的?(2012年真题,单选)
   A. 开庭时由书记员核对当事人身份和宣布案由
   B. 法院收集的证据是否需要进行质证,由法院决定
   C. 合议庭评议实行少数服从多数,形成不了多数意见时,以审判长意见为准
   D. 法院定期宣判的,法院应当在宣判后立即将判决书发给当事人

[释疑] 该题考查开庭审理的相关程序规定。根据2012年《民事诉讼法》第137条的规定:"开庭审理前,书记员应当查明当事人和其他诉讼参与人是否到庭,宣布法庭纪律。开庭审理时,由审判长核对当事人,宣布案由,宣布审判人员、书记员名单,告知当事人有关的诉讼权利义务,询问当事人是否提出回避申请。"因此,选项A是错误的。可能考生一般不会注意该法律规定,但根据民事诉讼的一般理论,开庭时核对当事人并宣布案由属于审判权行使的内容,由此也可以推出选项A是错误的。根据《民事诉讼证据规定》第51条第2款、第3款规定:"人民法院依照当事人申请调查收集的证据,作为提出申请的一方当事人提供的证据。人民法院依照职权调查收集的证据应当在庭审时出示,听取当事人意见,并可就调查收集该证据的情况予以说明。"因此,选项B是错误的。根据2012年《民事诉讼法》第42条的规定:"合议庭评议案件,实行少数服从多数的原则。"虽然该条文对无法形成多数意见时如何处理未作出明确规定,但就民事诉讼理论而言,此时不得根据审判长的意见作出判决,因此,选项C是错误的。根据2012年《民事诉讼法》第148条第2款的规定:"当庭宣判的,应当在十日内发送判决书;定期宣判的,宣判后立即发给判决书。"因此,选项D是正确的。(答案:D)

三、提示与预测

1. 开庭审理阶段,也即证明中的质证阶段,考生只要了解开庭审理具体包括哪些阶段和主要内容即可。

2. 当事人可以在举证期间届满前增加、变更诉讼请求,提起反诉,人民法院合并审理。

二审发回重审:二审裁定撤销一审判决发回重审的案件,当事人申请变更、增加诉讼请求或者提出反诉,第三人提出与本案有关的诉讼请求的,依照民事诉讼法第140条规定处理。(《民诉司法解释》第251条)

再审发回重审:再审裁定撤销原判决、裁定发回重审的案件,当事人申请变更、增加诉讼请求或者提出反诉,符合下列情形之一的,人民法院应当准许:(1)原审未合法传唤缺席判决,影响当事人行使诉讼权利的;(2)追加新的诉讼当事人的;(3)诉讼标的物灭失或者发生变化致使原诉讼请求无法实现的;(4)当事人申请变更、增加的诉讼请求或者提出的反诉,无法通过另诉解决的。(《民诉司法解释》第252条)

考点 5 诉讼中特殊情形的处理

一、精讲

诉讼中特殊情形包括五种,按撤诉处理、缺席判决、延期审理、诉讼中止和诉讼终结。按撤诉处理、缺席判决、延期审理是开庭审理阶段出现特殊情形的处理。诉讼中止和诉讼终结则是整个诉讼过程中出现特殊情形的处理。

在开庭审理阶段,需要双方当事人到庭,如果当事人基于正当事由或法律规定的事由不能参加庭审,则无论是原告方,还是被告方,均适用延期审理;如果当事人是基于非正当事由,即经人民法院传票传唤,无正当理由拒不到庭的,或者未经法庭许可中途退庭的,对于原告一方按撤诉处理,对于被告一方则缺席判决。

在整个诉讼过程中,如果出现特殊情形,使诉讼程序无法继续进行,需要先停下来等该情形消除后继续进行的,诉讼中止;如果诉讼进行已经毫无意义,则终结诉讼。

1. 按撤诉处理

按撤诉处理是人民法院根据当事人所实施的行为作出的法律上的推断,由于按撤诉处理产生与申请撤诉完全相同的法律后果,因此,只有出现下列法定情形时,人民法院才可以裁定按撤诉处理:

(1) 原告或者上诉人接到人民法院预交案件受理费的通知后,既不预交费用,也不申请缓交、减交或者免交诉讼费用,以及申请缓交、减交或者免交未获准许后仍不交费的。

(2) 原告经人民法院传票传唤,无正当理由拒不到庭或者未经法庭许可中途退庭的。

(3) 有独立请求权的第三人经法院传票传唤,无正当理由拒不到庭或者未经法庭许可中途退庭的。

(4) 无民事行为能力的原告的法定代理人,经法院传票传唤,无正当理由拒不到庭的。

相关制度:申请撤诉制度

撤诉是民事诉讼中当事人行使其处分权的具体体现,即人民法院受理争议案件后,宣告判决前当事人撤回诉讼的行为。撤诉可以分为申请撤诉与按撤诉处理。

申请撤诉是原告或者上诉人在人民法院受理案件后宣告判决之前,主动要求撤回诉讼的行为。申请撤诉需要符合以下法定条件:

(1) 申请撤诉的主体是原告、上诉人及其法定代理人,其他人无权申请撤诉,这里的原告是广义上的原告,包括本诉的原告、反诉的原告、第三人参加之诉的原告。

(2) 申请撤诉应当在人民法院受理案件后,宣告判决之前。

(3) 申请撤诉应当自愿、合法。

人民法院对于当事人的撤诉申请,应当裁定准许;但当事人申请撤诉的案件,如果当事人有违反法律的行为需要依法处理的,或法庭辩论终结后原告申请撤诉被告不同意的,人民法院可以不准撤诉。

2. 缺席判决

缺席判决是人民法院在仅有一方当事人参与庭审陈述与辩论,并对另一方当事人提供的书面材料进行审查的基础上,对争议案件作出的判决。由于缺席判决实际上是对未到庭一方当事人的惩罚,因此,只有出现以下法定情形时才能作出缺席判决:

(1) 原告经法院传票传唤,无正当理由拒不到庭或者未经法庭许可中途退庭,被告反诉的。需要注意的是,在这种情况下,人民法院只能对反诉作出判决,而不得将本诉与反诉一并作出缺席判决。因为本诉部分,法院应当按撤诉处理。

(2) 被告经传票传唤无正当理由拒不到庭或者未经法庭许可中途退庭的。

(3) 无民事行为能力的被告的法定代理人,经法院传票传唤,无正当理由拒不到庭的。

(4) 宣判前,原告申请撤诉,人民法院裁定不准许撤诉的,原告经传票传唤,无正当理由拒不到庭的,可以缺席判决。

(5) 在借贷纠纷案件中,债权人起诉时,债务人下落不明的,人民法院受理案件后可以公告送达并传唤债务人应诉。公告期限届满,债务人仍然不应诉,借贷关系明确的,经审理后可以作出缺席判决。在审理中债务人出走,下落不明,借贷关系明确的,也可以缺席判决。

(6) 一方下落不明,另一方只起诉离婚的,可以受理后缺席判决。

【注意】

(1) 无独立请求权第三人的问题。《民诉司法解释》第240条规定:"无独立请求权的第三人经人民法院传票传唤,无正当理由拒不到庭,或者未经法庭许可中途退庭的,不影响案件的审理。"

(2)拘传和缺席判决。适用拘传情形的,不能缺席判决。对于必须到庭的被告和申请撤诉而没有被准许的必须到庭才能查清案件基本事实的原告,经一次传票传唤后,不来参加庭审,人民法院应当延期审理,向其发第二次传票,第二次开庭依然不来参加庭审,则拘传到庭,不能缺席判决。

3. 延期审理

延期审理,是指人民法院确定开庭审理时间后或者在开庭审理的过程中,由于发生某种特殊情况,使开庭审理无法按期或者继续进行,从而将开庭审理推延到下一时间的诉讼制度。

《民事诉讼法》第146条规定:"有下列情形之一的,可以延期开庭审理:(一)必须到庭的当事人和其他诉讼参与人有正当理由没有到庭的;(二)当事人临时提出回避申请的;(三)需要通知新的证人到庭,调取新的证据,重新鉴定、勘验,或者需要补充调查的;(四)其他需要延期审理的情形。"

4. 诉讼中止

诉讼中止,即在诉讼进行过程中,如果出现一些法定特殊原因,使诉讼程序无法继续进行时,法院裁定暂停诉讼程序,等特殊原因消失以后再行恢复诉讼程序的法律制度。

根据我国《民事诉讼法》第150条的规定:有下列情形之一的,中止诉讼:

(1)一方当事人死亡,需要等待继承人表明是否参加诉讼的。这一情形实际是自然人作为当事人时,其诉讼权利义务承担在民事诉讼中的具体运用。

(2)一方当事人丧失诉讼行为能力,尚未确定法定代理人的。

(3)作为一方当事人的法人或者其他组织终止,尚未确定权利义务承受人的。

(4)一方当事人因不可抗拒的事由,不能参加诉讼的。需要注意这一情形与延期审理中的第一种情形,即必须到庭的当事人有正当理由没有到庭的区别。在这种情况下,应当诉讼中止,因为延期审理是将正在进行的开庭或者准备进行的开庭推延到下一时间,具有可预测性;而诉讼中止后,何时能够恢复诉讼,法院无法预测。

(5)本案必须以另一案的审理结果为依据,而另一案尚未审结的。如在民事诉讼进行过程中,涉及刑事诉讼、行政诉讼、破产程序、特别程序问题等,而该民事诉讼需要以此审理结果为依据的。

(6)其他应当中止诉讼的情形。如最高人民法院司法解释中规定,在借贷案件中,债权人起诉时,债务人下落不明的,法院应要求债权人提供证明借贷关系存在的证据,受理后公告传唤债务人应诉。公告期限届满,债务人仍不应诉,借贷关系无法查明的,裁定中止诉讼;在审理中债务人出走,下落不明,事实难以查清的,裁定中止诉讼。

5. 诉讼终结

诉讼终结,指在诉讼进行过程中,因发生某种法定的特殊原因,使诉讼程序无法继续进行或者继续进行已无必要时,由人民法院裁定终结诉讼程序的法律制度。

根据《民事诉讼法》第151条的规定,有下列情形之一的,终结诉讼:

(1)原告死亡,没有继承人,或者继承人放弃诉讼权利的;

(2)被告死亡,没有遗产,也没有应当承担义务的人的;

(3)离婚案件一方当事人死亡的;

(4) 追索赡养费、扶养费、抚育费以及解除收养关系案件的一方当事人死亡的。由于这类案件是基于人的特定身份关系而产生的，在诉讼进行过程中，无论是享有权利的一方当事人死亡，还是需要承担义务的一方当事人死亡，身份关系的消失自然导致基于特定身份关系而产生的实体权利与义务关系的消失，诉讼无法继续进行。

二、例题

1. 甲县法院受理居住在乙县的成某诉居住在甲县的罗某借款纠纷案。诉讼过程中，成某出差归途所乘航班失踪，经全力寻找仍无成某生存的任何信息，主管方宣布机上乘客不可能生还，成妻遂向乙县法院申请宣告成某死亡。对此，下列哪一说法是正确的？（2015 年真题，单选）

  A. 乙县法院应当将宣告死亡案移送至甲县法院审理
  B. 借款纠纷案与宣告死亡案应当合并审理
  C. 甲县法院应当裁定中止诉讼
  D. 甲县法院应当裁定终结诉讼

[释疑]　本案中成妻向法院申请宣告成某死亡的结果，直接导致成某的权利由其继承人继承，其与罗某借款纠纷案发生法定的当事人变更，因此，借款纠纷案必须以宣告死亡案的审理结果为依据，借款案应当中止诉讼。选项 C 正确（答案：C）

2. 法院开庭审理时一方当事人未到庭，关于可能出现的法律后果，下列哪些选项是正确的？（2011 年真题，多选）

  A. 延期审理　　　　　　　　　　B. 按原告撤诉处理
  C. 缺席判决　　　　　　　　　　D. 采取强制措施拘传未到庭的当事人到庭

[释疑]　本题的题干中一方当事人未到庭，没有说明是原告还是被告，也没有说明是基于何种原因，因此，应当将原告和被告所有不到庭的法律后果均加以选择。根据《民事诉讼法》第 146 条的规定："有下列情形之一的，可以延期开庭审理：（一）必须到庭的当事人和其他诉讼参与人有正当理由没有到庭的……" 选项 A 是正确的。根据《民事诉讼法》第 143 条的规定："原告经传票传唤，无正当理由拒不到庭的，或者未经法庭许可中途退庭的，可以按撤诉处理；被告反诉的，可以缺席判决。" 选项 B 是正确的。根据《民事诉讼法》第 144 条的规定："被告经传票传唤，无正当理由拒不到庭的，或者未经法庭许可中途退庭的，可以缺席判决。" 选项 C 是正确的。根据《民事诉讼法》第 109 条的规定，人民法院对必须到庭的被告，经两次传票传唤，无正当理由拒不到庭的，可以拘传。选项 D 是正确的。（答案：ABCD）

3. 甲与乙对一古董所有权发生争议诉至法院。在诉讼过程中，丙声称古董属于自己所有，主张对古董的所有权。下列哪一说法是正确的？（2009 年真题，单选）

  A. 如丙没有起诉，法院可以依职权主动追加其作为有独立请求权第三人
  B. 如丙起诉后认为受案法院无管辖权，可以提出管辖权异议
  C. 如丙起诉后经法院传票传唤，无正当理由拒不到庭，应当视为撤诉
  D. 如丙起诉后，甲与乙达成协议经法院同意而撤诉，应当驳回丙的起诉

[释疑]　该题综合考查了有独立请求权第三人的参加诉讼方式、诉讼权利，按撤诉处理以及与本诉的关系等程序问题。根据民事诉讼理论，有独立请求权的第三人是参加之诉的原告，故选项 A 是不正确的；有独立请求权的第三人无权提出管辖权异议，故选项 B 是不正确

的;根据《民诉司法解释》第236条的规定:"有独立请求权的第三人经人民法院传票传唤,无正当理由拒不到庭的,或者未经法庭许可中途退庭的,比照民事诉讼法第一百四十三条的规定,按撤诉处理。"选项C是正确的。(答案:C)

4. 法院对于诉讼中有关情况的处理,下列哪些做法是正确的?(2009年真题,多选)

A. 甲起诉其子乙请求给付赡养费。开庭审理前,法院依法对甲、乙进行了传唤,但开庭时乙未到庭,也未向法院说明理由。法院裁定延期审理

B. 甲、乙人身损害赔偿一案,甲在前往法院的路上,胃病发作住院治疗。法院决定延期审理

C. 甲诉乙离婚,在案件审理中甲死亡。法院裁定按甲撤诉处理

D. 原告在诉讼中因车祸成为植物人,在原告法定代理人没有确定期间,法院裁定中止诉讼

[释疑] 选项A中的赡养费案件属于被告必须到庭的案件,被告经过一次传票传唤,无正当理由未到庭时,法院应延期审理,但是应当用决定而不是裁定,故选项A是错误的。选项B属于当事人有正当理由未到庭,故根据《民事诉讼法》第146条的规定,法院决定延期审理是正确的。选项C中离婚案件的一方当事人死亡,根据《民事诉讼法》第150条的规定,法院应裁定终结诉讼,而不是裁定按撤诉处理。选项D符合《民事诉讼法》第150条有关诉讼中止的规定,是正确的。(答案:BD)

5. 甲起诉与乙离婚,一审法院判决不予准许。甲不服一审判决提起上诉,在甲将上诉状递交原审法院后的第三天,乙遇车祸死亡。此时,原审法院尚未将上诉状转交给二审法院。关于本案的处理,下列哪一选项是正确的?(2009年真题,单选)

A. 终结诉讼
B. 驳回上诉
C. 不予受理上诉
D. 中止诉讼

[释疑] 根据《民事诉讼法》第151条的规定,有下列情形之一的,终结诉讼:(1)原告死亡,没有继承人,或者继承人放弃诉讼权利的;(2)被告死亡,没有遗产,也没有应当承担义务的人的;(3)离婚案件一方当事人死亡的;(4)追索赡养费、扶养费、抚育费以及解除收养关系案件的一方当事人死亡的。可知,无论在第一审程序,还是在第二审程序,如果离婚案件的一方当事人死亡的,诉讼终结,A项正确。(答案:A,司法部公布答案为D)

三、提示与预测

诉讼中五种特殊情形的处理是高频考点,考生应当掌握其适用的具体情形,此外,还需要注意下列问题:

(1)当事人申请撤诉或者依法可以按撤诉处理的案件,如果当事人有违反法律的行为需要依法处理,人民法院可以不准撤诉或者不按撤诉处理。法庭辩论终结后原告申请撤诉,被告不同意的,人民法院可以不予准许。(《民诉司法解释》第238条)

(2)无独立请求权的第三人经人民法院传票传唤,无正当理由拒不到庭,或者未经法庭许可中途退庭的,不影响案件的审理。(《民诉司法解释》第240条)

在实务中,无独立请求权的第三人往往是义务型,与被告共同对抗原告,如果判决无独立请求权的第三人承担实体责任的,其相当于被告,所以,在此种情形下,无独立请求权的第三人经人民法院传票传唤,无正当理由拒不到庭,或者未经法庭许可中途退庭的,人民法院可以作

出缺席判决。

（3）按撤诉处理和缺席判决，是人民法院根据当事人的行为作出的法律上的推断，因此，只有法律明确规定的情形才能适用。

（4）五种特殊情形适用的法律文书。延期审理用决定，缺席用判决，按撤诉处理、诉讼中止和诉讼终结用裁定。

（5）《民事诉讼法》第 149 条规定，人民法院适用普通程序审理的案件，应当在立案之日起 6 个月内审结。有特殊情况需要延长的，由本院院长批准，可以延长 6 个月；还需要延长的，报请上级人民法院批准。

考点 6　审限

一、精讲

审限，是指从立案的次日起至裁判宣告、调解书送达之日止的期间，但公告、鉴定期间，审理当事人提出的管辖权异议以及处理人民法院之间的管辖争议期间，不应计算在内。

适用程序	审限	延长次数	延长程序
普通程序	6 个月	2 次	院长批准延长 6 个月，第二次由上级法院批准，无时间限制
简易程序	3 个月	可以延长	审理期限到期后，双方当事人同意继续适用简易程序的，由本院院长批准，可以延长审理期限。延长后的审理期限累计不得超过 6 个月（《民诉司法解释》第 258 条）
二审程序	裁定，30 日	不得延长	院长批准
	判决，3 个月	1 次	
特别程序	30 日，选民资格案件例外	1 次，选民资格案件例外	院长批准
审判监督程序	分别按一审、二审审限	同前	同前

二、提示与预测

对审限的规定，考生应当了解。特别是简易程序的审限，《民诉司法解释》第 258 条规定：审理期限到期后，双方当事人同意继续适用简易程序的，由本院院长批准，可以延长审理期限。延长后的审理期限累计不得超过 6 个月。

第十三章 简易程序

考点 1 简易程序的适用范围

一、精讲

1. 适用简易程序的法院和审级

（1）适用简易程序的人民法院：只能是基层人民法院和它的派出法庭。这里的派出法庭既包括固定设立的人民法庭，也包括为便于审理案件而临时性的派出法庭。

（2）适用简易程序的审级：只能适用于人民法院审理的第一审民事案件。

2. 适用简易程序的案件范围

（1）法定适用简易程序的案件：根据《民事诉讼法》第157条第1款的规定"基层人民法院和它派出的法庭审理事实清楚、权利义务关系明确、争议不大的简单民事案件"，适用简易程序的规定。《民事诉讼法》第157条规定的简单民事案件中的事实清楚，是指当事人对争议的事实陈述基本一致，并能提供相应的证据，无须人民法院调查收集证据即可查明事实；权利义务关系明确是指能明确区分谁是责任的承担者，谁是权利的享有者；争议不大是指当事人对案件的是非、责任承担以及诉讼标的争执无原则分歧。（《民诉司法解释》第256条）

（2）约定适用简易程序的案件：根据《民事诉讼法》第157条第2款的规定，基层人民法院和它派出的法庭审理简单的民事案件以外的民事案件，当事人双方也可以约定适用简易程序。《民诉司法解释》第264条规定，当事人双方根据民事诉讼法第157条第2款规定约定适用简易程序的，应当在开庭前提出。口头提出的，记入笔录，由双方当事人签名或者捺印确认。

3. 不能适用简易程序的案件范围

尽管法律赋予当事人可以通过行使选择权，协商选择普通民事案件通过简易程序审理，但是，《民诉司法解释》第257条规定，有些案件不得适用简易程序审理，包括：

（1）起诉时被告下落不明的。对于被告下落不明的案件，需要通过公告送达的方式送达各项法律文书，例如送达起诉状副本、开庭传票，一次公告需要60天，两次公告120天，而简易程序的审限是3个月，且不得延长。虽然公告期间不计入审限，但对于这类案件如果适用简易程序审理，与简易程序的设立宗旨不符，因此，不能适用简易程序审理。

（2）发回重审的。发回重审的案件往往在事实认定或者诉讼程序方面存在错误，为保证案件的审判质量，不宜再适用简易程序审理。

（3）共同诉讼中一方或者双方当事人人数众多的。该类诉讼因涉及人数众多的一方或者双方当事人的民事权益，因此，不宜适用程序较为简化的简易程序审理。

（4）法律规定应当适用特别程序、审判监督程序、督促程序、公示催告程序和企业法人破产还债程序的。应当适用审判监督程序的民事案件，其生效裁判确有错误或者生效调解协议违反自愿原则或内容违法，此时，从保证当事人合法权益以及保证案件公正审判的角度，不得再适用简易程序审理。依法应当适用特别程序、督促程序、公示催告程序和企业法人破产还债程序的案件属于非诉讼案件，而适用简易程序只能审理诉讼案件，因此，不得适用简易程序。

（5）涉及国家利益、社会公共利益的。

(6) 第三人起诉请求改变或者撤销生效判决、裁定、调解书的。
(7) 人民法院认为不宜适用简易程序进行审理的案件。

二、例题

1. 甲与乙因借款合同发生纠纷,甲向某区法院提起诉讼,法院受理案件后,准备适用普通程序审理。甲为了能够尽快结案,建议法院适用简易程序,乙也同意。下列哪一选项是正确的?(2008年真题,单选)

A. 普通程序审理的案件不能适用简易程序,因此,法院不可同意适用简易程序
B. 法院有权将普通程序审理转为简易程序,因此,甲、乙的意见无意义
C. 甲、乙可以自愿协商选择适用简易程序,无须经法院同意
D. 甲、乙有权自愿选择适用简易程序,但需经法院同意

[释疑] 该题考查简易程序的选择适用。根据《民事诉讼法》第157条第2款规定,基层人民法院和它派出的法庭审理前款规定以外的民事案件,当事人双方也可以约定适用简易程序。可见,当事人双方可以约定适用简易程序审理普通案件,无需经法院同意。C项正确。(答案:C,司法部答案:D)

三、提示与预测

简易程序的适用范围是高频考点,特别是不适用简易程序审理的案件,必须掌握。

考点 2 简易程序的具体程序特点

一、精讲

1. 起诉与送达

(1) 起诉的方式:一般为书面形式;原告本人不能书写起诉状,委托他人代写起诉状确有困难的,可以口头起诉。

(2) 无法通知被告应诉时的处理:最高人民法院《关于依据原告起诉时提供的被告住址无法送达应如何处理问题的批复》(2004年12月)对最高人民法院《关于适用简易程序审理民事案件的若干规定》(以下简称《简易程序规定》)第8条作了修正:"人民法院依据原告起诉时提供的被告住址无法直接送达或者留置送达的,应当要求原告补充材料。原告因客观原因不能补充或者依据原告补充的材料仍不能确定被告住址的,人民法应当依法向被告公告送达诉讼文书。"

(3) 送达地址的确认。《简易程序规定》第5条规定:"当事人应当在起诉或者答辩时向人民法院提供自己准确的送达地址、收件人、电话号码等其他联系方式,并签名或者捺印确认。送达地址应当写明受送达人住所地的邮政编码和详细地址;受送达人是有固定职业的自然人的,其从业的场所可以视为送达地址。"

(4) 被告送达地址的确定。《简易程序规定》第9条规定:"被告到庭后拒绝提供自己的送达地址和联系方式的,人民法院应当告知其拒不提供送达地址的后果;经人民法院告知后被告仍然拒不提供的,按下列方式处理:(一)被告是自然人的,以其户籍登记中的住所地或者经常居住地为送达地址;(二)被告是法人或者其他组织的,应当以其工商登记或者其他依法登

记、备案中的住所地为送达地址。"

（5）送达方式简便。《民诉司法解释》第261条规定："适用简易程序审理案件,人民法院可以采取捎口信、电话、短信、传真、电子邮件等简便方式传唤双方当事人、通知证人和送达裁判文书以外的诉讼文书。"

【注意】简易程序中简便送达与电子送达的区别。

（6）简易程序中留置送达的适用。在简易程序中,适用留置送达时,既可以将诉讼文书留在受送达人的住所,也可以将诉讼文书留在受送达人的从业场所。而在普通程序中,留置送达的地点只能是在受送达人的住所。

2. 审理前的准备

（1）对当事人适用简易程序异议的处理。《民诉司法解释》第269条规定："当事人就案件适用简易程序提出异议,人民法院经审查,异议成立的,裁定转为普通程序;异议不成立的,口头告知当事人,并记入笔录。转为普通程序的,人民法院应当将合议庭组成人员及相关事项以书面形式通知双方当事人。转为普通程序前,双方当事人已确认的事实,可以不再进行举证、质证。"

（2）先行调解的案件范围。《简易程序规定》第14条规定："下列民事案件,人民法院在开庭审理时应当先行调解:（一）婚姻家庭纠纷和继承纠纷;（二）劳务合同纠纷;（三）交通事故和工伤事故引起的权利义务关系较为明确的损害赔偿纠纷;（四）宅基地和相邻关系纠纷;（五）合伙协议纠纷;（六）诉讼标的额较小的纠纷。但是,根据案件的性质和当事人的实际情况不能调解或者显然没有调解必要的除外。"

3. 举证期限的确定

《民诉司法解释》第266条规定："适用简易程序案件的举证期限由人民法院确定,也可以由当事人协商一致并经人民法院准许,但不得超过十五日。被告要求书面答辩的,人民法院可在征得其同意的基础上,合理确定答辩期间。人民法院应当将举证期限和开庭日期告知双方当事人,并向当事人说明逾期举证以及拒不到庭的法律后果,由双方当事人在笔录和开庭传票的送达回证上签名或者捺印。当事人双方均表示不需要举证期限、答辩期间的,人民法院可以立即开庭审理或者确定开庭日期。"

4. 开庭审理与宣判（《民诉司法解释》第259条、《简易程序规定》第23条、第27条）

当事人双方可就开庭方式向人民法院提出申请,由人民法院决定是否准许。经当事人双方同意,可以采用视听传输技术等方式开庭。（《民诉司法解释》第259条）

以简便方式送达的开庭通知,未经当事人确认或者没有其他证据证明当事人已经收到的,人民法院不得缺席判决。（《民诉司法解释》第261条）

适用简易程序审理的民事案件,应当一次开庭审结,但人民法院认为确有必要再次开庭的除外。

适用简易程序审理的民事案件,除人民法院认为不宜当庭宣判的以外,应当当庭宣判。

5. 裁判文书的制作

适用简易程序审理的民事案件,有下列情形之一的,人民法院在制作裁判文书、调解书时对认定事实或者判决理由部分可以适当简化。《民诉司法解释》第270条规定:(1)当事人达成调解协议并需要制作民事调解书的;(2)一方当事人明确表示承认对方全部或者部分诉讼请求的;(3)涉及商业秘密、个人隐私的案件,当事人一方要求简化裁判文书中的相关内容,人民法院认为理由正当的;(4)当事人双方同意简化的。

二、例题

1. 郑飞诉万雷侵权纠纷一案,虽不属于事实清楚、权利义务关系明确、争议不大的案件,但双方当事人约定适用简易程序进行审理,法院同意并以电子邮件的方式向双方当事人通知了开庭时间(双方当事人均未回复)。开庭时被告万雷无正当理由不到庭,法院作出了缺席判决。送达判决书时法院通过各种方式均未联系上万雷,遂采取了公告送达方式送达了判决书。对此,法院下列的哪些行为是违法的?(2015年真题,多选)

A. 同意双方当事人的约定,适用简易程序对案件进行审理
B. 以电子邮件的方式向双方当事人通知开庭时间
C. 作出缺席判决
D. 采取公告方式送达判决书

[释疑] 根据《民事诉讼法》第157条第2款的规定,基层人民法院和它派出的法庭审理简单的民事案件以外的民事案件,当事人双方也可以约定适用简易程序。A 正确;根据《民诉司法解释》第261条规定,适用简易程序审理案件,人民法院可以采取捎口信、电话、短信、传真、电子邮件等简便方式传唤双方当事人、通知证人和送达裁判文书以外的诉讼文书。以简便方式送达的开庭通知,未经当事人确认或者没有其他证据证明当事人已经收到的,人民法院不得缺席判决。B 正确,C 错误;简易程序不适用公告送达,这与简易程序审理案件的要求以及审限的要求不符,D 错误。(答案为:CD)

2. 关于简易程序的简便性,下列哪一表述是不正确的?(2013年真题,单选)

A. 受理程序简便,可以当即受理、当即审理
B. 审判程序简便,可以不按法庭调查、法庭辩论的顺序进行
C. 庭审笔录简便,可以不记录诉讼权利义务的告知、原被告的诉辩意见等通常性程序内容
D. 裁判文书简便,可以简化裁判文书的事实认定或判决理由部分

[释疑] 该题综合考查简易程序的相关规定。根据《民事诉讼法》第158条第1款的规定,当事人双方可以同时到基层人民法院或者它派出的法庭,请求解决纠纷,法院可以当即审理,因此,选项 A 是正确的。根据该法第160条的规定,适用简易程序审理案件,不受本法关于法庭调查、法庭辩论顺序的限制,因此,选项 B 是正确的。根据《简易程序规定》的相关规定,适用简易程序审理案件的庭审笔录应记录诉讼权利义务的告知等事项,因此,选项 C 是不正确的。根据《民诉司法解释》第270条的规定,在法定情形之下,可以适当简化裁判文书关于事实认定或判决理由部分,因此,选项 D 是正确的。(答案:C)

3. 关于简易程序的表述,下列哪些选项是正确的?(2010年真题,多选)

A. 基层法院适用普通程序审理的民事案件,当事人双方可协议并经法院同意适用简易程序审理
B. 经双方当事人一致同意,法院制作判决书时可对认定事实或者判决理由部分适当简化
C. 法院可口头方式传唤当事人出庭
D. 当事人对案件事实无争议的,法院可不开庭径行判决

[释疑] 根据《民事诉讼法》第157条第2款的规定,当事人双方可以约定适用简易程序

审理普通案件,无需经法院同意。选项 A 是错误的;根据《民诉司法解释》第 270 条的规定,适用简易程序审理的民事案件,有下列情形之一的,人民法院在制作裁判文书时对认定事实或者判决理由部分可以适当简化:"……(四)当事人双方同意简化的。"选项 B 是正确的;根据《民诉司法解释》第 261 条的规定,以捎口信、电话、传真、电子邮件等形式发送的开庭通知,未经当事人确认或者没有其他证据足以证明当事人已经收到的,人民法院不得将其作为缺席判决的根据。选项 C 是正确的;根据《民事诉讼法》第 169 条:第二审人民法院对上诉案件,应当组成合议庭,开庭审理。经过阅卷、调查和询问当事人,对没有提出新的事实、证据或者理由,合议庭认为不需要开庭审理的,可以不开庭审理。可知,法院可不开庭径行判决的情形只存在二审程序中,一审程序不能适用。选项 D 是错误的。(答案:BC;司法部公布答案:ABC)

三、提示与预测

简易程序的特点是相对普通程序而言的,是考试的出题点,应当掌握简易程序不同于普通程序之处。

掌握简易程序转化为普通程序的法定情形,具体包括:(1)发现案件不适宜适用简易程序审理;(2)法院无法直接送达或者留置送达应诉通知书的;(3)当事人提出的异议成立。

简易程序转化为普通程序后,需注意两点程序事项:(1)审理期限自立案次日起计算;(2)应以书面形式告知当事人合议庭组成等相关事项。

适用简易程序审理的案件,审限为 3 个月,审理期限到期后,双方当事人同意继续适用简易程序的,由本院院长批准,可以延长审理期限。延长后的审理期限累计不得超过 6 个月(《民诉司法解释》第 258 条)。

考点 3 小额诉讼程序

一、精讲

2012 年修订后的《民事诉讼法》新增加了关于小额诉讼程序的规定,但仅规定了小额的额度标准以及一审终审。《民诉司法解释》对小额诉讼适用的具体案件范围、审理程序以及小额程序与简易程序的衔接等问题作了进一步的具体规定,考生应当掌握。

(一)小额程序适用的案件范围(重点)

1. 标的额

标的额为各省、自治区、直辖市上年度就业人员年平均工资 30% 以下的简单民事案件。各省、自治区、直辖市上年度就业人员年平均工资,是指已经公布的各省、自治区、直辖市上一年度就业人员年平均工资。在上一年度就业人员年平均工资公布前,以已经公布的最近年度就业人员年平均工资为准。

2. 适用小额诉讼程序审理的金钱给付案件(《民诉司法解释》第 274 条)

(1)买卖合同、借款合同、租赁合同纠纷;(2)身份关系清楚,仅在给付的数额、时间、方式上存在争议的赡养费、抚育费、扶养费纠纷;(3)责任明确,仅在给付的数额、时间、方式上存在争议的交通事故损害赔偿和其他人身损害赔偿纠纷;(4)供用水、电、气、热力合同纠纷;(5)银行卡纠纷;(6)劳动关系清楚,仅在劳动报酬、工伤医疗费、经济补偿金或者赔偿金给付数额、时间、方式上存在争议的劳动合同纠纷;(7)劳务关系清楚,仅在劳务报酬给付数额、时间、方式上存在争议的劳务合同纠纷;(8)物业、电信等服务合同纠纷;(9)其他金钱给付纠纷。

3. 不适用小额诉讼程序审理的案件(《民诉司法解释》第275条)

(1)人身关系、财产确权纠纷;(2)涉外民事纠纷;(3)知识产权纠纷;(4)需要评估、鉴定或者对诉前评估、鉴定结果有异议的纠纷;(5)其他不宜适用一审终审的纠纷。

(二)小额案件的审理法院

小额案件的审理法院是基层人民法院和它派出的法庭。

海事法院可以审理海事、海商小额诉讼案件。

(三)小额案件的具体程序规定

1. 小额案件的举证期限和答辩期(《民诉司法解释》第277条)

小额诉讼案件的举证期限由人民法院确定,也可以由当事人协商一致并经人民法院准许,但一般不超过7日。

2. 小额诉讼案件的管辖异议与程序异议(《民诉司法解释》第278条、第281条)

(1)小额诉讼案件的管辖异议:当事人对小额诉讼案件提出管辖异议的,人民法院应当作出裁定。裁定一经作出即生效。(《民诉司法解释》第278条)

【注意】简易程序和普通程序审理的案件,管辖权异议裁定可以上诉。

(2)适用小额诉讼的程序异议:当事人对按照小额诉讼案件审理有异议的,应当在开庭前提出。人民法院经审查,异议成立的,适用简易程序的其他规定审理;异议不成立的,告知当事人,并记入笔录。(《民诉司法解释》第281条)

3. 小额诉讼程序与简易程序衔接、与普通程序的转化(《民诉司法解释》第280条)

因当事人申请增加或者变更诉讼请求、提出反诉、追加当事人等,致使案件不符合小额诉讼案件条件的,应当适用简易程序的其他规定审理。前款规定案件,应当适用普通程序审理的,裁定转为普通程序。适用简易程序的其他规定或者普通程序审理前,双方当事人已确认的事实,可以不再进行举证、质证。

4. 小额诉讼案件的裁判文书

小额诉讼案件的裁判文书可以简化,主要记载当事人基本信息、诉讼请求、裁判主文等内容。(《民诉司法解释》第282条)

5. 小额诉讼案件实行一审终审

(四)小额诉讼案件的再审(《民诉司法解释》第426条)

对小额诉讼案件的判决、裁定,当事人以《民事诉讼法》第200条规定的事由向原审人民法院申请再审的,人民法院应当受理。申请再审事由成立的,应当裁定再审,组成合议庭进行审理。作出的再审判决、裁定,当事人不得上诉。

当事人以不应按小额诉讼案件审理为由向原审人民法院申请再审的,人民法院应当受理。理由成立的,应当裁定再审,组成合议庭审理。作出的再审判决、裁定,当事人可以上诉。

二、例题

1. 李某诉谭某返还借款一案,M市N区法院按照小额诉讼案件进行审理,判决谭某返还借款。判决生效后,谭某认为借款数额远高于法律规定的小额案件的数额,不应按小额案件审理,遂向法院申请再审。法院经审查,裁定予以再审。关于该案再审程序适用,下列哪些选项是正确的?(2016年卷三81题,多选)

A. 谭某应当向 M 市中级法院申请再审　　B. 法院应当组成合议庭审理
C. 对作出的再审判决当事人可以上诉　　D. 作出的再审判决仍实行一审终审

[释疑]　本题考查对小额案件的再审。根据《民事诉讼法》第 199 条的规定，再审申请可以向上一级人民法院申请再审；当事人一方人数众多或者当事人双方为公民的案件，也可以向原审人民法院申请再审，本案当事人双方为公民，既可以向上一级人民法院，即向 M 市中级法院申请再审，也可以向原审人民法院，即 M 市 N 区法院申请再审，A 项错误；根据《民诉司法解释》第 426 条第 2 款的规定，当事人以不应按小额诉讼案件审理为由向原审人民法院申请再审的，人民法院应当受理。理由成立的，应当裁定再审，组成合议庭审理。作出的再审判决、裁定，当事人可以上诉。BC 正确，D 项错误。（答案：BC）

2. 根据《民事诉讼法》相关司法解释，下列哪些案件不适用小额诉讼程序？（2015 年真题，多选）

A. 人身关系案件　　　　　　　　B. 涉外民事案件
C. 海事案件　　　　　　　　　　D. 发回重审的案件

[释疑]　本题直接考查不适用小额诉讼程序的案件范围，根据《民诉司法解释》第 275 条的规定，下列案件不得适用小额诉讼程序审理：(1) 人身关系、财产确权纠纷（但身份关系清楚，仅在给付的数额、时间、方式上存在争议的赡养费、抚育费、扶养费纠纷可以适用小额诉讼程序审理）；(2) 涉外民事纠纷；(3) 知识产权纠纷；(4) 需要评估、鉴定或者对诉前评估、鉴定结果有异议的纠纷；(5) 其他不宜适用一审终审的纠纷。（答案：ABC）

3. 赵洪诉陈海返还借款 100 元，法院决定适用小额诉讼程序审理。关于该案的审理，下列哪一选项是错误的？（2014 年真题，单选）

A. 应在开庭审理时先行调解
B. 应开庭审理，但经过赵洪和陈海的书面同意后，可书面审理
C. 应当庭宣判
D. 应一审终审

[释疑]　本题考查小额诉讼的审理。小额案件的审理规定在简易程序中，除标的额和一审终审有特别规定外，其他的适用简易程序的相关规定；根据《简易程序规定》第 14 条，对于诉讼标的额较小的纠纷应当先行调解，A 项正确。我国《民事诉讼法》确立了公开审判制度，公开审判的基础就是开庭审理，因此无论是简易程序还是普通程序，都应当开庭审理，不得书面审理，B 项错误。根据《简易程序规定》第 27 条，适用简易程序审理的民事案件，除人民法院认为不宜当庭宣判的以外，应当当庭宣判。C 项正确；根据《民事诉讼法》第 162 条的规定，小额诉讼程序审理的案件，实行一审终审。D 项正确。（答案：B）

三、提示与预测

小额诉讼程序的具体运用应当掌握。

第十四章　公益诉讼

本章是 2012 年《民事诉讼法》第 55 条新增加的制度，2015 年 2 月颁布实施的最高人民法

院《关于适用〈中华人民共和国民事诉讼法〉的解释》第十三专章规定了公益诉讼,明确规定了其具体程序的问题。关于公益诉讼,属于近年的热点问题,需要掌握下列问题:(1) 公益诉讼的特点;(2) 公益诉讼的原告,即法律规定的机关和有关组织;(3) 公益诉讼程序的特点,包括起诉条件、管辖、和解、调解、申请撤诉以及判决的效力。

考点 1 公益诉讼的特点

一、精讲

公益诉讼相较私益诉讼而言,具有下列特点:

1. 诉讼目的方面的特殊性:为了维护社会公共利益。
2. 起诉主体的法定性:公益诉讼的原告必须以获得法定授权的机关或团体为前提,个人不能成为公益诉讼的原告。
3. 民事公益诉讼的原告与案件没有直接利害关系,即原告并不是违法行为侵害的直接利害关系人。
4. 民事公益诉讼的提起并不以存在实际损害为前提条件,可以针对那些给社会公众或不特定多数人造成潜在危害的不法行为提起民事公益诉讼。例如最高人民法院《关于审理环境民事公益诉讼案件适用法律若干问题的解释》第1条规定:"法律规定的机关和有关组织依据民事诉讼法第五十五条、环境保护法第五十八条等法律的规定,对已经损害社会公共利益或者具有损害社会公共利益重大风险的污染环境、破坏生态的行为提起诉讼,符合民事诉讼法第一百一十九条第二项、第三项、第四项规定的,人民法院应当受理。"

二、例题

根据2012年修改的《民事诉讼法》,关于公益诉讼的表述,下列哪一选项是错误的?(2013年真题,单选)

A. 公益诉讼规则的设立,体现了依法治国的法治理念
B. 公益诉讼的起诉主体只限于法律授权的机关或团体
C. 公益诉讼规则的设立,有利于保障我国经济社会全面协调发展
D. 公益诉讼的提起必须以存在实际损害为前提

[解析] 公益诉讼虽然也是针对侵权行为提出,但是与一般侵权案件诉讼不同的是,公益诉讼的提起不以存在实际损害为前提条件,可以针对那些给社会公众或不特定多数人造成潜在危害的不法行为提起民事公益诉讼。例如最高人民法院《关于审理环境民事公益诉讼案件适用法律若干问题的解释》第1条规定:"法律规定的机关和有关组织依据民事诉讼法第五十五条、环境保护法第五十八条等法律的规定,对已经损害社会公共利益或者具有损害社会公共利益重大风险的污染环境、破坏生态的行为提起诉讼,符合民事诉讼法第一百一十九条第二项、第三项、第四项规定的,人民法院应当受理。"D项不正确。(答案:D)

三、提示与预测

公益诉讼适格的原告(法律规定的机关和有关组织)是高频考点,考生应当掌握。
根据《民事诉讼法》第55条的规定,对环境污染、侵害众多消费者合法权益等损害社会公

共利益的行为,法律规定的机关和有关组织可以向人民法院提起诉讼。

根据《民诉司法解释》第284条的规定,公益诉讼案件的适格原告为"环境保护法、消费者权益保护法等法律规定的机关和有关组织"。

《海洋环境保护法》第90条2款对破坏海洋生态、海洋保护区,给国家造成重大损失的,由依照本法规定行使海洋环境监督管理权的部门代表国家对责任者提出损害赔偿要求。

《环境保护法》(2014年4月24日第十二届全国人民代表大会常务委员会第八次会议修订)第58条明确赋予相关的社会组织提起公益诉讼的权利。第58条规定,对污染环境、破坏生态,损害社会公共利益的行为,符合下列条件的社会组织可以向人民法院提起诉讼:(1)依法在设区的市级以上人民政府民政部门登记;(2)专门从事环境保护公益活动连续五年以上且无违法记录。符合前款规定的社会组织向人民法院提起诉讼,人民法院应当依法受理。

《消费者权益保护法》(2013年10月第二次修正)明确赋予中国消费者协会以及在省、自治区、直辖市设立的消费者协会对对侵害众多消费者合法权益的行为,可以提起公益诉讼。《消费者权益保护法》第47条规定:"对侵害众多消费者合法权益的行为,中国消费者协会以及在省、自治区、直辖市设立的消费者协会,可以向人民法院提起诉讼。"

考点 2 公益诉讼的具体程序

一、精讲

1. 公益诉讼的起诉条件
(1) 有明确的被告;
(2) 有具体的诉讼请求;
(3) 有社会公共利益受到损害的初步证据;
(4) 属于人民法院受理民事诉讼的范围和受诉人民法院管辖。
【注意】公益诉讼的起诉条件相较于一般案件的起诉条件有如下区别:
(1) 减少了对原告适格的要求;
(2) 增加了对公共利益受到损害的初步证据的要求。

2. 管辖
公益诉讼案件由侵权行为地或者被告住所地中级人民法院管辖,但法律、司法解释另有规定的除外。

因污染海洋环境提起的公益诉讼,由污染发生地、损害结果地或者采取预防污染措施地海事法院管辖。

对同一侵权行为分别向两个以上人民法院提起公益诉讼的,由最先立案的人民法院管辖,必要时由它们的共同上级人民法院指定管辖。

3. 其他机关、组织参与诉讼
人民法院受理公益诉讼案件后,应当在十日内书面告知相关行政主管部门。
人民法院受理公益诉讼案件后,依法可以提起诉讼的其他机关和有关组织,可以在开庭前向人民法院申请参加诉讼。人民法院准许参加诉讼的,列为共同原告。

4. 公益诉讼案件的和解、调解、申请撤诉
(1) 和解与调解
《民诉司法解释》第289条规定:"对公益诉讼案件,当事人可以和解,人民法院可以调解。

当事人达成和解或者调解协议后,人民法院应当将和解或者调解协议进行公告。公告期间不得少于三十日。公告期满后,人民法院经审查,和解或者调解协议不违反社会公共利益的,应当出具调解书;和解或者调解协议违反社会公共利益的,不予出具调解书,继续对案件进行审理并依法作出裁判。"

(2) 申请撤诉

《民诉司法解释》第290条规定:"公益诉讼案件的原告在法庭辩论终结后申请撤诉的,人民法院不予准许。"

二、例题

某品牌手机生产商在手机出厂前预装众多程序,大幅侵占标明内存,某省消费者保护协会以侵害消费者知情权为由提起公益诉讼,法院受理了该案。下列哪一说法是正确的?(2015年真题,单选)

A. 本案应当由侵权行为地或者被告住所地中级法院管辖
B. 本案原告没有撤诉权
C. 本案当事人不可以和解,法院也不可以调解
D. 因该案已受理,购买该品牌手机的消费者甲若以前述理由诉请赔偿,法院不予受理

[解析] 公益诉讼的案件由侵权行为地或者被告住所地中级法院管辖,A正确;在公益诉讼案件中,原告享有撤诉权,仅仅在时间上收到限制,只能在法庭辩论终结前提出,之后提出的,法院不予准予,B错误;同理,公益诉讼中,允许当事人和解,法院进行调解,只因其涉及公益,和解协议和调解协议要进行公告,C错误;公益诉讼不影响私益诉讼,D错误。(答案:A)

三、提示与预测

1. 公益诉讼由于涉及社会公共利益,故对于其和解、调解协议应当公告。
2. 公益诉讼案件的裁判发生法律效力后,其他依法具有原告资格的机关和有关组织就同一侵权行为另行提起公益诉讼的,人民法院裁定不予受理,但法律、司法解释另有规定的除外。
3. 人民法院受理公益诉讼案件,不影响同一侵权行为的受害人依法向人民法院提起诉讼。

总之一句话:公益诉讼一次性搞定,私权利诉讼不受影响。

第十五章 第三人撤销权之诉

考点 1 提起第三人撤销之诉的条件

一、精讲

(一) 第三人撤销之诉的起诉条件

1. 第三人未参加诉讼,且对此无过错。根据《民诉司法解释》第295条的规定,包括下列情况:不知道诉讼而未参加的;或申请参加未获准许的;或知道诉讼,但因客观原因无法参加

的;或因其他不能归责于本人的事由未参加诉讼的。

2. 第三人必须提出证据证明发生法律效力的判决、裁定、调解书的部分或者全部内容错误。倘若生效的法律文书没有错误，即使对第三人造成不利益，第三人也不能提出第三人撤销之诉。需要注意的是，根据法条的表述，应当是一个起诉要件，若不符合该要件，法院应当裁定不予受理，但是在受理案件之前对证据的要求相对较低，只要能够初步证明即可，至于原判决是否真的错误，则应当在随后的审理过程中予以判断。

3. 原判决需损害第三人的民事权益。如果原判决确有错误，但没有损害第三人的民事权益，则对于第三人来说并没有诉讼利益，故不能提起撤销之诉。

【注意】可以撤销或者变更的法律文书包括判决、裁定和调解书。《民诉司法解释》第296条规定："民事诉讼法第五十六条第三款规定的判决、裁定、调解书的部分或者全部内容，是指判决、裁定的主文，调解书中处理当事人民事权利义务的结果。"

（二）第三人撤销之诉的当事人

1. 第三人撤销之诉的原告：应当是未参加过原诉讼的第三人，既可以是无独立请求权的第三人，也可以是有独立请求权的第三人。

【提示】有独立请求权的第三人选择以另行起诉的方式维护自己的合法权益时，如果涉及需要撤销或者改变原生效判决的，当事人可以一并提起撤销之诉，合并审理，人民法院也可以依职权提起再审后合并审理。

2. 第三人撤销之诉的被告：为生效判决、裁定、调解书的当事人；并将生效判决、裁定、调解书中没有承担责任的无独立请求权的第三人列为第三人。

（三）第三人撤销之诉的管辖

第三人应当向作出该判决、裁定、调解书的人民法院提起诉讼。如果生效的法律文书是由一审法院作出的，则向一审法院提起诉讼；如果是由二审法院作出的，则应当向二审法院提起撤销之诉。第三人可以起诉撤销一审和二审法律文书，也可以起诉仅撤销二审法律文书。

（四）第三人撤销之诉的起诉期间

自第三人知道或者应当知道其民事权益受到损害之日起6个月内。该期间是不变期间，超出该期间的，第三人可以通过其他途径救济，但不能提起撤销之诉。

二、提示与预测

第三人撤销之诉是2012年《民事诉讼法》第56条第3款新增加的制度，2015年2月颁布实施的最高人民法院《关于适用〈中华人民共和国民事诉讼法〉的解释》第十四专章规定了第三人撤销之诉，明确规定了其具体程序的问题以及与相关程序的衔接问题。关于第三人撤销之诉，是近年的热点问题，往往在案例分析题中进行考查，考生需要掌握第三人撤销之诉提起的条件。

此外，第三人撤销之诉属于一个新的诉讼，故该诉讼中当事人的诉讼地位应当按一审普通程序的规定列明，也即第三人撤销权之诉中可能存在三种诉讼主体：原告、被告、第三人。

1. 提起撤销权之诉的第三人为诉讼的发动者，为原告，自无疑异；
2. 第三人提起撤销之诉的目的是撤销原生效法律文书中错误内容，涉及原审当事人的利益，故原审原告、被告为撤销权之诉的被告；
3. 如果原审中有第三人的，分情形讨论：

（1）原审有独立请求权第三人：原审有独立请求权第三人在原诉讼中主张了实体权利，原生效法律文书必然涉及其权利义务，故必然与第三人撤销之诉中的原告主张的实体权利存在冲突，进而在第三人撤销之诉中，原有独立请求权第三人应为被告。

（2）原审有无独立请求权第三人，则分两种情况讨论：

① 原无独立请求权第三人在原生效法律文书中承担责任。该种情形下，原生效法律文书对该无独立请求权第三人的权利义务作出了处理，撤销权之诉的原告要求改变原生效法律文书的诉讼主张必然涉及该原审无独立请求权第三人的权利义务，故其在第三人撤销权之诉中应当作为被告。

② 原无独立请求权第三人在原生效法律文书中没有承担责任。该种情形下，原生效法律文书没有对该无独立请求权第三人的权利义务作出认定，撤销权之诉的原告要求改变原生效法律文书的诉讼主张与该无独立请求权第三人的权利义务无关，故其在第三人撤销之诉中不应列为被告，只能列为第三人。

【总结】原审的原告、被告、有独立请求权第三人和承担责任的无独立请求权第三人都是第三人撤销权之诉的被告。而原审不承担责任的无独立请求权第三人应当作为撤销权之诉的第三人。

考点 2　第三人撤销之诉的具体程序

一、精讲

（一）对第三人撤销之诉的受理与不予受理

1. 审查受理

《民诉司法解释》第 293 条规定："人民法院应当在收到起诉状和证据材料之日起五日内送交对方当事人，对方当事人可以自收到起诉状之日起十日内提出书面意见。人民法院应当对第三人提交的起诉状、证据材料以及对方当事人的书面意见进行审查。必要时，可以询问双方当事人。经审查，符合起诉条件的，人民法院应当在收到起诉状之日起三十日内立案。不符合起诉条件的，应当在收到起诉状之日起三十日内裁定不予受理。"

2. 不予受理（不适用第三人撤销之诉）的具体情形

《民诉司法解释》第 297 条规定："对下列情形提起第三人撤销之诉的，人民法院不予受理：

（一）适用特别程序、督促程序、公示催告程序、破产程序等非讼程序处理的案件；

（二）婚姻无效、撤销或者解除婚姻关系等判决、裁定、调解书中涉及身份关系的内容；

（三）民事诉讼法第五十四条规定的未参加登记的权利人对代表人诉讼案件的生效裁判；

（四）民事诉讼法第五十五条规定的损害社会公共利益行为的受害人对公益诉讼案件的生效裁判。"

【思考】

（1）对于第三人撤销权之诉，法院立案受理后发现不符合起诉条件应当如何处理？

（2）对于第三人撤销权之诉，当事人对法院作出不予受理、驳回起诉裁定不服的，如何救济？

【解答】

由于第三人提起第三人撤销权之诉的实质是认为原生效判决、裁定、调解书错误,侵犯自身权益,而将原审原告和被告一并作为被告,提起一个新的诉讼,要求改变或者撤销原生效判决、裁定、调解书,从而改变原生效法律文书所确定的权利义务关系,进而维护自身合法权益。故其是一个全新的起诉(变更之诉或者形成之诉),可以参照普通程序的起诉与受理处理,故答案如下:

(1)法院立案受理后发现不符合起诉条件应当裁定驳回起诉;

(2)对于第三人撤销权之诉中,当事人对法院作出不予受理、驳回起诉裁定不服的,可以通过上诉的方式救济。

(二)第三人撤销之诉的审理和处理

1.《民诉司法解释》第294条规定:"人民法院对第三人撤销之诉案件,应当组成合议庭开庭审理。"

【注意】

第三人撤销之诉,不适用简易程序审理。

2.根据《民诉司法解释》第300条的规定,对第三人撤销之诉的审理方式如下:

(1)请求成立且确认其民事权利的主张全部或部分成立的,改变原判决、裁定、调解书内容的错误部分;

(2)请求成立,但确认其全部或部分民事权利的主张不成立,或者未提出确认其民事权利请求的,撤销原判决、裁定、调解书内容的错误部分;

(3)请求不成立的,驳回诉讼请求。

【注意】

(1)对第三人撤销之诉裁判不服的,当事人可以上诉。

(2)原判决、裁定、调解书的内容未改变或者未撤销的部分继续有效。

二、例题

关于第三人撤销之诉,下列哪一说法是正确的?(2014年真题,单选)

A. 法院受理第三人撤销之诉后,应中止原裁判的执行

B. 第三人撤销之诉是确认原审裁判错误的确认之诉

C. 第三人撤销之诉由原审法院的上一级法院管辖,但当事人一方人数众多或者双方当事人为公民的案件,应由原审法院管辖

D. 第三人撤销之诉的客体包括生效的民事判决、裁定和调解书

[释疑] 本题考查第三人撤销权之诉。第三人撤销权之诉是指本应作为有独立请求权第三人或者无独立请求权第三人的主体因不能归责于本人的事由而没能参加诉讼,但是有证据证明生效的判决书、裁定书、调解书部分或者全部内容错误,侵犯自己合法权益的,可以自知道或者应当知道之日起6个月内向做出该判决、裁定、调解书的法院提起诉讼。可见第三人撤销权之诉的客体为生效的民事判决、裁定、调解书,所以D选项正确。而撤销权之诉应当向作出原生效判决、裁定、调解书的法院(即终审法院)提出,而不是上一级法院,所以C选项错误,该选项的表述实际上是申请再审的相关规定。《民诉司法解释》规定第三人提起撤销之诉后,该第三人可以通过向执行法院提出对执行标的异议或者提供担保的方式中止执行,而A

选项中没有提到第三人提出对执行标的异议,也未提及该第三人提供担保,故中止执行的表述错误,该表述实则是利用"法院决定再审后应当裁定中止原判决、裁定、调解书的执行"这一规定进行干扰。第三人撤销权之诉实际上是本应作为有独立请求权第三人或者无独立请求权第三人的人为了维护自身合法权益而在判决生效后向法院提出撤销、改变原生效裁判的请求,与确认之诉无关,所以 B 选项错误。(答案为:D)

三、提示与预测

(1)第三人撤销权之诉应当开庭审理,不得书面审理;
(2)第三人撤销权之诉应当组成合议庭审理,不能适用独任制;
(3)人民法院审理第三人撤销之诉,应严格适用第一审普通程序;
(4)第三人撤销权之诉中,第三人(即第三人撤销权之诉的原告)的诉讼请求是改变或者撤销原来的判决、裁定、调解书,即是对原生效判决、裁定、调解书所确定的法律关系进行变更或者消灭,其本质上是变更之诉(形成之诉)。

考点 3 第三人撤销之诉与相关程序的关系

一、精解

(一)第三人撤销之诉与执行的关系

1. 人民法院受理第三人撤销之诉后,执行程序并不中止;如果原告提供相应担保,请求中止执行的,人民法院可以准许。

2. 第三人提起撤销之诉后,未中止生效判决、裁定、调解书执行的,第三人可以在执行中向执行法院对执行标的主张权利(即提出案外人对执行标的的异议),法院经审查,异议成立的裁定中止执行,异议不成立的,裁定驳回。

(二)第三人撤销之诉与再审的关系

第三人撤销之诉案件审理期间,人民法院对生效判决、裁定、调解书裁定再审的,受理第三人撤销之诉的人民法院应当裁定将第三人的诉讼请求并入再审程序。但有证据证明原审当事人之间恶意串通损害第三人合法权益的,人民法院应当先行审理第三人撤销之诉案件,裁定中止再审诉讼。

第三人诉讼请求并入再审程序审理的,按照下列情形分别处理:

1. 按照第一审程序审理的,人民法院应当对第三人的诉讼请求一并审理,所作的判决可以上诉;

2. 按照第二审程序审理的,人民法院可以调解,调解达不成协议的,应当裁定撤销原判决、裁定、调解书,发回一审法院重审,重审时应当列明第三人。

【提示】按照二审程序审理的再审案件,应当保护第三人的上诉权。

【理解与适用】

原则上,再审审理程序与第三人撤销之诉并行时,裁定将第三人撤销权之诉并入再审程序,为一次性解决多方当事人的民事权利义务争议,第三人撤销之诉应当裁定终结。

例外的情形:有证据证明原诉讼属于原审当事人之间恶意串通损害第三人合法权益时,人民法院应当先行审理第三人撤销之诉案件,并裁定中止再审程序。

【思考】为什么有证据证明原诉讼属于原审当事人之间恶意串通损害第三人合法权益时，人民法院应当先行审理第三人撤销之诉案件，并裁定中止再审程序？

【分析】这种情形下即通过第三人撤销权之诉查明了原审当事人恶意串通进行虚假诉讼，则会撤销原判决、裁定、调解书，此时再审就失去了审理对象（再审的审理对象是原生效判决、裁定、调解书），自然没有继续的必要，再审程序应当裁定终结。

二、提示与预测

第三人撤销之诉与相关程序之间的关系，是考试的重点内容，总结如下，考生应当掌握

1. 第三人撤销之诉受理后，执行程序不中止。要想中止原判决的执行，可以有如下两种方式：(1) 向受理第三人撤销之诉的法院提供担保，请求中止执行，法院可以准许；(2) 向执行法院提出案外人对执行标的的异议（即就执行标的向执行法院主张权利），法院审查，异议成立的即裁定中止执行。

2. 第三人撤销之诉与再审均是对错误生效裁判的救济，因此，二者只能适用其一，不能同时适用。

（1）执行程序开始前，第三人只能通过第三人撤销之诉的方式对错误的生效裁判进行救济，不能申请再审。

（2）执行程序开始前，同一裁判被提起第三人撤销之诉后，又被裁定再审，再审吸收撤销。

（3）执行程序开始后，第三人撤销之诉先于执行异议提出的，执行异议被驳回后，不得申请再审。

（4）执行程序开始后，第三人先提出执行异议，被裁定驳回后，再提第三人撤销之诉的，法院不予受理；此时只能通过申请再审的方式救济。

3. 第三人撤销之诉与执行异议可以同时适用。

第十六章　第二审程序

本章知识体系：

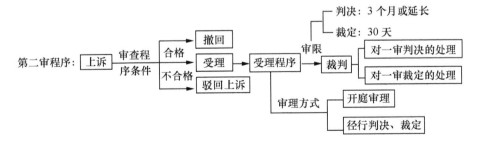

考点 1 上诉的提起条件

一、精讲

1. 上诉的对象

未发生法律效力的一审裁判。

(1) 允许上诉的判决有三种:地方各级人民法院适用普通程序以及基层人民法院和它派出的法庭适用简易程序审理后作出的判决,以及人民法院对发回重审与按照一审程序对案件进行再审后作出的判决。

两类不能上诉的判决:① 最高人民法院作出的一审判决;② 法院适用特别程序、公示催告程序作出的判决。

(2) 允许上诉的裁定:管辖权异议裁定、不予受理裁定、驳回起诉裁定、移送管辖和管辖权转移的裁定。

【特别提示】 允许上诉的管辖权异议裁定是指驳回审判管辖异议的裁定,而驳回执行管辖异议的裁定不允许上诉,只能向上一级人民法院申请复议。

2. 上诉的主体

一审判决中实体权利与义务的承受人。

在民事诉讼中,有权提起上诉而成为上诉人的,具体包括一审中的原告、被告、共同诉讼人、有独立请求权的第三人和承担实体义务的无独立请求权的第三人。

无民事行为能力人、限制民事行为能力人的法定代理人,可以代理当事人提起上诉。

3. 上诉状的形式

当事人提起上诉必须以书面形式进行,口头上诉无效。

4. 上诉的时间

判决从送达之日起 15 日内;裁定从送达之日起 10 日内;涉外案件的判决和裁定的上诉时间均为从送达之日起 30 日内。

【注意】上诉期间从何时开始计算的问题,尤其是共同诉讼人的上诉期间问题,对于共同诉讼人而言,如果一审判决和可以上诉的一审裁定不能同时送达双方当事人的,上诉期限从各自收到判决书、裁定书的次日起计算。

5. 上诉的法院

原审人民法院或第二审人民法院。

二、例题

1. 甲、乙、丙诉丁遗产继承纠纷一案,甲不服法院作出的一审判决,认为分配给丙和丁的遗产份额过多,提起上诉。关于本案二审当事人诉讼地位的确定,下列哪一选项是正确的?(2016 年卷三 44 题,单选)

A. 甲是上诉人,乙、丙、丁是被上诉人
B. 甲、乙是上诉人,丙、丁是被上诉人
C. 甲、乙、丙是上诉人,丁为被上诉人
D. 甲是上诉人,乙为原审原告,丙、丁是被上诉人

[释疑] 本题考查必要共同诉讼人部分上诉后二审当事人诉讼地位的确定。根据《民诉

司法解释》第319条的规定,必要共同诉讼人的一人或者部分人提起上诉的,按下列情形分别处理:(1)上诉仅对与对方当事人之间权利义务分担有意见,不涉及其他共同诉讼人利益的,对方当事人为被上诉人,未上诉的同一方当事人依原审诉讼地位列明;(2)上诉仅对共同诉讼人之间权利义务分担有意见,不涉及对方当事人利益的,未上诉的同一方当事人为被上诉人,对方当事人依原审诉讼地位列明;(3)上诉对双方当事人之间以及共同诉讼人之间权利义务承担有意见的,未提起上诉的其他当事人均为被上诉人。本案中,甲认为分配给丙和丁的遗产份额过多,并未对乙的遗产份额有异议,因此,甲是上诉人,丙、丁为被上诉人,乙为原审原告,D项正确。(答案:D)

2. 下列哪些情况下,法院不应受理当事人的上诉请求?(2013年真题,多选)

A. 宋某和卢某借款纠纷一案,卢某终审败诉,宋某向区法院申请执行,卢某提出执行管辖异议,区法院裁定驳回卢某异议。卢某提起上诉

B. 曹某向市中院诉刘某侵犯其专利权,要求赔偿损失1元钱,中院驳回其请求。曹某提起上诉

C. 孙某将朱某打伤,经当地人民调解委员会调解达成协议,并申请法院进行了司法确认。后朱某反悔提起上诉

D. 尹某诉与林某离婚,法院审查中发现二人系禁婚的近亲属,遂判决二人婚姻无效。尹某提起上诉

[释疑] 该题实际上综合性考查上诉的实质条件,即允许上诉的判决与裁定。根据《执行若干解释》第10条的规定,法院裁定驳回执行管辖异议后,当事人可以向上一级人民法院申请复议,因此,选项A的上诉,法院不应受理。根据《民事诉讼法》第164条的规定,对于驳回诉讼请求的判决,当事人有权提起上诉,因此,选项B的上诉,法院应当受理。根据本法第195条的规定,人民调解协议经法院司法确认有效后,具有强制执行力;确认无效,当事人有权起诉,因此,选项C的上诉,法院不应当受理。根据婚姻法相关司法解释,确认婚姻无效实行一审终审,因此,选项D的上诉,法院不应当受理。(答案:ACD)

3. 甲对乙享有10万元到期债权,乙无力清偿,且急于行使对丙的15万元债权,甲遂对丙提起代位权诉讼,法院依法追加乙为第三人。一审判决甲胜诉,丙应向甲给付10万元。乙、丙均提起上诉,乙请求法院判令丙向其支付剩余5万元债务,丙请求法院判令甲对乙的债权不成立。关于二审当事人地位的表述,下列哪一选项是正确的?(2013年真题,单选)

A. 丙是上诉人,甲是被上诉人   B. 乙、丙是上诉人,甲是被上诉人

C. 乙是上诉人,甲、丙是被上诉人   D. 丙是上诉人,甲、乙是被上诉人

[释疑] 该题直接考查二审当事人诉讼地位的判断,正确解答该题的关键在于对乙的诉讼地位的准确判断。在本题中,乙作为代位权诉讼中的主债务人,应处于无独立请求权第三人的诉讼地位,根据《民诉司法解释》第82条的规定,民事责任的无独立请求权的第三人有权上诉,在本题中,法院一审判决仅判决丙向甲支付10万元,乙没有上诉权,因此,选项B与C是不正确的。在本题中,丙上诉请求法院判令甲对乙的债权不成立,因此,选项A是正确的,而选项D是不正确的。(答案:A)

4. 吴某被王某打伤后诉至法院,王某败诉。一审判决书送达王某时,其当即向送达人郑某表示上诉,但因其不识字,未提交上诉状。关于王某行为的法律效力,下列哪一选项是正确的?(2011年真题,单选)

A. 王某已经表明上诉,产生上诉效力
B. 郑某将王某的上诉要求告知法院后,产生上诉效力
C. 王某未提交上诉状,不产生上诉效力
D. 王某口头上诉经二审法院同意后,产生上诉效力

[释疑] 本题简单考查上诉的形式。在民事诉讼中,当事人提起上诉应当以书面形式,口头上诉无效,因此,选项C是正确的。(答案:C)

三、提示与预测

上诉的提起条件是高频考点,重点掌握上诉主体以及上诉主体地位的列明:

1. 对上诉人都上诉的处理

《民诉司法解释》第317条规定:"双方当事人和第三人都提起上诉的,均列为上诉人。人民法院可以依职权确定第二审程序中当事人的诉讼地位。"二审程序不同于一审程序,由于一审程序审理的是双方当事人之间的实体权利与义务争议,因此必须有双方当事人;而二审程序审理的是当事人对一审判决不服而提起上诉的内容,因此,二审程序中既可以存在双方当事人,即上诉人与被上诉人,也可以只有上诉人一方当事人,而没有被上诉人。

2. 必要共同诉讼人中部分共同诉讼人上诉的处理(重点)

在必要共同诉讼中,法院作出一审判决后,经常会出现必要共同诉讼人中只有一人或者部分人提出上诉,如何确定二审程序中的上诉人与被上诉人?《民诉司法解释》第319条对这类情况作出了明确的规定,即必要共同诉讼人中的一人或者部分人提出上诉的,按照三种情况处理。

为了说明问题的方便,拟画出下图,该图表示在第一审程序中,甲和乙是共同诉讼人,他们是共同原告,被告只有丙一人。如果甲要上诉,在二审中他们三人的地位如何确定呢?

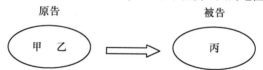

第一,如果该上诉是一方当事人对本方与对方当事人之间权利与义务分担有意见,不涉及其他共同诉讼人利益的,对方当事人为被上诉人,未上诉的同一方当事人依原审诉讼地位列明。如上图所示,甲要上诉,他只对与丙之间权利义务的分担有意见,不涉及乙,在二审中,他们三人的诉讼地位分别是:甲为上诉人,丙为被上诉人,乙为原审原告。

第二,如果该上诉仅对共同诉讼人之间权利与义务分担有意见,不涉及对方当事人利益的,未上诉的同一方当事人为被上诉人,对方当事人依原审诉讼地位列明。如上图所示,甲要上诉,他只对与乙之间权利义务的分担有意见,不涉及丙,在二审中,他们三人的诉讼地位分别是:甲为上诉人,乙为被上诉人,丙为原审被告。

第三,如果该上诉对双方当事人之间以及共同诉讼人之间权利与义务分担都有意见的,未提出上诉的其他当事人均为被上诉人。如上图所示,甲要上诉,他对与乙和丙的权利义务分担都有意见,如果乙和丙都不上诉,在二审中,他们三人的诉讼地位分别是:甲为上诉人,乙为被上诉人,丙为被上诉人。

总之,在确定必要共同诉讼人的上诉问题时,其规律是:有权上诉的当事人谁提出上诉谁

就是上诉人,上诉人对与谁之间的权利与义务分担有意见,谁就是被上诉人;未提出上诉并且上诉人的上诉请求不涉及的人,依原审诉讼地位列明即可。

(三) 二审当事人诉讼继承

上诉案件的当事人死亡或者终止的,人民法院依法通知其权利义务承继者参加诉讼。(《民诉司法解释》第322条)

《民诉司法解释》第317条规定:"双方当事人和第三人都提起上诉的,均列为上诉人。人民法院可以依职权确定第二审程序中当事人的诉讼地位。"

考点 2 二审法院对上诉案件的审理范围

一、精讲

根据《民诉司法解释》第323条的规定,二审法院对上诉案件的审理应当围绕上诉请求的有关事实和适用法律进行审查。当事人没有提出请求的,不予审理。但一审判决违反法律的禁止性规定,或者损害国家利益、社会公共利益、他人合法权益的,即使当事人没有提出请求,法院也要审理。

二、提示与预测

该知识点虽然近年考试没有涉及,但作为处分原则中,当事人对实体权利的处分对法院审理对象的制约,考生应当掌握。

考点 3 上诉案件的审理方式

一、精讲

第二审人民法院可以根据案件的具体情况分别采取开庭审理或者不开庭审理径行裁判两种方式进行。

《民事诉讼法》第169条第1款规定:"第二审人民法院对上诉案件,应当组成合议庭,开庭审理。经过阅卷、调查和询问当事人,对没有提出新的事实、证据或者理由,合议庭认为不需要开庭审理的,可以不开庭审理。"

《民诉司法解释》第333条规定:"第二审人民法院对下列上诉案件,依照民事诉讼法第一百六十九条规定可以不开庭审理:(一) 不服不予受理、管辖权异议和驳回起诉裁定的;(二) 当事人提出的上诉请求明显不能成立的;(三) 原判决、裁定认定事实清楚,但适用法律错误的;(四) 原判决严重违反法定程序,需要发回重审的。"

二、例题

1. 关于民事诉讼二审程序的表述,下列哪些选项是正确的?(2014年真题,多选)

A. 二审既可能因为当事人上诉而发生,也可能因为检察院的抗诉而发生

B. 二审既是事实审,又是法律审

C. 二审调解书应写明撤销原判

D. 二审原则上应开庭审理,特殊情况下可不开庭审理

[释疑] 本题考查二审程序的相关内容。二审程序的启动只能因当事人的上诉而发生，A项错误；二审对上诉请求所依据的事实和法律进行审理，B项正确；二审中可以进行调解，调解达成协议的都应当制作调解书，调解书送达原判决视为撤销，因此不需要在调解书中写明撤销原判，C项错误；审理时原则上为开庭审理，但经过阅卷、调查和询问当事人，对没有提出新的事实、证据或者理由，合议庭认为不需要开庭审理的，也可以不开庭审理，D项正确；(答案：BD)

2. 关于民事诉讼二审程序的表述，下列哪一选项是错误的？(2012年真题，单选)
A. 二审案件的审理，遇有二审程序没有规定的情形，应当适用一审普通程序的相关规定
B. 二审案件的审理，以开庭审理为原则
C. 二审案件调解的结果变更了一审判决内容的，应当在调解书中写明"撤销原判"
D. 二审案件的审理，应当由法官组成的合议庭进行审理

[释疑] 该题考查二审程序的相关程序问题。根据普通程序的基础性法律地位，对于其他程序没有规定的情形，适用一审普通程序的规定，因此，选项A是正确的。根据《民事诉讼法》第169条的规定，第二审人民法院对上诉案件，应当组成合议庭，开庭审理。经过阅卷、调查和询问当事人，对没有提出新的事实、证据或者理由，合议庭认为不需要开庭审理的，可以不开庭审理。该条实际上反映了二审审理方式以开庭审理为原则，不开庭审理为例外，因此，选项B是正确的。根据《民事诉讼法》第172条的规定："第二审人民法院审理上诉案件，可以进行调解。调解达成协议，应当制作调解书，由审判人员、书记员署名，加盖人民法院印章。调解书送达后，原审人民法院的判决即视为撤销。"因此，选项C是错误的。根据《民事诉讼法》第40条的规定："人民法院审理第二审民事案件，由审判员组成合议庭。"因此，选项D是正确的。(答案：C)

三、提示与预测

注意不开庭审理和书面审理的区别。在我国民事诉讼的审理方式中，不适用书面审理方式。在仲裁制度中，可以根据当事人的协议，进行书面审理。

考点 4 上诉的撤回

一、精讲

1. 上诉撤回的条件

(1)《民事诉讼法》第173条规定："第二审人民法院判决宣告前，上诉人申请撤回上诉的，是否准许，由第二审人民法院裁定。"

《民诉司法解释》第337条规定："在第二审程序中，当事人申请撤回上诉，人民法院经审查认为一审判决确有错误，或者当事人之间恶意串通损害国家利益、社会公共利益、他人合法权益的，不应准许。"

(2) 根据《民诉司法解释》第320条的规定，一审当事人"虽递交上诉状，但未在指定的期限内交纳上诉费的，按自动撤回上诉处理"。

2. 撤回上诉的法律效力

(1) 在上诉期内上诉人撤回上诉后，不得再次上诉；但判决是否生效需取决于其他当事人

在上诉期内是否上诉。

（2）在上诉期内，所有有权上诉的当事人均提起上诉后，均撤回上诉，法院裁定准许最后一个当事人撤回上诉时，一审裁判生效。

（3）在二审审理过程中，判决宣告前，上诉人撤回上诉，法院裁定准许后，一审判决即生效。

二、例题

经审理，一审法院判决被告王某支付原告刘某欠款本息共计22万元，王某不服提起上诉。二审中，双方当事人达成和解协议，约定：王某在3个月内向刘某分期偿付20万元，刘某放弃利息请求。案件经王某申请撤回上诉而终结。约定的期限届满后，王某只支付了15万元。刘某欲寻求法律救济。下列哪一说法是正确的？（2012年真题，单选）

A. 只能向一审法院重新起诉
B. 只能向一审法院申请执行一审判决
C. 可向一审法院申请执行和解协议
D. 可向二审法院提出上诉

[释疑] 该题主要考查撤回上诉的法律效力。当事人在二审程序中，一旦选择撤回上诉并获得法院准许，其法律后果是一审判决生效。基于上述两点，该题实际上就变成了，一审判决生效后，如果约定期限届满，王某仅支付15万元，刘某如何获得法律救济？因此，选项B是正确的。选项A的错误在于违反了一事不再理的原则，选项C的错误在于和解协议不具有执行力，而选项D的错误在于违背了两审终审制，因为上诉只能针对未生效的判决、裁定。（答案：B）

三、提示与预测

撤回上诉的法律效力是高频考点，考生必须掌握。

此外，《民诉司法解释》第338条新规定了二审中撤回起诉，即在第二审程序中，原审原告申请撤回起诉，经其他当事人同意，且不损害国家利益、社会公共利益、他人合法权益的，人民法院可以准许。准许撤诉的，应当一并裁定撤销一审裁判。原审原告在第二审程序中撤回起诉后重复起诉的，人民法院不予受理。需要掌握撤回起诉和撤回上诉的区别：

一般提及的撤诉，属于狭义的撤诉，仅指撤回起诉，但是，广义上的撤诉既包括撤回起诉，也包括撤回上诉。因此，题目信息中的撤诉究竟指撤回起诉，还是撤回上诉，应当根据具体情况判断。

区别项	撤回上诉	撤回起诉
申请主体	上诉人	原审（一审）原告
审查条件	认为一审判决确有错误，或者当事人之间恶意串通损害国家利益、社会公共利益、他人合法权益的，不应准许。	经其他当事人同意，且不损害国家利益、社会公共利益、他人合法权益的，人民法院可以准许。

(续表)

区别项	撤回上诉	撤回起诉
法律效力	(1) 在上诉期内上诉人撤回上诉后,不得再次上诉;但判决是否生效需取决于其他当事人在上诉期内是否上诉。 (2) 在上诉期内,所有有权上诉的当事人均提起上诉后,均撤回上诉,法院裁定准许最后一个当事人撤回上诉时,一审裁判生效。 (3) 在二审审理过程中,判决宣告前,上诉人撤回上诉,法院裁定准许后,一审判决即生效。	裁定撤回起诉,同时撤销一审判决。不得再次起诉(重复起诉)。

无论是撤回起诉,还是撤回上诉,人民法院均要进行审查,符合条件的,裁定准予撤回起诉或撤回上诉;认为有侵害国家利益、社会公共利益以及他人合法权益的,或者二审中认为一审判决确有错误的,可以裁定不准撤回起诉或撤回上诉,诉讼继续进行。

考点 5 二审中的和解

一、精讲

和解是当事人行使处分权的一种形式,当事人可以在一审、二审程序中进行和解,达成和解协议。当事人在二审程序中达成和解协议后,可以有两种处理方式:

1. 申请法院根据和解协议制作调解书,调解书送达签收后生效,原审判决视为撤销。
2. 因和解而申请撤诉,就要进行具体区分
(1) 上诉人是原审原告,申请撤诉时:既可以是撤回上诉,也可以是撤回起诉。这时需要注意撤回上诉和撤回起诉的区分。撤回上诉,一审判决生效;撤回起诉,一审判决被撤销,但撤回起诉后又重复起诉的,法院不予受理。
(2) 上诉人是原审被告,申请撤诉时:是指撤回上诉。
(3) 被上诉人是原审原告,申请撤诉时:是指撤回起诉。

二、例题

1. 甲公司诉乙公司买卖合同纠纷一案,法院判决乙公司败诉并承担违约责任,乙公司不服提起上诉。在二审中,甲公司与乙公司达成和解协议,并约定双方均将提起之诉予以撤回。关于两个公司的撤诉申请,下列哪一说法是正确的?(2016年卷三45题,单选)
   A. 应当裁定准许双方当事人的撤诉申请,并裁定撤销一审判决
   B. 应当裁定准许乙公司撤回上诉,不准许甲公司撤回起诉
   C. 不应准许双方撤诉,应依双方和解协议制作调解书
   D. 不应准许双方撤诉,应依双方和解协议制作判决书

[释疑] 本题考查二审程序中达成和解协议后撤诉的区分和处理。二审程序中,如果双方达成和解协议申请撤诉的,需要区分对待。上诉人是原审原告时,既可以是撤回上诉,也可

以是撤回起诉;上诉人是原审被告时,只能是撤回上诉;被上诉人是原审原告时只能是撤回起诉。本案中,上诉人是原审被告乙公司,被上诉人是原审原告甲公司,双方达成和解协议后约定均将提起之诉予以撤回,则乙公司撤的是上诉,甲公司撤的是起诉。只要符合法定的条件,法院就应当准许双方当事人的撤诉申请,对于撤回起诉的,人民法院裁定准予撤回的同时,裁定撤销一审判决。A项正确,BCD错误。(答案:A)

2. 经审理,一审法院判决被告王某支付原告刘某欠款本息共计22万元,王某不服提起上诉。二审中,双方当事人达成和解协议,约定:王某在3个月内向刘某分期偿付20万元,刘某放弃利息请求。案件经王某申请撤回上诉而终结。约定的期限届满后,王某只支付了15万元。刘某欲寻求法律救济。下列哪一说法是正确的?(2012年真题,单选)

A. 只能向一审法院重新起诉　　B. 只能向一审法院申请执行一审判决
C. 可向一审法院申请执行和解协议　　D. 可向二审法院提出上诉

[释疑]　正确解答该题需要考生掌握以下两点重要知识:(1)当事人在二审程序中达成和解协议后,可以选择申请法院依据和解协议制作调解书,调解书送达当事人后生效;也可以选择撤回上诉。(2)当事人在二审程序中,一旦选择撤回上诉并获得法院准许,其法律后果是一审判决生效。基于上述两点,该题实际上就变成了,一审判决生效后,如果约定期限届满,王某仅支付15万元,刘某如何获得法律救济?因此,选项B是正确的。选项A的错误在于违反了一事不再理的原则,选项C的错误在于和解协议不具有执行力,而选项D的错误在于违背了两审终审制,因为上诉只能针对未生效的判决、裁定。(答案:B)

3. 李某诉赵某解除收养关系,一审判决解除收养关系,赵某不服提起上诉。二审中双方和解,维持收养关系,向法院申请撤诉。关于本案下列哪一表述是正确的?(2006年真题,单选)

A. 二审法院应当准许当事人的撤诉申请
B. 二审法院可以依当事人和解协议制作调解书,送达双方当事人
C. 二审法院可以直接改判
D. 二审法院可以裁定撤销原判

[释疑]　本题考查的是二审中和解的处理。当事人在二审中达成和解协议的,法院可以根据当事人的请求,对双方当事人达成的和解协议进行审查并制作调解书送达当事人;因和解而申请撤诉,符合条件的应当准许。因此,A项正确。(答案:A)

三、提示与预测

1. 掌握二审程序中达成和解协议的处理方式及其各自的法律后果。
（1）上诉人可以申请撤回上诉,人民法院准许的,上诉撤回后一审判决生效。
（2）原审原告可以申请撤回起诉,经其他当事人同意,且不损害国家利益、社会公共利益、他人合法权益的,人民法院可以准许。原审原告在第二审程序中撤回起诉后重复起诉的,人民法院不予受理。
（3）申请法院根据和解协议制作调解书,调解书送达签收后生效。
2. 注意一审中诉讼和解的处理和二审中诉讼和解处理的相同点与不同点。

考点 6 二审中的调解

一、精讲

法院调解可以适用于所有的纠纷审理程序,二审程序也不例外。在二审程序中,法院可以根据当事人的自愿对上诉的案件进行调解,调解成立,制作调解书,因为该调解书直接影响到第一审裁判的效力;如果调解不成立,对于不同的案件,需要不同的处理。《民诉司法解释》第326—329条对二审程序中的调解问题作出了明确的规定,可以分为以下四个方面:

1. 关于漏审、漏判诉讼请求的问题

《民诉司法解释》第326条规定:"对当事人在第一审程序中已经提出的诉讼请求,原审人民法院未作审理、判决的,第二审人民法院可以根据当事人自愿的原则进行调解;调解不成的,发回重审。"

2. 关于遗漏必要共同诉讼人和有独立请求权第三人的问题

《民诉司法解释》第327条规定:"必须参加诉讼的当事人或者有独立请求权的第三人,在第一审程序中未参加诉讼,第二审人民法院可以根据当事人自愿的原则予以调解;调解不成的,发回重审。"

3. 关于新增加诉讼请求或者提出反诉的问题

《民诉司法解释》第328条规定:"在第二审程序中,原审原告增加独立的诉讼请求或者原审被告提出反诉的,第二审人民法院可以根据当事人自愿的原则就新增加的诉讼请求或者反诉进行调解;调解不成的,告知当事人另行起诉。双方当事人同意由第二审人民法院一并审理的,第二审人民法院可以一并裁判。"

4. 关于离婚案件

《民诉司法解释》第329条规定:"一审判决不准离婚的案件,上诉后,第二审人民法院认为应当判决离婚的,可以根据当事人自愿的原则,与子女抚养、财产问题一并调解;调解不成的,发回重审。双方当事人同意由第二审人民法院一并审理的,第二审人民法院可以一并裁判。"

二、例题

1. 齐远、张红是夫妻,因感情破裂诉至法院离婚,提出解除婚姻关系、子女抚养、住房分割等诉讼请求。一审判决准予离婚并对子女抚养问题作出判决。齐远不同意离婚提出上诉。二审中,张红增加诉讼请求,要求分割诉讼期间齐远继承其父的遗产。下列哪一说法是正确的?(2015年真题,单选)

　　A. 一审漏判的住房分割诉讼请求,二审可调解,调解不成,发回重审
　　B. 二审增加的遗产分割诉讼请求,二审可调解,调解不成,发回重审
　　C. 住房和遗产分割的两个诉讼请求,二审可合并调解,也可一并发回重审
　　D. 住房和遗产分割的两个诉讼请求,经当事人同意,二审法院可一并裁判

[释疑] 对于一审漏判的诉讼请求,二审可调解,调解不成,发回重审,A正确;对于二审新增加的独立的诉讼请求,二审可调解,调解不成,告知另行起诉,BCD错误。(答案为:A)

2. 某借款纠纷案二审中,双方达成调解协议,被上诉人当场将欠款付清。关于被上诉人请求二审法院制作调解书,下列哪一选项是正确的?(2009年真题,单选)

A. 可以不制作调解书,因为当事人之间的权利义务已经实现
B. 可以不制作调解书,因为本案属于法律规定可以不制作调解书的情形
C. 应当制作调解书,因为二审法院的调解结果除解决纠纷外,还具有对一审法院的判决效力发生影响的功能
D. 应当制作调解书,因为被上诉人已经提出请求,法院应当予以尊重

[释疑] 该案属于能够即时履行的案件,根据《民事诉讼法》第 98 条的规定,虽然属于不需要制作调解书的案件,但是,因为该案是在二审程序中调解成功,因涉及原一审裁判的效力问题,因此,选项 C 是正确的。(答案:C)

三、提示与预测

二审程序中调解的特殊规定是高频考点,必须掌握。

考点 7 上诉案件的裁判

一、精讲

根据《民事诉讼法》第 170 条的规定,第二审人民法院对上诉案件,经过审理,按照下列情形,分别处理:

1. 原判决、裁定认定事实清楚,适用法律正确的,以判决、裁定方式驳回上诉,维持原判决、裁定

该条款分为两种情况:对判决的上诉,原判决认定事实清楚,适用法律正确的,第二审人民法院以判决方式驳回上诉,维持原判决;对裁定的上诉,原裁定认定事实清楚,适用法律正确的,第二审人民法院以裁定方式驳回上诉,维持原裁定。

【注意】原判决、裁定认定事实或者适用法律虽有瑕疵,但裁判结果正确的,第二审人民法院可以在判决、裁定中纠正瑕疵后,依照《民事诉讼法》第 170 条第 1 款第 1 项规定予以维持。(《民诉司法解释》第 334 条)

2. 原判决、裁定认定事实错误或者适用法律错误的,以判决、裁定方式依法改判、撤销或者变更

该条款分为两种情况:对判决的上诉,原判决认定事实错误或者适用法律错误的,第二审人民法院以判决方式直接改判;对裁定的上诉,原裁定认定事实错误或者适用法律错误的,第二审人民法院以裁定方式撤销或者变更。

3. 原判决认定基本事实不清的,裁定撤销原判决,发回原审人民法院重审,或者查清事实后改判

《民诉司法解释》第 335 条规定:"民事诉讼法第一百七十条第一款第三项规定的基本事实,是指用以确定当事人主体资格、案件性质、民事权利义务等对原判决、裁定的结果有实质性影响的事实。"

4. 原判决遗漏当事人或者违法缺席判决等严重违反法定程序的,裁定撤销原判决,发回原审人民法院重审

《民诉司法解释》第 325 条规定:"下列情形,可以认定为民事诉讼法第一百七十条第一款第四项规定的严重违反法定程序:(一)审判组织的组成不合法的;(二)应当回避的审判人员

未回避的;(三)无诉讼行为能力人未经法定代理人代为诉讼的;(四)违法剥夺当事人辩论权利的。"

此外,《民事诉讼法》第170条第2款对发回重审的次数作出了明确的规定:"原审人民法院对发回重审的案件作出判决后,当事人提起上诉的,第二审人民法院不得再次发回重审。"

《民事诉讼法》第171条规定:"第二审人民法院对不服第一审人民法院裁定的上诉案件的处理,一律使用裁定。"

二、例题

甲诉乙人身损害赔偿一案,一审法院根据甲的申请,冻结了乙的银行账户,并由李法官独任审理。后甲胜诉,乙提出上诉。二审法院认为一审事实不清,裁定撤销原判,发回重审。关于重审,下列哪一表述是正确的?(2014年真题,单选)

A. 由于原判已被撤销,一审中的审判行为无效,保全措施也应解除
B. 由于原判已被撤销,一审中的诉讼行为无效,法院必须重新指定举证时限
C. 重审时不能再适用简易程序,应组成合议庭,李法官可作为合议庭成员参加重审
D. 若重审法院判决甲胜诉,乙再次上诉,二审法院认为重审认定的事实依然错误,则只能在查清事实后改判

[释疑] 本题考查发回重审的相关内容。撤销原判只针对的是撤销判决的效力,与原审中的审判行为与诉讼行为无关,A、B项错误;发回重审应当组成合议庭审理,但原审法官应当退出,即另行组成合议庭,C项错误;2012年《民事诉讼法》明确规定了发回重审的次数,只能发回1次,D项正确。(答案:D)

三、提示与预测

第二审人民法院对上诉案件的处理是高频考点,应当掌握,另外还需注意:

1. 对不符合起诉条件案件的处理

《民诉司法解释》第330条规定:"人民法院依照第二审程序审理案件,认为依法不应由人民法院受理的,可以由第二审人民法院直接裁定撤销原裁判,驳回起诉。"

2. 对违反一审法院专属管辖的处理

《民诉司法解释》第331条规定:"人民法院依照第二审程序审理案件,认为第一审人民法院受理案件违反专属管辖规定的,应当裁定撤销原裁判并移送有管辖权的人民法院。"

3. 对不予受理、驳回起诉裁定上诉的处理

《民诉司法解释》第332条规定:"第二审人民法院查明第一审人民法院作出的不予受理裁定有错误的,应当在撤销原裁定的同时,指令第一审人民法院立案受理;查明第一审人民法院作出的驳回起诉裁定有错误的,应当在撤销原裁定的同时,指令第一审人民法院审理。"

4. 二审中原审原告撤回起诉的处理

《民诉司法解释》第338条规定:"在第二审程序中,原审原告申请撤回起诉,经其他当事人同意,且不损害国家利益、社会公共利益、他人合法权益的,人民法院可以准许。准许撤诉的,应当一并裁定撤销一审裁判。原审原告在第二审程序中撤回起诉后重复起诉的,人民法院不予受理。"

5. 一审诉讼行为对二审的约束

《民诉司法解释》第342条规定:"当事人在第一审程序中实施的诉讼行为,在第二审程序中对该当事人仍具有拘束力。当事人推翻其在第一审程序中实施的诉讼行为时,人民法院应当责令其说明理由。理由不成立的,不予支持。"

第十七章 特别程序

考点 1 特别程序的特点和适用范围

一、精讲

1. 特别程序是人民法院审理几类非民事权益争议案件所使用的不同程序的总称

具体包括选民资格案件的审理程序;宣告公民失踪、死亡案件的审理程序;认定公民无民事行为能力、限制民事行为能力案件的审理程序;认定财产无主案件的审理程序;确认调解协议案件的审理程序;实现担保物权案件的审理程序。

2. 人民法院适用特别程序审理非民事权益争议案件的目的,在于确认某种事实状态,因此,具有以下特点。

(1) 启动特别程序的当事人。除了选民资格案件由起诉人起诉以外,其他案件都是由申请人提出申请,而且在特别程序中只有一方当事人,没有相对应的对方当事人。

(2) 审判组织特殊。根据《民事诉讼法》第178条的规定,除审理选民资格案件或者重大、疑难案件由审判员组成合议庭外,其他案件的审理,由独任制法庭审理。

(3) 实行一审终审制度。救济程序不适用审判监督制度,而是适用异议制度。一般的诉讼案件都实行两审终审制度,人民法院适用特别程序审理的非民事权益争议案件,一律实行一审终审,即判决书一经送达即发生法律效力。一般的诉讼案件在判决生效后,如果发现确有错误,可以通过审判监督程序纠正;但特别程序的判决生效后,根据《民诉司法解释》第374条的规定:"适用特别程序作出的判决、裁定,当事人、利害关系人认为有错误的,可以向作出该判决、裁定的人民法院提出异议。人民法院经审查,异议成立或者部分成立的,作出新的判决、裁定撤销或者改变原判决、裁定;异议不成立的,裁定驳回。对人民法院作出的确认调解协议、准许实现担保物权的裁定,当事人有异议的,应当自收到裁定之日起十五日内提出;利害关系人有异议的,自知道或者应当知道其民事权益受到侵害之日起六个月内提出"。

(4) 审理期限较短。对于特别程序审理的案件,选民资格案件必须在选举日前审结,其他案件应当在立案之日起1个月内或者公告期届满后1个月内审结。

(5) 非诉讼性。适用特别程序审理的案件,除选民资格案件外,其他案件均为一种权利或事实状态的确认,不存在争议,因此,解决争议的调解制度等在该程序中不适用。

(6) 免交诉讼费用。适用特别程序审理的案件,不是为了解决某种民事权利义务争议,而是为了确定某种状态,并且申请人提出请求有时并不是为了维护自己的合法权益,所以,依特别程序审理的案件一律免交诉讼费用。

二、例题

1. 关于《民事诉讼法》规定的特别程序的表述,下列哪一选项是正确的?(2012年真题,单选)
   A. 适用特别程序审理的案件都是非讼案件
   B. 起诉人或申请人与案件都有直接的利害关系
   C. 适用特别程序审理的案件都是一审终审
   D. 陪审员通常不参加适用特别程序案件的审理

   [释疑] 该题考查特别程序的相关程序问题。一般认为,适用特别程序审理的案件,除选民资格案件以外,其他案件属于非讼案件,因此,选项A是错误的。此外,选民资格案件的起诉人与本案可能没有任何关系,其他适用特别程序的案件,申请人或者与案件有利害关系,或者没有利害关系,因此,选项B是错误的。根据《民事诉讼法》第178条的规定,依照本章程序审理的案件,实行一审终审。选民资格案件或者重大、疑难的案件,由审判员组成合议庭审理;其他案件由审判员一人独任审理。因此,选项C是正确的,而选项D是错误的。(答案:C)

2. 根据我国民事诉讼法的规定,下列哪些案件的审理程序中公告是必经的程序?(2007年真题,多选)
   A. 甲在车祸中导致精神失常,其妻向法院申请要求认定甲为无民事行为能力人
   B. 2005年1月,乙被冲入大海后一直杳无音信,2007年3月其妻向法院申请乙死亡
   C. 丙拿一张5万元的支票到银行兑现,途中遗失,丙向银行所在地的区法院提出申请公示催告
   D. 某施工单位施工时挖出一个密封的金属盒,内藏一本宋代经书,该施工单位向法院申请认定经书及盒子为无主财产

   [释疑] 本题考查的是公告是必经程序的审理程序。《民事诉讼法》第185条第1款规定:"人民法院受理宣告失踪、宣告死亡案件后,应当发出寻找下落不明人的公告。宣告失踪的公告期间为三个月,宣告死亡的公告期间为一年。因意外事故下落不明,经有关机关证明该公民不可能生存的,宣告死亡的公告期间为三个月。"B项符合题意。

   《民事诉讼法》第219条规定:"人民法院决定受理申请,应当同时通知支付人停止支付,并在三日内发出公告,催促利害关系人申报权利。公示催告的期间,由人民法院根据情况决定,但不得少于六十日。"C项符合题意。

   《民事诉讼法》第192条规定:"人民法院受理申请后,经审查核实,应当发出财产认领公告。公告满一年无人认领的,判决认定财产无主,收归国家或者集体所有。"D项亦符合题意。

   而认定公民无民事行为能力或者限制民事行为能力的案件,法律没有规定要发出公告。A项不符合题意。(答案:BCD)

考点 2 选民资格案件的特点

一、精讲

1. 申诉处理前置

任何人对选举委员会公布的选民资格名单有意见时,不能直接向人民法院起诉,而必须先

就该选民资格问题向所在选举委员会申诉,选举委员会对该申诉处理后,如果仍然有人对该申诉处理结果有意见,才能向选举委员会所在地的基层人民法院起诉。

2. 起诉人起诉

选民资格案件由起诉人起诉而开始,并且对起诉人没有限制,起诉人既可以是选民本人,也可以是向选举委员会提出申诉的申诉人,还可以是任何一个对选举委员会的申诉处理结果有意见的人。

3. 审理中的参与人特殊

由于是起诉人起诉,导致选民资格案件审理中参与人的特殊性,即除了起诉人应当参加案件审理以外,选民资格所涉及的本人也应当参与案件的审理,而且选举委员会应当派代表参加。

4. 审理期限特殊

根据我国法律规定,人民法院应当在选举日以前将案件审理结束,并将所作出的判决送达选民本人与选举委员会。因此,起诉人应当在选举日5日前提起诉讼,人民法院则应当在选举日前审结。

二、例题

在基层人大代表换届选举中,村民刘某发现选举委员会公布的选民名单中遗漏了同村村民张某的名字,遂向选举委员会提出申诉。选举委员会认为,刘某不是本案的利害关系人,无权提起申诉,故驳回了刘某的申诉,刘某不服诉至法院。下列哪一选项是错误的?(2009年真题,单选)

A. 张某、刘某和选举委员会的代表都必须参加诉讼
B. 法院应该驳回刘某的起诉,因刘某与案件没有直接利害关系
C. 选民资格案件关系到公民的重要政治权利,只能由审判员组成合议庭进行审理
D. 法院对选民资格案件作出的判决是终审判决,当事人不得对此提起上诉

[释疑] 选民资格案件审理中的参与人较为广泛,起诉人、选民本人与选举委员会代表均应参加,故选项A是正确的。由于选民资格的起诉人没有具体限制,任何人均可以起诉,故选项B是错误的。根据《民事诉讼法》第178条的规定,选项C是正确的。因特别程序均实行一审终审制度,故选项D是正确的。(答案:B)

三、提示与预测

该考点不是重点,考生只需掌握该类案件的特殊规定即可。

考点 3 宣告失踪案件与宣告死亡案件程序的特点

一、精讲

1. 宣告公民失踪案件、宣告公民死亡案件的条件

(1) 宣告公民失踪须有该公民下落不明满2年的事实;宣告公民死亡须该公民下落不明满4年,或者因意外事故下落不明满2年,或者因意外事故下落不明,经有关机关证明该公民不可能生存的。

(2) 须由该公民的近亲属或者其他利害关系人向下落不明人住所地基层人民法院提出申

请。近亲属包括:配偶;父母、子女;祖父母、外祖父母、孙子女、外孙子女。

【注意】

① 申请宣告失踪时,申请人无顺序限制,而申请宣告死亡,应按照申请人的顺序,即后一顺序的申请人申请宣告死亡,需要征得前一顺序人的同意;

② 如果同一顺序的人,如父母、子女这一顺序的人,有人申请宣告公民失踪,有人申请宣告公民死亡,只要符合申请宣告死亡的条件,则应当按照申请宣告死亡处理;

(3) 该申请需要采取书面形式,写明该公民失踪的事实。

2. 公告

人民法院受理申请宣告公民失踪案件、宣告公民死亡的案件后,应当进行公告。宣告公民失踪的公告期为3个月。宣告公民死亡的公告期,对于因意外事故下落不明,经有关机关证明不可能生存的,公告期为3个月,其他情况下公告期为1年。

3. 清理财产并指定审理期间财产管理人

《民诉司法解释》第343条规定:"宣告失踪或者宣告死亡案件,人民法院可以根据申请人的请求,清理下落不明人的财产,并指定案件审理期间的财产管理人……"

4. 撤回宣告失踪、宣告死亡的申请

《民诉司法解释》第348条规定:"人民法院受理宣告失踪、宣告死亡案件后,作出判决前,申请人撤回申请的,人民法院应当裁定终结案件,但其他符合法律规定的利害关系人加入程序要求继续审理的除外。"

5. 宣告的法律效力

宣告公民失踪后,仅产生财产代管的法律后果,即由失踪人的配偶、父母、成年子女或者关系密切的亲戚朋友代管失踪人的财产,财产代管人由此取得进行诉讼的诉权。

宣告公民死亡产生与自然死亡完全相同的法律后果,即财产关系发生继承,而婚姻关系消失。

6. 宣告失踪与宣告死亡的程序衔接

人民法院判决宣告公民失踪后,利害关系人向人民法院申请宣告失踪人死亡,自失踪之日起满4年的,人民法院应当受理,宣告失踪的判决即是该公民失踪的证明,审理中仍应依照《民事诉讼法》第185条规定进行公告。(《民诉司法解释》第345条)

7. 在宣告公民失踪案件和宣告公民死亡案件,被宣告人重新出现后的处理

(1) 该公民本人或者他的利害关系人有权向作出失踪或者死亡宣告判决的法院提出申请,请求撤销原判决。法院审查属实后,应当作出新判决,撤销原判决。

(2) 宣告失踪判决撤销后,财产代管人应对其代管的财产进行清理,并将该代管财产返还给失踪人。宣告死亡判决撤销后,财产关系应当恢复,即继承人应当将所继承的财产返还,原物不能返还的,作价返还。人身关系中的父母子女关系自然恢复,夫妻关系能否自行恢复则取决于配偶是否再婚,如果配偶再婚了,就不能自然恢复。被宣告死亡人在被宣告死亡期间,其子女如果被他人收养,宣告死亡判决撤销后,仅以子女收养未经本人同意为理由主张收养关系无效的,一般不应准许,但收养人和被收养人同意的除外。

【说明】上述该公民的近亲属包括配偶;父母、子女;祖父母、外祖父母、孙子女、外孙子女;其他利害关系人。

二、例题

根据我国《民事诉讼法》的规定,下列哪些案件的审理程序中公告是必经的程序?(2007年真题,多选)

A. 甲在车祸中导致精神失常,其妻向法院申请要求认定甲为无民事行为能力人

B. 2005年1月,乙被冲入大海后一直杳无音信,2007年3月,其妻向法院申请乙死亡

C. 丙拿一张5万元的支票到银行兑现,途中遗失,丙向银行所在地的区法院提出申请公示催告

D. 某施工单位施工时挖出一个密封的金属盒,内藏一本宋代经书,该施工单位向法院申请认定经书及盒子为无主财产

[释疑] 本题考查的是公告是必经程序的审理程序。《民事诉讼法》第185条规定:"人民法院受理宣告失踪、宣告死亡案件后,应当发出寻找下落不明人的公告。宣告失踪的公告期间为三个月,宣告死亡的公告期间为一年。因意外事故下落不明,经有关机关证明该公民不可能生存的,宣告死亡的公告期间为三个月。"B项符合题意。《民事诉讼法》第219条规定:"人民法院决定受理申请,应当同时通知支付人停止支付,并在三日内发出公告,催促利害关系人申报权利。公示催告的期间,由人民法院根据情况决定,但不得少于六十日。"C项符合题意。《民事诉讼法》第192条规定:"人民法院受理申请后,经审查核实,应当发出财产认领公告。公告满一年无人认领的,判决认定财产无主,收归国家或者集体所有。"D项亦符合题意。而认定公民无民事行为能力或者限制民事行为能力的案件,法律没有规定要发出公告。A项不符合题意。(答案:BCD)

三、提示与预测

宣告公民失踪案件和宣告公民死亡的法律后果以及被宣告人重新出现后的处理,应当掌握。

此外还需要注意:

(1)申请宣告失踪时,上述人员无顺序限制;而申请宣告死亡,应按照申请人的顺序。如果同一顺序的人,有人申请宣告公民失踪,有人申请宣告公民死亡,只要符合申请宣告死亡的条件,则应当按照申请宣告死亡处理。

(2)财产代管人的变更。《民诉司法解释》第344条规定:"失踪人的财产代管人经人民法院指定后,代管人申请变更代管的,比照民事诉讼法特别程序的有关规定进行审理。申请理由成立的,裁定撤销申请人的代管人身份,同时另行指定财产代管人;申请理由不成立的,裁定驳回申请。失踪人的其他利害关系人申请变更代管的,人民法院应当告知其以原指定的代管人为被告起诉,并按普通程序进行审理。"

考点 4 认定公民无行为能力或者限制行为能力的案件

一、精讲

1. 申请认定公民无行为能力或者限制行为能力的条件

(1)需要有该公民因患精神病处于精神失常状态的事实;

(2) 由该公民的近亲属或者其他利害关系人,向被认定者住所地的基层人民法院提出申请；

(3) 书面形式提出。

2. 具体程序

人民法院接受申请人的申请,经审查,对于符合条件的,予以受理。在审理该类案件时应遵循以下程序：

(1) 指定代理人。人民法院审理认定公民无民事行为能力或者限制民事行为能力案件时,应当由该公民的近亲属作为代理人,但申请人除外。近亲属互相推诿的,由人民法院指定其中一人作为代理人。

(2) 鉴定。人民法院受理申请后,在必要的时候应当对被申请认定为无行为能力或者限制行为能力的公民进行鉴定。申请人已提供鉴定结论的,应当对鉴定结论进行审查。

【注意】鉴定不是该类型案件的必经程序。

(3) 指定监护人。如果被申请人被认定为无行为能力或者限制行为能力人,则需为其指定监护人。被指定的监护人不服指定,应当自接到通知之日起 30 内向人民法院提出异议。经审理,认为指定并无不当的,裁定驳回异议；指定不当的,判决撤销指定,同时另行指定监护人。判决书应当送达异议人、原指定单位及判决指定的监护人。(《民诉司法解释》第 351 条)

(4) 申请原因消除后的处理：法院作出判决后,如果认定公民无民事行为能力或者限制民事行为能力的原因消失,法院应当根据该公民本人或者利害关系人的申请,作出新判决,撤销原判决,从法律上恢复该公民的民事行为能力。

二、提示与预测

该考点不是重点,单独考查的机会很少,只需掌握相关规定即可。

考点 5　认定财产无主案件

一、精讲

1. 案件的管辖法院：财产所在地基层人民法院。

2. 案件的审理：案件受理后,发出公告。公告 1 年无人认领的,判决财产归国家或集体所有。

3. 对财产提出主张和提出请求的不同处理。

(1) 对财产提出请求：在公告期内提出请求,裁定终结特别程序,告知申请人另行起诉。

(2) 对财产提出主张：① 在公告期内提出主张,经法院审查成立,裁定终结特别程序；② 判决认定财产无主后,原财产所有人或者其继承人出现,在诉讼时效内可以对财产提出主张,人民法院在对请求审查属实后,应当作出新判决,撤销原判决。

二、提示与预测

该考点不是重点,单独考查的机会很少,只需掌握相关规定即可。

考点 6 确认调解协议案件

一、精讲

确认调解协议案件适用特别程序是 2012 年修订后的《民事诉讼法》在特别程序中新增加的一节内容。确认调解协议案件,是指当事人经人民调解委员会调解达成的协议,依法申请人民法院予以确认,经人民法院确认有效后,即赋予该调解协议具有强制执行力。

以人民调解的方式解决民事纠纷,在我国已有几十年的历史,在现代社会多元化纠纷解决机制中,充分发挥人民调解在解决各类纠纷中的作用非常重要。2010 年全国人大常委会制定并通过的《人民调解法》第 33 条明确规定:"经人民调解委员会调解达成调解协议后,双方当事人认为有必要的,可以自调解协议生效之日起三十日内共同向人民法院申请司法确认,人民法院应当及时对调解协议进行审查,依法确认调解协议的效力。人民法院依法确认调解协议有效,一方当事人拒绝履行或者未全部履行的,对方当事人可以向人民法院申请强制执行。人民法院依法确认调解协议无效的,当事人可以通过人民调解方式变更原调解协议或者达成新的调解协议,也可以向人民法院提起诉讼。"修订前的《民事诉讼法》对人民调解协议的司法确认没有规定相应的程序予以衔接,2012 年修订后的《民事诉讼法》在特别程序中增加一节"确认调解协议案件",对确认程序、法院管辖、法律文书形式以及效力等具体事项作出了明确的规定。人民调解司法确认机制的建立与完善,不仅有利于强化人民调解的效力,实现司法与非诉调解之间的有效衔接,而且有利于激活人民调解的生机和活力,促进纠纷解决机制的不断完善。

根据《民事诉讼法》和《民事司法解释》的规定,司法确认调解协议应当掌握下列内容:

1. 申请的条件

(1) 申请主体:双方当事人,或者双方当事人指定的代理人共同提出申请。一方当事人提出申请,另一方当事人表示同意的,视为共同申请。

(2) 申请的法定期间:应当自调解协议生效之日起 30 日内提出。

(3) 申请的形式:当事人申请司法确认调解协议,可以采用书面形式或者口头形式。当事人口头申请的,人民法院应当记入笔录,并由当事人签名、捺印或者盖章。(《民诉司法解释》第 355 条)

(4) 管辖:双方当事人申请司法确认调解协议,应向调解组织所在地基层人民法院提出。两个以上调解组织参与调解的,各调解组织所在地基层人民法院均有管辖权。双方当事人可以共同向其中一个调解组织所在地基层人民法院提出申请;双方当事人共同向两个以上调解组织所在地基层人民法院提出申请的,由最先立案的人民法院管辖。(《民诉司法解释》第 354 条)

(5) 申请提交的材料:当事人申请司法确认调解协议,应当向人民法院提交调解协议、调解组织主持调解的证明,以及与调解协议相关的财产权利证明等材料,并提供双方当事人的身份、住所、联系方式等基本信息。当事人未提交上述材料的,人民法院应当要求当事人限期补交。(《民诉司法解释》第 356 条)

2. 不予受理和驳回申请的情形

《民诉司法解释》第 357 条规定:"当事人申请司法确认调解协议,有下列情形之一的,人民法院裁定不予受理:(一) 不属于人民法院受理范围的;(二) 不属于收到申请的人民法院管辖的;(三)申请确认婚姻关系、亲子关系、收养关系等身份关系无效、有效或者解除的;(四)涉及适用其他特别程序、公示催告程序、破产程序审理的;(五)调解协议内容涉及物权、知识产权确权的。人民法院受理申请后,发现有上述不予受理情形的,应当裁定驳回当事人的申请。"

3. 撤回司法确认申请(《民诉司法解释》第359条)

确认调解协议的裁定作出前,当事人撤回申请的,人民法院可以裁定准许。

当事人无正当理由未在期限内补充陈述、补充证明材料或者拒不接受询问的,人民法院可以按撤回申请处理。

4. 司法确认申请的审查(《民诉司法解释》第358条)

人民法院审查相关情况时,应当通知双方当事人共同到场对案件进行核实。人民法院经审查,认为当事人的陈述或者提供的证明材料不充分、不完备或者有疑义的,可以要求当事人限期补充陈述或者补充证明材料。必要时,人民法院可以向调解组织核实有关情况。

5. 审查结果(《民事诉讼法》第195条、《民诉司法解释》第360条)

(1)裁定调解协议有效:人民法院受理申请后,经审查,符合法律规定的,裁定调解协议有效,一方当事人拒绝履行或者未全部履行的,对方当事人可以向人民法院申请执行;

(2)驳回司法确认申请:人民法院受理申请后,经审查,不符合法律规定的,裁定驳回申请,当事人可以通过调解方式变更原调解协议或者达成新的调解协议,也可以向人民法院提起诉讼。

《民诉司法解释》第360条规定:"经审查,调解协议有下列情形之一的,人民法院应当裁定驳回申请:(一)违反法律强制性规定的;(二)损害国家利益、社会公共利益、他人合法权益的;(三)违背公序良俗的;(四)违反自愿原则的;(五)内容不明确的;(六)其他不能进行司法确认的情形。"

二、例题

1. 李云将房屋出售给王亮,后因合同履行发生争议,经双方住所地人民调解委员会调解,双方达成调解协议,明确王亮付清房款后,房屋的所有权归属王亮。为确保调解协议的效力,双方约定向法院提出司法确认申请,李云随即长期出差在外。下列哪一说法是正确的?(2015年真题,单选)

A. 本案系不动产交易,应向房屋所在地法院提出司法确认申请

B. 李云长期出差在外,王亮向法院提出确认申请,法院可受理

C. 李云出差两个月后,双方向法院提出确认申请,法院可受理

D. 本案的调解协议内容涉及物权确权,法院不予受理

[释疑] 该题目直接考查人民法院不予受理司法确认申请的情形。根据《民诉司法解释》第357条的规定,当事人申请司法确认调解协议,有下列情形之一的,人民法院裁定不予受理:(1)不属于人民法院受理范围的;(2)不属于收到申请的人民法院管辖的;(3)申请确认婚姻关系、亲子关系、收养关系等身份关系无效、有效或者解除的;(4)涉及适用其他特别程序、公示催告程序、破产程序审理的;(5)调解协议内容涉及物权、知识产权确权的。人民法院受理申请后,发现有上述不予受理情形的,应当裁定驳回当事人的申请。D项正确(答案:D)

2. 甲区A公司将位于丙市价值5 000万元的写字楼转让给乙区的B公司。后双方发生争议,经丁区人民调解委员会调解达成协议:B公司在1个月内支付购房款。双方又对该协议申请法院作出了司法确认裁定。关于本案及司法确认的表述,下列哪些选项是不正确的?(2013年真题,多选)

  A. 应由丙市中级法院管辖
  B. 可由乙区法院管辖
  C. 应由一名审判员组成合议庭,开庭审理司法确认申请
  D. 本案的调解协议和司法确认裁定,均具有既判力

[释疑] 该题考查人民调解协议司法确认的相关程序事项。根据《民事诉讼法》第194条的规定,申请司法确认调解协议,由双方当事人共同向调解组织所在地基层人民法院提出,因此,选项A与选项B均是不正确的。人民调解协议的司法确认适用特别程序,根据本法第178条的规定,适用特别程序的重大、疑难案件,由审判员组成合议庭审理;其他案件由审判员一人独任审理,因此,选项C是不正确的。根据本法第195条的规定,调解协议经法院司法确认有效产生强制执行力,因此,选项D是不正确的。(答案:ABCD)

三、提示与预测

  对人民调解协议的司法确认是新增加的内容,属于热点问题,应当关注。

考点 7 实现担保物权案件

一、精讲

  实现担保物权案件适用特别程序是2012年修正后的《民事诉讼法》在特别程序中新增加的一节内容。

  担保物权是以直接支配特定财产为内容,以保证债权实现为目的而设定的物权。担保物权包括抵押权、质权和留置权。实现担保物权案件,是指债务人不履行债务时,担保物权人申请人民法院经法定程序,通过将担保标的物拍卖、变卖等方式,使其债权得到优先受偿的案件。

  在我国,关于担保物权的实现方式,法律的规定有一个变化过程。1995年《担保法》第53条规定:"债务履行期届满抵押权人未受清偿的,可以与抵押人协议以抵押物折价或者以拍卖、变卖该抵押物所得的价款受偿;协议不成的,抵押权人可以向人民法院提起诉讼。"然而,通过诉讼实现抵押权,使得抵押权的实现程序变得复杂且漫长,不利于债权人利益的保障。《物权法》对此作出了相应的修改:"抵押权人与抵押人未就抵押权实现方式达成协议,抵押权人可以请求人民法院拍卖、变卖抵押财产。"尽管《物权法》对担保物权的实现作出了相应的规定,但是,修正前的《民事诉讼法》却没有相应的程序制度保障与实体法相衔接,从而使担保物权的实现受阻。2012年修正后的《民事诉讼法》在特别程序中增加一节"实现担保物权案件",对申请、法院管辖、法律文书形式以及效力等具体事项作出了明确的规定,而《民诉司法解释》又对其进行了细化。担保物权实现机制的建立,不仅有利于实现债权人的合法权益,而且有利于实现民事诉讼法对实体法的保障功效,考生应当掌握下列问题:

  (一)申请的条件

  1. 申请主体:有权申请人民法院实现担保物权的主体包括两类:

（1）担保物权人，包括抵押权人、质权人、留置权人；

（2）其他有权请求实现担保物权的人，包括抵押人、出质人、财产被留置的债务人或者所有权人等。（《民诉司法解释》第361条）

2. 申请依据

依照物权法等法律提出申请。

3. 管辖

申请实现担保物权，应向担保财产所在地或者担保物权登记地基层人民法院提出。

《民诉司法解释》对于不同的实现担保物权案件的管辖做了明确规定，包括：

（1）实现权利质权案件的管辖：实现票据、仓单、提单等有权利凭证的权利质权案件，可以由权利凭证持有人住所地人民法院管辖；无权利凭证的权利质权，由出质登记地人民法院管辖。（《民诉司法解释》第362条）

（2）实现担保物权案件的专门管辖：实现担保物权案件属于海事法院等专门人民法院管辖的，由专门人民法院管辖。（《民诉司法解释》第363条）

（3）同一债权的担保物有多个且所在地不同，申请人分别向有管辖权的人民法院申请实现担保物权的，人民法院应当依法受理。（《民诉司法解释》第364条）

4. 申请实现担保物权提交的材料（《民诉司法解释》第367条）

申请实现担保物权，应当提交下列材料：

（1）申请书。申请书应当记明申请人、被申请人的姓名或者名称、联系方式等基本信息，具体的请求和事实、理由；

（2）证明担保物权存在的材料，包括主合同、担保合同、抵押登记证明或者他项权利证书、权利质权的权利凭证或者质权出质登记证明等；

（3）证明实现担保物权条件成就的材料；

（4）担保财产现状的说明；

（5）人民法院认为需要提交的其他材料。

（二）受理

1. 人民法院受理申请后，应当在5日内向被申请人送达申请书副本、异议权利告知书等文书。被申请人有异议的，应当在收到人民法院通知后的五日内向人民法院提出，同时说明理由并提供相应的证据材料。（《民诉司法解释》第368条）

2. 依照《物权法》第176条的规定，被担保的债权既有物的担保又有人的担保，当事人对实现担保物权的顺序有约定，实现担保物权的申请违反该约定的，人民法院裁定不予受理；没有约定或者约定不明的，人民法院应当受理。（《民诉司法解释》第365条）

3. 同一财产上设立多个担保物权，登记在先的担保物权尚未实现的，不影响后顺位的担保物权人向人民法院申请实现担保物权。（《民诉司法解释》第366条）

（三）审查

1. 审查组织

实现担保物权案件可以由审判员一人独任审查。担保财产标的额超过基层人民法院管辖范围的，应当组成合议庭进行审查。（《民诉司法解释》第369条）

2. 审查方式

人民法院审查实现担保物权案件，可以询问申请人、被申请人、利害关系人，必要时可以依

职权调查相关事实。(《民诉司法解释》第 370 条)

3. 审查内容

人民法院应当就主合同的效力、期限、履行情况,担保物权是否有效设立、担保财产的范围、被担保的债权范围、被担保的债权是否已届清偿期等担保物权实现的条件,以及是否损害他人合法权益等内容进行审查。被申请人或者利害关系人提出异议的,人民法院应当一并审查。(《民诉司法解释》第 371 条)

(四) 审查结果(《民诉司法解释》第 372 条)

人民法院审查后,按下列情形分别处理:

(1) 当事人对实现担保物权无实质性争议且实现担保物权条件成就的,裁定准许拍卖、变卖担保财产;

(2) 当事人对实现担保物权有部分实质性争议的,可以就无争议部分裁定准许拍卖、变卖担保财产;

(3) 当事人对实现担保物权有实质性争议的,裁定驳回申请,并告知申请人向人民法院提起诉讼。

(五) 实现担保案件的保全

人民法院受理申请后,申请人对担保财产提出保全申请的,可以按照民事诉讼法关于诉讼保全的规定办理。(《民诉司法解释》第 373 条)

二、例题

甲公司与银行订立了标的额为 8 000 万元的贷款合同,甲公司董事长美国人汤姆用自己位于 W 市的 3 套别墅为甲公司提供抵押担保。贷款到期后甲公司无力归还,银行向法院申请适用特别程序实现对别墅的抵押权。关于本案的分析,下列哪一选项是正确的?(2014 年真题,单选)

A. 由于本案标的金额巨大,且具有涉外因素,银行应向 W 市中院提交书面申请
B. 本案的被申请人只应是债务人甲公司
C. 如果法院经过审查,作出拍卖裁定,可直接移交执行庭进行拍卖
D. 如果法院经过审查,驳回银行申请,银行可就该抵押权益向法院起诉

[释疑] 本题考查实现担保物权的相关内容。实现担保物权案件的受理法院为担保财产所在地或担保物权登记地基层法院,与标的额大小没有关系,A 项错误。《担保法》第 53 条规定:"债务履行期届满抵押权人未受清偿的,可以与抵押人协议以抵押物折价或者以拍卖、变卖该抵押物所得的价款受偿;协议不成的,抵押权人可以向人民法院提起诉讼。"可知,抵押权人应针对其抵押权的义务人即抵押人行使权利,即抵押权人作为申请人,其被申请人应为抵押权义务人即抵押人,B 项错误。《民事诉讼法》第 197 条的规定:"人民法院受理申请后,经审查,符合法律规定的,裁定拍卖、变卖担保财产,当事人依据该裁定可以向人民法院申请执行;不符合法律规定的,裁定驳回申请,当事人可以向人民法院提起诉讼。"C 项错误,D 项正确。(答案:D)

三、提示与预测

实现担保物权是新增加的内容,属于热点问题,应当关注。

第十八章 审判监督程序

本章知识体系：

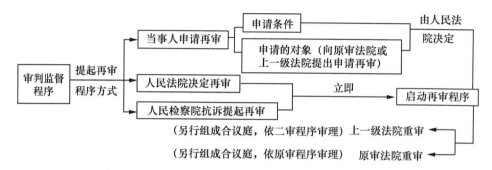

考点 1 审判监督程序的特征

一、精讲

审判监督程序与一审程序、二审程序的主要区别参见下表：

比较内容	一审程序	二审程序	审判监督程序
程序性质	正常性审判程序	正常性审判程序	非正常性纠错程序
审理法院	基于级别管辖取得管辖权的各级法院	一审法院的上一级法院	原审法院、上级法院以及最高人民法院
审理对象	当事人之间的争议	一审未生效裁判	已生效的法律文书
程序的启动	基于当事人的起诉权	基于当事人的上诉权	基于法院审判监督权、检察院法律监督权以及当事人的再审申请权
遵守的时间	诉讼时效	上诉期	除当事人申请再审受6个月限制外，其他无时间限制。
适用的程序	普通程序或简易程序	二审程序	对于一审案件的再审，适用普通程序；对于二审案件的再审或上级法院提审的案件，适用二审程序。
裁判效力	法定上诉期内不生效	生效	适用第一审普通程序作出的裁判，法定上诉期内不生效；适用第二审程序作出的裁判是生效裁判。

二、例题

根据《民事诉讼法》的规定,第二审程序与审判监督程序具有下列哪些区别?(2006年真题,多选)

　　A. 第二审程序与审判监督程序合议庭的组成形式不同
　　B. 适用第二审程序以开庭审理为原则,而适用审判监督程序以书面审理为原则
　　C. 第二审程序中法院可以以调解方式结案,而适用审判监督程序不适用调解
　　D. 适用第二审程序作出的裁判是终审裁判,适用审判监督程序作出的裁判未必是终审裁判

[释疑] 本题考查的是第二审程序与审判监督程序的区别。《民事诉讼法》第40条规定:"人民法院审理第二审民事案件,由审判员组成合议庭。合议庭的成员人数,必须是单数。发回重审的案件,原审人民法院应当按照第一审程序另行组成合议庭。审理再审案件,原来是第一审的,按照第一审程序另行组成合议庭;原来是第二审的或者是上级人民法院提审的,按照第二审程序另行组成合议庭。"根据《民事诉讼法》第39条的规定:"人民法院审理第一审民事案件,由审判员、陪审员共同组成合议庭或者由审判员组成合议庭。合议庭的成员人数,必须是单数。适用简易程序审理的民事案件,由审判员一人独任审理。陪审员在执行陪审职务时,与审判员有同等的权利义务。"由此可知,第二审程序只能由审判员组成合议庭,而审理再审案件合议庭的组成人员中是有可能有陪审员的。A项正确。

《民事诉讼法》第169条第1款规定:"第二审人民法院对上诉案件,应当组成合议庭,开庭审理。经过阅卷、调查和询问当事人,对没有提出新的事实、证据或者理由,合议庭认为不需要开庭审理的,可以不开庭审理。"可见,B项前半部分说法正确。再审案件即适用审判监督程序审理的案件,或者以公开审理为原则,或者以开庭审理为原则,以不开庭审理为例外,B项后半部分说法有误。

根据最高人民法院《调解规定》第1条的规定:"人民法院对受理的第一审、第二审和再审民事案件,可以在答辩期满后裁判作出前进行调解。在征得当事人各方同意后,人民法院可以在答辩期满前进行调解。"可知,人民法院可以对一审、二审和再审案件进行调解,所以C项是错误的。

《民事诉讼法》第175条规定:"第二审人民法院的判决、裁定,是终审的判决、裁定。"适用审判监督程序作出的裁判如果是一审裁判,则可以上诉,并非终审裁判;如果是二审裁判,则是终审裁判。D项正确。(答案:AD)

三、提示与预测

该考点不是高频考点,考生掌握第一审程序、第二审程序以及审判监督程序的区别即可。

考点 2　基于审判监督权提起再审的主体和程序

一、精讲

(一)提起主体和审理法院

1. 各级人民法院:院长提起,审判委员会决定——自行审理

在各级人民法院行使审判监督权的是本院的院长和审判委员会,各级人民法院院长对本

院已经发生法律效力的判决、裁定、调解书,发现确有错误,认为需要再审的,应当提交审判委员会讨论决定。决定再审的,由本院自行审理。

2. 最高人民法院、上级人民法院:决定再审——提审或指令再审

上级人民法院与最高人民法院发现确有错误的生效判决、裁定、调解书,可以有两种做法,即提审与指令下级人民法院再审。上级人民法院和最高人民法院决定提审或者指令再审的,作出裁定,中止原裁判的执行。

(二)监督对象

发生法律效力确有错误的判决、裁定、调解书

重审、提审与再审之比较概念概念审理法院适用程序文书效力当事人权利重审原一审法院一审普通程序未生效可以上诉提审上级人民法院或者最高人民法院二审程序生效不得上诉再审(自行再审、指令再审)生效法律文书的作出法院一审案件:

一审普通程序未生效可以上诉二审案件:

二审程序生效不得上诉根据《民事诉讼法》及相关司法解释的规定,发回重审的情形有以下两种:

1. 二审程序中发回重审的情形

(1)原判决认定基本事实不清,裁定撤销原判决,发回原审人民法院重审。

(2)原判决遗漏当事人或者违法缺席判决等严重违反法定程序的,裁定撤销原判决,发回原审人民法院重审。

(3)对当事人在一审中已经提出的诉讼请求,原审人民法院未作审理、判决的,第二审人民法院可以根据当事人自愿的原则进行调解,调解不成的,发回重审。

(4)必须参加诉讼的当事人在一审中未参加诉讼,第二审人民法院可以根据当事人自愿的原则调解,调解不成的,发回重审;发回重审的裁定中列应追加的当事人。

(5)一审判决不准离婚的案件,上诉后,第二审人民法院认为应当判决离婚的,可以根据当事人自愿的原则,与子女抚养、财产问题一并调解,调解不成的,发回重审。

2. 审判监督程序中发回重审的情形

(1)人民法院按照第二审程序审理再审案件,发现原判决认定事实错误或者认定事实不清的,应当在查清事实后改判。但原审人民法院便于查清事实,化解纠纷的,可以裁定撤销原判决,发回重审;

(2)原审程序遗漏必须参加诉讼的当事人且无法达成调解协议,以及其他违反法定程序不宜在再审程序中直接作出实体处理的,应当裁定撤销原判决,发回重审。

二、提示与预测

注意人民法院主动依职权再审的法定情形,这一点是新的司法解释规定的。

考点 3 基于检察监督权抗诉的条件和程序

一、精讲

2012年修正《民事诉讼法》,增加了检察监督的方式,扩大了检察监督的范围。检察监督的方式增加了检察建议;而检察监督的范围则增加了对损害国家利益、社会公共利益的调解

书的监督,以及对人民法院执行行为的监督。

【注意】只有抗诉的方式能够直接引起再审程序。

(一) 抗诉

1. 抗诉的主体条件

上级人民检察院与最高人民检察院。

2. 抗诉的案件范围

抗诉的对象是具备《民事诉讼法》第200条情形之一的发生法律效力的判决、裁定,以及损害国家利益、社会公共利益的调解书。

【特别提示】

《民诉司法解释》进一步明确了检察院依职权检察监督的范围和依当事人申请检查监督的范围。目的是理顺检察监督与当事人处分权之间的关系,即除了法律规定的依职权检察监督的范围外,对于其他生效裁判的监督,只能因当事人的申请而启动。所以,这部分监督的对象与当事人申请再审的对象保持一致,并且确立了"当事人申请法院救济在先,人民检察院监督在后"的规则,即只有当事人申请再审被驳回,或人民法院逾期未对再审申请作出裁定,或认为再审判决、裁定有明显错误时,才可以申请检察监督,否则,人民检察院不予受理。

(1) 依职权检察监督的范围。《民诉司法解释》第413条规定:"人民检察院依法对损害国家利益、社会公共利益的发生法律效力的判决、裁定、调解书提出抗诉,或者经人民检察院检察委员会讨论决定提出再审检察建议的,人民法院应予受理。"

(2) 依当事人申请的检察监督范围。《民诉司法解释》第414条规定:"人民检察院对已经发生法律效力的判决以及不予受理、驳回起诉的裁定依法提出抗诉的,人民法院应予受理,但适用特别程序、督促程序、公示催告程序、破产程序以及解除婚姻关系的判决、裁定等不适用审判监督程序的判决、裁定除外。"

【注意】再审判决和裁定可以申请检察院检察监督,但当事人不得再次申请再审,并且对再审判决、裁定进行检察监督的事由是有明显错误的。

3. 抗诉的法定事由

根据《民事诉讼法》第208条和第200条的规定,人民检察院对法院作出的已经发生法律效力的确有错误的判决、裁定,进行抗诉时,需要具备下列法定情形:

(1) 有新的证据,足以推翻原判决、裁定的。《民诉司法解释》第387条规定:"再审申请人提供的新的证据,能够证明原判决、裁定认定基本事实或者裁判结果错误的,应当认定为民事诉讼法第二百条第一项规定的情形。对于符合前款规定的证据,人民法院应当责令再审申请人说明其逾期提供该证据的理由;拒不说明理由或者理由不成立的,依照民事诉讼法第六十五条第二款和本解释第一百零二条的规定处理。"

《民诉司法解释》第388条规定:"再审申请人证明其提交的新的证据符合下列情形之一的,可以认定逾期提供证据的理由成立:(一) 在原审庭审结束前已经存在,因客观原因于庭审结束后才发现的;(二) 在原审庭审结束前已经发现,但因客观原因无法取得或者在规定的期限内不能提供的;(三) 在原审庭审结束后形成,无法据此另行提起诉讼的。再审申请人提交的证据在原审中已经提供,原审人民法院未组织质证且未作为裁判根据的,视为逾期提供证据的理由成立,但原审人民法院依照民事诉讼法第六十五条规定不予采纳的除外。"

(2) 原判决、裁定认定的基本事实缺乏证据证明的。根据最高人民法院《关于适用〈中华人民共和国民事诉讼法〉审判监督程序若干问题的解释》（以下简称《审判监督解释》）第11条的规定，"基本事实"是指对原判决、裁定的结果有实质影响，用以确定当事人主体资格、案件性质、具体权利义务和民事责任等主要内容所依据的事实。

（3）原判决、裁定认定事实的主要证据是伪造的。

（4）原判决、裁定认定事实的主要证据未经质证的。

《民诉司法解释》第389条规定："当事人对原判决、裁定认定事实的主要证据在原审中拒绝发表质证意见或者质证中未对证据发表质证意见的，不属于民事诉讼法第二百条第四项规定的未经质证的情形。"

（5）对审理案件需要的主要证据，当事人因客观原因不能自行收集，书面申请人民法院调查收集，人民法院未调查收集的。

（6）原判决、裁定适用法律确有错误的。

《民诉司法解释》第390条规定："有下列情形之一，导致判决、裁定结果错误的，应当认定为民事诉讼法第二百条第六项规定的原判决、裁定适用法律确有错误：（一）适用的法律与案件性质明显不符的；（二）确定民事责任明显违背当事人约定或者法律规定的；（三）适用已经失效或者尚未施行的法律的；（四）违反法律溯及力规定的；（五）违反法律适用规则的；（六）明显违背立法原意的。"

（7）审判组织的组成不合法或者依法应当回避的审判人员没有回避的。

（8）无诉讼行为能力人未经法定代理人代为诉讼或者应当参加诉讼的当事人，因不能归责于本人或者其诉讼代理人的事由，未参加诉讼的。

（9）违反法律规定，剥夺当事人辩论权利的。

《民诉司法解释》第391条规定："原审开庭过程中有下列情形之一的，应当认定为民事诉讼法第二百条第九项规定的剥夺当事人辩论权利：（一）不允许当事人发表辩论意见的；（二）应当开庭审理而未开庭审理的；（三）违反法律规定送达起诉状副本或者上诉状副本，致使当事人无法行使辩论权利的；（四）违法剥夺当事人辩论权利的其他情形。"

（10）未经传票传唤，缺席判决的。

（11）原判决、裁定遗漏或者超出诉讼请求的。

《民诉司法解释》第392条规定："民事诉讼法第二百条第十一项规定的诉讼请求，包括一审诉讼请求、二审上诉请求，但当事人未对一审判决、裁定遗漏或者超出诉讼请求提起上诉的除外。"

（12）据以作出原判决、裁定的法律文书被撤销或者变更的。根据《审判监督解释》第16条的规定，原判决、裁定对基本事实和案件性质的认定系根据其他法律文书作出，而上述其他法律文书被撤销或变更的，人民法院可以认定为该项规定的情形。

《民诉司法解释》第393条规定："民事诉讼法第二百条第十二项规定的法律文书包括：（一）发生法律效力的判决书、裁定书、调解书；（二）发生法律效力的仲裁裁决书；（三）具有强制执行效力的公证债权文书。"

（13）审判人员审理该案件时有贪污受贿，徇私舞弊，枉法裁判行为的。《民诉司法解释》第394条规定："民事诉讼法第二百条第十三项规定的审判人员审理该案件时有贪污受贿、徇私舞弊、枉法裁判行为，是指已经由生效刑事法律文书或者纪律处分决定所确认的行为。"

4. 抗诉的程序以及抗诉的法律后果

《民事诉讼法》第 210 条规定:"人民检察院因履行法律监督职责提出检察建议或者抗诉的需要,可以向当事人或者案外人调查核实有关情况。"

抗诉应当制作抗诉书,送交与其同级的人民法院,人民法院在接到人民检察院的抗诉书后,对于符合下列条件的,应当在 30 日内作出再审的裁定。

(1) 抗诉书和原审当事人申请书及相关证据材料已经提交;

(2) 抗诉对象为依照民事诉讼法和本解释规定可以进行再审的判决、裁定;

(3) 抗诉书列明该判决、裁定有《民事诉讼法》第 208 条第 1 款规定情形;

(4) 符合《民事诉讼法》第 209 条第 1 款第 1 项、第 2 项规定情形。对于不符合上述条件的,人民法院可以建议人民检察院予以补正或者撤回;不予补正或者撤回的,人民法院可以裁定不予受理。(《民诉司法解释》第 417 条)

5. 抗诉案件的审理法院

(1) 抗诉案件的审理法院原则上就是接受抗诉的与抗诉检察院同级的人民法院;

(2) 如果抗诉的情形是《民事诉讼法》第 200 条第 1 款第 1 项至第 5 项规定的法定情形,接受抗诉的人民法院可以交下一级人民法院再审。《民诉司法解释》第 418 条也规定:"当事人的再审申请被上级人民法院裁定驳回后,人民检察院对原判决、裁定、调解书提出抗诉,抗诉事由符合民事诉讼法第二百条第一项至第五项规定情形之一的,受理抗诉的人民法院可以交由下一级人民法院再审。"

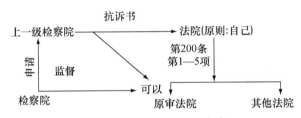

检察院抗诉程序和审理法院

(二) 检察建议

1. 检察建议的主体条件:同级人民检察院

根据《民事诉讼法》第 200 条第 2 款的规定,地方各级人民检察院对同级人民法院已经发生法律效力的判决、裁定,发现有《民事诉讼法》第 200 条规定情形之一的,或者发现调解书损害国家利益、社会公共利益的,可以向同级人民法院提出检察建议,并报请上级人民检察院备案。

2. 检察建议的范围和法定事由

根据检察建议的目的,将检察建议分为再审检察建议和一般检察建议。

再审检察建议的法定事由与抗诉的法定事由相同。根据《民事诉讼法》第 200 条第 2 款的规定,对于具备法定事由的案件,赋予与生效裁判作出的人民法院同级的人民检察院选择权,既可以向同级人民法院提出检察建议,并报请上级人民检察院备案;也可以选择提请上级人民检察院提出抗诉。

一般检察建议是针对审判监督程序以外的其他审判程序中审判人员的违法行为进行的,旨在纠正审判人员的违法行为。

可见,检察建议监督的范围比抗诉的范围要广。

3. 检察建议的程序

人民检察院因履行法律监督职责提出检察建议的需要,可以向当事人或案外人调查核实有关情况。人民检察院决定对人民法院的生效判决、裁定与调解书提出检察建议的,应当制作检察建议,向同级人民法院提出,并报上级人民检察院备案。

《民诉司法解释》第416条规定:"地方各级人民检察院依当事人的申请对生效判决、裁定向同级人民法院提出再审检察建议,符合下列条件的,应予受理:(一)再审检察建议书和原审当事人申请书及相关证据材料已经提交;(二)建议再审的对象为依照民事诉讼法和本解释规定可以进行再审的判决、裁定;(三)再审检察建议书列明该判决、裁定有民事诉讼法第二百零八条第二款规定情形;(四)符合民事诉讼法第二百零九条第一款第一项、第二项规定情形;(五)再审检察建议经该人民检察院检察委员会讨论决定。不符合前款规定的,人民法院可以建议人民检察院予以补正或者撤回;不予补正或者撤回的,应当函告人民检察院不予受理。"

《民诉司法解释》第419条规定:"人民法院收到再审检察建议后,应当组成合议庭,在三个月内进行审查,发现原判决、裁定、调解书确有错误,需要再审的,依照民事诉讼法第一百九十八条规定裁定再审,并通知当事人;经审查,决定不予再审的,应当书面回复人民检察院。"

(三)当事人向人民检察院申请检察建议或者抗诉

当当事人通过向人民法院申请再审得不到救济时,可以根据《民事诉讼法》第209条的规定,向人民检察院申请检察建议或者抗诉的情形:

(1)人民法院驳回再审申请的;

(2)人民法院逾期未对再审申请作出裁定的;

(3)再审判决、裁定有明显错误的。

人民检察院对当事人的申请应当在3个月内进行审查,作出提出或者不予提出检察建议或者抗诉的决定。当事人不得再次向人民检察院申请检察建议或者抗诉。

二、例题

1. 就瑞成公司与建华公司的合同纠纷,某省甲市中院作出了终审裁判。建华公司不服,打算启动再审程序。后其向甲市检察院申请检察建议,甲市检察院经过审查,作出驳回申请的决定。关于检察监督,下列哪些表述是正确的?(2014年真题,多选)

A. 建华公司可在向该省高院申请再审的同时,申请检察建议

B. 在甲市检察院驳回检察建议申请后,建华公司可向该省检察院申请抗诉

C. 甲市检察院在审查检察建议申请过程中,可向建华公司调查核实案情

D. 甲市检察院在审查检察建议申请过程中,可向瑞成公司调查核实案情

[释疑] 本题考查检察建议。抗诉和检察建议属于检查监督的两种方式,当事人只能选择一种方式行使,A、B项错误;《民事诉讼法》第210条明确赋予人民检察院因履行法律监督职责提出检察建议或者抗诉的需要,可以向当事人和案外人调查核实有关情况的权力,C、D项正确。(答案:CD)

2. 关于检察监督,下列哪一选项是正确的?(2013年真题,单选)

A. 甲县检察院认为乙县法院的生效判决适用法律错误,对其提出检察建议

B. 丙市检察院就合同纠纷向仲裁委员会提出检察建议,要求重新仲裁

C. 丁县检察院认为丁法院某法官在制作除权判决时收受贿赂,向该法院提出检察建议

D. 戊县检察院认为戊县法院认定某公民为无民事行为能力人的判决存在程序错误,报请上级检察院提起抗诉

[释疑] 根据《民事诉讼法》第208条第2款的规定,地方各级人民检察院对同级人民法院生效的判决、裁定,发现法定情形之一的,可以向同级人民法院提出检察建议,并报上级人民检察院备案,因此,选项A与选项B均是不正确的。根据《民事诉讼法》第208条第3款的规定,各级人民检察院对审判监督程序以外的其他审判程序中审判人员的违法行为,有权向同级人民法院提出检察建议,因此,选项C是正确的。根据民事诉讼理论,检察院抗诉应针对诉讼案件,而认定公民无民事行为能力属于非讼案件,因此,选项D是不正确的。(答案:C)

3. 周某因合同纠纷起诉,甲省乙市的两级法院均驳回其诉讼请求。周某申请再审,但被驳回。周某又向检察院申请抗诉,检察院以原审主要证据系伪造为由提出抗诉,法院裁定再审。关于启动再审的表述,下列哪些说法是不正确的?(2013年真题,多选)

A. 周某只应向甲省高院申请再审

B. 检察院抗诉后,应当由接受抗诉的法院审查后,作出是否再审的裁定

C. 法院应当在裁定再审的同时,裁定撤销原判

D. 法院应当在裁定再审的同时,裁定中止执行

[释疑] 该题综合考查当事人申请再审,法院对检察院抗诉的处理以及裁定再审后的程序处理。根据《民事诉讼法》第199条的规定,当事人一方人数众多或者当事人双方是公民的案件,也可以向原审人民法院申请再审,因此,选项A是不正确的。根据《民事诉讼法》第211条的规定,人民检察院提出抗诉的案件,接受抗诉的人民法院应当在收到抗诉书之日起30日内作出再审的裁定,因此,选项B是不正确的。根据《民事诉讼法》第206条的规定,按照审判监督程序决定再审的案件,裁定中止原判决、裁定、调解书的执行,因此,选项C是不正确的,而选项D是正确的。(答案:ABC)

4. 下列哪些选项是1991年颁布实行的《民事诉讼法》(2007年修正)未作规定的制度?(2012年真题,多选)

A. 公益诉讼制度 B. 恶意诉讼规制制度

C. 检察监督中的抗诉制度 D. 诉讼保全制度中的行为保全制度

[释疑] 该题除了选项C是2007年修正的《民事诉讼法》已规定的制度以外,选项A、B与D中的制度均是尚未作规定的制度,而这三项制度恰恰是2012年修正的《民事诉讼法》增加的相应制度。(答案:ABD)

三、提示与预测

抗诉和检察建议均是高频考点,考生应当掌握,此外,还应当注意下列内容

1. 抗诉和检察建议的区别

(1) 适用的检察院不同,前者由最高人民检察院和上级人民检察院行使,即生效裁判作出的人民法院的上一级人民检察院行使,最高人民法院法院作出的生效裁判除外;后者由与生效裁判作出的人民法院的同级人民检察院行使。

(2) 适用的范围不同,前者适用于具备法定事由的判决、裁定、调解书;后者不仅适用于具备法定事由的判决、裁定、调解书,还适用于对审判监督程序以外的其他审判程序中审判人员

的违法行为。

(3) 法律后果不同,前者必然引起再审程序,后者不必然引起再审程序。

2. 再审检察建议与对其他程序中审判人员违法行为的检察建议的区别

(1) 提起的事由不同。前者的提起的事由是《民事诉讼法》第200条的规定的再审事由,而后者的提起的事由则是审判人员具有违法行为。

(2) 提起的程序要求不同。前者的提起需要报上级检察院备案,而后者的提起无需报上级检察院备案。

考点 4　基于当事人诉权申请再审的条件和程序

一、精讲

(一) 当事人申请再审的条件

1. 申请再审的主体

有权申请再审的只能是当事人及其法定代理人。

【注意】当事人的变更。根据《民诉司法解释》第375条的规定,当事人死亡或者终止的,其权利义务承继者可以根据民事诉讼法第199条、第201条的规定申请再审。

判决、调解书生效后,当事人将判决、调解书确认的债权转让,债权受让人对该判决、调解书不服申请再审的,人民法院不予受理。

2. 申请再审的对象

确有错误的生效判决与裁定,以及违反自愿原则或者内容违法的调解书。

【注意】

(1) 不予受理和驳回起诉的裁定,当事人可以申请再审;

(2) 不能申请再审的裁判:

对已经发生法律效力的解除婚姻关系的判决、调解书,不得申请再审。但是,这里需要注意的是,不能申请再审的仅仅是解除婚姻关系判决、调解书中的身份部分,因为离婚判决、调解书生效后,任何一方当事人都有权再婚;而对于财产分割关系则应具体问题具体对待,即对解除婚姻关系判决、调解书中已涉及的财产分割问题,完全可以申请再审;对解除婚姻关系判决、调解书中未涉及的财产分割问题,则应告知当事人另行起诉。(《民诉司法解释》第382条)

按照特别程序、督促程序、公示催告程序、破产程序等非讼程序审理的案件不能申请再审。(《民诉司法解释》第380条)

再审判决、裁定不得申请再审。可以申请人民检察院检察监督。

3. 管辖法院

根据《民事诉讼法》第199条的规定,当事人可以向上一级人民法院申请再审;当事人一方人数众多或者当事人双方为公民的案件,也可以向原人民法院申请再审。

《民诉司法解释》第379条规定:"当事人一方人数众多或者当事人双方为公民的案件,当事人分别向原审人民法院和上一级人民法院申请再审且不能协商一致的,由原审人民法院受理。"

4. 申请再审的法定事由

对于判决、裁定因当事人申请再审的法定事由与人民检察院抗诉的法定事由相同,在此不赘述。对于调解书,申请再审的事由是调解书违反自愿准则、内容违法。

5. 申请再审的期限(《民事诉讼法》第205条)

当事人申请再审,应当在判决、裁定发生法律效力后6个月内提出;有《民事诉讼法》第200条第1项、第3项、第12项、第13项规定情形的,自知道或者应当知道之日起6个月内提出。〔《民事诉讼法》第200条规定:(1)有新的证据,足以推翻原判决、裁定的……(3)原判决、裁定认定事实的主要证据是伪造的……(12)据以作出原判决、裁定的法律文书被撤销或者变更的;(13)审判人员审理该案件时有贪污受贿,徇私舞弊,枉法裁判行为的。〕

当事人对已经发生法律效力的调解书申请再审,应当在调解书发生法律效力后6个月内提出。(《民诉司法解释》第384条)

6. 提交再审申请书、生效裁判、身份证明、相关证据材料(《民诉司法解释》第377条、第378条)

(二) 受理再审申请

对当事人申请再审的法定条件进行形式审查,符合形式条件的,应当受理(《审判监督解释》第1条);

《民诉司法解释》第383条规定:"当事人申请再审,有下列情形之一的,人民法院不予受理:(一)再审申请被驳回后再次提出申请的;(二)对再审判决、裁定提出申请的;(三)在人民检察院对当事人的申请作出不予提出再审检察建议或者抗诉决定后又提出申请的。前款第一项、第二项规定情形,人民法院应当告知当事人可以向人民检察院申请再审检察建议或者抗诉,但因人民检察院提出再审检察建议或者抗诉而再审作出的判决、裁定除外。"

人民法院应当自收到符合条件的再审申请书等材料之日起5日内向再审申请人发送受理通知书,并向被申请人及原审其他当事人发送应诉通知书、再审申请书副本等材料。(《民诉司法解释》第385条)

(三) 对再审申请的审查

1. 审查期限

人民法院应当自收到再审申请书之日起3个月内进行审查。有特殊情况需要延长的,由本院院长批准。

2. 审查组织

人民法院受理再审申请后,应当组成合议庭予以审查。(《审判监督解释》第8条)

3. 审查内容

人民法院受理申请再审案件后,应当依照民事诉讼法第200条、第201条、第204条等规定,对当事人主张的再审事由进行审查。(《民诉司法解释》第386条)

4. 审查方式:

(1) 径行裁定。根据《审判监督解释》第19条的规定,人民法院"认为申请再审事由成立的,应当径行裁定再审。当事人申请再审超过民事诉讼法第一百八十四条(现为205条)规定的期限,或者超出民事诉讼法第一百七十九条(现为200条)所列明的再审事由范围的,人民法院应当裁定驳回再审申请"。

(2) 调卷审查。《审判监督解释》第20条规定:"人民法院认为仅审查再审申请书等材料难以作出裁定的,应当调阅原案卷予以审查。"

(3) 询问当事人。《民诉司法解释》第397条规定:"人民法院根据审查案件的需要决定是否询问当事人。新的证据可能推翻原判决、裁定的,人民法院应当询问当事人。"

5. 审查程序中特殊情形的处理

(1) 审查再审申请期间,被申请人及原审其他当事人依法提出再审申请的,人民法院应当将其列为再审申请人,对其再审事由一并审查,审查期限重新计算。经审查,其中一方再审申请人主张的再审事由成立的,应当裁定再审。各方再审申请人主张的再审事由均不成立的,一并裁定驳回再审申请。(《民诉司法解释》第 398 条)

(2) 审查再审申请期间,再审申请人申请人民法院委托鉴定、勘验的,人民法院不予准许。(《民诉司法解释》第 399 条)

(3) 审查再审申请期间,再审申请人撤回再审申请的,是否准许,由人民法院裁定。

再审申请人经传票传唤,无正当理由拒不接受询问的,可以按撤回再审申请处理。(《民诉司法解释》第 400 条)

人民法院准许撤回再审申请或者按撤回再审申请处理后,再审申请人再次申请再审的,不予受理,但有民事诉讼法第二百条第一项、第三项、第十二项、第十三项规定情形,自知道或者应当知道之日起六个月内提出的除外。(《民诉司法解释》第 401 条)

(4) 终结审查(《民诉司法解释》第 402 条)。再审申请审查期间,有下列情形之一的,裁定终结审查:① 再审申请人死亡或者终止,无权利义务承继者或者权利义务承继者声明放弃再审申请的;② 在给付之诉中,负有给付义务的被申请人死亡或者终止,无可供执行的财产,也没有应当承担义务的人的;③ 当事人达成和解协议且已履行完毕的,但当事人在和解协议中声明不放弃申请再审权利的除外;④ 他人未经授权以当事人名义申请再审的;⑤ 原审或者上一级人民法院已经裁定再审的;⑥ 有本解释第 383 条第 1 款规定情形的。

(5) 人民法院审查再审申请期间,人民检察院对该案提出抗诉的,人民法院应依照原《民事诉讼法》第 188 条(现为 211 条)的规定裁定再审。申请再审人提出的具体再审请求应纳入审理范围。(《审判监督解释》第 26 条)

6. 审查结果(《民诉司法解释》第 395 条)

(1) 裁定再审:审查认为申请再审事由成立的。

(2) 裁定驳回再审申请:申请再审事由不成立,或者当事人申请再审超过法定申请再审期限、超出法定再审事由范围等不符合民事诉讼法和本解释规定的申请再审条件的。

【注意】驳回再审申请的裁定一经送达,即发生法律效力。

(四) 申请再审案件的审理法院

1. 当事人申请裁定再审的案件由中级人民法院以上的人民法院审理。但当事人依照本法第 199 条的规定选择向基层人民法院申请再审的除外。

2. 最高人民法院、高级人民法院裁定再审的案件,由本院再审或者交其他人民法院再审,也可以交原审人民法院再审。

根据《审判监督解释》第 27 条的规定,"其他人民法院"指与原审人民法院同级的其他人民法院。

此外,《审判监督解释》第 28 条与第 29 条又作出了进一步规定,上一级人民法院可以根据案件的影响程度以及案件参与人等情况,决定是否指定再审。需要指定再审的,应当考虑便利当事人行使诉讼权利以及便利人民法院审理等因素。接受指定再审的人民法院,应当按照《民事诉讼法》第 207 条第 1 款规定的程序审理。

二、例题

1. 2010年7月,甲公司不服A市B区法院对其与乙公司买卖合同纠纷的判决,上诉至A市中级法院,A市中级法院经审理维持原判决。2011年3月,甲公司与丙公司合并为丁公司。之后,丁公司法律顾问在复查原甲公司的相关材料时,发现上述案件具备申请再审的法定事由。关于该案件的再审,下列哪一说法是正确的?(2012年真题,单选)

A. 应由甲公司向法院申请再审
B. 应由甲公司与丙公司共同向法院申请再审
C. 应由丁公司向法院申请再审
D. 应由丁公司以案外人身份向法院申请再审

[释疑] 根据《民诉司法解释》第63条的规定,法人合并的,由合并后的法人作为当事人参加诉讼,因此,选项C是正确的,其余选项都是错误的。(答案:C)

2. 三合公司诉两江公司合同纠纷一案,经法院审理后判决两江公司败诉。此后,两江公司与海大公司合并成立了大江公司。在对两江公司财务进行审核时,发现了一份对前述案件事实认定极为重要的证据。关于该案的再审,下列哪一说法是正确的?(2011年真题,单选)

A. 应当由两江公司申请再审并参加诉讼
B. 应当由海大公司申请再审并参加诉讼
C. 应当由大江公司申请再审并参加诉讼
D. 应当由两江公司申请再审,但必须由大江公司参加诉讼

[释疑] 该题考查申请再审的当事人。根据《民诉司法解释》第63条的规定,法人分立的,由分立后的法人作为当事人,因此,选项C是正确的。(答案:C)

3. 根据《民事诉讼法》以及相关司法解释,关于离婚诉讼,下列哪些选项是正确的?(2011年真题,多选)

A. 被告下落不明的,案件由原告住所地法院管辖
B. 一方当事人死亡的,诉讼终结
C. 判决生效后,不允许当事人申请再审
D. 原则上不公开审理,因其属于法定不公开审理案件范围

[释疑] 该题综合考查离婚案件的特殊规定。根据《民事诉讼法》第22条的规定,对下落不明人提起的身份关系的诉讼,由原告住所地人民法院管辖,因此,选项A是正确的;根据《民事诉讼法》第151条的规定,有下列情形之一的,终结诉讼:……(3)离婚案件一方当事人死亡的,选项B是正确的;根据《民事诉讼法》第202条规定,当事人对已经发生法律效力的解除婚姻关系的判决、调解书,不得申请再审。以及根据《民诉司法解释》第382条的规定:"当事人就离婚案件中的财产分割问题申请再审,如涉及判决中已分割的财产,人民法院应当依照民事诉讼法第二百条的规定进行审查,符合再审条件的,应当裁定再审;如涉及判决中未作处理的夫妻共同财产,应当告知当事人另行起诉。"选项C是不正确的;根据《民事诉讼法》第134条的规定,离婚案件属于当事人申请不公开审理的案件,因此,选项D是不正确的。(答案:AB)

4. 张某诉季某人身损害赔偿一案判决生效后,张某以法院剥夺其辩论权为由申请再审,在法院审查张某再审申请期间,检察院对该案提出抗诉。关于法院的处理方式,下列哪一选项

是正确的？（2010年真题，单选）

  A. 法院继续对当事人的再审申请进行审查，并裁定是否再审

  B. 法院应当审查检察院的抗诉是否成立，并裁定是否再审

  C. 法院应当审查检察院的抗诉是否成立，如不成立，再继续审查当事人的再审申请

  D. 法院直接裁定再审

  [释疑] 根据《审判监督解释》第26条的规定，人民法院审查再审申请期间，人民检察院对该案提出抗诉的，人民法院应依照《民事诉讼法》第211条的规定裁定再审。申请再审人提出的具体再审请求应纳入审理范围。因此，选项D是正确的。（答案：D）

  5. 甲公司诉乙公司合同纠纷案，南山市S县法院进行了审理并作出驳回甲公司诉讼请求的判决，甲公司未提出上诉。判决生效后，甲公司因收集到新的证据申请再审。下列哪些选项是正确的？（2009年真题，多选）

  A. 甲公司应当向S县法院申请再审 B. 甲公司应当向南山市中级法院申请再审

  C. 法院应当适用一审程序再审本案 D. 法院应当适用二审程序再审本案

  [释疑] 本案南山市S县作为一审法院，其作出的判决因当事人未提出上诉而生效，根据《民事诉讼法》第199条的规定，选项B是正确的，而选项A是不正确的；根据《民事诉讼法》第204条的规定，该案应当由南山市中级人民法院提审，因此，根据《民事诉讼法》第207条的规定，选项D是正确的，而选项C是不正确的。（答案：BD）

三、提示与预测

  当事人申请再审是《民事诉讼法》修订内容比较集中的制度之一，特别是当事人申请再审的法院、期限、法定事由以及审理法院的具体处理，是司考比较青睐的考点，需要掌握。

考点 5 案外人申请再审以及审理

一、精讲

  1. 被遗漏的必要共同诉讼人申请再审（《民诉司法解释》第422条）

  必须共同进行诉讼的当事人因不能归责于本人或者其诉讼代理人的事由未参加诉讼的，可以根据《民事诉讼法》第200条第8项的规定，自知道或者应当知道之日起6个月内申请再审，但符合本解释第423条规定情形的除外。

  人民法院因前款规定的当事人申请而裁定再审，按照第一审程序再审的，应追加其为当事人，作出新的判决、裁定；按照第二审程序再审，经调解不能达成协议的，应当撤销原判决、裁定，发回重审，重审时应追加其为当事人。

  2. 执行中案外人申请再审

  《民诉司法解释》第423条规定："根据民事诉讼法第二百二十七条的规定，案外人对驳回其执行异议的裁定不服，认为原判决、裁定、调解书内容错误损害其民事权益的，可以自执行异议裁定送达之日起六个月内，向作出原判决、裁定、调解书的人民法院申请再审。"

  《民诉司法解释》第424条规定："根据民事诉讼法第二百二十七条规定，人民法院裁定再审后，案外人属于必要的共同诉讼当事人的，依照本解释第四百二十二条第二款规定处理。案外人不是必要的共同诉讼当事人的，人民法院仅审理原判决、裁定、调解书对其民事权益造成

损害的内容。经审理,再审请求成立的,撤销或者改变原判决、裁定、调解书;再审请求不成立的,维持原判决、裁定、调解书。"

二、例题

赵某与黄某因某项财产所有权发生争议,赵某向法院提起诉讼,经一、二审法院审理后,判决该项财产属赵某所有。此后,陈某得知此事,向二审法院反映其是该财产的共同所有人,并提供了相关证据。二审法院经审查,决定对此案进行再审。关于此案的说法,下列哪一选项是正确的?(2008年真题,单选)

A. 陈某不是本案一、二审当事人,不能参加再审程序
B. 二审法院可以直接通知陈某参加再审程序,并根据自愿原则进行调解,调解不成的,告知陈某另行起诉
C. 二审法院可以直接通知陈某参加再审程序,并根据自愿原则进行调解,调解不成的,裁定撤销一、二审判决,发回原审法院重审
D. 二审法院只能裁定撤销一、二审判决,发回原审法院重审

[释疑] 该题直接考查遗漏的必要共同诉讼人申请再审裁定再审后的处理。根据《民诉司法解释》第422条的规定:"必须共同进行诉讼的当事人因不能归责于本人或者其诉讼代理人的事由未参加诉讼的,可以根据民事诉讼法第二百条第八项规定,自知道或者应当知道之日起六个月内申请再审,但符合本解释第四百二十三条规定情形的除外。人民法院因前款规定的当事人申请而裁定再审,按照第一审程序再审的,应当追加其为当事人,作出新的判决、裁定;按照第二审程序再审,经调解不能达成协议的,应当撤销原判决、裁定,发回重审,重审时应追加其为当事人。"选项C是正确的。(答案:C)

三、提示与预测

《民诉司法解释》根据是否进入了执行程序将案外人划分为两类:第一类进入执行程序前的案外人,仅限于被遗漏的必要共同诉讼人。如果是有独立请求权第三人,在进入执行程序前只能通过提起第三人撤销之诉进行救济,而不能申请再审;第二类是执行程序中的案外人,包括被遗漏的必要共同诉讼人和对执行标的主张实体权利的人。执行程序中案外人申请再审的前置程序是提出执行异议,且该执行异议与生效裁判有关。

考点 6 再审案件中特殊情形的处理

一、精讲

我国民事诉讼法没有规定单独的再审程序,而是分别适用第一审或第二审程序进行审理。但是,再审程序毕竟是对生效裁判的再次审理,在《民事诉讼法》及其相关的司法解释中,对再审程序中的相关内容也作了特别规定,没有特别规定的,适用第一审普通程序的规定。对于再审程序中的特别规定,考生应当掌握下列内容:

(一) 裁定再审的同时,裁定中止原判决的执行

人民法院决定再审的,应当作出裁定中止原生效判决的执行,并通知双方当事人。上级人民法院或者最高人民法院发现生效判决、裁定确有错误,应当在提审或者指令下级人民法院再

审的裁定中,同时写明中止原判决、裁定的执行。

【注意】《民事诉讼法》第 206 条规定,追索赡养费、扶养费、抚育费、抚恤金、医疗费用、劳动报酬等案件,可以不中止执行。

（二）另行组成合议庭审理

人民法院审理再审案件时,一律实行合议制。如果由原审人民法院再审的,应当另行组成合议庭,原合议庭成员不得参加再审案件的合议庭。

（三）再审案件的程序适用

分别适用第一审程序或者第二审程序再审。

《民事诉讼法》第 207 条规定:"人民法院按照审判监督程序再审的案件,发生法律效力的判决、裁定是由第一审法院作出的,按照第一审程序审理,所作的判决、裁定,当事人可以上诉;发生法律效力的判决、裁定是由第二审法院作出的,按照第二审程序审理,所作的判决、裁定,是发生法律效力的判决、裁定;上级人民法院按照审判监督程序提审的,按照第二审程序审理,所作的判决、裁定是发生法律效力的判决、裁定。"

（四）再审程序中的特别规定

1. 审理法院:因不同的主体引起再审程序而不同

（1）法院基于审判监督权。各级人民法院由院长提起,审委会决定再审的,自行审理;最高人民法院或上级人民法院决定再审的,可以提审或指令再审。

（2）检察院基于检察监督权。抗诉案件的审理法院原则上是由接受抗诉的与抗诉检察院同级的人民法院;如果抗诉的情形是《民事诉讼法》第 200 条第 1 款第 1 项至第 5 项规定的法定情形,接受抗诉的人民法院可以交下一级人民法院再审,但经该下一级人民法院再审的除外。

（3）当事人基于申请权。当事人申请裁定再审的案件由中级人民法院以上的人民法院审理。但当事人依照《民事诉讼法》第 199 条的规定选择向基层人民法院申请再审的除外。最高人民法院、高级人民法院裁定再审的案件,由本院再审或者交其他人民法院再审,也可以交原审人民法院再审。

【注意】无论哪个主体引起的再审程序,均存在指令再审的情形。指令再审是指上级人民法院指令生效裁判作出的人民法院再次审理,为了保证公正,《审判监督解释》第 29 条明确规定了不得指令再审的情形:"有下列情形之一的,不得指令原审人民法院再审:（一）原审人民法院对该案无管辖权的;（二）审判人员在审理该案件时有贪污受贿,徇私舞弊,枉法裁判行为的;（三）原判决、裁定系经原审人民法院审判委员会讨论作出的;（四）其他不宜指令原审人民法院再审的。"

2. 审理方式

《民诉司法解释》第 403 条规定:"人民法院审理再审案件应当组成合议庭开庭审理,但按照第二审程序审理,有特殊情况或者双方当事人已经通过其他方式充分表达意见,且书面同意不开庭审理的除外。符合缺席判决条件的,可以缺席判决。"

3. 开庭审理时发表意见的顺序

《民诉司法解释》第 404 条规定:"人民法院开庭审理再审案件,应当按照下列情形分别进行:（一）因当事人申请再审的,先由再审申请人陈述再审请求及理由,后由被申请人答辩、其他原审当事人发表意见;（二）因抗诉再审的,先由抗诉机关宣读抗诉书,再由申请抗诉的当事人陈述,后由被申请人答辩、其他原审当事人发表意见;(三)人民法院依职权再审,有申诉人的,先由申诉人陈述再审请求及理由,后由被申诉人答辩、其他原审当事人发表意见;(四)人民法院依职权再审,没有申诉人的,先由原审原告或者原审上诉人陈述,后由原审其他当事人发表意见。对前款第一项至第三项规定的情形,人民法院应当要求当事人明确其再审请求。"

4. 审理范围

《民诉司法解释》第405条规定:"人民法院审理再审案件应当围绕再审请求进行。当事人的再审请求超出原审诉讼请求的,不予审理;符合另案诉讼条件的,告知当事人可以另行起诉。被申请人及原审其他当事人在庭审辩论结束前提出的再审请求,符合民事诉讼法第二百零五条规定的,人民法院应当一并审理。人民法院经再审,发现已经发生法律效力的判决、裁定损害国家利益、社会公共利益、他人合法权益的,应当一并审理。"

5. 审理时特殊情形的处理

(1) 撤回再审申请。撤回再审申请包括申请撤回和按撤回再审申请处理两种情形。《审判监督解释》第34条第1款规定:"申请再审人在再审期间撤回再审申请的,是否准许由人民法院裁定。裁定准许的,应终结再审程序。申请再审人经传票传唤,无正当理由拒不到庭的,或者未经法庭许可中途退庭的,可以裁定按自动撤回再审申请处理。"

(2) 人民检察院撤回抗诉。《审判监督解释》第34条第2款规定:"人民检察院抗诉再审的案件,申请抗诉的当事人有前款规定的情形,且不损害国家利益、社会公共利益或第三人利益的,人民法院应当裁定终结再审程序;人民检察院撤回抗诉的,应当准予。"

(3) 撤回起诉。《民诉司法解释》第410条规定:"一审原告在再审审理程序中申请撤回起诉,经其他当事人同意,且不损害国家利益、社会公共利益、他人合法权益的,人民法院可以准许。裁定准许撤诉的,应当一并撤销原判决。一审原告在再审审理程序中撤回起诉后重复起诉的,人民法院不予受理。"

(4) 终结再审程序。《民诉司法解释》第406条规定:"再审审理期间,有下列情形之一的,可以裁定终结再审程序:(一)再审申请人在再审期间撤回再审请求,人民法院准许的;(二)再审申请人经传票传唤,无正当理由拒不到庭的,或者未经法庭许可中途退庭,按撤回再审请求处理的;(三)人民检察院撤回抗诉的;(四)有本解释第四百零二条第一项至第四项规定情形的。因人民检察院提出抗诉裁定再审的案件,申请抗诉的当事人有前款规定的情形,且不损害国家利益、社会公共利益或者他人合法权益的,人民法院应当裁定终结再审程序。再审程序终结后,人民法院裁定中止执行的原生效判决自动恢复执行。"

6. 再审审理中的调解

《审判监督解释》第36条规定:"当事人在再审审理中经调解达成协议的,人民法院应当制作调解书。调解书经各方当事人签收后,即具有法律效力,原判决、裁定视为被撤销。"

【注意】部分当事人到庭并达成调解协议,其他当事人未作出书面表示的,人民法院应当在判决中对该事实作出表述;调解协议内容不违反法律规定,且不损害其他当事人合法权益的,可以在判决主文中予以确认。(《民诉司法解释》第412条)

7. 对再审案件的处理

(1) 维持原判。《民诉司法解释》第407条第1款规定:"人民法院经再审审理认为,原判决、裁定认定事实清楚、适用法律正确的,应予维持;原判决、裁定认定事实、适用法律虽有瑕疵,但裁判结果正确的,应当在再审判决、裁定中纠正瑕疵后予以维持。"

(2) 改判或发回重审。《审判监督解释》第 38 条规定:"人民法院按照第二审程序审理再审案件,发现原判决认定事实错误或者认定事实不清的,应当在查清事实后改判。但原审人民法院便于查清事实,化解纠纷的,可以裁定撤销原判决,发回重审;原审程序遗漏必须参加诉讼的当事人且无法达成调解协议,以及其他违反法定程序不宜在再审程序中直接作出实体处理的,应当裁定撤销原判决,发回重审。"

《审判监督解释》第 39 条规定:"新的证据证明原判决、裁定确有错误的,人民法院应予改判。"

【注意】申请再审人或者申请抗诉的当事人提出新的证据致使再审改判,被申请人等当事人因申请再审人或者申请抗诉的当事人的过错未能在原审程序中及时举证,请求补偿其增加的差旅、误工等诉讼费用的,人民法院应当支持;请求赔偿其由此扩大的直接损失,可以另行提起诉讼解决。

(3) 裁定驳回起诉。《民诉司法解释》第 408 条规定:"按照第二审程序再审的案件,人民法院经审理认为不符合民事诉讼法规定的起诉条件或者符合民事诉讼法第一百二十四条规定不予受理情形的,应当裁定撤销一、二审判决,驳回起诉。"

(4) 对调解书裁定再审后的处理。《民诉司法解释》第 409 条规定:"人民法院对调解书裁定再审后,按照下列情形分别处理:(一)当事人提出的调解违反自愿原则的事由不成立,且调解书的内容不违反法律强制性规定的,裁定驳回再审申请;(二)人民检察院抗诉或者再审检察建议所主张的损害国家利益、社会公共利益的理由不成立的,裁定终结再审程序。前款规定情形,人民法院裁定中止执行的调解书需要继续执行的,自动恢复执行。"

二、例题

1. 周立诉孙华人身损害赔偿案,一审法院适用简易程序审理,电话通知双方当事人开庭,孙华无故未到庭,法院缺席判决孙华承担赔偿周立医疗费。判决书生效后,周立申请强制执行,执行程序开始,孙华向一审法院提出再审申请。法院裁定再审,未裁定中止原判决的执行。关于本案,下列哪一说法是正确的?(2015 年真题,单选)

   A. 法院电话通知当事人开庭是错误的
   B. 孙华以法院未传票通知其开庭即缺席判决为由,提出再审申请是符合法律规定的
   C. 孙华应向二审法院提出再审申请,而不可向原一审法院申请再审
   D. 法院裁定再审,未裁定中止原判决的执行是错误的

   [释疑] 一般而言,对当事人申请再审的案件裁定再审的同时,应当裁定中止执行;但民诉司法解释明确规定,对于追索赡养费、扶养费、抚育费、抚恤金、医疗费用、劳动报酬等案件,裁定再审后可以不中止执行,因此 D 项正确(答案:D)

2. 万某起诉吴某人身损害赔偿一案,经过两级法院审理,均判决支持万某的诉讼请求,吴某不服,申请再审。再审中万某未出席开庭审理,也未向法院说明理由。对此,法院的下列哪一做法是正确的?(2014 年真题,单选)

   A. 裁定撤诉,视为撤回起诉　　　　B. 裁定撤诉,视为撤回再审申请
   C. 裁定诉讼中止　　　　　　　　　D. 缺席判决

   [释疑] 本题考查再审审理中的缺席判决。在再审程序中,万某是被申请人,经传票传唤无正当理由不参加庭审的,符合缺席判决的规定。D 项正确(答案:D)

3. 周某因合同纠纷起诉,甲省乙市的两级法院均驳回其诉讼请求。周某申请再审,但被驳回。周某又向检察院申请抗诉,检察院以原审主要证据系伪造为由提出抗诉,法院裁定再审。关于启动再审的表述,下列哪些说法是不正确的?(2013年真题,多选)
   A. 周某只应向甲省高院申请再审
   B. 检察院抗诉后,应当由接受抗诉的法院审查后,作出是否再审的裁定
   C. 法院应当在裁定再审的同时,裁定撤销原判
   D. 法院应当在裁定再审的同时,裁定中止执行

[释疑] 该题综合考查当事人申请再审,法院对检察院抗诉的处理以及裁定再审后的程序处理。根据《民事诉讼法》第199条的规定,当事人一方人数众多或者当事人双方是公民的案件,也可以向原审人民法院申请再审,因此,选项A是不正确的。根据《民事诉讼法》第211条的规定,人民检察院提出抗诉的案件,接受抗诉的人民法院应当在收到抗诉书之日起30日内作出再审的裁定,因此,选项B是不正确的。根据《民事诉讼法》第206条的规定,按照审判监督程序决定再审的案件,裁定中止原判决、裁定、调解书的执行,因此,选项C是不正确的,而选项D是正确的。(答案:ABC)

4. 韩某起诉翔鹭公司要求其依约交付电脑,并支付迟延履行违约金5万元。经县市两级法院审理,韩某均胜诉。后翔鹭公司以原审适用法律错误为由申请再审,省高院裁定再审后,韩某变更诉讼请求为解除合同,支付迟延履行违约金10万元。再审法院最终维持原判。关于再审程序的表述,下列哪些选项是正确的?(2013年真题,多选)
   A. 省高院可以亲自提审,提审应当适用二审程序
   B. 省高院可以指令原审法院再审,原审法院再审时应当适用一审程序
   C. 再审法院对韩某变更后的请求应当不予审查
   D. 对于维持原判的再审裁判,韩某认为有错误的,可以向检察院申请抗诉

[释疑] 该题综合考查法院对当事人申请再审案件的程序适用、对再审案件的审理范围以及当事人申请再审与申请检察院抗诉的关系。根据《民事诉讼法》第204条第2款的规定,高级法院裁定再审的案件,由本院再审,也可以交原审法院再审。本题是县市两级法院两审终审的案件,根据《民事诉讼法》第207条的规定,上级人民法院按照审判监督程序提审的,按照第二审程序审理,因此,选项A是正确的;发生法律效力的判决是由第二审法院作出的,按照第二审程序审理,因此,选项B是不正确的。根据《民诉司法解释》第405条第1款的规定:"人民法院审理再审案件应当围绕再审请求进行。当事人的再审请求超出原审诉讼请求的,不予审理;符合另案诉讼条件的,告知当事人可以另行起诉。"因此,选项C是正确的。根据《民事诉讼法》第209条的规定,再审判决、裁定有明显错误的,当事人可以向人民检察院申请检察建议或者抗诉,因此,选项D是正确的。(答案:ACD)

5. 高某诉张某合同纠纷案,终审高某败诉。高某向检察院反映,其在一审中提交了偷录双方谈判过程的录音带,其中有张某承认货物存在严重质量问题的陈述,足以推翻原判,但法院从未组织质证。对此,检察院提起抗诉。关于再审程序中证据的表述,下列哪些选项是正确的?(2013年真题,多选)
   A. 再审质证应当由高某、张某和检察院共同进行
   B. 该录音带属于电子数据,高某应当提交证据原件进行质证
   C. 虽然该录音带系高某偷录,但仍可作为质证对象
   D. 如再审法院认定该录音带涉及商业秘密,应当依职权决定不公开质证

[释疑] 本案考查再审程序中的证据。无论是第一审程序、还是第二审程序以及再审程序,审理中证据的质证、认证都参照第一审程序以及民事诉讼证据规定进行,根据《民事证据规则》的规定,C、D项正确。(答案:CD)

6. 关于再审程序的说法,下列哪些选项是正确的?(2010年真题,多选)

A. 在再审中,当事人提出新的诉讼请求的,原则上法院应根据自愿原则进行调解,调解不成的告知另行起诉

B. 在再审中,当事人增加诉讼请求的,原则上法院应根据自愿原则进行调解,调解不成的裁定发回重审

C. 按照第一审程序再审案件时,经法院许可原审原告可撤回起诉

D. 在一定条件下,案外人可申请再审

[释疑] 根据《审判监督解释》第33条的规定,涉及国家利益、社会公共利益以外,当事人超出原审范围增加、变更诉讼请求的,不属于再审审理范围,因此,选项A和B均是不正确的。按照第一审程序审理再审案件时,一审原告申请撤回起诉的,是否准许由人民法院裁定,因此,选项C是正确的。《审判监督解释》第42条增加了案外人申请再审,因此选项D是正确的。(答案:CD)

三、提示与预测

人民法院对再审案件的处理是高频考点,特别是《民诉司法解释》作出了更加详细的规定,应当掌握。

第十九章 督促程序

本章知识体系:

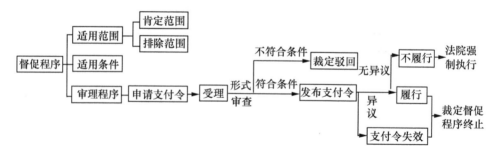

考点 1 督促程序的特点

1. 督促程序

督促程序是人民法院根据债权人的申请,向债务人发出支付令,以支付令的方式督促义务人在法定期间内向债权人清偿债务的法律程序。

2. 督促程序的特点
(1) 适用范围具有特定性,即仅适用于给付金钱和有价证券的案件。
(2) 程序具有非讼性,即督促程序不解决当事人之间的债权债务纠纷,而仅根据债权人的申请开始程序,法院也不需经过开庭审理即可向债务人发出支付令,责令债务人清偿债务。
(3) 审理过程具有简捷性。在督促程序中,法院无须开庭审理,仅进行书面审查,而且,适用督促程序审理的案件,由审判员一人独任审理,并实行一审终审制度。

考点 2 支付令的申请与效力

1. 支付令的申请
支付令的申请,即债权人向人民法院请求签发支付令,要求债务人履行义务的行为。我国《民事诉讼法》第214条和《民诉司法解释》第429条规定,债权人申请支付令,符合下列条件的,基层人民法院应当受理,并在收到支付令申请书后五日内通知债权人:(一) 请求给付金钱或者汇票、本票、支票、股票、债券、国库券、可转让的存款单等有价证券;(二) 请求给付的金钱或者有价证券已到期且数额确定,并写明了请求所根据的事实、证据;(三) 债权人没有对待给付义务;(四) 债务人在我国境内且未下落不明;该款规定排除了对支付令公告送达的适用。(五) 支付令能够送达债务人;(六) 向有管辖权的人民法院提出书面申请。有管辖权的人民法院是指债务人住所地的基层人民法院。两个以上人民法院都有管辖权的,债权人可以向其中一个基层人民法院申请支付令。债权人向两个以上有管辖权的基层人民法院申请支付令的,由最先立案的人民法院管辖。基层人民法院受理申请支付令案件,不受债权金额的限制。(如果是受理的条件,此条件为:收到申请书的人民法院有管辖权。)(七) 债权人未向人民法院申请诉前保全。不符合前款规定的,人民法院应当在收到支付令申请书后五日内通知债权人不予受理。基层人民法院受理申请支付令案件,不受债权金额的限制。

2. 对支付令申请的审查和处理
对支付令申请的审查由审判员一人进行,经过审查,分别处理:
(1) 驳回债权人申请。《民诉司法解释》第430条规定:"人民法院受理申请后,由审判员一人进行审查。经审查,有下列情形之一的,裁定驳回申请:(一) 申请人不具备当事人资格的;(二) 给付金钱或者有价证券的证明文件没有约定逾期给付利息或者违约金、赔偿金,债权人坚持要求给付利息或者违约金、赔偿金的;(三) 要求给付的金钱或者有价证券属于违法所得的;(四) 要求给付的金钱或者有价证券尚未到期或者数额不确定的。人民法院受理支付令申请后,发现不符合本解释规定的受理条件的,应当在受理之日起十五日内裁定驳回申请。"
对于驳回申请的裁定,债权人不得上诉。
(2) 向债务人发出支付令。
经审查,对于符合发出支付令条件的,应当向债务人发出支付令;人民法院发出支付令后,即应当送达债务人。支付令制作发出后,即产生督促债务人履行义务或者督促债务人提出书面异议的法律效力。
【提示】 支付令应当送达债务人本人,采用直接送达的方式;债务人拒绝接收的,人民法院可以留置送达。

3. 支付令的法律效力

支付令的法律效力不同于一般文书，非常特殊，主要体现在支付令所具有的不同法律效力的发生时间不同。就一般文书而言，一旦生效，则该文书所具有的各种效力同时产生，如判决书所具有的确认双方当事人之间实体权利义务关系的效力与强制执行的效力等同时产生；而支付令则与此不同，支付令具有督促效力与强制执行力，但两者却不是同时产生的。

（1）支付令的督促效力，即督促债务人提出书面异议或者履行支付令所确定的实体义务的效力，自支付令制作发出即产生。

（2）支付令的强制执行力，是在债务人接到支付令后15日内不提出书面异议时才产生，如果债务人针对支付令所确定的实体义务提出书面异议，则支付令虽然具有督促效力，但不产生强制执行力。

4. 撤销支付令

《民诉司法解释》第443条规定："人民法院院长发现本院已经发生法律效力的支付令确有错误，认为需要撤销的，应当提交本院审判委员会讨论决定后，裁定撤销支付令，驳回债权人的申请。"

二、例题

单某将八成新手机以4000元的价格卖给卢某，双方约定：手机交付卢某，卢某先付款1000元，待试用一周没有问题后再付3000元。但试用期满卢某并未按约定支付余款，多次催款无果后单某向M法院申请支付令。M法院经审查后向卢某发出支付令，但卢某拒绝签收，法院采取了留置送达。20天后，卢某向N法院起诉，以手机有质量问题要求解除与单某的买卖合同，并要求单某退还1000元付款。根据本案，下列哪些选项是正确的？（2016年卷三82题，多选）

A. 卢某拒绝签收支付令，M法院采取留置送达是正确的
B. 单某可以依支付令向法院申请强制执行
C. 因卢某向N法院提起了诉讼，支付令当然失效
D. 因卢某向N法院提起了诉讼，M法院应当裁定终结督促程序

[释疑] 本题考查支付令的送达、法律效力以及支付令异议的判断。根据《民诉司法解释》第431条的规定，向债务人本人送达支付令，债务人拒绝接收的，人民法院可以留置送达，A项正确；根据《民事诉讼法》第216条第3款的规定，债务人在前款规定的期间不提出异议又不履行支付令的，债权人可以向人民法院申请执行，B项正确；根据《民事诉讼法》第216条第2款的规定，债务人应当自收到支付令之日起十五日内清偿债务，或者向人民法院提出书面异议。本案中，卢某是在收到支付令之日20日后向N区法院起诉，一则已经过了书面异议期，二则是向发出支付令以外的法院申请，所以卢某的起诉不构成支付令异议，CD错误。（答案：AB）

三、提示与预测

应当掌握申请支付令的条件、支付令的法律效力。

考点 3　支付令异议及其法律后果

一、精讲

1. 支付令异议的条件

支付令异议也称为债务人异议,即债务人对支付令所确定的实体义务本身提出的不同意见和主张。提出支付令异议,需要注意其法定的条件:

(1) 支付令异议需在收到支付令之日起 15 日内以书面形式提出。债务人超过法定期间提出异议的,视为未提出异议。债务人的口头异议无效。

(2) 支付令异议只能针对债务是否存在以及债务数额的大小等债务本身提出的不同意见和主张。债务人对债务本身没有异议,只是提出缺乏清偿能力、延缓债务清偿期限、变更债务清偿方式等异议的,不影响支付令的效力。(《民诉司法解释》第 438 条)

【注意】债权人基于同一债权债务关系,在同一支付令申请中向债务人提出多项支付请求,债务人仅就其中一项或者几项请求提出异议的,不影响其他各项请求的效力。(《民诉司法解释》第 434 条)

债权人基于同一债权债务关系,就可分之债向多个债务人提出支付请求,多个债务人中的一人或者几人提出异议的,不影响其他请求的效力。(《民诉司法解释》第 435 条)

(3) 债务人向法院起诉是否构成支付令异议,取决于其向哪一个法院起诉。债务人向支付令的制作人民法院起诉,构成支付令异议;如果债务人向其他有管辖权的人民法院起诉,则不能构成债务人异议。

2. 支付令异议的审查

人民法院收到债务人提出的书面异议后,进行形式审查,对支付令异议的理由在客观上是否成立不进行审查,仅审查债务人提出的支付令异议是否符合法律规定的支付令异议条件。

《民诉司法解释》第 437 条规定:"经形式审查,债务人提出的书面异议有下列情形之一的,应当认定异议成立,裁定终结督促程序,支付令自行失效:(一) 本解释规定的不予受理申请情形的;(二) 本解释规定的裁定驳回申请情形的;(三) 本解释规定的应当裁定终结督促程序情形的;(四) 人民法院对是否符合发出支付令条件产生合理怀疑的。"

3. 支付令异议的撤回

支付令异议的撤回是指债务人提出支付令异议申请后,基于其处分权,在人民法院作出终结督促程序或者驳回异议裁定前将其撤回的行为。《民诉司法解释》第 439 条规定:"人民法院作出终结督促程序或者驳回异议裁定前,债务人请求撤回异议的,应当裁定准许。债务人对撤回异议反悔的,人民法院不予支持。"

4. 支付令异议成立的法律后果

人民法院收到债务人提出的书面异议后,经审查,异议成立的,则产生三个方面的法律后果:

(1) 裁定终结督促程序;

(2) 支付令自行失效,债权人不得依据该支付令申请人民法院强制执行;

(3) 支付令失效的,转入诉讼程序,但申请支付令的一方当事人不同意提起诉讼的除外。《民诉司法解释》第 440 条规定:"支付令失效后,申请支付令的一方当事人不同意提起诉讼的,应当自收到终结督促程序裁定之日起七日内向受理申请的人民法院提出。申请支付令的一方当事人不同意提起诉讼的,不影响其向其他有管辖权的人民法院提起诉讼。"第441条规定:"支付令失效后,申请支付令的一方当事人自收到终结督促程序裁定之日起七日内未向受理申请的人民法院表明不同意提起诉讼的,视为向受理申请的人民法院起诉。债权人提出支付令申请的时间,即为向人民法院起诉的时间。"

二、例题

1. 甲向乙借款20万元,丙是甲的担保人,现已到偿还期限,经多次催讨未果,乙向法院申请支付令。法院受理并审查后,向甲送达支付令。甲在法定期间未提出异议,但以借款不成立为由向另一法院提起诉讼。关于本案,下列哪一说法是正确的?(2015年真题,单选)
   A. 甲向另一法院提起诉讼,视为对支付令提出异议
   B. 甲向另一法院提起诉讼,法院应裁定终结督促程序
   C. 甲在法定期间未提出书面异议,不影响支付令效力
   D. 法院发出的支付令,对丙具有拘束力

   [释疑] 支付令异议只能向支付令发出的法院提出,可以以异议的形式或起诉的形式。如果债务人向其他有管辖权的人民法院起诉,则不能构成债务人异议。所以,C项正确(答案:C)

2. 黄某向法院申请支付令,督促陈某返还借款。送达支付令时,陈某拒绝签收,法官遂进行留置送达。12天后,陈某以已经归还借款为由向法院提起书面异议。黄某表示希望法院彻底解决自己与陈某的借款问题。下列哪一说法是正确的?(2014年真题,单选)
   A. 支付令不能留置送达,法官的送达无效
   B. 提出支付令异议的期间是10天,陈某的异议不发生效力
   C. 陈某的异议并未否认二人之间存在借贷法律关系,因而不影响支付令的效力
   D. 法院应将本案转为诉讼程序审理

   [释疑] 本题考查支付令的送达、支付令异议及法律后果。支付令必须送达债务人,仅仅排除了公告送达的方式,可以适用留置送达,A项错误;提出支付令异议应当在收到支付令之日起15日内书面形式提出,且异议针对债权债务本身提出,本题中陈某以已经归还借款为由提出异议,是针对债权本身的争议,构成支付令异议,B、C项错误;支付令异议成立的,裁定终结督促程序,支付令自行失效,案件转入诉讼程序审理,D项正确。(答案:D)

3. 胡某向法院申请支付令,督促慧星公司交纳房租。慧星公司收到后立即提出书面异议称,根据租赁合同,慧星公司的装修款可以抵消租金,因而自己并不拖欠租金。对于法院收到该异议后的做法,下列哪些选项是正确的?(2013年真题,多选)
   A. 对双方进行调解,促进纠纷的解决
   B. 终结督促程序
   C. 将案件转为诉讼程序审理,但慧星公司不同意的除外
   D. 将案件转为诉讼程序审理,但胡某不同意的除外

   [释疑] 该题综合考查督促程序的相关程序问题。根据《调解规定》第2条的规定,适用督促程序的案件,人民法院不予调解,因此,选项A是不正确的。根据《民诉司法解释》第437条的规定,慧星公司书面异议称自己并不拖欠租金构成支付令异议。此外,根据《民事诉讼法》第217条第1款的规定,异议成立的,应当终结督促程序,支付令自行失效,因此,选项B

是正确的。根据该法第217条第2款的规定,支付令失效的,转让诉讼程序,但申请支付令的一方当事人不同意提起诉讼的除外,因此,因此,选项C是不正确的,而选项D是正确的。(答案:BD)

4. 甲公司因乙公司拖欠货款向A县法院申请支付令,经审查甲公司的申请符合法律规定,A县法院向乙公司发出支付令。乙公司收到支付令后,在法定期间没有履行给付货款的义务,而是向A县法院提起诉讼,要求甲公司承担因其提供的产品存在质量问题的违约责任。关于本案,下列哪些选项是正确的?(2011年真题,多选)

A. 支付令失效　　　　　　　　　B. 甲公司可以持支付令申请强制执行
C. A县法院应当受理乙公司的起诉　　D. A县法院不应受理乙公司的起诉

[释疑]　《民诉司法解释》第433条规定:"债务人在收到支付令后,未在法定期间提出书面异议,而向其他人民法院起诉的,不影响支付令的效力。"乙公司向A县法院的起诉构成债务人异议。根据《民事诉讼法》第217条的规定,人民法院收到债务人提出的书面异议后,应当裁定终结督促程序,支付令自行失效,因此,选项A是正确的,而选项B是不正确的;根据《民诉司法解释》第433条的规定,选项C是正确的,而选项D是不正确的。(答案:AC)

5. 关于支付令,下列哪些说法是正确的?(2010年真题,多选)

A. 法院送达支付令债务人拒收的,可采取留置送达
B. 债务人提出支付令异议的,法院无需审查异议理由客观上是否属实
C. 债务人收到支付令后不在法定期间提出异议而向法院起诉的,不影响支付令的效力
D. 支付令送达后即具有强制执行力

[释疑]　该题综合性考查督促程序的相关规定。根据《民诉司法解释》第431条的规定,向债务人本人送达支付令,债务人拒绝接收的,人民法院可以留置送达。选项A是正确的;《民诉司法解释》第437条规定:"经形式审查,债务人提出的书面异议有下列情形之一的,应当认定异议成立,裁定终结督促程序,支付令自行失效",因此法院需要对异议的理由进行形式审查,但并不需要在实质上审查异议理由在客观上是否属实,因此选项B正确。《民诉司法解释》第433条规定:"债务人在收到支付令后,不在法定期间提出书面异议,而向其他人民法院起诉的,不影响支付令的效力。"选项C是不正确的;根据《民事诉讼法》第216条第3款的规定:"债务人在前款规定的期间不提出异议又不履行支付令的,债权人可以向人民法院申请执行。"选项D是不正确的。(答案:AB)

三、提示与预测

支付令异议及其法律后果、督促程序与诉讼程序的转换是高频考点,应当掌握。此外,还需要掌握支付令异议的撤回、支付令的撤销、督促程序终结的情形。

1. 终结督促程序

《民诉司法解释》第432条规定:"有下列情形之一的,人民法院应当裁定终结督促程序,已发出支付令的,支付令自行失效:(一)人民法院受理支付令申请后,债权人就同一债权债务关系又提起诉讼的;(二)人民法院发出支付令之日起三十日内无法送达债务人的;(三)债务人收到支付令前,债权人撤回申请的。"

根据《民诉司法解释》第437条的规定,支付令异议成立的,应当裁定终结督促程序,支付令自行失效。

【注意】只有因支付令异议成立而裁定终结督促程序的,才转入诉讼程序。

2. 支付令对担保人的约束力

《民诉司法解释》第436条规定:"对设有担保的债务的主债务人发出的支付令,对担保人没有拘束力。债权人就担保关系单独提起诉讼的,支付令自人民法院受理案件之日起失效。"

3. 区分支付令的撤回和支付令的撤销

(1)支付令的撤回是指债权人提出支付令申请后,基于其处分权,在支付令生效前将其撤回的行为,这时支付令没有发生法律效力。而支付令的撤销,则是指人民法院院长对本法院发生法律效力的支付令,发现确有错误,认为需要撤销的,提交审判委员会决定后,裁定撤销支付令,驳回债权人申请,从而终结督促程序的行为。

(2)支付令的撤回是当事人基于处分权行使的行为;而支付令的撤销则是人民法院基于其职权而行使的纠错行为。

第二十章 公示催告程序

本章知识体系:

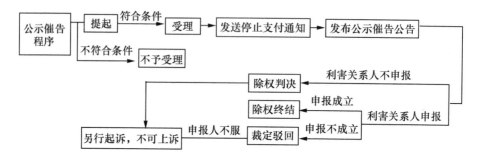

考点 1 公示催告程序的特点

一、精讲

1. 公示催告程序是指人民法院根据当事人的申请,以公告的方式催告利害关系人在一定期间内申报权利,如果无人申报或者申报被驳回,则根据申请人的申请依法作出无效判决的程序。

2. 特点:适用范围的特定性、程序的非讼性、审理程序的简洁性、一审终审制。

二、例题

下列关于公示催告程序特点的哪些说法是正确的?(2006年真题,多选)

A. 公示催告程序仅适用于基层人民法院　　B. 公示催告程序实行一审终审
C. 公示催告程序中没有答辩程序　　　　　D. 公示催告程序中没有开庭审理程序

[释疑] 本题考查的是公示催告程序的特点。《民事诉讼法》第218条第1款规定:"按照规定可以背书转让的票据持有人,因票据被盗、遗失或者灭失,可以向票据支付地的基层人

民法院申请公示催告。依照法律规定可以申请公示催告的其他事项,适用本章规定。"可见,公示催告程序仅适用于基层人民法院,A 项正确。人民法院对于公示催告案件,无论是用判决的方式结案,还是用裁定的方式结案,当事人均不得上诉,也不得申请再审,B 项正确。与通常的诉讼程序不同,公示催告程序是人民法院根据票据被盗、遗失或者灭失人的申请,以公示方式催告利害关系人在一定期间内申报权利,逾期无人申报,则根据申请人的申请,依法作出除权判决的程序。因此审理公示催告案件不需要也不存在开庭前的准备、开庭审理程序,同时也不存在答辩程序,故 C、D 两项均正确。(答案:ABCD)

考点 2　申请公示催告的条件

1. 当事人申请公示催告,必须符合下列条件:

(1) 公示催告的申请人应当是可以背书转让的票据或者其他事项被盗、遗失或者灭失前的最后持有人。

(2) 公示催告程序只能适用于可以背书转让的票据以及法律规定允许公示催告的其他事项。可以背书转让的票据包括汇票、本票和非现金支票,法律规定的其他事项包括记名股票和提单。

(3) 向有管辖权的人民法院提出书面申请,该有管辖权的人民法院是指票据支付地基层人民法院。

(4) 利害关系人处于不明确的状态。如果利害关系人明确,就可以按照票据纠纷向人民法院起诉了。

2. 撤回公示催告申请

根据《民诉司法解释》第 455 条规定:"公示催告申请人撤回申请,应在公示催告前提出;公示催告期间申请撤回的,人民法院可以径行裁定终结公示催告程序。"

考点 3　公示催告案件的审理

一、精讲

1. 发出止付通知和公告

人民法院应当在受理案件的同时,向付款人发出停止支付的通知,该停止支付通知构成付款人向持票人拒绝支付的书面凭证。此外,人民法院还应当在受理案件的 3 日内,发出公示催告的公告,公告期不少于 60 日,且公示催告期间届满日不得早于票据付款日后 15 日。(《民诉司法解释》第 449 条)人民法院发出公示催告公告的目的在于催促利害关系人向人民法院申报权利。

2. 利害关系人申报权利及后果

在公示催告期间,或者公示催告期间届满后,人民法院尚未作出无效判决之前,对票据或者其他事项主张权利的人,可以向发出公示催告的人民法院申报权利。《民诉司法解释》第 451 条规定:"利害关系人申报权利,人民法院应当通知其向法院出示票据,并通知公示催告申请人在指定的期间查看该票据。公示催告申请人申请公示催告的票据与利害关系人出示的票据不一致的,应当裁定驳回利害关系人的申报。"

如果申报票据与利害关系人出示的票据一致，人民法院则应当裁定终结公示催告程序。公示催告程序因利害关系人申报权利而终结后，公示催告申请人或者申报人向人民法院提起诉讼，因票据权利纠纷提起的，由票据支付地或者被告住所地人民法院管辖；因非票据权利纠纷提起的，由被告住所地人民法院管辖。(《民诉司法解释》第457条)

二、例题

1. 大界公司就其遗失的一张汇票向法院申请公示催告，法院经审查受理案件并发布公告。在公告期间，盘堂公司持被公示催告的汇票向法院申报权利。对于盘堂公司的权利申报，法院实施的下列哪些行为是正确的？(2016年卷三83题，多选)

    A. 应当通知大界公司到法院查看盘堂公司提交的汇票
    B. 若盘堂公司出具的汇票与大界公司申请公示的汇票一致，则应当开庭审理
    C. 若盘堂公司出具的汇票与大界公司申请公示的汇票不一致，则应当驳回盘堂公司的申请
    D. 应当责令盘堂公司提供证明其对出示的汇票享有所有权的证据

    [释疑] 本题考查对申报权利的审查与处理。根据《民诉司法解释》第451条的规定，利害关系人申报权利，人民法院应当通知其向法院出示票据，并通知公示催告申请人在指定的期间查看该票据。公示催告申请人申请公示催告的票据与利害关系人出示的票据不一致的，应当裁定驳回利害关系人的申报。AC正确，BD错误。(答案：AC)

2. 甲公司因票据遗失向法院申请公示催告。在公示催告期间届满的第3天，乙向法院申报权利。下列哪一说法是正确的？(2012年真题，单选)

    A. 因公示催告期间已经届满，法院应当驳回乙的权利申报
    B. 法院应当开庭，就失票的权属进行调查，组织当事人进行辩论
    C. 法院应当对乙的申报进行形式审查，并通知甲到场查验票据
    D. 法院应当审查乙迟延申报权利是否具有正当事由，并分别情况作出处理

    [释疑] 该题考查公示催告程序中的申报权利及其处理。根据《民诉司法解释》第450条的规定，利害关系人在申报期届满后，判决作出之前申报权利的，同样应裁定终结公示催告程序。因此，选项A是错误的。此外，由于公示催告程序属于非讼程序，根据非讼程序的基本理论，法院只就利害关系人申报权利作形式审查，而不作实质审查，同时《民诉司法解释》第451条规定："利害关系人申报权利，人民法院应当通知其向法院出示票据，并通知公示催告申请人在指定的期间查看该票据。公示催告申请人申请公示催告的票据与利害关系人出示的票据不一致的，应当裁定驳回利害关系人的申报。"因此，选项B与D是错误的，而选项C是正确的。(答案：C)

3. 甲公司因遗失汇票，向A市B区法院申请公示催告。在公示催告期间，乙公司向B区法院申报权利。关于本案，下列哪些说法是正确的？(2009年真题，多选)

    A. 对乙公司的申报，法院只就申报的汇票与甲公司申请公示催告的汇票是否一致进行形式审查，不进行权利归属的实质审查
    B. 乙公司申报权利时，法院应当组织双方当事人进行法庭调查与辩论
    C. 乙公司申报权利时，法院应当组成合议庭审理
    D. 乙公司申报权利成立时，法院应当裁定终结公示催告程序

[释疑] 由于公示催告程序是一种简洁的程序,因此,选项 A 是正确的,而选项 B 是不正确的。《民诉司法解释》第 454 条规定:"适用公示催告程序审理案件,可由审判员一人独任审理;判决宣告票据无效的,应当组成合议庭审理。"故选项 C 是不正确的。《民事诉讼法》第 221 条规定:"利害关系人应当在公示催告期间向人民法院申报。人民法院收到利害关系人的申报后,应当裁定终结公示催告程序,并通知申请人和支付人。申请人或者申报人可以向人民法院起诉。"故选项 D 是正确的。(答案:AD)

三、提示与预测

该考点只需了解对申报权利的审查及其后果即可。人民法院对申报的权利仅进行形式审查,即对利害关系人申报权利的票据与公示催告申请人申请公示催告的票据是否一致进行审查,并通知公示催告申请人在指定的期间察看该票据。如果申报权利成立,则终结公示催告程序。

此外,除权判决作出前,利害关系人均可以申报权利。

考点 4 除权判决以及对利害关系人权利的救济

一、精讲

除权判决,也称为无效判决,是指人民法院作出的宣告票据无效的判决。

1. 除权判决的作出

(1) 除权判决依申请人的申请作出。在申报权利的期间无人申报权利,或者申报被驳回的,申请人应当自公示催告期间届满之日起 1 个月内申请作出判决。逾期不申请判决的,终结公示催告程序。裁定终结公示催告程序的,应当通知申请人和支付人。(《民诉司法解释》第 452 条)

(2) 除权判决由审判员组成合议庭审理作出。公示催告程序分为公示催告阶段、审理阶段与无效判决的作出阶段。在审理阶段中,由审判员独任进行,但是在无效判决的作出阶段,则需要由审判员组成合议庭审理。(《民诉司法解释》第 454 条)

2. 除权判决的效力

公示催告程序实行一审终审制度,除权判决作出后,产生以下法律效力:

(1) 申请人申请公示催告的票据或者其他事项无效;

(2) 排除了所公示催告的票据或者其他事项上的原有权利;

(3) 依据该判决,在持有判决人与付款人之间重新恢复债权债务关系。

3. 对利害关系人权利的救济

利害关系人因正当理由不能在判决前向人民法院申报的,自知道或者应当知道判决公告之日起 1 年内,可以向作出判决的人民法院起诉。

《民诉司法解释》第 460 条规定:"民事诉讼法第二百二十三条规定的正当理由,包括:(一)因发生意外事件或者不可抗力致使利害关系人无法知道公告事实的;(二)利害关系人因被限制人身自由而无法知道公告事实,或者虽然知道公告事实,但无法自己或者委托他人代为申报权利的;(三)不属于法定申请公示催告情形的;(四)未予公告或者未按法定方式公告的;(五)其他导致利害关系人在判决作出前未能向人民法院申报权利的客观事由。"

《民诉司法解释》第461条规定:"根据民事诉讼法第二百二十三条的规定,利害关系人请求人民法院撤销除权判决的,应当将申请人列为被告。利害关系人仅诉请确认其为合法持票人的,人民法院应当在裁判文书中写明,确认利害关系人为票据权利人的判决作出后,除权判决即被撤销。"

《民诉司法解释》第459条规定:"依照民事诉讼法第二百二十三条规定,利害关系人向人民法院起诉的,人民法院可按票据纠纷适用普通程序审理。"

二、例题

1. 甲公司财务室被盗,遗失金额为80万元的汇票一张。甲公司向法院申请公示催告,法院受理后即通知支付人A银行停止支付,并发出公告,催促利害关系人申报权利。在公示催告期间,甲公司按原计划与材料供应商乙企业签订购货合同,将该汇票权利转让给乙企业作为付款。公告期满,无人申报,法院即组成合议庭作出判决,宣告该汇票无效。关于本案,下列哪些说法是正确的?(2015年真题,单选)

A. A银行应当停止支付,直至公示催告程序终结
B. 甲公司将该汇票权利转让给乙企业的行为有效
C. 甲公司若未提出申请,法院可以作出宣告该汇票无效的判决
D. 法院若判决宣告汇票无效,应当组成合议庭

[释疑] 根据《民事诉讼法》第220条的规定,支付人收到人民法院停止支付通知的,应当停止支付,至公示催告程序终结。公示催告期间,转让票据权利的行为无效。A正确,B错误;《民事诉讼法》第222条以及民诉司法解释第454条的规定,没有人申报权利,人民法院应当根据申请人的申请,组成合议庭作出除权判决。C错误,D正确(答案:AD)

2. 甲的汇票遗失,向法院申请公示催告。公告期后无人申报权利,甲申请法院作出了除权判决。后乙主张对该票据享有票据权利,只是因为客观原因而没能在判决前向法院申报权利。乙可以采取哪种法律对策?(2007年真题,单选)

A. 申请法院撤销该除权判决
B. 在知道或者应当知道判决公告之日起1年内,向作出除权判决的法院起诉
C. 依照审判监督程序的规定,申请法院对该案件进行再审
D. 在2年的诉讼时效期间之内,向作出除权判决的法院起诉

[释疑] 本题考查的是对利害关系人权利的救济。《民事诉讼法》第223条规定:"利害关系人因正当理由不能在判决前向人民法院申报的,自知道或者应当知道判决公告之日起一年内,可以向作出判决的人民法院起诉。"可见,B项正确。(答案:B)

三、提示与预测

除权判决的作出、效力以及作出后对需要利害关系人的救济掌握。

附：特别程序、督促程序与公示催告程序之比较表

比较内容	特别程序						督促程序	公示催告程序
	选民资格案件	宣告公民失踪与死亡案件	认定公民无民事行为能力或限制民事行为能力案件	认定财产无主案件	确认调解协议案件	实现担保物权案件		
管辖	选区所在地基层法院	公民住所地基层法院	公民住所地基层法院	财产所在地基层法院	调解组织所在地基层法院	担保财产所在地或者担保物权登记地基层法院	债务人住所地基层法院	票据支付地基层法院
审级	一审终审	一审终审	一审终审	一审终审	一审终审	一审终审	一审终审	一审终审
监督	无审判监督程序	无审判监督程序	无审判监督程序	无审判监督程序	无审判监督程序	无审判监督程序	无审判监督程序	无审判监督程序
启动	起诉人起诉	申请人（利害关系人）申请	申请人（利害关系人）申请	申请人（财产发现者）申请	双方当事人30日内申请	法定主体（担保物权人及其他有权请求实现担保物权的人）申请	债权人申请	申请人（最后持有人）申请
答辩	无	无	无	无	无	无	无	无
审理	无	无	无	无	无	无	无	无
审判组织	审判员合议	重大疑难审判员合议，此外独任	重大疑难审判员合议，此外独任	重大疑难审判员合议，此外独任	重大疑难审判员合议，此外独任	重大疑难审判员合议，此外独任	重大疑难审判员合议，此外独任	重大疑难审判员合议，此外独任
程序	申诉处理前置，起诉人无限制	公告	鉴定	公告	30日内依人民调解法等法律申请	依物权法等法律申请	债务人异议	利害关系人申报权利
调解	不适用	不适用	不适用	不适用	不适用	不适用	不适用	不适用

第二十一章　民事裁判

考点 1　民事判决的适用及错误纠正

一、精讲

民事判决是人民法院对争议案件经过审理后,以国家审判机关的名义,适用法律对案件中所涉及的当事人之间的实体问题所作出的结论性判定。

特别提示:人民法院在判决书中遗漏事项与对实体问题漏审漏判、错判的处理区别。

人民法院对当事人之间的实体权利义务争议经过审理并作出判决后,如果发现在民事判决中遗漏了该实体性事项,可以直接作出补充判决,该补充判决与之前作出的原判决共同构成一份完整的民事判决;如果发现对实体问题漏审漏判或错判了某个实体性事项,则只能根据《民诉司法解释》第242条的规定取决于当事人是否上诉,当事人在上诉期内提出上诉的,原审人民法院可以提出原判决有错误的意见,报送第二审人民法院,由第二审人民法院按照第二审程序进行审理;当事人不上诉的,按审判监督程序处理。

二、例题

1. 某死亡赔偿案件,二审法院在将判决书送达当事人签收后,发现其中死亡赔偿金计算错误(数学上的错误),导致总金额少了7万余元。关于二审法院如何纠正,下列哪一选项是正确的?(2016年卷三46题,单选)

　　A. 应当通过审判监督程序,重新制作判决书
　　B. 直接作出改正原判决的新判决书并送达双方当事人
　　C. 作出裁定书予以补正
　　D. 报请上级法院批准后作出裁定予以补正

　　[释疑]　本题考查判决书中书写计算错误的补正。无论是一审判决、二审判决还是再审判决,对于判决书中书写计算的错误,一律通过裁定的方式补正,并且不需要报请上级法院批准,C项正确。(答案:C)

2. 关于民事诉讼程序中的裁判,下列哪些表述是正确的?(2014年真题,多选)

　　A. 判决解决民事实体问题,而裁定主要处理案件的程序问题,少数涉及实体问题
　　B. 判决都必须以书面形式作出,某些裁定可以口头方式作出
　　C. 一审判决都允许上诉,一审裁定有的允许上诉,有的不能上诉
　　D. 财产案件的生效判决都有执行力,大多数裁定都没有执行力

　　[释疑]　本题考查判决和裁定。一审判决除小额诉讼的判决不能上诉外,其他的一审判决都可以上诉,C项错误;财产案件的确权判决不具有执行力,D项错误。(答案:AB)

3. 甲公司诉乙公司货款纠纷一案,A市B区法院在审理中查明甲公司的权利主张已超过诉讼时效(乙公司并未提出时效抗辩),遂判决驳回甲公司的诉讼请求。判决作出后上诉期间届满之前,B区法院发现其依职权适用诉讼时效规则是错误的。关于本案的处理,下列哪一说

法是正确的？（2012年真题,单选）

A. 因判决尚未发生效力,B区法院可以将判决书予以收回,重新作出新的判决
B. B区法院可以将判决书予以收回,恢复庭审并向当事人释明时效问题,视具体情况重新作出判决
C. B区法院可以作出裁定,纠正原判决中的错误
D. 如上诉期间届满当事人未上诉的,B区法院可以决定再审,纠正原判决中的错误

[释疑] 该题直接考查判决作出后,作出判决的法院发现判决存在实体错误时的处理。根据《民诉司法解释》第242条的规定："一审宣判后,原审人民法院发现判决有错误,当事人在上诉期内提出上诉的,原审人民法院可以提出原判决有错误的意见,报送第二审人民法院,由第二审人民法院按照第二审程序进行审理;当事人不上诉的,按照审判监督程序处理。"选项D是正确的。即使考生不熟悉该司法解释的规定,就民事诉讼的理论而言,法院判决一旦作出后,即使存在实体错误,也只能借助法定程序纠正,而不得收回判决,因此,选项A与B是错误的,而选项D是正确的。此外,该题判决存在实体错误,而裁定适用于程序问题的处理,因此,选项C是错误的。（答案:D）

三、提示与预测

对民事判决中实体性问题与程序性问题错误的处理。

考点 2 民事裁定的适用范围及其救济

一、精讲

1. 民事裁定是人民法院在审理民事案件的过程中,为保证审理工作的顺利进行,就诉讼中的程序性问题所作出的司法判定。

2. 根据我国《民事诉讼法》第154条第1款的规定,裁定适用于下列范围
（1）不予受理;
（2）对管辖权有异议的;
（3）驳回起诉;
（4）保全和先予执行;
（5）准许或者不准许撤诉;
（6）中止或者终结诉讼;
（7）补正判决书中的笔误;
（8）中止或者终结执行;
（9）撤销或者不予执行仲裁裁决;
（10）不予执行公证机关赋予强制执行效力的债权文书;
（11）其他需要裁定解决的事项。

3. 如果当事人对裁定不服,不同裁定的救济方式不同
（1）当事人可以上诉的裁定:不予受理裁定、驳回起诉裁定、管辖权异议裁定、移送管辖与管辖转移裁定。

(2) 当事人可以申请复议的裁定:财产保全裁定、行为保全裁定、先予执行裁定、对执行行为异议的裁定和驳回执行管辖权异议的裁定;其中,对于前三个裁定,当事人可以向该裁定的作出法院申请复议,对于后两个裁定,当事人则应向作出该裁定的法院的上一级法院申请复议。

二、例题

1. 关于民事诉讼的裁定,下列哪一选项是正确的?(2012年真题,单选)

A. 裁定可以适用于不予受理、管辖权异议和驳回诉讼请求
B. 当事人有正当理由没有到庭的,法院应当裁定延期审理
C. 裁定的拘束力通常只及于当事人、诉讼参与人和审判人员
D. 当事人不服一审法院作出的裁定,可以向上一级法院提出上诉

[释疑] 该题考查裁定的相关适用问题。在民事诉讼中,判决处理实体性问题,裁定与决定均处理程序问题,裁定处理一般性程序问题,而决定处理紧急特殊的程序问题,因此,选项A是错误的,因为驳回诉讼请求应当适用判决;选项B是错误的,因为延期审理适用决定。选项D的错误之处在于根据《民事诉讼法》第154条的规定,只有部分裁定允许当事人上诉。选项C考生尽管可能不熟悉,但其余选项均是错误的,选项C应当是正确的,当然,就裁定法律效力中的拘束力而言,选项C也是正确的。(答案:C)

2. 甲公司诉乙公司合同纠纷一案,双方达成调解协议。法院制作调解书并送达双方当事人后,发现调解书的内容与双方达成的调解协议不一致,应当如何处理?(2006年真题,单选)

A. 应当根据调解协议,裁定补正调解书的相关内容
B. 将原调解书收回,按调解协议内容作出判决
C. 应当适用再审程序予以纠正
D. 将原调解书收回,重新制作调解书送达双方当事人

[释疑] 本题考查的是裁定的适用——补正民事调解书的相关内容。根据最高人民法院《关于人民法院民事调解工作若干问题的规定》第16条的规定,当事人以民事调解书与调解协议的原意不一致为由提出异议,人民法院审查后认为异议成立的,应当根据调解协议裁定补正民事调解书的相关内容,A项正确。(答案:A)

三、提示与预测

可以上诉的裁定、可以申请再审的裁定、可以申请复议的裁定和决定是高频考点,必须掌握。

考点 3 民事决定的适用

一、精讲

1. 民事决定是人民法院在民事诉讼的进行过程中,为了保证诉讼程序的顺利进行,就诉讼中的具有紧急性的特殊程序事项作出的司法判定。

2. 在民事诉讼中,民事决定通常适用于以下情况:

(1) 人民法院处理内部工作时的特殊事项,如人民法院依审判监督权决定再审民事案件、人民法院作出回避的决定以及对诉讼费用的缓交、减交与免交作出的决定;

(2) 人民法院对妨害民事诉讼行为适用强制措施时作出的决定。在上述决定中,通常针对回避、罚款与拘留作出的决定,当事人可以申请复议。

二、提示与预测

根据我国《民事诉讼法》的相关规定,可以申请复议的裁定包括:

(1) 保全的裁定;

(2) 先予执行的裁定;

(3) 对执行行为异议的裁定;

(4) 驳回执行管辖权异议的裁定。

可以申请复议的决定包括:

(1) 回避的决定;

(2) 拘留的决定;

(3) 罚款的决定;

(4) 申请人民法院调查收集证据未被准许的决定。

第二十二章 执 行 程 序

本章知识体系:

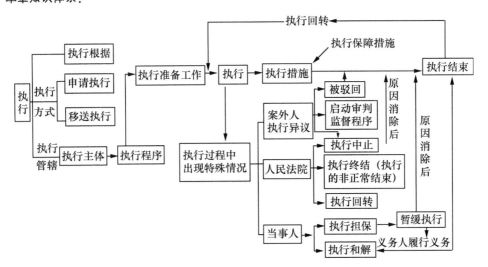

考点 1 执行根据

执行根据,是指执行以生效法律文书为根据的原则。执行根据必须是法定机关依法定程序制作的、发生法律效力的、具有给付内容的文书。

根据最高人民法院《关于人民法院执行工作若干问题的规定(试行)》(以下简称《执行规定》)第 2 条的规定,能够作为执行依据的生效法律文书包括:

(1) 人民法院民事、行政判决、裁定、调解书,民事制裁决定书、支付令,以及刑事附带民事判决、裁定、调解书;

(2) 依法应由人民法院执行的行政处罚决定、行政处理决定;

(3) 我国仲裁机构作出的仲裁裁决和调解书;人民法院依据《仲裁法》有关规定作出的财产保全和证据保全裁定;

(4) 公证机关依法赋予强制执行效力的关于追偿债款、物品的债权文书;

(5) 经人民法院裁定承认其效力的外国法院作出的判决、裁定,以及国外仲裁机构作出的仲裁裁决;

(6) 法律规定由人民法院执行的其他法律文书。

综上,依据主体的不同,执行依据分为人民法院作出的生效法律文书和其他机构作出的生效法律文书。人民法院作出的生效法律文书主要包括判决、裁定、决定、调解书以及支付令;其他机构作出的生效法律文书主要包括行政机关作出的处罚和处理决定,公证机关作出的赋予强制执行效力的债权文书,以及仲裁机构作出的仲裁裁决。不同主体作出的生效法律文书,执行管辖的法院也有所不同。

考点 2 执行管辖

一、精讲

执行管辖,是划分人民法院受理民事执行案件的权限和分工。不同法律文书是由不同的人民法院负责执行的,具体如下:

1. 执行管辖的具体规定

(1) 人民法院制作的具有财产给付内容的民事判决书、裁定书、调解书和刑事判决书、裁定书中的财产部分,由第一审人民法院或者与第一审人民法院同级的被执行财产所在地人民法院执行。

(2) 发生法律效力的实现担保物权裁定、确认调解协议裁定、支付令,由作出裁定、支付令的人民法院或者与其同级的被执行财产所在地的人民法院执行。(《民诉司法解释》第 462 条)

(3) 认定财产无主的判决,由作出判决的人民法院将无主财产收归国家或者集体所有。(《民诉司法解释》第 462 条)

(4) 其他机构作出的生效法律文书(仲裁裁决、公证债权文书)由被执行人住所地或者被执行财产所在地的人民法院负责执行(2006 年《仲裁法解释》修订的内容)。

【注意】仲裁裁决由中级人民法院执行。

(5) 在国内仲裁过程中,当事人申请财产保全,经仲裁机构提交人民法院的,由被申请人住所地或被申请保全财产所在地的基层人民法院裁定并执行;申请证据保全的,由证据所在地的基层人民法院裁定并执行。

（6）在涉外仲裁过程中,当事人申请财产保全,经仲裁机构提交人民法院的,由被申请人住所地或被申请保全的财产所在地的中级人民法院裁定并执行;申请证据保全的,由证据所在地的中级人民法院裁定并执行(注意与国内仲裁规定的比较)。

2. 共同管辖的处理

最高人民法院《关于适用〈中华人民共和国民事诉讼法〉执行程序若干问题的解释》(以下简称《执行程序解释》)第2条规定:"对两个以上人民法院都有管辖权的执行案件,人民法院在立案前发现其他有管辖权的人民法院已经立案的,不得重复立案。立案后发现其他有管辖权的人民法院已经立案的,应当撤销案件;已经采取执行措施的,应当将控制的财产交先立案的执行法院处理。"

3. 执行管辖权异议

《执行程序解释》第3条规定:"人民法院受理执行申请后,当事人对管辖权有异议的,应当自收到执行通知书之日起十日内提出。人民法院对当事人提出的异议,应当审查。异议成立的,应当撤销执行案件,并告知当事人向有管辖权的人民法院申请执行;异议不成立的,裁定驳回。当事人对裁定不服的,可以向上一级人民法院申请复议。管辖权异议审查和复议期间,不停止执行。"

二、提示与预测

注意掌握执行管辖中新修订的内容:发生法律效力的民事判决、裁定,以及刑事判决、裁定中的财产部分,由第一审人民法院或者与第一审人民法院同级的被执行财产所在地的人民法院执行。

对于仲裁裁决的执行,2006年9月8日起实施的《仲裁法解释》作了修订:仲裁机构作出的仲裁裁决(包括国内仲裁裁决、涉外仲裁裁决、外国仲裁裁决),由被执行人住所地或者被执行财产所在地中级人民法院管辖。

考点 3 执行开始

根据我国《民事诉讼法》的规定,执行开始的方式包括两种,即申请执行和移送执行。

1. 申请执行需要具备的条件

（1）申请人应当是依据生效法律文书享有实体权利的人及其法定代理人。

（2）申请执行的期限:申请执行的期间为2年,申请执行时效的中止、中断适用有关法律关于诉讼时效中止、中断的规定。前款规定的期间,从法律文书规定履行期间的最后一日起计算;法律文书规定分期履行的,从规定的每次履行期间的最后一日起计算;法律文书未规定履行期间的,从法律文书生效之日起计算(2012年《民事诉讼法》新修订内容)。

此外,最高人民法院《执行程序若干问题解释》第27条至第29条对申请执行时效又作了以下具体规定:① 申请执行时效的中止。在申请执行时效期间的最后6个月内,因不可抗力或者其他障碍不能行使请求权的,申请执行时效中止。从中止时效的原因消除之日起,申请执行时效期间继续计算。② 申请执行时效的中断。申请执行时效因申请执行、当事人双方达成和解协议、当事人一方提出履行要求或者同意履行义务而中断。从中断时起,申请执行时效期间重新计算。生效法律文书规定债务人负有不作为义务的,申请执行时效期间从债务人违反不作为义务之日起计算。

(3) 申请人应当向有管辖权的人民法院提交申请执行书。

【注意】申请执行人超过申请执行时效期间向人民法院申请强制执行的,人民法院应予受理。被执行人对申请执行时效期间提出异议,人民法院经审查异议成立的,裁定不予执行。

被执行人履行全部或者部分义务后,又以不知道申请执行时效期间届满为由请求执行回转的,人民法院不予支持。(《民诉司法解释》第483条)

2. 移送执行

移送执行,是指人民法院的裁判发生法律效力后,由审理该案的审判人员将案件直接交付执行人员执行,从而开始执行程序的行为。

作为申请执行的补充形式,移送执行适用于以下四类案件:

(1) 发生法律效力的具有给付赡养费、扶养费、抚育费内容的法律文书;
(2) 民事制裁决定书;
(3) 刑事附带民事判决、裁定、调解书;
(4) 执行回转的案件。

三、提示与预测

注意申请执行的期限以及其起算。

考点 4 委托执行

一、精讲

委托执行,是指有管辖权的人民法院遇到特殊情况,依法将应由本法院执行的案件送交有关的法院代为执行。

1. 不得委托执行的情形

委托法院明知被执行人有下列情形的,应当及时依法裁定中止执行或者终结执行,不得委托当地法院执行:

(1) 无确切住所,长期下落不明,又无财产可供执行的;
(2) 有关法院已经受理以被执行人为债务人的破产案件或者已经宣告其破产的。

2. 委托执行应注意的问题

委托执行一般应在同级人民法院之间进行,经对方法院同意的,也可以委托上一级法院执行。案件委托执行后,未经受托法院同意,委托法院不得自行执行。受托法院对受托执行的案件应当严格按照《民事诉讼法》和最高人民法院的有关规定执行,有权依法采取强制执行措施和对妨害执行行为的强制措施。

3. "谁委托、谁决定"的原则

受托法院在执行中,认为需要变更被执行人的,应当将有关情况函告委托法院,由委托法院依法决定是否作出变更被执行人的裁定。受托法院认为受托执行的案件应当中止、终结执行的,应当提供有关证据材料,函告委托法院作出裁定。受托法院认为委托执行的法律文书有错误,如果执行可能造成执行回转困难或无法执行回转的,应当首先采取查封、扣押、冻结等保全措施,必要时应将保全款项划到法院账户,然后函告委托法院审查。受托法院按照委托法院的审查结果继续执行或停止执行。

二、例题

甲诉乙侵权赔偿一案,经 A 市 B 区法院一审、A 市中级法院二审,判决乙赔偿甲损失。乙拒不履行生效判决所确定的义务,甲向 B 区法院申请强制执行,B 区法院受理后委托乙的财产所在地 C 市 D 区法院执行,在执行中,案外人丙向 D 区法院提出执行异议。对于丙的执行异议,D 区法院应当采取下列哪种处理方式?(2008 年真题,单选)

A. 应当对异议进行审查,异议不成立的,应当裁定驳回;异议成立的,应当裁定中止执行,并函告 B 区法院
B. 应当函告 B 区法院,由 B 区法院作出处理
C. 应当报请 C 市中级人民法院处理
D. 应当报请 A 市中级人民法院处理

[释疑] 该题考查委托执行过程中特殊情况的处理,正确解答该题的关键在于,在委托执行的过程中,如果出现执行异议审查的特殊情形时,受托法院无权直接作出处理,而应函告委托法院,由委托法院处理,因此,选项 B 是正确的。(答案:B)

三、提示与预测

《民事诉讼法》对执行管辖法院作出了修订:第一审人民法院或者与第一审人民法院同级的被执行的财产所在地人民法院,就是为了解决实务中异地执行和委托执行带来的问题,因此,委托执行的重要性下降,一般了解即可。

考点 5 对违法执行行为的异议

一、精讲

《民事诉讼法》第 225 条规定了对违法执行行为的异议,即在执行过程中,民事执行的当事人、利害关系人认为执行行为违反法律规定的,可以依法向有关机关提出采取保护或者补救措施。

1. 提起执行行为异议的条件
(1) 异议的主体:当事人、利害关系人;
(2) 异议的法定情形:执行行为违反法律规定;
(3) 管辖法院:负责执行的人民法院;
(4) 申请形式:书面申请。

2. 人民法院对该异议的处理及其救济

人民法院应当自收到书面异议之日起 15 日内审查,理由成立的,裁定撤销或者改正;理由不成立的,裁定驳回。当事人、利害关系人对裁定不服的,可以自裁定送达之日起 10 日内向上一级人民法院申请复议。

《执行程序解释》第 6 条至第 10 条,进一步对当事人、利害关系人申请复议的形式以及人民法院对当事人、利害关系人的复议处理作出了详细规定:

(1) 当事人、利害关系人申请复议应当采取书面形式。

(2) 当事人、利害关系人申请复议的书面材料,可以通过执行法院转交,也可以直接向执行法院的上一级人民法院提交。执行法院收到复议申请后,应当在 5 日内将复议所需的案卷材料报送上一级人民法院;上一级人民法院收到复议申请后,应当通知执行法院在 5 日内报送复议所需的案卷材料。

(3) 上一级人民法院对当事人、利害关系人的复议申请,应当组成合议庭进行审查,并且应当自收到复议申请之日起 30 日内审查完毕,并作出裁定。有特殊情况需要延长的,经本院院长批准,可以延长,延长的期限不得超过 30 日。

(4) 执行异议审查和复议期间,不停止执行。被执行人、利害关系人提供充分、有效的担保请求停止相应处分措施的,人民法院可以准许;申请执行人提供充分、有效的担保请求继续执行的,应当继续执行。

二、例题

对于甲和乙的借款纠纷,法院判决乙应归还甲借款。进入执行程序后,由于乙无现金,法院扣押了乙住所处的一架钢琴准备拍卖。乙提出钢琴是其父亲的遗物,申请用一台价值与钢琴相当的相机替换钢琴。法院认为相机不足以抵偿乙的债务,未予同意。乙认为扣押行为错误,提出异议。法院经过审查,驳回该异议。关于乙的救济渠道,下列哪一表述是正确的?(2014 年真题,单选)

A. 向执行法院申请复议 B. 向执行法院的上一级法院申请复议
C. 向执行法院提起异议之诉 D. 向原审法院申请再审

[释疑] 本题考查对驳回执行行为异议裁定的救济。根据《民事诉讼法》第 225 条的规定:"当事人、利害关系人认为执行行为违反法律规定的,可以向负责执行的人民法院提出书面异议。当事人、利害关系人提出书面异议的,人民法院应当自收到书面异议之日起十五日内审查,理由成立的,裁定撤销或者改正;理由不成立的,裁定驳回。当事人、利害关系人对裁定不服的,可以自裁定送达之日起十日内向上一级人民法院申请复议。"B 项正确(答案:B)

三、提示与预测

该考点为《民事诉讼法》新增加的内容,需要掌握。

考点 6 申请提级执行及其处理

一、精讲

对于有执行条件而人民法院怠于执行的情形,没有超过 6 个月的,当事人可以通过提出执行行为异议的方式要求改正,对于超过 6 个月的,则可以向上一级人民法院申请提级执行。《民事诉讼法》第 226 条以及《执行程序解释》第 11 条至第 14 条对当事人申请提级执行条件以及人民法院的处理作了比较详细的规定。

1. 申请提级执行的条件
(1) 债权人申请执行时被执行人有可供执行的财产,执行法院自收到申请执行书之日起超过6个月对该财产未执行完结的;
(2) 执行过程中发现被执行人可供执行的财产,执行法院自发现财产之日起超过6个月对该财产未执行完结的;
(3) 对法律文书确定的行为义务的执行,执行法院自收到申请执行书之日起超过6个月未依法采取相应执行措施的;
(4) 其他有条件执行超过6个月未执行的。
【注意】该处的6个月期间,不应当计算执行中的公告期间、鉴定评估期间、管辖争议处理期间、执行争议协调期间、暂缓执行期间以及中止执行期间。
2. 管辖法院:向上一级人民法院申请
3. 上一级人民法院的处理
上一级人民法院经审查,可以责令原人民法院在一定期限内执行,也可以决定由本院执行或者指令其他人民法院执行。
上一级人民法院责令执行法院限期执行的,应当向其发出督促执行令,并将有关情况书面通知申请执行人;决定由本院执行或者指令本辖区其他人民法院执行的,应当作出裁定,送达当事人并通知有关人民法院。
上一级人民法院责令执行法院限期执行,执行法院在指定期间内无正当理由仍未执行完结的,上一级人民法院应当裁定由本院执行或者指令本辖区其他人民法院执行。

申请提级执行或指令执行(《民事诉讼法》第226条,《执行程序解释》第11—14条)

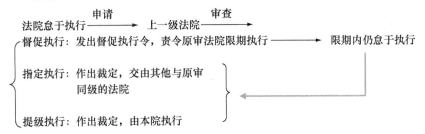

二、提示与预测

该考点是2012年《民事诉讼法》(修订)新增加的内容,往往与执行行为异议等问题结合考查,考生了解即可。

考点 7 案外人异议

一、精讲

案外人异议,是指在执行过程中,案外人对被执行财产的全部或者一部分主张实体权利,其核心在于案外人对执行标的主张实体权利。《民事诉讼法》第227条和《民诉司法解释》第

304 条至第 316 条对案外人执行异议以及执行异议之诉作了明确具体的规定。

1. 案外人异议的成立需要具备以下条件

（1）提出执行异议者只能是案外人。

（2）案外人需要对执行标的，即被执行的财产主张实体权利；根据《执行程序解释》第 15 条的规定，案外人对执行标的主张实体权利是指主张所有权或者有其他足以阻止执行标的转让、交付的实体权利。

（3）案外人对执行标的提出异议的，应当在该执行标的执行程序终结前提出。（《民诉司法解释》第 464 条）

（4）案外人的异议，以书面形式提出。

2. 法院对案外人异议的处理

《民诉司法解释》第 465 条规定："案外人对执行标的提出的异议，经审查，按照下列情形分别处理：（一）案外人对执行标的不享有足以排除强制执行的权益的，裁定驳回其异议；（二）案外人对执行标的享有足以排除强制执行的权益的，裁定中止执行。驳回案外人执行异议裁定送达案外人之日起十五日内，人民法院不得对执行标的进行处分。"

【注意】《执行程序解释》第 16 条规定："案外人异议审查期间，人民法院不得对执行标的进行处分。案外人向人民法院提供充分、有效的担保请求解除对异议标的的查封、扣押、冻结的，人民法院可以准许；申请执行人提供充分、有效的担保请求继续执行的，应当继续执行。因案外人提供担保解除查封、扣押、冻结有错误，致使该标的无法执行的，人民法院可以直接执行担保财产；申请执行人提供担保请求继续执行有错误，给对方造成损失的，应当予以赔偿。"

3. 对案外人执行异议裁定不服的救济

案外人、当事人对裁定不服，认为原判决、裁定错误的，依照审判监督程序办理。

案外人、当事人对裁定不服，执行异议裁定与原判决、裁定无关的，可以自裁定送达之日起 15 日内向人民法院提起诉讼。

如何界定执行异议裁定是否与原判决、裁定有关，举例如下：甲与乙争议一辆价值 80 万元的轿车，经法院审理判决该轿车归甲所有，并责令乙将该轿车交付予甲。判决生效后，乙拒绝交付。

（1）甲申请执行该轿车，丙提出异议，认为该轿车是自己的。

（2）因轿车无法执行，甲申请执行乙的房屋，丙提出异议，认为房屋是自己的。

［解析］（1）中丙对轿车提出异议，该轿车为法院判决确定的执行标的物，如果对该执行异议的裁定不服，则只能通过审判监督程序救济，也即认为原判决裁定错误的情形。

（2）中丙对执行标的房屋提出异议，而该房屋并非法院生效判决所确定的执行标的物，而是在执行过程中确定的，如果对该执行异议裁定不服，则应通过提起执行异议之诉(案外人异议之诉、申请许可执行之诉)救济，即裁定不涉及原裁判的情形。

4. 执行异议之诉

比较项	案外人执行异议之诉	申请人执行异议之诉(许可执行)
起诉条件	除符合民事诉讼法第119条规定外,还应当具备下列条件: ① 案外人的执行异议申请已经被人民法院裁定驳回; ② 有明确的排除对执行标的执行的诉讼请求,且诉讼请求与原判决、裁定无关; ③ 自执行异议裁定送达之日起十五日内提起。 　　人民法院应当在收到起诉状之日起十五日内决定是否立案。	除符合民事诉讼法第119条规定外,还应当具备下列条件: ① 依案外人执行异议申请,人民法院裁定中止执行; ② 有明确的对执行标的继续执行的诉讼请求,且诉讼请求与原判决、裁定无关; ③ 自执行异议裁定送达之日起十五日内提起。 　　人民法院应当在收到起诉状之日起十五日内决定是否立案。
当事人	原告:案外人 被告:申请执行人。被执行人反对案外人异议的,被执行人为共同被告; 第三人:被执行人不反对案外人异议	原告:申请执行人 被告:案外人。被执行人反对申请执行人主张的,以案外人和被执行人为共同被告; 第三人:被执行人不反对申请执行人主张
时效	自驳回执行异议裁定送达之日起十五日内	自异议成立裁定送达之日起十五日内
管辖	执行法院	
审理程序	普通程序	
举证责任	案外人对执行标的享有足以排除强制执行的民事权益承担举证责任	
处理	① 案外人就执行标的享有足以排除强制执行的民事权益的,判决不得执行该执行标的; ② 案外人就执行标的不享有足以排除强制执行的民事权益的,判决驳回诉讼请求。案外人同时提出确认其权利的诉讼请求的,人民法院可以在判决中一并作出裁判。 　　对案外人执行异议之诉,人民法院判决不得对执行标的执行的,执行异议裁定失效。	① 案外人就执行标的不享有足以排除强制执行的民事权益的,判决准许执行该执行标的; ② 案外人就执行标的享有足以排除强制执行的民事权益的,判决驳回诉讼请求。 　　对申请执行人执行异议之诉,人民法院判决准许对该执行标的的执行的,执行异议裁定失效,执行法院可以根据申请执行人的申请或者依职权恢复执行。

(续表)

比较项	案外人执行异议之诉	申请人执行异议之诉(许可执行)
与执行程序的关系	案外人执行异议之诉审理期间,人民法院不得对执行标的进行处分。申请执行人请求人民法院继续执行并提供相应担保的,人民法院可以准许。	人民法院对执行标的裁定中止执行后,申请执行人在法律规定的期间内未提起执行异议之诉的,人民法院应当自起诉期限届满之日起七日内解除对该执行标的采取的执行措施。
	被执行人与案外人恶意串通,通过执行异议、执行异议之诉妨害执行的,人民法院应当依照民事诉讼法第一百一十三条规定处理。申请执行人因此受到损害的,可以提起诉讼要求被执行人、案外人赔偿。	

二、例题

1. 张山承租林海的商铺经营饭店,因拖欠房租被诉至饭店所在地甲法院,法院判决张山偿付林海房租及利息,张山未履行判决。经律师调查发现,张山除所居住房以外,其名下另有一套房屋,林海遂向该房屋所在地乙法院申请执行。乙法院对该套房屋进行查封拍卖。执行过程中,张山前妻宁虹向乙法院提出书面异议,称两人离婚后该房屋已由丙法院判决归其所有,目前尚未办理房屋变更登记手续。(2015年真题,不定选)

(1) 对于宁虹的异议,乙法院的正确处理是:
  A. 应当自收到异议之日起15日内审查
  B. 若异议理由成立,裁定撤销对该房屋的执行
  C. 若异议理由不成立,裁定驳回
  D. 应当告知宁虹直接另案起诉

[释疑] 宁虹是对执行标的物房屋的所有权提出异议,人民法院应当在收到异议之日起15日内审查,若异议理由成立,裁定中止对该房屋的执行;若异议理由不成立,裁定驳回。因此,AC正确,B错误。在执行程序中,如果对执行标的物主张实体权利,只能先提出异议,而不能直接另案起诉,D错误(答案:AC)。

(2) 如乙法院裁定支持宁虹的请求,林海不服提出执行异议之诉,有关当事人的诉讼地位是:
  A. 林海是原告,张山是被告,宁虹是第三人
  B. 林海和张山是共同原告,宁虹是被告
  C. 林海是原告,张山和宁虹是共同被告
  D. 林海是原告,宁虹是被告,张山视其态度而定

[释疑] 根据《民诉司法解释》第308条的规定:"申请执行人提起执行异议之诉的,以案外人为被告。被执行人反对申请执行人主张的,以案外人和被执行人为共同被告;被执行人不反对申请执行人主张的,可以列被执行人为第三人。"D正确(答案:D)。

(3) 乙法院裁定支持宁虹的请求,林海提出执行异议之诉,下列说法可成立的是:
A. 林海可向甲法院提起执行异议之诉
B. 如乙法院审理该案,应适用普通程序
C. 宁虹应对自己享有涉案房屋所有权承担证明责任
D. 如林海未对执行异议裁定提出诉讼,张山可以提出执行异议之诉

[释疑] 执行异议之诉应当由执行法院管辖,本案中,执行法院为乙县法院,A 错误;根据《民诉司法解释》第 310 条的规定:"人民法院审理执行异议之诉案件,适用普通程序。B 项正确;根据谁主张谁举证的规则,宁虹对自己享有涉案房屋所有权承担证明责任,C 正确;提出执行异议是执行异议之诉的前置程序,D 错误。(答案:BC)

2. 兴源公司与郭某签订钢材买卖合同,并书面约定本合同一切争议由中国国际经济贸易仲裁委员会仲裁。兴源公司支付 100 万元预付款后,因郭某未履约依法解除了合同。郭某一直未将预付款返还,兴源公司遂提出返还货款的仲裁请求,仲裁庭适用简易程序审理,并作出裁决,支持该请求。

由于郭某拒不履行裁决,兴源公司申请执行。郭某无力归还 100 万元现金,但可以收藏的多幅字画提供执行担保。担保期满后,郭某仍无力还款,法院在准备执行该批字画时,朱某向法院提出异议,主张自己才是这些字画的所有权人,郭某只是代为保管。关于朱某的异议和处理,下列选项正确的是(2013 年真题,不定选)
A. 朱某应当以书面方式提出异议
B. 法院在审查异议期间,不停止执行活动,可以对字画采取保全措施和处分措施
C. 如果朱某对驳回异议的裁定不服,可以提出执行标的异议之诉
D. 如果朱某对驳回异议的裁定不服,可以申请再审

[释疑] 本题考查申请案外人异议的条件以及对异议的处理及救济。根据《民事诉讼法》第 227 条的规定,执行过程中,案外人对执行标的提出书面异议的,人民法院应当自收到书面异议之日起 15 日内审查,理由成立的,裁定中止对该标的的执行;理由不成立的,裁定驳回。案外人、当事人对裁定不服,认为原判决、裁定错误的,依照审判监督程序办理;与原判决、裁定无关的,可以自裁定送达之日起 15 日内向人民法院提起诉讼。选项 A、C 项正确,D 项错误;根据《执行程序若干问题解释》第 16 条的规定,案外人异议审查期间,人民法院不得对执行标的进行处分。B 项错误。(答案:AC)

3. 关于执行行为异议与案外人对诉讼标的异议的比较,下列哪一选项是错误的?(2011 年真题,单选)
A. 异议都是在执行过程中提出
B. 异议都应当向执行法院提出
C. 申请异议当事人有部分相同
D. 申请异议人对法院针对异议所作裁定不服,可采取的救济手段相同

[释疑] 根据《民事诉讼法》第 225 条、第 227 条的规定,选项 A 与 B 是正确的,因为执行异议都是在执行程序中向执行法院提出的;根据《民事诉讼法》第 225 条的规定,提出异议的主体是当事人和利害关系人,该利害关系人是案外人,而根据《民事诉讼法》第 227 条的规定,提出异议的主体是案外人,因此,选项 C 是正确的。根据《民事诉讼法》第 225 条的规定,申请异议人对法院针对异议所作裁定不服,可以采取申请复议的方式寻求救济;而根据《民事诉讼

法》第227条的规定,申请异议人对法院针对异议所作裁定不服,可以根据异议标的的不同情况采取申请再审或者提出异议之诉寻求救济,因此,选项D是错误的。(答案:D)

4.甲公司申请强制执行乙公司的财产,法院将乙公司的一处房产列为执行标的。执行中,丙银行向法院主张,乙公司已将该房产抵押贷款,并以自己享有抵押权为由提出异议。乙公司否认将房产抵押给了丙银行。经审查,法院驳回了丙银行的异议。丙银行拟向法院起诉,关于本案被告的确定,下列哪一选项是正确的?(2010年真题,单选)

A. 丙银行只能以乙公司为被告起诉
B. 丙银行只能以甲公司为被告起诉
C. 丙银行可选择甲公司为被告起诉,也可选择乙公司为被告起诉
D. 丙银行应当以甲公司和乙公司为共同被告起诉

[释疑] 该题直接考查案外人异议之诉的被告。根据《民诉司法解释》第307条的规定,案外人提起执行异议之诉的,以申请执行人为被告。被执行人反对案外人异议的,被执行人为共同被告;被执行人不反对案外人异议的,可以列被执行人为第三人。选项D是正确的。(答案:D)

三、提示与预测

案外人执行异议以及对异议裁定不服的救济是考试重点,考生必须掌握。特别是对案外人异议之诉和申请人许可执行之诉的当事人、管辖以及法院的处理。

案外人异议及救济

(《民事诉讼法》第227条,《民诉司法解释》第305条至第316条)

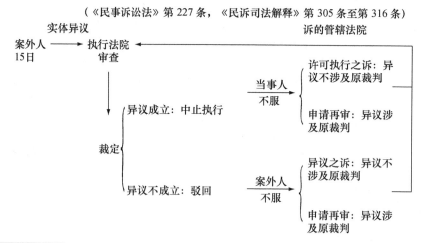

考点 8 执行和解

一、精讲

执行和解,是指在执行过程中,双方当事人自愿协商,达成和解协议,并经人民法院审查批准与履行后,结束执行程序的行为。

1. 执行和解的内容

在执行中,双方当事人可以自愿达成和解协议,变更生效法律文书确定的履行义务主体、标的物及其数额、履行期限和履行方式。

2. 执行和解的形式

和解协议一般应当采取书面形式。执行人员应将和解协议副本附卷。无书面协议的,执行人员应将和解协议的内容记入笔录,并由双方当事人签名或者盖章。

3. 执行和解的法律效力

(1) 执行和解协议履行完毕后,应终结执行程序,当事人不得再申请人民法院强制执行原生效法律文书。

(2) 申请执行期间因达成执行中的和解协议而中断,其期间自和解协议约定履行期限的最后一日起重新计算。(《民诉司法解释》第468条)

(3) 申请执行人与被执行人达成和解协议后请求中止执行或者撤回执行申请的,人民法院可以裁定中止执行或者终结执行。(《民诉司法解释》第466条)

(4) 一方当事人不履行或者不完全履行在执行中双方自愿达成的和解协议,对方当事人申请执行原生效法律文书的,人民法院应当恢复执行,但和解协议已履行的部分应当扣除。和解协议已经履行完毕的,人民法院不予恢复执行。(《民诉司法解释》第467条)

二、例题

1. 甲乙双方合同纠纷,经仲裁裁决,乙须偿付甲货款100万元,利息5万元,分5期偿还。乙未履行该裁决。甲据此向法院申请执行,在执行过程中,双方达成和解协议,约定乙一次性支付货款100万元,甲放弃利息5万元并撤回执行申请。和解协议生效后,乙反悔,未履行和解协议。关于本案,下列哪一说法是正确的?(2015年真题,单选)

A. 对甲撤回执行的申请,法院裁定中止执行
B. 甲可向法院申请执行和解协议
C. 甲可以乙违反和解协议为由提起诉讼
D. 甲可向法院申请执行原仲裁裁决,法院恢复执行

[释疑] 根据《民诉司法解释》第467条的规定,一方当事人不履行或者不完全履行在执行中双方自愿达成的和解协议,对方当事人申请执行原生效法律文书的,人民法院应当恢复执行,但和解协议已履行的部分应当扣除。和解协议已经履行完毕的,人民法院不予恢复执行。D正确。(答案:D)

【注意】(1)恢复执行应当依申请,不能依职权;(2)恢复的是原生效法律文书的执行而不是和解协议的执行。

2. 甲诉乙返还10万元借款。胜诉后进入执行程序,乙表示自己没有现金,只有一枚祖传玉石可抵债。法院经过调解,说服甲接受玉石抵债,双方达成和解协议并当即交付了玉石。后甲发现此玉石为赝品,价值不足千元,遂申请法院恢复执行。关于执行和解,下列哪些说法是正确的?(2014年真题,多选)

A. 法院不应在执行中劝说甲接受玉石抵债
B. 由于和解协议已经即时履行,法院无须再将和解协议记入笔录
C. 由于和解协议已经即时履行,法院可裁定执行中止

D. 法院应恢复执行

[释疑] 本题考查执行和解及其效力。执行和解的达成完全应由当事人自愿,人民法院不应从中调解,这种情形下达成的和解协议效力有瑕疵,A、D 项正确;和解协议应当记入笔录,如果和解协议履行完毕,法院应当裁定执行终结,B、C 项错误。本题可以运用排除法,能够确定 B、C 项是错误的,因为多选,只能选择 A、D 项(答案:AD)

3. 法院受理甲出版社、乙报社著作权纠纷案,判决乙赔偿甲 10 万元,并登报赔礼道歉。判决生效后,乙支付 10 万元,但未按期赔礼道歉,甲申请强制执行。执行中,甲、乙自行达成口头协议,约定乙免予赔礼道歉,但另付甲 1 万元。关于法院的做法,下列哪一选项是正确的?(2010年真题,单选)

A. 不允许,因协议内容超出判决范围,应当继续执行生效判决
B. 允许,法院视为申请人撤销执行申请
C. 允许,将当事人协议内容记入笔录,由甲、乙签字或盖章
D. 允许,根据当事人协议内容制作调解书

[释疑] 该题直接考查执行和解协议的形式。执行和解协议一般采用书面形式,无书面协议的,执行人员应当将和解协议的内容记入笔录,由双方当事人签名或者盖章,因此,选项 C 是正确的,其他选项是不正确的。(答案:C)

三、提示与预测

执行和解是高频考点,应当掌握,特别是执行和解协议的内容和效力。

考点 9 执行担保

一、精讲

执行担保,是指在执行程序中,被执行人确有困难暂时没有偿还能力时,向人民法院提供担保,并经申请执行人同意而暂缓执行的法律制度。

1. 执行担保的条件

(1) 被执行人向执行法院提出申请并提供财产作为担保,也可以由第三人作担保。《民诉司法解释》第 470 条规定:向人民法院提供执行担保的,可以由被执行人或者他人提供财产担保,也可以由他人提供保证。担保人应当具有代为履行或代为承担赔偿责任的能力。他人提供执行保证的,应当向执行法院出具保证书,并将保证书副本送交申请执行人。被执行人或他人提供财产担保的,应当参照物权法、担保法的有关规定办理相应手续。

(2) 经申请人同意。

(3) 人民法院决定暂缓执行的,如果担保有期限,暂缓执行的期限应与担保期限一致,但最多不能超过 1 年。

2. 执行担保的效力

(1) 执行担保书生效后,发生暂缓执行的后果,即中止原判决、裁定的执行;

(2) 被执行人或担保人对担保的财产有转移、隐藏、变卖等行为的,人民法院可以恢复强制执行;

(3) 执行担保期限届满后,被执行人仍不履行的,人民法院可以直接执行担保财产或者担保

人的财产。

【注意】执行担保人的财产应当以担保范围为限。

二、例题

1. 兴源公司与郭某签订钢材买卖合同,并书面约定本合同一切争议由中国国际经济贸易仲裁委员会仲裁。兴源公司支付 100 万元预付款后,因郭某未履约依法解除了合同。郭某一直未将预付款返还,兴源公司遂提出返还货款的仲裁请求,仲裁庭适用简易程序审理,并作出裁决,支持该请求。

由于郭某拒不履行裁决,兴源公司申请执行。郭某无力归还 100 万元现金,但可以收藏的多幅字画提供执行担保。担保期满后,郭某仍无力还款,法院在准备执行该批字画时,朱某向法院提出异议,主张自己才是这些字画的所有权人,郭某只是代为保管。如果法院批准了郭某的执行担保申请,驳回了朱某的异议,关于执行担保的效力和救济,下列选项正确的是(2013年真题,不定选)

A. 批准执行担保后,应当裁定终结执行

B. 担保期满后郭某仍无力偿债,法院根据兴源公司的申请方可恢复执行

C. 恢复执行后,可以执行作为担保财产的字画

D. 恢复执行后,既可以执行字画,也可以执行郭某的其他财产

[释疑] 本题考查执行担保的效力和救济。根据《民事诉讼法》第 231 条的规定:"在执行中,被执行人向人民法院提供担保,并经申请执行人同意的,人民法院可以决定暂缓执行及暂缓执行的期限。被执行人逾期仍不履行的,人民法院有权执行被执行人的担保财产或者担保人的财产。"A 项错误;根据《民诉司法解释》第 471 条的规定:"被执行人在人民法院决定暂缓执行的期限届满后仍不履行义务的,人民法院可以直接执行担保财产,或者裁定执行担保人的财产,但执行担保人的财产以担保人应当履行义务部分的财产为限。"B 项错误,C、D 项正确。(答案:CD)

2. 在民事执行中,被执行人朱某申请暂缓执行,提出由吴某以自有房屋为其提供担保,申请执行人刘某同意。法院作出暂缓执行裁定,期限为 6 个月。对于暂缓执行期限届满后朱某仍不履行义务的情形,下列哪一选项是正确的?(2009 年真题,单选)

A. 刘某应起诉吴某,取得执行依据可申请执行吴某的担保房产

B. 朱某财产不能清偿全部债务时刘某方能起诉吴某,取得执行依据可申请执行吴某的担保房产

C. 朱某财产不能清偿刘某债权时法院方能执行吴某的担保房产

D. 法院可以直接裁定执行吴某的担保房产

[释疑] 本题考查的是执行担保。《民事诉讼法》第 231 条规定:"在执行中,被执行人向人民法院提供担保,并经申请执行人同意的,人民法院可以决定暂缓执行及暂缓执行的期限。被执行人逾期仍不履行的,人民法院有权执行被执行人的担保财产或者担保人的财产。"因此,选项 D 是正确的。(答案:D)

三、提示与预测

执行担保只需掌握条件和效力即可。

考点 10 执行承担

一、精讲

在执行程序中,由于出现特殊情况,被执行人的义务由其他公民、法人或者其他组织履行。执行承担实际上是当事人诉讼权利与义务承担在民事执行程序中的具体运用,主要是在执行过程中义务的承担。

作为被执行人的公民死亡的,以其遗产偿还债务。作为被执行人的法人或者其他组织终止的,由其权利义务承受人履行义务。

根据《民事诉讼法》及《民诉司法解释》(第472—475条)的规定,执行承担在下列情况下发生:

1. 作为被执行人的公民死亡,其遗产继承人没有放弃继承的,人民法院可以裁定变更被执行人,由该继承人在遗产的范围内偿还债务。继承人放弃继承的,人民法院可以直接执行被执行人的遗产。(《民诉司法解释》第475条规定)

2. 作为被执行人的法人或者其他组织分立、合并的,其权利义务由变更后的法人或者其他组织承受;作为法人的被执行人被注销的,如果依有关实体法的规定有权利义务承受人的,可以裁定该权利义务承受人为被执行人。(《民诉司法解释》第472条规定)

3. 其他组织在执行程序中不能履行法律文书确定的义务的,人民法院可以裁定执行对该其他组织依法承担义务的法人或者公民个人的财产。(《民诉司法解释》第473条规定)

4. 在执行中,作为被执行人的法人或者其他组织名称变更的,人民法院可以裁定变更后的法人或者起诉组织为被执行人。(《民诉司法解释》第474条规定)

二、例题

何某依法院生效判决向法院申请执行甲的财产,在执行过程中,甲突发疾病猝死。法院询问甲的继承人是否继承遗产,甲的继承人乙表示继承,其他继承人均表示放弃继承。关于该案执行程序,下列哪一选项是正确的?(2016年卷三49题,单选)

A. 应裁定延期执行　　　　　　　　B. 应直接执行被执行人甲的遗产
C. 应裁定变更乙为被执行人　　　　D. 应裁定变更甲的全部继承人为被执行人

[释疑] 本题考查执行承担。根据《民诉司法解释》第475条的规定,作为被执行人的公民死亡,其遗产继承人没有放弃继承的,人民法院可以裁定变更被执行人,由该继承人在遗产的范围内偿还债务。继承人放弃继承的,人民法院可以直接执行被执行人的遗产。本案中,甲的继承人中,仅有乙表示继承,其余的均放弃继承权,因此,应当裁定变更乙为被执行人,C项正确。(答案:C)

三、提示与预测

执行承担主要是在执行过程中义务的承担,会出现被执行人的变更和追加。该考点不是高频考点,考生可以比照诉讼中法定当事人变更的情形理解和记忆。

考点 11 执行回转

一、精讲

执行回转,是指生效法律文书执行完毕以后,由于据以执行的法律文书依法定程序被撤销,令已经被执行财产的一部分或全部归还给被执行人,使其恢复到执行程序开始的状况。《民诉司法解释》第476条规定:"法律规定由人民法院执行的其他法律文书执行完毕后,该法律文书被有关机关或者组织依法撤销的,经当事人申请,适用民事诉讼法第二百三十三条规定。"

执行回转应当由人民法院作出执行回转的裁定,责令取得财产的人返还财产。能返还原物的,应当返还原物,原物不能返还的,或者返还原物对权利人显失公平的,应当由取得财产的人赔偿损失,具体数额由人民法院核定。

二、提示与预测

该考点一般不会单独考查,会作为一个选项和其他执行制度结合考查,考生只需了解即可。

考点 12 执行措施之对财产的执行

一、精讲

对财产的执行包括对金钱债权的执行和对非金钱财产的执行。对金钱债权的执行,可以针对被执行人的财产状况,分别采取查询、冻结、划拨被执行人的存款或扣留、提取被执行人的收入;对非金钱财产的执行包括查封、扣押、冻结财产以及拍卖变卖被查封、扣押、冻结的财产。对不动产也可以采取扣押或转移产权登记证的方式。

(一)查询、冻结、划拨被执行人的存款

《民事诉讼法》第242条规定:"被执行人未按执行通知履行法律文书确定的义务,人民法院有权向有关单位查询被执行人的存款、债券、股票、基金份额等财产情况。人民法院有权根据不同情形扣押、冻结、划拨、变价被执行人的财产。人民法院查询、扣押、冻结、划拨、变价的财产不得超出被执行人应当履行义务的范围。人民法院决定扣押、冻结、划拨、变价财产,应当作出裁定,并发出协助执行通知书,有关单位必须办理。"

【特别提示】

1. 该执行措施的对象

针对被执行人为单位的情形。

2. 在采取上述执行措施时,应当注意下列两个问题:

(1)被执行人为金融机构的,注意可供执行财产的范围。《执行规定》第34条规定:"被执行人为金融机构的,对其交存在人民银行的存款准备金和备付金不得冻结和扣划,但对其在本机构、其他金融机构的存款,及其在人民银行的其他存款可以冻结、划拨,并可对被执行人的其他财产采取执行措施,但不得查封其营业场所。"

(2) 有关单位的责任问题。《执行规定》第33条规定:"金融机构擅自解冻被人民法院冻结的款项,致冻结款项被转移的,人民法院有权责令其限期追回已转移的款项。在限期内未能追回的,应当裁定该金融机构在转移的款项范围内以自己的财产向申请执行人承担责任。"

(二) 扣留、提取被执行人的收入

《民事诉讼法》第243条规定:"被执行人未按执行通知履行法律文书确定的义务,人民法院有权扣留、提取被执行人应当履行义务部分的收入。但应当保留被执行人及其所扶养家属的生活必需费用。人民法院扣留、提取收入时,应当作出裁定,并发出协助执行通知书,被执行人所在单位、银行、信用合作社和其他有储蓄业务的单位必须办理。"

【特别提示】

1. 该执行措施的对象,针对被执行人为个人的情形
2. 有关协助单位的责任问题

《执行规定》第37条规定:"有关单位收到人民法院协助执行被执行人收入的通知后,擅自向被执行人或其他人支付的,人民法院有权责令其限期追回;逾期未追回的,应当裁定其在支付的数额内向申请执行人承担责任。"

(三) 查封、扣押、冻结被执行财产

《民事诉讼法》第244条第1款规定:"被执行人未按执行通知履行法律文书确定的义务,人民法院有权查封、扣押、冻结、拍卖、变卖被执行人应当履行义务部分的财产。但应当保留被执行人及其所扶养家属的生活必需品。"

最高人民法院《关于人民法院民事执行中查封、扣押、冻结财产的规定》(以下简称《查封、扣押、冻结财产规定》)对查封、扣押、冻结财产的范围与程序、查封和扣押财产的保管、查封扣押的效力、查封扣押冻结财产的期限以及解除查封扣押冻结措施详细的法定情形作了许多详细的规定,应当予以适当关注。

1. 查封、扣押、冻结财产的范围

重点掌握《查封、扣押、冻结财产规定》第2条和第5条的规定。

(1) 查封、扣押、冻结实质上属于被执行人的财产。《查封、扣押、冻结财产规定》第2条规定:"人民法院可以查封、扣押、冻结被执行人占有的动产、登记在被执行人名下的不动产、特定动产及其他财产权。未登记的建筑物和土地使用权,依据土地使用权的审批文件和其他相关证据确定权属。对于第三人占有的动产或者登记在第三人名下的不动产、特定动产及其他财产权,第三人书面确认该财产属于被执行人的,人民法院可以查封、扣押、冻结。"

(2) 不得查封、扣押、冻结的财产。《查封、扣押、冻结财产规定》第5条规定:"人民法院对被执行人下列的财产不得查封、扣押、冻结:(一) 被执行人及其所扶养家属生活所必需的衣服、家具、炊具、餐具及其他家庭生活必需的物品;(二) 被执行人及其所扶养家属所必需的生活费用。当地有最低生活保障标准的,必需的生活费用依照该标准确定;(三) 被执行人及其所扶养家属完成义务教育所必需的物品;(四) 未公开的发明或者未发表的著作;(五) 被执行人及其所扶养家属用于身体缺陷所必需的辅助工具、医疗物品;(六) 被执行人所得的勋章及

其他荣誉表彰的物品;(七) 根据《中华人民共和国缔结条约程序法》,以中华人民共和国、中华人民共和国政府或者中华人民共和国政府部门名义同外国、国际组织缔结的条约、协定和其他具有条约、协定性质的文件中规定免于查封、扣押、冻结的财产;(八) 法律或者司法解释规定的其他不得查封、扣押、冻结的财产。"

【提示】这个法条很长,其内容主要围绕一个意思,即对于被执行人非常紧要的物质利益和带有人身性质的利益,不能够查封、扣押、冻结。

2. 被查封、扣押财产的保管

《查封、扣押、冻结财产规定》第 12 条规定:"查封、扣押的财产不宜由人民法院保管的,人民法院可以指定被执行人负责保管;不宜由被执行人保管的,可以委托第三人或者申请执行人保管。由人民法院指定被执行人保管的财产,如果继续使用对该财产的价值无重大影响,可以允许被执行人继续使用;由人民法院保管或者委托第三人、申请执行人保管的,保管人不得使用。"第 13 条规定:"查封、扣押、冻结担保物权人占有的担保财产,一般应当指定该担保物权人作为保管人;该财产由人民法院保管的,质权、留置权不因转移占有而消灭。"

3. 查封、扣押的效力

《查封、扣押、冻结财产规定》第 22 条规定:"查封、扣押的效力及于查封、扣押物的从物和天然孳息。"第 23 条规定:"查封地上建筑物的效力及于该地上建筑物使用范围内的土地使用权,查封土地使用权的效力及于地上建筑物,但土地使用权与地上建筑物的所有权分属被执行人与他人的除外。地上建筑物和土地使用权的登记机关不是同一机关的,应当分别办理查封登记。"第 27 条规定:"人民法院查封、扣押被执行人设定最高额抵押权的抵押物的,应当通知抵押权人。抵押权人受抵押担保的债权数额自收到人民法院通知时起不再增加。人民法院虽然没有通知抵押权人,但有证据证明抵押权人知道查封、扣押事实的,受抵押担保的债权数额从其知道该事实时起不再增加。"

4. 轮候查封、扣押与冻结

《查封、扣押、冻结财产规定》第 28 条确立了轮候制度:"对已被人民法院查封、扣押、冻结的财产,其他人民法院可以进行轮候查封、扣押、冻结。查封、扣押、冻结解除的,登记在先的轮候查封、扣押、冻结即自动生效。其他人民法院对已登记的财产进行轮候查封、扣押、冻结的,应当通知有关登记机关协助进行轮候登记,实施查封、扣押、冻结的人民法院应当允许其他人民法院查阅有关文书和记录。其他人民法院对没有登记的财产进行轮候查封、扣押、冻结的,应当制作笔录,并经实施查封、扣押、冻结的人民法院执行人员及被执行人签字,或者书面通知实施查封、扣押、冻结的人民法院。"

5. 查封、扣押、冻结财产的期限

《民诉司法解释》第 487 条规定:"人民法院冻结被执行人的银行存款的期限不得超过一年,查封、扣押动产的期限不得超过两年,查封不动产、冻结其他财产权的期限不得超过三年。申请执行人申请延长期限的,人民法院应当在查封、扣押、冻结期限届满前办理续行查封、扣押、冻结手续,续行期限不得超过前款规定的期限。人民法院也可以依职权办理续行查封、扣押、冻结手续。"

6. 解除查封、扣押、冻结财产的法定情形

《查封、扣押、冻结财产规定》第 31 条规定:"有下列情形之一的,人民法院应当作出解除查封、扣押、冻结裁定,并送达申请执行人、被执行人或者案外人:(一) 查封、扣押、冻结案外人

财产的;(二)申请执行人撤回执行申请或者放弃债权的;(三)查封、扣押、冻结的财产流拍或者变卖不成,申请执行人和其他执行债权人又不同意接受抵债的;(四)债务已经清偿的;(五)被执行人提供担保且申请执行人同意解除查封、扣押、冻结的;(六)人民法院认为应当解除查封、扣押、冻结的其他情形。解除以登记方式实施的查封、扣押、冻结的,应当向登记机关发出协助执行通知书。"

(四)拍卖、变卖被执行人的财产

根据《民事诉讼法》第247条的规定并结合《民诉司法解释》第488、第490条的规定,被执行人逾期不履行的,人民法院应当拍卖被查封、扣押的财产;不适于拍卖或者当事人双方同意不进行拍卖的,人民法院可以委托有关单位变卖或者自行变卖。可见,对于被查封、扣押的财产,人民法院既可以直接拍卖或变卖,也可以委托有关单位拍卖或变卖。根据《民诉司法解释》第488条的规定,对于拍卖,有关单位应是"具备相应资质的拍卖机构"。

对于委托拍卖,最高人民法院于2004年11月15日颁布的《关于人民法院民事执行中拍卖、变卖财产的规定》(该规定2005年1月1日起生效,以下简称《拍卖、变卖财产规定》)作了具体的规定。

1. 评估机构的确定

《拍卖、变卖财产规定》第5条规定:"评估机构由当事人协商一致后经人民法院审查确定;协商不成的,从负责执行的人民法院或者被执行人财产所在地的人民法院确定的评估机构名册中,采取随机的方式确定;当事人双方申请通过公开招标方式确定评估机构的,人民法院应当准许。"

2. 拍卖机构的确定

《拍卖、变卖财产规定》第7条规定:"拍卖机构由当事人协商一致后经人民法院审查确定;协商不成的,从负责执行的人民法院或者被执行人财产所在地的人民法院确定的拍卖机构名册中,采取随机的方式确定;当事人双方申请通过公开招标方式确定拍卖机构的,人民法院应当准许。"

3. 撤回委托拍卖的法定情形

《拍卖、变卖财产规定》第20条规定:"在拍卖开始前,有下列情形之一的,人民法院应当撤回拍卖委托:(一)据以执行的生效法律文书被撤销的;(二)申请执行人及其他执行债权人撤回执行申请的;(三)被执行人全部履行了法律文书确定的金钱债务的;(四)当事人达成了执行和解协议,不需要拍卖财产的;(五)案外人对拍卖财产提出确有理由的异议的;(六)拍卖机构与竞买人恶意串通的;(七)其他应当撤回拍卖委托的情形。"

(五)以物抵债

《民诉司法解释》第491条规定:"经申请执行人和被执行人同意,且不损害其他债权人合法权益和社会公共利益的,人民法院可以不经拍卖、变卖,直接将被执行人的财产作价交申请执行人抵偿债务。对剩余债务,被执行人应当继续清偿。"

《民诉司法解释》第492条规定:"被执行人的财产无法拍卖或者变卖的,经申请执行人同意,且不损害其他债权人合法权益和社会公共利益的,人民法院可以将该项财产作价后交付申请执行人抵偿债务,或者交付申请执行人管理;申请执行人拒绝接收或者管理的,退回被执行人。"

《民诉司法解释》第493条规定:"拍卖成交或者依法定程序裁定以物抵债的,标的物所有权自拍卖成交裁定或者抵债裁定送达买受人或者接受抵债物的债权人时转移。"

二、例题

执行法院对下列哪些财产不得采取执行措施？（2008年真题，多选）
A. 被执行人未发表的著作
B. 被执行人及其所扶养家属完成义务教育所必需的物品
C. 金融机构交存在中国人民银行的存款准备金和备付金
D. 金融机构的营业场所

[释疑] 该题直接考查执行财产的范围。根据最高人民法院《查封、扣押、冻结财产的规定》第5条的规定，选项A与B符合题意；根据《执行规定》第34条的规定，选项C与D符合题意。（答案：ABCD）

三、提示与预测

该考点近年考试没有涉及，但由于2005年1月1日起开始施行的最高人民法院《关于人民法院民事执行中查封、扣押、冻结财产的规定》和最高人民法院《关于人民法院民事执行中拍卖、变卖财产的规定》，对查封、扣押、冻结的基本规定作出了较为详细的规定，所以2008年考试第一次对该内容有所涉及。

考点 13 执行措施之对完成行为的执行

一、精讲

1. 强制迁出房屋或退出土地

人民法院在采取强制被执行人迁出房屋或者退出土地的强制措施时，必须由院长签发公告，责令被执行人在指定的期间内迁出房屋或者退出土地，而不得直接采取该措施。被执行人逾期仍不履行其义务时，由执行员强制执行。

2. 强制完成生效法律文书指定的行为

《民事诉讼法》第252条规定："对判决、裁定和其他法律文书指定的行为，被执行人未按执行通知履行的，人民法院可以强制执行或者委托有关单位或者其他人完成，费用由被执行人承担。"

《民诉司法解释》第503条规定："被执行人不履行生效法律文书确定的行为义务，该义务可由他人完成的，人民法院可以选定代履行人；法律、行政法规对履行该行为义务有资格限制的，应当从有资格的人中选定。必要时，可以通过招标的方式确定代履行人。申请执行人也在符合条件的人中推荐代履行人，也可以申请自己代为履行，是否准许，由人民法院决定。"

《民诉司法解释》第504条规定："代履行费用的数额由人民法院根据案件具体情况确定，并由被执行人在指定期限内预先支付。被执行人未预付的，人民法院可以对该费用强制执行。代履行结束后，被执行人可以查阅、复制费用清单以及主要凭证。"

《民诉司法解释》第505条规定："被执行人不履行法律文书指定的行为，且该项行为只能由被执行人完成的，人民法院可以依照民事诉讼法第一百一十一条第一款第六项规定处理。被执行人在人民法院确定的履行期间内仍不履行的，人民法院可以依照民事诉讼法第一百一十一条第一款第六项规定再次处理。"

3. 侵犯名誉权案件中的强制执行

在侵犯名誉权的案件中,对于赔礼道歉、消除影响等行为的执行,如果被执行人拒绝履行,人民法院可以采取公告、登报等方式,将判决的主要内容及有关情况公布于众,费用由被执行人负担。并可以按照《民事诉讼法》第111条第2款的规定处理,即罚款、拘留,甚至刑事处罚。

二、例题

在甲公司诉某省海兴市的《现代企业经营》杂志和作者吕某名誉侵权一案中,如果法院作出终审判决,杂志社赔偿甲公司1万元,并登报进行赔礼道歉。杂志社履行了赔偿义务,但拒绝赔礼道歉。如果甲公司要求法院强制执行,法院可以采取的措施有?(2008年真题,不定选)

A. 采取公告、登报等方式,将判决的主要内容公布于众,费用由报社承担
B. 对报社负责人予以罚款、拘留
C. 由报社支付迟延履行金
D. 如果构成犯罪,可以追究报社负责人的刑事责任

[释疑] 本题综合考查拒不履行生效法律文书的法律后果。根据最高人民法院《关于审理名誉权案件若干问题的解答》第11问:"侵权人不执行生效判决,不为对方恢复名誉、消除影响、赔礼道歉的,应如何处理?答:侵权人拒不执行生效判决,不为对方恢复名誉、消除影响的,人民法院可以采取公告、登报等方式,将判决的主要内容及有关情况公布于众,费用由被执行人负担,并可依照民事诉讼法第一百零二条第六项的规定处理(现第111条)。"A、B、D项正确;根据《民事诉讼法》第253条的规定:"被执行人未按判决、裁定和其他法律文书指定的期间履行给付金钱义务的,应当加倍支付迟延履行期间的债务利息。被执行人未按判决、裁定和其他法律文书指定的期间履行其他义务的,应当支付迟延履行金。"C项正确。(答案:ABCD)

三、提示与预测

对侵犯名誉权案件中的强制执行是考试重点,应当掌握。此外,对行为的执行往往和执行保障性措施结合在一起考查,即考查拒不履行生效法律文书的法律后果。

考点 14 执行措施之对被执行人到期债权的执行

一、精讲

1. 申请

被执行人不能清偿到期债务,但是对本案以外的第三人享有到期债权的,人民法院可以根据申请执行人或被执行人的申请,向第三人发出履行到期债务的通知。履行通知必须直接送达第三人。

2. 第二人的异议及处理

第三人对履行通知的异议一般应当以书面形式提出,口头提出的,执行人员应记入笔录,并由第三人签字或盖章。第三人在履行通知指定的期间内提出异议的,人民法院不得对第三人强制执行,对提出的异议不进行审查。第三人提出自己无履行能力或者其与申请执行人无

直接法律关系,不属于这里所指的异议。第三人对债务部分承认、部分有异议的,可以对其承认的部分强制执行。

3. 第三人擅自向被执行人履行的法律后果

第三人收到人民法院要求其履行到期债务的通知后,擅自向被执行人履行,造成已向被执行人履行的财产不能追回的,除在已履行的财产范围内与被执行人承担连带清偿责任外,可以追究其妨害执行的责任。

二、例题

甲公司对乙公司的50万元债权经法院裁判后进入强制执行程序,被执行人乙公司不能清偿债务,但对第三人(即丙公司)享有30万元的到期债权。甲公司欲申请法院对被执行人的到期债权予以执行。关于该执行程序,下列哪些选项是错误的?(2007年真题,多选)

A. 丙公司应在接到法院发出的履行到期债务通知后的30日内,向甲公司履行债务或提出异议

B. 丙公司如果对法院的履行通知提出异议,必须采取书面方式

C. 丙公司在履行通知指定的期间内提出异议的,法院应当对提出的异议进行审查

D. 在对丙公司作出强制执行裁定后,丙公司确无财产可供执行的,法院可以就丙公司对他人享有的到期债权强制执行

[释疑] 该题综合性考查对被执行人到期债权的执行。根据《执行规定》第61条的规定,第三人对履行到期债权有异议的,应当在收到履行通知后的15日内向执行法院提出。故选项A是错误的。

根据《执行规定》第62条的规定,第三人对履行通知的异议一般应当以书面形式提出,口头提出的,执行人员应记入笔录,并由第三人签字或盖章。故选项B是错误的。

根据《执行工作规定》第63条的规定,第三人在履行通知指定的期间内提出异议的,人民法院不得对第三人强制执行,对提出的异议不进行审查。故选项C是错误的。

根据《执行规定》第68条的规定,在对第三人作出强制执行裁定后,第三人确无财产可供执行的,不得就第三人对他人享有的到期债权强制执行。故选项D是错误的。(答案:ABCD)

三、提示与预测

对被执行人到期债权的执行是高频考点,应当掌握。此外,应当注意《民诉司法解释》对被执行人到期债权执行的相关内容。

《民诉司法解释》第501条规定:"人民法院执行被执行人对他人的到期债权,可以作出冻结债权的裁定,并通知该他人向申请执行人履行。该他人对到期债权有异议,申请执行人请求对异议部分强制执行的,人民法院不予支持。利害关系人对到期债权有异议的,人民法院应当按照民事诉讼法第二百二十七条规定处理。对生效法律文书确定的到期债权,该他人予以否认的,人民法院不予支持。"

考点 15 参与分配

一、精讲

参与分配制度是指被执行人为公民或者其他组织,其全部或者主要财产已被一个人民法

院因执行确定金钱给付的判决而查封、扣押或冻结,无其他财产可供执行或者其他财产不足以清偿全部债务时,在被执行人的财产被分割完毕前,对该被执行人已经取得金钱执行根据的其他债权人,向人民法院申请就其所享有的债权公平受偿的制度。

1. 参与分配的主体

《民诉司法解释》第508条规定:"被执行人为公民或者其他组织,在执行程序开始后,被执行人的其他已经取得执行依据的债权人发现被执行人的财产不能清偿所有债权的,可以向人民法院申请参与分配。对人民法院查封、扣押、冻结的财产有优先权、担保物权的债权人,可以直接申请参与分配,主张优先受偿权。"

2. 参与分配的申请

《民诉司法解释》第509条规定:"申请参与分配,申请人应当提交申请书。申请书应当写明参与分配和被执行人不能清偿所有债权的事实、理由,并附有执行依据。参与分配申请应当在执行程序开始后,被执行人的财产执行终结前提出。"

3. 参与分配程序中的清偿顺序

《民诉司法解释》第510条规定:"参与分配执行中,执行所得价款扣除执行费用,并清偿应当优先受偿的债权后,对于普通债权,原则上按照其占全部申请参与分配债权数额的比例受偿。清偿后的剩余债务,被执行人应当继续清偿。债权人发现被执行人有其他财产的,可以随时请求人民法院执行。"

4. 参与分配方案及异议

《民诉司法解释》第511条规定:"多个债权人对执行财产申请参与分配的,执行法院应当制作财产分配方案,并送达各债权人和被执行人。债权人或者被执行人对分配方案有异议的,应当自收到分配方案之日起十五日内向执行法院提出书面异议。"

5. 对于分配方案异议的处理

《民诉司法解释》第512条规定:"债权人或者被执行人对分配方案提出书面异议的,执行法院应当通知未提出异议的债权人、被执行人。未提出异议的债权人、被执行人自收到通知之日起十五日内未提出反对意见的,执行法院依异议人的意见对分配方案审查修正后进行分配;提出反对意见的,应当通知异议人。异议人可以自收到通知之日起十五日内,以提出反对意见的债权人、被执行人为被告,向执行法院提起诉讼;异议人逾期未提起诉讼的,执行法院按照原分配方案进行分配。诉讼期间进行分配的,执行法院应当提存与争议债权数额相应的款项。"

二、例题

1. 甲向法院申请执行郭某的财产,乙、丙和丁向法院申请参与分配,法院根据郭某财产以及各执行申请人债权状况制定了财产分配方案。甲和乙认为分配方案不合理,向法院提出了异议,法院根据甲和乙的意见,对分配方案进行修正后,丙和丁均反对。关于本案,下列哪一表述是正确的?(2016年卷三48题,单选)

A. 丙、丁应向执行法院的上一级法院申请复议
B. 甲、乙应向执行法院的上一级法院申请复议
C. 丙、丁应以甲和乙为被告向执行法院提起诉讼
D. 甲、乙应以丙和丁为被告向执行法院提起诉讼

[释疑] 本题考查对分配方案异议的救济。根据《民诉司法解释》第512条的规定,债权

人或者被执行人对分配方案提出书面异议的,执行法院应当通知未提出异议的债权人、被执行人。未提出异议的债权人、被执行人自收到通知之日起十五日内未提出反对意见的,执行法院依异议人的意见对分配方案审查修正后进行分配;提出反对意见的,应当通知异议人。异议人可以自收到通知之日起十五日内,以提出反对意见的债权人、被执行人为被告,向执行法院提起诉讼;异议人逾期未提起诉讼的,执行法院按照原分配方案进行分配。可见,对反对分配方案异议的救济是以提出反对意见的债权人、被执行人为被告提起参与分配异议之诉,而非向执行法院的上一级法院申请复议,本案中,异议人是甲、乙,对异议持反对意见的是丙、丁,D 项正确,ABC 项错误。(答案:D)

2. 执行程序的参与分配制度对适用条件作了规定。下列哪一选项不属于参与分配适用的条件?(2011 年真题,单选)

A. 被执行人的财产无法清偿所有的债权
B. 被执行人为法人或其他组织而非自然人
C. 有多个申请人对同一被申请人享有债权
D. 参与分配的债权只限于金钱债权

[**释疑**] 根据《民诉司法解释》第 508 条的规定,被执行人为公民或者其他组织,在执行程序开始后,被执行人的其他已经取得执行依据的债权人发现被执行人的财产不能清偿所有债权的,可以向人民法院申请参与分配。B 项正确(答案:B)

三、提示与预测

主要掌握参与分配的条件以及参与分配异议之诉。

考点 16 保障性执行措施

一、精讲

1. 支付迟延履行期间利息或迟延履行金

《民事诉讼法》第 253 条规定:"被执行人未按判决、裁定和其他法律文书指定的期间履行给付金钱义务的,应当加倍支付迟延履行期间的债务利息。被执行人未按判决、裁定和其他法律文书指定的期间履行其他义务的,应当支付迟延履行金。"

《民诉司法解释》第 506 条规定:"被执行人迟延履行的,迟延履行期间的利息或者迟延履行金自判决、裁定和其他法律文书指定的履行期间届满之日起计算。"

《民诉司法解释》第 507 条规定:"被执行人未按判决、裁定和其他法律文书指定的期间履行非金钱给付义务的,无论是否已给申请执行人造成损失,都应当支付迟延履行金。已经造成损失的,双倍补偿申请执行人已经受到的损失;没有造成损失的,迟延履行金可以由人民法院根据具体案件情况决定。"

可见,该措施并不是实现生效法律文书的强制执行措施,而是对逾期不履行义务人的一种惩罚性措施,即对于金钱债务,如果义务人逾期不履行义务,应当加倍支付延迟履行期间的债务利息;对于非金钱债务,应当支付迟延履行金。

2. 财产报告制度

《民事诉讼法》第 241 条规定:"被执行人未按执行通知履行法律文书确定的义务,应当报告当前以及收到执行通知之日前一年的财产情况。被执行人拒绝报告或者虚假报告的,人民法院可以根据情节轻重对被执行人或者其法定代理人、有关单位的主要负责人或者直接责任人员予以罚款、拘留。"

(1) 财产报告制度的前提。被执行人未按执行通知履行法律文书确定的义务。

(2) 财产报告的期间要求。被执行人当前以及收到执行通知之日前一年的财产情况。

(3) 拒绝报告或者虚假报告的法律责任。人民法院可以根据情节轻重对被执行人或者其法定代理人、有关单位的主要负责人或者直接责任人员予以罚款、拘留。

为完善该财产报告制度,《执行程序解释》第31条至第35条又作出了更加详细的规定,主要内容如下:

(1) 报告财产令。根据《执行程序解释》第31条的规定,人民法院依照《民事诉讼法》第241条的规定责令被执行人报告财产情况的,应当向其发出报告财产令。报告财产令中应当写明报告财产的范围、报告财产的期间、拒绝报告或者虚假报告的法律后果等内容。

(2) 报告财产的范围。根据《执行程序解释》第32条的规定,被执行人依照《民事诉讼法》第241条的规定,应当书面报告下列财产情况:① 收入、银行存款、现金、有价证券;② 土地使用权、房屋等不动产;③ 交通运输工具、机器设备、产品、原材料等动产;④ 债权、股权、投资权益、基金、知识产权等财产性权利;⑤ 其他应当报告的财产。

3. 执行威慑制度

《民事诉讼法》第255条规定:"被执行人不履行法律文书确定的义务的,人民法院可以对其采取或者通知有关单位协助采取限制出境,在征信系统记录、通过媒体公布不履行义务信息以及法律规定的其他措施。"

(1) 限制出境

① 限制出境的适用。根据《执行程序解释》第36条的规定,依照《民事诉讼法》第255条的规定对被执行人限制出境的,应当由申请执行人向执行法院提出书面申请;必要时,执行法院可以依职权决定。

② 限制出境的对象。限制出境的对象是被申请执行人,包括自然人、法人的法定代表人和其他组织的负责人。根据《执行程序解释》第37条的规定,被执行人为单位的,可以对其法定代表人、主要负责人或者影响债务履行的直接责任人员限制出境。被执行人为无民事行为能力人或者限制民事行为能力人的,可以对其法定代理人限制出境。

③ 限制出境措施的解除。根据《执行程序解释》第38条的规定,在限制出境期间,被执行人履行法律文书确定的全部债务的,执行法院应当及时解除限制出境措施;被执行人提供充分、有效的担保或者申请执行人同意的,可以解除限制出境措施。

(2) 不良诚信记录,是人民法院通过对被执行人信用体系形成影响从而促使其履行生效法律文书的新制度。法院通过联合公安、工商、银行、出入境管理、房地产管理、媒体等部门,对拒不履行生效裁判确定的给付财产义务的被执行人,通过限制工商登记、限制贷款、限制投资、限制购房、限制出境等办法,促使其自动履行生效裁判。

(3) 失信被执行人名单。《民诉司法解释》第518条规定:"被执行人不履行法律文书确定的义务的,人民法院除对被执行人予以处罚外,还可以根据情节将其纳入失信被执行人名单,将被执行人不履行或者不完全履行义务的信息向其所在单位、征信机构以及其他相关机构通报。"

4. 限制高消费

2010年5月最高人民法院通过了《关于限制被执行人高消费的若干规定》，并在2011年大纲新增本考点，2015年进行了修正，并更名为《关于限制被执行人高消费及有关消费的若干规定》，考生应了解相关规定。被执行人未按执行通知书指定的期间履行生效法律文书确定的给付义务的，人民法院可以限制其高消费及非生活或经营必需的有关消费，禁止被执行人及其法定代表人、主要负责人、影响债务履行的直接责任人以被执行人的财产支付下列行为的费用：

（1）乘坐交通工具时，选择飞机、列车软卧、轮船二等以上舱位；
（2）在星级以上宾馆、酒店、夜总会、高尔夫球场等场所进行高消费；
（3）购买不动产或者新建、扩建、高档装修房屋；
（4）租赁高档写字楼、宾馆、公寓等场所办公；
（5）购买非经营必需车辆；
（6）旅游、度假；
（7）子女就读高收费私立学校；
（8）支付高额保费购买保险理财产品；
（9）乘坐G字头动车组全部座位、其他动车组列车一等以上座位等其他非生活和工作必需的消费行为。

限制消费的执行措施可以由债权人向人民法院申请启动，也可由人民法院自行依职权启动。人民法院决定采取限制消费措施的，应当向被执行人发出限制消费令。被执行人依法履行生效法律文书确定的义务的，人民法院应当及时解除限制消费令。

二、例题

1. 田某拒不履行法院令其迁出钟某房屋的判决，因钟某已与他人签订租房合同，房屋无法交给承租人，使钟某遭受损失，钟某无奈之下向法院申请强制执行。法院受理后，责令田某15日内迁出房屋，但田某仍拒不履行。关于法院对田某可以采取的强制执行措施，下列哪些选项是正确的？（2016年卷三84题，多选）

A. 罚款
B. 责令田某向钟某赔礼道歉
C. 责令田某双倍补偿钟某所受到的损失
D. 责令田某加倍支付以钟某所受损失为基数的同期银行利息

[释疑] 本题考查对拒不履行生效法律文书可采取的强制执行措施。根据《民事诉讼法》第111条的规定，拒不履行生效法律文书的行为构成妨碍民事诉讼的行为，可以对当事人进行罚款和拘留，A项正确；本案判决仅涉及责令迁出房屋，并未有赔礼道歉的判项，B项错误；根据《民诉司法解释》第507条的规定：被执行人未按判决、裁定和其他法律文书指定的期间履行非金钱给付义务的，无论是否已给申请执行人造成损失，都应当支付迟延履行金。已经造成损失的，双倍补偿申请执行人已经受到的损失；没有造成损失的，迟延履行金可以由人民法院根据具体案件情况决定。本案属于非金钱义务，C项正确，D项错误。（答案：AC）

2. 兴源公司与郭某签订钢材买卖合同，并书面约定本合同一切争议由中国国际经济贸易仲裁委员会仲裁。兴源公司支付100万元预付款后，因郭某未履约依法解除了合同。郭某一直未将预付款返还,兴源公司遂提出返还货款的仲裁请求,仲裁庭适用简易程序审理,并作出裁决,支持该请求。

由于郭某拒不履行裁决,兴源公司申请执行。郭某无力归还100万元现金,但可以收藏的多幅字画提供执行担保。担保期满后郭某仍无力还款,法院在准备执行该批字画时,朱某向法院提出异议,主张自己才是这些字画的所有权人,郭某只是代为保管。针对本案中郭某拒不履行债务的行为,法院采取的正确的执行措施是(2013年真题,不定选)

A. 依职权决定限制郭某乘坐飞机
B. 要求郭某报告当前的财产情况
C. 强制郭某加倍支付迟延履行期间的债务利息
D. 根据郭某的申请,对拖欠郭某货款的金康公司发出履行通知

[释疑]　本案考查拒不履行债务行为的法律后果。根据最高人民法院《关于限制被执行人高消费及有关消费的若干规定》第3条规定,被执行人未按执行通知书指定的期间履行生效法律文书确定的给付义务的,人民法院可以限制其高消费,包括(1)乘坐交通工具时,选择飞机、列车软卧、轮船二等以上舱位;(2)在星级以上宾馆、酒店、夜总会、高尔夫球场等场所进行高消费等,A项正确;根据《民事诉讼法》第241条的规定,被执行人未按执行通知履行法律文书确定的义务,应当报告当前以及收到执行通知之日前一年的财产情况。B项正确;根据《民事诉讼法》第253条的规定,被执行人未按判决、裁定和其他法律文书指定的期间履行给付金钱义务的,应当加倍支付迟延履行期间的债务利息。C项正确;根据《民事诉讼法》第240条的规定,执行员接到申请执行书或者移交执行书,应当向被执行人发出执行通知,并可以立即采取强制执行措施。D项正确。(答案:ABCD)

三、提示与预测

拒不履行生效法律文书的后果是高频考点,应当掌握。

考点 17　执行中止与执行终结

一、精讲

1. 执行中止,即在执行过程中,由于法定特殊原因的出现,使执行程序暂停,原因消失后再行恢复的制度。

执行中止的法定情形(《民事诉讼法》第256条以及《执行规定》第102条):
(1)申请人表示可以延期执行的;
(2)案外人对执行标的提出确有理由的异议的;
(3)作为一方当事人的公民死亡,需要等待继承人继承权利或者承担义务的;
(4)作为一方当事人的法人或者其他组织终止,尚未确定权利义务承受人的;
(5)人民法院认为应当中止执行的其他情形,包括:
① 人民法院已受理以被执行人为债务人的破产申请的;
② 被执行人确无财产可供执行的;
③ 执行标的物是其他法院或仲裁机构正在审理的案件争议标的物,需要等待该案件审理完毕确定权属的;

④ 一方当事人申请执行仲裁裁决,另一方当事人申请撤销仲裁裁决的;
⑤ 仲裁裁决的被申请执行人依据《民事诉讼法》第237条第2款的规定向人民法院提出不予执行请求,并提供适当担保的。

2. 执行终结

在执行过程中,由于某种法定特殊原因的出现,使执行程序无法继续进行或者继续进行已失去意义时,从而结束执行程序的法律制度。

执行终结的具体法定情形(《民事诉讼法》第257条):
(1) 申请人撤销申请的;
(2) 据以执行的法律文书被撤销的;
(3) 作为被执行人的公民死亡,无遗产可供执行,又无义务承担人的;
(4) 追索赡养费、扶养费、抚育费案件的权利人死亡的;
(5) 作为被执行人的公民因生活困难无力偿还借款,无收入来源,又丧失劳动能力的;
(6) 人民法院认为应当终结执行的其他情形。

三、提示与预测

注意《民诉司法解释》新增加的内容以及执行结束后对妨害执行标的物的处理。

(1) 终结本次执行程序。《民诉司法解释》第519条规定:"经过财产调查未发现可供执行的财产,在申请执行人签字确认或者执行法院组成合议庭审查核实并经院长批准后,可以裁定终结本次执行程序。依照前款规定终结执行后,申请执行人发现被执行人有可供执行财产的,可以再次申请执行。再次申请不受申请执行时效期间的限制。"

(2) 撤销申请执行后再次申请执行的处理。《民诉司法解释》第520条规定:"因撤销申请而终结执行后,当事人在民事诉讼法第二百三十九条规定的申请执行时效期间内再次申请执行的,人民法院应当受理。"

(3) 执行终结后对妨害执行标的物的处理。《民诉司法解释》第521条规定:"在执行终结六个月内,被执行人或者其他人对已执行的标的有妨害行为的,人民法院可以依申请排除妨害,并可以依照民事诉讼法第一百一十一条规定进行处罚。因妨害行为给执行债权人或者其他人造成损失的,受害人可以另行起诉。"

第二十三章　涉外民事诉讼程序

考点 1　涉外民事诉讼管辖适用的条件

一、精讲

涉外民事诉讼程序是人民法院审理具有涉外因素的民事案件时所适用的程序。对于涉外民事案件的范围,《民诉司法解释》第522条规定:"有下列情形之一,人民法院可以认定为涉外民事案件:(一)当事人一方或者双方是外国人、无国籍人、外国企业或者组织的;(二)当事人一方或者双方的经常居所地在中华人民共和国领域外的;(三)标的物在中华人民共和国领域外的;(四)产生、变更或者消灭民事关系的法律事实发生在中华人民共和国领域外的;

(五) 可以认定为涉外民事案件的其他情形。"

在我国涉港、澳、台的民事案件,通常参照适用涉外民事诉讼程序。

涉外民事诉讼的管辖主要包括以下内容:

1. 牵连管辖

《民事诉讼法》第265条规定:"因合同纠纷或者其他财产权益纠纷,对在中华人民共和国领域内没有住所的被告提起的诉讼,如果合同在中华人民共和国领域内签订或者履行,或者诉讼标的物在中华人民共和国领域内,或者被告在中华人民共和国领域内有可供扣押的财产,或者被告在中华人民共和国领域内设有代表机构,可以由合同签订地、合同履行地、诉讼标的物所在地、可供扣押财产所在地、侵权行为地或者代表机构住所地人民法院管辖。"

可见,牵连管辖的内容包括三点:

(1) 适用于合同纠纷和其他财产权益纠纷案件;

(2) 被告在中国领域内没有住所;

(3) 可以由与案件有一定牵连关系的人民法院管辖,即如果合同在中华人民共和国领域内签订或者履行,或者诉讼标的物在中国领域内,或者被告在中国领域内有可供扣押的财产,或者被告在中国领域内设有代表机构,可以由合同签订地、合同履行地、诉讼标的物所在地、可供扣押财产所在地、侵权行为地或者代表机构住所地人民法院管辖。

2. 专属管辖

《民事诉讼法》第266条规定:涉外特殊案件专属管辖是指"因在中华人民共和国履行中外合资经营企业合同、中外合作经营企业合同、中外合作勘探开发自然资源合同发生纠纷提起的诉讼,由中华人民共和国人民法院管辖"。涉外特殊案件仅专属于中国法院管辖,目的在于排除其他国家法院对该案件的管辖权。

3. 协议外国法院管辖

《民诉司法解释》第531条规定:"涉外合同或者其他财产权益纠纷的当事人,可以书面协议选择被告住所地、合同履行地、合同签订地、原告住所地、标的物所在地、侵权行为地等与争议有实际联系地点的外国法院管辖。根据民事诉讼法第三十三条和第二百六十六条规定,属于中华人民共和国法院专属管辖的案件,当事人不得协议选择外国法院管辖,但协议选择仲裁的除外。"

二、例题

关于涉外民事诉讼管辖的表述,下列哪一选项是正确的?(2013年真题,单选)

A. 凡是涉外诉讼与我国法院所在地存在一定实际联系的,我国法院都有管辖权,体现了诉讼与法院所在地实际联系原则

B. 当事人在不违反级别管辖和专属管辖的前提下,可以约定各类涉外民事案件的管辖法院,体现了尊重当事人原则

C. 中外合资经营企业与其他民事主体的合同纠纷,专属我国法院管辖,体现了维护国家主权原则

D. 重大的涉外案件由中级以上级别的法院管辖,体现了便于当事人诉讼原则

[释疑] 该题综合考查关于涉外民事诉讼管辖的相关规定。根据《民事诉讼法》第265条关于牵连管辖的规定,选项A是正确的。根据本法第34条的规定,当事人协议约定管辖适

用于合同纠纷或者其他财产权益纠纷,因此,选项 B 是不正确的。根据本法第 266 条的规定,在中国履行的中外合资经营企业合同纠纷,由中国法院管辖,因此,选项 C 是不正确的。根据民事诉讼理论,有重大影响的案件由中级以上级别的法院管辖体现了权衡各级法院职能的原则,因此,选项 D 是不正确的。(答案:A)

三、提示与预测

1. 不方便管辖

《民诉司法解释》第 532 条规定:"涉外民事案件同时符合下列情形的,人民法院可以裁定驳回原告的起诉,告知其向更方便的外国法院提起诉讼:(一) 被告提出案件应由更方便外国法院管辖的请求,或者提出管辖异议;(二) 当事人之间不存在选择中华人民共和国法院管辖的协议;(三) 案件不属于中华人民共和国法院专属管辖;(四) 案件不涉及中华人民共和国国家、公民、法人或者其他组织的利益;(五) 案件争议的主要事实不是发生在中华人民共和国境内,且案件不适用中华人民共和国法律,人民法院审理案件在认定事实和适用法律方面存在重大困难;(六) 外国法院对案件享有管辖权,且审理该案件更加方便。"

2. 国际间平行诉讼

《民诉司法解释》第 533 条规定:"中华人民共和国法院和外国法院都有管辖权的案件,一方当事人向外国法院起诉,而另一方当事人向中华人民共和国法院起诉的,人民法院可予受理。判决后,外国法院申请或者当事人请求人民法院承认和执行外国法院对本案作出的判决、裁定的,不予准许;但双方共同缔结或者参加的国际条约另有规定的除外。外国法院判决、裁定已经被人民法院承认,当事人就同一争议向人民法院起诉的,人民法院不予受理。"

3. 专属管辖不得对抗仲裁,如果当事人就一个法律规定的属于专属管辖的案件签订仲裁协议,提交国内或外国仲裁机构仲裁解决的,该协议不因专属管辖而无效,应当适用仲裁裁决。

考点 2　涉外民事诉讼中期间的特别规定

一、精讲

在涉外民事诉讼中,如果当事人在我国领域内有住所的,适用民事诉讼法关于期间的一般规定;如果当事人在我国领域内没有住所的,则应当适用民事诉讼法关于涉外民事诉讼期间的特别规定。

涉外民事诉讼期间的特别规定,主要涉及两个问题:① 答辩期;② 上诉期(包括对一审判决的上诉期与对一审裁定的上诉期)。上述两个期间均为 30 日,并且答辩期与上诉期可以延长,即当事人可以申请延长,是否准许由人民法院决定。此外,人民法院审理涉外民事案件,不受民事诉讼法关于第一审与第二审审限的规定。此外,根据《民诉司法解释》第 539 条的规定,人民法院对涉外民事案件的当事人申请再审进行审查的期间,不受民事诉讼法第 204 条规定的限制。

二、例题

1. 2012 年 1 月,中国甲市公民李虹(女)与美国留学生琼斯(男)在中国甲市登记结婚,婚后两人一直居住在甲市 B 区。2014 年 2 月,李虹提起离婚诉讼,甲市 B 区法院受理了该案件,

适用普通程序审理。关于本案,下列哪些表述是正确的?(2014年真题,多选)
    A. 本案的一审审理期限为6个月
    B. 法院送达诉讼文书时,对李虹与琼斯可采取同样的方式
    C. 不服一审判决,李虹的上诉期为15天,琼斯的上诉期为30天
    D. 美国驻华使馆法律参赞可以个人名义作为琼斯的诉讼代理人参加诉讼
[释疑] 本题考查涉外案件的特殊规定。涉外案件的审限不受《民事诉讼法》规定审限的限制,A项错误;涉外期间和送达的特殊规定,仅适用于在中国境内没有住所的人,与国籍无关,B项正确、C项错误;在涉外案件中,外国驻华使领馆官员,可以个人名义担任诉讼代理人,D项正确。(答案:BD)

2. 住所位于我国A市B区的甲公司与美国乙公司在我国M市N区签订了一份买卖合同,美国乙公司在我国C市D区设有代表处。甲公司因乙公司提供的产品质量问题诉至法院。关于本案,下列哪些选项是正确的?(2010年真题,多选)
    A. M市N区法院对本案有管辖权
    B. C市D区法院对本案有管辖权
    C. 法院向乙公司送达时,可向乙公司设在C市D区的代表处送达
    D. 如甲公司不服一审判决,应当在一审判决书送达之日起15日内提起上诉
[释疑] 该题综合性考查涉外民事诉讼管辖、送达与期间问题。根据《民事诉讼法》第265条的规定,M市N区法院是合同签订地,C市D区法院是被告在中华人民共和国领域内设有代表机构的地方,他们对本案都有管辖权,选项A与B是正确的;根据《民事诉讼法》第267条的规定,人民法院对在中华人民共和国领域内没有住所的当事人送达诉讼文书,可以采用下列方式:……(5)向受送达人在中华人民共和国领域内设立的代表机构或者有权接受送达的分支机构、业务代办人送达;……选项C是正确的;根据《民事诉讼法》第267条的规定,中华人民共和国领域内没有住所的当事人,不服第一审人民法院判决、裁定的,有权在判决书、裁定书送达之日起30日内提起上诉。被上诉人在收到上诉状副本后,应当在30日内提出答辩状。当事人不能在法定期间提起上诉或者提出答辩状,申请延期的,是否准许,由人民法院决定。选项D是正确的。(答案:ABCD)

三、提示与预测

1. 掌握涉外期间适用的条件:答辩期、上诉期为30日的适用主体是指在我国领域内没有住所的当事人,包括在我国领域内没有住所的中国籍公民和外国人。

2. 对在中华人民共和国领域内没有住所的当事人诉讼文书的送达
根据《民事诉讼法》第267条以及《民诉司法解释》第535条至第537条的规定,人民法院对在中华人民共和国领域内没有住所的当事人送达诉讼文书,可以采用下列方式:
(1)依照受送达人所在国与中华人民共和国缔结或者共同参加的国际条约中规定的方式送达;
(2)通过外交途径送达;
(3)对具有中华人民共和国国籍的受送达人,可以委托中华人民共和国驻受送达人所在国的使领馆代为送达;
(4)向受送达人委托的有权代其接受送达的诉讼代理人送达;

（5）向受送达人在中华人民共和国领域内设立的代表机构或者有权接受送达的分支机构、业务代办人送达；

（6）外国人或者外国企业、组织的代表人、主要负责人在中华人民共和国领域内的，人民法院可以向该自然人或者外国企业、组织的代表人、主要负责人送达。外国企业、组织的主要负责人包括该企业、组织的董事、监事、高级管理人员等；

（7）受送达人所在国的法律允许邮寄送达的，可以邮寄送达，自邮寄之日起满三个月，送达回证没有退回，但根据各种情况足以认定已经送达的，期间届满之日视为送达；

（8）采用传真、电子邮件等能够确认受送达人收悉的方式送达；

（9）人民法院一审时采取公告方式向当事人送达诉讼文书的，二审时可径行采取公告方式向其送达诉讼文书，但人民法院能够采取公告方式之外的其他方式送达的除外。公告送达，自公告之日起满3个月，即视为送达。

考点 3　司法协助的种类和途径

一、精讲

司法协助，是指不同国家的法院之间，根据本国缔结或者参加的国际条约，或者按照互惠原则，在司法事务上相互协助，代为一定诉讼行为的制度。

（一）司法协助的依据

1. 条约

不同国家之间缔结的双边条约或共同参加的多边国际条约。

2. 互惠关系

当主权国家之间没有缔结双边条约或共同参加的多边国际条约时，一般情况下双方不能进行司法协助。但是，如果两国建有外交关系，根据国际惯例可以按照对等原则和互惠关系进行司法协助。

（二）司法协助的种类

根据不同国家之间代为诉讼行为的不同，司法协助可以分为一般司法协助与特殊司法协助。

1. 一般司法协助

不同国家的法院之间，可以相互请求，代为送达文书、调查取证及代为进行其他诉讼行为。外国法院在进行民事诉讼过程中，请求中国法院代为进行上述司法协助行为时，需要依照我国缔结或者参加的国际条约进行，或者依照互惠原则进行。

【注意】外国驻中国的使、领馆在中国领域内向其本国公民送达文书和调查取证时，不得违反中国法律，并不得采取强制措施。

2. 特殊司法协助

对外国法院判决、裁定与仲裁机构仲裁裁决的承认与执行。

（1）对外国法院判决、裁定的承认与执行。对外国法院判决、裁定的承认与执行需要具备的前提是：该国与我国之间有条约关系或者互惠关系。

对外国法院判决、裁定的承认与执行需要具备的条件：一是外国法院判决、裁定已经发生法律效力；二是外国法院判决、裁定是依法定程序作出的；三是承认与执行外国法院判决、裁定不损害我国主权、安全和社会公共利益;四是该外国法院判决、裁定不违反我国法律的基本原则。

对外国法院判决、裁定的承认与执行的途径:一是依据该判决、裁定享有权利的当事人直接向被执行人住所地或者被执行财产所在地中级人民法院提出申请;二是外国法院依照该国与我国之间的条约或者互惠关系,直接向我国上述有管辖权的中级人民法院提出请求。

(2) 对外国仲裁机构仲裁裁决的承认与执行。由于我国已于1986年12月2日加入《承认与执行外国仲裁裁决的公约》(简称《纽约公约》),因此,各成员国的仲裁裁决需要在我国得到承认与执行的,可以按照《纽约公约》的规定办理。

(3) 对临时仲裁庭在我国领域外作出的仲裁裁决的承认与执行。《民诉司法解释》第545条规定:"对临时仲裁庭在中华人民共和国领域外作出的仲裁裁决,一方当事人向人民法院申请承认和执行的,人民法院应当依照民事诉讼法第二百八十三条规定处理。"

3. 承认与执行的具体程序

承认程序和执行程序是两个相互独立又联系的程序。

《民诉司法解释》第546条规定:"对外国法院作出的发生法律效力的判决、裁定或外国仲裁裁决,需要中华人民共和国法院执行的,当事人应当先向人民法院申请承认。人民法院经审查,裁定承认后,再根据民事诉讼法第三编的规定予以执行。当事人仅申请承认而未同时申请执行的,人民法院仅对应否承认进行审查并作出裁定。"

《民诉司法解释》第547条规定:"当事人申请承认和执行外国法院作出的发生法律效力的判决、裁定或者外国仲裁裁决的期间,适用民事诉讼法第二百三十九条的规定。当事人仅申请承认而未同时申请执行的,申请执行的期间自人民法院对承认申请作出的裁定生效之日起重新计算。"

二、例题

1. 中国公民甲与外国公民乙因合同纠纷诉至某市中级人民法院,法院判决乙败诉。判决生效后,甲欲请求乙所在国家的法院承认和执行该判决。关于甲可以利用的途径,下列哪些说法是正确的?(2009年真题,多选)

A. 可以直接向有管辖权的外国法院申请承认和执行

B. 可以向中国法院申请,由法院根据我国缔结或者参加的国际条约,或者按照互惠原则,请求外国法院承认和执行

C. 可以向司法行政部门申请,由司法行政部门根据我国缔结或者参加的国际条约,或者按照互惠原则,请求外国法院承认和执行

D. 可以向外交部门申请,由外交部门向外国中央司法机关请求协助

[释疑] 《民事诉讼法》第280条第1款规定:"人民法院作出的发生法律效力的判决、裁定,如果被执行人或者其财产不在中华人民共和国领域内,当事人请求执行的,可以由当事人直接向有管辖权的外国法院申请承认和执行,也可以由人民法院依照中华人民共和国缔结或者参加的国际条约的规定,或者按照互惠原则,请求外国法院承认和执行。"故选项A与B是正确的,而选项C与D是错误的。(答案:AB)

2. 根据《民事诉讼法》的规定,我国法院与外国法院可以进行司法协助,互相委托,代为一定的诉讼行为。但是在下列哪些情况下,我国法院应予以驳回或说明理由退回外国法院?

(2008年真题,多选)

A. 委托事项同我国的主权、安全不相容的
B. 不属于我国法院职权范围的
C. 违反我国法律的基本准则或者我国国家利益、社会利益的
D. 外国法院委托我国法院代为送达法律文书,未附中文译本的

[释疑] 该题考查一般司法协助的内容。根据《民事诉讼法》第278条、第280条的规定,选项A、B、C、D均是正确的。(答案:ABCD)

三、提示与预测

司法协助考生应当掌握。同时注意:承认与执行外国法院判决、裁定不得损害我国主权安全和社会公共利益;该外国法院的判决、裁定不违反我国法律的基本原则。

仲裁制度

第一章 仲裁及仲裁法的概述

本章知识体系：

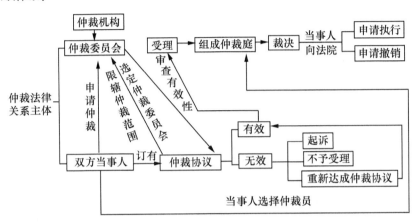

考点 1 仲裁范围(可仲裁事项)

一、精讲

仲裁是一种根据双方当事人在自愿基础上达成的书面仲裁协议,解决协议约定争议的方法,即在争议发生之前或者争议发生之后,当事人将所约定的争议提交约定的仲裁机构进行审理,并由其作出具有约束力的仲裁裁决的一种争议解决方式。

并不是所有的案件都可以通过仲裁的方式解决,根据《仲裁法》的规定,可以仲裁的范围为:平等主体的公民、法人和其他组织之间发生的合同纠纷及其他财产权益纠纷。

《仲裁法》还规定了不可仲裁的范围：
(1) 婚姻、收养、监护、抚养、继承纠纷；
(2) 依法应当由行政机关处理的行政争议。

可以仲裁,但是不适用仲裁法的案件范围:劳动争议与农业集体经济组织内部的农业承包合同纠纷不适用《仲裁法》。

二、提示与预测

对可仲裁事项的考查是与仲裁协议的效力相结合的,可仲裁事项是仲裁协议有效的要件之一,约定对不可仲裁事项进行仲裁,则仲裁协议无效。对可仲裁事项的规定,必须掌握。

考点 2 或裁或审制度和一裁终局制度

一、精讲

1. 或裁或审制度

仲裁和诉讼是两种解决民商事纠纷的方式,当事人就其所发生的争议,只能在仲裁或者诉讼中选择其一加以适用。一旦当事人之间达成书面仲裁协议,选择仲裁方式解决争议,该有效仲裁协议即产生排斥法院对该争议案件司法管辖权的法律效力。

或裁或审制度解决的是仲裁和诉讼的关系问题,包括以下三方面的内容:

(1) 当事人达成仲裁协议,并不禁止其起诉权的行使。

(2) 一方向人民法院起诉未声明有仲裁协议,人民法院受理后,另一方在首次开庭前提交仲裁协议以抗辩法院的管辖权的,人民法院应当驳回起诉。

(3) 一方向人民法院起诉,法院受理后,另一方在首次开庭前未对人民法院受理该案提出异议的,视为放弃仲裁协议,人民法院取得该案件的管辖权。

2. 一裁终局制度

仲裁裁决一经作出,即具有约束力,当事人就同一纠纷再申请仲裁或者向人民法院起诉的,仲裁委员会或者人民法院不予受理。当然,如果仲裁裁决作出后,该裁决因当事人申请撤销或者申请不予执行而被人民法院裁定撤销或者不予执行的,当事人可以达成仲裁协议重新申请仲裁,或者可以向有管辖权的人民法院提起诉讼。

二、例题

1. 民事诉讼与民商事仲裁都是解决民事纠纷的有效方式,但两者在制度上有所区别。下列哪些选项是正确的?(2008 年真题,多选)

A. 民事诉讼可以解决各类民事纠纷,仲裁不适用与身份有关的民事纠纷

B. 民事诉讼实行两审终审,仲裁实行一裁终局

C. 民事诉讼判决书需要审理案件的全体审判人员签署,仲裁裁决则可由部分仲裁庭成员签署

D. 民事诉讼中财产保全由法院负责执行,而仲裁机构则不介入任何财产保全活动

[释疑] 该题综合考查民事诉讼与仲裁的区别。根据《民事诉讼法》第 3 条"人民法院受理公民之间、法人之间、其他组织之间以及他们相互之间因财产关系和人身关系提起的民事诉讼",以及《仲裁法》第 2 条"平等主体的公民、法人和其他组织之间发生的合同纠纷和其他财产权益纠纷,可以仲裁"的规定,选项 A 是正确的。

根据《民事诉讼法》第 10 条"人民法院审理民事案件,依照法律规定实行合议、回避、公开审判和两审终审制度",以及《仲裁法》第 9 条第 1 款"仲裁实行一裁终局的制度"的规定,选项 B 是正确的。

根据《民事诉讼法》第 152 条第 2 款"判决书由审判人员、书记员署名,加盖人民法院印章",以及《仲裁法》第 54 条"……裁决书由仲裁员签名,加盖仲裁委员会印章。对裁决持不同意见的仲裁员,可以签名,也可以不签名"的规定,选项 C 是正确的。

根据《民事诉讼法》第 100 条第 3 款"人民法院接受申请后,对情况紧急的,必须在四十八小时内作出裁定;裁定采取财产保全措施的,应当立即开始执行",以及《仲裁法》第 28 条第 2

款"当事人申请财产保全的,仲裁委员会应当将当事人的申请依照民事诉讼法的有关规定提交人民法院"的规定一致,选项 D 是错误的。(答案:ABC)

三、提示与预测

或裁或审制度是高频率考点,必须掌握。

第二章 仲裁委员会和仲裁协会

考点 1 仲裁委员会

一、精讲

仲裁委员会是专门从事仲裁工作的机构。

(一) 仲裁委员会的设立

《仲裁法》第 10 条规定:"仲裁委员会可以在直辖市和省、自治区人民政府所在地的市设立,也可以根据需要在其他设区的市设立,不按行政区划层层设立。仲裁委员会由前款规定的市的人民政府组织有关部门和商会统一组建。设立仲裁委员会,应当经省、自治区、直辖市的司法行政部门登记。"

(二) 仲裁委员会应当具备的条件(《仲裁法》第 11 条)

1. 有自己的名称、住所和章程。
2. 有必要的财产。
3. 有该委员会的组成人员

《仲裁法》第 12 条规定:"仲裁委员会由主任一人、副主任二至四人和委员七至十一人组成。仲裁委员会的主任、副主任和委员由法律、经济贸易专家和有实际工作经验的人员担任。仲裁委员会的组成人员中,法律、经济贸易专家不得少于三分之二。"

4. 有聘任的仲裁员

根据我国《仲裁法》第 13 条的规定,仲裁员的聘任条件为:

(1) 从事仲裁工作满 8 年的;
(2) 从事律师工作满 8 年的;
(3) 曾任审判员满 8 年的,需要注意现职审判员不得兼任仲裁员;
(4) 从事法律研究、教学工作并具有高级职称的;
(5) 具有法律知识,从事经济贸易等专业工作并具有高级职称或者具有同等专业水平的。

二、提示与预测

仲裁委员会近年考试没有涉及,不是考试重点,了解即可。

考点 2 仲裁协会

一、精讲

中国仲裁协会属于我国仲裁的行业性管理机构。

1. 中国仲裁协会的性质

中国仲裁协会的性质是社会团体法人。其设立应当根据我国社会团体法人设立的条件和要求提交相关的材料,并向民政部申请登记。社会团体法人一般实行会员制,因此,各仲裁委员会是中国仲裁协会的会员。

2. 中国仲裁协会的职能

根据《仲裁法》的规定,中国仲裁协会履行两项职能:

(1) 监督职能。中国仲裁协会是仲裁委员会的自律性组织,不仅可以指导、协调各仲裁委员会之间的工作,还可以依据协会章程的规定对仲裁委员会及其组成人员、仲裁员的违纪行为进行监督,以保证仲裁委员会以及仲裁员的公正性。

(2) 制定仲裁规则。中国仲裁协会可以依据仲裁法和民事诉讼法制定仲裁规则,以供当事人选择适用。

二、提示与预测

仲裁协会近年考试没有涉及,不是考试重点,了解即可。

第三章 仲裁协议

考点 1 仲裁协议的内容与形式

一、精讲

仲裁协议是争议发生之前或者争议发生之后,双方当事人自愿达成的将特定争议事项提请约定的仲裁委员会进行审理,并作出仲裁裁决的书面意思表示。我国《仲裁法》规定了仲裁协议的内容和形式。

仲裁协议是争议发生之前或者争议发生之后,双方当事人自愿达成的将特定争议事项提请约定的仲裁委员会进行审理,并作出仲裁裁决的书面意思表示。我国《仲裁法》没有规定仲裁协议的有效要件,但在第 16 条规定了仲裁协议的内容和形式,第 17 条规定了仲裁协议的无效,第 18 条规定了仲裁协议的补正。

(一) 仲裁协议需要具备的法定内容(《仲裁法》第 16 条)

1. 请求仲裁的意思表示

仲裁协议是当事人双方经过协商一致达成的,将争议提请仲裁机构仲裁解决的书面意思表示。作为一种对争议解决方式的约定,仲裁协议必须是双方当事人意思表示一致的结果,并且该意思表示应当是真实的和明确的。

【特别提示】

当事人请求仲裁的意思表示必须真实明确,明确是指必须在仲裁和诉讼中明确选择仲裁。

(1)一方采取胁迫手段,迫使对方订立仲裁协议的,仲裁协议无效。[《仲裁法》第17条第(三)项]

(2)当事人约定争议可以向仲裁机构申请仲裁也可以向人民法院起诉的,仲裁协议无效。但一方向仲裁机构申请仲裁,另一方未在仲裁法第二十条第二款规定期间内提出异议的除外。(《仲裁法解释》第7条)

2. 仲裁事项

仲裁事项,即双方当事人在仲裁协议中约定的提请仲裁解决的争议范围。

【特别提示】

双方当事人在仲裁协议中约定的仲裁事项必须是法律规定的可仲裁事项,《仲裁法》第2条规定:"平等主体的公民、法人和其他组织之间发生的合同纠纷和其他财产权益纠纷,可以仲裁。"第3条规定:"下列纠纷不能仲裁:(一)婚姻、收养、监护、扶养、继承纠纷;(二)依法应当由行政机关处理的行政争议。"即当事人所约定提请仲裁解决的事项,必须是仲裁法允许仲裁的事项。

此外,《仲裁法解释》第2条规定:"当事人概括约定仲裁事项为合同争议的,基于合同成立、效力、变更、转让、履行、违约责任、解释、解除等产生的纠纷都可以认定为仲裁事项。"

3. 选定的仲裁委员会

我国《仲裁法》明确规定,选定的仲裁委员会是有效仲裁协议必须具备的一项内容,双方当事人在仲裁协议中必须明确约定仲裁委员会的名称。如果仲裁协议对仲裁委员会没有约定或者约定不明的,当事人可以补充协议;达不成补充协议的,仲裁协议无效。

在实务中,由于当事人往往不是很注意对仲裁约定时的文字推敲和表述,因此,最高人民法院颁布的《仲裁法解释》第3条至第6条对仲裁委员会的确定作了进一步的规定:

(1)仲裁协议约定的仲裁机构名称不准确,但能够确定具体的仲裁机构的,应当认定选定了仲裁机构。(《仲裁法解释》第3条)

(2)仲裁协议仅约定纠纷适用的仲裁规则的,视为未约定仲裁机构,但当事人达成补充协议或者按照约定的仲裁规则能够确定仲裁机构的除外。(《仲裁法解释》第4条)

(3)仲裁协议约定两个以上仲裁机构的,当事人可以协议选择其中的一个仲裁机构申请仲裁;当事人不能就仲裁机构选择达成一致的,仲裁协议无效。(《仲裁法解释》第5条)

(4)仲裁协议约定由某地的仲裁机构仲裁且该地仅有一个仲裁机构的,该仲裁机构视为约定的仲裁机构。该地有两个以上仲裁机构的,当事人可以协议选择其中的一个仲裁机构申请仲裁;当事人不能就仲裁机构选择达成一致的,仲裁协议无效。(《仲裁法解释》第6条)

(二)仲裁协议的形式

仲裁协议是一种要式法律行为,必须具备法定的形式才能够发生法律效力。我国《仲裁法》规定,仲裁协议必须采取书面形式,具体形式包括:

1. 仲裁条款

仲裁条款是双方当事人在合同中订立的、将今后可能发生的争议提请仲裁机构仲裁解决的书面意思表示。

2. 仲裁协议书

仲裁协议书是在争议发生之前或者争议发生之后,双方当事人经过协商一致达成的将某种争议提请仲裁机构仲裁解决的一种独立书面协议。

3. 其他书面形式

《仲裁法解释》第 1 条规定了其他书面形式,包括以合同书、信件和数据电文(包括电报、电传、传真、电子数据交换和电子邮件)等形式达成的请求仲裁的协议。

二、例题

1. 武当公司与洪湖公司签订了一份钢材购销合同,同时约定,因合同效力或合同的履行发生纠纷提交 A 仲裁委员会或 B 仲裁委员会仲裁解决。合同签订后,洪湖公司以本公司具体承办人超越权限签订合同为由,主张合同无效。关于本案,下列哪一说法是正确的?(2012 年真题,单选)

A. 因当事人约定了两个仲裁委员会,仲裁协议当然无效
B. 因洪湖公司承办人员超越权限签订合同导致合同无效,仲裁协议当然无效
C. 洪湖公司如向法院起诉,法院应当受理
D. 洪湖公司如向法院起诉,法院应当裁定不予受理

[释疑] 根据《仲裁法解释》第 5 条的规定,仲裁协议约定两个以上仲裁机构的,当事人可以协议选择其中的一个仲裁机构申请仲裁;当事人不能就仲裁机构选择达成一致的,仲裁协议无效。选项 A 的意思过于绝对,因此是错误的。根据《仲裁法》第 19 条的规定,仲裁协议独立存在,合同的变更、解除、终止或者无效,不影响仲裁协议的效力。仲裁庭有权确认合同的效力。因此,选项 B 是错误的。选项 C 与选项 D 是意思矛盾项,选项 C 是正确的,因为仲裁协议无效的情况下,当事人有权向法院起诉纠纷案件。(答案:C)

2. 甲公司与乙公司签订了一份钢材购销合同,约定因该合同发生纠纷双方可向 A 仲裁委员会申请仲裁,也可向合同履行地 B 法院起诉。关于本案,下列哪些选项是正确的?(2010 年真题,多选)

A. 双方达成的仲裁协议无效
B. 双方达成的管辖协议有效
C. 如甲公司向 A 仲裁委员会申请仲裁,乙公司在仲裁庭首次开庭前未提出异议,A 仲裁委员会可对该案进行仲裁
D. 如甲公司向 B 法院起诉,乙公司在法院首次开庭时对法院管辖提出异议,法院应当驳回甲公司的起诉

[释疑] 根据《仲裁法解释》第 7 条的规定,当事人约定争议可以向仲裁机构申请仲裁也可以向人民法院起诉的,仲裁协议无效。但一方向仲裁机构申请仲裁,另一方未在上述期间提出异议的除外,因此,选项 A 与 C 均是正确的。根据《民事诉讼法》第 34 条的规定:"合同或者其他财产权益纠纷的当事人可以书面协议选择被告住所地、合同履行地、合同签订地、原告住所地、标的物所在地等与争议有实际联系的地点的人民法院管辖,但不得违反本法对级别管辖和专属管辖的规定。"因此,选项 B 是正确的。根据《仲裁法》第 26 条的规定,选项 D 是不正确的。(答案:ABC)

三、提示与预测

仲裁协议的法定内容和形式是仲裁协议的有效要件,不符合该要件,则导致仲裁协议的无效。该考点出题点通常是判断仲裁协议的有效性,是高频考点,必须掌握。

考点 2 仲裁协议的效力

一、精讲

有效的仲裁协议会产生以下三方面的法律效力:

1. 对当事人的效力:约束当事人对争议解决方式的选择

仲裁协议有效成立后,首先约束了双方当事人对其纠纷解决方式的选择权,即双方当事人负有对协议约定的争议提请仲裁机构仲裁解决的义务,如果一方违反该义务而向法院起诉,对方当事人则可在首次开庭前以存在仲裁协议为由对人民法院的管辖权进行抗辩,人民法院应当裁定驳回起诉,当然,仲裁协议无效的除外。这也是对当事人行使起诉权的妨碍。这里需要注意两项内容:

(1)防诉抗辩权行使的期间:首次开庭前。《仲裁法解释》第14条明确规定的首次开庭前,是指答辩期满后人民法院组织的第一次开庭审理前,不包括审前程序中的各项活动。

(2)仲裁协议效力的扩张。一般而言,仲裁协议的效力及于签订仲裁协议的双方当事人,但在法定的情形出现时,其效力可以扩张到未签署协议的人。

① 当事人订立仲裁协议后合并、分立的,仲裁协议对其权利义务的继受人有效。当事人订立仲裁协议后死亡的,仲裁协议对承继其仲裁事项中的权利义务的继承人有效。但当事人订立仲裁协议时另有约定的除外。(《仲裁法解释》第8条)

② 债权债务全部或者部分转让的,仲裁协议对受让人有效,但当事人另有约定、在受让债权债务时受让人明确反对或者不知有单独仲裁协议的除外。(《仲裁法解释》第9条)

2. 对法院的效力:排斥司法管辖权

仲裁协议有效成立后,就产生了排斥司法管辖权的效力。但是,当事人达成仲裁协议,一方向人民法院起诉未声明有仲裁协议,人民法院受理后,另一方在首次开庭前未对人民法院受理该案提出异议的,视为放弃仲裁协议,人民法院应当继续审理。

3. 对仲裁机构的效力:授权并限定仲裁的范围

仲裁协议对仲裁机构的效力体现在两个方面:

(1)授权效力。仲裁协议是仲裁机构受理仲裁案件的基础,也是仲裁庭对争议案件进行审理与裁决的依据。

(2)仲裁协议限定仲裁权行使的范围。仲裁庭只能对当事人协议约定并提请仲裁的争议事项进行审理并作出裁决,如果仲裁机构超越仲裁协议的范围作出仲裁裁决,则该仲裁裁决无效。

二、例题

1. 甲、乙因遗产继承发生纠纷,双方书面约定由某仲裁委员会仲裁。后甲反悔,向遗产所在地法院起诉。法院受理后,乙向法院声明双方签订了仲裁协议。关于法院的做法,下列哪一

选项是正确的？（2010年真题，单选）
A. 裁定驳回起诉
B. 裁定驳回诉讼请求
C. 裁定将案件移送某仲裁委员会审理
D. 法院裁定仲裁协议无效，对案件继续审理

[释疑] 根据《仲裁法》第3条的规定，继承遗产纠纷属于不得仲裁的事项，故根据第17条的规定，甲与乙之间的仲裁协议是无效的。根据《仲裁法》第26条的规定，当事人达成仲裁协议，一方向人民法院起诉未声明仲裁协议，人民法院受理后，另一方在首次开庭前提出异议的，人民法院裁定驳回起诉，但仲裁协议无效的除外；另一方在首次开庭前未对人民法院受理该案提出异议的，视为放弃仲裁协议，人民法院应当继续审理，因此，选项D是正确的。（答案：D）

2. A市甲公司与B市乙公司在B市签订了一份钢材购销合同，约定合同履行地在A市。同时双方还商定，因履行该合同所发生的纠纷，提交C仲裁委员会仲裁。后因乙公司无法履行该合同，经甲公司同意，乙公司的债权债务转让给D市的丙公司，但丙公司明确声明不接受仲裁条款。关于本案仲裁条款的效力，下列哪些选项是错误的？（2007年真题，多选）
A. 因丙公司已明确声明不接受合同中的仲裁条款，所以仲裁条款对其无效
B. 因丙公司受让合同中的债权债务，所以仲裁条款对其有效
C. 丙公司声明只有取得甲公司同意，该仲裁条款对丙公司才无效
D. 丙公司声明只有取得乙公司同意，该仲裁条款对丙公司才无效

[释疑] 本题考查的是债权债务转让时仲裁协议对受让人的效力。《仲裁法解释》第9条规定："债权债务全部或者部分转让的，仲裁协议对受让人有效，但当事人另有约定、在受让债权债务时受让人明确反对或者不知有单独仲裁协议的除外。"注意掌握仲裁协议对受让人无效的情形：① 当事人另有约定；② 在受让债权债务时受让人明确反对；③ 在受让债权债务时受让人不知有单独仲裁协议。综上，只有A项正确，B、C、D三项均错误。（答案：BCD）

三、提示与预测

仲裁协议的效力是高频考点，必须掌握下列内容：
（1）对当事人的效力和对法院的效力，是或裁或审制度的具体体现，体现了仲裁和民事诉讼的关系；
（2）对当事人效力的扩张，主要考查扩张后仲裁协议对第三人的效力。

考点 3 仲裁协议效力异议的认定

一、精讲

1. 确认机构：人民法院与仲裁机构
（1）人民法院
《仲裁法解释》第12条规定："当事人向人民法院申请确认仲裁协议效力的案件，由仲裁协议约定的仲裁机构所在地的中级人民法院管辖；仲裁协议约定的仲裁机构不明确的，由仲裁协议签订地或者被申请人住所地的中级人民法院管辖。申请确认涉外仲裁协议效力的案件，

由仲裁协议约定的仲裁机构所在地、仲裁协议签订地、申请人或者被申请人住所地的中级人民法院管辖。涉及海事海商纠纷仲裁协议效力的案件,由仲裁协议约定的仲裁协议机构所在地、仲裁协议签订地、申请人或者被申请人住所地的海事法院管辖;上述地点没有海事法院的,由就近的海事法院管辖。"

【提示】
人民法院审理确认仲裁协议效力的案件,应当组成合议庭进行审查,并询问当事人。

(2) 仲裁委员会

《仲裁法》第20条第1款规定:"当事人对仲裁协议的效力有异议的,可以请求仲裁委员会作出决定或者请求人民法院作出裁定。一方请求仲裁委员会作出决定,另一方请求人民法院作出裁定的,由人民法院裁定。"可见,仲裁委员会也有权确定仲裁协议的法律效力。

【特别提示】
一方请求仲裁委员会作出决定,另一方请求人民法院作出裁定的,由人民法院作出裁定。

2. 提出仲裁协议效力异议的时间:仲裁庭首次开庭前

根据《仲裁法》第20条第2款的规定,当事人对仲裁协议的效力有异议,应当在仲裁庭首次开庭前提出。

【特别提示】
(1) 当事人申请确认仲裁协议的效力,必须在法定期间行使,否则视为放弃异议权。

《仲裁法解释》第13条第1款规定,当事人在仲裁庭首次开庭前没有对仲裁协议的效力提出异议,而后向人民法院申请确认仲裁协议无效的,人民法院不予受理。

《仲裁法解释》第27条第1款规定,当事人在仲裁程序中未对仲裁协议的效力提出异议,在仲裁裁决作出后以仲裁协议无效为由主张撤销仲裁裁决或者提出不予执行抗辩的,人民法院不予支持。

(2) 如果当事人在法定期间提出异议被驳回,在仲裁裁决作出后,当事人依然还可以以仲裁协议无效为由申请司法监督。

《仲裁法解释》第27条第2款规定:"当事人在仲裁程序中对仲裁协议的效力提出异议,在仲裁裁决作出后又以此为由主张撤销仲裁裁决或者提出不予执行抗辩,经审查符合仲裁法第五十八条或者民事诉讼法第二百一十七条(新法为二百一十三条)、第二百六十条规定的(新法为二百五十八条),人民法院应予支持。"

3. 仲裁协议效力认定决定的效力

对仲裁协议效力认定的决定一经作出发生法律的效力。仲裁机构对仲裁协议的效力作出决定后,当事人向人民法院申请确认仲裁协议的效力或者申请撤销仲裁机构的决定的,人民法院不予受理。

4. 认定仲裁协议的法律适用

对涉外仲裁协议的效力审查,适用当事人约定的法律;当事人没有约定适用的法律但约定了仲裁地的,适用仲裁地法律;没有约定适用的法律也没有约定仲裁地或者仲裁地约定不明的,适用法院地法律。

二、例题

1. 住所地在H省K市L区的甲公司与住所地在F省E市D区的乙公司签订了一份钢材

买卖合同,价款数额为90万元。合同在B市C区签订,双方约定合同履行地为W省Z市Y区,同时约定如因合同履行发生争议,由B市仲裁委员会仲裁。合同履行过程中,因钢材质量问题,甲公司与乙公司发生争议,甲公司欲申请仲裁解决。因B市有两个仲裁机构,分别为丙仲裁委员会和丁仲裁委员会(两个仲裁委员会所在地都在B市C区),乙公司认为合同中的仲裁条款无效,欲向有关机构申请确认仲裁条款无效。

依据法律和司法解释的规定,乙公司可以向有关机构申请确认仲裁条款无效。关于确认的机构,下列选项正确的是:(2016年卷三95题,不定选)

A. 丙仲裁委员会 B. 丁仲裁委员会
C. B市中级法院 D. B市C区法院

[释疑] 本题考查对仲裁协议效力有认定权的机构。对国内仲裁协议效力异议有确认权的机构包括约定的仲裁委员会和仲裁委员会所在地的中级人民法院。本案中,当事人约定由B市仲裁委员会仲裁,而B市有两个仲裁机构,分别为丙仲裁委员会和丁仲裁委员会,此时,丙仲裁委员会和丁仲裁委员会对仲裁协议效力异议均有确认权,B市中级法院对仲裁协议效力异议也有确认权,ABC项正确。(答案:ABC)

2. 甲市L区居民叶某购买了住所在乙市M区的大亿公司开发的位于丙市N区的商品房一套,合同中约定双方因履行合同发生争议可以向位于丙市的仲裁委员会(丙市仅有一家仲裁机构)申请仲裁。因大亿公司迟迟未按合同约定交付房屋,叶某向仲裁委员会申请仲裁。大亿公司以仲裁机构约定不明,向仲裁委员会申请确认仲裁协议无效。经审查,仲裁委员会作出了仲裁协议有效的决定。在第一次仲裁开庭时,大亿公司声称其又向丙市中级法院请求确认仲裁协议无效,申请仲裁庭中止案件审理。在仲裁过程中仲裁庭组织调解,双方达成了调解协议,仲裁庭根据协议内容制作了裁决书。后因大亿公司不按调解协议履行义务,叶某向法院申请强制执行,而大亿公司则以调解协议内容超出仲裁请求为由,向法院申请不予执行仲裁裁决。大亿公司向丙市中级法院请求确认仲裁协议无效,对此,正确的做法是:(2016年卷三98题,不定选)

A. 丙市中级法院应予受理并进行审查
B. 丙市中级法院不予受理
C. 仲裁庭在法院就仲裁协议效力作出裁定之前,应当中止仲裁程序
D. 仲裁庭应继续开庭审理

[释疑] 本题考查仲裁机构确认仲裁协议有效的法律后果。根据《仲裁法解释》第13条2款的规定,仲裁机构对仲裁协议的效力作出决定后,当事人向人民法院申请确认仲裁协议效力或者申请撤销仲裁机构的决定的,人民法院不予受理。本案中,当事人是在仲裁委员会已经对仲裁协议效力异议作出有效性认定后向丙市中级法院申请确认仲裁协议无效,丙市中级法院应当不予受理,仲裁庭对该案件应当继续开庭审理。AC错误,BD正确。(答案:BD)

3. 大成公司与华泰公司签订投资合同,约定了仲裁条款:如因合同效力和合同履行发生争议,由A仲裁委员会仲裁。合作中双方发生争议,大成公司遂向A仲裁委员会提出仲裁申请,要求确认投资合同无效。A仲裁委员会受理。华泰公司提交答辩书称,如合同无效,仲裁条款当然无效,故A仲裁委员会无权受理本案。随即,华泰公司向法院申请确认仲裁协议无效,大成公司见状,向A仲裁委员会提出请求确认仲裁协议有效。关于本案,下列哪一说法是正确的?(2015年真题,单选)

A. A仲裁委员会无权确认投资合同是否有效
B. 投资合同无效,仲裁条款即无效
C. 仲裁条款是否有效,应由法院作出裁定
D. 仲裁条款是否有效,应由A仲裁委员会作出决定

[释疑] 本题考查仲裁协议效力认定机构。根据《仲裁法》第20条的规定:当事人对仲裁协议效力有异议的,可以请求仲裁委员会作出决定或者请求人民法院作出裁定。一方请求仲裁委员会作出决定,另一方请求人民法院作出裁定的,由人民法院作出裁定。C项正确,D项错误。因为仲裁条款在效力上与包含它的主合同是独立的,主合同的无效、失效等不影响仲裁条款的效力,因此,AB错误。(答案:C)

4. A市水天公司与B市龙江公司签订一份运输合同,并约定如发生争议提交A市的C仲裁委员会仲裁。后因水天公司未按约支付运费,龙江公司向C仲裁委员会申请仲裁。在第一次开庭时,水天公司未出庭参加仲裁审理,而是在开庭审理后的第二天向A市中级人民法院申请确认仲裁协议无效。C仲裁委员会应当如何处理本案?(2007年真题,单选)
A. 应当裁定中止仲裁程序 B. 应当裁定终结仲裁程序
C. 应当裁定驳回仲裁申请 D. 应当继续审理

[释疑] 本题考查的是仲裁协议效力的认定。根据《仲裁法》第26条的规定,当事人申请确认仲裁协议的效力,必须在法定的期间内行使,否则视为放弃异议权。该法定期间为仲裁庭首次开庭前。(答案:D)

三、提示与预测

仲裁协议效力的认定机构、提出效力异议的时间以及逾期提出的后果、仲裁机构对仲裁协议效力认定的救济。

考点 4 仲裁协议的无效与失效

一、精讲

1. 仲裁协议无效的法定情形
《仲裁法》第17条规定:"有下列情形之一的,仲裁协议无效:
(一)约定的仲裁事项超出法律规定的仲裁范围的;
(二)无民事行为能力人或限制民事行为能力人订立的仲裁协议;
(三)一方采取胁迫手段,迫使对方订立仲裁协议的。"

2. 仲裁协议的失效
(1)仲裁协议的失效,是指一项有效仲裁协议因特定事由的发生而丧失其原有的法律效力。仲裁协议的无效是自始无效,而仲裁协议的失效则不同,它是原本有效的仲裁协议在特定条件下丧失其效力。
(2)仲裁协议在下列情形下失效。① 基于仲裁协议,仲裁庭已对仲裁协议所约定的全部争议事项作出仲裁裁决。此时,当事人订立仲裁协议的目的已经完全实现,该仲裁协议自然失效。② 当事人放弃仲裁协议。具体包括三种形式:第一,当事人通过书面形式明确表示放弃仲裁协议;第二,当事人通过书面形式,变更了争议解决方式;第三,双方当事人通过起诉、应诉

行为放弃仲裁协议。③附期限的仲裁协议因期限的届满而失效。

二、例题

1. 当事人在合同中约定了仲裁条款,出现下列哪些情况时,法院可以受理当事人的起诉？(2007年真题,不定选)

A. 双方协商拟解除合同,但因赔偿问题发生争议,一方向法院起诉的
B. 当事人申请仲裁后达成和解协议而撤回仲裁申请,因一方反悔,另一方向法院起诉的
C. 仲裁裁决被法院依法裁定不予执行后,一方向法院起诉的
D. 仲裁裁决被法院依法撤销后,一方向法院起诉的

[释疑] 本题考查的是仲裁协议的无效和失效。《仲裁法》第9条第2款规定："裁决被人民法院依法裁定撤销或者不予执行的,当事人就该纠纷可以根据双方重新达成的仲裁协议申请仲裁,也可以向人民法院起诉。"即裁决被人民法院依法裁定撤销或者不予执行时,其所依据的仲裁协议因仲裁程序的结束而失效,因此,一方起诉后,法院可以受理。因此,C、D两项正确。

《仲裁法》第19条规定："仲裁协议独立存在,合同的变更、解除、终止或者无效,不影响仲裁协议的效力。"因此,A项中仲裁条款依然有效,一方起诉后,法院不应受理。

当事人申请仲裁后达成和解协议而撤回仲裁申请,原仲裁协议依然有效,尽管一方反悔,另一方向法院起诉,法院也不应受理。因此,B项不选。(答案:CD)

三、提示与预测

仲裁协议的无效和失效是高频考点,必须掌握。

考点 5 仲裁协议的独立性

一、精讲

仲裁条款的独立性,也称为仲裁条款的可分割性或者可分离性,即作为主合同一部分的仲裁条款,尽管依附于主合同,但是仍然与主合同的其他条款可以分离而独立存在。根据我国《仲裁法》第19条以及《仲裁法解释》第10条的规定,仲裁协议独立存在,合同的变更、解除、终止或者无效,合同成立后未生效或者被撤销的、当事人在订立合同时就争议达成仲裁协议的、合同未成立的,均不影响仲裁协议的效力。仲裁庭有权确认合同的效力。

二、例题

略。在2007年试卷三第90题有涉及。

三、提示与预测

对仲裁协议的独立性,主要从判断仲裁协议有效性的角度考查,一般不会单独出题。考生应当掌握仲裁协议独立性的情形。

第四章 仲 裁 程 序

考点 1 仲裁当事人与代理人

一、精讲

1. 仲裁当事人

指因仲裁协议约定事项发生争议,基于仲裁协议以自己的名义独立地提起或者参加仲裁程序,并接受仲裁裁决约束的自然人、法人或者其他组织。仲裁当事人具有以下特征:
(1) 必须是仲裁协议的当事人;
(2) 以自己的名义参加仲裁程序;
(3) 当事人之间必须发生了仲裁协议所约定事项的争议;
(4) 受仲裁裁决的约束。

2. 仲裁代理人

根据法律规定或者当事人、法定代理人的授权委托,以被代理人的名义,在代理权限范围内代理一方当事人进行仲裁活动的人。仲裁代理人可以分为法定代理人和委托代理人。

(1) 法定代理人。我国仲裁法虽然未明确规定法定代理人,但是,根据《仲裁法》第29条关于"当事人、法定代理人可以委托律师和其他代理人进行仲裁活动"的规定,可以看出,在我国的仲裁活动中,仲裁当事人为无民事行为能力人或限制民事行为能力人时,可由其法定代理人代为进行仲裁活动。

(2) 委托代理人。委托代理人是基于当事人、法定代理人的授权委托并在授权范围内,代为进行仲裁活动的人。《仲裁法》第29条规定:"当事人、法定代理人可以委托律师和其他代理人进行仲裁活动。委托律师和其他代理人进行仲裁活动的,应当向仲裁委员会提交授权委托书。"

授权委托分为一般授权和特别授权。一般授权是指仅授权代理人处分当事人的一般程序权利,如代为提起申请或作出答辩、参加庭审、接受文件等;特别授权是指涉及当事人实体权益的某些程序权利,必须一一列举,如代为承认、放弃、变更仲裁请求,进行和解,提起反请求,进行转委托等。如果代理当事人进行承认、变更或放弃仲裁请求,和解,提出反请求等事项,必须经过特别授权。

二、例题

刘某从海塘公司购买红木家具1套,价款为3万元,双方签订合同时约定,如发生纠纷可向北京仲裁委员会申请仲裁。交付后,刘某发现,该家具并非红木制成,便向仲裁委员会申请仲裁,请求退货。向海塘公司提供木材的红木公司可以以何种身份参加该案件的仲裁程序?(2006年真题,不定选)

A. 证人　　　　　　B. 第三人　　　　　　C. 鉴定人　　　　　　D. 被申请人

[释疑] 本题考查的是仲裁程序中第三方地位的确定。关于仲裁第三人的问题,最高人民法院在1998年公布的案例:江苏省物资集团轻工纺织总公司诉(香港)裕亿集团有限公司、

(加拿大)太子发展有限公司侵权损害赔偿纠纷上诉案,就有关仲裁第三人的问题作了判定。即:第三人如与仲裁当事人有利害冲突,不能参加仲裁程序以解决有关争议,仲裁庭不能追究第三人的责任。在这种情况下,虽然仲裁庭不能追究第三人的责任,但当事人可以以第三人为被告向法院提起诉讼或采取其他方法解决争议,当事人的合法权益仍然可以得到维护。

本题中,红木公司由于是知悉案情的第三方,其参加仲裁程序应以证人身份。(答案:A)

三、提示与预测

对当事人的考查,主要体现在申请撤销仲裁裁决的主体条件中,即申请撤销仲裁裁决的主体必须是当事人。考生只需掌握仲裁当事人必须是仲裁协议的当事人即可。此外,在我国仲裁司法实践中,仲裁第三人的概念没有得到支持。

考点 2 仲裁庭的组成

一、精讲

1. 仲裁庭的组成形式

仲裁庭的组成形式有两种:
(1)合议制仲裁庭,即由3名仲裁员组成,设首席仲裁员;
(2)独任制仲裁庭,即由1名仲裁员组成。

除仲裁规则规定的适用简易程序仲裁的案件采用独任制审理外,其他案件采用独任制还是合议制由当事人约定。

2. 仲裁员的选任

仲裁员的选任方式有两种:① 由双方当事人在仲裁规则规定的期限内约定(包括当事人亲自选定仲裁员和当事人委托仲裁委员会主任指定仲裁员两种);② 由仲裁委员会主任指定,即当事人没有在仲裁规则规定的期限内约定仲裁庭的组成方式,由仲裁委员会主任指定。

(1)合议制仲裁庭的组成。应按照下列顺序:① 先确定两名非首席仲裁员,即由双方当事人各自选定或者各自委托仲裁委员会主任指定1名仲裁员,如果超过仲裁规则规定的期限而未确定,则由仲裁委员会主任为双方当事人各自指定1名仲裁员。② 确定首席仲裁员,即由双方当事人共同选定或者共同委托仲裁委员会主任指定第三名仲裁员,该第三名仲裁员为首席仲裁员,如果双方当事人超过仲裁规则规定的期限而未确定的,由仲裁委员会主任指定首席仲裁员。

(2)独任制仲裁庭的组成。当事人约定由1名仲裁员成立仲裁庭的,应当由当事人共同选定或者共同委托仲裁委员会主任指定仲裁员。如果双方当事人超过仲裁规则规定的期限而未确定的,由仲裁委员会主任指定。

二、例题

B市的京发公司与T市的蓟门公司签订了一份海鲜买卖合同,约定交货地在T市,并同时约定"涉及本合同的争议,提交S仲裁委员会仲裁。"京发公司收货后,认为海鲜等级未达到合同约定,遂向S仲裁委员会提起解除合同的仲裁申请,仲裁委员会受理了该案。在仲裁规则确定的期限内,京发公司选定仲裁员李某作为本案仲裁庭的仲裁员,蓟门公司未选定仲裁员,双方当事人也未共同选定第三名仲裁员,S仲裁委主任指定张某为本案仲裁庭仲裁员、刘某为本案首席仲裁员,李某、张某、刘某共同组成本案的仲裁庭,仲裁委向双方当事人送达了开庭通

知。……关于本案中的仲裁庭组成,下列说法正确的是:(2014 年真题,不定选)
   A. 京发公司有权选定李某为本案仲裁员
   B. 仲裁委主任有权指定张某为本案仲裁员
   C. 仲裁委主任有权指定刘某为首席仲裁员
   D. 本案仲裁庭的组成合法

[释疑] 本题考查仲裁员的选定和指定。根据《仲裁法》第 31 条规定:"当事人约定由三名仲裁员组成仲裁庭的,应当各自选定或者各自委托仲裁委员会主任指定一名仲裁员,第三名仲裁员由当事人共同选定或者共同委托仲裁委员会主任指定。第三名仲裁员是首席仲裁员。"A 项正确;第 32 条规定:"当事人没有在仲裁规则规定的期限内约定仲裁庭的组成方式或者选定仲裁员的,由仲裁委员会主任指定。"B、C 项正确,因此本案仲裁庭的组成合法,D 项正确。(答案:ABCD)

三、提示与预测

该考点是仲裁不同于诉讼的一个基本程序问题,应当掌握。

考点 3 仲裁员的更换

一、精讲

1. 仲裁员的回避

(1) 仲裁员回避的法定情形(《仲裁法》第 34 条)。① 是本案当事人,或者当事人、代理人的近亲属;② 与本案有利害关系;③ 与本案当事人、代理人有其他关系,可能影响公正仲裁的;④ 私自会见当事人、代理人,或者接受当事人、代理人请客送礼的。

(2) 仲裁员的回避方式(《仲裁法》第 34 条)。仲裁员回避方式有两种:① 自行回避,即仲裁员在认为自己具有法定需要回避的事由时,主动提出退出本案审理的方式;② 申请回避,即当事人认为仲裁员具有法定应回避的事由时,有权提出要求该仲裁员回避的申请。

(3) 回避的决定权(《仲裁法》第 36 条)。仲裁员是否回避,由仲裁委员会主任决定;仲裁委员会主任担任仲裁员时,由仲裁委员会集体决定。

(4) 回避的法律后果(《仲裁法》第 37 条第 2 款)。仲裁员回避的法律后果:因回避而重新选定或者指定仲裁员后,当事人可以请求已进行的仲裁程序重新进行,是否准许,由仲裁庭决定;仲裁庭也可以自行决定已进行的仲裁程序是否重新进行。

2. 仲裁员因其他原因更换

仲裁员因其他原因更换是指仲裁员因回避以外的原因导致不能履行其职责时发生更换,例如,仲裁员的死亡、丧失行为能力、被除名以及拒绝履行职责时,应当依照《仲裁法》的规定,重新选定或者指定仲裁员。仲裁程序不发生重新进行的情形。

二、例题

1. 甲公司与乙公司因合同纠纷向某仲裁委员会申请仲裁,第一次开庭后,甲公司的代理律师发现合议庭首席仲裁员苏某与乙公司的老总汪某在一起吃饭,遂向仲裁庭提出回避申请。关于本案仲裁程序,下列哪一选项是正确的?(2016 年卷三 50 题,单选)
   A. 苏某的回避应由仲裁委员会集体决
   B. 苏某回避后,合议庭应重新组成

C. 已经进行的仲裁程序应继续进行

D. 当事人可请求已进行的仲裁程序重新进行

[释疑] 本题考查仲裁回避的决定权以及回避的法律后果。仲裁员的回避由仲裁委员会主任决定,A项错误;仲裁员回避后,选定该仲裁员的一方应当按照法定程序重新选定仲裁员,仲裁庭不需要重新组成,B项错误;仲裁员回避后,当事人可以申请已经进行的仲裁程序重新进行,但已经进行的仲裁程序是否重新进行,由仲裁庭决定,C项错误,D项正确。(答案:D)

2. 某仲裁委员会在开庭审理甲公司与乙公司合同纠纷一案时,乙公司对仲裁庭中的1名仲裁员提出了回避申请。经审查后,该仲裁员依法应予回避,仲裁委员会重新确定了仲裁员。关于仲裁程序如何进行,下列哪一选项是正确的?(2012年真题,单选)

A. 已进行的仲裁程序应当重新进行

B. 已进行的仲裁程序有效,仲裁程序应当继续进行

C. 当事人请求已进行的仲裁程序重新进行的,仲裁程序应当重新进行

D. 已进行的仲裁程序是否重新进行,仲裁庭有权决定

[释疑] 该题直接考查仲裁员回避后仲裁程序如何进行的问题。根据《仲裁法》第37条第2款的规定,因回避而重新选定或者指定仲裁员后,当事人可以请求已进行的仲裁程序重新进行,是否准许,由仲裁庭决定;仲裁庭也可以自行决定已进行的仲裁程序是否重新进行。选项D是正确的。(答案:D)

考点 4 仲裁保全和仲裁证据保全

一、精讲

(一)仲裁保全

仲裁保全是指人民法院为了确保生效裁判获得有效执行,或避免给一方当事人的权益造成损害,或避免损害进一步扩大,对当事人争议的财产或与案件有关的财产采取强制性保护措施或是责令另一方当事人为或不为特定行为。

依据保全对象的不同,仲裁保全包括仲裁财产保全和仲裁行为保全;依据申请时间的不同,分为仲裁前的保全和仲裁中的保全。仲裁前的保全和仲裁行为保全是2012年《民事诉讼法》新增加的内容,详见下表:

区别项	仲裁前保全	仲裁中保全
时间不同	仲裁案件受理之前	仲裁案件受理后,裁决作出前
申请的机构不同	直接向被保全财产所在地、被申请人住所地的人民法院提出申请	向仲裁委员会提出申请,仲裁委员会转交有管辖权的人民法院,国内案件转交基层人民法院,涉外案件转交中级人民法院 财产保全:被保全财产所在地、被申请人住所地 行为保全:被申请人住所地
开始的方式不同	利害关系人提出申请	当事人提出申请

（续表）

区别项	仲裁前保全	仲裁中保全
理由不同	利害关系人面临紧急情况，不立即申请保全将会使合法权益受到难以弥补的损害	因一方当事人的行为或者其他原因，使裁决难以执行或者造成当事人的其他损害
担保不同	应当提供担保	法院可以责令当事人提供担保
处理时间	48小时内作出裁定	情况紧急的，48小时内作出裁定，非紧急情况除外
解除保全不同	人民法院采取保全措施后30日内不依法申请仲裁的	财产保全中对方当事人提供担保的
相同点：案件进入法院系统后，处理程序、保全措施、保全错误赔偿相同		

（二）仲裁证据保全

仲裁证据保全，指的是在证据有可能毁损、灭失或以后无法、难以取得的情况下，人民法院根据利害关系人的申请，或者根据仲裁委员会转交的当事人的申请，提前对证据进行调查收集或固定、保存的行为。

根据申请证据保全的时间不同，仲裁证据保全划分为仲裁前证据保全和仲裁中证据保全。

1. 证据保全应具备的条件

（1）证据必须存在灭失或者以后难以取得的可能性。

（2）被保全的证据具有证明性

2. 仲裁证据保全的程序

仲裁前：直接向证据所在地和被申请人住所地人民法院提出。

仲裁中：

（1）当事人向仲裁委员会提出证据保全申请。

（2）仲裁委员会应当将当事人的申请提交证据所在地有关人民法院。国内案件转交证据所在地基层人民法院；涉外案件转交证据所在地中级人民法院。

（3）人民法院裁定。

二、提示与预测

仲裁前的保全规定在《民事诉讼法》（第81条和第101条）中，属于新增加的内容，考生应当掌握

1. 对于仲裁中的保全，通常从诉讼和仲裁比较的角度考查，因此，考生需要掌握仲裁财产保全与诉讼保全的主要区别

（1）是否有实施财产保全的权利不同。仲裁机构作为民间性争议解决机构，没有实施财产保全的权力，仲裁中，当事人如申请采取财产保全措施，仲裁机构应当将当事人的申请提交给有管辖权的人民法院，是否采取保全措施，由法院决定。而人民法院作为国家的审判机关，在民事诉讼中有直接实施财产保全的权力。

（2）保全的开始不同。仲裁财产保全只能由当事人向仲裁委员会提出申请，而仲裁委员

会无权直接向法院请求采取财产保全措施。诉讼中财产保全既可以由当事人申请法院采取，也可以由法院根据案件的具体情况依职权直接采取。

2. 掌握仲裁中财产保全、行为保全和证据保全的具体程序

（1）当事人向仲裁委员会提出申请。

（2）仲裁委员会将当事人的财产、行为、证据保全申请按照《民事诉讼法》的有关规定提交给有管辖权的人民法院。

（3）人民法院依照《民事诉讼法》的有关规定采取具体的保全措施。

考点 5 仲裁审理

一、精讲

1. 仲裁审理方式

仲裁审理方式以不公开开庭审理为原则，以公开开庭审理与书面审理为例外，由当事人协议选择。也就是说，仲裁审理方式分为两种：

（1）法定审理方式，即当事人就审理方式未作出约定时，仲裁审理应当不公开开庭审理。

（2）约定审理方式，即当事人协议不开庭的，仲裁庭可以进行书面审理；当事人协议公开的，可以公开，但涉及国家秘密的除外。

2. 视为撤回仲裁申请和缺席裁决

视为撤回仲裁申请与缺席裁决类似于民事诉讼中的按撤诉处理与缺席判决。《仲裁法》第42条规定："申请人经书面通知，无正当理由不到庭或者未经仲裁庭许可中途退庭的，可以视为撤回仲裁申请。被申请人经书面通知，无正当理由不到庭或者未经仲裁庭许可中途退庭的，可以缺席裁决。"

3. 仲裁庭自行收集证据

《仲裁法》第43条规定："当事人应当对自己的主张提供证据。仲裁庭认为有必要收集的证据，可以自行收集。"

4. 仲裁庭自行决定就专门性问题的鉴定

《仲裁法》第44条规定："仲裁庭对专门性问题认为需要鉴定的，可以交由当事人约定的鉴定部门鉴定，也可以由仲裁庭指定的鉴定部门鉴定。根据当事人的请求或者仲裁庭的要求，鉴定部门应当派鉴定人参加开庭。当事人经仲裁庭许可，可以向鉴定人提问。"

二、例题

1. 关于法院与仲裁庭在审理案件有关权限的比较，下列哪些选项是正确的？（2012年真题，多选）

A. 在一定情况下，法院可以依职权收集证据，仲裁庭也可以自行收集证据

B. 对专门性问题需要鉴定的，法院可以指定鉴定部门鉴定，仲裁庭也可以指定鉴定部门鉴定

C. 当事人在诉讼中或仲裁中达成和解协议的，法院可以根据当事人的申请制作判决书，仲裁庭也可以根据当事人的申请制作裁决书

D. 当事人协议不愿写明争议事实和判（裁）决理由的，法院可以在判决书中不予写明，仲裁庭也可以在裁决书中不予写明

[释疑] 该题属于司法考试中典型的综合考查民事诉讼与仲裁相关制度比较的试题。根据《民事诉讼法》第67条第1款的规定："人民法院有权向有关单位和个人调查取证，有关单位和个人不得拒绝。"根据《仲裁法》第43条的规定："当事人应当对自己的主张提供证据。仲裁庭认为有必要收集的证据，可以自行收集。"因此，选项A是正确的。根据《民事诉讼法》第76条第2款的规定："当事人未申请鉴定，人民法院对专门性问题认为需要鉴定的，应当委托具备资格的鉴定人进行鉴定。"根据《仲裁法》第44条的规定："仲裁庭对专门性问题认为需要鉴定的，可以交由当事人约定的鉴定部门鉴定，也可以由仲裁庭指定的鉴定部门鉴定。"因此，选项B是正确的。根据最高人民法院《关于人民法院民事调解工作若干问题的规定》（以下简称《民事调解规定》）第4条的规定："当事人在诉讼过程中自行达成和解协议的，人民法院可以根据当事人的申请依法确认和解协议制作调解书。"此外，该规定第18条规定："当事人自行和解或者经调解达成协议后，请求人民法院按照和解协议或者调解协议的内容制作判决书的，人民法院不予支持。"根据《仲裁法》第49条的规定："当事人申请仲裁后，可以自行和解。达成和解协议的，可以请求仲裁庭根据和解协议作出裁决书，也可以撤回仲裁申请。"因此，选项C是错误的。根据《仲裁法》第54条的规定："裁决书应当写明仲裁请求、争议事实、裁决理由、裁决结果、仲裁费用的负担和裁决日期。当事人协议不愿写明争议事实和裁决理由的，可以不写。"但是，在民事诉讼中，当事人无此项诉讼权利，因此，选项D是错误的。（答案：AB）

2. 关于民事仲裁与民事诉讼的区别，下列哪一选项是正确的？（2011年真题，单选）
A. 具有给付内容的生效判决书都具有执行力，具有给付内容的生效裁决书没有执行力
B. 诉讼中当事人可以申请财产保全，在仲裁中不可以申请财产保全
C. 仲裁不需对案件进行开庭审理，诉讼原则上要对案件进行开庭审理
D. 仲裁机构是民间组织，法院是国家机关

[释疑] 根据民事诉讼理论与仲裁理论，生效的判决书与仲裁裁决书均具有强制执行力，因此，选项A是不正确的；根据《仲裁法》第28条的规定，仲裁中当事人可以申请财产保全，因此，选项B是不正确的；根据《仲裁法》第39条的规定，仲裁庭审理案件应当开庭审理，当事人协议不开庭的，可以根据书面材料进行审理，因此，选项C是不正确的；根据民事诉讼理论与仲裁理论，选项D是正确的。（答案：D）

三、提示与预测

该考点通常从仲裁与诉讼比较的角度考查仲裁审理，因此，考生需要掌握两者的区别。

1. 民事诉讼与仲裁审理方式的区别

就审理方式而言，民事诉讼中仅有开庭审理一种方式，而开庭审理以公开开庭审理为原则，不公开审理为例外，即涉及国家秘密和个人隐私的案件为法定的不公开审理的案件，涉及商业秘密和离婚的案件，则为申请不公开审理的案件。仲裁中包括两种审理方式，即开庭审理和书面审理，而且以不公开开庭审理为原则，公开开庭审理和书面审理为例外。例外情形由当事人协议选择。

2. 仲裁中缺席裁决与民事诉讼中缺席判决的适用区别

仲裁中，只要被申请人经书面通知，无正当理由不到庭或者未经仲裁庭许可中途退庭的，

就可以缺席裁决。在民事诉讼中,并不是所有的被告经传票传唤无正当理由拒不到庭或未经法庭许可中途退庭的都适用缺席裁判,对于必须到庭的被告,经两次传票传唤无正当理由拒不到庭的,则适用拘传制度,而不适用缺席裁判制度。

同时,仲裁庭作为审理和裁判案件的机构,与人民法院也有相同的权限,包括:

(1) 仲裁庭认为有必要收集的证据,可以自行收集。

(2) 仲裁庭对专门性问题认为需要鉴定的,可以交由当事人约定的鉴定部门鉴定,也可以由仲裁庭指定的鉴定部门鉴定。

考点 6 仲裁中的和解

一、精讲

1. 仲裁和解

仲裁和解是指在仲裁机构受理案件以后,仲裁庭作出仲裁裁决之前,双方当事人在自愿的基础上经协商一致,达成和解协议,以解决彼此间的商事争议,从而终结仲裁程序的活动。

2. 当事人达成和解协议的,有两种处理方式

(1) 可以请求仲裁庭根据和解协议作出裁决书。注意,当事人请求不执行根据当事人之间的和解协议作出的仲裁裁决书,人民法院不予支持。

(2) 也可以撤回仲裁申请。当事人撤回仲裁申请后反悔的,可以根据仲裁协议申请仲裁。这里的仲裁协议,既可以包括原仲裁协议,也可以包括当事人新达成的仲裁协议。

二、例题

1. 南沙公司与北极公司因购销合同发生争议,南沙公司向仲裁委员会申请仲裁,在仲裁中双方达成和解协议,南沙公司向仲裁庭申请撤回仲裁申请。之后,北极公司拒不履行和解协议。下列哪一选项是正确的?(2008年真题,单选)

A. 南沙公司可以根据原仲裁协议申请仲裁

B. 南沙公司应与北极公司重新达成仲裁协议后,才可以申请仲裁

C. 南沙公司可以直接向法院起诉

D. 仲裁庭可以裁定恢复仲裁程序

[释疑] 本题考查仲裁和解的后果。《仲裁法》第50条规定:"当事人达成和解协议,撤回仲裁申请后反悔的,可以根据仲裁协议申请仲裁。"此处的仲裁协议是指原仲裁协议。(答案:A)

三、提示与预测

通常从仲裁与诉讼比较的角度考查仲裁和解,因此,考生需要掌握两者的相同点和区别。

(1) 仲裁中的和解与民事诉讼中的和解的相同点:① 都是双方当事人自行解决争议的活动,没有第三方的参与;② 达成和解协议后,当事人均可选择撤诉或撤回申请结案。

(2) 仲裁中的和解与民事诉讼中的和解的区别在于:在仲裁程序中,当事人达成和解协议的,可以请求仲裁庭根据和解协议作出裁决书;在民事诉讼中,当事人自行和解的,达成和解协

议后，只能请求法院确认和解协议并根据和解协议制作调解书，而无权请求法院根据和解协议作出判决书。

考点 7 仲裁中的调解

一、精讲

仲裁调解，是指在仲裁庭的主持下，仲裁当事人在自愿协商、互谅互让的基础上达成协议，从而解决纠纷的一种制度。

在仲裁程序中，当事人可以自愿申请调解，仲裁庭也可以先行调解。经调解达成协议后，仲裁庭应当制作调解书或者根据协议内容制作裁决书，调解书与裁决书具有同等的法律效力。

【注意】当事人请求不予执行仲裁调解书的，人民法院不予支持。

二、例题

1. 甲市 L 区居民叶某购买了住所在乙市 M 区的大亿公司开发的位于丙市 N 区的商品房一套，合同中约定双方因履行合同发生争议可以向位于丙市的仲裁委员会（丙市仅有一家仲裁机构）申请仲裁。因大亿公司迟迟未按合同约定交付房屋，叶某向仲裁委员会申请仲裁。大亿公司以仲裁机构约定不明，向仲裁委员会申请确认仲裁协议无效。经审查，仲裁委员会作出了仲裁协议有效的决定。在第一次仲裁开庭时，大亿公司声称其又向丙市中级法院请求确认仲裁协议无效，申请仲裁庭中止案件审理。在仲裁过程中仲裁庭组织调解，双方达成了调解协议，仲裁庭根据协议内容制作了裁决书。后因大亿公司不按调解协议履行义务，叶某向法院申请强制执行，而大亿公司则以调解协议内容超出仲裁请求为由，向法院申请不予执行仲裁裁决。

双方当事人在仲裁过程中达成调解协议，仲裁庭正确的结案方式是：（2016 年卷三 99 题，不定选）

A. 根据调解协议制作调解书
B. 应当依据调解协议制作裁决书
C. 将调解协议内容记入笔录，由双方当事人签字后即发生法律效力
D. 根据调解协议的结果制作裁决书

[释疑] 本题考查仲裁调解。根据《仲裁法》第 51 条的规定，仲裁庭在作出裁决前，可以先行调解。当事人自愿调解的，仲裁庭应当调解。调解不成的，应当及时作出裁决。调解达成协议的，仲裁庭应当制作调解书或者根据协议的结果制作裁决书。调解书与裁决书具有同等法律效力。本案中，BC 错误，AD 正确。（答案：AD）

2. 关于仲裁调解，下列哪些表述是正确的？（2010 年真题，多选）

A. 仲裁调解达成协议的，仲裁庭应当根据协议制作调解书或根据协议结果制作裁决书
B. 对于事实清楚的案件，仲裁庭可依职权进行调解
C. 仲裁调解达成协议的，经当事人、仲裁员在协议上签字后即发生效力
D. 仲裁庭在作出裁决前可先行调解

[释疑] 根据《仲裁法》第 51 条的规定，在仲裁程序中，当事人自愿申请调解的，仲裁庭

应当调解;仲裁庭也可以先行调解。经调解达成协议的,仲裁庭应当制作调解书或者根据协议内容制作裁决书,调解书与裁决书具有同等的法律效力。因此,选项 A 与 D 是正确的,而选项 B 是不正确的。根据仲裁理论,调解书经当事人签收后发生法律效力,因此,选项 C 是不正确的。(答案:AD)

三、提示与预测

通常从仲裁与诉讼比较的角度考查仲裁调解,因此,考生需要掌握两者的区别:

(1)调解的方式不同。在仲裁中,调解的方式有两种:① 仲裁庭先行调解;② 当事人自愿调解。而在民事诉讼中,除婚姻等法定案件,法院可以先行调解外,对于其他案件,只能基于当事人的自愿而调解。当然,在简易程序中,先行调解的范围略宽一些。

(2)调解的结果不同。在仲裁程序中,调解达成协议的,仲裁庭应当制作调解书或者根据协议结果制作裁决书。而在民事诉讼中,调解达成协议的,法院只能根据协议结果制作调解书。

考点 8　仲裁裁决

一、精讲

仲裁裁决,是指仲裁庭对当事人之间争议的事项经过审理后所作出的终局性判定。

1. 仲裁裁决作出的原则和方式

仲裁裁决依照少数服从多数的原则作出,形不成多数意见时,以首席仲裁员的意见作出裁决。因此,仲裁裁决作出的方式有两种:

(1)按多数仲裁员的意见作出仲裁裁决。裁决应当按照多数仲裁员的意见作出,少数仲裁员的不同意见可以记入笔录。

(2)按首席仲裁员的意见作出仲裁裁决,即仲裁庭不能形成多数人意见时,裁决应当按照首席仲裁员的意见作出。

【注意】这一点与民事诉讼不同,在民事诉讼中,判决也应当按照多数审判人员的意见作出,但是不能形成多数意见时,不得按照审判长的意见作出判决。

2. 仲裁裁决书

仲裁庭作出仲裁裁决应制作仲裁裁决书,仲裁裁决书是仲裁庭对争议案件经过审理后作出裁决的法律文书。《仲裁法》第 54 条规定:"裁决书应当写明仲裁请求、争议事实、裁决理由、裁决结果、仲裁费用的负担和裁决日期。当事人协议不愿写明争议事实和裁决理由的,可以不写。裁决书由仲裁员签名,加盖仲裁委员会印章。对仲裁裁决持不同意见的仲裁员,可以签名,也可以不签名。"

3. 仲裁裁决书的补正

我国《仲裁法》第 56 条规定:"对裁决书中的文字、计算错误或者仲裁庭已经裁决但在裁决书中遗漏的事项,仲裁庭应当补正;当事人自收到裁决书之日起三十日内,可以请求仲裁补正。"

二、例题

1. B市的京发公司与T市的蓟门公司签订了一份海鲜买卖合同,约定交货地在T市,并同时约定"涉及本合同的争议,提交S仲裁委员会仲裁。"京发公司收货后,认为海鲜等级未达到合同约定,遂向S仲裁委员会提起解除合同的仲裁申请,仲裁委员会受理了该案。在仲裁规则确定的期限内,京发公司选定仲裁员李某作为本案仲裁庭的仲裁员,蓟门公司未选定仲裁员,双方当事人也未共同选定第三名仲裁员,S仲裁委主任指定张某为本案仲裁庭仲裁员、刘某为本案首席仲裁员,李某、张某、刘某共同组成本案的仲裁庭,仲裁委向双方当事人送达了开庭通知。

开庭当日,蓟门公司未到庭,也未向仲裁庭说明未到庭的理由。仲裁庭对案件进行了审理并作出了缺席裁决。在评议裁决结果时,李某和张某均认为蓟门公司存在严重的违约行为,合同应解除,而刘某认为合同不应解除,拒绝在裁决书上签名。最终,裁决书上只有李某和张某的签名。

S仲裁委员会将裁决书向双方当事人送达时,蓟门公司拒绝签收,后蓟门公司向法院提出撤销仲裁裁决的申请。

关于本案的裁决书,下列表述正确的是:(2014年真题,不定选)
A. 裁决书应根据仲裁庭中的多数意见,支持京发公司的请求
B. 裁决书应根据首席仲裁员的意见,驳回京发公司的请求
C. 裁决书可支持京发公司的请求,但必须有首席仲裁员的签名
D. 无论蓟门公司是否签收,裁决书自作出之日起生效

[释疑] 本题考查仲裁裁决的作出。仲裁裁决的作出采取少数服从多数原则,只有形不成多数意见,才以首席仲裁员的意见作出。持不同意见的仲裁员可以选择在仲裁裁决上不签名。仲裁裁决一经作出即发生效力。(答案:AD)

2. 根据《仲裁法》,仲裁庭作出的裁决书生效后,在下列哪一情形下仲裁庭不可进行补正?(2011年真题,单选)
A. 裁决书认定的事实错误
B. 裁决书中的文字错误
C. 裁决书中的计算错误
D. 裁决书遗漏了仲裁评议中记录的仲裁庭已经裁决的事项

[释疑] 根据《仲裁法》第56条的规定:"对仲裁裁决书中的文字、计算错误或者仲裁庭已经裁决但在裁决书中遗漏的事项,仲裁庭应当补正;当事人自收到仲裁裁决书之日起30日内,可以请求仲裁庭补正。"因此,选项A是不可进行补正的。(答案:A)

三、提示与预测

掌握仲裁裁决与民事判决的区别。

区别项	仲裁裁决	判决
裁判的作出	合议制实行少数服从多数的原则，达不成多数人意见时，依首席仲裁员的意见作出裁决。	合议制实行少数服从多数的原则，达不成多数人意见时，报审委会决定，不得按照审判长的意见作出判决。
持不同意见者是否签名	持不同意见的仲裁员可以签名，也可以不签名。	持不同意见的审判人员无权拒绝签名。
裁判文书的内容	应记载仲裁请求、争议事实、裁决理由、裁决结果、费用负担与裁决日期；但是，当事人不愿意写明争议事实与裁决理由的，可以不写。	判决书必须写明争议事实与判决理由。
裁判文书书写计算以及遗漏裁判事项的补救	对裁决书中的文字、计算错误或者仲裁庭已经裁决但在裁决书中遗漏的事项，仲裁庭应当裁决补正。	对判决书中的文字、计算错误，裁定补正；对已经审理但在判决书中遗漏的事项，补充判决。

第五章 申请撤销仲裁裁决

考点 1 申请撤销仲裁裁决的条件和理由

一、精讲

1. 申请撤销仲裁裁决的条件

（1）申请主体是双方当事人。有权申请撤销仲裁裁决的人应当是依据该仲裁裁决享有实体权利的权利人或者承担义务的人；从另一个角度讲，申请撤销仲裁裁决的当事人包括仲裁申请人与被申请人。

（2）申请撤销仲裁裁决应当向仲裁委员会所在地的中级人民法院提出申请。

（3）当事人申请撤销仲裁裁决应当在自收到仲裁裁决书之日起6个月内提出。

（4）必须有证据证明仲裁裁决出现法定应予撤销的情形之一的。

2. 申请撤销仲裁裁决的法定事由

我国仲裁司法监督制度实行双轨制度，即对国内仲裁和涉外仲裁采取不同的标准和程序，在法定事由的规定上也是有不同的：

（1）申请撤销国内仲裁裁决（《仲裁法》第58条）

① 没有仲裁协议的。《仲裁法解释》第18条进一步规定，此处的没有仲裁协议是指当事人没有达成仲裁协议。仲裁协议被认定无效或者被撤销的，视为没有仲裁协议。

② 裁决的事项不属于仲裁协议的范围或者仲裁委员会无权仲裁的。

③ 仲裁庭的组成或者仲裁的程序违反法定程序的。《仲裁法解释》第 20 条规定,此处的违反法定程序是指违反仲裁法规定的仲裁程序和当事人选择的仲裁规则可能影响案件正确裁决的情形。

④ 裁决所根据的证据是伪造的。

⑤ 对方当事人隐瞒了足以影响公正裁决的证据的。

⑥ 仲裁员在仲裁该案时有索贿受贿、徇私舞弊、枉法裁决行为的。

⑦ 人民法院认定该裁决违背社会公共利益的,应当裁定撤销。

(2) 申请撤销涉外仲裁裁决法定事由(《仲裁法》第 70 条和《民事诉讼法》第 274 条第 1 款)

① 当事人在合同中没有订有仲裁条款或者事后没有达成书面仲裁协议的。

② 被申请人没有得到指定仲裁员或者进行仲裁程序的通知,或者由于其他不属于被申请人负责的原因未能陈述意见的。

③ 仲裁庭的组成或者仲裁的程序与仲裁规则不符的。

④ 裁决的事项不属于仲裁协议的范围或者仲裁机构无权仲裁的。

(3) 国内仲裁与涉外仲裁法定事由之比较总结

① 是否涉及实体问题不同。国内仲裁裁决申请撤销涉及实体证据问题,即裁决所根据的证据是伪造的以及对方当事人隐瞒了足以影响公正裁决的证据的;而涉外仲裁裁决申请撤销不涉及实体证据问题。

② 是否涉及仲裁员违背职业道德的事项不同。国内仲裁裁决申请撤销涉及仲裁员职业道德的监督,即仲裁员在仲裁该案时有索贿受贿、徇私舞弊、枉法裁决行为的;而涉外仲裁裁决申请撤销不涉及对仲裁员职业道德的监督。

③ 违反程序事项的具体内容不同,主要体现在是否涉及对被申请人特别告知权利的保护不同。涉外仲裁裁决申请撤销涉及特别告知权利的保护,即被申请人没有得到指定仲裁员或者进行仲裁程序的通知,或者由于其他不属于被申请人负责的原因未能陈述意见的;而国内仲裁裁决申请撤销不涉及该程序事项。

二、例题

某仲裁委员会对甲公司与乙公司之间的买卖合同一案作出裁决后,发现该裁决存在超裁情形,甲公司与乙公司均对裁决持有异议。关于此仲裁裁决,下列哪一选项是正确的?(2008年真题,单选)

A. 该仲裁委员会可以直接变更已生效的裁决,重新作出新的裁决

B. 甲公司或乙公司可以请求该仲裁委员会重新作出仲裁裁决

C. 该仲裁委员会申请法院撤销此仲裁裁决

D. 甲公司或乙公司可以请求法院撤销此仲裁裁决

[释疑] 本题考查对超裁的处理。超裁是指仲裁庭对当事人没有申请的仲裁事项或仲裁协议中没有约定的事项作出裁定的情形。《仲裁法》第 58 条规定:"当事人提出证据证明裁决有下列情形之一的,可以向仲裁委员会所在地的中级人民法院申请撤销裁决:(一) 没有仲裁协议的;(二) 裁决的事项不属于仲裁协议的范围或者仲裁委员会无权仲裁的;(三) 仲裁庭的组成或者仲裁的程序违反法定程序的……"据此可知,超裁是属于可以申请撤销仲裁裁决

的法定情形之一,D 项正确。(答案:D)

三、提示与预测

申请撤销仲裁裁决的条件和理由是高频考点,应当掌握。该考点在 2009 年卷四案例分析题中考过。

考点 2　法院对撤销仲裁裁决申请的处理及其法律后果

一、精讲

1. 通知仲裁庭重新仲裁

《仲裁法解释》第 21 条规定:"当事人申请撤销国内仲裁裁决的案件属于下列情形之一的,人民法院可以依照仲裁法第六十一条的规定通知仲裁庭在一定期限内重新仲裁:(一)仲裁裁决所根据的证据是伪造的;(二)对方当事人隐瞒了足以影响公正裁决的证据的。人民法院应当在通知中说明要求重新仲裁的具体理由。"是否重新仲裁,由仲裁庭决定。

《仲裁法解释》第 22 条规定:"仲裁庭在人民法院指定的期限内开始重新仲裁的,人民法院应当裁定终结撤销程序;未开始重新仲裁的,人民法院应当裁定恢复撤销程序。"

《仲裁法解释》第 23 条规定:"当事人对重新仲裁裁决不服的,可以在重新仲裁裁决书送达之日起六个月内依据仲裁法第五十八条规定向人民法院申请撤销。"

【特别提示】

重新仲裁只限于裁决所根据的证据是伪造的;对方当事人隐瞒了足以影响公正裁决的证据的情形,其他情形不得通知重新仲裁。

2. 裁定撤销仲裁裁决

对于不需要由仲裁庭重新仲裁或者仲裁庭拒绝重新仲裁的,人民法院应当在两个月内进行审查,对于符合法定撤销情形的,裁定撤销仲裁裁决。

【特别提示】

(1)《仲裁法解释》第 19 条规定:"当事人以仲裁裁决事项超出仲裁协议范围为由申请撤销仲裁裁决,经审查属实的,人民法院应当撤销仲裁裁决中的超裁部分。但超裁部分与其他裁决事项不可分的,人民法院应当撤销仲裁裁决。"

(2)对于人民法院依法作出的撤销裁决的裁定,当事人不能上诉(《关于我国仲裁机构作出的仲裁裁决能否部分撤销问题的批复》)。

(3)仲裁裁决依法被撤销后,当事人可以通过诉讼或重新达成仲裁协议解决纠纷。

3. 裁定驳回撤销仲裁裁决的申请

人民法院经过审查,对于不符合法定撤销仲裁裁决情形的申请,应当在两个月内作出裁定驳回。

【特别提示】

当事人向人民法院申请撤销仲裁裁决被驳回后,又在执行程序中以相同理由提出不予执行抗辩的,人民法院不予支持。(《仲裁法解释》第 26 条)

二、例题

B 市的京发公司与 T 市的蓟门公司签订了一份海鲜买卖合同,约定交货地在 T 市,并同时约定"涉及本合同的争议,提交 S 仲裁委员会仲裁。"京发公司收货后,认为海鲜等级未达到合同约定,遂向 S 仲裁委员会提起解除合同的仲裁申请,仲裁委员会受理了该案。在仲裁规则确定的期限内,京发公司选定仲裁员李某作为本案仲裁庭的仲裁员,蓟门公司未选定仲裁员,双方当事人也未共同选定第三名仲裁员,S 仲裁委主任指定张某为本案仲裁庭仲裁员、刘某为本案首席仲裁员,李某、张某、刘某共同组成本案的仲裁庭,仲裁委向双方当事人送达了开庭通知。

开庭当日,蓟门公司未到庭,也未向仲裁庭说明未到庭的理由。仲裁庭对案件进行了审理并作出缺席裁决。在评议裁决结果时,李某和张某均认为蓟门公司存在严重违约行为,合同应解除,而刘某认为合同不应解除,拒绝在裁决书上签名。最终,裁决书上只有李某和张某的签名。

S 仲裁委员会将裁决书向双方当事人进行送达时,蓟门公司拒绝签收,后蓟门公司向法院提出撤销仲裁裁决的申请。

关于蓟门公司撤销仲裁裁决的申请,下列表述正确的是:(2014 年真题,单选)
A. 蓟门公司应向 S 仲裁委所在地中院提出申请
B. 法院应适用普通程序审理该撤销申请
C. 法院可以适用法律错误为由撤销 S 仲裁委的裁决
D. 法院应以缺席裁决违反法定程序为由撤销 S 仲裁委的裁决

[释疑] 本题考查申请撤销仲裁裁决的管辖法院、审理程序以及撤销事由。根据《仲裁法》第 58 条的规定,A 项正确,C、D 项错误;我国立法目前仅规定组成合议庭审理撤销裁决和不予执行仲裁裁决的案件,并未具体规定审理适用的程序,B 项错误。(答案:A)

三、提示与预测

人民法院对撤销仲裁裁决申请的处理及其法律后果是高频考点,应当掌握。此外,我国仲裁司法监督制度实行双轨制度,即对国内仲裁和涉外仲裁采取不同的标准和程序,如果人民法院认为符合撤销条件的案件,对国内案件和涉外案件裁定撤销的程序不同:

国内案件,有管辖权的人民法院(仲裁委员会所在地的中级人民法院)认为符合撤销、重新仲裁的条件,直接裁定撤销或重新仲裁。

涉外案件,有管辖权的人民法院(仲裁委员会所在地的中级人民法院)认为符合撤销、重新仲裁的条件,须报辖区高级人民法院决定,高级人民法院审查后认为符合撤销、重新仲裁的条件,还需报最高人民法院决定,如果最高人民法院也认为符合撤销、重新仲裁的条件,则批准撤销或重新仲裁,再由有管辖权的人民法院作出裁定撤销或重新仲裁。(逐级报告制度)

第六章 仲裁裁决的执行与不予执行

考点 1 申请仲裁裁决执行的条件

仲裁裁决的执行,也叫强制执行,是指一个国家的强制执行机关,在仲裁庭作出仲裁裁决后,基于仲裁中胜诉一方当事人的请求,运用国家的强制力,迫使败诉一方当事人履行仲裁裁决中所规定的有关义务的行为。

申请执行仲裁裁决需要具备下列条件：

（1）申请执行的主体是依据仲裁裁决享有权利的当事人。

（2）申请人需要在法定期限内提出申请。申请执行期限为两年。

（3）申请人需要向有管辖权的法院提出书面申请。对仲裁裁决有执行管辖权的法院是被执行人住所地或者被执行财产所在地的中级人民法院。

考点 2 申请不予执行仲裁裁决的条件和理由

一、精讲

1. 申请不予执行仲裁裁决的条件

申请不予执行仲裁裁决是法律赋予被执行人对申请执行人的抗辩权，被执行人行使该抗辩权需要具备下列条件：

（1）申请的主体是依据仲裁裁决需要履行实体义务的人，即仲裁裁决生效后，如果申请人向有管辖权的人民法院申请强制执行，在执行程序中，被执行人有权申请不予执行仲裁裁决。

（2）应当在执行程序中向受理执行案件的法院提出申请。

（3）必须有证据证明仲裁裁决出现法定不予执行情形之一的。

2. 申请不予执行仲裁裁决的法定事由

我国仲裁司法监督制度实行双轨制度，即对国内仲裁和涉外仲裁采取不同的标准和程序，在法定事由的规定上也是不同的：

（1）申请不予执行国内仲裁裁决的情形。根据《仲裁法》第 63 条的规定，被申请人提出证据证明国内仲裁裁决有《民事诉讼法》第 237 条第 2 款规定的下列情形之一的，可以申请不予执行该仲裁裁决：① 当事人在合同中没有订有仲裁条款或者事后没有达成书面仲裁协议的；② 裁决的事项不属于仲裁协议的范围或者仲裁机构无权仲裁的；③ 仲裁庭的组成或者仲裁的程序违反法定程序的；④ 裁决所根据的证据是伪造的；⑤ 对方当事人向仲裁机构隐瞒了足以影响公正裁决证据的；⑥ 仲裁员在仲裁该案时有贪污受贿、徇私舞弊、枉法裁决行为的。

（2）申请不予执行涉外仲裁裁决的情形。根据《仲裁法》第 71 条的规定，当事人提出证据证明涉外仲裁裁决有《民事诉讼法》第 274 条第 1 款规定的下列情形之一的，可以申请不予执行仲裁裁决：① 当事人在合同中没有订有仲裁条款或者事后没有达成书面仲裁协议的；② 被申请人没有得到指定仲裁员或者进行仲裁程序的通知，或者由于其他不属于被申请人负责的原因未能陈述意见的；③ 仲裁庭的组成或者仲裁的程序与仲裁规则不符的；④ 裁决的事项不属于仲裁协议的范围或者仲裁机构无权仲裁的。

（3）国内仲裁与涉外仲裁申请不予执行仲裁裁决情形之比较。申请不予执行国内仲裁裁决与涉外仲裁裁决的情形之相同点在于，都包括仲裁程序的进行欠缺合理依据或者违反法定程序问题。申请不予执行国内仲裁裁决与涉外仲裁裁决的情形之区别主要体现在：① 是否涉及实体证据问题不同。申请不予执行国内仲裁裁决的法定理由涉及实体证据，即裁决所根据的证据是伪造的以及对方当事人向仲裁机构隐瞒了足以影响公正裁决证据的；而申请不予执行涉外仲裁裁决的法定情形不涉及任何实体事项。② 是否涉及仲裁员职业道德问题不同。申请不予执行国内仲裁裁决的法定理由涉及仲裁员违背职业道德的事项，即仲裁员在仲裁该案时有贪污受贿、徇私舞弊、枉法裁决行为的;而申请不予执行涉外仲裁裁决的法定情形中不涉及该问题。③违反法定程序的具体内容有所不同。在违反程序事项中,申请不予执行涉外仲裁裁决包括未充分保护被申请人的特别被告知权利的情形,即被申请人没有得到指定仲裁员或者进行仲裁的通知,或者由于其他不属于被申请人负责的原因未能陈述意见的;而申请不予执行国内仲裁裁决的法定情形不包括该事项。

由此可见,申请不予执行国内仲裁裁决的法定情形所涉及的范围更宽。

二、例题

1. 甲市L区居民叶某购买了住所在乙市M区的大亿公司开发的位于丙市N区的商品房一套,合同中约定双方因履行合同发生争议可以向位于丙市的仲裁委员会(丙市仅有一家仲裁机构)申请仲裁。因大亿公司迟迟未按合同约定交付房屋,叶某向仲裁委员会申请仲裁。大亿公司以仲裁机构约定不明,向仲裁委员会申请确认仲裁协议无效。经审查,仲裁委员会作出了仲裁协议有效的决定。在第一次仲裁开庭时,大亿公司声称其又向丙市中级法院请求确认仲裁协议无效,申请仲裁庭中止案件审理。在仲裁过程中仲裁庭组织调解,双方达成了调解协议,仲裁庭根据协议内容制作了裁决书。后因大亿公司不按调解协议履行义务,叶某向法院申请强制执行,而大亿公司则以调解协议内容超出仲裁请求为由,向法院申请不予执行仲裁裁决。大亿公司以调解协议超出仲裁请求范围请求法院不予执行仲裁裁决,法院正确的做法是:(2016年卷三100题,不定选)

A. 不支持,继续执行

B. 应支持,并裁定不予执行

C. 应告知当事人申请撤销仲裁裁决,并裁定中止执行

D. 应支持,必要时可通知仲裁庭重新仲裁

[释疑] 本题考查仲裁裁决不予执行的法定事由。《民事诉讼法》第237条2款的规定,调解协议超出仲裁请求范围不属于法律规定的不予执行的事由,法院的正确做法应当是不支持,继续执行,A项正确,BCD错误。(答案:A)

2. 兴源公司与郭某签订了钢材买卖合同,并书面约定本合同一切争议由中国国际经济贸易仲裁委员会仲裁。兴源公司支付100万元预付款后,因郭某未履约,依法解除了合同。郭某一直未将预付款返还,兴源公司遂提出返还货款的仲裁请求,仲裁庭适用简易程序审理,并作出裁决,支持该请求。

由于郭某拒不履行裁决,兴源公司申请执行。郭某无力归还100万元现金,但可以收藏的多幅字画提供执行担保。担保期满后郭某仍无力还款,法院在准备执行该批字画时,朱某向法院提出异议,主张自己才是这些字画的所有权人,郭某只是代为保管。

假设在执行过程中,郭某向法院提出异议,认为本案并非合同纠纷,不属于仲裁协议约定的纠纷范围。法院对该异议正确的处理方式是(2013年真题,不定选)

A. 裁定执行中止

B. 经过审理,裁定不予执行仲裁裁决的,同时裁定终结执行

C. 经过审理,可以通知仲裁委员会重新仲裁

D. 不予支持该异议

[释疑] 本案考查仲裁裁决执行过程中对被申请人抗辩权的处理。根据《仲裁法》第63

条和《民事诉讼法》第 237 条第 2 款的规定,本案郭某认为本案并非合同纠纷,不属于仲裁协议约定的纠纷范围而向法院提出的异议,不属于法定不予执行的事由,A、B 项错误,D 项正确。根据《仲裁法》第 58 条的规定,C 项错误。(答案:D)

3. 甲不履行仲裁裁决,乙向法院申请执行。甲拟提出不予执行的申请并提出下列证据证明仲裁裁决应不予执行。针对下列哪一选项,法院可裁定驳回甲的申请?(2011 年真题,单选)

A. 甲、乙没有订立仲裁条款或达成仲裁协议
B. 仲裁庭组成违反法定程序
C. 裁决事项超出仲裁机构权限范围
D. 仲裁裁决没有根据经当事人质证的证据认定事实

[释疑] 根据《仲裁法》第 63 条的规定,选项 D 不属于申请不予执行仲裁裁决的法定情形,因此,法院可以裁定驳回甲的申请。(答案:D)

考点 3 法院对不予执行仲裁裁决的处理及其法律后果

一、精讲

人民法院对不予执行的申请,组成合议庭审理,并询问当事人。对符合法定条件的,人民法院裁定不予执行仲裁裁决。

【注意】《民诉司法解释》第 477 条规定:"仲裁机构裁决的事项,部分有民事诉讼法第二百三十七条第二款、第三款规定情形的,人民法院应当裁定对该部分不予执行。应当不予执行部分与其他部分不可分的,人民法院应当裁定不予执行仲裁裁决。"

裁定不予执行仲裁裁决的后果:《民诉司法解释》第 478 条规定:"依照民事诉讼法第二百三十七条第二款、第三款规定,人民法院裁定不予执行仲裁裁决后,当事人对该裁定提出执行异议或者复议的,人民法院不予受理。当事人可以就该民事纠纷重新达成书面仲裁协议申请仲裁,也可以向人民法院起诉。"

二、例题

1. 甲公司因与乙公司合同纠纷申请仲裁,要求解除合同。某仲裁委员会经审理裁决解除双方合同,还裁决乙公司赔偿甲公司损失 6 万元。关于本案的仲裁裁决,下列哪些表述是正确的?(2010 年真题,多选)

A. 因仲裁裁决超出了当事人的请求范围,乙公司可申请撤销超出甲公司请求部分的裁决
B. 因仲裁裁决超出了当事人的请求范围,乙公司可向法院提起诉讼
C. 因仲裁裁决超出了当事人的请求范围,乙公司可向法院申请再审
D. 乙公司可申请不予执行超出甲公司请求部分的仲裁裁决

[释疑] 该题直接考查对仲裁裁决的司法监督。根据《仲裁法解释》第 19 条的规定,对于超出仲裁请求作出的仲裁裁决,对超出部分,当事人有权申请法院撤销或者不予执行,因此,选项 A 与 D 是正确的;而选项 B 与 C 是不正确的。(答案:AD)

2. 张某根据与刘某达成的仲裁协议,向某仲裁委员会申请仲裁。在仲裁审理中,双方达成和解协议并申请依和解协议作出裁决。裁决作出后,刘某拒不履行其义务,张某向法院申请

强制执行,而刘某则向法院申请裁定不予执行该仲裁裁决。法院应如何处理?(2007年真题,单选)

A. 裁定中止执行,审查是否具有不予执行仲裁裁决的情形
B. 终结执行,审查是否具有不予执行仲裁裁决的情形
C. 继续执行,不予审查是否具有不予执行仲裁裁决的情形
D. 先审查是否具有不予执行仲裁裁决的情形,然后决定后续执行程序是否进行

[释疑] 根据《仲裁法解释》第28条的规定,当事人请求不予执行仲裁调解书或者根据当事人之间的和解协议作出的仲裁裁决书的,人民法院不予支持。故选项C是正确的,其他选项均是错误的。(答案:C)

三、提示与预测

当事人请求不予执行仲裁调解书或者根据当事人之间的和解协议作出的仲裁裁决书的,人民法院不予支持。

考点 4　撤销仲裁裁决与不予执行仲裁裁决的关系

一、精讲

1. 撤销仲裁裁决与不予执行仲裁裁决的相同之处

(1) 两者的性质相同。两者都是仲裁程序结束后,对不正当仲裁裁决予以司法监督的特殊制度,从而维护当事人的合法权益。

(2) 两者的行使权利主体相同,即无论是行使撤销仲裁裁决权,还是行使不予执行仲裁裁决权,其行使权利的主体均是人民法院。

(3) 对于当事人的后果相同,即无论仲裁裁决被人民法院裁定撤销,还是裁定不予执行,都使得当事人依据仲裁裁决所享有的权利无法实现,而且使双方当事人之间的争议未能得到解决。

(4) 对当事人的救济相同。无论是仲裁裁决被人民法院裁定撤销,还是裁定不予执行,当事人可以根据重新达成的仲裁协议申请仲裁,或者向人民法院起诉。

(5) 申请撤销仲裁裁决与不予执行仲裁裁决的法定情形相同。民事诉讼法修正后,申请撤销国内仲裁裁决与申请不予执行国内仲裁裁决,申请撤销涉外仲裁裁决与申请不予执行涉外仲裁裁决的法定情形均相同。

2. 撤销仲裁裁决与不予执行仲裁的不同之处

(1) 申请的主体不同。申请撤销仲裁裁决的主体,既可以是依据仲裁裁决享有实体权利的人,也可以是应承担实体义务的人;而申请不予执行仲裁裁决的主体只能是依据仲裁裁决应当承担实体义务的人。

(2) 申请的期限不同。申请撤销仲裁裁决的期限是自收到仲裁裁决书之日起6个月内;而申请不予执行仲裁裁决的期限是执行程序开始后,执行程序完毕之前。

(3) 申请的法院不同。申请撤销仲裁裁决应当向仲裁委员会所在地的中级人民法院提出;而申请不予执行仲裁裁决则只能向受理执行案件的人民法院提出。

(4) 法律程序不同。在撤销仲裁裁决程序中,人民法院认为可以由仲裁庭重新仲裁的,应

当通知仲裁庭在一定期限内重新仲裁;而在不予执行仲裁裁决程序中,人民法院不可以要求仲裁庭重新仲裁。

3. 两者的关系

当事人向人民法院申请撤销仲裁裁决被驳回后,又在执行程序中以相同理由提出不予执行抗辩的,人民法院不予支持。

二、例题

关于法院对仲裁的司法监督的说法,下列哪一选项是错误的?(2010年真题,单选)

A. 仲裁当事人申请财产保全,应当向仲裁机构申请,由仲裁机构将该申请移交给相关法院

B. 仲裁当事人申请撤销仲裁裁决被法院驳回,此后以相同理由申请不予执行,法院不予支持

C. 仲裁当事人在仲裁程序中没有提出对仲裁协议效力的异议,此后以仲裁协议无效为由申请撤销或不予执行,法院不予支持

D. 申请撤销仲裁裁决或申请不予执行仲裁裁决程序中,法院可通知仲裁机构在一定期限内重新仲裁

[释疑] 根据《仲裁法》第28条的规定,选项A是正确的。根据《仲裁法解释》第26条的规定,当事人向人民法院申请撤销仲裁裁决被驳回后,又在执行程序中以相同理由提出不予执行抗辩的,人民法院不予支持,因此,选项B是正确的。根据《仲裁法解释》第27条的规定,当事人在仲裁程序中未对仲裁协议效力提出异议,在仲裁裁决作出后以仲裁协议无效为由主张撤销仲裁裁决或者提出不予执行抗辩的,人民法院不予支持,因此,选项C是正确的。根据《仲裁法》第61条的规定,在申请撤销仲裁裁决程序中,法院可以通知仲裁机构在一定期限内重新仲裁,因此,选项D是不正确的。(答案:D)

三、提示与预测

仲裁裁决的司法监督是考试的重点,考生应当掌握两种监督方式的条件以及法院的处理,该考点在2009年卷四案例分析题中考过。

考点 5 仲裁裁决的中止执行、终结执行和恢复执行

一、精讲

《仲裁法》中规定的仲裁裁决的中止执行、终结执行和恢复执行,都是围绕一种情况:即一方当事人申请执行裁决,另一方当事人申请撤销裁决,此时,人民法院应当裁定中止执行。如果人民法院裁定撤销仲裁裁决的,应当裁定终结执行程序;如果撤销裁决的申请被人民法院裁定驳回的,人民法院应当恢复执行。

二、例题

1. 甲公司因与乙公司的合同纠纷向某仲裁委员会申请仲裁,甲公司的仲裁请求得到仲

庭的支持。裁决作出后,乙公司向法院申请撤销仲裁裁决。法院在审查过程中,甲公司向法院申请强制执行仲裁裁决。关于本案,下列哪一说法是正确的?(2012年真题,单选)

A. 法院对撤销仲裁裁决申请的审查,不影响法院对该裁决的强制执行
B. 法院不应当受理甲公司的执行申请
C. 法院应当受理甲公司的执行申请,同时应当告知乙公司向法院申请裁定不予执行仲裁裁决
D. 法院应当受理甲公司的执行申请,受理后应当裁定中止执行

[**释疑**] 该题直接考查一方当事人申请撤销仲裁裁决,另一方当事人申请执行仲裁裁决后的处理问题。根据《仲裁法》第64条的规定,一方当事人申请执行裁决,另一方当事人申请撤销裁决的,人民法院应当裁定中止执行。因此,选项D是正确的,其余选项均是错误的。(答案:D)

三、提示与预测

仲裁裁决的执行是由人民法院采取的,进入执行程序后,其依据是民事诉讼法律中有关执行的规定,因此,在仲裁裁决的执行过程中出现符合《民事诉讼法》规定的中止执行情形时,应当裁定中止执行;如果出现符合《民事诉讼法》规定的终结执行情形时,应当裁定终结执行。

该考点在2009年卷四案例分析题中考过。

LICENSE

司考一本通
商法·经济法

8/3

编著 郑佳宁 李成杰

编 写 说 明

实行统一的国家司法考试,不仅是我国司法改革的一项重大举措,也是我国法学教育改革的突破口。从律考转变为司考后,使得更多适合条件的考生热衷于此,司法考试也逐渐形成了市场,辅导用书层出不穷。然而在众多的司考辅导用书当中,如何作出选择,便成了备考考生一个头痛的问题。

司考该用何种辅导书?我们认为,要用"看一本就能通"的书。为了达成此目的,我们努力使本书具备了如下特色:

特色一　名师编著、套书完整

本书由来胜全方位法律人培训力邀各科司考名师亲自执笔,集结了老师们多年的司考辅导经验和智慧。本书共分八小册,涵盖了最新考纲的重要考点。

特色二　内容精炼、针对性强

本书强调内容的精炼和实战性。针对重要的考点,我们结合历年司考的规律,对其进行精讲,并针对实际考查情况和精讲内容,提供例题以提高实战能力。

特色三　体例安排科学合理

根据考纲的要求及体系,我们选出了各科的重要考点并对其从以下三个方面为考生提供帮助。

一、精讲。对当前考点进行精当、有效的讲解,以帮助读者掌握当前考点的精要,具备解决问题的基本能力。

二、例题。针对当前考点,并结合精讲内容,使考生得到及时、有效的练习,提高应试能力,并在修正自己错误的过程中得到提高。

三、提示与预测。主要是针对一些应当特别注意的问题的提示,以及对2017年司考动向的预测。

业精于勤而荒于嬉,行成于思而毁于随。当您拥有了本书,您便得到了一片肥沃的黑土,若能加以勤耕,今日播下的种子,定能在那金秋结出胜利的果实!

编者

2017 年 5 月

前　言

一、法讯动态

2013年修订的《公司法》及2014年修正的《公司法司法解释（一）》《公司法司法解释（二）》《公司法司法解释（三）》无疑将在2017年的司考商法中继续成为热点，《企业破产法司法解释（二）》《保险法司法解释（一）》《保险法司法解释（二）》及2014年修订的《证券法》中新的知识点很有可能在2017年商法的司考题目中出现。

需要关注《消费者权益保护法》修改的相关内容，尤其是消费者权利的知识点，这些都会成为2017年司考经济法出题的重点，同时还应适当关注《税收征收管理法》以及《税收征收管理法实施细则》修改的相应内容。2015年司考大纲中新增的《不动产登记暂行条例》和新修订的《环境保护法》会成为2017年司法考试的出题重点。

二、命题趋势

商法从总体角度看，考查的难度和分值均相对稳定，总体没有出现大起大伏的情况。但是每年商法比重较大，考生应注意商法的学习与复习，尤其是司法解释和新法部分。针对某一部门法，只要掌握了该法的基础制度、重点制度、特有制度，也就掌握了该法的灵魂，这一点在2015年商法的考查中体现得淋漓尽致。具体体现在两个方面：一是考查重点部门法。如2015年公司法部分考查28分，合伙企业法部分考查12分，没有考查《个人独资企业法》《中外合资经营企业法》等内容，集中考查公司的重要制度。2014年公司法部分考查27分，合伙企业法部分考查9分，可见"重者恒重"。二是没有偏离该法本身的重点，试题难度适中，考试的重点基本是教学重点。就商法目前的考查趋势而言，考试的重点是法律本身的重点或热点。而商法案例分析出题角度更加综合，不再是单一知识点的记忆，更多的是强调相似知识点的对比，强调对细节的把握。公司法案例均属于高难度综合题，不仅涉及公司法本身的重要制度，也和实践中的热点相联系。如2013年公司法案例分析对公司的设立、出资、股权善意取得等重要制度均有涉及。2010年、2012年案例分析综合性加强，但难度稍有下降，还涉及《物权法》中抵押登记的效力、《合同法》中债权的保全撤销等内容。商法其他部分在考试中基本上直接引述法条内容，因此考生在复习过程中应注意对其他部分法条的记忆和理解。

经济法内容多，考点分散，是让考生非常头疼的一个部门法。经济法均是客观题，单个部门法的分值普遍不高，多数部门法仅考查一两道题。但是由于涉及的部门法多，累加的总分值较高，稳定在34—35分。但经济法试题在考试中仍然有规律可循。从近年真题分析，经济法试题中均出现大量基础题，如2012年、2014年试题中均考查"混淆行为、诋毁商誉"等不正当竞争行为；2015年对于垄断协议、商场安全保障义务、产品缺陷责任的承担等知识的考查。这再一次表明,复习备考时一定要将主要精力和时间投入到相应部门法的主要制度上,不要求全面。经济法一向关注社会热点,每年试题中总有社会经济热点的影子。2013年纵向垄断的题目脱胎于"茅台酒厂的限酒令";2014年试题中有"行业协会垄断"的影子、"网络购物纠纷""食品损害的10赔偿";2015年试题中有工伤保险待遇、商场安全保障义务以及产品缺陷责任。这要求我们在复习备考时,一定要关注时政,关注新闻。不可否认的是,经济法每年总有偏知识点出现,可以借助"排除法"等考试技巧解决,切不可在这上面花费过多的时间和精力。

三、备考要领

对于商法和经济法的备考来说,首先应当将基础知识打牢,重视新修改的法律以及司法解释,这些都有可能成为2017年司考的重点;同时对于经济法还应密切关注社会热点,这些有可能会成为题目的背景知识。本书是考生深入备考时用的书籍,强调精炼与实用,以知识点为经、真题为纬,层次清晰且文字精练,可帮助考生以最快的速度完成备考。希望考生可以在初步复习商法、经济法知识点之后,结合本书对相关知识点进行深化和理解。商法和经济法一个共同的特点就是知识点非常庞杂,所以对于一些偏、难的知识点可以考虑适当放弃,"抓大放小""重者恒重"是司考中不变的真理,只有将宝贵的时间花在重点上才能在司考中取得满意的成绩。

序　　言

一、商经法在司法考试中的地位与考查的特点

商经法在司法考试中的分值在 85~90 分左右,占整体成绩的近 1/6,在司法考试中居于极其重要的地位。自 2012 年始,商法分值在 50~53 分波动,考查方式是卷三选择题、卷四案例分析题(18 分)。然而在我国,商事法律没有较为统一的体系、商事程序法的概念和意识并不突出。经济法在卷一选择题中考查,分值在 35 分左右。近两年来,因为司法考试的改革导向,经济法的整体分值有所下降,在 26~28 分左右,经济法 2015 年、2016 年下降至 27 分,这个情况在 2017 年还会延续。在司法考试中,很多考生感觉商经法枯燥无味。随着部门法的修改与完善,商经法的考查也会越来越细致,综合性越来越强。

1. 重者恒重与多点轮动

商经法虽然包含的门类众多,但在考场上出现的机会并不均等,比如商法的基石公司法,在商法中会占据将近 60% 的比重,而个人独资企业法、三资企业法等部门法则少有考查。近年商法在司法考试趋势是公司法考量级持续上升,一法独大,但某些部门法考查力度渐微,例如 2014 年、2015 年均无《个人独资企业法》《中外合资经营企业法》试题。经济法在司法考试中,"轮考"现象突出。如《审计法》,仅于 2004 年、2009 年、2015 年、2016 年四次被涉及,其余年份处于"休眠期";《个人企业所得税》和《企业所得税》也并非年年考查。

2. 新法必考

在历年考试中,新的立法总会得到特别的关注,如《公司法》(2013 修订)的变化点、《公司法解释(三)》(2011)、《公司法解释(二)》(2008)、《破产法解释(一)》(2011)、《破产法解释(二)》(2013)、《保险法法解释(二)》(2013)、《保险法法解释(三)》(2015)等新增考点在当年的试卷中均有一席之地。关注最新立法动态,重点突破,才能在司考商经部分学习的征程上有的放矢,一击必杀。

3. 民商结合,案例为王

近年"民商结合"趋势明显。如对合同效力判断和第三人关系等,商法的案例分析题目更是走上"综合"之路。虽然案例分析以"公司"为主体,但已经跨越《公司法》,联合《物权法》《合同法》《担保法》《民事诉讼法》《破产法》,考查一个公司的前世今生。这种高难度的综合性考查趋势,更需要我们关注知识的系统性和对比性。案例考查是法律职业资格考试的改革方向,目前已经鲜明地体现出"案例为王"的特点,2016 年司考经济法真题中既有来自最高人民法院指导案例(合川桃片案、橄榄油标签案),也有来自国家工商总局竞争执法公告(燃气公司滥用市场支配地位案、会计师事务所分割销售市场案),还有社会热点的橱柜致幼儿死亡案、预付款话费有效期案,均作为真题的直接来源。而 2016 年万众瞩目的万科宝能华润之争,

这场精彩纷呈的公司法人治理结构大戏和股权之争,在商法的命题中自然也不会错过,当年的考试中根据万科案例对公司董事会、股东大会制度进行了重点考查。

二、如何学习商经法

1. 掌握商经法基础知识

在理论提高阶段主要是夯实理论基础,搭建一个大的框架体系图。比如商法可以从大的方面分为商事主体法与商事行为法,其中主体法中包含了公司法、合伙企业法、三资企业法、个人独资企业法;行为法包括了企业破产法、票据法、保险法、证券法,以及兼具主体与行为双重特征的海商法。这样建立起一个大的框架,以便掌握住商法的所有部门法。在各个部门法的复习过程中也要注意进行这样一个体系化的构建,比如按照主体法的产生——运行——变更——消亡的生命环节流转过程来搭建体系。

2. 重视法条学习

商经法包含众多的部门法,里面包含大量的法律条文,司法考试对于商经法的考查也有一定的题目是基于法条原文来设计题目,尤其经济法体现的更为明显。因此,对法条的掌握也是非常重要的工作。尤其是一些新颁布或修改的法条及司法解释,可能会成为每年考试的重点集中地。

3. 合理利用真题

很多考生在复习过程中不重视历年真题的研究,只是把历年真题作为检测自己复习效果的试金石,从而习惯性的把真题放到每年考试前的一个月内进行自我测验。这种对真题的利用极不充分,根本没有发挥出真题的价值。如果做真题只关注是否做对、是否记住了真题的答案,这是没有意义的。历年真题是集中体现命题思想和规律的材料,是考生复习当中最重要的材料之一。同时,历年真题也是检验讲义、辅导书的观点是否适合司法考试的标准。从考生开始准备复习参加司法考试,到最后走上考场,整个复习过程都要运用历年真题,所以真题的利用是循环进行并循序渐进的,复习过程中的任何阶段,都需要利用真题,在不同的复习阶段,考生研究真题的效果也不一样。

三、本书的一些特点

本书的设计以部门法为专题构建商经法体系,以专题导学开篇,以立法精神、学习线索初步介绍章节内容及考点重点,以考点解析作为核心内容,对考点内容进行展开分析,对于考点延伸以及隐含内容,通过"注意"的方式展示,便于考生更好地掌握考点的细节。同时配合经典真题及解析,进一步对知识点的内容进行巩固和运用。使考生在掌握知识点的同时能够掌握题目的分析思路和方法。

1. 构建体系

商经法历来以散乱著称,笔者打破了现有的大纲及法条顺序,将知识点重新按照部门法排列组合,搭建体系,梳理知识点,便于考生能够模块化掌握知识内容,避免杂乱及疏漏。

2. 多维精解

以部门法为专题搭建知识体系。开篇通过专题导学的形式,让考生了解立法精神,掌握学习线索,通过全面剖析本部分重点,让考生对知识点进行初步的理解和掌握;并经由对历年真题的回顾,阐述考查角度以及解题的思路,培养学以致用的做题思路,让考生对该知识消化吸收、夯实基础,以期举一反三。

3. 减负增效

商经法在司法考试中的考查基本上本着"重者恒重"的原则。本书基于这样的考虑,针对重点部门,重点花费更多的笔墨,解释的更详尽、细致,针对有难度的高频考点,解释的更深入;反之,针对涉考性不是很强的考点简单描述,了解即可。从考生角度,在复习的过程中,要针对分值偏重,向考查机会更多的部门法和知识点倾注更多的精力和时间,而考查机会小的部门法则可以投入相对较少的精力只需关注到高频考点即可。

最后,祝愿各位考生在丰收的九月,心想事成。

郑佳宁

2017年5月

目　　录

商　法

公司法专题 …………………………………………………………（3）
合伙企业法专题 ……………………………………………………（60）
个人独资企业法专题 ………………………………………………（78）
外商投资企业法专题 ………………………………………………（84）
破产法专题 …………………………………………………………（88）
票据法专题 …………………………………………………………（116）
证券法专题 …………………………………………………………（134）
保险法专题 …………………………………………………………（153）
海商法专题 …………………………………………………………（172）

经　济　法

竞争法专题 …………………………………………………………（179）
消费者法专题 ………………………………………………………（192）
银行业法专题 ………………………………………………………（219）
财税法专题 …………………………………………………………（232）
土地法专题 …………………………………………………………（255）
劳动法专题 …………………………………………………………（278）
环境法专题 …………………………………………………………（311）

商 法

公司法专题

专题导学：

公司法的精神：独立人格、有限责任

公司是指股东依照公司法的规定，以出资方式设立，股东以其认缴的出资额或认购的股份为限对公司承担责任，公司以其全部独立法人财产对公司债务承担责任的企业法人。

公司法学习线索：

1. 围绕公司、股东两个主体进行学习
2. 围绕公司财产权、股权两种权利进行学习

第一条主线：公司。股东将自己的财产让渡给公司后，公司便有了独立人格，公司有自己独立的名称、住所、财产，并独立承担责任，这个责任是无限的，以其全部财产对公司债务承担责任。公司法中的很多考点都是围绕这个主线展开的。比如：公司设立、公司变更、合并与分立、公司的解散与清算都是围绕着公司的人格的产生、变化和消灭而进行的。公司的组织机构讲的是公司如何行使自己作为人格的行为能力，而对公司人格具体执行人董事、监事、高管的规制也相应而生。

第二条主线：股东。股东让渡了自己的财产，取得了公司的股权，股东仅以其认缴或者认购的出资额或股份为限承担有限责任。因此，股东的资格、股东的各项权利(包括诉权)、股东的责任都是司法考试每年必考的考点。另外，有限责任公司、股份有限公司、一人公司、国有独资公司、上市公司由于其股东与各个公司之间关系的不同特点(主要是资合、人合等问题)，也衍生出各自特别的考点。如：有限责任公司涉及章程的自治性。如：上市公司涉及中小股东的保护。

第一节　公司法概述

考点 1　公司的概念和特征

(一) 公司的概念与特征

概念	公司，是指股东依照公司法的规定，股东以其认缴的出资额或认购的股份为限对公司承担责任，公司以其全部独立法人财产对公司债务承担责任的企业法人。 公司由四个方面要素构成：法定性、营利性、社团性和法人资格，即依法设立、以营利为目的、个人结合的社团、独立人格。不过，现代公司法对于公司的发展在许多方面都突破、修正了传统概念，例如：一人公司的存在就是对于公司社团性的突破。

(续表)

特征	(1) 公司享有财产权，股东享有股权。股东作为投资者将其出资额度的所有权转移给公司，通过设立公司或者是向公司投资的方式获得经济利益。公司取得股东出资额度的所有权成为自己具备独立人格的条件，通过其经营活动获得经济利益从而将利润分享给股东。 (2) 公司独立承担财产责任。即公司以其全部财产对公司债务承担责任。公司不能清偿到期债务，有可能导致公司破产。 (3) 股东的有限责任原则，是指股东除按认缴的出资额或认购的股份缴足出资款外，对公司的债务或公司债权人不负其他责任。有限责任产生的理论基础是股东和公司的人格是分离的。对于有限责任的完整表述是股东作为投资者只在其出资额度内对公司债务承担责任，公司以其全部资产对自身债务承担责任。简而言之即是公司债权人的权利仅仅限于公司资产且不能延及股东的其他个人资产。 ① 以认缴的出资额或认购的股份数额为限。 ② 公司法规定了有限责任原则的例外——公司人格否认制度。

（二）公司的分类

1. 有限责任公司和股份有限公司

相同点：有限责任

区别：

（1）信用基础不同；

（2）设立不同；

（3）股权转让难易程度不同；

（4）所有权与经营权分离程度不同；

（5）公开程度不同。

有限责任公司和股份有限公司的信用基础

有限责任公司	股份有限公司
原则上：有限责任公司以人合为主，资合为辅。 例如：一人有限责任公司。	原则上：股份有限公司以资合为主，人合为辅。 例如：上市公司是典型的股份有限公司。

2. 人合企业与资合企业

	人合企业	资合企业
分类标准	企业的信用基础	
概念	人合企业的实质是投资人个体的复合体，是只由人身赖关系的成员所组成的企业形态。	投资人单纯以其出资为媒介而结合的资本集合企业的法律形态，公司实质是资本的集合体。
信用基础	投资人	企业财产

(续表)

	人合企业	资合企业
责任形态	无限责任	有限责任
典型例子	合伙企业	上市公司
特点	(1) 具有很强的合伙色彩 (2) 投资人地位移转困难 (3) 企业所有权与经营权合一	与人合企业相对

有限责任公司:人合为主兼具资合;
股份有限公司:资合为主兼具人合。
合伙企业──→有限责任公司──→股份有限公司
人合性逐渐减弱,资合性逐渐加强:
第一,资本流转随之愈来愈便利;
第二,经营权与所有权愈来愈分离。

3. 总公司与分公司

	总公司	分公司(分支机构)
分类标准	从属关系	
概念	可以对其他公司进行直接控制、指挥的公司。	受其他公司直接支配、控制的公司。
设立		公司可以设立分公司。设立分公司,应当向公司登记机关申请登记,领取营业执照。 注意:实践中在我国具有三个以上分支机构的公司,才可以在公司名称中使用"总公司"的字样。
法人资格与民事责任	总公司具有法人资格,承担民事责任	分公司不具有法人资格,其民事责任由公司承担。

注意:分公司的法律地位
分公司是属于总公司的组成部门而非独立的公司法人,其法律地位可从两个方面认识:
① 在法律上分公司不具有法人资格,没有独立的财产、组织章程、法人机关,也不能独立的承担法律责任。
② 分公司具有民事主体资格和诉讼主体资格,分公司需要进行工商登记,领取营业执照。分公司在办理登记并领取营业执照后可以以自己的名义对外经营,并参加诉讼活动。

4. 母公司与子公司
（1）母公司与子公司

	母公司	子公司
分类标准	控股关系	
概念	通过股份对另外一个公司实现控制的公司	被母公司控制的公司
设立		公司可以设立子公司
法人资格与民事责任		子公司具有法人资格，依法独立承担民事责任。
类型		① 全资子公司(一人公司) ② 控股子公司(控股股东) ③ 参股子公司

（2）子公司与分公司的区别

	子公司	分公司
法律地位	具有独立的法律人格	不具有独立的法律人格
财产关系不同	具有独立财产	不具有独立财产
意志关系不同	具有独立的意志与独立的机构	不具有独立的意志与独立的机构
责任承担方式	依法独立承担民事责任	其民事责任由总公司承担

考点 2 公司法人人格与公司人格否认制度

（一）公司法人人格

公司具有独立的法人人格，有自己独立的名称、住所、财产，并独立承担责任。

（二）公司人格否认制度（揭开公司面纱理论）

学理上认为，公司法人人格否认制度是为阻止公司独立人格的滥用，就具体法律关系中的特定事项，否认公司的独立人格与股东的有限责任，责令公司的股东对公司债权人或者公共利益直接负责的一种法律制度。法人人格否认制度具有如下法律特征：

（1）公司必须具有独立的法人人格。
（2）只对于特定案件中的公司独立人格予以否认，不是对于公司独立人格全面、彻底、永久的否认。
（3）该制度的宗旨在于保护债权人的利益。

概念	公司股东滥用公司法人独立地位和股东有限责任，逃避债务，严重损害公司债权人利益的，应当对公司债务承担连带责任。
法律地位	该制度只有当公司法人人格被滥用时才适用，是有限责任原则的补充。

(续表)

适用情形	实践中常见的是公司被股东不当控制,公司与股东之间财产或业务或组织机构混同等。 主要体现在以下几个方面: (1) 公司资本明显不足,指公司成立时所确定的注册资本额与公司经营所隐含的风险相比明显不足,判断依据是经营需求。 (2) 利用公司回避合同义务。 ① 为逃避契约上的特定不作为义务而设立新公司从事相关活动,如竞业禁止义务、商业秘密保密义务、不得制造特定产品义务。 ② 通过成立新公司逃避债务。 ③ 利用公司对债权人进行欺诈以逃避合同义务。 (3) 利用公司规避法律义务,指利用公司规避法律所规定的强制性义务。 (4) 公司法人人格形骸化,其实质是公司与股东人格完全混同。 ① 股东对公司的不正当控制,使公司丧失了独立的意志和利益。 ② 财产混同,指公司的财产不能与该公司的股东或者其他公司的财产作清晰的划分。 ③ 业务混同,指公司与股东业务活动不加区分,交易主体与实际主体不符或者无法辨认。 ④ 组织机构混同,指公司与股东在组织机构上存在严重的交叉,即所谓的"一套班子,两块牌子"。
法律效果	在适用公司人格否认情形下,要由股东以自己的个人财产对公司的债务承担连带责任。

考点 3 公司的权利能力和行为能力

(一) 公司的权利能力

公司的权利能力是指公司享有权利和承担义务的资格。公司的权利能力在法律上的重要意义在于:判断公司是否享有某种特定权利或承担某种特定义务的标准,是判断公司从事法律行为效力的标准。

1. 权利能力的起止时间

依法设立的公司,由公司登记机关发给公司营业执照。公司营业执照签发日期为公司成立日期。公司清算结束后,清算组应当制作清算报告,报股东会、股东大会或者人民法院确认,并报送公司登记机关,申请注销公司登记,公告公司终止。

2. 对公司权利能力的限制

我国公司法属于私法范畴,适用"法不禁止即自由"的原则。不过在理论上对公司的权利能力范围仍然存在三个方面的限制:第一,性质上的限制,法人是法律拟制的人因而不具有自然人的自然性质,但是,公司仍然享有一些特定人身权利,如名誉权、荣誉权。第二,法律上的限制,主要包括了转投资限制、担保限制和借贷限制。第三,目的上的限制,即公司的经营范围限制,不过目的限制这一理论已经逐渐被我国的公司法实践所废除。

法律上的限制：

(1) 公司的转投资

① 公司可以向其他企业投资。

② 除法律另有规定外，不得成为对所投资企业的债务承担连带责任的出资人。我国《合伙企业法》不限制法人（含公司）作为普通合伙人参加合伙，也就是不限制法人（含公司）对外承担无限责任。《公司法》第15条中的但书规定，为公司成为普通合伙人承担无限责任留有余地。

③ 转投资以及转投资的数额。是否转投资以及转投资的数额，由公司董事会或者股东会、股东大会决议。具体的决议机关由公司章程决定。

(2) 公司的担保

① 公司可以为他人提供担保。

② 担保决议作出的机关：应当依照公司章程的规定，由董事会或者股东会、股东大会决议。

③ 对外担保的数额：是否限制担保的总额及单项担保的数额，由公司章程决定。

④ 担保时表决权的限制：公司为公司股东或者实际控制人提供担保的，该股东或者受实际控制人支配的股东，不得参加担保事项的表决。该项表决由出席会议的其他股东所持表决权的过半数通过。

3. 公司的越权行为

公司的越权行为，是指公司超越章程的经营范围所从事的经营活动。只要公司不违反法律的禁止性规定，法人超越经营范围订立的合同有效。

例如："本公司从事中华人民共和国法律禁止及限制以外的一切经营活动。"

(二) 公司的行为能力

公司的行为能力是公司通过自己的意思表示构建法律关系的资格。

在我国公司的行为能力通过法定代表人实现。

1. 法定代表人的产生

(1) 我国法定代表人采取一元化的法定代表人制。

公司的法定代表人仍然只能是一名，而不存在共同代表。

(2) 公司法定代表人并不限于董事长担任，董事长、执行董事和经理均可以成为公司的法定代表人。

2. 对法定代表人行为的限制

公司章程、股东会可以对法定代表人行使职权作出限制，但是该限制不能约束善意第三人，法定代表人超越权限与善意第三人订立合同的，合同有效。

【真题演练】

1. 零盛公司的两个股东是甲公司和乙公司。甲公司持股70%并派员担任董事长，乙公司持股30%。后甲公司将零盛公司的资产全部用于甲公司的一个大型投资项目，待债权人丙公司要求零盛公司偿还货款时，发现零盛公司的资产不足以清偿。关于本案，下列哪一选项是正

确的？（2016年真题，单选）

A. 甲公司对丙公司应承担清偿责任
B. 甲公司和乙公司按出资比例对丙公司承担清偿责任
C. 甲公司和乙公司对丙公司承担连带清偿责任
D. 丙公司只能通过零盛公司的破产程序来受偿

【答案】 A

【解析】 根据我国《公司法》第20条的规定，本题中的大股东甲滥用自身权利，导致零盛公司无法清偿债权人丙的债务。此时应选择否认公司的法人人格，要求甲对丙的债权承担清偿责任。A选项正确，D选项错误。而对于乙公司来说，由于其并未做出滥用自身股东权利的行为，其仍然受到有限责任原则的保护，而无需以自身财产向丙公司承担清偿责任。B、C选项错误。

2. 玮平公司是一家从事家具贸易的有限责任公司，注册地在北京，股东为张某、刘某、姜某、方某四人。公司成立两年后，拟设立分公司或子公司以开拓市场。对此，下列哪一表述是正确的？（2014年真题，单选）

A. 在北京市设立分公司，不必申领分公司营业执照
B. 在北京市以外设立分公司，须经登记并领取营业执照，且须独立承担民事责任
C. 在北京市以外设立分公司，其负责人只能由张某、刘某、姜某、方某中的一人担任
D. 在北京市以外设立子公司，即使是全资子公司，亦须独立承担民事责任

【答案】 D

【解析】 根据《公司法》第14条第一款的规定，A项错误。分公司不具备法人资格，不能独立承担民事责任，故B项错误。现行法律对于分公司负责人并无特别规制。现实中由股东之外的人担任公司分支机构负责人是常态，故C项错误。根据《公司法》第14条第二款的规定，D项正确。

3. 甲公司欲单独出资设立一家子公司。甲公司的法律顾问就此向公司管理层提供了一份法律意见书，涉及子公司的设立、组织机构、经营管理、法律责任等方面的问题。请回答(1)~(3)题。（2010年真题，不定选）

(3) 关于子公司的财产性质、法律地位、法律责任等问题，下列说法正确的是：

A. 子公司的财产所有权属于甲公司，但由子公司独立使用
B. 当子公司财产不足清偿债务时，甲公司仅对子公司的债务承担补充清偿责任
C. 子公司具有独立法人资格
D. 子公司进行诉讼活动时以自己的名义进行

【答案】 CD

【解析】 根据《公司法》第14条第2款的规定，选项A错误。当子公司财产不足清偿债务时，甲公司作为子公司的股东，仅以出资额为限对子公司的债务承担责任，选项B错误。子公司具有独立法人资格，进行诉讼活动时，应以自己的名义进行，选项C、D正确。

第二节 公司的设立

考点 1 公司设立

（一）公司设立的概念与性质

概念	公司设立，是指公司设立人依照法定条件和程序，为组建公司并取得法人资格而从事的法律行为。
性质	从性质上看，公司设立是法律行为，是签订发起人协议、订立章程、出资、验资、设立登记等一系列行为的总称。
与"成立"的区别	公司成立是指发起人完成公司设立行为，经登记机关核准登记发给营业执照，取得公司法人资格的法律事实、法律后果。公司成立是一种事实状态，公司取得营业执照标志着公司成立。严格意义上公司设立＋设立登记＝公司成立。
设立原则	准则主义或称为登记制。 需要设立审批的公司有：国有独资公司、中外合营公司、外商独资公司、商业银行、证券公司、保险公司等。

（二）发起设立与募集设立

	发起设立	募集设立
概念	是指由发起人认缴或认购公司应发行的全部出资额或股份而设立公司。	是指有发起人认购公司应发行股份的一部分，其余部分向社会公开募集或者向特定对象募集而设立公司。 公司两种募集设立方式：向社会公众募集、定向募集。 （1）公开募集是指公司发行的股份除了由发起人认购以外，其余股份向社会公开发行。 （2）定向募集是指公司发行的股份除由发起人认购外，其余股份向特定的对象发行。 注意：定向募集的特定对象以累计200人为上限，累计超过200人的为公开募集。
适用情形	有限责任公司由全体股东出资设立，所以只能采取发起设立的方式。股份有限公司可以采取发起设立的方式。	股份有限公司可以采取募集设立方式。

（三）设立有限责任公司与股份有限公司应当具备的条件

公司类型	有限责任公司	股份有限公司
条件	（1）股东符合法定人数； （2）有符合公司章程规定的全体股东认缴的出资额； （3）股东共同制定公司章程； （4）有公司名称，建立符合有限责任公司要求的组织机构； （5）有公司住所。	（1）发起人符合法定人数； （2）有符合公司章程规定的全体发起人认购的股本总额或者募集的实收股本总额； （3）股份发行、筹办事项符合法律规定； （4）发起人制订公司章程，采用募集方式设立的经创立大会通过； （5）有公司名称，建立符合股份有限公司要求的组织机构； （6）有公司住所。

（四）公司设立的登记

主体	股份有限公司	董事会
	有限责任公司	全体股东指定的代表或者共同委托的代理人
法律效力	公司经设立登记的法律效力就是使公司取得法人资格。 注意：公司可以设立分公司。设立分公司，应当向公司登记机关申请登记，领取营业执照。分公司不具有法人资格，其民事责任由总公司承担。	

（五）公司登记

商事登记，也叫商业登记，是指商主体为了设立、变更或终止其主体资格，依照法律规定的内容和程序向登记机关提出申请，经登记机关审查核准予以登记注册的法律行为。其中，公司登记是指公司在设立、变更、终止时，由申请人依法向登记机关提出法定事项登记申请，经审查、核准并予以记载的行为。

性质	公司登记是要式法律行为，必须按照法定的条件和程序进行。
种类	（1）设立登记(开业登记)； （2）变更登记； （3）注销登记。
绝对登记事项设立登记	公司营业执照应当载明公司的名称、住所、注册资本、经营范围、法定代表人姓名等事项。公司营业执照记载的事项发生变更的，公司应当依法办理变更登记，由公司登记机关换发营业执照。
主管机关	工商行政管理部门
效力	（1）设立登记、注销登记：生效效力。 （2）变更登记：对抗效力。

考点 2　公司章程

（一）公司章程的概念

公司章程有实质意义和形式意义之分。实质意义的公司章程,指关于公司组织形式与行为的基本规则本身。形式意义的公司章程,指记载上述基本规则的书面文件。

公司章程的特征体现在:

1. 法定性

法定性是指公司章程的法律地位、制定与修改、内容与形式以及效力均由公司法明确规定。

（1）不可或缺。公司章程属于公司的必备性文件。

（2）内容法定。公司章程的内容多由公司法直接规定,其中绝对记载事项不得遗漏;公司章程的内容不得与法律的强制性规范相抵触。

（3）形式法定。公司章程必须采用书面形式并履行法定登记手续。

（4）制定与修改法定。公司章程的制定必须遵照法定的权限与程序,非因法定事由并经法程序,不得修改。

（5）效力法定。公司法一般直接规定公司章程的效力范围。

2. 真实性

公司章程内容的记载必须与事实相符。

3. 公开性

（1）对所有的公司,都要求其章程必须注册登记。

（2）股东对公司章程有知情权。

（3）对于上市公司,相关法规规定公司章程是上市公司信息披露的一个重要内容。

注意:区分公司章程和合同的区别。① 订立、变更的要求不同。公司章程的订立和变更采用的是多数决定,而合同的成立采用的是双方当事人一致同意。② 效力范围不同。章程可以约束不赞成章程的股东、不参与订立的管理人员、未参加订立的后加入股东等,但是合同只能约束双方当事人。

（二）公司章程的效力范围

具有约束力	公司章程对于公司自身和公司的董事、监事及高级管理人员均具有约束力。 注意:高级管理人员,是指公司的经理、副经理、财务负责人,上市公司董事会秘书和公司章程规定的其他人员。
不具有约束力	公司章程对公司的普通员工、公司债权人以及债务人不具有约束力。

1. 制定人

公司类型	制定人
有限责任公司	由全体股东共同制定。

(续表)

公司类型	制定人
发起设立的股份有限公司	由全体发起人共同制定公司章程。
募集设立的股份有限公司	由全体发起人共同制定,需要经由其他认股人参加的创立大会确认。
国有独资公司	由国有资产监督管理机构制定,或者由董事会制订报国有资产监督管理机构批准。

2. 章程的记载事项

(1) 绝对必要事项、相对必要事项、禁止事项

	绝对必要事项	相对必要事项	禁止事项
概念	所谓绝对必要事项是指章程必须记载,否则章程不能成立进而也不得成立公司的事项。	即可记载也可以不记载,若记载就发生公司法上效力的事项。	凡是公司法的强制性规定,公司章程不得做出与法律规定不相同的规定,否则该规定不发生法律效力。
内容	我国《公司法》第25条、第81条分别规定了有限责任公司和股份有限公司章程的绝对必要事项。	例如:有限责任公司的利润分配方法(《公司法》第34条);有限责任公司股东表决权(第42条);股份有限公司股东的累积投票制度(第105条)。有限责任公司章程含有更多任意性规范,股份有限公司章程含有更多强制性规范。	例如:抽逃注册资本。

(2) 有限责任公司章程与股份有限公司章程的绝对必要事项

有限责任公司章程绝对必要事项	股份有限公司章程绝对必要事项	说明
公司名称和住所	公司名称和住所	相同
公司经营范围	公司经营范围	相同
	公司设立方式	有限责任公司只能发起设立
公司注册资本	公司股份总数、每股金额和注册资本	股份有限公司增加了股份总数、每股金额
股东的姓名或者名称	发起人的姓名或者名称、认购的股份数、出资方式和出资时间	股份有限公司股东一般情况下较多,另以股东名册记载
股东的出资方式、出资额和出资时间		股份有限公司无此项

（续表）

有限责任公司章程绝对必要事项	股份有限公司章程绝对必要事项	说明
公司的机构及其产生办法、职权、议事规则	董事会的组成、职权和议事规则	股份有限公司必设董事会,有限责任公司可只设执行董事
	监事会的组成、职权和议事规则	股份有限公司必设监事会,有限责任公司可只设监事
公司法定代表人	公司法定代表人	
	公司利润分配办法	有限责任公司无此项
	公司的解散事由与清算办法	有限责任公司无此项
	公司的通知和公告办法	有限责任公司无此项
股东会会议认为需要规定的其他事项	股东大会会议认为需要规定的其他事项	

3. 公司章程的修改

修改权	公司股东会或股东大会
修改决议	公司股东会或股东大会的特别决议事项,即须经特别多数通过。《公司法》第43条规定,有限责任公司修改章程的决议,必须经代表2/3以上表决权的股东通过;《公司法》第103条规定,股份有限公司修改章程必须经出席股东大会的股东所持表决权的2/3以上通过。
变更登记	公司章程的修改涉及公司登记事项的变更,因此必须办理相应的变更登记,否则不得以其变更对抗第三人。

【真题演练】

张某与潘某欲共同设立一家有限责任公司。关于公司的设立,下列哪一说法是错误的？(2015年真题,单选)

A. 张某、潘某签订公司设立书面协议可代替制定公司章程
B. 公司的注册资本可约定为50元人民币
C. 公司可以张某姓名作为公司名称
D. 张某、潘某二人可约定以潘某住所作为公司住所

【答案】 A

【解析】 根据《公司法》第23条的规定,A选项错误。2013年《公司法》修改,取消了对有限责任公司最低注册资本的限制,故B选项正确。根据《企业名称登记管理规定》第10条第3款的规定,C选项正确。目前我国对企业的住所选址没有特别的禁止性规定,故D选项正确。本题为选非题,答案为A。

考点 3 公司资本制度

公司资本,又称公司股本,指公司章程确定并载明的,由全体股东出资所构成的公司财产的总和。公司资本和公司资产是有区别的,公司资产是指公司实际拥有的全部财产。

(一) 2013年《公司法》修订的解读

《公司法》对于公司资本的修改核心在于用不断宽松化的现行法定资本制适应中国经济发展阶段与信用状况。

1. 取消了"实收资本"的规定

实收资本指的是公司通过股份发行收到的股金总额。

公司营业执照的载明事项中只有"注册资本"的项目要求,即公司章程规定的全体股东认缴的出资额。

2. 取消了"最低法定注册资本"的规定

(1) 一般情况下,无论是有限责任公司,还是股份有限公司,都不再要求具备最低法定注册资本。

(2) 对设立特殊公司的最低注册资本限额有所保留。

(3) 一人有限责任公司也不再要求实缴最低法定注册资本。

法律、行政法规以及国务院决定对有限责任公司注册资本实缴、注册资本最低限额另有规定的,从其规定。如商业银行、保险公司、证券公司等。

3. 取消了分期缴付的限制

(1) 有限责任公司取消了首次缴付的最低资本、首次缴付比例和实缴期限的限制。

(2) 股份有限公司取消了首次缴付比例和实缴期限的限制。

4. 取消了30%现金出资比例的限制

《公司法》放宽了对公司成立之时营运资金的要求,股东可以以任何形式的财产进行出资,不再需要配比30%比例的现金。

5. 取消了设立公司或增资时的验资程序

验资是法定机构依法对出资进行检验并出具相应证明的行为。

(1) 股东认足公司章程规定的出资后,由全体股东指定的代表或者共同委托的代理人向公司登记机关报送公司登记申请书、公司章程等文件,申请设立登记。

注意:公司章程可以规定股东出资必须经过验资。

(2) 非货币性财产依然要评估,并且不得高估或低估。

对作为出资的非货币财产应当评估作价,核实财产,不得高估或者低估作价。法律、行政法规对评估作价有规定的,从其规定。该规定依然有效。

6. 对股份有限公司募集设立的特别规定

(1) 募集设立的股份公司的资本实收制仍然保留。

(2) 保留"发行股份的股款缴足后,必须经依法设立的验资机构验资并出具证明"。

(3) 保留"在发起人认购的股份缴足前,不得向他人募集股份",以保护其他股东的利益。

7. 取消减资后的"注册资本不得低于法定的最低限额"的规定

（二）出资形式

出资是指股东在公司设立或者增加资本时，为取得股份或股权，根据协议的约定以及法律和章程的规定向公司交付财产的义务。

1. 概述

可以出资的财产	股东可以用货币出资，也可以用实物、知识产权、土地使用权等可以用货币估价并可以依法转让的非货币财产作价出资；但是，法律、行政法规规定不得作为出资的财产除外。
不可以出资的财产	股东不得以劳务、信用、自然人姓名、商誉、特许经营权或者设定担保的财产作价出资。
非货币财产评估作价	对作为出资的非货币财产应当评估作价，核实财产，不得高估或者低估作价。法律、行政法规对评估作价有规定的，从其规定。 注意：出资后因市场变化或者其他客观因素导致出资财产贬值，风险由公司承担。 ① "市场变化或者其他客观因素"是指出资人在履行出资义务时，依据当时现有的资料、信息无法预见的客观事实和风险，包括不可抗力、意外事件、因市场经济规律产生的价格下跌、出资财产自身属性引起的价值损失等。总之，贬值不得归咎于出资人。 ② 此规定非强制性规定，如果当事人之间约定，非货币财产无论因何种原因贬值时，出资人皆负有补足出资的义务，该约定有效。
出资财产所有权的转移	股东以货币出资的，应当将货币出资足额存入公司在银行开设的账户；以非货币财产出资的，应当依法办理其财产权的转移手续。

2. 有限责任公司和股份有限公司的出资形式

	有限责任公司	股份有限公司发起设立	股份有限公司募集设立
可用来出资的财产	货币及实物、知识产权、土地使用权等可以用货币估价，并可以依法转让的非货币财产作价出资	与有限责任公司同	与有限责任公司同，但只能是发起人
不可用来出资的财产	信用、劳务、自然人姓名、商誉、特许经营权或者设定担保的财产等作价出资	与有限责任公司同	与有限责任公司同
非现金出资的特殊形式	必须经过评估并办理财产权的转移	与有限责任公司同	与有限责任公司同

(三) 出资特殊问题

1. 无权处分财产出资

(1) 出资人以不享有处分权的财产出资,当事人之间对于出资行为效力产生争议的,可以参照善意取得制度予以认定。

① 公司在受让该财产时是善意的,即公司不知道也不应当知道出资人对出资财产不享有处分权。

② 以合理的价格转让。

③ 出资财产依照法律规定应当登记的已经登记,不需要登记的已经交付公司。

出资人以他人财产出资,同时符合上述三个条件的,应当认定出资有效,公司取得出资财产所有权;不符合上述三个条件之一的,应当认定出资无效,原财产所有权人有权取回出资财产。

(2) 以贪污、受贿、侵占、挪用等违法犯罪所得的货币出资后取得股权的,对违法犯罪行为予以追究、处罚时,应当采取拍卖或者变卖的方式处置其股权。

① 货币作为特殊动产,理论上认为所有权与占有权合一,推定货币占有人为货币所有人,其享有对货币的处分权。故出资人将其非法取得的货币投入公司后,公司即取得货币的所有权,该出资行为应当有效,出资人依法取得与该出资对应的股权。

② 若直接将以贪污、受贿、侵占、挪用等违法犯罪所得的货币出资从公司财产中抽出,不利于公司资本维持与维护公司债权人的利益,因而公司法做了灵活性规定,即采用变卖、拍卖方式折价处理股权。

2. 以划拨土地使用权出资或者以设定权利负担的土地使用权出资

公司、其他股东或者公司债权人主张认定出资人未履行出资义务的,人民法院应当责令当事人在指定的合理期间内办理土地变更手续或者解除权利负担;逾期未办理或者未解除的,人民法院应当认定出资人未依法全面履行出资义务。

注意:在土地使用权上设定的权利负担包括租赁权、地役权和抵押权。

3. 股权出资

股权出资,股东以其对另一家公司享有的股权作为出资财产投入公司,并取得公司股权。

(1) 出资的股权由出资人合法持有并依法可以转让。

① 由出资人合法持有是指出资人获得该股权的方式符合法律、行政法规规定,不存在非法事由。

② 依法可以转让是指用于出资的股权的转让不受法律的限制。如:董事、监事、高级管理人员限制转让的股权。

(2) 出资的股权无权利瑕疵或者权利负担。

① 无权利瑕疵,是指不存在任何第三人就该用以出资的股权向公司主张任何权利的事由。实践中的股权瑕疵多产生于出资义务未履行或未全面履行的情形,如出资不足、虚假出资和抽逃出资。

② 无权利负担,是指股权之上不存在质押或者被冻结的权利行使受限的情形。

(3) 出资人已履行关于股权转让的法定手续。

股东以其持有的其他公司股权出资,应依法办理股权权属转让手续。特别注意有限责任公司的股权转让手续。

（4）出资的股权已依法进行了价值评估。

对作为出资的非货币财产应当评估作价，核实财产，不得高估或者低估作价。

（四）增资和减资

1. 增资

增加资本，简称增资，是指公司基于筹集资金、扩大经营等目的，依照法定的条件和程序增加公司的资本总额。

（1）增资目的

筹集资金、扩大经营；保持现有运营资金，减少股东收益分配；调整现有股东结构和持股比例；公司吸收合并等。

（2）程序

① 董事会拟订公司增资方案。

② 公司增资必须经过股东会特别多数决议，变更公司章程，并办理相应的变更登记手续。

注意：有限责任公司的优先认购权。

2. 减资

减少资本，简称减资，是指公司基于某种情况或需要，依照法定条件和程序，减少公司的资本总额。

（1）减资目的

缩小经营规模；减少资本过剩，提高财产效用；实现股利分配，保证股东利益；真实反映公司资本信用状况；公司分立等。

（2）程序

① 董事会拟订公司减资方案。

② 公司减资必须经过股东大会特别多数决议，变更公司章程。

③ 公司必须编制资产负债表及财产清单。

④ 通知债权人和对外公告。公司应当自作出减少注册资本决议之日起10日内通知债权人，并于30日内在报纸上公告。

⑤ 债务清偿或担保。债权人自接到通知书之日起30日内，未接到通知书的自公告之日起45日内，有权要求公司清偿债务或者提供相应的担保。

⑥ 办理减资登记手续。

【真题演练】

1. 2014年5月，甲乙丙丁四人拟设立一家有限责任公司。关于该公司的注册资本与出资，下列哪些表述是正确的？（2014年真题，多选）

A. 公司注册资本可以登记为1元人民币

B. 公司章程应载明其注册资本

C. 公司营业执照不必载明其注册资本

D. 公司章程可以要求股东出资须经验资机构验资

【答案】 ABD

【解析】 根据2013年《公司法》对公司资本制度的改革,A项正确。根据《公司法》第25条第1款规定,B项正确。根据《公司法》第7条第2款规定,C项错误。2013年《公司法》的修订取消了对有限责任公司股东出资时的验资要求,但公司章程可以规定股东出资必须经过验资,这属于公司自治的范畴,故D项正确。

2. 甲、乙、丙设立一有限公司,制定了公司章程。下列哪些约定是合法的?(2013年真题,多选)

A. 甲、乙、丙不按照出资比例分配红利
B. 由董事会直接决定公司的对外投资事宜
C. 甲、乙、丙不按照出资比例行使表决权
D. 由董事会直接决定其他人经投资而成为公司股东

【答案】 ABC

【解析】 根据《公司法》第34条的规定,A项正确。根据《公司法》第42条规定,C项正确。根据《公司法》第46条第3款规定,B项正确。根据《公司法》第46条第6款以及第37条第7款的规定,D项不正确。

3. 甲、乙、丙、丁计划设立一家从事技术开发的天际有限责任公司,按照公司设立协议,甲以其持有的君则房地产开发有限公司20%的股权作为其出资。下列哪些情形会导致甲无法全面履行其出资义务?(2011年真题,多选)

A. 君则公司章程中对该公司股权是否可用作对其他公司的出资形式没有明确规定
B. 甲对君则公司尚未履行完毕其出资义务
C. 甲已将其股权出质给其债权人戊
D. 甲以其股权作为出资转让给天际公司时,君则公司的另一股东已主张行使优先购买权

【答案】 BCD

【解析】 君则公司章程中并未禁止使用该公司股权作为其他公司的出资,这一情形并不会妨碍甲履行自己的出资义务,A项不入选。根据《公司法解释(三)》第11条规定,B项入选。甲已将其股权出质给其债权人戊,说明甲出资的股权上存在权利负担,可能导致甲无法全面履行其出资义务,C项入选。根据《公司法》第71条规定,D项入选。

第三节 公司的股东

考点 1 股东的基本知识

(一) 股东资格

1. 公司法对股东资格没有限制
2. 股东名册

股东名册,是指有限责任公司依据《公司法》的规定必须置备的用以记载股东及其所持股份数量、种类等事宜的簿册。

注意:有限责任公司记名股票的股东应当置备股东名册。对于股份有限公司无记名股票的持有人,以"持有"作为股东资格认定的依据。

(1) 公司负有置备股东名册的法定义务,股东名册属于股东资格的法定证明文件。

(2) 股东名册应当记载的事项:股东的姓名或者名称及住所;股东的出资额;出资证明书编号。记载于股东名册的股东,可以依股东名册主张行使股东权利。

(3) 公司应当将股东的姓名或者名称向公司登记机关登记;登记事项发生变更的,应当办理变更登记。未经登记或者变更登记的,不得对抗第三人。只要求公司向公司登记机关提交股东的姓名或者名称,并不要求提交股东名册。

(4) 股东名册与公司登记的效力问题。如果股东与公司、其他股东之外的第三人发生纠纷,应当以公司登记为准;如果股东与公司或者其他股东发生纠纷,则应当以股东名册为准。

注意:出资证明书的法律问题

出资证明书是有限责任公司股东出资的凭证,是有限责任公司成立后应当向股东签发的文件,是一种权利证书。

① 公司在成立之后向股东签发出资证明书,而不是在股东认缴出资之后当即向其签发出资证明书。

② 出资证明书是要式证书,必须依法制作,必须记载法律规定的事项,并加盖公司印章。出资证明书上需要记载的事项:公司名称;公司成立日期;公司注册资本;股东的姓名或者名称、缴纳的出资额和出资日期;出资证明书的编号和核发日期。

③ 出资证明书只是认定股东资格的证明文件之一,并非法定证明文件更非唯一文件,所以出资证明书的瑕疵不影响股东资格的认定,也不会导致股东资格丧失。

④ 出资证明书不具备商业交易流通的功能,不能通过转让出资证明书来转让相应的股权。

(二) 股东权的分类

股东权是一种综合性的权利,包含了实体权利和程序权利,财产权利和身份权利。

1. 共益权和自益权

(1) 自益权,股东为自己从公司获取财产利益而享有的一系列权利。

(2) 共益权,股东直接为公司利益,间接为自己利益而参与公司决策、经营、管理、监督和控制而享有的一系列权利。

从性质上看自益权主要是指财产权,是股东投资的本来目的所在;共益权是非财产权,是为了更好地实现投资收益而必不可少的管理性权利。一般而言,共益权属于固有权,是股东依法享有的不得以公司章程或公司决议予以剥夺的权利;而自益权多是非固有权利。

注意:依权利之性质为标准,股东权可分为固有权和非固有权。前者指根据公司法规定不得以章程或股东会议予以剥夺的权利,如特别权与共益权;后者指可以依公司章程或股东会议加以剥夺的权利,自益权多属此类权利。

2. 单独股东权和少数股东权

(1) 单独股东权,不论股东的持股数量多少,仅持有最低单位股份的股东也可以单独行使的权利。

(2) 少数股东权,只有持有公司已发行股份的一定比例的股东才可以行使的权利。

对于少数股东权的股东既可以为持股之和达到该比例的数个股东,也可以为持股达到该比例的单个股东。

3. 一般股东权和特别股东权
(1) 一般股东权,公司的普通股东即可行使的权利。
(2) 特别股东权,专属于股东中特定人的权利,如公司发起人所享有的股东权。

考点 2　特殊股东

(一) 冒名股东

冒用他人名义出资并将该他人作为股东在公司登记机关登记的,冒名登记行为人应当承担相应责任。
(1) 冒名者向公司履行出资义务,并实际参与公司的经营管理,享有权利并承担风险。
(2) 被冒名者不知情,没有成为公司股东之意思,也没有行使任何股东权益,不应将其视为法律上的股东,继而不应当赋予其任何股东之权利与义务,被冒名者不应当对实际出资人的出资瑕疵承担补充赔偿责任。
(3) 冒名者冒用他人之名义登记,不但应当承担相应的股东责任,而且对于侵犯他人姓名权等人身权利的行为,应当承担侵权责任。

(二) 隐名股东

(1) 实际出资人与名义出资人订立合同,约定由实际出资人出资并享有投资权益,以名义出资人为名义股东,该合同有效。
① 实践中此类合同被称为隐名投资合同、代持股合同或隐名持股合同。
② 此类合同若不违反《合同法》第 52 条无效合同之规定,则是有效合同。
(2) 实际出资人与名义股东因投资权益的归属发生争议,实际出资人以其实际履行了出资义务为由向名义股东主张权利的,人民法院应支持其请求。
① 名义股东不得以公司股东名册记载、公司登记机关登记为由否认实际出资人的权利。
② 投资权益不同于股东权益。双方可以约定投资权益包括股权之全部或部分权能,但是股东权益只能由名义股东直接行使。
③ 此种约定只在实际出资人与名义股东内部发生法律效果,并不能发生对外效力。
(3) 实际出资人未经公司其他股东半数以上同意,请求公司变更股东、签发出资证明书、记载于股东名册、记载于公司章程并办理公司登记机关登记的,人民法院不予支持。
注意:实际出资人的股东资格的取得并不是完全适用《公司法》第 71 条股权的外部转让规则。当其他股东过半数同意时,其他股东并没有优先购买权;当未达到其他股东过半数同意时,名义股东仍为公司股东。
(4) 如果名义股东将登记于其名下的股权进行了诸如转让、质押或者以其他方式处分,实际出资人以其对于股权享有实际权利、名义股东不享有实际权利为由,请求认定处分股权行为无效的,人民法院可以参照善意取得制度处理。名义股东处分股权造成实际出资人损失的,应当承担赔偿责任。
注意:《公司法解释(三)》借鉴《物权法》关于善意取得制度的理论
对于公司来说,名义股东具有股东资格,享有股东权,因此名义股东处分股权不属于无权处分行为,而是有权处分行为。但是,毕竟名义股东不是实际出资人,名义股东违反双方约定,擅自处分股权的行为损害了实际出资人的利益，因此名义股东处分股权行为不同于一般的无瑕疵的有权处分行为。因此《公司法解释（三）》借鉴《物权法》关于善意取得制度的规定，对受让人取得股权设定了限制条件，但是借鉴善意取得制度的规定只是参照其规则进行处理，而不是从法律关系上认为名义股东处分股权的行为是无权处分行为，所以《公司法解释（三）》第25条用的是"参照"的表述方式。

（5）就对外责任而言，如果公司债权人以登记于公司登记机关的名义股东未履行出资义务为由，请求其对公司债务不能清偿的部分在未出资本息范围内承担补充赔偿责任，股东以其为名义股东而非实际出资人为由进行抗辩的，该抗辩不能成立，名义股东应当承担出资不足或者出资不实的赔偿责任。名义股东承担上述赔偿责任后有权向实际出资人追偿。

① 根据商法外观主义原则，债权人可以要求名义股东在未出资范围内对债权人未获清偿之债权承担补充赔偿责任。

② 名义股东与实际出资人之间的内部约定不能对抗第三人，名义股东不能以其非实际出资人为由拒绝承担赔偿责任。

考点 3 发起人

（一）发起人的定义

发起人是指为设立公司而签署公司章程、向公司认缴出资或者认购股份并履行公司设立职责的人。

（二）发起人的行为

1. 发起人为设立公司以自己名义对外签订合同

（1）以自己名义对外签订合同，合同相对人请求该发起人承担合同责任的，人民法院应予支持。

设立中公司，是指自发起人签订发起人协议或者达成发起合意时起至设立登记完成前，尚未取得法人资格的主体。

发起人以自己的名义对外订立合同，合同相对人只能请求该发起人承担合同责任，而不能请求实施合同行为以外的其他发起人承担合同责任。同时，该发起人不得以订立合同的目的是为设立公司为由对抗合同相对人。

（2）公司成立后对前款规定的合同予以确认，或者已经实际享有合同权利或者履行合同义务，合同相对人请求公司承担合同责任的，人民法院应予支持。

合同相对人只有在公司通过明示或默示的方式承认其愿意成为合同主体时，合同相对人方可请求公司承担合同责任。合同相对人享有请求该发起人或者公司承担合同责任的选择权，一经选择不得变更。

2. 发起人以设立中公司名义对外签订合同

（1）以设立中公司名义对外签订合同，公司成立后合同相对人请求公司承担合同责任的，人民法院应予支持。

设立中公司虽然不具有独立法人人格，但已具备民事主体的一些特征，如已具有事务执行机关、共同行为准则和一定的财产等,具备了一定的权利能力和行为能力,可以以自己的名义对外进行民事活动。

发起人是设立中公司的机关,有权代表设立中公司对外从事公司设立活动。设立中公司与正式成立后的公司系同一人格,发起人以设立中公司名义签订的合同,一般可认为是为了设立中公司的利益,合同权利义务应当归属于设立中公司,公司成立后当然应当承继合同的权利义务。合同相对人只能请求成立后的公司承担合同责任,而不能请求发起人承担合同责任。

(2) 公司成立后有证据证明发起人利用设立中公司的名义为自己的利益与相对人签订合同,公司以此为由主张不承担合同责任的,人民法院应予支持,但相对人为善意的除外。

如果发起人与第三人恶意串通,损害公司利益的,则应由发起人与第三人承担连带赔偿责任。公司成立后以此为由主张不承担合同责任的,应由公司承担举证责任。

(三) 股份有限公司发起人的特别规定

1. 人数

2～200 人

2. 住所

须有半数以上的发起人在中国境内有住所。

3. 特权

制订公司章程、以非货币出资。

4. 义务

(1) 募集设立中,发起人认购的股份不得少于公司应发行股份总额的 35%。

(2) 发起人应当自股款缴足之日起 30 日内主持召开公司创立大会。

(3) 发起人应当在创立大会召开 15 日前将会议日期通知认股人或者予以公告。

【真题演练】

1. 严某为鑫佳有限责任公司股东。关于公司对严某签发出资证明书,下列哪一选项是正确的?(2014 年真题,单选)

A. 在严某认缴公司章程所规定的出资后,公司即须签发出资证明书

B. 若严某遗失出资证明书,其股东资格并不因此丧失

C. 出资证明书须载明严某以及其他股东的姓名、各自所缴纳的出资额

D. 出资证明书在法律性质上属于有价证券

【答案】 B

【解析】 根据《公司法》第 29 条以及第 31 条第 1 款的规定,A 项错误。根据《公司法》第 32 条第 2 款规定,B 项正确。根据《公司法》第 31 条第 2 款规定,C 项错误。有限责任公司的股东出资证明自身并无财产价值,也无法通过转让出资证明书来转让相应的股权,并非有价证券,故 D 项错误。

2. 高才、李一、曾平各出资 40 万元,拟设立"鄂汉食品有限公司"。高才手头只有 30 万元的现金,就让朋友艾瑟为其垫付 10 万元,并许诺一旦公司成立,就将该 10 万元从公司中抽回偿还给艾瑟。而李一与其妻闻菲正在闹离婚,为避免可能的纠纷,遂与其弟李三商定,由李三

出面与高、曾设立公司,但出资与相应的投资权益均归李一。公司于2012年5月成立,在公司登记机关登记的股东为高才、李三、曾平,高才为董事长兼法定代表人,曾平为总经理。请回答第(3)题。(2012年真题,不定选)

(3) 2012年7月,李三买房缺钱,遂在征得其他股东同意后将其名下的公司股权以42万元的价格,出卖给王二,并在公司登记机关办理了变更登记等手续。下列表述正确的是:

A. 李三的股权转让行为属于无权处分行为
B. 李三与王二之间的股权买卖合同为有效合同
C. 王二可以取得该股权
D. 就因股权转让所致的李一投资权益损失,李一可以要求李三承担赔偿责任

【答案】 BCD

【解析】 本题中李三以42万元的价格出卖给王二,系合理的价格,并在公司登记机关办理了变更登记等手续,题中也没有看出王二知情,应判断王二符合善意的要件,王二有权取得该股权。故C项正确。根据《公司法解释(三)》第25条第2款的规定,D项正确。对于本题而言,名义股东是记载于公司股东名册的股东,因此对于公司来说,名义股东具有股东资格,享有股东权,其处分股权的行为并不构成无权处分,故A项错误,B项正确。

3. 甲、乙、丙拟共同出资50万元设立一有限公司。公司成立后,在其设置的股东名册中记载了甲乙丙3人的姓名与出资额等事项,但在办理公司登记时遗漏了丙,使得公司登记的文件中股东只有甲乙2人。下列哪一说法是正确的?(2012年真题,单选)

A. 丙不能取得股东资格
B. 丙取得股东资格,但不能参与当年的分红
C. 丙取得股东资格,但不能对抗第三人
D. 丙不能取得股东资格,但可以参与当年的分红

【答案】 C

【解析】 根据《公司法》第32条规定,只要股东名册上登记的股东即取得股东资格,未登记不影响股东对内行使股东权利,比如分红权等,但对外不得对抗第三人。本题中,丙已被记载于股东名册中,具有股东资格,享有股东权利,可以要求分红。故A、B、D均错误。C项正确,丙不得对抗公司以外的第三人。

4. 甲、乙、丙、丁拟设立一家商贸公司,就设立事宜分工负责,其中丙负责租赁公司运营所需仓库。因公司尚未成立,丙为方便签订合同,遂以自己名义与戊签订仓库租赁合同。关于该租金债务及其责任,下列哪些表述是正确的?(2011年真题,多选)

A. 无论商贸公司是否成立,戊均可请求丙承担清偿责任
B. 商贸公司成立后,如其使用该仓库,戊可请求其承担清偿责任
C. 商贸公司成立后,戊即可请求商贸公司承担清偿责任
D. 商贸公司成立后,戊即可请求丙和商贸公司承担连带清偿责任

【答案】 AB

【解析】 根据《公司法解释(三)》第2条第1款的规定,无论商贸公司是否成立,戊均可请求丙承担清偿责任,故A项正确。根据《公司法解释(三)》第2条第2款的规定,商贸公司成立后,已经使用该仓库,属于实际享有合同权利,戊可请求商贸公司承担清偿责任;故B项

正确。C 项属于发起人以公司名义对外签订合同的情形,公司成立后的合同责任承担规定,与本题条件不符,故 C 项不正确。D 项不符合公司法和公司法解释(三)的规定,属于干扰类选项,故 D 项不正确。

5. 某市房地产主管部门领导王大伟退休后,与其友张三、李四共同出资设立一家房地产中介公司。王大伟不想让自己的名字出现在公司股东名册上,在未告知其弟王小伟的情况下,直接持王小伟的身份证等证件,将王小伟登记为公司股东。下列哪一表述是正确的?(2011年真题,单选)

A. 公司股东应是王大伟
B. 公司股东应是王小伟
C. 王大伟和王小伟均为公司股东
D. 公司债权人有权请求王小伟对公司债务承担相应的责任

【答案】 A
【解析】 根据《公司法解释(三)》第 28 条规定,王大伟冒用王小伟的身份证出资并进行登记,王小伟对此并不知情,属于典型的冒名股东问题,应由王大伟承担相应的出资责任、发起人责任和其他股东责任,公司债权人无权请求被冒名的王小伟对公司债务承担相应的责任,故 A 项正确,B、C、D 项错误。

6. 关于股东的表述,下列哪一选项是正确的?(2009 年真题,单选)

A. 股东应当具有完全民事行为能力
B. 股东资格可以作为遗产继承
C. 非法人组织不能成为公司的股东
D. 外国自然人不能成为我国公司的股东

【答案】 B
【解析】 法律对股东并无行为能力的要求,所以理论上股东可以是限制行为能力人或无行为能力人。当限制行为能力人或无行为能力人作为股东时,由其法定代理人代理其行使股东权利。故 A 项错误。根据《公司法》第 75 条规定,B 选项正确。我国现有法律并没有对股东的形式和国籍进行限制,故 C、D 项错误。

第四节 股东权利与股东义务

考点 1 股东权利

股东权利是公司股东基于股东资格而依法享有的权利。

(一) 会议权

1. 提议召开临时股东(大)会权

股东(大)会的会议方式分为定期会议和临时会议。定期会议,又称普通会议、股东年会,是指依法律和公司章程的规定在一定时间内必须召开的股东会议。临时会议,又称特别会议,是指在定期会议以外必要的时候,由于发生法定事由或根据法定人员、机构的提议而召开的股东会议。

有限责任公司	股份有限公司
有下列情形股东需要提议临时股东会： （1）代表 1/10 以上表决权的股东； （2）1/3 以上的董事； （3）监事会或者不设监事会的公司的监事。	有下列情形股东无须提议，应当在两个月内召开临时股东大会： （1）董事人数不足本法规定人数或者公司章程所定人数的 2/3 时； （2）公司未弥补的亏损达实收股本总额 1/3 时； （3）单独或者合计持有公司 10% 以上股份的股东请求时； （4）董事会认为必要时； （5）监事会提议召开时； （6）公司章程规定的其他情形。

2. 股东（大）会的召集和主持权

股东（大）会的召集和主持权，是指由相关权利主体具体负责股东（大）会的召集与主持工作的一项程序性权利，包括决定股东（大）会会议召开的时间、地点，向股东发出通知和作出相关公告，负责相关议案的提交，主持决议的进行，记录会议相关情况等一系列工作。其事关股东（大）会能否正常进行，对于股东权利的维护、公司经营的进行都具有重要的意义。

公司类型	有限责任公司	股份有限公司
行使权利的情形	有限责任公司设立董事会的，股东会会议由董事会召集，董事长主持；董事长不能履行职务或者不履行职务的，由副董事长主持；副董事长不能履行职务或者不履行职务的，由半数以上董事共同推举一名董事主持。 有限责任公司不设董事会的，股东会会议由执行董事召集和主持。 董事会或者执行董事不能履行或者不履行召集股东会会议职责的，由监事会或者不设监事会的公司的监事召集和主持；监事会或者监事不召集和主持的，代表 1/10 以上表决权的股东可以自行召集和主持。	股东大会会议由董事会召集，董事长主持；董事长不能履行职务或者不履行职务的，由副董事长主持；副董事长不能履行职务或者不履行职务的，由半数以上董事共同推举一名董事主持。 董事会不能履行或者不履行召集股东大会会议职责的，监事会应当及时召集和主持；监事会不召集和主持的，连续 90 日以上单独或者合计持有公司 10% 以上股份的股东可以自行召集和主持。
少数股东权	代表 1/10 以上表决权的股东	连续 90 日以上单独或者合计持有公司 10% 以上股份的股东

3. 临时提案权

股东提案权，是指股东向股东（大）会提出议题或议案的权利。股东提案权的确立，可以使股东得以将其关心的问题提交股东（大）会讨论，实现其对公司决策和经营的参与、监督，从而提高股东对股东（大）会参与的积极性。

注意：股份有限公司股东的法定提案权是特殊规定，有限责任公司股东没有临时提案权。

（1）单独或者合计持有公司 3% 以上股份的股东，可以在股东大会召开 10 日前提出临时提案并书面提交董事会。

（2）董事会应当在收到提案后 2 日内通知其他股东，并将该临时提案提交股东大会审议。

（3）临时提案的内容应当属于股东大会职权范围，并有明确议题和具体决议事项。

(二) 表决权

1. 行使表决权的主体

公司类型	表决权
有限责任公司	股东会会议由股东按照出资比例行使表决权；但是，公司章程另有规定的除外。
股份有限公司	在股东大会会议的表决中，投票原则为"一股一权"，即股东出席股东大会会议，所持每一股份有一表决权。

2. 表决时的"特别表决权"规则

"特别表决权"事项	修改公司章程；增减注册资本；公司的合并、分立、解散；变更公司形式。
计算基数	有限责任公司，必须经代表2/3以上表决权的股东通过。股份有限公司必须经出席会议的股东所持表决权的2/3以上通过。
表决方式	有限责任公司转让股权采取"人头主义"，而非资本多数决原则。并且，股权转让或收购后应当变更公司章程，但此种章程的修改无需股东会决议，更无需特别表决权通过。
上市公司的特别表决事项	上市公司在1年内购买、出售重大资产或者担保金额超过公司资产总额30%的，应当由股东大会作出决议，并经出席会议的股东所持表决权的2/3以上通过。

3. 表决权的排除

情形	被排除表决权的股东
公司为公司股东或者实际控制人提供担保的	上述股东或者受法律规定的实际控制人支配的股东，不得参加法律规定事项的表决。该项表决必须经股东会或者股东大会决议，由出席会议的其他股东所持表决权的过半数通过。
收购人表决权的限制	收购人未按照《证券法》规定履行上市公司收购的公告、发出收购要约、报送上市公司收购报告书等义务或者擅自变更收购要约的，责令改正，给予警告，并处以10万元以上30万元以下的罚款；在改正前，收购人对其收购或者通过协议、其他安排与他人共同收购的股份不得行使表决权。对直接负责的主管人员和其他直接责任人员给予警告，并处以3万元以上30万元以下的罚款。
公司持有的本公司股份	公司持有的本公司股份没有表决权。

（三）知情权

知情权指股东获取公司信息、了解公司情况的权利。

1. 有限责任公司

（1）股东有权查阅、复制公司章程、股东会会议记录、董事会会议决议、监事会会议决议和财务会计报告。

（2）股东可以书面要求查阅公司会计账簿。公司有合理根据认为股东查阅会计账簿有不正当目的的，可能损害公司合法利益的，可以拒绝提供查阅。公司拒绝提供查阅的，应当自股东提出书面请求之日起15日内书面答复股东并说明理由。公司拒绝提供查阅的，股东可以请求人民法院要求公司提供查阅。

2. 股份有限公司

股东有权查阅公司章程、股东名册、公司债券存根、股东大会会议记录、董事会会议决议、监事会会议决议、财务会计报告，对公司的经营提出建议或者质询。

（四）新股认购优先权（有限责任公司）

新股认购优先权，是指赋予有限责任公司原有的股东以确定的价格按其持股比例优先购买公司发行新股的权利。赋予原有股东优先认购新股的权利，可以保护原有股东的持股比例，维持原有股东对公司的比例控制权。

（1）股东之间认缴新增资本的出资比例，有约定的按约定，约定优先，如无约定，才按法律规定，充分体现了有限责任公司的人合性。

（2）在股东间无约定的情况下，股东有权要求按照实缴的出资比例来认缴新增注册资本的出资。

（3）有限责任公司股东缴纳新增出资，可以按照章程的约定分期缴纳。

（4）优先权利只限于认购上的优先性，而非在发行价格或者其他认购条件上可得到优惠或者特殊的权利。

（五）股利分配请求权

股利，是指公司依照法律或章程的规定，按期以一定的数额和方式分配给股东的利润。在股利分配的规定上，贯彻"无盈不分"原则，即公司当年无盈利时，原则上不得分配股利。

1. 公司的财务、会计

（1）公司应当依照法律、行政法规和国务院财政部门的规定建立本公司的财务、会计制度。

（2）公司应当在每一会计年度终了时编制财务会计报告，并依法经会计师事务所审计。

（3）财务会计报告的提交。

① 有限责任公司应当依照公司章程规定的期限将财务会计报告送交各股东。

② 股份有限公司的财务会计报告应当在召开股东大会年会的20日前置备于本公司，供股东查阅；公开发行股票的股份有限公司必须公告其财务会计报告。

2. 分配比例

（1）有限责任公司

股东按照实缴的出资比例分取红利。但是，全体股东约定不按照出资比例分取红利的除外。

公式:分红比例=实缴的出资/实缴的注册资本
(2) 股份有限公司
按照股东持有的股份比例分配,但股份有限公司章程规定不按持股比例分配的除外。

3. 分配顺序

(1) 公司分配当年税后利润时,应当提取利润的10%列入公司法定公积金。当法定公积金已达注册资本的50%时可不再提取。

注意:法定公积金的概念

法定公积金是公司法规定必须从税后利润中提取的公积金。对法定公积金,公司既不得以其章程或股东会决议予以取消,也不得低于法定的提取比例。

(2) 公司的法定公积金不足以弥补以前年度亏损的,在依照前款规定提取法定公积金之前,应当先用当年利润弥补亏损。

注意:法定公积金的用途

第一,弥补亏损;第二,扩大公司生产经营;第三,增加公司注册资本。法定公积金转为资本时,所留存的该项公积金不得少于转增前公司注册资本的25%。

(3) 股份有限公司以超过股票票面金额的发行价格发行股份所得的溢价款以及国务院财政部门规定列入资本公积金的其他收入,应当列为公司资本公积金。资本公积金不得用于弥补公司的亏损。

注意:资本公积金

资本公积金是公司非营业活动所产生的收益。资本公积金的来源主要有:第一,公司以超过股票票面金额的发行价格发行股份所得的溢价款;第二,处置公司资产所得的收入;第三,资产重估价值与账面净值的差额;第四,接受捐赠。

(4) 公司从税后利润中提取法定公积金后,经股东会或者股东大会决议,还可以从税后利润中提取任意公积金。

注意:任意公积金的提取不具有法律强制性,其提取的比例、最低提取额和用途,由股东会或者股东大会决议作出明确规定。

(5) 公司弥补亏损和提取公积金后所余税后利润,进行分配。

(六) 异议股东股份回购请求权(有限责任公司)

异议股东股份回购请求权,是指股东会作出对股东利害关系产生实质影响的决定,对该决定持有异议的股东有权要求公司以公平的价格回购其手中的股权,从而退出公司的权利。

概念	有限责任公司的股东对股东会某项重要决议投反对票的,可以请求公司按照合理的价格收购其股权。
重要决议事项	(1) 公司连续5年不向股东分配利润,而公司该5年连续盈利,并且符合《公司法》规定的分配利润条件; (2) 公司合并、分立、转让主要财产; (3) 公司章程规定的营业期限届满或者章程规定的其他解散事由出现,股东会会议通过决议修改章程使公司存续。
行使	自股东会会议决议通过之日起60日内,股东与公司不能达成股权收购协议的,股东可以自股东会会议决议通过之日起90日内向人民法院提起诉讼。

（七）转让股份或股权的权利

1. 有限责任公司的股权转让

股权的转让是指有限责任公司的股东依照一定的程序把自己的股权让与受让人，由受让人取得股权而成为公司的股东。

股权转让的法律特征如下：

（1）股权转让是一种股权买卖行为。从实质意义上讲，股权转让的是一种对公司的控制权。

（2）股权转让不改变公司的法人人格。股权转让完成后，公司股东发生变化。

（3）股权转让是要式行为。股权转让除须符合实体条件外，还应完成法律规定的股权转让的法定程序。

原则	内部自由，外部限制。
股权的一般外部转让	① 其他股东的同意 其他股东过半数同意；书面通知，30日未答复，视为同意；不同意，应购买，不购买，视为同意。 ② 优先购买权 同等条件下；两个以上股东都主张行使的，协商；协商不成，按出资比例。
股权的强制执行	法院强制执行转让股东的股权时，应当通知公司及全体股东，其他股东自人民法院通知之日起满20日内在同等条件下有优先购买权。
异议股东股份回购请求权	股东对对股东会特定决议事项投反对票的，可以依法请求公司按照合理的价格收购其股权。 ① 公司连续5年不向股东分配利润，而公司该5年连续盈利，并且符合公司法规定的分配利润条件的； ② 公司合并、分立、转让主要财产的； ③ 公司章程规定的营业期限届满或者章程规定的其他解散事由出现，股东会会议通过决议修改章程使公司存续的。
股权继承	自然人股东的合法继承人可以继承股东资格；但是公司章程可以另行约定。

注意：瑕疵出资股权转让人的责任

① 瑕疵出资股权转让人的权利瑕疵担保责任

在股权转让合同中存在瑕疵担保责任问题，这里的瑕疵担保责任指由于转让人出资义务未完全履行而造成的股权瑕疵，使得受让人因而受损害时，转让人应承担的责任属于权利瑕疵担保责任。

股权权利瑕疵使得受让人受让的权利之上存在负担或限制的瑕疵，但不存在股权履行不能或部分履行不能的问题，因而，受让人不能以出资不到位的股权瑕疵请求解除合同，但是，可以在满足瑕疵责任要件的情况下向转让人主张损害赔偿。

② 瑕疵出资股权转让人的出资责任

有限责任公司的股东未履行或未全面履行出资义务即转让股权，公司有权请求该股东履行出资义务,受让人对此知道或者应当知道的承担连带责任。公司债权人在下列条件下享有与公司同样的诉权:第一,瑕疵出资股权侵害了公司债权人的债权,即公司不能清偿公司债务;第二,公司债权人请求赔偿的金额以股东未出资本金及利息范围为限。

公司或债权人请求受让人承担瑕疵出资股权转让的连带责任时,如果存在股权多次转让情形,受让人应包括转让股东之后手所有通过股权受让取得股权的股东。受让人不得以其与前手股东或者后手股东之间的约定对抗公司或者债权人;受让人承担责任后,可以向包括转让股东在内的所有前手股东追偿。

2. 股份有限公司的股份转让

股份的转让是指股份责任公司的股东依照一定的程序把自己的股份让与受让人,由受让人取得股份而成为公司的股东。

原则:自由转让,限制例外。		
限制	交易地点	在证券交易场所或者按照国务院规定的其他方式。
	发起人	自公司成立之日起1年内不得转让。
	上市公司股东	公司公开发行股份前已发行的股份,自公司股票在证券交易所上市交易之日起1年内不得转让。
	董事、监事、高管	(1) 申报股份及其变动情况; (2) 在任职期间每年转让股份不得超过其所持有本公司股份总数的25%; (3) 自公司股票上市交易之日起1年内不得转让; (4) 离职后半年内不得转让。
	股份回购	(1) 原则上,公司不得收购本公司股份。 (2) 公司可以收购本公司股份的例外情况: ① 减少公司注册资本; ② 与持有本公司股份的其他公司合并; ③ 将股份奖励给本公司职工; ④ 股东因对股东大会作出的公司合并、分立决议持异议。
	禁止接受本公司的股票作为质押权的标的	禁止接受本公司的股票作为质押权的标的。
	停止过户期	股东大会召开前20日内或者公司决定分配股利的基准日前5日内,不得进行法律规定的股东名册的变更登记。

(八) 公司解散请求权

情形	1. 请求解散的情形 公司经营管理发生严重困难,继续存续会使股东利益受到重大损失,通过其他途径不能解决的,持有公司全部股东表决权10%以上的股东,以下列事由之一提起解散公司诉讼,人民法院应予受理： (1) 公司持续2年以上无法召开股东会或者股东大会,公司经营管理发生严重困难的； (2) 股东表决时无法达到法定或者公司章程规定的比例,持续2年以上不能做出有效的股东会或者股东大会决议,公司经营管理发生严重困难的； (3) 公司董事长期冲突,且无法通过股东会或者股东大会解决,公司经营管理发生严重困难的； (4) 经营管理发生其他严重困难,公司继续存续会使股东利益受到重大损失的情形。 2. 不得请求解散的情形 股东以知情权、利润分配请求权等权益受到损害,或者公司亏损、财产不足以偿还全部债务,以及公司被吊销企业法人营业执照未进行清算等为由,提起解散公司诉讼的,人民法院不予受理。
对股东的要求	持有公司全部股东表决权10%以上的股东
程序	(1) 股东提起解散公司诉讼应当以公司为被告。 (2) 原告以其他股东为被告一并提起诉讼的,人民法院应当告知原告将其他股东变更为第三人；原告坚持不予变更的,人民法院应当驳回原告对其他股东的起诉。 (3) 原告提起解散公司诉讼应当告知其他股东,或者由人民法院通知其参加诉讼。其他股东或者有关利害关系人申请以共同原告或者第三人身份参加诉讼的,人民法院应予准许。 注意：股东在提供担保且不影响公司正常经营的情形下,可向法院申请财产保全或证据保全。
效力	人民法院关于解散公司诉讼作出的判决,对公司全体股东具有法律约束力。 注意：股东提起解散公司诉讼,不得同时提起清算公司的诉讼。应当在人民法院判决解散公司后,依法自行组织清算或者另行申请人民法院对公司进行清算。

(九) 剩余财产分配请求权

公司剩余财产分配请求权的发生,须以公司向其全体债权人清偿债务之后尚有剩余财产为实质要件。

(1) 公司剩余财产分配请求权是股东向公司得以主张的最后权利。

(2) 清偿公司债务后的剩余财产,有限责任公司按照股东的出资比例分配,股份有限公司按照股东持有的股份比例分配。

(十) 股东诉权

股东享有诉权,即当事人向人民法院应诉和起诉,请求人民法院行使审判权以保护其权益的权利。

直接诉讼	直接诉讼,是指股东基于股权,对其权利的侵害人就其个人范围内造成的损害提起的诉讼。 【《公司法》第152条】董事、高级管理人员违反法律、行政法规或者公司章程的规定,损害股东利益的,股东可以向人民法院提起诉讼。
派生诉讼(代表诉讼)	1. 概念 派生诉讼是指股东代行公司的权利,以自己的名义起诉损害公司利益的侵害人的诉讼。 2. 诉讼资格 有限责任公司:股东 股份有限公司:连续180日以上单独或者合计持有公司1%以上股份的股东 3. 穷尽公司内部救济 (1) 董事、高级管理人员侵权的,书面请求监事会或者不设监事会的监事起诉。 (2) 监事侵权的,书面请求董事会或者不设董事会的执行董事起诉。 (3) 他人侵犯公司合法权益,给公司造成损失的,书面请求监事会或者不设监事会的监事,或者书面请求董事会或者不设董事会的执行董事起诉。 (4) 拒绝提起诉讼的,或者自收到请求之日起30日内未提起诉讼的,或者情况紧急、不立即提起诉讼将会使公司利益受到难以弥补的损害的,股东有权为了公司的利益以自己的名义直接提起诉讼。 【《公司法》第151条】董事、高级管理人员有本法第149条规定的情形的,有限责任公司的股东、股份有限公司连续180日以上单独或者合计持有公司1%以上股份的股东,可以书面请求监事会或者不设监事会的有限责任公司的监事向人民法院提起诉讼;监事有本法第149条规定的情形的,前述股东可以书面请求董事会或者不设董事会的有限责任公司的执行董事向人民法院提起诉讼。 监事会、不设监事会的有限责任公司的监事,或者董事会、执行董事收到前款规定的股东书面请求后拒绝提起诉讼的,或者自收到请求之日起30日内未提起诉讼的,或者情况紧急、不立即提起诉讼将会使公司利益受到难以弥补的损害的,前款规定的股东有权为了公司的利益以自己的名义直接向人民法院提起诉讼。 他人侵犯公司合法权益,给公司造成损失的,本条第1款规定的股东可以依照前两款的规定向人民法院提起诉讼。
决议无效、可撤销之诉	1. 决议内容违法 公司股东会或者股东大会、董事会的决议内容违反法律、行政法规的无效。 2. 程序违法或违反公司章程 股东会或者股东大会、董事会的会议召集程序、表决方式违反法律、行政法规或者公司章程,或者决议内容违反公司章程的,股东可以自决议作出之日起60日内,请求人民法院撤销。 3. 股东提供担保 股东依照法律规定提起诉讼的,人民法院可以应公司的请求,要求股东提供相应担保。 4. 法律效果 公司根据股东会或者股东大会、董事会决议已办理变更登记的,人民法院宣告该决议无效或者撤销该决议后,公司应当向公司登记机关申请撤销变更登记。

注意:股东代表诉讼和股东直接诉讼的区别

① 诉权归属:股东代表诉讼属于公司,只有在公司怠于行使时,才能派生代表诉权。股东直接诉讼,诉权属于股东本身。

② 适用情形:股东代表诉讼系股东为了公司利益而提起的;股东直接诉讼系直接侵害了股东的个人利益。

③ 诉讼目的与结果归属:股东代表诉讼是为公司利益提起的,若胜诉,所得利益归于公司,因而股东代表诉讼属于共益权;股东直接诉讼是为股东利益提起的,若胜诉,所得利益归于股东,因而股东直接诉讼属于自益权。

④ 程序差异:代表诉讼有前置程序的特别程序障碍;股东直接诉讼没有该前置程序。

⑤ 当事人:股东直接诉讼的原告股东没有限制;在股东有限责任公司中,股东代表诉讼的原告股东受到持股时间、持股比例方面的限制。

考点 2 股东的义务

(一) 出资义务

股东的出资义务是指股东应当足额缴纳公司章程中各自认缴的出资额,是股东基于其股东地位,为公司目的之需要所负的对公司为一定给付的义务。股东承担出资义务,一方面是公司资本制度的内在要求,同时也体现了交易安全的需要,出资是股东最基本的义务,这种义务既是一种约定义务,也是一种法定义务。

1. 未履行或者未全面履行出资义务的形式

(1) 完全不履行

完全不履行,指股东根本不出资。

(2) 未完全履行

未完全履行,指股东只履行了部分出资义务。

(3) 不适当履行

不适当履行,指出资的时间、形式或手续不符合规定。

注意:以下几种情况需要特别注意

① 非货币财产出资未依法评估

出资人以非货币财产出资,未依法评估作价,公司、其他股东或者公司债权人请求认定出资人未履行出资义务的,人民法院应当委托具有合法资格的评估机构对该财产评估作价。评估确定的价额显著低于公司章程所定价额的,人民法院应当认定出资人未依法全面履行出资义务。

未依法评估作价包括未进行评估作价和评估作价不合法(评估机构不具有合法资格、评估作价程序违法、评估方法不当、评估结果不真实合理等)。

② 实际交付财产但未办理权属变更登记手续

公司、其他股东或者公司债权人主张认定出资人未履行出资义务的,人民法院应当责令当事人在指定的合理期间内办理权属变更手续;在指定期间内办理了权属变更手续的,人民法院应当认定其已经履行了出资义务。

③ 已经办理权属变更登记手续但未实际交付财产

公司或者其他股东主张其向公司交付,并在实际交付之前不享有相应股东权利的,人民法院应予支持。

2. 出资责任

自己责任	(1) 股东未履行或者未全面履行出资义务的,应当向公司足额缴纳或补足差额。 (2) 股东未履行或者未全面履行出资义务的,应当在未出资本息范围内对公司债务不能清偿的部分承担补充赔偿责任。 ① 该责任属于"补充责任",是指债权人只有在公司不能清偿其债权时,就不能清偿的部分请求责任主体承担赔偿责任。 ② 该责任属于"有限责任",是指责任主体向全体债权人承担赔偿责任的范围以股东未履行出资义务的本金及利息范围为限。
连带责任	(1) 股东未履行或者未全面履行出资义务的,发起人承担连带责任。 (2) 董事、高级管理人员未尽勤勉义务向股东催收资本的,承担连带责任。
违约责任	(1) 有限责任公司的股东 ① 没有缴纳货币出资的,或对于非货币出资没有依法办理财产权转移手续的,股东向其他已按期足额缴纳出资的股东承担违约责任。 ② 非货币财产的实际价额显著低于公司章程所定价额的,只有补足差额责任,没有违约责任。 (2) 股份有限公司的股东 按照发起人协议承担违约责任。 注意:设立时股东、发起人之间是合伙关系,适用《公司法》与《合同法》的规定。
发起人	(1) 设立失败时 对设立行为所产生的债务和费用、认股款及利息的连带责任。 (2) 设立时发生的职务侵权 公司成立后,公司承担侵权赔偿责任;公司未成立,发起人承担连带赔偿责任。 (3) 设立过程中 发起人对公司承担过错赔偿责任。 注意:部分发起人依照法律规定承担责任后,请求其他发起人分担的,人民法院应当判令其他发起人按照约定的责任承担比例分担责任;没有约定责任承担比例的,按照约定的出资比例分担责任;没有约定出资比例的,按照均等份额分担责任。

3. 股东权利限制与除名

（1）股东权利的限制

对未履行出资义务的股东,公司可以根据公司章程或股东会决议对其利润分配请求权、新股优先认购权、剩余财产分配请求权等股东权利作出相应的限制。

（2）股东除名

股东除名制度从司法层面上确认了公司在一定条件下解除股东资格行为(即除名行为)的效力。股东除名行为是一种非常严厉的措施,应当符合一定的条件和程序。

① 适用于"未出资"和"抽逃全部出资"的严重违反出资义务的情形。

② 在除名前,应当给予股东补正的机会,即应当催告该股东在合理期间内缴纳或者返还

出资。

③ 公司对股东除名应当依法召开股东会,作出股东会决议。

注意:公司办理法定减资程序或者其他股东或第三人缴纳相应的出资之前,被除名的股东仍然应当承担此前由于其未出资或抽逃全部出资所导致的对公司债权人的法律责任。

4. 股东出资责任的诉讼程序

(1) 股东出资责任之诉不适用诉讼时效。

(2) 原告提供对股东履行出资义务产生合理怀疑证据的,被告股东应当就其已履行出资义务承担举证责任。

(二) 控股股东的义务

控股股东的概念	控股股东,指其出资额占有限责任公司资本总额 50% 以上或持有的股份占股份有限公司总额 50% 以上的股东;出资额或者持有股份的比例虽然不足 50%,但依其出资额或持有股份所享有的表决权足以对股东会、股东大会的决议产生重大影响的股东。
控股股东对公司的义务	公司的控股股东、实际控制人、董事、监事、高级管理人员不得利用其关联关系损害公司利益。利用关联交易给公司造成损失的,应当承担赔偿责任。

注意:关联关系

关联关系,是指公司控股股东、实际控制人、董事、监事、高级管理人员与其直接或者间接控制的企业之间的关系,以及可能导致公司利益转移的其他关系。但是,国家控股的企业之间不仅仅因为同受国家控股而具有关联关系。

(三) 禁止抽逃出资

抽逃出资是严重侵害公司资本的行为。我国公司法明确禁止股东抽逃出资。

1. 抽逃出资的情形

(1) 制作虚假财务会计报表虚增利润进行分配

制作虚假财务会计报表虚增利润进行分配,本身已经违反了公司分配利润时"无盈不分"的法定原则,侵害了公司的权益。

(2) 通过虚构债权债务关系将其出资转出

虚构债权债务关系将其出资转出,属于恶意地将公司资本转出,无需支付对价和提供担保,也无返还期限的约定等,侵害了公司的权益。

(3) 利用关联交易将出资转出

正常的关联交易行为本身并不足以构成抽逃出资,但是利用关联交易将出资转出,侵害公司利益,则可以认定为抽逃出资。

(4) 其他未经法定程序将出资抽回的行为

2. 抽逃出资的责任

股东抽逃出资,应向公司返还出资本息;协助抽逃出资的其他股东、董事、高级管理人员或者实际控制人承担连带责任。

【真题演练】

1. 张某是红叶有限公司的小股东,持股5%;同时,张某还在枫林有限公司任董事,而红叶公司与枫林公司均从事保险经纪业务。红叶公司多年没有给张某分红,张某一直对其会计账簿存有疑惑。关于本案,下列哪一选项是正确的?(2016年真题,单选)
   A. 张某可以用口头或书面形式提出查账请求
   B. 张某可以提议召开临时股东会表决查账事宜
   C. 红叶公司有权要求张某先向监事会提出查账请求
   D. 红叶公司有权以张某的查账目的不具正当性为由拒绝其查账请求

【答案】 D

【解析】 根据我国《公司法》第33条的规定,A选项错误,C选项错误。根据我国《公司法》第39条的规定,本题中张某仅为持有5%股权的小股东,并无权利提议召开临时股东会。B选项错误。根据我国《公司法》第33条的规定,红叶公司可以以张某查阅公司账簿可能导致公司商业秘密泄露为由,合理地拒绝张某的请求。D选项正确。

2. 源圣公司有甲、乙、丙三位股东。2015年10月,源圣公司考察发现某环保项目发展前景可观,为解决资金不足问题,经人推荐,霓美公司出资1亿元现金入股源圣公司,并办理了股权登记。增资后,霓美公司持股60%,甲持股25%,乙持股8%,丙持股7%,霓美公司总经理陈某兼任源圣公司董事长。2015年12月,霓美公司在陈某授意下将当时出资的1亿元现金全部转入霓美旗下的天富公司账户用于投资房地产。后因源圣公司现金不足,最终未能获得该环保项目,前期投入的500万元也无法收回。陈某忙于天富公司的房地产投资事宜,对此事并不关心。请回答第(1)题。(2016年真题,不定选)

（1）针对公司现状,甲、乙、丙认为应当召开源圣公司股东会,但陈某拒绝召开,而公司监事会对此事保持沉默。下列说法正确的是:
   A. 甲可召集和主持股东会   B. 乙可召集和主持股东会
   C. 丙可召集和主持股东会   D. 甲、乙、丙可共同召集和主持股东会

【答案】 AD

【解析】 根据我国《公司法》第40条第3款的规定,A选项正确,B选项错误,C选项错误。既然甲已经享有的了召集和主持股东会的权利,此时甲与乙、丙联手,一共享有公司40%的股权,三者当然可以共同召集和主持股东会。D选项正确。

3. 甲与乙为一有限责任公司股东,甲为董事长。2014年4月,一次出差途中遭遇车祸,甲与乙同时遇难。关于甲、乙股东资格的继承,下列哪一表述是错误的?(2014年真题,单选)
   A. 在公司章程未特别规定时,甲、乙的继承人均可主张股东资格继承
   B. 在公司章程未特别规定时,甲的继承人可以主张继承股东资格与董事长职位
   C. 公司章程可以规定甲、乙的继承人继承股东资格的条件
   D. 公司章程可以规定甲、乙的继承人不得继承股东资格

【答案】 B

【解析】 根据《公司法》第75条规定,公司章程可以对股东资格的继承做出特别规定,若无特别规定,则由股东的继承人继承股东资格。故A、C、D三项正确。根据《公司法》第44条第三款规定,董事长是公司中的重要职位,并非财产权,不产生继承问题,应当按照有限责任公

司的章程规定的办法产生,故 B 项错误。

4. 2014 年 5 月,甲、乙、丙三人共同出资设立一家有限责任公司。甲的下列哪一行为不属于抽逃出资行为?(2014 年真题,单选)

　　A. 将出资款项转入公司账户验资后又转出去
　　B. 虚构债权债务关系将其出资转出去
　　C. 利用关联交易将其出资转出去
　　D. 制作虚假财务会计报表虚增利润进行分配

【答案】　A

【解析】　根据《公司法解释(三)》第 12 条的规定,本题中将出资款项转入公司账户验资后又转出不再属于抽逃出资的行为,故 A 项正确。

5. 2013-03-28. 香饴餐饮有限公司有股东甲、乙、丙三人,分别持股 51%、14% 与 35%。经营数年后,公司又开设一家分店,由丙任其负责人。后因公司业绩不佳,甲召集股东会,决议将公司的分店转让。对该决议,丙不同意。下列哪一表述是正确的?(2013 年真题,单选)

　　A. 丙可以该决议程序违法为由,主张撤销
　　B. 丙可以该决议损害其利益为由,提起解散公司之诉
　　C. 丙可以要求公司按照合理的价格收购其股权
　　D. 公司可以丙不履行股东义务为由,以股东会决议解除其股东资格

【答案】　C

【解析】　根据《公司法》第 39 条、第 37 条以及第 42 条的规定,A 项错误。根据《公司法》第 182 条、《公司法解释(二)》第 1 条的规定,公司转让分店的行为不足以使丙提起解散公司之诉,故 B 项错误。根据《公司法》第 74 条的规定,丙可以请求公司按照合理的价格收购其股权,故 C 项正确。根据《公司法》第 37 条规定,股东会无权解除股东的股东资格,故 D 项错误。

6. 郑贺为甲有限公司的经理,利用职务之便为其妻吴悠经营的乙公司谋取本来属于甲公司的商业机会,致甲公司损失 50 万元。甲公司小股东付冰欲通过诉讼维护公司利益。关于付冰的做法,下列哪一选项是正确的?(2012 年真题,单选)

　　A. 必须先书面请求甲公司董事会对郑贺提起诉讼
　　B. 必须先书面请求甲公司监事会对郑贺提起诉讼
　　C. 只有在董事会拒绝起诉情况下,才能请求监事会对郑贺提起诉讼
　　D. 只有在其股权达到 1% 时,才能请求甲公司有关部门对郑贺提起诉讼

【答案】　B

【解析】　根据《公司法》第 151 条的规定,付冰为有限责任公司股东,无论其股权大小,其均有权提起股东代表诉讼,故 D 项不正确。在具体程序上,当董事和高管人员损害公司利益时,应该先书面申请有限责任公司的监事(会)提起诉讼;当监事侵害公司利益时,应该先书面申请有限责任公司的董事(会)提起诉讼。本题中,郑贺为甲有限公司的经理,属于公司的高级管理人员,应该先书面申请有限责任公司的监事(会)提起诉讼,故 A、C 项错误。答案为 B 项。

7. 2009 年,甲、乙、丙、丁共同设立 A 有限责任公司。丙以下列哪一理由提起解散公司的诉讼法院应予受理?(2011 年真题,单选)

　　A. 以公司董事长甲严重侵害其股东知情权,其无法与甲合作为由

B. 以公司管理层严重侵害其利润分配请求权,其股东利益受重大损失为由
C. 以公司被吊销企业法人营业执照而未进行清算为由
D. 以公司经营管理发生严重困难,继续存续会使股东利益受到重大损失为由

【答案】 D

【解析】 根据《公司法》第182条以及《公司法解释(二)》第1条第2款的规定,A、B、C均属于不得提起公司解散请求权的情形,故A、B、C选项均不正确。D项符合法律规定提起公司解散请求权的情形,故D项正确。

8. 甲乙等六位股东各出资30万于2004年2月设立一有限责任公司,五年来公司效益一直不错,但为了扩大再生产一直未向股东分配利润。2009年股东会上,乙提议进行利润分配,但股东会仍作出不分配利润的决议。对此,下列哪些表述是错误的?(2010年真题,多选)

A. 该股东会决议无效
B. 乙可请求法院撤销该股东会决议
C. 乙有权请求公司以合理价格收购其股权
D. 乙可不经其他股东同意而将其股份转让给第三人

【答案】 ABD

【解析】 根据《公司法》第22条第1款以及第37条第6款的规定,A项错误。根据《公司法》第22条第2款规定,本题中不分配利润决议的作出在程序上并没有违反法律、行政法规或者公司章程的规定,内容上也没有违反公司章程的规定,故B项错误。根据《公司法》第74条规定,属于异议股东股份回购请求权情形,故C项正确。根据《公司法》第71条第2款规定,D项错误。

第五节 公司治理

考点 1 公司治理和公司组织机构

(一) 公司治理的概念

公司治理指股东或公司对经营者的一种监督与制衡机制,是通过公司组织结构所进行的内部治理,其目标是保证公司和股东利益的最大化,防止经营者损害公司和股东的利益。

(二) 公司组织机构

1. 一般的有限责任公司和股份有限公司,其组织机构为股东(大)会、董事会和监事会

(1) 股东(大)会
权力机关

(2) 董事会
决策机关
经理:执行机关,负责组织日常经营管理活动的公司常设业务执行机关,由董事会聘任产生,对董事会负责。

（3）监事会
监督机关
注意：股东会中心主义与董事会中心主义
2. 特殊情况
（1）股东人数较少或者规模较小的有限责任公司，可以不设董事会，设1名执行董事；可以不设监事会，设1~2名监事。
（2）一人有限责任公司不设股东会。
（3）国有独资公司不设股东会，由国有资产监督管理机构行使股东会职权；但要设董事会和监事会。

考点 2 股东（大）会

（一）概念

依法由全体股东组成的公司权力机构。

（二）特征

1. 最高权力机关
三资企业除外：董事会或联合管理委员会
2. 必须设立
一人公司，国有独资公司除外
3. 全体股东组成
不排除任何一个股东

（三）职权

1. 有限责任公司
（1）决定公司的经营方针和投资计划；
（2）选举和更换非由职工代表担任的董事、监事，决定有关董事、监事的报酬事项；
（3）审议批准董事会的报告；
（4）审议批准监事会或者监事的报告；
（5）审议批准公司的年度财务预算方案、决算方案；
（6）审议批准公司的利润分配方案和弥补亏损方案；
（7）对公司增加或者减少注册资本作出决议；
（8）对发行公司债券作出决议；
（9）对公司合并、分立、解散、清算或者变更公司形式作出决议；
（10）修改公司章程；
（11）公司章程规定的其他职权。
注意：股东以书面形式一致表示同意的，可以不召开股东会会议，直接作出决定，并由全体股东在决定文件上签名、盖章。

2. 股份有限公司
(1) 本人投票制和委托投票制
委托投票制：股东可以委托代理人出席股东大会会议，代理人应当向公司提交股东授权委托书，并在授权范围内行使表决权。
(2) 直接投票制和累积投票制
累积投票制：股东大会选举董事或者监事时，每一股份拥有与应选董事或者监事人数相同的表决权，股东拥有的表决权可以集中使用。
3. 程序
召开股东会会议，应当于会议召开15日前通知全体股东；但是，公司章程另有规定或者全体股东另有约定的除外。

考点 3 董事会

项目	有限责任公司	国有独资公司	股份有限公司
人数	有限责任公司设董事会，其成员为3人至13人；董事由股东（大）会任免。股东人数较少或者规模较小的有限责任公司，可以设1名执行董事，不设董事会。执行董事可以兼任公司经理。董事任期由公司章程规定，但每届任期不得超过3年。董事任期届满，连选可以连任。董事任期届满未及时改选，或者董事在任期内辞职导致董事会成员低于法定人数的，在改选出的董事就任前，原董事仍应当依照法律、行政法规和公司章程的规定，履行董事职务。	国有独资公司设董事会，人数为3至13人。董事会成员（除职工代表外）由国有资产监督管理机构委派。	股份有限公司设董事会，其成员为5人至19人。
董事会中的职工代表	一般有限责任公司董事会成员中可以有公司职工代表，所以，职工董事不是董事会法定组成要件。	注意：国有有限责任公司中，"两个以上的国有企业或者两个以上的其他国有投资主体投资设立的有限责任公司，其董事会成员中应当有公司职工代表"。	在股份有限公司中，"董事会成员中可以有公司职工代表"，所以，职工董事不是董事会法定组成要件。

项目	有限责任公司	国有独资公司	股份有限公司
董事长的产生	有限责任公司中,董事长、副董事长的产生办法由公司章程规定。	国有独资公司中,董事长、副董事长由国有资产监督管理机构从董事会成员中指定。	股份有限公司中,董事长和副董事长由董事会以全体董事的过半数选举产生。
召集和主持人	1. 主体:董事长、副董事长、推举的董事。三者在履行职务时有顺位规定。 2. 董事会会议的召集人和主持人为一人。 3.《公司法》规定只要董事长不履行职务,赋予副董事长或其他董事履行职务的规定职权。 (1) 有限责任公司:董事会会议由董事长召集和主持;董事长不能履行职务或者不履行职务的,由副董事长召集和主持;副董事长不能履行职务或者不履行职务的,由半数以上董事共同推举一名董事召集和主持。 (2) 股份有限公司:董事长召集和主持董事会会议,检查董事会决议的实施情况。副董事长助理董事长工作,董事长不能履行职务或者不履行职务的,由副董事长履行职务;副董事长不能履行职务或者不履行职务的,由半数以上董事共同推举一名董事履行职务。"		
表决方式	1. 有限责任公司和股份有限公司董事会的表决方式相同,一人一票制。 2. 股份有限公司中,董事会的议事方式和表决程序法定。 (1) 董事会会议应有过半数的董事出席方可举行。董事会作出决议,必须经全体董事的过半数通过。 (2) 书面委托制:董事会会议,应由董事本人出席;董事因故不能出席,可以书面委托其他董事代为出席,委托书中应载明授权范围。 (3) 会议记录和签名:出席会议的董事应当在会议记录上签名。 (4) 董事个人责任:董事应当对董事会的决议承担责任。董事会的决议违反法律、行政法规或者公司章程、股东大会决议,致使公司遭受严重损失的,参与决议的董事对公司负赔偿责任。但经证明在表决时曾表明异议并记载于会议记录的,该董事可以免除责任。		

考点 4 监事会

(一) 监事会与监事

监事会是股份有限公司和国有独资公司的法定必设机构。

对于股东人数较少或者规模较小的有限责任公司,可以设1至2名监事,不设监事会。

(二) 监事会的组成

人数	监事会不得少于3人,国有独资公司的监事会成员不得少于5人,其中职工代表的比例不得低于1/3。
人员组成	1. 股东代表 监事会中的股东代表由股东选举产生。 2. 公司职工代表 职工代表由职工民主选举产生。其中职工代表的比例不得低于1/3,具体比例由公司章程规定。对有限责任公司、股份有限公司和国有独资公司而言,凡设立监事会的,其成员中必须有职工代表,即法定职工监事,此和董事会法定职工董事制有区别。
不得任监事的人员	董事、高级管理人员不得兼任监事。
监事会主席	监事会设主席一人,可以设副主席,由全体监事过半数选举产生。

(三) 监事会的职权

关于监事会的职权,有限责任公司和股份有限公司的规定完全相同。概括而言,监事会、不设监事会的公司的监事行使下列职权:

(1) 检查公司财务;

(2) 对董事、高级管理人员执行公司职务的行为进行监督,对违反法律、行政法规、公司章程或者股东会决议的董事、高级管理人员提出罢免的建议;

(3) 当董事、高级管理人员的行为损害公司的利益时,要求董事、高级管理人员予以纠正;

(4) 提议召开临时股东会会议,在董事会不履行本法规定的召集和主持股东会会议职责时召集和主持股东会会议;

(5) 向股东会会议提出提案;

(6) 对董事、高级管理人员提起诉讼;

(7) 质询或建议权。监事可以列席董事会会议,并对董事会决议事项提出质询或者建议。

(四) 监事行使职权的费用承担

监事会、不设监事会的公司的监事行使职权所必需的费用,由公司承担。

(1) 主体是作为公司机关的监事会或者监事。

(2) 前提是行使职权所必需的费用。如监事会、不设监事会的公司的监事发现公司经营情况异常,可以进行调查;必要时,可以聘请会计师事务所等协助其工作。此处的调查费用和聘的费用即为必要费用。

考点 5 董事、监事、高级管理人员的资格与义务

（一）董事、监事高级管理人员的任职资格

消极资格	有下列情形之一的，不得担任公司的董事、监事、高级管理人员： (1) 无民事行为能力或者限制民事行为能力； (2) 因贪污、贿赂、侵占财产、挪用财产或者破坏社会主义市场经济秩序，被判处刑罚，执行期满未逾 5 年，或者因犯罪被剥夺政治权利，执行期满未逾 5 年； (3) 担任破产清算的公司、企业的董事或者厂长、经理，对该公司、企业的破产负有个人责任的，自该公司、企业破产清算完结之日起未逾 3 年； (4) 担任因违法被吊销营业执照、责令关闭的公司、企业的法定代表人，并负有个人责任的，自该公司、企业被吊销营业执照之日起未逾 3 年； (5) 个人所负数额较大的债务到期未清偿。
违反消极资格的法律后果	(1) 公司违反法律规定选举、委派董事、监事或者聘任高级管理人员的，该选举、委派或者聘任无效； (2) 董事、监事、高级管理人员在任职期间出现消极资格情形的，公司应当解除其职务。

（二）董事、高级管理人员的忠实义务（义务的主体不包括公司的监事）

绝对忠实义务	(1) 挪用公司资金； (2) 将公司资金以其个人名义或者以其他个人名义开立账户存储； (3) 接受他人与公司交易的佣金归为己有； (4) 擅自披露公司秘密； (5) 违反对公司忠实义务的其他行为。
相对忠实义务	(1) 违反公司章程的规定，未经股东会、股东大会或者董事会同意，将公司资金借贷给他人或者以公司财产为他人提供担保； (2) 违反公司章程的规定或者未经股东会、股东大会同意，与本公司订立合同或者进行交易； (3) 未经股东会或者股东大会同意，利用职务便利为自己或他人谋取属于公司的商业机会； (4) 未经股东会或者股东大会同意，自营或者为他人经营与所任职公司同类的业务。

(续表)

违反忠实义务的法律后果	（1）如果是董事违反了法定义务，对其处理的机构为股东（大）会；如果是经理等违反了法定义务，对其处理的机构为董事会。 （2）董事、高级管理人员违反《公司法》第148条规定的义务的，所得的收入应当归公司所有，即公司行使归入权。 《证券法》第47条也规定了"归入权"，请一同比较记忆。 【《证券法》第47条】上市公司董事、监事、高级管理人员、持有上市公司股份5%以上的股东，将其持有的该公司的股票在买入后6个月内卖出，或者在卖出后6个月内又买入，由此所得收益归该公司所有，公司董事会应当收回其所得收益。但是，证券公司因包销购入售后剩余股票而持有5%以上股份的，卖出该股票不受6个月时间限制。 公司董事会不按照前款规定执行的，股东有权要求董事会在30日内执行。公司董事会未在上述期限内执行的，股东有权为了公司的利益以自己的名义直接向人民法院提起诉讼。 公司董事会不按照第一款的规定执行的，负有责任的董事依法承担连带责任。 （3）董事、监事、高级管理人员执行公司职务时违反法律、行政法规或者公司章程的规定，给公司造成损失的，应当承担赔偿责任；并有可能引发股东代表诉讼。 （4）《公司法》第148条规定的义务均为法定义务，不允许当事人以协议形式加以变更。

【真题演练】

1. 科鼎有限公司设立时，股东们围绕公司章程的制订进行讨论，并按公司的实际需求拟定条款规则。关于该章程条款，下列哪些说法是正确的？（2016年真题，多选）

   A. 股东会会议召开7日前通知全体股东
   B. 公司解散需全体股东同意
   C. 董事表决权按所代表股东的出资比例行使
   D. 全体监事均由不担任董事的股东出任

   【答案】 AB
   【解析】 根据我国《公司法》第41条第1款规定，A选项正确。根据我国《公司法》第43条的规定，法定公司解散决议的作出需满足特别多数标准，应为法律对此提出的最低要求，章程可以规定公司解散需要全体股东的同意，B选项正确。根据我国《公司法》第48条的规定，C选项错误。根据我国《公司法》第51条的规定，监事会成员内部须有适当比例的公司职工代表，而被选举出的职工代表并不一定是股东，D选项错误。

2. 紫云有限公司设有股东会、董事会和监事会。近期公司的几次投标均失败，董事会对此的解释是市场竞争激烈，对手强大。但监事会认为是因为董事狄某将紫云公司的标底暗中透露给其好友的公司。对此，监事会有权采取下列哪些处理措施？（2016年真题，多选）

   A. 提议召开董事会　B. 提议召开股东会　C. 提议罢免狄某　D. 聘请律师协助调查

   【答案】 BCD
   【解析】 根据我国《公司法》第53条的规定，A选项不正确，B选项正确，C选项正确。同时，根据我国《公司法》第54条的规定，D选项正确。

3. 荣吉有限公司是一家商贸公司,刘壮任董事长,马姝任公司总经理。关于马姝所担任的总经理职位,下列哪一选项是正确的?(2015年真题,单选)

A. 担任公司总经理须经刘壮的聘任
B. 享有以公司名义对外签订合同的法定代理权
C. 有权制定公司的劳动纪律制度
D. 有权聘任公司的财务经理

【答案】 C

【解析】 根据《公司法》第46条第9款规定,A项错误。根据《公司法》第49条规定,D项错误。根据《民法通则》第38条以及《公司法》第13条的规定,公司总经理不一定是公司的法定代表人。本题中并没有表明公司总经理马姝即是公司的法定代表人,如果总经理不是公司法定代表人的,其对外以公司名义签订合同需事先获得公司授权,故B项错误。根据《公司法》第49条第5款的规定,C项正确。

第六节 公司的变更、合并与分立、解散与清算

考点 1 公司的变更

(一) 狭义的公司变更

狭义的公司变更即组织形式变更,是指在保持公司法人人格持续性的前提下,将公司从一种形态转变为另一种形态的行为。

1. 公司组织形式的变更必须符合新的公司组织形式的法定条件
实践中一般为有限责任公司变更为股份有限公司。
(1) 公司符合《公司法》规定的股份有限公司的条件。
(2) 折合的股份总额应当相当于公司的净资产额。
净资产额是指公司资产总额减去负债总额的余额,代表了股东在公司中财产的价值。
(3) 为增加资本向社会公开募集股份时,应当依照《公司法》有关向社会公开募集股份的规定办理。
2. 公司组织形式的变更必须符合组织变更的法定程序
(1) 董事会拟订公司变更方案。
(2) 公司组织形式的变更由股东会决议特别多数做出。
(3) 办理变更登记。
3. 公司变更前的债权、债务由变更后的公司承继

(二) 广义的公司变更

广义的公司变更指公司设立登记的事项的变更,具体包括:名称、住所、法定代表人、注册资本、企业类型、经营范围、营业期限、有限责任公司股东或者股份有限公司发起人的姓名或者名称。

考点 2 公司的合并与分立

(一) 基本概念

1. 合并

两个或两个以上的公司订立合并协议,依照公司法的规定,不经过清算程序,直接合并为一个公司的法律行为。

(1) 吸收合并(兼并)

指一个公司吸收其他公司,被吸收的公司解散。

(2) 新设合并

指两个以上公司合并设立一个新的公司,合并各方解散。

2. 分立

一个公司通过签订协议,不经过清算程序,分为两个或两个以上的公司的法律行为。

(1) 派生分立

指公司以其部分资产另设一个或者数个新的公司,原公司存续。

(2) 新设分立

指公司全部资产分别划归两个或两个以上的新公司,原公司解散。

(二) 程序与法律后果

	签订合并(分立)协议,编制资产负债表及财产清单。
通知与公告	通知债权人。作出合并(分立)决议之日起 10 日内通知债权人,并于 30 日内在报纸上公告。 特别提示:没有需要公告最低次数的规定。
对债权人的特别救济	合并:债权人自接到通知书之日起 30 日内,未接到通知书的自公告之日起 45 日内,可以要求公司清偿债务或者提供相应的担保。但是,不清偿债务或者不提供相应的担保,并不构成对公司合并的阻却事由。
是否需要清算程序	合并分立无须清算。
登记	(1) 变更登记,公司合并或者分立,登记事项发生变更的,应当依法向公司登记机关办理变更登记。 (2) 注销登记,公司解散的,应当依法办理公司注销登记。 (3) 设立登记,设立新公司的,应当依法办理公司设立登记。
法律后果	(1) 公司合并时,合并各方的债权、债务,应当由合并后存续的公司或者新设的公司承继。 (2) 公司分立前的债务由分立后的公司承担连带责任。但是,公司在分立前与债权人就债务清偿达成的书面协议另有约定的除外。 注意:合并或分立登记已经完成,任何人不得主张合并或分立无效,尽管在合并或分立的过程中存在某些程序上的瑕疵。

考点 3　公司的解散与清算

（一）公司的解散

公司解散是指公司发生了法律规定或者当事人约定的不能继续存在的事由,停止积极活动开始整理财产的法律现象。公司解散具有如下特征:第一,公司解散是公司将要永久性停止存在的首先发生的事实状态。第二,公司解散因未履行注销登记程序,故公司在法律上并未归于消灭。第三,公司解散之后,除非公司与其他公司合并或分立,必须依法进入清算程序。

概念		公司发生了法律规定或者当事人约定的不能继续存在的事由,停止积极活动开始整理财产的法律现象。
法律效果		公司解散并不能导致公司权利能力的消灭,只是发生公司权利能力受到限制的后果,公司开始进入清算。
事由	意定解散	（1）公司章程规定的营业期限届满或者公司章程规定的其他解散事由出现。 （2）股东会或者股东大会决议解散。有限责任公司经代表2/3以上表决权的股东通过,股份有限公司经出席股东大会的股东所持表决权的2/3通过,股东（大）会可以作出解散公司的决议。国有独资公司不设股东会,其解散的决定应由国家授权投资的机构或部门作出。
	法定解散	（1）因公司合并或者分立需要解散。 （2）破产。
	命令解散	（1）依法被吊销营业执照、责令关闭或者被撤销。 （2）人民法院应股东的请求而解散公司。公司经营管理发生严重困难,继续存续会使股东利益受到重大损失,通过其他途径不能解决的,持有公司全部股东表决权10%以上的股东,可以请求人民法院解散公司。

（二）公司的清算

公司清算是指已经解散的公司了结其未了事务,清理其财产,从而使公司归于消灭的程序。公司清算具有如下特征:第一,公司清算期间,公司并未丧失其法人资格。第二,公司清算由专门的清算机构负责进行。第三,公司清算工作依法定程序进行。第四,公司清算的结果将直接导致公司法人资格的消灭。

概念	所谓清算是指已经解散的公司了结其未了事务,清理其财产,从而使公司归于消灭的程序。
进入清算程序的法律效果	已经解散处于清算程序中的法人叫做清算法人;清算法人只能进行清算范围内的活动,不得再进行积极的经营活动。

(续表)

组织清算组的时间	应当在解散事由出现之日起15日内成立清算组。
清算种类	1. 普通清算 公司在解散事由出现之日起开始自行清算。 2. 特别清算 公司的债权人或股东申请人民法院指定清算组对公司进行的清算。 (1) 公司解散逾期不成立清算组进行清算的； (2) 虽然成立清算组但故意拖延清算的； (3) 违法清算可能严重损害债权人或者股东利益的。 注意：有限责任公司的股东、股份有限公司的董事和控股股东未在法定期限内成立清算组开始清算，导致公司财产贬值、流失、毁损或者灭失，债权人主张其在造成损失范围内对公司债务承担赔偿责任的，人民法院应依法予以支持。
清算组成员的选任	1. 自行选任 有限责任公司的清算组由股东组成，股份有限公司的清算组由董事或者股东大会确定的人员组成。 2. 法院选任 逾期不成立清算组进行清算的，债权人或股东可以申请人民法院指定有关人员组成清算组进行清算。人民法院应当受理该申请，并及时组织清算组进行清算。 人民法院受理公司清算案件，应当及时指定有关人员组成清算组。 清算组成员可以从下列人员或者机构中产生： (1) 公司股东、董事、监事、高级管理人员； (2) 社会中介机构； (3) 社会中介机构中具备相关专业知识并取得执业资格的人员。
清算组的职权	1. 职权内容 (1) 清理公司财产，分别编制资产负债表和财产清单； (2) 通知、公告债权人； (3) 处理与清算有关的公司未了结的业务； (4) 清缴所欠税款以及清算过程中产生的税款； (5) 清理债权、债务； (6) 处理公司清偿债务后的剩余财产； (7) 代表公司参与民事诉讼活动。 2. 清算期间，公司存续，不得开展与清算无关的经营活动

（续表）

清算的法定程序	1. 组织清算机构 2. 通知并公告债权人及登记申报债权 (1) 清算组应当自成立之日起10日内通知债权人,并于60日内在报纸上公告。债权人应当自接到通知书之日起30日内,未接到通知书的自公告之日起45日内,向清算组申报其债权。 (2) 在申报债权期间,清算组不得对债权人进行清偿。 (3) 债权人可以在清算组程序终结前补充申报。公司清算程序终结,是指清算报告经股东会、股东大会或者人民法院确认完毕。 3. 清理财产 注意:清算组在清理公司财产、编制资产负债表和财产清单后,发现公司财产不足清偿债务的,应当依法向人民法院申请宣告破产。 4. 提出财产估价方案和清算方案 (1) 公司自行清算的,清算方案应当报股东会或者股东大会决议确认;人民法院组织清算的,清算方案应当报人民法院确认。未经确认的清算方案,清算组不得执行。 (2) 执行未经确认的清算方案给公司或者债权人造成损失,公司、股东或者债权人主张清算组成员承担赔偿责任的,人民法院应依法予以支持。 5. 分配财产 公司财产在分别支付清算费用、职工的工资、社会保险费用和法定补偿金,缴纳所欠税款,清偿公司债务后的剩余财产,有限责任公司按照股东的出资比例分配,股份有限公司按照股东持有的股份比例分配。
清算组的义务与责任	1. 义务 (1) 清算组成员应当忠于职守,依法履行清算义务。 (2) 清算组成员不得利用职权收受贿赂或者其他非法收入,不得侵占公司财产。 (3) 清算组成员因故意或者重大过失给公司或者债权人造成损失的,应当承担赔偿责任。 2. 责任 清算组成员从事清算事务时,违反法律、行政法规或者公司章程给公司或者债权人造成损失,公司或者债权人主张其承担赔偿责任的,人民法院应依法予以支持。
清算完毕的法律后果	公司清算结束后,清算组应当制作清算报告,报股东会、股东大会或者人民法院确认,并报送公司登记机关,申请注销公司登记,公告公司终止。

【真题演练】

1. 张某、李某为甲公司的股东,分别持股65%与35%,张某为公司董事长。为谋求更大的市场空间,张某提出吸收合并乙公司的发展战略。关于甲公司的合并行为,下列哪些表述是正确的？(2015年真题,多选)

　　A. 只有取得李某的同意,甲公司内部的合并决议才能有效

B. 在合并决议作出之日起15日内,甲公司须通知其债权人
C. 债权人自接到通知之日起30日内,有权对甲公司的合并行为提出异议
D. 合并乙公司后,甲公司须对原乙公司的债权人负责

【答案】 AD
【解析】 根据《公司法》第43条的规定,本案中李某持有35%的股权,恰好制约张某所须达到的2/3多数,从而在结果上也就必须经过李某的同意,故A项正确。根据《公司法》第173条规定,B项错误。根据《公司法》第173条的规定,债权人此时对公司的合并行为并不享有异议权,不能阻却合并行为的发生,故C项错误。根据《公司法》第174条规定,本题中吸收式合并完成后乙公司解散,仅甲公司存续,故D项正确。

2. 因公司章程所规定的营业期限届满,蒙玛有限公司进入清算程序。关于该公司的清算,下列哪些选项是错误的?(2014年真题,多选)
   A. 在公司逾期不成立清算组时,公司股东可直接申请法院指定组成清算组
   B. 公司在清算期间,由清算组代表公司参加诉讼
   C. 债权人未在规定期限内申报债权的,则不得补充申报
   D. 法院组织清算的,清算方案报法院备案后,清算组即可执行

【答案】 ABCD
【解析】 根据《公司法》第183条规定,公司逾期不成立清算组,债权人可以申请法院指定有关人员组成清算组进行清算,公司股东无此权利,故A项错误。根据《公司法》第184条以及《公司法解释(二)》第10条第2款的规定,此时应当由清算组负责人而不是由清算组代表公司参加诉讼,故B项错误。根据《公司法》第185条第1款以及《公司法解释(二)》第13条规定,债权人可以在清算组程序终结前补充申报,故C项错误。根据《公司法》第186条第1款以及《公司法解释(二)》第15条第1款规定,法院组织清算时,清算方案应当报法院确认而不是备案,故D项错误。

3. 2012年5月,东湖有限公司股东申请法院对公司进行司法清算,法院为其指定相关人员组成清算组。关于该清算组成员,下列哪一选项是错误的?(2012年真题,单选)
   A. 公司债权人唐某
   B. 公司董事长程某
   C. 公司财务总监钱某
   D. 公司聘请的某律师事务所

【答案】 A
【解析】 根据《公司法解释(二)》第8条规定,B中程某是公司董事;C中钱某是公司的财务负责人(很多实务中成为财务总监),为公司的高级管理人员,D中律所也符合社会中介机构的要求。故B、C、D项正确。A不属于清算组成员选任的范围,故A项错误。

4. 白阳有限公司分立为阳春有限公司与白雪有限公司时,在对原债权人甲的关系上,下列哪一说法是错误的?(2011年真题,单选)
   A. 白阳公司应在作出分立决议之日起10日内通知甲
   B. 甲在接到分立通知书后30日内,可要求白阳公司清偿债务或提供相应的担保
   C. 甲可向分立后的阳春公司与白雪公司主张连带清偿责任
   D. 白阳公司在分立前可与甲就债务偿还问题签订书面协议

【答案】 B
【解析】 根据《公司法》第175条的规定,A项正确。根据《公司法》第176条的规定,甲

在接到分立通知书后 30 日内,可要求白阳公司清偿债务或提供相应的担保的说法是错误的,故 B 项错误。根据《公司法》第 176 条的规定,C 项正确。白阳公司在分立前可与甲就债务偿还问题签订书面协议的说法,也符合《公司法》第 176 条的规定,只要约定不违反法律、法规的规定,则约定优先,故 D 项正确。

第七节　公司法分论

考点 1　有限责任公司与股份有限公司

(一) 有限责任公司与股份有限公司的总区别

(1) 有限责任公司,简称有限公司,是指股东以其认缴的出资额为限对公司承担责任,公司以其全部资产对公司债务承担责任的企业法人。

(2) 股份有限公司,简称股份公司,是指其全部资本分为等额股份,股东以其所持股份为限对公司承担责任,公司以其全部资产对公司的债务承担责任的企业法人。

	股份公司	有限公司
性质	资合为主,人合为辅	人合为主,资合为辅
开放性	公开	封闭
股东	2 人以上	50 人以下
是否将资本划分为等额股份	是	否
股权转让	自由转让,限制例外	内部自由,外部限制
组织机构	严格三机关	机构灵活,可以不设董事会和监事会
设立方式	募集和发起设立两种	发起设立一种
法律规制	更多强制性规范	更多任意性规范

(二) 股份有限公司的募集设立程序

发起人认购股份	募集设立中,发起人认购的股份不得少于公司应发行股份总额的 35%。
募集设立中,向外公开募股的条件	(1) 需要向国务院证监机构申请批准募股。 (2) 公告招股说明书,制作认股书。 (3) 签订承销协议和代收股款协议。
缴纳出资及验资	(1) 募集设立的,发起人按照章程认购的股份缴纳股款或者交付抵作股款的出资,后者还要办理有关出资财产权的转移手续。 (2) 认股人按照认股书认购的股份缴纳股款,并且只能以货币出资。 (3) 在发行股份缴足后,必须经法定的验资机构出具验资证明。

		（续表）
召开创立大会	概念	创立大会是股份有限公司募集设立中的决议机构,在召开创立大会后,即取代发起人合伙成为设立中公司的权利机关。
	召开时间	发起人应当自股款缴足之日起30日内主持召开公司创立大会。
	程序	通知或公告。发起人应当在创立大会召开15日前将会议日期通知认股人或者予以公告。创立大会应有代表股份总数过半数的发起人、认股人出席,方可举行。
	职权	职权包括:审议发起人关于公司筹办情况的报告;通过公司章程;选举董事会成员;选举监事会成员;对公司的设立费用进行审核;对发起人用于抵作股款的财产的作价进行审核;发生不可抗力或者经营条件发生重大变化直接影响公司设立的,可以作出不设立公司的决议。 特别注意:对上述所列事项作出决议,必须经出席会议的认股人所持表决权过半数通过。

注意:发起人的另行募集权

① 认股人有缴纳认股款的义务。认股人认购股份,应当按照股份发行时确定的期限缴纳其所认购的全部股款。

② 发起人催告后认股人仍未缴纳的,视为其放弃认股权,可以解除认股合同,另行进行募集。

③ 认股人应当承担延期缴纳股款给公司造成的实际损失,如公司因另行募集发生的额外费用、因设立延误造成的损失,而不是仅限于认股人未按期缴纳的股款范围。

考点 2 国有独资公司

(一) 概念

1. 概念

国有独资公司是国家单独出资、由国务院或者地方人民政府授权本级人民政府国有资产监督管理机构履行出资人职责的有限责任公司。

2. 法律特征

(1) 国有独资公司为有限责任公司。国有独资公司是有限责任公司的一种,它不是独立于有限责任公司形态的一种新的公司形态。

(2) 国有独资公司股东的唯一性。与一般的有限责任公司不同的是,国有独资公司仅有一个股东。

(3) 国有独资公司股东的法定性。即国有独资公司的股东只能是国家,只能由国家单独出资设立,只能由国有资产监督管理机构代行股东权利。

（二）国有独资公司的组织机构

股东会	国有独资公司不设股东会,其唯一股东就是公司的权力机关,决策职能由国有资产监督管理机构行使。
董事会	（1）董事会是公司的执行机关,也是法定必设机关。 （2）董事每届任期不得超过3年。 （3）董事会组成包括两部分,一是由国有资产监督管理机构委派;二是公司职工代表,通过民主方式选举产生。 注意:两个以上的国有企业或者两个以上的其他国有投资主体投资设立的有限责任公司,其董事会成员中应当有公司职工代表。 （4）经理由董事会聘任或者解聘。 （5）董事会的职权。 国有资产监督管理机构可以授权公司董事会行使股东的部分职权,决定公司的重大事项。 ① 公司的合并、分立、解散、增加或者减少注册资本和发行公司债券,必须由国有资产监督管理机构决定。 ② 重要的国有独资公司合并、分立、解散、申请破产的,应当由国有资产监督管理机构审核后,报本级人民政府批准。 （6）任职限制包括两个方面: ① 经国有资产监督管理机构同意,董事会成员可以兼任经理; ② 国有独资公司的董事长、副董事长、董事、高级管理人员,未经国有资产监督管理机构同意,不得在其他有限责任公司、股份有限公司或者其他经济组织兼职。
监事会	（1）监事会是国有独资公司法定必设机关。 （2）监事会成员不得少于5人。 （3）监事会成员组成。 ① 国有资产监督管理机构委派人员; ② 监事会中的职工代表由公司职工代表大会选举产生,其中职工代表的比例不得低于三分之一,具体比例由公司章程规定; ③ 监事会主席由国有资产监督管理机构从监事会成员中指定。

考点 3 一人有限责任公司

（一）一人有限责任公司的概念

一人有限责任公司,简称一人公司,是指只有一个自然人股东或者一个法人股东的有限责任公司。一人公司符合自由市场经济的原则,体现对投资者自由选择方式的尊重,可使唯一投资者最大限度利用有限责任原则规避经营风险,实现经济效益最大化。一人公司治理的主要任务在于保护债权人;一人公司治理的主要关注点在于股东与债权人的利益平衡。因此公司法对于一人公司的特别规范主要围绕着股东与债权人之间的利益平衡而展开,重心是加强一人公司的财务监督,强化股东的义务与责任,突出保护公司债权人的利益。

(二) 一人公司的特殊规则

概念	一人有限责任公司是指只有一个自然人股东或者一个法人股东的有限责任公司。
组织机构	一人有限责任公司不设股东会。股东作出《公司法》第38条第1款所列决定时，应当采用书面形式，并由股东签名后置备于公司。
特别限制	(1) 设立限制 一个自然人只能投资设立一个一人有限责任公司。该一人有限责任公司不能投资设立新的一人有限责任公司。 (2) 强化登记 一人有限责任公司应当在公司登记中注明自然人独资或者法人独资，并在公司营业执照中载明。 (3) 强制审计 一人有限责任公司应当在每一会计年度终了时编制财务会计报告，并经会计师事务所审计。 (4) 一人有限责任公司法人人格否认（举证责任倒置） 一人有限责任公司的股东不能证明公司财产独立于股东自己的财产的，应当对公司债务承担连带责任。

(三) 一般有限公司、一人有限责任公司与国有独资公司

	一般有限责任公司	一人公司	国有独资公司
投资人	2个以上自然人或法人	一个自然人或法人	国家授权的投资机构（股东的法定性）
股东会	必设	不设，由投资人以书面形式行使股东会的权利	不设，部分授权董事会行使、重大事项由国家授权的投资机构行使
董事会	可不设，只设一名执行董事，董事均由股东选出，任期不超过3年，具体由章程确定	与前同	必设，3～13人，必须有职工代表，任期不超过3年。
监事会	监事会人数不少于3人，可不设，只设1到2名监事	与前同	必设，不得少于5人

考点 4 上市公司

(一) 概念

上市公司，是指其股票在证券交易所上市交易的股份有限公司。

(1) 上市公司是股份有限公司。

(2) 股票上市须符合法定条件并经批准。
(3) 股票在证券交易所上市交易。

(二) 上市公司的特殊规制

1. 上市公司设立独立董事

上市公司独立董事是指不在公司担任除董事外的其他职务,并与其所受聘的上市公司及其主要股东不存在可能妨碍其进行独立客观判断的关系的董事。

(1) 独立董事制度的设立

① 上市公司董事会中的独立董事人数不得低于全体董事人数的1/3,独立董事中至少包含1名会计专业人士。

② 独立董事最多只能在5家上市公司中任职,以确保有足够的时间和精力有效地履行独立董事的职责。

(2) 独立董事的独立性

以下人员不得担任独立董事:

① 在上市公司或者其附属企业任职的人员及其直系亲属、主要社会关系(直系亲属是指配偶、父母、子女等;主要社会关系是指兄弟姐妹、岳父母、儿媳女婿、兄弟姐妹的配偶、配偶的兄弟姐妹等);

② 直接或间接持有上市公司已发行股份1%以上或者是上市公司前10名股东中的自然人股东及其直系亲属;

③ 在直接或间接持有上市公司已发行股份5%以上的股东单位或者在上市公司前5名股东单位任职的人员及其直系亲属;

④ 最近1年内曾经具有前三项所列举情形的人员;

⑤ 为上市公司或者其附属企业提供财务、法律、咨询等服务的人员;

⑥ 公司章程规定的其他人员;

⑦ 中国证监会认定的其他人员。

(3) 独立董事的选任

① 提名

a. 上市公司董事会、监事会、单独或者合并持有上市公司已发行股份1%以上的股东可以提出独立董事候选人,并经股东大会选举决定。

b. 独立董事的提名人在提名前应当征得被提名人的同意。提名人应当充分了解被提名人的具体情况,并对其担任独立董事的资格和独立性发表意见,被提名人应当就其本人与上市公司之间不存在任何影响其独立客观判断的关系发表公开声明。

c. 上市公司董事会应当对独立董事被提名人进行信息披露。

② 选举

在选举独立董事的股东大会召开前,上市公司应将所有被提名人的有关材料同时报送中国证监会、公司所在地中国证监会派出机构和公司股票挂牌交易的证券交易所。中国证监会在15个工作日内对独立董事的任职资格和独立性进行审核。

③ 任期

a. 独立董事每届任期与上市公司其他董事任期相同,连选可以连任,但是连任时间不得超过6年。

b. 独立董事任期届满前不得无故被免职，提前免职的，上市公司应当进行信息披露。更换。

④ 更换

a. 独立董事连续3次未亲自出席董事会会议的，由董事会提请股东大会予以撤换。

b. 独立董事在任期届满前可以提出书面提出辞职。如因独立董事辞职导致公司董事会中独立董事所占的比例低于法定最低要求时，该独立董事的辞职报告应当在下任独立董事填补其缺额后生效。

（4）独立董事的特别职权

① 情形

a. 重大关联交易应由独立董事认可后，提交董事会讨论；独立董事作出判断前，可以聘请中介机构出具独立财务顾问报告，作为其判断的依据。

重大关联交易：上市公司拟与关联人达成的总额高于300万元或高于上市公司最近经审计净资产值的5%的关联交易。

b. 向董事会提议聘用或解聘会计师事务所。

c. 向董事会提请召开临时股东大会。

d. 提议召开董事会。

e. 独立聘请外部审计机构和咨询机构。

f. 可以在股东大会召开前公开向股东征集投票权。

② 行使特别职权应当取得全体独立董事的1/2以上同意

注意：如上述提议未被采纳或上述职权不能正常行使，上市公司应当进行信息披露。

（5）独立董事的独立意见

① 情形

a. 提名、任免董事；

b. 聘任或解聘高级管理人员；

c. 公司董事、高级管理人员的薪酬；

d. 上市公司的股东、实际控制人及其关联企业对上市公司现有或新发生的总额高于300万元或高于上市公司最近经审计净资产值的5%的借款或其他资金往来，以及公司是否采取有效措施回收欠款；

e. 独立董事认为可能损害中小股东权益的事项；

f. 公司章程规定的其他事项。

② 意见的类型

a. 同意；

b. 保留意见及其理由；

c. 反对意见及其理由；

d. 无法发表意见及其障碍。

③ 行使

如有关事项属于需要披露的事项，上市公司应当将独立董事的意见予以公告，独立董事出现意见分歧无法达成一致时，董事会应将各独立董事的意见分别披露。

(6) 独立董事履行职责的保障
① 上市公司应当保证独立董事的知情权。
② 上市公司应提供独立董事履行职责所必需的工作条件。
③ 独立董事行使职权时,上市公司有关人员应当积极配合,不得拒绝、阻碍或隐瞒,不得干预其独立行使职权。
④ 独立董事聘请中介机构等行使职权的必需费用由上市公司承担。
⑤ 上市公司应当给予独立董事适当的津贴。津贴的标准应当由董事会制订预案,股东大会审议通过,并在公司年报中进行披露。
注意:独立董事不应从该上市公司及其主要股东或有利害关系的机构和人员取得额外的、未予披露的其他利益。
⑥ 上市公司可以建立独立董事责任保险制度。

2. 上市公司设立董事会秘书
负责公司股东大会和董事会会议的筹备、文件保管以及公司股东资料的管理,办理信息披露事务等事宜。

3. 表决权行使的特殊规定
(1) 上市公司在1年内购买、出售重大资产或者担保金额超过公司资产总额30%的,应当由股东大会作出决议,并经出席会议的股东所持表决权的2/3以上通过。
(2) 上市公司董事与董事会会议决议事项所涉及的企业有关联关系的,不得对该项决议行使表决权,也不得代理其他董事行使表决权。该董事会会议由过半数的无关联关系董事出席即可举行,董事会会议所作决议须经无关联关系董事过半数通过。出席董事会的无关联关系董事人数不足3人的,应将该事项提交上市公司股东大会审议。

关联关系:指公司控股股东、实际控制人、董事、监事、高级管理人员与其直接或者间接控制的企业之间的关系,以及可能导致公司利益转移的其他关系。但是,国家控股的企业之间不仅仅因为同受国家控股而具有关联关系。

【真题演练】
1. 甲、乙、丙等拟以募集方式设立厚亿股份公司。经过较长时间的筹备,公司设立的各项事务逐渐完成,现大股东甲准备组织召开公司创立大会。下列哪些表述是正确的?(2016年真题,多选)
A. 厚亿公司的章程应在创立大会上通过
B. 甲、乙、丙等出资的验资证明应由创立大会审核
C. 厚亿公司的经营方针应在创立大会上决定
D. 设立厚亿公司的各种费用应由创立大会审核
【答案】 AD
【解析】 根据我国《公司法》第90条的规定,A选项正确,D选项正确,B选项以及C选项均未涉及。

2. 星煌公司是一家上市公司。现董事长吴某就星煌公司向坤诚公司的投资之事准备召开董事会。因公司资金比较紧张,且其中一名董事梁某的妻子又在坤诚公司任副董事长,有部分董事对此投资事宜表示异议。关于本案,下列哪些选项是正确的?(2016年真题,多选)

A. 梁某不应参加董事会表决
B. 吴某可代梁某在董事会上表决
C. 若参加董事会人数不足,则应提交股东大会审议
D. 星煌公司不能投资于坤诚公司

【答案】 AC
【解析】 根据我国《公司法》第124条以及第216条的规定,梁某作为关联关系人,不应享有对该决议的表决权,也不可委托代理人代为表决。A选项正确,B选项错误,C选项正确。只要投资决议的作出过程符合法律规定的程序,星煌公司仍然可以投资于坤诚公司。D选项错误。

3. 甲公司是一家上市公司。关于该公司的独立董事制度,下列哪一表述是正确的?(2015年真题,单选)
A. 甲公司董事会成员中应当至少包括1/3的独立董事
B. 任职独立董事的,至少包括一名会计专业人士和一名法律专业人士
C. 除在甲公司外,各独立董事在其他上市公司同时兼任独立董事的,不得超过5家
D. 各独立董事不得直接或间接持有甲公司已发行的股份

【答案】 A
【解析】 根据证监会《关于在上市公司建立独立董事制度的指导意见》第1条规定,A项正确。除了会计专业人士外,其余独立董事的资格并没有具体的规定,故B项错误。C项中加上甲公司,同时兼任独立董事的数量已经为6家,超过了最多只能兼职5家的规定,故C项错误。根据《关于在上市公司建立独立董事制度的指导意见》第3条的规定,只要独立董事及其亲属持股不超过上述限额,也可以继续任职。故D项错误。

4. 顺昌有限公司等五家公司作为发起人,拟以募集方式设立一家股份有限公司。关于公开募集程序,下列哪些表述是正确的?(2014年真题,多选)
A. 发起人应与依法设立的证券公司签订承销协议,由其承销公开募集的股份
B. 证券公司应与银行签订协议,由该银行代收所发行股份的股款
C. 发行股份的股款缴足后,须经依法设立的验资机构验资并出具证明
D. 由发起人主持召开公司创立大会,选举董事会成员、监事会成员与公司总经理

【答案】 AC
【解析】 根据《公司法》第87条规定,A项正确。根据《公司法》第88条第1款规定,B项错误。根据《公司法》第89条第1款规定,C项正确。根据《公司法》第90条第2款以及《公司法》第113条第1款的规定,D项错误。

5. 下列有关一人公司的哪些表述是正确的?(注意:公司法修正后本题已为单选)(2012年真题,多选)
A. 国有企业不能设立一人公司
B. 一人公司发生人格或财产混同时,股东应当对公司债务承担连带责任
C. 一人公司的注册资本必须一次足额缴纳
D. 一个法人只能设立一个一人公司

【答案】 B
【解析】 根据《公司法》第57条规定,国有企业可以设立一人公司,故A项错误。根据

《公司法》第58条规定,对于法人设立一人公司没有此限制,故D项错误。根据2013年《公司法》修订已经取消了一人公司设立时的最低资本额限制和实缴出资的要求,故C项错误。根据《公司法》第63条规定,B项正确。

6. 张平以个人独资企业形式设立"金地"肉制品加工厂。2011年5月,因瘦肉精事件影响,张平为减少风险,打算将加工厂改换成一人有限公司形式。对此,下列哪一表述是错误的?(注意:公司法修正后本题已为多选)(2011年真题,单选)

　　A. 因原投资人和现股东均为张平一人,故加工厂不必进行清算即可变更登记为一人有限公司
　　B. 新成立的一人有限公司仍可继续使用原商号"金地"
　　C. 张平为设立一人有限公司,须一次足额缴纳其全部出资额
　　D. 如张平未将一人有限公司的财产独立于自己的财产,则应对公司债务承担连带责任

【答案】 AC

【解析】 根据《公司法》第23条规定,A项错误。张平作为个人独资企业的出资人,该个人独资企业的所有财产,包括"金地"商号,均归张平所有,张平作为股东出资设立的一人公司,当然有权继续使用此商号,故B项正确。根据2013年公司法修正案,C项错误。根据《公司法》第63条规定,如张平未将一人有限公司的财产独立于自己的财产,则应对公司债务承担连带责任的说法正确,故D项正确。

合伙企业法专题

专题导学:

　　合伙企业法的精神:共同出资、共同经营、共享收益、共担风险
　　合伙企业是指二人以上按合伙协议,共同出资、共同经营、共享收益、共担风险组成的营利性组织。合伙企业是典型的人合组织,组织成员之间的信任为合伙的基础,合伙企业不具备独立的法人地位,合伙人对合伙企业的债务承担无限连带责任。

　　合伙企业法学习线索:

　　1. 注意合伙协议的重要性
　　合伙企业最重要的就是人合性,因此组织成员之间的信任为合伙的基础;对内体现为合伙企业的成立与合伙人的变更等事项;对外体现为合伙事务的经营与合伙债务的承担等事项。人合组织特性在合伙企业法中处处有所体现,如合伙的出资方式。又如,合伙事务(普通合伙)通常由全体合伙人共同执行。
　　合伙协议为合伙人确定权利、义务的法律文书,是合伙人意志的最主要的体现。在不违反法律的强制性规定的前提下,合伙协议的约定可以排除法律的"准用性"规定。
　　特别注意:"合伙协议的约定""全体合伙人一致同意"等字的出现。

　　2. 区分普通合伙与有限合伙的不同
　　普通合伙中合伙人地位相同;而有限合伙中对于有限合伙人承担的是类似于公司股东一样的责任。复习时注意比较有限合伙与普通合伙的不同规定,如出资、执行事务、承担责任等

及普通合伙与有限合伙的转换。

第一节 合伙制度概述

考点 1 合伙的概念和特征

(一) 概念

合伙企业是指二人以上按合伙协议,共同出资、共同经营、共享收益、共担风险组成的营利性组织,包括普通合伙企业和有限合伙企业两种类型。合伙企业是典型的人合组织,组织成员之间的信任为合伙的基础,合伙企业不具备独立的法人地位,合伙人对合伙企业的债务承担无限连带责任。

普通合伙企业由普通合伙人组成,除合伙企业法另有规定外,合伙人对合伙企业债务承担无限连带责任。

有限合伙企业由至少一个普通合伙人和至少一个有限合伙人组成,普通合伙人对合伙企业债务承担无限连带责任;有限合伙人以其认缴的出资额为限对合伙企业债务承担责任。

(二) 特征

1. 合伙企业因合伙协议而产生

合伙协议是处理合伙人相互之间的权利义务关系的内部法律文件,即只约束合伙人,合伙人之外的人如欲入伙,须经全体合伙人同意,并在合伙协议上签字。所以,合伙协议是调整合伙关系、规范合伙人相互间的权利义务、处理合伙纠纷的基本法律依据,也是合伙得以成立的法律基础。根据合伙企业法的规定,合伙企业的合伙协议应当采用书面形式。

2. 合伙人共同出资、共同经营、共享收益、共担风险(四共原则)

出资是合伙人的基本义务,也是其取得合伙人资格的前提。合伙出资的形式丰富多样,比公司灵活,合伙人除了以现金、实物、土地使用权和知识产权四种方式出资外,还可以其他财产权利出资,如劳务、技术等,只要其他合伙人同意即可。普通合伙人必须共同从事经营活动,以合伙为职业和谋生之本。有限合伙企业的情形有所不同,有限合伙人可以不参加合伙企业的营业,不执行合伙事务。每一个合伙人无论出资多少,以何种方式出资,都有参加利润分配的权利,也有亏损分担的义务。

3. 合伙企业是典型的人合性的组织

合伙企业是人合性企业,其设立以合伙人相互信任为基础。

4. 普通合伙人对外承担无限连带责任

此处所称无限连带责任,包括两层含义,一是指合伙企业的普通合伙人对合伙企业的债务承担无限责任,即当合伙企业的全部资产不能清偿其债务时,各合伙人须以自身的财产对合伙企业的债务承担无限责任。合伙人是法人的,应以其法人的财产承担无限责任。二是指普通合伙人之间对合伙企业债务承担连带责任。当合伙企业全部资产不能清偿其债务时,债权人可以向任何一个普通合伙人主张权利。普通合伙人不得以其出资份额的大小、已超过合伙协议约定的亏损分担比例承担责任等任何理由予以拒绝。

5. 合伙企业不具有法人资格
6. 合伙企业不缴纳企业所得税(各合伙人缴纳个人所得税)

第二节 普通合伙企业

普通合伙企业是指依照我国合伙企业法的规定,由自然人、法人和其他组织通过订立合伙协议,在我国境内设立的全体合伙人为普通合伙人,各合伙人对合伙企业的债务承担无限连带责任的以营利为目的的经济组织。

考点 1 设立条件与程序

(一)合伙人

1. 合伙人可以是自然人、法人或其他组织

国有独资公司、国有企业、上市公司以及公益性的事业单位、社会团体不得成为普通合伙人。普通合伙人的重要特征是要对合伙企业的债务承担无限连带责任。国有独资公司、国有企业、上市公司以及公益性的事业单位、社会团体如果成为普通合伙人,不利于保护国有资产和上市公司股东的利益,另外,从事公益性活动的事业单位、社会团体,因其从事的活动涉及公共利益,其自身财产不宜对外承担无限连带责任。因此,国有独资公司、国有企业、上市公司以及公益性的事业单位、社会团体不得成为普通合伙人。他们可以根据实际需要,以有限合伙人的身份参加合伙企业,从事经营活动,对合伙企业以出资额为限承担责任。

2. 要求有2个以上合伙人

设立合伙企业须有2个以上的合伙人。若出资人为1人,则是独资企业而非合伙。合伙企业法并未规定合伙企业的人数上限,允许当事人自行选择。合伙人出于管理和对切身利益的考虑,自己会将合伙人的人数限定在一个合理的范围内。

3. 合伙人应该有完全民事行为能力

无民事行为能力或限制民事行为能力人可以并且只能成为有限合伙人,而不能成为普通合伙人。

(二)设立时的出资

1. 合伙企业没有最低注册资本的规定

合伙人因要对合伙企业之债务承担无限连带责任,故而在合伙企业法中并无必要规定注册资本。

2. 合伙人可以用自己的合法财产及财产权利出资

(1)货币。货币出资可以构成合伙企业资本金的全部。合伙人出资所用货币应当是合伙人自有的资金,或归自己管理、支配的资金。

(2)实物。实物即企业生产经营所需的各种货币以外的有形财产。以实物出资是否需要评估作价,由谁来评估作价,应由全体合伙人协商确定,全体合伙人也可以委托法定的评估机构进行评估。以实物出资的,合伙人用以出资的实物必须为自己的或可在合伙企业经营期间完全由自己支配的实物财产。

(3) 知识产权,如商标权、著作权、专利权、技术秘密等。

(4) 土地使用权。土地使用权是指依法对土地加以使用的权利,对合伙企业出资的只能是土地的使用权。按照土地管理法规定,国有或集体所有的土地可以依法确定给全民、集体所有制单位使用,也可以依法确定给个人使用。

(5) 其他财产权利出资。合伙人可以用财产使用权出资,此点与公司股东出资不同。

(6) 劳务。以劳务出资,即将某一特定人的劳务作为对合伙企业的出资方式。合伙人以劳务出资的,其评估办法由全体合伙人协商确定,并要在合伙协议中载明。

3. 出资责任

(1) 合伙人应当按照合伙协议约定的出资方式、数额和缴付期限,履行出资义务。按约定履行出资义务是指投资人按照合伙协议的约定的出资方式、数额与缴付期限向企业投入资产的行为,是投资设立合伙企业的前提。

(2) 如果合伙人违反了出资义务,即构成违约,其他合伙人可追究其违约责任。

(3) 未履行出资义务的,经其他合伙人一致同意,可以决议将其除名。

(三) 合伙协议

(1) 合伙企业必须要有书面合伙协议。合伙协议是设立合伙企业的协议,多为合伙人及合伙企业在较长时期内的行为规范。为了明确合伙人的权利、义务,避免合伙人之间产生不必要的纠纷,使合伙人和合伙企业在长期的生产经营活动中始终遵循一定的规则,维护合伙企业正常的经营秩序,合伙协议必须采用书面形式。

(2) 普通合伙企业中,合伙协议不得约定将全部利润分配给部分合伙人或者由部分合伙人承担全部亏损。

合伙企业的利润分配、亏损分担,按照合伙协议的约定办理;合伙协议未约定或者约定不明确的,由合伙人协商决定;协商不成的,由合伙人按照实缴出资比例分配、分担;无法确定出资比例的,由合伙人平均分配、分担。合伙协议不得约定将全部利润分配给部分合伙人或者由部分合伙人承担全部亏损。

(3) 合伙协议经全体合伙人签名、盖章后生效。合伙人按照合伙协议享有权利,履行义务。

【真题演练】

关于合伙企业的利润分配,如合伙协议未作约定且合伙人协商不成,下列哪一选项是正确的?(2010年真题,单选)

A. 应当由全体合伙人平均分配
B. 应当由全体合伙人按实缴出资比例分配
C. 应当由全体合伙人按合伙协议约定的出资比例分配
D. 应当按合伙人的贡献决定如何分配

【答案】 B

【解析】 根据《合伙企业法》第33条的规定,选项A、C、D错误,B项正确。

考点 2 合伙企业的财产

(一) 合伙企业财产的概念和范围

合伙人的出资、以合伙企业名义取得的收益和依法取得的其他财产,均为合伙企业的财产。

(1) 合伙人以现金、财产所有权出资的,由全体合伙人共有,此为共同共有,出资人不再享有财产权。

(2) 合伙人以土地使用权、房屋使用权、商标或专利的使用权出资的,财产归出资人所有,合伙企业只享有管理权、使用权,退伙或者解散时,合伙人有权要求返还原物。

(3) 合伙企业积累的财产的性质。指合伙企业存续期间,全体合伙人共同经营合伙企业所创造的利益除去合伙人分配外,留存用以发展的积累以及合伙企业受赠、受奖、受让的利益及无形财产。

(二) 合伙份额的出质和转让

1. 合伙人一旦依据合伙协议向合伙企业缴付了出资,便不得随意抽回

任何一个合伙人抽走或分割其财产份额,都会直接导致企业财产数量的减少,给正常运行的生产经营活动造成消极影响;以合伙企业名义取得的收益和依法取得的其他财产,也具有同样的性质。因此,在合伙企业清算前,合伙人不得请求分割合伙企业的财产,但可以通过转让或者出质方式处置财产份额。

2. 普通合伙企业财产份额的出质

合伙人以其在合伙企业中的财产份额出质,是指合伙人以自己投入合伙企业的财产所获的财产份额及其收益为自身债务或其他债务进行质押担保的行为,合伙人如果以其在合伙企业中的财产份额为自己或他人的债务作质押担保,就使合伙企业的财产处于不稳定的状态,如其不能履行债务,债权人就要依法执行合伙企业的有关财产份额予以优先受偿,从而导致合伙人的变更,影响合伙企业的正常经营活动。

(1) 以合伙企业财产份额出质的,须经其他合伙人一致同意。

(2) 未经其他合伙人一致同意,其行为无效。

(3) 对由此给善意第三人造成的损失承担赔偿责任。

(4) 无论以何种方式实现质权,向合伙人以外的人转让财产份额时,应注意普通合伙企业财产份额转让的规则。

3. 普通合伙企业财产份额的转让

合伙的人合性决定了合伙人的财产份额向合伙人以外的人转让受到限制。一般来说,须经其他合伙人一致同意。当然,合伙协议也可以事先另做约定。

(1) 合伙人之间转让在合伙企业中的全部或者部分财产份额时,应当通知其他合伙人。由于这种转让属内部关系,只关联到各合伙人财产份额的变化,不影响企业财产总额的变化,不需征得其他合伙人的同意,也没有其他事前程序,只需通知他们知晓即可。

(2) 除合伙协议另有约定外,合伙人向合伙人以外的人转让其在合伙企业中的全部或者部分财产份额时,须经其他合伙人一致同意。

(3) 合伙人向合伙人以外的人转让其在合伙企业中的财产份额的,在同等条件下,其他合

伙人有优先购买权;但是,合伙协议另有约定的除外。

【真题演练】

1. 高崎、田一、丁福三人共同出资200万元,于2011年4月设立"高田丁科技投资中心(普通合伙)",从事软件科技的开发与投资。其中高崎出资160万元,田、丁分别出资20万元,由高崎担任合伙事务执行人。请回答第(1)题。(2013年真题,不定选)

(1)2012年6月,丁福为向钟冉借钱,作为担保方式,而将自己的合伙财产份额出质给钟冉。下列说法正确的是:
A. 就该出质行为,高、田二人均享有一票否决权
B. 该合伙财产份额质权,须经合伙协议记载于工商登记才能生效
C. 在丁福伪称已获高、田二人同意,而钟冉又是善意时,钟冉善意取得该质权
D. 在丁福未履行还款义务,如钟冉享有质权并主张以拍卖方式实现时,高、田二人享有优先购买权

【答案】 AD
【解析】 根据《合伙企业法》第25条规定,丁福的出质行为,须经其他合伙人高崎、田一一致同意,否则其行为无效,故高、田对甲的出质行为具有一票否决权,故A项正确。根据《合伙企业法》相关规定,其并未对是否需要登记进行规定。《物权法》也未对合伙企业财产份额出质的成立条件进行明确规定。依"法无规定即自由"的原则,则合伙财产份额质权登记与否不影响质权设立,故B项错误。根据《合伙企业法》第25条规定,丁的出质行为无效,根据《民法通则》第58条规定,丁的出质行为从开始起就没有对丁福与钟冉产生法律约束力,钟冉不应取得该质权,故C项错误。根据《合伙企业法》第23条规定,高崎、田一有优先购买权,除非合伙协议另有约定,故D项正确。

2. 甲、乙、丙、丁打算设立一家普通合伙企业。对此,下列哪一表述是正确的?(2011年真题,单选)
A. 各合伙人不得以劳务作为出资
B. 如乙仅以其房屋使用权作为出资,则不必办理房屋产权过户登记
C. 该合伙企业名称中不得以任何一个合伙人的名字作为商号或字号
D. 合伙协议经全体合伙人签名、盖章并经登记后生效

【答案】 B
【解析】 根据《合伙企业法》第16条规定,A项错误。根据《合伙企业法》第16条规定,B项正确。根据《合伙企业法》第14条第4款和第15条规定,对合伙企业的名称除应当标明"普通合伙"字样外,并未作其他强制性规定,故C项错误。根据《合伙企业法》第19条规定,登记并不是合伙协议的生效要件,故D项错误。

考点 3 合伙企业事务的执行和决议

合伙企业的事务执行,是指合伙企业的经营管理及对内对外关系中的事务处理等活动。合伙企业的人合性和经营管理的灵活性,体现在合伙企业不仅由各合伙人共同出资而设立,还通常由合伙人共同进行经营和管理。合伙企业的合伙人通常人数较少,相互信任,其从事经营活动具有法律上的相互代理关系。因此不需要法人企业那样设立严格的企业管理机关。合

人既是合伙企业的所有者,又是企业的经营者。

(一) 事务的执行方式

(1) 按照合伙协议的约定或者经全体合伙人决定,可以委托一个或者数个合伙人对外代表合伙企业,执行合伙事务。也即,事务执行方式可以为全体合伙人共同执行、数名合伙人共同执行、委托执行。但是,执行人只能是合伙人。

(2) 作为合伙人的法人、其他组织执行合伙事务的,由其委派的代表执行。

(二) 事务的执行规则

(1) 合伙人权利平等。普通合伙企业中,各合伙人对执行合伙企业事务享有同等的权利,即每一个合伙人对企业的经营管理和其他事务的执行不但有参与权,而且他们的权利平等。无论出资多少,出资方式是否相同,都不影响这一法定权利,不影响其在执行合伙企业事务时的平等资格。

(2) 在委托执行情况下,其他合伙人不再执行合伙事务。不执行合伙事务的合伙人有权监督执行事务合伙人执行合伙事务的情况。合伙协议约定或全体合伙人协商一致委托一人或多人执行合伙事务即意味着不执行事务合伙人将自己执行事务的权利委托于他人,这完全出于他们的意愿,但他们作为合伙企业的投资者和受益者,应有了解所投资金的运用情况及企业的经营效益的基本权利。同时,如果没有必要的监督和制约,也难以扼制某些受委托执行事务的合伙人滥用权利,损害合伙企业及合伙人的合法权益。因此,不执行合伙事务的合伙人对合伙事务执行人执行合伙事务有监督权。

(3) 合伙人分别执行合伙事务的,执行事务合伙人可以对其他合伙人执行的事务提出异议。提出异议时,应当暂停该项事务的执行。如果发生争议,依照《合伙企业法》第30条规定作出决定。只有执行合伙事务的合伙人才享有异议权。

注意:执行合伙事务的监督权和异议权的区别

(4) 受委托执行合伙事务的合伙人不按照合伙协议或者全体合伙人的决定执行事务的,其他合伙人可以决定撤销该委托。执行事务合伙人是受全体合伙人委托执行合伙事务,根据代理法律关系,执行事务合伙人必须按照合伙协议或全体合伙人的决定执行合伙事务,不得超越规定的权限执行合伙事务,不得利用执行合伙事务的便利损害合伙企业或其他合伙人的利益。

(5) 事务执行人对外代表合伙企业。就合伙企业而言,执行事务合伙人受其他合伙人委托从事经营管理活动,只要其在授权范围内从事业务活动,即为以企业为载体的全体合伙人的行为:由企业承担责任,包括执行事务的费用和亏损;由企业享受收益,包括利润和各项所得。最终由全体合伙人承担责任和获取利益。

① 执行合伙人与企业之间为代表关系,执行的收益、费用、亏损、责任归合伙企业,也就是全体合伙人承担。

② 合伙企业对执行合伙人权利的限制不得对抗善意第三人。

(6) 普通合伙人不得自营或者同他人合作经营与本合伙企业相竞争的业务。合伙人从事与本合伙企业相竞争的业务,是指合伙企业的合伙人在本企业以外从事的与合伙企业经营的业务相同或相近,并与之存在竞争关系的业务。合伙人了解合伙企业的经营情况,包括经营诀窍、管理方式、原料来源等内部情况,如允许其经营业务与合伙企业相竞争,就使合伙企业的经营处于不利的竞争地位,使其利益受到损害。

(7) 除合伙协议另有约定或者经全体合伙人一致同意外,普通合伙人不得同本合伙企业进行自我交易。合伙人与本企业进行交易,是指合伙人在执行合伙事务中,以其职务便利,自行决定代表本合伙企业与自己代表的其他企业或个人业务进行交易的情形。如果执行合伙人通过这一交易将本应属于合伙企业的利润转移至自己的企业,利用关联交易牟取私利,将损害合伙企业及其他合伙人的利益,因此,未经合伙协议约定或者经全体合伙人一致同意,合伙人不得同本合伙企业进行交易。

(8) 合伙人不得从事损害本合伙企业利益的活动。

(三) 事务的决议

合伙事务的决议与合伙事务的执行是不同的,先有决议后有执行;合伙事务可由一名或数名合伙人代表全体合伙人执行,也可由全体合伙人执行,而合伙企业事务的决议只能由合伙人依法作出,不得委托其他合伙人或合伙人以外的人进行。

1. 协议优先

合伙人对合伙企业有关事项作出决议,按照合伙协议约定的表决办法办理。只有在合伙协议没有约定或者约定不明时,才适用合伙企业法的规定。

2. 合伙协议未约定或者约定不明确的,实行合伙人一人一票并经全体合伙人过半数通过的表决办法

3. 对重要事项,如果合伙协议没有约定的,应当经过全体合伙人一致同意

在合伙企业中,除一般事务外,还有一些重要事务关系到企业的生存和发展,或者影响到全体合伙人的利益,对这类重大事务或者说特殊事项不能由部分合伙人或者执行事务合伙人自行决定,也不能适用少数服从多数的原则。这些重要事项是指:

(1) 改变合伙企业的名称;
(2) 改变合伙企业的经营范围、主要经营场所的地点;
(3) 处分合伙企业的不动产;
(4) 转让或者处分合伙企业的知识产权和其他财产权利;
(5) 以合伙企业名义为他人提供担保;
(6) 聘任合伙人以外的人担任合伙企业的经营管理人员。

【真题演练】

1. 通源商务中心为一家普通合伙企业,合伙人为赵某、钱某、孙某、李某、周某。就合伙事务的执行,合伙协议约定由赵某、钱某二人负责。下列哪些表述是正确的?(2014年真题,多选)

A. 孙某仍有权以合伙企业的名义对外签订合同
B. 对赵某、钱某的业务执行行为,李某享有监督权
C. 对赵某、钱某的业务执行行为,周某享有异议权
D. 赵某以合伙企业名义对外签订合同时,钱某享有异议权

【答案】 BD
【解析】 根据《合伙企业法》第27条规定,并不执行合伙企业事务的孙某、李某、周某三

人不能执行合伙企业事务,对外签订合同,但可以对合伙企业负责人进行监督,故 A 项错误,B 项正确。根据《合伙企业法》第 29 条第 1 款以及第 30 条的规定,只有执行合伙事务的合伙人才享有异议权,故周某没有异议权,钱某享有异议权,故 C 项错误,D 项正确。

2. 王某、张某、田某、朱某共同出资 180 万元,于 2012 年 8 月成立绿园商贸中心(普通合伙)。其中王某、张某各出资 40 万元,田某、朱某各出资 50 万元;就合伙事务的执行,合伙协议未特别约定。请回答第(1)—(3)题。(2014 年真题,不定选)

(2) 2014 年 1 月,田某以合伙企业的名义,自京顺公司订购价值 80 万元的节日礼品,准备在春节前转销给某单位。但对这一礼品订购合同的签订,朱某提出异议。就此,下列选项正确的是:
A. 因对合伙企业来说,该合同标的额较大,故田某在签约前应取得朱某的同意
B. 朱某的异议不影响该合同的效力
C. 就田某的签约行为所产生的债务,王某无须承担无限连带责任
D. 就田某的签约行为所产生的债务,朱某须承担无限连带责任

【答案】 BD

【解析】 合伙企业对田某的对外代表权限并无特别规定,不因数额较大而需要征得朱某同意,故 A 项错误。根据《合伙企业法》第 29 条第 1 款以及第 30 条的规定,田某对外签约是以合伙企业的名义,完全合法有效,异议不影响合同的效力,故 B 项正确。根据《合伙企业法》第 38 条以及第 39 条的规定,本题中的合伙企业属于普通合伙企业,所有的合伙人对外都要承担无限连带责任,而不论是否承担合伙事务,故 C 项错误,D 项正确。

3. 甲、乙、丙、丁以合伙企业形式开了一家餐馆。就该合伙企业事务的执行,下列哪些表述是正确的?(2013 年真题,多选)
A. 如合伙协议未约定,则甲等四人均享有对外签约权
B. 甲等四人可决定任命丙为该企业的对外签约权人
C. 不享有合伙事务执行权的合伙人,以企业名义对外签订的合同一律无效
D. 不享有合伙事务执行权的合伙人,经其他合伙人一致同意,可担任企业的经营管理人

【答案】 ABD

【解析】 依据《合伙企业法》第 26 条规定,A、B 项正确。根据《合伙企业法》第 26 条第 1 款以及第 37 条的规定,C 项错误。根据《合伙企业法》第 31 条第 6 款规定可推知,不享有合伙事务执行权的合伙人,经其他合伙人一致同意,可担任企业的经营管理人,故 D 项正确。

4. 经全体合伙人同意,林某被聘任为酒吧经营管理人,在其受聘期间自主决定采取的下列管理措施符合《合伙企业法》规定的是:(2011 年真题,不定选)
A. 为改变经营结构扩大影响力,将经营范围扩展至法国红酒代理销售业务
B. 为改变资金流量不足情况,以酒吧不动产为抵押,向某银行借款 50 万元
C. 为营造气氛,以酒吧名义与某音乐师签约,约定音乐师每晚在酒吧表演 2 小时
D. 为整顿员工工作纪律,开除 2 名经常被顾客投诉的员工,招聘 3 名新员工

【答案】 CD

【解析】 根据《合伙企业法》第 31 条的规定,A 选项林某无权自主决定。B 选项林某亦无权做出决定。故 A、B 项错误。C 项林某有权自主决定此行为,故 C 项正确。D 项林某有权自主决定此事项,故 D 项正确。

考点 4 普通合伙与第三人关系

（一）一般合伙企业债务的清偿规则

（1）合伙企业对其债务，应先以其全部财产进行清偿。与此相应，其债权人也只能先向合伙企业提出求偿要求，在合伙企业财产偿还完毕前，债权人不得就其债权直接向合伙企业的任一或多个合伙人求偿。

（2）合伙企业不能清偿到期债务的，合伙人承担无限连带责任。合伙人对合伙债务承担无限连带责任，是合伙企业最基本的法律特征，也是合伙企业与有限责任公司的根本区别。这种连带责任虽然增大了合伙人的风险，但同时也增加了合伙企业的对外信誉，使企业获得了更强的偿债能力。

（3）合伙人内部清偿份额的确定，依《合伙企业法》第33条第1款的规定。即合伙企业的亏损负担按照合伙协议的约定处理；合伙协议未约定或约定不明确的，由合伙人协商决定；协商不成的，由合伙人按照实缴出资比例分配、分担；无法确定出资比例的，由合伙人平均分配、分担。

（4）合伙人由于承担无限连带责任，清偿数额超过自己应当分担比例的，有权向其他合伙人追偿。

（二）合伙人个人债务的清偿规则

合伙企业的民事活动与合伙人自身的民事活动属于两个不同的法律关系，不应混同。因此，合伙人发生的债务与合伙企业债务是两个不同的债。合伙人自身的债务，应由合伙人自行偿还。

1. 合伙人发生与合伙企业无关的债务，相关债权人不得以其债权抵销其对合伙企业的债务，也不得代位行使合伙人在合伙企业中的权利

在现实生活中，有一些情况是合伙人的债权人同时又是合伙企业的债务人，根据合伙企业的特性，合伙人存在于合伙企业的财产份额，已形成合伙企业财产，合伙人只能以从合伙企业分红等方式取得后再转而偿付债权人。合伙人与其债权人的债权债务关系与该债权人对合伙企业的债权债务关系不能相互抵销而消灭。

合伙企业是由合伙人投资形成的经营性组织，合伙人在合伙企业中不仅享有财产性质的收益权，还包括其在合伙企业中的表决权等身份权及法定管理权、监督权等其他权利。合伙人的债权人要求合伙人偿还债务，只能通过与合伙人签订合同或通过诉讼，获得对合伙人在合伙企业中收益分配的请求权或者分割其在合伙企业中的财产份额以实现债权，而对合伙人的其他权利如合伙事务执行权、重大事务表决权等等均没有请求权，对合伙人在合伙企业中的权利不得行使代位权。

2. 合伙人的个人债权人实现债权的两种方式

（1）以收益用于清偿；

（2）请求人民法院强制执行财产份额。

为了既维护合伙企业的利益，又考虑到合伙人的债权人实现债权的要求，法律规定，合伙人的自有财产不足清偿其与合伙企业无关的债务的，该合伙人可以其从合伙企业中分取的收益用于清偿。该合伙人的债权人也具有对负有债务的合伙人在合伙企业中所获收益的请求

权。债权人也可以依法请求人民法院强制执行该合伙人在合伙企业中的财产份额用于清偿。

3. 人民法院强制执行合伙人的财产份额时,其他合伙人有优先购买权,其他合伙人未购买,又不同意将该财产份额转让给他人的,办理退伙结算,或削减相应的财产份额

【真题演练】

1. 王某、张某、田某、朱某共同出资180万元,于2012年8月成立绿园商贸中心(普通合伙)。其中王某、张某各出资40万元,田某、朱某各出资50万元;就合伙事务的执行,合伙协议未特别约定。请回答第(1)—(3)题。(2014年真题,不定选)

(3) 2014年4月,朱某因抄底买房,向刘某借款50万元,约定借期四个月。四个月后,因房地产市场不景气,朱某亏损不能还债。关于刘某对朱某实现债权,下列选项正确的是:

A. 可代位行使朱某在合伙企业中的权利
B. 可就朱某在合伙企业中分得的收益主张清偿
C. 可申请对朱某的合伙财产份额进行强制执行
D. 就朱某的合伙份额享有优先受偿权

【答案】 BC

【解析】 根据《合伙企业法》第41条规定,合伙人的债权人不得代位行使合伙人在合伙企业中的权利,故A项错误。根据《合伙企业法》第42条第1款的规定,B、C两项正确。只有将合伙企业中的财产份额出质给第三人,第三人才能享有对合伙份额的优先受偿权,本题中朱某并未将其在合伙企业中的财产份额依法出质给刘某,故刘某不享有优先受偿权,故D项错误。

2. 周橘、郑桃、吴柚设立一家普通合伙企业,从事服装贸易经营。郑桃因炒股欠下王椰巨额债务。下列哪些表述是正确的?(2012年真题,多选)

A. 王椰可以郑桃从合伙企业中分取的利益来受偿
B. 郑桃不必经其他人同意,即可将其合伙财产份额直接抵偿给王椰
C. 王椰可申请强制执行郑桃的合伙财产份额
D. 对郑桃的合伙财产份额的强制执行,周橘和吴柚享有优先购买权

【答案】 ACD

【解析】 根据《合伙企业法》第42条的规定,王椰可以郑桃从合伙企业中分取的利益来受偿,故A项正确。根据禁止抵销规则,故B项错误。根据《合伙企业法》第42条的规定,C项正确。普通合伙企业是典型的人合性企业,人民法院强制执行合伙人的财产份额时,应当通知全体合伙人,其他合伙人有优先购买权,所以对郑桃的合伙财产份额的强制执行,周橘和吴柚享有优先购买权,故D项正确。

考点 5 入伙与退伙

(一) 入伙

1. 程序

(1) 新合伙人入伙,应当经全体合伙人一致同意。合伙企业是人合性的组织,各合伙人基于互相之间的信任而组成合伙企业,每个合伙人都享有平等执行合伙事务的权利,对于是否接

受一个非合伙人入伙,每一个合伙人都有决定权,任何一个合伙人拒绝其入伙的,该非合伙人就不能成为合伙企业的合伙人。

(2) 依法订立书面入伙协议。合伙协议是合伙企业存在和正常运行的基础,新合伙人入伙,是合伙企业的合伙人发生变化,新合伙人的权利义务需要明确,原合伙人的权利、义务、责任等也要进行相应的调整。

2. 新入伙合伙人的权利义务

(1) 原合伙人应当向新合伙人如实告知原合伙企业的经营状况和财务状况。新合伙人加入合伙企业后就要承担无限连带责任,因此,应当让其对合伙企业有全面的了解,否则对其就是不公平的。另外,这也是新合伙人决定是否入伙的基础。

(2) 入伙的新合伙人与原合伙人享有同等权利,承担同等责任。入伙协议另有约定的,从其约定。非合伙人依法入伙后,即成为合伙企业的合伙人,同原合伙人在地位上是平等的,这是由合伙企业人合性的性质决定的。

(3) 普通合伙企业中,新合伙人对入伙前合伙企业的债务承担无限连带责任。新合伙人在充分了解合伙企业之后入伙,成为企业的普通合伙人,同原合伙人享有同等的权利,承担同等的义务,而且,全体合伙人对合伙企业债务承担无限连带责任是合伙企业法律制度的基本原则,所以,新合伙人对入伙前合伙企业的债务承担无限连带责任。

(二) 退伙

1. 自愿退伙

合伙企业是建立在合伙人互相信任和平等协商基础上的,对于合伙人来说,加入和退出合伙企业都应当是自由的。合伙人对其他合伙人不再信任或者因为其他原因不愿再参加合伙企业,都应当允许其退伙。

(1) 合伙协议约定合伙期限的,在合伙企业存续期间,有下列情形之一的,合伙人可以退伙:

① 合伙协议约定的退伙事由出现;

② 经全体合伙人一致同意;

③ 发生合伙人难以继续参加合伙的事由;

④ 其他合伙人严重违反合伙协议约定的义务。

(2) 合伙协议未约定合伙期限的,合伙人在不给合伙企业事务执行造成不利影响的情况下,可以退伙,但应当提前 30 日通知其他合伙人。

2. 当然退伙

又称法定退伙,是指基于法律的直接规定而发生的退伙,是非基于合伙人的主观意愿产生的,所以也称为非自愿退伙或当然退伙。

(1) 作为合伙人的自然人死亡或者被依法宣告死亡。

注意:普通合伙企业中,合伙人被依法认定为无民事行为能力人或者限制民事行为能力人的,经其他合伙人一致同意,可以依法转为有限合伙人,普通合伙企业依法转为有限合伙企业。其他合伙人未能一致同意的,该无民事行为能力或者限制民事行为能力的合伙人退伙。

(2) 个人丧失偿债能力。

(3) 作为合伙人的法人或者其他组织依法被吊销营业执照、责令关闭、撤销,或者被宣告破产。

(4) 法律规定或者合伙协议约定合伙人必须具有相关资格而丧失该资格。

(5) 合伙人在合伙企业中的全部财产份额被人民法院强制执行。

注意：退伙事由实际发生之日为退伙生效日。

3. 除名退伙

在合伙企业中，其他合伙人有权利选择不与某一合伙人合作，而进行除名退伙。

(1) 除名的事由

合伙人有下列情形之一的，经其他合伙人一致同意，可以决议将其除名：未履行出资义务；因故意或者重大过失给合伙企业造成损失；执行合伙事务时有不正当行为；发生合伙协议约定的事由。

(2) 对合伙人的除名决议应当书面通知被除名人。被除名人接到除名通知之日，除名生效，被除名人退伙。

(3) 被除名人对除名决议有异议的，可以自接到除名通知之日起30日内，向人民法院起诉。除名退伙，实际上是某一合伙人的合伙资格被其他合伙人强制剥夺的过程，在这一过程中，对被除名人的权利也要给予一定的保障。

4. 退伙的法律后果

(1) 退伙时，退伙人丧失合伙人的资格。

(2) 退伙人对基于其退伙前的原因发生的合伙企业债务承担无限连带责任。

合伙企业的运行是连续性的，有些合伙企业债务虽然发生在合伙人退伙后，但是基于其退伙前的原因发生的，当时退伙人仍是合伙企业的合伙人，对该笔债务的产生是有责任的。

5. 死亡退伙的法律后果

(1) 合伙人死亡时，继承人不当然成为合伙人，就资格继承而言，需要满足双方同意的条件，即"按照合伙协议的约定或者经全体合伙人一致同意"和"继承人愿意成为合伙人"。

(2) 从继承开始之日起，继承人取得该合伙企业的合伙人资格。

(3) 合伙人的继承人为无民事行为能力人或者限制民事行为能力人的，经全体合伙人一致同意，可以依法成为有限合伙人，普通合伙企业依法转为有限合伙企业。全体合伙人未能一致同意的，合伙企业应当将被继承合伙人的财产份额退还该继承人。

注意：退伙的具体办理程序

① 合伙人退伙，其他合伙人应当与该退伙人按照退伙时的合伙企业财产状况进行结算，退还退伙人的财产份额。

② 退伙人对给合伙企业造成的损失负有赔偿责任的，相应扣减其应当赔偿的数额。

③ 退伙时有未了结的合伙企业事务的，待该事务了结后进行结算。

④ 退伙人在合伙企业中财产份额的退还办法，由合伙协议约定或者由全体合伙人决定，可以退还货币，也可以退还实物。

⑤ 个别合伙人退伙不会导致合伙企业解散，从而不需要进行清算。合伙人退伙时，合伙企业财产少于合伙企业债务的，退伙人应当依法分担亏损。

【真题演练】

1. 2010年5月，贾某以一套房屋作为投资，与几位朋友设立一家普通合伙企业，从事软件

开发。2014年6月,贾某举家移民海外,故打算自合伙企业中退出。对此,下列哪一选项是正确的?(2014年真题,单选)
   A. 在合伙协议未约定合伙期限时,贾某向其他合伙人发出退伙通知后,即发生退伙效力
   B. 因贾某的退伙,合伙企业须进行清算
   C. 退伙后贾某可向合伙企业要求返还该房屋
   D. 贾某对退伙前合伙企业的债务仍须承担无限连带责任
   【答案】 D
   【解析】 根据《合伙企业法》第46条规定,A项错误。根据《合伙企业法》第51条以及第86条第1款规定,B项错误。根据《合伙企业法》第52条规定,合伙企业可以将贾某的房屋退还给贾某,也可以退还相应的货币,其具体方法由合伙协议或者全体合伙人决定,并非一定要退还给贾某房屋不可。所以,贾某并不享有要求合伙企业退换房屋的权利,故C项错误。根据《合伙企业法》第53条规定,D项正确。

   2. 2009年3月,周、吴、郑、王以普通合伙企业形式开办一家湘菜馆。2010年7月,吴某因车祸死亡,其妻欧某为唯一继承人。在下列哪些情形中,欧某不能通过继承的方式取得该合伙企业的普通合伙人资格?(2011年真题,多选)
   A. 吴某之父对欧某取得合伙人资格表示异议
   B. 合伙协议规定合伙人须具有国家一级厨师资格证,欧某不具有
   C. 郑某不愿意接纳欧某为合伙人
   D. 欧某因夫亡突遭打击,精神失常,经法院宣告为无民事行为能力人
   【答案】 BCD
   【解析】 根据《合伙企业法》第50条规定,本题中只要周、郑、王一致同意欧某,欧某即可取得合伙人资格,对于周、郑、王以外的其他任何人都无权干涉。吴某之父对欧某取得合伙人资格表示异议并不影响欧某取得合伙人的资格,故A项错误。合伙协议规定合伙人须具有国家一级厨师资格证,欧某不具有,因此欧某不能通过继承的方式取得该合伙企业的普通合伙人资格,故B项正确。郑某不愿意接纳欧某为合伙人,因此欧某不能成为合伙人,郑某享有一票否决权,故C项正确。欧某因夫亡突遭打击,精神失常,经法院宣告为无民事行为能力人,但并不必然导致其不能当合伙人,故D项正确。

   3. 酒吧开业半年后,张某在经营理念上与其他合伙人冲突,遂产生退出想法。下列说法正确的是:(2011年真题,不定选)
   A. 可将其份额转让给王某,且不必事先告知赵某、李某
   B. 可经王某、赵某同意后,将其份额转让给李某的朋友刘某
   C. 可主张发生其难以继续参加合伙的事由,向其他人要求立即退伙
   D. 可在不给合伙事务造成不利影响的前提下,提前30日通知其他合伙人要求退伙
   【答案】 D
   【解析】 根据《合伙企业法》第22条规定,张某如将其份额转让给合伙人王某,须通知其他合伙人,故A项错误。张某如将其份额转让给合伙人之外的刘某,须经其他合伙人王某、赵某和李某一致同意,故B项错误。根据《合伙企业法》第45条的规定,本题目合伙协议没有约定合伙期限,故C项错误,D项正确。

第三节 特殊的普通合伙企业

考点 1 含义

以专业知识和专门技能为客户提供有偿服务的专业服务机构,可以设立为特殊的普通合伙企业。非企业专业服务机构依据有关法律采取合伙制的,其合伙人承担责任的形式可以适用关于特殊的普通合伙企业合伙人承担责任的规定。特殊的普通合伙企业必须建立职业风险基金并办理职业保险。名称必须特殊注明"特殊普通合伙"字样。

特殊的普通合伙仅适用于以专门知识和技能(如法律知识与技能、医学和医疗知识与技能、会计知识与技能等)为客户提供有偿服务的机构,是因为这些专门知识和技能通常只为少数的、受过专门知识教育与培训的人才所掌握,而在向客户提供专业服务时,个人的知识、技能、职业道德、经验等往往起着决定性作用,与合伙企业本身的财产状况、声誉、经营管理方式等都没有直接和必然的联系,合伙人个人的独立性极强。

考点 2 特殊普通合伙企业的债务清偿

(一)合伙企业债务先用合伙企业财产承担,不足部分由合伙人按照法律规定承担

(二)一个合伙人或者数个合伙人在执业活动中因故意或者重大过失造成合伙企业债务的责任

1. 一个合伙人或者数个合伙人在执行活动中因故意或者重大过失造成合伙企业债务的,应当承担无限责任或者无限连带责任,其他合伙人以其中合伙企业中的财产份额为限承担责任。

2. 合伙人执业活动中因故意或者重大过失造成的合伙企业债务,以合伙企业财产对外承担责任后,该合伙人应当按照合伙协议的约定对给合伙企业造成的损失承担赔偿责任。

(三)合伙人在执业活动中非因故意或重大过失造成的合伙企业债务的责任

合伙人在执业活动中非因故意或者重大过失造成的合伙企业债务以及合伙企业的其他债务,由全体合伙人承担无限连带责任。

【真题演练】

君平昌成律师事务所是一家采取特殊普通合伙形式设立的律师事务所,曾君、郭昌是其中的两名合伙人。在一次由曾君主办、郭昌辅办的诉讼代理业务中,因二人的重大过失而泄露客户商业秘密,导致该所对客户应承担巨额赔偿责任。关于该客户的求偿,下列哪些说法是正确的?(2015年真题,多选)

A. 向该所主张全部赔偿责任　　B. 向曾君主张无限连带赔偿责任
C. 向郭昌主张补充赔偿责任　　D. 向该所其他合伙人主张连带赔偿责任

【答案】 AB

【解析】 根据《合伙企业法》第58条规定,曾君、郭昌在诉讼代理业务中,由于重大过失造成的债务,可以向君平昌成律师事务所主张,故 A 项正确。根据《合伙企业法》第 57 条规定,曾君、郭昌因重大过失而泄露客户商业秘密导致的巨额损失,应当由合伙人曾君和郭昌对合伙企业的债务承担无限连带责任,故 B 项正确,C 项错误。而其他合伙人仅以其出资为限承担有限责任,故 D 项错误。

第四节　有限合伙企业

考点 1　有限合伙企业的设立

(一) 合伙人

(1) 有限合伙企业的合伙人由普通合伙人和有限合伙人共同组成。有限合伙企业由 2 个以上 50 个以下合伙人设立;但是,法律另有规定的除外。有限合伙企业至少应当有 1 个普通合伙人。

(2) 特殊法人不能成为普通合伙人,但是可以成为有限合伙人。

国有独资公司、国有企业、上市公司以及公益性的事业单位、社会团体不得成为普通合伙人。

(3) 有限合伙企业名称中应当标明"有限合伙"字样。

(二) 设立时的出资

(1) 有限合伙人不得以劳务出资。有限合伙企业是在普通合伙企业人合性的基础上由有限合伙人参与投资而形成的人合和资合相结合的企业形式。其中,有限合伙人一般只进行投资并依协议获取收益,不执行合伙事务,不参与企业的经营管理,对合伙企业承担有限责任。因此,有限合伙人以劳务出资的必要性不大,也不能体现有限合伙人对外承担责任的特点。

(2) 有限合伙人应当按照合伙协议的约定按期足额缴纳出资;未按期足额缴纳的,应当承担补缴义务,并对其他合伙人承担违约责任。

(三) 对企业债务的清偿规则

(1) 有限合伙人,以其出资为限对有限合伙企业的债务承担清偿责任。

(2) 有限合伙人的自有财产不足清偿其与合伙企业无关的债务的,该合伙人可以以其从有限合伙企业中分取的收益用于清偿;债权人也可以依法请求人民法院强制执行该合伙人在有限合伙企业中的财产份额用于清偿。

人民法院强制执行有限合伙人的财产份额时,应当通知全体合伙人。在同等条件下,其他合伙人有优先购买权。

考点 2　有限合伙企业的事务执行

(一) 一般规则

有限合伙企业中,普通合伙人执行合伙事务并对合伙企业债务承担无限连带责任;有限合伙人只出资,不执行合伙事务,不得对外代表有限合伙企业。

(二) 表见普通合伙

(1) "表见普通合伙"是指有限合伙人的行为使得第三人有理由相信该有限合伙人为普通合伙人并与其交易的,该有限合伙人对该笔交易承担与普通合伙人同样的责任,也就是针对"该笔交易",该有限合伙人承担无限连带责任。

(2) 有限合伙人未经授权以有限合伙企业名义与他人进行交易,给有限合伙企业或者其他合伙人造成损失的,该有限合伙人应当承担赔偿责任。

(三) 有限合伙人的行为

有限合伙企业中的有限的合伙人依法律规定不得对外代表合伙企业,不执行合伙事务,有限合伙企业同本合伙企业进行交易或者进行同业经营,不会产生普通合伙企业中存在的道德风险,也不会损害合伙企业及其他合伙人的利益。

(1) 有限合伙人可以同本有限合伙企业进行交易;但是,合伙协议另有约定的除外。

(2) 有限合伙人可以自营或者同他人合作经营与本有限合伙企业相竞争的业务;但是,合伙协议另有约定的除外。

(3) 有限合伙人可以将其财产份额出质,合伙协议另有约定的除外。

(4) 有限合伙人可以将其财产份额向外转让,但应提前30日通知其他合伙人。

考点 3　有限合伙企业的转化

有限合伙企业是在全体合伙人协商一致的基础上设立的,拥有有限合伙人身份还是普通合伙人身份,是合伙人自主的选择,在有限合伙企业的存续期间,有限合伙人或者普通合伙人处于真实的意思表示,通过全体合伙人的协商,改变自己的合伙人身份,属于合伙人意思自治的范畴,法律上是允许的。

(一) 转化情形

(1) 作为有限合伙人的自然人死亡、被依法宣告死亡或者作为有限合伙人的法人及其他组织终止时,其继承人或者权利承受人可以依法取得该有限合伙人在有限合伙企业中的资格。

(2) 普通合伙人被依法认定为无民事行为能力人或者限制民事行为能力人的,经其他合伙人一致同意,可以依法转为有限合伙人,普通合伙企业依法转为有限合伙企业。

(二) 转化程序

(1) 除合伙协议另有约定外,普通合伙人转变为有限合伙人,或者有限合伙人转变为普通合伙人,应当经全体合伙人一致同意。

(2) 有限合伙人转变为普通合伙人的,对其作为有限合伙人期间有限合伙企业发生的债务承担无限连带责任。

(3) 普通合伙人转变为有限合伙人的,对其作为普通合伙人期间合伙企业发生的债务承担无限连带责任。

(4) 合伙企业登记事项发生变更的,执行合伙事务的合伙人应当自作出变更决定或者发生变更事由之日起 15 日内,向企业登记机关申请办理变更登记。未经登记,不得对抗第三人。

考点 4 普通合伙企业与有限合伙企业的比较

	普通合伙企业	有限合伙企业
企业性质	人合企业	人合兼资合
企业法律地位	不具有法人资格	不具有法人资格
合伙人组成	普通合伙人	普通合伙人和有限合伙人
合伙人身份	国有独资公司、上市公司、社会公益事业单位和社会团体不能成为普通合伙人	有限合伙人身份不受限制
合伙人承担责任	全部合伙人承担无限连带责任	普通合伙人承担无限连带责任,有限合伙人承担有限责任
企业经营管理	全部合伙人合伙经营	普通合伙人参与企业的经营,有限合伙人不参与企业经营
合伙人人数	2 个以上	2 个以上 50 个以下
合伙人出资方式	货币、实物、知识产权、土地使用权、劳务等	有限合伙人不能用劳务出资
合伙人财产份额出质	合伙人将财产份额出质,必须经其他合伙人一致同意,否则出质无效	有限合伙人可以将其财产份额出质,合伙协议另有约定的除外
合伙人财产份额转让	合伙人将财产份额向外转让,须经其他合伙人一致同意	有限合伙人可以将其财产份额向外转让,但应提前 30 日通知其他合伙人
竞业禁止和自我交易义务	全部合伙人一般有竞业禁止和禁止自我交易的义务	有限合伙人一般没有竞业禁止和禁止自我交易的义务
合伙人的资格继承	普通合伙人的资格不能当然继承	有限合伙人的资格可以继承

【真题演练】

1. 灏德投资是一家有限合伙企业,专门从事新能源开发方面的风险投资。甲公司是灏德投资的有限合伙人,乙和丙是普通合伙人。关于合伙协议的约定,下列哪些选项是正确的?(2016 年真题,多选)

A. 甲公司派驻灏德投资的员工不领取报酬,其劳务折抵 10% 的出资
B. 甲公司不得与其他公司合作从事新能源方面的风险投资
C. 甲公司不得将自己在灏德投资中的份额设定质权
D. 甲公司不得将自己在灏德投资中的份额转让给他人

【答案】 BC
【解析】 根据我国《合伙企业法》第 64 条的规定,甲公司以劳务进行出资,并不符合我国的法律规定。A 选项错误。根据我国《合伙企业法》第 71 条的规定,B 选项正确。根据我国《合伙

企业法》第72条的规定,C选项正确。根据我国《合伙企业法》第73条的规定,D选项错误。

2. 李军退休后于2014年3月,以20万元加入某有限合伙企业,成为有限合伙人。后该企业的另一名有限合伙人退出,李军便成为唯一的有限合伙人。2014年6月,李军不幸发生车祸,虽经抢救保住性命,但已成为植物人。对此,下列哪一表述是正确的?(2015年真题,多选)

A. 就李军入伙前该合伙企业的债务,李军仅需以20万元为限承担责任
B. 如李军因负债累累而丧失偿债能力,该合伙企业有权要求其退伙
C. 因李军已成为植物人,故该合伙企业有权要求其退伙
D. 因唯一的有限合伙人已成为植物人,故该有限合伙企业应转为普通合伙企业

【答案】 A
【解析】 根据《合伙企业法》第77条的规定,A项正确。根据《合伙企业法》第78条的规定,B项错误。根据《合伙企业法》第79条的规定,C项错误。当李军成为植物人时,其并不因此丧失有限合伙人的身份(而据《合伙企业法》第75条的规定,有限合伙企业只有在仅剩普通合伙人时才须转为普通合伙企业)故D项错误。

3. 根据《合伙企业法》规定,第三人有理由相信有限合伙人为普通合伙人并与其交易的,该有限合伙人对该笔交易承担与普通合伙人同样的责任。关于此规定在合伙法原理上的称谓,下列哪一选项是正确的?(2010年真题,单选)

A. 事实合伙   B. 表见普通合伙   C. 特殊普通合伙   D. 隐名合伙

【答案】 B
【解析】 根据《合伙企业法》第76条规定,B项正确。根据《民法通则》和《民通意见》第50条的规定,题中所列情况不属于事实合伙。根据《合伙企业法》第55条的规定,题中所列情况不属于特殊普通合伙。根据《民通意见》第46条的规定,题中所列情况不属于隐名合伙,故选项A、C、D错误。

个人独资企业法专题

专题导学:

个人独资企业法的精神:个人独资、无限责任

个人独资企业,是指由一个自然人投资,财产为投资人个人所有,投资人以其个人财产对企业债务承担无限责任的经营实体。

个人独资企业法学习线索:

1. 把握商个人的法律特征

从本质上来说,个人独资企业为自然人的一种特殊表现形态,即商自然人。这决定了个人独资企业法的重点在于:一是企业主对个人独资企业债务的责任,承担的是无限连带责任。二是个人独资企业必须履行特定的设立程序才能成立,即进行商事登记。具体来说,设立个人独资企业必须满足法定条件,履行特定程序。

2. 注意个人独资企业与相关组织的区别

注意个人独资企业与相关组织的区别,掌握由此而决定的法律规定方面的差异。在复习

中,比照合伙企业法、公司法进行学习,思考总结不同主体在法律的强制性与责任承担方式上的不同之所在。特别是一人公司与个人独资企业的区别、合伙企业与个人独资企业的区别。

第一节 个人独资企业概述

考点 1 个人独资企业的概念

(一) 概念

个人独资企业,是指依照《个人独资企业法》在中国境内设立,由一个自然人投资,财产为投资人个人所有,投资人以其个人财产对企业债务承担无限责任的经营实体。

(二) 个人独资企业的特征

1. 投资人为一个自然人,且只能是中国公民

(1) 个人独资企业的投资者仅为一个自然人,这与合伙企业、一般公司(一人公司除外)要有两个以上的人联合投资形成区别。

(2) 已经设立并具有法人资格的公司企业单独投资设立企业的,无论其设立的是分公司(无法人资格的分支机构)还是全资子公司(法人单独投资设立的一人公司),因该设立者是法人而非自然人,所设的分公司、子公司在法律上均不是个人独资企业。

2. 企业不具有法人主体资格

个人独资企业虽然有自己的名称或商号,并以企业的名义领取营业执照和开展经营活动,甚至以企业名义进行诉讼活动,但它无独立的法人资格,企业只是自然人个人进行商业活动的特殊形态。

(1) 个人独资企业本身不是财产所有权的主体,不享有独立的财产权利。

(2) 个人独资企业不承担独立责任,而是由投资人承担无限责任。

这一特点与合伙企业相同而区别于公司。

(3) 个人独资企业仍属于独立的法律主体,其性质属于非法人组织,享有相应的权利能力和行为能力,能够以自己的名义进行法律行为。

3. 企业财产属于投资人所有

个人独资企业的全部财产为投资人个人所有,投资人(也称业主)是企业财产(包括企业成立时投入的初始出资财产与企业存续期间积累的财产)的唯一所有者。基于此,投资人对企业的经营与管理事务享有绝对的控制与支配权,不受任何其他人的干预。

4. 投资人以其个人财产对企业债务承担无限责任

这是在责任形态方面个人独资企业与公司(包括一人有限责任公司)的本质区别。

(1) 企业的债务全部由投资人承担。

(2) 投资人承担企业债务的责任范围不限于出资,其责任财产包括个人独资企业中的全部财产和其他个人财产。

无论是企业经营期间还是企业因各种原因而解散时,对经营中所产生的债务如不能以企业财产清偿,则投资人须以个人所有的其他财产清偿。

（三）个人独资企业与其他企业的区别

1. 个人独资企业和个体工商户的区别

	个人独资企业	个体工商户
出资者不同	仅能以个人出资设立	可以是一个自然人设立，也可以是家庭出资设立
用于承担责任的财产不同	投资人以其个人财产对企业债务承担无限责任	如属于个人经营的，以个人财产承担；家庭经营的，以家庭财产承担
依据的法律不同	依照《个人独资企业法》设立	依照《民法通则》《城镇个体工商户管理暂行条例》及其实施细则的规定设立
组织形式不同	是一种企业组织形态	不采用企业形式

2. 一人公司与个人独资企业的区别

	一人公司	个人独资企业
出资者不同	一个自然人股东或者一个法人股东	投资者只能是一个自然人
法律地位不同	具有法人资格	不具有法人资格
出资人承担责任方式不同	有限责任	无限责任
依据的法律不同	公司法	个人独资企业法

3. 个人独资企业与外商独资企业的区别

	个人独资企业	外商独资企业
资本的来源不同	来源于中国境内	来源于境外
出资者不同	只能是单个的自然人	可以是单个自然人，也可以是单个法人
设立依据不同	依照个人独资企业法设立	依照外资企业法设立
投资者责任承担不同	无限责任	可以为有限责任公司，也可以采取其他责任形式

4. 个人独资企业与普通合伙企业的区别

	个人独资企业	普通合伙企业
投资人人数不同	仅为1人	2人以上
投资人的身份不同	仅为自然人	可以是自然人、法人和其他组织，但国有企业、上市公司、国有独资公司、公益性的事业单位和社会团体除外
财产归属不同	企业财产归出资人1人所有	企业财产由全体合伙人共有
责任承担有所不同	由出资人1人承担无限责任	由全体合伙人承担连带无限责任

【真题演练】

关于合伙企业与个人独资企业的表述,下列哪一选项是正确的?(2013年真题,单选)

A. 二者的投资人都只能是自然人
B. 二者的投资人都一律承担无限责任
C. 个人独资企业可申请变更登记为普通合伙企业
D. 合伙企业不能申请变更登记为个人独资企业

【答案】 C

【解析】 根据《合伙企业法》第 2 条以及《个人独资企业法》第 2 条的规定,A、B 项错误,C 项正确。合伙企业的投资主体需 2 人(自然人、法人和其他组织)以上,若合伙企业中只剩下 1 个普通合伙人时,合伙人已不具备法定人数,不满足合伙企业的条件。根据《合伙企业法》第 85 条第 4 款的规定,合伙企业应当解散,遂 D 项正确。

第二节 个人独资企业的设立与事务管理

考点 1 个人独资企业的设立

(一)设立条件

(1)投资人为一个自然人,且只能是中国公民。个人独资企业的投资人必须是一个人,而且只能是一个自然人。

(2)有合法的企业名称。个人独资企业的名称应当符合国家关于企业名称登记管理的有关规定,企业名称应与其责任形式及其从事的营业相符合。个人独资企业享有名称权和商号权。企业只准使用一个名称,在登记主管机关辖区内不得与已登记注册的同行业企业名称相同或近似。个人独资企业的名称中不得使用"有限""有限责任""公司"字样,以体现企业名称与其责任形式的一致性。

(3)有投资人申报的出资。设立个人独资企业可以用货币出资,也可以用实物、土地使用权、知识产权或者其他财产权利出资。

(4)有固定的生产经营场所和必要的生产经营条件。生产经营场所包括企业的住所和与生产经营相适应的处所。住所是企业的主要办事机构所在地。

(5)有必要的从业人员。即要有与生产经营范围、规模相适应的从业人员。

注意:①《个人独资企业法》没有规定设立个人独资企业的注册资本金额是多少,但必须有申报的出资才能开展经营,这是由投资人的无限责任决定,不要求个人独资企业有最低注册资本,仅仅要求有申报的出资,这方便了独资企业的设立。

②家庭共有财产出资问题。投资人在申请企业设立登记时明确以其家庭共有财产作为个人出资的,应当依法以家庭共有财产对企业债务承担无限责任。

(二)设立程序

1. 个人独资企业的成立

(1)个人独资企业由投资人或者其委托的代理人向个人独资企业所在地的登记机关提交

设立申请书、投资人身份证明和生产经营场所使用证明等文件,设立申请书应包括下列事项:
① 企业的名称和住所(个人独资企业以其主要办事机构所在地为住所);
② 投资人的姓名和居所;
③ 投资人的出资额和出资方式;
④ 经营范围;
⑤ 投资人的签字及投资人聘用的企业主要负责人的姓名和签字。
注意:委托代理人申请时应出具投资人的委托书和代理人的合法证明。
(2) 个人独资企业实行准则设立原则,登记机关在接到申请之日起15日内决定是否登记。准予设立的,发给营业执照;不予登记的,应给予答复和理由。个人独资企业从领取营业执照之日起即告成立。

2. 分支机构的登记地与民事责任的承担
(1) 个人独资企业可设立分支机构,由投资人或者其委托的代理人向分支机构所在地的登记机关提交设立申请,领取营业执照。在登记后,还应将登记情况报该分支机构所属的企业的原登记机关备案。
(2) 个人独资企业的分支机构不具有独立性,其民事责任由该个人独资企业承担。

考点 2　个人独资企业的事务管理

(一) 管理模式

1. 个人独资企业投资人可以自行管理企业事务
2. 委托或聘用管理应签订书面合同
委托管理,须由投资人与受托人签订书面合同,明确委托的具体内容和授予的权利范围。聘用他人管理企业事务,须由投资人与被聘用的人签订书面合同,明确委托的具体内容和授予的权利范围。投资人委托或者聘用的人员管理个人独资企业事务时违反双方订立的合同,给投资人造成损害的,应承担民事赔偿责任
3. 投资人对受托人或者被聘用的人员职权的限制,不得对抗善意第三人

(二) 管理人员的禁止行为

(1) 利用职务上的便利,索取或者收受贿赂;
(2) 利用职务或者工作上的便利侵占企业财产;
(3) 挪用企业的资金归个人使用或者借贷给他人;
(4) 擅自将企业资金以个人名义或者以他人名义开立账户储存;
(5) 擅自以企业财产提供担保;
(6) 未经投资人同意,从事与本企业相竞争的业务;
(7) 未经投资人同意,同本企业订立合同或者进行交易;
(8) 未经投资人同意,擅自将企业商标或者其他知识产权转让给他人使用;
(9) 泄露本企业的商业秘密;
(10) 法律、行政法规禁止的其他行为。
注意:投资人委托或者聘用的人员违反上述规定的,侵犯个人独资企业财产权益的,责令

其退还侵占的财产;给企业造成损失的,依法承担赔偿责任;有违法所得的,没收违法所得;构成犯罪的,依法追究刑事责任。

【真题演练】

为开拓市场需要,个人独资企业主曾水决定在某市设立一个分支机构,委托朋友霍火为分支机构负责人。关于霍火的权利和义务,下列哪一表述是正确的?(2012年真题,单选)

A. 应承担该分支机构的民事责任
B. 可以从事与企业总部相竞争的业务
C. 可以将自己的货物直接出卖给分支机构
D. 经曾水同意可以分支机构财产为其弟提供抵押担保

【答案】 D

【解析】 根据《个人独资企业法》第14条第3款规定,分支机构不单独承担民事责任,故A项错误。根据《个人独资企业法》第20条规定,其第5、6、7款规定的行为都需要经过投资人同意才可为。故B、C项错误,D项正确。

第三节 个人独资企业的解散与清算

考点 1 解散

独资企业的解散分为任意解散和强制解散。

任意解散包括:投资人决定解散,投资人死亡或者被宣告死亡,无继承人或者继承人决定放弃继承等。

强制解散是指企业因为违法行为而被有关机关依法吊销营业执照。

考点 2 清算

(一) 清算人

个人独资企业解散,由投资人自行清算或者由债权人申请人民法院指定清算人进行清算。

(1) 清算人是指清算企业中执行清算事务及对外代表者。清算企业因解散而丧失经营活动的能力不能继续进行经营活动,而只存在清算事务。

(2) 个人独资企业解散,由投资人自行清算或者债权人申请人民法院指定清算人进行清算。因此,个人独资企业的清算原则上以投资人为其清算人。但经债权人申请,人民法院可以指定投资人以外的人为清算人。

(二) 通知与公告程序

投资人自行清算的,应当在清算前15日内书面通知债权人,无法通知的,应当予以公告。

债权人应当在接到通知之日起30日内,未接到通知的应当在公告之日起60日内,向投资人申报其债权。

（三）清偿顺序

个人独资企业解散的，财产应当按照下列顺序清偿：
(1) 所欠职工工资和社会保险费用；
(2) 所欠税款；
(3) 其他债务。

（四）责任消灭制度

个人独资企业解散后，原投资人对个人独资企业存续期间的债务仍应承担偿还责任，但债权人自独资企业解散后5年内未向债务人提出偿债请求的，该责任消灭。

外商投资企业法专题

专题导学

外商投资企业法的精神：鼓励外商、中国企业

外商投资企业包括中外合资经营企业、中外合作经营企业与外商独资经营企业三种。外商投资企业的特征主要体现在以下三个方面：第一，资本全部或部分来源于境外；第二，企业组织的主体资格有限定；第三，法律适用特殊。

从考试情况来看，中外合资经营企业法的考查是重点。随着"三资"企业国民待遇政策的全面落实，预计今后的考试比重不会增加，外商投资企业法部分的考题，多针对法条而设，且多考查细节问题。

外商投资企业法学习线索：

1. 重点掌握对外商投资优惠的法律规定

鼓励外商投资是当时制定三资企业法的初衷。对于本部分的学习，应注意掌握外商投资企业法与公司法之间的联系及区别，同时注意掌握外商投资企业在设立、资本转让等方面的特殊性。主要包括：外商投资企业的组织形式、注册资本、出资方式、出资期限，以及中外合作经营企业的投资和合作条件、经营管理、利润分配等。

如：外方可用外币出资；可以先行收回投资。

2. 注意外商投资企业的本地化要求

三资企业均为中国企业。中外合资经营企业为有限责任公司；中外合作经营企业与外商独资企业符合条件者为企业法人，不符合条件者为非法人企业。既然为中国企业，就应对其进行本地化要求和管理，以达到促进发展中国经济的目的。如：一正一副，一中一外；诉讼为专属管辖等。因外商投资企业的特殊性，法律对其有着特殊的规范，国家也有着特殊的管理规定。主要体现在企业的设立与重大事项的变动方面，均须特定国家机关审查批准。

第一节　外商投资企业法概述

考点 1　外商投资企业的类型

（一）中外合资经营企业

中外合资经营企业,是指中国合营者与外国合营者依照中华人民共和国法律的规定,在中国境内共同投资、共同经营,并按投资比例分享利润、分担风险及亏损的股权式合营企业。

（二）中外合作经营企业

中外合作经营企业,是指中外合作者依照中华人民共和国法律的规定,通过在合作企业合同中约定投资或者合作条件、收益或者产品的分配、风险和亏损的分担、经营管理的方式和合作企业终止时财产的归属等事项,共同举办合作企业。

（三）外资企业

外资企业,是指依照中华人民共和国法律的规定,在中国境内设立的,全部资本由外国投资者投资并拥有,由外国投资者独立经营管理、独享利益和承担风险、自负盈亏的企业。

考点 2　外商投资企业的共同规定

（1）三资企业均为中国的企业（三资企业的主体均为：中方无自然人,外方可以是自然人、法人等）；

（2）仲裁采取自愿原则；

（3）诉讼为专属管辖。

第二节　外商投资企业法具体法律制度

考点 1　中外合资经营企业法

概念	中外合资经营企业,是指中国合营者与外国合营者依照中华人民共和国法律的规定,在中国境内共同投资、共同经营,并按投资比例分享利润、分担风险及亏损的企业。 （1）合营各方签订的合营协议、合同、章程,应报审查批准机关审查批准。 （2）合营企业如发生严重亏损、一方不履行合同和章程规定的义务、不可抗力等,经合营各方协商同意,报请审查批准机关批准,并向国家工商行政管理主管部门登记,可终止合同。如果因违反合同而造成损失的,应由违反合同的一方承担经济责任。

(续表)

特征	(1) 在中外合资经营企业的股东中,外方合营者包括外国的公司、企业、其他经济组织或者个人,中方合营者则为中国的公司、企业或者其他经济组织,不包括中国公民个人。 (2) 中外合资经营企业的组织形式为有限责任公司,具有法人资格。 (3) 中外各方依照出资比例分享利润,分担亏损,回收投资。
出资	在中外合资经营企业的注册资本中,外方合营者的出资比例一般不得低于25%。
组织机构	1. 董事会 (1) 性质:最高权力机构,行使普通有限公司股东会与董事会的权力。 (2) 组成: ① 不得少于3人。 ② 各方委派董事的人数原则上依出资比例协商确定,另一方无权否决; ③ 正、副董事长由合资各方协商确定或由董事会选举产生。正、副董事长分别由中、外方担任,合营企业一方担任董事长时,另一方董事任副董事长。 ④ 董事会至少每年召开一次,经1/3以上董事提议,可由董事长召集董事会临时会议。董事会应有2/3以上董事出席方能举行。董事因故不能出席,可出具委托书委托其他董事代表其参加讨论并表决。董事会讨论重要问题要制作详细记录。 ⑤ 董事长为法人代表。 (3) 任期:4年,可连选连任。 2. 经营管理机构 经营管理机构设总经理1人,副总经理若干人。总经理由董事会从合营企业的某一方投资者推荐的人员中聘任,另一方的推荐人员担任副总经理。

考点 2　中外合作经营企业法

概念	中外合作经营企业属于契约式的合营企业。合作企业称为契约式合营,而合资企业称为股权式合营。合作企业协议、章程的内容与合作企业合同不一致的,以合作企业合同为准。
特征	(1) 中外合作经营企业的组织形式具有多样化的特点。既可以是法人企业,也可以是非法人企业。无论是法人企业还是非法人企业,投资者均可对投资或者合作条件以及责任承担的方式和比例作出约定。 (2) 中外合作经营企业的组织机构与管理方式具有灵活多样的特征。既可以是董事会制,也可以是联合管理委员会制,还可以是委托第三方管理。中外合作企业具备法人资格的,应当成立董事会作为企业的权力机构和决策执行机构。中外合作经营企业不具备法人资格的,联合管理委员会是其权力机构和决策机构。 (3) 中外合作经营企业外方承担的风险相对较小。

(续表)

管理形式	(1) 董事会制。董事会是最高权力机构,一方担任董事长的,副董事长由他方担任。 (2) 联合管理制。不具有法人资格的合作企业,一般实行联合管理制。联合管理机构由合作各方代表组成,是合作企业的最高权力机构,决定合作企业的重大问题。中外合作者的一方担任联合管理机构主任的,由他方担任副主任。 董事或委员的任期最长不得超过3年。 (3) 委托管理制。任一方单独或第三方经营管理。变动需一致同意并报批准。
先行回收投资	外国合作者可以先行回收投资。合同约定,至中外合作企业经营期期限届满时,企业的固定资产全部归中方所有时,外方可以先行回收投资。具体的回收投资的速度及比例由双方约定。

考点 3 外资企业法

概念	外资企业是指依照中国有关法律在中国境内设立的全部资本由外国投资者投资的企业,不包括外国的企业和其他经济组织在中国境内的分支机构。
特征	1. 外资企业的全部资本是由外国投资者投资的 外国投资者的投资主体可以是公司、企业、其他经济组织或个人,至于外国投资主体是单独在中国投资,还是联合出资,法律并不作区分。 2. 外资企业是外国投资者根据中国法律在中国境内设立的 (1) 尽管外资企业的全部资本均来自于外国投资者,但是它是根据中国法律在中国境内设立,受中国法律的管辖和保护,是具有中国国籍的企业。 (2) 外国企业具有外国国籍,受该外国的属人管辖,中国仅对其在中国的活动实行属地管辖。 3. 责任形态多样性 (1) 外资企业的组织形式为有限责任公司。外资企业作为有限责任公司成为独立的法律主体时,外国投资者对其债务不承担无限责任。 (2) 外资企业经批准也可以为其他责任形式,可以登记为无限责任的独资企业或合伙企业,外国投资者应对企业债务承担无限责任或连带责任。
缴付出资	外国投资者缴付出资的期限应当在设立外资企业申请书和外资企业章程中载明。
组织形式	一般而言,外资企业的组织形式为有限责任公司。经批准也可为其他责任形式。外资企业为其他责任形式的,主要是指合伙形式和独资形式。
本土化要求	(1) 中国企业。 (2) 必须在中国境内设置会计账簿。 (3) 应当向中国境内的保险公司投保。 (4) 应当在中国银行或者国家外汇管理机关指定的银行开户。

【真题演练】

1. 中国海天公司与某国小宇公司准备成立一家中外合资经营企业,并签署了合资合同与章程,但海天公司迟迟未向主管机关报批。数月后,小宇公司因报批无望准备退出,但其为此次投资事宜已经花费70万元。根据中外合资经营企业法律的相关规定,下列哪些表述是正确的?(2011年真题,多选)

A. 如最终未能获得审批机关的批准,则双方之间的合资合同为无效合同
B. 拟成立的合资企业的组织形式可以是有限责任公司或有限合伙企业
C. 小宇公司有权通过仲裁或者诉讼,请求海天公司按照合同约定履行报批义务
D. 小宇公司可以请求海天公司赔偿其70万元的损失

【答案】 CD

【解析】 根据《中外合资经营企业法》第3条规定,中国海天公司与某国小宇公司签订的合同应经主管部门批准,如最终未能获得审批机关的批准,则可能导致合资经营企业不能成立,但并不必然导致双方之间的合同无效,故A项错误。根据《中外合资经营企业法》第4条规定,B项错误。根据《中外合资经营企业法》第16条规定,小宇公司有权通过仲裁或者诉讼,请求海天公司按照合同约定履行报批义务,故C项正确。根据《中外合资经营企业法》第14条规定,小宇公司此次投资事宜已经花费70万元,但海天公司迟迟未向主管机关报批,已给小宇公司造成了损失,小宇公司可以请求海天公司赔偿其70万元的损失,故D项正确。

2. 中外合资经营企业是重要的外商投资企业类型。关于中外合资经营企业,下列哪一表述是错误的?(2010年真题,单选)

A. 合营各方可在章程中约定不按出资比例分配利润
B. 合营企业设立董事会并作为企业的最高权力机构
C. 合营者如欲转让其在合营企业中的股份,需经审批机构批准
D. 合营企业的组织形式为有限责任公司

【答案】 A

【解析】 根据《中外合资经营企业法》第4条第3款的规定,A项错误。根据《中外合资经营企业法实施条例》第30条的规定,选项B正确。根据《中外合资经营企业法实施条例》第20条的规定。选项C正确。根据《中外合资经营企业法》第4条第1款的规定,选项D正确。本题为选非题,故A项为应选项。

破产法专题

专题导学

企业破产法的精神:公平清偿、优胜劣汰、利益平衡

企业法人不能清偿到期债务,并且资产不足以清偿全部债务或者明显缺乏清偿能力的,依

照法定程序清理债务。广义的破产程序包括破产法上的各种债务清理程序,即和解、重整和破产清算程序。

企业破产法学习线索:

1. 债权人的权益问题

公平清偿: 通过破产程序,使债权人的债权请求得到公正的待遇,避免在缺乏公平清偿秩序的情况下可能受到的损害。如:如何申报债权、债权人会议。

2. 掌握破产清算与重整程序

优胜劣汰: 淘汰落后,起死回生。通过优胜劣汰机制,实现资源优化组合,促进经济发展。如:重整制度、破产清算程序是必考考点:破产财产及破产债权的范围、破产取回权、别除权、抵销权的行使以及破产财产的支付顺序、破产无效行为等。

3. 法院在破产程序中的作用

利益平衡: 妥善处理破产事件,减少其消极影响,维护社会安定。法院在破产程序中十分重要,重点掌握法院在破产宣告程序、管理人制度、重整制度中的中立裁决地位和作用。

第一节　破产法概述

考点 1　概念

(一) 定义

企业法人不能清偿到期债务,并且资产不足以清偿全部债务或者明显缺乏清偿能力的,依照法定程序清理债务。广义的破产程序包括破产法上的各种债务清理程序,即和解、重整和破产清算程序。

(二) 适用范围

(1) 企业法人。

(2) 合伙企业不能清偿到期债务的,债权人可以依法向人民法院提出破产清算申请,也可以要求普通合伙人清偿。合伙企业依法被宣告破产的,普通合伙人对合伙企业债务仍应承担无限连带责任。

考点 2　破产程序类型

(一) 和解程序

和解是债务人不能清偿债务时,为避免受破产宣告或者破产分配,而通过法院组织,经与债权人会议磋商谈判,达成相互间的谅解、协商一致解决债务危机以图复苏的法律程序。

(二) 重整程序

重整是指对已具备破产原因或可能出现破产原因而有拯救希望的债务人实施的保护其继

续营业并挽救其生存的法律程序。

(三) 清算程序

破产清算是指企业法人被宣告破产以后,由破产管理人接管债务人财产,对破产财产进行清算、评估和处理、分配,保障各债权人的债权公平受偿的法律程序。

破产程序
1. 重整程序:企业的再生之路　▲申请清算 可转入和解或者重整
2. 和解程序:企业的妥协之路　▲进入和解或者重整 可转入清算
3. 清算程序:企业的消亡之路　▲进入清算 无法转变

第二节　破产申请和受理

考点 1　破产原因

破产原因是适用破产程序所依据的特定法律事实,是破产程序开始的前提,也是法院进行破产案件受理的实质要件和破产宣告的重要依据。破产原因是破产案件受理的实质条件。

(一) 企业法人不能清偿到期债务,并且资产不足以清偿全部债务或者明显缺乏清偿能力的,依照《破产法》规定清理债务

1. 债务人不能清偿到期债务

"不能清偿到期债务",即无力偿债,国际上也称作"非流动性",又称"现金流标准",其含义是"债务人已全面停止偿付到期债务,而且没有充足的现金流量偿付正常营业过程中到期的现有债务"。

下列情形同时存在,人民法院应认定为债务人不能清偿到期债务:
(1) 债权债务关系依法成立;
(2) 债务履行期限已经届满;
(3) 债务人未完全清偿债务。

2. 资产不足以清偿全部债务或明显缺乏清偿能力

(1) 资产不足以清偿全部债务

债务人的资产负债表,或者审计报告、资产评估报告等显示其全部资产不足以偿付全部负债的,人民法院应当认定债务人资产不足以清偿全部债务,但有相反证据足以证明债务人资产能够偿付全部负债的除外。

注意:连带保证人不得以保证人清偿能力为由而主张其不具备破产原因。

(2) 明显缺乏清偿能力
① 因资金严重不足或者财产不能变现等原因,无法清偿债务;
② 法定代表人下落不明且无其他人员负责管理财产,无法清偿债务;
③ 经人民法院强制执行,无法清偿债务;
④ 长期亏损且经营扭亏困难,无法清偿债务;

⑤ 导致债务人丧失清偿能力的其他情形。

(二) 企业法人有法律规定情形,或者有明显丧失清偿能力可能的,可以依照《破产法》规定进行重整

重整是企业在无力偿债的情况下,依照法律规定的程序,保护企业继续营业,实现债务调整和企业整理,使之摆脱困境,走向复兴的再建型债务清理制度。重整程序是对濒临破产企业的拯救,对于作为其发动条件的重整原因,《破产法》做出了较为宽松的规定。

考点 2　破产申请人

破产申请人是与破产案件有利害关系、依法具有破产申请资格的民事主体。

(一) 债务人

(1) 债务人是最基本的破产申请人,在提出破产申请时,可以选择适用重整、和解、破产清算程序。债务人申请自己破产,被称为自愿破产。

(2) 只有债务人可以申请和解程序。债务人可以直接向人民法院申请和解;也可以在人民法院受理破产申请后、宣告债务人破产前,向人民法院申请和解。

(二) 债权人

(1) 债权人提出破产申请时,可以选择适用对债务人进行重整、破产清算的申请。债权人不得向人民法院提出同债务人进行和解的申请。债权人申请债务人破产,被称为"非自愿性破产。"

(2) 债权人申请债务人破产的条件

债权人只需证明"债务人不能清偿到期债务",而无须证明"债务人资不抵债或者明显缺乏偿债能力"。其理由在于债权人无法掌握债务人的财务状况,要求债权人证明债务人资不抵债或者明显缺乏清偿能力实属不合理。

注意:后续重整申请

破产清算转化为重整。债权人申请对债务人进行破产清算的,在人民法院受理破产申请后、宣告债务人破产前,债务人或者出资额占债务人注册资本1/10以上的出资人,可以向人民法院申请重整。

(三) 其他人

(1) 清算法人的清算组织;
(2) 出资人;
(3) 国务院金融监督管理机构。

考点 3 破产申请的程序

（一）破产申请的撤回

（1）人民法院受理破产申请前，申请人可以请求撤回申请。申请人向人民法院提出破产申请是行使法律赋予的权利，其撤回申请也是行使权利。但是，申请人的撤回权是有时间限制的，在人民法院受理破产案件后，申请人请求撤回破产申请的，应驳回。

（2）人民法院准许申请人撤回破产申请，在撤回之前已经支出的费用由破产申请人承担。

（二）破产申请的受理

1. 受理期限

（1）债权人提出破产申请的，人民法院应当自收到申请之日起 5 日内通知债务人。债务人对申请有异议的，应当自收到人民法院的通知之日起 7 日内向人民法院提出。人民法院应当自异议期满之日起 10 日内裁定是否受理。

（2）除上述情形外，人民法院应当自收到破产申请之日起 15 日内裁定是否受理。

（3）有特殊情况需要延长前述裁定受理期限的，经上一级人民法院批准，可以延长 15 日。

2. 受理材料

（1）人民法院收到破产申请时，应当向申请人出具收到申请及所附证据的书面凭证。

（2）人民法院收到破产申请后，应当及时对申请人的主体资格、债务人的主体资格和破产原因，以及有关材料和证据等进行审查，并作出是否受理的裁定。

（3）人民法院认为申请人应当补充、补正相关材料的，应当自收到破产申请之日起 5 日内告知申请人。当事人补充、补正相关材料的期间不计入受理期限。

（4）申请人提出破产申请，人民法院未接收申请人提出的破产申请、未向申请人出具收到申请及所附证据的书面凭证，或者未在法定期限内作出是否受理的裁定等情形下，申请人可以向上一级人民法院提出破产申请。上一级人民法院接到破产申请后，应当责令下级法院依法审查并及时作出是否受理的裁定；下级法院仍不作出是否受理的裁定，上一级人民法院可以径行作出裁定。上一级人民法院裁定受理破产申请的，可以同时指令下级人民法院审理该案件。

考点 4 破产案件受理的法律后果

（一）不得对个别债权人进行清偿

1. 人民法院受理破产申请后，债务人对个别债权人的债务清偿无效

"个别清偿"的认定须具备以下要件：第一，须是债务人实施的清偿；第二，须是债务人对实际存在的债务实施的清偿；第三，须是债务人在破产申请受理后实施的清偿。

2. 破产申请受理前提起的个别清偿诉讼，破产申请受理时案件尚未审结应当中止审理

（1）主张次债务人代替债务人直接向其偿还债务的；

（2）主张债务人的出资人、发起人和负有监督股东履行出资义务的董事、高级管理人员，

或者协助抽逃出资的其他股东、董事、高级管理人员、实际控制人等直接向其承担出资不实或者抽逃出资责任的；

（3）以债务人的股东与债务人法人人格严重混同为由，主张债务人的股东直接向其偿还债务人对其所负债务的；

（4）其他就债务人财产提起的个别清偿诉讼。

（二）尚未履行完毕的合同

（1）人民法院受理破产申请后，管理人对破产申请受理前成立而债务人和对方当事人均未履行完毕的合同有权决定解除或者继续履行，并通知对方当事人。

（2）管理人自破产申请受理之日起2个月内未通知对方当事人，或者自收到对方当事人催告之日起30日内未答复的，视为解除合同。

（3）管理人决定继续履行合同的，对方当事人应当履行；但是，对方当事人有权要求管理人提供担保。管理人不提供担保的，视为解除合同。

（三）财产保全措施应当解除

破产程序对民事保全有优先地位，破产程序代表的是全体债权的集体清偿利益，在法律政策上，对这种集体利益的保护要求相对于对个别债权人利益的保护要求而言，处于优先的地位，因此破产程序开始后，针对债务人财产的保全措施应当解除，对于已经查封、扣押、冻结或者以其他方式予以保全的债务人财产，应当解除保全措施，以便于使债务人的财产和债权人的权利行使都纳入统一的集体程序之中。

（四）民事执行程序应当中止

（1）破产程序开始后民事执行程序应当中止。此处的民事执行程序，是指对非依破产程序所产生的法律文书的个别执行程序。

（2）执行回转的财产为债务人财产。

（3）执行程序中止后，请求执行的债权人可以向管理人申报债权。

（五）涉及债务人财产的诉讼

（1）破产申请受理前，债权人就债务人财产提起的诉讼，应当中止审理。

（2）破产申请受理后，债权人就债务人财产提起的诉讼，人民法院不予受理。

【真题演练】

1. 2013年3月，债权人甲公司对债务人乙公司提出破产申请。下列哪些选项是正确的？（2013年真题，多选）

　　A. 甲公司应提交乙公司不能清偿到期债务的证据

　　B. 甲公司应提交乙公司资产不足以清偿全部债务的证据

　　C. 乙公司就甲公司的破产申请，在收到法院通知之日起7日内可向法院提出异议

D. 如乙公司对甲公司所负债务存在连带保证人，则其可以该保证人具有清偿能力为由，主张其不具备破产原因

【答案】 AC

【解析】 根据《企业破产法解释（一）》第6条第1款规定，A项正确，B项错误。根据《破产法》第10条规定，C项正确。根据《企业破产法解释（一）》第1条第2款规定，D项错误。

2. 中南公司不能清偿到期债务，债权人天一公司向法院提出对其进行破产清算的申请，但中南公司以其账面资产大于负债为由表示异议。天一公司遂提出各种事由，以证明中南公司属于明显缺乏清偿能力的情形。下列哪些选项符合法律规定的关于债务人明显缺乏清偿能力、无法清偿债务的情形？（2012年真题，多选）

A. 因房地产市场萎缩，构成中南公司核心资产的房地产无法变现
B. 中南公司陷入管理混乱，法定代表人已潜至海外
C. 天一公司已申请法院强制执行中南公司财产，仍无法获得清偿
D. 中南公司已出售房屋质量纠纷多，市场信誉差

【答案】 ABC

【解析】 根据《企业破产法》第2条以及《企业破产法解释（一）》的规定，A项"中南公司核心资产的房地产无法变现"属于《企业破产法解释（一）》第4条第1项财产不能变现；B项"法定代表人已潜至海外，陷入管理混乱"属于《企业破产法解释（一）》第4条第2项法定代表人下落不明且无其他人员负责管理财产；C项"已申请法院强制执行中南公司财产，仍无法获得清偿"属于《企业破产法解释（一）》第4条第3项经人民法院强制执行，无法清偿债务，故A、B、C项正确。D项中的情形仅导致中南公司市场信誉差，并不当然导致其缺乏清偿能力，错误。

3. 企业法人不能清偿到期债务，并且资产不足以清偿全部债务或者明显缺乏清偿能力的，根据《企业破产法》的规定，该企业法人可以选择以下哪些程序处理其与债权人之间的债权债务关系？（2007年真题，多选）

A. 申请破产清算
B. 直接向法院申请和解
C. 决议解散并进行清算
D. 直接向法院申请重整

【答案】 ABD

【解析】 根据《企业破产法》第2条以及第7条的规定，选项A、B、D正确。破产清算应该由企业法人向人民法院提出申请，不能自行决议，自行清算，故选项C错误。

第三节　管　理　人

考点 1 破产管理人制度概述

（一）概念

破产管理人，是指破产宣告后，在法院的指挥和监督之下全面接管破产财产并负责对其进行保管、清理、估价、处理和分配的专门机构。

(二) 管理人的组成

1. 由有关部门、机构的人员组成的清算组

破产法所称的清算组是指在破产程序开始前已经依照其他法律成立的清算组。

2. 依法设立的社会中介机构

人民法院受理破产申请案件时,一般应在管理人名册中的社会中介机构范围内指定管理人,这里的"社会中介机构"主要是指律师事务所、会计师事务所、破产清算事务所。

3. 个人

对于一些规模较小、债权债务关系比较清楚的破产案件,人民法院可以根据债务人的实际情况,在征询有关社会中介机构的意见后,指定该机构具备相关专业知识并取得执业资格的人员担任管理人。为了降低管理人的职业风险,《企业破产法》规定个人担任管理人的应当参加执业责任保险。

(三) 管理人的任职资格

有下列情形之一的,不得担任管理人:

(1) 因故意犯罪受过刑事处罚;
(2) 曾被吊销相关专业执业证书;
(3) 与本案有利害关系;
(4) 人民法院认为不宜担任管理人的其他情形。

考点 2 管理人的产生

(一) 管理人产生的时间

人民法院裁定受理破产申请的,应当同时指定管理人。

(二) 管理人的指定

(1) 管理人既然在性质上是法定机构,所以,管理人由人民法院指定。
(2) 管理人依照《破产法》规定执行职务,向人民法院报告工作。
(3) 管理人的报酬由人民法院确定,债权人会议对管理人的报酬有异议的,有权向人民法院提出。
(4) 管理人没有正当理由不得辞去职务,管理人辞去职务应当经人民法院许可。

(三) 管理人的变更

(1) 债权人会议认为管理人不能依法、公正执行职务或者有其他不能胜任职务情形的,可以申请人民法院予以更换。
(2) 管理人接受债权人会议和债权人委员会的监督。
(3) 管理人应当列席债权人会议,向债权人会议报告职务执行情况,并回答询问。

(4) 人民法院认为申请更换管理人的理由成立的，应当自收到管理人书面说明之日起10日内作出更换管理人的决定。

考点 3 管理人的职责

（一）职权

(1) 接管债务人的财产、印章和账簿、文书等资料。
(2) 调查债务人财产状况，制作财产状况报告。
(3) 决定债务人的内部管理事务。
(4) 决定债务人的日常开支和其他必要开支。
(5) 在第一次债权人会议召开之前，决定继续或者停止债务人的营业。
(6) 管理和处分债务人的财产。
(7) 代表债务人参加诉讼、仲裁或者其他法律程序。
(8) 提议召开债权人会议。
(9) 人民法院认为管理人应当履行的其他职责。

（二）法律责任

1. 未依法行使撤销权的责任

管理人因过错未依法行使撤销权导致债务人财产不当减损，债权人可以主张管理人对其损失承担相应的赔偿责任。

2. 执行职务致他人财产损害的责任

管理人或相关人员执行职务致他人财产损害产生的债务作为共益债务，由债务人财产随时予以清偿，以优先保障此类债权人权利的实现。尽管管理人或者相关人员在执行职务过程中造成他人的财产损失，可以列为共益债务，但在债务人财产较少的情形下，仍可能发生权利人损失不能足额弥补的情形。

(1) 管理人在执行职务过程中，因故意或者重大过失不当转让他人财产或者造成他人财产毁损、灭失的，导致他人损害产生的债务作为共益债务，由债务人财产随时清偿不足以弥补损失的，权利人可以主张管理人承担补充赔偿责任。

(2) 上述债务作为共益债务由债务人财产随时清偿后，债权人以管理人执行职务不当导致债务人财产减少给其造成损失为由提起诉讼，管理人应当承担相应赔偿责任。

注意：如果管理人不存在故意或重大过失的，则权利人的权利仅能在债务人财产中作为共益债务获得清偿。即使债务人财产不足以清偿该债务的，管理人也不承担责任。

【真题演练】

千叶公司因不能清偿到期债务，被债权人百草公司申请破产，法院指定甲律师事务所为管理人。下列哪一选项是错误的？（2007年真题，单选）

A. 甲律师事务所租赁百草公司酒店用作管理人办公室的行为不违反破产法的规定

B. 甲律师事务所有权处分千叶公司的财产
C. 甲律师事务所有权因担任管理人而获得报酬
D. 如甲律师事务所不能胜任职务,债权人会议有权罢免其管理人资格

【答案】 D

【解析】 根据《企业破产法》第22条规定,C项正确,D项错误。根据《企业破产法》第25条第1款第6项的规定,B项正确。管理人在破产程序中应保持中立地位,选项A所表述的行为,就本题所给信息很难判断其违反了《企业破产法》的规定。注意本题为选非题,答案为选项D。

第四节 债务人财产

考点 1 债务人财产

债务人财产,是指在破产程序中被纳入破产管理的为债务人所拥有的财产。

(一) 债务人财产的范围

1. 破产申请受理时属于债务人的财产和破产申请受理后至破产程序终结前债务人取得的财产

(1) 有形财产、无形财产

包括:货币、实物;可以用货币估价并依法转让的债权、股权、知识产权、用益物权等财产和财产权益。

(2) 未设定担保权的财产、已经设定担保权的财产

(3) 债务人位于境内和境外的财产

2. 债务人被宣告破产后,债务人称为破产人,债务人财产称为破产财产,人民法院受理破产申请时对债务人享有的债权称为破产债权

注意:下列财产不认定为债务人财产。

① 债务人基于仓储、保管、承揽、代销、借用、寄存、租赁等合同或者其他法律关系占有、使用的他人财产;

② 债务人在所有权保留买卖中尚未取得所有权的财产;

③ 所有权专属于国家且不得转让的财产;

④ 其他依照法律、行政法规不属于债务人的财产。

(二) 债务人财产的追回权

1. 追收的类型

(1) 对可撤销的交易行为涉及财产的追回

撤销权制度,是指针对债务人的某些行为,管理人有权请求法院予以撤销。

① 涉及债务人财产的下列行为,在受理破产申请前1年内出现,均可要求撤销

a. 无偿转让财产

无偿转让财产是指以无代价或者实质上无代价的方式将债务人财产让渡于他人的行为,例如,直接将某项财产赠与他人。

b. 以明显不合理的价格进行交易

"明显不合理价格"是指债务人与他人交易时严重背离当时市场正常价格,取得显然对自己不利的对待给付的情形。

注意:以明显不合理价格交易撤销后的双向返还问题。

对明显不合理交易被撤销时,应当恢复原状,即买受人应当将所买财产返还债务人,同时债务人应当将买受人已经支付的价款返还买受人,该返还债权可以按照共益债务优先清偿。

c. 对没有财产担保的债务提供财产担保

由于破产法的别除权制度使有财产担保的债权人能够由担保权标的优先受偿,债务人在无力偿债的情况下对原来没有财产担保的债务提供财产担保,从而使其他债权人通过集体程序获得的清偿数额减少,违背了破产法的公平清偿原则。因此,法律禁止债务人在破产案件受理前的1年内以自己的财产为以往的债务设置新的担保。但是在此期间内对新债务设置担保是允许的。

d. 对未到期的债务提前清偿

破产申请受理前1年内债务人提前清偿未到期债务,在破产申请受理前已经到期,管理人请求撤销该清偿行为的,人民法院不予支持。但是,若该清偿行为发生在破产申请受理前6个月内且债务人有《企业破产法》第2条第1款规定的情形的,管理人仍然可以申请法院予以撤销。

e. 放弃债权

在无力偿债的情况下,债务人在放弃自己的债权时,实质上放弃的是债权人的清偿利益。实践中无论放弃的动机如何,这种行为都属于可撤销的范围。

② 个别清偿的撤销

人民法院受理破产申请前6个月内,并且债务人有破产原因的,仍对个别债权人进行清偿的,管理人有权请求人民法院予以撤销。但是,个别清偿使债务人财产受益的除外。

a. 债务人对以自有财产设定担保物权的债权进行的个别清偿不得撤销,但是债务清偿时担保财产的价值低于债权额的除外。

b. 债务人经诉讼、仲裁、执行程序对债权人进行的个别清偿不得撤销。

c. 使债务人财产受益的个别清偿不得撤销。

如:债务人为维系基本生产需要而支付水费、电费等的;债务人支付劳动报酬、人身损害赔偿金等。

(2) 对无效交易行为财产的追回

① 为逃避债务而隐匿、转移财产的;

② 虚构债务或者承认不真实的债务的。

（3）对出资的追回

人民法院受理破产申请后，债务人的出资人尚未完全履行出资义务的，管理人应当要求该出资人缴纳所认缴的出资，而不受出资期限的限制。

① 出资人向债务人依法缴付未履行的出资或者返还抽逃的出资本息，出资人不得以认缴出资尚未届至公司章程规定的缴纳期限或者违反出资义务已经超过诉讼时效为由进行抗辩。

② 可以主张公司的发起人和负有监督股东履行出资义务的董事、高级管理人员，或者协助抽逃出资的其他股东、董事、高级管理人员、实际控制人等，对股东违反出资义务或者抽逃出资承担相应责任，并将财产归入债务人财产。

（4）对企业管理层的特别追回权

债务人的董事、监事和高级管理人员利用职权从企业获取的非正常收入和侵占的企业财产，管理人应当追回。

① 绩效奖金；

② 普遍拖欠职工工资情况下获取的工资性收入；

③ 其他非正常收入。

2. 追收的行使

（1）追收诉讼时效的延长

① 债务人对外享有债权的诉讼时效，自人民法院受理破产申请之日起中断。

② 债务人无正当理由未对其到期债权及时行使权利，导致其对外债权在破产申请受理前1年内超过诉讼时效期间的，人民法院受理破产申请之日起重新计算上述债权的诉讼时效期间。

（2）管理人无正当理由拒绝追收的，债权人会议申请更换管理人的，人民法院应当支持

（3）管理人不予追收，个别债权人可以代表全体债权人请求清偿或者返还债务人财产，或者申请合并破产

（三）取回权

取回权是指从管理人接管的财产中取回不属于债务人的财产的请求权。

1. 取回权的特征

（1）取回权是对特定物的返还请求权。以特定物为请求标的，以该物的原物返还为请求内容。

（2）取回权的发生依据是物权关系，是以物权为基础的请求权。

（3）取回权不参加债权申报，权利人不参加债权人会议，而由权利人个别行使权利。

注意：取回权行使有一定的行使期限。权利人应当在破产财产变价方案或者和解协议、重整计划草案提交债权人会议表决前向管理人提出。权利人未在规定期限内行使取回权，其取回权并不会灭失，但由此增加的相关费用需要由权利人承担。

（4）权利人应当向管理人主张取回权。

管理人不予认可，权利人可以以债务人为被告向人民法院提起诉讼请求行使取回权。

2. 取回权的种类

(1) 一般取回权

人民法院受理破产申请后,债务人占有的不属于债务人的财产,该财产的权利人可以通过管理人取回。但是,《破产法》另有规定的除外。

该财产包括基于仓储、保管、加工承揽、委托交易、代销、借寄存、租赁等法律关系占有、使用的他人财产。

① 权利人应当支付相关的费用,包括加工费、保管费、托运费、委托费、代销费等。

如果权利人行使取回权时,未依法向管理人支付相关费用,管理人可以拒绝其取回相关财产。

② 权利人对于不宜保存的财产,可以就变价款行使取回权。

③ 取回权与善意取得的关系。

如果第三人已经善意取得所有权,则无法行使取回权,破产企业应当对原权利人予以赔偿。

a. 如果转让发生破产申请受理前,原权利人的债权按普通债权处理;

b. 如果转让发生破产申请受理后,原权利人的债权按共益债务处理。

(2) 代偿取回权

代偿取回权是指一般取回权行使的标的财产毁损、灭失时,该财产的权利人依法对取回权标的物的代偿财产行使取回的权利。一般取回权是以取回物仍然存在于债务人处为基础而成立和行使的,而代偿取回权是在取回标的物毁损、灭失,一般取回权无法行使时,对一般取回权的必要补充。

① 因取回财产毁损、灭失获得的保险金、赔偿金或者代偿物尚未交付债务人,或者代偿物虽然已经交付债务人但能与债务人财产相区分的,权利人可以取回就此获得的保险金、赔偿金或者代偿物。

② 但是如果保险金、赔偿金或者代偿物已经交付债务人且不能与债务人财产相区分的,权利人就不能行使代偿取回权,只能按照破产债权或者共益债务获得清偿。

(3) 出卖人取回权

人民法院受理破产申请时,出卖人已将买卖标的物向作为买受人的债务人发运,债务人尚未收到且未付清全部价款的,出卖人可以取回在运途中的标的物。但是,管理人可以支付全部价款,请求出卖人交付标的物。如果出卖人未在买卖标的物到达管理人前及时主张行使在途标的物取回权的,即丧失了行使该取回权的权利。在买卖标的物到达管理人后,出卖人无权依据《企业破产法》第39条的规定向管理人主张取回买卖标的物。

(4) 重整期间紧急取回权

重整制度在注重对债务人挽救的同时,也要兼顾特殊情况下对权利人合法权利的保护。因此,在有证据证明管理人或者自行管理的债务人违反双方合同约定,可能导致相关财产被转让、毁损、灭失或者价值明显减少的情形下,权利人应当有权行使取回权,以此维护各方利益的适度平衡。

① 债务人重整期间,权利人要求取回债务人合法占有的权利人的财产,不符合双方事先约定条件的,人民法院不予支持。

② 因管理人或者自行管理的债务人违反约定,可能导致取回物被转让、毁损、灭失或者价值明显减少的,权利人有权行使取回权。

(四) 抵销权

1. 破产抵销权概述

破产抵销权,是指破产债权人在破产宣告前对破产人负有债务的,无论债的种类和到期时间,得于清算分配前以破产债权抵销其所负债务的权利。

债权人在破产申请受理前对债务人负有债务的,可以向管理人主张抵销。

（1）破产抵销权的行使应以债权申报为必要条件。

（2）破产债权人向管理人主张抵销。

（3）破产抵销由债权人提出。管理人一般不得主动提出抵销,除了抵销可以使债务人财产受益的除外。

（4）破产抵销中,种类不同的债权,以及附期限和附条件的债权均可以抵销。

（5）行使抵销权后,未抵销的债权列入破产债权,参加破产分配。

2. 破产抵销权的行使

（1）管理人收到债权人提出的主张债务抵销的通知后,经审查无异议的,抵销自管理人收到通知之日起生效。

（2）管理人对抵销主张有异议的,应当在约定的异议期限内或者自收到主张债务抵销的通知之日起3个月内向人民法院提起诉讼。无正当理由逾期提起的,人民法院不予支持。

3. 破产抵销权的限制

（1）债务人的债务人在破产申请受理后取得他人对债务人的债权的,不得抵销。

（2）债权人已知债务人有不能清偿到期债务或者破产申请的事实,对债务人负担债务的,不得抵销。但是,债权人因为法律规定或者有破产申请1年前所发生的原因而负担债务的除外

债权人恶意对债务人负担债务的,(即"债权人已知债务人有不能清偿到期债务或者破产申请的事实,对债务人负担债务的")不得抵销。但是,债权人因为法律规定或者有破产申请1年前所发生的原因而负担债务的除外。

（3）债务人的债务人已知债务人有不能清偿到期债务或者破产申请的事实,对债务人取得债权的,不得抵销。但是,债务人的债务人因为法律规定或者有破产申请1年前所发生的原因而取得债权的除外。

债务人的债务人恶意取得对债务人的债权的,不得抵销。例如:虚构债权合同。

（4）限制关联方的抵销权。债务人的股东因欠缴出资、抽逃出资,或者通过滥用股东权利、关联关系损害公司利益对债务人所负的债务,不得要求行使抵销权。

注意:破产申请受理前债务人与个别债权人借抵销实施个别清偿

债务人通过双方互负债务抵销的方式实现对个别债权人的优先清偿,如果该抵销本身符合破产抵销权的行使条件,则对全体债权人的公平受偿不产生影响,该抵销行为有效;如果该抵销不符合破产抵销权的行使条件,即属于《企业破产法》规定的禁止抵销情形时,该抵销行为实质上构成破产法上禁止的个别清偿行为。

借抵销实施个别清偿无效应当从下列几个方面进行认定:

① 破产申请受理前6个月内,债务人具有破产原因。

② 债务人与个别债权人以抵销方式对个别债权人清偿。

③ 该抵销行为属于禁止抵销的行为。

a. 债权人已知债务人有不能清偿到期债务或者破产申请的事实,对债务人负担债务的。

b. 债务人的债务人已知债务人有不能清偿到期债务或者破产申请的事实,对债务人取得债权的。

④ 管理人在破产申请受理之日起3个月内向人民法院提起诉讼。

(五) 别除权

1. 定义

别除权是指债权人因其债权设有物权担保,而在破产程序中就债务人特定财产享有的优先受偿权利。别除权具有以下法律特征:

(1) 别除权以担保权为基础权利。

(2) 别除权以实现债权为目的。

(3) 别除权以破产人的特定财产为标的物。

(4) 别除权的行使不参加集体清偿程序。

2. 行使条件

别除权的标的物计入破产财产,别除权不受破产清算方案的影响,别除权的标的物不得用于清偿破产费用和共益债务。自破产宣告裁定作出之日起,别除权人即可行使别除权。别除权的行使条件包括:

(1) 债权和担保权必须合法成立和生效。

(2) 债权和担保权必须符合破产法的规定。具体来讲债权和担保权必须指向破产人及其财产,不存在破产法上的无效或可撤销事由。

(3) 债权必须已依法申报并获得确认。

3. 别除权的适用

(1) 别除权人未能完全受偿的,其未受偿的债权作为普通债权;放弃优先受偿权利的,债权作为普通债权;剩余部分,在破产程序中可用以清偿破产费用、共益债务和其他破产债权。

(2) 建设工程价款优先于别除权清偿。在建设工程价款优先权与建筑物抵押权同时并存时,建设工程价款优先权作为法定抵押权优先于约定抵押权受偿。最高人民法院在《关于建设工程价款优先受偿权问题的批复》中规定,建筑工程的承包人的优先受偿权优于抵押权和其他债权。

考点 2 破产费用和共益债务

破产费用	破产费用必须是为全体债权人的共同利益而支出的费用。 1. 破产费用的特征 (1) 破产费用必须是为全体债权人的共同利益而支出。 如：个别债权人参加破产程序的费用不是破产费用。 (2) 破产费用是为保障破产程序的顺利进行而支付的费用。 如：在破产程序中为债务人的继续营业而负担的债务不属于破产费用。 2. 破产费用的范围 (1) 破产案件的诉讼费用； (2) 管理、变价和分配债务人财产的费用； (3) 管理人执行职务的费用、报酬和聘用工作人员的费用。
共益债务	共益债务，是指破产程序开始后为了全体债权人的共同利益而负担的非程序性债务。与共益债务对应的权利为共益债权。 1. 特征 (1) 是在破产程序中产生的； (2) 是为了保障全体债权人的权益； (3) 共益债务是非程序性债务，不同的破产案件其共益债务不同，也并不是所有的破产案件都会有共益债务产生。 2. 共益债务的范围 (1) 因管理人或者债务人请求对方当事人履行双方均未履行完毕的合同所产生的债务； (2) 债务人财产受无因管理所产生的债务； (3) 因债务人不当得利所产生的债务； (4) 为债务人继续营业而应支付的劳动报酬和社会保险费用以及由此产生的其他债务； (5) 管理人或相关人员执行职务致人损害所产生的债务； (6) 债务人财产致人损害所产生的债务。
清偿顺序	1. 破产财产优先清偿破产费用和共益债务 2. 适用 (1) 破产费用和共益债务由债务人财产随时清偿； (2) 债务人财产不足以清偿所有破产费用和共益债务的，先行清偿破产费用； (3) 债务人财产不足以清偿所有破产费用或者共益债务的，按照比例清偿； (4) 债务人财产不足以清偿破产费用的，管理人应当提请人民法院终结破产程序。 人民法院应当自收到请求之日起 15 日内裁定终结破产程序，并予以公告。

【真题演练】

1. 2014 年 6 月经法院受理，甲公司进入破产程序。现查明，甲公司所占有的一台精密仪

器,实为乙公司委托甲公司承运而交付给甲公司的。关于乙公司的取回权,下列哪一表述是错误的?(2014年真题,单选)

A. 取回权的行使,应在破产财产变价方案或和解协议、重整计划草案提交债权人会议表决之前

B. 乙公司未在规定期限内行使取回权,则其取回权即归于消灭

C. 管理人否认乙公司的取回权时,乙公司可以诉讼方式主张其权利

D. 乙公司未支付相关运输、保管等费用时,保管人可拒绝其取回该仪器

【答案】 B

【解析】 根据《企业破产法》第38条以及《企业破产法解释(二)》第26条的规定,A项正确。根据上述规定,如果乙公司未在规定期限内行使取回权,其取回权并不会灭失,但由此增加的费用需要由乙公司承担,故B项错误。根据《企业破产法解释(二)》第27条第1款规定,C项正确。根据《企业破产法解释(二)》第28条规定,D项正确。

2. 甲公司因不能清偿到期债务且明显缺乏清偿能力,遂于2014年3月申请破产,且法院已受理。经查,在此前半年内,甲公司针对若干债务进行了个别清偿。关于管理人的撤销权,下列哪些表述是正确的?(2014年真题,多选)

A. 甲公司清偿对乙银行所负的且以自有房产设定抵押担保的贷款债务的,管理人可以主张撤销

B. 甲公司清偿对丙公司所负的且经法院判决所确定的贷款债务的,管理人可以主张撤销

C. 甲公司清偿对丁公司所负的为维系基本生产所需的水电费债务的,管理人不得主张撤销

D. 甲公司清偿对戊所负的劳动报酬债务的,管理人不得主张撤销

【答案】 CD

【解析】 根据《企业破产法》第32条以及《企业破产法解释(二)》第14条规定,A项错误。根据《企业破产法解释(二)》第15条规定,B项错误。根据《破产法解释(二)》第16条规定,C、D两项正确。

3. 某公司经营不善,现进行破产清算。关于本案的诉讼费用,下列哪一说法是错误的?(2012年真题,单选)

A. 在破产申请人未预先交纳诉讼费用时,法院应裁定不予受理破产申请

B. 该诉讼费用可由债务人财产随时清偿

C. 债务人财产不足时,诉讼费用应先于共益费用受清偿

D. 债务人财产不足以清偿诉讼费用等破产费用的,破产管理人应提请法院终结破产程序

【答案】 A

【解析】 根据《企业破产法》第41条第1款以及《企业破产法解释(一)》第8条的规定,A项错误。根据《企业破产法》第43条的规定,B、C、D选项正确。

4. 甲公司依据买卖合同,在买受人乙公司尚未付清全部货款的情况下,将货物发运给乙公司。乙公司尚未收到该批货物时,向法院提出破产申请,且法院已裁定受理。对此,下列哪些选项是正确的?(2012年真题,多选)

A. 乙公司已经取得该批货物的所有权

B. 甲公司可以取回在运货物

C. 乙公司破产管理人在支付全部价款情况下,可以请求甲公司交付货物
D. 货物运到后,甲公司对乙公司的价款债权构成破产债权

【答案】 BCD
【解析】 根据《企业破产法》第39条规定,A选项错误,B选项正确。但是,乙公司管理人可以通过支付全部价款的方式请求甲公司交付货物,货物运到乙公司后,所有权即转移给乙公司,甲公司对乙公司享有的请求支付价款的债权只能是破产债权。故C选项、D选项正确。

5. 2010年8月1日,某公司申请破产。8月10日,法院受理并指定了管理人。该公司出现的下列哪一行为属于《破产法》中的欺诈破产行为,管理人有权请求法院予以撤销?(2011年真题,单选)

A. 2009年7月5日,将市场价格100万元的仓库以30万元出售给母公司
B. 2009年10月15日,将公司一辆价值30万元的汽车赠与甲
C. 2010年5月5日,向乙银行偿还欠款50万元及利息4万元
D. 2010年6月10日,以协议方式与债务人丙相互抵销20万元债务

【答案】 B
【解析】 根据《企业破产法》第31条规定,A项中2009年7月5日,将市场价格100万元的仓库以30万元出售给母公司,虽属"以明显不合理的价格进行交易",但其时间是在法院受理破产申请的前1年之外,不受管理人的限制,因此,公司有权做出上述决定,管理人对此无权行使撤销权,故A项错误。B项2009年10月15日,将公司一辆价值30万元的汽车赠与甲,属于无偿转让财产的行为,且时间是在受理破产申请前的1年内,根据《企业破产法》第31条规定,管理人有权请求人民法院予以撤销,故B项正确。C项所述2010年5月5日,向乙银行偿还欠款50万元及利息4万元,属于个别清偿行为,虽然2010年5月5日是在人民法院于2010年8月10日受理破产申请前的半年内,但是由于缺乏第2条规定的破产原因,对此行为管理人无权行使撤销权,故C项错误。D项所述2010年6月10日,以协议方式与债务人丙相互抵销20万元债务,亦属于个别清偿行为,但与上同理,由于缺乏破产原因,管理人也无权向法院请求撤销权,故D项错误。

第五节 债权人及债权人会议

考点 1 债权申报

申报程序	人民法院受理破产申请后,应当确定债权人申报债权的期限。债权申报期限自人民法院发布受理破产申请公告之日起计算,最短不得少于30日,最长不得超过3个月。

(续表)

可以申报的债权	1. 未决债权可以申报 2. 连带债权债务的申报 （1）连带债权人可以由其中一人代表全体连带债权人申报债权，也可以共同申报债权。 （2）债务人的保证人或者其他连带债务人已经代替债务人清偿债务的，以其对债务人的求偿权申报债权。 （3）债务人的保证人或者其他连带债务人尚未代替债务人清偿债务的，以其对债务人的将来求偿权申报债权。但是，债权人已经向管理人申报全部债权的除外。 3. 合同解除的损害赔偿请求权 4. 未到期的债权和利息请求权 5. 票据付款人的请求权 债务人是票据的出票人，该票据的付款人继续付款或者承兑的，付款人以由此产生的请求权申报债权。 6. 善意受托人的请求权 债务人是委托合同的委托人，受托人不知该事实，继续处理委托事务的，受托人以由此产生的请求权申报债权。
无需申报的权利	职工债权
不得申报的债权	1. 可申报的债权须为以财产给付为内容的请求权，给付标的为劳务或者不作为的请求权，不能申报 2. 债权人申报的债权须为合法有效的债权 下列债权不得申报： （1）存在《合同法》或者其他法律规定的无效原因的债权； （2）诉讼时效已经届满的债权； （3）无证据或者证据为虚假的债权、有相反证据证明为虚假的债权。
不属于破产债权	（1）破产费用、共益债务不属于破产债权； （2）取回权、税款、罚金、违约金不属于破产债权。

【真题演练】

A公司因经营不善，资产已不足以清偿全部债务，经申请进入破产还债程序。关于破产债权的申报，下列哪些表述是正确的？（2015年真题，多选）

A. 甲对A公司的债权虽未到期，仍可以申报
B. 乙对A公司的债权因附有条件，故不能申报
C. 丙对A公司的债权虽然诉讼未决，但丙仍可以申报
D. 职工丁对A公司的伤残补助请求权，应予以申报

【答案】 AC

【解析】 根据《企业破产法》第46条第1款的规定，A选项正确。根据《企业破产法》法第47条的规定，B选项错误，C选项正确。根据《企业破产法》第48条第2款的规定，D选项错误。

考点 2　债权人会议

(一) 概念

债权人会议是由依法申报债权的债权人组成的通过集体行使权利,讨论决定破产法定事项的临时性自治意思机构。

债权人会议是债权人团体在破产程序中的意思发表机关,债权人会议本质上是一个组织体,而不是临时的集会活动。

(二) 召集和召开

债权人会议分第一次会议和其他会议,第一次会议的召集及会议议事内容和其他会议不同。

1. 第一次债权人会议的召集和召开

第一次债权人会议的召集人只能是受理破产申请的法院,召开的时间有明确规定,即必须自债权申报期限届满之日起 15 日内召开。关于这一期限,法院既不得任意提前,也不得随意拖后。因为要照顾所有债权人尽可能参加第一次会议。主持人是会议主席。

2. 其他会议

其他会议的召开没有固定时间的规定,破产法规定出现以下四种情况之一时可以由债权人会议主席召集债权人会议:

(1) 法院认为必要时可向债权人会议主席提议召开债权人会议。

(2) 管理人可提议召开。

(3) 债权人委员会可提议召开。

(4) 债权人可提议召开,但有提议权的债权人所拥有的债权额必须占债权总额 1/4 以上。

不论是谁提议召开的,会议的召集人和主持人都是债权人会议主席。

(三) 职权

1. 核查债权

核查债权是为了尽早确定被申报的债权是否真实有效、其数额大小及有无担保等相关情况,以便使债权人在权利确定的基础上参加债权人会议和行使权利。在债权人会议上,通过对债权表以及申报债权人提供的相关证明材料的查阅、对申报人的询问和相互间的辩论来核查债权的上述基本情况。当债权人、债务人对债权表登记的债权存在异议时,可以向受理破产申请的人民法院提起诉讼。

2. 申请人民法院更换管理人,审查管理人的费用和报酬

管理人是否忠实、勤勉地履行职责,直接影响到债务人财产的保全和债权人权益的保护,所以债权人会议理应有权对其进行监督。对管理人的解任申请权,是债权人会议对不称职的管理人进行制约的重要手段。为了促使管理人合理地开支费用和领取报酬,法律赋予债权人会议对管理人费用和报酬的审查权。债权人会议对管理人的报酬有异议的,有权向人民法院提出。

3. 监督管理人

管理人应当向人民法院报告工作,并接受债权人会议和债权人委员会的监督。债权人会

议对管理人的一般监督权,主要表现为知情权和异议权。知情权的行使方式主要包括听取管理人关于执行职务情况的报告并加以询问,以及主动要求管理人对其职责范围内的事务予以说明或者提供相关文件。异议权的范围可以涉及管理人的管理行为,也可以涉及管理人的费用和报酬,还可以涉及管理人的任职资格、执业能力和职业操守。

4. 选任和更换债权人委员会成员

为更好地保护债权人的合法权益,特别设立债权人委员会,由其在债权人会议闭会期间代表全体债权人行使债权人会议享有的相关权利。因此债权人会议对选任和更换这一机构的成员享有决定的权利。

5. 决定继续或者停止债务人的营业

在债权人会议召开后,有权依据具体情况决定企业的经营是继续进行还是予以停止。这里包括两种情况:一是在会议之前管理人已经决定继续营业的,债权人会议有权决定进行中的营业有无继续进行的必要;二是在会议之前管理人未决定继续营业的,债权人会议有权决定是否继续营业。

6. 通过重整计划

重整是使由债务人、债权人以及其他利害关系人达成有关债务清偿和企业振兴的计划并加以执行,从而使企业摆脱困境并使企业债务得到公平清偿的制度。但重整的企业也有可能因种种原因陷入更为艰难的境况,从而使债权人的受偿率更低。所以债权人有权对重整计划进行审查,并通过表决的方式表达他们对于重整计划的整体意愿。

7. 通过和解协议

债权人会议对债务人提交的和解协议草案,有权进行讨论和作出是否予以接受的决议。和解协议只有经债权人会议决议方能生效,对于和解协议草案,不得以债权人的私下意思表示或者法院的决定代替债权人会议的决议。

8. 通过债务人财产的管理方案

债务人的财产是债权人的债权得到清偿的物质基础,同债权人的利益息息相关。为了保护债权人的利益,管理人对债务人财产进行管理的方案应经债权人会议讨论通过。

9. 通过破产财产的变价方案

变价是指在破产清算程序中,通过拍卖等方式将债务人拥有的机器、设备等实物和知识产权等无形财产转化为货币,以便对债权人进行清偿。破产财产的变价方案,直接关系到债权人清偿利益的实现,故应赋予债权人以充分的自由表达和自主决定的权利。

10. 通过破产财产的分配方案

分配破产财产是破产清算程序中实现债权清偿的最后环节。破产财产分配关系到有资格参加分配的全体债权人的权益。管理人提交的破产财产分配方案必须经债权人会议讨论通过。

11. 人民法院认为应当由债权人会议行使的其他职权

(四) 表决

1. 普通决议

债权人会议的决议,由出席会议的有表决权的债权人过半数通过,并且其所代表的债权额占无财产担保债权总额的 1/2 以上。

2. 特别决议

包括通过重整计划和和解协议草案。

债权人会议通过重整计划和和解协议草案的决议,由出席会议的有表决权的债权人过半数同意,并且其所代表的债权额占无财产担保债权总额的2/3以上。

(五) 债权人会议的效力和撤销

(1) 债权人会议以法定条件和程序形成的决议,对全体债权人具有约束力。

(2) 如果债权人认为决议违法并损害其利益的,可自决议作出之日起15日内请求法院裁定撤销。不论决议的事项如何,决议被裁定撤销的,债权人会议必须依法重新作出决议。

(3) 法院对债权人会议未通过事项的裁定。债务人财产管理方案和破产财产变价方案在债权人会议上经一次表决未获通过的,由法院裁定。任何债权人对法院的这一裁定不服,均可以自裁定宣布之日或接到通知之日起15日内向作出裁定的法院申请复议一次,复议期间不停止裁定的执行。破产财产分配方案在债权人会议上经两次表决未获通过的,由法院裁定。裁定作出后,法院可以在债权人会议上宣布,也可以另行通知债权人。占无财产担保债权总额1/2以上的债权人对法院的这一裁定不服的,也可以自裁定宣布之日或接到通知之日起15日内向作出裁定的法院申请复议一次,复议期间不停止裁定的执行。

(六) 债权人委员会

1. 债权人委员会是债权人会议决定设立的债权人会议的常设机构

债权人委员会代表债权人的共同意志,代表债权人会议在法定的职权范围内负责对破产管理人的活动及破产程序的合法、公正进行日常监督,并处理破产程序中债权人会议授权其解决的有关事项。

2. 债权人会议可以决定设立债权人委员会,自然也有权决定其变更或解散

债权人委员会由债权人会议选任的债权人代表和一名债务人的职工代表或者工会代表组成。债权人委员会成员不得超过9人。债权人委员会成员应当经人民法院书面决定认可。

3. 债权人委员会的职权

债权人委员会的职权分为以下几种:

(1) 监督权。监督管理人对债务人财产的管理、处分和破产财产的分配。

(2) 债权人会议召开提议权。债权人委员会在遇到重要或紧急情况时,可以提议召开债权人会议。

(3) 要求管理人和债务人协助权。债权人委员会在执行职务时,有权要求管理人、债务人的有关人员对其职权范围内的事务作出说明或者提供有关文件。

(4) 请求法院决定管理人、债务人接受监督的权力。管理人、债务人的有关人员就有关事项违法拒不接受监督的,债权人委员会有权就该事项请求法院作出决定。法院应在5日内作出决定。

【真题演练】

1. 祺航公司向法院申请破产,法院受理并指定甲为管理人。债权人会议决定设立债权人委员会。现昊泰公司提出要受让祺航公司的全部业务与资产。甲的下列哪一做法是正确的?

（2016年真题，单选）

A. 代表祺航公司决定是否向昊泰公司转让业务与资产
B. 将该转让事宜交由法院决定
C. 提议召开债权人会议决议该转让事宜
D. 作出是否转让的决定并将该转让事宜报告债权人委员会

【答案】 D

【解析】 根据我国《企业破产法》第25条的规定，管理人享有管理和处分债务人财产的权利。但管理人为独立的专门机关，其并不代表祺航公司做出任何决定。A选项表述错误。我国现行法律并未规定破产人的资产转让事宜由法院决定。B选项没有根据。根据我国《企业破产法》第61条的规定，C选项错误。根据我国《企业破产法》第69条的规定，D选项正确。

2. 在某公司破产案件中，债权人会议经出席会议的有表决权的债权人过半数通过，并且其所代表的债权额占无财产担保债权总额的60%，就若干事项形成决议。该决议所涉下列哪一事项不符合《破产法》的规定？（2012年真题，单选）

A. 选举8名债权人代表与1名职工代表组成债权人委员会
B. 通过债务人财产的管理方案
C. 申请法院更换管理人
D. 通过和解协议

【答案】 D

【解析】 根据《企业破产法》第67条第1款规定，A选项正确。根据《企业破产法》第61以及64条的规定，B、C选项正确。根据《企业破产法》第97条规定，D项错误。

第六节 破产重整程序

考点 1 重整申请

（一）概念

重整是指对已具备破产原因或可能出现破产原因而有拯救希望的债务人实施的保护其继续营业并挽救其生存的法律程序。

债务人和与债务人有利害关系的人均可以申请重整。

（二）重整类型

1. 初始重整申请

初始重整申请是在人民法院受理破产申请以前提出的对债务人适用重整程序的最初申请。债务人或者债权人直接向法院申请对债务人进行重整。

2. 后续重整申请

后续重整申请是在人民法院已经受理对债务人适用清算程序的申请后、破产宣告前提出的重整申请。破产清算转化为重整。债权人申请对债务人进行破产清算的，在人民法院受理破产申请后、宣告债务人破产前，债务人或者出资额占债务人注册资本1/10以上的出资人，可以向人民法院申请重整。后续重整申请经过法院审查后受理的，债务人由破产清算程序进入重整程序。

考点 2 重整期间的特别规定

重整期间,是重整程序开始后的一个法定期间,其目的在于防止债权人在重整管理期间对债务人及其财产采取诉讼或其他程序行动,以便保护企业的营运价值和制定重整计划。

(一) 重整期间的起止

重整期间自法院裁定债务人重整之日起至重整程序终止。

(二) 重整期间对债务人营业的保护

重整程序和破产程序不同,它不是单纯的财产管理和债权债务清理,它最大的特点是通过加强、改善生产经营活动而实现对企业的拯救。

1. 债务人自行管理财产和营业事务

在重整期间,经债务人申请,人民法院批准,债务人可以在管理人监督下自行管理财产和营业事务。在破产程序中开始重整程序的,依法已接管债务人财产和营业事务的管理人应当向债务人移交财产和营业事务,之后法律赋予管理人的职权由债务人行使。

2. 可以为新借款设定担保

在破产程序中,债务人在法定期限内对原来没有担保的债权提供担保的,属于撤销权的范畴,管理人可申请法院予以撤销,这是为了避免破产财产的减少而使债权人的利益受损。所以进入破产程序后,原则上不得设立新的担保。但是,在重整程序中,如果还仍然机械地秉持这一原则,将会出现继续营业急需补充适当资金但又无法借款的现实问题,从而无法实现重整目标。所以,针对重整期间的特殊情况,破产法规定在特定条件下,债务人仍然可以提供担保:

(1) 为继续营业需要取回质押物、留置物而提供替代担保。重整期间,债务人或者管理人为了继续营业的需要,可以通过提供能为债权人接受的新的担保而取回质物、留置物。

(2) 为继续营业需要借款而新设担保。借款是指借款人向贷款人借款,到期返还本金并支付利息的行为。在重整期间,债务人或管理人为了营业需要注入资金可以借款,也有权为该借款提供新的担保。

3. 担保物权人的优先受偿权暂停行使

在破产程序中,别除权人可就债务人特定财产即担保物优先受偿。但在重整程序中,别除权以暂停行使为原则,以不停止行使为例外。破产法规定,在重整期间,对债务人的特定财产享有的担保权暂停行使。但是,担保物有损坏或者价值明显减少的可能,足以危害担保人权利的,担保人可以向法院请求恢复行使担保权。

注意:别除权标的物的收回。

如果别除权标的物对于破产企业的继续经营或者破产财产的整体变价具有重要意义,因而需要收回和列入破产财产,则管理人可以在被担保债权由该标的物所能实现的清偿范围内,提供相同数额的清偿或者替代担保,从而收回该标的物。

4. 取回权人行使所有权应按事先约定的条件

债务人合法占有的他人财产,该财产的权利人在重整期间要求取回的,应当符合事先约定的条件。

5. 出资人不得请求投资收益分配

在重整期间，债务人已经出现不能清偿债务的事实或可能，为了挽救企业不能做出任何降低经营所需的物质能力的行为，即使通过重整恢复了部分盈利，也应该先用于偿还债务、弥补亏损，而不能对股东进行利润分配。

6. 对特殊主体股权或股份转让的限制

这里的特殊主体是指债务人的董事、监事和高级管理人员。这些人是企业的决策者、监督者和经营管理者，同时又可能是企业的股东。《企业破产法》规定，董事、监事、高级管理人员在重整期间不得向第三人转让其持有的债务人的股权或股份。即使符合其他法律规定的转让条件也是如此，除非经法院同意。在某些情况下，股权或股份转让不会对重整产生消极影响，甚至有积极作用，例如吸引新投资者，所以，《企业破产法》规定管理层的股权或股份转让经人民法院同意的除外。

考点 3 重整计划

（一）重整计划的拟定

债务人或管理人应当自人民法院裁定债务人重整之日起 6 个月内提交重整计划草案。

重整计划草案的法定内容应包括：

（1）债务人的经营方案；

（2）债权分类；

（3）债权调整方案；

（4）债权受偿方案；

（5）重整计划的执行期限；

（6）重整计划执行的监督期限；

（7）有利于债务人重整的其他方案。

（二）重整计划的表决与通过

1. 表决权分类

分组表决制是指按照权利的实质相似标准，将债权人和股东分为若干表决组，以组为单位分别进行重整计划草案表决，以各组均表决通过为重整计划草案通过标准的表决制度。各类债权的债权人参加讨论重整计划草案的债权人会议，依照下列债权分类，分组对重整计划草案进行表决：

（1）对债务人的特定财产享有担保权的债权。

（2）债务人所欠职工的工资和医疗、伤残补助、抚恤费用，所欠的应当划入职工个人账户的基本养老保险、基本医疗保险费用，以及法律、行政法规规定应当支付给职工的补偿金。

（3）债务人所欠税款。

（4）普通债权。

2. 表决程序

出席会议的同一表决组的债权人过半数同意重整计划草案，并且其所代表的债权额占该组债权总额的 2/3 以上的,即为该组通过重整计划草案。

债务人或者管理人应当向债权人会议就重整计划草案作出说明,并回答询问。

3. 通过和再次表决

(1) 各表决组均通过重整计划草案时,重整计划即为通过。

(2) 部分表决组未通过重整计划草案的,债务人或者管理人可以同未通过重整计划草案的表决组协商。该表决组可以协商后再表决一次。双方协商的结果不得损害其他表决组的利益。

4. 法院批准

批准程序是人民法院行使司法审查权的过程,在审查过程中可以根据案情需要,进行开庭或不开庭的审理。审理之后人民法院可以针对不同情况做出不同结果的裁定。自重整计划通过之日起 10 日内,债务人或者管理人应当向人民法院提出批准重整计划的申请。人民法院经审查认为符合《破产法》规定的,应当自收到申请之日起 30 日内裁定批准,终止重整程序,并予以公告。

5. 法院强制通过

未通过重整计划草案的表决组拒绝再次表决或者再次表决仍未通过重整计划草案,但重整计划草案符合相关法条规定条件的,债务人或者管理人可以申请人民法院批准重整计划草案。

(三) 重整计划的效力

重整计划被批准后,原申报的债权变为重整债权,重整债权依重整计划规定行使,任何债权人均不得主张重整前的权利。重整计划被批准后,债权人、担保权人和出资人的权利一并随重整计划的规定而变更,上述权利人不得按照变更前的权利主张权利。

未依破产法申报的债权在重整计划执行期间不得行使权利;在重整计划执行完毕后,可以按照重整计划规定的同类债权的清偿条件行使权利。

重整计划的效力不及于债务人的保证人和其他连带债务人,债权人对债务人的保证人和其他连带债务人所享有的权利不受重整计划影响。

【真题演练】

关于破产重整的申请与重整期间,下列哪一表述是正确的?(2015 年真题,单选)

A. 只有在破产清算申请受后,债务人才能向法院提出重整申请

B. 重整期间为法院裁定债务人重整之日起至重整计划执行完毕时

C. 在重整期间,经债务人申请并经法院批准,债务人可在管理人监督下自行管理财产和营业事务

D. 在重整期间,就债务人所承租的房屋,即使租期已届至,出租人也不得请求返还

【答案】 C

【解析】 根据《企业破产法》第 70 条的规定,A 项错误。根据《企业破产法》第 72 条的规定,B 项错误。根据《企业破产法》第 73 条第 1 款的规定,C 项正确。根据《企业破产法解释(二)》第 2 条第 1 项的规定,D 项错误。

第七节　破产清算程序

考点 1　破产清算顺序

（一）按照顺序清偿。

破产分配实行按顺序清偿的规则。其意义在于，依据一定的法律政策确定不同类别的债权人的受偿顺序，使顺序在先的债权人能够优先于顺序在后的债权人获得清偿。为了实现这一目的，按顺序清偿必须遵守如下规则：首先清偿在先顺序的债权。在先顺序清偿完毕后，有剩余财产的，进行下一顺序的清偿。

(1) 破产人所欠职工的工资和医疗、伤残补助、抚恤费用，所欠的应当划入职工个人账户的基本养老保险、基本医疗保险费用，以及法律、行政法规规定应当支付给职工的补偿金；

(2) 破产人欠缴的除上述以外的社会保险费用和破产人所欠税款；

(3) 普通破产债权。

（二）按比例清偿。

(1) 是指对同一顺序的债权，破产财产如果不足清偿的，按比例清偿。

(2) 破产财产的分配应当以货币分配方式进行。但是，债权人会议另有决议的除外。

(3) 管理人拟定破产财产变价方案和分配方案，并提交债权人会议讨论。破产财产分配方案经人民法院裁定认可后，由管理人执行。

(4) 破产人无财产可供分配的，或者破产财产分配完毕，管理人应当请求人民法院裁定终结破产程序。

考点 2　追加分配

（一）定义

追加分配，是在破产程序终结以后，对新发现的属于破产人的可用于破产分配的财产，由人民法院按照破产分配方案对尚未获得完全清偿的债权人所进行的补充分配。

追加分配具有如下特征：

(1) 用于追加分配的财产，是破产程序终结后新发现的财产。

(2) 追加分配受法定除斥期间的限制。

(3) 追加分配由法院负责实施。

(4) 追加分配的方案应符合破产清算的有关规定。

（二）可以追加分配的财产

1. 应当追回的财产

即因为撤销、无效等原因导致财产可以被追回。

具体是指：

(1) 在受理破产申请前 1 年内出现的可撤销的交易行为
① 无偿转让财产的；
② 以明显不合理的价格进行交易的；
③ 对没有财产担保的债务提供财产担保的；
④ 对未到期的债务提前清偿的；
⑤ 放弃债权的。
(2) 个别清偿的撤销
人民法院受理破产申请前 6 个月内，债务人有破产原因的，仍对个别债权人进行清偿的，管理人有权请求人民法院予以撤销。但是，个别清偿使债务人财产受益的除外。
(3) 无效交易行为
① 为逃避债务而隐匿、转移财产的；
② 虚构债务或者承认不真实的债务的。
(4) 债务人的董事、监事和高级管理人员利用职权从企业获取的非正常收入和侵占的企业财产

2. 破产人有应当供分配的其他财产
(1) 因纠正破产程序中错误支出而收回的款项。
(2) 因权利被承认追回的财产。
(3) 债权人放弃的财产。
是指获得财产分配的债权人明确表示放弃的财产，以及自破产程序终结之日起满 2 年仍不能受领分配的财产。
(4) 破产程序终结后获得的可供分配的其他财产。

(二) 追加分配的实施

(1) 追加分配由人民法院实施。
(2) 有应当追回的财产，但财产数量不足以支付实施追加分配所需费用的，不再进行追加分配，由人民法院将其上交国库。
(3) 追加分配的时间是破产程序终结之日起 2 年内。追加分配的除斥期间，是破产程序终结后连续计算的不能中断和不能延长的固定期间。在此期间内发现符合上述条件的财产的，应当予以追加分配。按照《企业破产法》的规定，追加分配的除斥期间为 2 年。此期间的起算点有两类：一是因债务人财产不足以清偿破产费用，破产程序终结之日；二是因破产人无财产可供分配，破产程序终结之日。

【真题演练】

某建筑公司因严重资不抵债向法院申请破产救济。关于该案破产财产范围和清偿顺序等，下列哪些选项是错误的？（2008 年四川省真题，多选）
A. 该公司所欠民工工资应当列入破产费用先行清偿
B. 该公司租用甲公司的一套建筑设备不能列入破产财产
C. 该公司的一批脚手架已抵押给某银行，该批脚手架不能列入破产财产
D. 该公司员工对该公司的投资款只能作为普通债权受偿

【答案】 ACD

【解析】 根据《企业破产法》第41条以及第113条规定,本题中,农民工的工资并不属于破产费用,其受偿顺序在破产费用之后,故 A 项错误。根据《企业破产法》第30条、第38条以及第107条第2款的规定,B 项正确,C 项错误,按照破产财产的定义,抵押物也属于破产财产。员工对公司投资后是作为公司股东身份存在的,其不是债权人,因此不能作为债权人受偿,故 D 项说法错误。

票据法专题

专题导学:

票据的特性:文义性、无因性、独立性

票据是出票人签发的,约定由自己或其委托的人无条件支付确定的金额给持票人的有价证券。票据是一种代表某种财产权的格式化凭证。我国票据法规定的几种票据均是金钱债权证券,包括:本票、汇票、支票。

票据法学习线索:

1. 熟练掌握各类票据的法定记载事项

文义性: 票据权利义务以及相关信息都由票据上依法记载的文字含义来确定。票据上所载权利义务的内容必须严格按照票据上所载文义确定;不允许依据票据所载以外的事实对行为人的意思作出与票据所载文义相反的解释,或者对票据所载文义进行补充或变更。

2. 必须掌握票据的无因性及票据的抗辩

无因性: 票据上的法律关系是一种单纯的金钱支付关系,权利人享有票据权利只以符合票据法规定的有效票据为必要,至于票据赖以发生的原因则在所不问,即原因关系无效或有瑕疵,均不影响票据的效力。所以,票据权利人在行使票据权利时,无需证明给付原因。

3. 重点掌握各种票据行为的效力

独立性: 同一票据上有数个票据行为时,各行为相互独立,一行为无效并不影响其他有效行为的有效性。

第一节 票据法概述

考点 1 票据概念

(一)概念

票据是指由出票人签发,约定自己或者委托他人见票或在确定的日期,无条件支付一定金额的有价证券。

1. 票据是出票人依照法律的规定发行的。主要依据就是票据法,我国票据法实行票据法定主义,即票据的种类由法律所规定的三种为限,当事人不得在汇票、本票和支票之外自行发行其他票据。

2. 票据是无条件支付一定金额给权利人的有价证券,因而它是债权证券、金钱证券。"无条件"是指出票人或其他票据行为人不得将交易中的条件记载在票据上,来确保票据流通的便捷。

3. 票据是由出票人自行支付或由出票人委托他人支付的有价证券。

(二) 票据的性质

1. 票据是完全的有价证券

(1) 设权证券,票据权利于证券作出后才发生,证券作出前票据权利不存在,没有票据就没有票据权利。

(2) 提示证券,票据权利人向票据债务人行使权利必须向债务人提示票据。

(3) 交付证券,票据权利的转移以交付票据为必要。

(4) 缴回证券,债务人向票据权利人履行债务交付后,即行收回票据,权利人应当缴回。

2. 票据是要式证券

票据的格式包括了票据的形式和记载事项,都有法律严格规定,不遵守格式对票据的效力有一定影响。

3. 票据具有流通性

本票、汇票、支票都可以进行转让。

4. 票据是文义证券

票据权利的有关内容和与票据有关的一切事项都以票据上记载的文字为准,不受票据上文字以外事项的影响。

5. 票据是无因证券

票据法律关系是一种单纯的金钱支付关系,不受基础关系是否存在及其效力的影响。即使票据行为的原因行为不成立、无效或者被撤销,票据效力也不受影响。

考点 2　票据类型

(一) 本票

本票是出票人签发的,承诺自己在见票时无条件支付确定的金额给收款人或者持票人的票据。

票据法所称的本票是银行本票。把本票限制为银行本票,而签发本票的银行必须经过人民银行审定,这是对于本票的严格限制。

(二) 汇票

汇票是出票人签发的,委托付款人在见票时或者在指定日期无条件支付确定的金额给收款人或者持票人的票据。

1. 银行汇票

出票银行签发的,由其在见票时按照实际结算金额无条件支付给收款人或者持票人的票据。银行汇票的出票银行为银行汇票的付款人。

2. 商业汇票

收款人或者付款人签发的,由承兑人承兑,并于到期日向收款人或者被背书人支付款项的票据。

(三) 支票

支票是出票人签发的,委托办理支票存款业务的银行或者其他金融机构在见票时无条件支付确定的金额给收款人或者持票人的票据。

三种票据的区别

	汇票	本票	支票
基本当事人不同	出票人、付款人、收款人	出票人和收款人	出票人、付款人、收款人
票据的性质不同	委付票据	己付票据	委付票据
出票人的身份不同	可以是银行,也可以是银行之外的其他经济组织和个人;	银行	没有身份的限制
付款人身份不同	无限制	无限制	出票人的开户银行
付款时间不同	见票即付、出票后定期付款、见票后定期付款、定日付款	见票即付	见票即付

【真题演练】

依票据法原理,票据具有无因性、设权性、流通性、文义性、要式性等特征。关于票据特征的表述,下列哪一选项是错误的?(2014年真题,单选)

A. 没有票据,就没有票据权利
B. 任何类型的票据都必须能够进行转让
C. 票据的效力不受票据赖以发生的原因行为的影响
D. 票据行为的方式若存在瑕疵,不影响票据的效力

【答案】 D

【解析】 票据具有设权性,票据属于设权证券。没有票据就没有票据权利,故 A 项正确。票据具有流通性,票据通常能够转让,因此可以说"任何类型的票据"都能够进行转让,故 B 项正确。票据是无因证券,不受基础关系是否存在及其效力的影响。即使票据行为的原因行为不成立、无效或者被撤销,票据效力也不受影响,故 C 项正确。票据是要式证券,各种票据行为如出票、背书、承兑、保证都必须严格按照《票据法》规定的程序与方式进行,否则会影响票据行为的效力,故 D 项错误。

第二节 票据上的当事人和法律关系

考点 1 当事人

1. 基本当事人与非基本当事人

基本当事人是构成票据法律关系的必要的主体,这种主体不存在或者不完全,票据上的法律关系不能成立,票据也就无效。

(1) 基本当事人是指在票据签发时就已经存在的票据当事人。

支票与汇票的基本当事人有出票人、付款人与收款人。

本票的基本当事人有出票人与收款人。

① 出票人是在票据上签名，发出票据的人。

② 付款人是受出票人委托付款并记载于汇票或支票上的人。

③ 收款人是从出票人处接受票据并享有向付款人请求付款的权利的人。

(2) 非基本当事人是指在票据签发后通过各种票据行为而加入票据关系的票据当事人的人。如：背书人、保证人。

2. 前手与后手

票据上多数当事人之间，依其相互间的位置关系，分为前手和后手。前后手的关系是债权人与债务人的关系，在行使追索权时有加以区别的必要。

(1) 前手是指在票据签章人之前签章的其他票据债务人。

(2) 后手是指在票据签章人之后签章的其他票据债务人。

简而言之，凡位于某人之前的称为某人的前手，位于某人之后的称为某人的后手。

3. 票据债权人与票据债务人

(1) 票据债权人。最初的债权人是发票时的收款人。以后从最初的收款人受让而取得票据的持票人（如被背书人）也就称为票据权利人，这种票据权利人行使的是付款请求权。此外，因履行了付款义务而取得票据的人也是票据权利人，这种票据权利人行使的是追索权。不论是付款请求权人或是追索权人，都以持有票据为必要。

(2) 票据债务人。票据债务人是因实施一定的票据行为而在票据上签名的人。票据债务人分为第一债务人（主债务人）和第二债务人。第一债务人是指负有付款义务的人，持票人应当先向第一债务人行使权利；第二债务人是指负有担保付款义务的人，持票人在向第一债务人行使权利被拒绝时始得向第二债务人行使追索权，请求第二债务人偿付票款。

考点 2 法律关系

（一）票据关系

票据关系是当事人之间基于票据行为而发生的债权债务关系。

票据关系和票据法上的非票据关系不同，票据关系是由当事人所为的票据行为直接发生的关系，也就是因票据的授受而生的法律关系。所以，票据关系是持有票据的债权人与在票据上签名的债务人之间的关系。

（二）非票据关系

票据法上的非票据关系是指票据法所规定的，但不是基于票据行为直接发生的法律关系。这种授受票据的原因或前提在票据授受之前就已经存在，而票据关系则只能发生在票据授受之后，又被称为票据的基础关系。

1. 原因关系

票据的原因关系，又称为票据原因，是指当事人之间授受票据的原因。

(1) 同一票据行为可以有不同的原因关系。

（2）由于票据是金钱债权证券，所以这些原因关系大都是一定金额的支付关系。

只有两种情况例外：第一，以票据之交付设定权利质权，此时原因关系是设定质权或者担保债权；第二，是支付票据而委任取款，此时原因关系是委任取款。

（3）原因关系可以是有对价的，也可以是无对价的。

（4）原因关系存在于授受票据的直接前后手之间，票据流转必然隔断原因关系，所以前一原因关系与后一原因关系没有任何联系。

2. 资金关系

资金关系是存在于汇票的出票人与付款人之间、支票的出票人与付款人之间的基本关系，又称为票据资金。本票为自付证券，所以不存在资金关系。在资金关系中，供给资金的人称为资金义务人，资金义务人通常是出票人。

3. 票据预约

票据预约是指以授受票据以及票据的有关事项为内容的民法上的合同。授受票据的当事人之间有了原因关系之后，在发出票据之前，还必须就票据的种类、金额、到期日、付款地等事项达成合意，这种合意为票据预约。票据预约不仅存在与出票人与收款人之间，也存在与背书人与被背书人之间。

注意：票据关系和票据基础关系之间的关系

① 票据关系与基础关系是相互分离的，票据关系已经形成就同基础关系相分离，原因关系、资金关系是否存在与是否有效对票据关系不产生影响。

② 以下两种情形中基础关系对于原因关系产生影响：第一，原因关系与票据关系存在于同一当事人之间，债人可以用原因关系对抗票据关系。第二，持票人取得票据权利如无对价，不能有优于其前手的权利。

第三节　票据行为和票据权利

考点 1　票据行为

票据行为是指以行为人在票据上进行必备事项的记载、完成签章并交付为要件的要式法律行为。

（一）法律特征

（1）票据行为是法定要式行为。票据行为非为法定要式不生效力。各种票据行为具有其法定记载事项，记载事项之总和即为票据行为之形式。符合法定形式的才发生票据行为的效力。

（2）票据行为属于无因性行为。票据行为仅以签名为成立要件，实施票据行为的原因对票据行为的效力无影响，此为票据行为的无因性。

（3）票据行为属于文义行为。票据行为以文义确定行为内容，票据法上规定签名人须按票据上记载的事项承担责任。

（4）票据行为是独立生效的法律行为。票据上有数个票据行为的，各个票据行为独立生效，互不影响，一行为无效，不致使其他有效行为变为无效，有效行为的行为人仍需就票据文义负其责任。

票据行为	概念	以行为人在票据上进行必备事项的记载、完成签章并交付为要件的要式法律行为。
	范围	票据行为包括出票、背书、承兑、保证、付款等。 (1) 出票:出票是指出票人签发票据并将其交付给收款人的票据行为。最基本的票据行为,其他票据行为必须在出票行为的基础上才能进行。 (2) 背书:背书是指在票据背面或者粘单上记载有关事项并签章的票据行为。 背书意味着持票人将票据权利转让给他人或者将一定的票据权利授予他人行使。背书应当连续,是指在票据转让中,转让汇票的背书人与受让汇票的被背书人在汇票上的签章依次前后衔接,这具有重要的法律意义。 (3) 承兑:承兑是汇票付款人承诺在汇票到期日支付汇票金额的票据行为。承兑不得附有条件(部分承兑亦视为附条件),附条件则视为拒绝承兑。 (4) 保证:保证是债务人以外的第三人为了保证债务的履行而提供的担保。保证的法律效力: ① 保证人与被保证人之间以及保证人之间就票据债务负连带责任; ② 保证具有独立性; ③ 保证不得附条件。附条件者,保证依然有效,所附条件视为无记载。
	特殊形式要件	(1) 书面 (2) 记载事项 (3) 签章和交付
	代理	票据代理是指由代理人代替本人为一定的票据行为。 票据行为的代理,其构成要件是: (1) 代理人依法享有代理权并在代理权限范围内行使代理权; (2) 代理人行使代理权必须在票据上明示被代理人的名义; (3) 代理人必须在票据上签章,表明其代理关系。 注意:对于票据代理,票据法规定无权代理而以代理人的名义在票据上签名的人应当自负票据上的责任,对越权代理的也有同样的要求。

(二) 票据行为的独立性

票据行为的独立性原则,是票据法上一个有重大价值的原则,其宗旨是为了保护票据权利人特别是善意取得票据的第三人,保障票据的安全可靠,促使人们使用票据,以加强票据流通。票据行为的独立性主要体现在以下三个方面:

(1) 民事行为能力欠缺者实施的票据签名虽然无效但是其他人的签名仍为有效。

(2) 票据有伪造、变造行为的,伪造、变造行为不影响其他真实签名的效力。

伪造和变造的票据本无票据行为效力可言,但为保护善意第三人之利益,票据行为独立原则使该类行为与同票据上其他有效票据行为截然分开,各具其效果。

(3) 票据债务人之保证人,就其在票据上的签名和记载事项负保证责任,保证行为不因被保证债务无效而无效。

考点 2 票据权利

票据权利是金钱债权,即请求支付一定数额货币的权利。票据上所体现的金钱债权包括了两次请求权:第一次请求权是付款请求权,即持票人请求主债务人(付款人或承兑人)支付票据所载金额的权利。在票据第一请求权不能实现时,债权人即得行使第二次请求权。第二次请求权是追索权,即持票人请求从债务人(前手,签章在前者)偿还票据所载金额及其他有关金额的权利。

票据权利取得	原始取得	票据权利的原始取得,是指持票人不经其任何前手权利人,而最初取得票据。 1. 票据权利的原始取得方式包括:出票取得、善意取得 2. 票据权利的善意取得,指票据受让人依票据法规定的转让方法,善意地从无处分权人处取得票据,从而取得票据权利 应当符合以下条件: (1) 受让的票据票面记载完整、正确、未过期或未有其他影响票据权利实现的事实。 (2) 通过背书或交付取得票据。 (3) 受让人从无处分权人处取得票据。 (4) 受让人无恶意或重大过失。 (5) 受让人支付了相当的对价。
	继受取得	票据权利的继受取得,是指持票人从有权处分票据权利的前手处依背书交付或单纯交付方式受让票据权利。票据的背书转让,是最主要的票据权利继受取得方式。
	注意事项	(1) 票据的取得,一般必须给付对价。 (2) 因税收、继承、赠与可以依法无偿取得票据的,不受给付对价的限制,但所享有的票据权利不得优于其前手所有的权利。 (3) 取得人在取得票据时必须是善意的。
利益偿还请求权	概念	利益偿还请求权,是指持票人因超过票据权利时效或者因票据记载事项欠缺而丧失票据权利的,持票人可以请求出票人或者承兑人返还其与未支付的票据金额相当的利益的权利。
	构成要件	(1) 权利人是持票人,包括收款人、最后的被背书人、因清偿票据债务而取得票据的被追索人;义务人是受到实际利益的出票人,承兑人; (2) 票据权利因时效或者手续欠缺而消灭,但票据上债权债务依民法有关规定仍有效存在; (3) 出票人或承兑人受有实际利益。
票据时效		票据权利在下列期限内不行使而消灭: (1) 持票人对票据的出票人和承兑人的权利,自票据到期日起 2 年。见票即付的汇票、本票,自出票日起 2 年; (2) 持票人对支票出票人的权利,自出票日起 6 个月; (3) 持票人对前手的追索权,自被拒绝承兑或者被拒绝付款之日起 6 个月; (4) 持票人对前手的再追索权,自清偿日或者被提起诉讼之日起 3 个月。

考点 3 票据的伪造、变造、更改与涂销

(一) 伪造

伪造是指以行使票据权利义务为目的,假冒或虚构他人名义在票据上签章的票据行为。票据上有伪造的签章的,不影响票据上其他真实签章的效力。

由于伪造人没有在票据上签名,也就不存在票据行为,因而不承担票据上的责任。至于其在刑事上构成犯罪和民事上的侵权责任是另一问题。而被伪造人,既然没有在票据上亲自签名,所以也不负票据上的责任。

(二) 变造

变造是指没有变更权限的人变更票据上除签章外其他记载事项的行为。票据变造使得票据上的权利义务关系发生了变化,所以票据变造涉及的不仅是被变造的记载事项的原记载人,而是所有票据当事人。票据是文义证券,对于票据签章人,要求依其签章时的票据文义承担责任才符合法律的公平和正义。

在变造之前签章的人,对原记载事项负责;在变造之后签章的人,对变造之后的记载事项负责;不能辨别是在票据被变造之前或者之后签章的,视同在变造之前签章。

(三) 更改

更改是指将票据上的记载事项更改的行为。

(1) 更改应该由原记载人改写。在交出票据前可以自行改写,但应在改写处签章证明。在交出票据后改写,应经过全体票据关系人同意,否则即成为变造。

(2) 票据中法律特别规定的事项不得更改。我国票据法规定,票据金额、日期、收款人名称不得更改。

(四) 涂销

涂销是指将票据上的记载事项涂抹消除的行为。

(1) 权利人故意所为的涂销行为究其实质来说是票据内容的更改,应发生票据更改的法律后果。

(2) 权利人非故意所为的涂销,涂销行为无效,票据依其未涂销时的记载事项发生法律效力。

(3) 非权利人所为的票据涂销行为,发生票据伪造、变造的法律后果。

【真题演练】

1. 甲未经乙同意而以乙的名义签发一张商业汇票,汇票上记载的付款人为丙银行。丁取得该汇票后将其背书转让给戊。下列哪一说法是正确的?(2013年真题,单选)

A. 乙可以无权代理为由拒绝承担该汇票上的责任
B. 丙银行可以该汇票是无权代理为由而拒绝付款
C. 丁对甲的无权代理行为不知情时,丁对戊不承担责任
D. 甲未在该汇票上签章,故甲不承担责任

【答案】 A

【解析】 根据《合同法》第48条规定,若未经被代理人乙追认,则对被代理人乙不发生效力,由行为人甲承担责任。故A项正确,D项错误。汇票是一种无条件支付的票据,作为付款人的银行丙只能是见票即付或者在指定日期支付,故B项错误。根据《票据法》第37条规定,丁作为背书人以背书转让汇票于戊后,即承担保证其后手戊所持汇票承兑和付款的责任,无论丁是否对其前手知情;同时根据《票据法》第61条规定,若该汇票到期被拒绝付款,则戊可以对背书人、出票人以及汇票的其他债务人行使追索权,故C项错误。

2. 甲公司签发一张汇票给乙,票面记载金额为10万元,乙取得汇票后背书转让给丙,丙取得该汇票后又背书转让给丁,丁将汇票的记载金额由10万元变更为20万元。之后,丁又将汇票最终背书转让给戊。其中,乙的背书签章已不能辨别是在记载金额变更之前,还是在变更之后。下列哪些选项是正确的?(2012年真题,多选)

A. 甲应对戊承担10万元的票据责任 B. 乙应对戊承担20万元的票据责任
C. 丙应对戊承担20万元的票据责任 D. 丁应对戊承担10万元的票据责任

【答案】 AC

【解析】 根据《票据法》第14条规定,本题中丙将汇票金额由10万元变更为20万元的行为属于票据的变造行为。丙背书转让给丁时变造了汇票的记载金额,丙以及在此之后签章的丁,都应对变造后的20万承担票据责任,故C项正确,D项错误。在变造之前的出票人甲只应对原记载金额10万负责,故A项正确。乙的背书签章已不能辨别是在记载金额变更之前,还是在变更之后,视为变造之前,所以只对10万元负责,故B项错误。

第四节 票据抗辩与补救

考点 1 票据抗辩

票据抗辩,是指票据债务人根据票据法的规定对票据债权人拒绝履行义务的行为。可以这样来理解,票据抗辩,是票据债务人拒绝向持票人支付票据金额。

(一) 对物的抗辩

对物的抗辩,是指基于票据本身的内容(票据上记载的事项以及票据的性质)发生的事由而为的抗辩。

1. 任何票据债务人可以对一切票据债权人行使的抗辩
(1) 票据无效。如:票据上欠缺绝对必要记载事项。
(2) 定期票据未到期。
(3) 票据权利已经消灭。如:票据权利因票据债务人付款而消灭;票据权利因票面金额的提存而消灭;票据权利因除权判决而消灭。

2. 特定票据债务人可以对一切票据债权人行使的抗辩
(1) 票据瑕疵。如:无权代理和越权代理;签章人欠缺民事行为能力;票据伪造、变造。
(2) 依票据上的记载提出的抗辩。如:出票人记载"不得转让字样";背书人记载"不得转让字样"。
(3) 票据权利行使和保全手续欠缺。如:应作成拒绝证书而未作时,被追索人对持票人提出的抗辩。

(二) 对人的抗辩

对人的抗辩,是指由于债务人与特定债权人之间的关系而发生,因而只能向特定债权人行使的抗辩。

(1) 直接债权债务关系之间,可以行使抗辩权。
(2) 恶意或重大过失取得票据的,可以行使抗辩权。
(3) 明知票据债务人与出票人或者与持票人的前手之间存在抗辩事由而取得票据的,可以行使抗辩权。
(4) 无偿取得的票据,后手的权利不得优于前手。

注意:票据抗辩权的限制,是指票据法规定的票据债务人对特定持票人不得抗辩的限制,又称为"抗辩切断制度"。抗辩切断制度将抗辩事由限定在票据债务人与其直接相对人之间,善意受让票据的持票人,不受票据债务人与其直接相对人之间的抗辩事由的影响。主要体现在:① 票据债务人不得以自己与出票人之间的抗辩事由,对抗善意持票人。② 票据债务人不得以自己与持票人的前手之间的抗辩事由,对抗善意持票人。

考点 2　票据的丧失与补救

票据的丧失是指票据的持票人丧失对于票据的占有,包括票据的灭失(票据的绝对丧失)和因遗失、窃盗等原因失去占有(票据的相对丧失)两种情形。票据本身即使丧失,票据上所体现的权利并不消灭。但因持票人的行使权利必须持有票据、提示票据、缴回票据,所以丧失票据后,权利人就不能行使票据权利,而且票款有被人冒领的可能。因此,需要设立补救制度对持票人给予保护。

(一) 救济方式

票据丧失的补救方法有挂失止付、提起公示催告程序和进行票据诉讼。

1. 挂失止付

挂失支付是指票据权利人在丧失票据占有时,为防止可能发生的损害,保护自己的票据权利,通知票据上的付款人,请求其停止票据支付的行为。

挂失止付只是失票人丧失票据后可以采用的一种临时的补救措施,以防止所失票据被他人所冒领。票据本身并不因挂失止付而无效,失票人的票据责任并不因此而免除,失票人的票据权利也不能因挂失止付得到最终的恢复。另外,挂失止付并不是公示催告程序和诉讼程序的必经程序。

2. 公示催告

公示催告是指票据等有价证券丧失的场合,由法院依申请人的申请,向未知的利害关系人发出公告,通知其如果未在一定期间申报权利、主张证券,则法院会通过判决的形式宣告其无效,从而催促利害关系人申报权利、主张证券的一种特别诉讼程序。

3. 提起诉讼

提起诉讼是指失票人在丧失票据后,直接向法院提起民事诉讼,请求法院判令票据债务人向其支付票据金额的救济形式。

在失票人选择诉讼途径救济自己的票据权利时,应当向法院提交有关的书面证明,证明自己对所丧失的票据享有所有权,同时向法院说明所丧失票据上的有关记载事项。失票人起诉时还应提供必要的担保。

(二)程序

(1)票据丧失,失票人可以及时通知票据的付款人挂失止付。但是,未记载付款人或者无法确定付款人及其代理付款人的票据除外。

(2)收到挂失止付通知的付款人,应当暂停支付。

(3)失票人应当在通知挂失止付后3日内,也可以在票据丧失后,依法向人民法院申请公示催告,或者向人民法院提起诉讼。

【真题演练】

甲向乙购买原材料,为支付货款,甲向乙出具金额为50万元的商业汇票一张,丙银行对该汇票进行了承兑。后乙不慎将该汇票丢失,被丁拾到。乙立即向付款人丙银行办理了挂失止付手续。下列哪些选项是正确的?(2014年真题,多选)

A. 乙因丢失票据而确定性地丧失了票据权利

B. 乙在遗失汇票后,可直接提起诉讼要求丙银行付款

C. 如果丙银行向丁支付了票据上的款项,则丙应向乙承担赔偿责任

D. 乙在通知挂失止付后十五日内,应向法院申请公示催告

【答案】 BC

【解析】 根据《票据法》第15条规定,A项错误。本题中丙银行已经对汇票进行了承兑,确定地负有票据义务,故乙可以起诉要求丙银行付款,故B项正确。根据《票据法》第15条第2款的规定,乙在丢失票据后立即办理了挂失止付,如果之后丙银行向丁支付票款,则应当向乙承担责任,故C项正确。根据《票据法》第15条第3款的规定,乙应当在挂失止付后3日内申请公示催告,故D项错误。

第五节 本票、汇票与支票

考点 1 汇票

(一)概念与种类

概念	汇票是出票人签发的,委托付款人在见票时或在指定日期无条件支付确定金额给收款人或者持票人的票据。

(续表)

种类	1. 汇票根据出票人的不同,可分为银行汇票和商业汇票 (1) 银行汇票是以银行为出票人,同时以银行为付款人的汇票。通常情况下,银行汇票中的出票行为与付款行为同一银行。 (2) 商业汇票是以银行以外的其他公司、企业为出票人,以银行或其他公司、企业等为付款人的汇票。 2. 汇票根据付款期可以分为即期汇票和远期汇票 (1) 即期汇票,见票即付的汇票,包括写明"见票即付"的汇票,到期日与发票日相同的汇票以及未记载到期日的汇票。 (2) 远期汇票,必须到约定的日期才能请求付款的汇票。

(二) 出票

概念	出票是指出票人作成汇票并将汇票交付与收款人的一种票据行为。出票由"作成"票据与"交付"票据两种行为。
汇票必须记载下列事项	(1) 表明"汇票"的字样; (2) 无条件支付的委托; (3) 确定的金额; (4) 付款人名称; (5) 收款人名称; (6) 出票日期; (7) 出票人签章。 汇票上未记载上述事项之一的,汇票无效。
票据金额的记载	票据金额以中文大写和数字同时记载,二者必须一致,二者不一致的,票据无效。
出票时可以推定的记载事项	1. 可推定事项 | 未记载事项 | 推定 | |---|---| | 汇票付款日期 | 见票即付 | | 汇票付款地 | 付款人的营业场所、住所或者经常居住地 | | 汇票出票地 | 出票人的营业场所、住所或者经常居住地 | | 本票付款地 | 出票人的营业场所 | | 本票出票地 | 出票人的营业场所 | | 支票付款地 | 付款人的营业场所 | | 支票出票地 | 出票人的营业场所、住所或者经常居住地 | 2. 可补记事项 (1) 支票收款人名称可以补记。 【《票据法》第86条】支票上未记载收款人名称的,经出票人授权,可以补记;出票人可以在支票上记载自己为收款人。 (2) 支票上的金额可以由出票人授权补记,未补记前的支票,不得使用。

(三) 背书

概念	背书是指在票据背面或者粘单上记载有关事项并签章的票据行为。	
分类	(1) 转让背书,分为一般转让背书和特殊转让背书(包括禁止转让背书、期后背书、回头背书)。 (2) 非转让背书,分为委任背书(即委托取款)和质押背书。	
背书规则	(1) 在票据背面或者粘单上记载票据事项并签章。 (2) 以背书转让的汇票,背书应当连续。	
禁止的行为	(1) 禁止分别背书和部分背书。 【《票据法》第33条第2款】将汇票金额的一部分转让的背书或者将汇票金额分别转给2人以上的背书无效。 (2) 期后背书,是指汇票被拒绝承兑、被拒绝付款或者超过付款提示期限的,背书人仍然将其背书转让。 期后背书的后果:背书转让的,背书人应当承担汇票责任。 (3) 背书不得附有条件。背书时附有条件的,所附条件不具有汇票上的效力。	
"不得转让"字样	出票人出票时记载"不得转让"字样	该汇票不得转让,再次背书为"无效背书"。 付款人、承兑人可以以出票人记载了"不得转让"为由,对收款人以外的其他持票人行使抗辩权。 该"不得转让"的背书记载产生限制债权转让的效力。
	背书人记载"不得转让"字样	其后手的再次背书为"有效背书"。 原背书人对后手的被背书人不承担保证责任。 背书人在票据上记载"不得转让"字样,其后手对此票据进行质押的,原背书人对后手的被背书人不承担票据责任。

(四) 承兑

	概念	承兑是指远期汇票付款人承诺在汇票到期日支付汇票金额的票据行为。
承兑	适用范围	承兑是远期汇票特有的规则。因为汇票的出票人在出票时,是委托他人代替其支付票据金额,而该付款人在出票时并未在票据上签章,并非票据债务人,无当然的支付义务。为使票据法律关系得以确定,就需要确认付款人能否进行付款,于是设计了汇票的承兑制度。
	承兑时间	持票人未遵期提示承兑的后果: (1) 付款人可以拒绝承兑; (2) 持票人丧失对其前手的追索权; (3) 不丧失对出票人的追索权。
	完全承兑原则	付款人承兑汇票,不得附有条件;承兑附有条件的,视为拒绝承兑。
	法律效果	(1) 汇票的付款人承兑汇票的,应当在汇票正面记载"承兑"字样和承兑日期并签章。 (2) 付款人承兑汇票后,应当承担到期付款的责任。

(五) 保证

概念	汇票的债务可以由保证人承担保证责任,保证人由汇票债务人以外的他人担当。
附条件	保证不得附有条件;附有条件的,不影响对汇票的保证责任。即该条件视为无记载。
连带责任	被保证的汇票,保证人应当与被保证人对持票人承担连带责任。汇票到期后得不到付款的,持票人有权向保证人请求付款,保证人应当足额付款。保证人为2人以上的,保证人之间承担连带责任。 (1) 保证人就票据债务来说,与被保证人承担的是同一责任,与被保证人的责任完全相同。 (2) 保证人的责任是独立责任。即使被保证的票据债务因实质性原因而无效,已经完成的票据保证仍然有效。 (3) 保证人的责任是连带责任。票据保证人的连带责任是一种法定连带责任而非补充责任。所以,对于票据保证人来说,不享有一般保证中保证人的先诉抗辩权。
保证责任的免除	被保证人的债务因汇票记载事项欠缺而无效。
记载事项的推定	已承兑的汇票,承兑人为被保证人;未承兑的汇票,出票人为被保证人;未记载保证日期的,推定出票日期为保证日期。

(六) 付款

概念	付款请求权是指持票人向付款人请求支付票据金额的权利。 票据权利只有两种,即付款请求权和追索权。	
时间	见票即付的汇票	自出票日起1个月内向付款人提示付款
	定日付款、出票后定期付款或者见票后定期付款的汇票	自到期日起10日内向承兑人提示付款
未按期付款效力	持票人未按照票据法规定的期限提示付款的,在作出说明后,承兑人或付款人仍应当继续对持票人承担付款责任。对于付款人和承兑人来说,持票人是否在票据法规定的提示期限内提示付款,其效力并无实质区别。	注意:对于背书人,持票人未在法定期限内提示付款,则会丧失对背书人的追索权

(七) 追索权

概念	汇票到期被拒绝付款的,持票人可以对背书人、出票人以及汇票的其他债务人行使追索权。
追索权行使的原因	根据《票据法》第61条规定,在下列情况下可以行使追索权: (1) 汇票到期被拒绝付款的; (2) 汇票到期日之前,有下列情形之一的,持票人也可以行使追索权: ① 汇票被拒绝承兑的; ② 承兑人或者付款人死亡、逃匿的; ③ 承兑人或者付款人被依法宣告破产的或者因违法被责令终止业务活动的。
行使追索权的条件及规则	1. 行使追索权的条件 (1) 需要提供相关的证明。持票人不能出示拒绝证明、退票理由书或者未按照规定期限提供其他合法证明的,丧失对其前手的追索权。但是,承兑人或者付款人仍应当对持票人承担责任。 (2) 须在法定期间3天内通知其前手。 2. 追索权的行使规则 (1) 追索权具有选择性。持票人可以不按照汇票债务人的先后顺序,对其中任何一人、数人或者全体行使追索权。 (2) 追索权具有变更性。持票人对汇票债务人中的一人或者数人已经进行追索的,对其他汇票债务人仍可以行使追索权。 (3) 追索权具有代位性。被追索人清偿债务后,与持票人享有同一权利。
对象	汇票的出票人、背书人、承兑人和保证人对持票人承担连带责任。
限制	(1) 在"回头背书"的情况下,持票人不得向特定的票据债务人追索,禁止循环追索。 (2) 未按期提示票据时,对追索权有限制。 见票后定期付款的汇票,持票人应当自出票日起1个月内向付款人提示承兑。汇票未按照规定期限提示承兑的,持票人丧失对其前手的追索权。 (3) 未出示相关证明时,对追索权有限制。 持票人不能出示拒绝证明、退票理由书或者未按照规定期限提供其他合法证明的,丧失对其前手的追索权。但是,承兑人或者付款人仍应当对持票人承担责任。
内容	持票人行使追索权,可以请求被追索人支付下列金额和费用:被拒绝付款的汇票金额;汇票金额自到期日或者提示付款日起至清偿日止,按照中国人民银行规定的利率计算的利息;取得有关拒绝证明和发出通知书的费用。
再追索	被追索人依照上述内容清偿后,可以向其他汇票债务人行使再追索权,请求其他汇票债务人支付下列金额和费用:已清偿的全部金额;前项金额自清偿日起至再追索清偿日止,按照中国人民银行规定的利率计算的利息;发出通知书的费用。

考点 2 本票与支票

	本票	支票
概念	本票是出票人签发的,承诺自己在见票时无条件支付确定的金额给收款人或者持票人的票据。	支票是出票人签发的,委托办理支票存款业务的银行或者其他金融机构在见票时无条件支付确定的金额给收款人或者持票人的票据。
种类	我国《票据法》上的本票是指银行本票,不包括商业本票和个人本票;而且均为即期本票,无远期本票。银行本票是银行提供的一种银行信用,见票即付,可当场抵用。	支票可分为一般支票和专用支票(专用转账支票、专用现金支票)。
出票	本票的出票人必须具有支付本票金额的可靠资金来源,并保证支付。本票必须记载下列事项:(1) 表明"本票"的字样;(2) 无条件支付的承诺;(3) 确定的金额;(4) 收款人名称;(5) 出票日期;(6) 出票人签章。本票上未记载上述事项之一的,本票无效。其中,付款人名称不是必要记载事项。	支票的出票人只有符合下列条件,才能签发支票:(1) 建立账户;(2) 存入足够支付的款项;(3) 预留印鉴。 注意:支票的出票人所签发的支票金额不得超过其付款时在付款人处实有的存款金额。 支票必须记载下列事项:(1) 表明"支票"的字样;(2) 无条件支付的委托;(3) 确定的金额;(4) 付款人名称;(5) 出票日期;(6) 出票人签章。支票上未记载上述规定事项之一的,支票无效。其中,收款人名称不是必要记载事项。 未记载事项补救:(1) 支票上的金额可以由出票人授权补记,未补记前的支票,不得使用;(2) 支票上未记载收款人名称的,经出票人授权,可以补记;(3) 支票上未记载付款地的,付款人的营业场所为付款地;(4) 支票上未记载出票地的,出票人的营业场所、住所或经常居住地为出票地。 支票限于见票即付,不得另行记载付款日期。另行记载付款日期的,该记载无效。
付款	1. 本票的出票人在持票人提示见票时,必须承担付款的责任。 2. 本票自出票日起,付款期限最长不得超过2个月。 3. 本票的持票人未按照规定期限提示见票的,丧失对出票人以外的前手的追索权。	支票的持票人应当自出票日起10日内提示付款。超过提示付款期限的,付款人可以不予付款;付款人不予付款的,出票人仍应当对持票人承担票据责任。

考点 3　汇票、本票、支票的区别

	汇票	本票	支票
信用功能	基于出票人和付款人信用，除见票即付，还可另行指定到期日，为信用证券。	《票据法》上本票限于见票即付，为支付证券。	见票即付，属支付证券。
基本当事人	出票人、付款人和收款人。	出票人（付款人和出票人为同一个人）和收款人。	出票人、付款人和收款人。出票人与付款人之间必须先有资金关系，才能签发支票。
对出票人资格要求	具完全民事行为能力即可。	只能为银行。	必须使用本名、提交合法身份证件开立支票存款账户，存入足够支付的款项，并预留本名的签名样式和印鉴。
对付款人资格要求	银行汇票付款人为参加"全国联行往来"的银行；商业汇票付款人为商品交易活动中接受货物的当事人或与出票人签订承诺委托协议的银行。	与出票人为同一银行。	有从事支票业务资格的银行或其他金融机构。
绝对必要记载事项	"汇票"字样、无条件支付的委托、确定的金额、出票日期、出票人签章、付款人名称、收款人名称。	"本票"字样、无条件支付的承诺、确定的金额、出票日期、出票人签章、收款人名称。	"支票"字样、无条件支付的委托、确定的金额（可授权补记）、出票日期、出票人签章（必须与在银行预留印鉴的印章和签名式样一致）、付款人名称。
付款期限	见票即付者，自出票日起1个月内；定日付款、出票后定期付款、见票后定期付款者，自到期日起10日内。	出票日起2个月内。	同城支票为出票日起10日内；异地适用的支票，付款提示期限由中国人民银行另行规定。
权利消灭时效	见票即付者，自出票日起2年内有效；远期汇票自到期日起2年内有效。	自出票日起2年内有效。	自出票日起6个月内有效。

【真题演练】

1. 甲公司为清偿对乙公司的欠款，开出一张收款人是乙公司财务部长李某的汇票。李某不慎将汇票丢失，王某拾得后在汇票上伪造了李某的签章，并将汇票背书转让给外地的丙公司，用来支付购买丙公司电缆的货款，王某收到电缆后转卖得款，之后不知所踪。关于本案，下列哪些说法是正确的？（2016年真题，多选）

A. 甲公司应当承担票据责任　　　　B. 李某不承担票据责任
C. 王某应当承担票据责任　　　　　D. 丙公司应当享有票据权利

【答案】　ABD

【解析】　根据我国《票据法》第26条的规定,甲公司作为签发人应当承担票据责任。A选项正确。根据我国《票据法》第14条第1款的规定,王某拾得汇票以后在汇票上伪造李某的签章,并将汇票进行背书转让,不知情的被伪造人李某不应承担相应责任。B选项正确。而因为伪造人王某伪造了李某的签章,而自身并未在汇票上签字,因此王某并不是票据当事人,而无需承担相应的汇票责任。C选项错误。根据我国《票据法》第14条第2款以及第3款的规定,虽然票据上李某的签章为伪造,但这并不妨碍票据的有效性。此时丙亦享有相应的票据权利。D选项正确。

2. 甲从乙处购置一批家具,给乙签发一张金额为40万元的汇票。乙将该汇票背书转让给丙。丙请丁在该汇票上为"保证"记载并签章,随后又将其背书转让给戊。戊请求银行承兑时,被银行拒绝。对此,下列哪一选项是正确的?(2015年真题,单选)

A. 丁可以采取附条件保证方式
B. 若丁在其保证中未记载保证日期,则以出票日期为保证日期
C. 戊只有在向丙行使追索权遭拒绝后,才能向丁请求付款
D. 在丁对戊付款后,丁只能向丙行使追索权

【答案】　B

【解析】　根据《票据法》第48条的规定,A项错误。根据《票据法》第47条第2款的规定,B项正确。根据《票据法》第50条的规定,C项错误。根据《票据法》第52条的规定,D项错误。

3. 关于支票的表述,下列哪些选项是正确的?(2015年真题,多选)

A. 现金支票在其正面注明后,可用于转账
B. 支票出票人所签发的支票金额不得超过其付款时在付款人处实有的存款金额
C. 支票上不得另行记载付款日期,否则该记载无效
D. 支票上未记载收款人名称的,该支票无效

【答案】　BC

【解析】　根据《票据法》第83条第2款规定,A项错误。根据《票据法》第87条第1款规定,B选项正确。根据《票据法》第90条规定,C选项正确。根据《票据法》第86条第1款规定,D选项错误。

4. 甲公司开具一张金额50万元的汇票,收款人为乙公司,付款人为丙银行。乙公司收到后将该汇票背书转让给丁公司。下列哪一说法是正确的?(2011年真题,单选)

A. 乙公司将票据背书转让给丁公司后即退出票据关系
B. 丁公司的票据债务人包括乙公司和丙银行,但不包括甲公司
C. 乙公司背书转让时不得附加任何条件
D. 如甲公司在出票时于汇票上记载有"不得转让"字样,则乙公司的背书转让行为依然有效,但持票人不得向甲行使追索权

【答案】　C

【解析】　根据《票据法》第37条规定,A项错误。依据《票据法》第26条、第36条、第37

条、第 61 条、第 68 条规定，B 项错误。根据《票据法》第 33 条规定，C 项正确。根据《票据法》第 27 条规定，D 项错误。

证券法专题

专题导学：

证券法的精神：规范市场、保护投资、打击投机

证券法调整的是有价证券的发行和交易。证券法的立法目的旨在规范证券发行和交易行为，保护投资者的合法权益，维护社会经济秩序和社会公共利益，促进社会主义市场经济的发展。证券法的基本原则"三公"原则也是证券法这一精神的体现与要求。

证券法学习线索：

1. 证券的发行规则，应注意区分不同种类证券的发行要求和程序。
2. 证券的交易与监管，特别是限制和禁止的证券交易行为。这是保护投资和打击投机的需要。

第一节 证券法概述

考点 1 证券

（一）证券的概念

1. 证券泛指代表一定权利的书面凭证

证券法以有价证券作为自己的规范对象。有价证券是指设定并证明持券人有权取得一定财产权利的书面凭证。

依其所表示的权利内容，证券可以分为物权证券、债权证券、股权证券和衍生证券。

2. 证券种类

（1）物权证券，指表彰物权的证券，包括提单和仓单等。持有人拥有此类证券，即对该证券指向的标的物享有物权。

（2）债权证券，指表彰债权的证券，包括债券和票据等。持有人拥有此类证券，即对该证券指向的标的物享有债权。

（3）股权证券，指表彰股权的证券，即股票。持有人拥有此类证券，即对该证券的发行公司享有股权。

（4）衍生证券，泛指由物权证券、债权证券和股权证券派生出来的新型证券形式，如证券投资基金份额。

（二）股票与债券的区别

股票是股份有限公司签发的证明股东权利义务的要式有价证券。债券指企业、金融机构或政府为募集资金向社会公众发行的、保证在规定的时间内向债券持有人还本付息的有价证券。

1. 发行主体不同

股票:股份有限公司

债券:公司、政府

2. 风险性不同

股票:单纯的投资行为,股息收入随股份有限公司的盈利情况而定,盈利多就多得,盈利少就少得,无利则不得,所以股票的风险较大。

债券:兼有投资与储蓄性质,以资本保值及获取固定利息为目的,债券到期后,发行人应向持券人支付本息,因此债券投资回报固定,风险较小。

3. 代表权利性质不同

股票:代表股东对公司的股权。

债券:代表持券人对公司的债权。

考点 2 证券市场

证券市场是股票、公司债券、证券投资基金份额、金融债券、政府债券、外国债券等有价证券及其衍生产品(如期货、期权等)发行和交易的场所,其实质是通过各类证券的发行和交易以募集和融通资金并取得预期利益。

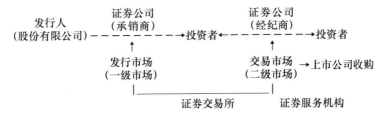

证监会监管下的我国证券市场(图)

(一) 证券市场关系图

证券市场由证券发行市场和证券交易市场两部分组成。证券发行市场又称一级市场,是通过发行证券进行筹资活动的市场。通过证券发行市场,投资者的闲散资金转化为生产资本。证券交易市场,又称证券二级市场,是指为已发行的证券进行买卖、转让和流通的市场。通过证券交易市场,投资者持有的证券实现了流通。

(二) 证券机构的基本情况

机构	概念
证券交易所	证券交易所是为证券集中交易提供场所和设施,组织和监督证券交易,实行自律管理的社团法人。

(续表)

机构	概念
证券公司	证券公司,简称"券商",是指依照《公司法》和《证券法》规定设立的经营证券业务的有限责任公司或者股份有限公司。设立证券公司,必须经国务院证券监督管理机构审查批准。
证券登记结算机构	证券登记结算机构是指经国务院监督管理机构批准,为证券交易提供集中登记、存管与结算服务的不以营利为目的的法人。 在我国由中国证券登记结算公司依法集中统一办理证券登记结算。
证券业协会	证券业协会是由证券公司组成的证券业的自律性组织,是社会团体法人。证券公司应当加入证券业协会。
证券监督管理机构	国务院证券监督管理机构依法对全国证券市场实行集中统一监督管理。目前,国务院证券监督管理机构就是中国证券监督管理委员会,根据国务院的授权履行其行政监管职能,依法对全国证券业进行集中统一监管。国务院证券监督管理机构根据需要可以设立派出机构,按照授权履行监督管理职责。

(三)证券交易所

1. 组织形式

证券交易所是为证券集中交易提供场所和设施,组织和监督证券交易,实行自律管理的法人。实行会员制的证券交易所的财产积累归会员所有,其权益由会员共同享有,在其存续期间,不得将其财产积累分配给会员。

2. 设立和解散

证券交易所的设立和解散,由国务院决定。

证券交易所设理事会。证券交易所设总经理一人,由国务院证券监督管理机构任免。

3. 章程的制定和修改

设立证券交易所必须制定章程。证券交易所章程的制定和修改,必须经国务院证券监督管理机构批准。

4. 证券交易所的职责

(1) 制定证券交易规则、从业人员业务规则等。

(2) 即时公布证券交易行情。

(3) 对证券交易实行实时监控、限制交易。

(4) 采取技术性停牌和临时停市的措施。

(5) 对违反证券交易所交易规则的证券交易人给予纪律处分;情节严重的,可撤销其交易资格,禁止其入场进行证券交易。

（四）证券公司

设立条件	设立证券公司,应当具备下列条件: (1) 有符合法律、行政法规规定的公司章程; (2) 主要股东具有持续盈利能力,信誉良好,最近3年无重大违法违规记录,净资产不低于人民币2亿元; (3) 有符合《证券法》规定的注册资本; (4) 董事、监事、高级管理人员具备任职资格,从业人员具有证券从业资格; (5) 有完善的风险管理与内部控制制度; (6) 有合格的经营场所和业务设施; (7) 法律、行政法规规定的和经国务院批准的国务院证券监督管理机构规定的其他条件。
经营范围	(1) 证券经纪; (2) 证券投资咨询; (3) 与证券交易、证券投资活动有关的财务顾问; (4) 证券承销与保荐; (5) 证券自营; (6) 证券资产管理; (7) 其他证券业务。 证券公司经营前三类业务的,注册资本最低限额为人民币5 000万元; 证券公司经营后四类业务之一的,注册资本最低限额是人民币1亿元; 证券公司经营后四类业务中两种以上的,注册资本最低限额是人民币5亿元。 注意:国务院证券监督管理机构根据审慎监管原则和各项业务的风险程度,可以调整注册资本最低限额,但不得少于前款规定的限额。
证券公司行为的要求	(1) 证券公司不得为其股东或者股东的关联人提供融资或者担保。 (2) 证券公司实行分业操作。经纪业务、承销业务、自营业务、资产管理业务分开办理 (3) 证券公司的自营业务必须以自己的名义进行。 (4) 交易结算资金的管理。 (5) 证券公司应当经国务院证券监督管理机构批准,为客户买卖证券提供融资融券服务。 (6) 禁止接受全权委托。 (7) 禁止向客户承诺收益。 (8) 禁止私下接受委托。

（五）证券服务机构

证券服务机构是指为证券的发行、上市、交易等证券业务活动制作、出具审计报告、资产评估报告、财务顾问报告、资信评级报告或者法律意见书等专业报告的服务性机构。主要包括投资咨询机构、财务顾问机构、资信评级机构、资产评估机构、会计师事务所和律师事务所。

1. 投资咨询机构、财务顾问机构、资信评级机构、资产评估机构、会计师事务所从事证券服务业务，必须经国务院证券监督管理机构和有关主管部门批准。

2. 证券服务机构违法出具文件应承担的责任。

(1) 承担责任的条件：证券服务机构为证券的发行、上市、交易等证券业务活动制作、出具的文件有虚假记载、误导性陈述或者重大遗漏，给他人造成损失的。

(2) 责任的性质：证券服务机构违法出具文件给他人造成损失的，应当与发行人、上市公司承担连带赔偿责任，但是能够证明自己没有过错的除外。

【真题演练】

关于证券交易所，下列哪一表述是正确的？（2009年真题，单选）
A. 会员制证券交易所从事业务的盈余和积累的财产可按比例分配给会员
B. 证券交易所总经理由理事会选举产生并报国务院证券监督管理机构批准
C. 证券交易所制定和修改章程应报国务院证券监督管理机构备案
D. 证券交易所的设立和解散必须由国务院决定

【答案】 D

【解析】 根据《证券法》第105条第2款规定，A项错误。根据《证券法》第107条规定，B项错误。根据《证券法》第103条第2款规定，C项错误。根据《证券法》第102条第2款规定，D项正确。

第二节 证券的发行与交易

考点 1 证券发行

概念	证券发行是指发行人以筹集资金为目的，向投资者出售代表一定权利的有价证券的活动。
类型	目前我国证券发行的类型有： (1) 国库券，国家重点建设债券； (2) 原始股票、发行新股或公司债券； (3) 金融债券； (4) 证券投资基金券。
核准机构	公开发行股票、证券投资基金由国务院证券监督管理机构核准，其他证券的公开发行由国务院授权的部门核准或者由国务院授权的部门和国务院证券监督管理机构共同核准。
公开发行证券	有下列情形之一的，为公开发行： (1) 向不特定对象发行证券的； (2) 向特定对象发行证券累计超过200人的。 注意：非公开发行债券，不得采用广告、公开劝诱和变相公开方式。

(续表)

保荐人制度	发行申请人公开发行股票、可转换为股票的公司债券,依法采取承销方式的,或者公开发行法律、行政法规规定实行保荐制度的其他证券的,应当聘请具有保荐资格的机构担任保荐人。保荐人应当遵守业务规则和行业规范,诚实守信、勤勉尽责,对发行人的申请文件和信息披露资料进行审慎核查,督导发行人规范运作。
公司公开发行股票	公司公开发行新股,应当符合下列条件: (1) 具备健全且运行良好的组织机构; (2) 具有持续盈利能力,财务状况良好; (3) 最近3年财务会计文件无虚假记载,无其他重大违法行为; (4) 经国务院批准的国务院证券监督管理机构规定的其他条件。 注意: ① 股票发行的种类。股份有限公司发行股票包括设立公司时的募集股份和公司成立后的发行新股。 ② 股票发行的价格。股票发行价格可以按票面金额,也可以超过票面金额(即溢价发行),但不得低于票面金额(即禁止折价发行)。 ③ 新股发行的程序。股份有限公司发行新股,须经股东大会决议,董事会不能自行决定发行。 ④ 公开发行股票所募资金的用途。公司对公开发行股票所募集资金,必须按照招股说明书所列资金用途使用。改变招股说明书所列资金用途,必须经股东大会作出决议。 ⑤ 发行人应当在规定的期限内将股票发行情况报国务院证券监督管理机构备案。
公开发行公司债券	公开发行公司债券,应当符合下列条件: (1) 股份有限公司的净资产不低于人民币3 000万元,有限责任公司的净资产不低于人民币6 000万元; (2) 累计债券余额不超过公司净资产的40%; (3) 最近3年平均可分配利润足以支付公司债券1年的利息; (4) 筹集的资金投向符合国家产业政策; (5) 债券的利率不超过国务院限定的利率水平; (6) 国务院规定的其他条件。 公开发行公司债券筹集的资金,必须用于核准的用途,不得用于弥补亏损和非生产性支出。 注意:只要符合法定条件,不论是股份有限公司、有限责任公司还是国有独资公司均可以发行公司债券。

（续表）

证券的承销	1. 承销的方式 （1）证券代销 又称代理发行，指证券公司代发行人销售证券，在承销期结束时，将未售出的证券全部退还给发行人的承销方式。对发行人而言，这种承销方式风险较大，但承销费用相对较低。 （2）证券包销 指证券公司将发行人的证券按照协议全部购入或者在承销期结束后将剩余证券全部自行购入的承销方式。证券包销合同签订后，发行人将证券的所有权转移给证券承销人。因此，证券销售不出去的风险由承销人承担。但其费用高于代销的费用。 2. 承销期限 （1）证券的代销、包销期最长不得超过90日。证券公司在代销、包销期内，对代销、包销的证券应当先行出售给认购人，不得为本公司事先预留所代销的证券和预先购入并留存所包销的证券。 （2）股票发行采用代销方式，代销期限届满，向投资者出售的股票数量未达到拟公开发行股票数量70%的，为发行失败。发行人应当按照发行价并加算银行同期存款利息返还股票认购人。 3. 承销团承销 承销团又称联合承销，是指两个以上的证券经营机构组成承销人，为发行人发售证券的一种承销方式。 向不特定对象发行的证券票面总值超过人民币5 000万元的，应当由承销团承销。承销团应当由主承销和参与承销的证券公司组成。
已核准证券发行决定的撤销	（1）尚未发行证券的，应当予以撤销，停止发行。 （2）已经发行尚未上市的，撤销发行核准决定，发行人应当按照发行价并加算银行同期存款利息返还证券持有人；保荐人应当与发行人承担连带责任，但是能够证明自己没有过错的除外；发行人的控股股东、实际控制人有过错的，应当与发行人承担连带责任。

【真题演练】

1. 依据我国《证券法》的相关规定，关于证券发行的表述，下列哪一选项是正确的？（2013年真题，单选）
   A. 所有证券必须公开发行，而不得采用非公开发行的方式
   B. 发行人可通过证券承销方式发行，也可由发行人直接向投资者发行
   C. 只有依法正式成立的股份公司才可发行股票
   D. 国有独资公司均可申请发行公司债券

【答案】 D

【解析】 根据《证券法》第10条规定，A项错误。根据《证券法》第28条的规定，其并不要求必须采取承销方式，而是可以直接发行，但是B选项笼统地说"也可由发行人直接向投资者发行"则有误，故B项错误。根据《证券法》第12条以及《公司法》第77条的规定，设立股份

有限公司时也可发行股票,并不是只有依法正式成立的股份有限公司才可发行股票,故 C 项错误。根据《证券法》第 16 条的规定,只要符合法条条件,不论是股份有限公司、有限责任公司还是国有独资公司均可以发行公司债券,故 D 项错误。

2. 为扩大生产规模,筹集公司发展所需资金,鄂神股份有限公司拟发行总值为 1 亿元的股票。下列哪一说法符合《证券法》的规定?(2012 年真题,单选)
A. 根据需要可向特定对象公开发行股票
B. 董事会决定后即可径自发行
C. 可采取溢价发行方式
D. 不必将股票发行情况上报证券监管机构备案

【答案】 C
【解析】 根据《证券法》第 10 条规定,A 项错误。根据《公司法》第 37 条、第 99 条以及《证券法》第 14 条的规定,股份公司发行新股,须经股东大会决议,董事会不能自行决定发行,故 B 项错误。根据《公司法》第 127 条和《证券法》第 34 条的规定,股票发行价格可以按票面金额,也可以超过票面金额(即溢价发行),但不得低于票面金额(即禁止折价发行),故 C 项正确。根据《证券法》第 36 条的规定,故 D 项错误。

考点 2 证券交易

(一) 禁止性的交易主体规定

1. 禁止性交易的主体范围

证券交易所、证券公司、证券登记结算机构从业人员、证券监督管理机构工作人员和法律、行政法规禁止参与股票交易的其他人员。

2. 禁止性交易的客体
3. 禁止性交易的时间限制

上述人员的任期或者法定期限内。

(二) 限制交易时间的交易规定

(1) 为股票发行出具审计报告、资产评估报告或者法律意见书等文件的证券服务机构和人员,在该股票承销期内和期满后 6 个月内,不得买卖该种股票。

(2) 为上市公司出具审计报告、资产评估报告或者法律意见书等文件的证券服务机构和人员,自接受上市公司委托之日起至上述文件公开后 5 日内,不得买卖该种股票。

(三) 短线交易的限制

1. 短线交易的主体

上市公司董事、监事、高级管理人员、持有上市公司股份 5% 以上的股东。

2. 短线交易的行为表现

将其持有的该公司的股票在买入后 6 个月内卖出,或者在卖出后 6 个月内又买入。

3. 短线交易的法律后果

收益归公司所有,公司董事会应当收回其所得收益。

4. 违反短线交易禁止的救济

公司董事会不执行的,股东有权要求董事会在 30 日内执行。公司董事会未在上述期限内执行的,股东有权为了公司的利益以自己的名义直接向人民法院提起诉讼。公司董事会不按规定执行的,负有责任的董事依法承担连带责任。

(四)禁止的证券交易行为

内幕交易行为	内幕交易是指知悉证券交易内幕信息的知情人和非法获取内幕信息的人,利用内幕信息进行证券交易的活动。 1. 证券交易内幕信息的知情人 (1)发行人的董事、监事、高级管理人员; (2)持有公司 5% 以上股份的股东及其董事、监事、高级管理人员,公司的实际控制人及其董事、监事、高级管理人员; (3)发行人控股的公司及其董事、监事、高级管理人员; (4)由于所任公司职务可以获取公司有关内幕信息的人员; (5)证券监督管理机构工作人员以及由于法定职责对证券的发行、交易进行管理的其他人员; (6)保荐人、承销的证券公司、证券交易所、证券登记结算机构、证券服务机构的有关人员; (7)国务院证券监督管理机构规定的其他人员。 2. 内幕信息的范围 (1)法律规定上市公司必须及时公开的,可能对股票价格产生较大影响,而投资者尚未得知的重大事件; (2)公司分配股利或者增资的计划; (3)公司股权结构的重大变化; (4)公司债务担保的重大变更; (5)公司营业用主要资产的抵押、出售或者报废一次超过该资产的 30%; (6)公司的董事、监事、高级管理人员的行为可能依法承担重大损害赔偿责任; (7)上市公司收购的有关方案; (8)国务院证券监督管理机构认定的对证券交易价格有显著影响的其他重要信息。 知悉证券交易内幕信息的知情人员或者非法获取内幕信息的其他人员,不得买入或者卖出所持有的该公司的证券,或者泄露该信息或者建议他人买卖该证券。
操纵市场行为	操纵市场行为,是指行为人背离市场自由竞价和供求关系原则,以各种不正当的手段,影响证券市场价格或者证券交易量,制造证券市场假象,以引诱他人参与证券交易,为自己谋取不正当利益或者转嫁风险的行为。 (1)通过单独或者合谋,集中资金优势、持股优势或者利用信息优势联合或者连续买卖,操纵证券市场交易价格或者证券交易量; (2)与他人串通,以事先约定的时间、价格和方式相互进行证券交易,影响证券交易价格或者证券交易量; (3)在自己实际控制的账户之间进行证券交易,影响证券交易价格或者证券交易量; (4)以其他手段操纵证券市场。

(续表)

虚假陈述和信息误导行为	虚假陈述和信息误导行为,泛指证券发行交易过程中不正确或不正当披露信息和陈述事实的行为。 (1) 禁止国家工作人员、传播媒介从业人员和有关人员编造、传播虚假信息,扰乱证券市场。 (2) 禁止证券交易所、证券公司、证券登记结算机构、证券服务机构及其从业人员、证券业协会、证券监督管理机构及其工作人员,在证券交易活动中作出虚假陈述或者信息误导。 (3) 各种传播媒介传播证券市场信息必须真实、客观,禁止误导。
欺诈客户行为	欺诈客户,是指证券公司及其从业人员在证券交易及相关活动中,为了谋取不法利益,而违背客户的真实意图进行代理的行为,以及诱导客户进行不必要的证券交易的行为。 (1) 违背客户的委托为其买卖证券; (2) 不在规定的时间内向客户提供交易的书面确认文件; (3) 挪用客户所委托买卖的证券或者客户账户上的资金; (4) 未经客户的委托,擅自为客户买卖证券,或者假借客户的名义买卖证券; (5) 为牟取佣金收入,诱使客户进行不必要的证券买卖; (6) 利用传播媒介或者通过其他方式提供、传播虚假或者误导投资者的信息; (7) 其他违背客户真实意思表示,损害客户利益的行为。

注意:在调查操纵证券市场、内幕交易等重大证券违法行为时,经国务院证券监督管理机构主要负责人批准,可以限制被调查事件当事人的证券买卖,但限制的期限不得超过15个交易日;案情复杂的,可以延长15个交易日。

【真题演练】

某证券公司在业务活动中实施了下列行为,其中哪些违反《证券法》规定?(2009年真题,多选)
A. 经股东会决议为公司股东提供担保
B. 为其客户买卖证券提供融资服务
C. 对其客户证券买卖的收益作出不低于一定比例的承诺
D. 接受客户的全权委托,代理客户决定证券买卖的种类与数量

【答案】 ACD
【解析】 根据《证券法》第130条第2款规定,证券公司为其股东提供担保的行为是法律明确禁止的,不能通过股东会决议来改变。故 A 项应选。根据《证券法》第142条规定,没有禁止证券公司为其客户买卖证券提供融资服务。故 B 项不应选。根据《证券法》第144条规定,为其客户证券买卖的收益作出承诺的行为是被明令禁止的。故 C 项应选。根据《证券法》第143条规定,接受客户的全权委托是被明令禁止的。故 D 项应选。

第三节 上市制度与上市公司收购

考点 1 股票上市制度

（一）股票上市的条件

（1）股票经国务院证券监督管理机构核准已公开发行；

（2）公司股本总额不少于人民币3 000万元；

（3）公开发行的股份达到公司股份总数的25%以上；公司股本总额超过人民币4亿元的，公开发行股份的比例为10%以上；

（4）公司最近3年无重大违法行为，财务会计报告无虚假记载。

注意：证券交易所可以规定高于上述规定的上市条件，并报国务院证券监督管理机构批准。国家鼓励符合产业政策并符合上市条件的公司股票上市交易。

（二）股票的暂停上市

（1）公司股本总额、股权分布等发生变化不再具备上市条件；

（2）公司不按照规定公开其财务状况，或者对财务会计报告作虚假记载，可能误导投资者；

（3）公司有重大违法行为；

（4）公司最近3年连续亏损；

（5）证券交易所上市规则规定的其他情形。

（三）股票的终止上市

（1）公司股本总额、股权分布等发生变化不再具备上市条件，在证券交易所规定的期限内仍不能达到上市条件；

（2）公司不按照规定公开其财务状况，或者对财务会计报告作虚假记载，且拒绝纠正；

（3）公司最近3年连续亏损，在其后一个年度内未能恢复盈利；

（4）公司解散或者被宣告破产；

（5）证券交易所上市规则规定的其他情形。

（四）上市公司的信息公开制度

信息披露制度是指上市公司在证券发行和交易过程中，必须真实、准确、完整、及时地按照法律规定的形式向公众投资者公开一切有关公司重要信息的制度，从而使上市公司的证券能够在有效、公开、知情的市场中进行交易。

1. 信息披露的基本要求

2. 中期报告

上市公司和公司债券上市交易的公司应当在每一会计年度的上半年结束之日起2个月内报送中期报告。

（1）公司财务会计报告和经营情况；

（2）涉及公司的重大诉讼事项；
（3）已发行的股票、公司债券变动情况；
（4）提交股东大会审议的重要事项；
（5）国务院证券监督管理机构规定的其他事项。

3. 年度报告

上市公司和公司债券上市交易的公司应当在每一会计年度结束之日起 4 个月内报送年度报告。

（1）公司概况；
（2）公司财务会计报告和经营情况；
（3）董事、监事、高级管理人员简介及其持股情况；
（4）已发行的股票、公司债券情况，包括持有公司股份最多的前 10 名股东的名单和持股数额；
（5）公司的实际控制人；
（6）国务院证券监督管理机构规定的其他事项。

4. 临时报告

（1）公司的经营方针和经营范围的重大变化；
（2）公司的重大投资行为和重大的购置财产的决定；
（3）公司订立重要合同，可能对公司的资产、负债、权益和经营成果产生重要影响；
（4）公司发生重大债务和未能清偿到期重大债务的违约情况；
（5）公司发生重大亏损或者重大损失；
（6）公司生产经营的外部条件发生的重大变化；
（7）公司的董事、1/3 以上监事或者经理发生变动；
（8）持有公司 5% 以上股份的股东或者实际控制人，其持有股份或者控制公司的情况发生较大变化；
（9）公司减资、合并、分立、解散及申请破产的决定；
（10）涉及公司的重大诉讼，股东大会、董事会决议被依法撤销或者宣告无效；
（11）公司涉嫌犯罪被司法机关立案调查，公司董事、监事、高级管理人员涉嫌犯罪被司法机关采取强制措施；
（12）国务院证券监督管理机构规定的其他事项。

5. 违反信息披露义务的法律后果

（1）发行人、上市公司公告的招股说明书、公司债券募集办法、财务会计报告、上市报告文件、年度报告、中期报告、临时报告以及其他信息披露资料有虚假记载、误导性陈述或者重大遗漏，致使投资者在证券交易中遭受损失的，发行人、上市公司应当承担赔偿责任。

（2）发行人、上市公司的董事、监事、高级管理人员和其他直接责任人员以及保荐人、承销的证券公司，应当与发行人、上市公司承担连带赔偿责任，但是能够证明自己没有过错的除外。

（3）发行人、上市公司的控股股东、实际控制人有过错的，应当与发行人、上市公司承担连带赔偿责任。

考点 2　上市公司收购

概念	上市公司收购,是指收购人公开收购目标公司依法发行的股份,以达到对该股份公司进行控股或者兼并、合并目的的行为。
方式	(1) 要约收购,分为强制要约收购和自愿要约收购。 (2) 协议收购。
法定义务	控制上市公司一定数量股份后的法定义务 (1) 通过证券交易所的证券交易,投资者持有或者通过协议、其他安排与他人共同持有一个上市公司已发行的股份达到5%时,应当在该事实发生之日起3日内,向国务院证券监督管理机构、证券交易所作出书面报告,通知该上市公司,并予公告;在上述期限内,不得再行买卖该上市公司的股票。 (2) 投资者持有或者通过协议、其他安排与他人共同持有一个上市公司已发行的股份达到5%后,其所持该上市公司已发行的股份比例每增加或者减少5%,应当依照规定进行报告和公告。在报告期限内和作出报告、公告后2日内,不得再行买卖该上市公司的股票。
强制收购	1. 强制要约收购 通过证券交易所的证券交易,投资者持有或者通过协议、其他安排与他人共同持有一个上市公司已发行的股份达到30%时,继续进行收购的,应当依法向该上市公司所有股东发出收购上市公司全部或者部分股份的要约。收购上市公司部分股份的收购要约应当约定,被收购公司股东承诺出售的股份数额超过预定收购的股份数额的,收购人按比例进行收购。 2. 收购期 收购要约约定的收购期限不得少于30日,并不得超过60日。 3. 收购要约的撤销与变更 在收购要约确定的承诺期限内,收购人不得撤销其收购要约。收购人需要变更收购要约的,必须及时公告,载明具体变更事项。
协议收购	1. 协议收购的报告与公告 以协议收购方式收购上市公司时,达成协议后,收购人必须在3日内将该收购协议向国务院证券监督管理机构及证券交易所作出书面报告,并予以公告。在公告前不得履行收购协议。 2. 协议收购之后继续收购的强制要约义务、报告义务、买卖股票的限制 采取协议收购方式的,收购人或者通过协议、其他安排与他人共同收购一个上市公司已发行的股份达到30%时,继续收购的,应当向该上市公司所有股东发出收购上市公司全部或者部分股份的要约,但是,经过国务院证券监督管理机构免除发出要约的除外。
上市公司股份收购行为完成之后的有关法律规定	(1) 在上市公司收购中,收购人持有的被收购的上市公司的股票,在收购行为完成后的12个月内不得转让。 (2) 报告、公告义务。收购行为完成之后,收购人应当在15日内将收购情况报告国务院证券监督管理机构和证券交易所,并予以公告。

【真题演练】

1. 申和股份公司是一家上市公司,现该公司董事会秘书依法律规定,准备向证监会与证券交易所报送公司年度报告。关于年度报告所应记载的内容,下列哪一选项是错误的?(2015年真题,单选)

  A. 公司财务会计报告和经营情况
  B. 董事、监事、高级管理人员简介及其持股情况
  C. 已发行股票情况,含持有股份最多的前二十名股东的名单和持股数额
  D. 公司的实际控制人

【答案】 C

【解析】 根据《证券法》第66条规定,A、B、D三个选项正确,不入选。而C选项中要求公布前二十名股东的名单和持股数额明显与法律规定不符,故C选项错误,答案为C。

2. 某上市公司因披露虚假年度财务报告,导致投资者在证券交易中蒙受重大损失。关于对此承担民事赔偿责任的主体,下列哪一选项是错误的?(2010年真题,单选)

  A. 该上市公司的监事　　　　　　B. 该上市公司的实际控制人
  C. 该上市公司财务报告的刊登媒体　　D. 该上市公司的证券承销商

【答案】 C

【解析】 根据《证券法》第69条的规定,A项和D项正确。根据《证券法》第69条规定,B项正确。法律并未规定上市公司财务报告的刊登媒体成为承担民事赔偿责任的主体,本题中考生从常识亦能判断出,上市公司财务报告的刊登媒体对上市公司财务报告的真实性不具有审查义务和审查能力,因此刊登媒体当然对上市公司虚假披露信息导致的投资者损失不承担赔偿责任,故C项错误。

第四节　证券投资基金法律制度

考点 1　证券投资基金概述

(一) 定义

证券投资基金是一种利益共享、风险共担的集合证券投资方式,即通过发行基金份额,集中投资者的资金,由基金托管人托管,由基金管理人管理和运用资金,从事股票、债券等金融工具投资。

(二) 性质

投资基金的性质是信托,投资基金法律关系是信托法律关系。基金管理人、基金托管人按照法律规定和基金合同的约定,履行受托人职责。公开募集基金的基金份额持有人按其所持基金份额享受收益和承担风险,非公开募集基金的收益分配和风险承担由基金合同约定。

（三）类型

证券投资基金按照募集对象与募集方式可以分为：

1. 公开募集基金

公开募集基金是向不特定对象或者累计超过200人的特定对象募集资金而成立的基金。公开募集基金可以通过报刊、电台、电视台、互联网等公众传播媒体或者讲座、报告会、分析会等方式向不特定对象进行宣传推介。公开募集基金应当由基金管理人管理，基金托管人托管。

2. 非公开募集基金

非公开募集基金是向累计不超过200人的合格投资者募集资金而成立的基金。非公开募集基金不得向合格投资者之外的单位和个人募集资金，不得通过报刊、电台、电视台、互联网等公众传播媒体或者讲座、报告会、分析会等方式向不特定对象宣传推介。非公开募集基金由基金管理人管理，除基金合同另有约定外，非公开募集基金应当由基金托管人托管。

考点 2 基金财产

基金财产独立是证券投资基金最核心的理念。

1. 基金财产的债务由基金财产本身承担，基金份额持有人以其出资为限对基金财产的债务承担责任。但基金合同另有约定的，从其约定。

（1）基金财产独立于基金管理人、基金托管人的固有财产。

（2）基金管理人、基金托管人不得将基金财产归入其固有财产。

（3）基金管理人、基金托管人因基金财产的管理、运用或者其他情形而取得的财产或者收益，归入基金财产。

2. 基金财产的债权，不得与基金管理人、基金托管人固有的债务相抵销；不同的基金财产的债权债务，不得相互抵销。

3. 非因基金财产本身承担的债务，不得对基金财产强制执行。

4. 基金管理人、基金托管人因依法解散、被依法撤销或者依法被宣告破产等原因进行清算的，基金财产不属于清算财产。

考点 3 证券投资基金当事人

证券投资基金法律关系是围绕着基金财产而在基金份额持有人、基金管理人和基金托管人之间产生的权利义务关系。

（一）基金份额持有人

投资者购买了基金份额以后，就成为基金份额持有人。

1. 基金份额持有人的权利

基金份额持有人享有下列权利：

（1）分享基金财产收益；

（2）参与分配清算后的剩余基金财产；

（3）依法转让或者申请赎回其持有的基金份额；

（4）按照规定要求召开基金份额持有人大会或者召集基金份额持有人大会；
（5）对基金份额持有人大会审议事项行使表决权；
（6）对基金管理人、基金托管人、基金服务机构损害其合法权益的行为依法提起诉讼；
（7）基金合同约定的其他权利。

公开募集基金的基金份额持有人有权查阅或者复制公开披露的基金信息资料；非公开募集基金的基金份额持有人对涉及自身利益的情况，有权查阅基金的财务会计账簿等财务资料。

2. 基金份额持有人权利的行使

基金份额持有人的一些权利通过基金份额持有人大会行使。

（1）决定基金扩募或者延长基金合同期限；
（2）决定修改基金合同的重要内容或者提前终止基金合同；
（3）决定更换基金管理人、基金托管人；
（4）决定调整基金管理人、基金托管人的报酬标准；
（5）基金合同约定的其他职权。

3. 基金份额持有人大会的程序

（1）公开募集基金的基金份额持有人大会由基金管理人召集。

基金份额持有人大会设立日常机构的，由该日常机构召集；该日常机构未召集的，由基金管理人召集。基金管理人未按规定召集或者不能召集的，由基金托管人召集。

代表基金份额 10% 以上的基金份额持有人就同一事项要求召开基金份额持有人大会，而基金份额持有人大会的日常机构、基金管理人、基金托管人都不召集的，代表基金份额 10% 以上的基金份额持有人有权自行召集，并报国务院证券监督管理机构备案。

（2）公开募集基金的基金份额持有人大会应当有代表 1/2 以上基金份额的持有人参加，方可召开。

（3）基金份额持有人大会就审议事项作出决定，应当经参加大会的基金份额持有人所持表决权的 1/2 以上通过；但是，转换基金的运作方式、更换基金管理人或者基金托管人、提前终止基金合同、与其他基金合并，应当经参加大会的基金份额持有人所持表决权的 2/3 以上通过。

（4）基金份额持有人大会决定的事项，应当报国务院证券监督管理机构备案，并予以公告。

（二）基金管理人

基金管理人是指发行基金份额募集证券投资基金，并按照法律的规定和基金合同的约定，为基金份额持有人的利益，对基金财产进行管理和运用的机构。

1. 基金管理人的担任

基金管理人由依法设立的公司或者合伙企业担任。公开募集基金的基金管理人，由基金管理公司或者经国务院证券监督管理机构按照规定核准的其他机构担任。

2. 禁止的行为

公开募集基金的基金管理人及其董事、监事、高级管理人员和其他从业人员的行为直接影响到基金份额持有人的利益，不得有下列行为：

（1）将其固有财产或者他人财产混同于基金财产从事证券投资；

（2）不公平地对待其管理的不同基金财产；

（3）利用基金财产或者职务之便为基金份额持有人以外的人牟取利益；

（4）向基金份额持有人违规承诺收益或者承担损失；

（5）侵占、挪用基金财产；

（6）泄露因职务便利获取的未公开信息、利用该信息从事或者明示、暗示他人从事相关的交易活动；

（7）玩忽职守，不按照规定履行职责；

（8）法律、行政法规和国务院证券监督管理机构规定禁止的其他行为。

3. 从业人员投资行为的监督与利益冲突的防范

（1）公开募集基金的基金管理人的董事、监事、高级管理人员和其他从业人员可以进行证券投资。但是，其本人、配偶、利害关系人进行证券投资，应当事先向基金管理人申报，并不得与基金份额持有人发生利益冲突。公开募集基金的基金管理人应当建立前述人员进行证券投资的申报、登记、审查、处置等管理制度，并报国务院证券监督管理机构备案。

（2）公开募集基金的基金管理人的董事、监事、高级管理人员和其他从业人员，不得担任基金托管人或者其他基金管理人的任何职务，不得从事损害基金财产和基金份额持有人利益的证券交易及其他活动。

（三）基金托管人

基金托管人是指受基金发起人或基金管理人的委托而保护各项基金财产，并对基金管理人运用基金财产从事证券投资进行监督的金融机构。

1. 基金托管人的担任

（1）基金托管人由依法设立的商业银行或者其他金融机构担任。商业银行担任基金托管人的，由国务院证券监督管理机构会同国务院银行业监督管理机构核准；其他金融机构担任基金托管人的，由国务院证券监督管理机构核准。

（2）基金托管人与基金管理人不得为同一机构，不得相互出资或者持有股份。

2. 基金托管人的禁止行为准用基金管理人的禁止行为规定

3. 基金托管人的专门基金托管部门的高级管理人员和其他从业人员的投资行为监督与利益冲突防范准用基金管理人的从业人员投资行为监督与利益冲突防范规定

考点 4 基金的公开募集与非公开募集

（一）公开募集

1. 基金公开募集的注册

（1）公开募集基金，应当经国务院证券监督管理机构注册。未经注册，不得公开或者变相公开募集基金。

（2）基金公开募集的注册事宜，由拟任基金管理人办理。

拟任基金管理人应向国务院证券监督管理机构提交申请报告、基金合同草案、基金托管协议草案、招募说明书草案、律师事务所出具的法律意见书等文件。

2. 公开募集基金的基金合同

基金合同是规范基金管理人、基金托管人和基金份额持有人权利义务关系的协议,属于要式合同。基金合同是基金募集、基金运作中一个非常重要的文件。由于在基金募集时基金合同必须公开,而此时基金管理人、基金托管人作为受托人已经明确,合同另一方当事人尚不明确,因此基金合同在投资人缴纳认购的基金份额款项时,才能成立。但即使基金合同成立,如果基金不能成立,也谈不上生效,因此,在基金管理人向证监会办理基金备案手续时基金成立,基金合同也随之生效。

3. 公开募集基金的成立与不成立

(1) 基金募集期限届满,封闭式基金募集的基金份额总额达到准予注册规模的 80% 以上,开放式基金募集的基金份额总额超过准予注册的最低募集份额总额,并且基金份额持有人人数符合国务院证券监督管理机构规定的,基金管理人应当自募集期限届满之日起 10 日内聘请法定验资机构验资,自收到验资报告之日起 10 日内,向国务院证券监督管理机构提交验资报告,办理基金备案手续,并予以公告。

(2) 基金募集期限届满,不能满足上述条件的,基金管理人应当承担下列责任:

① 以其固有财产承担因募集行为而产生的债务和费用;

② 在基金募集期限届满后 30 日内返还投资人已交纳的款项,并加算银行同期存款利息。

4. 公开募集基金的投资

公开募集基金的基金财产由基金管理人运作,基金管理人运用基金财产进行证券投资,除国务院证券监督管理机构另有规定外,应当采用资产组合的方式。基金财产应投资于上市交易的股票、债券和国务院证券监督管理机构规定的其他证券及其衍生品种。

基金财产不得用于下列投资或者活动:

(1) 承销证券;

(2) 违反规定向他人贷款或者提供担保;

(3) 从事承担无限责任的投资;

(4) 买卖其他基金份额,但是国务院证券监督管理机构另有规定的除外;

(5) 向基金管理人、基金托管人出资;

(6) 从事内幕交易、操纵证券交易价格及其他不正当的证券交易活动;

(7) 法律、行政法规和国务院证券监督管理机构规定禁止的其他活动。

(二) 非公开募集基金

(1) 非公开募集基金的募集对象限于合格投资者,并且人数不得超过 200 人。合格投资者是指达到规定资产规模或者收入水平,并且具备相应的风险识别能力和风险承担能力、其基金份额认购金额不低于规定限额的单位和个人。非公开募集基金的基金份额持有人转让基金份额的,转让对象限于合格投资者。

(2) 担任非公开募集基金的基金管理人,应当按照规定向基金行业协会履行登记手续,报送基本情况。这与担任公开募集基金的基金管理人须由经国务院证券监督管理机构批准设立的基金管理公司或者由国务院证券监督管理机构核准的其他机构担任不同。

(3) 除基金合同另有约定外,非公开募集基金应当由基金托管人托管。非公开募集基金的基金合同可以约定将基金的管理与基金的托管集于基金管理人一身,这与公开募集基金必须将基金的管理与基金的托管分开不同。

（4）非公开募集基金的运作主要依赖于基金合同,即依靠基金参与者自主约定。按照基金合同约定,非公开募集基金可以由部分基金份额持有人作为基金管理人负责基金的投资管理活动,并在基金财产不足以清偿其债务时对基金财产的债务承担无限连带责任。

（5）非公开募集基金募集完毕,基金管理人应当向基金行业协会备案。对募集的资金总额或者基金份额持有人的人数达到规定标准的基金,基金行业协会应当向国务院证券监督管理机构报告。非公开募集基金财产的证券投资,包括买卖公开发行的股份有限公司股票、债券、基金份额,以及国务院证券监督管理机构规定的其他证券及其衍生品种。

（6）基金管理人、基金托管人应当按照基金合同的约定,向基金份额持有人提供基金信息。

（7）专门从事非公开募集基金管理业务的基金管理人,其股东、高级管理人员、经营期限、管理的基金资产规模等符合规定条件的,经国务院证券监督管理机构核准,可以从事公开募集基金管理业务。

【真题演练】

1. 赢鑫投资公司业绩骄人。公司拟开展非公开募集基金业务,首期募集1000万元。李某等老客户知悉后纷纷表示支持,愿意将自己的资金继续交其运作。关于此事,下列哪一选项是正确的？（2016年真题,单选）

 A. 李某等合格投资者的人数可以超过200人
 B. 赢鑫公司可在全国性报纸上推介其业绩及拟募集的基金
 C. 赢鑫公司可用所募集的基金购买其他的基金份额
 D. 赢鑫公司就其非公开募集基金业务应向中国证监会备案

【答案】 C

【解析】 根据我国《证券投资基金法》第87条第1款的规定,A选项错误。根据我国《证券投资基金法》第91条的规定,B选项错误。根据我国《证券投资基金法》第94条第2款的规定,C选项正确。根据我国《证券投资基金法》第94条第1款的规定,D选项错误。

2. 华新基金管理公司是信泰证券投资基金(信泰基金)的基金管理人。华新公司的下列哪些行为是不符合法律规定的？（2012年真题,多选）

 A. 从事证券投资时,将信泰基金的财产独立于自己固有的财产
 B. 以信泰基金的财产为公司大股东鑫鑫公司提供担保
 C. 就其管理的信泰基金与其他基金的财产,规定不同的基金收益条款
 D. 向信泰基金份额持有人承诺年收益率不低于12%

【答案】 BCD

【解析】 根据《证券投资基金法》第5条第2款的规定,A项正确。根据《证券投资基金法》第20条以及第73条的规定,B、C选项的行为不符合法律规定,入选。根据《证券投资基金法》第20条第4项的规定,D选项的行为不符合法律规定,入选。

保险法专题

专题导学：

保险法的精神：分散风险、填补损失

保险，是指投保人根据合同约定，向保险人支付保险费，保险人对于合同约定的可能发生的事故因其发生所造成的财产损失承担赔偿保险金责任，或者当被保险人死亡、伤残、疾病或者达到合同约定的年龄、期限等条件时承担给付保险金责任的商业保险行为。保险首先是分散风险、填补损失的一种经济制度。保险法的核心在于保险合同。

保险法部分的考题，在保险法条文中一般可找到答题根据，可见在理解的基础上准确记忆法条是复习保险法的根本。

保险法学习线索：

1. 保险合同的基本规定

分散风险：保险不是从根本上消灭危险，而是一种分散由于保险事故发生给当事人所带来的损失的手段，亦是一种以较小代价换取具有更多价值的财产或者人身安全的方式。保险具有管理风险的功能，双方都会采取有效的风险管理措施，从而降低危险事故的发生。保险亦是一种金融活动，资金的积累、融资和投资，因此有保险业管理法的内容。但这部分内容不是司法考试的重点，保险法的核心在于保险合同。

2. 人身保险合同的特殊制度
3. 财产保险合同的特殊制度

填补损失：财产保险与人身保险的损失填补方式是不同的。财产保险的标的是财产或与财产有关的利益，其损失能够用货币来衡量，损失的赔付是按照实际损失计算的。人身保险的标的是人的寿命和身体，其损失难以用金钱来具体衡量，损失的赔付一般采取定额方式，按保险合同约定的金额给付。

第一节 保险法概述

考点 1 定义

保险，是投保人根据合同约定，向保险人支付保险费，保险人对于合同约定的可能发生的事故因其发生所造成的财产损失承担赔偿保险金责任，或者当被保险人死亡、伤残、疾病或者达到合同约定的年龄、期限等条件时承担给付保险金责任的商业保险行为。

商业保险区别于劳动与社会保障法中的社会保险。社会保险的对象在具备条件下可以扩展到全体社会成员，是国家法律强制规定的；商业保险的保险对象可以是自然人，也可以是特定物，由保险双方按自愿原则签订契约来实现。

考点 2 保险法基本原则

（一）自愿原则

自愿原则指保险法律关系的当事人即投保人、保险人以及被保险人、受益人有权根据自己的意愿设立、变更或终止保险法律关系，不受他人干预；投保人有权选择保险人和保险的种类、保险的范围、责任等。

订立保险合同，应当协商一致，遵循公平原则确定各方的权利和义务。除法律、行政法规规定必须保险的外，保险合同自愿订立。

（二）最大诚信原则

由于保险活动具有不确定的保险风险和赔付风险，所以要求当事人讲求诚信、恪守诺言，严格履行自己的义务。

1. 投保人

（1）在订立保险合同时的如实告之义务，即应当将有关保险标的的重要情况如实向保险人作出陈述；

（2）履行保险合同时的信守保险义务，即严守允诺，完成保险合同中约定的作为或不作为的义务。

2. 保险人

（1）在订立保险合同时将保险条款告知投保人的义务，特别是保险人的免责条款；

（2）及时与全面支付保险金的义务。

（三）保险利益原则

保险利益，又称为可保利益，是指投保人或者被保险人对保险标的具有法律上承认的利益。

1. 保险利益的意义

（1）保险利益是投保人或者被保险人对保险标的的具有的某种"关系"。保险利益的成立需具备三个要件：必须是合法利益；必须是经济上的利益；必须是可以确定的利益。

（2）人身保险的投保人对被保险人不具有保险利益的，合同无效。财产保险的被保险人对保险标的不具有保险利益的，不得向保险人请求赔偿保险金。

保险利益是保险合同的效力要件，没有保险利益的合同都是无效的，保险利益是指投保人对保险标的的具有保险利益。在人身保险中只要其在订立合同时存在保险利益。而在财产保险中则只要求被保险人在保险责任范围内的事故发生时，对保险标的具有保险利益即可。如果被保险人对保险标的的已没有保险利益，这意味着被保险人没有任何实际的损失，保险人也就谈不上对损失的填补。这一点应特别加以注意，因为投保时有无保险利益，决定的是合同是否有效，在财产保险中出险时是否还存在有保险利益，决定的是保险人应否承担保险责任。因此随着保险标的的转移，保险合同应及时变更。

注意：人身保险中，因投保人对被保险人不具有保险利益导致保险合同无效，应当扣减相应手续费后退还保险费。

2. 保险利益的范围

（1）财产保险

财产保险，均为损失补偿性保险。保险利益分为积极保险利益和消极保险利益。积极保险利益，为特定的人对某一特定积极财产享有的经济利益，即享有权利或期待利益。消极保险利益，指某一不利情形的发生，使特定人产生财产上的损失，主要指责任利益。

财产保险合同的保险利益应具有以下三个条件之一：

① 投保人对保险标的享有物权；

② 基于合同；

③ 依法应承担民事赔偿责任。

（2）人身保险的投保人对下列人员具有保险利益：

人身保险的保险利益，是指投保人对于被保险人的生命或身体健康所具有的利害关系，即投保人对于被保险人将因保险事故的发生而遭受损失，因保险事故的不发生而维持原有利益。

① 本人；

② 配偶、子女、父母；

③ 上述以外与投保人有抚养、赡养或者扶养关系的家庭其他成员、近亲属；

④ 与投保人有劳动关系的劳动者。

除上述内容外，被保险人同意投保人为其订立合同的，视为投保人对被保险人具有保险利益。

3. 保险利益的有效存在时间

（1）财产保险的被保险人在保险事故发生时，对保险标的应当具有保险利益。

（2）人身保险的投保人在保险合同订立时，对被保险人应当具有保险利益。

（四）近因原则

近因原则是指保险人按照约定的保险责任范围承担责任时，其所承保危险的发生与保险标的的损害之间必须存在因果关系。在近因原则中造成保险标的损害的主要的、起决定性作用的原因，即属近因。只有近因属于保险责任时，保险人才承担保险责任。近因原则的意义，一方面在于克服漫无边际地对保险人滥施责任，另一方面也可以有效地避免保险人推卸责任。

【真题演练】

根据《保险法》规定，人身保险投保人对下列哪一类人员具有保险利益？（2010年真题，单选）

A. 与投保人关系密切的邻居

B. 与投保人已经离婚但仍一起生活的前妻

C. 与投保人有劳动关系的劳动者

D. 与投保人合伙经营的合伙人

【答案】 C

【解析】 根据《保险法》第31条规定，C选项正确。

第二节 保险合同总论

考点 1 保险合同概述

(一) 保险合同的概念

保险合同是投保人与保险人约定保险权利义务关系的协议。

(二) 保险合同的法律特征

1. 保险合同是射幸合同

射幸合同是指当事人一方或双方的给付义务,取决于合同成立后偶然事件的发生。保险合同的目的在于当保险人在特定不可预料或不可抗力事故发生时,对被保险人履行给付义务,所以也是射幸合同的一种。

2. 保险合同是附和合同

附和合同又称为格式合同。

3. 保险合同是双务合同

投保人依法负有支付保险费的义务,而另一方当事人保险人负有危险负担的义务,即保险事故发生或保险合同到期后给付保险金的义务。

4. 保险合同是有偿合同

保险合同当事人互负对价关系的给付义务。

5. 保险合同是诺成合同

只要双方当事人意思表示一致,保险合同即可成立。

考点 2 保险合同的主体

保险合同的主体包括当事人和关系人,保险合同当事人是指订立保险合同并享有权利承担相应义务的人,包括保险人和投保人;关系人是指在保险合同约定的保险条件发生时,享有保险金给付请求权的人,包括被保险人和受益人。受益人是指人身保险合同中由被保险人或者投保人指定的享有保险金请求权的人,为人身保险中特有的关系人。被保险人是其财产或者人身受到合同保障,享有保险金请求权的人,无论在财产保险合同中还是人身保险合同中,投保人与被保险人可以一致也可以不一致,一致、不一致都是常见的,但在人身保险中投保人与被保险人之间必须存在有保险利益。

(一) 当事人

(1) 投保人,是指与保险人订立保险合同,并按照保险合同负有支付保险费义务的人。

(2) 保险人,是指与投保人订立保险合同,并根据保险合同收取保险费,在保险事故发生时承担赔偿或者给付保险金责任的保险公司。

(二) 关系人

享有保险金给付请求权的人;被保险人、受益人

(1) 被保险人是指其财产或者人身受保险合同保障,享有保险金请求权的人。投保人可以为被保险人,也可以不为被保险人。

(2) 受益人是指人身保险合同中由被保险人或者投保人指定的享有保险金请求权的人,投保人、被保险人可以为受益人。

(三) 辅助人:保险代理人、保险经纪人

(1) 保险代理人是根据保险人的委托,向保险人收取佣金,并在保险人授权的范围内代为办理保险业务的机构或者个人。

注意:保险代理适用表见代理的相关规定。保险代理人为保险人办理保险业务,有超越代理权限的行为,投保人有理由相信其有代理权,并已订立保险合同的,保险人应当承担保险责任,但保险人如因此受到损失,可以请求保险代理人赔偿。但投保人与保险人恶意串通的除外。

(2) 保险经纪人是基于投保人的利益,为投保人与保险人订立保险合同提供中介服务,并依法收取佣金的机构。

考点 3 保险合同的类型

(一) 财产保险合同与人身保险合同

依据保险合同标的的不同进行的分类

(1) 财产保险合同是指以物或者其他财产利益为保险标的的保险合同。财产保险业务,包括财产损失保险、责任保险、信用保险、保证保险等保险业务。

(2) 人身保险合同是指以人的生命或者身体为保险标的的保险合同。人身保险业务,包括人寿保险、健康保险、意外伤害保险等保险业务。

注意:同一保险人不得同时兼营财产保险业务和人身保险业务;但是,经营财产保险业务的保险公司经保险监督管理机构核定,可以经营短期健康保险业务和意外伤害保险业务。

(二) 足额保险合同、不足额保险合同和超额保险合同

按照保险金额和保险价值的关系分为足额保险合同、不足额保险合同和超额保险合同

(1) 保险价值就是保险标的的价值。保险金额是指保险人承担赔偿或者给付保险金责任的最高限额。

(2) 保险价值是财产保险合同中特有的条款,人身保险合同中不存在保险价值条款。

(3) 保险金额可以等于保险价值,这种保险叫足额保险。足额保险在保险责任范围内的事故发生时,损失多少,保险人应当赔偿多少。保险金额也可以小于保险价值,这种保险叫做不足额保险。不足额保险在保险责任范围内的事故发生时,保险人按照保险金额占保险价值的比例承担损失赔偿责任。如果保险金额大于保险价值,叫做超额保险。超额保险中超过保险价值的部分无效,在保险责任范围内的事故发生时,保险人依然应按照实际损失承担赔偿责任。

(三) 强制保险合同与自愿保险合同

依据保险合同实施形式的不同可以分为强制保险合同和自愿保险合同

（1）强制保险合同是指依据法律的规定而强制实施的保险合同。例如机动车第三者责任强制保险。

（2）自愿保险合同是指基于投保人自己的意思而订立的保险合同。

（四）原保险合同与再保险合同

依据保险人责任次序的不同可以分为原保险合同和再保险合同

（1）原保险合同是指保险人对被保险人承担直接责任的原始保险合同。

（2）再保险合同是指保险人将其承担的保险业务，以承保的形式，部分转移给其他保险人。

考点 4　保险合同的订立与成立

（一）保险合同的订立

订立保险合同，须经投保和承保两个阶段：投保是投保人向保险人提出保险请求的单方意思表示，属于订立保险合同的要约阶段；承保是保险人承诺投保人的保险要约的意思表示，是保险人的单方法律行为，属于订立保险合同的承诺阶段。

保险合同是最大诚信合同，当事人在订立保险合同中，须履行如实告知义务。

1. 保险人的提示和说明义务

（1）提示义务

保险人在投保单或者保险单等其他保险凭证上，对保险合同中免除保险人责任的条款，应当以足以引起投保人注意的文字、字体、符号或者其他明显标志作出提示。

① 将法律、行政法规中的禁止性规定情形作为保险合同免责条款的免责事由，保险人只需对该条款做出提示，而无须说明。

② 通过网络、电话等方式订立的保险合同，保险人可以以网页、音频、视频等形式对免除保险人责任条款予以提示。

（2）说明义务

对于保险合同中规定的保险人责任免除的条款，如果保险人在订立保险合同时未向投保人明确说明的，该条款不产生效力。

① 免责条款包括保险人提供的格式合同文本中的责任免除条款、免赔额、免赔率、比例赔付或者给付等。保险人因投保人、被保险人违反法定或者约定义务，享有解除合同权利的条款不属于免责条款。

② 保险人对保险合同中有关免除保险人责任条款的概念、内容及其法律后果以书面或者口头形式向投保人作出常人能够理解的解释说明。

③ 通过网络、电话等方式订立的保险合同，保险人可以以网页、音频、视频等形式对免除保险人责任条款予以明确说明。

④ 保险人对其履行了明确说明义务负举证责任。投保人对保险人履行了说明义务在相关文书上签字、盖章或者以其他形式予以确认的，应当认定保险人履行了该项义务，但另有证据的除外。

2. 投保人的告知义务

（1）如实告知义务，指的是保险合同订立时，投保人如实告知保险人与保险标的或者被保险人有关的情况。

① 投保人的告知义务限于保险人询问的范围和内容。

② 当事人对询问范围及内容有争议的，保险人负举证责任。

③ 保险人不得以投保人违反了对投保单询问表中所列概括性条款的如实告知义务为由请求解除合同，但概括性条款有具体内容的除外。

（2）投保人故意隐瞒事实或者因过失未履行如实告知义务，足以影响保险人决定是否承保或者提高保险费率的，保险人有权解除合同。

① 投保人故意不履行如实告知义务的，保险人对于保险合同解除前发生的保险事故，不承担赔偿或者给付保险金的责任，并不退还保险费。

② 投保人因重大过失未履行如实告知义务，对保险事故的发生有严重影响的，保险人对于合同解除前发生的保险事故，不承担赔偿或者给付保险金的责任，但应当退还保险费。

注意：保险人拒绝赔偿的前提是解除合同。但当事人就拒绝赔偿事宜及保险合同存续另行达成一致的情况除外。

（3）保险人在合同订立时已经知道投保人未如实告知的情况的，保险人不得解除合同；发生保险事故的，保险人应当承担赔偿或者给付保险金的责任。

注意：保险人在保险合同成立后知道或者应当知道投保人未履行如实告知义务，仍然收取保险费，不得主张解除合同的。

（二）保险合同的成立

订立保险合同，由投保人提出保险要求，经保险人同意承保，并就保险合同的条款达成协议，保险合同成立。

1. 保险合同成立的要件

（1）投保人提出保险要求；

（2）保险人同意承保；

（3）保险人与投保人就合同的条款达成协议。

① 投保人或者投保人的代理人订立保险合同时没有亲自签字或者盖章，而由保险人或者保险人的代理人代为签字或者盖章的，对投保人不生效。但投保人已经交纳保险费的，视为其对代签字或者盖章行为的追认。

② 保险人或者保险人的代理人代为填写保险单证后经投保人签字或者盖章确认的，代为填写的内容视为投保人的真实意思表示。但有证据证明保险人或者保险人的代理人存在违法违规开展业务情形的除外。

2. 保险合同的成立不需要具备的要件

由于保险合同为诺成性合同，应注意保险合同的成立不需要具备以下要件：

（1）不应以保险单或保险凭证的交付为要件；

（2）不应以保险费的交付为要件。

注意：保险人接受了投保人提交的投保单并收取了保险费，尚未作出是否承保的意思表示，发生保险事故，被保险人或者受益人请求保险人按照保险合同承担赔偿或者给付保险金责任,符合承保条件的,人民法院应予支持;不符合承保条件的,保险人不承担保险责任,但应当退还已经收取的保险费。保险人主张不符合承保条件的,应承担举证责任。

3. 保险合同的生效

(1) 保险合同自成立时生效。投保人和保险人可以对合同的效力约定附条件或者附期限。

保险合同成立后,投保人按照约定交付保险费,保险人按照约定的时间开始承担保险责任。

(2) 保险人应当及时向投保人签发保险单或者其他保险凭证。保险单或者其他保险凭证应当载明当事人双方约定的合同内容。当事人也可以约定采用其他书面形式载明合同内容。

(3) 保险合同中记载的内容不一致的,按照下列规则认定:

① 投保单与保险单或者其他保险凭证不一致的,原则上以投保单为准;但不一致的情形系经保险人说明并经投保人同意的,以投保人签收的保险单或者其他保险凭证载明的内容为准。

注意:保险合同的形式

投保单:又称要保单,是投保人向保险人提出的、订立保险合同的书面要约。投保单一般是由保险人准备的统一格式书据,由投保人依其所列项目逐项填写。

保险单:又称保单,是保险人与投保人订立保险合同的正式书面形式。保险单必须明确完整地记载保险双方的权利义务内容,是保险合同双方当事人履行合同的依据。

保险凭证:又称小保单,实际上是简化了的保险单,与保险单具有同等效力。

② 非格式条款与格式条款不一致的,以非格式条款为准。

③ 保险凭证记载的时间不同的,以形成时间在后的为准。

④ 保险凭证存在手写和打印两种方式的,以双方签字、盖章的手写部分的内容为准。

【真题演练】

1. 甲公司代理人谢某代投保人何某签字,签订了保险合同,何某也依约交纳了保险费。在保险期间内发生保险事故,何某要求甲公司承担保险责任。下列哪一表述是正确的?(2014年真题,单选)

A. 谢某代签字,应由谢某承担保险责任

B. 甲公司承保错误,无须承担保险责任

C. 何某已经交纳了保险费,应由甲公司承担保险责任

D. 何某默认谢某代签字有过错,应由何某和甲公司按过错比例承担责任

【答案】 C

【解析】 根据《保险法解释(二)》第3条第1款规定,甲公司代理人谢某代替投保人何某签字,一开始对投保人不生效,但投保人何某交纳了保险费,说明其认可保险合同,故保险合同成立并且生效。根据《保险法》第14条规定,保险事故发生后,应当由甲公司承担责任,故C项正确。A、B、D项均错误。

2. 关于投保人在订立保险合同时的告知义务,下列哪些表述是正确的?(2014年真题,多选)

A. 投保人的告知义务,限于保险人询问的范围和内容

B. 当事人对询问范围及内容有争议的,投保人负举证责任
C. 投保人未如实告知投保单询问表中概括性条款时,则保险人可以此为由解除合同
D. 在保险合同成立后,保险人获悉投保人未履行如实告知义务,但仍然收取保险费,则保险人不得解除合同

【答案】 AD
【解析】 根据《保险法解释(二)》第6条第1款规定,A项正确,B项错误。根据《保险法解释(二)》第6条第2款规定,C项错误。根据《保险法解释(二)》第7条规定,D项正确。

3. 甲公司将其财产向乙保险公司投保。因甲公司要向银行申请贷款,乙公司依甲公司指示将保险单直接交给银行。下列哪一表述是正确的?(2013年真题,单选)
A. 因保险单未送达甲公司,保险合同不成立
B. 如保险单与投保单内容不一致,则应以投保单为准
C. 乙公司同意承保时,保险合同成立
D. 如甲公司未缴纳保险费,则保险合同不成立

【答案】 C
【解析】 根据《保险法》第13条规定,只要投保人甲提出保险要求,经保险人乙同意承保,保险合同即成立。依法成立的保险合同,自成立时生效。同时根据《保险法》第14条规定,A、D项错误,C项正确。根据《保险法解释(二)》第14条的规定,B项错误。

考点 5 保险合同的解除

保险合同的解除是指在保险合同成立后,基于法定的或者约定的事由,保险合同当事人行使解除权,从而使保险合同发生自始无效的后果的单方法律行为。

(一) 投保人的解除权

1. 除法律有规定或者合同另有约定的外,保险合同成立后投保人可以解除保险合同。
2. 货物运输保险合同和运输工具航程保险合同在保险责任开始后,合同当事人双方均不得解除合同。

(二) 保险人的解除权

(1) 除法律有规定或者合同另有约定的外,保险合同成立后保险人不得解除保险合同。
(2) 投保人故意隐瞒事实,不履行如实告知义务,或者因过失未履行如实告知义务,足以影响保险人决定是否同意承保或者提高保险费率的,保险人有权解除保险合同。
(3) 被保险人或者受益人在未发生保险事故的情况下,谎称发生了保险事故,向保险人提出赔偿或者给付保险金的请求的;或者投保人、被保险人、受益人故意制造保险事故的,保险人有权解除保险合同。
(4) 投保人、被保险人未按照约定履行其对保险标的的安全应尽责任的,保险人有权要求增加保险费或者解除合同。
(5) 因保险标的转让导致危险程度显著增加的,保险人自收到上述规定的通知之日起30日内,可以按照合同约定增加保险费或者解除合同。保险人解除合同的,应当将已收取的保险费,按照合同约定扣除自保险责任开始之日至合同解除之日止应收的部分后,退还投保人。

(6) 投保人申报的被保险人年龄不真实,并且其真实年龄不符合合同约定的年龄限制的,保险人可以解除合同。

注意:该解除权适用保险法第 16 条关于除斥期间的规定,即自保险人知道解除事由之日起超过 30 日不行使而消灭,自合同成立之日起超过 2 年的不得再解除合同。

(7) 自人身保险合同效力中止之日起满 2 年双方未达成协议的,保险人有权解除合同。

考点 6　保险合同的主要权利义务

(一) 投保人的义务

1. 缴纳保险费的义务

保险费是投保人根据保险合同的规定,为被保险人取得因约定危险事故发生所造成的经济损失补偿(或给付)权利,支付给保险人的代价。保险合同成立后,投保人需按照约定交纳保险费。保险合同是有偿合同,投保人交纳保险费实际上是获取保险金的对价。因而,交纳保险费是投保人的重要义务之一。

注意:保险费可以由他人代为支付。

2. 保险事故的通知义务

投保人、被保险人或者受益人知道保险事故发生后,应当及时通知保险人。故意或者因重大过失没有及时通知的,致使保险事故的性质、原因、损失程度等难以确定的,保险人对无法确定的部分,不承担赔偿或者给付保险金的义务。但保险人通过其他途径已经及时知道或者应当及时知道保险事故发生的除外。

3. 维护保险标的安全的义务

根据合同约定,保险人可以对保险标的的安全状况进行检查,及时向投保人、被保险人提出消除不安全因素和隐患的书面建议,如果投保人、被保险人没有按照约定履行其对保险标的安全应尽责任的,保险人有权要求增加保险费或者解除合同。

4. 危险程度增加的通知义务

所谓危险程度增加,是指订立保险合同时所未预料或者未估计到的危险可能性的增加,它发生在保险合同有效期内。保险人在得知保险标的的危险程度显著增加时,可以按照合同约定增加保险费或者解除保险合同。

5. 采取必要措施防止或者减少损失的义务

保险事故发生时,被保险人有责任尽力采取必要措施,防止或者减少损失,为此所支出的必要的、合理的费用,由保险人承担。

(二) 保险人的义务:承担赔偿责任或支付保险金

保险人依法不承担责任的情形包括:

(1) 投保人或者被保险人故意制造保险事故的,保险人不承担保险责任。

(2) 投保人、被保险人或者受益人虚报或者夸大保险损失的,对其虚报的部分不承担保险责任。

(3) 因被保险人不履行防灾减损义务而造成保险标的扩大损失的,保险人不承担保险责任。

（4）在合同有效期限内，保险标的的危险程度增加，被保险人未履行及时通知义务的，因保险标的危险程度增加而发生的保险事故，保险人不承担保险责任。

（5）对于保险标的因其性质或者瑕疵或者因其自然损耗而发生的损失，保险人不承担保险责任。

【真题演练】

依据《保险法》规定，保险合同成立后，保险人原则上不得解除合同。下列哪些情形下保险人可以解除合同？（2011年真题，多选）

A. 人身保险中投保人在交纳首期保险费后未按期交纳后续保费
B. 投保人虚报被保险人年龄，保险合同成立已1年6个月
C. 投保人在投保时故意未告知投保汽车曾遇严重交通事故致发动机受损的事实
D. 投保人未履行对保险标的的安全维护之责任

【答案】　BCD

【解析】　根据《保险法》第37条规定，对于A项中的情形，保险人不能解除合同。根据《保险法》第16条第3款的规定，B项正确。根据《保险法》第16条的规定，C项正确。根据《保险法》第51条规定，D项正确。

第三节　保险合同分论

考点 1　财产保险合同

财产保险合同是指以财产及其有关利益为保险标的的保险合同。

（一）标的的转让

（1）保险标的转让的，保险标的的受让人承继被保险人的权利和义务。

（2）保险标的转让的，被保险人或者受让人应当及时通知保险人，但货物运输保险合同和另有约定的合同除外。

（3）因保险标的转让导致危险程度显著增加的，保险人自收到上述的通知之日起30日内，可以按照合同约定增加保险费或者解除合同。保险人解除合同的，应当将已收取的保险费，按照合同约定扣除自保险责任开始之日起至合同解除之日止应收的部分后，退还投保人。

（二）责任保险

责任保险是指以被保险人对第三者依法应负的赔偿责任为保险标的的保险。责任保险不仅可以保障被保险人因为履行损害赔偿责任所受到的利益减损，而且可以保护被保险人的侵权行为的直接受害者，使受害者获得及时的补偿。

（1）保险人对责任保险的被保险人给第三者造成的损害，可以依照法律的规定或者合同的约定，直接向该第三者赔偿保险金。

① 责任保险的被保险人给第三者造成损害，被保险人对第三者应负的赔偿责任确定的，根据被保险人的请求，保险人应当直接向该第三者赔偿保险金。被保险人怠于请求的，第三者

有权就其应获赔偿部分直接向保险人请求赔偿保险金。

② 责任保险的被保险人给第三者造成损害,被保险人未向该第三者赔偿的,保险人不得向被保险人赔偿保险金。

(2) 责任保险的被保险人因给第三者造成损害的保险事故而被提起仲裁或者诉讼的,除合同另有约定外,由被保险人支付的仲裁或者诉讼费用以及其他必要的、合理的费用,由保险人承担。

注意:责任保险不能及于被保险人的人身或其财产。责任保险的目的在于转移被保险人对第三者应当承担的赔偿责任,所以,当被保险人的人身或者财产发生损失时,保险人不承担保险责任。

(三) 重复保险合同

(1) 重复保险是指投保人对同一保险标的、同一保险利益、同一保险事故分别与两个以上保险人订立保险合同的保险。

不同投保人可以就同一保险标的分别投保,保险事故发生后,被保险人亦可以在其保险利益范围内依据保险合同主张保险赔偿。

(2) 保险人责任的分摊。

重复保险的保险金额总和超过保险价值的,各保险人的赔偿金额总和不得超过保险价值。除合同另有约定外,各保险人按照其保险金额与保险金额总和的比例承担赔偿责任。

(四) 代位求偿

代位求偿,是指财产保险中保险人赔偿被保险人的损失后,可以取得在其赔付保险金的限度内,要求被保险人转让其对造成损失的第三人享有的追偿的权利。

1. 代位求偿权的行使

(1) 保险事故是由第三人的行为所致。

(2) 被保险人可以选择向第三人请求损害赔偿,或选择向保险人请求保险赔偿。

注意:保险事故发生后,被保险人或者受益人起诉保险人,保险人不得以被保险人或者受益人未要求第三者承担责任为由进行抗辩。

(3) 代位求偿权的发生必须是保险人给付保险赔偿金之后,诉讼时效期间自保险人取得代位求偿权之日起算。

(4) 保险人应当以自己的名义在赔偿限额内代位行使被保险人对第三者请求赔偿的权利。

(5) 保险事故发生后,保险人未赔偿保险金之前,被保险人放弃对第三者的请求赔偿权利的,保险人不承担赔偿保险金的责任;保险人向被保险人赔偿保险金后,被保险人未经保险人同意放弃对第三者请求赔偿权利的,该行为无效。

(6) 保险人行使代位求偿权的数额以给付的保险金额为限。对于超出保险人已支付的保险金额以外的部分,保险人无权要求第三人赔偿,求偿权仍由被保险人所享有。

2. 代位求偿权的限制

保险人不得对被保险人的家庭成员或者组成人员行使代位求偿权,除非他们故意造成保险事故的发生。

【真题演练】

1. 潘某请好友刘某观赏自己收藏的一件古玩，不料刘某一时大意致其落地摔毁。后得知，潘某已在甲保险公司就该古玩投保了不足额财产险。关于本案，下列哪些表述是正确的？（2015年真题，多选）

　　A. 潘某可请求甲公司赔偿全部损失
　　B. 若刘某已对潘某进行全部赔偿，则甲公司可拒绝向潘某支付保险赔偿金
　　C. 甲公司对潘某赔偿保险金后，在向刘某行使保险代位求偿权时，既可以自己的名义，也可以潘某的名义
　　D. 若甲公司支付的保险金不足以弥补潘某的全部损失，则就未取得赔偿的部分，潘某对刘某仍有赔偿请求权

【答案】　BD
【解析】　根据《保险法》第55条第4款规定，潘某就其古玩投了不足额保险，只能以保险金额与保险价值的比例要求甲公司赔偿。故A项错误。基于保险法的填补损失原则，B选项正确。根据《保险法解释（二）》第16条第1款的规定，C项错误。根据《保险法》第60条第3款规定，若甲公司支付的保险金不足以弥补潘某的全部损失，则就未取得赔偿的部分，潘某对刘某仍有赔偿请求权，故D项正确。

2. 甲参加乙旅行社组织的沙漠一日游，乙旅行社为此向红星保险公司购买了旅行社责任保险。丙客运公司受乙旅行社之托，将甲运送至沙漠，丙公司为此向白云保险公司购买了承运人责任保险。丙公司在运送过程中发生交通事故，致甲死亡，丙公司负事故全责。甲的继承人为丁。在通常情形下，下列哪些表述是正确的？（2012年真题，多选）

　　A. 乙旅行社有权要求红星保险公司直接对丁支付保险金
　　B. 丙公司有权要求白云保险公司直接对丁支付保险金
　　C. 丁有权直接要求红星保险公司支付保险金
　　D. 丁有权直接要求白云保险公司支付保险金

【答案】　AB
【解析】　题中乙旅行社和丙客运公司都购买了责任保险。甲在旅游过程中死亡，乙旅行社应对甲的继承人丁承担赔偿责任。只有乙旅行社怠于向红星保险公司请求责任承担的情况下，丁才能直接向红星保险公司请求支付保险金，无权直接要求保险公司赔付，故A项正确，C项错误。丙公司对运送过程中造成甲死亡的交通事故负全责，丙公司应对甲的继承人丁承担赔偿责任，丙公司怠于请求的，丁才有权请求白云公司赔付，故B项正确，D项错误。

考点 2　人身保险合同

人身保险合同是指以人的生命和身体为保险标的的保险合同。

注意：人身保险合同的法律特征包括① 保险标的的人格化；② 保险金定额支付；③ 不适用代位求偿权。

（一）受益人

1. 受益人的法律特征

（1）受益人只存在于人身保险合同中。

（2）投保人、被保险人或者第三人均可以成为受益人；受益人不受有无行为能力及保险利益的限制。

（3）受益人本身具有不确定性。受益人可以放弃受益权，不能实施出售、转让等任何处分行为。受益人的资格可能被取消，也可能会依法丧失。受益人的资格不能继承。

2. 受益人的指定

人身保险的受益人由被保险人或者投保人指定。投保人指定受益人时须经被保险人同意。被保险人为无民事行为能力人或者限制民事行为能力人的，可以由其监护人指定受益人。

（1）被保险人或者投保人可以指定一人或者数人为受益人。

当事人对保险合同约定的受益人存在争议，除投保人、被保险人在保险合同之外另有约定外，按以下情形分别处理：

① 受益人约定为"法定"或者"法定继承人"的，以继承法规定的法定继承人为受益人；

② 受益人仅约定为身份关系，投保人与被保险人为同一主体的，根据保险事故发生时与被保险人的身份关系确定受益人；投保人与被保险人为不同主体的，根据保险合同成立时与被保险人的身份关系确定受益人；

③ 受益人的约定包括姓名和身份关系，保险事故发生时身份关系发生变化的，认定为未指定受益人。

（2）受益人为数人的，被保险人或者投保人可以确定受益顺序和受益份额；未确定受益份额的，受益人按照相等份额享有受益权。

部分受益人在保险事故发生前死亡、放弃受益权或者依法丧失受益权的，该受益人应得的受益份额按照保险合同的约定处理；保险合同没有约定或者约定不明的，该受益人应得的受益份额按照以下情形分别处理：

① 未约定受益顺序及受益份额的，由其他受益人平均享有；

② 未约定受益顺序但约定受益份额的，由其他受益人按照相应比例享有；

③ 约定受益顺序但未约定受益份额的，由同顺序的其他受益人平均享有；同一顺序没有其他受益人的，由后一顺序的受益人平均享有；

④ 约定受益顺序和受益份额的，由同顺序的其他受益人按照相应比例享有；同一顺序没有其他受益人的，由后一顺序的受益人按照相应比例享有。

3. 受益人的变更

（1）被保险人或者投保人可以变更受益人并书面通知保险人，没有书面通知的无效。保险人收到变更受益人的书面通知后，应当在保险单或者其他保险凭证上批注或者附贴批单。

（2）投保人变更受益人时须经被保险人同意。

（3）变更受益人应当在保险事故发生前变更。被保险人或者投保人可以主张变更行为自变更意思表示发出时生效。

4. 作为被保险人遗产处理的情形

（1）没有指定受益人，或者受益人指定不明无法确定的；

(2) 受益人先于被保险人死亡,没有其他受益人的;
(3) 受益人依法丧失受益权或者放弃受益权,没有其他受益人的。
注意:受益人与被保险人在同一事件中死亡,不能确定死亡先后顺序的,推定受益人死亡在先。

5. 保险金请求权的转让

保险事故发生后,受益人可以将与本次保险事故相对应的全部或者部分保险金请求权转让给第三人,但根据合同性质、当事人约定或者法律规定不得转让的除外。

(二) 人寿保险合同的特殊规则

人寿保险合同是投保人和保险人约定,被保险人在合同规定的年限内死亡,或者在合同规定的年限届满时仍然生存,由保险人依照约定向被保险人或者受益人给付保险金的合同。

1. 死亡保险被保险人的资格

死亡保险是指以被保险人在保险期内的死亡为保险事故的保险。

(1) 以死亡为给付保险金条件的合同,未经被保险人同意并认可保险金额的,合同无效。被保险人同意可以采取书面形式、口头形式或者其他形式;可以在合同订立时作出,也可以在合同订立后追认。

有下列情形之一的,应认定为被保险人同意投保人为其订立保险合同并认可保险金额:

① 被保险人明知他人代其签名同意而未表示异议的;
② 被保险人同意投保人指定的受益人的;
③ 有证据足以认定被保险人同意投保人为其投保的其他情形。

注意:被保险人可以以书面形式通知保险人和投保人撤销其关于死亡保险的同意意思表示,此时保险合同解除。

(2) 按照以死亡为给付保险金条件的合同所签发的保险单,未经被保险人书面同意,不得转让或者质押。

(3) 投保人不得为无民事行为能力人投保以死亡为给付保险金条件的人身保险,保险人也不得承保。父母为其未成年子女投保的人身保险,不受上述规定限制,也无需征得被保险人的同意,但是死亡给付保险金额总和不得超过保险监督管理机构规定的限额。

注意:经未成年人父母同意,其他履行监护职责的人可以为未成年人订立以死亡为给付保险金条件的合同。

2. 人寿保险合同的诉讼程序

(1) 保险费不得强制请求。保险人对人寿保险的保险费,不得用诉讼方式要求投保人支付。

(2) 5年诉讼时效。人寿保险的被保险人或者受益人向保险人请求给付保险金的诉讼时效期间为5年,自其知道或者应当知道保险事故发生之日起计算。

注意:人寿保险以外的其他保险的被保险人或者受益人,向保险人请求赔偿或者给付保险金的诉讼时效期间为2年,自其知道或者应当知道保险事故发生之日起计算。

(三) 年龄误报的后果

人身保险合同中,投保人必须如实申报被保险人的年龄,投保人申报的被保险人的年龄如果不真实,将会导致相应的法律后果。

(1) 投保人申报的被保险人年龄不真实,并且其真实年龄不符合合同约定的年龄限制的,保险人可以解除合同,并按照合同约定退还保险单的现金价值,但是自合同成立之日起逾 2 年的除外。

(2) 投保人申报的被保险人年龄不真实,致使投保人支付的保险费少于应付保险费的,保险人有权更正并要求投保人补交保险费,或者在给付保险金时按照实付保险费与应付保险费的比例支付。

(3) 投保人申报的被保险人年龄不真实,致使投保人实付保险费多于应付保险费的,保险人应当将多收的保险费退还投保人。

(四) 保险合同的中止与复效

1. 保险合同的中止

合同约定分期支付保险费,投保人支付首期保险费后,除合同另有约定外,投保人自保险人催告之日起超过 30 日未支付当期保险费,或者超过约定的期限 60 日未支付当期保险费的,合同效力中止。

2. 保险合同的恢复

人身保险合同效力中止后,经保险人与投保人协商并达成协议,在投保人补交保险费后,合同效力恢复。

(1) 投保人提出恢复效力申请并同意补交保险费的,保险人不得拒绝恢复效力。

注意:被保险人的危险程度在中止期间显著增加的除外。

(2) 保险人在收到恢复效力申请后,30 日内未明确拒绝的,应认定为同意恢复效力。

(3) 保险合同自投保人补交保险费之日恢复效力。保险人可以要求投保人补交相应的利息。

3. 保险合同的解除

自合同效力中止之日起满 2 年双方未达成协议的,保险人有权解除合同。保险人依照前述规定解除合同的,应当按照合同约定退还保险单的现金价值。

(五) 法定除外责任

(1) 投保人故意造成被保险人死亡、伤残或者疾病的,保险人不承担给付保险金的责任。投保人已交足 2 年以上保险费的,保险人应当按照合同约定向其他权利人退还保险单的现金价值。

受益人故意造成被保险人死亡、伤残、疾病的,或者故意杀害被保险人未遂的,该受益人丧失受益权。

(2) 因被保险人故意犯罪或者抗拒依法采取的刑事强制措施导致其伤残或者死亡的,保险人不承担给付保险金的责任。投保人已交足 2 年以上保险费的,保险人应当按照合同约定退还保险单的现金价值。

被保险人在羁押、服刑期间因意外或者疾病造成伤残或者死亡的,保险人仍应承担给付保险金的责任。

(3) 以被保险人死亡为给付保险金条件的合同,自合同成立或者合同效力恢复之日起 2

年内,被保险人自杀的,保险人不承担给付保险金的责任,但被保险人自杀时为无民事行为能力人的除外。保险人不承担给付保险金责任的,应当按照合同约定退还保险单的现金价值。

【真题演练】

1. 甲向某保险公司投保人寿保险,指定其秘书乙为受益人。保险期间内,甲、乙因交通事故意外身亡,且不能确定死亡时间的先后。该起交通事故由事故责任人丙承担全部责任。现甲的继承人和乙的继承人均要求保险公司支付保险金。下列哪一选项是正确的?(2012年真题,单选)
   A. 保险金应全部交给甲的继承人
   B. 保险金应全部交给乙的继承人
   C. 保险金应由甲和乙的继承人平均分配
   D. 某保险公司承担保险责任后有权向丙追偿
   【答案】 A
   【解析】 本题通过案例考查被保险人与受益人在同一事件中死亡不能确定先后顺序,应如何处理赔偿问题。根据《保险法》第42条规定,投保人和被保险人都是甲,受益人是乙。甲乙在同一交通事故意外身亡,且不能确定死亡时间的先后,所以推定受益人乙先死。乙先于被保险人死亡,又没有其他的受益人时,该保险金作为被保险人甲的遗产。故A项正确。B、C项与A项矛盾,予以排除。根据《保险法》第46条的规定,D项错误。

2. 2007年7月,陈某为其母投保人身保险时,为不超过保险公司规定的承保年龄,在申报被保险人年龄时故意少报了两岁。2009年9月保险公司发现了此情形。对此,下列哪些选项是正确的?(2010年真题,多选)
   A. 保险公司有权解除保险合同,但需退还投保人已交的保险费
   B. 保险公司无权解除保险合同
   C. 如此时发生保险事故,保险公司不承担给付保险金的责任
   D. 保险人有权要求投保人补交少交的保险费,但不能免除其保险责任
   【答案】 BD
   【解析】 根据《保险法》第16条第3款以及第32条的规定,保险公司可以解除保险合同。但是该解除权受到法律的限制,故选项B、D正确。

3. 甲为其妻乙投保意外伤害保险,指定其子丙为受益人。对此,下列哪些选项是正确的?(2010年真题,多选)
   A. 甲指定受益人时须经乙同意
   B. 如因第三人导致乙死亡,保险公司承担保险金赔付责任后有权向该第三人代位求偿
   C. 如乙变更受益人无须甲同意
   D. 如丙先于乙死亡,则出现保险事故时保险金作为乙的遗产由甲继承
   【答案】 ACD
   【解析】 根据《保险法》第39条的规定,A项正确。保险代位求偿权仅限于财产保险合同,人身保险合同不适用保险代位求偿权,故B项错误。根据《保险法》第41条的规定,被保险人乙变更受益人无须经过投保人同意,故C项正确。根据《保险法》第42条规定,D项正确。

第四节 保险业法律制度

考点 1 保险公司概述

保险公司是指经过保险监督管理机构批准经营保险业而设立的专营保险业务的公司。

（一）保险公司的组织形式

既可以是股份有限公司，也可以是有限责任公司

（二）保险公司的设立

设立条件	业务范围
（1）设立保险公司应当经国务院保险监督管理机构（即保监会）批准。 （2）设立保险公司应当具备下列条件：主要股东具有持续盈利能力，信誉良好，最近3年内无重大违法违规记录，净资产不低于人民币2亿元；设立保险公司，其注册资本的最低限额为人民币2亿元；保险公司的注册资本必须为实缴货币资本。	（1）保险公司的业务范围包括： ① 人身保险业务（包括人寿保险、健康保险、意外伤害保险等保险业务）； ② 财产保险业务（包括财产损失保险、责任保险、信用保险、保证保险等保险业务）。 （2）保险人不得兼营人身保险业务和财产保险业务。但是，经营财产保险业务的保险公司经国务院保险监督管理机构批准，可以经营短期健康保险业务和意外伤害保险业务。

（三）保险公司的终止

(1) 因解散而终止；
(2) 因被撤销而终止；
(3) 因破产而终止。

（四）保险公司的监管

1. 保险业的监督管理机构

保险业的监督管理机关是国务院保险监督管理委员会。其监督管理目标是：确保保险公司的偿付能力，维护保险当事人的利益，维持保险市场的公平竞争。

2. 保险业监督管理的内容

关系社会公众利益的保险险种、依法实行强制保险的险种和新开发的人寿保险险种等的保险条款和保险费率，应当报国务院保险监督管理机构批准。

3. 保险公司的接管

保险公司有下列情形之一的，国务院保险监督管理机构可以对其实行接管：
(1) 公司的偿付能力严重不足的；
(2) 违反《保险法》规定，损害社会公共利益，可能严重危及或者已经严重危及公司的偿付能力的。

接管的目的是对被接管的保险公司采取必要的措施,恢复保险公司的正常经营,以保护被保险人的利益。接管的期限应知道最长不得超过2年。接管期间尽管要由接管组织亲自经营保险公司,被接管的保险公司的债权与债务不因接管而发生变化。也就是说,保险公司作为民事主体,被接管后仅是其具体的管理工作发生变化,其作为债权债务关系的民事主体地位并未改变。

考点 2 保险经营规则

(一) 保险经营原则

我国实行保险业、银行业、证券业、信托业的分业经营,保险业务依法由保险公司专营,并且同一保险人不得同时兼营财产保险业务和人身保险业务。

(二) 保险公司的行为限制

1. 资金营运的限制

保险公司的资金运用限于下列形式:
(1) 银行存款;
(2) 买卖债券、股票、证券投资基金份额等有价证券;
(3) 投资不动产;
(4) 国务院规定的其他资金运用形式。

2. 经营禁止行为

保险代理人和保险经纪人的禁业行为:
(1) 欺骗保险人、投保人、被保险人或者受益人;
(2) 隐瞒与保险合同有关的重要情况;
(3) 阻碍投保人履行《保险法》规定的如实告知义务,或者诱导其不履行《保险法》规定的如实告知义务;
(4) 给予或者承诺给予投保人、被保险人或者受益人保险合同约定以外的利益;
(5) 利用行政权力、职务或者职业便利以及其他不正当手段强迫、引诱或者限制投保人订立保险合同;
(6) 伪造、擅自变更保险合同,或者为保险合同当事人提供虚假证明材料;
(7) 挪用、截留、侵占保险费或者保险金;
(8) 利用业务便利为其他机构或者个人牟取不正当利益;
(9) 串通投保人、被保险人或者受益人,骗取保险金;
(10) 泄露在业务活动中知悉的保险人、投保人、被保险人的商业秘密。

3. 自留保险费的限制

经营财产保险业务的保险公司当年自留保险费,不得超过其实有资本金加公积金总和的4倍。对于经营人身保险业务的保险公司,其当年的自留保险费不受限制。

4. 承保责任的限制

保险公司对一次保险事故可能造成的最大损失范围所承担的责任,不得超过其实有资本加公积金总和的10%,超过的部分应当办理再保险。

海商法专题

专题导学:

海商法内容导学:适用范围、特殊制度

海商法的目的系调整海上运输关系、船舶关系,维护当事人各方的合法权益,促进海上运输和经济贸易的发展,因此海商法中的特殊制度值得关注。

海商法学习线索:

1. 记忆承运人责任的相关法条
2. 记忆船舶物权的相关法条

考点 1 海商法的适用范围

海商法是调整海上运输关系和船舶关系的法律规范的总称。

(一) 适用船舶

(1) 船舶,是指海船和其他海上移动式装置,包括船舶属具。

(2) 用于军事的、政府公务的船舶和20总吨以下的小型船艇除外。

(二) 适用水域

(1) 包括海江之间、江海之间的直达运输关系。

(2) 不适用于中华人民共和国港口之间的海上货物运输,而我国港口之间的旅客运输则适用。

(三) 适用事项

就适用的事项而言,除运输合同、船舶合同等事项以外,还适用于船舶碰撞、海难救助、共同海损等海上事故。

考点 2 船舶权利

(一) 船舶所有权

(1) 船舶所有权,是指船舶所有人依法对其船舶享有的占有、使用、收益和处分的权利。

(2) 船舶所有权可为自然人所有,也可为法人所有。船舶所有权的取得、转让和消灭,应当向船舶登记机关登记;未经登记的,不得对抗第三人。

(3) 船舶可以由两个以上的法人或者个人共有。船舶共有的,应当向船舶登记机关登记;未经登记的,不得对抗第三人。

(4) 船舶所有权的转让,应当签订书面合同。

(二) 船舶抵押权

船舶抵押权,是指抵押权人对于抵押人提供的作为债务担保的船舶,在债务人不履行债务时,可以依法拍卖,从卖得价款中优先受偿的权利。

(1) 船舶抵押权合同应采取书面形式,船舶抵押权登记采取登记公示主义,未经过登记则不得对抗第三人。

(2) 建造中的船舶可以设定船舶抵押权。

(3) 船舶共有人就共有船舶设定抵押权,应当取得持有 2/3 以上份额的共有人的同意,共有人之间另有约定的除外。

(4) 对于同一船舶设定两个以上抵押权的,抵押权人的受偿顺序以登记顺序为准。同一天登记的抵押权,则按同一顺序受偿;船舶拍卖所得价款不足以清偿同一顺序数个抵押权的,则数个抵押权按同一比例受偿。

(三) 船舶优先权

船舶优先权,是指海事请求人依法向船舶所有人、光船承租人、船舶经营人提出海事请求,对产生该海事请求的船舶具有优先受偿的权利。

1. 船舶优先权的义务主体

海事请求人向船舶所有人、光船承租人、船舶经营人提出海事请求。

2. 船舶优先权债权项目和受偿顺序

(1) 船长、船员和在船上工作的其他在编人员根据劳动法律、行政法规或者劳动合同所产生的工资、其他劳动报酬、船员遣返费用和社会保险费用的给付请求。

(2) 在船舶营运中发生的人身伤亡的赔偿请求。

(3) 船舶吨税、引航费、港务费和其他港口规费的缴付请求。

(4) 海难救助的救助款项的给付请求。

有两个以上海难救助请求权的,后发生的先受偿。

(5) 船舶在营运中因侵权行为产生的财产赔偿请求。

注意:同属具有船舶优先权的请求权中,受偿顺序按上列(1)至(5)的顺序排列。同一优先项目中,如有两个请求权,应不分先后,同时受偿。不足受偿的,按比例受偿。但是第(4)项关于救助款项的请求权例外。救助款项中有两个以上优先请求权的,后发生的先受偿。同时,如果第(4)项海事请求权后于(1)至(3)项海事请求发生的,第(4)项也应优先于第(1)至(3)项受偿。

救助款项的给付请求所享有的船舶优先权,后发生而先受偿的原因是,后发生的救助保全了船舶,也保全了先发生的救助的成果,使得先发生的各项债权有可能得到清偿,因此保全他人者应优先于被保全者受偿,这被称为"倒序原则"。

(四) 船舶留置权

船舶留置权,指船舶建造人、修船人在合同另一方未履行合同时,可以留置所占有的船舶,以保证造船费用或者修船费用得以偿还的权利。

船舶留置权也是一种法定的担保物权。与一般留置权不同的是,海商法所指的船舶留置权只限于造船人和修船人的留置权。其他人因为其他原因占有船舶不能行使船舶留置权。

（五）船舶优先权、船舶留置权、船舶抵押权的法定实现顺序

船舶优先权、船舶留置权、船舶抵押权

船舶抵押权、船舶优先权和船舶留置权都是以船舶为标的物的担保物权，都能保证其担保的债权比没有担保的普通债权优先受偿。但船舶抵押权是约定担保物权，而船舶优先权和船舶留置权是法定担保物权；船舶抵押权非经登记不得对抗第三人，而船舶优先权和船舶留置权无需登记。在其担保的债权的受偿顺序上，从先到后依次是：船舶优先权先于船舶留置权受偿，船舶抵押权后于船舶留置权受偿。

注意：因诉讼费用，保存、拍卖船舶和分配船舶价款产生的费用，应从船舶拍卖所得价款中先行拨付。

考点 3　共同海损

（一）共同海损的认定

1. 共同海损的定义

共同海损，是指在同一海上航程中，船舶、货物和其他财产遭遇共同危险，为了共同安全，有意地合理地采取措施所直接造成的特殊牺牲、支付的特殊费用。

注意：与单独海损的区别

与共同海损相对应，并非为了大家的共同利益而作出的牺牲，而是因自然灾害或意外事故等其他原因直接造成的船舶或货物的损失被称为单独海损。共同海损与单独海损的区别在于，前者是为了大家的利益有意作出的，而后者是海上事故直接造成的；前者应由大家来分摊，而后者应由受损者自行承担。

2. 发生共同海损的条件

（1）遭遇共同的、真实的危险

共同海损必须是在同一海上航程中的船舶、货物或其他财产面临共同的、真实的危险时发生的。

① 共同的危险，是指这种危险对船舶和货物都构成威胁，仅仅危及船舶或货物单方的危险不会造成共同海损。如天气闷热而船上的冷冻设备损坏，可能导致货物腐败变质而船舶本身不受影响，就不是共同危险。

② 真实的危险，是指危险必须是客观存在的，仅仅是主观臆测的危险不会造成共同海损。

（2）必须是有意地采取了合理的、有效的措施

① 共同海损中采取的措施必须是船长或其他有权作出决定的人，为了实现挽救船上财物的明确目的而有意采取的。

② 合理是指公平而适当的处置行为，是基于善良管理人的立场，在当时的情况下，慎重考虑后所为的行为。

③ 有效是指因其行为而使财产得以保全。

（3）损失必须是直接的、特殊的

共同海损措施是以牺牲较小利益保全较大利益为特征。被牺牲的利益必须是共同海损措

施直接造成的,而且是特殊的、异常的。

① 所谓直接的是指损失必须是共同海损行为直接造成的。间接损失,如船期损失、滞期损失、行市损失等,都不能算作共同海损损失。

② 所谓特殊的是指损失必须是非正常的。正常航行中需要作出的开支,不得算作共同海损。

3. 共同海损的牺牲和费用

(1) 共同海损牺牲

共同海损牺牲是指共同海损行为造成的有形的物质损坏或灭失。其范围主要包括:

① 船舶的牺牲;② 货物的牺牲;③ 运费的牺牲。

(2) 共同海损费用

共同海损费用是指共同海损行为造成的金钱上的支出。其范围主要包括:

船舶因发生意外、牺牲或者其他特殊情况而损坏时,为了安全完成本航程,应当列入共同海损的项目:

① 驶入避难港口、避难地点或者驶回装货港口、装货地点进行必要的修理。

② 在上述港口或者地点额外停留期间所支付的港口费。

③ 船员工资、给养,船舶所消耗的燃料、物料。

④ 为修理而卸载、贮存、重装或者搬移船上货物、燃料、物料以及其他财产所造成的损失、支付的费用。

(二) 共同海损的分摊

(1) 船舶共同海损分摊价值,按照船舶在航程终止时的完好价值,减除不属于共同海损的损失金额计算,或者按照船舶在航程终止时的实际价值,加上共同海损牺牲的金额计算。

(2) 货物共同海损分摊价值,按照货物在装船时的价值加保险费加运费,减除不属于共同海损的损失金额和承运人承担风险的运费计算。货物在抵达目的港以前售出的,按照出售净得金额,加上共同海损牺牲的金额计算。

(3) 运费分摊价值,按照承运人承担风险并于航程终止时有权收取的运费,减除为取得该项运费而在共同海损事故发生后,为完成本航程所支付营运费用,加上共同海损牺牲的金额计算。

(4) 以上每一项分摊价值都要加上共同海损牺牲的金额,是因为共同海损牺牲费用中的一部分将要从其他各受益方那里得到补偿,因此也有部分价值因为共同海损行为而得到保全,从而也应计算在共同海损分摊价值之内。

【真题演练】

1. 依据我国《海商法》和《物权法》的相关规定,关于船舶所有权,下列哪一表述是正确的? (2014年真题,单选)

A. 船舶买卖时,船舶所有权自船舶交付给买受人时移转

B. 船舶建造完成后,须办理船舶所有权的登记才能确定其所有权的归属

C. 船舶不能成为共同共有的客体

D. 船舶所有权不能由自然人继承

【答案】 A

【解析】 根据《海商法》第9条第1款以及《物权法》第23条规定,A项正确。基于建造的事实行为取得船舶所有权,无需登记即可以取得所有权的表述缺乏法律依据和法理依据,故B项错误。根据《海商法》第10条规定,船舶与其他物一样,都能成为共同共有的客体,故C项错误。船舶作为物,当然也可以按照《继承法》规定进行继承,故D项错误。

2. 关于船舶担保物权及针对船舶的请求权的表述,下列哪些选项是正确的?(2012年真题,多选)

A. 海难救助的救助款项给付请求,先于在船舶营运中发生的人身伤亡赔偿请求而受偿

B. 船舶在营运中因侵权行为产生的财产赔偿请求,先于船舶吨税、引航费等的缴付请求而受偿

C. 因保存、拍卖船舶和分配船舶价款产生的费用,应从船舶拍卖所得价款中先行拨付

D. 船舶优先权先于船舶留置权与船舶抵押权受偿

【答案】 ACD

【解析】 根据《海商法》第22条和23条的规定,A项正确,B项错误。根据《海商法》第24条的规定,C项正确。根据《海商法》第25条第1款的规定,D项正确。

经济法

竞争法专题

专题导学：

竞争法的精神：公平竞争、市场监管

竞争是经济上的概念，经济主体在市场上为了实现自身利益和既定目标，不断进行争胜的过程。竞争是市场经济的内在机制，保障国家经济正常运行。我国竞争法目前采取的是分立式立法模式，即将竞争法分为反垄断法和反不正当竞争法。垄断行为是指有关主体在市场运行过程中通过排他性控制，或对市场竞争进行实质性限制，而妨碍公平竞争秩序的行为。不正当竞争行为是指经营者违反法律的规定，损害其他经营者的合法权益，扰乱社会经济秩序的行为。反垄断法和反不正当竞争法的共同目的都是预防和制止非法的竞争行为，保护市场公平竞争，提高经济运行效率，维护消费者利益和社会公共利益，促进市场经济健康发展。

竞争法学习线索：

1. 垄断行为的种类与执法

要求掌握垄断行为的基本种类，包括经济性垄断行为和行政性垄断行为的具体规定，能够结合实际案例进行运用。同时，掌握反垄断执法机构的名称、职权和行政执法措施，以及违反反垄断法的相应的法律责任。

2. 不正当竞争行为的种类与执法

应熟练掌握反不正当竞争的八种行为，能够灵活应用并综合理解其中难点、热点问题。并了解国家行政机关对反不正当竞争行为的监管措施。

第一节 反垄断法

垄断是指经营者排除或限制竞争的违法行为。可以从以下几点理解：第一，垄断的客观方面是垄断行为，即法律所规范的对象是行为，而不是状态。第二，垄断的主体是经营者或其利益代表者，行业协会、行政机关和根据法律法规授权享有公共管理权利的其他组织虽然不是经营者，但当它成为垄断行为的主体时，实际上就作为或演变为经营者的利益代表者。第三，垄断的主观方面是为了谋取超额利益。第四，垄断的后果是排除或限制竞争。第五，垄断具有违法性。在法律上被认定为是垄断的行为一定是违法行为。

考点 1 经济性垄断

经济性垄断是指经营者利用自己的经济优势，或者通过联合组织或通谋等方式，限制、排挤或阻碍市场正常竞争的行为。经济性垄断的实施主体是经营者；目的是为了获取高额垄断利润。经营者是指从事商品生产、经营或者提供服务的自然人、法人和其他组织。

《反垄断法》中的"经济性垄断行为"，包括：经营者达成垄断协议；经营者滥用市场支配地位；具有或者可能具有排除、限制竞争效果的经营者集中。

（一）垄断协议

1. 垄断协议的界定

垄断协议，也即联合限制竞争行为，是指排除、限制竞争的协议、决定或者其他协同行为。对于垄断协议，判断其合理及合法性的标准在于其是否排除、限制及损害了竞争。

2. 横向垄断协议

横向垄断协议的主要特征是当事人处于同一生产或流通环节，或同为生产者，或同为销售者，或同为购买者。

(1) 横向固定价格协议（价格同盟）；
(2) 限制数量的协议；
(3) 市场划分协议；
(4) 限制购买新技术、新设备或者限制开发新技术、新产品的协议；
(5) 联合抵制交易。

3. 纵向垄断协议

处于同一产业不同环节的交易者约定，就交易标的转售给第三人，或由第三人再转售时，应遵守一定价格的限制竞争协议。

纵向垄断协议作为垄断协议的一种，与横向垄断协议相对应，它是指在同一产业中两个或两个以上处于不同经济层次、没有直接竞争关系但是有买卖关系的经营者，通过明示或者默示的方式达成的排除、限制竞争的协议。一般来说，处于前一阶段的经营者，常被称为"上游经营者"；而处于后一阶段的经营者，则常被称为"下游经营者"。

4. 垄断协议的适用除外

(1) 为改进技术、研究开发新产品的；
(2) 为提高产品质量、降低成本、增进效率，统一产品规格、标准或者实行专业化分工的；
(3) 为提高中小经营者经营效率，增强中小经营者竞争力的；
(4) 为实现节约能源、保护环境、救灾救助等社会公共利益的；
(5) 因经济不景气，为缓解销售量严重下降或者生产明显过剩的；
(6) 为保障对外贸易和对外经济合作中的正当利益的；
(7) 农业生产者及农村经济组织在农产品生产、加工、销售、运输、储存等经营活动中实施的联合或者协同行为。

5. 行业协会限制竞争行为

行业协会在其运作中，以行业协会决议等方式实施的排除、限制及损害竞争的行为。

【真题演练】

1. 某品牌白酒市场份额较大且知名度较高，因销量急剧下滑，生产商召集经销商开会，令其不得低于限价进行销售，对违反者将扣除保证金、减少销售配额直至取消销售资格。关于该行为的性质，下列哪一判断是正确的？（2013年真题，单选）

A. 维护品牌形象的正当行为　　　　B. 滥用市场支配地位的行为
C. 价格同盟行为　　　　　　　　　D. 纵向垄断协议行为

【答案】　D

【解析】 根据《反垄断法》第3、14、17条的规定,该行为为纵向垄断行为,故A错误,D项正确。该白酒生产商的行为不构成滥用市场支配地位,故B项错误。价格同盟行为属于横向垄断协议行为,故C项错误。

2. 根据《反垄断法》规定,下列哪些选项不构成垄断协议？(2009年真题,多选)
   A. 某行业协会组织本行业的企业就防止进口原料时的恶性竞争达成保护性协议
   B. 三家大型房地产公司的代表聚会,就商品房价格达成共识,随后一致采取涨价行动
   C. 某品牌的奶粉含有毒物质的事实被公布后,数家大型零售公司联合声明拒绝销售该产品
   D. 数家大型煤炭企业就采用一种新型矿山安全生产技术达成一致意见

【答案】 ACD
【解析】 根据《反垄断法》第13、15条的规定。B构成垄断协议,A、C、D均不构成垄断协议。

(二) 滥用市场支配地位

1. 滥用市场支配地位界定

滥用市场支配地位是指具有某种市场支配地位的主体滥用其优势,排除、限制及损害竞争的行为。

(1) 市场支配地位的界定。

市场支配地位,是指经营者在相关市场内具有能够控制商品价格、数量或者其他交易条件,或者能够阻碍、影响其他经营者进入相关市场能力的市场地位。

相关市场,是与特定经营者的产品和服务存在竞争关系的产品范围和服务范围。可以从三个方面来认定:一是种类上的相关市场,能够与经营者的产品和服务存在相互竞争关系的同种类品和替代品的范围。二是地域上的相关市场,能够与经营者的产品和服务存在相互竞争关系的同种类品和替代品的地域范围。三是时间上的相关市场,能够与经营者的产品和服务存在相互竞争关系的同种类品和替代品的时间范围。

(2) 认定经营者是否具有市场支配地位要考虑市场份额、相关市场的竞争状况、其他经营者进入相关市场的难易程度等因素。

具体是:
① 该经营者在相关市场的市场份额,以及相关市场的竞争状况;
② 该经营者控制销售市场或者原材料采购市场的能力;
③ 该经营者的财力和技术条件;
④ 其他经营者对该经营者在交易上的依赖程度;
⑤ 其他经营者进入相关市场的难易程度;
⑥ 与认定经营者市场支配地位有关的其他因素。

2. 市场支配地位的推定

(1) 一个经营者在相关市场的市场份额达到1/2的,或者两个经营者在相关市场的市场份额合计达到2/3的,或者三个经营者在相关市场的市场份额合计达到3/4的,可以推定经营者具有市场支配地位。但是如果两个经营者在相关市场的市场份额合计达到2/3,或者三个经营者在相关市场的市场份额合计达到3/4,而其中有的经营者市场份额不足1/10的,不应

推定该经营者具有市场支配地位。

(2) 被推定具有市场支配地位的经营者,有证据证明不具有市场支配地位的,不应当认定其具有市场支配地位。

3. 滥用市场支配地位的表现形式

禁止具有市场支配地位的经营者从事下列滥用市场支配地位的行为:

(1) 以不公平的高价销售商品或者以不公平的低价购买商品。

又称为垄断高价和垄断低价。垄断高价,是指具有市场支配地位的经营者,利用其市场支配地位,以远高于平均利润率的利润率确定其销售价格销售商品和提供服务的行为。垄断低价,是指具有市场支配地位的经营者,利用其市场支配地位,以远低于平均利润率的利润率确定其购买价格购买商品和服务的行为。两种虽然表现形式不同,实质一样,都是以谋取超额利润为直接目的。

(2) 没有正当理由,以低于成本的价格销售商品。

又称为掠夺性定价,构成掠夺性定价需要具备以下四个条件:一是经营者在相关市场中具有市场支配地位;二是经营者销售商品和提供服务的价格低于成本价;三是采用低于成本价的直接目的是为了排挤竞争对手;四是没有正当理由。正当理由包括:降价处理鲜活商品、季节性商品、有效期将至的商品和积压商品的;因清偿债务、转产、歇业降价销售商品的;为推广新产品进行促销的;能够证明行为有正当性的其他理由。

(3) 没有正当理由,拒绝与交易相对人进行交易。

(4) 没有正当理由,限定交易相对人只能与其进行交易或者只能与其指定的经营者进行交易。

(5) 没有正当理由搭售商品,或者在交易时附加其他不合理的交易条件。

① 搭售,指具有市场支配地位的经营者,在销售和提供其市场份额高的商品和服务时,搭配销售和提供其市场份额较低的商品和服务的行为。搭售有作为阻碍性滥用的搭售和作为剥削性滥用的搭售之分。阻碍性滥用的搭售主要是经营者为了达到扩大其商品的市场份额或者服务的市场份额,并降低竞争对手同类产品和服务的市场份额目的的行为。剥削性滥用的搭售,则是具有市场支配地位的经营者,在销售和提供其供不应求的商品和服务时,搭配销售和提供其库存积压、质次价高或者供过于求的商品和服务的行为。这样既可以减少积压成本又可以通过过高的售价谋取暴利。

② 附加其他不合理限制主要表现为,具有市场支配地位的经营者,对合同期限、支付方式、商品的运输及交付方式或者服务的提供方式等附加不合理的限制;对商品的销售地域、销售对象、售后服务等附加不合理的限制;在价格之外附加不合理的费用;附加于交易标的无关的其他交易条件。

(6) 没有正当理由,对条件相同的交易相对人在交易价格等交易条件上实行差别待遇。

具体来说对于条件相同的交易相对人在交易条件上实施下列行为是差别待遇的体现:交易价格;实施不同的交易数量、品种、品质等级;实行不同数量折扣等优惠条件;不同的交付条件、交付方式;不同的售后服务条件;其他差别待遇。

(7) 国务院反垄断执法机构认定的其他滥用市场支配地位的行为。

注意:《反垄断法》与《反不正当竞争法》的适用

① 没有正当理由以低于成本价格销售商品,既是违反《反垄断法》的行为,又是违反《反

不正当竞争法》的行为。② 没有正当理由,限定交易相对人只能与其进行交易或者与其指定的经营者进行交易;没有正当理由搭售商品,或者在交易时附加其他不合理的条件,既是违反《反垄断法》的行为,又是违反《反不正当竞争法》的行为。

构成反垄断行为,其经营者必须具有市场支配地位;构成违反《反不正当竞争法》的低价倾销行为的经营者可能就是一般的经营者,不一定具有市场支配地位。

【真题演练】

关于市场支配地位,下列哪些说法是正确的?(2011年真题,多选)
A. 有市场支配地位而无滥用该地位的行为者,不为《反垄断法》所禁止
B. 市场支配地位的认定,只考虑经营者在相关市场的市场份额
C. 其他经营者进入相关市场的难易程度,不影响市场支配地位的认定
D. 一个经营者在相关市场的市场份额达到二分之一的,推定为有市场支配地位

【答案】 AD

【解析】 根据《反垄断法》第3条规定,A项正确。根据《反垄断法》第18条规定,B项、C项说法均不正确。根据《反垄断法》第19条第1款规定,D项正确。

(三) 经营者集中

1. 经营者集中是指下列情形

(1) 经营者合并;
(2) 经营者通过取得股权或者资产的方式取得对其他经营者的控制权;
(3) 经营者通过合同等方式取得对其他经营者的控制权或者能够对其他经营者施加决定性影响。

经营者集中可以给企业带来规模效益;减少对手,提高市场份额;减少税收负担;降低交易成本;有助于国家调整和完善产业结构。但是经营者集中也有造成限制、减少竞争的后果的可能性。所以反垄断法综合经营者集中的利弊,对经营者集中采取了不放任也不是一概禁止的规制手段。

2. 经营者集中的申报

事先申报制度是防止出现经营者集中的预防性措施。由于经营者集中对市场竞争结构影响较大,且事后处理或处罚所造成的消极影响甚大,因此要求达到法定标准的集中案件须进行事先申报,继而由相关执法部门予以审查。

标准	经营者集中达到国务院规定的申报标准的,经营者应当事先向国务院反垄断执法机构申报,未申报的不得实施集中。 (1) 参与集中的所有经营者上一会计年度在全球范围内的营业额合计超过100亿元人民币,并且其中至少2个经营者上一会计年度在中国境内的营业额均超过4亿元人民币; (2) 参与集中的所有经营者上一会计年度在中国境内的营业额合计超过20亿元人民币,并且其中至少2个经营者上一会计年度在中国境内的营业额均超过4亿元人民币。

（续表）

免除	经营者集中有下列情形之一的,可以不向国务院反垄断执法机构申报: (1) 参与集中的一个经营者拥有其他每个经营者50%以上有表决权的股份或者资产的; (2) 参与集中的每个经营者50%以上有表决权的股份或者资产被同一个未参与集中的经营者拥有的。
主体	经营者合并方式的集中,由参与合并的全部经营者申报;其他方式的经营者集中,由取得控制权或施加决定性影响的经营者申报,其他经营者予以配合。

3. 经营者集中的审查程序、审查标准和豁免标准

审查程序	(1) 初步审查 国务院反垄断执法机构应当自收到经营者提交的符合规定的文件、资料之日起30日内,对申报的经营者集中进行初步审查,作出是否实施进一步审查的决定,并书面通知经营者。国务院反垄断执法机构作出决定前,经营者不得实施集中。国务院反垄断执法机构作出不实施进一步审查的决定或者逾期未作出决定的,经营者可以实施集中。 (2) 实质审查 国务院反垄断执法机构决定实施进一步审查的,应当自决定之日起90日内审查完毕,作出是否禁止经营者集中的决定,并书面通知经营者。作出禁止经营者集中的决定,应当说明理由。审查期间,经营者不得实施集中。国务院反垄断执法机构逾期未作出决定的,经营者可以实施集中。
审查标准	经营者集中具有或者可能具有排除、限制竞争效果的,国务院反垄断执法机构应当作出禁止经营者集中的决定。
分析因素	经营者集中易改变竞争结构、引发不良竞争效果,各国反垄断执法机构在审查经营者集中时往往在界定清楚相关市场的基础上,考虑集中企业的市场份额、控制力、市场集中度等方面的因素。 (1) 参与集中的经营者在相关市场的市场份额及其对市场的控制力; (2) 相关市场的市场集中度; (3) 经营者集中对市场进入、技术进步的影响; (4) 经营者集中对消费者和其他有关经营者的影响; (5) 经营者集中对国民经济发展的影响。
豁免规则	经营者能够证明该集中对竞争产生的有利影响明显大于不利影响,或者符合社会公共利益的,国务院反垄断执法机构可以作出对经营者集中不予禁止的决定。对不予禁止的经营者集中,国务院反垄断执法机构可以决定附加减少集中对竞争产生不利影响的限制性条件。
国家安全审查	外资并购境内企业或以其他方式参与经营者集中的,涉及国家安全的,还应当按国家有关规定进行国家安全审查。

【真题演练】

根据《反垄断法》规定,关于经营者集中的说法,下列哪些选项是正确的?(2010年真题,多选)

A. 经营者集中就是指企业合并
B. 经营者集中实行事前申报制,但允许在实施集中后补充申报
C. 经营者集中被审查时,参与集中者的市场份额及其市场控制力是一个重要的考虑因素
D. 经营者集中如被确定为可能具有限制竞争的效果,将会被禁止

【答案】 CD
【解析】 根据《反垄断法》第20条的规定,A选项错误。根据《反垄断法》第21条的规定,B选项错误。根据《反垄断法》第27条第1项规定,C选项正确。根据《反垄断法》第28条规定,D选项正确。

考点 2 行政性垄断

行政性垄断是指行政机关和法律、法规授权的具有管理公共事务职能的组织滥用行政权力,排除、限制竞争的行为。行政性垄断是一种超经济垄断,实施主体特殊,具有鲜明的强制性。

(一) 主体

行政机关和法律、法规授权的具有管理公共事务职能的组织。

(二) 排除、限制竞争的典型行为

1. 行政性强制交易

以明确要求、暗示或者拒绝、拖延行政许可以及重复检查等方式限定或者变相限定单位或者个人经营、购买、使用其指定的经营者提供的商品或者限定他人的正常经营活动。

2. 行政性限制市场准入

(1) 妨碍商品在地区之间的自由流通

① 对外地商品设定歧视性收费项目、实行歧视性收费标准或规定歧视性价格;
② 对外地商品规定与本地同类商品不同的技术要求、检验标准,或者对外地商品采取重复检验、重复认证等歧视性技术措施,限制外地商品进入本地市场;
③ 采取专门针对外地商品的行政许可,限制外地商品进入本地市场;
④ 设置关卡或者采取其他手段,阻碍外地商品进入或者本地商品运出;
⑤ 妨碍商品在地区之间自由流通的其他行为。

(2) 排斥或者限制外地经营者参加本地的招标投标活动

以设定歧视性资质要求、评审标准或者不依法发布信息等方式,排斥或者限制外地经营者参加本地的招标投标活动。

(3) 排斥或者限制外地经营者在本地投资或者设立分支机构

采取与本地经营者不平等待遇等方式,排斥或者限制外地经营者在本地投资或者设立分支机构。

3. 行政性强制经营者限制竞争
(1) 不得滥用行政权力强制经营者从事《反垄断法》规定的垄断行为;
(2) 不得滥用行政权力制定含有排除、限制竞争内容的规定。

考点 3 反垄断执法

(一) 反垄断执法机构

1. 一级机构
(1) 商务部下设的反垄断局
(2) 国家发展改革委员会下设的价格监督检查司
(3) 国家工商行政管理总局下设的反垄断与不正当竞争执法局
注意:反垄断委员会
2. 二级机构
国务院反垄断执法机构根据工作需要,可以授权省、自治区、直辖市人民政府相应的机构依法规定负责有关反垄断执法工作。

(二) 反垄断执法机构的调查

反垄断执法机构调查针对的事项主要是,经营者的联合限制竞争行为、经营者滥用市场支配地位的行为、经营者集中行为、产业组织结构和市场竞争状况及其他需要调查的事项。在我国还包括了行政垄断的调查。为履行其职责,起到防止限制、排除竞争的垄断行为的后果出现,其必须享有对经营者的住所、经营场所或者其他场所进行实地调查的以获得一切必要证据的权力,包括采取必要的强制性调查手段的权力。

1. 调查的具体内容
(1) 检查权。进入被调查的经营者的营业场所或者其他有关场所进行检查。
(2) 询问权。询问被调查的经营者、利害关系人或者其他有关单位或者个人,要求其说明有关情况。
(3) 资料调阅复制权。查阅、复制被调查的经营者、利害关系人或者其他有关单位或者个人的有关单证、协议、会计账簿、业务函电、电子数据等文件、资料。
(4) 证据查封、扣押权。查封、扣押相关证据。
(5) 账户查询权。查询经营者的银行账户。
2. 调查行使的程序
(1) 调查的启动
对于涉嫌垄断的行为,任何单位和个人有权向反垄断执法机构举报。反垄断执法机构应当为举报人保密。采用书面形式并提供相关事实和证据的,反垄断执法机构应当进行必要的调查。具体实施调查,还必须由调查人员向反垄断执法机构主要负责人书面报告,并经批准。
(2) 调查的中止
对反垄断执法机构调查的涉嫌垄断行为,被调查的经营者承诺在反垄断执法机构认可的期限内采取具体措施消除该行为后果的,反垄断执法机构可以决定中止调查。这是通行的调查和解。中止调查的决定应当载明被调查的经营者承诺的具体内容。

(3) 调查的终止

反垄断执法机构决定中止调查的,应当对经营者履行承诺的情况进行监督。经营者履行承诺的,反垄断执法机构可以决定终止调查。

(4) 调查的恢复

有下列情形之一的,反垄断执法机构应当恢复调查:

① 经营者未履行承诺的;

② 作出中止调查决定所依据的事实发生重大变化的;

③ 中止调查的决定是基于经营者提供的不完整或者不真实的信息作出的。

(三) 信息公开

反垄断执法机构对涉嫌垄断行为调查核实后,认为构成垄断行为的,应当依法作出处理决定,并可以向社会公布。

(四) 违反反垄断法的法律责任

1. 经营者违法实施垄断协议的法律责任

(1) 经营者责任

经营者达成并实施垄断协议的,由反垄断执法机构责令停止违法行为,没收违法所得,并处上一年度销售额1%以上10%以下的罚款;尚未实施所达成的垄断协议的,可以处50万元以下的罚款。

注意:经营者主动向反垄断执法机构报告达成垄断协议的有关情况并提供重要证据的,反垄断执法机构可以酌情减轻或者免除对该经营者的处罚。

(2) 行业协会责任

行业协会违反规定,组织本行业的经营者达成垄断协议的,反垄断执法机构可以处50万元以下的罚款;情节严重的,社会团体登记管理机关可以依法撤销登记。

2. 经营者违法实施滥用市场支配地位的法律责任

经营者滥用市场支配地位的,由反垄断执法机构责令停止违法行为,没收违法所得,并处上一年度销售额1%以上10%以下的罚款。

3. 经营者违法实施经营者集中的法律责任

经营者违反《反垄断法》规定实施集中的,由国务院反垄断执法机构责令停止实施集中、限期处分股份或者资产、限期转让营业以及采取其他必要措施恢复到集中前的状态,可以处50万元以下的罚款。

4. 违法滥用行政权力排除、限制竞争的法律责任

行政机关和法律、法规授权的具有管理公共事务职能的组织滥用行政权力,实施排除、限制竞争行为的,由上级机关责令改正;对直接负责的主管人员和其他直接责任人员依法给予处分。反垄断执法机构可以向有关上级机关提出依法处理的建议。

【真题演练】

1. 某县会计师行业自律委员会成立之初,达成统筹分配当地全行业整体收入的协议,要求当年市场份额提高的会员应分出自己的部分收入,补贴给市场份额降低的会员。事后,有会员

向省级工商行政管理部门书面投诉。关于此事,下列哪些说法是正确的?(2016年真题,多选)

A. 该协议限制了当地会计师行业的竞争,具有违法性
B. 抑强扶弱有利于培育当地会计服务市场,法律不予禁止
C. 此事不能由省级工商行政管理部门受理,应由该委员会成员自行协商解决
D. 即使该协议尚未实施,如构成违法,也可予以查处

【答案】 AD

【解析】 根据我国《反垄断法》第13条的规定,该协议属于垄断协议,A选项正确,B选项错误。根据我国《反垄断法》第46条第3款的规定,C选项错误。根据我国《反垄断法》第46条第1款的规定,D选项正确。

2. 某市甲、乙、丙三大零售企业达成一致协议,拒绝接受产品供应商丁的供货。丙向反垄断执法机构举报并提供重要证据,经查,三企业构成垄断协议行为。关于三企业应承担的法律责任,下列哪些选项是正确的?(2015年真题,多选)

A. 该执法机构应责令三企业停止违法行为,没收违法所得,并处以相应罚款
B. 丙企业举报有功,可酌情减轻或免除处罚
C. 如丁因垄断行为遭受损失的,三企业应依法承担民事责任
D. 如三企业行为后果极为严重,应追究其刑事责任

【答案】 ABC

【解析】 根据《反垄断法》第46条第1款规定,A项正确。根据《反垄断法》第46条第2款的规定,B项正确。根据《反垄断法》第50条规定,C项正确。由于目前我国立法没有关于追究垄断协议的刑事责任的规定,故D项错误。

3. 某县政府规定:施工现场不得搅拌混凝土,只能使用预拌的商品混凝土。2012年,县建材协会组织协调县内6家生产企业达成协议,各自按划分的区域销售商品混凝土。因货少价高,一些施工单位要求县工商局处理这些企业的垄断行为。根据《反垄断法》,下列哪些选项是错误的?(2013年真题,多选)

A. 县政府的规定属于行政垄断行为
B. 县建材协会的行为违反了《反垄断法》
C. 县工商局有权对6家企业涉嫌垄断的行为进行调查和处理
D. 被调查企业承诺在反垄断执法机构认可的期限内采取具体措施消除该行为后果的,该机构可决定终止调查

【答案】 ACD

【解析】 根据《环境保护法》第6条以及《反垄断法》关于行政垄断的相关规定,县政府的规定是合法的,且不构成行政垄断,故A项错误。根据《反垄断法》第11、16、46条的规定,县建材协会的行为违反了《反垄断法》,故B项正确。根据《反垄断法》第38条以及第10条第2款规定,C项错误。根据《反垄断法》第45条的规定,D选项中反垄断执法机构应是中止调查,而不是终止调查,故D项错误。

4. 对于国务院反垄断委员会的机构定位和工作职责,下列哪一选项是正确的?(2009年真题,单选)

A. 是承担反垄断执法职责的法定机构
B. 应当履行协调反垄断行政执法工作的职责

C. 可以授权国务院相关部门负责反垄断执法工作
D. 可以授权省、自治区、直辖市人民政府的相应机构负责反垄断执法工作

【答案】 B

【解析】 根据《反垄断法》第9条规定,反垄断委员会的定位应该属于调研智囊型宏观协调机构而非直接执法机构。故选项A错误,选项B正确。根据《反垄断法》第10条第2款规定,选项C、D错误。

第二节 反不正当竞争法

考点 1 反不正当竞争行为

(一) 反不正当竞争法概述

不正当竞争,是指经营者违反《反不正当竞争法》规定,损害其他经营者的合法权益,扰乱社会经济秩序的行为。经营者,是指从事商品经营或者营利性服务(以下所称商品包括服务)的法人、其他经济组织和个人。

由不正当竞争的定义可以分析出以下三种属性:

1. 竞争性,不正当的竞争行为是市场竞争行为,这成为与垄断行为的关键区分点。
2. 反道德性,不正当竞争行为是违反商业道德的行为,这成为不正当竞争和正当竞争的行为的区分点。
3. 违法性,法律上的不正当竞争行为当然是同时违反法律和商业道德的行为。

(二) 对不正当竞争行为的规制

混淆行为	混淆行为,就是通过种种仿冒手段造成购买者误认为该商品就是另一种商品的行为,具体包括: (1) 假冒他人注册商标的行为; (2) 擅自使用知名商品特有的或与之类似的名称、包装、装潢,造成和他人的知名商品相混淆,使购买者误认为是该知名商品的行为; (3) 擅自使用他人的企业名称或者姓名,引人误认为是他人的商品的行为; (4) 在商品上伪造或者冒用认证标志、名优标志等质量标志,伪造产地,对商品质量作引人误解的虚假表示的行为。
虚假宣传行为	(1) 对经营者:不得利用广告或其他方法,对商品的质量、成分等作引人误解的虚假宣传。 下列行为可以归为其他虚假宣传行为: ① 虚假或者引人误解的现场表演及其录影; ② 冒充顾客进行欺骗性诱导; ③ 隐性广告,即用非商业广告的形式做商业广告。 (2) 对广告经营者:不得在明知或者应知的情况下,代理、设计、制作、发布虚假广告。 如果广告经营者和发布者明知或应知广告虚假,仍进行设计、制作、发布的,承担连带责任

（续表）

商业贿赂行为	在经营过程中，可以明折，不得暗扣，具体而言： （1）经营者销售或者购买商品，可以以明示方式给对方折扣，可以给中间人佣金；经营者给对方折扣、给中间人佣金的，必须如实入账；接受折扣、佣金的经营者必须如实入账。 （2）经营者不得采用财物或者其他手段进行贿赂以销售或者购买商品；在账外暗中给予对方单位或者个人回扣的，属于商业贿赂行为。
侵犯商业秘密行为	商业秘密：指不为公众所知悉、能为权利人带来经济利益、具有实用性并经权利人采取保密措施的技术信息和经营信息。 侵犯商业秘密的类型： （1）经营者以盗窃、利诱、胁迫或者其他不正当手段获取权利人的商业秘密； （2）经营者披露、使用或者允许他人使用以前项手段获取的权利人的商业秘密； （3）经营者违反约定或者违反权利人有关保守商业秘密的要求，披露、使用或者允许他人使用其所掌握的商业秘密； （4）第三人明知或者应知上述所列违法行为，获取、使用或者披露他人的商业秘密，视为侵犯商业秘密。 注意：与《劳动合同法》中保密义务的联系。
低价倾销行为	经营者不得以排挤竞争对手为目的，以低于成本的价格销售商品。 但下列情形不属于不正当竞争行为： （1）销售鲜活商品； （2）处理有效期限即将到期的商品或者其他积压的商品； （3）季节性降价； （4）因清偿债务、转产、歇业降价销售商品。
搭售行为	经营者销售商品，不得违背购买者的意愿搭售商品或者附加其他不合理的条件。
不当有奖销售行为	（1）采用谎称有奖或者故意让内定人员中奖的欺骗方式进行有奖销售； （2）利用有奖销售的手段推销质次价高的商品； （3）抽奖式的有奖销售，最高奖的金额超过5 000元。
诋毁商誉行为	经营者不得捏造、散布虚伪事实，损害竞争对手的商业信誉、商品声誉。 注意：对于不正当竞争的行为的诋毁商誉行为，主体仅限于经营者。并且实施诋毁商誉行为的经营者与被诋毁商誉的经营者之间存在竞争关系。

注意：混淆行为和虚假宣传行为统称为欺骗性标志行为。
该行为的特征体现在：
① 行为主体是经营者。
② 行为方式是对商品和服务进行不实的标记和介绍。
③ 行为的目的是诱使消费者错误识别，增加交易机会，谋取商业利益。
④ 行为的后果是侵害相关经营者和消费者的权利和利益，自己却因此获得不道德而且违法的利益。

考点 2　法律责任

(一) 行政责任

(1) 县级以上监督检查部门对不正当竞争行为,可以进行监督检查和行政处罚。

(2) 当事人对监督检查部门作出的处罚决定不服的,可以自收到处罚决定之日起 15 日内向上一级主管机关申请复议;对复议决定不服的,可以自收到复议决定书之日起 15 日内向人民法院提起诉讼;也可以直接向人民法院提起诉讼。

(二) 民事责任

(1) 被侵害者受损数额可以计算的,应当承担相应的损害赔偿责任;

(2) 被侵害的经营者的损失难以计算的,赔偿额为侵权人在侵权期间因侵权所获得的利润;

(3) 侵权人还应承担被侵权人因调查该不正当竞争行为所支付的合理费用。

【真题演练】

1. 红心地板公司在某市电视台投放广告,称"红心牌原装进口实木地板为你分忧",并称"强化木地板甲醛高、不耐用"。此后,本地市场上的强化木地板销量锐减。经查明,该公司生产的实木地板是用进口木材在国内加工而成。关于该广告行为,下列哪一选项是正确的? (2014 年真题,单选)

　　A. 属于正当竞争行为
　　B. 仅属于诋毁商誉行为
　　C. 仅属于虚假宣传行为
　　D. 既属于诋毁商誉行为,又属于虚假宣传行为

【答案】　D

【解析】　根据《反不正当竞争法》第 9 条以及第 14 条的规定,题目中该行为既属于诋毁商誉行为,又属于虚假宣传行为,故 D 项正确。

2. 某县"大队长酒楼"自创品牌后声名渐隆,妇孺皆知。同县的"牛记酒楼"经暗访发现,"大队长酒楼"经营特色是,服务员统一着上世纪 60 年代服装,播放该年代歌曲,店堂装修、菜名等也具有时代印记。"牛记酒楼"遂改名为"老社长酒楼",服装、歌曲、装修、菜名等一应照搬。根据《反不正当竞争法》的规定,"牛记酒楼"的行为属于下列哪一种行为? (2012 年真题,单选)

　　A. 正当的竞争行为　　　　　　　　B. 侵犯商业秘密行为
　　C. 混淆行为　　　　　　　　　　　D. 虚假宣传行为

【答案】　C

【解析】　根据《反不正当竞争法》第 5 条规定,C 项应入选。题目中的"大队长酒楼"的名称、服装、歌曲、装修都为公众知悉,不属于商业秘密,故 B 项不应入选。根据《反不正当竞争法》第 9 条规定,D 项不应入选。

3. 下列哪些选项属于不正当竞争行为? (2012 年真题,多选)

　　A. 甲灯具厂捏造乙灯具厂偷工减料的事实,私下告诉乙厂的几家重要客户

B. 甲公司发布高薪招聘广告，乙公司数名高管集体辞职前往应聘，甲公司予以聘用
C. 甲电器厂产品具有严重瑕疵，媒体误报道为乙电器厂产品，甲厂未主动澄清
D. 甲厂使用与乙厂知名商品近似的名称、包装和装潢，消费者经仔细辨别方可区别二者差异

【答案】 AD

【解析】 根据《反不正当竞争法》第14条规定，A项应入选。根据《反不正当竞争法》第5条规定，D项应入选。B选项高薪聘员属于正常的市场竞争行为，没有违背自愿、平等、公平和诚实信用原则，B不应入选。C选项侵权的主体是媒体，与甲厂无关。媒体和乙厂也没有竞争关系，仅构成一般侵权，C不应入选。

4. 根据《反不正当竞争法》规定，下列哪些行为属于不正当竞争行为？（2010年真题，多选）
A. 甲企业将所产袋装牛奶标注的生产日期延后了两天
B. 乙企业举办抽奖式有奖销售，最高奖为5 000元购物券，并规定用购物券购物满1 000元的可再获一次抽奖机会
C. 丙企业规定，销售一台电脑给中间人5%佣金，可不入账
D. 丁企业为清偿债务，按低于成本的价格销售商品

【答案】 AC

【解析】 根据《反不正当竞争法》第9条的规定，A项应选。根据《反不正当竞争法》第13条的规定，B项不应选。根据我国《反不正当竞争法》第8条规定，C选项"可不入账"不符合法律规定，应选。根据《反不正当竞争法》第11条的规定，D选项不应选。

消费者法专题

专题导学：

消费者法的精神：消费者权益、经营者责任

广义上的消费者法是调整在保护消费者权益和构建经营者责任的过程中发生的社会关系的法律规范的总称。所谓"消费者权益"是指消费者依法享有的权利以及该权利受到保护而给消费者带来的应得的利益。所谓"经营者责任"是指从事商品生产、经营或者提供服务的自然人、法人和其他组织，违反法律规定的经营者义务而应承担的相应责任。广义上的消费者法在考试中包括三部法律，即《消费者权益保护法》着眼于对消费者权益的重点保护；《产品质量法》目的在于对缺陷产品的生产者责任、销售者责任及第三方责任进行规制；《食品安全法》侧重在食品生产、流通等各个环节，保证食品安全，保障公民身体健康和生命安全。

消费者法学习线索：

1. 消费者权利与经营者义务

《消费者权益保护法》中规定的消费者权利与经营者义务是学习的重点。特别应当结合2013年新修订的《消费者权益保护法》规定的，非现场购物的反悔权、消费者个人的信息权、三倍的惩罚性赔偿、霸王条款的限制等内容进行复习。

2. 产品责任

产品责任亦称产品缺陷责任,是指因产品缺陷造成人身、缺陷产品以外的其他财产损害而应承担的赔偿责任。应当能够辨析直接责任的承担和最终责任的承担,以及产品责任中生产者和销售者不同的归责原则和免责事由。

3. 食品安全的一般规定

食品安全直接关系到公民的身体健康和生命,在消费者法中有着十分重要的法律地位和更加严格的规定,因此要求能够充分理解食品安全法的法律体系,包括法律适用、食品许可、食品标准、食品召回、食品信息、食品检验、安全事故处置、民事赔偿责任等重要内容。

第一节 消费者权益保护法

考点 1 消费者权益保护法概述

(一) 概述

消费者权益保护法是调整在保护消费者权益的过程中发生的社会关系的法律规范的总称,其立法目的系保护消费者的合法权益,维护社会经济秩序,促进社会主义市场经济的健康发展。

消费者权益保护法应当包括:一是尊重和保障人权原则,即是国家保护消费者的合法权益不受侵犯;二是保障经济秩序原则,体现在我国的《消费者权益保护法》中即是一切组织和个人对损害消费者合法权益的行为进行社会监督;三是依法交易原则,经营者应当依法提供商品或者服务,经营者与消费者进行交易应当遵循自愿、平等、公平和诚实信用。

从上述原则中可以看出,消费者保护需要立足于经济、社会的总体利益,而并非仅仅是调整消费者与经营者之间的个体关系,国家要从人权、经济与社会秩序等高度,来切实保障消费者的合法权益。

(二) 适用范围

1. 消费者为生活消费需要购买、使用商品或者接受服务,适用《消费者权益保护法》

(1) 消费者既包括商品的购买者,也包括商品的使用者,还包括服务的接受者。消费者不限于与经营者达成合同关系的相对方,购买商品一方的家庭成员、受赠人等使用商品的主体都是消费者。

(2) 生活消费是指为个人或者家庭生活需要而消费物质资料或者精神产品的行为。生活消费应做广义理解,既包括衣食住行等生存型消费,也包括职业培训等发展型消费,还包括文化旅游等精神型或休闲型消费。

注意:农民购买、使用直接用于农业生产的生产资料,适用《消费者权益保护法》

2. 经营者为消费者提供其生产、销售的商品或者提供服务,适用《消费者权益保护法》。

(1) 经营者是从事生产、销售商品或者提供服务等经营活动的民事主体。

(2) 经营者从事的行为是有偿的。

(3) 经营者不以公司等企业法人为限。凡是持续有偿的向消费者从事商品生产、销售或者提供服务的法人、其他组织和自然人,都可以成为经营者。

考点 2 消费者权利

消费者的权利主要包括:安全保障权;知悉真情权;自主选择权;公平交易权;获得赔偿权;结社权;获得相关知识权;受尊重及个人信息受到保护权;监督批评权。

(一) 安全保障权

消费者在购买、使用商品或者接受服务时,享有人身、财产安全不受损害的权利。

1. 人身安全权

消费者的生命健康不受损害的权利。

2. 财产安全权

消费者在购买、使用商品和接受服务时享有财产安全不受损害的权利。

(二) 知悉真情权

1. 消费者享有知悉其购买、使用的商品或者接受服务的真实情况的权利

对于消费者来说,了解的真实情况越多,越有利于作出正确的消费选择。对于经营者来说,有义务向消费者提供商品的真实情况。

2. 商品或服务的情况

(1) 商品或者服务的基本情况包括商品的价格、产地、生产者、生产日期、有效期限、检验合格证明、使用方法说明书、售后服务,或者服务的内容、费用等。

(2) 商品的性质状况等基本情况包括商品用途、性能、规格、等级、主要成分或者服务的规格等。

(三) 自主选择权

消费者享有自主选择商品或者服务的权利。

(1) 自主选择提供商品或者服务的经营者

(2) 自主选择商品品种或者服务方式

(3) 自主决定是否购买商品或者接受服务

(4) 对商品和服务进行比较、鉴别和挑选

(四) 公平交易权

消费者享有公平交易的权利。

1. 交易条件公平

(1) 商品或者服务的质量合格

(2) 商品或者服务的价格合理

(3) 商品或者服务的计量正确

2. 有权拒绝经营者的强制交易行为

(五) 获得赔偿权

消费者因购买、使用商品或者接受服务受到人身、财产损害的,享有依法获得赔偿的权利。

消费者因购买、使用商品或者接受服务受到的人身损害包括：生命健康权、姓名权、肖像权、名誉权、隐私权等损害，也包括人身自由、人格尊严等人格权的损害。

(六) 结社权

消费者享有依法成立维护自身合法权益的社会团体的权利。

结社权是宪法赋予公民的基本权利之一。通过行使结社权有利于消费者从弱小走向强大，从分散走向集中，依靠集体的力量来改变自己的弱者地位。

(七) 获得相关知识权

该项权利是由知悉真情权中引申来的一种消费者权利，是消费者获得有关消费和消费者权益保护方面知识的权利。消费者应当努力掌握所需商品或者服务的知识和使用技能，正确使用商品，提高自我保护意识。

消费知识主要是指有关商品和服务的知识。消费者权益方面的知识是指有关消费者权益保护方面以及消费者权益受到损害如何有效解决方面的法律知识。

(八) 受尊重及个人信息受到保护权

消费者在购买、使用商品和接受服务时，享有人格尊严、民族风俗习惯得到尊重的权利，享有个人信息依法得到保护的权利。

1. 消费者享有人格尊严受到尊重的权利

人格尊严是人身权的重要内容，涉及姓名权、名誉权、荣誉权、肖像权、隐私权等方面。

2. 消费者享有民族风俗习惯受到尊重的权利

民族风俗习惯涉及风土人情、饮食情况、居住方式、衣着服饰、礼节禁忌等诸多方面。

3. 消费者享有个人信息得到保护的权利

个人信息，也称为个人资料、个人数据，一般是指自然人相关的能够单独识别或者辅以其他信息能够识别出特定主题的所有信息，可以表现为文字、图表、图形等任何形式。

(九) 监督批评权

消费者享有对商品和服务以及保护消费者权益工作进行监督的权利。

(1) 消费者有权对经营者的商品和服务进行监督。在权利受到侵害时，消费者有权提出检举、控告。

(2) 消费者有权监督国家机关及其工作人员，对其在保护消费者权益工作中的违法失职行为进行检举、控告。

(3) 消费者有权对消费者权益工作提出批评、建议。

考点 3 经营者的义务

经营者的义务主要包括：依法守信义务；接受监督义务；安全保障义务；缺陷商品服务采取措施义务；提供真实全面信息义务；标明真实名称与标记义务；出具凭证或单据义务；保证商品或服务质量义务；退货、更换、修理"三包"义务；不得使用不公平格式条款义务；不得侵犯消费者人身权义务；信息披露义务；保护消费者个人信息义务。

（一）依法守信的义务

经营者向消费者提供商品或者服务，应当依法守信，恪守社会公德并承担社会责任，这样有助于培育诚信的消费环境，增强人民群众的消费信心。

（1）经营者向消费者提供商品和服务，应依照法律、法规的规定履行义务。

（2）双方有约定的，应按照约定履行义务，但双方的约定不得违反法律、法规的规定。

（3）经营者向消费者提供商品或者服务，应当恪守社会公德，诚信经营，保障消费者的合法权益；不得设定不公平、不合理的交易条件，不得强制交易。

（二）接受监督的义务

经营者应当听取消费者对其提供的商品或者服务的意见，接受消费者的监督。

1. 经营者接受消费者监督的内容

（1）商品或者服务本身存在的问题；

（2）经营者在提供商品或者服务过程中的行为；

（3）后续义务履行及民事责任承担问题。

2. 经营者接受消费者监督的方式

（1）听取消费者的意见；

（2）通过邀请消费者代表实地参观、组织座谈会等方式接受监督。

（三）安全保障义务

1. 经营者提供商品或者服务的安全保障义务

（1）经营者应当保证其提供的商品或者服务符合保障人身、财产安全的要求。

（2）对可能危及人身、财产安全的商品或者服务，应当向消费者作出真实的说明和明确的警示，并说明和标明正确使用商品或者接受服务的方法以及防止危害发生的方法。

2. 经营场所的经营者的安全保障义务

宾馆、商场、餐馆、银行、机场、车站、港口、影剧院等经营场所的经营者，应当对消费者尽到安全保障义务。

注意：《侵权责任法》规定的安全保障义务

第37条　宾馆、商场、银行、车站、娱乐场所等公共场所的管理人或者群众性活动的组织者，未尽到安全保障义务，造成他人损害的，应当承担侵权责任。

因第三人的行为造成他人损害的，由第三人承担侵权责任；管理人或者组织者未尽到安全保障义务的，承担相应的补充责任。

（四）缺陷商品服务采取措施义务

经营者发现其提供的商品或者服务存在缺陷，有危及人身、财产安全危险的，应当立即向有关行政部门报告和告知消费者，并采取下列措施：

1. 停止销售

经营者发现提供的商品或者服务存在缺陷，如果发现时经营者仍然在销售存在缺陷的商品，那么经营者首先应当采取的措施是停止销售商品。

2. 警示

对产品有关的危险或产品的正确使用给予说明、提醒,提请使用者在使用该产品时注意已经存在的危险或潜在可能发生的危险。

3. 召回

产品的生产者、销售者依法定程序,对其生产或者销售的缺陷产品以换货、退货、更换零配件等方式,及时消除或减少缺陷产品危害的行为。

召回产生的必要费用由经营者承担。

4. 无害化处理

经营者对其生产或者销售的有缺陷的商品做不污染环境的处理。

5. 停止生产或者服务

经营者发现提供的商品或者服务存在缺陷的,停止继续生产或者服务。

(五) 提供真实全面信息义务

1. 经营者向消费者提供信息应当真实、全面
（1）经营者提供的信息应当是真实的；
（2）经营者提供的信息应当是全面的；
（3）经营者不得作虚假或者引人误解的宣传。
2. 经营者对消费者就其提供的商品或者服务的质量和使用方法等问题提出的询问,应当作出真实、明确的答复
3. 经营者提供商品或者服务应当明码标价

(六) 标明真实名称与标记义务

经营者的名称与标记,是经营者之间相互区别的重要标志,是消费者判断商品或服务来源及其品质的最基本依据。同样的商品或者服务,经营者不同,其商品或者服务的质量也都不一样。

（1）经营者应当标明其真实名称和标记。
（2）租赁他人柜台或者场地的经营者特别强调要标明其真实的名称与标记。

(七) 出具凭证或单据义务

购货凭证或服务单据是证明经营者与消费者之间存在消费关系的证明文件,这也是在消费者权益受到损害时求偿的重要证据。

（1）经营者提供商品或者服务,应当按照国家有关规定或者商业惯例向消费者出具发票等购货凭证或者服务单据。
（2）消费者索要发票等购货凭证或者服务单据的,经营者必须出具。

注意:如果消费者索要,将构成强制性义务。

(八) 保证商品或服务质量义务

1. 一般商品或者服务
（1）经营者应当保证消费者在正常使用商品或者接受服务时,其提供的商品或者服务应

当具有的质量、性能、用途和有效期限。

(2) 消费者在购买该商品或者接受该服务前,已经知道存在瑕疵,且存在该瑕疵不违反法律强制性规定的除外。

2. 明示商品或者服务质量的

经营者以明示的方式表明其商品或者服务的质量状况,而事实上未达到,属于损害消费者权益的行为。

经营者以广告、产品说明、实物样品或者其他方式表明商品或者服务质量状况的,应当保证其提供的商品或者服务的实际质量与表明的质量状况相符。

3. 耐用商品或者装饰装修等服务(经营者的瑕疵举证责任)

经营者提供的机动车、计算机、电视机、电冰箱、空调器、洗衣机等耐用商品或者装饰装修等服务,消费者自接受商品或者服务之日起6个月内发现瑕疵,发生争议的,由经营者承担有关瑕疵的举证责任。

注意:一般商品或者服务的瑕疵系由消费者举证的。耐用商品,尤其是科技含量较高的商品,或者装饰装修等一些技术性较强或者结构程序复杂的服务,消费者缺乏相关专业知识,难以掌握深入信息和发现隐蔽瑕疵,因此实行举证责任倒置。

(九) 退货、更换、修理"三包"义务

1. 一般商品或者服务

(1) 经营者提供商品或者服务,按照国家规定或者与消费者的约定,承担包修、包换、包退或者其他责任的,应当按照规定或者约定履行,不得故意拖延或者无理拒绝。

① "三包"可以是法定的,也可以是约定的。

② "其他责任"是指"三包"以外的民事责任。

(2) 没有国家规定和当事人约定的,消费者可以自收到商品之日起7日内退货;7日后符合法定解除合同条件的,消费者可以及时退货,不符合法定解除合同条件的,可以要求经营者履行更换、修理等义务。

① 经营者提供的商品或者服务不符合质量要求的;

② 没有国家规定和当事人约定的;

③ 自收到商品之日起7日内退货;

④ 7日后符合法定解除合同条件的,可退;不符合法定解除合同条件的,可更换、修理。

(3) "三包"产生的运输等必要费用由经营者承担,不限于大件商品。

2. 远程交易购物的无理由退货

(1) 远程交易购物指的是网购、电视电话购物、邮购等领域。

(2) 无理由退货的适用期限为消费者自收到商品之日起7日内。

(3) 排除适用无理由退货的情形:法定+约定。

① 消费者定作的;

② 鲜活易腐的;

③ 在线下载或者消费者拆封的音像制品、计算机软件等数字化商品;

④ 交付的报纸、期刊。

注意:其他根据商品性质并经消费者在购买时确认不宜退货的商品,不适用无理由退货。

(4) 消费者的义务。
① 退回商品的运费
注意：经营者和消费者另有约定的，按照约定。
② 保证商品完好
注意："商品完好"包括消费者为检查、试用商品而拆封的情况，只要不是因消费者的原因造成价值明显贬损的，均属于"商品完好"。
(5) 经营者应当自收到退回商品之日起7日内返还消费者支付的商品价款。

(十) 不得使用不公平格式条款义务

1. 经营者使用格式条款时的具体义务
(1) 提示说明义务
经营者在经营活动中使用格式条款的，应当以显著方式提请消费者注意商品或者服务的数量和质量、价款或者费用、履行期限和方式、安全注意事项和风险警示、售后服务、民事责任等与消费者有重大利害关系的内容，并按照消费者的要求予以说明。
(2) 禁止使用对消费者"不公平、不合理"的格式条款
经营者不得以格式条款、通知、声明、店堂告示等方式，作出排除或者限制消费者权利、减轻或者免除经营者责任、加重消费者责任等对消费者不公平、不合理的规定，不得利用格式条款并借助技术手段强制交易。

2. 法律效力
格式条款、通知、声明、店堂告示等含有上述禁止使用的格式条款的，其内容无效。

(十一) 不得侵犯消费者人身权义务

(1) 经营者不得对消费者进行侮辱、诽谤；
(2) 不得搜查消费者的身体及其携带的物品；
(3) 不得侵犯消费者的人身自由。

(十二) 信息披露义务

1. 信息披露义务仅适用于特定领域的经营者
(1) 远程交易购物
采用网购、电视电话购物、邮购等方式提供商品或者服务的经营者。
(2) 金融服务
提供证券、保险、银行等金融服务的经营者。
2. 特定领域的经营者应当提供的信息
特定领域的经营者应当向消费者提供经营地址、联系方式、商品或者服务的数量和质量、价款或者费用、履行期限和方式、安全注意事项和风险警示、售后服务、民事责任等信息。

(十三) 保护消费者个人信息义务

1. 经营者收集、使用消费者个人信息
(1) 应当遵循合法、正当、必要的原则，明示收集、使用信息的目的、方式和范围，并经消费

者同意。

（2）应当公开其收集、使用规则，不得违反法律、法规的规定和双方的约定收集、使用信息。

经营者收集、使用信息应当与事先向消费者明示的使用目的相关，不得收集、使用与消费者交易无关的其他信息。

2. 经营者应当确保收集到的消费者个人信息的安全

（1）经营者负有严格的保密义务，不得泄露、出售或者非法向他人提供消费者个人信息。除非信息主体同意或者法律授权外，经营者不得披露数据，不得将其用于与最初收集时预定目的不符的其他目的。

（2）经营者应当采取技术措施和其他必要措施，确保信息安全，防止消费者个人信息泄露、丢失。在发生或者可能发生信息泄露、丢失的情况时，应当立即采取补救措施。

（3）经营者应当确保消费者不受无关商业信息的侵扰。经营者未经消费者同意或者请求，或者消费者明确表示拒绝的，不得向其发送商业性信息。

考点 4　消费者组织

保护消费者的合法权益是全社会的共同责任，国家鼓励、支持一切组织和个人对损害消费者合法权益的行为进行社会监督。为了更好地保护消费者的权益，各种消费者组织的作用不可小视，它既是消费者结社权的落实又是消费者获得信息权、依法求偿权、批评监督权的实现的保障。同时，消费者权益保障组织具有非营利性和公益性，有助于保持其中立地位，从而更好地为消费者服务。

（一）性质

消费者协会和其他消费者组织是依法成立的，对商品和服务进行社会监督的保护消费者合法权益的社会组织。

目前，中国消费者协会及地方各级消费者协会已经成立。我国现有的消费者协会是由各级政府发起成立的半官方的组织，其工作人员和经费由工商行政管理局配备和提供，在同级工商行政管理局的领导下开展工作。

（二）公益性职责

（1）向消费者提供消费信息和咨询服务，提高消费者维护自身合法权益的能力，引导文明、健康、节约资源和保护环境的消费方式；

（2）参与制定有关消费者权益的法律、法规、规章和强制性标准；

（3）参与有关行政部门对商品和服务的监督、检查；

（4）就有关消费者合法权益的问题，向有关部门反映、查询、提出建议；

（5）受理消费者的投诉，并对投诉事项进行调查、调解；

（6）投诉事项涉及商品和服务质量问题的，可以委托具备资格的鉴定人鉴定，鉴定人应当告知鉴定意见；

（7）就损害消费者合法权益的行为，支持受损害的消费者提起诉讼或者依照《消费者权益保护法》提起诉讼；

(8) 对损害消费者合法权益的行为，通过大众传播媒介予以揭露、批评。

注意：新修订内容

① 增加"提高消费者维护自身合法权益的能力，引导文明、健康、节约资源和保护环境的消费方式"的倡导性规定。

② 增加消费者组织参与制定有关消费者立法活动的职责。

③ 增加消费者组织的诉权。

公益诉讼：对侵害众多消费者合法权益的行为，中国消费者协会以及在省、自治区、直辖市设立的消费者协会，可以向人民法院提起诉讼。

(三) 禁止行为

消费者组织不得从事商品经营和营利性服务，不得以收取费用或者其他牟取利益的方式向消费者推荐商品和服务。

(四) 经费支持

各级人民政府对消费者协会履行职责应当予以必要的经费等支持。

考点 5 争议的解决

(一) 消费者争议的解决途径

(1) 与经营者协商和解；
(2) 请求消费者协会或者依法成立的其他调解组织调解；
(3) 向有关行政部门投诉；
(4) 根据与经营者达成的仲裁协议提请仲裁机构仲裁；
(5) 向人民法院提起诉讼。

(二) 民事责任

1. 违约责任

可以向销售者请求赔偿，由销售者赔偿后，再向生产者或者其他销售者追偿，与《产品质量法》一致。

经营者提供商品或者服务，造成消费者财产损害的，应当依照法律规定或者当事人约定承担修理、重作、更换、退货、补足商品数量、退还货款和服务费用或者赔偿损失等民事责任。

2. 侵权责任

由消费者选择，可以向生产者，也可以向销售者请求赔偿，与《产品质量法》一致。

(1) 经营者侵害消费者的人格尊严、侵犯消费者人身自由或者侵害消费者个人信息依法得到保护的权利的，应当停止侵害、恢复名誉、消除影响、赔礼道歉，并赔偿损失。

(2) 经营者有侮辱诽谤、搜查身体、侵犯人身自由等侵害消费者或者其他受害人人身权益的行为，造成严重精神损害的，受害人可以要求精神损害赔偿。

(3) 经营者对消费者未尽到安全保障义务，造成消费者损害的，应当承担侵权责任。

3. 特殊责任

(1) 借用营业执照的责任

使用他人营业执照的违法经营者提供商品或者服务，消费者可以向其、也可以向营业执照的持有人要求赔偿。

(2) 展销会举办者、柜台出租者的责任

① 展销会期间或柜台租赁期间,直接向销售者或服务者要求赔偿。

② 展销会结束或者柜台租赁期满后,可以向销售者或服务者要求赔偿,也可以向展销会的举办者、柜台的出租者要求赔偿。

(3) 网络交易平台提供者的责任

① 消费者通过网络交易平台购买商品或者接受服务,可以向销售者或者服务者要求赔偿。

② 特定条件下网络交易平台的先行赔付责任。网络交易平台提供者对平台内经营者的真实名称、地址和有效联系方式负有提供义务。不能提供的,消费者可以要求网络交易平台承担先行赔付责任。

注意:网络交易平台提供者赔偿后,可以向销售者或者服务者追偿。

③ 网络交易平台提供者作出更有利于消费者的承诺的,应当履行承诺。

注意:网络交易平台提供者赔偿后,有权向销售者或者服务者追偿。

④ 过错原则下的连带侵权责任。网络交易平台提供者明知或者应知销售者或者服务者利用其平台侵害消费者合法权益,未采取必要措施的,与该销售者或者服务者承担连带责任。

(4) 虚假广告的责任

广告是指提供商品或者服务的经营者承担费用,通过一定媒介和形式直接或者间接的介绍自己所推销的商品或者所提供的服务的商业广告。

① 经营者。因虚假广告的商品或者服务致消费者利益受损,消费者可以向经营者要求赔偿。

② 广告经营者。广告的经营者不能提供经营者的真实名称、地址和有效联系方式的,应当承担赔偿责任;广告经营者、发布者设计、制作、发布关系消费者生命健康商品或者服务的虚假广告,造成消费者损害的,应当与提供该商品或者服务的经营者承担连带责任。

③ 广告代言人。社会团体或者其他组织、个人在关系消费者生命健康商品或者服务的虚假广告或者其他虚假宣传中向消费者推荐商品或者服务,造成消费者损害的,应当与提供该商品或者服务的经营者承担连带责任。

(5) 惩罚性赔偿

① 经营者提供商品或者服务有欺诈行为的,应当按照消费者的要求增加赔偿其受到的损失,增加赔偿的金额为消费者购买商品的价款或者接受服务的费用的3倍;增加赔偿的金额不足500元的,为500元。法律另有规定的,依照其规定。

② 经营者明知商品或者服务存在缺陷,仍然向消费者提供,造成消费者或者其他受害人死亡或者健康严重损害的,受害人有权要求经营者给付人身损害赔偿和精神损害赔偿等赔偿损失,并有权要求所受损失2倍以下的惩罚性赔偿。

注意:故意造成消费者人身严重损害的,"所受损失"2倍以下的惩罚性赔偿。

【真题演练】

1. 甲在乙公司办理了手机通讯服务,业务单约定:如甲方(甲)预付费使用完毕而未及时补交款项,乙方(乙公司)有权暂停甲方的通讯服务,由此造成损失,乙方概不担责。甲预付了费用,1年后发现所用手机被停机,经查询方得知公司有"话费有效期满暂停服务"的规定,此时账户尚有余额,遂诉之。关于此事,下列哪些说法是正确的?(2016年真题,多选)

  A. 乙公司侵犯了甲的知情权
  B. 乙公司提供格式条款时应提醒甲注意暂停服务的情形
  C. 甲有权要求乙公司退还全部预付费
  D. 法院应支持甲要求乙公司承担惩罚性赔偿的请求

【答案】 AB
【解析】 根据我国《消费者权益保护法》第8条的规定,乙公司并未全面告知甲业务单中的具体内容,侵犯了甲作为消费者的知情权。A选项正确。根据我国《合同法》第39条的规定,B选项正确。根据我国《消费者权益保护法》第53条的规定,乙虽未尽到良好的说明义务,但其仍然提供了有效的通讯服务,因此,甲无权要求乙公司退还全部的预付款。C选项错误。根据我国《消费者权益保护法》第55条的规定,乙公司的行为不适用惩罚性赔偿。D选项错误。

2. 张某从某网店购买一套汽车坐垫。货到拆封后,张某因不喜欢其花色款式,多次与网店交涉要求退货。网店的下列哪些回答是违法的?(2014年真题,多选)

  A. 客户下单时网店曾提示"一经拆封,概不退货",故对已拆封商品不予退货
  B. 该商品无质量问题,花色款式也是客户自选,故退货理由不成立,不予退货
  C. 如网店同意退货,客户应承担退货的运费
  D. 如网店同意退货,货款只能在一个月后退还

【答案】 ABD
【解析】 《消费者权益保护法》第24条以及25条的规定,题目中汽车坐垫不属于音像制品、计算机软件等数字化商品,不能以拆封作为拒绝退还的理由,故A项错误。网店7日内退货不需要任何理由,故B项错误。退回商品的运费由消费者承担,故C项正确。经营者应当自收到退回商品之日起7日内返还消费者支付的商品价款,故D项错误。

第二节 产品质量法

考点 1 产品质量法的适用范围

(一) 概述

  产品质量法是调整在生产、流通和消费过程中因产品质量所发生的社会关系的法律规范的总称。产品质量法以加强产品质量监督管理,提高产品质量水平,明确产品质量责任,保护消费者的合法权益,维护社会经济秩序为立法宗旨。凡在我国境内从事产品生产、销售活动,都必须遵守《产品质量法》。

  产品质量法调整的对象主要有三个方面:第一,产品质量监督管理关系,即各级技术监督部门、工商行政管理部门在产品质量监督检查、行使行政处罚权时与市场主体所发生的法律关系。第二,产品质量责任关系,即因产品质量而引起的消费者与销售者、生产者之间的法律关系。第三,产品质量检验、认证关系,即因中介服务所产生的中介机构与市场经营主体之间的

法律关系,以及因产品质量检验和认证不实损害消费者利益而产生的法律关系。

(二) 适用范围

(1) 产品质量法所称的产品,是指经过加工、制作,用于销售的产品。因此,天然的物品,非用于销售的物品,不属于该法所说的产品。

(2) 由于建设工程、军工产品在质量监督管理方面的特殊性,它们被排除在产品质量法所称的产品范围之外,另由专门的法律予以调整;但建设工程所用的建筑材料、建筑构配件和设备以及军工企业生产的民用产品,适用产品质量法的规定。

(3) 因核设施、核产品造成损害的赔偿责任,法律、行政法规另有规定的,依照其规定。

(4) 初级农产品不是产品质量法所称的产品,但经过加工以后的农产品属于产品质量法所称的产品。

考点 2 产品质量监督与质量认证制度

(一) 产品质量监督制度

产品质量监督管理是指划分部门之间、中央与地方之间产品质量监督管理权限的法律制度。我国的产品质量监督管理机构主要有两类:一类是专门机构,即各级技术监督局;另一类是其他部门,包括工商、卫生、医药等管理部门。

根据《产品质量法》的规定,国务院产品质量监督管理部门负责全国产品质量监督管理工作;县级以上地方产品质量监督部门负责本行政区域内的产品质量监督管理工作。县级以上地方人民政府有关部门在各自的职权范围内负责产品质量监督管理工作。

(1) 以抽查为主要方式。

(2) 由国务院质监部门规划、组织,县级以上地方质监部门在其区域内可以组织监督抽查。

(3) 国家监督抽查的产品,地方不得另行重复抽查;上级监督抽查的产品,下级不得另行重复抽查。

(4) 检验抽取样品的数量不得超过检验的合理需要,并不得向被检查人收取检验费用。

(5) 生产者、销售者对抽查检验的结果有异议的,向实施监督抽查的质监部门或者其上级质监部门申请复检,由受理复检的质监部门作出复检结论。

(6) 对依法进行的产品质量监督检查,生产者、销售者不得拒绝。

(二) 产品质量认证制度

质量认证分为企业质量体系认证和产品质量认证。

企业质量体系认证是指通过认证机构的独立审评,对于符合条件的企业,颁发认证证书,从而证明该企业的质量体系达到相应标准。其认证的对象是企业,即企业的质量管理、质量保证能力的整体水平。企业可以自愿提出申请认证。推行企业质量体系认证,引导企业向国际先进水平努力,有利于促进企业改善经营管理,提高企业整体素质,增强市场竞争能力。

产品质量认证是指通过认证机构的独立审评,对于符合条件的产品,颁发认证证书和认证标志,从而证明某一产品达到相应标准。企业可以自愿提出申请认证。推行产品质量认证,引导企业向国际先进水平看齐,有利于促进企业提高产品质量,提高企业信誉,开拓国内外市场。

(1) 国家推行企业质量体系认证制度和产品质量认证制度,企业根据自愿原则申请,经认证合格的,由认证机构颁发企业质量体系认证证书,准许企业在产品或者其包装上使用产品质量认证标志。

(2) 质量认证机构属于中介机构,具有独立性,不得与行政机关和其他国家机关存在隶属关系或者其他利益关系。

(3) 认证机构应在认证后进行跟踪检查,对不符合认证标准而使用认证标志的,要求其改正;情节严重的,取消其使用认证标志的资格。

考点 3 产品质量法律责任

生产者的产品质量义务	产品内在质量	(1) 不存在危及人身、财产安全的不合理的危险,有保障人体健康和人身、财产安全的国家标准、行业标准的,应当符合该标准; (2) 具备产品应当具备的使用性能,但是,对产品存在使用性能的瑕疵作出说明的除外; (3) 符合在产品或者其包装上注明采用的产品标准,符合以产品说明、实物样品等方式表明的质量状况。
	标识及包装	产品或者其包装上的标识必须真实,并符合下列要求: (1) 有产品质量检验合格证明; (2) 有中文标明的产品名称、生产厂厂名和厂址; (3) 根据产品的特点和使用要求,需要标明产品规格、等级、所含主要成分的名称和含量的,用中文相应予以标明;需要事先让消费者知晓的,应当在外包装上标明,或者预先向消费者提供有关资料; (4) 限期使用的产品,应当在显著位置清晰地标明生产日期和安全使用期或者失效日期; (5) 使用不当,容易造成产品本身损坏或者可能危及人身、财产安全的产品,应当有警示标志或者中文警示说明。
	禁止生产者从事的行为	(1) 不得生产国家明令淘汰的产品; (2) 不得伪造产地,不得伪造或者冒用他人的厂名、厂址; (3) 不得伪造或者冒用认证标志、名优标志等质量标志; (4) 不得掺杂、掺假,不得以假充真、以次充好,不得以不合格产品冒充合格产品。
销售者的产品质量义务		(1) 销售者不得销售国家明令淘汰并停止销售的产品和失效、变质的产品。失效,是指超过产品质量保证期或者安全使用期,可能导致产品变质,但也可能只是导致商品的价格降低。变质,则是指产品不能使用。 (2) 销售者不得伪造产地,不得伪造或者冒用他人的厂名、厂址。 (3) 销售者不得伪造或者冒用认证标志等质量标志。 (4) 销售者销售产品,不得掺杂、掺假,不得以假充真、以次充好,不得以不合格产品冒充合格产品。

(续表)

违反产品质量法的民事责任	合同责任	1. 售出的产品有下列情形之一的,销售者应当负责修理、更换、退货;给购买产品的消费者造成损失的,销售者应当赔偿损失 (1)不具备产品应当具备的使用性能而事先未作说明的; (2)不符合在产品或者其包装上注明采用的产品标准的; (3)不符合以产品说明、实物样品等方式表明的质量状况的。 2. 责任承担方式 销售者负责修理、更换、退货、赔偿损失后,属于生产者的责任或者属于向销售者提供产品的其他销售者(供货者)的责任的,销售者有权向生产者、供货者追偿。这是基于合同的相对性,因为买受人是与销售者而非生产者签订的买卖合同,所以须向销售者行使权利,如果是生产者或供货者的问题,之后再由销售者进行追偿; 3. 诉讼时效 此违约责任适用《民法通则》第136条规定的1年的特别诉讼时效。 【《民法通则》第136条】下列的诉讼时效期间为1年:(1) 身体受到伤害要求赔偿的;(2) 出售质量不合格的商品未声明的;(3) 延付或者拒付租金的;(4) 寄存财物被丢失或者损毁的。 注意:与产品侵权责任的诉讼时效不同。 【《产品质量法》第45条】因产品存在缺陷造成损害要求赔偿的诉讼时效期间为2年,自当事人知道或者应当知道其权益受到损害时起计算。因产品缺陷造成损害要求赔偿的请求权,在造成损害的缺陷产品交付最初消费者满10年丧失;但是,尚未超过明示的安全使用期的除外。
	侵权责任(产品责任)	产品侵权责任的特征	(1) 产品侵权责任不以生产者、销售者与受害者有直接合同关系为前提条件; (2) 产品侵权责任的主体不限于合同当事人; (3) 产品侵权责任的核心在产品存在缺陷。缺陷,是指产品存在危及人身、他人财产安全的不合理的危险;产品有保障人体健康和人身、财产安全的国家标准、行业标准的,是指不符合该标准。
		归责原则	1. 生产者的无过错责任 【《侵权责任法》第41条】因产品存在缺陷造成他人损害的,生产者应当承担侵权责任。 2. 销售者的过错责任 【《侵权责任法》第42条】因销售者的过错使产品存在缺陷,造成他人损害的,销售者应当承担侵权责任。销售者不能指明缺陷产品的生产者也不能指明缺陷产品的供货者的,销售者应当承担侵权责任。

(续表)

违反产品质量法的民事责任	侵权责任（产品责任）	直接责任与最终责任	1. 直接责任(受害人的索赔选择权) 【《侵权责任法》第43条】因产品存在缺陷造成损害的,被侵权人可以向产品的生产者请求赔偿,也可以向产品的销售者请求赔偿。 2. 最终责任(生产者、销售者、第三方之间的追偿权) 【《侵权责任法》第43条、第44条】 (1)产品缺陷由生产者造成的,销售者赔偿后,有权向生产者追偿。因销售者的过错使产品存在缺陷的,生产者赔偿后,有权向销售者追偿。 (2)因运输者、仓储者等第三人的过错使产品存在缺陷,造成他人损害的,产品的生产者、销售者赔偿后,有权向第三人追偿。
		受害人的举证责任	(1) 产品存在缺陷; (2) 存在人身伤害、财产损害的事实; (3) 产品缺陷与损害事实之间有因果关系。
		生产者的免责事由	(1) 未将产品投入流通; (2) 产品投入流通时,引起损害的缺陷尚不存在; (3) 将产品投入流通时的科学技术尚不能发现缺陷的存在。
		销售者的产品侵权责任	销售者在下列两种情形下,应当承担产品侵权责任: (1) 由于销售者的过错使产品存在缺陷,造成人身、他人财产损害; (2) 销售者不能指明缺陷产品的生产者也不能指明缺陷产品的供货者。
		第三方的责任	运输者、仓储者等第三方应对由于自己的过错导致产品存在缺陷造成他人的损害,承担侵权责任。
	惩罚性赔偿		明知产品存在缺陷仍然生产、销售,造成他人死亡或者健康严重损害的,被侵权人有权请求相应的惩罚性赔偿。
	产品质量检验机构、认证机构的责任		产品质量检验机构、认证机构出具的检验结果或者证明不实,造成损失的,应当承担相应的赔偿责任; 产品认证机构对不符合认证标准而使用认证标志的产品,未依法要求其改正或者取消其使用,并因该产品不符合认证标准给消费者造成损失的,与生产者、销售者承担连带责任。
	社会团体、中介机构的承诺与保证责任		社会团体、社会中介机构对产品质量作出承诺、保证,而该产品又不符合其承诺、保证的质量要求,给消费者造成损失的,与产品的生产者、销售者承担连带责任。

【真题演练】

1. 赵某从某商场购买了某厂生产的高压锅,烹饪时邻居钱某到其厨房聊天,高压锅爆炸致2人受伤。下列哪一选项是错误的?(2012年真题,单选)
   A. 钱某不得依据《消费者权益保护法》请求赔偿
   B. 如高压锅被认定为缺陷产品,赵某可向该厂也可向该商场请求赔偿
   C. 如高压锅未被认定为缺陷产品则该厂不承担赔偿责任
   D. 如该商场证明目前科技水平尚不能发现缺陷存在则不承担赔偿责任

   【答案】 AD
   【解析】 依据《消费者权益保护法》第40条第2款规定,消费者或者其他受害人因商品缺陷造成人身、财产损害的,可以向销售者要求赔偿,故A错误。根据《产品质量法》第43条规定,B、C项正确。根据《产品质量法》第41条规定,D项错误。本题为选错题,故当选AD。

2. 根据《产品质量法》规定,下列哪一说法是正确的?(2010年真题,单选)
   A. 《产品质量法》对生产者、销售者的产品缺陷责任均实行严格责任
   B. 《产品质量法》对生产者产品缺陷实行严格责任,对销售者实行过错责任
   C. 产品缺陷造成损害要求赔偿的诉讼时效期间为二年,从产品售出之日起计算
   D. 产品缺陷造成损害要求赔偿的请求权在缺陷产品生产日期满十年后丧失

   【答案】 B
   【解析】 根据《产品质量法》第41条以及第42条第1款规定,销售者因其"过错使产品存在缺陷,造成人身、他人财产损害的"实行过错责任原则。故A项错误。根据《产品质量法》第42条规定,销售者的产品责任是过错责任,故B项正确。根据《产品质量法》第45条第1款规定,C项错误。根据《产品质量法》第45条第2款规定,D项错误。

第三节 食品安全法

考点 1 食品安全法的适用

食品安全法是调整在保障食品安全过程中发生的社会关系的法律规范的总称。食品指各种供人食用或者饮用的成品和原料以及按照传统既是食品又是中药材的物品,但是不包括以治疗为目的的物品。食品安全,指食品无毒、无害,符合应当有的营养要求,对人体健康不造成任何急性、亚急性或者慢性危害。

(一) 适用范围

1. 凡在我国境内从事下列活动,应当遵守食品安全法
(1) 食品生产和加工(以下称食品生产),食品销售和餐饮服务(以下称食品经营)。
① 食品生产包括食品生产和加工,是指把食品原料通过生产加工程序,形成一种新形式的可直接食用的产品。
② 食品经营包括食品销售和餐饮服务。餐饮服务是指通过即时制作加工、商业销售和服务性劳动等,向消费者提供食品和消费场所及设施的服务活动。

(2) 食品添加剂的生产经营。

食品添加剂,指为改善食品品质和色、香、味以及为防腐、保鲜和加工工艺的需要而加入食品中的人工合成或者天然物质,包括营养强化剂。

(3) 用于食品的包装材料、容器、洗涤剂、消毒剂和用于食品生产经营的工具、设备(以下称食品相关产品)的生产经营。

① 用于食品的包装材料和容器,指包装、盛放食品或者食品添加剂用的纸、竹、木、金属、搪瓷、陶瓷、塑料、橡胶、天然纤维、化学纤维、玻璃等制品和直接接触食品或者食品添加剂的涂料。

② 用于食品生产经营的工具、设备,指在食品或者食品添加剂生产、销售、使用过程中直接接触食品或者食品添加剂的机械、管道、传送带、容器、用具、餐具等。

③ 用于食品的洗涤剂、消毒剂,指直接用于洗涤或者消毒食品、餐具、饮具以及直接接触食品的工具、设备或者食品包装材料和容器的物质。

(4) 食品生产经营者使用食品添加剂、食品相关产品。

(5) 食品的贮存和运输。

注意:对非食品生产经营者从事食品贮存、运输活动提出了与食品生产经营者相同的要求。

(6) 对食品、食品添加剂、食品相关产品的安全管理。

2. 特殊情况

(1) 供食用的源于农业的初级产品(以下称食用农产品)的质量安全管理,遵守《农产品质量安全法》的规定。但是,食用农产品的市场销售、有关质量安全标准的制定、有关安全信息的公布和《食品安全法》对农业投入品作出规定的,应当遵守《食品安全法》的规定。

食用农产品是指供食用的源于农业的初级产品,即在农业活动中获得的植物、动物、微生物及其产品。如蔬菜、瓜果、未经加工的肉类。

(2) 转基因食品和食盐的食品安全管理,《食品安全法》未作规定的,适用其他法律、行政法规的规定。

① 转基因食品。根据《农业转基因生物安全管理条例》的规定,单位和个人从事农业转基因生物生产、加工的,应当由农业行政主管部门批准。

② 食盐。根据《食盐专营办法》等行政法规的规定,国家对食盐实行专营管理,盐业主管机构负责管理食盐专营工作,实行食盐定点生产许可和食盐批发许可。

(3) 铁路、民航运营中食品安全的管理办法由国务院食品药品监督管理部门会同国务院有关部门依照《食品安全法》制定。

(4) 保健食品的具体管理办法由国务院食品药品监督管理部门依照《食品安全法》制定。

(5) 食品相关产品生产活动的具体管理办法由国务院质量监督部门依照《食品安全法》制定。

(6) 国境口岸食品的监督管理由出入境检验检疫机构依照《食品安全法》以及有关法律、行政法规(如国家质检总局《出入境口岸食品卫生监督管理规定》)的规定实施。

(7) 军队专用食品和自供食品的食品安全管理办法由中央军事委员会依照《食品安全法》制定。

(二)监管部门

1. 食品安全委员会

国务院设立食品安全委员会,其职责由国务院规定。

(1) 分析食品安全形势,研究部署、统筹指导食品安全工作;

(2) 提出食品安全监管的重大政策措施;

(3) 督促落实食品安全监管责任。

2. 国务院食品药品监督管理部门

国务院食品药品监督管理部门依照《食品安全法》和国务院规定的职责,负责对食品生产经营活动实施监督管理,承担食品安全委员会的日常工作。

(1) 对食品生产经营活动实施监督管理;

(2) 承担食品安全委员会的日常工作,负责对食品安全工作的综合协调;

(3) 对食品添加剂的生产经营活动进行监督管理;

(4) 负责对重大食品安全信息的统一发布;

(5) 负责会同有关部门对食品安全事故进行调查处置;

(6) 负责制定食品检验机构的资质认定条件和检验规范;

(7) 参与食品安全国家标准的制定,由国务院卫生行政部门会同其制定、公布食品安全国家标准。

3. 国务院卫生行政部门

国务院卫生行政部门依照《食品安全法》和国务院规定的职责,组织开展食品安全风险监测与风险评估,制定并公布食品安全国家标准。

注意:由国务院卫生行政部门会同国务院食品药品监督管理部门制定食品安全国家标准。

4. 国务院其他有关部门

(1) 国务院质量监督检验检疫部门负责对食品相关产品的生产进行监督管理,负责食品、食品添加剂和食品相关产品的出入境管理。

(2) 国务院农业行政部门负责食用农产品的种植养殖环节,以及食用农产品进入批发、零售市场或生产加工企业前的质量安全监督管理,负责畜禽屠宰环节和生鲜乳收购环节质量安全监督管理,负责与国务院卫生行政部门并会同国务院食品药品监督管理部门制定食品中兽药残留、农药残留的限量规定及其检验方法与规程,并会同国务院卫生行政部门制定屠宰畜、禽的检验规程。

(3) 根据国务院规定的职责承担食品安全工作的其他部门。

考点 2 食品安全标准

食品安全标准关系人民群众身体健康和生命安全,是强制执行的标准,包括食品安全国家标准和地方标准。生产经营者、检验机构以及监管部门必须严格执行,禁止生产经营不符合食品安全标准的食品、食品添加剂和食品相关产品,否则应承担相应的法律责任。

(一)食品安全标准的内容

(1) 食品、食品添加剂、食品相关产品中的致病性微生物,农药残留、兽药残留、生物毒素、重金属等污染物质以及其他危害人体健康物质的限量规定；

（2）食品添加剂的品种、使用范围、用量；

（3）专供婴幼儿和其他特定人群的主辅食品的营养成分要求；

（4）对与卫生、营养等食品安全要求有关的标签、标志、说明书的要求；

（5）食品生产经营过程的卫生要求；

（6）与食品安全有关的质量要求；

（7）与食品安全有关的食品检验方法与规程；

（8）其他需要制定为食品安全标准的内容。

注意：预包装食品的标签的要求。

① 名称、规格、净含量、生产日期；

② 成分或者配料表；

③ 生产者的名称、地址、联系方式；

④ 保质期；

⑤ 产品标准代号；

⑥ 贮存条件；

⑦ 所使用的食品添加剂在国家标准中的通用名称；

⑧ 生产许可证编号；

⑨ 法律、法规或者食品安全标准规定应当标明的其他事项。

专供婴幼儿和其他特定人群的主辅食品，其标签还应当标明主要营养成分及其含量。

（二）食品安全标准的制定

1. 食品安全国家标准

（1）食品安全国家标准由国务院卫生行政部门会同国务院食品药品监督管理部门制定、公布，国务院标准化行政部门提供国家标准编号。

（2）食品中农药残留、兽药残留的限量规定及其检验方法与规程由国务院卫生行政部门、国务院农业行政部门会同国务院食品药品监督管理部门制定。

（3）屠宰畜、禽的检验规程由国务院农业行政部门会同国务院卫生行政部门制定。

2. 食品安全地方标准

对地方特色食品，没有食品安全国家标准的，省、自治区、直辖市人民政府卫生行政部门可以制定并公布食品安全地方标准，报国务院卫生行政部门备案。食品安全国家标准制定后，该地方标准即行废止。

3. 食品安全企业标准

（1）食品安全企业标准应当严于食品安全国家标准或者地方标准。国家鼓励企业的这种行为。

（2）企业标准是该企业组织生产的依据，在企业内部适用。企业在进行食品生产时，应当严格遵循已经备案的食品安全企业标准的规定，按照该标准组织生产、进行检验，保障其生产食品的安全。

（3）食品安全企业标准的备案制度。食品安全企业标准应当报省级卫生行政部门备案。省级卫生行政部门收到企业食品安全标准的备案材料后即予登记。如果发现备案的企业食品安全标准违反有关法律、法规,或者低于国家强制性标准或地方标准时,省级卫生行政部门应当予以指出、纠正。

4. 食品安全标准应当供公众免费查阅

(1) 省级以上人民政府卫生行政部门应当在其网站上公布制定和备案的食品安全国家标准、地方标准和企业标准,供公众免费查阅、下载。

(2) 对食品安全标准执行过程中的问题,县级以上人民政府卫生行政部门应当会同有关部门及时给予指导、解答。

考点 3 食品安全控制

生产经营许可制度	1. 国家对食品生产经营实行许可制度 从事食品生产、食品销售、餐饮服务,应当依法取得许可。由县级以上地方人民政府食品药品监督管理部门颁发食品生产经营许可证。 2. 销售食用农产品,不需要取得许可 3. 禁止生产经营 (1) 用非食品原料生产的食品或者添加食品添加剂以外的化学物质和其他可能危害人体健康物质的食品,或者用回收食品作为原料生产的食品; (2) 致病性微生物,农药残留、兽药残留、生物毒素、重金属等污染物质以及其他危害人体健康的物质含量超过食品安全标准限量的食品、食品添加剂、食品相关产品; (3) 用超过保质期的食品原料、食品添加剂生产的食品、食品添加剂; (4) 超范围、超限量使用食品添加剂的食品; (5) 营养成分不符合食品安全标准的专供婴幼儿和其他特定人群的主辅食品; (6) 腐败变质、油脂酸败、霉变生虫、污秽不洁、混有异物、掺假掺杂或者感官性状异常的食品、食品添加剂; (7) 病死、毒死或者死因不明的禽、畜、水产动物肉类及其制品; (8) 未按规定进行检疫或者检疫不合格的肉类,或者未经检验或者检验不合格的肉类制品; (9) 被包装材料、容器、运输工具等污染的食品、食品添加剂; (10) 标注虚假生产日期、保质期或者超过保质期的食品、食品添加剂; (11) 无标签的预包装食品、食品添加剂; (12) 国家为防病等特殊需要明令禁止生产经营的食品; (13) 其他不符合法律、法规或者食品安全标准的食品、食品添加剂、食品相关产品。
食品添加剂管理制度	食品添加剂是指为了改善食品品质和色、香、味以及为防腐、保鲜和加工工艺的需要而加入食品中的人工合成或者天然物质。 (1) 国家对食品添加剂生产实行许可制度。从事食品添加剂生产,应当具有与所生产食品添加剂品种相适应的场所、生产设备或者设施、专业技术人员和管理制度,并依法取得食品添加剂生产许可。 注意:我国仅对食品添加剂实行生产许可制度,而对食品添加剂没有实行销售许可制度。 (2) 生产食品添加剂应当符合法律、法规和食品安全国家标准。

(续表)

食品添加剂管理制度	(3) 食品添加剂应当在技术上确有必要且经过风险评估证明安全可靠,方可列入允许使用的范围。有关食品安全国家标准应当根据技术必要性和食品安全风险评估结果及时修订。 (4) 生产食品添加剂新品种应当向国务院卫生行政部门提交安全性评估材料,经审查符合食品安全要求的,准予许可并公布。 (5) 食品生产经营者应当依照食品安全标准关于食物添加剂的品种、使用范围、用量的规定使用食品添加剂,不得添加食品添加剂以外的化学物质和其他可能危害人体健康的物质。 (6) 食品生产经营者应当按照食品安全国家标准使用食品添加剂。 (7) 食品添加剂应当有标签、说明书和包装,载明"食品添加剂"字样。 (8) 食品添加剂的标签、说明书,不得含有虚假内容,不得涉及疾病预防、治疗功能。生产经营者对其提供的标签、说明书的内容负责。
从业人员健康管理制度	(1) 食品生产经营者应当建立并执行从业人员健康管理制度。患有国务院卫生行政部规定的有碍食品安全疾病的人员,不得从事接触直接入口食品的工作。如患有消化道传染病、患有活动性肺结核、患有化脓性或者渗出性皮肤病等有碍食品安全的疾病的人员。 (2) 从事接触直接入口食品工作的食品生产经营人员应当每年进行健康检查,取得健康证明后方可上岗工作。
餐饮服务加工管理制度	1. 原料控制要求 餐饮服务提供者应当制定并实施原料控制要求,不得采购不符合食品安全标准的食品原料。倡导公开加工过程,公示食品原料及其来源等信息。 2. 过程要求 餐饮服务提供者在加工过程中应当检查待加工的食品及原料,发现食品、食品添加剂有腐败变质、油脂酸败、霉变生虫、污秽不洁、混有异物、掺假掺杂或者感官性状异常的,不得使用和加工。 3. 定期维护设备、设施 餐饮服务提供者应当定期维护食品加工、贮存、陈列等设施、设备;定期清洗、校验保温设施及冷藏、冷冻设施。 4. 餐具、饮具清洗消毒 餐饮服务提供者应当按照要求对餐具、饮具进行清洗消毒,不得使用未经清洗消毒的餐具、饮具;餐饮服务提供者委托清洗消毒餐具、饮具的,应当委托符合法定条件的餐具、饮具集中消毒服务单位。 5. 集中用餐单位管理 (1) 对集中用餐单位食堂的管理 食堂,指设于机关、学校、企业事业单位、工地等地点(场所),为供应内部职工、学生等就餐的单位。食堂的管理直接关系到职员、学生等就餐人员的基本权益和身体健康。因此,食堂的经营者必须严格按照法律、法规和食品安全标准的要求进行管理。 (2) 对集中用餐单位订餐的管理 从供餐单位订餐的,应当从取得食品生产经营许可的企业订购,并按照要求对订购的食品进行查验。供餐单位应当严格遵守法律、法规和食品安全标准,当餐加工,确保食品安全。

（续表）

餐饮服务加工管理制度	6. 餐具、饮具集中消毒服务单位管理 （1）餐具、饮具集中消毒服务单位应当具备相应的作业场所、清洗消毒设备或者设施，用水和使用的洗涤剂、消毒剂应当符合相关食品安全国家标准和其他国家标准、卫生规范。 （2）餐具、饮具集中消毒服务单位应当对消毒餐具、饮具进行逐批检验，检验合格后方可出厂，并应当随附消毒合格证明。 消毒后的餐具、饮具应当在独立包装上标注单位名称、地址、联系方式、消毒日期以及使用期限等内容。
食品召回制度	产品召回制度是指由于生产者的原因造成某批次不安全的缺陷产品，由生产者按照规定程序，通过换货、退货、补充或者修正等方式，及时消除或减少产品安全危害的活动。 1. 主动召回 （1）食品生产者召回 食品生产者发现其生产的食品不符合食品安全标准或者有证据证明可能危害人体健康的，应当立即停止生产，召回已经上市销售的食品，通知相关生产经营者和消费者，并记录召回和通知情况。 （2）食品经营者召回 ① 食品经营者发现其经营的食品不符合食品安全标准或者有证据证明可能危害人体健康的，应当立即停止经营，通知相关生产经营者和消费者，以便及时采取补救措施，避免危害进一步扩大，并记录停止经营和通知情况。 ② 食品生产者接到经营者的通知后，认为应当召回的，应当立即召回。由于食品经营者的原因，如贮存不当，造成其经营的食品有前述规定情形的，应当由食品经营者，而非生产者进行召回。 2. 责令召回 （1）县级以上人民政府食品药品监督管理部门发现食品生产经营者生产经营的食品不符合食品安全标准或者有证据证明可能危害人体健康，但未依照法律规定召回或者停止经营的，可以责令其召回或者停止经营。 （2）食品生产经营者在接到责令召回的通知后，应当立即停止生产或者经营，按照法定程序召回不符合食品安全标准的食品，进行相应的处理，并将食品召回和处理情况向所在地县级人民政府食品药品监督管理部门报告。 3. 召回后的处理 （1）一般情况下，召回的食品不符合食品安全标准或者可能存在食品安全隐患的，食品生产经营者应当对召回的食品采取无害化处理、销毁等措施，防止其再次流入市场。 （2）对因标签、标志或者说明书不符合食品安全标准而被召回的食品，食品生产者在采取补救措施且能保证食品安全的情况下可以继续销售，但销售时应当向消费者明示补救措施。 4. 召回情况报告 食品生产经营者应当将食品召回和处理情况向所在地县级人民政府食品药品监督管理部门报告；需要对召回的食品进行无害化处理、销毁的，应当提前报告时间、地点。食品药品监督管理部门认为必要的，可以赴无害化处理或者销毁现场进行监督，以确保存在安全隐患的被召回食品不会再次流入市场。

【真题演练】

1. 红星超市发现其经营的"荷叶牌"速冻水饺不符合食品安全标准,拟采取的下列哪一措施是错误的?(2013年真题,单选)
   A. 立即停止经营该品牌水饺
   B. 通知该品牌水饺生产商和消费者
   C. 召回已销售的该品牌水饺
   D. 记录停止经营和通知情况

【答案】 C

【解析】 根据《食品安全法》第63条第1款、第2款的规定,作为经营者的红星超市发现销售的"荷叶牌"速冻水饺不符合食品安全标准后,应采取的措施是立即停止经营"荷叶牌"速冻水饺、通知该品牌水饺生产商和消费者并记录停止经营和通知情况,而无权召回已销售的水饺,故A、B、D项正确,C项错误。此题为选错项,故C项当选。

2. 关于食品添加剂管制,下列哪一说法符合《食品安全法》的规定?(2011年真题,单选)
   A. 向食品生产者供应新型食品添加剂的,必须持有省级卫生行政部门发放的特别许可证
   B. 未获得食品添加剂销售许可的企业,不得销售含有食品添加剂的食品
   C. 生产含有食品添加剂的食品的,必须给产品包装加上载有"食品添加剂"字样的标签
   D. 销售含有食品添加剂的食品的,必须在销售场所设置载明"食品添加剂"字样的专柜

【答案】 C

【解析】 根据《食品安全法》第37条规定,A项错误。根据《食品安全法》第39条规定,B项错误。根据《食品安全法》第67条第1款第(七)项规定,C项正确。《食品安全法》中并无设置食品添加剂专柜的法律要求,故D项错误。

考点 4 食品检验

(一) 禁止食品免检;抽检和复检

(1) 食品药品监督管理部门不得对食品实施免检。

(2) 县级以上人民政府食品药品监督管理部门应当对食品进行定期或者不定期的抽样检验。进行抽样检验,应当购买抽取的样品,不收取检验费和其他任何费用。

(3) 应当委托符合《食品安全法》规定的食品检验机构进行检验,并支付相关费用。

(4) 对检验结论有异议的,可以依法进行复检。

食品生产经营者可以自收到检验结论之日起7个工作日内向实施抽样检验的食品药品监督管理部门或者其上一级食品药品监督管理部门提出复检申请。

(二) 食品检验实行食品检验机构与检验人负责制

食品检验报告应当加盖食品检验机构公章,并有检验人的签名或者盖章。食品检验机构和检验人对出具的食品检验报告负责。

(三) 食品检验机构、认证机构的责任

(1) 食品检验机构出具虚假检验报告,使消费者的合法权益受到损害的,应当与食品生产经营者承担连带责任。

(2) 认证机构出具虚假认证结论,使消费者的合法权益受到损害的,应当与食品生产经营者承担连带责任。

考点 5 食品安全事故处置机制

食品安全事故危害人民群众生命健康,如果不能及时有效处置,会导致危害结果扩大。为有效处理食品安全事故,食品安全法确立了以下几项制度:

(一) 食品安全报告制度

1. 报告责任主体

有义务向食品药品监督管理部门报告食品安全事故的主体包括:发生可能与食品有关的急性群体性健康损害的单位、接收食品安全事故病人治疗的单位。质量监督、农业行政、卫生行政等部门在日常监督管理中发现食品安全事故或者接到事故举报的,应当立即向食品药品监督管理部门通报。

2. 接收报告的部门

食品药品监督管理部门是食品生产经营活动监督管理机关,相关报告责任主体应当向事故发生地县级人民政府食品药品监督管理部门报告或者通报,由其统一汇总信息,按照应急预案进行处理。

3. 行政机关内部逐级报告

事故发生地县级人民政府食品药品监督管理部门接到食品安全事故报告后,应当按照食品安全事故应急预案的规定向本级人民政府和上级食品药品监督管理部门报告。县级人民政府和上级人民政府食品药品监督管理部门应当按照应急预案的规定上报。根据国家食品安全事故应急预案的规定,必要时,可直接向国务院食品药品监督管理部门报告。

(二) 事故处置制度

(1) 县级以上人民政府食品药品监督管理部门接到食品安全事故的报告后,应当立即会同同级卫生行政、质量监督、农业行政等部门进行调查处理,并采取下列措施。

① 开展应急救援工作,组织救治因食品安全事故导致人身伤害的人员;

② 封存可能导致食品安全事故的食品及其原料,并立即进行检验;对确认属于被污染的食品及其原料,责令食品生产经营者依照《食品安全法》第63条的规定召回或者停止经营;

③ 封存被污染的食品相关产品,并责令进行清洗消毒;

④ 做好信息发布工作,依法对食品安全事故及其处理情况进行发布,并对可能产生的危害加以解释、说明。

(2) 发生食品安全事故需要启动应急预案的,县级以上人民政府应当立即成立事故处置指挥机构,启动应急预案,依照上述和应急预案的规定进行处置。

(3) 发生食品安全事故,县级以上疾病预防控制机构应当对事故现场进行卫生处理,并对与事故有关的因素开展流行病学调查,有关部门应当予以协助。县级以上疾病预防控制机构应当向同级食品药品监督管理、卫生行政部门提交流行病学调查报告。

(三) 责任追究制度

(1) 发生食品安全事故,设区的市级以上人民政府食品药品监督管理部门应当立即会同有关部门进行事故责任调查,督促有关部门履行职责,向本级人民政府和上一级人民政府食品药品监督管理部门提出事故责任调查处理报告。

(2) 涉及两个以上省、自治区、直辖市的重大食品安全事故由国务院食品药品监督管理部门依照上述规定组织事故责任调查。

考点 6 法律责任

(一) 消费者的损害赔偿

1. 首负责任制

首负责任制,是指消费者在合法权益受到损害,向生产者或者经营者要求赔偿时,由首先接到赔偿要求的生产者或者经营者负责先行赔付,再由先行赔付的生产者或者经营者依法向相关责任人追偿。

(1) 消费者因不符合食品安全标准的食品受到损害的,可以向经营者要求赔偿损失,也可以向生产者要求赔偿损失。

(2) 接到消费者赔偿要求的生产经营者,应当实行首负责任制,先行赔付,不得推诿。

(3) 属于生产者责任的,经营者赔偿后有权向生产者追偿;属于经营者责任的,生产者赔偿后有权向经营者追偿。

注意:损害赔偿责任的范围

包括赔偿消费者的医疗费、护理费、误工损失费、残疾者生活补助费等费用;造成死亡的,并应当支付丧葬费、死者生前扶养的人必要的生活费等费用。

2. 免责事由

(1) 生产者、销售者不得以购买者明知食品存在质量问题进行抗辩。

(2) 生产者、销售者不得以消费者未对赠品支付对价为由进行抗辩。

(3) 经检验确认不合格的食品,生产者或者销售者不得以该食品具有检验合格证明为由进行抗辩。

3. 举证责任

(1) 违约责任:消费者举证证明所购买食品的事实以及所购食品不符合合同的约定。

(2) 侵权责任:消费者举证证明因食用食品受到损害,初步证明损害与食用食品存在因果关系;但生产者、销售者能证明损害不是因产品不符合质量标准造成的除外。

注意:食品的生产者与销售者应当对于食品符合质量标准承担举证责任。

4. 惩罚性赔偿制度

生产不符合食品安全标准的食品或者经营明知是不符合食品安全标准的食品,消费者除要求赔偿损失外,还可以向生产者或者经营者要求支付价款 10 倍或者损失 3 倍的赔偿金;增加赔偿的金额不足 1 000 元的,为 1 000 元。

注意:不适用惩罚性赔偿的情况

食品的标签、说明书存在不影响食品安全且不会对消费者造成误导的瑕疵的,不适用有关惩罚性赔偿的规定。

5. 民事赔偿责任优先原则

应当承担民事赔偿责任和缴纳罚款、罚金,其财产不足以同时支付时,先承担民事赔偿责任。

(二) 特殊责任

1. 集中交易市场的开办者、柜台出租者、展销会的举办者责任

集中交易市场的开办者、柜台出租者、展销会的举办者允许未依法取得许可的食品经营者进入市场销售食品,或者未履行检查、报告等义务的,致使消费者遭受人身损害,承担连带责任。

2. 网络食品交易第三方平台责任

(1) 网络食品交易第三方平台违反法定义务

网络食品交易第三方平台提供者未对入网食品经营者进行实名登记、审查许可证,或者未履行报告、停止提供网络交易平台服务等义务的,使消费者的合法权益受到损害的,应当与食品经营者承担连带责任。

(2) 消费者索赔

① 消费者通过网络食品交易第三方平台购买食品,其合法权益受到损害的,可以向入网食品经营者或者食品生产者要求赔偿。

② 网络食品交易第三方平台提供者不能提供入网食品经营者的真实名称、地址和有效联系方式的,由网络食品交易第三方平台提供者赔偿。网络食品交易第三方平台提供者赔偿后,有权向入网食品经营者或者食品生产者追偿。

③ 网络食品交易第三方平台提供者作出更有利于消费者承诺的,应当履行其承诺。

3. 虚假广告责任

(1) 广告经营者、发布者设计、制作、发布虚假食品广告,使消费者的合法权益受到损害的,应当与食品生产经营者承担连带责任。

(2) 社会团体或者其他组织、个人在虚假广告或者其他虚假宣传中向消费者推荐食品,使消费者的合法权益受到损害的,应当与食品生产经营者承担连带责任。

(3) 消费者协会可以提起公益诉讼。

【真题演练】

1. 李某从超市购得橄榄调和油,发现该油标签上有"橄榄"二字,侧面标示"配料:大豆油、橄榄油",吊牌上写明:"添加了特等初榨橄榄油",遂诉之。经查,李某事前曾多次在该超市"知假买假"。关于此案,下列哪些说法是正确的?(2016年真题,多选)

A. 该油的质量安全管理,应遵守《农产品质量安全法》的规定

B. 该油未标明橄榄油添加量,不符合食品安全标准要求

C. 如李某只向该超市索赔,该超市应先行赔付

D. 超市以李某"知假买假"为由进行抗辩的,法院不予支持

【答案】 BCD

【解析】 根据我国《农产品质量安全法》第2条第1款的规定,食用油并不属于农产品。

A 选项错误。根据我国《食品安全法》第 67 条的规定,B 选项正确。根据我国《食品安全法》第 148 条第 1 款的规定,李某有权向作为经营者的超市要求赔付,C 选项正确。根据我国《关于审理食品药品纠纷案件适用法律若干问题的规定》第 3 条的规定,即使李某事前曾经多次在该超市"知假买假",也并不能够作为超市的有效抗辩理由,D 选项正确。

2. 某企业明知其产品不符合食品安全标准,仍予以销售,造成消费者损害。关于该企业应承担的法律责任,下列哪一说法是错误的?(2010 年真题,单选)
   A. 除按消费者请求赔偿实际损失外,并按消费者要求支付所购食品价款十倍的赔偿金
   B. 应当承担民事赔偿责任和缴纳罚款、罚金的,优先支付罚款、罚金
   C. 可能被采取的强制措施种类有责令改正、警告、停产停业、没收、罚款、吊销许可证
   D. 如该企业被吊销食品生产许可证,其直接负责的主管人员五年内不得从事食品生产经营管理工作

【答案】 B
【解析】 根据《食品安全法》第 148 条第 2 款规定,A 项正确,不当选。需要注意的是,2015 年《食品安全法》修订之后,消费者还可以选择主张在要求赔偿损失之外,向生产者或者经营者要求支付损失 3 倍的赔偿金。根据《食品安全法》第 147 条的规定,B 项错误,当选。根据《食品安全法》第 9 章"法律责任"的规定,C 项正确,不当选。根据《食品安全法》第 135 条第 1 款的规定,D 项正确,不当选。

银行业法专题

专题导学:
   银行业法的精神:金融枢纽、审慎经营
   银行是经营货币和信用业务的金融机构,通过发行信用货币、管理货币流通、调剂资金供求、办理货币存贷与结算,充当信用的中介人。银行业是现代金融业的主导力量,是国民经济运转的枢纽,因此在其设立、运营、终止等一系列活动中都应遵守审慎经营规则,切实保障货币体系的安全和国家经济秩序的有序发展。
   银行业法学习线索:
   1. 商业银行
   银行业法考试涉及的一部主要的法律是《商业银行法》。在我国,商业银行是金融组织体系的主体。商业银行是依法设立的吸收公众存款、发放贷款、办理结算等业务的企业法人。商业银行以审慎经营为其经营原则。商业银行法是调整商业银行在资金融通过程中所发生的社会关系的法律规范的总称,凡在境内设立银行、办理银行业务均应适用《商业银行法》。有关商业银行的设立、组织形式、审批监管、贷款业务、接管破产等都是考试的重点。
   2. 银行业的监管
   银行业法考试涉及的另一部重要的法律是《银行业监督管理法》。银行业监督管理法是调整银行业监督管理机构在对银行业金融机构及其业务活动进行监督管理的过程中发生的社会关系的法律规范的总称,以促进银行业的合法、稳健运行,维护公众对银行业的信心为监督

管理目标。银行业监督管理的职能机构、监管对象、监管措施等经常出现在试题之中。

第一节 商业银行法

考点 1 商业银行的监管

（一）商业银行概述

商业银行是依法设立的吸收公众存款、发放贷款、办理结算等业务的企业法人。商业银行是我国金融组织体系的主体，具有信用中介、支付中介、信用创造和金融服务等职能。商业银行以审慎经营为其经营原则，实行自主经营、自担风险、自负盈亏、自我约束。商业银行法是调整商业银行在资金融通过程中所发生的社会关系的法律规范的总称，凡在境内设立银行、办理银行业务的，均应适用《商业银行法》。

（二）监管

银行监管是银行监督和银行管理的总称。监督是对银行业金融机构合法经营情况和风险状况的监测、评估和控制。管理是通过制定相关的监管法规来规范银行金融机构及其行为，并决定银行金融机构的市场准入和退出。

1. 国务院银行业监督管理机构对商业银行的组织机构、营业范围等事项进行监管

（1）负债业务

负债业务是商业银行通过一定形式，组织资金来源的业务。商业银行通过一定利息吸收存款是其负债的主要内容，通过吸收存款形成的资金是商业银行的经营之本，如存款。

（2）资产业务

资产业务主要是指商业银行运用其集聚的货币资金从事各种信用活动的业务，如发放贷款、对外投资。

（3）中间业务

中间业务是指商业银行不需要运用自有资金，只代替客户承办支付、收取和其他委托事项而收取手续费的业务，如结算业务。

2. 中国人民银行对货币政策进行监管

（1）违反规定确定贷款利率的；

（2）未经批准办理结汇、售汇的；

（3）未经批准在银行间债券市场发行、买卖金融债券或者到境外借款的；

（4）违反规定同业拆借的；

（5）未按照央行规定的比例交存存款准备金的；

（6）提供虚假的或者隐瞒重要事实的财务会计报告、报表和统计报表的。

【真题演练】

下列哪一选项不属于国务院银行业监督管理机构职责范围？（2010年真题，单选）

A. 审查批准银行业金融机构的设立、变更、终止以及业务范围

B. 受理银行业金融机构设立申请或者资本变更申请时，审查其股东的资金来源、财务状

况、诚信状况等
　　C. 审查批准或者备案银行业金融机构业务范围内的业务品种
　　D. 接收商业银行交存的存款准备金和存款保险金
【答案】　D
【解析】　根据《银行业监督管理法》第16、17、18条的规定，A、B、C三选项正确，但不符合题干要求，故不选。根据《商业银行法》第32条的规定，D项错误，应选。

考点 2　商业银行的设立与组织机构

设立	商业银行的设立是指商业银行的创办人依照法律规定的程序，筹建商业银行并使之具有企业法人资格的法律行为。 审批制：商业银行作为涉及公共利益并影响国计民生的特殊行业，其设立采取核准主义原则，也称"许可主义"，指商业银行的设立除了必须具备法律规定的条件外，还必须经过行政机关的审查批准，否则不得成立。由银监机构（国务院银行业监督管理委员会）审批设立，"银行"名称具有专属性。 未经国务院银行业监督管理机构批准，任何单位和个人不得从事吸收公众存款等商业银行的业务，任何单位在名称中不得使用"银行"字样。
营业范围	主要涉及吸收公众存款、发放贷款、办理结算等业务，具体经营范围由商业银行章程规定，报银监机构批准。 商业银行可以经营下列部分或者全部业务： （1）吸收公众存款； （2）发放短期、中期和长期贷款； （3）办理国内外结算； （4）办理票据承兑与贴现； （5）发行金融债券； （6）代理发行、代理兑付、承销政府债券； （7）买卖政府债券、金融债券； （8）从事同业拆借； （9）买卖、代理买卖外汇； （10）从事银行卡业务； （11）提供信用证服务及担保； （12）代理收付款项及代理保险业务； （13）提供保管箱服务； （14）经国务院银行业监督管理机构批准的其他业务。 商业银行的经营范围由章程规定，报国务院银行业监督管理机构批准。 注意：① 银行在报批的同时实行试销，属于违反规定从事未经批准的业务活动。 ② 商业银行在中华人民共和国境内不得从事信托投资和证券经营业务，不得向非自用不动产投资或者向非银行金融机构和企业投资，但国家另有规定的除外。

(续表)

设立条件	商业银行的设立与组织又可以称为商业银行的组织规则。 1. 有符合《商业银行法》和《公司法》规定的章程 2. 有符合《商业银行法》规定的注册资本最低限额 (1) 全国性商业银行10亿元人民币;城市商业银行1亿元人民币;农村商业银行5 000万元人民币。 注意:法律赋予国务院银行业监督管理机构调整注册资本最低限额的权利,但只能根据监管的需要调高注册资本的最低限额,不得调低。 (2) 注册资本为实缴资本。 注意:虽然2013年我国公司法进行修改,免去了一般公司实缴资本的义务,但是商业银行仍然采用实缴资本,表明商业银行实行严格的法定资本制度。 3. 有具备任职专业知识和业务工作经验的董事、高级管理人员 (1) 积极任职资格。即具备任职专业知识和业务工作经验。 (2) 消极任职资格。《商业银行法》第27条规定,有下列情形之一的,不得担任商业银行的董事、高级管理人员: ① 因犯有贪污、贿赂、侵占财产、挪用财产罪或者破坏社会经济秩序罪,被判处刑罚,或者因犯罪被剥夺政治权利的; ② 担任因经营不善破产清算的公司、企业的董事或者厂长、经理,并对该公司、企业的破产负有个人责任的; ③ 担任因违法被吊销营业执照的公司、企业的法定代表人,并负有个人责任的; ④ 个人所负数额较大的债务到期未清偿的。 4. 有健全的组织机构和管理制度 商业银行的管理制度涉及诸多方面,如人力资源管理、内部控制、风险管理、各项业务活动、岗位责任、财务管理等等。 5. 有符合要求的营业场所、安全防范措施和与业务有关的其他设施 经营场所是商业银行开展业务必备的物质条件;安全防范措施主要是指由公安、监督、消防机构规定的防盗、报警、消防、电子计算机等设施;与业务有关的其他设施一般应包括运钞车、点钞机、验钞机、保险箱等。 6. 其他审慎性条件 注意:商业银行既应符合《商业银行法》的规定,也应符合《公司法》的规定,特别是组织形式、组织机构、合并、分立等方面。
组织形式	商业银行的组织形式既可以是有限责任公司,也可以是股份有限公司。
分支机构	商业银行根据业务需要设立分支机构: (1) 须经国务院银行业监督管理机构审批; (2) 可在境内或境外设立,在境内设立的,不按行政区划设立; (3) 拨付各分支机构营运资金额的总和,不得超过总行资本金总额的60%; (4) 分支机构不具有法人资格,在总行授权范围内依法开展业务,其民事责任由总行承担。 (5) 商业银行对其分支机构实行全行统一核算,统一调度资金,分级管理的财务制度。

(续表)

经营许可证	商业银行及其分支机构的经营许可证均由国务院银行业监督管理机构颁发,凭该许可证向工商部门办理登记,领取营业执照。 商业银行及其分支机构自取得营业执照之日起无正当理由超过6个月未开业的,或者开业后自行停业连续6个月以上的,吊销其经营许可证。
由银监机构审批的其他事项	商业银行成立后,在经营过程中,由于各种原因,其登记的有关事项可能发生变化,也可能发生商业银行的合并与分立,在这种情况下,就会发生商业银行的变更。 1. 变更事项 (1) 变更名称; (2) 变更注册资本; (3) 变更总行或者分支行所在地; (4) 调整业务范围; (5) 变更持有资本总额或者股份总额5%以上的股东; (6) 修改章程; (7) 国务院银行业监督管理机构规定的其他变更事项。 注意:商业银行更换董事、高级管理人员虽无须国务院银行业监督管理机构批准,但要由国务院银行业监督管理机构审查其任职资格。 2. 商业银行的合并与分立 3. 因合并、分立或章程规定事由须解散的 4. 不能支付到期债务,由国务院银行业监督管理机构同意,法院宣告破产 5. 任何单位和个人购买银行股份总额5%以上的,须事先审批

【真题演练】

1. 根据《商业银行法》,关于商业银行分支机构,下列哪些说法是错误的?(2012年真题,多选)

A. 在中国境内应当按行政区划设立

B. 经地方政府批准即可设立

C. 分支机构不具有法人资格

D. 拨付各分支机构营运资金额的总和,不得超过总行资本金总额的70%

【答案】 ABD

【解析】 根据《商业银行法》第19条的规定,A、B、D项错误。根据《商业银行法》第22条规定,C项正确。本题为选错题,故答案为A、B、D。

2. 根据《商业银行法》,关于商业银行的设立和变更,下列哪些说法是正确的?(2012年真题,多选)

A. 国务院银行业监督管理机构可以根据审慎监管的要求,在法定标准的基础上提高商业银行设立的注册资本最低限额

B. 商业银行的组织形式、组织机构适用《公司法》

C. 商业银行的分立、合并不适用《公司法》

D. 任何单位和个人购买商业银行股份总额5%以上的,应事先经国务院银行业监督管理机构批准

【答案】 ABD

【解析】 根据《商业银行法》第13条的规定,A项正确。根据《商业银行法》第17条和第25条的规定,B项正确,C项错误。根据《商业银行法》第28条的规定,D项正确。

考点 3 商业银行的业务

(一) 存款业务

1. 个人储蓄存款和单位存款

(1) 商业银行办理个人储蓄存款业务,应当遵循存款自愿、取款自由、存款有息、为存款人保密的原则。对个人储蓄存款,商业银行有权拒绝任何单位或者个人查询、冻结、扣划,但法律另有规定的除外。

(2) 对单位存款,商业银行有权拒绝任何单位或者个人查询,但法律、行政法规另有规定的除外;有权拒绝任何单位或者个人冻结、扣划,但法律另有规定的除外。

2. 利息

(1) 商业银行应当按照中国人民银行规定的存款利率的上下限,确定存款利率。

(2) 商业银行应当按照中国人民银行的规定,向中国人民银行交存存款准备金,留足备付金。

(3) 商业银行应当保证存款本金和利息的支付,不得拖延、拒绝支付存款本金和利息。

3. 商业银行应当保障存款人的合法权益不受任何单位和个人的侵犯

(二) 贷款业务

贷款是商业银行运用资金的业务,商业银行贷款业务的状况,贷款资产的质量高低,直接影响到存款人的利益和商业银行的经营业绩。

注意:商业银行贷款,应当与借款人订立书面贷款合同,而不能采取口头或其他形式。

基本制度	审贷分离:贷款调查评估人员负责贷款调查,承担调查失误和评估失准的责任;贷款审查人员负责贷款风险的审查,承担审查失误的责任;贷款发放人员负责贷款的检查和清收,承担检查错误、清收不力的责任。 分级审批:贷款人应当根据业务量大小、管理水平和贷款风险程度确定各级分支机构的审批权限,超过审批权限的贷款,应当报上级审批。各级分支机构应当根据贷款种类、借款人的信用等级以及抵押物、质物、保证人等情况确定每一笔贷款的风险度。

(续表)

担保贷款 信用贷款	1. 商业银行贷款,借款人一般应当提供担保,以担保贷款为原则 贷款担保是指以借款人的特定财产或者第三人的特定财产或信用为基础,督促借款人清偿债务,保障贷款人贷款债权实现的法律制度。 2. 信用贷款的对象 经银行审查评估,确认借款人资信良好、确能还贷的,可不提供担保,为信用贷款;信用贷款的风险完全由贷款人承担,出于金融安全的考虑通常对信用贷款进行严格的监管。 3. 关系人贷款的特别规定 (1) 不得向关系人发放信用贷款; (2) 向关系人发放担保贷款的条件不得优于其他借款人同类贷款的条件。 关系人是指: ① 商业银行的董事、监事、管理人员、信贷业务人员及其近亲属; ② 前项所列人员投资或者担任高级管理职务的公司、企业和其他经济组织。
资产负债 比例	商业银行贷款,应当遵守下列资产负债比例管理的规定: (1) 资本充足率不得低于8%; (2) 流动性资产余额与流动性负债余额的比例不得低于25%; (3) 对同一借款人的贷款余额与商业银行资本余额的比例不得超过10%; (4) 国务院银行业监督管理机构对资产负债比例管理的其他规定。
贷款偿还	1. 贷款偿还 (1) 借款人应当按期归还贷款的本金和利息。贷款期限由借贷双方根据贷款用途、资金状况、资产运转周期等协商后确定,并在借款合同中载明。《贷款通则》对商业银行贷款的期限进行了限制,自营贷款期限一般不超过10年,超过10年的应当办理备案手续。 (2) 借款人到期不归还担保贷款的,商业银行依法享有要求保证人归还贷款本金和利息或者就该担保物优先受偿的权利。 (3) 商业银行因行使抵押权、质权而取得的不动产或者股权,应当自取得之日起2年内予以处分。 (4) 借款人到期不归还信用贷款的,应当按照合同约定承担责任。 注意:贷款期限展期决定权在贷款人,借款人不能按期偿还贷款的,应在贷款到期日之前向贷款人申请贷款展期。短期贷款展期期限累计不能超过原贷款期限。 2. 不良贷款 不良贷款主要是按照贷款逾期的期限长短的标准划分的,包括逾期贷款、呆滞贷款和呆账贷款。 (1) 呆账贷款,指按财政部有关规定列为呆账的贷款。 (2) 呆滞贷款,指按财政部有关规定,逾期(含展期后到期)超过规定年限以上仍未归还的贷款,或虽未逾期或逾期不满规定年限但生产经营已终止、项目已停建的贷款(不含呆账贷款)。 (3) 逾期贷款,指借款合同约定到期(含展期后到期)未归还的贷款(不含呆滞贷款和呆账贷款)。

	（续表）
贷款业务不受干涉	任何单位和个人不得强令商业银行发放贷款或者提供担保。商业银行有权拒绝任何单位和个人强令要求其发放贷款或者提供担保。 （1）商业银行工作人员违反规定徇私向亲属、朋友发放贷款或者提供担保造成损失的，应当承担全部或者部分赔偿责任。 （2）单位或者个人强令商业银行发放贷款或者提供担保的，造成损失的，应当承担全部或者部分赔偿责任。 （3）商业银行的工作人员对单位或者个人强令其发放贷款或者提供担保未予拒绝的，造成损失的，应当承担相应的赔偿责任。

【真题演练】

1. 根据现行银行贷款制度，关于商业银行贷款，下列哪一说法是正确的？（2013年真题，单选）

A. 商业银行与借款人订立贷款合同，可采取口头、书面或其他形式
B. 借款合同到期未偿还，经展期后到期仍未偿还的贷款，为呆账贷款
C. 政府部门强令商业银行向市政建设项目发放贷款的，商业银行有权拒绝
D. 商业银行对关系人提出的贷款申请，无论是信用贷款还是担保贷款，均应予拒绝

【答案】 C

【解析】 根据《商业银行法》第37条的规定，A项错误。银行商业的不良贷款包括呆账贷款、呆滞贷款和逾期贷款。本题中所描述情形属于逾期贷款，故B项错误。根据《商业银行法》第41条的规定，故C项正确。根据《商业银行法》第40条的规定，D项错误。

2. 李大伟为M城市商业银行的董事，其妻张霞为S公司的总经理，其子李小武为L公司的董事长。2009年9月，L公司向M银行的下属分行申请贷款1000万元。其间，李大伟对分行负责人谢二宝施加压力，令其按低于同类贷款的优惠利息发放此笔贷款。L公司提供了由保证人陈富提供的一张面额为2000万元的个人储蓄存单作为贷款质押。贷款到期后，L公司无力偿还，双方发生纠纷。根据《商业银行法》的规定，请回答第(1)—(3)题。（2011年真题，不定选）

(1) 关于M银行向L公司发放贷款的行为，下列判断正确的是：

A. L公司为M银行的关系人，依照法律规定，M银行不得向L公司发放任何贷款
B. L公司为M银行的关系人，依照法律规定，M银行可以向L公司发放担保贷款，但不得提供优于其他借款人同类贷款的条件
C. 该贷款合同无效
D. 该贷款合同有效

【答案】 BD

【解析】 根据《商业银行法》第40条的规定，商业银行不得向关系人发放信用贷款，但可以发放其他形式的贷款，A项错误，B项正确。根据《合同法》第52条规定，D项正确，C项错误。

(三) 同业拆借业务

同业拆借是临时调剂性借贷行为,是指金融机构(主要是商业银行)之间为了调剂资金余缺,利用资金融通过程的时间差、空间差、行际差来调剂资金而进行的短期借贷。

(1) 中国金融机构间同业拆借是由中国人民银行统一负责管理、组织、监督和稽核。

(2) 金融机构用于拆出的资金只限于交足准备金、留足5%备付金、归还中国人民银行到期贷款之后的闲置资金,拆入的资金只能用于弥补票据清算、先支后收等临时性资金周转的需要。

(3) 严禁非金融机构或个人参与同业拆借活动,并禁止从事利用拆入资金发放固定资产贷款或者用于投资的行为。

【真题演练】

某商业银行通过同业拆借获得一笔资金。关于该拆入资金的用途,下列哪一选项是违法的?(2014年真题,单选)

A. 弥补票据结算的不足　　　　B. 弥补联行汇差头寸的不足
C. 发放有担保的短期固定资产贷款　D. 解决临时性周转资金的需要

【答案】 C
【解析】 根据《商业银行法》第46条的规定,本题C项违法,应选。

考点 4　商业银行的接管与破产

(一) 商业银行的接管

商业银行的接管是指国务院银行业监督机构依法保护商业银行经营安全性、合法性的一项重要措施,可以说是一项预防性拯救措施。

1. 条件

商业银行已经或者可能发生信用危机,严重影响存款人的利益时。

2. 目的和法律后果

接管的目的是对被接管的商业银行采取必要措施,以保护存款人的利益,恢复商业银行的正常经营能力。被接管的商业银行的债权债务关系不因接管而变化。自接管开始之日起,由接管组织行使商业银行的经营管理权力。

3. 期限

接管期限届满,国务院银行业监督管理机构可以决定延期,但接管期限最长不得超过2年。

(二) 商业银行的破产

破产申请可以在银行被接管后提出,也可以不经接管而直接提出,接管并不是银行破产申请的前提条件。

1. 破产原因

商业银行不能支付到期债务。

2. 须经国务院银行业监督管理机构同意并由法院宣告
3. 由人民法院组织国务院银行业监督管理机构等有关部门和有关人员成立清算组
4. 商业银行的破产分配

（1）支付清算费用；
（2）所欠职工工资和劳动保险费用；
（3）支付个人储蓄存款的本金和利息；
（4）支付税款；
（5）普通债权。

第二节　银行业监督管理法

考点 1　银行业的监管对象

（一）概述

银行业监督管理法是调整银行业监督管理机构在对银行业金融机构及其业务活动进行监督管理的过程中发生的社会关系的法律规范的总称。银行业监督管理法以加强对银行业的监督管理，规范监督管理行为，防范和化解银行业风险，保护存款人和其他客户的合法权益，促进银行业健康发展为立法宗旨；以促进银行业的合法、稳健运行，维护公众对银行业的信心为监督管理目标。

国务院银行业监督管理机构应与中国人民银行、证券监督管理委员会、保险监督管理委员会建立监督管理信息共享机制；可以和其他国家或地区的银行业监督管理机构建立监督管理的合作机制，实施跨境管理。

（二）监管对象

1. 银行业金融机构及其高级管理人员

（1）在我国境内设立的商业银行、城市、农村信用合作社、政策性银行。

银行业金融机构是指在中华人民共和国境内设立的商业银行、城市信用合作社、农村信用合作社等吸收公众存款的金融机构以及政策性银行。因此，在我国银行应该包括中央银行、商业银行、政策性银行、信用合作社和准银行业金融机构。

① 商业银行，指以经营存款、贷款，办理转账结算为主要义务，以盈利为目标的金融企业。
② 城市信用合作社，是指在城市为城市信用社社员和中小企业服务，以吸收存款，发放贷款、办理结算为主要业务的金融企业。
③ 农村信用合作社，是指由农民自愿入股组成，由入股社员民主管理，主要为入股社员服务的具有法人资格的合作金融机构。
④ 政策性银行，是指由政府创立或担保，以贯彻国家产业政策和区域发展政策为目的的金融机构。

（2）在我国境内设立的金融资产管理公司、信托投资公司、金融租赁公司、财务公司以及经国务院银行业监督管理机构批准设立的其他金融机构。

① 金融资产管理公司,是指经国务院决定设立的收购国有银行不良贷款,管理和处置国有银行不良贷款形成的资产的国有独资非银行金融机构。

② 信托投资公司,指以受托人的身份,代理理财的非银行金融机构,具有财产管理和运用、融通资金,提供信息及咨询,社会投资等功能。

③ 金融租赁公司,指经银监会批准,以经营融资租赁业务为主的非银行金融机构。

④ 财务公司,包括企业集团财务公司和独资财务公司、中外合资财务公司。

（3）经国务院银行业监督管理机构批准在境外设立的金融机构以及前两种金融机构在境外的业务活动。

2. 非法从事银行业金融业务的非银行金融机构

3. 在银行业监督管理机构从事监管工作的人员

【真题演练】

关于《银行业监督管理法》的适用范围,下列哪一说法是正确的？（2011年真题,单选）

A. 信托投资公司适用本法　　　　B. 金融租赁公司不适用本法

C. 金融资产管理公司不适用本法　　D. 财务公司不适用本法

【答案】　A

【解析】　根据《银行业监督管理法》第2条第3款的规定,A项关于信托投资公司适用本法的说法正确,B、C、D项说法均与上述法律规定相悖,不正确。

考点 2　监管职责与监管措施

（一）监管职责

监管职责是国家有权机关授予银行业监督管理机构的职权,被监管的金融机构必须服从;另一方面,监管职责也是银行业监督管理机构的义务和责任。

审批	对设立银行业金融机构或者从事银行业金融机构的业务活动进行审批;
审查	对银行业金融机构的董事和高级管理人员的任职资格进行审查;
检查	对银行业金融机构的业务活动及其风险状况进行现场检查;

（二）监管措施

1. 关于现场检查

（1）现场检查,是指银行业监督管理机构的监管人员进入银行业金融机构的经营场所,通过实地查阅财务报表、规章制度、文件档案等,检查、核实银行业金融机构的经营状况。

（2）银行业监督管理机构根据审慎监管的要求,可以采取下列措施进行现场检查:

① 进入银行业金融机构进行检查;

② 询问银行业金融机构的工作人员,要求其对有关检查事项作出说明;

③ 查阅、复制银行业金融机构与检查事项有关的文件、资料,对可能被转移、隐匿或者毁

损的文件、资料予以封存；

④检查银行业金融机构运用电子计算机管理业务数据的系统。

(3)银监机构进行现场检查,应当经银行业监督管理机构负责人批准,检查人员不得少于2人,并应出示合法证件和检查通知书,否则,银行业金融机构有权拒绝检查。

2. 关于违反审慎经营的处理

审慎性经营规则是审慎会计准则在金融业务经营活动中的体现,为防范和控制金融风险损失,从而确保金融机构稳健运行的制度规则。银行业金融机构应当严格遵守审慎经营规则。审慎经营规则,包括风险管理、内部控制、资本充足率、资产质量、损失准备金、风险集中、关联交易、资产流动性等内容。

(1)银行业金融机构违反审慎经营规则的,国务院银行业监督管理机构或其省一级派出机构应当责令限期改正;逾期未改正的,或者其行为严重危及该银行业金融机构的稳健运行、损害存款人和其他客户合法权益的,经国务院银行业监督管理机构或者其省一级派出机构负责人批准,可以区别情形,采取下列措施：

①责令暂停部分业务、停止批准开办新业务；

②限制分配红利和其他收入；

③限制资产转让；

④责令控股股东转让股权或者限制有关股东的权利；

⑤责令调整董事、高级管理人员或者限制其权利；

⑥停止批准增设分支机构。

(2)银行业金融机构整改后,向银行业监督管理机构提交报告。银行业监督管理机构经验收,符合有关审慎经营规则的,应当自验收完毕之日起3日内解除对其采取的上述规定的有关措施。

3. 对高级管理人员及其他责任人的措施

在接管、机构重组或者撤销清算期间,经国务院银行业监督管理机构负责人批准,对直接负责的董事、高级管理人员和其他直接责任人员,可以采取下列措施：

(1)出境将对国家利益造成重大损失的,通知出境管理机关依法阻止其出境；

(2)申请司法机关禁止其转移、转让财产或者对其财产设定其他权利。

4. 关于与涉嫌违法事项有关的单位和个人

(1)调查权。银行业监督管理机构依法对银行业金融机构进行检查时,经设区的市一级以上银行业监督管理机构负责人批准,可以对与涉嫌违法事项有关的单位和个人采取下列措施：

①询问权。询问银行业金融机构的工作人员,要求其对有关检查事项作出说明。

②查阅复制权。查阅、复制银行业金融机构与检查事项有关的文件、资料。

③先行登记保存权。对可能被转移、隐匿或者损毁的文件、资料予以封存。

(2)经国务院银行业监督管理机构或者其省一级派出机构负责人批准,银行业监督管理机构有权查询涉嫌金融违法的银行业金融机构及其工作人员以及关联行为人的账户；对涉嫌转移或者隐匿违法资金的,经银行业监督管理机构负责人批准,可以申请司法机关予以冻结。

(三) 法律责任

1. 违法开展业务活动的法律责任

银行业金融机构违法开展业务活动的,由国务院银行业监督管理机构责令改正,有违法所得的,没收违法所得,违法所得 50 万元以上的,并处违法所得 1 倍以上 5 倍以下罚款;没有违法所得或者违法所得不足 50 万元的,处 50 万元以上 200 万元以下罚款;情节特别严重或者逾期不改正的,可以责令停业整顿或者吊销其经营许可证。

(1) 未经批准设立分支机构的;
(2) 未经批准变更、终止的;
(3) 违反规定从事未经批准或者未备案的业务活动的;
(4) 违反规定提高或者降低存款利率、贷款利率的。

2. 违法从事经营活动的法律责任

银行业金融机构违法从事经营活动的,由国务院银行业监督管理机构责令改正,并处 20 万元以上 50 万元以下罚款;情节特别严重或者逾期不改正的,可以责令停业整顿或者吊销其经营许可证。

(1) 未经任职资格审查任命董事、高级管理人员的;
(2) 拒绝或者阻碍非现场监管或者现场检查的;
(3) 提供虚假的或者隐瞒重要事实的报表、报告等文件、资料的;
(4) 未按照规定进行信息披露的;
(5) 严重违反审慎经营规则的;
(6) 拒绝执行因违反审慎经营而被采取的限制措施的。

3. 直接责任人员的责任

银行业金融机构违反法律、行政法规以及国家有关银行业监督管理规定的,银行业监督管理机构可以对直接负责的董事、高级管理人员和其他直接责任人员采取下列措施:

(1) 责令银行业金融机构对直接负责的董事、高级管理人员和其他直接责任人员给予纪律处分;
(2) 银行业金融机构的行为尚不构成犯罪的,对直接负责的董事、高级管理人员和其他直接责任人员给予警告,处 5 万元以上 50 万元以下罚款;
(3) 取消直接负责的董事、高级管理人员一定期限直至终身的任职资格,禁止直接负责的董事、高级管理人员和其他直接责任人员一定期限直至终身从事银行业工作。

【真题演练】

1. 陈某在担任某信托公司总经理期间,该公司未按照金融企业会计制度和公司财务规则严格管理和审核资金使用,违法开展信托业务,造成公司重大损失。对此,陈某负有直接管理责任。关于此事,下列哪些说法是正确的?(2016 年真题,多选)

A. 该公司严重违反审慎经营规则
B. 银监会可责令该公司停业整顿
C. 国家工商总局可吊销该公司的金融许可证
D. 银监会可取消陈某一定期限直至终身的任职资格

【答案】 ABD

【解析】 根据我国《银行业监督管理法》第 2 条第 3 款,以及第 21 条的规定,本题目中的信托公司,未按照金融企业会计制度和公司财务规制严格管理和审核资金使用,属于违反审慎经营规则的体现。A 选项正确。根据我国《银行业监督管理法》第 46 条的规定,B 选项正确,C 选项错误。根据我国《银行业金融机构董事(理事)和高级管理人员任职资格管理办法》第 29 条第 3 项的规定,D 选项正确。

2. 某商业银行违反审慎经营规则,造成资本和资产状况恶化,严重危及稳健运行,损害存款人和其他客户合法权益。对此,银行业监督管理机构对该银行依法可采取下列哪些措施?(2013 年真题,多选)

A. 限制分配红利和其他收入
B. 限制工资总额
C. 责令调整高级管理人员
D. 责令减员增效

【答案】 AC

【解析】 根据《银行业监督管理法》第 37 条的规定,银行业监督管理机构对该银行依法可采取的措施中,A、C 项正确。B、D 项错误。

3. 银行业监督管理机构依法对银行业金融机构进行检查时,经设区的市一级以上银行业监督管理机构负责人批准,可以对与涉嫌违法事项有关的单位和个人采取下列哪些措施?(2010 年真题,多选)

A. 询问有关单位或者个人,要求其对有关情况作出说明
B. 查阅、复制有关财务会计、财产权登记等文件与资料
C. 对涉嫌转移或者隐匿违法资金的账户予以冻结
D. 对可能被转移、隐匿、毁损或者伪造的文件与资料予以先行登记保存

【答案】 ABD

【解析】 根据《银行业监督管理法》第 42 条的规定,A、B、D 三选项正确。根据《银行业监督管理法》第 41 条的规定,银监会有权查询账户,但是无权自行冻结账户,只能申请司法机关冻结,故 C 项错误。

财税法专题

专题导学:

财税法的精神:税收法定、加强征管

财政法与税法统称为财税法。财政法是调整国家财政收支关系的法律规范的总称。法律意义上的财政可界定为以国家为主体的收入和支出活动以及在此过程中形成的各种关系。税法即税收法律制度,是调整税收关系的法律规范的总称。在考试中,税法是财税法专题考试的重点。税收关系的内容概括起来可分为两大类:税收分配关系和税收征收管理关系。税收分配关系,即国家与纳税人之间在税收征纳过程中形成的分配关系。在这方面有一系列的税收法律规范,基本上有一种税,就有一部税收法律规范。税收征收管理关系,即在税收征收管理过程中,国家与纳税人及其他税务当事人之间形成的管理关系。通常我们将调整税收分配关

系的法律规范称为实体税法,将调整税收征收管理关系的法律规范称为程序税法。

财税法学习线索:

1. 实体税法

实体税法,是指规定国家征税和纳税主体纳税的实体权利与义务的法律规范的总称,包括流转税、收益税、财产税、行为税和资源税。备考的时候应掌握个人所得税法、企业所得税法两大收益税的内容和具体运用,同时结合当年最新出台税种进行复习。

2. 程序税法

程序税法,是指国家税务机关税务征管、纳税程序方面的法律规范的总称。在我国主要指《税收征收管理法》,该法调整的是国家与纳税人及其他税务当事人之间形成的管理关系,对规范税收征收和缴纳行为,保障国家税收收入,保护纳税人的合法权益,促进经济和社会发展有着很大的作用。纳税主体、税务登记、缴纳程序、征管措施等问题都是历年考试的重点。

第一节 税法基础知识

考点 1 税法概述

(一) 税法的构成要素

税是以实现国家财政职能为目的,基于政治权力和法律规定,由政府专门机构向居民和非居民就其财产或特定行为实施的强制、非罚与不直接偿还的金钱课征,是一种财产收入的形式。

税法是调整税收关系的法律规范的总称。税法是由一系列的构成要素组成的,这些要素是:

1. 税法主体

税法主体是指税法规定的享有权利并承担义务的当事人,包括征税主体与纳税主体。征税主体是代表国家行使行政权力的机关,在我国,有税务机关、财政机关和海关,绝大多数的工商税种是由税务机关负责征收的,税收征收管理法也是为税务机关组织征税制定的法律。纳税主体是负有纳税义务的单位和个人。其中单位可以是企业、事业单位,也可以是政府机关;个人可以是中国人,也可以是外国人。

2. 征税对象

征税对象是指税法确定的产生纳税义务的标的或依据。从范围上看,课税客体包括标的物和行为。前者如商品、劳务、财产、资源等,后者如证券交易、领受凭证、车辆购置等。征税对象是税与税区分的关键所在。

3. 税目

税目是征税对象的具体化,并非每一个税收实体法都有税目,如增值税就没有税目。

4. 计税依据

计税依据又称税基,是计算应纳税额的依据。

5. 税率

税率是应纳税额与计税依据之间的比例,体现着征税的深度。现行实体税法采用的税率基本形式有三种:

（1）定额税率，是按照单位征税对象直接规定固定的税额，资源税采用的就是定额税率；

（2）比例税率，是指对同一征税对象，不分数额大小，均采用相同的征收比例，增值税、企业所得税等税种采用的就是比例税率；

（3）累进税率，是指同一征税对象，随着数额的增大，征收比例也随之提高的税率。现行个人所得税法的部分税目采用了超额累进税率。超额累进税率，是根据课税客体数额的不同级距规定不同的税率，对同一纳税人的课税客体数额按照不同的等级税率计税。

税法主体	征税主体	包括：税收机关
	纳税主体	包括：纳税人、扣缴义务人
征税对象		税法规定的征税的客体
税基		税法规定的计算应纳税额的依据
税目		税法规定的征税的具体品目，是征税对象的分类和细化
税率		税法规定的计算应纳税额的比率，包括：定额税率、比例税率、累进税率等

（二）实体税法的分类

通常我们按照征税对象将实体税法分为流转税法、收益税法、财产税法、行为税法和资源税法。

1. 流转税（商品与劳务税）

流转税是以商品或劳务的流转额（如销售收入额、营业额）为征税对象的一类税。现行增值税、消费税、营业税、城市维护建设税、关税为流转税。

2. 收益税（所得税）

收益税是以所得额为征税对象的一类税。现行企业所得税、个人所得税为收益税。

3. 财产税

财产税是以财产为征税对象的一类税。现行房产税、契税属于财产税。

4. 行为税

行为税是以特定行为的发生为征税对象的一类税。现行印花税、车船使用税、筵席税、屠宰税属于行为税。

5. 资源税

资源税是以特定资源的开采、利用为征税对象的一类税，现行资源税、城镇土地使用税、耕地占用税、土地增值税属于资源税。

考点 2　流转税法

（一）增值税法

增值税是以商品生产或提供劳务过程中的增值额为征税对象的一种税，增值税具有道道征税、税负中性、税负转嫁等特征。增值税法的主要内容包括：

1. 纳税人

增值税的纳税人是指在中国境内销售货物或提供加工、修理修配劳务以及进口货物的单位和个人。增值税的纳税人分为一般纳税人和小规模纳税人,一般纳税人采用税款抵扣方法,使用增值税专用发票计算纳税;小规模纳税人不能使用增值税专用发票,采用简易方法计算纳税。

2. 征税范围

增值税的征税范围主要是货物,包括销售货物与进口货物,同时外加两项劳务,即加工劳务与修理修配劳务。纳税人只要从事销售货物、进口货物、提供加工与修理修配劳务的活动,不考虑其盈亏状况,一律针对其流转额征收增值税。

3. 税率

增值税采用比例税率,分为基本税率、低税率与零税率。

(1) 基本税率

基本税率为17%,适用于除实行低税率与零税率以外的所有货物和应税劳务。

(2) 低税率

低税率为13%,适用于纳税人销售或进口的国家有特别规定的货物,如粮食、食用植物油、自来水、图书、报纸、杂志、饲料、农机、农用薄膜等。

(3) 零税率

零税率适用于出口货物。

上述税率仅适用于对一般纳税人征税,小规模纳税人销售货物或提供应税劳务按照征收率征收增值税。

4. 免税项目

(1) 农业生产者销售的自产农产品;

(2) 避孕药品和用具;

(3) 古旧图书;

(4) 直接用于科学研究、科学试验和教学的进口仪器、设备;

(5) 外国政府、国际组织无偿援助的进口物资和设备;

(6) 由残疾人的组织直接进口供残疾人专用的物品;

(7) 销售的自己使用过的物品。

注意:增值税的免税、减税的其他项目由国务院规定。任何地区、部门均不得规定免税、减税项目。

5. 增值税的类型

我国实行消费型增值税。

6. 增值税专用发票的管理

增值税专用发票既是纳税人从事生产经营活动的商业凭证,又是记载发票开具方应纳税额或发票接受方抵扣进项税额的合法凭证。增值税专用发票由国务院税务主管部门指定的企业印制,增值税专用发票只限于一般纳税人使用,小规模纳税人和非增值税纳税人不得使用。增值税专用发票要求设专人保管并存放于专门场所,税款抵扣联要按照规定装订成册,不得擅自销毁、损毁或丢失。

（二）消费税法

消费税是以特定消费品的流转额为征税对象的一种税，是在对货物普遍征收增值税的基础上，选择特定的消费品加征的一道税。消费税法的主要内容有：

1. 纳税人

纳税人是在中国境内生产、委托加工和进口应税消费品的单位和个人，以及国务院确定的销售应税消费品的其他单位和个人。

2. 征税范围

消费税的征税范围限于特定的消费品，具体包括：烟、酒及酒精、贵重首饰及珠宝玉石、小汽车、摩托车、成品油、鞭炮与焰火、化妆品、汽车轮胎、高尔夫球及球具、游艇、实木地板、一次性筷子、高档手表。

3. 税率

消费税采用定额税率与比例税率。

4. 纳税环节

消费税实行单环节课税，一般在出厂环节或进口环节征税，贵重首饰在零售环节征税。

（1）纳税人应税消费品的计税价格明显偏低并无正当理由的，由主管税务机关核定其计税价格。

（2）对纳税人出口应税消费品，免征消费税。

（3）消费税由税务机关征收，进口的应税消费品的消费税由海关代征。个人携带或者邮寄进境的应税消费品的消费税，连同关税一并计征。

注意：

① 消费税与增值税之间是一种递进的关系。纳税人缴纳消费税肯定要缴纳增值税，但纳税人缴纳增值税却不一定要缴纳消费税。

② 增值税的纳税人范围远大于消费税的纳税人，除转让无形资产和销售不动产外，其他货物的生产、销售、进口，纳税人均应缴纳增值税；但消费税则针对特定消费品的生产者、进口者征税。增值税的征税范围中涉及两项劳务，即加工劳务和修理修配劳务；而消费税只针对特定消费品的生产者，劳务的经营者不缴纳消费税。

（三）营业税法

营业税是针对在我国境内提供应税劳务、转让无形资产或者销售不动产的营业收入额、转让额或销售额征收的一种税。营业税法的主要内容有：

1. 纳税人

营业税的纳税人是指在我国境内提供应税劳务、转让无形资产或销售不动产的单位和个人。

2. 征税范围

营业税的征税范围主要是劳务，外加转让无形资产与销售不动产两项货物的销售。

3. 税率

营业税采用比例税率，提供不同的劳务适用的税率也各不相同。

增值税、营业税、消费税比较

	增值税	营业税	消费税
概念	是以商品和劳务在流通各环节的增加值为征税对象的一种税。	是以从事工商营利事业和服务业所取得的收入为征税对象的一种税。	是以特定消费品(或消费行为)的流转额作为征税对象的一种税。
纳税人	在中国境内销售货物或提供加工、修理修配劳务及进口货物的单位和个人。分为一般纳税人和小规模纳税人。	在中国境内提供应税劳务、转让无形资产或者销售不动产的单位和个人。	在中国境内生产、委托加工和进口法律规定的消费品的单位和个人。
征税对象	是纳税人在中国境内销售的货物、提供的加工、修理修配劳务及进口的货物。	交通运输业、建筑业、金融保险业、邮电通讯业、文化体育业、娱乐业和服务业;转让无形资产、销售不动产。	应税消费品共14项:烟、酒及酒精、鞭炮和焰火、贵重首饰及珠宝玉石、化妆品、小汽车、摩托车、成品油、轮胎、高尔夫球及球具、高档手表、游艇、木制一次性筷子、实木地板。
税基	为销售货物、提供加工、修理修配劳务以及进口货物的增值额。	为营业额,包括向对方收取的全部价款和价外费用。	为销售额或销售数量。

第二节 企业所得税法

所得税是由取得所得的主体缴纳的、以其纯所得额为计税依据的一类税,是一种典型的直接税。企业所得税法是调整国家与企业之间所得税税收关系的法律规范体系。

考点 1 纳税义务人

企业所得税的纳税义务人是在中国境内的企业和其他取得收入的组织。
个人独资企业、合伙企业不是企业所得税的纳税人。

(一) 居民企业

居民企业是指依法在中国境内成立,或者依照外国(地区)法律成立但实际管理机构在中国境内的企业。

(二) 非居民企业

非居民企业是指依照外国(地区)法律成立且实际管理机构不在中国境内,但在中国境内设立机构、场所的,或者在中国境内未设立机构、场所,但有来源于中国境内所得的企业。

注意:注意居民与非居民的界分标准

① 居民企业就其来源于中国境内外的全部所得缴纳企业所得税;非居民企业只就来源于中国境内的所得缴纳企业所得税。

② 税率。居民企业适用25%的税率;非居民企业分为两种情况:第一种情况,在境内设有机构、场所,所得与所设机构、场所有关系,或者所得发生在境外但与其所设机构、场所有实际联系;第二种情况,在境内未设机构、场所,但取得了来自境内的所得,或者设有机构、场所但所得与其机构、场所没有关系。属于第一种情况的非居民企业税率为25%;属于第二种情况的非居民企业税率为20%。

(三)其他取得收入的组织

(1) 事业单位;
(2) 社会团体;
(3) 民办非企业单位;
(4) 基金会;
(5) 外国商会;
(6) 农民专业合作社;
(7) 从事经营活动的其他组织。

【真题演练】

关于企业所得税的说法,下列哪一选项是错误的?(2009年真题,单选)
A. 在我国境内,企业和其他取得收入的组织为企业所得税的纳税人
B. 个人独资企业、合伙企业不是企业所得税的纳税人
C. 企业所得税的纳税人分为居民企业和非居民企业,二者的适用税率完全不同
D. 企业所得税的税收优惠,居民企业和非居民企业都有权享受

【答案】 C

【解析】 根据《企业所得税法》第1条第1款的规定,A项正确。根据《企业所得税法》第1条第2款的规定,B项正确。根据《企业所得税法》第4条的规定,C项错误。根据《企业所得税法》第22、26条的规定,D项正确。

考点 2 应纳所得额

企业每一纳税年度的收入总额,减除不征税收入、免税收入、各项扣除以及允许弥补的以前年度亏损后的余额,为应纳税所得额。

(一)年度收入总额

收入总额是指企业以货币形式和非货币形式从各种来源取得的收入。前者包括现金、存款、应收账款、应收票据等;后者包括固定资产、无形资产、股权投资、存货等。

1. 销售货物收入

销售货物收入是指企业销售商品、产品、原材料、包装物、低值易耗品以及其他存货取得的

收入。

2. 提供劳务收入

提供劳务收入是指企业从事劳务服务活动取得的收入。

3. 转让财产收入

转让财产收入是指企业转让固定资产、无形资产、股权、债权等财产取得的收入。

4. 股息、红利等权益性投资收益

股息、红利等权益性投资收益是指企业因权益性投资从被投资方取得的收入。

5. 利息收入

利息收入是指企业将资金提供他人使用但不构成权益性投资,或者因他人占用本企业资金取得的收入。

6. 租金收入

租金收入是指企业提供固定资产、包装物或者其他有形资产的使用权取得的收入。

7. 特许权使用费收入

特许权使用费收入是指企业提供专利权、非专利技术、商标权、著作权以及其他特许权的使用权取得的收入。

8. 接受捐赠收入

接受捐赠收入是指企业接受的来自其他企业、组织或者个人无偿给予的货币性资产、非货币性资产。

9. 其他收入

其他收入是指企业取得的除上述收入外的其他收入,包括企业资产溢余收入、逾期未退包装物押金收入、确实无法偿付的应付款项、已作坏账损失处理后又收回的应收款项、债务重组收入、补贴收入、违约金收入、汇兑收益等。

(二) 不征税收入

不征税收入是指从性质和根源上不属于企业经营性活动带来的经济利益,不负有纳税义务并不作为应纳税所得额组成部分的收入。主要包括财政拨款;依法收取并纳入财政管理的行政事业性收费、政府性基金;国务院规定的其他不征税收入。

注意:不征税收入与免税收入的区别

不征税收入与免税收入不同,不征税收入不属于营利性活动带来的经济利益,是专门从事特定目的的收入,这些收入从原理上不列为征税范围的收入范畴。免税收入是纳税人应税收入的重要组成部分,只是国家为了实现某些经济和社会目标,在特定时期或对特定项目取得的经济利益给予的税收优惠照顾,而在一定时期又有可能恢复征收。

(三) 各项扣除

各项扣除,又称为准予扣除项目,是指与纳税人取得收入有关的、合理的支出,以及《企业所得税》规定可以扣除项目。"有关的支出"是指与取得收入直接相关的支出。"合理的支出"是指符合生产经营活动常规,应当计入当期损益或者有关资产成本的必要和正常的支出。

(1) 企业实际发生的与取得收入有关的、合理的支出,包括成本、费用、税金、损失或其他支出。

(2) 企业发生的公益性捐赠支出,在年度利润总额12%以内的部分,准予在计算应纳税所得额时扣除。

(3) 向投资者支付的股息、红利等权益性投资收益款项,企业所得税税款、税收滞纳金、罚金、罚款和被没收财物的损失、超过规定的捐赠支出、赞助支出、未经核定的准备金支出、与取得收入无关的其他支出不得在计算应纳税所得额时扣除。企业对外投资期间投资资产的成本也不得扣除。

考点 3 税收优惠

税收优惠,就是指为了配合国家在一定时期的政治、经济和社会发展总目标,政府利用税收制度,按预定目的,在税收方面采取相应的激励和照顾措施,以减轻某些纳税人应履行的纳税义务来补贴纳税人的某些活动或相应的纳税人,是国家干预经济的重要手段之一。

(一) 企业的下列收入为免税收入

免税收入是属于企业的应税所得但国家为了实现某些经济和社会目标,在特定时期或对特定项目给予税收优惠照顾而免于征收企业所得税的收入。

(1) 国债利息收入;
(2) 符合条件的居民企业之间的股息、红利等权益性投资收益;
(3) 在中国境内设立机构、场所的非居民企业从居民企业取得与该机构、场所有实际联系的股息、红利等权益性投资收益;
(4) 符合条件的非营利组织的收入。

(二) 企业的下列所得,可以免征、减征企业所得税

(1) 从事农、林、牧、渔业项目的所得;
(2) 从事国家重点扶持的公共基础设施项目投资经营的所得;
(3) 从事符合条件的环境保护、节能节水项目的所得;
(4) 符合条件的技术转让所得。

(三) 企业的下列支出,可以在计算应纳税所得额时加计扣除

(1) 开发新技术、新产品、新工艺发生的研究开发费用;
(2) 安置残疾人员及国家鼓励安置的其他就业人员所支付的工资。

(四) 税率

(1) 一般企业税率为25%。
(2) 符合条件的小型微利企业,减按20%的税率征收企业所得税。
(3) 国家需要重点扶持的高新技术企业,减按15%的税率征收企业所得税。

【真题演练】

1. 2012年12月,某公司对县税务局确定的企业所得税的应纳税所得额、应纳税额及在

12月30日前缴清税款的要求极为不满,决定撤离该县,且不缴纳税款。县税务局得知后,责令该公司在12月15日前纳税。当该公司有转移生产设备的明显迹象时,县税务局责成其提供纳税担保。该公司取得的下列收入中,属于《企业所得税法》规定的应纳税收入的是:(2013年真题,不定选)

A. 财政拨款　　　　B. 销售产品收入　　C. 专利转让收入　　D. 国债利息收入

【答案】　BC

【解析】　根据《企业所得税法》第6条的规定,B、C项正确,为应选项。根据《企业所得税法》第7条的规定,财政拨款属不征税收入范围;根据《企业所得税法》第26条规定,国债利息收入为免税收入,故A、D项错误。

2. 根据《企业所得税法》规定,下列哪些表述是正确的?(2010年真题,多选)

A. 国家对鼓励发展的产业和项目给予企业所得税优惠
B. 国家对需要重点扶持的高新技术企业可以适当提高其企业所得税税率
C. 企业从事农、林、牧、渔业项目的所得可以免征、减征企业所得税
D. 企业安置残疾人员所支付的工资可以在计算应纳税所得额时加计扣除

【答案】　ACD

【解析】　根据《企业所得税法》第25、27、28、30条的规定,A、C、D三选项正确,根据《企业所得税法》第28条的规定,B项错误。

第三节　个人所得税法

个人所得税是对个人取得的各项应税所得征收的一种所得税。

考点 1　纳税义务人、扣缴义务人

(一) 纳税义务人

1. 居民纳税人

居民纳税人负无限纳税义务。

居民是指在中国境内有住所,或者无住所但在境内居住满1年的个人,居民纳税人应当就其来源于中国境内、境外的全部所得纳税。

2. 非居民纳税人

非居民纳税人负有限纳税义务。

非居民是指居民以外的人,非居民仅就来源于中国境内的所得纳税。

来源于我国境内的所得,是从所得来源的角度来说的,即非居民在我国境内工作或提供劳务,或者因其他经济行为取得来源于我国境内的所得,无论其支付地点是否在我国境内,都属于来源于我国境内的所得。

注意:为了鼓励个人投资兴办企业,国务院决定从2000年1月1日起,对个人独资企业和合伙企业停止征收企业所得税,其投资者的生产经营所得,比照个体工商户的生产、经营所得征收个人所得税。因此,个人独资企业和合伙企业的投资者也是个人所得税的纳税主体。

（二）扣缴义务人

（1）扣缴义务人应当按照国家规定办理全员全额扣缴申报。

扣缴义务人每月所扣的税款，自行申报纳税人每月应纳的税款，都应当在次月15日内缴入国库，并向税务机关报送纳税申报表。

（2）对扣缴义务人按照所扣缴的税款，付给2%的手续费。

考点 2 征税对象与免税对象

（一）征税对象

下列各项个人所得，应纳个人所得税：① 工资、薪金所得；② 个体工商户的生产、经营所得；③ 对企事业单位的承包经营、承租经营所得；④ 劳务报酬所得；⑤ 稿酬所得；⑥ 特许权使用费所得；⑦ 利息、股息、红利所得；⑧ 财产租赁所得；⑨ 财产转让所得；⑩ 偶然所得；⑪ 经国务院财政部门确定征税的其他所得。

（1）劳务报酬所得与工资、薪金所得，个体工商户的生产、经营所得的区别。劳务报酬所得是个人独立从事某种技艺、独立提供某种劳务而取得的所得；而工资、薪金所得是非独立劳务所得。前者不存在雇佣与被雇佣关系，后者则存在这种关系。

劳务报酬所得与个体工商户的生产、经营所得都属于个人独立劳动所得，但是区别在于是否经政府有关部门批准、取得执照。

（2）特许权使用费所得。特许权使用费所得是指个人提供专利权、商标权、著作权、非专利技术以及其他特许权的使用权取得的所得；提供著作权的使用权取得的所得，不包括稿酬所得。

（3）财产租赁所得与财产转让所得。财产租赁所得是指个人出租建筑物、土地使用权、机器设备、车船以及其他财产取得的所得。除土地使用权出租所得外，一般为有形动产和不动产租赁所得。而知识产权租赁所获得的收入属于特许权使用费所得。

财产转让所得是指个人转让有价证券、股权、建筑物、土地使用权、机器设备、车船以及其他财产取得的所得。

（4）偶然所得。偶然所得是指个人得奖、中奖、中彩以及其他偶然性质的所得。得奖是指参加各种有奖竞赛活动，取得名次获得的奖金。中奖、中彩是指参加有奖销售、有奖储蓄或购买彩票等有奖活动，经过规定程序抽中、摇中号码而获得的奖金。

个人取得的应纳税所得，包括现金、实物和有价证券。所得为实物的，应按照取得的凭证上所注明的价格计算应纳税所得额；无凭证的实物或者凭证上所注明的价格明显偏低的，由主管税务机关参照当地的市场价格核定应纳税所得额。所得为有价证券的，由主管税务机关根据票面价格和市场价格核定应纳税所得额。

（二）下列各项个人所得，免纳个人所得税

（1）省级人民政府、国务院部委和中国人民解放军军以上单位，以及外国组织、国际组织颁发的科学、教育、技术、文化、卫生、体育、环境保护等方面的奖金；

（2）国债和国家发行的金融债券利息；

（3）按照国家统一规定发给的补贴、津贴；

（4）福利费、抚恤金、救济金；

（5）保险赔款；

（6）军人的转业费、复员费；

（7）按照国家统一规定发给干部、职工的安家费、退职费、退休工资、离休工资、离休生活补助费；

（8）依照我国有关法律规定应予免税的各国驻华使馆、领事馆的外交代表、领事官员和其他人员的所得；

（9）中国政府参加的国际公约、签订的协议中规定免税的所得；

（10）经国务院财政部门批准免税的所得。

（三）下列情形之一的，经批准可以减征个人所得税

（1）残疾、孤老人员和烈属的所得；

（2）因严重自然灾害造成重大损失的；

（3）其他经国务院财政部门批准减税的。

（四）税率

1. 工资、薪金：以每月收入额减除费用3 500元后的余额为应纳税所得额。

（1）不超过1 500元的，适用3%的税率；

（2）超过1 500元至4 500元的部分，适用10%的税率；

（3）超过4 500元至9 000元的部分，适用20%的税率；

（4）超过9 000元至35 000元的部分，适用25%的税率；

（5）超过35 000元至55 000元的部分，适用30%的税率；

（6）超过55 000元至80 000元的部分，适用35%的税率；

（7）超过80 000元的部分，适用45%的税率。

2. 稿酬所得，适用比例税率，税率为20%，并按应纳税额减征30%。

3. 劳务报酬所得，适用比例税率，税率为20%。对劳务报酬所得一次收入畸高的，可以实行加成征收，具体办法由国务院规定。

4. 特许权使用费所得，利息、股息、红利所得，财产租赁所得，财产转让所得，偶然所得和其他所得，适用比例税率，税率为20%。

考点 3　纳税申报

个人所得税实行个人申报和源泉扣缴两种方法组织征税。

纳税申报是指纳税人、扣缴义务人按照法律、行政法规的规定，在申报期限内就纳税事项向税务机关书面申报的一种法定手续。我国《税收征收管理法》和《税收征收管理法实施细则》分别从程序角度对"纳税申报"作了相应规定，《个人所得税法实施条例》从实体角度对个人所得税纳税申报的范围作了详细规定，主要包括五类。

(1)年所得12万元以上的;
(2)从中国境内两处或者两处以上取得工资、薪金所得的;
(3)从中国境外取得所得的;
(4)取得应税所得,没有扣缴义务人的;
(5)国务院规定的其他情形。

【真题演练】

1. 关于个人所得税,下列哪些表述是正确的?(2015年真题,多选)

A. 以课税对象为划分标准,个人所得税属于动态财产税
B. 非居民纳税人是指不具有中国国籍但有来源于中国境内所得的个人
C. 居民纳税人从中国境内、境外取得的所得均应依法缴纳个人所得税
D. 劳务报酬所得适用比例税率,对劳务报酬所得一次收入畸高的,可实行加成征收

【答案】 CD

【解析】 以课税对象为划分,税收征纳实体法主要包括商品税法、所得税法、财产税法和行为税法,个人所得税法属于所得税法,而不是财产税法,A选项错误。根据《个人所得税法》第1条第2款的规定,B项错误。根据《个人所得税法》第1条第1款的规定,C项正确。根据《个人所得税法》第3条的规定,D项正确。

2. 2012年外国人约翰来到中国,成为某合资企业经理,迄今一直居住在北京。根据《个人所得税法》,约翰获得的下列哪些收入应在我国缴纳个人所得税?(2014年真题,多选)

A. 从该合资企业领取的薪金
B. 出租其在华期间购买的房屋获得的租金
C. 在中国某大学开设讲座获得的酬金
D. 在美国杂志上发表文章获得的稿酬

【答案】 ABCD

【解析】 根据《个人所得税法》第1条的规定,约翰2012年来到中国,迄今一直居住在北京,其在中国境内居住已经满一年,因此从中国境内和境外取得的所得,依照本法规定缴纳个人所得税。根据《个人所得税法》第2条的规定,A项属于个人所得税"工资、薪金所得",B项属于"财产租赁所得",C项属于"劳务报酬所得",D项属于"稿酬所得",因此A、B、C、D均为正确答案。

3. 纳税义务人具有下列哪些情形的,应当按规定办理个人所得税纳税申报?(2010年真题,多选)

A. 个人所得超过国务院规定数额的
B. 在两处以上取得工资、薪金所得的
C. 从中国境外取得所得的
D. 取得应纳税所得没有扣缴义务人的

【答案】 ABCD

【解析】 根据《个人所得税法》第8条以及《个人所得税法实施条例》第36条的规定,A、B、C、D四选项都符合该实施细则的规定,为本题的正确答案。

第四节 车船税法

考点 1　车船税的纳税人和征税对象

(一) 纳税人

在中国境内,《车船税法》所附《车船税税目税额表》规定的车辆、船舶(以下简称车船)的所有人或者管理人为车船税的纳税人。

(二) 征税对象

根据《车船税税目税额表》,车船税的征收对象包括:
(1) 乘用车;
(2) 商用车(客车、货车);
(3) 挂车;
(4) 其他车辆(专用作业车、轮式专用机械车);
(5) 摩托车和船舶(机动船舶、游艇)。

考点 2　车船税的税额与减免

(一) 税额

乘用车、商用车中的客车和摩托车以每辆为计税单位,商用车中的货车、挂车和其他车辆以整备质量每吨为计税单位,船舶中的机动船舶以净吨位每吨、游艇以艇身长度每米为计税单位,依照《车船税税目税额表》规定的年基准税额征收车船税。

(二) 减免

1. 免征车船税
(1) 捕捞、养殖渔船;
(2) 军队、武警专用的车船;
(3) 警用车船;
(4) 依照法律规定应当予以免税的外国驻华使领馆、国际组织驻华代表机构及其有关人员的车船。

2. 减征或免征车船税
(1) 对节约能源、使用新能源的车船可以减征或者免征车船税;对受严重自然灾害影响纳税困难以及有其他特殊原因确需减税、免税的,可以减征或者免征车船税。
(2) 省、自治区、直辖市人民政府根据当地实际情况,可以对公共交通车船,农村居民拥有并主要在农村地区使用的摩托车、三轮汽车和低速载货汽车定期减征或者免征车船税。

考点 3 车船税的申报缴纳和扣缴

（一）申报

（1）车船税按年申报缴纳。

（2）车船税的纳税地点为车船的登记地或者车船税扣缴义务人所在地。依法不需要办理登记的车船，车船税的纳税地点为车船的所有人或者管理人所在地。

（二）扣缴

从事机动车第三者责任强制保险业务的保险机构为机动车车船税的扣缴义务人，应当在收取保险费时依法代收车船税，并出具代收税款凭证。

第五节 税收征收管理法

税收征收管理制度是税务机关对纳税人依法征税和进行税务监督管理的法律规范的总称。

考点 1 税务管理

税务管理是税收征收管理的基础性工作，包括税务登记、账簿与凭证管理和纳税申报三方面内容。

（一）税务登记

税务登记是纳税人依照税法规定就其设立、变更、终止等事项，向税务机关申请办理书面登记的法律手续。纳税人在指定税务机关将其基本情况填写在规定的表册中，以便税务机关对纳税人进行管理的一项制度。

1. 开业税务登记

（1）从事生产、经营的纳税人自领取营业执照之日起 30 日内，持有关证件，向税务机关申报办理税务登记。税务机关应当于收到申报的当日办理登记并发给税务登记证件。

（2）从事生产、经营的纳税人，税务登记内容发生变化的，自工商行政管理机关办理变更登记之日起 30 日内或者在向工商行政管理机关申请办理注销登记之前，持有关证件向税务机关申报办理变更或者注销税务登记。

（3）从事生产、经营的纳税人应当按照国家有关规定，持税务登记证件，在银行或者其他金融机构开立基本存款账户和其他存款账户，并将其全部账号向税务机关报告。

（4）从事生产、经营的纳税人外出经营，在同一地累计超过 180 天的，应当在营业地办理税务登记手续。

2. 注销税务登记

（1）纳税人发生解散、破产、撤销以及其他情形，依法终止纳税义务的，应当在向工商行政管理机关或者其他机关办理注销登记前，持有关证件向原税务登记机关申报办理注销税务登记。

(2) 纳税人因住所、经营地点变动,涉及改变税务登记机关的,应当在向工商行政管理机关或者其他机关申请办理变更或者注销登记前或者住所、经营地点变动前,向原税务登记机关申报办理注销税务登记,并在 30 日内向迁达地税务机关申报办理税务登记。

(3) 纳税人被工商行政管理机关吊销营业执照或者被其他机关予以撤销登记的,应当自营业执照被吊销或者被撤销登记之日起 15 日内,向原税务登记机关申报办理注销税务登记。

(4) 纳税人在办理注销税务登记前,应当向税务机关结清应纳税款、滞纳金、罚款,缴销发票、税务登记证件和其他税务证件。

(二) 账簿与凭证管理

1. 账簿管理

(1) 从事生产、经营的纳税人应当自领取营业执照或者发生纳税义务之日起 15 日内,按照国家有关规定设置账簿。

(2) 纳税人生产、经营规模小又确无建账能力的,可以聘请经批准从事会计代理记账业务的专业机构或者财会人员代为建账和办理财务。

(3) 纳税人使用计算机记账的,应在使用前将会计电算化系统的会计核算软件、使用说明书及有关资料报送主管税务机关备案。

(4) 纳税人、扣缴义务人会计制度健全,能够通过计算机正确、完整计算其收入和所得情况的,其计算机输出的完整的书面会计记录,可视同会计账簿。

(5) 纳税人的账簿、记账凭证、报表、完税凭证、发票、出口凭证以及其他有关涉税资料,除另有规定外,应当保存 10 年。

2. 凭证管理主要表现为发票管理

(1) 确定税务机关是发票的主管机关,负责印制、领购、开具、取得、保管、缴销的管理与监督。

(2) 增值税专用发票由国务院税务主管部门指定的企业印制;其他发票分别由省级国家税务局、地方税务局指定的企业印制。

(三) 纳税申报

(1) 纳税人必须依照申报期限、申报内容如实办理纳税申报,报送纳税申报表、财务会计报表以及税务机关根据实际需要要求纳税人报送的其他纳税资料。扣缴义务人必须依照申报期限、申报内容如实报送代扣代缴、代收代缴税款报告表以及税务机关根据实际需要要求扣缴义务人报送的其他有关资料。

(2) 纳税人、扣缴义务人可以直接到税务机关办理纳税申报或者报送代扣代缴、代收代缴税款报告表,也可以按照规定采取邮寄、数据电文或者其他方式办理上述申报、报送事项。

(3) 纳税人、扣缴义务人不能按期办理纳税申报或者报送代扣代缴、代收代缴税款报告表的,经税务机关核准,可以延期申报。

【真题演练】

根据税收征收管理法规,关于税务登记,下列哪一说法是错误的?(2012 年真题,单选)

A. 从事生产、经营的纳税人,应在领取营业执照后,在规定时间内办理税务登记,领取税

务登记证件

　　B. 从事生产、经营的纳税人在银行开立账户，应出具税务登记证件，其账号应当向税务机关报告

　　C. 纳税人税务登记内容发生变化，不需到工商行政管理机关或其他机关办理变更登记的，可不向原税务登记机关申报办理变更税务登记

　　D. 从事生产、经营的纳税人外出经营，在同一地累计超过180天的，应在营业地办理税务登记手续

【答案】　C

【解析】　根据《税收征收管理法》第15条第1款的规定，A项正确。根据《税收征收管理法》第17条第1款的规定，B项正确。根据《税收征收管理法》第16条的规定，C项错误。根据《税收征收管理法实施细则》第21条的规定，D项正确。

考点 2　纳税主体

（一）纳税人与扣缴义务人

（1）法律、行政法规规定负有纳税义务的单位和个人为纳税人。

（2）法律、行政法规规定负有代扣代缴、代收代缴税款义务的单位和个人为扣缴义务人。

（二）纳税人的权利和税务机关的义务

1. 纳税人的权利

（1）知情权。有权向税务机关了解国家税收法律、行政法规的规定以及与纳税程序有关的情况。

（2）隐私权。有权要求税务机关为纳税人的情况保密。

（3）申请减、免、退税的权利。依法享有申请减税、免税、退税的权利（扣缴义务人没有此项权利）。

（4）陈述权、申辩权。对税务机关所作的决定，享有陈述权、申辩权。

（5）救济权。依法享有申请行政复议、提起行政诉讼、请求国家赔偿等权利。

（6）控告检举权。有权检举和控告税务机关、税务人员的违法违纪行为。任何单位和个人都有权检举违反税收法律、行政法规的行为。收到检举的机关和负责查处的机关应当为检举人保密。税务机关应当按照规定对检举人给予奖励。

2. 税务机关的义务

（1）普法义务。税务机关应当广泛宣传税收法律、行政法规，普及纳税知识，无偿地为纳税人提供纳税咨询服务。

（2）保密义务。税务机关应依法为纳税人的情况保密。

【真题演练】

关于纳税人享有的权利，下列哪些选项是正确的？（2011年真题，多选）

A. 向税务机关了解税收法律规定和纳税程序

B. 申请减税、免税、退税

C. 对税务机关的决定不服时,提出申辩,申请行政复议
D. 合法权益因税务机关违法行政而受侵害时,请求国家赔偿

【答案】 ABCD
【解析】 根据《税收征收管理法》第8条第1款的规定,A项正确。根据《税收征收管理法》第8条第3款的规定,B项正确。根据《税收征收管理法》第8条第4款的规定,C、D项均正确。

考点 3 税款征收

税款征收是整个税收征管的核心环节,是纳税人依法履行纳税义务和征税机关依法将税款征收入库的最重要的阶段。

(一) 税收法定

税收的开征、停征以及减税、免税、退税、补税,依照法律的规定执行;法律授权国务院规定的,依照国务院制定的行政法规的规定执行。

(二) 缴纳管理

1. 纳税人只要不按期纳税,就应承担滞纳金
2. 延期纳税

纳税人按期纳税确有困难的,可以申请延期纳税,但只有省级国税局、地税局才有延期纳税的批准权,并且延期不得超过3个月。

3. 减税与免税制度

(1) 纳税人依照法律、行政法规的规定办理减税、免税。

(2) 减税与免税由法律、行政法规规定,除此之外,任何单位或个人作出的减免税决定都是无效的。

地方各级人民政府、各级人民政府主管部门、单位和个人违反法律、行政法规规定,擅自作出的减税、免税决定无效,税务机关不得执行,并应向上级税务机关报告。

4. 核定应纳税额与调整应纳税额

应纳税额的确定是税款征收的前提,一般情况下是纳税人申报纳税,税务机关依法予以确定。但若申报的应纳税额与依实际情况应缴纳的税额有出入,税务机关依法有权重新核定与调整。

依据《税收征收管理法》,纳税人有下列情形之一的,税务机关有权核定其应纳税额:

(1) 依照法律、行政法规的规定可以不设置账簿的;
(2) 依照法律、行政法规的规定应当设置账簿但未设置的;
(3) 擅自销毁账簿或者拒不提供纳税资料的;
(4) 虽然设置账簿,但账目混乱或者成本资料、收入凭证、费用凭证残缺不全,难以查账的;
(5) 发生纳税义务,未按照规定的期限申报纳税,经税务机关责令限期申报,逾期仍不申报的;
(6) 纳税人申报的计税依据明显偏低,又无正当理由的。

（三）税收保全与强制执行措施

1. 定义

（1）税收保全措施

税收保全措施是一种事前的措施，是指为了维护正常的税收秩序，预防纳税人逃避纳税义务，以使税收收入得以保全而采取的措施。

注意：税务机关采取税收保全措施的期限一般不得超过6个月；重大案件需要延长的，应当报国家税务总局批准。纳税人在限期内已缴纳税款，税务机关未立即解除税收保全措施，使纳税人的合法利益遭受损失的，税务机关应当承担赔偿责任。

（2）税收强制执行措施

强制执行措施是一种事后的措施，是在纳税人、扣缴义务人、纳税担保人未履行其法定的纳税义务、扣缴义务、担保义务，经采取一般的税收征管措施无效的情况下，为保障税收征纳秩序和税款入库而采取的最后的措施。

2. 比较

税收保全是为了保全纳税人财产，防止其不当处分财产而损害税收；税收强制执行是运用强制力量实现税款征收。

项目	适用对象	适用时间	适用步骤	措施	关系
税收保全措施	从事生产、经营的纳税人	纳税期前	限期缴纳—提供纳税担保—保全措施	银行冻结存款；查封、扣押财产	经过县级以上税务局（分局）局长批准
税收强制执行	从事生产、经营的纳税人、扣缴义务人、纳税担保人	纳税期后	限期缴纳—强制执行	银行扣缴、（查封、扣押）拍卖、变卖	

3. 人道主义原则

个人及其所扶养家属维持生活必需的住房和用品，不在税收保全措施和税收强制执行措施的范围之内。

（四）其他措施

1. 税收优先

税务机关征收税款，税收优先于无担保债权，法律另有规定的除外；纳税人欠缴税款发生在纳税人以其财产设定抵押、质押或者纳税人的财产被留置之前的，税收应当优先于抵押权、质权、留置权执行。纳税人欠缴税款，同时又被行政机关处以罚款、没收违法所得的，税收优先于罚款、没收违法所得。

注意：税款清偿顺序

发生在抵押权、质权、留置权之前的欠缴税款——抵押权、质权、留置权——发生在抵押权、质权、留置权之后的欠缴税款——一般民事赔偿及债权——行政罚款。

2. 处置财产报告制度

欠缴税款数额较大的纳税人在处分其不动产或者大额财产之前,应当向税务机关报告。

3. 代位权、撤销权

欠缴税款的纳税人因怠于行使到期债权,或者放弃到期债权,或者无偿转让财产,或者以明显不合理的低价转让财产而受让人知道该情形,对国家税收造成损害的,税务机关行使代位权、撤销权。

(1) 行使代位权、撤销权要符合前提条件

欠缴税款的纳税人因怠于行使到期债权,或者放弃到期债权,或者无偿转让财产,或者以明显不合理的低价转让财产而受让人知道该情形,对国家税收造成损害的。

(2) 税务机关应依法行使代位权、撤销权

税务机关不得以自己的公权力直接行使代位权、撤销权,必须向人民法院请求行使代位权、撤销权。

(3) 行使代位权、撤销权的范围应当符合相关法律的规定

① 在代位权诉讼中,债权人行使代位权的请求数额超过债务人所负债务额或者超过次债务人对债务人所负债务额的,对超出部分人民法院不予支持。

② 税务机关不能针对欠税人的债务人或受让人责令限期缴纳和采取税收强制措施。

4. 离境清税

欠缴税款的纳税人或者其法定代表人需要出境的,应当在出境前向税务机关结清应纳税款、税款滞纳金或者提供担保。未结清税款、税款滞纳金,又不提供担保的,税务机关可以通知出境管理机关阻止其出境。

5. 追征

(1) 因税务机关的责任,致使纳税人、扣缴义务人未缴或者少缴税款的,税务机关在 3 年内可以要求纳税人、扣缴义务人补缴税款,但是不得加收税款滞纳金。

(2) 因纳税人、扣缴义务人计算错误等失误,未缴或者少缴税款的,税务机关在 3 年内可以追征税款、滞纳金;有特殊情况的,追征期可以延长到 5 年。

(3) 对偷税、抗税、骗税的,税务机关追征其未缴或者少缴的税款、滞纳金或者所骗取的税款,不受前款规定期限的限制。

(五) 税务争议

(1) 纳税争议,此时纳税义务人在寻求权利救济时,存在"行政复议前置"的问题。必须先依照税务机关的纳税决定缴纳或者解缴税款及税款滞纳金或者提供相应的担保,然后依法申请行政复议;对行政复议决定不服的,再依法向人民法院起诉。

(2) 税务处罚、强制执行和税收保全争议,这类争议纳税义务人在寻求权利救济时,不存在"行政复议前置",可以选择直接向法院起诉。

【真题演练】

1. 某企业因计算错误,未缴税款累计达 50 万元。关于该税款的征收,下列哪些选项是正确的?(2014 年真题,多选)

A. 税务机关可追征未缴的税款　　　　B. 税务机关可追征滞纳金

C. 追征期可延长到 5 年　　　　D. 追征时不受追征期的限制

【答案】　ABC

【解析】　根据《税收征收管理法》第 52 条的规定,本题中,由于企业计算错误,属于纳税人因过失未缴税款的,税务机关可以追征税款、税款滞纳金,故 A、B 项正确。在这种情况税务机关在 3 年内可以追征,有特殊情况的追征期可以延长到 5 年,故 C 项正确,D 项错误。

2. 甲公司欠税 40 万元,税务局要查封其相应价值产品。甲公司经理说:"乙公司欠我公司 60 万元货款,贵局不如行使代位权直接去乙公司收取现金。"该局遂通知乙公司缴纳甲公司的欠税,乙公司不配合;该局责令其限期缴纳,乙公司逾期未缴纳;该局随即采取了税收强制执行措施。关于税务局的行为,下列哪些选项是错误的?(2013 年真题,多选)

A. 只要甲公司欠税,乙公司又欠甲公司货款,该局就有权行使代位权
B. 如代位权成立,即使乙公司不配合,该局也有权直接向乙公司行使
C. 本案中,该局有权责令乙公司限期缴纳
D. 本案中,该局有权向乙公司采取税收强制执行措施

【答案】　ABCD

【解析】　根据《合同法》第 73 条的规定,本题中甲公司具有相应价值产品可供查封,不会对国家税收造成损害,所以税务机关无权行使代位权,故 A 项错误。根据《合同法》第 73 条第 1 款的规定,B 错误。根据《税收征收管理法》第 40 条的规定,C、D 项错误。本题为选错题,故答案为 A、B、C、D。

3. 2012 年 12 月,某公司对县税务局确定的企业所得税的应纳税所得额、应纳税额及在 12 月 30 日前缴清税款的要求极为不满,决定撤离该县,且不缴纳税款。县税务局得知后,责令该公司在 12 月 15 日前纳税。当该公司有转移生产设备的明显迹象时,县税务局责成其提供纳税担保。就该公司与税务局的纳税争议,下列说法正确的是:(2013 年真题,不定选)

A. 如该公司不提供纳税担保,经批准,税务局有权书面通知该公司开户银行从其存款中扣缴税款
B. 如该公司不提供纳税担保,经批准,税务局有权扣押、查封该公司价值相当于应纳税款的产品
C. 如该公司对应纳税额发生争议,应先依税务局的纳税决定缴纳税款,然后可申请行政复议,对复议决定不服的,可向法院起诉
D. 如该公司对税务局的税收保全措施不服,可申请行政复议,也可直接向法院起诉

【答案】　BCD

【解析】　根据《税收征收管理法》第 38 条第 1 款的规定,A 项错误。根据《税收征收管理法》第 38 条第 1 款的规定,B 项正确。根据《税收征收管理法》第 88 条第 1 款的规定,C 项正确。根据《税收征收管理法》第 88 条第 2 款的规定,D 项正确。

4. 下列哪些法律渊源是地方政府开征、停征某种税收的依据?(2011 年真题,多选)

A. 全国人大及其常委会制定的法律　　　B. 国务院依法律授权制定的行政法规
C. 国务院有关部委制定的部门规章　　　D. 地方人大、地方政府发布的地方法规

【答案】　AB

【解析】　根据《税收征收管理法》第 3 条的规定,A、B 项均正确,C、D 项均错误。

第五节　审　计　法

国家审计是指审计机关依法独立检查被审计单位的会计凭证、会记账簿、财务会计报表以及与财政收支、财务收支有关的资料和资产，保障财政收支、财务收支真实、合法和效益的行为。国家审计的特点是法定性、强制性，是国家实施的重要的经济监督。

考点 1　审计机关的审计对象

（一）单位

（1）国务院各部门和地方各级人民政府及其各部门；
（2）国有的金融机构和企业事业组织；
（3）使用财政基金的其他事业企业；
（4）国有企业。

（二）项目

（1）政府投资和以政府投资为主的建设项目；
（2）政府部门管理的和其他单位受政府委托管理的社会保障基金、社会捐赠基金以及其他有关基金、资金；
（3）国际组织和外国政府援助、贷款项目。

（三）个人

国家机关和依法属于审计机关审计监督对象的其他单位的主要负责人。

考点 2　审计事项和权限

（一）审计事项

（1）对政府部门和直属单位进行预算执行和决算以及其他财政收支监督。
（2）对中央银行；国家的事业组织和使用财政资金的其他事业组织；政府部门管理的和其他单位受政府委托管理的社会保障基金、社会捐赠资金以及其他有关基金、资金；国际组织和外国政府援助、贷款项目进行财务收支监督。
（3）对国有金融机构、国有企业进行资产、负债、损益监督。
（4）对政府投资和以政府投资为主的建设项目进行预算执行和决算监督。
（5）对主要负责人在任职期间对其应负经济责任的履行情况进行监督。

（二）审计权限

审计机关有权要求提供有关资料、调查和查询、制止违法行为、封存有关资料和违反国家规定取得的资产、申请法院冻结存款、通知财政部门和有关主管部门暂停拨付有关款项。

（1）有权要求被审计单位提供预算或者财务收支计划、预算执行情况、决算、财务会计报告,运用电子计算机储存、处理的财政收支、财务收支电子数据和必要的电子计算机技术文档,在金融机构开立账户的情况,社会审计机构出具的审计报告,以及其他与财政收支或者财务收支有关的资料。

(2) 有权检查被审计单位的会计凭证、会计账簿、财务会计报告和运用电子计算机管理财政收支、财务收支电子数据的系统,以及其他与财政收支、财务收支有关的资料和资产。

(3) 有权就审计事项的有关问题向有关单位和个人进行调查,并取得有关证明材料。审计机关经县级以上人民政府审计机关负责人批准,有权查询被审计单位在金融机构的账户。审计机关有证据证明被审计单位以个人名义存储公款的,经县级以上人民政府审计机关主要负责人批准,有权查询被审计单位以个人名义在金融机构的存款。

(4) 审计机关对被审计单位转移、隐匿、篡改、毁弃有关资料的行为和转移、隐匿违法取得资产的行为,有权予以制止;必要时,经县级以上人民政府审计机关负责人批准,有权封存有关资料和违反国家规定取得的资产;对其中在金融机构的有关存款需要予以冻结的,应当向人民法院提出申请。

(5) 审计机关对被审计单位正在进行的违反国家规定的财政收支、财务收支行为,有权予以制止;制止无效的,经县级以上人民政府审计机关负责人批准,通知财政部门和有关主管部门暂停拨付与违反国家规定的财政收支、财务收支行为直接有关的款项,已经拨付的,暂停使用。

(三) 审计程序

1. 预告审计和突击审计

(1) 审计机关根据审计项目计划确定的审计事项组成审计组,并应当在实施审计3日前,向被审计单位送达审计通知书。

(2) 遇有特殊情况,经本级人民政府批准,审计机关可以直接持审计通知书实施审计。

突击审计主要用于对贪污、挪用等违法乱纪行为进行的财经违纪审查。

2. 审计报告

审计组对审计事项实施审计后,应当向审计机关提出审计组的审计报告。审计组的审计报告报送审计机关前,应当征求被审计对象的意见。被审计对象应当自接到审计组的审计报告之日起10日内,将其书面意见送交审计组。审计组应当将被审计对象的书面意见一并报送审计机关。

3. 审计决定

(1) 审计机关按照审计署规定的程序对审计组的审计报告进行审议,并对被审计对象对审计组的审计报告提出的意见一并研究后,提出审计机关的审计报告;对违反国家规定的财政收支、财务收支行为,依法应当给予处理、处罚的,在法定职权范围内作出审计决定或者向有关主管机关提出处理、处罚的意见。

(2) 审计机关应当将审计机关的审计报告和审计决定送达被审计单位和有关主管机关、单位。审计决定自送达之日起生效。

4. 审计监督

上级审计机关认为下级审计机关作出的审计决定违反国家有关规定的,可以责成下级审计机关予以变更或者撤销,必要时也可以直接作出变更或者撤销的决定。

【真题演练】

1. 某县污水处理厂系扶贫项目,由地方财政投资数千万元,某公司负责建设。关于此项目的审计监督,下列哪些说法是正确的?(2016年真题,多选)

   A. 审计机关对该项目的预算执行情况和决算,进行审计监督
   B. 审计机关经银监局局长批准,可冻结该项目在银行的存款
   C. 审计组应在向审计机关报送审计报告后,向该公司征求对该报告的意见
   D. 审计机关对该项目作出审计决定,而上级审计机关认为其违反国家规定的,可直接作出变更或撤销的决定

   【答案】　AD
   【解析】　根据我国《审计法》第22条的规定,A选项正确。根据我国《审计法》第34条第1款和第2款的规定,B选项错误。根据我国《审计法》第40条的规定,选项C错误。根据我国《审计法》第42条的规定,D选项正确。

2. 为大力发展交通,某市出资设立了某高速公路投资公司。该市审计局欲对其实施年度审计监督。关于审计事宜,下列哪一说法是正确的?(2015年真题,单选)

   A. 该公司既非政府机关也非事业单位,审计局无权审计
   B. 审计局应在实施审计3日前,向该公司送达审计通知书
   C. 审计局欲查询该公司在金融机构的账户,应经局长批准并委托该市法院查询
   D. 审计局欲检查该公司与财政收支有关的资料和资产,应委托该市税务局检查

   【答案】　B
   【解析】　根据《审计法》第2条以及第20条的规定,A项错误。根据《审计法》第38条第1款的规定,本题材料所涉及的情形为根据年度计划的例行审计,属于预告审计,故B项正确。根据《审计法》第33条第2款的规定,C项错误。根据《审计法》第32条的规定,本题中审计局有权检查该公司与财政收支有关的资料和资产,无需委托税务局检查,故D选项错误。

土地法专题

专题导学:

土地法的精神:严格管理、合理利用

土地法是调整人们在土地开发、利用、保护和管理过程中产生的社会关系的法律规范的总称。土地法具有强烈的公法色彩,体现国家基于社会整体利益对涉及土地的行为实施干预、调控与参与的意志。针对土地管理与土地利用,考试中主要涉及的法律有《土地管理法》《城市房地产管理法》和《城乡规划法》。

土地法学习线索:

1. 土地管理和房地产管理

   无论是土地管理法,还是城市房地产管理法的核心内容都围绕着如何规范我国的土地所有和土地利用的问题,特别是如何分类有效地管理土地。我国的土地所有制、土地使用权、土

地的流转、土地争议解决等法律制度都值得关注。

2. 城乡规划

我国的城乡规划,包括城镇体系规划、城市规划、镇规划、乡规划和村庄规划。制定城乡规划时应当考虑多种因素,进行利益平衡,并严格遵守城乡规划的制定程序,同时还要注意将城乡规划与土地利用结合起来。

第一节 土地管理和城市房地产管理

考点 1 我国独特的土地制度

我国土地权利形态(涉及下列三个法律)

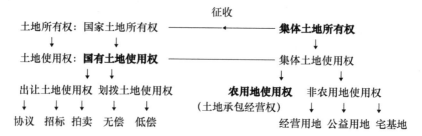

注意:我国土地所有权有如下特征
① 土地所有权人及其代表由法律明确规定。
② 土地所有权的取得、变更与丧失依法律规定,不得约定。
③ 土地所有权禁止交易。

(一) 土地所有制

土地公有制,即全民所有制和劳动群众集体所有制。全民所有,即国家享有土地的所有权,由国务院代表国家行使。任何单位和个人不得侵占、买卖或者以其他形式非法转让土地。国家为了公共利益的需要,可以依法对土地实行征收或者征用并给予补偿。

(二) 使用权的取得的主要方式

国家依法实行国有土地有偿使用制度。但是国家在法律规定的范围内划拨国有土地使用权的除外。土地使用权可以依法转让。

(三) 土地用途管制制度

国家实行土地用途管制制度。国家编制土地利用总体规划,规定土地用途,将土地分为农用地、建设用地和未利用地。严格限制农用地转为建设用地,控制建设用地总量,对耕地实行特殊保护。

(四) 违反土地管理法的责任

土地行政主管部门应当给予行政处罚

1. 土地非法交易的行为

(1) 买卖或者以其他形式非法转让土地的。

(2) 擅自将农民集体所有的土地使用权出让、转让或者出租于非农业建设的。

2. 非法占用土地的行为

(1) 未经批准或者采取欺骗手段骗取批准,非法占用土地的。

(2) 农村村民未经批准或者采取欺骗手段骗取批准,非法占用土地新建住宅的。

(3) 在非法占用的土地上新建筑物和其他设施的。

注意:超过批准的数量占用土地,多占的土地以非法占用土地论处。

3. 非法批准征收、使用土地的行为

4. 非法发包、承包土地的行为

(五) 土地纠纷及其解决途径

注意:区分因土地引发的不同纠纷之间的不同处理解决途径。

1. 土地确权纠纷

土地确权纠纷指因不同主体间就土地所有权或土地使用权的归属或界限等问题产生异议而引发的争议纠纷。

(1) 土地确权纠纷,由当事人协商解决;协商不成的,提请人民政府作出确权处理。

(2) 单位之间的争议,由县级以上人民政府处理;个人之间、个人与单位之间的争议,由乡级人民政府或者县级以上人民政府处理。

(3) 当事人对有关人民政府的处理决定不服的,可以自接到处理决定通知之日起 30 日内,向人民法院起诉。

(4) 在土地所有权和使用权争议解决前,任何一方不得改变土地利用现状。

2. 土地行政纠纷

土地行政纠纷指因相对人对土地行政主管机关或人民政府作出的土地行政处罚等具体行政行为不服而引起的争议纠纷。

按一般行政复议及行政诉讼程序处理。

3. 土地侵权纠纷

土地侵权纠纷指因对他人已依法取得的土地所有权或使用权构成侵害,侵权人与被侵权人之间引发的争议纠纷。

(1) 土地确权纠纷,由当事人协商解决。

(2) 协商不成的,可由土地行政主管部门进行行政调处。

(3) 当事人对行政调处不服的,可以以对方当事人为被告提起民事诉讼;当事人也可以不经行政调处直接提起民事诉讼。

4. 土地承包经营纠纷

土地承包经营纠纷指土地承包经营发生的纠纷。包括发包人与承包人之间,农村集体经济组织内部不同成员之间,本农村集体经济组织内部成员与外村承包户之间因土地承包经营发生的各类纠纷。

(1) 当事人可以通过协商解决,也可以请求村民委员会、乡(镇)人民政府等调解解决。

(2) 协商、调解不成的,可以向农村土地承包仲裁机构申请仲裁,也可以直接向人民法院起诉。

(3) 当事人对农村土地承包仲裁机构的仲裁裁决不服的,可以自收到裁决书之日起30日内向人民法院起诉。逾期不起诉的,裁决书即发生法律效力。

【真题演练】

某公司取得出让土地使用权后,超过出让合同约定的动工开发日期满两年仍未动工,市政府决定收回该土地使用权。该公司认为,当年交付的土地一直未完成征地拆迁,未达到出让合同约定的条件,导致项目迟迟不能动工。为此,该公司提出两项请求,一是撤销收回土地使用权的决定,二是赔偿公司因工程延误所受的损失。对这两项请求,下列哪些判断是正确的?(2014年真题,多选)

A. 第一项请求属于行政争议
B. 第二项请求属于民事争议
C. 第一项请求须先由县级以上政府处理,当事人不服的才可向法院起诉
D. 第二项请求须先由县级以上政府处理,当事人不服的才可向法院起诉

【答案】 ABC

【解析】 根据《城市房地产管理法》第26条以及《土地管理法》第16条的规定,本题中市政府决定收回该土地使用权的行为属于行政行为,因而相关的争议属于行政争议,而政府迟迟不依照"国有土地出让合同"的约定交付土地,则属于违约的民事争议。对于土地使用权类型的行政争议应当首先由县级以上政府处理,对政府处理决定不服才能提起诉讼,而对于违反土地出让合同的违约行为,则没有政府处理的前置要求,可以直接提起诉讼。故A、B、C项正确,D项错误。

考点 2　土地所有权

土地所有权是国家或者农民集体依法对归其所有的土地所享有的支配性权利。我国土地所有权及其代表由法律明确规定。土地所有权的取得与丧失必须依据法律规定,不得约定。土地所有权禁止交易。我国的土地交易仅为土地使用权的交易。

(一) 国家土地所有权

国家土地所有权是以国家为所有权人,由其代表——国务院行使的对国有土地的支配性权利。国务院可以通过制定行政法规或发布命令授权地方政府或其职能部门行使国家土地所有权。

国家土地所有权的取得方式有两种:法定所有和征用取得。依据法律规定,下列土地归国家所有:

(1) 城市市区的土地;
(2) 农村和城市郊区被国家依法没收、征收、征购的土地;
(3) 国家依法征收的集体所有的土地;

(4) 依法不属于集体所有的林地、草地、荒地、滩涂及其他土地;
(5) 农村集体经济组织全部成员转为城镇居民的,原属于其成员集体所有的土地;
(6) 因国家组织移民、自然灾害等原因,农民成建制地集体迁移后,不再使用的原属于迁移农民集体所有的土地。

(二) 集体土地所有权

集体土地所有权是以符合法律规定的农村集体经济组织的农民集体为所有权人,对归其所有的土地所享有的受法律限制的支配性权利。

1. 属于集体所有的土地
(1) 农村和城市郊区的土地,法律规定属于国家所有的除外;
(2) 宅基地和自留山、自留地。
农村集体所有的土地,由县级人民政府登记造册,核发证书,确认所有权。

2. 集体土地所有权的行使受到法律和政府管理的限制
(1) 集体所有的土地不能直接用于房地产开发。若用于房地产开发必须先由国家征收转变为国有后再出让给开发商或者划拨给具备规定条件的单位;
(2) 集体所有的土地也不能转让、出让、出租用于非农业建设;
(3) 集体土地所有者不得擅自改变土地用途,其向用地者提供土地使用权,须经人民政府批准。

注意:集体土地所有权的行使还受到农民集体意志的限制,对集体土地的重大处分,应当依法经农村集体经济组织成员表决同意。

【真题演练】

关于国有土地,下列哪些说法是正确的?(2010年真题,多选)
A. 国有土地可以是建设用地,也可以是农用地
B. 国有土地可以确定给单位使用,也可以确定给个人使用
C. 国有土地可以有偿使用,也可以无偿使用
D. 国有土地使用权可以有期限,也可以无期限

【答案】 ABCD
【解析】 根据《土地管理法》第4条的规定,A项正确。根据《土地管理法》第9条的规定,B项正确。根据《土地管理法》第2条的规定,C项正确。根据《城市房地产管理法》第8条和第23条的规定,D项正确。

考点 3 土地使用权

(一) 国有土地使用权

国有土地使用权是指用地者以不同的取得方式而对国有土地所享有的与所有权相分离的用益性财产权利。

任何单位和个人均可成为国有土地使用权的主体。单位和个人使用国有土地由县级以上地方人民政府登记造册,核发证书,确认使用权。

国有土地使用权的取得方式主要是出让和划拨,也可以通过租赁方式取得国有土地使用权。

1. 出让取得国有土地使用权

(1) 定义

出让土地使用权是土地使用者向国有土地所有者支付出让金,而取得的有期限限制的国有土地使用权。

(2) 期限

国有土地使用权出让的最高年限,按土地用途分为以下几种情况:居住用地70年,工业用地50年,教育、科技、文化、卫生、体育用地50年,商业、旅游、娱乐用地40年,综合或其他用地50年。

(3) 出让方式

以出让方式取得土地使用权的,分为拍卖、招标、协议三种具体方式。其中商业、旅游、娱乐和豪华住宅用地,有条件的应采取拍卖、招标方式;没有条件,不能采取招标、拍卖方式的,可以采取协议方式。

(4) 土地出让金

土地使用者应当在签订土地使用权出让合同后60日内支付全部土地使用权出让金,领取土地使用权证,取得出让土地使用权。依双方约定采取分期付款方式取得出让土地使用权的,在未付清全部出让金前,土地使用者领取临时土地使用权证。

(5) 出让土地的使用

通过出让取得土地使用权的,使用权人对土地享有占有权、使用权、收益权和部分处分权。其中部分处分权是指可以依法将土地权利转让、出租、抵押、出资或者用于合资合作经营及其他经济活动。部分处分权只有领取土地使用权证书以后才享有,持有临时土地使用权证书期间不享有。

2. 划拨取得国有土地使用权

(1) 定义

划拨土地使用权是指土地使用者经县级以上人民政府批准,在缴纳补偿、安置补助等费用后所取得的或者无偿取得的没有使用期限限制的国有土地使用权。

(2) 范围

下列用地的土地使用者可以依法取得划拨土地使用权:

① 国家机关用地和军事用地;
② 城市基础设施用地和公益事业用地;
③ 国家重点扶持的能源、交通、水利等项目用地;
④ 法律、法规规定的其他用地。

(3) 期限

划拨取得国有土地使用权没有期限。

(4) 划拨方式

划拨方式取得土地使用权是无偿或低偿的,在有些情况下划拨要缴纳补偿、安置补助等费用。

(5) 划拨土地的使用

划拨土地使用权人对划拨土地享有占有权、使用权和部分收益权。划拨土地使用权人因占有、使用划拨土地所获得的收益归其享有，依法经批准处分所获收益按有关规定上缴国家后，余额归其享有。

注意：下列情况下可以收回国有土地使用权

有下列情形之一的，由有关人民政府土地行政主管部门报经原审批用地的人民政府或者有批准权的人民政府批准，可以收回国有土地使用权：

① 为公共利益需要使用土地的；
② 为实施城市规划进行旧城区改建，需要调整土地用途的；
③ 土地出让等有偿使用合同约定的使用期限届满，土地使用者未申请续期或者申请续期未获批准的；
④ 因单位撤销、迁移等原因，停止使用原划拨的国有土地的；
⑤ 公路、铁路、机场、矿场等经核准报废的。

其中前两种情形下收回国有土地使用权的，应对土地使用权人给予适当补偿。

(二) 集体土地使用权

1. 概述

(1) 集体土地使用权是符合法律规定条件的用地者按照一定用途以一定方式使用集体土地的权利。

(2) 农村集体经济组织及其成员、农村集体经济组织投资设立的企业、乡镇村公益性组织及法律、行政法规规定的其他单位和个人，可以依法取得集体土地使用权。

(3) 农村集体土地使用权按用途分为农用地使用权、宅基地使用权、非农经营用地使用权和非农公益用地使用权。宅基地使用权、非农经营用地使用权和非农公益用地使用权属于建设用地使用权。其中农用地使用权的取得方式主要是承包，宅基地使用权的取得方式是分配，非农经营用地使用权的取得方式是投资，非农公益用地使用权的取得方式是拨付。

(4) 集体所有的土地用于非农业建设的，由县级人民政府登记造册，核发证书，确认建设用地使用权。只要是非农用地均需履行审批手续。

(5) 集体所有土地的使用权不得出让、转让或者出租用于非农业建设。但是符合土地利用总体规划并依法取得建设用地的企业，因破产、兼并等情形致使土地使用权依法发生转移的除外。

2. 集体土地使用权的用途

(1) 农用地使用权(土地承包经营权)

农用地使用权指农村集体经济组织成员或其他单位、个人依法以承包方式取得的用于农、林、牧、渔等生产经营活动的有期限的集体土地使用权。

① 农村土地承包采取农村集体经济组织内部的家庭承包方式，不宜采取家庭承包方式的荒山、荒沟、荒丘、荒滩等农村土地，可以采取招标、拍卖、公开协商等方式承包。

② 在承包期限内可以对个别承包者之间承包的土地进行适当调整。但其调整方案须经村民会议2/3以上成员或者2/3以上村民代表的同意，并报乡镇人民政府和县级政府农业行政主管部门批准。

③ 本集体经济组织以外的单位或者个人承包集体经济组织的土地的,须经村民会议 2/3 以上成员或者 2/3 以上村民代表同意,并报乡镇人民政府批准。

④ 农用地使用权人在承包期内对土地享有占有权、使用权、收益权,并可依法将土地经营权流转(转包、转让、出租、入股、互换)。

⑤ 农用地使用权人不得擅自改变权利取得时确定的土地用途,不得擅自将农用地转变为非农用地。农、林、牧、渔业用地之间用途的改变,应依有关法律规定,并经集体土地所有者同意。

(2)非农经营用地使用权

非农经营用地使用权是经审批由农村集体经济组织通过投资的方式向符合条件的从事非农生产经营性活动的用地者提供的集体土地使用权。

① 该使用权的主体为农村集体经济组织设立的企业和以土地使用权作价出资或以联营的方式与其他单位、个人、企业进行经营,依法可取得非农经营用地使用权的企业。非上述农村集体经济组织投资设立的企业,不得取得或者继受取得非农经营用地使用权。

② 非农经营用地使用权人对土地享有占有权、使用权,其收益权按照有关《公司法》《合伙企业法》的规定或者依约定处置。非农经营用地使用权不得转让、出租,但因破产、兼并等情形致使土地使用权依法发生转移的除外。

(3)非农公益用地使用权

非农公益用地使用权是依法经审批由农村集体经济组织或其依法设立的公益性组织对用于集体经济组织内部公益事业的非农用地所享有的集体土地使用权。

非农公益用地使用权人对土地享有占有权和使用权,但不得擅自改变土地用途,不得擅自将土地用于经营活动,或将土地使用权转让、出租或抵押。

(4)宅基地使用权

宅基地使用权是依法经审批由农村集体经济组织分配给其内部成员用于建造住宅的没有使用期限限制的集体土地使用权。

① 农村村民一户只能拥有一处宅基地,并不得超过规定标准。宅基地使用权人转让、出租房屋及宅基地使用权后,再申请宅基地的,不予批准。

② 宅基地使用权的主体仅限于本集体经济组织的成员。非集体经济组织成员不得申请取得宅基地使用权。经过审批后,农村集体经济组织向宅基地申请者无偿提供宅基地使用权。

【真题演练】

农户甲外出打工,将自己房屋及宅基地使用权一并转让给同村农户乙,5 年后甲返回该村。关于甲返村后的住宅问题,下列哪些说法是错误的?(2012 年真题,多选)

A. 由于甲无一技之长,在外找不到工作,只能返乡务农。政府应再批给甲一处宅基地建房

B. 根据"一户一宅"的原则,甲作为本村村民应拥有自己的住房。政府应再批给甲一处宅基地建房

C. 由于农村土地具有保障功能,宅基地不得买卖,甲乙之间的转让合同无效。乙应返还房屋及宅基地使用权

D. 由于与乙的转让合同未经有关政府批准,转让合同无效。乙应返还房屋及宅基地使

用权

【答案】 ABCD

【解析】 根据《土地管理法》第 62 条的规定,A、B 项错误。根据国务院办公厅 1999 年 5 月发布的《关于加强土地转让管理严禁炒卖土地的通知》中的相关规定,村民转让宅基地使用权的,可以转让给本集体经济组织成员,转让合同有效,并且不须批准;但是禁止村民将宅基地、农民住宅出售给城镇居民。故 C、D 项错误。

考点 4　土地用途管制制度

(一) 概述

国家实行土地用途管制制度。国家编制土地利用总体规划,规定土地用途,将土地分为农用地、建设用地和未利用地。严格限制农用地转为建设用地,控制建设用地总量,对耕地实行特殊保护。

(1) 农用地是指直接用于农业生产的土地,包括耕地、林地、草地、农田水利用地、养殖水面等。

(2) 建设用地是指建造建筑物、构筑物的土地,包括城乡住宅和公共设施用地、工矿用地、交通水利设施用地、旅游用地、军事设施用地等。

(3) 未利用地是农用地和建设用地以外的土地。

(二) 耕地保护

1. 占用耕地补偿制度

国家严格控制耕地转为非耕地。非农业建设经批准占用耕地的,按"占多少、垦多少"的原则,由占地单位负责开垦;没有条件开垦或者开垦的耕地不符合要求的,应按规定缴纳耕地开垦费。省级人民政府应制定开垦耕地计划,监督占地单位按照计划开垦耕地或者按计划组织开垦耕地,并进行验收。

2. 基本农田保护制度

经国务院有关主管部门批准或者县级以上人民政府批准确认的粮、棉、油生产基地内的耕地;有良好的水利与水土保持设施的耕地,正在实施改造计划以及可以改造的中、低产田;蔬菜生产基地;农业科研、教学试验田等应划入基本农田保护区的其他耕地。禁止占用基本农田发展林果业和挖塘养鱼。

3. 禁止闲置、荒芜耕地

已经办理审批手续的非农业建设占用耕地,1 年内不用而又可以耕种并收获的,应由原耕种该耕地的集体或者个人恢复耕种,也可以由用地单位组织耕种;1 年以上未动工建设的,应按照规定缴纳闲置费;连续 2 年未使用的,经原批准机关批准,由县级以上人民政府无偿收回土地使用权,该幅土地原为集体所有的,交由原农村集体经济组织恢复耕种。承包耕地的单位或者个人连续 2 年弃耕抛荒的,原发包单位应终止承包合同。

4. 未利用土地的开发

鼓励单位和个人按照土地利用总体规划,在保护和改善生态环境、防止水土流失和土地荒漠化的前提下,开发未利用土地。适宜开发为农用地的,优先开发成农用地。开垦未利用土在依法批准后进行。开发未确定使用权的国有荒山、荒地、荒滩从事种植业、林业、畜牧业、渔业生产的,经县级以上人民政府批准,可以确定给开发者长期使用。

(三) 建设用地

建设用地是指用于建造建筑物或构筑物的土地,包括国家建设用地和乡村建设用地。

1. 国家建设用地

国家建设用地是国家进行各种经济、文化、国防建设以及兴办各种公益事业所需占用的土地。目前对国家建设用地的范围作扩大化解释,一些虽非国家投资也不具有公益性的建设项目也适用国家建设用地制度。

(1) 征收农民集体所有土地

国家建设征收农民集体土地,应依法报国务院或省、自治区、直辖市人民政府批准。

征收下列土地由国务院批准:基本农田;基本农田以外的耕地超过35公顷的;其他土地超过70公顷的。

征收上述规定以外的土地的,由省、自治区、直辖市人民政府批准,并报国务院备案。

(2) 收回他人享有使用权的国有土地

(3) 使用国有荒山、荒地

2. 乡村建设用地

(1) 村民宅基地用地。须经乡政府审核,由县级政府审批。其中涉及占用农用地的,应先办理农用地转用的审批手续。

(2) 兴办企业用地。乡村兴办企业,应持有关批准文件,向县级以上地方人民政府的土地管理部门提出申请,由县级以上人民政府审批。占用农用地的,应先办理农用地转用审批手续。

(3) 建设公共设施、公益事业用地须经乡政府审核,再向县级以上地方人民政府的土地管理部门提出申请,由县级以上人民政府审批。占用农用地的,应先办理农用地转用审批手续。

3. 临时建设用地

临时建设用地是指因建设项目施工和地质勘查等需要临时使用国有或者集体所有的土地。

(1) 设项目施工和地质勘查需要临时使用国有土地或者农民集体所有的土地的,由县级以上人民政府土地行政主管部门批准。其中,在城市规划区内的临时用地,在报批前,应当先经有关城市规划行政主管部门同意。

(2) 必须按照临时使用合同约定的用途使用土地并支付临时使用土地补偿费。

(3) 不得修建永久性建筑物。

(4) 临时用地期限不得超过2年。

考点 5 房地产开发制度

房地产开发是指在依法取得土地使用权的国有土地上进行基础设施、房屋建设的行为。

(一)房地产开发项目管理

1. 开发规划要求

房地产开发必须严格遵守城乡规划法,对房地产开发项目产生直接法律约束力的是城市规划中的详细规划。

2. 开发土地使用权用途与开发期限要求

(1)以出让方式取得土地使用权进行房地产开发的,必须按照土地使用权出让合同约定的土地用途、动工开发期限开发土地。

(2)超过出让合同约定的动工开发日期满1年未动工开发的,可以征收相当于土地使用权出让金20%以下的土地闲置费。满2年未动工开发的,可以无偿收回土地使用权。

(3)因不可抗力或者政府、政府有关部门的行为或者动工开发必需的前期工作造成动工开发迟延的除外。

3. 开发安全性要求

(1)房地产开发项目的设计、施工,必须符合国家的有关标准和规范。

(2)房地产开发项目竣工,经验收合格后,方可交付使用。

(二)合作开发房地产

合作开发房地产合同,是指当事人订立的以提供出让土地使用权、资金等作为共同投资,共享利润、共担风险合作开发房地产为基本内容的协议。

1. 具备房地产开发的经营资质

合作开发房地产合同的当事人一方具备房地产开发经营资质的,应当认定合同有效。当事人双方均不具备房地产开发经营资质的,应当认定合同无效。但起诉前当事人一方已经取得房地产开发经营资质或者已依法合作成立具有房地产开发经营资质的房地产开发企业的,应当认定合同有效。

2. 土地使用权投资

(1)依法取得的土地使用权,不论是以出让方式取得,还是以划拨方式取得,都可以作价入股、合资、合作开发经营房地产。

(2)土地使用权人未经有批准权的人民政府批准,以划拨土地使用权作为投资与他人订立合同合作开发房地产的,应当认定合同无效。但起诉前已经办理批准手续的,应当认定合同有效。

【真题演练】

甲房地产公司与乙国有工业公司签订《合作协议》,在乙公司原有的仓库用地上开发商品房。双方约定,共同成立"玫园置业有限公司"(以下简称"玫园公司")。甲公司投入开发资金,乙公司负责将该土地上原有的划拨土地使用权转变为出让土地使用权,然后将出让土地使用权作为出资投入玫园公司。

玫园公司与丙劳务派遣公司签订协议,由其派遣王某到玫园公司担任保洁员。不久,甲、乙产生纠纷,经营停顿。玫园公司以签订派遣协议时所依据的客观情况发生重大变化为由,将王某退回丙公司,丙公司遂以此为由解除王某的劳动合同。

请回答第(1)—(3)题。(2012年真题,多选)

(1) 关于该土地使用权由划拨转为出让,下列说法正确的是:

A. 将划拨土地使用权转为出让土地使用权后再行转让属于土地投机,为法律所禁止

B. 乙公司应当先将划拨土地使用权转让给玫园公司,然后由后者向政府申请办理土地使用权出让合同

C. 该土地使用权由划拨转为出让,应当报有批准权的政府审批,经批准后方可办理土地使用权出让手续

D. 如乙公司取得该地块的出让土地使用权,则只能自己进行开发,不能与他人合作开发

【答案】C

【解析】 根据《城市房地产管理法》第28条的规定,A、D项错误。根据《城市房地产管理法》第40条的规定,本题中双方约定乙公司将划拨土地使用权转为出让土地使用权后,以出让土地使用权作为出资,意味着乙公司须自己向有批准权的人民政府申请,经批准后办理出让手续,将出让土地使用权转移给玫园公司,而不是直接将划拨土地使用权转移给玫园公司,故B项错误,C项正确。

考点 6 房地产交易制度(转让、抵押、租赁)

(一) 转让

1. 出让用地转让条件

(1) 按照出让合同约定已经支付全部土地使用权出让金,并取得土地使用权证书;

(2) 按照出让合同约定进行投资开发,属于房屋建设工程的,完成开发投资总额的25%以上,属于成片开发土地的,形成工业用地或者其他建设用地条件。

① 房地产转让,应当签订书面转让合同,合同中应当载明土地使用权取得的方式。

② 房地产转让时,土地使用权出让合同载明的权利、义务随之转移。

③ 使用年限

以出让方式取得土地使用权的,转让房地产后其土地使用权的使用年限为原土地使用权出让合同约定的使用年限减去原土地使用者已经使用年限后的剩余年限。受让方取得房地产后改变土地用途的,必须经原出让方和市、县政府城市规划行政主管部门同意,签订变更协议或者重新签订合同,相应调整土地使用权出让金。

注意:续期

土地使用权出让合同约定的使用年限届满,土地使用者需要继续使用土地的,应当至迟于届满前1年申请续期,除根据社会公共利益需要收回该幅土地的,应当予以批准。经批准准予续期的,应当重新签订土地使用权出让合同,依照规定支付土地使用权出让金。

④ 土地用途

出让取得土地使用权的,房地产转让后受让方改变土地用途的,必须经出让方和城乡规划部门同意,变更或者重新签订出让合同,调整土地出让金。

2. 划拨用地转让条件

应当按照国务院规定,报有批准权的人民政府审批。有批准权的人民政府准予转让的,应当由受让方办理土地使用权出让手续,并依照国家有关规定缴纳土地使用权出让金。

有批准权的人民政府按照国务院规定决定可以不办理土地使用权出让手续的,转让方应当按照国务院规定将转让房地产所获收益中的土地收益上缴国家或者作其他处理。

(二) 抵押

(1) 房地产转让、抵押时,房屋的所有权和该房屋占用范围内的土地使用权同时转让、抵押。

(2) 划拨用地抵押的处理。依法拍卖该房地产后,应当从拍卖所得的价款中缴纳相当于应缴纳的土地使用权出让金的款额后,抵押权人方可优先受偿。

(三) 租赁

(1) 租赁应向房产管理部门办理登记备案。

(2) 划拨用地租赁的处理。以营利为目的,房屋所有权人将以划拨方式取得使用权的国有土地上建成的房屋出租的,应当将租金中所含土地收益上缴国家。具体办法由国务院规定。

【真题演练】

1. 甲企业将其厂房及所占划拨土地一并转让给乙企业,乙企业依法签订了出让合同,土地用途为工业用地。5年后,乙企业将其转让给丙企业,丙企业欲将用途改为商业开发。关于该不动产权利的转让,下列哪些说法是正确的?(2015年真题,多选)

A. 甲向乙转让时应报经有批准权的政府审批

B. 乙向丙转让时,应已支付全部土地使用权出让金,并取得国有土地使用权证书

C. 丙受让时改变土地用途,须取得有关国土部门和规划部门的同意

D. 丙取得该土地及房屋时,其土地使用年限应重新计算

【答案】 ABC

【解析】 根据《城市房地产管理法》第40条第1款的规定,A项正确。根据《城市房地产管理法》第39条的规定,B项正确。根据《城市房地产管理法》第15条以及44条的规定,C项正确。根据《城市房地产管理法》第43条的规定,D项错误。

2. 某市政府在土地管理中的下列哪些行为违反了《土地管理法》的规定?(2011年真题,多选)

A. 甲公司在市郊申请使用一片国有土地修建经营性墓地,市政府批准其以划拨方式取得土地使用权

B. 乙公司投标取得一块商品房开发用地的出让土地使用权,市政府同意其在房屋建成销售后缴纳土地出让金

C. 丙公司以出让方式在本市规划区取得一块工业用地,市国土局在未征得市规划局同意的情况下,将该土地的用途变更为住宅建设用地

D. 丁公司在城市规划区取得一块临时用地,使用已达6年,并在该处修建了永久性建筑,市政府未收回土地,还为该建筑发放了房屋产权证

【答案】 ABCD

【解析】 根据《土地管理法》第54条的规定,甲公司修建经营性墓地,不属划拨土地的范围,故A项错误。根据《土地管理法》第55条的规,市政府同意乙公司在房屋建成销售后缴纳

土地出让金,与法律相违背,故 B 项错误。根据《土地管理法》第 56 条的规定,丙公司在本市规划区取得一块工业用地,要想将该土地的用途变更为住宅建设用地,必须征得市规划局同意,故 C 项错误。根据《土地管理法》第 57 条第 2、3 款的规定,D 项错误。

考点 7 商品房预售法律制度

商品房预售是指房地产开发企业与购房者约定,由购房者交付定金或预付款,而在未来一定日期拥有现房的房产交易行为。商品房预售的实质是房屋期货买卖,买卖的只是房屋的一张期货合约。它与成品房的买卖已成为我国商品房市场中的两种主要的房屋销售形式。

商品房预售涉及法律关系复杂,预售人具有一定的投机性,预购人权益易受侵犯,引发纠纷,因此《城市房地产管理法》对商品房预售规定了较为严格的限制性条件和程序。

(一)商品房预售的条件

(1)已交付全部土地使用权出让金,取得土地使用权证书。
(2)持有建设工程规划许可证。
(3)按提供预售的商品房计算,投入开发建设的资金达到工程建设总投资的 25% 以上,并已经确定施工进度和竣工交付日期。
(4)向县级以上人民政府房产管理部门办理预售登记,取得商品房预售许可证明。

注意:出卖人未取得商品房预售许可证明,与买受人订立的商品房预售合同,应当认定无效,但是在起诉前取得商品房预售许可证明的,可以认定有效。

(二)商品房预售合同

1. 登记备案

商品房预售人应当按照国家有关规定将预售合同报县级以上人民政府房产管理部门和土地管理部门登记备案。

(1)对商品房预售合同进行登记备案是商品房预售人的法定义务,不是商品房预售人的权利,必须登记。
(2)对商品房预售合同进行登记备案不是商品房预售合同的生效要件。

当事人不得以商品房预售合同未按照法律、行政法规规定办理登记备案手续为由,请求确认商品房预售合同无效。

注意:当事人约定以办理登记备案手续为商品房预售合同生效条件的,从其约定,但当事人一方已经履行主要义务,对方接受的除外。

2. 预售商品房认购书

在商品房预售的程序中,预售人和预购人常常在签订预售合同前签订预售商品房认购书。
(1)预售商品房认购书的性质属于预约,即为正式签订商品房预售合同做准备的合同,其目的在于条件具备时当事人应当签订商品房预售合同。

注意:预售商品房认购书不是商品房预售的必备条件。

(2)预售商品房认购书与商品房预售合同是两个相互独立的有效合同,均发生法律效力。

3. 商品房预售的法律效果

(1)当事人签订商品房预售合同后,预售人即房地产开发公司负有按期交付房屋给预购人的合同义务,如不按合同约定交付房屋,即构成违约。
(2)商品房预售所得款项,必须用于有关的工程建设。

第二节 城乡规划

城乡规划,是指对一定时期内城乡的经济和社会发展、土地利用、空间布局以及各项建设的综合部署、具体安排和实施管理。

考点 1 城乡规划的类型和制定

(一)城乡规划的类型

(1)城乡规划,包括城镇体系规划、城市规划、镇规划、乡规划和村庄规划。
(2)城市规划、镇规划分为总体规划和详细规划。
(3)详细规划分为控制性详细规划和修建性详细规划。

(二)城乡规划的制定

1. 体系规划的制定

我国的体系规划包括全国城镇体系规划和省域城镇体系规划。

(1)全国城镇体系规划

国务院城乡规划主管部门会同国务院有关部门组织编制全国城镇体系规划,用于指导省域城镇体系规划、城市总体规划的编制。全国城镇体系规划由国务院城乡规划主管部门报国务院审批。

(2)省域城镇体系规划

省、自治区人民政府组织编制省域城镇体系规划,报国务院审批。

① 省域城镇体系规划的内容应当包括:城镇空间布局和规模控制,重大基础设施的布局,为保护生态环境、资源等需要严格控制的区域。

② 省、自治区人民政府组织编制的省域城镇体系规划,在报上一级人民政府审批前,应当先经本级人民代表大会常务委员会审议,常务委员会组成人员的审议意见交由本级人民政府研究处理。

2. 总体规划的制定

我国的总体规划分为城市总体规划和镇总体规划。规划期限一般为20年。

(1)城市总体规划

① 城市总体规划的内容应当包括:城市的发展布局,功能分区,用地布局,综合交通体系,禁止、限制和适宜建设的地域范围,各类专项规划等。

注意:规划区范围、规划区内建设用地规模、基础设施和公共服务设施用地、水源地和水系、基本农田和绿化用地、环境保护、自然与历史文化遗产保护以及防灾减灾等内容,应当作为城市总体规划的强制性内容。

② 城市人民政府组织编制城市总体规划。直辖市的城市总体规划由直辖市人民政府报国务院审批。省、自治区人民政府所在地的城市以及国务院确定的城市的总体规划,由省、自

治区人民政府审查同意后,报国务院审批。其他城市的总体规划,由城市人民政府报省、自治区人民政府审批。

③ 城市人民政府组织编制的总体规划,在报上一级人民政府审批前,应当先经本级人民代表大会常务委员会审议,常务委员会组成人员的审议意见交由本级人民政府研究处理。

(2) 镇总体规划

① 镇总体规划的内容应当包括:镇的发展布局,功能分区,用地布局,综合交通体系,禁止、限制和适宜建设的地域范围,各类专项规划等。

注意:规划区范围、规划区内建设用地规模、基础设施和公共服务设施用地、水源地和水系、基本农田和绿化用地、环境保护、自然与历史文化遗产保护以及防灾减灾等内容,应当作为镇总体规划的强制性内容。

② 县人民政府组织编制县人民政府所在地镇的总体规划,报上一级人民政府审批。其他镇的总体规划由镇人民政府组织编制,报上一级人民政府审批。

③ 县人民政府组织编制的总体规划,在报上一级人民政府审批前,应当先经本级人民代表大会常务委员会审议,常务委员会组成人员的审议意见交由本级人民政府研究处理。

(三) 详细规划的制定

详细规划分为城市详细规划与镇详细规划。按照规划针对的内容,详细规划可以分为控制性详细规划和修建性详细规划。

1. 城市控制性详细规划

城市人民政府的城乡规划主管部门根据城市总体规划的要求,组织编制城市的控制性详细规划,经本级人民政府批准后,报本级人大常委会和上一级人民政府备案。

2. 镇控制性详细规划

镇人民政府根据镇总体规划的要求,组织编制镇的控制性详细规划,报上一级人民政府审批。县人民政府所在地镇的控制性详细规划,由县人民政府城乡规划主管部门根据镇总体规划的要求组织编制,经县人民政府批准后,报本级人大常委会和上一级人民政府备案。

3. 修建性详细规划

城市、县人民政府的城乡规划主管部门和镇人民政府可以组织编制重要地块的修建性详细规划。修建性详细规划应当符合控制性详细规划。

(四) 乡规划、村庄规划的制定

乡、镇人民政府组织编制乡规划、村庄规划,报上一级人民政府审批。村庄规划在报送审批前,应当经村民会议或者村民代表会议讨论同意。

(五) 城乡规划编制与审批要求

(1) 城乡规划组织编制机关应当委托具有相应资质等级的单位承担城乡规划的具体编制工作。

(2) 城乡规划报送审批前,组织编制机关应当依法将城乡规划草案予以公告,并采取论证会、听证会或者其他方式征求专家和公众的意见。公告的时间不得少于 30 日。组织编制机关应当充分考虑专家和公众的意见,并在报送审批的材料中附具意见采纳情况及理由。

（3）省域城镇体系规划、城市总体规划、镇总体规划批准前，审批机关应当组织专家和有关部门进行审查。

考点 2　城乡规划的实施

（一）基本要求

1. 优先安排

（1）城市的建设和发展，应当优先安排基础设施以及公共服务设施的建设，妥善处理新区开发与旧区改建的关系，统筹兼顾进城务工人员生活和周边农村经济社会发展、村民生产与生活的需要。

（2）镇的建设和发展，应当结合农村经济社会发展和产业结构调整，优先安排供水、排水、供电、供气、道路、通信、广播电视等基础设施和学校、卫生院、文化站、幼儿园、福利院等公共服务设施的建设，为周边农村提供服务。

（3）乡、村庄的建设和发展，应当因地制宜、节约用地，发挥村民自治组织的作用，引导村民合理进行建设，改善农村生产、生活条件。

2. 城市新区的开发和建设

（1）应当合理确定建设规模和时序，充分利用现有市政基础设施和公共服务设施，严格保护自然资源和生态环境，体现地方特色。

（2）在城市总体规划、镇总体规划确定的建设用地范围以外，不得设立各类开发区和城市新区。

3. 旧城区的改建

（1）应当保护历史文化遗产和传统风貌，合理确定拆迁和建设规模，有计划地对危房集中、基础设施落后等地段进行改建。

（2）历史文化名城、名镇、名村的保护以及受保护建筑物的维护和使用，应当遵守有关法律、行政法规和国务院的规定。

4. 城乡建设和发展

（1）应当依法保护和合理利用风景名胜资源，统筹安排风景名胜区及周边乡、镇、村庄的建设。

（2）风景名胜区的规划、建设和管理，应当遵守有关法律、行政法规和国务院的规定。

5. 城市地下空间的开发和利用

应当与经济和技术发展水平相适应，遵循统筹安排、综合开发、合理利用的原则，充分考虑防灾减灾、人民防空和通信等需要，并符合城市规划，履行规划审批手续。

（二）建设规划许可

1. 选址意见书

建设项目以划拨方式提供国有土地使用权的，建设单位在报送有关部门批准或者核准前，应当向城乡规划主管部门申请核发选址意见书。

2. 建设用地规划许可

（1）划拨土地

在城市、镇规划区内以划拨方式提供国有土地使用权的建设项目，经有关部门批准、核准、备案后,建设单位应当向城市、县人民政府城乡规划主管部门提出建设用地规划许可申请,由城市、县人民政府城乡规划主管部门依据控制性详细规划核定建设用地的位置、面积、允许建设的范围,核发建设用地规划许可证。建设单位在取得建设用地规划许可证后,方可向县级以上地方人民政府土地主管部门申请用地,经县级以上人民政府审批后,由土地主管部门划拨土地。

(2)出让土地

在城市、镇规划区内以出让方式提供国有土地使用权的,在国有土地使用权出让前,城市、县人民政府城乡规划主管部门应当依据控制性详细规划,提出出让地块的位置、使用性质、开发强度等规划条件,作为国有土地使用权出让合同的组成部分。未确定规划条件的地块,不得出让国有土地使用权。以出让方式取得国有土地使用权的建设项目,在签订国有土地使用权出让合同后,建设单位应当持建设项目的批准、核准、备案文件和国有土地使用权出让合同,向城市、县人民政府城乡规划主管部门领取建设用地规划许可证。

3. 建设工程规划许可

在城市、镇规划区内进行建筑物、构筑物、道路、管线和其他工程建设的,建设单位或者个人应当向城市、县人民政府城乡规划主管部门或者省、自治区、直辖市人民政府确定的镇人民政府申请办理建设工程规划许可证。申请办理建设工程规划许可证,应当提交使用土地的有关证明文件、建设工程设计方案等材料。需要建设单位编制修建性详细规划的建设项目,还应当提交修建性详细规划。对符合控制性详细规划和规划条件的,由城市、县人民政府城乡规划主管部门或者省、自治区、直辖市人民政府确定的镇人民政府核发建设工程规划许可证。

4. 乡村建设规划许可

在乡、村庄规划区内进行乡镇企业、乡村公共设施和公益事业建设的,建设单位或者个人应当向乡、镇人民政府提出申请,由乡、镇人民政府报城市、县人民政府城乡规划主管部门核发乡村建设规划许可证。在乡、村庄规划区内使用原有宅基地进行农村村民住宅建设的规划管理办法,由省、自治区、直辖市制定。

在乡、村庄规划区内进行乡镇企业、乡村公共设施和公益事业建设以及农村村民住宅建设,不得占用农用地;确需占用农用地的,应当依照《土地管理法》有关规定办理农用地转用审批手续后,由城市、县人民政府城乡规划主管部门核发乡村建设规划许可证。建设单位或者个人在取得乡村建设规划许可证后,方可办理用地审批手续。

(三)建设规划变更

建设单位应当按照规划条件进行建设;确需变更的,必须向城市、县人民政府城乡规划主管部门提出申请。变更内容不符合控制性详细规划的,城乡规划主管部门不得批准。城市、县人民政府城乡规划主管部门应当及时将依法变更后的规划条件通报同级土地主管部门并公示。建设单位应当及时将依法变更后的规划条件报有关人民政府土地主管部门备案。

(四)临时建设规划

在城市、镇规划区内进行临时建设的,应当经城市、县人民政府城乡规划主管部门批准。临时建设影响近期建设规划或者控制性详细规划的实施以及交通、市容、安全等的,不得批准。临时建设应当在批准的使用期限内自行拆除。

考点 3 城乡规划的修改

(一) 体系规划、总体规划的修改

(1) 省域城镇体系规划、城市总体规划、镇总体规划的组织编制机关,应当组织有关部门和专家定期对规划实施情况进行评估,并采取论证会、听证会或者其他方式征求公众意见。

(2) 有下列情形之一的,组织编制机关方可按照规定的权限和程序修改省域城镇体系规划、城市总体规划、镇总体规划:
① 上级人民政府制定的城乡规划发生变更,提出修改规划要求的;
② 行政区划调整确需修改规划的;
③ 因国务院批准重大建设工程确需修改规划的;
④ 经评估确需修改规划的;
⑤ 城乡规划的审批机关认为应当修改规划的其他情形。

(3) 修改规划前,组织编制机关应当对原规划的实施情况进行总结,并向原审批机关报告;修改涉及城市总体规划、镇总体规划强制性内容的,应当先向原审批机关提出专题报告,经同意后,方可编制修改方案。修改后的规划,应当依照规定的审批程序报批。

(二) 详细规划的修改

(1) 修改控制性详细规划的,组织编制机关应当对修改的必要性进行论证,征求规划地段内利害关系人的意见,并向原审批机关提出专题报告,经原审批机关同意后,方可编制修改方案。修改后的规划,应当依照规定的审批程序报批。

(2) 经依法审定的修建性详细规划不得随意修改。

(三) 乡规划、村庄规划的修改

(1) 修改乡规划、村庄规划应经上一级人民政府审批。在报送审批前,应当经村民会议或者村民代表会议讨论同意。

(2) 在选址意见书、建设用地规划许可证、建设工程规划许可证或者乡村建设规划许可证发放后,因依法修改城乡规划给被许可人合法权益造成损失的,应当依法给予补偿。

考点 4 违反城乡规划的责任

城乡规划法规定了一系列应当追究法律责任的情形,概括起来主要有以下几方面:

(一) 违反《城乡规划法》规定编制或者不编制各种规划的

由上级人民政府责令改正,通报批评;对有关人民政府负责人和其他直接责任人员依法给予处分。

(二) 违反《城乡规划法》规定核发批准文件或者发放许可证的

由本级人民政府、上级人民政府城乡规划主管部门或者监察机关依据职权责令改正,通报批评;对直接负责的主管人员和其他直接责任人员依法给予处分。

（三）违反相关程序公开规则的

由本级人民政府、上级人民政府城乡规划主管部门或者监察机关依据职权责令改正，通报批评；对直接负责的主管人员和其他直接责任人员依法给予处分。

（四）违反规定从事建设的

1. 未取得建设工程规划许可证或者未按照建设工程规划许可证的规定进行建设的

由县级以上地方人民政府城乡规划主管部门责令停止建设；尚可采取改正措施消除对规划实施的影响的，限期改正，处建设工程造价5%～10%以下的罚款；无法采取改正措施消除影响的，限期拆除，不能拆除的，没收实物或者违法收入，可以并处建设工程造价10%以下的罚款。

2. 违反规定从事临时建设的

由所在地城市、县人民政府城乡规划主管部门责令限期拆除，可以并处临时建设工程造价1倍以下的罚款。

3. 建设工程竣工验收后未报送有关竣工验收资料的

建设单位应在建设工程竣工验收后6个月内向城乡规划主管部门报送有关竣工验收资料。

未按规定报送的，由所在地城市、县人民政府城乡规划主管部门责令限期补报；逾期不补报的，处1万元以上5万元以下的罚款。

注意：城乡规划主管部门作出责令停止建设或者限期拆除的决定后，当事人不停止建设或者逾期不拆除的，建设工程所在地县级以上地方人民政府可以责成有关部门采取查封施工现场、强制拆除等措施。

【真题演练】

1. 某镇政府正在编制本镇规划。根据《城乡规划法》，下列哪些建设项目应当在规划时予以优先安排？（2011年真题，多选）

A. 镇政府办公楼、招待所　　B. 供水、供电、道路、通信设施
C. 商业街、工业园、公园　　D. 学校、幼儿园、卫生院、文化站

【答案】　BD

【解析】　根据《城乡规划法》第29条的规定，本题中，B、D项内容在编制本镇规划时均应当优先予以安排，故B、D是正确答案。A、C则不属于《城乡规划法》规定的优先安排项目。

2. 村民王某创办的乡镇企业打算在村庄规划区内建设一间农产品加工厂，就有关审批手续向镇政府咨询。关于镇政府的答复，下列哪些选项符合《城乡规划法》规定？（2010年真题，多选）

A. "你应当向镇政府提出申请，由镇政府报县政府城乡规划局核发乡村建设规划许可证。"

B. "你的加工厂使用的土地不能是农地。如确实需要占用农地，必须依照土地管理法的有关规定办理农地转用审批手续。"

C. "你必须先办理用地审批手续，然后才能办理乡村建设规划许可证。"

D. "你必须在规划批准后,严格按照规划条件进行建设,绝对不允许作任何变更。"

【答案】 AB

【解析】 根据《城乡规划法》第41条的规定,A项正确。但王某的企业用地不得是农用地;若确需使用农用地,得根据《土地管理法》办理农地转用手续。故B项正确。根据《城乡规划法》规定,王某在取得乡村建设规划许可证后,方可办理用地审批手续。故C项错误。根据《城乡规划法》第43条的规定,D项的说法过于绝对,不符合法律规定。

第三节 不动产登记

不动产登记是指不动产登记机构依法将不动产权利归属、变动等法定事项记载于不动产登记簿的行为。

考点 1 登记对象、登记种类和登记机构

(一) 登记对象

不动产登记所称的不动产,是指土地、海域以及房屋、林木等定着物。所有的不动产都必须在一个登记体系下进行登记和公示。

可以进入不动产登记的权利包括:集体土地所有权;房屋等建筑物、构筑物所有权;森林、林木所有权;耕地、林地、草地等土地承包经营权;建设用地使用权;宅基地使用权;海域使用权;地役权;抵押权;法律规定需要登记的其他不动产权利。

(二) 登记种类

首次登记、变更登记、转移登记、注销登记、更正登记、异议登记、预告登记、查封登记等。

(三) 登记机构

(1) 国务院国土资源主管部门负责指导、监督全国不动产登记工作。

(2) 县级以上地方人民政府确定的一个部门为本行政区域的不动产登记机构,负责不动产登记工作,并接受上级人民政府不动产登记主管部门的指导、监督。

(3) 不动产登记由不动产所在地的县级人民政府不动产登记机构办理;直辖市、设区的市人民政府可以确定本级不动产登记机构统一办理所属各区的不动产登记。跨县级行政区域的不动产登记,由所跨县级行政区域的不动产登记机构分别办理。不能分别办理的,由所跨县级行政区域的不动产登记机构协商办理;协商不成的,由共同的上一级人民政府不动产登记主管部门指定办理。

(4) 国务院确定的重点国有林区的森林、林木和林地,国务院批准项目用海、用岛,中央国家机关使用的国有土地等不动产登记,由国务院国土资源主管部门会同有关部门规定。

考点 2 不动产登记簿

不动产登记簿应当记载的主要事项有:不动产的坐落、界址、空间界限、面积、用途等自然

状况;不动产权利的主体、类型、内容、来源、期限、权利变化等权属状况;涉及不动产权利限制、提示的事项;其他相关事项。

不动产登记簿应当采用电子介质,暂不具备条件的,可以采用纸质介质。不动产登记簿由不动产登记机构永久保存。

考点 3 登记程序

(一) 申请登记

1. 由买卖、设定抵押权等申请不动产登记的,应当由当事人双方共同申请
2. 当事人单方申请的情形
(1) 尚未登记的不动产首次申请登记的;
(2) 继承、接受遗赠取得不动产权利的;
(3) 人民法院、仲裁委员会生效的法律文书或者人民政府生效的决定等设立、变更、转让、消灭不动产权利的;
(4) 权利人姓名、名称或者自然状况发生变化,申请变更登记的;
(5) 不动产灭失或者权利人放弃不动产权利,申请注销登记的;
(6) 申请更正登记或者异议登记的;
(7) 法律、行政法规规定可以由当事人单方申请的其他情形。
申请登记时应当按规定提交相关材料。

(二) 受理登记

1. 收到申请后的处理
不动产登记机构收到登记申请后,应当区别不同情况,采用受理并书面告知、不予受理并告知补正、不予受理并告知向其他机构申请等方式处理。
2. 受理
不动产登记机构未当场书面告知申请人不予受理的,视为受理。
3. 查验
不动产登记机构受理申请后,应当按规定要求进行查验,并可以在规定情形下进行实地查看。对可能存在权属争议,或者可能涉及他人利害关系的登记申请,不动产登记机构可以向申请人、利害关系人或者有关单位进行调查。
实地查看的情形:
(1) 房屋等建筑物、构筑物所有权首次登记;
(2) 在建建筑物抵押权登记;
(3) 因不动产灭失导致的注销登记;
(4) 不动产登记机构认为需要实地查看的其他情形。
4. 期限
不动产登记机构应当自受理登记申请之日起30个工作日内办结不动产登记手续,法律另有规定的除外。登记事项自记载于不动产登记簿时完成登记。

5. 不予登记的情形

登记申请有下列情形之一的,不动产登记机构应当不予登记,并书面告知申请人:

(1) 违反法律、行政法规规定的;
(2) 存在尚未解决的权属争议的;
(3) 申请登记的不动产权利超过规定期限的;
(4) 法律、行政法规规定不予登记的其他情形。

考点 4　法律责任

(一) 民事赔偿责任

(1) 不动产登记机构登记错误给他人造成损害,或者当事人提供虚假材料申请登记给他人造成损害的;

(2) 不动产登记机构工作人员进行虚假登记,损毁、伪造不动产登记簿,擅自修改登记事项,或者有其他滥用职权、玩忽职守行为,给他人造成损害的;

(3) 伪造、变造不动产权属证书、不动产登记证明,或者买卖、使用伪造、变造的不动产权属证书、不动产登记证明,给他人造成损害的;

(4) 不动产登记机构、不动产登记信息共享单位及其工作人员,查询不动产登记资料的单位或者个人违反国家规定,泄露不动产登记资料、登记信息,或者利用不动产登记资料、登记信息进行不正当活动,给他人造成损害的。

(二) 其他责任

以上行为,具备法定情形的,还应当给予行政处分;构成犯罪的,依法追究刑事责任。

【真题演练】

申请不动产登记时,下列哪一情形应由当事人双方共同申请?(2015 年真题,单选)
A. 赵某放弃不动产权利,申请注销登记
B. 钱某接受不动产遗赠,申请转移登记
C. 孙某将房屋抵押给银行以获得贷款,申请抵押登记
D. 李某认为登记于周某名下的房屋为自己所有,申请更正登记
【答案】　C
【解析】　根据《不动产登记暂行条例》第 14 条的规定, A 项错误。钱某接受不动产遗赠的转移登记,可单方申请,故 B 项错误。李某认为登记于周某名下的房屋为自己所有的更正申请,可单方申请,故 D 项错误。而设定抵押权应当由双方共同申请,所以孙某将房屋抵押给银行以获得贷款的抵押登记,应当由双方共同申请,故 C 项正确。

劳动法专题

专题导学：

劳动法的精神：和谐关系、权益保障

劳动法是调整劳动关系以及与劳动关系密切相关的其他社会关系的法律规范的总称。劳动法包括《劳动法》《劳动合同法》《劳动争议调解仲裁法》《社会保险法》等几部法律，其内容涵盖劳动关系、促进就业、劳动合同、劳动保护、劳动争议解决、社会保险等方面。劳动法的立法目的系为了完善劳动合同制度，明确劳动合同当事人的权利和义务，保护劳动者的合法权益，构建和发展和谐稳定的劳动关系。

劳动法具有区别于其他法律部门的基本原则与具体的制度原则。基本原则体现劳动法宗旨并贯穿于其实施始终，公平正义原则是我国劳动法的基本原则，其集中体现在劳动立法中，也贯穿于劳动法的其他各个环节。制度性原则是指在具体司法、执法领域起着重要指导性作用的制度性原则。保障劳动权的原则、保障劳动者合法权益的倾斜原则和三方协商原则是劳动法的制度性原则。

劳动法学习线索：

1. 劳动关系

劳动关系是劳动法律制度主要调整的对象，既有人身性又有财产性。在学习劳动关系时，应当掌握劳动关系双方当事人的资格能力、法律地位、权利义务、责任救济等基本问题。

2. 劳动者权利

劳动者在劳动关系中处于相对弱势地位，保护劳动者的权利是劳动法的一项重要内容。《劳动法》《劳动合同法》等法律都分别从工作时间、工资、安全卫生、劳动合同的订立、履行、解除，特殊劳动合同，社会保险和福利，劳动争议解决各个方面，提出了对劳动者权益的保护，亦是考试的重点。

第一节 劳 动 法

考点 1 劳动关系

（一）劳动者的主体资格

（1）自然人要成为劳动者，必须具备主体资格，即必须具有劳动权利能力和劳动行为能力。凡年满16周岁、有劳动能力的公民具有劳动权利能力和劳动行为能力。

（2）法律禁止用人单位招用未满16周岁的未成年人，但文艺、体育、特种工艺单位确需招用未满16周岁的文艺工作者、运动员和艺徒时，须报经县级以上劳动行政部门批准。

（二）劳动法律关系

劳动关系，是指用人单位招用劳动者为其成员，劳动者在用人单位的管理下提供有报酬的劳动而产生的权利义务关系。

1. 劳动法律关系的特点

（1）其主体一方是劳动者,另一方是用人单位。

（2）双方当事人被一定的劳动法律规范所确定的权利和义务联系在一起,其权利和义务的实现要由国家强制力来保障。

（3）劳动者需参加用人单位的生产劳动和工作,并遵守该单位内部的劳动规则,决定了劳动关系中人身关系的属性。

（4）用人单位必须提供符合劳动安全卫生标准的工作条件,按照劳动者劳动的数量和质量支付报酬等。

（5）劳动法律关系的产生、变更、消灭均需依照劳动法律的规定。

（6）劳动者可以享受劳动法规定的各种优待和保证。

2. 双重属性

（1）财产关系属性。劳动者向用人单位提供劳动力是有偿的,用人单位应向劳动者支付劳动报酬,因而劳动关系又具有财产属性。

（2）人身关系属性。劳动者向用人单位提供劳动力,就是将其人身在一定限度内交给用人单位支配,因而劳动关系具有人身属性。

3. 主体特定

用人单位与劳动者

（1）企业法人

（2）机关法人

（3）事业单位法人

包含民办非企业单位、实行聘用合同制的事业单位、比照公务员实行管理的事业单位。

（4）社团法人

（5）非法人

包含个体工商户、个人独资企业、合伙企业。

4. 排除特定主体

包含务农的农民、家庭保姆、现役军人、在华享有外交特权和豁免权的外国人。

```
                        工资交换劳动力   加入用人单位成为其组成人员
                            ↓                    ↓
                  ↗双重属性：财产关系属性与人身关系属性－－→排除劳务法律关系
     劳动法律关系|
                  ↘主体特定：用人单位与劳动者－－→排除四类特定主体。


              ↗ 企业法人
              | 机关法人            ↗ 民办非企业单位                      \
     用人单位 | 事业单位法人        ├ 实行聘用合同制的事业单位           ├ 工勤人员
              | 社团法人            ↘ 比照公务员实行管理的事业单位       /
              ↘ 非法人：个体工商户、个人独资企业、合伙企业
```

(三) 主要权利与义务

1. 劳动者的权利与义务

(1) 劳动者的权利

主要有：① 平等就业与选择职业的权利；② 取得劳动报酬的权利；③ 休息休假的权利；④ 获得劳动安全卫生保护的权利；⑤ 接受职业技能培训的权利；⑥ 享受社会保险和福利的权利；⑦ 依法组织和参加工会的权利；⑧ 依法参与职工民主管理的权利；⑨ 提请劳动争议处理的权利等。

(2) 劳动者的义务

主要有：① 按时完成劳动任务；② 提高职业技能；③ 执行劳动安全规程；④ 遵守劳动纪律和职业道德；⑤ 爱护和保卫公共财产；⑥ 保护国家秘密和用人单位商业秘密等。

2. 用人单位的权利与义务

(1) 用人单位的权利

主要有：① 招工权；② 用人权；③ 奖惩权；④ 分配权。

(2) 用人单位的义务

主要有：① 依法建立和完善劳动规章制度；② 保障劳动者享有劳动权利；③ 履行劳动义务。

注意：用人单位在制定、修改或者决定直接涉及劳动者切身利益的规章制度或者重大事项时，应当听取职工意见，平等协商，并公示或告知劳动者。

考点 2 工作时间和休息休假

工作时间，是法律规定的劳动者在一昼夜或一周内从事生产或工作的时间，即劳动者每天应工作的时数或每周应工作的天数，是职工根据法律的规定，在用人单位中用于完成本职工作的时间。

(一) 工作时间

1. 标准工作时间

标准工作日是指由国家法律统一规定的，在正常情况下，一般职工实施劳动或从事工作的时间。

我国的标准工作时间为劳动者每天工作 8 小时，每周工作 40 小时。(国务院《关于修改〈国务院关于职工工作时间的规定〉的决定》)

2. 不定时工作时间和综合计算工作时间

(1) 不定时工作时间

是指无固定工作时数限制的工时制度。适用于工作性质和职责范围不受固定工作时间限制的劳动者，如企业中的高级管理人员、外勤人员、推销人员、部分值班人员，从事交通运输的工作人员等。

(2) 综合计算工作时间

综合计算工作时间是指以一定时间为周期，集中安排并综合计算工作时间和休息时间的工时制度。

对符合下列条件之一的职工,可以实行综合计算工作日:
① 交通、铁路、邮电、水运、航空、渔业等行业中因工作性质特殊,需连续作业的职工;
② 地质及资源勘探、建筑、制盐、制糖、旅游等受季节和自然条件限制的行业的部分职工;
③ 其他适合实行综合计算工时工作制的职工。

(二) 休息、休假的种类

1. 休息时间的种类
(1) 工作日内的间歇时间
在工作日内给予劳动者休息和用餐的时间,一般为 1～2 小时,最少不得少于半小时。
(2) 周休息日
周休息日,一般为每周 2 天,企业、事业单位可根据实际情况灵活安排周休息日,应保证劳动者每周至少休息 1 天。

2. 休假的种类
(1) 法定节假日
法律规定用于开展纪念、庆祝活动的休息时间。
包括元旦、春节、清明节、端午节、国际劳动节、国庆节、中秋节。
(2) 探亲假
探亲假是指职工工作地点与父母或配偶居住地不属同一城市而分居两地时,每年所享受的一定期限的带薪假期。
注意:探亲假适用于在国家机关、人民团体、全民所有制企业、事业单位工作满 1 年的固定职工。
(3) 年休假
国家实行带薪年休假制度,劳动者连续工作满 1 年,享受带薪年休假。在年休假期间,享受与正常工作期间相同的工资待遇。
① 劳动者累计工作满 1 年不满 10 年的,年休假 5 天。
② 已满 10 年不满 20 年的,年休假 10 天。
③ 已满 20 年的,年休假 15 天。
法定休假日、休息日不计入年休假的假期。
注意:单位根据生产、工作的具体情况,并考虑职工本人意愿,统筹安排职工年休假。年休假在 1 个年度内可以集中安排,也可以分段安排,一般不跨年度安排。单位确因工作需要不能安排职工休年休假的,经职工本人同意,可以不安排职工休年休假。对职工应休未休的年休假天数,单位应当按照该职工日工资收入的 300% 支付年休假工资报酬。

(三) 延长工作时间

延长工作时间包括加班和加点。加班是指劳动者在法定节日或公休假日从事生产或工作。加点是指劳动者在标准工作日以外延长工作的实际。
用人单位不得强迫或者变相强迫劳动者延长工作时间。用人单位安排延长工作时间的,应当按照国家有关规定向劳动者支付加班加点的工资。

1. 用人单位安排劳动者延长工作时间,需要注意的问题

由于用人单位的生产经营需要,确实需要延长工作时间的;必须与工会协商,经工会同意;必须与劳动者协商;用人单位安排延长工作时间的时间长度必须符合劳动法的限制性规定。

特殊情况下的延长工作时间不需要与工会和劳动者协商,也不受上述延长工作时间的限制。这里的特殊情况是指:

(1) 发生自然灾害、事故或者其他原因,威胁劳动者生命健康和财产安全,需要紧急处理的;

(2) 生产设备、交通运输线路、公共设施发生故障,影响生产和公共利益,必须及时抢修的;

(3) 法律、行政法规规定的其他情形。

2. 延长工作时间的时间长度

一般每日不得超过 1 小时;因特殊原因需要延长工作时间的,在保障劳动者身体健康的条件下延长工作时间每日不得超过 3 小时,但是每月不得超过 36 小时。

3. 加班加点工资的标准

在标准工作日内安排劳动者延长工作时间的,支付不低于工资的 150% 的工资报酬;休息日安排劳动者工作又不能安排补休的,支付不低于工资的 200% 的工资报酬;法定休假日安排劳动者工作的,支付不低于工资的 300% 的工资报酬。

考点 3 工资

工资是指用人单位依据国家有关规定和集体合同、劳动合同约定的标准,根据劳动者提供劳动的数量和质量,以货币形式支付给劳动者的劳动报酬。

(一) 工资的形式

1. 我国的工资主要形式

我国的工资形式主要有:计时工资、计件工资、奖金、津贴、补贴、延时工资和特殊情况下的工资等。其中奖金、津贴、补贴、延时工资、特殊情况下支付的工资等属于工资的辅助形式。

(1) 计时工资,按单位时间工资标准和劳动者实际工作时间计付劳动报酬的工资形式。常见的有小时工资、日工资、月工资。

(2) 计件工资,按照劳动者生产合格产品的数量或作业量以及预先规定的计件单价支付劳动报酬的一种工资形式。

计件工资是计时工资的转化形式。劳动提成工资是计件工资形式之一。

(3) 奖金,给予劳动者的超额劳动报酬和增收节支的物质奖励。

主要有月奖、季度奖和年度奖;经常性奖金和一次性奖金;综合奖和单项奖等。

(4) 津贴,对劳动者在特殊条件下的额外劳动消耗或额外费用支出给予物质补偿的一种工资形式。

主要有:岗位津贴、保健性津贴、技术性津贴等。

(5) 特殊情况下支付的工资,对非正常工作情况下的劳动者依法支付工资的一种工资形式。

主要有:加班加点工资、事假、病假、婚假、探亲假等工资以及履行国家和社会义务期间的

工资等。

2. 工资分配应当遵循按劳分配原则,实行同工同酬

(1)按劳分配原则是指工资的分配应根据劳动者提供的劳动数量和质量进行,等量劳动取得等量劳动报酬,实行多劳多得、少劳少得、不劳不得;

(2)同工同酬原则是指用人单位对从事相同工作、付出等量劳动,并且取得相同劳动业绩的劳动者应支付同等的劳动报酬。

(二)工资支付保障

(1)工资应以货币形式支付,不得以实物或者有价证券代替货币支付;

(2)工资应当支付给劳动者本人,也可以由劳动者家属或者委托他人代领,用人单位可以委托银行代发工资;

(3)工资应当按月支付。实行周、日、小时工资制的,可以按周、日、小时支付工资;

(4)劳动者享受年休假、法定假日、婚丧假期间,以及依法参加社会活动期间,用人单位应按照劳动合同规定的标准支付工资;

(5)工资应当依法足额支付,不得克扣或者无故拖延支付劳动者的工资;

(6)用人单位应当按照劳动合同约定和国家规定及时足额发放劳动报酬。用人单位拖欠或未足额发放劳动报酬的,劳动者可以依法向当地人民法院申请支付令,人民法院应当依法发出支付令。

(三)最低工资保障

(1)最低工资是指劳动者在法定工作时间内提供了正常劳动的前提下,其所在用人单位应支付的最低劳动报酬;

(2)国家实行最低工资保障制度,最低工资的标准由省级人民政府规定,报国务院备案;

(3)用人单位支付给劳动者的工资不得低于当地最低工资标准;

(4)最低工资不包括延长工作时间的工资报酬、以货币形式支付的住房补贴和用人单位支付的伙食补贴、各种津贴以及国家规定的社会保险福利待遇。

考点 4 劳动安全卫生保护

(一)劳动保护的一般要求

劳动安全卫生保护是国家为了改善劳动条件,保护劳动者在劳动过程中的安全健康而采取的各种保护措施。

(1)设施标准;

(2)提供劳动安全卫生条件和必要的劳动防护用品;

(3)对从事有职业危害作业的劳动者应当定期进行健康检查;

(4)特种作业必须取得专门资格;

(5)严格遵守安全操作规程。

(二)女职工的特殊劳动保护

所谓妇女职工的特殊劳动保护是指根据女职工的身体结构、生理机能以及特殊的时期,对

女职工在劳动方面的特殊权益给予保护。

（1）禁止安排女职工从事矿山井下作业、国家规定的第四级体力劳动强度的劳动和其他禁忌从事的劳动；

（2）不得安排女职工在经期从事高处、高温、低温、冷水作业和国家规定的第三级体力劳动强度的劳动；

（3）不得安排女职工在怀孕期间从事国家规定的第三级体力劳动强度的劳动；

（4）对怀孕7个月以上的女职工，不得安排其延长工作时间和夜班劳动；

（5）不得安排女职工在哺乳未满1周岁婴儿期间从事国家规定的第三级体力劳动强度的劳动和哺乳期禁忌从事的其他劳动，不得安排其延长工作时间和夜班劳动；

（6）女职工生育享受不少于98天的产假。

（三）未成年职工的特殊劳动保护

未成年工的特殊保护是指根据未成年工的身体发育尚未定型的特点，对未成年工在劳动过程中的特殊权益的保护。

注意：未成年工是指年满16周岁不满18周岁的少年工人。

（1）未成年工上岗前，用人单位应对其进行有关的职业安全卫生教育、培训；

（2）对未成年工应定期进行健康检查；

（3）用人单位不得安排未成年工从事矿山井下、有毒有害、国家规定的第四级体力劳动强度的劳动和其他禁忌从事的劳动。

【真题演练】

1. 王某，女，1990年出生，于2012年2月1日入职某公司，从事后勤工作，双方口头约定每月工资为人民币3 000元，试用期1个月。2012年6月30日，王某因无法胜任经常性的夜间高处作业而提出离职，经公司同意，双方办理了工资结算手续，并于同日解除了劳动关系。同年8月，王某以双方未签书面劳动合同为由，向当地劳动争议仲裁委申请仲裁，要求公司再支付工资12 000元。请回答（1）—（3）题。（2016年真题，不定选）

（1）关于女工权益，根据《劳动法》，下列说法正确的是：

A. 公司应定期安排王某进行健康检查

B. 公司不能安排王某在经期从事高处作业

C. 若王某怀孕6个月以上，公司不得安排夜班劳动

D. 若王某在哺乳婴儿期间，公司不得安排夜班劳动

【答案】 B

【解析】 根据我国《劳动法》第65条的规定，王某并不是童工，公司没有义务定期安排王某进行健康检查。A选项错误。根据我国《劳动法》第60条的规定，公司不能安排王某在经期从事高处作业。B选项正确。根据我国《劳动法》第61条的规定，此时公司尚可以安排其从事夜班劳动。C选项错误。根据我国《劳动法》第63条的规定，D选项错误。

2. 关于工资保障制度，下列哪些表述符合劳动法的规定？（2010年真题，多选）

A. 按照最低工资保障制度，用人单位支付劳动者的工资不得低于当地最低工资标准

B. 乡镇企业不适用最低工资保障制度

C. 加班工资不包括在最低工资之内
D. 劳动者在婚丧假以及依法参加社会活动期间,用人单位应当依法支付工资

【答案】 ACD
【解析】 根据《劳动法》第48条的规定,A项正确。根据《劳动合同法》第2条第1款的规定,B项错误。根据《最低工资规定》第12条的规定,C项正确。根据《劳动法》第51条的规定,D项正确。

3. 东星公司新建的化工生产线在投入生产过程中,下列哪些行为违反《劳动法》规定? (2009年真题,多选)
A. 安排女技术员参加公司技术攻关小组并到位于地下的设备室进行检测
B. 在防止有毒气体泄漏的预警装置调试完成之前,开始生产线的试运行
C. 试运行期间,从事特种作业的操作员已经接受了专门培训,但未取得相应的资格证书
D. 试运行开始前,未对生产线上的员工进行健康检查

【答案】 BC
【解析】 根据《劳动法》第59条的规定,A项正确,不入选。根据《劳动法》第53条的规定,B项错误,入选。根据《劳动法》第55条的规定,C项错误,入选。根据《劳动法》第54条的规定,D项正确,不入选。本题正确答案为B、C。

第二节 劳动合同法

劳动合同是劳动者与用人单位确立劳动关系,明确双方权利和义务的协议。作为合同的一种,劳动合同除具有一般合同特征外,还有其独有的特征:
(1) 劳动合同的主体即双方当事人具有特定性。
(2) 在劳动合同的履行中双方当事人具有从属性。
(3) 劳动合同的内容具有较强的法定性和强制性。
(4) 劳动合同权利与义务具有延续性。
(5) 劳动合同的标的是劳动行为,劳动合同是双务、有偿、诺成性合同。

考点 1 劳动合同的订立

劳动合同的订立是指用人单位与劳动者之间为建立劳动关系,经过平等协商,就劳动条款达成一致,从而明确相互间权利义务关系的法律行为。订立劳动合同应当遵循合法、公平、平等自愿、协商一致、诚实信用的原则。

(一) 劳动关系的建立

用人单位自用工之日起即与劳动者建立劳动关系,用人单位应当建立职工名册备查。
注意:依法取得营业执照或登记证书的法人的分支机构,可以作为用人单位。

(二) 用人单位和劳动者的告知和说明义务

1. 用人单位对劳动者的如实告知义务
用人单位招用劳动者时,应当如实告知劳动者工作内容、工作条件、工作地点、职业危害、

安全生产状况、劳动报酬,以及劳动者要求了解的其他情况。

2. 劳动者的说明义务

劳动者应当如实说明与劳动合同直接相关的基本情况包括健康状况、知识技能、学历、职业资格、工作经历以及部分与工作有关的劳动者个人情况等。

(三) 订立劳动合同的形式

1. 订立劳动合同应当采用书面形式。

2. 未在建立劳动关系的同时订立书面劳动合同的,用人单位与劳动者应当自用工之日起1个月内订立书面劳动合同

(1) 用人单位未在用工的同时订立书面劳动合同,与劳动者约定的劳动报酬不明确的,新招用的劳动者的劳动报酬应当按照企业的或者行业的集体合同规定的标准执行;没有集体合同或者集体合同未作规定的,用人单位应当对劳动者实行同工同酬。

(2) 用人单位自用工之日起超过1个月但不满1年未与劳动者订立书面劳动合同的,应当向劳动者支付2倍的月工资。

(3) 用人单位自用工之日起满一年不与劳动者订立书面劳动合同的,视为用人单位与劳动者已订立无固定期限劳动合同。

注意:自用工之日起一个月内,经用人单位书面通知后,劳动者不与用人单位订立书面劳动合同的,用人单位应当书面通知劳动者终止劳动关系,无需向劳动者支付经济补偿,但是应当依法向劳动者支付其实际工作时间的劳动报酬。

(四) 劳动合同的期限

1. 固定期限

用人单位与劳动者协商一致,可以订立固定期限劳动合同。

2. 无固定期限

用人单位与劳动者协商一致,可以订立无固定期限劳动合同。

有下列情形之一,劳动者提出或者同意续订、订立劳动合同的,用人单位应当订立无固定期限劳动合同:

(1) 劳动者已在该用人单位连续工作满10年的;

(2) 用人单位初次实行劳动合同制度或者国有企业改制重新订立劳动合同时,劳动者在该用人单位连续工作满10年且距法定退休年龄不足10年的;

(3) 连续订立2次固定期限劳动合同且劳动者没有《劳动合同法》第39条和第40条第1项、第2项规定的情形续订劳动合同的。

用人单位自用工之日起满1年不与劳动者订立书面劳动合同的,视为用人单位与劳动者已订立无固定期限劳动合同。

3. 以完成一定工作任务为期限

用人单位与劳动者协商一致,可以订立以完成一定工作任务为期限的劳动合同。

注意:不定时工作制是指以完成一定工作任务为期限的劳动合同,即用人单位与劳动者约定以某项工作的完成为合同期限的劳动合同,仍然属于全日制。

(五) 劳动合同的无效或部分无效

无效或部分无效的情形	(1) 以欺诈、胁迫的手段或者乘人之危,使对方在违背真实意思的情况下订立或变更劳动合同的; (2) 用人单位免除自己的法定责任、排除劳动者的权利的; (3) 违反法律、行政法规强制性规定的。
无效的确认	劳动合同的无效或者部分无效,由劳动争议仲裁机构或者人民法院确认。
无效的法律后果	劳动合同被确认无效,劳动者已付出劳动的,用人单位应当向劳动者支付劳动报酬。劳动报酬的数额,按照同工同酬的原则确定。

【真题演练】

2009年2月,下列人员向所在单位提出订立无固定期限劳动合同,哪些人具备法定条件?(2009年真题,多选)

A. 赵女士于1995年1月到某公司工作,1999年2月辞职,2002年1月回到该公司工作

B. 钱先生于1985年进入某国有企业工作。2006年3月,该企业改制成为私人控股的有限责任公司,年满50岁的钱先生与公司签订了三年期的劳动合同

C. 孙女士于2000年2月进入某公司担任技术开发工作,签订了为期三年、到期自动续期三年且续期次数不限的劳动合同。2009年1月,公司将孙女士提升为技术部副经理

D. 李先生原为甲公司的资深业务员,于2008年2月被乙公司聘请担任市场开发经理,约定:先签订一年期合同,如果李先生于期满时提出请求,可以与公司签订无固定期限劳动合同

【答案】 BD

【解析】 根据《劳动合同法》第14条的规定,A项错误、B项正确、C项错误、D项正确。《劳动合同法》2008年开始实行,2000年开始的合同不能计算签订次数,到2009年因为没有达到可以签订无固定期限劳动合同的3次,故C项错误。

考点 2 劳动合同的履行

劳动合同的履行是指劳动合同的主题按照劳动合同规定的条件,履行自己所应承担的义务的行为。劳动合同的履行有亲自履行、全面履行、协作履行和实际履行原则。

(一) 劳动合同的条款

1. 劳动合同的必备条款

(1) 用人单位的名称、住所和法定代表人或者主要负责人;
(2) 劳动者的姓名、住址和居民身份证或者其他有效身份证件号码;
(3) 劳动合同期限;
(4) 工作内容和工作地点;
(5) 工作时间和休息休假;
(6) 劳动报酬;

（7）社会保险；

（8）劳动保护、劳动条件和职业危害防护；

（9）法律、法规规定应当纳入劳动合同的其他事项。

2. 劳动合同的约定条款

（1）试用期；

（2）培训；

（3）保守商业秘密；

（4）补充保险和福利待遇；

（5）其他事项。

（二）试用期

1. 试用期期限

（1）劳动合同期限3个月以上不满1年的，试用期不得超过1个月；

（2）劳动合同期限1年以上3年以下的，试用期不得超过2个月；

（3）3年以上固定期限和无固定期限的劳动合同，试用期不得超过6个月。

2. 试用期工资

劳动者在试用期的工资不得低于本单位同岗位最低档工资或者劳动合同约定工资的80%，并不得低于用人单位所在地的最低工资标准。

3. 试用期解除劳动合同限制的规定

在试用期中，证明劳动者不符合录用条件的，用人单位可以解除劳动合同。

（三）服务期

服务期是劳动合同当事人通过协商约定的劳动者因接受用人单位给予的特殊待遇而必须为用人单位服务的期限。

注意：劳动期限与服务期限的区别。服务期与劳动合同期限不一定完全一致，服务期可能短于劳动合同期限，也可能长于劳动合同期限。

（1）用人单位为劳动者提供专项培训费用，对其进行专业技术培训的，可以与该劳动者订立协议，约定服务期。

培训费用：包括用人单位为了对劳动者进行专业技术培训而支付的有凭证的培训费用、培训期间的差旅费用以及因培训产生的用于该劳动者的其他直接费用。

（2）劳动者违反服务期约定的，应当按照约定向用人单位支付违约金。

（3）违约金的数额。约定违反服务期的违约金数额不得超过用人单位提供的培训费用。违约时，劳动者所支付的违约金不得超过服务期尚未履行部分所应分摊的培训费用。

（四）劳动者的保密义务和竞业限制

1. 约定保密义务

用人单位与劳动者可以在劳动合同中约定保守用人单位的商业秘密和与知识产权相关的事项。用人单位可以要求劳动者无条件承担保密义务，也可以约定以支付保密费作为承担保密义务的条件。

2. 竞业限制的人员

竞业限制的人员限于用人单位的高级管理人员、高级技术人员和其他负有保密义务的人员。

3. 竞业限制的内容

对负有保密义务的劳动者,用人单位可以在劳动合同或者保密协议中与劳动者约定竞业限制条款,并约定在解除或者终止劳动合同后,在竞业限制期限内按月给予劳动者经济补偿。

(1) 竞业限制条款,是指劳动者与用人单位经协商约定,禁止本单位劳动者在其任职期间和离职以后的一段时间内利用用人单位所拥有的商业秘密,从事与用人单位有竞争性的职业活动的条款。

(2) 竞业限制的范围、地域、期限、经济补偿的标准由用人单位与劳动者约定,但不得违反法律、法规的规定。

① 仅约定了竞业限制但未约定经济补偿的,劳动者履行了竞业限制义务,可以要求用人单位按照劳动者在劳动合同解除或者终止前 12 个月平均工资的 30% 按月支付经济补偿;低于劳动合同履行地最低工资标准的,按照最低工资标准支付。

② 劳动合同解除或者终止后,因用人单位的原因导致 3 个月未支付经济补偿,劳动者可以请求解除竞业限制约定。

③ 在竞业限制期限内,用人单位可以请求解除竞业限制协议,但应当额外向劳动者支付 3 个月的竞业限制经济补偿。

4. 违约金

劳动者违反竞业限制约定的,应当按照约定向用人单位支付违约金。

5. 竞业限制的期限

在解除或者终止劳动合同后,受竞业限制约束的劳动者到与本单位生产或者经营同类产品、业务的有竞争关系的其他用人单位,或者自己开业生产或者经营与本单位有竞争关系的同类产品、业务的竞业限制期限不得超过 2 年。

注意:保密义务、竞业限制、商业秘密

① 竞业限制可作为保密协议的组成部分,但不是必要条款。只要签订保密协议,即对劳动者产生遵守保密义务的约束力;但对竞业限制条款,在竞业限制期限内,用人单位不给予劳动者经济补偿的,对劳动者再次择业不具有约束力。

② 违反保密义务属于劳动争议,侵犯商业秘密属于侵权行为,两者属于责任竞合,适用不同的救济方式,应当由受到侵害的用人单位进行选择。如果选择追究劳动者违反保密义务的责任,则需要先申请劳动仲裁;如果选择追究劳动者侵害商业秘密的责任,属于普通的侵权诉讼。

(五) 劳动合同的变更

劳动合同的变更是指在劳动合同依法订立,尚未履行或尚未完全履行之前,由于各种情况的变化,合同当事人双方或单方依法修改或补充劳动合同内容的法律行为。

1. 用人单位发生变化导致劳动合同的变更

(1) 用人单位变更名称、法定代表人、主要负责人或者投资人等事项,不影响劳动合同的履行。

（2）用人单位发生合并或者分立等情况，原劳动合同继续有效，劳动合同由承继其权利义务的用人单位继续履行。

① 原劳动合同继续有效，劳动合同由承继其权利义务的用人单位继续履行。

② 新的用人单位与劳动者协商一致解除原劳动合同，由新签订的劳动合同替代原劳动合同。

③ 劳动者非因本人原因从原用人单位被安排到新用人单位工作的，劳动者在原用人单位的工作年限合并计算为新用人单位的工作年限。

"非因本人原因从原用人单位被安排到新用人单位工作"包括下列情形：

a. 劳动者仍在原工作场所、工作岗位工作，劳动合同主体由原用人单位变更为新用人单位；

b. 用人单位以组织委派或任命形式对劳动者进行工作调动；

c. 因用人单位合并、分立等原因导致劳动者工作调动；

d. 用人单位及其关联企业与劳动者轮流订立劳动合同；

e. 其他合理情形。

④ 原用人单位已经向劳动者支付经济补偿的，新用人单位在依法解除、终止劳动合同计算支付经济补偿的工作年限时，不再计算劳动者在原用人单位的工作年限。

2. 协商变更

用人单位与劳动者协商一致，可以变更劳动合同约定的内容。变更劳动合同，应当采用书面形式，用人单位与劳动者各执一份。

注意：变更劳动合同未采用书面形式，但已经实际履行了口头变更的劳动合同超过一个月，且变更后的劳动合同内容不违反法律、行政法规、国家政策以及公序良俗，当事人不得以未采用书面形式为由主张劳动合同变更无效。

【真题演练】

1. 李某原在甲公司就职，适用不定时工作制。2012年1月，因甲公司被乙公司兼并，李某成为乙公司职工，继续适用不定时工作制。2012年12月，由于李某在年度绩效考核中得分最低，乙公司根据公司绩效考核制度中"末位淘汰"的规定，决定终止与李某的劳动关系。李某于2013年11月提出劳动争议仲裁申请，主张：原劳动合同于2012年3月到期后，乙公司一直未与本人签订新的书面劳动合同，应从4月起每月支付二倍的工资；公司终止合同违法，应恢复本人的工作。请回答第(1)—(5)题。（2014年真题，不定选）

（2）关于乙公司兼并甲公司时李某的劳动合同及工作年限，下列选项正确的是：

A. 甲公司与李某的原劳动合同继续有效，由乙公司继续履行

B. 如原劳动合同继续履行，在甲公司的工作年限合并计算为乙公司的工作年限

C. 甲公司还可与李某经协商一致解除其劳动合同，由乙公司新签劳动合同替代原劳动合同

D. 如解除原劳动合同时甲公司已支付经济补偿，乙公司在依法解除或终止劳动合同计算支付经济补偿金的工作年限时，不再计算在甲公司的工作年限

【答案】 ABCD

【解析】 根据《劳动合同法》第34条的规定，故A项正确。根据《劳动合同法实施条例》第10条的规定，B、D两项均正确。根据《劳动合同法》第36条的规定，C项正确。

2. 甲厂与工程师江某签订了保密协议。江某在劳动合同终止后应聘至同行业的乙厂,并帮助乙厂生产出与甲厂相同技术的发动机。甲厂认为保密义务理应包括竞业限制义务,江某不得到乙厂工作,乙厂和江某共同侵犯其商业秘密。关于此案,下列哪些选项是正确的?(2013年真题,多选)
 A. 如保密协议只约定保密义务,未约定支付保密费,则保密义务无约束力
 B. 如双方未明确约定江某负有竞业限制义务,则江某有权到乙厂工作
 C. 如江某违反保密协议的要求,向乙厂披露甲厂的保密技术,则构成侵犯商业秘密
 D. 如乙厂能证明其未利诱江某披露甲厂的保密技术,则不构成侵犯商业秘密
【答案】 BC
【解析】 根据《劳动合同法》第23条第1款的规定,A项错误。根据《劳动合同法》第23条第2款的规定,B项正确。根据《反不正当竞争法》第10条的规定,故C项正确,D项错误。

3. 下列哪些说法违反劳动法的规定?(2010年真题,多选)
 A. 我国公民未满十六岁的,用人单位一律不得招用
 B. 双方当事人不可以约定周六加班
 C. 劳动合同期限约定为二年的,试用期应在半年以上
 D. 双方当事人可就全部合同条款做出违约金约定
【答案】 ABCD
【解析】 根据我国《劳动法》第15条的规定,A项的说法过于绝对,不符合劳动法的规定,应选。根据《劳动法》第38、39条的规定,双方当事人可以依法约定周六加班,故B项错误,应选。根据《劳动合同法》第19条的规定,C项错误。《劳动合同法》对劳动者违约金约定作出了限制性规定,即只能在含有"服务期条款""保密义务和竞业限制条款"情形下方能约定要求劳动者承担违约金责任,而非可就"全部合同条款做出违约金约定",故D项错误。

考点 3 劳动合同的解除

劳动合同的解除是指在劳动合同订立后,尚未全部履行以前,由于某种原因导致劳动合同一方或双方当事人提前消灭劳动关系的法律行为。劳动合同的解除分为法定解除和约定解除;协商解除和单方解除。

注意:用人单位单方解除劳动合同,应当事先将理由通知工会。用人单位违反法律、行政法规规定或者劳动合同约定的,工会有权要求用人单位纠正。用人单位应当研究工会的意见,并将处理结果书面通知工会。

(一) 协商解除劳动合同

协商解除是指劳动关系当事人因某种原因,协商同意提前终止劳动合同的法律行为。
(1) 被解除的劳动合同是依法成立的有效的劳动合同;
(2) 解除劳动合同的行为必须是在被解除的劳动合同依法订立生效之后、尚未全部履行之前进行;
(3) 用人单位与劳动者均有权提出解除劳动合同的请求;
(4) 在双方自愿、平等协商的基础上达成一致意见,可以不受劳动合同中约定的终止条件的限制。

(二) 劳动者单方解除劳动合同

(1) 劳动者提前 30 日通知用人单位,可以解除劳动合同。
(2) 书面形式通知用人单位。

(三) 因用人单位的过错,劳动者可以解除劳动合同的规定

用人单位有下列情形之一的,劳动者可以解除劳动合同:
(1) 未按照劳动合同约定提供劳动保护或者劳动条件的;
(2) 未及时足额支付劳动报酬的;
(3) 未依法为劳动者缴纳社会保险费的;
(4) 用人单位的规章制度违反法律、法规的规定,损害劳动者权益的;
(5) 因《劳动合同法》第 26 条第 1 款规定的情形致使劳动合同无效的;
(6) 法律、行政法规规定劳动者可以解除劳动合同的其他情形。
注意:用人单位以暴力、威胁或者非法限制人身自由的手段强迫劳动者劳动的,或者用人单位违章指挥、强令冒险作业危及劳动者人身安全的,劳动者可以立即解除劳动合同,不需事先告知用人单位。

(四) 用人单位单方解除劳动合同

劳动者有下列情形之一的,用人单位可以解除劳动合同:
(1) 在试用期间被证明不符合录用条件的;
(2) 严重违反用人单位的规章制度的;
(3) 严重失职,营私舞弊,给用人单位的利益造成重大损害的;
(4) 劳动者同时与其他用人单位建立劳动关系,对完成本单位的工作任务造成严重影响,或者经用人单位提出,拒不改正的;
(5) 因《劳动合同法》第 26 条第 1 款第 1 项规定的情形致使劳动合同无效的;
(6) 被依法追究刑事责任的。

(五) 无过失性辞退

有下列情形之一的,用人单位在提前 30 日以书面形式通知劳动者本人或者额外支付劳动者 1 个月工资后,可以解除劳动合同:
(1) 劳动者患病或者非因工负伤,在规定的医疗期满后不能从事原工作,也不能从事由用人单位另行安排的工作的;
(2) 劳动者不能胜任工作,经过培训或者调整工作岗位,仍不能胜任工作的;
(3) 劳动合同订立时所依据的客观情况发生重大变化,致使劳动合同无法履行,经用人单位与劳动者协商,未能就变更劳动合同内容达成协议的。

(六) 经济性裁员

1. 实质要件
(1) 依照企业破产法规定进行重整的;

(2) 生产经营发生严重困难的;
(3) 企业转产、重大技术革新或者经营方式调整,经变更劳动合同后,仍需裁减人员的;
(4) 其他因劳动合同订立时所依据的客观经济情况发生重大变化,致使劳动合同无法履行的。

2. 程序要件
(1) 裁减人员20人以上或者裁减不足20人但占企业职工总数10%以上的。
(2) 必须提前30日向工会或者全体职工说明情况,并听取工会或者职工的意见。
(3) 裁减人员方案向劳动行政部门报告。
(4) 应当优先留用人员。
① 与本单位订立较长期限的固定期限劳动合同的;
② 与本单位订立无固定期限劳动合同的;
③ 家庭无其他就业人员,有需要扶养的老人或者未成年人的。
(5) 被裁减人员具有优先就业权。
用人单位在6个月内重新招用人员的,应当通知被裁减的人员,并在同等条件下优先招用被裁减的人员。

(七) 用人单位不得解除劳动合同的规定

劳动者有下列情形之一的,用人单位不得依照《劳动合同法》第40条、第41条的规定解除劳动合同:
(1) 从事接触职业病危害作业的劳动者未进行离岗前职业病健康检查,或者疑似职业病病人在诊断或者医学观察期间的;
(2) 在本单位患职业病或者因工负伤并被确认丧失或者部分丧失劳动能力的;
(3) 患病或者非因工负伤,在规定的医疗期内的;
(4) 女职工在孕期、产期、哺乳期的;
(5) 在本单位连续工作满15年,且距法定退休年龄不足5年的;
(6) 法律、行政法规规定的其他情形。

劳动合同解除情形一览表

解除情形	提出对象	解除原因	适用程序	经济补偿金	是否适用不得解除情形
协商解除	用人单位、劳动者均有权提出	任意原因,达成一致即可	达成一致即生效	协商(如用人单位提出解除动议的,应支付经济补偿金)	否
劳动者预告解除	劳动者单方面提出	任意原因	劳动者提前30日书面通知用人单位	无	否

（续表）

解除情形	提出对象	解除原因	适用程序	经济补偿金	是否适用不得解除情形
劳动者即时解除	劳动者单方面提出	（1）未提供劳动保护或者劳动条件的； （2）未及时足额支付劳动报酬的； （3）未缴纳社会保险费的； （4）规章制度违反法律、法规的规定，损害劳动者权益的； （5）以欺诈、胁迫的手段或者乘人之危致使劳动合同无效的； （6）法律、行政法规规定其他情形。	即时解除	有	否
用人单位预告解除	用人单位单方面提出	（1）劳动者患病或者非因工负伤，在规定的医疗期满后不能从事原工作，也不能从事由用人单位另行安排的工作的； （2）劳动者不能胜任工作，经过培训或者调整工作岗位，仍不能胜任工作的； （3）劳动合同订立时所依据的客观情况发生重大变化，致使劳动合同无法履行，经用人单位与劳动者协商，未能就变更劳动合同内容达成协议的。	用人单位在提前30日书面通知劳动者或者额外支付一个月工资	有	是

（续表）

解除情形	提出对象	解除原因	适用程序	经济补偿金	是否适用不得解除情形
用人单位即时解除	用人单位单方面提出	(1) 在试用期间被证明不符合录用条件的；(2) 严重违反用人单位的规章制度的；(3) 严重失职，营私舞弊，给用人单位的利益造成重大损害的；(4) 劳动者同时与其他用人单位建立劳动关系，对完成本单位的工作任务造成严重影响，或者经用人单位提出，拒不改正的；(5) 以欺诈、胁迫的手段或者乘人之危致使劳动合同无效的；(6) 被依法追究刑事责任的。	即时解除	无	否
经济性裁员	用人单位单方面提出	(1) 依照企业破产法规定进行重整的；(2) 生产经营发生严重困难的；(3) 企业转产、重大技术革新或者经营方式调整，经变更劳动合同后，仍需裁减人员的；(4) 其他因劳动合同订立时所依据的客观经济情况发生重大变化，致使劳动合同无法履行的。	必须提前30日向工会或者全体职工说明情况、听取意见；并将裁减人员方案向劳动行政部门报告。	有	是

【真题演练】

某公司从事出口加工，有职工500人。因国际金融危机影响，订单锐减陷入困境，拟裁减职工25人。公司决定公布后，职工提出异议。下列哪些说法缺乏法律依据？（2011年真题，多选）

A. 职工甲：公司裁减决定没有经过职工代表大会批准，无效

B. 职工乙:公司没有进入破产程序,不能裁员
C. 职工丙:我一家4口,有70岁老母10岁女儿,全家就我有工作,公司不能裁减我
D. 职工丁:我在公司销售部门曾连续3年评为优秀,对公司贡献大,公司不能裁减我

【答案】 ABD
【解析】 根据《劳动合同法》第41条的规定,A项错误,B项错误,C项正确,D项错误。

考点 4 劳动合同的终止

劳动合同的终止是指劳动合同的法律效力因劳动合同到期或者因法定情形的出现而归于消灭,即劳动合同关系在客观上已不复存在,劳动合同当事人的权利和义务归于消灭。

注意:劳动合同的终止与劳动合同的解除有本质区别。

劳动合同的解除是双方当事人通过协商达成一致意见,或其中一方当事人根据法律规定单方提前结束劳动合同关系,是劳动合同订立后因双方或一方的意思而发生的;而劳动合同的终止必须法定,不能约定。

(一)劳动合同终止的情形

（1）劳动合同期满的;
（2）劳动者开始依法享受基本养老保险待遇的;
（3）劳动者死亡,或者被人民法院宣告死亡或者宣告失踪的;
（4）用人单位被依法宣告破产的;
（5）用人单位被吊销营业执照、责令关闭、撤销或者用人单位决定提前解散的;
（6）法律、行政法规规定的其他情形。

注意:用人单位被依法宣告破产的;用人单位被吊销营业执照、责令关闭、撤销或者用人单位决定提前解散的劳动合同的终止,应当向劳动者支付经济补偿金。

(二)劳动合同期满不得终止的规定

劳动合同期满,有《劳动合同法》规定的不得解除劳动合同情形之一的,劳动合同应当续延至相应的情形消失时终止。但是,在本单位患职业病或因工负伤并被确认丧失或者部分丧失劳动能力的劳动者的劳动合同的终止,按照工伤保险的有关规定执行。

(三)用人单位违法解除或者终止劳动合同法律后果的规定

（1）用人单位违反《劳动合同法》规定解除或者终止劳动合同,劳动者要求继续履行劳动合同的,用人单位应当继续履行;
（2）劳动者不要求继续履行劳动合同或者劳动合同已经不能继续履行的,用人单位应当依照《劳动合同法》规定的经济补偿标准的2倍向劳动者支付赔偿金。

考点 5 经济补偿金

经济补偿金是用人单位解除或终止劳动合同时,给予劳动者的一次性货币补偿。经济补偿金的目的在于从经济方面制约用人单位的解雇行为,对失去工作的劳动者给予经济上的补

偿,并解决劳动合同短期化问题。

(一) 补偿标准

(1) 经济补偿按劳动者在本单位工作的年限,每满 1 年支付 1 个月工资的标准向劳动者支付。6 个月以上不满 1 年的,按 1 年计算;不满 6 个月的,向劳动者支付半个月工资的经济补偿。

① 月工资是指劳动者在劳动合同解除或者终止前 12 个月的平均工资。劳动者工作不满 12 个月的,按照实际工作的月数计算平均工资。

② 月工资按照劳动者应得工资计算,包括计时工资或者计件工资以及奖金、津贴和补贴等货币性收入。

(2) 劳动者在劳动合同解除或者终止前 12 个月的平均工资低于当地最低工资标准的,按照当地最低工资标准计算。劳动者工作不满 12 个月的,按照实际工作的月数计算平均工资。

(3) 劳动者月工资高于用人单位所在直辖市、设区的市级人民政府公布的本地区上年度职工月平均工资 3 倍的,向其支付经济补偿的标准按职工月平均工资 3 倍的数额支付,向其支付经济补偿的年限最高不超过 12 年。

注意:经济补偿金应在劳动者工作交接办结后,由用人单位支付给劳动者。

(二) 适用范围

1. 因用人单位违法、违约迫使劳动者解除劳动合同的
(1) 未按照劳动合同约定提供劳动保护或者劳动条件的;
(2) 未及时足额支付劳动报酬的;
(3) 未依法为劳动者缴纳社会保险费的;
(4) 用人单位的规章制度违反法律、法规的规定,损害劳动者权益的;
(5) 因用人单位以欺诈、胁迫的手段或者乘人之危,使对方在违背真实意思的情况下订立或者变更劳动合同致使劳动合同无效的;
(6) 用人单位以暴力、威胁或者非法限制人身自由的手段强迫劳动者劳动的;
(7) 用人单位违章指挥、强令冒险作业危及劳动者人身安全的。

2. 用人单位提出解除劳动合同动议,并与劳动者协商一致解除劳动合同的

3. 用人单位预告解除劳动合同的
(1) 劳动者患病或者非因工负伤,在规定的医疗期满后不能从事原工作,也不能从事由用人单位另行安排的工作的;
(2) 劳动者不能胜任工作,经过培训或者调整工作岗位,仍不能胜任工作的;
(3) 劳动合同订立时所依据的客观情况发生重大变化,致使劳动合同无法履行,经用人单位与劳动者协商,未能就变更劳动合同内容达成协议的。

4. 用人单位经济性裁员解除劳动合同的
(1) 依照企业破产法规定进行重整的;
(2) 生产经营发生严重困难的;
(3) 企业转产、重大技术革新或者经营方式调整,经变更劳动合同后,仍需裁减人员的;
(4) 其他因劳动合同订立时所依据的客观经济情况发生重大变化,致使劳动合同无法履

行的。

5. 用人单位以低于原劳动合同约定的条件要求与劳动者续订劳动合同,而劳动者不同意续订的

注意:如果用人单位维持或提高原劳动合同约定条件续订劳动合同的,劳动者不同意续订的,用人单位不必向劳动者支付经济补偿金。

6. 在用人单位因被依法宣告破产的、被吊销营业执照、责令关闭、撤销或者用人单位决定提前解散而终止劳动合同的

【真题演练】

李某原在甲公司就职,适用不定时工作制。2012年1月,因甲公司被乙公司兼并,李某成为乙公司职工,继续适用不定时工作制。2012年12月,由于李某在年度绩效考核中得分最低,乙公司根据公司绩效考核制度中"末位淘汰"的规定,决定终止与李某的劳动关系。李某于2013年11月提出劳动争议仲裁申请,主张:原劳动合同于2012年3月到期后,乙公司一直未与本人签订新的书面劳动合同,应从4月起每月支付二倍的工资;公司终止合同违法,应恢复本人的工作。请回答第(1)—(5)题。(2014年真题,不定选)

(5)如李某放弃请求恢复工作而要求其他补救,下列选项正确的是:
A. 李某可主张公司违法终止劳动合同,要求支付赔偿金
B. 李某可主张公司规章制度违法损害劳动者权益,要求即时辞职及支付经济补偿金
C. 李某可同时获得违法终止劳动合同的赔偿金和即时辞职的经济补偿金
D. 违法终止劳动合同的赔偿金的数额多于即时辞职的经济补偿金

【答案】 ABD

【解析】 根据《劳动合同法》第46、48条的规定。A、B项均正确。违法终止劳动合同的赔偿金和即时辞职的补偿金不能兼得,故C项错误。根据《劳动合同法》第87条的规定,D项正确。

考点 6 特殊劳动合同

(一)集体合同

集体合同,是企业职工一方与用人单位通过平等协商,就劳动报酬、工作时间、休息休假、劳动安全卫生、保险福利等事项订立的书面协议。

1. 集体合同与劳动合同的区别
(1)合同的主体不同
集体合同的主体是用人单位和用人单位的全体职工;劳动合同的主体仅限于劳动者和用人单位。
(2)合同的内容不同
集体合同所约定的内容涉及所有劳动者的劳动条件、生活待遇、集体协商程序及民主管理方式等方面,起统一标准的作用;而劳动合同仅涉及每个具体的劳动者与用人单位之间的劳动条件、生活待遇等内容,因人而异。

（3）目的不同

集体合同的目的是通过双方协商代表的谈判，平衡个体劳动者与用人单位的力量，保障劳动者获得比较优越的劳动条件和比较优厚的劳动待遇，防止用人单位利用自身的优势侵犯劳动者的合法权益；而劳动合同的目的是建立劳动关系。

（4）订立的程序不同

签订集体合同需要提交职工代表大会或全体职工（劳动者）讨论通过，由双方首席代表签字，并报劳动行政部门审查备案；而劳动合同只需劳动者个人与用人单位签订。

（5）期限不同

集体合同只有固定期限且期限长短有明确规定，最长不得超过3年；劳动合同的期限有固定期限、无固定期限和以完成一定工作任务为期限，有固定期限的劳动合同没有期限的强制性限制。

（6）产生的时间不同

集体合同产生于劳动关系的运行过程中，不以单个劳动者参加劳动关系为前提。而劳动合同以劳动者就业为前提。

2. 集体合同的订立

（1）集体合同由工会代表企业职工一方与用人单位订立；

（2）尚未建立工会的用人单位，由上级工会指导劳动者推举的代表与用人单位订立。

3. 集体合同的生效

集体合同订立后，应当报送劳动行政部门；劳动行政部门自收到集体合同文本之日起15日内未提出异议的，集体合同即行生效。

4. 集体合同的标准

（1）集体合同中劳动条件和劳动报酬等标准不得低于当地人民政府规定的最低标准；

（2）用人单位与劳动者订立的劳动合同中劳动条件和劳动报酬等标准不得低于集体合同规定的标准。

5. 集体合同的争议处理

（1）用人单位违反集体合同，侵犯职工劳动权益的，工会可以依法要求用人单位承担责任；

（2）因履行集体合同发生争议，经协商解决不成的，工会可以依法申请仲裁、提起诉讼。

（二）劳务派遣

劳务派遣，是指劳务派遣单位与劳动者签订劳动合同，与用工单位签订劳务派遣协议，将劳动者派遣至用工单位从事约定的生产劳动的一种特殊的用工形式。

1. 劳务派遣是补充用工形式

（1）劳动合同用工是我国的企业基本用工形式。

（2）劳务派遣用工是补充形式，只能在临时性、辅助性或者替代性的工作岗位上实施。

① 临时性工作岗位是指存续时间不超过6个月的岗位；

② 辅助性工作岗位是指为主营业务岗位提供服务的非主营业务岗位；

③ 替代性工作岗位是指用工单位的劳动者因脱产学习、休假等原因无法工作的一定期间内，可以由其他劳动者替代工作的岗位。

(3) 用工单位应当严格控制劳务派遣用工数量,不得超过其用工总量的一定比例。

2. 劳务派遣合同内容

(1) 报酬的支付

① 劳务派遣单位应当与被派遣劳动者订立 2 年以上的固定期限劳动合同,按月支付劳动报酬;派遣劳动者在无工作期间,劳务派遣单位应当按照所在地人民政府规定的最低工资标准,向其按月支付报酬。

② 被派遣劳动者享有与用工单位的同类岗位的劳动者同工同酬的权利。用工单位应当实行相同的劳动报酬分配办法。

(2) 告知义务

① 劳务派遣单位与被派遣劳动者订立的劳动合同,应当载明被派遣劳动者的用工单位以及派遣期限、工作岗位等情况。

② 劳务派遣单位应当将劳务派遣协议的内容告知被派遣劳动者。

(3) 不得克扣劳动者的报酬

劳务派遣单位不得克扣用工单位按照劳务派遣协议支付给被派遣劳动者的劳动报酬。劳务派遣单位和用工单位不得向被派遣劳动者收取费用。

(4) 不得转派遣

3. 劳动合同的解除

(1) 被派遣劳动者与劳务派遣单位解除劳动合同

① 用人单位与劳动者协商一致解除劳动合同

② 因为用人单位过错劳动者即时解除劳动合同

a. 未按照劳动合同约定提供劳动保护或者劳动条件的;

b. 未及时足额支付劳动报酬的;

c. 未依法为劳动者缴纳社会保险费的;

d. 用人单位的规章制度违反法律、法规的规定,损害劳动者权益的;

e. 因《劳动合同法》第 26 条第 1 款规定的情形致使劳动合同无效的;

f. 法律、行政法规规定劳动者可以解除劳动合同的其他情形。

用人单位以暴力、威胁或者非法限制人身自由的手段强迫劳动者劳动的,或者用人单位违章指挥、强令冒险作业危及劳动者人身安全的,劳动者可以立即解除劳动合同,不需事先告知用人单位。

(2) 用工单位可以将劳动者退回劳务派遣单位,劳务派遣单位可以与劳动者解除劳动合同

① 被派遣劳动者过失性辞退

a. 在试用期间被证明不符合录用条件的;

b. 严重违反用人单位的规章制度的;

c. 严重失职,营私舞弊,给用人单位造成重大损害的;

d. 劳动者同时与其他用人单位建立劳动关系,对完成本单位的工作任务造成严重影响,或者经用人单位提出,拒不改正的;

e. 因《劳动合同法》第 26 条第 1 款第 1 项规定的情形致使劳动合同无效的;

f. 被依法追究刑事责任的。

② 用人单位预告解除劳动合同
a. 劳动者患病或者非因工负伤,在规定的医疗期满后不能从事原工作,也不能从事由用人单位另行安排的工作的;
b. 劳动者不能胜任工作,经过培训或者调整工作岗位,仍不能胜任工作的。
注意:劳务派遣中劳动合同的解除与一般用工形式劳动合同的解除不同。
4. 劳务派遣管理
(1) 经营许可
① 经营劳务派遣业务必须取得劳动行政部门依法颁发的行政许可,并且注册资本不得少于人民币200万元。
② 未经许可擅自经营劳务派遣业务的,由劳动行政部门责令停止违法行为,没收违法所得,并处违法所得1倍以上5倍以下的罚款;没有违法所得的,可以处5万元以下的罚款。
(2) 违反劳务派遣规定的法律责任
① 劳务派遣单位、用工单位违反《劳动合同法》有关劳务派遣规定的,由劳动行政部门责令限期改正;逾期不改正的,以每人5 000元以上1万元以下的标准处以罚款,对劳务派遣单位,吊销其劳务派遣业务经营许可证。
② 用工单位给被派遣劳动者造成损害的,劳务派遣单位与用工单位承担连带赔偿责任。
注意:劳务派遣单位或者用工单位与劳动者发生劳动争议的,劳务派遣单位和用工单位为共同当事人。
③ 劳务派遣单位给被派遣劳动者造成损害时,由劳务派遣单位自己承担责任。

【真题演练】

1. 甲公司与梁某签订劳动合同后,与乙公司签订劳务派遣协议,派梁某到乙公司做车间主任,派遣期3个月。2012年1月至2013年7月,双方已连续6次续签协议,梁某一直在乙公司工作。2013年6月,梁某因追索上一年加班费与乙公司发生争议,申请劳动仲裁。下列哪些选项是正确的?(2013年真题,多选)
   A. 乙公司是在辅助性工作岗位上使用梁某,符合法律规定
   B. 乙公司是在临时性工作岗位上使用梁某,符合法律规定
   C. 梁某申请仲裁不受仲裁时效期间的限制
   D. 梁某申请仲裁时应将甲公司和乙公司作为共同当事人
   【答案】 CD
   【解析】 根据《劳动合同法》第66条第2款的规定,乙公司以劳务派遣形式使用梁某,不符合法律规定,故A、B项错误。根据《劳动争议调解仲裁法》第27条第4款的规定,C项正确。根据《劳动争议调解仲裁法》第22条第2款的规定,D项正确。

2. 甲房地产公司与乙国有工业公司签订《合作协议》,在乙公司原有的仓库用地上开发商品房。双方约定,共同成立"玫园置业有限公司"(以下简称"玫园公司")。甲公司投入开发资金,乙公司负责将该土地上原有的划拨土地使用权转变为出让土地使用权,然后将出让土地使用权作为出资投入玫园公司。
   玫园公司与丙劳务派遣公司签订协议,由其派遣王某到玫园公司担任保洁员。不久,甲、乙产生纠纷,经营停顿。玫园公司以签订派遣协议时所依据的客观情况发生重大变化为由,将

王某退回丙公司,丙公司遂以此为由解除王某的劳动合同。据此回答(1)—(5)题。(2012年真题,不定选)

(4) 根据《劳动合同法》,王某的用人单位是:
A. 甲公司　　　　B. 乙企业　　　　C. 丙公司　　　　D. 玫园公司
【答案】 C
【解析】 根据《劳动合同法》第58条第1款的规定,王某的派遣单位是丙公司,所以丙公司是王某的用人单位。故 C 项正确。

(5) 关于王某劳动关系解除问题,下列选项正确的是:
A. 玫园公司有权将王某退回丙公司
B. 丙公司有权解除与王某的劳动合同
C. 王某有权要求丙公司继续履行劳动合同
D. 王某如不愿回到丙公司,有权要求其支付赔偿金
【答案】 CD
【解析】 根据《劳动合同法》第65条的规定,A 项错误。本题中,丙公司解除王某的原因是玫园公司退回王某,不是法定理由,因此无权解除劳动合同,故 B 项错误。以此可推知,因为丙公司解除与王某的劳动合同是违法的,王某有权要求丙公司继续履行合同,或者选择《劳动合同法》第87条规定,要求丙公司支付赔偿金,故 C、D 项均正确。

(三) 非全日制用工

1. 工作时间

劳动者在同一用人单位一般平均每日工作时间不超过4小时,每周工作时间累计不超过24小时。

2. 合同的订立

非全日制用工可以订立口头协议。从事非全日制用工的劳动者可以与一个或者一个以上用人单位订立劳动合同;但是,后订立的劳动合同不得影响先订立的劳动合同的履行。

3. 工资标准

非全日制用工小时计酬标准不得低于用人单位所在地人民政府规定的最低小时工资标准。非全日制用工劳动报酬结算支付周期最长不得超过15日。

【真题演练】

关于非全日制用工的说法,下列哪一选项不符合《劳动合同法》规定?(2010年真题,单选)
A. 从事非全日制用工的劳动者与多个用人单位订立劳动合同的,后订立的合同不得影响先订立合同的履行
B. 非全日制用工合同不得约定试用期
C. 非全日制用工终止时,用人单位应当向劳动者支付经济补偿
D. 非全日制用工劳动报酬结算支付周期最长不得超过十五日
【答案】 C
【解析】 根据《劳动合同法》第69、70、72条的规定,A、B、D 项均正确。根据《劳动合同

法》第 71 条第 2 款的规定,C 项错误。本题为选非题,故 C 为正确答案。

第三节 劳动争议调解仲裁法

考点 1 劳动争议

(一) 概念

劳动争议又称劳动纠纷,是指劳动关系双方当事人因执行劳动法律、法规或履行劳动合同、集体合同发生的纠纷。劳动争议发生在劳动者与用人单位之间。

(二) 适用《劳动争议调解仲裁法》的劳动争议

(1) 因确认劳动关系发生的争议;
(2) 因订立、履行、变更、解除和终止劳动合同发生的争议;
(3) 因除名、辞退和辞职、离职发生的争议;
(4) 因工作时间、休息休假、社会保险、福利、培训以及劳动保护发生的争议;
(5) 因劳动报酬、工伤医疗费、经济补偿或者赔偿金等发生的争议;
(6) 法律、法规规定的其他劳动争议。

(三) 不属于劳动争议的几类纠纷

(1) 劳动者请求社会保险经办机构发放社会保险金的纠纷;
(2) 劳动者与用人单位因住房制度改革产生的公有住房转让纠纷;
(3) 劳动者对劳动能力鉴定委员会的伤残等级鉴定结论或者对职业病诊断鉴定委员会的职业病诊断鉴定结论的异议纠纷;
(4) 家庭或者个人与家政服务人员之间的纠纷;
(5) 个体工匠与帮工、学徒之间的纠纷;
(6) 农村承包经营户与受雇人之间的纠纷。

考点 2 劳动争议的解决

(一) 协商

协商不是处理劳动争议的必经程序,当事人不愿协商或协商不成的,可以申请调解或仲裁。

(二) 调解

发生劳动争议,当事人可以到下列调解组织申请调解:
(1) 企业劳动争议调解委员会;
(2) 依法设立的基层人民调解组织;
(3) 在乡镇、街道设立的具有劳动争议调解职能的组织。

(三) 仲裁

1. 仲裁申请

(1) 申请时效

① 提出仲裁要求的一方应在自劳动争议发生之日起 1 年内向劳动争议仲裁委员会提出书面申请。

② 劳动关系存续期间因拖欠劳动报酬发生争议的,劳动者申请仲裁不受上述规定的仲裁时效期间的限制;但是,劳动关系终止的,应当自劳动关系终止之日起 1 年内提出。

(2) 申请人申请仲裁应当提交书面仲裁申请

书写仲裁申请确有困难的,可以口头申请,由劳动争议仲裁委员会记入笔录,并告知对方当事人。

(3) 申请受理

① 劳动争议仲裁委员会收到仲裁申请之日起 5 日内,认为符合受理条件的,应当受理,并通知申请人;认为不符合受理条件的,应当书面通知申请人不予受理,并说明理由。

② 对劳动争议仲裁委员会不予受理或者逾期未作出决定的,申请人可以就该劳动争议事项向人民法院提起诉讼。

2. 仲裁管辖

(1) 劳动争议由劳动合同履行地或者用人单位所在地的劳动争议仲裁委员会管辖。

(2) 双方当事人分别向劳动合同履行地和用人单位所在地的劳动争议仲裁委员会申请仲裁的,由劳动合同履行地的劳动争议仲裁委员会管辖。

3. 举证责任

(1) 发生劳动争议,当事人对自己提出的主张,有责任提供证据。

(2) 与争议事项有关的证据属于用人单位掌握管理的,用人单位应当提供;用人单位不提供的,应当承担不利后果。

4. 仲裁裁决

(1) 仲裁庭在作出裁决前,应当先行调解。调解达成协议的,仲裁庭应当制作调解书。调解书经双方当事人签收后,发生法律效力。调解不成或者调解书送达前,一方当事人反悔的,仲裁庭应当及时作出裁决。

(2) 仲裁庭裁决劳动争议案件,应当自劳动争议仲裁委员会受理仲裁申请之日起 45 日内结束。案情复杂需要延期的,经劳动争议仲裁委员会主任批准,可以延期并书面通知当事人,但是延长期限不得超过 15 日。逾期未作出仲裁裁决的,当事人可以就该劳动争议事项向人民法院提起诉讼。当事人对仲裁裁决不服的,可以自收到仲裁裁决书之日起 15 日内向人民法院提起诉讼;期满不起诉的,裁决书发生法律效力。

5. 仲裁效力

下列劳动争议,仲裁裁决为终局裁决,裁决书自作出之日起发生法律效力:

(1) 追索劳动报酬、工伤医疗费、经济补偿或者赔偿金,不超过当地月最低工资标准 12 个月金额的争议。

(2) 因执行国家的劳动标准在工作时间、休息休假、社会保险等方面发生的争议。

(3) 劳动者对上述劳动争议的仲裁裁决不服的,可以自收到仲裁裁决书之日起 15 日内向人民法院提起诉讼。

（4）用人单位有证据证明上述劳动争议的仲裁裁决有枉法裁决情形的，可以自收到仲裁裁决书之日起30日内向劳动争议仲裁委员会所在地的中级人民法院申请撤销裁决。

① 适用法律、法规确有错误的；
② 劳动争议仲裁委员会无管辖权的；
③ 违反法定程序的；
④ 裁决所根据的证据是伪造的；
⑤ 对方当事人隐瞒了足以影响公正裁决的证据的；
⑥ 仲裁员在仲裁该案时有索贿受贿、徇私舞弊、枉法裁决行为的。

6. 财政保障

劳动争议仲裁不收费。劳动争议仲裁委员会的经费由财政予以保障。

（四）诉讼

当事人对仲裁裁决不服的，可自收到仲裁裁决之日起15日内向人民法院起诉。对一审判决、裁定不服的可以上诉。

【真题演练】

1. 王某，女，1990年出生，于2012年2月1日入职某公司，从事后勤工作，双方口头约定每月工资为人民币3000元，试用期1个月。2012年6月30日，王某因无法胜任经常性的夜间高处作业而提出离职，经公司同意，双方办理了工资结算手续，并于同日解除了劳动关系。同年8月，王某以双方未签书面劳动合同为由，向当地劳动争议仲裁委申请仲裁，要求公司再支付工资12000元。

如当地月最低工资标准为1500元，关于该仲裁，下列说法正确的是：(2016年真题，不定选)

A. 王某可直接向劳动争议仲裁委申请仲裁
B. 如王某对该仲裁裁决不服，可向法院起诉
C. 如公司对该仲裁裁决不服，可向法院起诉
D. 如公司有相关证据证明仲裁裁决程序违法时，可向有关法院申请撤销裁决

【答案】 ABD

【解析】 根据我国《劳动争议调解仲裁法》第5条的规定，王某可以直接向人民法院提起诉讼。A选项正确。根据我国《劳动争议调解仲裁法》第48条的规定，B选项正确。根据我国《劳动争议调解仲裁法》第49条的规定，法律并未赋予用人单位以直接提起诉讼的权利。C选项错误，D选项正确。

2. 友田劳务派遣公司（住所地为甲区）将李某派遣至金科公司（住所地为乙区）工作。在金科公司按劳务派遣协议向友田公司支付所有费用后，友田公司从李某的首月工资中扣减了500元，李某提出异议。对此争议，下列哪些说法是正确的？(2015年真题，多选)

A. 友田公司作出扣减工资的决定，应就其行为的合法性负举证责任
B. 如此案提交劳动争议仲裁，当事人一方对仲裁裁决不服的，有权向法院起诉
C. 李某既可向甲区也可向乙区的劳动争议仲裁机构申请仲裁

D. 对于友田公司给李某造成的损害,友田公司和金科公司应承担连带责任

【答案】 AC

【解析】 由于劳动者的弱势地位,在劳动争议纠纷案件中,因用人单位作出开除、除名、辞退、解除劳动合同、减少劳动报酬、计算劳动者工作年限等决定而发生劳动争议的,由用人单位负举证责任。故 A 项正确。根据《劳动争议调解仲裁法》第 47 条的规定,B 项错误。根据《劳动争议调解仲裁法》第 21 条第 2 款的规定,C 项正确。根据《劳动合同法》第 92 条的规定,D 项错误。

3. 李某因追索工资与所在公司发生争议,遂向律师咨询。该律师提供的下列哪些意见是合法的?(2012 年真题,多选)

A. 解决该争议既可与公司协商,也可申请调解,还可直接申请仲裁
B. 应向劳动者工资关系所在地的劳动争议仲裁委提出仲裁请求
C. 如追索工资的金额未超过当地月最低工资标准 12 个月金额,则仲裁裁决为终局裁决,用人单位不得再起诉
D. 即使追索工资的金额未超过当地月最低工资标准 12 个月金额,只要李某对仲裁裁决不服,仍可向法院起诉

【答案】 ACD

【解析】 根据《劳动争议调解仲裁法》第 4、5 条的规定,A 项正确。根据《劳动争议调解仲裁法》第 21 条的规定,B 项错误。根据《劳动争议调解仲裁法》第 47、48 条的规定,C、D 两项均正确。

第四节 社会保险法

考点 1 社会保险的范畴

(一) 社会保险包括基本养老保险、基本医疗保险、工伤保险、失业保险、生育保险等社会保险制度

社会保险是社会保障的基本形式,具有强制性、互济性、保障性和福利性特征。社会保障是国家以法律形式规定的,在劳动者暂时或者永久丧失劳动能力而没有生活来源时给予物质帮助,维持基本生活需要的各种制度的总称。我国的社会保险项目有:基本养老保险、基本医疗保险、工伤保险、失业保险和生育保险等。

(二) 特殊人员的处理

(1) 进城务工的农村居民依照《社会保险法》规定参加社会保险。
(2) 征收农村集体所有的土地,应当足额安排被征地农民的社会保险费,按照国务院规定将被征地农民纳入相应的社会保险制度。
(3) 外国人在中国境内就业的,参照《社会保险法》规定参加社会保险。

考点 2 社会保险的具体类型

(一) 基本养老保险

1. 基本养老保险的参加

(1) 职工应当参加基本养老保险，由用人单位和职工共同缴纳基本养老保险费。

(2) 无雇工的个体工商户、未在用人单位参加基本养老保险的非全日制从业人员以及其他灵活就业人员可以参加基本养老保险，由个人缴纳基本养老保险费。

(3) 公务员和参照公务员法管理的工作人员养老保险的办法由国务院规定。

(4) 国家建立和完善新型农村社会养老保险制度。新型农村社会养老保险实行个人缴费、集体补助和政府补贴相结合。

2. 个人账户的使用

(1) 基本养老金的提取

① 参加基本养老保险的个人，达到法定退休年龄时累计缴费满15年的，按月领取基本养老金。

② 参加基本养老保险的个人，达到法定退休年龄时累计缴费不足15年的，可以缴费至满15年，按月领取基本养老金；也可以转入新型农村社会养老保险或者城镇居民社会养老保险，按照国务院规定享受相应的养老保险待遇。

(2) 个人账户不得提前支取

个人账户不得提前支取，记账利率不得低于银行定期存款利率，免征利息税。个人死亡的，个人账户余额可以继承。

(3) 个人跨区就业账户的管理

个人跨统筹地区就业的，其基本养老保险关系随本人转移，缴费年限累计计算。个人达到法定退休年龄时，基本养老金分段计算、统一支付。具体办法由国务院规定。

【真题演练】

关于基本养老保险的个人账户，下列哪些选项是正确的？（2012年真题，多选）

A. 职工个人缴纳的基本养老保险费全部记入个人账户
B. 用人单位缴纳的基本养老保险费按规定比例记入个人账户
C. 个人死亡的，个人账户余额可以继承
D. 个人账户不得提前支取

【答案】 ACD

【解析】 根据《社会保险法》第12条的规定，A项正确，B项错误。根据《社会保险法》第14条的规定，C、D选项均正确。

(二) 基本医疗保险

1. 基本医疗保险的参加

(1) 职工应当参加职工基本医疗保险，由用人单位和职工按照国家规定共同缴纳基本医疗保险费。

(2) 无雇工的个体工商户、未在用人单位参加职工基本医疗保险的非全日制从业人员以及其他灵活就业人员可以参加职工基本医疗保险,由个人按照国家规定缴纳基本医疗保险费。

(3) 国家建立和完善新型农村合作医疗制度。新型农村合作医疗的管理办法,由国务院规定。

(4) 国家建立和完善城镇居民基本医疗保险制度。城镇居民基本医疗保险实行个人缴费和政府补贴相结合。享受最低生活保障的人、丧失劳动能力的残疾人、低收入家庭60周岁以上的老年人和未成年人等所需个人缴费部分,由政府给予补贴。

2. 基本医疗保险费的缴纳

参加职工基本医疗保险的个人,达到法定退休年龄时累计缴费达到国家规定年限的,退休后不再缴纳基本医疗保险费,按照国家规定享受基本医疗保险待遇;未达到国家规定年限的,可以缴费至国家规定年限。

3. 医疗费用的支付

(1) 符合基本医疗保险药品目录、诊疗项目、医疗服务设施标准以及急诊、抢救的医疗费用,从基本医疗保险基金中支付。

(2) 下列医疗费用不纳入基本医疗保险基金支付范围:应当从工伤保险基金中支付的;应当由第三人负担的;应当由公共卫生负担的;在境外就医的。

(3) 医疗费用依法应当由第三人负担,第三人不支付或者无法确定第三人的,由基本医疗保险基金先行支付。基本医疗保险基金先行支付后,有权向第三人追偿。

4. 个人跨区就业基本医疗保险关系的管理

个人跨统筹地区就业的,其基本医疗保险关系随本人转移,缴费年限累计计算。

(三) 工伤保险

1. 工伤保险的参加

(1) 职工应当参加工伤保险,由用人单位缴纳工伤保险费,职工不缴纳工伤保险费。

(2) 职工所在用人单位未依法缴纳工伤保险费,发生工伤事故的,由用人单位支付工伤保险待遇。用人单位不支付的,从工伤保险基金中先行支付。

2. 工伤保险的支付

(1) 职工因工作原因受到事故伤害或者患职业病,且经工伤认定的,享受工伤保险待遇;其中,经劳动能力鉴定丧失劳动能力的,享受伤残待遇。

(2) 因工伤发生的下列费用,按照国家规定从工伤保险基金中支付。

① 治疗工伤的医疗费用和康复费用;

② 住院伙食补助费;

③ 到统筹地区以外就医的交通食宿费;

④ 安装配置伤残辅助器具所需费用;

⑤ 生活不能自理的,经劳动能力鉴定委员会确认的生活护理费;

⑥ 一次性伤残补助金和一至四级伤残职工按月领取的伤残津贴;

⑦ 终止或者解除劳动合同时,应当享受的一次性医疗补助金;

⑧ 因工死亡的,其遗属领取的丧葬补助金、供养亲属抚恤金和因工死亡补助金;

⑨ 劳动能力鉴定费。

（3）因工伤发生的下列费用，按照国家规定由用人单位支付。

① 治疗工伤期间的工资福利；

② 五级、六级伤残职工按月领取的伤残津贴；

③ 终止或者解除劳动合同时，应当享受的一次性伤残就业补助金。

（4）由于第三人的原因造成工伤，第三人不支付工伤医疗费用或者无法确定第三人的，由工伤保险基金先行支付。工伤保险基金先行支付后，有权向第三人追偿。

（5）工伤职工有下列情形之一的，停止享受工伤保险待遇：丧失享受待遇条件的；拒不接受劳动能力鉴定的；拒绝治疗的。

（四）失业保险

1. 失业保险的参加

职工应当参加失业保险，由用人单位和职工按照国家规定共同缴纳失业保险费。

2. 失业保险金的领取

（1）失业前用人单位和本人已经缴纳失业保险费满1年的；

（2）非因本人意愿中断就业的；

（3）已经进行失业登记，并有求职要求的。

3. 失业期间其他社会福利的享有

（1）失业人员在领取失业保险金期间，参加职工基本医疗保险，享受基本医疗保险待遇。失业人员应当缴纳的基本医疗保险费从失业保险基金中支付，个人不缴纳基本医疗保险费。

（2）失业人员在领取失业保险金期间死亡的，参照当地对在职职工死亡的规定，向其遗属发给一次性丧葬补助金和抚恤金。所需资金从失业保险基金中支付。个人死亡同时符合领取基本养老保险丧葬补助金、工伤保险丧葬补助金和失业保险丧葬补助金条件的，其遗属只能选择领取其中的一项。

4. 失业保险金领取的停止

（1）重新就业的；

（2）应征服兵役的；

（3）移居境外的；

（4）享受基本养老保险待遇的；

（5）无正当理由，拒不接受当地人民政府指定部门或者机构介绍的适当工作或者提供的培训的。

5. 职工跨区就业失业保险关系的管理

职工跨统筹地区就业的，其失业保险关系随本人转移，缴费年限累计计算。

【真题演练】

某公司聘用首次就业的王某，口头约定劳动合同期限2年，试用期3个月，月工资1 200元，试用期满后1 500元。

2012年7月1日起，王某上班，不久即与同事李某确立恋爱关系。9月，由经理办公会讨论决定并征得工会主席同意，公司公布施行《工作纪律规定》，要求同事不得有恋爱或婚姻关系，否则一方必须离开公司。公司据此解除王某的劳动合同。

经查明,当地月最低工资标准为1000元,公司与王某一直未签订书面劳动合同,但为王某买了失业保险。请回答(1)—(3)题。(2013年真题,不定选)

(3) 关于王某离开该公司后申请领取失业保险金的问题,下列说法正确的是:

A. 王某及该公司累计缴纳失业保险费尚未满1年,无权领取失业保险金
B. 王某被解除劳动合同的原因与其能否领取失业保险金无关
C. 若王某依法能领取失业保险金,在此期间还想参加职工基本医疗保险,则其应缴纳的基本医疗保险费从失业保险基金中支付
D. 若王某选择跨统筹地区就业,可申请退还其个人缴纳的失业保险费

【答案】 ABC

【解析】 根据《社会保险法》第45条的规定,A、B项均正确。根据《社会保险法》第48条第2款的规定,C项正确。根据《社会保险法》第52条的规定,D项错误。

(五) 生育保险

1. 生育保险的参加

(1) 职工应当参加生育保险,由用人单位按照国家规定缴纳生育保险费,职工不缴纳生育保险费。

(2) 用人单位已经缴纳生育保险费的,其职工享受生育保险待遇;职工未就业配偶按照国家规定享受生育医疗费用待遇。所需资金从生育保险基金中支付。

2. 生育保险待遇包括生育医疗费用和生育津贴

生育医疗费用包括:(1) 生育的医疗费用;(2) 计划生育的医疗费用;(3) 法律、法规规定的其他项目费用。

生育津贴包括:(1) 女职工生育享受产假;(2) 享受计划生育手术休假;(3) 法律、法规规定的其他情形。

考点 3 社会保险的制度保障

(一) 社会保险的登记

(1) 用人单位应当自用工之日起30日内为其职工向社会保险经办机构申请办理社会保险登记。未办理社会保险登记的,由社会保险经办机构核定其应当缴纳的社会保险费。

(2) 自愿参加社会保险的无雇工的个体工商户、未在用人单位参加社会保险的非全日制从业人员以及其他灵活就业人员,应当向社会保险经办机构申请办理社会保险登记。

(3) 个人社会保障号码为公民身份号码。

(二) 社会保险基金

(1) 社会保险基金包括基本养老保险基金、基本医疗保险基金、工伤保险基金、失业保险基金和生育保险基金。各项社会保险基金按照社会保险险种分别建账,分账核算,执行国家统一的会计制度。

(2) 社会保险基金专款专用,任何组织和个人不得侵占或者挪用。

【真题演练】

关于社会保险制度,下列哪些说法是正确的?(2011年真题,多选)

A. 国家建立社会保险制度,是为了使劳动者在年老、患病、工伤、失业、生育等情况下获得帮助和补偿

B. 国家设立社会保险基金,按照保险类型确定资金来源,实行社会统筹

C. 用人单位和职工都有缴纳社会保险费的义务

D. 劳动者死亡后,其社会保险待遇由遗属继承

【答案】 ABC

【解析】 根据《社会保险法》第2条的规定,A项正确。根据《社会保险法》第5条和第64条的规定,B项正确。根据《社会保险法》第4条的规定,C项正确。根据《社会保险法》第2条以及第14条的规定,D项笼统表述劳动者死亡后,其社会保险待遇由遗属继承是错误的。

环境法专题

专题导学:

环境法的精神:环境评价、环境保护

环境是指影响人类生存和发展的各种天然的和经过人工改造的自然因素的总体。它包括大气、水、海洋、土地、矿藏、森林、草原、湿地、野生动物、自然遗迹、人文遗迹、自然保护区、风景名胜区、城市和乡村等。环境法是由国家制定和认可的,并由国家强制力保证实施的关于保护和改善环境、防治污染和其他公害、合理开发利用与保护自然资源的法律规范的总称。环境法宗旨在于保护和改善环境,合理利用自然资源,防止污染和其他公害。环境保护应当与经济发展、社会发展统筹规划同步实施;应当以预防为主,采取防治结合、综合治理的手段和方法;同时还应当要求污染者承担相应的环境责任。

我国环境法的基本原则有:(1)经济社会发展与环境保护相协调原则。(2)预防原则,一般是指开发、利用环境行为和国家的环境管理应当采取预测、分析和防范性措施,防止环境损害的发生。这就要求在经济发展的过程中要全面规划、合理布局,全面落实环境影响评价制度。(3)受益者负担原则,是指由强制污染和破坏环境与资源者或者从污染和破坏环境中受益者承担责任的一项环境管理的基本原则。(4)公众参与原则,是指在国家的环境管理和环境与资源开发活动中,公众应当有权依法通过一定的程序或途径参与一切与公众环境权益相关的开发决策活动、知悉与之相关的环境信息和决策信息、表达自身的环境权益诉求、监督开发决策等活动的实施,并在前述知悉、表达、参与决策和监督等权利受到侵害时得到相应的救济。

环境法学习线索:

1. 环境影响评价

在我国进行开发建设活动,应当事先对拟建项目可能对周围环境造成的影响进行调查、预测和评定,并提出防治对策和措施,为项目决策提供科学依据。如何实施环境影响评价制度是

考试的一个重点。

2. 环境基本法律制度

环境保护法是调整因保护和改善环境,合理利用自然资源,防止污染和其他公害而产生的社会关系的法律规范的总称。环境保护法具有综合性、技术性和社会性的特点。我国环境保护法特有的"三同时"、排污收费、限期治理、环境标准等制度应当掌握。

3. 环境法律责任

环境法律责任对污染者导致环境损害的污染行为加以规制。此处,考生要特别注意《侵权责任法》中的"环境污染责任"一章,对《环境保护法》中民事责任部分的修正,同时也要熟悉理解环境行政责任与环境民事责任的区别。

第一节 环境影响评价

考点 1 环境影响评价制度概述

(一) 环境影响评价制度

环境影响评价,是指在一定区域内进行开发建设活动,事先对拟建项目可能对周围环境造成的影响进行调查、预测和评定,并提出防治对策和措施,为项目决策提供科学依据。环境影响评价制度不是只通过评价一般地了解未来的环境状况,而是要求可能对环境有影响的建设开发者,必须事先通过调查、预测和评价,对项目的选址,对周边环境产生的影响以及应采取的防范措施等提出环境影响评价文件,依法经过审核批准后,才能进行规划、开发和建设活动。环境保护法对于环境影响评价制度也作出了规定,编制有关开发利用规划,建设对环境有影响的项目,应当依法进行环境影响评价。

未依法进行环境影响评价的开发利用规划,不得组织实施;未依法进行环境影响评价的建设项目,不得开工建设。从而强制实施环境影响评价制度,切实到达预防环境污染的效果。

(二) 环境影响评价的适用范围

1. 规划的环境影响评价

(1) 总体规划。国务院有关部门、设区的市级以上地方人民政府及其有关部门,对其组织编制的土地利用的有关规划,区域、流域、海域的建设、开发利用规划,应当在规划编制过程中组织进行环境影响评价,编写该规划有关环境影响的篇章或者说明。

(2) 专项规划。国务院有关部门、设区的市级以上地方人民政府及其有关部门,对其组织编制的工业、农业、畜牧业、林业、能源、水利、交通、城市建设、旅游、自然资源开发的有关专项规划,应当在该专项规划草案上报审批前,组织进行环境影响评价,并向审批该专项规划的机关提出环境影响报告书。

2. 建设项目的环境影响评价

(1) 环境影响评价文件的编制。我国对建设项目实行分类管理制度,即依据建设项目对环境所造成的影响重大、轻度以及很小等情形分别要求编制报告书、报告表以及登记表。

① 可能造成重大环境影响的,应当编制环境影响报告书,对产生的环境影响进行全面评价。

② 可能造成轻度环境影响的,应当编制环境影响报告表,对产生的环境影响进行分析或者专项评价;

③ 对环境影响很小、不需要进行环境影响评价的,应当填报环境影响登记表。

(2) 建设项目的环境影响评价,应当避免与规划的环境影响评价相重复。作为一项整体建设项目的规划,按照建设项目进行环境影响评价,不进行规划的环境影响评价。已经进行了环境影响评价的规划包含具体建设项目的,规划的环境影响评价结论应当作为建设项目环境影响评价的重要依据,建设项目环境影响评价的内容应当根据规划的环境影响评价审查意见予以简化。

(3) 为建设项目环境影响评价提供技术服务的机构,不得与负责审批建设项目环境影响评价文件的环境保护行政主管部门或者其他有关审批部门存在任何利益关系。

考点 2　环境影响评价的实施

(一) 环境影响报告书的内容

(1) 专项规划的环境影响报告书应当包括下列内容:实施该规划对环境可能造成影响的分析、预测和评估;预防或者减轻不良环境影响的对策和措施;环境影响评价的结论。

(2) 建设项目的环境影响报告书应当包括下列内容:建设项目概况;建设项目周围环境现状;建设项目对环境可能造成影响的分析、评估和预测;环境保护措施及经济、技术论证;环境影响经济损益分析;对建设项目实施环境监测的建议;环境影响评价结论。

(二) 环境影响评价的程序

1. 专项规划的环境影响评价的程序

(1) 编制专项规划的国务院有关部门、设区的市级以上地方人民政府及其有关部门,应当在该专项规划上报审批前,组织进行环境影响评价草案的编制;

(2) 专项规划的编制机关应举行论证会、听证会,或者采取其他形式,征求有关单位、专家和公众对环境影响报告书草案的意见;

(3) 编制机关在报批规划草案时,将环境影响评价报告书一并附送审批机关审批;

(4) 对环境有重大影响的规划实施后,编制机关应当及时组织环境影响的跟踪评价,并将评价结果报告审批机关。

2. 建设项目的环境影响评价的程序

(1) 首先由建设单位或主管部门签订合同委托有评价资质的评价单位进行调查和评价工作;

(2) 评价单位通过调查和评价制作环境影响报告书(表);

(3) 建设单位在报批环境影响报告书前应举行论证会、听证会,或者采取其他形式,征求有关单位、专家和公众的意见;

(4) 建设项目的环境影响报告书、报告表,由建设单位按照国务院的规定报有审批权的环境保护行政主管部门审批;

(5) 报告书由有审批权的环保部门审查批准后,提交设计和施工。

（三）环境影响评价的审批

1. 专项规划草案的审批

（1）设区的市级以上人民政府或者省级以上人民政府有关部门在审批专项规划草案时，应当将环境影响报告书结论以及审查意见作为决策的重要依据。

（2）在审批中未采纳环境影响报告书结论以及审查意见的，应作出说明，并存档备查。

2. 建设项目的环境影响评价的审批

（1）国务院环境保护主管部门负责审批的建设项目的环境影响评价文件。

① 核设施、绝密工程等特殊性质的建设项目；

② 跨省、自治区、直辖市行政区域的建设项目；

③ 由国务院审批的或者由国务院授权有关部门审批的建设项目。

（2）其他建设项目的环境影响评价文件的审批权限，由省、自治区、直辖市人民政府规定。

（3）建设项目可能造成跨行政区域的不良环境影响，有关环境保护行政主管部门对该项目的环境影响评价结论有争议的，其环境影响评价文件由共同的上一级环境保护行政主管部门审批。

3. 建设项目的环境影响评价的重新审批

（1）建设项目的环境影响评价文件经批准后，建设项目的性质、规模、地点、采用的生产工艺或者防治污染、防止生态破坏的措施发生重大变动的，建设单位应当重新报批建设项目的环境影响评价文件。

（2）建设项目的环境影响评价文件自批准之日起超过5年，方决定该项目开工建设的，其环境影响评价文件应当报原审批部门重新审核；原审批部门应当自收到建设项目环境影响评价文件之日起10日内，将审核意见书面通知建设单位。

4. 法律效果

建设项目的环境影响评价文件未依法经审批部门审查或者审查后未予批准的，建设单位不得开工建设。

考点 3　环境影响评价的后续义务

（一）建设单位应当采取环境保护对策措施

建设项目建设过程中，建设单位应当同时实施环境影响报告书、环境影响报告表以及环境影响评价文件审批部门审批意见中提出的环境保护对策措施。

（二）环境影响的后评价

在项目建设、运行过程中产生不符合经审批的环境影响评价文件的情形的，建设单位应当组织环境影响的后评价，采取改进措施，并报原环境影响评价文件审批部门和建设项目审批部门备案；原环境影响评价文件审批部门也可以责成建设单位进行环境影响的后评价，采取改进措施。

（三）环境保护行政主管部门应当进行跟踪检查

环境保护行政主管部门应当对建设项目投入生产或者使用后所产生的环境影响进行跟踪

检查,对造成严重环境污染或者生态破坏的,应当查清原因、查明责任。对属于为建设项目环境影响评价提供技术服务的机构编制不实的环境影响评价文件的,追究其法律责任。

【真题演练】

1. 某省 A 市和 B 市分别位于同一河流的上下游。A 市欲建农药厂。在环境影响评价书报批时,B 市环境保护行政主管部门认为该厂对本市影响很大,对该环境影响评价结论提出异议。在此情况下,该环境影响评价书应当由下列哪一部门审批?(2014 年真题,单选)

A. 省政府发改委 B. 省人大常委会
C. 省农药生产行政监管部门 D. 省环境保护行政主管部门

【答案】 D

【解析】 根据《环境影响评价法》第 23 条第 3 款的规定,题目中 A 市和 B 市处于同一河流的上下游,农药厂可能存在跨区域的环境影响问题,且 B 市环境保护行政主管部门对 A 市建农药厂的环境影响评价结论有异议,则该项目环境影响评价文件应当由 A 市、B 市共同的上一级环境保护行政主管部门审批,即由省环境保护行政主管部门审批,故 D 项正确。

2. 我国对建设项目的环境影响评价实行分类管理制度。根据《环境影响评价法》的规定,下列哪些说法是正确的?(2010 年真题,多选)

A. 可能造成重大环境影响的建设项目,应当编制环境影响报告书,对产生的环境影响进行全面评价
B. 可能造成轻度环境影响的建设项目,应当编制环境影响报告表,对产生的环境影响进行分析或者专项评价
C. 环境影响很小的建设项目,不需要进行环境影响评价,无需填报环境影响评价文件
D. 环境影响报告书和环境影响报告表,应当由具有相应资质的机构编制

【答案】 ABD

【解析】 环境影响评价,是指对规划和建设项目实施后可能造成的环境影响进行分析、预测和评估,提出预防或者减轻不良环境影响的对策和措施,进行跟踪监测的方法与制度。我国对建设项目实行分类管理制度,即依据建设项目对环境所造成的影响重大、轻度以及很小等情形分别要求编制报告书、报告表以及登记表。根据《环境影响评价法》第 16 条的规定,A、B 项均正确,C 项错误。根据《环境影响评价法》第 20 条的规定,D 项正确。

第二节 环境保护

考点 1 环境保护基本制度

(一)环境标准制度

国家为了保护环境质量,控制污染,按照法定程序制定并实施各种环境技术规范的法律制度。

1. 环境质量标准

环境质量标准,是指国家为保护人体健康和生态环境,对环境中的污染物或者其他有害因素的容许含量所做的规定。

（1）国务院环境保护主管部门制定国家环境质量标准。

（2）省、自治区、直辖市人民政府对国家环境质量标准中未作规定的项目，可以制定地方环境质量标准；对国家环境质量标准中已作规定的项目，可以制定严于国家环境质量标准的地方环境质量标准。

注意：制定地方环境质量标准的要求

① 一般包括水、大气、土壤、噪音、辐射、振动、放射性物质等环境质量标准；

② 有权制定的主体是省一级人民政府，而非环境主管部门只能针对国家标准未予规定的项目；

③ 应报国务院环境保护主管部门备案。

（3）国家鼓励开展环境基准研究。环境基准是指环境中的污染物等对人或者其他生物等特定对象不产生不良或者有害效应的最大限制。

2. 污染物排放标准

（1）国务院环境保护主管部门制定国家污染物排放标准。

（2）省、自治区、直辖市人民政府对国家污染物排放标准中未作规定的项目，可以规定地方污染物排放标准；对国家污染物排放标准已作规定的项目，可以制定严于国家污染物排放标准的地方污染物排放标准。

注意：国家环境质量标准是制定国家污染物排放标准的根据。

（二）生态保护制度

生态保护是指对人类赖以生存的生态系统进行保护，使之免遭破坏，使生态功能得以正常发挥的各种措施。

1. 生态保护红线

（1）国家划定生态红线

国家在重点生态功能区、生态环境敏感区和脆弱区等区域划定生态保护红线，实行严格保护。

① 重点生态功能区是指水源涵养、土壤保持、防风固沙、生物多样性保护和洪水调蓄五类关系国家或区域生态安全的地域空间。

② 生态环境敏感区是指对外界干扰和环境保护反应敏感，易于发生生态退化的区域，包括土壤侵蚀敏感区、沙漠化敏感区、盐渍化敏感区、石漠化敏感区和冻融侵蚀敏感区。

④ 生态环境脆弱区，也称生态交错区，是指两种不同类型生态系统交界过渡区域。

（2）对特定区域的严格保护

各级人民政府对具有代表性的各种类型的自然生态系统区域，珍稀、濒危的野生动植物自然分布区域，重要的水源涵养区域，具有重大科学文化价值的地质构造、著名溶洞和化石分布区、冰川、火山、温泉等自然遗迹，以及人文遗迹、古树名木，应当采取措施予以保护，严禁破坏。

2. 生物多样性

生物多样性是生物及其环境形成的生态复合体以及与此相关的各种生态过程的总和。生物多样性是人类社会赖以生存和发展的基础，保护生物多样性才能保证生物资源的永续利用。

（1）开发利用自然资源，应当合理开发，保护生物多样性，保障生态安全，依法制定有关生态保护和恢复治理方案并予以实施。

（2）引进外来物种以及研究、开发和利用生物技术，应当采取措施，防止对生物多样性的破坏。

3. 生态保护补偿

国家建立、健全生态保护补偿制度。生态保护补偿有两种方式：

（1）纵向生态保护补偿

纵向生态保护补偿是指国家对生态保护地区的财产转移支付。国家应当加大对生态保护地区的财政转移支付力度；有关地方人民政府应当落实生态保护补偿资金，确保其用于生态保护补偿。

（2）横向生态保护补偿

横向生态保护补偿是指国家指导受益地区和生态保护地区人民政府通过协商或者按照市场规则进行生态保护补偿。

（三）"三同时"制度

"三同时"制度，是指建设项目需要配置的环境保护设施必须与主体工程同时设计、同时施工、同时投产使用的环境法律制度。该制度系我国首创。

1. 适用范围

中华人民共和国领域和中华人民共和国管辖的其他海域对环境有影响的建设项目需要配置环境保护设施的，必须适用"三同时"制度。

2. 具体内容

（1）"同时设计"是指建设项目的初步设计，应当按照环境保护设计规范的要求，编制环境保护篇章，并依据经批准的建设项目环境影响报告书或者环境影响报告表，在环境保护篇章中落实防治污染设施的投资概算。

（2）"同时施工"是指在建设项目施工阶段，建设单位应当将防治污染设施的施工纳入项目的施工计划，保证其建设进度和资金落实。

（3）"同时投产使用"是指建设单位必须把防治污染设施与主体工程同时投入运转，不仅指正式投产使用，还包括建设项目试生产和试运行过程中的同时投产使用。

3. 要求防治污染的设施应当符合经批准的环境影响评价文件的要求，不再对"三同时"验收作出专门规定。

4. 防治污染的设施应当符合经批准的环境影响评价文件的要求，不得擅自拆除或者闲置。

（四）排污制度

1. 排污者防止污染责任

（1）排污者应当采取措施防治各类污染和危害。

（2）应当建立环境保护责任制度，明确单位负责人和相关人员的责任。

（3）重点排污单位应当安装使用监测设备。

（4）严禁通过逃避监管的方式违法排放污染物。

2. 排污收费制度

排污收费制度是国家环境管理机关根据法律、法规的规定,对排污者征收一定数额的费用的一项法律制度。

(1) 征收排污费的对象是超过国家或地方污染物排放标准排放污染物的企业事业单位和其他生产经营者。

(2) 对排污者而言,其缴纳了排污费,并不免除其负担治理污染、赔偿污染损失和法律规定的其他义务和责任。

(3) 排污费全部专项用于环境污染防治;已经依法征收环境保护税的,不再征收排污费。

3. 重点污染物排放总量控制制度

(1) 国家实行重点污染物排放总量控制制度。

(2) 对超总量或者未完成环境质量目标的地区暂停新增总量建设项目环境影响评价审批。

"区域限批"由省级以上人民政府环境保护主管部门做出。

4. 排污许可制度

企业事业单位和其他生产经营者取得排污许可证,才能排放污染物。

(五) 突发环境事件应急处置制度

突发环境事件,指突然发生,造成或者可能造成重大人员伤亡、重大财产损失和对全国或者某一地区的经济社会稳定、政治安定构成重大威胁和损害,有重大社会影响的涉及公共安全的环境事件。

1. 建立环境污染公共监测预警机制

县级以上人民政府应当建立环境污染公共监测预警机制,组织制定预警方案,按照突发事件严重性和紧急程度,突发环境事件分为特别重大环境事件(一级)、重大环境事件(二级)、较大环境事件(三级)、一般环境事件(四级)。各级人民政府在突发环境事件预防与应对工作中有统一组织和领导职责。

2. 采取突发环境事件的应急措施

环境受到污染,可能影响公众健康和环境安全时,县级以上人民政府应当依法及时公布预警信息,启动应急措施。县级以上人民政府应当及时发布相应级别的警报,决定并宣布有关地区进入预警期,并及时上报。启动分级响应机制后,县级以上地方人民政府应当责令有关部门、专业机构、监测网点和负责特定职责的人员及时收集、报告有关信息,向社会公布反映突发事件信息的渠道。地方各级人民政府按照有关规定全面负责突发环境事件应急处置工作,环境保护部及国务院相关部门根据情况给予协调支援。超出本级应急处置能力时,应及时请求上一级应急救援指挥机构启动上一级应急预案,一级应急响应由环境保护部及国务院有关部门组织实施。

3. 企业事业单位在预防突发环境事件中的责任

企业事业单位应当认真履行环境风险隐患排查和治理,加强环境风险管理和突发事件的应急处置。企业事业单位应当按照国家有关规定制定突发环境事件应急预案,报环境保护主管部门和有关部门备案。在发生或者可能发生突发环境事件时,企业事业单位应当立即采取措施处理,及时通报可能受到危害的单位和居民,并向环境保护主管部门和有关部门报告。

4. 突发环境事件后的评估工作

突发环境事件应急处置工作结束后,有关人民政府应当立即组织评估事件造成的环境影响和损失,并及时将评估结果向社会公布。突发环境事件污染损害评估范围包括人身损害、财产损害、环境损害、应急处置费用、调查评估费用,以及其他应当纳入评估范围内的损害。

(六) 信息公开和公众参与制度

1. 环境信息公开制度

(1) 政府信息公开

① 国务院环境保护主管部门统一发布国家环境质量、重点污染源监测信息及其他重大环境信息。

② 省级以上人民政府环境保护主管部门定期发布环境状况公报。

③ 县级以上人民政府环境保护主管部门和其他负有环境保护监督管理职责的部门,应当依法公开环境质量、环境监测、突发环境事件以及环境行政许可、行政处罚、排污费的征收和使用情况等信息。

④ 县级以上地方人民政府环境保护主管部门和其他负有环境保护监督管理职责的部门,应当将企业事业单位和其他生产经营者的环境违法信息记入社会诚信档案,及时向社会公布违法者名单。

(2) 企业信息公开

重点排污单位应当如实向社会公开其主要污染物的名称、排放方式、排放浓度和总量、超标排放情况,以及防治污染设施的建设和运行情况,接受社会监督。

(3) 项目信息公开

对依法应当编制环境影响报告书的建设项目,建设单位应当在编制时向可能受影响的公众说明情况,充分征求意见。负责审批建设项目环境影响评价文件的部门在收到建设项目环境影响报告书后,除涉及国家秘密和商业秘密的事项外,应当全文公开;发现建设项目未充分征求公众意见的,应当责成建设单位征求公众意见。

2. 公益诉讼制度

(1) 环保公益组织可以对污染环境、破坏生态、损害社会公共利益的行为提起公益诉讼。

(2) 环保公益组织的资格限制。

① 依法在设区的市级以上人民政府民政部门登记。

包括设区的市、自治州、盟、地区,以及不设区的地级市。

② 专门从事环境保护公益活动连续5年以上且无违法记录。

注意:不仅限于中华环保联合会。

(3) 环保公益组织不得通过公益诉讼牟取经济利益。

【真题演练】

1. 某省天洋市滨海区一石油企业位于海边的油库爆炸,泄漏的石油严重污染了近海生态环境。下列哪一主体有权提起公益诉讼(其中所列组织均专门从事环境保护公益活动连续5

年以上且无违法记录)？(2015年真题,单选)
    A. 受损海产养殖户推选的代表赵某
    B. 依法在滨海区民政局登记的"海蓝志愿者"组织
    C. 依法在邻省的省民政厅登记的环境保护基金会
    D. 在国外设立但未在我国民政部门登记的"海洋之友"团体
【答案】 C
【解析】 根据《环境保护法》第58条第1款的规定,A项错误。而B选项的社会组织在某省天洋市滨海区民政局登记,不符合《环境保护法》要求的在设区的市级以上民政部门登记,故B项错误。D选项的社会组织根本未在我国民政部门登记,故D项错误。根据最高人民法院《关于审理环境民事公益诉讼案件适用法律若干问题的解释》,C项正确。

2. 关于环境质量标准和污染物排放标准,下列哪些说法是正确的？(2014年真题,多选)
    A. 国家环境质量标准是制定国家污染物排放标准的根据之一
    B. 国家污染物排放标准由国务院环境保护行政主管部门制定
    C. 国家环境质量标准中未作规定的项目,省级政府可制定地方环境质量标准,并报国务院环境保护行政主管部门备案
    D. 地方污染物排放标准由省级环境保护行政主管部门制定,报省级政府备案
【答案】 ABC
【解析】 根据《环境保护法》第15、16条的规定,A、B、C三项均正确,D项错误。

3. 根据《环境保护法》规定,关于污染物排放标准,下列哪一说法是错误的？(2010年真题,单选)
    A. 省级地方政府对国家污染物排放标准中已作规定和未作规定的项目,都可以制定地方污染物排放标准
    B. 对国家污染物排放标准中已作规定的项目,在制定地方污染物排放标准时,可以因地制宜,严于或宽于国家污染物排放标准
    C. 地方污染物排放标准须报国务院环境保护行政主管部门备案
    D. 凡是向已有地方污染物排放标准的区域排放污染物的,应当执行地方污染物排放标准
【答案】 B
【解析】 根据《环境保护法》第16条的规定,A、C、D三选项均正确,不入选。地方标准只能严于国家污染物排放标准而非可以宽于国家污染物排放标准,故B项错误。

考点 2 环境责任

(一) 环境侵权责任

环境侵权责任包括环境污染责任和破坏生态责任。

归责原则	无过错责任原则
	《侵权责任法》第65条】因污染环境造成损害的,污染者应当承担侵权责任。

(续表)

构成要件	(1) 损害结果 (2) 污染行为 注意：没有超过污染标准或者交纳了排污费、行政罚款等理由，不能免除污染者应当承担的相应民事责任。 (3) 污染行为与损害结果之间具有因果关系 盖然因果关系 【《侵权责任法》第66条】因污染环境发生纠纷，污染者应当就法律规定的不承担责任或者减轻责任的情形及其行为与损害之间不存在因果关系承担举证责任。 注意：举证责任的问题 受害人只须举证：① 实施了排污等污染行为；② 发生了损害后果。
免责事由	(1) 不可抗力 不可抗力是指不能预见、不能避免并不能克服的客观情况。 (2) 受害者过错 ① 被侵权人对损害的发生也有过错的，可以减轻侵权人的责任； ② 损害是因受害人故意造成的，行为人不承担责任。 注意：第三人过错的不真正连带责任 【《侵权责任法》第68条】因第三人的过错污染环境造成损害的，被侵权人可以向污染者请求赔偿，也可以向第三人请求赔偿。污染者赔偿后，有权向第三人追偿。
环境服务机构的责任	环境影响评价机构、环境监测机构以及从事环境监测设备和防治污染设施维护、运营的机构，在有关环境服务活动中弄虚作假，对造成的环境污染和生态破坏负有连带责任。
环境侵权处理程序	环境损害赔偿诉讼的时效期间为3年，自当事人知道或者应当知道其受到损害时起计算。 注意： ① 3年诉讼时效仅针对环境损害赔偿，不包括承担停止侵害、排除妨碍、消除危险等侵权责任。 ② 环境侵权可以直接向人民法院提起诉讼，没有行政程序前置的要求。

(二) 环境行政责任

1. 违法排污的责任

企业事业单位和其他生产经营者违法排放污染物，应当受到罚款处罚。

"按日计罚"制度

(1) "按日计罚"的适用情形

企业事业单位和其他生产经营者违法排放污染物，受到罚款处罚，被责令改正，拒不改正的情形。

(2) "按日计罚"的起始期限

依法作出处罚决定的行政机关可以自责令改正之日的次日起按日连续处罚。

(3)"按日计罚"的计算标准

按照原处罚数额按日连续处罚。

注意:罚款处罚的确定因素

罚款处罚按照防治污染设施的运行成本、违法行为造成的直接损失或者违法所得等因素确定。

2. 超标排放的责任

(1) 企业事业单位和其他生产经营者超过污染物排放标准或者超过重点污染物排放总量控制指标排放污染物的,可以采取限制生产、停产整治等措施。

(2) 限制生产、停产整治等措施由县级以上人民政府环境保护主管部门决定。

(3) 人民政府批准企业事业单位和其他生产经营者的责令停业、关闭。

注意:对于企业事业单位和其他生产经营者超标超总量排污情节严重的,环境保护主管部门只能进行建议,报有批准权的人民政府批准。

3. 擅自开工建设的责任

建设单位未依法提交建设项目环境影响评价文件或者环境影响评价文件未经批准,擅自开工建设的,由负有环境保护监督管理职责的部门责令停止建设,处以罚款,并可以责令恢复原状。

4. 违反信息公开义务的责任

重点排污单位不公开或者不如实公开环境信息的,由县级以上地方人民政府环境保护主管部门责令公开,处以罚款,并予以公告。

5. 直接责任人员的责任

针对严重环境违法行为,由县级以上人民政府环境保护主管部门或者其他有关部门将案件移送公安机关,由公安机关对直接负责的主管人员和其他直接责任人员依法处以拘留。

(1) 建设项目未依法进行环境影响评价,被责令停止建设,拒不执行的。

(2) 违反法律规定,未取得排污许可证排放污染物,被责令停止排污,拒不执行的。

(3) 通过暗管、渗井、渗坑、灌注或者篡改、伪造监测数据,或者不正常运行防治污染设施等逃避监管的方式违法排放污染物的。

(4) 生产、使用国家明令禁止生产、使用的农药,被责令改正,拒不改正的。

6. 环境保护主管部门的责任

环境保护主管部门对于其不作为的行为承担相应的行政责任。

【真题演练】

1. 某化工厂排放的污水会影响鱼类生长,但其串通某环境影响评价机构获得虚假环评文件从而得以建设。该厂后来又串通某污水处理设施维护机构,使其污水处理设施虚假显示从而逃避监管。该厂长期排污致使周边水域的养殖鱼类大量死亡。面对养殖户的投诉,当地环境保护主管部门一直未采取任何查处措施。对于养殖户的赔偿请求,下列哪些单位应承担连带责任?(2015年真题,多选)

A. 化工厂   B. 环境影响评价机构
C. 污水处理设施维护机构   D. 当地环境保护主管部门

【答案】 ABC

【解析】 根据《环境保护法》第64条的规定，A选正确。根据《环境保护法》第65条的规定，B、C项正确。环境保护主管部门对于其不作为的行为应当承担相应的行政责任，而不是民事赔偿责任，故D项错误。

2. 因连降大雨，某厂设计流量较小的排污渠之污水溢出，流入张某承包的鱼塘，致鱼大量死亡。张某诉至法院，要求该厂赔偿。该厂提出的下列哪些抗辩事由是依法不能成立的？(2013年真题，多选)

A. 本市环保主管部门证明，我厂排污从未超过国家及地方排污标准
B. 天降大雨属于不可抗力，依法应予免责
C. 经有关机构鉴定，死鱼是全市最近大规模爆发的水生动物疫病所致
D. 张某鱼塘地势低洼，未对污水流入采取防范措施，其损失咎由自取

【答案】 ABD

【解析】 根据《侵权责任法》第65条的规定，A项不成立。根据《民法通则》第153条的规定，本题中，连降大雨正常情况下是可以预见的，故B项不成立。根据《侵权责任法》第66条规定，C项成立。根据《水污染防治法》第85条第3款的规定，D项不成立。此题为选非题，故答案为A、B、D项。